HISTOIRE

DE LA VILLE ET DE TOUT LE DIOCÈSE

DE PARIS

HISTOIRE

DE LA VILLE ET DE TOUT LE DIOCÈSE

DE PARIS

PAR

L'Abbé LEBEUF

DE L'ACADÉMIE DES INSCRIPTIONS ET BELLES-LETTRES

TOME DEUXIÈME

PARIS

LIBRAIRIE DE FÉCHOZ ET LETOUZEY

RUE DES SAINTS-PÈRES, 5

1883

DOYENNÉ

DE

MONTMORENCY

(SUITE)

ARGENTUEIL

Deux choses ont rendu Argentueil mémorable : premierement, un Monastere de l'Ordre de Saint Benoît, recommandable par son antiquité et par les Reliques qui y sont conservées ; en second lieu, le Territoire du pays, célèbre par la bonté de son vin. Si on vouloit ajouter foi aux traditions populaires et suivre les idées que les noms des lieux font naître, on s'imagineroit que celui d'Argentueil viendroit de quelque mine d'argent qu'on auroit apperçu sous la montagne voisine : mais il y a tant de lieux en France et ailleurs dans le nom desquels le mot *Argent* se trouve, tels que *Argental*, *Argentan*, *Argentelles*, *Argentenay*, *Argentieres*, *Argentine*, *Argentolle*, *Argenton*, *Argentré*, etc., sans qu'il y ait aucun vestige de ces sortes de mines, que sans hésiter on doit prendre le parti de croire que le terme *Argent* dans tous ces noms est un terme Celtique ou plutôt que ce sont deux syllabes de cette Langue *Arg* et *Ant* ou *And*, que l'usage a fait adoucir, ensorte qu'au lieu de dire *Argant* on dit *Argent*. L'on a dans les Itineraires Romains à l'article des Gaules, *Argantomagus*, *Argentuaria* : ce qui prouve que le mot *Argant* est très-ancien, et qu'il n'est point dérivé du latin dans les noms de lieu. Ainsi, croye qui voudra avec le peuple, que les mines ou les trésors d'argent sont sous la montagne aux environs du Château de May ou Mail situé sur le territoire d'Argentueil, vers le Nord, et que *euil* signifioit autrefois montagne, ensorte qu'Argentueil voudroit dire *Montagne d'Or* [1]. Ce n'est point à ceux qui recherchent la vérité avec droiture à se repaître de ces fables. Ils doivent se contenter de sçavoir que dans les premiers titres ce lieu a été appelé *Argentoïalum*, puis *Argentoilum*, *Argentogilum*, et enfin *Argentolium*.

ETATS DIVERS DU MONASTERE. Argentueil étoit peut-être un lieu inculte, et la montagne voisine étoit probablement couverte de broussailles lorsque ce nom lui fut donné. Quoiqu'il en soit, un riche Seigneur François, nommé Ermenric et Nummane, son épouse, y fonderent au VII siécle un Monastere de Filles, dont le Roy Clotaire III approuva l'établissement vers l'an 665. Les Fondateurs le soumirent dès-lors à l'Abbaye de Saint Denis; car les grands Monasteres d'Hommes avoient quelquefois alors des Monasteres de Filles de leur dépendance. Un diplome par lequel Childebert III donna à cette nouvelle Maison, l'an 697, ce que le Fisc avoit dans la Forêt voisine appellée en latin *Cormoletus*, marque que l'Abbesse s'appelloit Leudesinde, et que l'Abbaye étoit sous le Titre de la Ste Vierge, S. Pierre et S. Paul. Lorsque le Roi Pepin donna au Monastere de Saint Denis une grande partie de la Forêt d'Iveline l'an 768, il en excepta ce qu'il avoit déjà donné à d'autres Eglises comme à Notre-Dame du Monastere d'Argentueil. Carloman, son fils et frere de Charlemagne, approuvant les Chartes de ses prédécesseurs Rois en faveur de ce Monastere l'an 770, spécifie qu'alors il avoit pour Abbesse Ailine. Le gouvernement de cette Abbaye de Filles étoit entre les mains de l'Abbé de Saint Denis, dont le Monastere n'en est éloigné que d'une lieue et demie, lorsque Charlemagne l'obtint de lui pour le peupler d'autres Religieuses qui seroient gouvernées par Théodrade, sa sœur, avec promesse de le lui remettre dans la suite. Théodrade gouvernoit cette Maison l'an 824, auquel elle fit un échange avec un Abbé Einhard, et encore l'an 828, auquel tems elle obtint des Princes Louis le Débonnaire et Lothaire, une Charte par laquelle il étoit permis à l'Abbaye de Saint Denis d'en reprendre le gouvernement après sa mort, ou en cas qu'elle allât demeurer dans un autre Monastere. Ce Diplome rappelle les Titres primordiaux du VII siécle, et marque l'intention des Fondateurs. Nonobstant ces Diplomes, la restitution n'en fut point faite à Saint Denis. Il y a preuve que ce

---

1. De la Roque dit en son Traité de l'origine des noms, que ce lieu d'Argentueil est un de ceux qui sont tirés des métaux, page 18.

Monastere étoit rempli de Religieuses de la Famille Royale
et de celles qui étoient protegées par les Princes, et cela fut ainsi
jusqu'aux guerres des Normans, auquel temps elles furent obligées de s'enfuir. Alors le Monastere auquel la Princesse Berte,
fille de Charlemagne, avoit fait présent d'un grand terrain pour se
mettre plus au large, loin d'en profiter, alla en décadence le reste
du siécle. Ode étoit Abbesse dans le temps des premieres courses
de Normans, et, depuis elle, on n'en trouve plus aucune.

Après un siécle et demi, la Reine Adélaïde, mere du Roi
Robert, entreprit de rétablir le Monastere d'Argentueil que les
Normans avoient détruit. Son fils entra dans ses vues, et y accorda *Hist. Eccl. Par.*
beaucoup de terres, commençant par ce que le Roi Hugues Capet, *T. I, p. 631.*
son pere, avoit possédé à Argentueil même, y ajoutant le droit de
marché, celui du passage des voitures par terre, et le droit du
tensement de vin. Son Diplome est de l'an 1003. Ce qui fit *Duchêne, T. IV.*
dire à Helgaud, en la vie de ce pieux Prince, qu'il avoit bâti
ce Monastere et qu'il y avoit placé un grand nombre de Religieuses Bénédictines ; quoique dans le vrai il n'en fût avec sa
mere que le restaurateur. On n'a le nom d'aucunes des Prieures
ou Supérieures de cette Maison depuis sa restauration, si ce n'est
celui d'Heloïse, l'amie d'Abailard, qui l'étoit six vingt ans après
son rétablissement.

Ce fut alors, c'est-à-dire l'an 1129, qu'en vertu d'une Ordonnance du Concile tenu à Saint Germain des Prez, où présidoit
le Légat Matthieu, Evêque d'Albane, le Monastere d'Argentueil
rentra sous la dépendance de l'Abbaye de Saint Denis, par les
mouvemens que l'Abbé Suger se donna pour cela ; et non seulement l'Abbaye en reprit le gouvernement, mais même on y mit des
Religieux de la Maison après qu'on eut dispersé une partie des
Religieuses à Malenoue, et envoyé les autres au Paraclet, Diocése
de Troyes, avec Heloïse. L'arrangement qui s'étoit fait alors
déplut au bout de trente ans, à Maurice de Sully, Evêque de
Paris. Comme, depuis le rétablissement fait par le Roi Robert, ce
Monastere de Filles avoit été sous la Jurisdiction de l'Ordinaire,
ce Prélat demanda en 1163, qu'on y remît des Filles, ou qu'il en
nommât le Prieur ou l'Abbé, s'il restoit dans la nature de Monastere d'Hommes. Odon, Abbé de Saint Denis, et lui, mirent cette
affaire en arbitrage : la décision fut que l'union du Prieuré d'Argentueil à l'Abbaye de Saint Denis tiendroit pendant trois ans,
au bout desquels l'Evêque pourroit reprendre le procès. Maurice resta tranquille le reste de son Episcopat ; mais Eudes de *Gall. Chr.*
Sully, son successeur, renouvella cette affaire, qui ne fut terminée *T. VII, Instrum.*
qu'en 1207 par un accord. L'Evêque et le Chapitre de Paris *col. 86.*
promirent de ne plus agir pour rétablir un Abbé ou une Abbesse

On voit à l'entrée de cette Eglise à main droite de même que dans celle de l'Abbaye de Saint Denis, une pierre dans laquelle sont taillées des cavités rondes pour servir de regles aux mesures du lieu.

EGLISE PAROISSIALE. Il n'y a qu'une Paroisse dans Argentueil. L'Eglise est sous l'invocation de S. Denis. On sent assez que les Abbés du fameux Monastere voisin étant chargés du gouvernement des premieres Filles qui furent mises dans l'Abbaye d'Argentueil, veillerent à ce que les Habitans qui s'établirent en ce lieu pour en faire valoir les biens, eussent une Eglise particuliere, et que, moyennant des linges du tombeau de ce Saint, il fut facile de dédier une Chapelle ou Basilique sous son invocation. Il peut donc avoir existé une Paroisse de Saint Denis à Argentueil dès le VIII ou IX siécle ; mais alors elle étoit fort petite. Elle aura sans doute été détruite par les Normans ainsi que celles qui se trouvoient sur les bords de la Seine, et depuis elle aura été rebâtie à diverses fois. Il n'y a rien dans l'édifice que l'on voit aujourd'hui qui puisse remonter au-delà du XIII siécle. Cette Eglise a été construite à plusieurs reprises, on y voit du genre de structure du XIII, XIV, XV et XVI siécles, et presque rien n'y est régulier. Le Chœur est de biais : du côté septentrional il y a double aîle avec des Chapelles, et du côté du midi il n'y a qu'une aîle toute seule. Il y a au fond une Chapelle en espece de rotonde : les piliers qui supportent le clocher par dedans l'Eglise sont du XIII siécle, avec quelques autres. Le reste dont les chapiteaux sont en volutes est beaucoup plus moderne. Le grand Autel est sous une voute en forme de calotte, qui paroit être une addition récente. Dans le côté septentrional proche le mur de la nef se lit cette Inscription en lettres gothiques :

> La mort toujours présente aux périlleux faits d'armes,
> Voyant de Chambellan le laurier sur le front
> Combattre vaillamment ès plaines de Piedmont,
> Sous le grand Roi François entre ses preux Gens d'Armes :
>
> Le sauva des hazards courus en faits d'alarmes,
> Par tout à main hardie et le courage pront,
> Pour n'estranger ses os qui a jamais seront
> Honorez en ce lieu de copieuses larmes.
>
> Car tu sçais, Argentueil, qu'ayant fait de son corps
> Un boulevert pour toy et dedans et dehors,
> Il a fondé les murs dont l'accint t'environne.
> Pourtant garde icy son tombeau de meschef,
> Comme assure là haut il porte sur le chef
> Des Anges bienheureux l'immortelle Couronne.

« David de Chambellan, Ecuyer, cy-gisant décéda le dernier jour

« de Décembre 1545. Et Damoiselle Margueritie de Brettes, sa
« femme, gisante en même lieu, décéda l'an 1559.

« Frere Jerosme de Chambellan, leur fils, Grand-Prieur de Saint
« Denis en France, leur a consacré ce monument. »

Dans le côté méridional est en gothique l'épitaphe suivante : *Cy-devant gist Noble Damoiselle Catherine de Rueil, veuve de feu Noble Homme M. Jehan Ruzé, Chancelier des feu Roy et Reine de Navarre : laquelle décéda en sa maison d'Argentueil le xj d'Aoust 1577, laquelle défunte a donné à l'Eglise de céans pour une fois payer la somme de cent livres pour être participante aux prieres des gens de bien.*

Dans la nef à un pilier vers l'orgue : *Cy-devant gist Honorable Homme Macé Girardin, Marchand Laboureur demeurant à Argentueil et Marguillier de céans : et à la poursuite de cette Eglise a été recourbé par les Hugueneaux, et est mort le 14 Décembre 1580.*

A un pilier du Chœur, sur la pierre : *Cy gist Jacques le Peultre, Sieur du Plessis Trappe, lequel est décédé en ce Bourg d'Argentueil le XV Aoust M VJ XV.*

Dans les côtés du nord, est l'épitaphe en marbre de Toussaint Fauvette, Laboureur, demeurant en ce lieu, qui, mourant sans héritiers, lègue sa maison à Gens d'Eglise qui voudront vivre en Congrégation sous l'obéissance de M. le Curé. Le Contrat fut passé par-devant du Mas, Notaire au Chastelet, le 18 Septembre 1627. Il mourut le 29 Octobre suivant, et Martine Potheron, sa femme, le 18 Mars 1645.

Au même côté, sur marbre noir taillé en rond, *Cy gist Catherine de Mory, Dame de la Mote Lamyre, morte le 25 Septembre 1651.*

Dans une épitaphe de marbre noir proche l'entrée du Chœur, et de l'an 1655, Argentueil est qualifié Ville : aussi bien que dans celle de Jacques d'Hemel, Chevalier de l'Ordre de S. Louis, décédé en 1729 (marbre blanc).

Enfin, près de la porte méridionale est le mausolée en marbre blanc de Jacob d'Elbach, Baron *Spictcensis,* converti du Calvinisme et décédé le 29 Octobre 1694.

La Cure est marquée à la nomination de l'Evêque de Paris dans tous les Pouillés du Diocèse, à commencer par celui du XIII siécle, et c'est lui qui y nomme en effet. Le Pouillé du XV siécle lui donne soixante-dix livres de revenu, ce qui étoit beaucoup alors, rélativement aux autres Cures. Le plus ancien Curé qui soit fourni par les titres que j'ai vu, est *Balduinus Presbyter Argentolii,* témoin en 1186 dans une Charte de l'Evêque de Paris, Maurice de Sully. Dans le siécle suivant cette Paroisse eut

Chartul.
S. Dion. Reg.

quelque temps pour Curé Jacques de Vitry, qui passe pour en avoir été originaire, et qui devint par la suite Cardinal Evêque en Italie, auteur assez célébre principalement par son Histoire des Croisades. Il mourut en 1244. André Hoïus, Professeur à Douai, a fait autrefois son éloge en vers hexametres, où on lit :

Hist. Univ. Par. T. III, p. 691.

> *Natales Argentolei Puer editus auras*
> *Sequana quam liquidis argenteus alluit undis.*

Mais d'autres croyent qu'il étoit natif de Vitry-sur Seine, au-dessus de Paris.

Reg. Ep. Par. 12 Jun. 1474.
Reg. Ep. Paris.

Sur la fin du XV siécle cette Cure fut possédée par Nicolas d'Argouges, puis par Artur de Vaudetar, Official de Paris, qui la résigna en 1483 à Martin Ruzé, Conseiller du Roi, après la démission duquel en 1484 elle fut conferée à Jean Guy, Doyen d'Orleans, le 6 Août. Il ne faut point douter qu'elle n'ait été souvent gouvernée par d'illustres Curés. Je voudrois pouvoir me dispenser de parler de Jerôme Pillegrain, qui fut accusé et convaincu de faux en son ministere dans l'année 1597, et qui fut chassé. M. Thiers, en son Traité des Superstitions, fait mention de M. Rex, Curé de ce lieu, pour y avoir aboli l'usage de dire sur le corps des femmes qui étoient mortes en couche, les Prieres de relevailles avant que de les enterrer. Ce fut en 1690 le 11 Avril, du temps du même Curé, que le Parlement donna un Arrêt pour régler la maniere d'élire les Marguilliers. Ce fait me rappelle qu'en 1402 l'Evêque de Paris et le Prieur du lieu y avoient assisté, l'Evêque présidant aussi bien qu'à l'audition des Comptes. Il y avoit eu quatre ans auparavant un Arrêt rendu le 10 Mars au sujet de la reddition de ces Comptes.

Ibid. 26 Jun. Mem. de 1719, p. 13.

Code des Curés. T. II, p. 324.

Inv. Spirit. Ep. n. 19 et 20.

On montre dans cette Eglise un Ornement de velours couleur de pourpre, que l'on dit avoir été donné par le Roi Louis XIII, à la priere de M. de Blondis, Curé natif du lieu, chez lequel ce Prince venoit souvent se reposer au retour de la chasse.

En 1612 on avoit érigé en la même Eglise une Confrérie de la Trinité, de Sainte Geneviéve et Saint Adrien ; l'Evêque de Paris l'approuva le 20 Janvier, et accorda des Indulgences à ceux qui visiteroient la Chapelle de Saint Michel du charnier au cimetiere.

Ibid.

Les Pouillés depuis celui du XV siécle font mention de deux Chapelles situées dans cette Eglise, dont la nomination appartient à l'Evêque, sçavoir une de Notre-Dame, et une autre du titre de Saint Thomas de Cantorbery. J'ai vu des collations de cette derniere du 5 Janvier 1486 et 12 Août 1516. Il y en a une troisiéme du titre de Saint Pierre, qui est à la nomination du Prieur, la même peut-être dont j'ai parlé ci-dessus (page 9). Il existoit aussi autrefois sur le territoire d'Argentueil une Chapelle que

Lib. represent. Archid. Par. 1684 et 1697.

l'on appelloit Saint Jean des Lombards, *Sancti Joannis Lombardorum*. On en trouve un acte de permutation du 6 Mai 1491. <small>Reg. Ep. Paris.</small>
Cette Chapelle a subsisté tant que les Religieuses Bernardines, et après elles les Ursulines ont occupé la maison dite *le Fief des Lombards* : mais elle ne subsiste plus, depuis que les Religieuses se sont retirées en d'autres endroits du Bourg, parce qu'elles se trouvoient trop resserrées dans cette maison.

Je remets à parler des quatre nouvelles Communautés qu'on a vu à Argentueil après que j'aurai dit ce que l'on sçait sur le Bourg et sur les Habitans.

HISTOIRE CIVILE D'ARGENTUEIL. Argentueil est regardé par quelques Auteurs comme situé à deux lieues seulement de Paris. D'autres Ecrivains en marquent trois. Le plus sûr est de dire qu'il y a deux lieues et demie en passant même par le plus court chemin qui est celui du Bac d'Anieres. On est aussi fort peu d'accord sur la quantité des Habitans et feux qui y sont de nos jours. Le premier Denombrement de l'Election de Paris y comptoit 1020 feux, ce que le Dictionnaire Universel de la France évalue à 3800 Habitans ou ames. Le sieur Piganiol marque tout au long qu'il y a environ mille huit cens feux. Le Dictionnaire de la Martiniere se contente de dire environ mille feux, et le sieur Doisy en sa Description du Royaume n'y en marque que 863. On doit, ce semble, s'en tenir au calcul le plus bas, ou à ceux qui les excédent de peu, et ne pas s'arrêter à celui du sieur Piganiol. Je ne déciderai point non plus si Argentueil est Ville ou Bourg. Les anciennes inscriptions qui sont dans l'Eglise Paroissiale le qualifient de Bourg, les nouvelles lui donnent le titre de Ville. Les Auteurs modernes sont aussi partagés là-dessus. Amelot de la Houssaye a fait de ce lieu une Description qui porteroit à lui <small>Mémoires</small>
donner le nom de Ville comme a fait Corneille. De la Martiniere <small>d'Amelot, T. I.</small>
convient qu'il mérite le titre de Ville mieux que quantité d'autres lieux, et ajoute que cependant ce n'est qu'un Bourg, mais peut-être le plus beau Bourg de l'Europe. Il est entouré, ajoutent ces Auteurs, de murailles flanquées de tours défendues par un fossé, et cette enceinte a trois quarts de lieue de circuit. Il y a seize portes : huit le long du port, et huit du côté de la campagne. On le trouve figuré en profil dans la Topographie de France du sieur Chastillon, gravée vers l'an 1610, fol. 13°.

Au reste, quoiqu'il n'y ait aujourd'hui qu'environ mille feux dans Argentueil, il faut avouer qu'il est bien changé de ce qu'il étoit sous le Roi Jean, puisqu'on n'y comptoit alors que 117 feux. Le Continuateur de Nangis qui a marqué ce fait à l'an 1363, <small>Spicileg. T. III,</small>
regardoit ce nombre comme considérable : car voulant faire com- <small>in fol. p. 130.</small>
prendre combien la mortalité qui avoit couru durant l'Eté de

cette année, avoit enlevé de monde à la campagne, il choisit Argentueil pour exemple et il dit qu'au lieu qu'on y avoit vû 117 feux, on n'en compta plus après la mortalité de l'an 1363, que quarante ou cinquante [1]. Quatre ans auparavant Charles, Régent de France, apprehendant que les Anglois ne se logeassent en divers forts de ces quartiers-là, ordonna par lettres du mois de Juillet 1359, à Regnaud de Gouillons, Capitaine de Paris, de faire détruire entre autres le Fort du Prieuré d'Argentueil.

Ce lieu eut aussi fort à souffrir en 1411, lors de la guerre des Armagnacs et Bourguignons. Comme il n'étoit pas fermé de murs, les troupes y entrerent à discrétion : c'étoit dans le tems que le parti d'Orleans avoit formé le blocus devant Paris, vers la Toussaint ; la fureur de ce parti et de leurs adjoints étoit telle, que passant par Argentueil ils y pillerent la Châsse, foulerent les Reliques aux pieds, et que sortant du Prieuré ils se repentoient de n'y avoir pas tout mis en cendre, et de s'être contenté d'avoir mis le feu à la tour du clocher où les paysans s'étoient retirés. La Paroisse subit le même sort, les vases sacrés furent enlevés, les Fonts baptismaux brisés, de maniere qu'il fallut porter à Saint Denis un enfant pour le baptiser. Depuis cet événement le nombre des feux diminua ; ensorte que l'an 1470 on n'y comptoit plus que cent feux.

Histoire de Charles VI, du Moine de Saint Denis par le Labour. pages 785, 786.

Reg. visit.

Afin d'éviter dans la suite ces anciens malheurs, les Habitans obtinrent de François I, au mois de Novembre 1544, des lettres qui leur permettoient de clore le Bourg de murailles, le fortifier de tours, portes et fossés, ensemble de se munir de poudres et bâtons à feu. On a vu dans l'épitaphe de David Chambellan, cidessus rapportée, que ce fut par ses soins que les fondemens en furent jettés tout aussitôt. Ces fortifications n'empêcherent pas les Huguenots de se rendre maîtres de ce Bourg vingt ans après. Tout ce que j'en ai lû dans le Journal de M. Brulart, est qu'ils le prirent le 12 Octobre 1565, et qu'ils mirent le feu à l'Eglise du Prieuré. Mais cet Auteur pourroit bien avoir été trompé pour l'année, parce que la Popeliniere rapporte la prise d'Argentueil au mois d'Octobre 1567. Il dit que le Capitaine Boury mena alors son Regiment de Fantassins à la prise de ce lieu, qu'il qualifie « de petite Villette, fermée de legeres murailles, mal pourvûe « de defenses, sans fossés, sans remparts que la Seine qu'on passe « au bac, gardée de quelques soldats qui se servoient des Habi- « tans. » Boury résolut de la prendre par ruse au changement de garde à la pointe du jour. Sur ce, il fut conclu qu'on en approcheroit par les vignes et par les mazures voisines. Les uns

Repertoire des Bann. du Châtelet, p. 735.

Page 11.

Cod. MS. D. Bouhier. Divion. Præsid. Mem. de Condé, T. I.

La Popeliniere, liv. XII, p. 25.

---

[1]. L'Editeur a oublié le chiffre C et n'a mis que XVII.

tacherent de monter avec leurs picques et halebardes aux plus foibles endroits des murailles. Les autres s'efforcerent de rompre les portes, et quelques-uns percerent les murs. Enfin Rouvray, suivi de quelques-uns des siens, y entra aux dépens d'un coup d'halebarde qu'il y reçut. Il paroît, par le délai qu'apporta Jacques Foüin, Prieur Commendataire, à faire dresser un état des dégats causés par ces Calvinistes (il est de 1584), qu'ils en furent les maîtres durant plusieurs années. L'épitaphe de Macé Girardin, rapportée ci-dessus, fortifie cette pensée [1]. Mais le Parti Catholique reprit depuis ce Bourg. On lit que le Roi Henri IV vint à Argentueil sur l'avis de Pierre de Gondi, Évêque de Paris, dans le temps qu'il songea à obtenir de Rome sa réconciliation. *Gall. Chr. T. VII, col. 158.*

Je réunirai ici en peu de mots ce que j'ai trouvé sur le temporel et la Justice de ce lieu dont le Prieur est Seigneur. L'Abbé de Saint Denis y avoit, en 1110, un Avoüé *Advocatum*, appelé Richard, qui fit régler par le Roi Louis le Gros, la même année, le différend qu'il avoit avec l'Abbé. Cette Avoüerie fait voir qu'avant Suger l'Abbaye avoit eu des droits en ce lieu qu'elle pouvoit avoir aliéné. Je soupçonne que ce Richard est le même que Richard de Banterlu que l'on ne fait vivre que cent ans après, auquel temps on dit qu'il vendit cette Avoüerie d'Argentueil et tout ce qu'il y possedoit, à Guillaume de Garlande. On trouve dans les Registres du Parlement, que le Prevôt de Paris ayant reclamé un faux monnoyeur, que le Prieur d'Argentueil avoit fait arrêter, le Prieur fut maintenu, et l'empêchement du Prevôt levé. On y lit aussi les poursuites que Guillaume du Bois fit en 1378 contre l'Abbaye de Saint Denis, pour lui avoir ôté le Tabellionage d'Argentueil qu'il avoit à vie. Item le 24 Mars 1563 on enregistra en Parlement les Lettres obtenues, le 19 Février, par François de Rabodanges, Prieur, par lesquelles il étoit déclaré qu'il n'y aura à Argentueil qu'un Bailly qui connoitroit de toutes les Causes ressortissantes au Parlement et que les Prevôts, Présidens et et Conseillers tenans les Grans-jours à Argentueil, et établis par le Prieur, demeureront éteints. Derechef il y eut, en 1593, des Lettres du Roi qui supprimoient en ce Bourg un dégré de Jurisdiction. Les Appels du Bailliage de ce lieu vont droit au Parlement.

Hist. de Montm. preuv. p. 34.

P. Anselme. Hist. des Gr. Off. T. VI, p. 22.

Reg. Parl. Jun. 1304.

Reg. Parl. 22 Fév. 1378.

Tables de Blanchard. Reg. Parl. ibid.

Reg. Parl. 29 Jan.

Communautés. On ne voit point qu'il y ait eu de Leproserie à Argentueil, parce que celle de Franconville lui en servoit, et à tout le voisinage. Mais il y avoit sûrement au XVI siécle une Maison-Dieu : le livre du Visiteur des Leproseries de l'an 1351

Lib. Visit. Lepros. Diœc. Par. an. 1351.

---

1. L'ouvrage de l'Antiquité des Villes qu'on attribue à Duchêne, met, en parlant d'Argentueil, que dans les derniers troubles, la Robe de Notre Seigneur étant en ce lieu, fut la fable et le joüet de l'impiété.

en fait mention. On la trouve aussi nommée dans l'acte d'une donation qui lui fut faite en 1475 par un Habitant de ce lieu, et que l'Evêque approuva. Les biens des Maladeries de Franconville, Cormeilles et de Saint Leu-Taverny y furent réunis par Lettres Patentes de l'an 1697, et en conséquence M. l'Archevêque de Paris donna l'an 1703 la permission aux Curés de ces Paroisses d'y célébrer, et le Corps de ces Communautés en général a droit de placer un malade. La Maladrerie de Franconville en particulier jouissoit encore dans l'avant-dernier siècle d'une petite dixme de bled et de vin à Argentueil, qui fut affermée vingt-trois livres en 1535.

<small>Sauval. T. III, p. 217.</small>

<small>Reg. Archiep. 25 Mars.</small>

<small>Reg. Ep. in Spir. fol. 171.</small>

Les Bénédictins du Prieuré furent pendant long-temps les seuls Religieux habitans dans Argentueil. Les premiers qu'on vit s'y établir depuis eux furent les Freres de la Charité Notre Dame, espece d'Hospitaliers qui commencerent en France, dans la Champagne, sur la fin du XIII siécle, et qu'on appella les Billettes à Paris. Ils y furent reçus au gouvernement d'un Hôpital pour les Pelerins et pauvres passans. Comme cet Ordre étoit sur son déclin il y a cent ans, ces Billettes d'Argentueil, avec le consentement du Prieur d'Argentueil et des habitans, cederent cet Hôpital, l'an 1629, aux Augustins Déchaussés qui l'administrerent jusqu'en 1672, que le Roi ayant uni les biens de tous les Ordres Hospitaliers de son Royaume à l'Ordre de Notre Dame du Mont Carmel et de S. Lazare, ils en firent cession à cet Ordre.

<small>Reg. Archiep. Paris. 29 Nov. 1629.</small>

Les Augustins déchaussés ne quitterent point pour cela Argentueil. Claude Viole, Seigneur du Chemin et Maître des Comptes à Paris, conjointement avec Marie Poussepin, son épouse, leur fit bâtir une autre Eglise et un Couvent. La premiere pierre de l'Eglise fut posée au nom de Jean-François de Gondi, Archevêque de Paris, par Dominique Seguier, Evêque d'Auxerre, le 6 Juin 1632, et la nouvelle Eglise fut consacrée le 5 Août 1657, par François Faure, Evêque d'Amiens. Neuf ans après, Olivier Blondis, Curé de ce lieu, obtint un réglement de l'Archevêque sur l'heure de leurs Sermons. Ils sont placés à l'extrêmité de la Ville, le long des murs du côté du nord. Un ruisseau d'eau-vive dont la source est un peu au-delà des murs et du fossé, traverse le jardin, y forme un petit étang dont l'eau fait aller ensuite un moulin qui est dans la Ville.

L'Ordre de Citeaux a aussi eu, dans le siécle dernier, un Couvent de Filles à Argentueil. Denis Desnault, natif d'Argentueil même, Aumônier de la Reine mere de Louis XIV, Curé de Colombe, étoit Seigneur du Fief de Robiolles, dit *les Lombards,* dans le cœur de la Ville d'Argentueil. Il eut la dévotion d'y fonder du

<small>Voy. ci-dessus la Chapelle des Lombards, p. 13.</small>

produit de ses Bénéfices un Couvent de Filles de l'Ordre de Citeaux, sous la Direction de Catherine le Roy, Abbesse de la Virginité, Diocèse du Mans. L'Archevêque de Paris lui permit, *Reg. Arch. Par.* le 13 Février 1635, d'établir ce Couvent sur son Fief, qu'il céda à cet effet avec d'autres biens, se retenant le droit de présenter trois Religieuses qui seroient reçues gratis de son vivant, et après sa mort une par l'Archevêque et deux par le plus ancien des parens du Fondateur, lequel les prendroit natives d'Argentueil, les parentes toujours préférées. Dès le 29 Juin suivant l'Eglise étoit achevée, et elle fut bénite par l'Archevêque. On appella depuis ces Dames du nom de Bernardines, suivant l'usage de France. Mais ce Prieuré qu'on disoit fort nombreux en Religieuses, s'est ressenti de la circonstance des derniers temps, et ayant été réuni à la Communauté de Pentemont, située dans Paris, par un Décret de M. l'Archevêque et en vertu de Lettres Patentes, on a vu affiché en cette Ville en 1747, au mois de Novembre, que le terrain d'Argentueil, où étoit cette Communauté, consistant en six arpens d'étendue, étoit à vendre, soit pour loger une autre Communauté, soit pour tout autre employ.

Les Ursulines qui sont à Argentueil ont commencé par une petite colonie de quatre Religieuses, qui y vinrent du Couvent de Saint Denis, le 26 Juillet 1646, s'il en faut croire Sauval. Mais je *Antiq. de Paris. T. I. p. 726.* trouve que la permission de s'y établir ne fut donnée par l'Archevêque de Paris que le 17 Juillet 1647. Un mémoire imprimé en *Reg. Arch. Par.* ces tems-là, marque que la Supérieure traitant avec Olivier Blondis, Curé du lieu, s'engagea de faire offrir à la Messe Paroissiale, *Traité du 28 Oct. 1647.* chaque année le jour de S. Denis, un cierge d'une livre, auquel seroit attaché un écu d'or. Ces Religieuses se trouvant trop à l'étroit en ce lieu qu'elles avoient acquis des Bernardines, elles obtinrent une nouvelle permission du Prélat du 15 Janvier 1658, pour se transplanter dans l'endroit de la Ville où elles sont aujourd'hui. Elles y ont fait bâtir une Eglise du titre de Ste Anne, que l'Abbé Chastelain, en 1672, trouva très-belle, quoique petite. Le portail étoit, selon lui, d'architecture grecque. On lit dans un Dictionnaire que cette Communauté est composée de cent Religieuses, et d'un nombre presque pareil de Pensionnaires, que *Dict. de la Martiniere, 1739.* l'enclos en est spacieux et que la Maison est aussi bien bâtie que l'Eglise.

Territoire en Vignobles. Les Vignes forment presque tout le revenu des Habitans d'Argentueil ; aussi la Dixme de vin étoit-elle d'un produit considérable à l'Abbaye de Saint Denis. Un nommé *Tab. S. Dion.* Ferry le Verd lui restitua vers le commencement du XIII siécle ce qu'il en avoit usurpé, dont le Pape Innocent III donna une Bulle de confirmation l'an 1217. On ignore de quel endroit étoit venu à l'Eglise de Saint Martin des Champs la portion qu'elle avoit en cette Dixme de vin ; on sçait seulement qu'elle en fit l'échange avec celle de Saint Denis pour une quantité fixe de vin en 1193. Le payement de cette Dixme de vin par les Habitans au Monastere de Saint Denis, après avoir été sujet à quelques variations, il fut enfin prononcé par Arrest du Grand Conseil, le 27 Septembre 1673, qu'ils continueroient à payer cette Dixme à l'Abbé de Saint Denis, à raison de deux sols six deniers par chaque arpent. Le Vignoble est grand, et le vin en est estimé. On a soutenu une fois dans une These publique des Ecoles de Medecine de Paris, que les Vins d'Argentueil devoient avoir la préférence sur ceux de Bourgogne et de Champagne. Un Comte de Boulogne, nommé Regnaud, y avoit des vignes en 1200. Philippe-Auguste étant devenu possesseur de ces vignes, en fit présent l'an 1215 à Guerin, Evêque de Senlis, son Chancelier et à ses successeurs, ajoutant dans sa Charte : *Et hoc fecimus in augmentum Regalium nostrorum de Silvanectis*. Les Chartreux de Paris regarderent comme un legs considérable celui que Jean Boileau, Vicaire de l'Eglise de Paris, leur fit d'une vigne située à Argentueil, sous le regne de Philippe le Bel. Etant décédé le 26 Juillet 1304, ils l'inhumerent dans leur grand Cloître.

Les Habitans d'Argentueil regarderent, en 1562, comme un fleau de Dieu les divers insectes qui gâtoient leurs vignes dans le Printems : l'Evêque de Paris ordonna qu'ils feroient des prieres publiques pour la diminution de ces insectes, et où ils seroient nommés, et qu'on y joindroit des exorcismes sans sortir de l'Eglise. L'Ordonnance les appelle *besianos seu diablotinos, luysetas, becardos*. On lit dans le Dictionnaire des Arrêts, au mot *Novales*, page 625, que dans le siécle dernier les Habitans d'Argentueil ont été maintenus dans la possession de ne payer pour la Dixme que deux sols six deniers par arpent.

On recueille aussi quelques grains sur ce territoire, et des petits fruits de primeur qui ont un très-bon goût. Dans les environs d'Argentueil il y a quantité de carrieres de plâtre, dont on fait commerce ; on enleve beaucoup de pierres dans de grands batteaux pour la Normandie et l'Angleterre.

Fiefs. Les Religieux de Saint Denis et d'Argentueil ont donné quelques biens de leurs Seigneuries à fief et hommage. C'est pour cela qu'on trouve que vers l'an 1200, Gautier de Saint Denis reconnut tenir de l'Abbé Henry une Dixme de bled à Argentueil. C'est peut-être aussi pour la même raison que quelques militaires de ces cantons-là prirent autrefois le surnom d'Argentueil, comme un Thibaud d'Argentueil, *Armiger*, sous Philippe le Hardi, dont le fils, Jean d'Argentueil, est mentionné à l'an 1288, comme Bienfacteur de l'Abbaye du Val. Ne faudroit-il point aussi compter parmi les descendans de ces anciens Chevaliers, surnommés d'Argentueil, un Thomas d'Argentueil, Prevôt de l'Eglise d'Arras, qui fut tué le 2 Juin 1226, dans sa Cathédrale ? *Gallia Christ. nova, T. III.*

Voici les noms de quelques lieux remarquables situés sur la Paroisse d'Argentueil, tels que les Titres les fournissent :

Le Fief de BONNE MINE ; dont en 1421 Guillaume Boursier, Prieur, reçut l'hommage rendu par un Seigneur de Sartrouville. *Catal. MS. Prior. Argent.*

Le CLOSE L'ABBÉ, où Etienne Martin, Curé, fut maintenu par Arrêt du Parlement du 25 Mai 1425, de recevoir du bled et du vin. Il étoit de dix arpens suivant l'acte d'abandon que l'Abbé de Saint Denis en fit au sieur Pilegrain, Curé, le 24 Février 1597. *Arrêt sur la Dixme de Vin 1673, pages 10 et 14.*

Le MARAIS est une dépendance du Prieuré ; ce lieu est marécageux et entouré de fossés pleins d'eau au lieu de murailles, avec une Chapelle de Sainte Magdelene. Le 2 Octobre 1448, l'Abbaye de Saint Denis fit bail à Simon de Neuville et ses hoirs de l'Hôtel du Marais, et de plusieurs terres et vignes, à condition que les vignes payeroient pour droit de tossement huit pintes de vin par arpent. M. de Valois a conjecturé que ce lieu, dit le Marais, situé entre Argentueil et Besons sur le bord de la Seine, pouvoit être le *Limariacum* où a été battue une monnoye de nos Rois de la premiere race. Mais il n'y a pas d'apparence ; on voit par ce que je viens de dire d'où lui vient ce nom. Henri Ruzé, Chevalier, s'en disoit Seigneur en 1651. *Arrest de p. S. Notit. Gall. p. 421, col. 1. Perm. d'Orat. Domest. 17 Jul.*

CHALUCÉ ou CHALUCET est une maison, située sur la même Paroisse, qui en 1659 appartenoit à Etienne Pelet, Elû de Paris, et en 1698, au sieur le Roy, Gentilhomme servant chez le Roi. J'en fais la remarque, à cause du nom propre. *Perm. d'Orat. Dom. 28 Mars, 23 Juin.*

ROBIOL, Fief ci-devant possédé par M. Proult, Lieutenant particulier au Châtelet de Paris.

Le MONT TROUILLET, situé au nord, est de la Paroisse d'Argentueil, d'un côté, et de celle de Çannoy de l'autre.

Le CHATEAU DE MAY, dont on voit les ruines qui consistent en deux ou trois pans de murailles épaisses de trois à quatre pieds, et les terres qui en dépendent, sont aussi de la Paroisse d'Argentueil, et appartiennent au Grand Prieur de France. Ces ruines sont entourées de vignes, et l'on en a même planté dessus.

Je ne parle pas du Fief de Montubois, que le Mémoire sur le Prieuré d'Argentueil de 1719 page 7, dit être assis à Argentueil même, et que les Religieux l'inféoderent à un Gentilhomme, des mains duquel les Célestins de Paris l'eurent. Le possesseur, en 1494, étoit tenu de porter aux Processions solemnelles la verge du Prieur. Il y a au-dessus de Taverni un autre Montubois, dont il sera parlé en son lieu. *Page 7.*

BEZONS

<small>Not. Gall. p. 421, col. 2.</small>

Quoique M. de Valois fournisse une pensée qui peut faire remonter bien haut l'antiquité de Bezons, en avançant que le lieu dit le Marais qui en est tout proche, est peut-être le *Limariacum*, où nous voyons que quelques Monnoyes de nos anciens Rois ont été frappées, je ne me fonderai aucunement sur son opinion pour établir l'antiquité de ce lieu, parce que, pour insinuer sa pensée, il veut qu'on écrive *Lemarais* en un seul mot, et il prétend que c'est par corruption qu'on l'écrit en deux mots, le Marais, ce qui n'est probable. Je n'exclucrai point cependant Bezons du nombre des lieux où l'on ait battu monnoye à la suite de nos Rois de la premiere race, puisqu'en effet il se trouve des pieces de ce temps-là,

<small>Traité des Monnoyes, p. 67.</small>

sur lesquelles M. le Blant, bon connoisseur, assure qu'on lit VEZONNO VICO. On ne peut gueres trouver de nom françois qui ait plus de ressemblance avec le latin *Vesunnum*, que celui de Bezons.

Ce Village est à deux lieues ou un peu plus de Paris. L'Eglise est petite et l'on n'y voit rien qui puisse en dénoter l'antiquité. Elle reconnoît S. Martin pour son premier patron, et S. Fiacre pour le second. La Dédicace en fut faite durant l'été de l'an-

<small>Reg. Ep.</small>

née 1507 par un Evêque différent de celui de Paris, et qui n'est point nommé dans la permission qui fut accordée aux habitans. C'est le Dimanche d'après la Fête de Saint Fiacre, marquée au 30 Aoust, qu'il y a en ce village un grand concours de Parisiens, que je crois avoir été occasionné par l'Anniversaire de cette Dédicace. Peut-être y a-t-il eu aussi une Chapelle du titre de S. Fiacre, séparée de l'Eglise Paroissiale. Au moins l'on trouve qu'en 1309,

<small>Chartul. min. Ep. Par. fol. 108.</small>

Maître Thomas-Martin de Colombes, Prêtre, laissa du bien pour fonder l'Anniversaire de son décès en la Chapelle située à Bezons. La nomination de la Cure a toujours appartenu et appartient à l'Evêque de Paris. Le territoire de Bezons est un vignoble. Etienne, Trésorier de l'Abbaye de S. Denis, du tems de l'Abbé

<small>Doublet p. 865. Reg. Visit.</small>

Suger, céda aux Habitans, il y a six cens ans, un terrain entre Bezons et Carrieres pour y planter des vignes. En 1470 il n'y avoit que douze maisons. Le dénombrement de l'Election de Paris compte à Bezons 82 feux, ce que le Dictionnaire universel

<small>Hist. des Gr. Off. T. VIII, p. 686.</small>

a évalué à 500 habitans. En 1381 les habitans plaidoient contre Jean de Meudon, Capitaine de S. Germain-en-Laye, demandant d'être déchargés du guet qu'ils devoient au Château du même S. Germain. En 1404 le Roi Charles VI les exempta de prises, c'est-à-dire de fournir les choses nécessaires à la Cour, moyennant qu'ils ameneroient chaque année à l'Hôtel du Roi à Paris quatre charettes de feurre ou paille. _{Trés. des Chart. Reg. 159. Piece 13.}

C'est principalement dans l'Histoire de la Maison de Montmorency que se voyent les Titres qui nous apprennent touchant Bezons les faits les plus certains. Ils sont tirés des archives de Saint Martin des Champs et de Saint Denis, dont les Religieux eurent du bien sur cette Paroisse dès le XII siécle. Burchard de Montmorency nous dit dans ses Lettres, données environ l'an 1285 [1], que Froger, Chambrier du Roi, et Alix, son épouse, avoient laissé au Prieuré de Saint Martin de Paris la Dixme dont ils jouissoient à Bezons (*apud Bezuns*), c'est ainsi qu'il est écrit dans le Titre ; ce qui prouve que la maniere dont ce nom avoit été autrefois latinisé, étoit dans l'oubli et qui nous rapproche du *Vesunno* de ci-dessus. Le Pouillé de Paris du XIII siécle, qui met en latin presque tous les noms des Paroisses, n'écrit point non plus la Paroisse dont il s'agit autrement que *Bezuns*. Cependant quelques Ecrivains avoient commencé à latiniser ce nom dès les premieres années de ce siécle. Un Chevalier de Besons, témoin dans une Charte de l'Evêque de Paris, Maurice de Sully, de l'an 1186, est à la vérité désigné sous le nom de *Petrus de Bezons,* mais dans un autre Titre de sept ans après où il est comme arbitre choisi par Matthieu de Montmorency, il est appellé *Petrus de Besuntio miles.* Un autre Chevalier nommé Guillaume de Besons est dit vers le même tems avoir des biens à Vitry. _{Hist. de Montm. Preuves, p. 60.} _{Cartul. S. Dion. in Bibl. Reg. p. 211.} _{Hist. de Montm. Preuves, p. 74, ad an. 1203. Necr. Eccl. Par. III Id. Sept.}

En 1196, Hugues Foucault, Abbé de Saint Denis, fit acquisition du Port de ce lieu que lui vendit Hugues de Meulan, Prévôt de Paris, et en l'an 1301, ce Couvent fut maintenu par une Sentence arbitrale dans le droit de Justice en ce port. En 1214 la même Abbaye acheta d'Adam Heugot, Chevalier, une Isle qui lui appartenoit, située devant le port *de Bezuns usque ad duos arpennos,* laquelle Isle Adam déclara tenir en Fief de Richard de Banterlu, de même que Richard la tenoit de Matthieu de Montmorency. Outre ces biens situés à Bezons appartenans au Monastere de Saint Denis, cette Abbaye avoit au XIII siécle quelques Dixmes en deux cantons de cette Paroisse, sçavoir Prunay et Perrosel. Dom Felibien fait mention d'un acte de l'an 1206, par lequel Adam de Clasei reconnut qu'il n'avoit aucun droit sur ces Dixmes. _{Hist. de S. Denis, p. 212. Tab. S. Dion.} _{Hist. de Montm. Preuve, p. 81.} _{Hist. de S. Denis, p. 116.}

Matthieu, Seigneur de Roissy, en France, n'avoit pas moins de bien à Bezons que les Moines de Saint Denis. Il avoit disposé vers l'an 1241 de la grande et petite Dixme qu'il y possedoit, comme aussi d'une vigne située au port du même lieu, pour la

---

1. Ce Burchard y dit que cette Dixme est de son Fief.

fondation d'une Chapellenie à Roissy ; ce que Bouchard de Montmorency, duquel tous ces biens étoient mouvans, approuva et confirma, et Jean de Montmorency depuis lui. Ce Fief situé à Bezons s'appelloit *le Fief de Roissy*.

<small>Hist. de Montm. Preuv. p. 99 et 106, ex Cartul. S. Genov. Par.</small>

Je n'ai point eu connoissance de Seigneurs plus anciens de la Terre de Bezons, que les Sieurs Chanterel qui l'ont transmise dans la famille des Bazin. Un des derniers Seigneurs, mort en 1733, âgé de 86 ans, étoit Jacques Bazin, Maréchal de France, dont le bisayeul avoit épousé Marie Chanterel, Dame de Bezons. Cette terre a depuis été possédée par Louis-Gabriel Bazin, Gouverneur de la Ville et Citadelle de Cambray, qu'on appelle le Comte de Bezons.

<small>P. Anselme. Hist. des G. Off. T. VII.</small>

Les Filles-Dieu de Paris possédoient anciennement une ferme à Bezons ; mais dans le tems des guerres de la Religion elles l'aliénerent suivant la permission qui leur fut accordée le 9 Juin 1578. Ce bien leur avoit occasionné quelques difficultés avec le Curé, sur lesquelles il y eut un accord, que l'Evêque approuva le 23 Janvier 1515.

<small>Reg. Ep.</small>

Quelques Cartes des environs de Paris marquent proche Bezons vers le couchant d'hiver un Château nommé ARGENVILLE, dont je n'ai pu apprendre autre chose sinon qu'il a appartenu autrefois à M. Dezallier, fameux Libraire, puis à son fils, Secrétaire du Roi et Maître des Comptes, connu dans la République des Lettres, qui l'a vendu à M. Taboureau des Reaux, ancien Maître des Eaux et Forêts.

CHATOU

Sur la fin du siécle dernier, quelques sçavans ont cru pouvoir assurer que ce Village est le *Captunacum*, où ont resideé quelques-uns de nos Rois, et d'où ils ont daté quelques Chartes ; je souhaiterois que ce sentiment pût être soutenu, mais ce qui m'empêche de l'adopter, est que si de *Captunacum* on faisoit Chatou, on éclipseroit entierement la syllabe *nac* contre la maniere ordinaire de procéder dans les analogies des noms. On peut voir ce que je dis là-dessus assez au long en parlant du Village de Cennoy.

<small>M. de Valois. Dom Michel Germain.</small>

Le Chartrier d'où l'on pourroit tirer plus de circonstances concernant le Village de Chatou, est celui de l'Abbaye de Coulombes au Diocése de Chartres, à laquelle appartient la présentation à la Cure, accordée par un Evêque de Paris. Mais je n'ai pas été à portée de le voir pour être en état de nommer cet Evêque. Le

Pouillé de Paris, dressé au XIII siécle, appelle cette Cure simplement *Chato,* ce qui revient au nom de Chatou, et qui prouve qu'on ignoroit dèslors comment ce nom se devoit dire en latin. Le Pouillé écrit vers l'an 1450 met aussi Chatou sans latiniser. Les Catalogues des Cures donnés, soit par Du Breul, soit par d'autres, mettent *Cura de Chatone,* ou de Chatoüe. J'ai vu des provisions du 11 Janvier 1473, où il y a *Cura B. Mariæ de Cathone.*

L'Eglise est sous le titre de la Sainte Vierge. On reconnoît encore dans le Chœur et dans les Chapelles des côtés quelques restes d'édifices du XIII siécle. La tour ou clocher est le plus ancien morceau, d'autant qu'elle paroît être au plus tard de la fin du XII. On lit dans le côté septentrional du Chœur une inscription de l'an 1623, qui porte que Thomas le Pileur, Seigneur Chastelain de Chatou et du fief de Mallenoue, et Anne Portail, sa femme, ont fait beaucoup de reparations et embellissemens à cette Eglise, en 1622.

Dans la nef est une autre inscription de l'an 1683, qui apprend que Gaspar de Marcy, Recteur des Academies Royales de Peinture et Sculpture, a legué à la même Eglise une somme pour l'entretien d'une lampe et pour faire travailler à cette même nef. Les armoiries des le Pileur sont au frontispice.

On ne comptoit à Chatou en 1470 que 30 habitans. Aujourd'hui ce Village a plus de cent feux ; les livres imprimés des Elections en comptent 160 ou 152, ce que le Dictionnaire universel de la France évalue à 682 Commùnians. C'est un pays de bled et de vin. Le Seigneur est M. Dallard, ancien Ecuyer du Roi, qui jouit aussi de la Seigneurie de Montesson. On lit dans l'Arrêt du Parlement, sur la Dixme d'Argentueil de l'an 1673, page 5, que celle de vin à Chatou se paye au Seigneur sur le pied de quatre pintes par muid, mesure de S. Denis.

Il faut placer avant tous ces Seigneurs, à raison de l'époque du temps, l'Abbaye de Malenoue qui eut une Seigneurie et une Dixme à Chatou dès l'an 1182. Elle lui fut donnée par Odeline, veuve d'un nommé Parmen, du consentement de ses fils et filles, lorsque trois de ses filles, Aveline, Alix et Heloize se firent Religieuses dans cette Abbaye ; le prix de la vente fut la somme de trente-cinq livres, que Dame Odeline reçut des Religieuses ; la Terre et la Dixme étoient mouvantes d'Adam, Seigneur de l'Isle-Adam. L'acte de cet achat est imprimé dans Du Breul. Du Breul, liv. IV. sur Malenoüe.

Le Prieuré de Jardies, membre dépendant de l'Abbaye de Tiron, et situé sur le chemin de Versailles à Saint Cloud, pouvoit avoir eu du bien à Chatou avant l'Abbaye de Malenoüe. Ce qu'il y possédoit étoit considérable, et étoit chargé de payer à l'Abbé de

<small>Chart. S. Dion. Reg. p. 493.</small> Saint Denis une redevance de cens, d'orge et de chapons. Gervais, Abbé de Tiron, fit en 1249 un échange de tout ce que le Prieuré de Jardies avoit à Chatou pour des terres situées proche Jardies, que l'Abbaye de Saint Denis lui donna. Le revenu qu'avoit le Monastere de Saint Denis à Chatou dans le XIII siécle, est encore <small>Hist. de S. Denis p. 937.</small> connu par un autre enseignement. Son Historien Doublet fait mention d'un Arrêt entre ce Monastere et Guillaume Escuancol, Chevalier, Seigneur à Chatou, par lequel il est dit que les Religieux auront toute Justice et saisines à eux appartenantes en la Ville de Chatou, que le Chevalier aura le reste, et aussi la voyerie. Cet Arrêt est du mois de Février 1295.

On peut compter pour l'un des plus anciens Seigneurs séculiers de Chatou qui soient connus, ce Guillaume Escuancol; ensuite Gilles Malet, qui l'étoit avec Nicole de Chambly, sa femme, <small>Tab. Vallis.</small> en 1379, et donnerent du bien à l'Abbaye du Val.

<small>Sauval, T. III. p. 326.</small> Depuis lui je n'ai trouvé que Colart de Mailly qui l'étoit entre 1423 et 1427, selon un compte de ces temps-là.

Thomas le Pileur, Secrétaire du Roi, Controlleur de la Chancellerie de Paris, étoit Seigneur de Chatou en 1577, et acquit, le 22 Juillet, des Religieuses de Malenoüe, les droits et revenus qu'elles y avoient : ce qui fut homologué au Secrétariat de <small>Reg. Ep. Paris.</small> l'Evêché le 15 Février 1586. Ce même Seigneur est nommé dans le Procès verbal de la Coûtume de Paris de l'an 1580 et il y est qualifié Conseiller au Parlement.

Thomas le Pileur, fils du précédent, étoit Seigneur en 1609. <small>Histoire de</small> Il est dit Secrétaire du Roi et Audiencier en la Chancellerie. Il <small>la Chancellerie, p. 307.</small> vivoit encore en 1622, ainsi qu'on a vû ci-dessus.

Voici quelques autres titres où il est fait mention de Chatou. Dans le Cartulaire de Saint Denis, Pierre, Seigneur de Marly, déclarant, l'an 1234, ce qu'il tenoit de cette Abbaye, met, parmi l'une de ses restrictions, la moitié de la haute Falaise qui est située <small>Hist. de Montm.</small> devant Chatou, comme étant de son Domaine particulier : *In* <small>Preuv. p. 407.</small> *Dominio meo est medietas altæ falesiæ quæ sita est ante Chatou.* On a mis *Chautou* dans le Glossaire de Ducange. On peut voir dans le même livre que *falesia* signifie une éminence de terre ou de rocher au bord d'une riviere.

L'ancien Nécrologe de l'Abbaye de Sainte Geneviéve de Paris, <small>Necrol. S. Gen.</small> parlant du legs d'une vigne située à Chatou, met : *Obiit Lande-* <small>26 Febr.</small> *ricus Canonicus, qui dedit... vineam de Cato ad Stationem.*

<small>Table de</small> Il n'y a pas toujours eu de Pont à Chatou. Au milieu de l'avant- <small>la Chambre des</small> dernier siécle, il n'y avoit encore qu'un bac. Le Roi donna, en <small>Comptes. T. IV, Ogier, p. 24.</small> 1560, le produit du bac aux Religieuses de Malenoüe.

Je n'ai pu trouver en quel temps précisément le pont fut bâti vis-à-vis ce Village.

En 1726, le 14 Août, le Parlement enregistra des Lettres par lesquelles on apprend que le premier Président Portail et Dame Rose, son épouse, avoient cédé au Roi, en 1723, par forme d'échange, le pont de Chatou, Droit et Maîtrise de ce pont, au lieu de quoi le Roi constitua à la Dame Portail une rente noble et féodale de 6500 livres, à prendre sur l'état des bois de la Généralité de Rouen, laquelle Rente le Roi unit et attache pour toujours à la Châtellenie de Vaudreuil, appartenante à ladite Dame Portail, pour être par elle et ses ayant cause tenus en Fief sans en rien reserver que le ressort et la souveraineté. Les Habitans de Chatou s'étaient opposés à cet échange, de crainte qu'on n'exigeât d'eux pour leur passage de plus grands droits qu'auparavant ; mais le Roi leur accorda qu'ils ne payeroient pas davantage que lorsqu'il n'y avoit qu'un bac. *Reg. Parl. T. LVII, Ogier, vol. CXVII.*

Le premier jour de Juin 1739, mourut à Chatou Henriette Fitz-James, fille du Maréchal de Berwik, Dame du Palais de la Reine, épouse de J. B. Louis de Clermont d'Amboise, Marquis de Renel, etc. *Mercure de Fr. Juin 1739, 1 vol.*

Outre Chatou, Diocése de Paris, il y a un Chatou au pays de Beaujollois.

CROICY ou CROISSY

On lit dans M. de Valois que le nom Croicy peut venir de ce que ç'auroit été un lieu propre à produire beaucoup de saffran, ou de ce qu'un ancien Seigneur auroit porté le nom de Crocus, d'autant que c'étoit un nom propre d'homme chez les Gaulois et les Francs, aussi-bien que parmi les Allemans. Quoiqu'il en soit de la premiere étymologie, le terrain n'y produit aujourd'hui que des légumes. Sa situation est à trois lieues de Paris, sur le rivage droit de la Seine à l'opposite de l'ancien Charlevanne, et d'un autre endroit appelé la Malmaison, nom relatif au séjour des Normans en ce lieu au IX siécle, comme l'est celui de *malus Portus,* dont je parlerai ci-après. *Notit. Galliar. p. 416.*

Pierre de Nemours, Evêque de Paris, donna, en 1211, l'Eglise de Croicy (*Ecclesiam de Crociaco*), à Boson, Prieur de S Leonard de Noblat en Limosin. On ignore par quelle raison il choisit des Religieux si éloignés de Paris. L'acte de cet établissement déclare qu'ils devoient être deux Chanoines Religieux en cette Eglise (ce qui formoit un Prieuré) et que s'il arrivoit au Prieur de Noblat de changer ce Prieur, celui qu'il lui substitueroit seroit tenu de prêter serment de fidélité et d'obéissance à l'Evêque de Paris. *Ecclesiam de Crociaco. Cart. Ep. Par. in Bibl. Regiâ fol. 94. du Bois. Hist. Eccl. Par. T. II, p. 248.*

Adam, Archidiacre de Paris, consentit à cette donation, sauf ses droits et ceux du Doyen rural.

On trouve un acte de 1224, qui fait mention du Prieuré de Croicy et de ses biens. Une Isle de la Seine est nommée *Insula Prioris de Crociaco* : Pierre, Seigneur de Marly, prétendoit qu'elle étoit sur son Domaine. Par un autre acte de l'an 1247, Guillaume, Evêque de Paris, attesta que Burchard, Seigneur du même Marly, avoit vendu à l'Abbaye de Saint Denis, du consentement d'Agnès, son épouse, un moulin appellé *de malo Portu*, situé dans la censive du Prieur de Croicy, *subtus Villam Crociacum*. C'est précisément l'un des endroits par où les Normans avoient autrefois mis pied à terre pour ravager le pays (en 845 ou 846). Ainsi le lieu étoit nommé, avec raison, Malport, comme l'appelle Duchêne, fondé sur la dénomination latine portée dans ce Titre.

Cartul. S. Dion. in Prob. Hist. Montmor. p. 407.

Ibid., p. 410.

Saint Martin étoit alors regardé comme le seul Patron de l'Eglise de Croicy : mais on ne tarda pas à y voir établir le culte de S. Léonard du Pays Limosin, par la raison que les Religieux, venus de la maison de son nom, y solemniserent sa Fête en ayant apporté des Reliques avec eux. Dès le regne de Philippe le Hardi il y avoit un grand pélerinage à Croicy, et on nommoit ce lieu simplement *Saint Léonard*. Ce concours est marqué dans le recueil des Miracles de S. Louis, composé par Guillaume Cordelier, vers l'an 1280. On peut se convaincre par la multitude des tableaux votifs qu'on a vu en cette Eglise, que la devotion envers ce Saint étoit grande. L'auteur de la Concordance des Breviaires de Rome et de Paris, assure au 6 Novembre que ce Saint y est sur-tout reclamé pour les enfans en chartre : ailleurs on l'invoque pour les captifs ou prisonniers. A Croicy sa fête est chommée. On verra ci-après des provisions de la Cure où il est nommé avant S. Martin.

Bolland. T. V, Augusti p. 639.

Le bâtiment de l'Eglise que l'on voit aujourd'hui est le même qui avoit été construit lors du nouvel établissement des Chanoines de Noblat, et il y a encore une partie des vitrages de ce temps-là.

Il peut avoir eu des Collateraux ou bas côtés : mais il n'en paroît plus maintenant; ensorte que cela forme un vaisseau de figure longue et étroite, et que, pour empêcher l'écart de la voute, il a été besoin d'y mettre un grand nombre de barres de fer traversantes, que la Reine-Mere donna en conséquence d'un vœu qu'elle vint exécuter dans cette Eglise. Les deux Statues qu'on voit au fond de chaque côté paroissent d'un gout de sculpture de quatre cens ans ou approchant, malgré la peinture dont on les a rafraichies. Du côté du nord est celle de S. Leonard, vêtu d'une dalmatique ou tunique, dont les orfrois sont ornés de figures en

Ex relat. D. Prioris. 1740.

forme d'entraves et de chaînes. L'autre statue en face de celle de Saint Leonard représente Saint Louis. Le tableau du grand Autel a été donné par la Reine-Mere ; c'est un Crucifix peint par Simon Voüet.

Le Pouillé de Paris écrit au XIII siécle, marque la Cure de Croicy comme étant à la pleine collation de l'Evêque de Paris, ce qui est suivi par celui de 1648, qui la dit être de droit à l'Archevêque, et la qualifie néanmoins *Prieuré-Cure*. Elle ne se trouve point dans le Pouillé du XV siécle, ni dans celui du XVI, non plus que dans le Pouillé imprimé en 1626. On la connoissoit cependant fort bien dans le XV siécle, puisqu'il existe un acte de présentation faite le 2 Août 1459 par Etienne Tixier, Prieur de Saint Léonard, et qu'on trouve dans les Registres de l'Evêché au 28 Mai 1474, une commission pour desservir *Ecclesiam parochialem Sancti Leonardi propè Catou propter absentiam Fratris Petri Le Gay Curati.* Cent ans après on la regardoit encore comme une Cure Reguliere, mais on ignoroit de quel Ordre. Un Religieux de l'Ordre de Cîteaux en fut pourvu par l'Evêque de Paris. Le 24 Mai 1584 furent expédiées des provisions *Prioratus Curati SS. Leonardi et Martini de Croissiaco, Ordinis Cisterciensis, Fratri Joanni Huon, Monacho Vallis B. Mariæ ejusdem Ordinis.* Reg. Ep. in Spir.

Le Pelletier assure dans son Pouillé de 1692, que c'est un Bénéfice régulier et que le Prieur de Saint Leonard en Limosin y présente. Entre plusieurs Réguliers de différentes Congrégations qui ont possédé ce Prieuré et regi la Cure, l'un des plus célèbres est le fameux Abbé de Vertot, qui en prit possession lorsqu'il étoit Chanoine régulier de l'Ordre de Prémontré et qui sçut allier aux devoirs d'un Pasteur zélé, l'étude des Belles-Lettres et de l'Histoire. Ce fut dans ce lieu qu'il composa l'Histoire de la conjuration de Portugal qu'il fit imprimer en 1689, et qui a été connue depuis sous le titre de Revolutions. Il permuta ensuite la Cure de Croicy, pour une autre du pays de Caux. Cette Cure est gouvernée depuis environ quarante ans par des Religieux de S. Antoine, reconnus Chanoines réguliers par un Arrêt du grand Conseil. Le premier a été le P. Mortier ; le second, le P. Chanot, célébre Prédicateur. Eloge de M. de Vertot Membre de l'Acad. des Belles Let. 1735.

En l'an 1470, Croicy ne contenoit que deux habitans. Selon le denombrement des Elections, il y a en ce siécle 33 feux, et selon le Dictionnaire universel, 153 habitans : on assure qu'il s'y en trouve un peu plus aujourd'hui.

Cette Terre releve de Montmorency.

Le plus ancien Seigneur que j'aie découvert, est un Robert de Croicy, lequel donna à l'Abbaye de Saint Denis, en 1206, tout le

PAROISSE DE CROICY

Chart. Odon.
Ap. Paris in
Chart. S. Dion.
Reg. p. 473.
Hist. des Presid.
au Parl. p. 26.
Epit. des
Hennequins
1573 et 1595, à
S. Jean en Grève.
Procès verbal
de la Coûtume.
Hist. de Paris,
p. 914.
Reg. du Parl.
14 Mars 1634.

Domaine qu'il avoit entre la Celle et Ruel. En 1460 et tout le reste du XV siécle, cette Terre fut entre les mains des Sieurs Hennequin, tous deux appelés Jean, pere et fils. Il paroît qu'elle resta dans la même famille durant tout le siécle suivant, au moins en partie : je fais ici cette restriction, parce que dans la Coûtume de Paris de l'an 1511, est mentionné Etienne Petit, Chevalier, Seigneur de Croicy. En 1634 Jacques Robineau jouissoit de cette Seigneurie, et le 21 Janvier, il vendit au Roi, entre les mains de ses Commissaires, 440 arpens, trois quartiers d'héritages faisant partie de sa Seigneurie. En 1655, François de Patrocle, Ecuyer de la Reine-Mere, étoit Seigneur de Croicy. Il obtint du Roi la permission de faire clore de murailles en cette Terre un certain nombre d'arpens, quoique situés dans les plaisirs de Sa Majesté, à raison des degats qu'y commettoient les bêtes fauves qui sortoient de la forêt voisine. Les Lettres furent registrées en Parlement le 21 Juillet de la même année. Mais on croit qu'elles resterent sans exécution. De nos jours cette même Terre a été possedée par M. Gougenot, Secrétaire du Roi et de l'Hôtel de Condé. Elle appartient aujourd'hui à M. Gaultier de Beauvais, Receveur général des Finances.

Il n'y a pas de Bac à Croicy pour le Public ; on est obligé pour y aller de Paris, et pour en revenir, de passer sur le pont de Chatou. Il y a seulement le Bac pour passer du Village de la chaussée à Croicy, que le Roi a fait faire pour les temps de la chasse.

On a varié dans la denomination de ce Village. L'auteur de l'éloge de l'Abbé de Vertot, l'a appelé Croicy-la-Garenne. La carte des environs de Paris, publiée par l'Academie des Sciences, celle de Jaillot et celle de l'Abbé de la Grive lui donnent le même nom, sans doute à cause de la Garenne de S. Germain-en-Laye dont il est voisin. Quelques Actes de MM. Hennequin, autrefois Seigneurs, l'ont appelé Croicy-Saint Léonard. Aujourd'hui plusieurs disent Croicy-Saint Martin et Saint Léonard. Les Imprimeurs de quelques Généalogies ont quelquefois voulu faire entendre par une virgule superflue, que S. Léonard et Croicy sont deux Terres différentes.

Les Gabillons sont un petit hameau de cinq ou six maisons à un quart de lieue de Croicy, lequel tire son nom d'un particulier du lieu. C'est, suivant ce que l'on m'a dit, un fief de la Seigneurie.

MONTESSON

Ne m'étant tombé sous les yeux aucun ancien titre latin sur ce lieu, je ne puis avoir recours qu'à M. de Valois sur son origine et son étymologie. Il fait un assez long article pour prouver que son vrai nom latin est *Mons Taxonis,* ensorte que *Tessonis* est une alteration du mot *Taxo* qui signifie un blereau. Cette altération ou corruption du mot est déja ancienne selon lui, puisque dans des Lettres latines du Roi Philippe le Bel, de l'an 1290, le Secrétaire voulant marquer qu'il y avoit des blereaux dans le bois de Saint Cloud se sert du mot *Tessones;* le même M. de Valois produit un passage d'un Auteur du XII siécle qui dit du Tesson (qu'il appelle en latin *Taxus*) que c'est un animal qui fréquente les terrains montueux et pierreux et qui y creuse la terre : après quoi il fait observer que ce doit être de la même espece d'animal que le Village de Tesson-Ville, au Diocése de Paris, a tiré son nom [1]. Mais n'y auroit-il pas autant d'apparence que le mot *Taxo* doit être pris là pour le nom d'un homme à qui cette petite montagne auroit appartenu? On voit dans des actes du XI siécle que *Taxo* ou *Taxonis* étoit un surnom que portoient alors quelques-uns des Nobles de la Normandie.

Notit. Galliar. p. 424.

Annal. Ben. T. IV, p. 520 et 565.

Montesson n'étoit pas une Paroisse il y a cinq cens ans, puisqu'il ne se trouve pas dans le catalogue des Cures du Pouillé écrit au XIII siécle. Mais on a des preuves qu'il y avoit un Curé en ce lieu, sous le regne de Charles V, vers l'an 1370.

Ce Village est situé dans la troisiéme péninsule que la Seine forme par ses circuits entre Paris et S. Germain-en-Laye à trois lieues et demie de Paris, à une demie de S. Germain, et à pareille distance de Chatou. La montagne à laquelle son nom fait allusion, n'est qu'une legere élévation, dont la pente est vers le nord. Le terrain est pierreux, la vigne y vient bien, et il y en a considérablement, avec des cérisiers et des menus grains. En 1470 il n'y avoit en ce lieu que quatre habitans. Le denombrement de l'Election de Paris y comptoit 76 feux, il y a quarante ans : celui qui a été imprimé en 1745 y en marque 88, ce qui forme à peu près le nombre de 400 habitans que le Dictionnaire universel du Royaume a assuré y être.

Regist. Visit.

Il n'y reste aucun monument d'où l'on puisse apprendre de quelle Paroisse ce lieu a été détaché lorsqu'on y a érigé une Cure du titre de Notre-Dame. Comme la Cure de Houilles existoit au

---

1. Il étoit voisin du Plessis-Gassot et de Bouqueval.

moins dès le commencement du XIII siécle, qu'elle étoit et qu'elle a toujours été à la nomination de l'Evêque de Paris, et qu'outre cela le terrain de Montesson ressemble assez par son vignoble à celui de Houilles, il paroît plus vraisemblable que c'est de cette Paroisse qu'il a été demembré, d'autant que l'Abbé de Coulombs qui nomme depuis le XIII siécle au moins, à la Cure de Chatou, n'auroit pas manqué de se retenir la nomination à celle de Montesson, si l'érection de la Cure avoit diminué l'étendue du territoire de Chatou. Or on sçait que c'est l'Archevêque de Paris qui nomme à Montesson comme à Houilles. L'éloignement de ces deux Cures l'une de l'autre paroît être d'une bonne demie lieue. Au reste il est certain qu'en 1366 il y avoit un Curé à Montesson.

Un article des Registres du Parlement de cette année-là nous apprend qu'alors Nicolas de la Vieille, Curé de Montesson, étant pourvû par l'Evêque de Paris de la Leproserie de Charlevanne, plaidoit contre Robert de S. Germain, nommé par le Roi. On n'a rien avant ce temps-là. Dans des provisions du 7 Avril 1472, cette Cure est dite *Beatæ Mariæ de Monte Tessonis*.

Regist. Ep. Par. Quoiqu'il y eut une Eglise Paroissiale à Montesson dès ce même temps, on ne trouve point que la Dédicace en ait été faite avant l'an 1546; l'Evêque de Paris permit le 2 Octobre aux Marguilliers de la faire dédier par l'Evêque de Magarence, avec pouvoir à lui d'y bénir trois Autels, et il ordonna que l'anniversaire en seroit célébré chaque année le 9 Octobre.

Cette Eglise devenue caduque dans le dernier siécle, fut rebâtie par la nourrice de Louis XIV, qui étoit Dame de ce lieu. Aussi y voit-on sur la porte ses armoiries avec un Daufin et des fleurs de lis. Ce n'est qu'une espece de grande Chapelle voutée de plâtre et sans aîles : mais la tour ou clocher qui est au frontispice à main droite lui donne de l'apparence par son pavillon couvert d'ardoise.

Il y a dans la même Eglise du côté meridional une petite Chapelle, sur la porte de laquelle Claude Dodieu, Chevalier, Seigneur de Vély, a fait mettre il y a cent ans, que cette Chapelle est en ce lieu pour mémorial de l'ancienne qu'y avoient ses ancêtres, avec leur caveau où s'est trouvé inhumé Loys Dodieu, Sieur de la Borde, premier Président au Parlement de Bretagne, puis Conseiller d'Etat, fils de Claude Dodieu, qui avoit été Ambassadeur en 1527 et 1528, vers la Seigneurie de Florence et vers Charles Quint.

Je n'ai point trouvé d'anciens Seigneurs de Montesson. J'ai déja dit que Madame, ancienne nourrice du Roi Louis XIV, avoit été Dame de ce lieu. J'y appris en passant en 1739, que M. Dallard en étoit Seigneur, et de Chatou, et il jouit encore des deux Terres.

Les Habitans de Montesson plaidoient en 1381 contre Jean de Meudon, Capitaine de S. Germain-en-Laye, pour être déchargés du guet, qu'on disoit être dû par eux au Château de S. Germain. On a imprimé par erreur dans le livre d'où je tire ce fait, Montcresson au lieu de Montesson. Hist. des Gr. Off. T. VIII, p. 686.

La Borde est le seul écart de cette Paroisse. C'est une Seigneurie située à l'extrémité vers le couchant d'été, sur le rivage droit de la Seine. On vient de voir qu'elle avoit appartenu à Louis Dodieu sur la fin de l'avant-dernier siécle. Ce Seigneur obtint du Roi Henri III des Lettres datées de Paris, le 20 Janvier 1582, portant que la Terre de la Borde, sise en la Paroisse de Montesson, appartenante à Louis Dodieu, Maître des Comptes, seroit desormais appellée *Vailly-la-Borde*, avec défense de l'appeller autrement à peine d'amende arbitraire. Je n'ai vû qu'une Carte du Diocése de Paris de l'an 1622, par Samson, encore jeune, dans laquelle l'auteur a voulu se conformer à ce changement ; encore a-t-il mis *Vaux-la-Rorde*, au lieu de Vailly-la-Borde. Huitième livre des Bannieres du Châtelet, f. 217.

Claude Dodieu, second du nom, qui a fait mettre l'inscription ci-dessus, résidoit quelquefois en 1636 dans sa Seigneurie de la Borde, et y avoit une Chapelle, où il lui fut permis de faire célébrer. Reg. Archiep. Paris. 24 Oct. 1636.

Il y a eu sur la fin du XIV siécle un Jacobin qui a fait du bruit par ses sentimens : il s'appelloit *Joannes de Montesono*, ce qui sembleroit signifier Montesson. Mais ce Religieux étoit de la Province d'Arragon ; ainsi il ne faut point le donner au Village dont il s'agit.

HOUILLES
et CARRIERE son annexe

De tous les lieux du Diocése de Paris, il n'y en a gueres dont l'étymologie soit si difficile à trouver que celle du nom de cette Paroisse, située à deux lieues et demie de Paris. Celle qui se tire de ce qu'on appelle du charbon de terre, autrement houille, paroîtroit la plus naturelle, s'il y avoit apparence qu'on y en eût autrefois tiré ; mais outre que cela ne se voit pas, la découverte de cette sorte de charbon n'a été faite d'abord que vers l'an 1200, dans le pays de Liége, et le Village d'Houilles existoit dèslors. Hull en Saxon signifie une montagne ou une colline ; ce qui ne peut convenir à Houilles qui est dans une plaine, à moins qu'on ne prétende que c'est par allusion à l'espece de montagne qui est Gloss. Cangii voce Hulla et Hullus.

vers Sartrouville. Il faut aussi observer que dans le Pouillé du Diocése redigé avant Saint Louis, le nom est écrit en langage vulgaire Holles et non pas en latin comme presque tous les autres, ce qui prouve que l'on ne sçavoit dèslors d'où ce nom étoit formé, et qu'on n'osoit fixer son étymologie. On pourroit conclure de ce que dans ce titre d'environ cinq cens ans il est écrit avec aspiration, que c'est ûne marque qu'on ne croyoit pas qu'il vint d'*Olla*, qui a été employé pour tuille ou brique, et qu'on n'a pas eu la pensée qu'il y ait eu en ce lieu une tuillerie ou poterie qui lui eût communiqué son nom. Ainsi je pense qu'il faut se retrancher sur le mot *Hule* qui signifioit chez nos premiers Francs un instrument propre à remuer la terre, et particulier à ceux qui gardent les troupeaux, dont le diminutif a formé celui de houlette : ensorte que Houilles signifieroit Pays de bergers et de bergeries, nom qui lui auroit été donné dans le temps que la plus grande partie du voisinage n'avoit point de bergeries et étoit encore inhabitée. De même donc que Sartrouville fut le pays de ceux qui defricherent la terre, où depuis l'on planta le grand vignoble de ce lieu, celui d'Argentueil et celui de Cormeilles, Houilles fut le canton où les Francs de ces quartiers-là fixerent leurs pâtres. On croit aussi que ce lieu, à cause de sa situation au milieu d'une peninsule de la Seine, peut avoir été appellé *Oscellus* ou *Hoscellum,* dans le même sens que ce nom *d'Oscella* est donné à une peninsule de la riviere du Doubs en Franche-Comté. Il est certain que ce fut dans la peninsule vis-à-vis la Celle ou Charlevanne que les Normans commirent en l'an 846 beaucoup de meurtres ; ensorte qu'il est vraisemblable que delà seroit venu le nom de Martray, que porte encore un endroit de la Paroisse d'Houilles, qui a servi de cimetiere dès le temps auquel on continuoit à inhumer dans des cercueils de pierre et de plâtre ; en effet, on y en a trouvé avec beaucoup d'ossemens.

<small>Histoire des Sequanois Dunod, T. I, page 184.</small>

<small>Duchêne, T. II, page 655.</small>

Il paroit, par des comptes rendus en 1618, que la Paroisse d'Houilles étoit entourée de murailles, et qu'il y avoit des portes qui fermoient, appellées les portes de Pontoise, de Paris, de S. Germain, de S. Nicolas, et qu'il y avoit des tourelles sur ces portes ; ce qui n'avoit pas empêché les Huguenots d'y entrer au mois de Janvier 1598, et aussi dans l'Eglise où ils trouverent peu de chose à prendre.

<small>Compte de Fabriq.</small>

Cette Eglise a été rebâtie à neuf dans l'un des derniers siécles. L'architecte a placé le Sanctuaire ou le grand Autel dans le bout septentrional et la porte vers le midi, ce qu'on n'auroit pas souffert dans les anciens temps. Au côté gauche de ce portail est une belle tour de pierre terminée par une conque renversée. Cette tour fut commencée en 1648, discontinuée en 1649 à cause de la premiere guerre de Paris, et achevée en 1651. Saint Nicolas est Patron de cette Eglise, au moins depuis l'an 1470 que je la trouve désignée de son nom dans un Registre de visite qui n'y marque que douze habitans et huit à Carriere, qui y [est] dit *unita Ecclesiæ de Houlliis.*

Dans les Pouillés, cette Cure est différemment nommée. Celui du XIII siécle l'appelle Holles, ainsi que j'ai déja dit. Dans ceux du XV et du XVI siécle elle est nommée *de Houlliis* sans mention du lieu de Carrieres. Dans des provisions du 1er Septembre 1543 il y a *Cura de Carreria et Houlliis,* qui est l'ordre que Du Breul a suivi ; mais en d'autres du 12 Juin 1571 on lit tout au long *Ecclesia Parochialis S. Nicolai de Houlliis, cum succursu S. Joannis Baptistæ de Carreriis.* La Cure étoit alors vacante par resignation ou demission de Jacques Rouillard, Conseiller au Parlement. Dans le Procès verbal de la Coûtume de l'an 1580 comparut Valentin Moignard, qualifié Curé de Houilles et de Carrieres S. Denis son annexe. Au siécle dernier ont été Curés de ces mêmes lieux Mrs Martin Grandin, Docteur et Professeur Royal en Théologie, et Jean-François de Salles Charmolue, pareillement Docteur de Sorbonne.

Le plus ancien Seigneur d'Houilles que j'aye pu découvrir est Pierre d'Aunoy, qui étoit Trésorier de la Cathédrale de Laon vers l'an 1400, de la famille apparemment de ceux de ce nom qui ont joui de la terre d'Orville à Louvre. Il est connu par une exemption qu'il procura en 1404 à ses vassaux. Pierre Boucher possedoit cette Seigneurie et celle d'Orcé vers l'an 1510. Charles Boucher, reçu Conseiller au Parlement en 1546, fils du Seigneur d'Orcé, est qualifié Seigneur d'Houilles : après lui Pierre Boucher vers l'an 1560, et ensuite un autre Charles Boucher, Conseiller au Parlement, qui posseda aussi la terre de Vernoy. Antoine Brice, Seigneur d'Houilles, est connu pour y avoir fondé une Messe basse. Il est apparemment le même Brice qui, en 1649, fut imposé comme Seigneur de Houilles à une taxe dont le rolle est imprimé. Hist. des Maitres des Req. p. 117.
Hist. des Presid. au Parl. p. 128, 233 et 234.
Arch. Ep. Paris.

Jean-Baptiste Proust, Lieutenant particulier au Châtelet de Paris, étoit en 1698 Seigneur de Houilles et du petit fief appellé le Martray. Ayant exposé alors au Cardinal de Noailles, que le petit Cimetiere appellé du même nom de Martray, servant autrefois à inhumer les pestiferés, causoit de la difformité à sa maison seigneuriale, il fut permis aux habitans de le lui céder moyennant un autre terrain qu'il offroit pour le même employ. En 1700 il obtint la permission d'avoir une Chapelle en son Château. Il est encore fait mention du même Seigneur dans un Arrest du Grand-Conseil du 28 Septembre 1707, qui le condamne aussi-bien que les habitans à payer aux Filles-Dieu de Paris et au sieur de Reg. Archiep. 7 Nov.
Reg. 30 Aug.
Code des Curés, T. I, p. 267.

Charmolue, Curé, Décimateurs par moitié, la dixme de sainfoin de leurs enclos. Il mourut en 1721. Son fils Jean B. Louis lui a succedé : Cette Seigneurie a passé ensuite à la mere qui est décédée en 1743. Geneviéve-Charlotte Proust, fille majeure, est depuis ce temps-là Dame de Houilles et du Martray.

Il y a à Houilles Prévôté, haute, moyenne et basse Justice qui releve de Montmorency. La Seigneurie releve d'Eaubonne. Il y a de plus dans Houilles un fief qui releve de Besons.

<small>P. Anselme. T. VIII, p. 686.</small>

Les habitans de Houilles plaiderent en 1381, comme ceux de Besons, contre Jean de Meudon, Capitaine de Saint Germain-en-Laye, demandans d'être déchargés du guet qu'ils devoient à ce Château. En l'an 1404 le Seigneur qui étoit Pierre d'Aunay déja nommé ci-dessus, obtint du Roi Charles VI que les habitans de Houilles fussent exempts de prises et de fournitures à la Cour, moyennant qu'ils voitureroient chaque année à l'Hôtel du Roi à Paris quatre charettées de leur feurre ou fourage.

<small>Reg. des Chartes 159, piece 211.</small>

<small>Abrégé de l'Hist. de N. D. de Pontoise, réimprimé 1724, p. 5o et 53.</small>

Le Village de Houilles fut affligé en 1648 au mois de Décembre d'une maladie autant incurable qu'elle étoit inconnue, et qui enlevoit chaque jour six personnes. Cette désolation cessa après que les habitans eurent fait vœu devant l'autel d'aller processionnellement à Notre-Dame de Pontoise offrir un cierge de vingt livres. En 1686 la même maladie étant revenue, les habitans renouvellerent ce vœu le 14 Mai, ainsi que l'atteste M. de Charmolue alors Curé.

Le denombrement des Elections marque 148 feux à Houilles, ce que le Dictionnaire universel de la France reduit à 346 habitans.

La plaine de Houilles est renommée par les chasses à l'oiseau du temps des Rois Henri III, Henri IV, Louis XIII et de Louis XIV, qui y faisoit aussi la revue de ses troupes ; Guy Patin parle dans ses lettres de la revue de l'an 1667. Il y a entre Houilles et Carrieres une Croix appellée *La Croix des Dinechiens,* parce que, dit-on, Henri IV faisoit diner ses chiens en cet endroit : mais cette origine de nom paroît fausse. Je connois en d'autres quartiers très-éloignés, des cantons de vignes du même nom.

Les melons de Houilles que l'on semoit dans les champs comme du bled étoient autrefois en reputation.

Au bout du village du côté du couchant commence une avenue d'ormes qui conduit vis-à-vis le village de Maisons situé au-delà de la Seine, et dès cet endroit on ne voit tant à droite qu'à gauche et en pays plat que des vignes qui produisent des vins blancs et clairets.

CARRIERES SAINT DENIS

ANNEXE DE HOUILLES

Ce lieu porte ce nom sans que S. Denis soit le patron de l'Eglise que l'on y voit, mais parce que cette Terre appartient à la célébre Abbaye de Saint Denis, et pour le distinguer de plusieurs autres Villages du nom de Carrieres, dans tous lesquels on tire ou l'on a tiré des pierres à bâtir. Celui-ci est situé sur un coteau de la Seine assez escarpé en certains endroits. Il y a encore des restes du vieux château en maniere de Forteresse appartenant au Monastere.

Suger, Abbé de Saint Denis, a écrit dans le livre de son administration, que de son temps il fut bâti un nouveau village appellé *Quadraria,* appartenant à son Abbaye ; et que comme l'Eglise de Bernival en Caux, qui avoit besoin d'être reparée, n'avoit pas suffisamment de revenus, il lui attacha une partie de celui de la terre de Carriere, ensorte qu'elle étoit chargée de payer au Trésorier de Saint Denis quatre marcs, et à l'Eglise sept livres. Par une charte du même Abbé de l'an 1137 que Doublet a publiée, Suger avoit d'abord attaché tout le revenu de cette Terre à la Trésorerie de Saint Denis, *manum mortuam, rotagium,* et même celui de l'espace de terrain situé entre Carrieres et Besons, qu'il avoit permis à Etienne, Trésorier, de céder aux habitans de Besons pour y planter de la vigne. Ce village devint par la suite assez considérable pour fournir au guet du Château de S. Germain-en-Laye : mais les habitans se défendirent en 1381 de cette charge, aussi bien que ceux de Besons et d'Houilles contre le Capitaine Jean de Meudon. Ils se firent aussi exempter par Lettres Patentes du 12 Février 1404 d'être sujets aux prises pour le service de la Cour, moyennant qu'ils ameneroient chaque année à l'Hotel du Roi à Paris deux charettes de feurre. Les Religieux de Saint Denis qui songeoient à peupler encore davantage cette terre, obtinrent en 1491 des Lettres patentes qui leur permettoient d'avoir un bac au port de Carriere. Voilà ce qu'on trouve de plus ancien sur ce lieu. Le Pouillé de l'Abbaye de Saint Denis imprimé en 1648 à la fin de celui du Diocèse de Paris, marque que c'est le Trésorier de S. Denis qui est toujours Seigneur de Carrieres.

L'Eglise, titrée de S. Jean Baptiste, est solidement bâtie. On y descend par huit ou dix marches. Le chœur est d'une structure d'environ le XIII siécle, ce qui se reconnoit entre autres marques par un reste de vitrage de ce siécle qu'on voit bien y avoir été dès le temps de la construction. Cet édifice est presque carré, n'ayant

Marginalia:
Duchêne, T. IV, page 341.
Hist. S. Denis, p. 855.
P. Anselme, T. VIII, p. 685.
Tres. des Chart. regist. 150, p. 210.
Registrée le 21 Mai Pl. vol. VII, p. 170.
Pouillé 1648, p. 132.

qu'une seule aile, pratiquée du côté du nord depuis cent ans ou environ. J'y vis l'ancien retable d'autel qui représentoit la Passion de N. S. très grossierement en relief, dont l'inscription en peinture et lettres gothiques porte les noms de *Maître Thomas Turquan Ecuyer Seigneur de… le Roi au Veuxin François et Michel Laguette Avocat….. et Barbe Turquan* qui apparemment l'avoit fait faire. Je trouvai au même endroit l'ancienne pyramide gothique qui servoit de tabernacle il y a environ trente-cinq ans, avant que le grand autel eût été rapproché du mur du pignon qui fait le fond de l'Eglise. L'ancien Pouillé de l'Abbaye de S. Denis marque qu'il y a dans cette Eglise une Chapelle fondée du titre de S. Nicolas.

<small>Pouillé de Paris 1648, p. 135, col. 1.</small>

Il reside à Carriere un Vicaire amovible du Chapelain pour les Sacremens, y ayant Fonts baptismaux dans l'Eglise, et un cimetiere sur la pente du coteau. On va aux Rogations à Houilles qui est la Mere Eglise. Les auteurs des Pouillés n'ont point fait d'article separé sur ce village, ne le regardant que comme une annexe ou succursale.

A l'égard du temporel, ce lieu fait un article separé dans le rolle des tailles ; il y a un Bailliage qui releve du Parlement à cause de l'Abbaye de Saint Denis, haute, moyenne et basse Justice. Le livre des Elections y compte 92 feux, et le Dictionnaire universel assure qu'il y a 506 habitans ; le dernier denombrement y met 112 feux. On y cultive la vigne, le terrain y étant très-propre. Il y a aussi en ce lieu une manufacture parfaite de Spalme qui sert pour les bassins de porcelaine.

<small>Affiche Déc. 1753.</small>

Entre Carrieres et Besons, proche la riviere, est un petit canton appellé la Courbe, où l'on a trouvé vers l'an 1746 en *rayonnant* pour planter de la vigne, beaucoup de corps morts ; un entre autres qui avoit un esponton et un sabre, ce qui peut denoter qu'il y auroit eu quelque combat en ce lieu. Peu loin de là est un canton appellé Le Camp.

Je dois dire en finissant cet article de Houilles, que j'ai eu connoissance de plusieurs des particularités ci-dessus par M. Jean-B. Georges Constantin, Docteur de la Maison et Société de Navarre, Curé de cette Paroisse depuis l'an 1743.

SARTROUVILLE ou SERTROUVILLE

Il est certain que la bonne maniere d'écrire ce nom est de le commencer par la lettre S ainsi qu'on vient de voir, et non par un C, comme ont fait ceux qui ont donné au public l'état des Elections du Royaume, aussi-bien que ceux qui font imprimer les Rolles d'impositions et qui ont composé le Dictionnaire universel de la France. La raison que j'ai de condamner leur ortographe, est que le nom de ce village est certainement formé du latin *Sarritorum villa*, qui vient de *sarrire*, c'est-à-dire *sarculis fodere*, occupation qui fut celle des premiers habitans de ce lieu, lorsque nos Rois eurent accordé aux Eglises de l'Abbaye [de] S. Denis et d'Argentueil, certain terrain inculte du voisinage, entre autres la forêt dite *Cormoletus*, qui regnoit sur les coteaux et éminences qu'on voit entre Epinay et Cormeille. L'expérience ayant fait connoître que le territoire de ces coteaux, exposé au midi, produisoit de bon vin, le premier village qui se forma au bas fut *Sartrouville*, qui dans sa vraie origine signifie *village des Vignerons* : Mr de Valois a eu raison de préférer *Sartorum villa* à *Sartoris villa*, employé par l'Abbé Suger. Il est visible que le village n'auroit pas tiré son nom d'un vigneron seul qui eût fait sa demeure en ce lieu; mais il y a plus d'apparence que c'est d'une colonie entiere qui défricha la terre, en arracha les cormiers ou sorbiers et autres arbres de peu de produit pour y planter de la vigne. Une autre erreur qui s'est aussi introduite au sujet du nom de cette Paroisse, est de croire qu'elle tire son nom d'un particulier qui se seroit appellé *Sertorius* ou que le mot *Sartor* signifie un tailleur d'habits, comme s'il venoit de *Sarcire*. Je fais mention de cette derniere origine, parce que je l'ai trouvé employée de la main de Guillaume de Lisle, célèbre Géographe, sur un exemplaire de la Notice des Gaules de M. de Valois qui lui avoit appartenu, à la marge duquel il a écrit ces mots : *La guinguette des Tailleurs de Paris*.

Ce village, éloigné de Paris de trois lieues ou environ, n'est sur aucune des grandes routes. Presque tout le territoire est en vignes. Il n'y avoit en 1470 que 18 feux. Le denombrement de l'Election de Paris y en compte 240, ce que le Dictionnaire universel évalue à 1323 habitans. *Reg. visit.*

L'Eglise Paroissiale, du titre de S. Martin, est sur une espece de côteau. On y monte par trente ou quarante degrez du côté du couchant. Le chœur est fort petit, ne remplissant que le quarré qui est sous le clocher octogone de l'Eglise. Le clocher paroît être du XI ou XII siécle, mais la flêche de pierre élevée dessus est plus nouvelle, quoiqu'elle soit aussi octogone, et on y apperçoit un écusson avec des armoiries difficiles à reconnoître. Le sanctuaire est très-étroit et paroît être d'un temps très-reculé; la voute est enduite de plâtre sur lequel il a pû y avoir des peintures à fresque ou des ornemens à la mosaïque. Je n'ai vû aucune épitaphe ni tombe remarquable dans cette Eglise : mais en recompense le portail qui regarde l'occident m'a paru digne d'attention.

Sa construction est au moins du XI siécle. Au-dessus de la porte sont figurés en relief neuf ou dix crapaux rangés par ordre, et quelques-uns de ces crapaux sont couronnés. Depuis que j'ai fait cette remarque sur le portail de l'Eglise de Sartrouville, j'ai observé au portail occidental de l'Eglise Cathédrale du Mans, lequel est d'une construction encore plus ancienne, deux gros crapaux de pierre brune, posés en regard aux deux côtés, mais sans couronne. Cette remarque pourra être de quelque utilité à ceux qui font des recherches sur les anciens symboles usités chez les François. Le portail de Sartrouville, devenu de couleur rougeatre par la longueur du temps, est masqué aujourd'hui presqu'entierement par une espece de porche sur lequel on a bâti un appartement pour un des Vicaires. Les croix de pierre qui se voyent aux piliers qui supportent les murs de l'Eglise, prouvent qu'elle a été dédiée. On en célébre l'anniversaire le 15 de Mai.

La Cure est à l'entiere disposition de l'Archevêque de Paris, selon tous les Pouillés du Diocése, à commencer par celui du XIII siécle qui appelle ce lieu *Sartovilla*. Il y a eu des Sentences du Juge de Sartrouville en date du 2 Juin 1660 et 15 Novembre 1662, qui condamnent les vignerons du lieu à payer au Curé la dixme du vin à raison de cinq pintes et chopine par muid, et il y a eu un certificat du Curé, portant que tous les ans il étoit payé sur ce pied-là de la dixme des vignes du Président de Maisons situées sur sa paroisse. Un chevalier de la famille des Aunay, Seigneur de Poissy, Maisons-sur-Seine, donna en 1373 ce qu'il avoit sur Sartrouville, c'est-à-dire des dixmes à La Vaudoire, au Curé du lieu, le chargeant d'une Messe à son intention dans la Chapelle de la Vierge qu'il a fait bâtir en cette même Eglise.

<small>Arrêt imprimé sur la dixme d'Argentueil de 1673, page 3.</small>

<small>Ibid., p. 4.</small>

<small>Memoire de M. Marillier, Curé.</small>

Comme la recolte de vin fait toute l'espérance des habitans de cette Paroisse, l'usage s'y étoit introduit avant l'an 1660, lorsqu'on s'appercevoit que les vers mangeoient les raisins, de porter en procession le S. Sacrement dans les vignes. M. de Gondi, Archevêque, ou ses Vicaires Généraux, défendirent de la faire en cette année-là. Il fut ordonné que l'on feroit seulement l'exorcisme des vers dans un carrefour de la campagne et que l'on retourneroit ensuite à l'Eglise pour y chanter la Messe *De necessitatibus*, à laquelle le S. Sacrement seroit exposé.

<small>Reg. Arch. Par. 28 Apr. 1660.</small>

Suivant le Procès verbal de la Coutume de Paris de l'an 1580, cette Paroisse a plus d'un Seigneur. Le Prieur d'Argentueil est dit Seigneur de Sartrouville, dans un endroit de ce Procès verbal, et le Grand Prieur de France dans un autre. Il est certain qu'au moins dès le XI siécle le Monastere d'Argentueil y possedoit vingt maisons avec leurs dépendances, outre le droit de deux Pêches dans l'Isle appellée *Berliseïa* ou *Bertileïa*. C'est ce qui se lit dans la charte de confirmation de ces biens accordée par le Roi Robert, la treiziéme année de son regne qui revient à l'an 1009. Ce Prince y donne à entendre, que plusieurs biens possédés par ce Monastere, venoient de la Reine Adélaïde sa mere. L'administration de ces biens étant revenue à l'Abbaye de S. Denis, l'Abbé Suger au XII siécle disposa d'une partie pour faire célébrer son anniversaire à Argentueil après sa mort, ordonnant qu'on employât dix sols du revenu de Sartrouville pour les portions du refectoire le jour qu'il auroit été célébré. L'Historien moderne de la même Abbaye marque aussi qu'en l'an 1205 l'Abbé fit des acquisitions à Sartrouville. Deux ans après, les Religieuses de l'Abbaye de Footel ou de Malenoue en Brie qui avoient cru pouvoir prétendre quelque chose sur les biens du Monastere d'Argentueil situés à Saint Denis, se désisterent de leurs prétentions.

Hist. Eccl. Par. T. I, p. 631.

Duchêne, T. IV, p. 550.

Felib., p. 217.

Gall. Chr. T. VII, Instrum. col. 84.

La Vaudoire. Ce lieu de la Paroisse de Sartrouville situé au Sud-ouest du village, est écrit différemment dans les cartes, Vaudoire ou la Vaudoire. J'ai suivi ici l'ortographe de M. Marillier, Curé, lequel m'a fourni plusieurs circonstances marquées ci-dessus.

SANNOY

ou plutôt CENNOY et encore mieux ÇANNOY

Quoique depuis le XIII siécle on ait nommé ce lieu en latin *Centum-nuces,* il ne s'ensuit point de là que ce soit son véritable nom, et que le nom vulgaire Çannoy soit formé de ces deux mots latins. M. de Valois qui goûte fort cette étymologie tirée *de centum nucibus,* l'appuye sur ce qu'en Italie, par exemple, il y a un lieu dit *centum Cellæ,* et au Diocése de Beauvais un autre lieu appelé *centum putei* Cenpuits ou Champuis; d'où il conclut que de même cent noyers rassemblés sur le territoire de la Paroisse dont je parle, ont pû lui faire donner le nom de *Cent noix,* qu'on a depuis écrit par corruption *Sannois* ou Sanoy. Mais ce sçavant ne fait aucune attention à l'autorité de l'Abbé Suger, antérieur de plus de cent ans au Pouillé dont lui-même s'autorise, et il oublie que cet Abbé n'a pas employé l'expression de *Centum nuces* pour désigner Cannoy, mais celle de *Centinodium.* Cette diversité de noms latins marque le peu de certitude que l'on avoit dès le XIII siécle sur l'origine du nom de Cannoy.

Comme donc on a varié sur l'étymologie de ce nom et que l'on a paru ignorer d'où le mot françois étoit dérivé, j'ai cru devoir proposer là-dessus une nouvelle conjecture. Tous les sçavans conviennent aujourd'hui que le Palais *Captonacum*, d'où sont datés plusieurs diplomes de nos Rois de la premiere race, et où ont été battues des monnoies de ce temps-là, a dû être situé dans la Neustrie où Paris se trouvoit. M. de Valois s'est contenté d'écrire que quelques-uns croyoient que c'étoit Chatou qui devoit représenter cet ancien *Captonacum* ou *Catonacum*. Dom Michel Germain embrasse ce sentiment dans son ouvrage sur les anciens Palais Royaux, comme aussi M. Chastelain dans la table des lieux de son martyrologe. Quoique je respecte l'autorité de ces trois sçavans, je ne puis cependant me rendre à leur conjecture, parce qu'il me paroît que *Captonacum*, ou *Catunacum* ou bien *Catonacum* peut produire plus légitimement et avec plus d'analogie le nom de *Chanoy*, ou *Çannoy* ou *Ceannoy* que non pas le nom de *Chatou*. On voit très-rarement que le langage vulgaire des François qui abrège beaucoup les noms propres latins, en retranche les deux dernières syllabes, lorsqu'un mot n'en a que quatre : c'est ordinairement plutôt les syllabes du milieu du mot qui sont retranchées, et quelquefois celles du commencement. Or, de *Captonacum* faire Chatou, ou Chato, comme on l'écrivoit autrefois, c'est retrancher le son de la lettre *n*, et c'est ôter le son de *ay* ou de *oy*, que la terminaison *acum* fournit ordinairement au langage françois à la fin des noms de lieux. Mais de *Captonacum* ou *Catonacum* faire Çannoy qu'on a depuis écrit Cennoy', c'est procéder selon l'usage observé dans les retranchemens que dicte l'idiome françois. C'est ne retrancher que les lettres *p*, *t* et *o*, et en former *Cannacum*. Or, de *Cannacum*, il est fort naturel de faire Çannoy. Mais l'Abbé Suger qui voyait écrire Cennoy en langage vulgaire du XII siécle, crut sans autre examen que le mot étoit dérivé d'un mot latin composé ; il s'imagina que le nombre *cent* devoit en faire partie, et comme les noms vulgaires finissant en *oy* viennent quelquefois d'un mot latin dont la fin renferme un *d*, il crut que Cennoy pouvoit venir de *Centinodium* qui est le nom qu'on donne à une espece d'herbe rampante pleine de nœuds. Au contraire, ceux qui vécurent dans le siécle suivant, voyant quelquefois écrire Cennoix avec une x, crurent qu'après le mot *centum* il falloit joindre *nuces*, comme si c'eussent été cent noyers plantés en ce lieu qui lui eussent fait donner ce nom.

Ce n'est pas seulement à cause du rapport plus éloigné dans le nom de Chatou avec *Catonacum* que j'ai songé à produire Ceannoy, comme le représentant mieux : c'est encore parce que plusieurs choses contribuent à reconnoitre à Ceannoy ou sur son territoire un lieu plus propre pour la situation d'un Palais de nos Rois de la premiere race, et que dans le voisinage il reste des

Mabill. Diplom. p. 258.

vestiges qui designent qu'il a dû être situé sur ce territoire, et des marques que ces Rois y tenoient leurs assemblées. Quoique Ceannoy et Chatou ne soient qu'à deux lieues de distance l'un de l'autre, il y a néanmoins sur le territoire et dans le voisinage de l'un, des choses que l'on ne trouve pas dans l'autre. Il faut sçavoir d'abord qu'il y avoit sur les montagnes qui sont entre Ceannoy et Argentueil, et qui s'étendent vers Cormeille, une forêt appelée *Cormoletus*. Elle est mentionnée dans un diplome de Childebert III de l'an 697 par lequel ce Prince la donne en entier à l'Abbaye d'Argentueil, et telle que le Domaine Royal l'avoit possédée jusqu'alors, elle s'étendoit sans doute jusqu'au revers du côté du nord et jusques dans le lieu où est le Village de Ceannoy, dont le Prieur d'Argentueil est Seigneur. Dans la même forêt, en tirant du côté de Cormeille, étoit le Château de May ou de Mail, dont il reste quelques ruines sur la pente vers le nord : dans le même côté du nord par rapport à ce château étoit une habitation des Francs dite aujourd'hui Franconville, et dans les anciens titres *Francorum villa;* elle fut ainsi nommée pour la distinguer de l'habitation de ceux qui dès lors et par la suite défrichèrent la terre dans le côté méridional de cette forêt, laquelle habitation fut appellée pour cette raison *Sarritorum villa* ou par abrégé *Sartorum villa,* d'où l'on a fait Sartrouville. Ce lieu appellé *Village des Francs,* me paroît avoir pu être ainsi nommé dès le temps de la premiere race de nos Rois, parce que ce fut en cette vallée que le corps des soldats François auroit [été] passé en revue lorsque le Roi étoit au château de Ceannoy situé sur la montagne. Ce château ayant été rebâti au commencement de la seconde race, lorsque la revue des troupes fut indiquée au mois de Mai au lieu du mois de Mars, put en tirer sa denomination, et ne fut plus connu que sous le nom de château de Mai, parce que les Rois ayant un plus grand nombre de châteaux et de Palais que ceux de la premiere race, ne s'y rendirent gueres qu'au mois de Mai pour assister au champ de Mai, c'est-à-dire à la revue des troupes qui se faisoit durant ce mois-là.

Nous aurions pu tirer de plus amples lumieres sur ce château du Mail, si dans l'Ordre de Malte il paroissoit une Histoire détaillée et accompagnée de pieces ou preuves comme dans les autres Ordres; nous sçaurions à quoi nous en tenir sur la denomination du vieux château en question, s'il faut l'écrire château de May, ou plûtôt château du Mail comme il est appellé dans un état assez recent des biens de cet Ordre. Mais quand même *Château du Mail* seroit l'expression conforme aux anciens titres, elle ne détruiroit point ma conjecture, au contraire, elle fortifieroit la pensée que j'ai eu que c'étoit un Château Royal. Mail n'est autre

Annal. Ben. T. VI. p. 656.

chose que le mot *Mallus* dont on se servoit sous nos Rois des premiers tems pour signifier l'Assemblée publique des Etats, et ceci confirmeroit que ces sortes d'Assemblées se tenoient souvent en ce lieu, puisqu'il en avoit pris le nom ; de même qu'il y en a un dans le Diocése de Meaux que d'anciens titres latins appellent *Mallum* et *Malleum*. Depuis que ceci est écrit j'ai découvert une charte de Charles, Regent de France, sous le Regne du Roi Jean, par laquelle il est ordonné que ce Château seroit détruit, de crainte que les ennemis du Royaume ne s'y logeassent, et dans ces lettres il est appellé le Châtel de Mail.

<small>Tres. des Chart.</small>

L'étymologie *Captonacum* ou *Catunacum* ou si l'on veut *Catonacum* paroissant suffisamment établie, par ce que je viens dire, à la place des mots *Centinodium* et *Centum nuces*, qui ont été mal imaginés, il ne reste qu'à marquer ici ce qui est arrivé à *Captonacum* ou Çannoy du tems que nos Rois de la premiere race y avoient un Palais.

Childebert premier du nom, dont le siége étoit à Paris, donna en 518 et en 526 des Diplomes qui concernoient S. Innocent, Evêque du Mans ou son Diocése ; le dernier est du mois de Juin. Le Roi Theodebert II s'y arrêta pendant qu'il ravagea les Etats de Clotaire II, vers l'an 600, et y fit expédier des lettres pour un Monastere du Pays du Maine. Bertefride, Evêque d'Amiens, y fit autoriser par Clotaire III, au mois de Septembre de l'an 663, un acte qui concernoit l'Abbaye de Corbie. Enfin on trouve les restes d'un acte original d'Airard, Evêque de Chartres, touchant une Eglise de son Diocése, par lequel il paroît que voulant faire approuver par des Evêques métropolitains le privilége accordé par lui à cette Eglise, il vint les trouver à *Captonacum* durant le mois de Mars de l'an 696, et là son privilége fut confirmé par Goëric, métropolitain de Sens, Griphon, métropolitain de Roüen, et par onze autres Evêques dont les deux derniers sont Turnoald, Evêque de Paris et Constantin, Evêque de Beauvais, après lesquels Chainon, Abbé de Saint Denis, mit aussi sa souscription. C'étoit en la seconde année du regne de Childebert III. Dès la premiere année de son regne, c'est-à-dire en 695, ce Prince fit sa résidence, au mois d'Août, dans le Palais de *Captonacum*, suivant un autre acte où Ansoald, Comte du Palais, certifie un déguerpissement fait par la tradition d'un fêtu. Je tire l'extrait de tous ces actes de la Notice que Dom Michel Germain donne de ce Palais. Au reste il n'assure point avec une telle certitude que ce soit Chatou, qu'il ne se sente disposé à changer de sentiment, supposé qu'on assigne mieux sa situation.

Le Village de Ceannoy est à quatre lieues ou environ de Paris, au nord-ouest, sur la route de Pontoise et dans la Vallée de Montmorency, au bas du revers des montagnes dont la face regarde Argentueil, Sartrouville, etc. Elle rapporte les mêmes fruits que le reste de la vallée. Le dénombrement des Elections du Royaume et le Dictionnaire universel des villages de France ne s'accordent point trop sur le nombre des habitans qui le composent. Le premier, dans l'ancienne édition, marque 112 feux, et 206 dans la seconde, et le second y compte 935 habitans. C'est une grande différence d'avec le nombre de douze feux qu'il y avoit seulement en l'an 1470. *Reg. visit.*

Le Prieur d'Argentueil en est dit Seigneur, dans le Procès verbal de la Coûtume de Paris de l'an 1580.

Le titre Paroissial de ce lieu est ancien, puisqu'il se trouve dans le Pouillé du XIII siécle, où il est dit que la Cure est à la collation pleine et entiere de l'Evêque de Paris. Les Pouillés subséquens, excepté celui de Pelletier, ont aussi attribué la Cure de Çannoy à la nomination Episcopale.

Il est fait mention de la dixme de Çannoy dans l'Arrêt de 1673 sur la dixme d'Argentueil. On y produit le certificat des habitans de ce même lieu de Çannoy, comme ils ne payent que cinq sols par chaque arpent situé sur le territoire de ce village d'Argentueil en ce qui dépend du Fief du Grand Chantre et de celui du Grand Prieur de France. Arrest imprimé, in-4°, p. 12.

L'Eglise est titrée de S. Pierre, Apôtre, et S. Blaise y est regardé comme second patron; on y montre même un buste qui le représente, et qui contient quelques reliques. Cette Eglise ne paroît avoir été bâtie que vers le commencement de l'avant-dernier siécle. C'est l'époque que j'ai cru qu'on pouvoit donner à la construction du chœur, la nef et la tour paroissant récentes. C'est de ce même chœur et de la nef qui n'existe plus, qu'il faut entendre la permission que l'Evêque de Paris donna le 26 Juin 1507 aux habitans de faire dédier leur Eglise par tel Prélat Catholique qu'ils voudroient. On lit dans le chœur de l'Eglise d'aujourd'hui une inscription sur le marbre qui apprend que Michel Penelle, Ecuyer, moyen et bas Justicier, Seigneur des Fiefs de Hugo et Grand-Hostel, sur lesquels est bâtie cette Eglise, mourut en 1636 : il y est qualifié Exempt des Gardes de Monsieur Frere du Roi. On trouve mention du Fief Heugot, Paroisse de Çannoy, dans un titre de l'an 1443, où Philippe Braque, Conseiller au Parlement, est dit possesseur. Ce fief Heugot situé à Çannoy relevoit apparemment d'un autre fief plus considérable du même nom de Heugot, où Burchard, Seigneur de Montmorency, tint une assemblée solemnelle, l'an 1177, chez Henri qui en étoit Seigneur. Il semble que ce Heugot principal, étoit sur un ruisseau aux environs du village de Saint Brice. Le Laboureur Tombeau des Illustres, p. 310.
Hist. de Montm. Preuves, pages 56, 57.

Suger, Abbé de Saint Denis, regardant Çannoy comme une des Paroisses où son Monastere avoit du bien, marque que de son temps on vit augmenter de quatre livres les nouveaux cens de Çannoy, et les anciens de cent sols. Les titres de l'Abbaye du Val proche l'Isle-Adam font mention à l'année 1240 ou 1250 d'un Odon de Cennoy, Ecuyer, bienfacteur de cette Maison.

La fontaine de S. Flaive qui est sur un côteau de cette Paroisse, et l'Ermitage auquel elle donna naissance, occasionnerent vers l'an 1630 un demêlé avec le Grand Prieur de France en sa qualité de Seigneur du vieux Château du Mail qui apparemment avoit été accordé aux Templiers par l'un de nos Rois. Seraphin de la Noüe, Ermite, dit de l'Imitation de S. Antoine, revenu d'Italie, demeuroit dans l'Ermitage dont il avoit fait bâtir la Chapelle où l'Evêque de Paris lui avoit permis dès l'an 1617 de faire célébrer ; cet Ermite et les habitans de la Paroisse d'Ermon qui avoient la devotion de venir en Procession dans la Chapelle, craignant les suites de la réunion de trois quartiers de terre situés autour de la fontaine de S. Flaive, faite au Domaine et Château du Mail, se remuerent tant, qu'il survint environ le mois d'Octobre 1633 une Sentence des Requêtes du Palais entre Georges de Regnier-Guerchy, Grand Prieur et Commandeur du Temple et l'Ermite ci-dessus nommé avec les habitans d'Ermon intervenus depuis l'an 1617, par laquelle la Cour déclara que les trois quartiers de terre appartiendront au Grand Prieur, et que néanmoins l'Ermite et ses successeurs demeureront en jouissance en payant chaque année trois sols parisis de cens et rente et les dixmes au jour S. Martin en la maison Seigneuriale du Grand Prieur à Cernay, et que le même Ermite sera tenu faire un conduit de la fontaine hors son clos pour l'usage du commun, et de faire ouverture de la Chapelle pour les Processions d'Ermon. L'Ermite de la Noüe transporta depuis aux charges marquées les trois quartiers de terre sur lesquels il avoit fait bâtir la Chapelle et l'hermitage, et un quartier sis devant la fontaine, à Hilarion Chastelain, fils de Jerôme Chastelain, Secrétaire ordinaire de la Chambre du Roi, par acte passé à Paris le 29 Août 1633, chez le Roux, Notaire.

Il est aussi fait mention de l'Ermitage ci-dessus et de son premier Ermite dans le Journal des Audiences, édition de Du Fresne 1692, au mot *Hermite*. Aujourd'hui les choses se trouvent changées de face : l'Ermitage est une maison bourgeoise avec une basse-cour. MM. de Blainville y ayant fait construire cette maison vers l'an 1720, ont renfermé la Chapelle dans le bâtiment, ce qui a interrompu l'usage où étoit la Paroisse d'Ermon d'y venir en Procession, quoique l'écu attaché à cette Procession se paye toujours par le Propriétaire. Il ne reste plus de vestige de cet

---

Lib. de adm. sua. Duchêne, T. IV, pag. 334.

Tabul. Vallis.

Reg. Arch. Par. Oct. 1633.

Reg. Ep. Paris. 7 Oct.

Voyez sur ce S. Flaive l'article d'Ermon T. 1, p. 644.

Ermitage que dans la fontaine qui sort dans le jardin de la maison sous une voute où l'on voit encore une image de bois de S. Flaive, représenté en Moine. La maison appartient aujourd'hui à M. Negre, Lieutenant criminel au Châtelet de Paris.

Le Montrouillet est aussi à moitié sur la Paroisse de Ceannoy, et [pour] l'autre moitié de celle d'Argentueil. Le moulin est de Ceannoy. Il est fort renommé dans les observations faites par M. Cassini pour la formation de sa Carte par triangles. On a de-là une des plus belles vues qui soient aux environs de Paris.

Guy Patin écrivit le 11 Juin 1649 à son ami Spon de Lyon, qu'un laquais étant dans l'Eglise de ce village le jour de la Pentecôte à la Messe, avoit voulu arracher l'Hostie des mains du Curé. L'Imprimeur a mis *Sancy près de Saint Denis ;* mais on voit bien que l'auteur avoit voulu dire Sanoy. Lettres de Patin.

On lit dans le Mercure du mois de Mars 1737, une lettre touchant une fièvre vermineuse qui affligeoit alors les habitans de cette Paroisse.

Ce village fut un des premiers de la campagne qui après Franconville admit en 1626 l'établissement des Sœurs de la Charité instituées par les soins de S. Vincent de Paul. Reg. Archiep. Paris.

FRANCONVILLE

Le plus ancien monument qui fasse mention de la terre de Franconville du Diocése de Paris est une charte de l'Abbaye de Saint Denis de l'an 832 sous l'Abbé Hilduin, dans laquelle la destination de son revenu est pour avoir des vêtemens et des souliers aux Moines. En 862 Louis, Abbé du même Monastere, confirma le partage des terres qui avoit été fait entre lui et les Religieux, et la terre de Franconville se trouva encore dans le lot de ceux-ci. Ce partage fut approuvé au Concile de Soissons de la même année. Or, en tous ces titres, ce lieu est appellé *Francorum villa*. C'est ce qui peut rendre probable la pensée de M. de Valois que ce village avoit été bâti par quelques Francs ou qu'il avoit été des premiers habités par eux. On ne laisse pas cependant de trouver des titres du XII siécle qui en parlant de ce lieu l'appellent *Francholvilla*. Franconville est situé dans une plaine à quatre lieues de Paris, et peu éloigné de la montagne qui le couvre du côté de midi. On pourroit inférer du nom de *Calcea* donné au chemin qui y passe dans un acte de l'an 1218, qu'il est bâti sur l'ancienne chaussée romaine qui venoit de *Briva Isaræ* (Pontoise)

Diplom. Mabul. p. 520.
Ibid., p. 535.

Notitia Galliar. p. 418.

Chart. Prior. Confluent.

Reg. visit.	à Lutece. Cette Paroisse produit bled, vin et des fruits excellens. Le nombre des feux n'étoit que de 12 en 1470. Il est maintenant fixé à 158 par le livre des Elections, et à 725 habitans par le Dictionnaire universel de la France. La grande route de Pontoise qui conduit à Rouen y a fait établir plusieurs hôtelleries.
Voy. Ermon, ci-dessus T. I. Reg. Archiep. Paris.	L'Eglise du lieu est un bâtiment recent du titre de sainte Magdelene. On y honore aussi S. Flaive, Patron d'Ermon. Le 3 Juin 1657 l'Archevêque de Paris permit d'y exposer une croix enrichie du bois de la vraie Croix, laquelle avoit été leguée à cette Eglise par le testament du 28 Juin 1647 de Simon Rocolet, Imprimeur à Paris, neveu de Simon de Vaux, dont le pere l'avoit eue du Cardinal de Bourbon, duquel il avoit été parfumeur. Cette Eglise passe pour avoir été bâtie par un Monsieur Bateste, ancien Seigneur dont on ne designe point le temps. Ses armes qui sont celles de Harcourt s'y voyent au haut de la Chapelle Seigneuriale. On lit qu'un Bateste avoit épousé une Harcourt. J'ai parlé à
Voy. la Roque.	l'article d'Aubervilliers, T. I. p. 561, d'un Bateste, Chevalier en 1221.
Hist. Univ. Par. T. IV, p. 434.	La Cure est dite à la nomination de l'Evêque de Paris dans le Pouillé du XIII siécle, ce qui a été suivi dans ceux du XV et du XVI siécle et dans celui de 1648. Le Pelletier n'est point excusable d'avoir marqué que la présentation de cette Cure appartient à l'Abbé de Saint Denis, puisque les Historiens de cette Abbaye ne l'ont jamais reconnue être de son Patronage. Jean Perrier, Curé de Franconville, est mentionné dans des lettres d'Aimery de Magnac, Evêque de Paris, de l'an 1374.
Hist. de Montm. Preuv. p.98.	Il y a une Maladerie à Franconville, laquelle est imposée dans le rolle des Decimes. C'est apparemment la Leproserie qui existoit dès l'an 1237, au sujet de laquelle on lit cette ligne dans le testament de Bouchard, Seigneur de Montmorency, qui est de cette année-là : *Leprosis de Francovilla decem libras*. Cette Leproserie étoit une des mieux rentées du canton, puisque, suivant le Registre de la visite faite en 1351, elle étoit fondée pour recevoir, outre les
Regist. visit. Leprosor. D. Paris. 1351. fol. 49. Tab. Ep. Paris.	malades du lieu, ceux d'Argentueil, de Cormeilles, de Montigny, de la Frête, d'Erbley, de Conflans et Chenevieres, de Pierre-laye, d'Houilles et Carrieres, de Besons et de Sartrouville. Quelques dixmes à Argentueil lui appartenoient encore en 1535. Elle est représentée dans les cartes sous le nom de S. Mars, ce qui ne doit pas faire croire que S. Medard, dit quelquefois S. Mard, en soit le Saint titulaire ; on a beaucoup d'exemples de Leproseries ou Maisons-Dieu anciennes qui ont été désignées par le peuple sous le nom de S. Marc, parce que les Eglises Paroissiales sur le territoire desquelles elles étoient, y alloient faire la station de la Procession du 25 Avril, jour de S. Marc Evangéliste, ce qui persuadoit

les paysans qu'elles étoient consacrées sous le titre de S. Marc à cause que la Chapelle étoit mieux ornée ce jour-là que le reste de l'année. Car ordinairement les Chapelles de ces Maladeries étoient sous le titre de S. Lazare, ou sous celui de Ste Magdelene que l'on a cru pendant plusieurs siécles être la sœur de ce saint. Et que sçait-on si le titre de la Magdelene que porte aujourd'hui l'Eglise Paroissiale de Franconville ne viendroit point du culte qu'on lui rendoit à la Leproserie, et qui y auroit été transféré lorsque les guerres désolerent toutes ces Maladeries des environs de Paris ? Quoiqu'il en soit, cette Maladerie qui est le seul écart de la Paroisse de Franconville, est maintenant réunie à l'Hôpital d'Argentueil en conséquence de l'Arrêt qui ordonna que les biens des Maladeries seroient réunies aux Hôpitaux des lieux les plus prochains.

 Cette Paroisse est l'une des premieres du Diocése de Paris où l'on songea à établir les Sœurs de la Charité. J'ai trouvé que Martin le Marinel qui en étoit Curé en 1626, instruit des grands biens procurés par l'établissement des sœurs de la Charité, supplia au mois de Mars l'Archevêque de Paris, qu'on lui permit de les établir chez lui, et de commettre Messire Vincent de Paul Prêtre, Principal des Bons-enfans, pour cet établissement, ce qui lui fut accordé le 7 de ce mois. Je me suis servi des propres termes du Registre. Cet établissement n'a pas eu lieu, ou ne subsiste plus. *Reg. Arch. Par.*

 M. Piganiol a parlé du Couvent des Pénitens du Tiers-Ordre de S. François, le premier qu'il y ait eu de cette réforme, comme si c'étoit en ce lieu-ci qu'il eût été, puisqu'il dit Franconville entre S. Denis et Pontoise : mais ce fait est faux. Cet établissement a été fait à un autre Franconville situé par delà Saint Denis vers Beaumont sur Oise. Ce dernier Franconville est du diocése de Beauvais. *Desc. de Paris, T. IV, p. 452.*

 L'Abbé Suger parle plusieurs fois dans ses ouvrages de Franconville du Diocése de Paris. Il dit premierement dans le livre qu'il composa sur son administration de l'Abbaye, qu'il avoit augmenté le nouveau revenu de cette terre de quarante sols de rente, et l'ancien aussi de pareille somme, outre le revenu du fief. L'autre endroit où il en parle, est son testament, dans lequel il marque d'où l'on tirera le revenu pour ses fondations, et il assigne entre autres vingt sols à lever sur la terre *de Francorum villa*. On a aussi de cet Abbé une charte par laquelle il donne à quatre Marguilliers clercs de son Eglise une dixme qu'il dit y avoir achetée de Payen de Gisors, parce qu'elle étoit du fief de l'Abbaye. Suger vécut sous le Roi Louis le Jeune. Mais dans le même temps que l'Abbaye de Saint Denis jouissoit de ces revenus augmentés par Suger, on voit que le Prieuré de Saint Martin des Champs avoit aussi du revenu à Franconville. Thibaud, Evêque de Paris, lui *Duchêne, T. IV. Hist. S. Denis, preuv. p. 1140.*

Hist. S. Mart. à Camp. page 188. confirma par ses lettres données vers l'an 1150, entre autres biens, la quatriéme partie d'une moitié de la Dixme, c'est-à-dire un huitiéme.

Les Seigneurs de Montmorency eurent dès le même siécle des censives avec haute Justice sur près de la moitié de la Paroisse de Franconville. Ils y avoient dès lors un droit de péage occasionné par le grand passage de Paris à Rouen. Ce fut environ dans le temps de l'Evêque Thibaud qu'ils gratifierent quatre Eglises de dix livres de rente annuelle à prendre sur ce péage qu'on appelloit le Travers de Franconville, sçavoir S. Martin des Champs, S. Martin de Pontoise, Ste Honorine de Conflans et l'Abbaye de Cluny. Ces quatre Eglises devoient partager cette somme entre elles. Il est spécifié dans le titre de Conflans que c'étoit pour que les Moines célébrassent la fête de Ste Honorine. Matthieu de Mont-

Hist. de Montm. Preuve p. 45 et 71. morency confirma en 1194 ce don fait par Burchard son pere. Mais l'Abbaye de Saint Denis fut toujours celle qui tira le plus de revenu de cette Terre. Elle en avoit tant à recevoir que le Trésorier

Hist. S. Dion. crut en devoir faire part, l'an 1203, au Couvent d'Argentueil. Il lui donna dix sols à prendre à Franconville du consentement de l'Abbé Hugues. Ces mêmes Religieux eurent quelques années après de grosses plaintes à faire contre Matthieu de Montmorency;

Hist. de Montm. Preuves p. 83. ils allerent trouver le Roi Philippe-Auguste à Gisors, l'an 1218. Entre autres choses qu'ils exposerent à ce Prince, ils se plaignirent de ce qu'il vexoit si fort leurs hôtes de Franconville, qu'il ne permettoit pas qu'ils transportassent le fumier qu'ils ramassoient devant leurs maisons sans lui payer une amende ; de ce qu'il ne vouloit pas souffrir que les Religieux eussent leur droit de corvée de ceux qui habitoient dans les maisons nouvellement bâties dans ce lieu comme ils l'avoient de ceux qui logeoient dans les anciennes. Ils demanderent que le four qu'il avoit fait construire à Franconville fut abattu, parce qu'il portoit préjudice au leur, et qu'il étoit bâti dans une maison qui leur devoit corvées, et droit de gîte à l'Abbé, etc. Enfin ils supplierent le Roi de faire cesser le droit appellé *Rotagium* qu'il levoit depuis peu sur la chaussée devant les maisons de leurs hôtes. Le Prince n'ayant voulu rien régler au sujet de ces différends, les parties mirent cette affaire en arbitrage l'année ci-dessus marquée ; mais nous ignorons ce qui fut décidé. Il y a apparence que les choses resterent dans leur ancien état.

Ibid., p. 28. Quoiqu'il en soit, un autre Matthieu de Montmorency descendu de celui-ci et Chambellan de France, regardoit en 1293 les habitans qu'il avoit à Franconville comme faisant partie de *la gent de leur Terre de Montmorency.*

Près de deux cens ans auparavant, l'Abbaye de Saint Denis avoit reconnu au moins un Chevalier du nom de Franconville.

Il est appellé *Philippus de Francorum-villa miles* dans son Nécro- _{Hist. de S. Denis}
loge au 21 Décembre ; ce Philippe est sans doute le même dont ^{ad calcem.}
Matthieu le Bel, célébre Chevalier, fait mention dans l'acte d'aveu
et denombrement qu'il donna à la même Abbaye l'an 1125, comme
tenant un fief à Montigny du temps de l'Abbé Henry. Le Cartu- _{In Bibl. Regia,}
laire de ce Monastere l'appelle *Philippus de Francorvilla*, pendant ^{p. 213.}
qu'il est surnommé *de Francholvilla,* ainsi que j'ai dit, dans celui
de Conflans-Sainte Honorine pour avoir donné au Prieuré un
bien situé à Bercencourt. Des lettres de Maurice de Sully, Evêque
de Paris, de l'an 1190, en faveur de l'Abbaye du Val, nomment un
Yves Buches, Chevalier de Franconville, comme lui ayant donné
une vigne sise à Cormeilles. Il est certain que dans ces Actes
nommés les derniers il s'agit de notre Franconville, et non pas
de Franconville sur le Bois qui est à quatre lieues de-là et dans
le Diocése de Beauvais dont j'ai parlé ci-dessus. De plus, il y a eu
dans ce Franconville Parisien, à la fin du XIV siécle, un fief
qu'on reconnoissoit avoir appartenu à Bertrand de la Val. Perri- _{Hist. de Montm.}
nette de Villiers le Sec, veuve de Charles de Montmorency, for- ^{Preuve p. 155.}
mant en 1392 la demande pour son douaire, déclara qu'il étoit
assis en partie sur ce fief. On lit parmi les biens que possedoit
Jean, Baron de Montmorency vivant en 1460, l'article suivant :
Item à cause de ladite Seigneurie (de Montmorency) *appartient* _{Ibid., p. 4.}
audit Jean la Prevosté, Travers et Chaussée de Franconville-
la-Garenne. En 1639, Noble Louis de Giffart ajoutoit à ses titres
de Seigneur de la Pierre-Saint Maclou de Folleville, celui de Sei- _{Permiss.}
gneur de Franconville-la-Garenne. Il y demeuroit alors avec Cathe- ^{de Chap. domest.}
rine de Boniface, son épouse. En 1697, le sieur Boutet, Capitaine _{1 Sept. 1639.}
du Regiment de Picardie, se qualifioit pareillement Seigneur de _{Reg. Arch. Par.}
Franconville-la-Garenne. Dans le siécle présent, M. Juillet, Secré- ^{5 Augusti.}
taire du Roi, a possedé cette Seigneurie avec moyenne et basse
Justice, ensuite sa veuve ; aujourd'hui M. Alexandre, Comte de
Longaulnay, Sire et Marquis de Beauvoir en Bourbonnais, en
jouit comme ayant épousé Marie-Geneviéve Juillet, héritiere de
ladite terre. Les Religieux de Saint Denis, quoique mentionnés
indéfiniment dans la Coûtume de 1580, n'en ont qu'une autre
partie, mais avec la haute Justice qu'ils partagent avec M. le
Prince de Condé. Par Arrêt contradictoire du 5 Aoust 1734, ces
mêmes Religieux furent maintenus, et leurs Officiers de la Justice _{Fremainville.}
de Cormeilles, comme Officiers de Hauts-Justiciers, dans l'appo- ^{Pratiq. des}
sition du scellé sur les effets du sieur Floriel, Curé, et ceux de la _{Droits seign.} _{T. II, page 148.}
Dame Juillet levés.

On compte à Franconville plusieurs fiefs : celui de la Ville et
Prevôté, celui d'Albiac sur lequel est la Justice et l'Eglise, et tout
cela releve de l'Abbaye de S. Denis. De plus il y a le fief Bateste

de l'autre côté de la rue et qui releve du Duché de Montmorency. Ces fiefs sont tenus par le Seigneur actuel. Le Travers ou Barrage est tenu en fief du Roi par M. le Prince de Condé. Le fief de Cernay est tenu par M. de Blair, dont les auteurs l'ont acquis de la Maison de Condé. Enfin il y a un petit fief dit le Fief-Bertin, appartenant aux Bertin, famille de paysans. Il releve du Seigneur de Franconville.

CORMEILLES

A une lieue ou un peu plus au-delà Argentueil par rapport à Paris, se trouve le village ou bourg de Cormeilles sur une petite éminence dont on approche au sortir de la partie du vignoble d'Argentueil du côté qu'il est en pays plat. Ce lieu, distant de Paris de quatre lieues, est entouré de vignes ; tout en est plein du côté de Sartrouville comme du côté d'Argentueil, et elles paroissent mieux cultivées qu'en plusieurs autres lieux, puisqu'on n'y souffre point d'arbres.

M. de Valois croit que le nom de Cormeilles vient de l'espece d'arbres appellée *Sorbus* qu'on nomme des Cormes ou des Corbes en quelques lieux, et il ajoute qu'il existe plusieurs villages du même nom de Cormeille. Il y [en] a effectivement un dans le pays Vexin, un autre plus considérable et avec Abbaye dans le Diocèse de Lisieux, un quatriéme dans celui de Bayeux ; un cinquième enfin entre Beauvais et Amiens qui est le *Curmiliaca* de l'Itineraire des Romains.

Annal. Ben. T. VII. p. 656. Ce que nous trouvons de plus ancien qui s'accorde avec cette étymologie est une charte de Childebert III de l'an 697 ou environ, par laquelle ce Roi donne au Monastere d'Argentueil dont Leudesinde étoit Abbesse, la forêt Royale appellée *Cormoletus* sur la riviere de Seine au pays Parisis. Il semble que ce mot *Cormoletus* signifie là un petit bois où le Cormier étoit l'arbre dominant.

Saint Martin est le patron de Cormeilles ; l'Eglise a un chœur qui se termine en quarré. Elle est accompagnée d'une haute tour qui peut avoir trois cens ans de construction. Elle a un jubé suivant l'ancien usage. Le chœur seul est voûté en pierre. Je n'y ai apperçu d'épitaphe remarquable que celle de Catherine Lestourneau, femme de M. de Janson, qualifié Seigneur des fiefs de Cor-

Tres. des chart. meilles en Parisis. Des lettres données en 1359 par Charles, Regent de France, nous apprennent que cette Eglise étoit dans

une espece de Fort. Ce Prince ordonnant qu'on détruira les lieux voisins de Paris qui pourroient servir de retraite aux ennemis du Royaume, y comprend *la Cour de l'Eglise Parochiale de Cormeilles*, sans doute qu'il faut lire *la Tour*. La même Eglise est mentionnée dans les Registres du Parlement au 11 Juillet 1398 à l'occasion de l'amende honorable qu'y fit devant le portail un nommé Raulin Ramée pour avoir insulté un Officier de la Juridiction spirituelle de l'Evêque de Paris. Invent. spirituel de l'Evêché, fol. 191.

La Cure a toujours été à la pleine collation de cet Evêque selon tous les Pouillés depuis celui du XIII siécle inclusivement. Celui du sieur Pelletier a extrêmement defiguré le nom de cette Cure, l'appellant *Combracilles*. Je ne parlerai point de la Maladerie ou Leproserie dite S. Marc, et surnommée autrefois de Cormeilles. Elle est plus connue sous le nom de Franconville dont elle étoit plus voisine [1].

Il est certain qu'au IX siécle c'étoit l'Abbaye de S. Denis qui possedoit Cormeilles. Le mot *Cormiliis* se trouve dans le Catalogue des terres dont cette Abbaye jouissoit en 832. Lorsque l'Abbé Louis fit le partage des terres avec les Religieux l'an 862, il leur donna *Cormilias in pago Parisiaco*, et les vignes de Cormeilles ainsi qu'ils les avoient pour en tirer leur vin d'ordinaire. *Item in potu quotidianæ refectionis vineas in pago Parisiaco sicut ab antiquo eas habere consueverunt quæ conjacent in... Cormilias.* Mais il faut croire que l'Abbaye de Saint Denis partageoit dès les premiers temps toute cette terre avec le Prieuré d'Argentueil, puisqu'il existe une charte du Roi Robert, laquelle faisant l'énumeration des biens de ce Prieuré, met : *in ipsa villa Cormella altera piscatio*, et cela après avoir parlé de la pêche de Sartrouville qui lui appartenoit. C'étoit, au reste, à l'Abbaye de Saint Denis qu'appartenoit le bourg même de Cormeilles du temps de Charles le Chauve. Les Religieux lui ayant demandé qu'il y eût un marché franc chaque semaine, il le leur accorda pour le mardi. Diplom. p. 520.
Ibid. p. 533.

Inter Opera Ab aelardi.

Hist. S. Dion. prob. n. 99 et Gall. Christ. col. 359.

L'Abbé Suger, dans le traité qu'il a laissé sur son gouvernement, n'oublie pas de faire remarquer qu'il avoit augmenté de huit livres les cens de Cormeilles, en sorte que, de douze livres où ils étoient, il les fit monter à vingt livres, et qu'au lieu de douze mesures de grains que cette terre produisoit auparavant au Couvent, elle en rendoit alors dix-huit. Il y avoit outre cela un Duchêne, T. IV, page 334.

---

1. Je n'insiste point sur une Chapelle fondée, dit-on, anciennement par Alix de Neuvy pour Cormeilles, et qui fut transférée au cimetiere de l'Abbaye de Maubuisson par Renaud, Evêque de Paris, au XIII siecle, parce que je soupçonne qu'il faut lire *Courcelles* au lieu de Cormeilles, et Mery au lieu de Neuvy. Ces lieux sont voisins de Maubuisson et Cormeilles en est à deux lieues et demie.

clos à Cormeilles dont le même Abbé parle dans un autre ouvrage, et ce clos avoit été donné à l'Abbaye par des particuliers.

<small>Duchêne, T. IV, page 553.</small>

Il paroît qu'au XII siécle il y avoit dans cette vaste terre des portions des dixmes appartenantes à des Chevaliers. Raoul le Bel donna à l'Abbaye de S. Victor de Paris ce qu'il avoit dans la dixme de Cormeilles, selon l'expression du Nécrologe de cette maison. *Quicquid habebat in decima de Cormeliis.* Ce fait se prouve encore plus clairement par ce qui se lit dans l'Histoire de S. Denis ,page 242), sçavoir que l'Abbé Matthieu de Vendôme acheta, en 1258, de Jean de Poissy, Chevalier, des droits à Cormeilles, Montigny, Erblay, la Frette. M. Grancolas observe de plus dans son Histoire de l'Eglise de Paris (T. II, p. 149), mais sans citer de garant, qu'Etienne de Borret, Evêque de Paris, légua à son Eglise Cathédrale vingt-huit septiers d'avoine à prendre à Cormeilles ; mais peut-être cela doit-il se reduire aux seize livres de rente assises en ce lieu qu'il legua véritablement à la même Eglise, suivant une clause de son testament insérée dans le Necrologe. Ce Prélat mourut en 1325.

<small>A.l. 5 Id. Junii.</small>

<small>T. II, p. 149.</small>

<small>Gall. Chr. T.VII, col. 126.</small>

Cormeilles étant regardé comme Châtellenie, a eu cinq villages dans son district, sçavoir : Erblay, Pierre-laye, Montigny, la Frette et Franconville. Sur ce principe, les Religieux de Saint Denis prétendirent autrefois avoir les dixmes en tous ces lieux. J'ignore ce qui fut réglé. L'arrêt du Grand Conseil du 31 Décembre 1677 en leur faveur fait mention de censives.

<small>Tab. Ep. Paris.</small>

Avant le temps de l'Abbé Matthieu et depuis, nous voyons plusieurs Rois qui font des libéralités des droits qu'ils avoient à Cormeilles en Parisis. Au Cartulaire de Philippe-Auguste se trouvent des lettres de ce Prince par lesquelles, en considération des services de Artuer, son échanson, il lui donne et à son hoir mâle légitime pour toujours, toute l'avoine qui lui appartenoit *de tensamento apud Cormellas in Parisio et apud Montigniacum juxta eamdem villam de Cormellis.* Elles sont de l'an 1220. Sur la fin du même siécle, c'est-à-dire au mois d'Avril 1298, Philippe le Bel donna à Philippe de S. Germain-en-Laye, son Queux, pour le recompenser de ses services, six muids d'avoine et environ dix sols parisis qu'il avoit, à cause d'une coûtume appelée *Falconagium* à Cormeilles en Parisis, à la charge de quatre chapons de cens. J'ai tiré ce dernier fait des portefeuilles de M. de Gaignieres, num. 434. C'est pourquoi je suis surpris de voir le même don cité comme fait à l'Abbé de S. Germain-des-Prez dans le Glossaire de du Cange au mot *Falconagium.*

<small>Cart. Phil.Aug. fol. 105.</small>

<small>Ex Reg. rubeo Cam. Comput. 1297.</small>

Le clos de Cormeilles paroît aussi former une difficulté par rapport aux différens sentimens touchant la maniere dont il est venu aux Chanoines de S. Paul et de S. Denis de la ville de

S. Denis. Dom Felibien dit, à l'an 1114, qu'alors les Moines donnerent ce clos aux Chanoines de S. Paul : mais les Chanoines soutenoient autrefois qu'il leur avoit été donné par le Roi Robert. Il y eut au mois d'Octobre 1390 une charte de Charles VI, expédiée en leur faveur à Paris dans l'hôtel de Saint Paul. Leur exposé nous instruit de leurs prétentions. Ils représenterent d'abord que leur Eglise avoit été abattue par ordre de Charles V pour la fortification de l'Abbaye, de sorte qu'ils étoient réduits à n'avoir qu'une simple Chapelle pour vingt-quatre personnes ; ensuite ils ajoutoient que les Fourriers du Roi, leurs Commis, etc., gâtoient un clos de vigne de dix arpens qu'ils avoient à Cormeilles, lequel clos le Roi Robert leur avoit donné. Tres. des chart. reg.139, piece 171.

L'Abbaye de Val-Notre-Dame, proche l'Isle-Adam, avoit, en 1233, une maison et vingt arpens de terre à Cormeilles ; mais elle reconnoissoit les tenir à cens de l'Abbaye de Saint Denis et sous sa jurisdiction. Gall. Chr. T. VII, col. 878.

Dans le XVI siécle, quelques personnes prenoient le titre de Seigneur en partie de Cormeilles en Parisis. Claude Girard se qualifioit ainsi en 1541. Tab. Ep. Paris. in S. Elig.

Cormeilles, où il n'y avoit, en 1470, que 50 feux, est aujourd'hui un Bailliage selon la table du livre des Elections, et il est composé de 257 feux. C'est aussi une Châtellenie. Le Dictionnaire universel de la France y compte 1186 habitans ; ceux de ce village étoient tenus au XII siécle de payer chaque année au Roi un droit de procuration, c'est-à-dire un droit de gite et de repas. Louis le Jeune les en dechargea, l'an 1158, en l'honneur de Dieu et de S. Denis. Saint Louis confirma ces lettres de son predecesseur par d'autres données à Argentueil. Les habitans de ce lieu reçurent encore un autre avantage du temps de S. Louis. Ils étoient dans l'usage de conduire leurs vins en Normandie pour les y vendre. Les Parisiens prétendirent que le vin étoit marchandise, et qu'ainsi il falloit qu'en allant ils fussent accompagnés d'un marchand de Paris, et qu'ils fussent *anssati* [1]. L'affaire fut portée au Parlement : ceux de Cormeilles gagnerent, et les vins furent déclarés n'être point une marchandise. Ce furent les habitans de Cormeilles qui occasionnerent l'Arrêt du Parlement de 1661 qui regle le nombre des bestiaux que les fermiers, laboureurs, etc., peuvent avoir, à proportion des terres qu'ils possedent. Doublet p. 878. Sauval. T. II, p. 441. Doublet p. 908. Parlam. Cand. 1264. Code rural p. 367.

L'exposition du bourg de Cormeilles quoique regardant le midi n'est point nuisible à la santé. Un peu au-delà de ce lieu, la mon-

---

1. Il y a ainsi dans les Registres, mais il faut lire *Hansati*. Le Glossaire de Ducange dit que ce mot vient de l'Alleman *Hansen, in numerum sociorum recipere*. Brodeau remarque aussi que les anciens statuts de Paris font souvent mention de *Marchand Hansé*.

tagne tourne vers le couchant, et donne ouverture au vent du nord pour rafraichir les ardeurs du midi. Gui Patin, célébre et sçavant medecin, avoit sa maison de campagne à Cormeilles, et il en parle souvent dans ses lettres imprimées. Il l'avoit eu du côté de sa femme, dont la mere y mourut âgée de 82 ans. Ailleurs il écrit qu'on y respire un air très-pur, et qu'il y a une vue de plus de 50 lieues à la ronde. (Je croirois que l'Imprimeur a mis le zero de son chef et qu'il faut dire cinq lieues.) Les allées de son jardin s'étendoient, dit-il, jusque sur la montagne. Nous y avons, ajoute-t-il, force cerisiers. Dans un autre endroit il parle des belles cerises et des meures de Cormeilles, et enfin dans une lettre du 4 Juin 1670 : « Mon fils aîné, dit-il, est mort le premier « Juin, à Cormeilles, où il avoit été mené pour avoir un air plus « pur qu'à Paris. Il est enterré auprès de sa grande mere mater- « nelle et de son frere François, dans la Chapelle Notre Dame, « près du chœur. »

Lettre du 13 Juillet 1649, et Août 1640.

Lettre du 16 Juin 1654.

Lettre du 9 Avril 1660.

Plus anciennement la Duchesse de Brisac, nommée Louise d'Ougnies, avoit eu sa maison de campagne à Cormeilles. Comme aussi Dame ... Huault, veuve de ..., de Beauvais, Maître des Requêtes : cette derniere étoit dans le lieu dit *le Marteray juxta Cormelias.*

*Perm. de Chap. domest. Mai 1625.
Perm. 20 Sept. 1617.*

Ce qui prouve l'élévation d'une partie au moins du territoire de Cormeilles, outre tout ce que j'en ai pu dire, est que le moulin de ce Bourg est fort renommé dans les écrits de M. Cassini, faits pour mesurer la France par triangles.

*Reg. Ep. Paris.
Carte de France par Triangles.*

MONTIGNY

Hadrien de Valois a conjecturé que le nom de ce Montigny, situé à quatre lieues et demie de Paris, vient d'un particulier qui auroit été appelé *Montanus*. Mais il y a en France trop de villages de ce nom situés sur des montagnes ou sur des côteaux, pour ne pas être porté à croire que c'est la situation qui a donné le nom à celui-ci. Sa proximité de Cormeilles me fait aussi penser qu'il en aura fait partie autrefois.

Très-certainement ce Montigny étoit déjà établi Paroisse au XIII siécle, puisqu'il se trouve dans le Pouillé des Cures qui fut dressé alors, mais nous ignorons en quel temps s'étoit faite cette érection. La Cure étoit peu considérable avant l'Episcopat de Guillaume Chartier, lequel commença en 1448, puisqu'on lit que ce fut lui qui y unit l'Eglise de la Frette : cependant elle se trouve dans le Pouillé écrit vers 1450 avec trente livres de revenu, ce qui alors surpassoit le revenu commun.

Les deux Pouillés imprimés au dernier siécle marquent conformément à celui-là et à celui du XIII siécle, que la collation de la Cure appartient de plein droit à l'Archevêque de Paris. Le Pelletier a écrit faussement dans le sien que la nomination appartient à l'Abbé de S. Denis.

L'Eglise est sous le titre de S. Martin comme celle de Cormeilles, ce qui est à remarquer. Elle a été nouvellement rebâtie en forme de Chapelle avec un petit clocher de pierre de figure hexagone. Il est écrit dans un Cartulaire de l'Abbaye de Saint Denis qu'une nommée Alips de Richeborg avoit fondé vers l'an 1260, en cette Eglise, une Chapelle qui avoit quarante sols à prendre sur le Curé de Montmeigny. On lit ailleurs que le 28 Décembre 1543, Simon Carré, qui étoit Curé de Montigny, legua à cette même Eglise une maison située à Paris, rue S. Jean de Beauvais. *Chartul. S. Dion. Reg.* *Reg. Ep. Par. 30 Apr. 1720.*

L'auteur de l'énumération des feux dans les Elections en marque 37 à Montigny. Celui du Dictionnaire universel de la France a oublié cette Paroisse, mais il fait mention de la Frette qui en est une dépendance, dans lequel lieu il compte 272 habitans.

Montigny est un pays de vignes, mais elles n'y paroissent pas si bien cultivées et soignées qu'à Cormeilles et Argenteuil. L'Eglise et le petit village qui l'accompagne sont adossés du côté du septentrion à la montagne au midi de laquelle est situé Cormeilles, ensorte que la distance d'un village à l'autre n'est pas de demie-lieue; mais ce terrain d'entre deux est très-cultivé. Il y avoit là un vignoble dès le regne de Charles le Chauve au IX siécle. Lorsque Louis, Abbé de Saint Denis, fit la destination de certaines terres pour la Communauté des Religieux, Montigny fut une de celles qu'il désigna pour leur boisson. L'acte est de l'an 862. L'abbé Suger parle aussi de Montigny, dans le livre qu'il composa sur son administration, comme de l'une des Seigneuries de son Abbaye. Il se félicite d'y avoir acquis cinquante sols de nouveau cens outre les soixante-dix anciens. Matthieu de Montmorency entreprit vers l'an 1217 de mettre des messiers dans les terres, champarts et censives de Montigny, et outre cela d'y faire lever par force un droit de gerbe : mais il reconnut sa faute dès l'année suivante, et il avoua que les Religieux auxquels appartenoit le droit d'y mettre leurs messiers, avoient eu raison de se plaindre de lui au Roi. Il paroît dans le Cartulaire de cette Abbaye que les Abbés avoient donné en fief quelques biens de la terre de Montigny. Gautier, dit de S. Denis, reconnut qu'il tenoit de l'Abbé Henri deux de ces fiefs dont l'un étoit possedé alors par Philippe de Francorville, et l'autre par Pierre de Besons avec *De re Diplom. p. 535.* *Duchêne, T. IV.* *Hist. de Montm. Preuv. p. 83.* *Chartul. Reg. S. Dion. p. 213.*

Chartul.
Reg. S. Dion.
p. 4.

Felibien.
Hist. de S. Denis
p. 243.

Cartul.
Phil. Aug.
fol. 165.

la dixme de S. Lor [1]. De plus, un autre fief situé proche l'Eglise du lieu étoit possedé au XIII siécle par un nommé Pierre.

Au reste, le Monastere de Saint Denis n'avoit pas encore en 1257 tous les droits dans Montigny. L'Abbé Matthieu de Vendome y fit acquisition vers l'an 1258 de ceux que Jean de Poissy, Chevalier, y avoit aussi-bien qu'à Cormeilles, Erblay et la Frette. Nos Rois de qui venoit apparemment cette terre, s'y étoient réservé certaines redevances. Il y avoit par exemple un droit d'avoine appellé *Tensamentum,* qui se levoit pour Philippe-Auguste. Ce Prince le donna liberalement à Artuer, son Echanson, et à ses hoirs mâles légitimes. Le titre qui fait mention de cette avoine, met *de tensamento apud Montigniacum juxta villam de Cormellis.*

Dans le Procès verbal de la Coûtume de Paris de l'an 1580, les Religieux de Saint Denis sont dits Seigneurs de Montigny. Maître Eustache Allegrain y est dit aussi avoir eu en ce village un Domaine ou fief, et c'est apparemment celui qui a été tenu vers l'an 1650 par Jean de Boisseret, qualifié Correcteur des Comptes, à la veuve duquel un Arrêt du Grand-Conseil du 26 Novembre 1678 défendit de se dire aucunement Dame de Montigny, ou plutôt c'est celui que posseda le sieur de Chabray à qui cet Arrêt permit de se dire Seigneur de ce fief. M. du Caurel de Targny, Gentilhomme Picard, ancien militaire, avoit en 1695 un fief dans ce village. Aujourd'hui c'est M. Gavré de Cormeilles qui le possede, suivant qu'il m'a été dit.

Collect. MSS.
Gerardi du Bois.

Le Chapelain de S. Laurent dans l'Eglise de Notre-Dame de Paris possede des vignes sur le territoire de cette Paroisse.

Fauchet sur
les Poëtes Franç.
p. 95.

Montigny sur Cormeilles est designé dans Fauchet comme la patrie d'un Poëte François du XIII siécle, nommé Girard.

Il y a un autre Montigny situé proche Guyencourt par-delà Versailles, que M. de Valois a cru pouvoir trouver sa place dans la Notice du Diocèse de Paris : mais il est certain que ce Montigny surnommé le Bretonneux est du Diocèse de Chartres.

LA FRETTE, dépendance ou annexe de la Paroisse de Montigny proche Cormeilles dont il s'agit ici, est regardé comme un lieu si considérable qu'il fait un article particulier dans le dénombrement des Elections et dans le rolle des Tailles. Du tems que le premier fut imprimé, on y comptoit 67 feux, quoiqu'autre-fois, c'est-à-dire en 1470, on n'y eût compté que cinq habitans.

Reg. Visit.

Il y a à la Frette une Eglise du titre de S. Nicolas qui paroît d'une structure du XIV siécle. On y a érigé des fonts baptismaux, quoique ce ne soit pas une Paroisse, et on y fait l'Office. Le sieur

---

1. Je n'ai pu découvrir quel est ce S. Lor.

le Pelletier l'a mise au rang des Paroisses en son Pouillé de 1692, et a assigné la nomination de la Cure au Prieur de Ducil, ce qui est totalement faux. Ce qu'il y a de vrai est qu'il paroît y avoir eu un Prêtre desservant à la Frette dès le commencement du regne de S. Louis.

Parmi les Prêtres que Jean, Archevêque de Mitylene, ordonna en 1226 durant le Carême pour le Diocése de Paris, est nommé *Germendus persona Ecclesiæ de Fracta*. Cette desserte ne pouvoit être faite vraisemblablement alors que sous la dépendance de Cormeilles, et cela dura jusqu'à ce que Guillaume Chartier, Evêque de Paris, unit la Frette à Montigny vers l'an 1450 ou 1460. La premiere collation qui fut faite depuis cette réunion est de l'Evêque Louis de Beaumont, du 27 Décembre 1479. On voit au reste que cette réunion fut contestée, puisqu'en 1472 trois Prêtres plaidoient pour avoir cette Cure.

^{Doublet.} Hist. de S.Denis p. 557.

Reg. Ep.
Reg. Visit. Arch

Il n'y a gueres d'apparence que le nom de la Frette vienne de *Freta* que les auteurs du Glossaire de Basse latinité croyent pouvoir signifier la même chose que *Fraustum* ou *Ager incultus*. Il est plus probable que ce nom vient de *Fretta* qui est *conductio navis oneraria*, ou *pretium pro vectura mercium locata et nautis*, comme il est marqué dans le même Glossaire. La Frette étoit apparemment le lieu où l'on chargeoit sur les batteaux pour la Normandie les vins d'Argentueil, Cormeilles, Montigny, Sartrouville, etc. Ensorte que ce commerce de voiturer les vins sur l'eau fut ce qui détermina à choisir S. Nicolas pour patron de la Chapelle. M. Fourmont, l'aîné, en sa dissertation sur l'utilité de la lecture des anciens livres en langue romane, ne s'éloigne pas de cette étymologie puisqu'il dit que la Frette vient de *Fretum*.

Avant que de finir l'article de Montigny, je dois faire observer qu'entre ce lieu et Erblay sont plusieurs monticules isolés et tous plantés en vignes de quelque côté qu'on les considere. Je ne fais aucun doute que ces petites montagnes toutes rondes ne soient le *Monticelli* d'une charte qui se voit dans la Diplomatique de Dom Mabillon. Louis, Abbé de Saint Denis, déclare en 862, qu'il donne à ses Moines *in potum quotidianæ refectionis vineas in pago Parisiaco sitas..... quæ conjacent in Diogilo, in Petraficta, in Graulido, in Cormiliis, in Montiniaco atque Monticellis*. Comme ces *Monticelli* sont nommés immédiatement après Montigny, il faut croire qu'ils n'en étoient pas éloignés. Ainsi je ne puis admettre la conjecture de Dom Michel Germain qui écrit que ce *Monticelli*, terre de l'Abbaye de S. Denis, peût bien être Monceaux qui est à une lieue au-dessus d'Essonne, proche la route de Fontainebleau. Il est vrai que ce Monceaux est une Paroisse du Diocése de Paris : mais ce n'est pas un vignoble. Ce *Monti-*

Diplom. p. 362.

celli est encore bien moins Monceleu qui est un nom d'une ferme proche Cevren dans la petite contrée d'Aulnois, faisant partie de la forest de Bondi. M. Lancelot qui a été de ce sentiment, n'avoit pas vu que ce Monceleu aussi bien que Cevren, est un terrain très-froid et qu'il n'a jamais été propre à la vigne.

<small>Remarq. MSS sur le Diocése de Par.</small>

LE PLESSIS-BOUCHARD

Des cinq ou six villages du nom de Plessis que renferme le Diocése de Paris, celui-ci qui est situé à quatre lieues et demie de Paris seroit un de ceux sur lesquels il y auroit le moins à dire, si ce n'étoit que j'ai découvert qu'il avoit originairement un autre nom. On voit par des Bulles du chartrier de S. Martin des Champs qui sont de Calixte II et d'Innocent II, que ce célébre Prieuré avoit du bien dans un lieu de l'Evêché de Paris, nommé *Moncelli* ou *Moncellum,* et l'ordre dans lequel ces biens y sont énoncés, fait voir que ces trois lieux Taverny, Tour autrement Saint Prix et Moncel étoient contigus. Il suffit de jetter la vue sur la carte du Diocése de Paris pour s'appercevoir que les trois Paroisses de Taverny, Saint Prix et le Plessis-Bouchard forment une espece de triangle. D'ailleurs ce *Moncelli* étoit une Paroisse au moins dès le commencement du XII siécle. Les Seigneurs de Montmorency s'étoient emparés de l'Eglise. Richard, fils de Thiery, reconnoissant l'injustice de cette usurpation et qu'il ne convenoit pas à un Laïc d'y mettre un Curé, la donna au Monastere de Saint Martin de Pontoise qui jouissoit déja de celle de Tour ou de S. Prix, ce qui fut depuis ratifié par Thierry, son fils aîné. Mais comme Girbert, Evêque de Paris, n'avoit point paru dans cette donation qui n'avoit pu se faire sans son autorité, d'autant que les Montmorency tenoient cette Eglise *de Episcopalifeodo,* ce Prélat fit un acte public dans le Chapitre de Notre-Dame l'an 1122, dans lequel il marqua que du consentement d'Etienne, Archidiacre, il la cedoit et son autel au Monastere de Saint Martin de Pontoise. Dans les deux actes, soit celui de Richard, soit celui de l'Evêque Girbert, elle est nommée *Ecclesia Sanctæ Mariæ de Moncellis.* Comme donc on ne trouve point aujourd'hui d'Eglise appellée Notre-Dame de Monceaux dans le voisinage de Saint Prix et de Taverny, et que la nomination du Curé de Plessis-Bouchard est attribuée à l'Abbé de Saint Martin de Pontoise dans le Pouillé manuscrit d'environ l'an 1450, dans celui du XVI siécle et dans l'imprimé de 1626 du sieur Pelle-

<small>Hist. de Montm. Preuve.</small>

<small>Ibid., p. 37 et du Bois. Hist. Eccl. Par. T. II. p. 211.</small>

tier, il semble naturel d'en conclure que c'est l'Eglise du Plessis-Bouchard qui représente celle qu'on appelloit en latin *Moncelli*, d'autant plus qu'il est constant que c'est ce même Bouchard de Montmorency dont ce Plessis a retenu le nom, qui consentit qu'elle fut donnée par les mains de l'Evêque de Paris au Monastere de Saint Martin de Pontoise. Bouchard dont il s'agit vivoit à la fin du XII siécle. Ce fut de son tems et sans doute à sa sollicitation que Maurice de Sully, Evêque de Paris, établit le titre Paroissial en la seconde Eglise, qui prit le nom de Plessis-Bouchard à cause d'un grand enclos de vignes fermé de clayes pliées que Bouchard, Seigneur de Montmorency, avoit en ce lieu. On place ce fait à l'an 1192.   *Gall. Chr. T. VII. col. 74.*

Je prevois qu'on peut opposer à mon sentiment que l'Eglise du Plessis-Bouchard reconnoît S. Nicolas pour son Titulaire. A cela la réponse est aisée; à l'inspection de cette Eglise j'ai reconnu que ce qui sert aujourd'hui de Sanctuaire et de chœur au bout duquel on a construit une nef, est un édifice fait après coup, à l'autel duquel on aura donné le nom de S. Nicolas pour différentes raisons, soit parce que c'étoit le Patron du Seigneur ou de la personne qui avoit fait bâtir cet accroissement. Mais l'ancienne Eglise de ce lieu est ce qui sert aujourd'hui d'aile du côté du septentrion. C'est là le véritable titre de Sainte Marie de Moncels ou de Monceaux; et la preuve de cela est que dans les vitrages de cet autel qui sont très-certainement du XIII siécle, c'est la vie de la sainte Vierge qui y est représentée, dont ce qui reste encore de visible est la fuite en Egypte. Au reste, l'accroissement étoit bâti avant l'an 1476, puisque dans des provisions de la Cure de cette année-là sur la représentation de l'Abbé de Pontoise, elle est appellée *Ecclesia Parochialis sancti Nicolai*. C'est encore actuellement le Prieur de Taverny, membre de l'Abbaye de Saint Martin de Pontoise, qui est gros décimateur de cette Paroisse du Plessis.   *Reg. Ep. Paris. a App.*

On lit dans l'Histoire de Montmorency que Bouchard, l'un des Seigneurs de cette Maison qui vivoit à la fin du XII siécle, donna aux Grammontins du Mesnel situés dans une petite forest proche Mafflée, dix muids de vin à prendre tant à Taverny qu'au Plessis, ce que Matthieu son fils ratifia en 1213. Depuis ce temps-là cette Histoire ne fournit rien sur ce Plessis, sinon que Joseph de Montmorency vendit cette terre comme les autres au Connétable Anne son parent, l'an 1527, et comme la Maison de Condé a succedé à plusieurs des terres des Montmorency, celle-ci est du nombre, et M. le Prince de Condé en est le Seigneur.   *Hist. de Montm. Preuv. p. 80.*

Selon un Registre de visites de l'an 1470, il n'y avoit en 1470 que dix habitans au Plessis-Bouchard.

Suivant le denombrement des Elections de Paris, il y avoit

en 1709 25 feux, et selon le Dictionnaire universel de la France, 92 habitans. On y compte encore 20 feux ou environ. Ce pays est un vignoble et un verger continuel. Il est assez plat et uni, semblable en cela à Monceaux voisin de Corbeil ; ce qui porte à conclure que le terme *Moncellus* n'est point derivé de *Mons*.

Sous Henri III et Henri IV, un des Seigneurs de ce Plessis étoit Louis de Saveuse, Capitaine de cent hommes d'armes ; au moins y avoit-il un fief. Mais suivant le Procès verbal de la Coutume de Paris de l'an 1580, le Grand Prieur de France s'en disoit aussi Seigneur, et l'est encore en partie.

<small>Vie de Charles de Saveuse, Conseiller, 1678, p. 6.</small>

TAVERNY

S'il en faut croire Hadrien de Valois, ce lieu a tiré son nom des tavernes qui y furent établies pour le rafraîchissement des troupes Romaines qui y passoient. Sans oser donner à ces tavernes une si haute antiquité, je ne refuse point d'admettre l'étymologie ; il y a toute apparence qu'étant à cinq lieues de Paris, c'étoit un lieu de station pour ceux qui alloient dans une partie du Vexin, et que le voisinage des vignes y forma les cabarets qui ont donné le nom. Le plus ancien monument qui fasse mention de Taverny est une charte de l'an 754, dans laquelle le Roi Pepin déclare qu'anciennement un Seigneur nommé Guntauld avoit legué à la Basilique de S. Denis un village à lui appartenant, nommé *Taberniacum*, situé dans le pays Parisis, et que depuis ce temps-là un nommé Jean en avoit joui par précaire à la recommandation d'Ebroïn, Maire du Palais, ensuite un nommé Frodoin et un nommé Geronte ; ensorte que les Députés de l'Abbaye prouverent toutes ces jouissances par précaire en représentant celle du Roi Childebert III, et celle de Grimoald, Maire du Palais, que Pepin appelle son oncle ; et comme en ces différens temps les revenus de cette terre étoient beaucoup diminués, les mêmes Députés demanderent qu'elle fût restituée aux Religieux dans l'état où elle étoit lorsqu'ils la donnerent en bénéfice à Teudbert, leur vassal ; il y est fait mention de vignes, de bois, de prez, de bestiaux, et des colonies qui en dépendoient sises à Arblay et au vallon. Le Prince entérina la demande et la terre fut remise entre les mains de l'Abbé Fulrad. On voit par ce diplome que Taverny étoit connu au moins dès le VII siécle depuis J.-C.

L'Eglise de ce bourg est incontestablement l'une des plus belles qui se voyent dans tout le Diocèse de Paris. Elle est bâtie comme

<small>Notit. Gall. p. 432.</small>

<small>De re Diplomat. p. 493.</small>

tout le bourg sur la pente du coteau qui regarde le midi. Les dehors sont peu de chose, mais les dedans en sont charmans, par la délicatesse du gothique, celle des galleries qui regnent tout au tour et dans la croisée et au sanctuaire qui est en forme d'adside ou de rond-point ; elle est aussi toute voutée en pierre. Cet édifice qui est sous l'invocation de Notre-Dame et de S. Barthelemi est un ouvrage du XIII et du XIV siécle ; le Jubé qui est de bois est plus nouveau, aussi-bien que l'orgue placée sur la grande porte. Le clocher est sur la croisée vers le midi. C'est ce qui a moins d'apparence. On le dit construit de chateigner. On ne peut gueres douter que nos Rois n'ayent contribué au bâtiment de cette Eglise avec les Seigneurs de Montmorency. Il falloit qu'il fût déjà avancé en 1237, puisqu'alors Burchard de Montmorency legua dans son testament à la Fabrique de cette Eglise la somme de dix livres pour la dépense des vîtres. Il faut lire cet article dans l'édition de ce testament par le Pere du Bois. Il l'a donnée plus exactement que n'a fait Duchêne qui a omis tout l'article de Notre-Dame de Taverny excepté les deux derniers mots *ad vitreas,* de maniere que le lecteur est obligé d'entendre de Notre-Dame de Paris ce qui est dit du vitrage de l'Eglise de Taverny. Les mémoriaux de la Chambre des Comptes faisoient aussi mention de la Fabrique de l'Eglise de Taverny à l'an 1362. Le retable du grand autel est en relief. On y voit une très-belle statue de la sainte Vierge, de marbre blanc ou d'albâtre. Il reste deux colomnes de pierre au sanctuaire qui font voir qu'il y avoit autrefois des courtines ou rideaux qui y aboutissoient comme dans les anciennes Cathédrales. Le mot APLANOS si familier aux Montmorency des derniers temps, y est une fois.

Autour de la cloture du chœur on voit par dehors la représentation en relief de l'Histoire de la Passion, et on y lit en lettres gothiques minuscules du côté droit l'opposition des vertus aux vices, en ces termes :

Orgueil diligence trebuche.
Paresse sobriété trebuche.
Gloutonnie chasteté trebuche.

Et du côté gauche :

Luxure charité trebuche.
Envie patience trebuche.
Ire largesse trebuche.

On conserve dans cette Eglise des reliques de S. Barthelemy, Apôtre, et d'un S. Constantin.

Proche la chaire du prédicateur sont les tombes et figures de

Hist. Eccl. Par. T. II, p. 332.

Hist. de Montm. Preuv. p. 332.

trois personnes de la Maison de Montmorency : sur une tombe élevée se lit :

> *Cy gist Monseigneur Mahiu de Montmorency,*
> *Chevalier Sire de d'Avresmenil qui très-passa*
> *L'an de grâce M CCC et soixante le jour de la*
> *Fète S. Pierre en Juin. Priez pour l'âme de lui.*

Sur la même tombe est gravée sa figure ayant un lion à ses pieds et deux Anges à ses côtés qui l'encensent.

Autour d'une petite tombe de pierre couverte d'une table de marbre avec la statue d'un enfant d'albâtre, on lit :

Cy gist Jehan de Montmorency fils Monseigneur Charles Sr de Montmorency qui trèspassa l'an de grace M CCC LII le XXIIII jour de Juillet.

Sur une tombe plus basse que la précédente se lisent ces cinq vers qui ressentent pleinement le mauvais goût du XIV siècle :

> *Hic jacet inclusus adolescens et puerulus*
> *De Montmorency Carolus tumbá jacet ici*
> *Anno mille C ter Paradisi sensiit iter*
> *Ac sexagesimo, novem simul addas in illo.*
> *Gaudeat in Christo tempore perpetuo.*

L'enfant est représenté en maillot ayant d'un côté les armes pleines de Montmorency et de l'autre partie de Villiers-Adam. Sa mort arriva en 1369.

Dans un autre endroit de la même Eglise se voit une autre tombe d'un Chevalier nommé Philippe, autour de laquelle on lit ce qui suit :

> *Hic miles tegitur Philippus et sepelitur*
> *Qui, ut asseritur, probitatis laude potitur*
> *Huic cœlos aperi, Christe, qui cuncta tueri*
> *Diceris, et miseri tutor velis misereri*
> *O Rex qui pater es, qui veris vocibus intras.*

Ses armes sont trois oiseaux.

La Cure de Taverny est à la nomination de l'Abbé de Saint Martin de Pontoise, suivant tous les Pouillés anciens et modernes.

PRIEURÉ DE TAVERNY. Le Prieuré, comme j'ai déjà insinué ci-dessus, est dans la même Eglise qui sert de Paroisse. Il dépend de Saint Martin de Pontoise. Je n'ai trouvé dans toute l'Histoire de la Maison de Montmorency qu'un seul endroit où il en soit fait mention. C'est un acte de 1215, par lequel Matthieu, Seigneur de cette terre, déclare qu'il donne à ce Prieuré dix arpens de bois *in valle Lorcie*. On voit aussi dans le grand Cartulaire de

Hist. de Montm. Preuv. p. 81.

l'Evêque de Paris, que ce Prieuré ayant été taxé à cinquante sols pour le droit de la procuration Episcopale, N., Abbé de Saint Martin de Pontoise, demanda en 1326 de la diminution. Dans le rolle de 1384 il n'est taxé qu'à six sols six deniers. Le Dictionnaire universel de la France a voulu parler de son revenu à l'article de Taverny, mais l'auteur se trompe dans ce qu'il en dit. Une partie du revenu consiste dans une rente perpetuelle qui fut créée sur le sieur Lorieul de la Noüe, Seigneur de Saint Leu vers 1700, en conséquence de la vente à lui faite par le sieur Begon, Prieur, de deux pieces de vignes, ce qui fut confirmé comme avantageux pour le bénéfice.

Il y a eu, jusques dans ces derniers temps, sur le territoire de la Paroisse de Taverny, une Chapelle du nom de S. Christophe dans le lieu dit Mont-à-Bois ou Mant-à-Bois, dont Jean de Rueil et Marie Martin, sa femme, étoient Seigneurs en 1562. Cette Chapelle se trouve même marquée dans la Carte du Diocése par De Fer qui est la plus récente. Je penserois qu'elle étoit fondée dès le XII siécle, sur ce que je vois parmi les témoins au bas d'un acte de Matthieu de Montmorency de l'an 1193, *Nicolaus Capellanus de Taverni*. [Hist. de Montm. Preuv. p. 70.] Si ce n'est que quelquefois *Capellanus* a signifié Curé. Depuis ce tems-là je trouve dans ce testament de Bouchard, Seigneur de Montmorency, de l'an 1237, un legs ainsi exprimé: *Capella de Mant. C solidos*. [Ibid., p. 98.] La situation de ce Mant est assez clairement désignée dans un titre de l'an 1174, par lequel un autre Burchard de la même maison donnant à l'Abbaye du Val une portion de bois qu'il avoit acheté d'Haimard de Frepillon, dit que cette portion est située *inter Bettemont et Mantuam scilicet à fundo* [Ibid., p. 58.] *vallis usque ad viam superiorem*. Cette description convient très-fort à la Chapelle de S. Christophe entre laquelle et Bettemont il y avoit effectivement un vallon. Ainsi c'est par alteration qu'on a dit *Montaboy*, au lieu de *Mant au Bois*. C'étoient les Seigneurs de Montmorency qui y présentoient. Le Connétable Anne de Montmorency y nomma le 29 Janvier 1541. Dans un acte de resignation de l'an 1588 elle est dite *infra limitos Parochiæ B. Mariæ de Taverniaco*. Il y avoit encore un Titulaire au milieu du dernier siécle. C'étoit Pierre de Croniere ou de Croneaux, Curé de Bessaucourt, lequel fit en 1652 avec le Procureur des [Reg. Ep. Paris.] Jesuites de Paris, un échange qui fut homologué le 15 Avril. L'année suivante les Jesuites du College ayant exposé à l'Archevêque de Paris qu'ils avoient dans l'étendue de leur ferme de Montebois, Paroisse de Taverny, une Chapelle de S. Christophe éloignée des maisons et en désordre, et que le Titulaire vouloit bien la leur unir sous le bon plaisir de M. le Prince de Condé, Patron, à cause de son Duché de Montmorency, et le Procès [Ibid.]

verbal de visite l'ayant représenté comme situé dans les bois, et insinué qu'elle seroit mieux placée dans la ferme des Jesuites; le Vicaire Général, André du Saussay, donna un décret d'union le 10 Juin 1653, déclarant qu'elle seroit transferée dans la ferme, et que les Jésuites en acquitteroient les charges et qu'il seroit planté une Croix dans la place de l'ancienne Eglise. Le 18 Décembre 1655 fut enregistrée en Parlement la permission qui venoit de leur être donnée. Cette ferme de Mont-à-Bois étoit un présent que Michel Sonnius, fameux Libraire de Paris, vers l'année 1620 avoit fait au Collége des Jesuites, et n'avoit aucun rapport avec la Chapelle de S. Christophe.

Les revolutions arrivées au IX siécle par une suite des guerres des Normans et toutes celles qui arriverent depuis dans le Royaume firent aliener beaucoup de biens Ecclésiastiques, de sorte qu'au XII siécle une grande partie de la Terre de Taverny étoit dans la famille de Montmorency, et que plusieurs personnes qui y possedoient du revenu en regardoient les Barons comme leurs Seigneurs suzerains. Ces Barons ou autres qui avoient succedé à l'Abbaye de S. Denis dans la jouissance de quelque partie de cette Terre, en avoient fait part à d'autres Eglises. Dès l'an 1119, le Prieuré de S. Martin des Champs de Paris marquoit dans le denombrement de ses revenus: *apud Taverniacum hospites et vineas et census*. Il est fait mention dans les Registres *Olim* du Parlement, de ces titres de Saint Martin des Champs, en ce que le Seigneur de Montmorency ayant indiqué une montre-générale à Montmorency pour l'armée de Flandres sous le regne de Philippe le Bel, il ordonna à ces Hôtes de Saint Martin d'aller à l'armée avec les gens de sa Châtellenie. Le Prieur soutint que c'étoit à lui à donner cet ordre à ses Vassaux. Le Prevôt de Paris jugea en sa faveur; le Seigneur en appella et perdit au Parlement en Janvier 1307.

En 1160 Matthieu de Montmorency donna à l'Abbaye du Val dans la Paroisse de Villiers-Adam des vignes situées à Taverny, et un verger qui en étoit voisin sur le côteau de la montagne. Vingt-quatre ans après, Guibert de Taverny se faisant moine en cette Abbaye du Val avec Ingelran son fils et Guillaume son neveu, donna encore à ce Couvent des vignes situées à Taverny, et il fut besoin que Burchard, Seigneur de Montmorency, approuvât cette donation. On voit de plus par acte de l'an 1193 que Matthieu de Montmorency avoit alors un Maire à Taverny, et un manoir où s'expédioient les actes publics. Burchard dont je viens de parler avoit fait des dispositions envers les Moines du Mesnel, Ordre de Grammont, situé dans un bois de la Paroisse de Maflée, et leur avoit donné dix muids de vin à prendre en partie à

Bulla Calixte II, in Hist. S. Mart. p. 165.

Reg. Olim Martis post Circumcis.

Hist. de Montm. Preuv. p. 52.

Ibid., p. 58, an. 1184.

Ibid., p. 70.

Taverny, ce que Matthieu son fils confirma en 1213. Le même Matthieu fit un présent plus singulier aux Moines de Saint Denis sur le revenu de sa Terre de Taverny : il leur donna en 1200 un muid de châtaignes à y prendre à l'Octave de la Toussaint, ce qui n'empêche pas que l'on ne trouve que dans la même année Hugues de Milan, Abbé de Saint Denis, avoit laissé à ce Seigneur de Montmorency le bois de Taverny moyennant douze livres de rente. Taverny étoit alors une terre distinguée qui avoit son parc particulier. Burchard de Montmorency faisant son testament en 1237, veut que pour l'accomplissement de tous ses legs on prenne quatre mille livres sur le revenu de son bois appellé Le Parc de Taverny, ajoutant que si ce revenu ne suffisoit pas, on prît le surplus sur le Bois-Raoul, et dans la Vallée qu'il surnomme *Solerosa*.

Hist. de Montm. Preuv. p. 74.

Gall. Chr. T. VII, col. 383.

Ibid., p. 98.

La Maison de Montmorency forma tant de branches dès le XIII siécle, que dès ce temps-là et depuis, il se fit des partages, des échanges et autres mutations dans la Terre de Taverny. Ainsi lit-on dans l'Histoire de cette Maison que Matthieu de Montmorency et Alise, sa femme, eurent, en 1629, par échange avec Alix de Montmorency, certains bois, chapons, vinages et autres droits à Taverny, aussi-bien que le travers de ce lieu. En 1392 Jacques de Montmorency fit un accord avec Perrenelle de Villers-le-Sec sa mere, pour son doüaire, et il lui donna entre autres biens l'Hôtel de Taverny avec le parc. Jean de Montmorency jouissoit en 1461 de cet Hôtel et du Parc clos de murs, avec huit arpens de vigne, prez, jardinage, etc. Mais il y a quelques preuves que nos Rois y avoient aussi une maison ou Château ; on trouve quelques chartes du Roi Philippe le Bel, qui sont datées de Taverny, sçavoir du samedi après la S. Pierre 1299 et de Philippe le Long, une entre autres datée du 5 Juin 1317 concernant les Notaires au Châtelet. Il paroît aussi par une lettre du mois de Juillet 1335 que le Roi Philippe de Valois s'y trouva alors. C'étoit dans le temps de la convalescence de son fils Jean, Duc de Normandie. Car ce fut en ce lieu que ce Prince tomba malade vers le milieu du mois de Juin. Les Religieux de Saint Denis y vinrent trois fois pieds nuds en portant le saint Clou et ce qu'ils ont de la sainte Couronne de Notre-Seigneur avec un doigt de S. Denis, lesquelles reliques resterent à Taverny durant quinze jours. Et le 7 Juillet lorsque ce Prince fut hors de danger, le Roi vint pareillement du même lieu de Taverny à pied à Saint Denis pour y rendre grace à Dieu et aux saints Martyrs. La distance est de trois lieues. Enfin l'on trouve qu'en l'année 1465 Louis XI donna à Antoine de Chabanes, Comte de Dammartin, ce qu'il avoit en ce fief.

Hist. de Montm. Preuves p. 4.

Trésor des Chart. Registr.

Ordon. des Rois de Fr.

Preuv. de l'Hist. des Card. François.

Cont. Nangii ad an. 1335. T. XI. Spicil.

Tables de Blanchard.

Pour prouver que dès le douziéme siécle les Seigneurs de Montmorency disposoient du bien qu'ils avoient à Taverny, j'ai rapporté plus haut leurs liberalités envers les Moines du Val-Notre-Dame. Ces mêmes Religieux y avoient un manoir en 1239; Amaury de Roissy et Marie, sa femme, leur permirent de tenir en mainmorte une vigne qui étoit contigue à ce manoir (*Manerio*). Ils étendirent leur terrain en 1263 plus qu'il ne l'étoit entre Taverny et Saucourt, et en cedant ce qu'ils avoient sur le travers de Conflans-Ste Honorine, ils devinrent maîtres du Moulin-Albert, d'un étang et des prez qui y touchoient aussi-bien que de trente-deux arpens de terre. Ce ne furent pas au reste ces seuls Religieux qui avec ceux de Saint Denis participerent aux legs des Seigneurs ou autres personnes qui avoient des héritages à Taverny. Jean de Vernon, Secrétaire du Roi sous Charles V, donna aux Chartreux de Paris une maison située en ce bourg et cinq arpens de vigne. Il mourut le 6 Avril 1376 et gist dans l'Eglise des Carmes Billettes.

Le nombre des feux de Taverny n'alloit qu'à soixante en 1470. Dans le siécle présent il va jusqu'à 220 ou environ : ce que le Dictionnaire universel évalue à 994 habitans.

Je ne remonterai pas bien haut en parlant des Seigneurs de cette Terre.

On m'a assuré que Taverny n'a été distrait du Duché d'Enguien ou de Montmorency par M. le Prince de Condé qu'en 1675, en faveur de M. le Clerc de Lesseville, Conseiller au Parlement : cependant j'ai trouvé un rolle imprimé d'une taxe imposée sur des Seigneurs en 1649, dans lequel M. l'Escalopier est compris comme Seigneur de Taverny. Quoiqu'il en soit, cette Seigneurie et celle de Montubois étoient possédées en 1730 par Armand de Saint Martin, Conseiller en la Grande-Chambre du même Parlement comme ayant épousé Anne le Clerc de Lesseville. Il décéda en 1732. Le Mercure de France du mois de Septembre 1739 rapportant la mort d'Armand-Paul de Saint Martin son fils, Chevalier de S. Louis, ancien Lieutenant au Regiment des Gardes Françoises, le qualifie aussi de Seigneur de Taverny. M. Juillet, Receveur Général des Finances de Lyon et Secrétaire du Roi, fit l'acquisition de cette Terre, qui est aujourd'hui possédée avec celle de Franconville-la-Garenne par M. Alexandre, Comte de Longaulnay, Marquis de Beauvoir en Bourbonnois, comme ayant épousé Marie-Geneviéve Juillet, fille de M. Juillet.

Le Procès-verbal de la Coûtume de Paris de l'an 1580 marque le Grand Prieur de France comme possedant quelque Seigneurie à Taverny.

MONTUBOIS est un lieu où le Collége des Jesuites de Paris

a une ferme dont la Chapelle porte le nom de S. Christophe.

BEAUCHAMP et BOISSY sont les noms de deux cantons de cette même Paroisse, suivant l'exposé de ceux qui obtinrent autrefois la permission d'y avoir une Chapelle domestique. Le premier étoit M. Abraham de la Framboisiere, en 1672 ; le second étoit le sieur Pasquirini, en 1697. Ces noms du lieu ne paroissent dans aucune des cartes du Diocése. *Reg. Archiep. Par. 24 Jun. et 19 Jul.*

Le plus illustre personnage qui soit sorti de Taverny, ou qui en ait porté le nom, est Eudes ou Odon dit de Taverny, lequel fut élû Abbé de Saint Denis en 1162, après la mort du fameux Abbé Suger.

Il y a eu dans l'Abbaye de Saint Victor de Paris, vers l'an 1170, un Thibaud de Taverny qui devint célèbre dans la spiritualité, et qui fut un grand jeûneur, si l'on peut s'en rapporter en cet endroit à l'Histoire de cette Maison écrite par Simon Gourdan.

Adam de Taverny fut Grand-Queux du Roi en 1328. *P. Anselme, T. VIII.*

Il est fait mention de Taverny dans la vie de Madame Pollalion, imprimée en 1744. en ce que ce fut dans ce village que cette vertueuse Dame se transporta déguisée en paysanne lorsqu'elle commença à exercer son zele ; elle y passa quinze jours en cet état, occupée à instruire les ignorans qu'elle y trouva. Il y a environ cent ans que ce fait arriva. *Vie de Marie Lumague. in-8°, p. 54, chez Herissant.*

SAINT LEU

PRÈS TAVERNY

Ce lieu est situé à quatre lieues de Paris, vers le nord-ouest, dans une plaine au-dessous de Taverny, où il y a un vignoble et autres terres.

Nous ne trouvons rien touchant cette Paroisse, de plus ancien que ce qui regarde l'Eglise du lieu. Le Cartulaire de l'Abbaye de Saint Martin de Pontoise renferme un Acte qui nous apprend que Fulchard de Montmorency, Seigneur de Canterlu, fils de Thierry, donna à Thibaud, Abbé de ce Monastere. *Ecclesiam Sancti Lupi juxta Taberniacum* avec les dixmes et les oblations. et cela en présence de Geoffroy. Archevêque de Rouen, qu'on sçait avoir siégé depuis l'an 1111 jusqu'en 1128 [1]. On peut donc assurer au *Hist. de Montm p. 418.*

---

[1]. On lit dans le nouveau Gallia Christiana (T. VII. col. 73), à l'article de Maurice de Sully, Evêque de Paris, ces deux lignes : *Confirmavit eodem anno (1186) donationem factam Eccles. S. Lupi in valle Montmorenciaca*. Il reste à sçavoir s'il s'agit là de la donation de cette Eglise faite précédemment à l'Abbaye de Pontoise.

moins six siécles d'antiquité à la Paroisse de Saint Leu. On croit qu'elle a été détachée de Taverny même : mais on n'en a point d'autres preuves que son voisinage avec cet ancien bourg. Elle est sous le titre de S. Loup, Evêque de Sens, qui a plusieurs autres Eglises sous son invocation dans le Diocése de Paris.

Quoique je ne doute point que plusieurs Seigneurs de la Maison de Montmorency n'ayent affectionné ce lieu, sur tout lorsque ceux de l'une des branches de cette maison en furent devenus Seigneurs particuliers, néanmoins l'Histoire de cette même maison ne marque point que d'autre y ait été enterré qu'Aiglantine de Vendôme, femme de ce Matthieu de Montmorency, dont la sépulture s'y voyoit dans l'ancienne Eglise. Elle mourut sous le regne du Roi Jean ou de Charles V. L'édifice qui existoit dans le temps de la donation faite à l'Abbaye de Pontoise tomboit apparemment de vetusté, au dernier siécle, lorsqu'on a bâti l'Eglise que l'on voit aujourd'hui. Il étoit hors du village, et donnoit son nom à la rue. On l'appelloit du nom de *Monasterium* au XIV siécle, ce qui semble désigner qu'il étoit vaste. En 1686, le Curé et [les] Marguilliers obtinrent permission de démolir cette Eglise pour la rebâtir dans le village. M. le Clerc de Lesseville, Conseiller en la Cour et qui étoit Seigneur Censier, s'y opposa et fut débouté à l'Officialité, aussi-bien que son frere, Chapelain de S. Jacques en la même Eglise. Il fut seulement dit que l'on porteroit dans la nouvelle Eglise les deux bancs que le sieur de Lesseville avoit dans l'ancienne, et que l'autel de S. Jacques seroit rebâti; en outre qu'on laisseroit à la place de l'ancienne Eglise une Chapelle qui seroit de pure devotion. On voit dans le chœur de la nouvelle Eglise, à main droite, une inscription qui porte que Charles Mangot, Curé du lieu, Prieur de Sainte-Marie, Chapelain de la Sainte Chapelle à Paris, Seigneur d'Orvilliers à Chambly, a pris soin de la construction de l'Eglise, et qu'elle fut dédiée le 7 Novembre 1690. Au lieu que les anciennes Eglises sont tournées à l'orient, soit d'hiver, soit d'été, celle-là est tournée au septentrion. Ce n'est, au reste, qu'un bâtiment presque tout de plâtre. Au côté gauche de l'autel, c'est-à-dire vers l'occident, est une châsse de cuivre qu'on dit renfermer des reliques de Ste Ursule : on veut dire des compagnes de cette Sainte. L'ancienne Eglise avoit été enrichie, il y a plus de cent ans, de reliques plus certaines. Gregoire Muslard, Procureur en Parlement, ayant obtenu une parcelle d'ossement de S. Loup, des Religieux de Sainte Colombe de Sens, en présence de l'Archevêque, en avoit fait présent à cette Paroisse. Denis le Blanc, Vicaire Général de l'Archevêque de Paris, l'avoit renfermée dans une Image le 25 Juin 1635, ordonnant que suivant la requête des Religieux de

Sens, on célébrât en cette Eglise la Fête de la Translation de ce Saint, le 23 Avril.

Quant à la Chapelle de S. Jacques dans l'Eglise de Saint Leu, la premiere collation qu'on en trouve est du mois de Janvier 1474 ; on assure qu'elle avoit au moins cinq cens livres de revenu à prendre sur des héritages à Soissy, et que ces biens ont depuis été confondus avec d'autres. Le droit de présentation à la Cure de Saint Leu est toujours resté à l'Abbé de Saint Martin de Pontoise, depuis le don que lui avoit fait de ce droit un Evêque de Paris. Pouillé manuscrit de M. de Noailles.

Il y a deux autres bénéfices dans l'étendue de cette Paroisse, quoique petite quant au territoire. Premierement une Maladerie, qui est taxée au rolle des décimes. C'est apparemment la même qui subsistoit dès le XIII siécle, sous le titre de Léproserie, à laquelle Bouchard, Seigneur de Montmorency, donna dix livres par son testament de l'an 1237 : *Leprosis de Sancto Lupo decem libras*. Celui qui en fit la visite en 1351 de la part de l'Evêque de Paris lui donne le nom de *Leprosaria de Calmeta*. Il écrit qu'elle étoit tenue de recevoir les malades des onze villages suivans : *Calmeta, Taverniacum, S. Lupus, Turnum, Bersencuria, Frepelion, Meriacum, Moulignon, Aqua bona, Hermon, Plesseyrum*. Il ajoute que tout y étoit en friche. Dans les Actes de 1529 et 1588 la Chapelle de la Maison-Dieu de la Chaumette est dite du titre de Ste Marguerite. Hist. de Montm. Preuves p.512.
Regist. Visit. Lepros. an. 1351 f. 35.
Reg. Ep. Par.

Secondement il y a existé sur le même territoire de Saint Leu dit la Chaumette, une Chapelle qui quelquefois est appellée de la Chaumette tout simplement, et quelquefois du nom de Ste Geneviéve, parce qu'elle appartient à l'Abbaye de Sainte Geneviéve de Paris, et qu'elle y est unie. Elle est au rolle des décimes sous ce dernier nom. Il paroit par un Nécrologe de cette Abbaye écrit au XV siécle, qu'il y a eu un temps où on l'a aussi appellé *La Chapelle de Forge*. On y lit au 30 Mars : *Obiit Frater Egidius Bertrandi, Capellanus Capellaniæ de Forgia, aliàs de Calmeta, in villa S. Lupi de Taverneyo, Canonicus noster sacerdos et professus*. Il est constant que cette Chapelle a été fondée au XIV siécle par Jean de la Chaumette, Chancelier de la Cathédrale de Meaux ; elle étoit sous le titre de Notre-Dame et de S. Jean-Baptiste, comme le dit l'acte de confirmation donné en 1343 par l'Evêque de Paris, Foulque de Chanac, qui ajoute que Jean, Abbé de Sainte Geneviéve avoit hypothequé la grange de Roissy pour l'entretien de cette Chapelle. De plus, il se trouve dans l'Histoire de Montmorency un Acte par lequel Bouchard de Montmorency, deuxiéme du nom, Seigneur de Saint Leu, amortit en 1333 des héritages assis tant en la rue du Moutier-Saint Leu qu'en autres fiefs pour la fondation d'une Chapellenie *que Jean de la Chau-* Reg. Ep. Par. 12 Sept. 1482.
Necrol. S. Genov. Par.
Hist. de Montm. Preuves p.374, tiré d'un Registre du Trés. des Chart.

mette, *Chancelier de l'Eglise de Saint Etienne de Meaux entend fonder en accroissement du Divin service.* Il s'agissoit de maisons à lui appartenantes, sises à Saint Leu même. Suivant ce qu'on lit au Gallia Christiana, cette Chapelle étoit accompagnée d'une Communauté dont le premier Prieur fut Jean de Borret. Le Pouillé de Paris de l'an 1648 (page 46), et le Catalogue des Prieurés du même Diocèse donné par Pelletier, mettent Saint Jean des Forges de la Chauvere près Saint Leu Taverny, à quoi le Pouillé ajoute faussement que ce Prieuré dépend de l'Abbé de Saint Denis.

Le nombre des habitans de Saint Leu étoit de cinquante en l'an 1470. Les dénombremens du siécle présent y ont marqué 303 feux, puis seulement 228.

Bouchard, Seigneur de Saint Leu, dont j'ai parlé ci-dessus, étoit fils de Bouchard, premier du nom ; il fut grand Panetier de France. Il jouissoit en particulier de cette Terre de Saint Leu et de celle de Dueil dès l'an 1318. Bouchard III lui succeda, et après lui Jean son fils, qui étoit marié à Marguerite d'Andresele. Le même Jean rendit aveu de la maison et châtel de Saint Leu en 1368 à Charles, Sire de Montmorency, son cousin. A Jean, décédé en 1379, succeda Guillaume qui mourut en 1385. Ils sont inhumés l'un et l'autre à Sainte Catherine de la Coûture, à Paris, devant le grand-autel.

<small>Hist. de Montm. p. 379.</small>

En 1398, Gautier, Chevalier, Sieur d'Argilliers, est dit Seigneur de Saint Leu.

Au commencement du siécle suivant, Charles de Montmorency, Seigneur de Goussainville, acheta un fief situé à Saint Leu appellé le fief de Bossencourt. Les lettres sont de l'an 1402.

<small>Hist. de Montm. Preuv. p. 382.</small>
<small>Ibid., p. 334.</small>

Environ vingt ans après, la moitié de cette terre de Saint Leu se trouva par un partage être échue à Jean de Cramailles, Chevalier, par son mariage avec une Dame de Thorote, fille d'une Montmorency. Les Actes qui le prouvent sont de 1423. Une autre de Thorote nommée Denise avoit épousé Guillaume Desprez, Bailli de Chartres, grand Fauconnier de France en 1418. Ils possedoient ensemble en 1430 la Terre de Saint Leu, et en firent hommage alors à Jean, bâtard de Luxembourg, qui tenoit en ce temps-là la Seigneurie de Montmorency. Mais comme ils ne réitererent point cet hommage et autres devoirs à Jean, Seigneur de Montmorency, comptant sur la suffisance de celui de 1430, il y eut le premier Avril 1449 un Arrêt du Parlement qui adjugea cette terre à ce même Jean de Montmorency, lequel n'en jouit que jusqu'à l'an 1474, auquel tems elle fut confisquée, puis donnée par Louis XI à Regnaud le Turc. Enfin, l'an 1527, la même terre de Saint Leu fut vendue par Joseph de Montmorency au Connétable Anne, à qui le Roi François I l'avoit déja donnée ; les

<small>Ibid., p. 169.</small>

<small>Mem. de la Chambre des Comptes.</small>

<small>Hist. de Montm. Preuv. p. 210.</small>

memoires dont ce fait est tiré ajoutent à la page 278 que Philippe de Montmorency, Baron de Nivelle, en est aussi Seigneur en 1527. Depuis elle a passé comme plusieurs autres dans la maison de Condé, où elle est quant à la Haute-Justice.

Le Seigneur de ce lieu quant aux autres droits a été de nos jours M. Dufort, Maître des Comptes, et depuis sa mort M. son fils, Introducteur des Ambassadeurs. (Ajoutez le Sieur de la Noue, ci-dessus page 63.)

Les Religieux de l'Abbaye du Val proche l'Isle-Adam, Ordre de Cîteaux, aujourd'hui possedée par les Feuillans de Paris, ont eu beaucoup de vignes à Saint Leu, près Taverny, dès le XIII siécle. Guillaume de Cevrent, Ecuyer et Héloyse sa femme leur en vendirent en l'an 1244, et en 1288, Jean d'Argentueil, fils de Thibaud, Ecuyer, leur en donna un clos que l'on appelloit le *Clos-Heudrene*. *Tabul. Vallis. Portef. Gaign. p. 215.* *Ibid., p. 313.*

Le College de Maître-Gervais à Paris y eut aussi des biens au XV siécle. Ils lui furent donnés par Denis le Hetpeur [le Herpeur], Chancelier de N.-D. de Paris, qui y avoit été Boursier. *Invent. des Titres du Coll. M. Gervais.*

Il y a eu dans le siécle dernier quelques tentatives faites pour établir des Religieuses à Saint Leu. Anne de la Riviere, Bernardine, qui avoit obtenu en 1661 la permission de s'établir au Diocése de Paris, avoit conçu le projet de former en ce lieu un Prieuré de Bénédictines ou de Religieuses de l'Ordre de Cîteaux, et y avoit acheté dèslors des héritages de Hugues Mauduit, sieur de la Chaumette. Elle devoit être la premiere Prieure, et après sa mort Magdelaine Dailly, fille du Seigneur d'Hemery, devoit y présenter. Antoine de Joigny, Chevalier, Seigneur de Bellebrune, Gouverneur de Hedin, oncle de la Dame de la Riviere, avoit comparu pour elles devant les Notaires. Après tant d'avances l'établissement manqua, et, le 31 Mai 1664, l'Archevêque de Paris permit de chercher un autre lieu. Je ne sçai pas si le projet ne fut pas repris, et si la fondation n'eut pas lieu sous un autre nom; du moins ce fut à cause des poursuites que faisoient les créanciers des fondateurs. Le Saint Sacrement et les Reliques furent portées à la Paroisse, et de là apparemment est venue la châsse des compagnes de Ste Ursule que l'on y voit. *Reg. Archiep. Paris. 31 Mai 1664.* *Ibid. 27 Jan. 1682.*

On peut produire ici deux personnes considérables qui ont du rapport avec le village de Saint Leu-Taverny, et tous les deux Chanoines Réguliers.

Le premier est Jean de Saint Leu qui après avoir été Prieur de l'Abbaye de Sainte Geneviéve de Paris fut élu pour être Abbé, sur la fin de l'an 1308, et tint le Siége Abbatial jusqu'en 1334 qu'il décéda. Un peu auparavant il avoit vu fonder dans son lieu natal la petite maison de la Chaumette, dont j'ai parlé ci-dessus. *Gall. Chr. T.VII, col. 749*

Le second est Jean de Borret, qui fut le premier Supérieur de cette Maison de la Chaumette, et qui en fut tiré ensuite pour être Abbé de Sainte Geneviéve après la mort de Jean de Saint Leu.

BESSAUCOURT ou BESSANCOURT

C'est ainsi qu'on écrit différemment le nom de ce village, même de nos jours. M. l'Abbé Chastelain l'a écrit Psaucourt dans la Table dont il a fait imprimer les noms à la fin de son Martyrologe universel et il l'appelle en latin *Abbatissæ-curtis*. Je souhaiterois qu'il eût cité le titre ou monument où il l'a vu ainsi nommé. Mais comme il ne l'a pas fait, il est permis de croire qu'il n'a donné cette étymologie latine à ce lieu que par conjecture, et fondé seulement sur ce que l'Abbesse de Maubuisson est Dame de cette Paroisse. Je crois que pour détruire la pensée que Bessaucourt vienne du latin *Abbatissæ-curtis* par aphereze, il suffit de faire attention que l'Abbaye de Maubuisson n'a été fondée qu'en l'an 1239, par Blanche, mere de S. Louis. Or, on a des preuves certaines que, trente ou quarante ans après, le nom de ce village étoit exprimé partout *Bercencuria* ou *Bersecuria*. Je les rapporterai ci-après. J'infere de là que le nom d'*Abbatissæ-curtis* n'a pu être donné à cette Terre pour faire allusion à la dépendance de Maubuisson, parce qu'il a été impossible que dans l'espace de trente ans ou environ le nom latin d'*Abbatissæ-curtis* ait été assez usité pour être limé au point d'être réduit à être prononcé Bessaucourt ou Psaucour, et que dans un si petit intervalle de temps on ait perdu l'origine de cet *Abbatissæ-curtis* pour lui substituer *Bercencuria* ou *Bercencurtis*, et en françois quelquefois Berchoucourt suivant un titre du Prieur de Conflans. Mais ce qui détruit encore plus absolument le sentiment de l'Abbé Chastelain, est que le nom de Bessaucourt existoit cinquante ans avant la fondation de l'Abbaye de Maubuisson, puisqu'on lit que ce fut en l'an 1189, que l'Eglise de Bessaucourt fut érigée en Paroisse, par Maurice de Sully, Evêque de Paris.

Dans le Pouillé rédigé avant le regne de S. Louis, cette Eglise est appellée *Bercencourt,* que je crois être la maniere la plus approchante de l'origine, et, selon ce sentiment, cette Terre porteroit le nom d'un *Bercaudus* dont elle auroit été appellée *Bercaudicurtis,* qu'on aura altéré en Berçaucourt ou Berceucourt. On est assuré que sous le regne de Pepin et de Charlemagne, il y avoit un Comte appellé *Bercaudus,* qui avoit quelquefois occasion de passer proche l'Abbaye de Saint Denis ; peut-être étoit-il Comte du pays de Chambly ou du Vexin, si même il ne l'étoit pas de Paris.

Les choses étant ainsi que je le conjecture, le lieu de Bessaucourt pourra passer pour un des plus anciens du Diocése, néanmoins toujours sous la simple qualité de hameau jusques vers la fin du XII siécle. On croit avec grand fondement qu'il appartenoit alors à un Chevalier du nom de Tirel, parce que ce fut de Hugues Tirel II du nom, que la Reine Blanche l'acheta vers l'an 1240 de même qu'elle avoit fait la Terre d'Aunay, et cela pour servir à doter l'Abbaye de Maubuisson. Il y a lieu de juger que les anciens Chevaliers appellés Tirel étoient Seigneurs de tout le terrain qui est depuis Pontoise vers Montarsis jusqu'à Bessaucourt. Des fragmens du Cartulaire du Prieuré de Conflans-Sainte Honorine marquent que la terre dite *Nemus Guidonis apud* Bercencourt donnée à ce Prieuré étoit du fief de Guillaume Tirel qui approuva en 1187 ce don fait par Philippe de Franconville. *Tab. B. Mariæ Regalis.*

Bessaucourt est situé à cinq lieues ou un peu plus de Paris à l'entrée de la plaine qui s'étend vers Pierre-laye. Il ne laisse pas que d'y avoir des vignes, même dans ce canton, sur un certain espace de terrain. Après quoi viennent les sables stériles qui conduisent du côté de Pontoise. Cette terre est de l'Election de Paris. Un Registre de visite de l'an 1470 fait foi qu'alors il n'y avoit que 40 habitans, et le denombrement de la France y a compté 166 feux ; il y a même 178 dans un denombrement assez nouveau. Cependant on assure qu'aujourd'hui il y en a moins. Le Dictionnaire universel de la France a oublié ce village, et M. de Valois n'en dit pas un seul mot dans sa Notice du Diocése de Paris. Son territoire s'étend jusqu'assez près de Frepillon. Du côté de l'orient sur la montagne est la ferme de Montubois qui appartient au Collége des Jesuites de Paris. J'en parle ici parce qu'on assure dans le pays qu'ils ont traité avec l'Abbesse de Maubuisson pour que les habitans de la Paroisse de Bessaucourt n'eussent plus le droit d'usage dans les bois situés sur cette montagne, car cette ferme est de la Paroisse de Taverny. On trouve dans le Procès verbal de la Coûtume de Paris de l'an 1580, que M. le Grand Prieur prenoit la qualité de Seigneur de Bessancourt, et dans celui de la Coûtume de Senlis de l'an 1539 l'Abbesse et [les] Religieuses de Maubuisson sont dites Dames de Bessancourt, Sognolle et Frepillon. *Edit. in-8° 1678. p. 620.*

L'Eglise de Bessaucourt est une des plus grandes et des mieux bâties de ces cantons-là. Elle a deux aîles et une croisée, mais cependant sans qu'on puisse faire le tour de l'autel et sans galeries. Le chœur est certainement bâti au XII siécle. Il est constant par ce que j'ai dit plus haut, qu'il a servi pour la succursale qui étoit en ce lieu avant l'érection de la Paroisse faite en 1189. L'édifice de la nef n'est que de deux à trois cens ans. Le bras méridional de la croisée est aussi du XIII siécle, l'autre n'est que du XV ou du XVI. A l'entrée de cette Eglise à main gauche est bâtie une belle tour. Les inscriptions qui s'y remarquent denotent assez le temps de sa construction : sous l'un des piliers qui la supportent est une sentence de langage grec écrite en caracteres latins sur une bande soutenue par deux Anges, et au commencement se lit Mil Vc. XXVII. On voit aussi au portail sous les pieds d'une image de la sainte Vierge en lettres grecques capitales et dentelées le reste d'une sentence qui exprimoit ce que nous rendons en latin par ces mots : *O Mater Dei, memento mei.* Cet emploi du grec dans les inscriptions ressent assez le temps de la naissance des lettres sous François I. Cette Eglise est dédiée sous l'invocation de S. Gervais et S. Protais. On y célèbre outre le jour de leur martyre, celui de leur translation qui est le 13 Décembre. La Fête de la Dédicace est le premier dimanche de Septembre. Au lieu du peu de reliques ou *brandeum* des Saints Gervais et Protais qu'on a dû y posseder dans le temps de la fondation de l'Eglise, on y montre aujourd'hui une châsse de bois qui contient des ossemens de quelqu'une des compagnes de sainte Ursule, lesquels ont été donnés par une Abbesse de Maubuisson. M. l'Abbé Chastelain a observé dans ses ouvrages que ces reliques venues de Cologne ont été fort répandues dans l'Ordre de Cîteaux dont est ce Monastere.

Une autre observation que j'ai faite dans la même Eglise, et qui fait voir par un autre endroit sa rélation avec l'Ordre de Cîteaux, regarde les vitrages du sanctuaire qui sont de verre très-épais chargés de quelques couches de peinture grise ainsi que les statuts de cet Ordre vouloient qu'on en mît dans les Eglises des Monasteres. Ces sortes de vitrages en forme de grisailles étoient fort en usage au XII et XIII siécle. Mais ce qui denote que ceux-ci n'ont pas été apportés de l'Abbaye de Maubuisson, est qu'on y voit un Prêtre représenté à genoux, lequel a fait présent de ce vitrage et son nom au-dessous en lettres capitales gothiques : *Mestre Robert de Berceucort..... Chanoine de Paris.* Le vitrier a transposé les lignes la derniere fois qu'il a touché au vitrage. Au-dessous est un panneau ajouté qui représente une Abbesse de Maubuisson à genoux dont les armes sont d'azur parti de sable à la fasce d'argent chargée de trois merlettes de sable.

Cart. Ep. Paris. in Bibl. Reg. fol. 128.

Hist. Eccl. Par. T. II, p. 454.

On apprend par un Cartulaire de l'Evêque de Paris que ce Robert de Berceucourt étoit Official de Paris en 1270. Le Nécrologe de la Cathédrale de Paris écrit vers le même temps marque d'autres circonstances de ce Robert, et sur-tout qu'il mourut Doyen de Bayeux. Voici ce qu'on y lit au 5 Janvier parmi les premieres additions faites à ce Nécrologe vers l'an 1280 ou 1290. *Necrol. Par. in Bibl. Reg.* De Domo sanctæ Mariæ obiit Magister de Bercencuria quondam Decanus Bajocensis, qui ob remedium animæ suæ dedit Ecclesiæ Parisiensi viginti septem tum dimidio arpenta terræ arabilis sita in diversis peciis apud Civilliacum in censiva Capituli Parisiensis ad censum qui dicitur Census quartarum..... quodlibet autem arpentum solet valére unum sextarium bladi. La famille de Bessancourt du XIII siécle fit aussi du bien à l'Abbaye de Sainte Geneviéve de Paris. L'ancien Nécrologe de cette maison marque au 9 Février : *Obiit Theobaldus de Bersencuria*, il avoit légué des héritages situés à Paris. Au 29 Juillet *obierunt Magister Stephanus et Magister Robertus de Bersecuria, pro quorum anniversario Philippus de Bersecuria frater eorum dedit octo denarios censuales quos percipiebat super hereditagia in territorio sancti Lupi*. C'est-à-dire Saint Leu de Taverny. Le titre de *Magister* donné à Etienne et à Robert de Bessancourt fait voir que c'étoient des gens doctes dans leur temps.

Il y a dans le chœur de l'Eglise de Bessancourt deux tombes ou épitaphes assez dignes d'être remarquées. La premiere est *Thomas Cloüet, Prêtre natif de cette Paroisse, en son vivant Procureur au Parlement, Chanoine de Saint Hilaire-le-Grand de Poitiers et de Saint Martin de Montmorency, Curé de Sorel au Diocése de Chartres*, mort le 6 Juillet 1546. J'ai lu dans la seconde inscription au côté droit du chœur : *Cy gisent venerables et discretes personnes Messire Pierre de Croneaux, Estienne Charton et Philippe Mention, Prestres Curés de cette Paroisse de Bessancourt qui ont esté l'espace de plus de trois siécles de neveu en neveu.* Il y est ensuite marqué que Messire Jean-Louis Mention en son vivant Prêtre Chanoine de l'Eglise-Cathédrale de Wissenbourg en Allemagne, Honorable homme Jean Mention, Commissaire de Police de Pontoise, ont fait des fondations dans cette Eglise l'an 1705.

A consulter le Pouillé de Paris écrit au XIII siécle sans faire réflexion que les copistes peuvent être sujets à des inadvertences, on croiroit que la Cure de Bessaucourt seroit à la présentation du Prieur de Saint Martin des Champs. Ce copiste a oublié de mettre un second titre entre le catalogue des Cures de Saint Martin des Champs et celui des Cures de Saint Martin de Pontoise. L'erreur est palpable, d'autant que ces dernieres Cures qui sont par continuation du catalogue de celles du Prieuré de Saint Martin des Champs, n'ont jamais été dans aucune Bulle des Papes ni dans aucunes Chartes des Evêques de Paris accordées à ce Prieuré. Aussi les Pouillés manuscrits du XV et XVI siécle, les imprimés de 1626, celui de 1648 et celui du sieur le Pelletier de 1692 marquent-ils uniformément que la Cure de Bessancourt est à la présentation de l'Abbé de Saint Martin de Pontoise. Celui du XV siécle qui est en latin l'appelle *Bersendi Curia*. Mais comme l'édition de 1626 fourmille de fautes dans les noms de lieux, la Paroisse dont il s'agit y est nommée en latin *Bertrandi Curia seu Bessandi Curia*, et en françois : *Cure de la Cour Bertrand ou de Cour Bessand*. Cette Cure doit passer pour un démembrement de celle de Taverny dont la présentation appartenoit à l'Abbé de Saint Martin de Pontoise, et en qualité de démembrement elle en a suivi le sort. On ignore en quel temps avoit été bâtie la prèmiere Chapelle qui servit de succursale à Taverny, et pour quelle raison elle fut consacrée sous le titre de S. Gervais. Taverny, ancien chef-lieu et mere-Eglise, n'est éloigné de Bessaucourt que d'une petite demie lieue.

Pouillé du XV siécle, p. 32.

PIERRE-LAIE

Cette Paroisse est à six lieues de Paris presque sur la route de Pontoise. Les plus anciens titres qui font mention de ce village et qui nous apprennent comment il a été appellé en latin sont du commencement du XII siécle. Dans une charte de Matthieu le Bel de l'an 1125, en faveur de l'Abbaye de Saint Denis, ce Seigneur reconnoît qu'il a donné en fief à un nommé Pierre une portion de terre à Pierre-laie *apud petram latam*. Cette dénomination latine a été suivie par tous les Ecrivains postérieurs et même dans le Pouillé rédigé avant le regne de S. Louis. De-là est venue à M. de Valois la pensée que ce lieu avoit tiré son nom de quelque pierre qui étoit remarquable par sa largeur : aussi est-il d'avis qu'il seroit mieux écrit *Pierre lée*, de même qu'en fait d'étoffe et de toile la largeur s'appelle un lé. Le nom de Pierre-laie n'est pas absolument rare. Il y a Pierre-late, petite ville en Dauphiné, et *Petra lata* en Italie. Mais sans faire de si grandes recherches, il faut remarquer qu'on est en peine de découvrir en quel endroit du Diocése de Paris étoit la terre appellée *Alateum* que Landegisile, frere de Nanthilde, épouse du Roi Dagobert, destina pour l'Eglise de Saint Denis, et que Dagobert lui donna après la mort de ce même Landegisile. Les exemples fréquens que l'on a de l'altération des noms me portent à croire que c'est le village dont il s'agit, d'autant que dans tout le pays de Paris il n'y en a point dans le nom duquel on puisse trouver *Alateum*, et que les titres qui subsistoient au IX siécle nommant ce village, le disent situé *in pago Parisiaco*. Il est assez naturel que de *Lateum* on ait fait *laie*, et

Cartul. S. Dion. in Bibl. Reg.

Gesta Dagob.

qu'avant ce mot on ait placé le nom du possesseur du fief qui étoit un appellé Pierre ainsi qu'on a vu ci-dessus. Il n'y a dans tout le Diocèse de Paris aucun village ou hameau dont le nom approche davantage d'*Alateum*.

Pierre-laie étoit érigé en Cure dès le XIII siécle. Le Pouillé de ce temps-là en attribue la pleine collation à l'Evêque de Paris, ce qui est suivi par celui du XV siécle et du XVI. Celui de l'an 1626 l'appelle du nom de *Pierre late*. L'Eglise de ce lieu est sous le titre de S. Jean Baptiste. Elle marque par l'état de sa tour, sa nef et sa croisée, la pauvreté du pays. Le sanctuaire qui est en bon état et bâti de belles pierres paroît n'être ainsi que depuis un siécle et demi ou environ.

Le territoire de cette Paroisse n'est presque que de sables qui ne peuvent porter que du seigle et où il ne croit que du bois de bouleau parmi les grés; aussi les habitans s'occupent-ils beaucoup à faire des balais. On diroit que quelque riviere auroit couvert ce terrain durant plusieurs siécles, tant il paroit stérile et infructueux. Il est vrai qu'en tirant vers Pontoise on trouve des vignes; mais elles sont sur le territoire de Saint Oüen. Les Religieux de Saint Denis sont Seigneurs de cette Paroisse sans y avoir de château ni de ferme.

On m'assura aussi qu'un particulier se disoit second Seigneur. Malgré la maigreur du terrain on ne laisse pas de compter en ce lieu environ cent feux. Le Dictionnaire universel de la France y compte 316 habitans.

C'est apparemment en conséquence de ce que Matthieu le Bel avoit donné en [un] fief dans ce qu'il tenoit de l'Abbaye de Saint Denis à Pierre-laie vers le commencement du XII siécle, qu'on trouve en 1205 et 1216 un Gui de *Petra lata*, comme un Seigneur distingué. Matthieu, Seigneur de Montmorency, traitant en 1205 avec les habitans de Groley, Guy de Pierre-laie fut un de ses pleges ou garants. Le même Guy se disposant en 1216 à partir pour la Croisade contre les Albigeois, reconnut en présence de Garnier, Doyen de Cercelles, que le Bois de Hosscel dont lui et son pere avoient joui durant un long temps, devoit être restitué à l'Abbaye de Saint Denis, et il le rendit en effet. Il avoit existé vers l'an 1230, un Guillaume *de Petra lata*; sa veuve donna, l'an 1239, à l'Abbaye de Livry tout le bien qu'elle avoit à Clichy en l'Aunois. Hist. de Montm. Preuv. p. 76.

Chart. S. Dion. in Archiv. S. Dion. p. 595.

Chart. Livriac. p. 89.

Pierre-laie, quoique terrain peu gras, ne laissoit pas que de produire du Revenu aux Religieux de Saint Denis; c'est pourquoi, lorsque l'Abbé Henri qui étoit en contestation avec Eudes de Sully, Evêque de Paris, au sujet de la procuration due à ce Prélat par le Prieuré d'Argentueil, lui fit une promesse de lui payer chaque année six muids de grain, moitié *hibernagii* et moitié *mareschiæ*, il fut stipulé qu'ils seroient pris sur le revenu d'Erblay et de Montigny, et que si ces deux terres ne pouvoient y suffire, on prendroit sur Pierre-laie pour parfaire la quantité. La promesse de l'Abbé est du 26 Août 1207.

Hist. Eccl. Par. T. II, p. 72.

On lit dans l'Abregé Historique de Notre-Dame de Pontoise qu'en l'an 1692, les habitants de Pierre-laie furent affligés de maladies putrides, ce qui les engagea à faire vœu de venir tous les ans en Procession à cette Eglise de Pontoise ; on ajoute qu'ils exécutent encore ce vœu depuis ce temps-là.

Abr. Hist. Edit. 1724, p. 55.

Le dénombrement des Elections met sous un seul et même article Erblay et Pierre-laie : mais les derniers rolles des tailles séparent Pierre-laie d'Erblay, et en font un article distingué.

ERBLAI ou ARBLAI

PLUS NOUVELLEMENT ÉCRIT HERBLAY

Hadrien de Valois, parlant de ce village dans sa Notice des Gaules, déclare qu'il aime mieux l'écrire Erblai que Herbelai : et il paroît qu'il a raison. On ne s'est avisé de mettre une aspiration à la tête de ce nom qu'en conséquence de la coûtume où l'on est d'en mettre une au mot *herbe*. Mais Erblai ne tire point sa dénomination d'*herba*, quoique quelques-uns ayent pu le croire dès le XIII siécle. Ce n'est pas un pays de beaucoup de prairies ni un lieu herbu. On voit que les plus anciens titres latins portent *Erbledum* ou *Erbleïum* ainsi que le Pouillé de Paris d'environ l'an 1210, ce qui même a été suivi dans quelques titres des bas siécles [1]. Il y a toute apparence que ce nom a la même origine Celtique que celui d'Arablai ou Arablet, et peut-être même que celui d'Arras. Arrablai est nommé dans des titres latins de 700 ans *Adrabletum* et *Atrabletum*. Ce qui favorise l'origine Celtique que j'adopte ici, est que les paysans du lieu et des environs prononcent encore à présent Arblai, ce que le peuple de Paris a adouci en disant Airblai. La carte du Diocése de Paris gravée en 1714 sur les mémoires du sieur de Rochefort, marque Arblay. L'antiquité de cette prononciation me porte à croire qu'Arblai est cette transplantation d'habitants tirés de Taverny, de laquelle il est fait mention dans un diplôme du Roi Pepin de l'an 754,

---

1. *Cod. manusc. S. Germ. Prat.* 1046 *in mirac. S. Honorinæ XIII sæc.* Dans l'ancien Nécrologe de Sainte Geneviève de Paris on lit au 12 Janvier : *Obiit Frater Matthæus de Erbleio Sacerdos et Canonicus noster professus.*

sous le nom d'*Arebrelidum,* ainsi que d'un vallon qui est appa- *Diplom. p. 493.*
remment aussi le Val d'Arblai.

La situation de ce village sur la Seine dans une plaine au bord d'un vignoble à cinq lieues de Paris, en fait un lieu assez agréable. Toutes les maisons étoient autrefois autour et aux environs de l'Eglise et du presbytere au haut de la côte : mais depuis l'an 1450 ou environ, la plupart des Paroissiens s'en sont éloignés, et ont cherché une situation plus propre à avoir un puits chez eux. De sorte qu'on voit seulement une trentaine de Maisons au Val d'Erblay proche la riviere ; quelques autres au lieu appellé le Puit-l'Evêque à trente pas de l'Eglise, et deux ou trois assez près du Presbytere. L'amas le plus considérable de maisons qui s'étoit fait dans le bas, avoit été fermé de murs sur la fin de l'avant-dernier siécle, comme on voit par des restes de portes et de tourelles. C'est cette clôture qui fit donner à certains quartiers qui n'y étoient pas compris, les noms de Faubourg du Puit-l'Evêque, etc.

L'Eglise est située sur une petite éminence vers le sud-est par rapport au village. S. Martin en est patron. Il y a pour la sonnerie qui est considérable un gros clocher quarré bâti environ sur le milieu de cette Eglise, lequel paroît être du XII siécle. On remarque au faîte de la flêche, entre le coq et la girouette, un croissant de plomb qui étoit ci-devant accompagné d'une vignette de petits croissans de même. L'ancien chœur étoit sous ce clocher entre les quatre piliers qui le supportent, et tout de suite étoit un petit sanctuaire vouté en forme de calotte à la maniere des anciens du XI et du XII siécle. La nef contient aussi quelques indices de construction du XIII siécle. Les chapiteaux des piliers sont tous composés de pieces de la fantaisie des sculpteurs. Au-dessus de chacune des six arcades, de chaque côté, sont figurés des cadres de six pieds de haut dans lesquels sont peints à fresque des Rois, Reines, Prêtres et Prophetes de l'ancien Testament avec quelques Apôtres et Evêques. Il semble même qu'on y voye la Reine de Saba ou Reine Pedauque. Je pense qu'on les peignit là dans l'impossibilité de placer leurs statues au portail, suivant le plus ancien usage. Anciennement le côté gauche de cette nef n'étoit pas plus grand que l'est le côté droit aujourd'hui. Elle fut élargie en cet endroit l'an 1701 sous la direction du Frere Romain, Jacobin, célébre architecte. Le chœur et ses collateraux forment un édifice qui fut commencé vers l'an 1500 et fini en 1535 aux dépens des habitans qui payoient deux sols pour la journée de chaque ouvrier. L'Evêque de Valence, Antoine de Vesc, qui avoit posé une premiere pierre en 1534, consacra cette nouvelle Eglise deux ou trois ans après. On peut dire que l'architecture a son mérite. On n'épargna pas même les décorations extérieures qui consistent en des galeries autour de la couverture avec des balustrades ou appuis selon le goût de ces temps-là. Le portail est d'une construction du même temps que la nef, et travaillé avec les ornemens de sculpture qu'on apperçoit dans le frontispice des Eglises bâties avec soin au XIII ou XIV siécle. Mais ce qui n'est pas commun et qui doit être observé, est la maniere dont la porte est garnie, de fers à cheval : cela suppose une devotion particuliere pour ce lieu de la part de ceux qui voyageoient à cheval, afin d'obtenir par l'intercession de S. Martin d'être préservés d'accidens : ou bien cela doit être pris pour une espece de marque de reconnoissance de la part de ces personnes au retour de leur voyage.

<small>Voyez T. 1, p. 104.</small>

Au fond de l'ancien bas du côté septentrional fut construit au XIV siécle un autel de Notre-Dame, avec un bénéfice fondé par Guillaume Barois ou de Barois pour deux Messes par semaine. Ce fondateur ordonna pareillement la sonnerie du couvrefeu qu'on appelloit le pardon du soir ; il fut enterré devant cet autel l'an 1333. Dans l'ancienne aîle du côté méridional étoit l'autel de Ste Catherine, devant lequel Etienne de Barois son fils fut enterré le 30 Octobre 1351. Il étoit Doyen de Saint Omer, inconnu au *Gallia Christiana,* Chanoine et Archidiacre de Baugency, en l'Eglise d'Orleans, et Confesseur du Roi Jean, ainsi qu'il est marqué autour de sa tombe qui est de marbre noir, brisée en plusieurs endroits, et où étoit sa figure dont le visage est emporté. Il est le fondateur de cet autel. De ces deux bénéfices fondés par le pere et le fils, Pierre d'Orgemont, Evêque de Paris, décédé en 1409, n'en fit qu'un seul en l'absence des sieurs de Beauvais, héritiers de la famille de Barois dans le temps qu'ils étoient à la guerre pour le Roi. En 1535 le chœur et les bas côtés étant finis, on transporta devant le nouvel autel de Ste Catherine la tombe du même Etienne de Barois, et on laissa mettre les armes des Beauvais à ce bas côté, parce que Matthieu de Beauvais avoit prêté aux habitans une somme pour finir l'ouvrage. Dans le Pouillé Parisien d'environ l'an 1450 il est dit que la présentation à cette Chapelle appartenoit aux exécuteurs testamentaires d'Etienne Barois. On lit dans celui de 1648 que l'Archevêque de Paris en a la collation de plein droit par sentence des Requêtes du Palais. Le fondateur avoit donné pour la fondation une portion de bois enclavés dans la forêt de S. Germain-en-Laye, et dans celle de S. James près de Marly, qui sont encore appellés aujourd'hui couppes d'Herblay, de Sainte Catherine d'Herblay et de Poissy, ce qui auroit pû produire au titulaire une somme trèsconsidérable. Ces bois furent réunis au Domaine sous le regne

<small>Comptes de Bertin Dassur et Jean Macaire, 11 Mars 1571.</small>

d'Henri IV, et on donna au Chapelain, en dédommagement, les profits du marché de Montlhery qui, tous frais faits, produisent à ce qu'on dit au moins 4500 livres. Les possesseurs de ce bénéfice considérable depuis environ deux cens ans ont été Simon Macaire, natif et Curé d'Erblay en 1562 : Jean Pommereau, Jean Montreau, François et Louis Langlois, tous natifs d'Erblay, puis en 1630, Jean-Daniel Poëlle, des Seigneurs de S. Gratien, beau-frere de de Matthieu de Beauvais II. Après lui, le sieur Grisel, Chanoine de Saint Honoré, fut pourvû par M. de Gondi, Archevêque de Paris, sans présentation, et l'emporta en vertu de la Sentence susdite des Requêtes de l'an 1638. Il eut pour successeur M. Meliand, Evêque de Gap puis d'Alet, qui abdiqua, et s'étant retiré à Paris, venoit souvent à Erblay, où il édifioit beaucoup. Il mourut en 1713. Celui qui eut le bénéfice après lui, fut M. Chevalier, dit le Romain, qui le résigna sous pension à M. Seguin, Chanoine de Saint Etienne-des-Grez, lequel prit possession en 1742.

Dans l'aile du chœur du côté du septentrion est une inscription en lettres gothiques sur le mur, portant que Noël Cochon, marchand à Herblay, et enterré au cimetière, a légué à l'Eglise une certaine quantité de *vin à prendre sur un quartier et demi de vigne au Tertre-frilleux pour faire la Céne du Jeudi-Saint et la Communion du jour de Pâques.* Il mourut en 1575.

Proche la sacristie est l'épitaphe d'Eustache Allegrain, Correcteur des Comptes, Seigneur d'Erblay en partie, décedé à Paris à l'âge de 77 ans, le 31 Mai 1580 et de Françoise Larcher, son épouse, qui a laissé 25 livres de rente, décedée aussi à Paris, le 22 Février 1598, âgée de 82 ans. Il y est dit qu'ils reposent à Paris en la Chapelle des Carmones de l'Eglise de Saint Gervais.

Du grand nombre des Prêtres, soit Curés ou natifs d'Herblay, inhumés en cette Eglise, je me borne à Jacques Hellet, décedé de la contagion le 11 Novembre 1626, enterré d'abord sous le porche, puis transporté dans le chœur, le 23 Mars 1627. Je lui associe Nicolas Robin, Prêtre natif du lieu, qui a fait un établissement très-sensé, en fondant l'Office Canonial pour les quatre dernieres Feries dans la semaine de Pâques ; il déceda pareillement de la Contagion le 16 Septembre 1629, après avoir servi longtemps les pestiférés. Il avoit travaillé à rediger les Registres de la Cure en ces fâcheux temps.

Entre les deux premiers piliers du clocher est la tombe de Nicolas Henriart, Ecuyer, Sieur du Manoir, Référendaire en la Chancellerie, Avocat au Parlement et ès Conseils du Roy, décedé le 8 Octobre 1693, en sa maison de campagne de Taverny, transporté à Erblay et enterré dans l'Eglise selon sa volonté et celle de M. du Manoir, Curé, son fils.

La Cure d'Erblay est à la nomination pure et simple de l'Evêque de Paris suivant tous les exemplaires du Pouillé.

Les Décimateurs sur cette Paroisse sont l'Abbaye de Saint Denis et le Chapitre de Notre-Dame de Paris. Je rapporterai ci-après les fragmens historiques où il est fait mention de ces deux Eglises à l'occasion d'Erblay.

Une personne qualifiée, native d'Erblay, m'a dit en 1743, qu'il y a eu en ce lieu un Hôpital situé proche le Vivier. C'est apparemment le même dont il ne reste plus qu'un mur et une petite fenêtre de la Chapelle. Il étoit pour les troupes, sur tout pour celles qui campoient au camp de S. Sebastien entre la forêt de S. Germain-en-Laye et la riviere de Seine.

L'Eglise ou Fabrique jouit d'un modique revenu. Elle avoit le produit des prez dits Communaux, mais, depuis l'an 1682, ils sont possedés par les habitans, qui en conséquence sont tenus de faire les réparations de l'Eglise et du presbytere et autres, et même en partie celles du clocher en vertu d'un Arrêt du Grand Conseil obtenu contre eux par l'Abbaye de Saint Denis.

Reg. visit.
Decani rural.
Dès l'an 1470 cette Paroisse étoit assez considérablement peuplée rélativement aux autres, puisqu'elle avoit 50 habitans. Dans le denombrement des Elections, elle est jointe à Pierre-laie pour l'Election de Paris, et à ces deux Paroisses réunies sont attribués 373 feux. Les deux tiers doivent appartenir à Erblay dont les habitans sont évalués à 1112 par le Dictionnaire universel de la France. On assure qu'il y a encore actuellement en cette seule Paroisse plus de 300 feux.

Le territoire est vaste, il s'étend du côté du couchant à gauche jusqu'à un quart de lieue de Conflans-Sainte Honorine, et d'un autre côté jusqu'à un demi quart de lieue de Saint Ouen-l'Aumône. Il s'y trouve beaucoup de terres sablonneuses hors d'état de rien produire et fort peu de terres à froment. Le vin dans les bonnes années gardé en vieux, peut passer pour du vin de Bourgogne. Le meilleur de Conflans, dont les habitans possedent une partie du canton de vignes appellé Gaillon audit territoire, est vin d'Erblay. Une preuve que les habitans de ce village ont été curieux de passer pour vignerons, est un écusson qui se voit dans l'Eglise du lieu sur une pierre qui supportoit apparemment autrefois une statue de S. Vincent, lequel y est encore spécialement honoré. Cet écusson est chargé en chef d'un raisin de sable à deux feuilles de sinople, et a en pointe deux serpettes de sable posées en pal.

On tire d'Erblay beaucoup de plâtre qu'on voiture par eau à Compiegne, à Rouen et ailleurs. Il y a aussi une carriere de belle pierre le long des prez assez près du bord de la Seine. C'est d'elle qu'on a tiré la pierre pour bâtir en 1739, à Paris, la fontaine de la rue de Grenelle au faubourg S. Germain des Prez et le portail de l'Eglise de Saint Louis de Versailles, commencé en 1743. Quoique pierre d'Erblay, on l'appelle pierre de Conflans, parce que le sieur Nicolas le Noir, Lorrain, Architecte, qui l'a faite tirer, demeure à Conflans.

Il y a à Erblay trois Seigneurs, tous hauts, moyens et bas Justiciers chacun dans son canton. Le Chapitre de Paris est seul Seigneur de l'Eglise. A lui seul appartiennent tous les droits honorifiques, comme prieres nominales au prône, etc. Ses Officiers seuls président quand ils se présentent aux Assemblées de Communauté qui se tiennent sous le porche de l'Eglise, même au ban des vendanges. Il y a eu un Arrêt du Grand Conseil là-dessus le 31 Décembre 1677 contre l'Abbaye de Saint Denis. Il faut voir aussi celui du Parlement du 9 Décembre 1750 contre Madame de Boisseret, Dame d'Erblay en partie. Dès le 30 Septembre 1537, Guillaume Rigault avoit été condamné par une Sentence du Prevôt de Paris, à laisser jouir les Chanoines de Paris de tous leurs droits. Le Chapitre a seulement le tiers des grains sur le territoire d'Erblay et dixme en total sur son fief qui n'est pas fort étendu. Autant que j'en puis juger par les titres que j'ai vus, ces droits et biens de l'Eglise de Paris viennent : 1º de Guillaume du Perche, Evêque de Châlons-sur-Marne, décédé en 1226, lequel donna à Notre-Dame les portions qu'il avoit dans trois autels, dont l'un étoit Erblay, écrit en cette occasion *Herbledis*. 2º Du don que S. Louis fit aux Chanoines de la Cathédrale pour la fondation de l'Anniversaire de la Reine Blanche, sa mere, morte en 1252, d'une partie de ce qu'il avoit à Erblay. 3º D'un achapt que le même Chapitre fit en 1259 de tout ce que Aalips, Dame de Saulx, possedoit à Erblay, soit en maisons; soit en terres, etc., où apparemment étoit compris ce qui restoit à ce Chapitre à avoir des droits de l'autel.

Necr. Eccl. Par. Id. Febr.

Ibid. ad 28 Nov.

Magn. Pastor. fol. 87.

Quant à l'Abbaye de Saint Denis, il est vrai que la Terre d'Erblay ne se trouve point dans le nombre de celles qui furent l'objet du partage des biens entre l'Abbé et les Moines en l'an 832. Mais il est sûr qu'au moins dès le commencement du XIII siécle ce Monastere y avoit un droit de dixme, puisque l'Abbé Henri traitant en 1207 avec Eudes de Sully, Evêque de Paris, promit de lui payer chaque année six muids de grain sur les dixmes d'Erblay et de Montigny. Du Breul écrit que le même Evêque acquit des Religieux de Saint Denis un muid de bled de rente, qu'il donna à Notre Dame pour le *Mandatum* de cinquante Pauvres le Jeudi-Saint, à la fin duquel repas il dit que l'on prie pour lui. Il est fait mention dans Doublet de deux Arrêts du Parlement : l'un de 1346,

Diplom. p. 519.

Hist. Eccl. Par. T. II, p. 72.

Antiq de Paris, édit. 1639. p. 39.

l'autre de 1372, qui reconnoissent la Justice de l'Abbaye de Saint Denis dans Erblay ou Arblay : il y est ainsi écrit diversement. Aussi dans le Procès-verbal de la Coûtume de Paris de l'an 1580 les Religieux de Saint Denis sont-ils qualifiés Seigneurs d'Erblay, et l'Arrêt du Grand Conseil du 31 Décembre 1677 reconnoît qu'ils y ont une Seigneurie. Ce Monastere dixme à Erblay pour les deux tiers. Il a aussi toute la paille. Il est obligé de donner tous les ans à la Fabrique du lieu deux cens bottes de paille du poids de 22 livres et demie chacune. Cette paille servoit autrefois aux habitans pour les éclairer allant et revenant de la Messe de minuit.

<small>Hist. de S. Denis, p. 978 et 1024.</small>

Tout ce que le Roi avoit à Erblay n'avoit pas été donné par S. Louis à Notre Dame de Paris. J'ai lu dans des extraits de la Chambre des Comptes, que vers l'an 1315 le Roi fit don à Pierre Salin de Pontoise de trois muids et six sextiers d'avoine, mesure de Paris, à prendre dans la Paroisse d'Erblay : mais peut-être ne fut-ce que pour une fois. Je ne sçai si ce seroit de l'endroit du territoire qui produisoit ce grain, que tireroient leur origine quelques fiefs qui se trouvent à Erblay et qui forment le troisiéme genre de Seigneurie qu'on y voit. J'en doute cependant, parce que dès la fin du XIII siécle je trouve dans le Cartulaire de Saint Denis un Gui d'Erblay, Chevalier. Il est nommé avec Jeanne, sa femme, dans un acte émané de Pierre Gontier, Prévôt de Paris. Il avoit apparemment un fief à Erblay, dans le même temps que le Roi y avoit encore des redevances d'avoine.

<small>Chart. S. Dion. Bibl. Reg. p. 291.</small>

Le plus ancien Seigneur laïque d'Erblay qui ait été découvert jusqu'ici et dont on ne peut point douter, est Christophe de Chumont ou de Rhumont, Maître des Requêtes, qui vivoit encore en 1498.

Depuis lui cette Seigneurie passa dans la famille des Allegrins de Paris. Eustache Allegrin, Général de la Justice des Aydes, la posseda jusqu'à sa mort arrivée en 1517. Il avoit épousé en premieres noces Catherine de Nanterre et en secondes noces, l'an 1505, Catherine Ruzé, veuve de M. de Refuge ; et ils ont tous trois eu leur sépulture à Saint Gervais de Paris, en la Chapelle des Carmones, dont ils étoient parents, parce qu'une sœur dudit Eustache avoit épousé le Président de ce nom. Le titre de Seigneurie que prenoit cet Eustache n'étoit pas d'Erblay, mais de Vallays. J'ai puisé ce détail dans un manuscrit de l'Abbaye de Sainte Geneviéve [1] où le même Allegrin a écrit les naissances, mariages et morts de sa famille, et où l'on en voit

---

1. C'est une vie latine de Charlemagne, in-4° plat, couverture antique avec des clous de cuivre.

la continuation par son fils Eustache qui lui succéda et qui fut qualifié Seigneur d'Erblay. Il fut Correcteur des Comptes; épousa en 1539 Françoise Larcher, fille d'un Général de la Justice des Aydes et de Marthe Gilbert. Une fondation qu'ils ont fait en l'Eglise d'Erblay est cause qu'on y voit une inscription où ils sont nommés et leur mort spécifiée ainsi que j'ai marqué ci-dessus. La femme survécut et fut inhumée en la Chapelle de S. Gervais indiquée au même endroit.

Magdelene Allegrin qu'on dit avoir été leur fille, quoique je ne la trouve pas dans le catalogue manuscrit des enfans d'Eustache Allegrin II, eut la Seigneurie d'Erblay qu'elle porta en mariage l'an 1588 à Charles le Prevost, Conseiller au Parlement de Paris. Ce Seigneur obtint du Roi Henri III dès la même année, le 6 Avril, la permission d'entourer de murs le Bourg d'Erblay. Il vivoit encore en 1624. Dans un rolle imprimé de taxes imposées sur les Seigneurs en 1649, est compris le sieur le Prevost, Maître des Requêtes, pour sa Terre d'Erblay. C'est un fait qui paroît devoir plutôt regarder Jacques le Prevost, fils de Charles. Ce Jacques eut pour frere un Prêtre séculier appelé *le Pere d'Erblay*, auteur d'un livre de piété in-8º, qui s'attacha au seminaire des Missions étrangères, et lui légua tous ses biens sis à Erblay.

Succéda par la suite à Jacques le Prevost dans la Seigneurie d'Erblay, Magdelene Houelle, sa niéce ou petite fille. Elle épousa : 1º Jean Boisseret, Correcteur des Comptes; 2º Jean Bochard, Seigneur de Champigny-sur-Marne, Maître des Requêtes, dont elle n'eut point d'enfans. Du premier lit elle eut entre autres enfans Charles de Boisseret qui fut Seigneur d'Erblay en partie. Ce Charles épousa : 1º Jacqueline Mallet de Graville, de laquelle il lui resta un fils unique, marié à D^{lle} le Maistre, mais lequel mourut sans enfans. Charles de Boisseret épousa en secondes noces, à l'âge de plus de 80 ans, Marie-Gabrielle-Gillebert d'Haleinne, native de Domfront, qui n'avoit gueres que dix-huit ans, à laquelle il donna part d'enfant par contrat de mariage. Ce mari étant mort en 1715, âgé de 90 ans, elle hérita de tous ses biens et de la moitié de ce qu'il avoit dans la Seigneurie d'Erblay, dont le tout quant à cette portion de Seigneurie ne lui est revenu qu'au moyen de l'achat qui en a été fait par Décret en 1744.

Ce fut du temps des Messieurs de Boisseret, qu'il y eut un bornage de leur Seigneurie fait en 1686 avec les Religieux de Saint Denis, et qui fut homologué le 4 Septembre 1693.

On m'a fait connoître deux fiefs situés à Erblay.

BEAUVAIS. Ce fief a donné son nom à Jean de Beauvais qui vivoit avant l'an 1350. Girard, son fils, étoit Capitaine du château de Conflans-Sainte Honorine dans le temps que les Anglois occupoient Pontoise et la Normandie. Il est resté de leurs descendans Jean de Beauvais, qui d'Elisabeth Gallé, son épouse, a une fille du même nom d'Elisabeth. Ce fief étoit autrefois un peu considérable par son étendue et par ses redevances ; il avoit même une Basse-Justice qui relevoit du Seigneur laïque d'Erblay. Depuis l'an 1669 que Jean-Daniel de Beauvais fit un partage entre ses freres et sœurs, les biens de ce fief ont passé en diverses mains, ensorte que son fils n'en possede que quelques arpens de terre et de petites rentes avec une partie du fief d'Abbeville. Comme le nom de Matthieu a été commun parmi les anciens de la famille de Beauvais, je scrois porté à croire que Matthieu d'Erblay, nommé ci-dessus au bas de la page 78, en étoit.

ABBEVILLE (*Abbatis Villa*). Ce fief est connu par la portion dont a joui durant quelque tems Jean-Daniel de Beauvais dont je viens de parler, et les biens ont changé de possesseurs. J'aurois souhaité pouvoir dire de quel Abbé il a tiré son nom. C'est probablement de quelque Abbé de S. Denis. Il y reste un manoir.

Le Clergé d'Erblay ayant été composé de quatre Prêtres jusques dans le dernier siécle, on a pu y voir former des jeunes gens qui par la suite se soient distingués par leur piété ou par leur science. Du nombre des premiers a été Jacques Paulmier à qui M. Henriart du Manoir, Curé du lieu, fit apprendre le latin à l'âge de plus de trente ans ; il y fut Vicaire et décéda en 1709. Sa mémoire y est en bénédiction.

Un autre eleve du même Curé a été M. Etienne Fourmont, pareillement natif d'Erblay. Il devint par la suite Professeur Royal en Arabe au Collége Royal, Interprête et Sousbibliothecaire du Roi dans les langues orientales ; il mourut à Paris le 18 Décembre 1745. On peut voir le catalogue de ses ouvrages dans son éloge imprimé à la page 418 du XVIII tome des mémoires de l'Académie des Belles Lettres dont il étoit.

Michel Fourmont, frere cadet d'Etienne et également né à Erblay, s'est distingué par sa science, et a été pareillement de l'Académie des Inscriptions et Belles Lettres, Professeur en langue Syriaque au College Royal, et Interprête du Roi pour les langues Chinoise, Tartare et Indienne ; son éloge est imprimé à la suite de celui de son frere, auquel il ne survecut que de treize mois et demi, étant décédé à Paris le 4 Février 1746. C'est de lui que j'ai appris plusieurs circonstances et faits historiques sur Erblay, outre ce que j'y avois vu sur le lieu, lesquelles circonstances et faits m'ont été fournis depuis ce tems-là beaucoup plus au long par M. Honnorat actuellement Curé de cette Paroisse depuis 1736 et Doyen rural du Doyenné de Montmorency.

CONFLANS-SAINTE HONORINE

Il n'est pas rare de débiter des fables sur les anciens châteaux fortifiés par l'art ou par la nature. Telle est souvent la situation de ceux qui se trouvent bâtis au confluent de deux rivieres. Les Romains appelloient ces lieux du nom de *Condate*, et peut-être avoient-ils pris cette expression des Celtes. Ce nom ayant été usité autrefois pour signifier ce que nous appellons Conflans-sur-Oise qui est à cinq lieues de Paris, c'est-à-dire le confluent ou la jonction de l'Oise avec la Seine, a fait imaginer un Roi Condat ou Candat, Sarazin, contre lequel Clovis I se seroit battu en ce lieu. Cette opinion étoit déja ancienne au XIV siécle du tems de Charles V, puisque Raoul de Prelles, l'un de ses Conseillers, la débite dans le prologue de sa traduction de la Cité de Dieu de S. Augustin. M. Lancelot remarque sur cet endroit, que d'autres appellent Daudat ou Andoc, ce Prince étranger, et le disent venu d'Allemagne. Un Prémontré de l'Abbaye de Joyenval mit cette histoire en vers latins environ l'an 1400. Il y dit en substance, qu'il y avoit sous Clovis à Conflans, un idolâtre tyran appellé Conflac qui adoroit Mercure. Il appella Clovis en duel, et Clovis en devint victorieux ayant pris le bouclier des fleurs de lis, et rejetté celui où étoient représentés des croissans. Nicolas Gilles ajoûtoit tellement foi à ces contes, qu'il dit que la tour qui se voit à Conflans, sur la hauteur, est le Mont-joye d'une victoire que Clovis remporta en ce lieu sur un Sarazin, et il est si mal informé qu'il n'y reconnoît qu'une tour, tandis que bien avant son tems il y en avoit deux. Mem. de l'Acad. des Belles Lett. T. XIII, p. 635.
Cod. MS. S. Victor. Par. 419.
Moreri au mot *Montjoye*.

Mais sans m'arrêter à ces traditions fabuleuses, je me contenterai de dire qu'il falloit qu'au IX siécle et au X depuis J.-C. ce *Condate* fût regardé comme une place très-forte. La suite de l'histoire fait voir que les Evêques de Paris y ont eu très-anciennement un Domaine, apparemment du don de Charles le Chauve ou de Charles le Simple, à condition qu'ils y auroient des hôtes pour veiller sur le passage des Normans qui remonteroient la Seine.

Il y a grande apparence que ce lieu doit aussi son aggrandissement au Prieuré qui y a été fondé et aux deux tours ou châteaux dont je viens de parler, et dans lesquels les paysans retiroient leurs effets en tems de guerre.

En l'année 1470 on ne comptoit encore à Conflans que 40 habitans. Les derniers dénombremens de l'Election de Paris marquent qu'il y a dans le siécle courant 295 feux, ce que le Dictionnaire universel des Paroisses de la France évalue à 1390 habitans. C'est un pays cultivé en vignes et en grains avec quelques prairies.

PRIEURÉ. Ce fut dans ce village, comme dans un lieu de sûreté, que sous le regne de Charles le Simple on apporta de Graville situé proche l'embouchure de la Seine en la mer, le corps de Ste Honorine qui avoit souffert le martyre au même lieu de Graville, ce qui fut cause que depuis on dit *Conflans-Sainte Honorine* pour le distinguer de Conflans situé à l'embouchure de la Marne, une lieue au-dessus de Paris. Les titres latins des anciens tems appellent ces lieux *Conflentia*, ou *Confluentum*. Je commence par l'Histoire du Prieuré.

<small>Vie de sainte Honorine 1709, p. 17.</small>

L'Eglise a été d'abord titrée de Notre-Dame. On veut qu'elle ait été surnommée des Ardens, peut-être à cause de quelque concours du peuple dans le tems que la maladie des Ardens regna, c'est-à-dire au X siécle. Ce n'étoit alors qu'une simple Chapelle. Mais les Seigneurs de Beaumont-sur-Oise ayant eu la devotion de bâtir une Eglise plus spacieuse au XI siécle, et de faire venir à Conflans des moines de l'Abbaye du Bec pour y demeurer, il se fit alors une seconde translation du corps de Ste Honorine de la vieille Chapelle en la nouvelle Eglise, à laquelle assista S. Anselme, Abbé du Bec, et depuis Archevêque de Cantorbery, avec Geoffroy, Evêque de Paris, c'est-à-dire entre les années 1079 et 1087. Ils

<small>Foll. 27 Febr. Cod. MS. S. Germ. Prat. 1046.</small>

ordonnerent que l'anniversaire en seroit célébré à pareil jour, qui étoit le 21 Juin, non-seulement en mémoire de cette nouvelle translation, mais aussi pour faire ressouvenir de l'ancienne, faite de Graville en ce lieu. La Chronique du Bec qui marque cette seconde translation à l'an 1082, dit que le Seigneur de Beaumont de ce tems-là s'appelloit Ives, et que son épouse avoit nom Alix.

<small>Chartul. Reg. S. Dion. p. 213.</small>

Le Cartulaire de Saint Denis fait mention dans un titre de l'an 1125, d'un Ives de Conflans, qui par son mariage avoit eu du bien à Goussainville, et c'est apparemment celui dont le Necrologe du même Monastere a marqué la mort au 22 Décembre, en ces termes : *Obiit Ivo de Conflans Miles* [1].

La Communauté de Conflans devint florissante. On verra ci-après une témoignage comme, outre les Religieux, il y avoit aussi des Religieuses. On a parmi les œuvres de S. Anselme, des lettres

<small>Anselm. l. II, Ep. 14.</small>

qu'il écrivit aux Religieux qui y demeuroient. Mais le pélérinage aux Reliques de Ste Honorine rendit ce lieu encore plus célèbre.

<small>Cod. MS. Prat. 20 XIII sæc.</small>

Un ancien manuscrit de Saint Germain des Prez, contient les miracles qui s'y sont opérés en bien plus grand nombre que dans les Bollandistes. On y en a ajouté un de l'an 1311. On y

---

1. Quelques monumens indiquent qu'il y eut encore une troisiéme translation faite en 1250 par l'Evêque de Paris, à laquelle assista Odon Rigaud, Archevêque de Rouen. *Hist. de Rouen*, part. III., p. 157.

lit que Bernard, Abbé du Mont Saint Michel, avoit été moine de Conflans.

Quoique les miracles opérés par Ste Honorine fussent de diverse espece, on s'est accoûtumé à réclamer plus particulierement son intercession au sujet des captifs ou prisonniers. C'est ce que je lis dans le martyrologe de l'Abbé Chastelain, qui ajoute que « l'un des plus illustres captifs miraculeusement délivré par « les prieres qu'il fit à cette Sainte fut Engueran (de Boves ou) de « la Beuve, pere de Thomas de Marle qui vivoit dans le XI siécle, « comme on voit au manuscrit donné par Floüet et rapporté par « Henschenius. Et plus bas on a lu, dit-il, durant quelque temps « à Conflans pour leçons du jour de cette Sainte, une partie de la « vie de Ste Dorothée en changeant seulement son nom en celui « d'Honorine, ce qui avoit été dressé avec si peu de discernement, qu'on y avoit laissé les noms de Cappadoce et de Césarée, qu'on eût pu par la même liberté changer en ceux de « Neustrie et de Graville. » Bimestre de Janvier p. 797.

Il n'est pas besoin de faire remarquer ici que le Bréviaire de Paris n'a jamais donné dans une telle bevue, mais dans les prieres du jour de cette Sainte on fait allusion au pouvoir qu'elle a pour la délivrance des prisonniers.

Au reste le défaut de connoissance des actions des Saints n'a jamais dû empêcher qu'on ne les honore ; la dévotion du peuple de Conflans pour Ste Honorine étoit si grande sous le regne de François I, que le Curé et les habitans demanderent en 1538 à l'Evêque de Paris, qu'attendu que son corps étoit conservé au Prieuré, il lui plût ordonner que sa fête fut chommée par tous les habitans le pénultiéme jour de Février, ce qui leur fut accordé. Sa châsse est effectivement élevée derriere l'autel de l'Eglise de ce Prieuré : elle est couverte de plusieurs plaques de cuivre et autres de bas argent. Dans la visite que Silvius de Pierrevive [1], Vicaire-Général de l'Evêque de Paris, en fit le 21 Mai 1619, il y trouva *pannos tres rubros in quibus erat os cum cartula pergaminea in qua scriptum erat* : De Ossibus S. Leonini, *et in dicto panno serico rubro involuti erant alii panni sericei coloris viridis, et in eisdem cartula pergaminea in qua scriptum erat* : Corpus S. Honorinæ gloriosissimæ Virginis et Martyris, *in quibus pannis erant varia ossa confracta et combusta et cineres nigri coloris. Et rursus,* continue-t-il, *reperimus alios pannos lineos in quibus conjecturari licet alias dictum Corpus et cineres fuisse involuta.* Ce fut de ces reliques et du taffetas verd dans Reg. Ep. Par. 20 Febr. Reg. Ep. Paris.

---

1. Ce Silvius, Prêtre du Diocése de Turin, avoit eu le Prieuré de ce lieu par résignation du Cardinal Pierre de Gondi.

lequel elles étoient, que M. Henri de Gondi, Evêque de Paris, donna l'année suivante à Guillaume Loyauté, Prieur des Chanoines Reguliers de Graville au Diocése de Rouen. Il y a eu dans le chœur de l'Eglise, détruite depuis quelques années, des pieces de bois chargées de chaînes qu'y ont déposé les prisonniers que cette Sainte a favorisés de son intercession ; l'une de ces chaînes est employée sur les femmes. Cette Eglise, bâtie à l'extrémité du bourg sur le haut en tirant vers Erblay, étoit un vaisseau assez considérable. Le genre de structure de la fin du XI siécle étoit encore reconnoissable au portail ; la grosse tour qui l'accompagne paroissoit être du même temps que l'Eglise. Dans un acte d'environ l'an 1100, elle est appellée *nova Ecclesia S. Honorinæ*, et il y est dit que la vieille a été brûlée.

<small>Reg. Ep. Par. 30 Jun. 1620.</small>

On voyoit dans le Sanctuaire du côté septentrional la statue d'un ancien Chevalier, élevée et dressée sans aucune inscription. Il étoit apparemment de la famille des fondateurs, à moins qu'il ne soit de quelques-uns de ceux qui ont eu part à la Seigneurie de Conflans et qui ont fait du bien au Prieuré, tels que les Seigneurs de Marly-le-Château et ceux de Montmorency. Matthieu IV du nom, Sieur de Marly, décédé le 6 Avril 1304, fut inhumé dans ce Prieuré. Mais Duchêne n'hésite point à dire que cette statue est de Jean de Montmorency, puisqu'on y voyoit les armes de cette Maison.

<small>Necr. Porregii.</small>
<small>Hist. de Montm. p. 193 et 195.</small>

Si la conjecture de Duchêne est vraie, il faut en conclure que cette statue avoit été déplacée et levée de dessus une tombe sur laquelle elle étoit couchée ; autour de cette tombe Duchêne a lu ce qui suit : *Cy gist Jehan Sire de Montmorency quy trespassa l'an mil CCCXXV ou mois de Juin. Priez pour l'ame de li, que Diex bonne mercy li face et à tous autres trespassez.*

Les prédecesseurs de ce Jean avoient fait part de leurs biens au Prieuré de Conflans dès le siécle de sa fondation. Duchêne assure que Bouchard de Montmorency IV du nom, qui étoit devenu Seigneur du moins en partie de Conflans par son mariage avec Agnes de Beaumont, fille d'Yves, y donna une rente à lever sur son droit de Travers à Franconville, ce qu'il rapporte à l'an 1096 ou environ.

<small>Ibid., p. 84 et preuv. page 45.</small>

Guillaume de Montfort qui monta sur le Siége Episcopal de Paris en 1095, est reputé l'un des bienfacteurs de ce Prieuré pour en avoir confirmé les priviléges accordés par ses predecesseurs. L'usage étoit en ces siécles reculés que ceux qui y prenoient l'habit monastique ou qui s'y faisoient inhumer y donnoient quelques fonds de terre ou redevance. J'ai observé dans les titres de ce lieu que ceux qui sans prendre l'habit donnoient des biens, en investissoient le Prieur en lui mettant en main un chandelier.

Yves, Seigneur de Beaumont-sur-Oise, donna la Justice exprimée par ces termes : *viariam, sanguinem, bannum, latronem, duellum, mensuram, et omnem aliam Justitiam.* Hugues Tirel, Chevalier, donna la dixme d'Epiés dans le Vexin lorsqu'il se disposoit en 1147 à partir pour Jerusalem avec le Roi Louis VII, ajoutant que c'étoit pour l'ame de sa mere qui avoit été Religieuse à Conflans : *quæ apud Confluentium sanctimonialis fuit.* Le fameux Simon, Comte de Montfort, acheta d'Alberic de Conflans une portion dite *Nemus Drogonis* dans la forêt de Montmorency pour la donner à ce Prieuré en 1207.

Je ne dois pas oublier ici que, suivant l'un des anciens privileges de ce Monastere, le Prieur est Seigneur de tout le lieu et territoire de Conflans, le jour de la Translation de Ste Honorine. Ce jour a été fixé à celui de l'Ascension auquel, en une infinité de lieux, on porte processionnellement les châsses des Saints. A Conflans ce jour est composé de 48 heures. Il commence le mercredi des Rogations à midi qui est l'heure à laquelle on descend la châsse de la Sainte qui est portée le lendemain en procession par le village, et il finit à midi du vendredi auquel temps on la remonte, et alors cesse le droit Seigneurial-Général du Prieur, et il est restreint à la Seigneurie particuliere, laquelle ne releve que du Roi. A la Procession susdite assistent, outre le Curé de la Paroisse, celui d'Erblay et celui d'Eragny selon un mémoire pour le Prieuré d'Argentueil imprimé en 1719, page 6.

Parmi les Prieurs Commendataires de ce lieu je n'ai pû découvrir, outre M. de Gondi et Silvius de Pierrevive nommés ci-dessus, que M. de Brasseusse de Pressigny, Doyen de l'Eglise de Paris, qui l'étoit en 1707. M. Guillaume Ægon Tambonneau, Chanoine de la même Eglise, l'a ensuite été jusqu'en 1749, auquel lui ont succedé Messieurs d'Elevémont.

En 1751 l'Eglise menaçant ruine par son ancienneté que l'on a vu ci-dessus être du XI siécle, a été détruite en vertu d'un Arrêt du Grand-Conseil, et l'on en a rebâti une autre un peu à côté vers le septentrion et plus petite, laquelle a été bénite en 1752 au mois d'Avril par M. Charles de Sailly, Aumônier de Madame la Daufine, Chantre et Chanoine de la Sainte Chapelle du Palais à Paris en vertu de la commission de M. l'Archevêque de Paris. Le même a été chargé par M. l'Archevêque de visiter et faire la reconnoissance de la châsse et des reliques de Ste Honorine depuis leur rapport dans la nouvelle Eglise, ce qui a été exécuté le lundi 3 Juillet 1752 en présence de plusieurs Ecclésiastiques dont j'étois du nombre, des Officiers de la Justice du Prieuré, de plusieurs notables du lieu, et de tout le peuple de Conflans assemblé au son des cloches. Les ossemens de Ste Honorine s'y sont trouvés dans la même étoffe verte où ils avoient été vus en 1619 par M. de Pierrevive, Vicaire-Général de l'Evêque de Paris, ainsi qu'il a été dit ci-dessus. Les ayant vu ainsi reduits en une infinité de morceaux de couleur noire, j'ai conclu que cela provenoit de l'incendie de la premiere Eglise qui étoit arrivé dans le XI siécle suivant la Notice d'une charte de Guillaume de Montfort, Evêque de Paris, redigée entre les années 1095 et 1102, et qui est conservée parmi les titres du Prieuré.

Avec ses ossemens retirés du feu étoit sur une bande de parchemin fort épais l'inscription suivante en caracteres du commencement du XI siécle : *Hoc est Corpus sancte atque gloriosissime Onorine Virginis. Deo Gratias. Amen.* Il y avoit aussi séparement dans la même châsse un tibia humain du côté droit de couleur jaunâtre avec cette inscription en mêmes caracteres : *De ossibus S. Samloni Confessori.* (Il y a ainsi.)

Voilà tout ce que j'avois à dire sur le Prieuré de Conflans. Je passe à présent à la Paroisse.

PAROISSE. L'Eglise Paroissiale de Conflans est du titre de S. Maclou, Evêque d'Aleth en Basse-Bretagne, appellé ailleurs S. Malo. Elle est située comme celle du Prieuré sur le haut de la montagne, et un peu plus vers le couchant. Au milieu du bâtiment est élevé un clocher de pierre du XII ou XIII siécle. Les piliers du chœur paroissent être du même temps. La nef est des derniers siécles. Le sanctuaire est un gothique de trois cens ans ou environ. Derriere ce sanctuaire se voyent les commencemens d'un nouveau chœur et d'un nouveau sanctuaire dans un goût d'Architecture qui ressent le regne de François I ou d'Henri II. On dit que MM. de Montmorency avoient eu dessein d'y faire une de leurs sépultures ; leurs armes y sont sur une porte. L'anniversaire de la Dédicace de cette Eglise avoit été fixé anciennement *Reg. Ep. Paris.* au 9 Juin ; mais l'Archevêque de Paris permit le 23 Avril 1659, de l'avancer au quatriéme Dimanche d'après Pâques. Le Pouillé Parisien du XIII siécle et tous les suivans disent que la nomination de la Cure appartient au Chancelier de l'Eglise de Paris. On ignore quel est l'Evêque qui fit présent de cette nomination à ce *Tab. Ep. Paris.* Dignitaire. Ce Chancelier étoit tenu de rendre foi et hommage à l'Evêque de Paris pour les revenus qu'il avoit à Conflans ; faute dequoi l'Evêque pouvoit faire saisir ces revenus, comme il arriva le 10 Février 1431. Jacques Spifame possedoit la Cure de Conflans sous le regne de François I, et il y nomma Raoul Spifame *Reg. Ep. Par.* qui en fit sa demission le 22 Août 1539. Ce Raoul est connu d'ailleurs par un livre très-singulier qui est une collection d'Arrêts qu'il dressa sous le nom du Roi et qu'il fit imprimer vers l'an 1556.

Dans celui des châteaux de Conflans qui appartenoit sous le Roi Charles VI à MM. de la Tremouille, existoit au moins dès ce temps-là une Chapelle du titre de S. Thibaud qui étoit desservie par un Chapelain à leurs gages. L'Evêque de Paris permit en 1609 au Curé et aux habitans d'y faire dire la Messe sans bénédiction d'eau ni de pain. Il ne reste plus de cette Chapelle que le mur méridional qui peut avoir 400 ans. *Tab. Ep. Par.*
Reg. Ep. Par.
29 Dec.

TEMPOREL ET SEIGNEURIE. A l'égard du temporel et des Seigneurs de Conflans, c'est par les titres de l'Archevêché que nous sommes informés de ce qu'on en sçait de plus ancien. On lit au Cartulaire écrit au XIII siécle ces mots remarquables : *Munitiones seu* Forterecs *de Confluentio sunt de feodo Episcopi Parisiensis et quidquid appendet ad Castellariam loci.* On apprend par ces lignes que dèslors il y avoit deux forteresses ou châteaux à Conflans. Elles étoient élevées comme on en voit encore les restes sur la crête de la montagne au bas de laquelle du côté du midi passe la riviere de Seine, et au nord de laquelle est un vallon formé par la nature. Les Seigneurs de ces châteaux furent d'abord les Comtes de Beaumont-sur-Oise. Thibaud, Comte de Beaumont sous Philippe-Auguste, est le premier que j'aye trouvé avoir dû en faire hommage à l'Evêque de Paris *pro castro et castellania de Confluente,* et pour cela l'Evêque devoit l'en investir en lui mettant un anneau d'or au doigt. *Chartul.*
Ep. Par. Reg.
C. initium.

Cette Seigneurie passa depuis aux Montmorency : ensorte qu'en l'an 1268 Matthieu de Montmorency en fit hommage à Etienne, Evêque de Paris, qui l'en investit par cet anneau d'or. Il étoit tenu à cause de cette Seigneurie d'être l'un de ceux qui portoient l'Evêque le jour de son intronization, et même il avoit le premier rang entre les quatre Barons tenus à ce devoir, par la raison que Conflans étoit le premier fief de l'Evêque de Paris. *Hist. Gal.Valis.*
p. 403,
ex Chartul.
Ep. Par.
Hist. de Montm.
p. 83.

Des deux tours situées sur la montagne un peu plus bas que le Prieuré, la plus grosse qui étoit quarrée et qui reste aujourd'hui découverte fut appellée le vieux Château ou la Baronnie, et l'autre située entre cette grosse tour et l'Eglise Paroissiale, fut appellée le Château neuf quoiqu'il ne soit gueres moins vieux que l'autre, ou simplement la Tour ; et c'étoit sur le terrain dependant de cette derniere que se trouva bâtie la Chapelle de S. Thibaud dont je viens de parler, fondée probablement par Thibaud, Comte de Beaumont ci-dessus nommé. Les alliances arrivées dans la maison de Montmorency, et quelquefois aussi les aliénations firent multiplier les Seigneurs sur la Terre de Conflans. C'est sous l'un de ces titres qu'en 1346 Herpin de la Val [Laval], Sire d'Attichy, possedoit un fief à Conflans : j'ai lu qu'alors Foulques de Chanac, Evêque de Paris, le fit assigner comme son vassal pour se rendre à *Tab. Ep. Paris.*

Rouen à l'ost du Roi. Gui de la Val [Laval] de Montmorency qui épousa Isabeau de Chastillon, lui transporta la terre de Conflans, et ce même Gui rendit hommage à l'Evêque de Paris vers l'an 1372. Alain VIII, Vicomte de Rohan et de Leon, vendit en 1388 à Gui, Seigneur de la Trimouille la sixiéme partie de la moitié du port et travers de Conflans provenant de la succession de Jeanne de Montmorency, sa bisayeule. En 1404, il y eut débat entre Pierre d'Orgemont, Evêque de Paris et Jacques, Seigneur de Montmorency et de Conflans, pour le rachat que Charles d'Albret, Connétable de France, devoit à raison de son mariage avec Marie de Suilly à cause de la Seigneurie que cette Dame possedoit tant en son nom que comme tutrice de ses enfans en cette terre de Conflans, à sçavoir le neuf-Chastel, le droit de Travers, port et passage. L'Evêque prétendoit que tout cela étoit tenu de lui en plein fief : enfin il fut convenu que le Château neuf de Conflans et autres possessions que Charles d'Albret tenoit au nom de sa femme, et les deux parts de ce qu'il avoit au Travers de ce lieu seroient tenus en plein fief du Seigneur de Montmorency, et en arriere-fief de l'Evêque de Paris, et que l'autre tiers du même Travers releveroit en plein fief de l'Evêque. Ensuite, Jacques de Montmorency reçut à foi et hommage Georges de la Trimouille héritier de Georges, second époux de Marie de Suilly, pour le Château de Conflans, le 8 Juin 1410. Il paroît par la suite qu'il s'agissoit du Château neuf.

On trouve encore dans le siécle suivant des Seigneurs de Montmorency en droite ligne possedant une partie considérable de la Terre de Conflans. Elle est nommée parmi celles que Joseph de Montmorency, fils de Philippe, transporta en 1527 au Connétable Anne de Montmorency, et en 1563 François, fils d'Anne, succeda à cette Terre comme aux autres.

Mais on voit que sous Louis XI et sous ses deux successeurs la maison d'Anglure, alliée aux Montmorency, avoit possedé le vieux Château qui étoit la Baronie. Nicolas d'Anglure, Seigneur de Boudemont, en rendit hommage le 31 Mars 1475 à Louis de Beaumont, Evêque de Paris, en sa maison Episcopale. Le 18 Avril 1483 l'Evêque accorda souffrance à Nicolas d'Anglure à cause de sa femme pour l'hommage du même vieux Château : et en 1507, Saladin d'Anglure le rendit à l'Evêque qui siégeoit alors.

D'un autre côté l'une des branches de la maison de la Trimouille qui avoit eu, comme on vient de voir, sa portion dans la terre de Conflans et dans le droit de Travers ainsi qu'il paroît par des hommages des années 1410, 1473, 1483 et 1485, rendus aux Evêques de Paris, se trouva alliée avec celle de Gouffier par le mariage de Claude Gouffier avec Jacqueline de la Trimouille. Ce Claude Gouffier en fit hommage à l'Evêque de Paris en 1526 :

marginalia:
Hist. de Montm. p. 656.
Ibid., p. 526.
Ibid.
Ibid., p. 266.
Ibid., p. 438.

leur fille Claude en fit prêter aussi hommage le 2 Février 1544, et Leonor Chabot, Comte de Charny, à qui elle fut mariée en 1549, réunit en sa maison toute la Seigneurie de Conflans en 1551. J'ignore jusqu'à quel temps dura cette réunion : mais je sçai qu'à l'égard de la Baronie attachée au vieux Château ou grosse tour quarrée, M. Charles de la Grange, Maître des Comptes, en étoit Seigneur en 1650 comme aussi de Neuville. Sa veuve fut maintenue le 26 Mai 1657, par Arrêt du Parlement, dans la possession d'assister aux Elections des Marguilliers de la Paroisse. M. Menard, Président au Parlement, a possedé cette Seigneurie par son mariage avec la fille de M. de la Grange ; puis M. Charon de Menard leur fils ; ensuite le Marquis de Menard, fils du dernier, et enfin une fille de ce Marquis l'a portée à M. le Marquis de Castellane, qui en jouit aujourd'hui. *Fremainville. Pratique des Dr. Seign. P. II, p. 700.*

Pour ce qui est du neuf Château dit simplement la Tour, un des descendans de M. de la Trimouille et portant leur nom, a vendu anciennement cette Seigneurie à M. de Tillieres, dont une fille a épousé M. le Comte de Tavannes actuellement Seigneur et jouissant d'une portion des droits de Travers.

NOTE SUR LE TRAVERS

Ce Travers de Conflans est un droit qui se leve sur tout ce qui passe sur la Seine à Conflans. Dès le XIII siécle il étoit partagé entre plusieurs Chevaliers ou Seigneurs. Gui d'Andely et Hugues de Marolles en rendoient alors quelque chose à l'Evêque de Paris. Adam de Villiers le Bel, Chevalier, ayant acheté d'Adam de Garges, Clerc, un fief de 40 livres parisis sur ce Travers, en rendit hommage à Guillaume d'Auvergne, Evêque de Paris, qui siégea entre 1228 et 1240. Il y eut aussi en 1269 plusieurs hommages rendus à Etienne Tempier, alors Evêque, au sujet de ce Travers. Au siécle suivant et dès l'an 1314, Geoffroy Cocatrix, *familier le Roi*, acheta une part dans la portion d'Erard de Montmorency. Lorsque Blanche de Montmorency fut mariée à Guillaume le Bouteiller III du nom, Seigneur de Chantilly, elle lui porta en mariage deux cens livres de rente sur le port, travers et péage de Conflans, au sujet de quoi ils traiterent en 1340 avec Guillaume de Chanac, Evêque de Paris, pour le ressort et souveraineté. Une autre Dame de la maison de Montmorency nommée Jeanne, laquelle épousa Jean de Montauglant, eut part pour un cinquième à la terre de Conflans et au port et travers ; mais son mari vendit ce droit sur le port, travers et péage aussi-bien que cette cinquième partie de la terre à Aimery de Magnac, Evêque de Paris, la somme de quatre-vingt livres. Cet Evêque commença à siéger en 1368. *Chart. Ep. Par. fol. 98. Ibid., fol. 121 Not. Gall. P. 437. col. 2. Ibid., p. 121. Tab. Ep. Par. Hist. de Montm. p. 526.*

Le mari de Blanche de Montmorency nommé Gui de Courlandon n'en usa pas de la même maniere au sujet du revenu qui lui étoit échu par son mariage sur le Port et Travers de Conflans. Il se défit seulement de son droit sur le Château en faveur du même Evêque Aimery de Magnac. L'accord que ce Prélat fit en 1373 avec Charles de Montmorency qui disputoit au sujet de cette vente porte : *Que telle partie que ledit Guyot souloit avoir au Chastelet ou Tour de Conflans-Sainte Honorine en la place et mote d'iceluy, ensemble la Justice et Seigneurie desdits lieux, seront audit Evêque, exceptez seulement la Chapelle, l'apenty, et la place en venant à la Tour qui est audit de Montmorency d'ancienneté*. Au reste dès le commencement du XIII siécle il y avoit eu des distractions faites au droit du Port et Travers de Conflans pour en léguer quelque chose aux Eglises. Alix de Montmorency, femme de l'Illustre Simon de Montfort si connu dans les guerres contre les Albigeois, étant au mois de Juin 1218 à la Cour de Philippe-Auguste, donna dix livres parisis de rente sur le Port et Travers à l'Abbaye du Val près l'Isle-Adam, afin de faire prier Dieu pour son mari décédé. Un Chevalier nommé Hugues de Mareuil, fit don vers l'an 1230 d'une partie de son droit aux Abbayes de S. Antoine-lez-Paris et de Gomer-Fontaine au Diocése de Rouen. Anne, Comtesse d'Alençon, donna pareillement en 1230 au Monastere du Val pour l'ame de Matthieu de Montmorency, son mari, qui y étoit nouvellement inhumé, cinquante sols parisis à prendre en sa part du droit sur le Travers de Conflans. Isabeau de Montmorency avoit aussi fait en 1254 un legs à l'Abbaye de S. Jean hors Compiegne d'une somme sur le même péage. Ces exemples furent suivis par l'Evêque de Paris en 1325 ou 1326 au mois d'Octobre (c'étoit apparemment Etienne de Bourret). On lit qu'alors il fit don au Chapitre de son Eglise de quinze livres de rente annuelle qu'il avoit acquise à Conflans sur le Travers de l'eau. Les Marguilliers de Notre-Dame et le Chapelain de S. Nicaise y eurent aussi du revenu. Je ne finirois pas si je voulois rapporter tous les traités des Evêques de Paris au sujet de ce Travers, et leurs différends avec les Seigneurs pour les hommages, sçavoir si les choses relevoient d'eux en fief ou en arriere-fief.

Ceux entre lesquels le revenu du droit de Travers est aujourd'hui partagé, sont MM. le Duc de Chastillon, le Comte de Tavannes, Seigneur du Château-neuf, dit la Tour, et le Comte d'Argentueil, gendre de Madame la Marquise de Menard.

CHENEVIERE ou Chanevieres est un hameau de la Paroisse de Conflans qui tire son étymologie des Chenevieres qui y ont été autrefois. Il est composé d'environ 40 feux. Le Chancelier de l'Eglise de Paris en est Seigneur en partie et a les deux tiers

de la dixme. Le Prieur de Conflans a plus de la moitié de la
Justice. Le reste de la Seigneurie étoit possedé, en 1580, par les
enfans de Jean Antoine. Je ne sçai si ce seroit en ce lieu qu'étoit
le pré d'Oiselet dit, en 1242, situé *in censiva Cancellarii*. Il fut
besoin alors du consentement de l'Evêque et du Chapitre de Paris
pour que le Chancelier Odon en fît la location au Prieur de
Conflans. En 1665, Philbert Gassot et Marie Claveau, sa femme,
avoient à Chenevieres une maison à laquelle étoit jointe une
Chapelle. Comme cette Chapelle étoit extérieure, il leur fut défendu d'y faire célébrer, de crainte de détourner les habitants de
la Messe Paroissiale.

<small>Pr. verb. de
la Cout. de Paris.
Edit. 1678,
p. 638.</small>

<small>Frag. Chart.
Consil.</small>

<small>Reg. Arch. Par.
27 Jun. 1665.</small>

Je n'ai pu découvrir où étoit situé le bois dit anciennement
le Bois Sainte Honorine. Dès le XIII siécle il étoit défriché. Jean
de la Cour donna, vers l'an 1240, aux Religieux de l'Abbaye du
Val un arpent de vigne *apud nemus Sanctæ Honorinæ*, à quoi
Raoul de Soocort, son gendre, promit de ne point s'opposer.

<small>Tab. Abb.
Vallis. Gaign.
p. 314.</small>

ANDREZY

Je ne dirois point en commençant cet article, qu'Andrezy a tiré
son nom d'une flotte Romaine qui étoit au IV siécle sur la Seine,
et qui se nommoit *Classis Anderitianorum*, si je n'étois sûr que
feu M. Lancelot de l'Academie des Belles-Lettres l'a pensé ainsi.
Il est certain par la Notice de l'Empire dressée alors, que les
Romains avoient une flotte pour la garde des rivieres de Seine,
Oise et Marne, et que le Commandant de cette flotte residoit à
Paris. *In Provincia Lugdunensi Senonia Præfectus classis Anderitianorum, Parisiis*. Ces Anderitiens tiroient leur origine d'*An-
deritum*, ancienne capitale des *Gabali*, peuples du Gevaudan.
Ceux d'entre eux qui étoient bateliers furent placés par les Officiers de l'Empire aux environs de Paris. Ainsi la conjecture de
M. Lancelot est assez vraisemblable, et on peut présumer qu'il
y a eu des compagnies de soldats Romains accoûtumés à la navigation, campées à l'endroit où est situé Andrezy, proche l'embouchure de l'Oise dans la Seine. C'est même le rapport de ces
troupes logées à Andrezy avec la Ville de Paris où residoit leur
Prefet, qui peut servir de preuves que le District civil de Paris
s'est étendu au-delà de la riviere d'Oise, ce qui a été suivi dans
la division Ecclésiastique.

<small>Sched. manusc.
Lanceloti.</small>

<small>Valois Notit.
Gall.
p. 213, col. 2.</small>

Depuis cette époque si reculée, on ne trouve rien d'Andrezy
que dans des Lettres d'Inchadus, Evêque de Paris, confirmées au

Concile tenu à Paris l'an 829, où ce lieu appellé *Andresiacum* est la premiere terre qu'il donne aux Chanoines de l'Eglise de Paris, *cum omni integritate*. Ensuite il se trouve dans des lettres de Charles le Chauve qui sont pour confirmer ce même bien. Puis il paroît dans un diplome de Lothaire donné vers l'an 960. Ce Prince y confirme aux mêmes Chanoines *Andresiacum cum Ecclesia et altare omnique integritate et suis adjacentiis*. Quelquefois les copistes de ces chartes ont défiguré ce nom en celui d'*Undresiacum* ou *Vindresiacum*. Environ trente ans après, les Chanoines de Paris prierent Rainaud, leur Evêque, de vouloir accorder à une Dame appellée *Oda* à droit de cens ou de rente la moitié d'une ferme ou metairie qui étoit des dépendances de la terre d'Andrezy, et située au pays Vexin *in pago Volcassino*, ce que l'Evêque accorda en 993, qui étoit la premiere année de son Episcopat.

Mais l'Eglise de Paris qui avoit eu apparemment une raison particuliere pour favoriser *Oda*, ne se trouva point dans l'occurence de se plaindre d'avoir aliéné une des dépendances de la terre d'Andrezy, elle en vit au contraire par la suite augmenter les revenus. Avant que de rapporter ce que j'en ai trouvé, il se présente un trait d'histoire qui marque bien le droit de Justice qu'elle avoit sur ses vassaux dès le XII siécle. Trois d'entre eux étoient coupables d'homicide et d'incendies. Ayant pris le parti d'aller à la Croisade, ils prierent Philippe-Auguste d'écrire au Chapitre de leur faire misericorde en cette considération, ce que le Chapitre leur accorda l'an 1188 en leur permettant de conserver leurs biens jusqu'à leur retour. Il y a apparence que c'est d'eux dont il s'agit encore dans un accord passé en présence du même Roi, l'année suivante. Colin d'Andrezy, accompagné de ses freres traitant avec le Chapitre de Paris, lui abandonne tous ses biens situés à Andrezy, *et in valle Joïaci*. La suite de l'acte est remarquable pour la topographie. Dans les articles de cet accommodement, il est dit que ni lui ni ses héritiers ne pourront hériter dans toute l'étendue de terrain comprise depuis l'embouchure de l'Oise dans la Seine jusqu'au village appellé *Curia Dominica*, qui est Cour-Dimanche du Diocése de Rouen au haut de la montagne, *et usque ad villam quæ dicitur Trelum*, que quelques cartes appellent Trelan et jusqu'au port de Poissy ; et de l'autre côté *usque ad villam quæ dicitur Leus, sicut ambo fluvii disterminant*. Telle étoit apparemment alors l'étendue de l'ancienne terre d'Andrezy. Amaury, l'un des freres de Colin, étoit coupable d'avoir blessé grievement un Moine ; cependant, par le traité, le Chapitre lui restitua sa terre de Chambort qui avoit été saisie. Il y a dans un Registre du Trésor des chartes une charte du même Philippe-

Auguste de l'an 1190 qui confirme les acquisitions faites et à faire à Andrezy par le Chapitre de Paris. Elle peut avoir du rapport aux traités dont je viens de parler.

Avant l'achat que le Chapitre fit à Hericourt, l'an 1302, de Robert, sire de la Roche, Chevalier, et d'Iolende sa femme, de ce qu'ils possedoient en ce canton de la Paroisse d'Andrezy, on lit dans son Necrologe que Raoul de Poissy, Prêtre, lui donna une maison située au même lieu d'Hericourt dépendant d'Andrezy. Je n'ai trouvé ce lieu d'Hericourt dans aucun autre manuscrit ni dans aucune des cartes topographiques du pays. Il a apparemment changé de nom. Un autre Raoul, surnommé de Conflans, vendit en 1213 au Chapitre le droit de six muids de vin qu'il avoit *in tensamento*, c'est-à-dire qui lui étoient dus pour son droit de protection, s'en reservant encore quelques muids de cette redevance qu'il donna aux Moines de Conflans le jour que son pere fut enterré chez eux. Guillaume et Dreux de Conflans, ses freres, pouvoient aussi exiger pour le même droit de défense deux muids de vin et dix sextiers; mais en 1225 ils vendirent ce droit au Chapitre du consentement de Raoul, leur frere. Outre ces acquisitions, le même Chapitre acheta encore l'an 1256 pour la somme de douze livres la moitié d'un moulin situé à Choisy-sous-Conflans (*Choisiacum*) sur la Paroisse d'Andrezy. Le vendeur étoit Guillaume de Guignecourt, Chevalier. En ce même siécle la coûtume subsistoit encore dans les Chapitres de manger quelquefois en commun. Celui de Paris fut alors dans l'usage de prendre par an deux repas de cette espece, l'un le 14 Février, l'autre le 4 Septembre, sur le produit de la Mairie d'Andrezy qu'il s'étoit retenu, ainsi que fait foi son Necrologe qui donne le nom de *Statio* à ces sortes de pastes ou repas. *Eodem die reddenda est statio de Andrisiaco de Majoria Andrisiaci retenta à nobis*. On trouve même en quelques anciens memoires qu'il y avoit à Notre Dame une des neuf Antiennes des O de Noël appellée l'*O d'Andrezy*. comme il y en avoit une dite de Vitry, une autre de Corbereuse, Andrezy enfin devint si célébre, qu'on le trouve dans la liste des lieux où il étoit dû un droit de gite au Roi dans le XIII ou XIV siécle. Cette liste est imprimée dans le Glossaire de Ducange. Dès l'an 1269 le Chapitre avoit abonné les tailles qu'il avoit droit de lever sur ses sujets d'Andrezy et de Jouy à la somme de quarante livres parisis par chaque année, et j'ai lu dans le rolle des levées faites pour la délivrance du Roi Jean, dans le siécle suivant, que les Hôtes du Chapitre de Notre-Dame de Paris, d'Andrezy et Jouy furent cottisés à 24 livres.

Magn. Past.

Necrol. xiii sæc. in Bibl. Reg. ad Idus Maii.

Magn. Past. fol. 88.

Chart. Confl.

Magn. Past. fol. 84.

Ibid., fol. 93.

Necrol. MS. in Bibl. Reg.

Extr. d'un Mem. des Hauts-Vic. à la Bibl. du Roy.

Voyez au mot *Gista*. Edition de 1733, col. 899.

Magn. Past. Paris. lib. IV.

Fragm. MSS.

L'Eglise de ce lieu porte le nom de Saint Germain, Evêque de Paris. C'est un bâtiment du XIII siécle qui a été embelli, dès la premiere construction, de galeries au-dessous du vitrage, desquelles galeries il subsiste encore des restes considérables ; mais elle a le défaut commun à plusieurs autres de n'avoir qu'une aile. La tour qui est assez belle est placée au portail de l'Eglise. La nomination à la Cure appartient au Chapitre de Paris, parce que l'Eglise lui appartenoit dès le X siécle. Cette nomination est spécifiée dans le Pouillé Parisien du XIII siécle et dans les suivans. Il est marqué dans le Mémoire imprimé de Jean Passais, Curé de ce lieu vers l'an 1670, que le Chapitre y perçoit les dixmes de grain et de vin. Ce Curé s'y plaint que son gros est petit, quoique la Cure soit chargée de quatre Prêtres, et il ajoute que la Paroisse est de mille à onze cens Communians dispersés en sept ou huit hameaux. Il obtint en 1671 du Parlement un Arrêt pour régler son revenu, lequel est cité au Code des Curés (page 106). Dans les siécles précédens ce n'étoient souvent que de simples Vicaires qui desservoient la Cure. Selon l'usage de ce temps-là un Chanoine étoit Curé titulaire. Il y en a un, nommé Philbert Morin, inhumé le 6 Janvier 1541 dans la nef de Notre-Dame de Paris.

Ex MS. Bibl. Reg.

Le denombrement des Elections et autres ouvrages qui sont réglés dessus, ne marquent jamais nuement le nom d'Andrezy, mais *Andrezy et la Faye;* ce denombrement ajoute que c'est un Bailliage et une Prevôté, et il y compte 310 feux. Le Dictionnaire universel de la France, parlant d'Andrezy avec la Faye, dit qu'il renferme 1210 habitans. En 1470 il n'y avoit à Andrezy que 50 feux. Il faut qu'outre la Faye, Mauricourt soit un hameau ancien et considérable. A l'égard de son antiquité elle se prouve par un Jugement du Roi Childebert III, donné en l'an 710 au Palais de Momaques au sujet d'une vente. Ce lieu est désigné *Mauri curtis in pago Pinciascenci.* Car dèslors qu'on ne trouve dans les environs du Pincerais aucun lieu dit Mauricourt, et que le Pincerais s'étendoit dans le Diocése de Paris (ce que n'a jamais fait le Vexin), il semble qu'Andrezy et Mauricourt étant du Diocése de Paris de temps immémorial, c'est une marque qu'ils n'ont jamais été censés du Vexin. Pour ce qui est de l'apparence de ce lieu de Maurecourt, les Paroissiens d'Andrezy ayant obtenu, le 7 Août 1531, permission de l'Evêque de Paris de bâtir sur leurs limites une Chapelle pour servir de succursale, Maurecourt fut choisi pour cela. La Chapelle fut bénite le 9 Mai 1562 par Philippe, Evêque de Philadelphie, en présence de Jean de Brye, Curé, et de Barthelemi de l'Isle, Seigneur en partie du lieu. Elle est sous le titre de Notre-Dame de Lorette. Le concours s'y fait le 8 Septembre. La Fabrique de ce lieu est imposée au rolle des Décimes après celle d'Andrezy.

Ex schedis D. Toustain Benedict.

Reg. Ep. Paris.

Ibid.

Si la grande Carte du Diocése de Paris distingue exactement les limites de ce Diocése d'avec celles du Diocése de Rouen, il paroît que les sept ou huit hameaux que le Curé ci-dessus nommé disoit en 1670 appartenir à sa Paroisse d'Andrezy sont ainsi dispersés : vers le midi est Denouval, la Roulette et Trelan ; et du côté opposé, Morecourt, Mormay, le Fay, Choisy. A l'égard de Denouval, la D^elle Levassor exposa en 1697 qu'il dépendoit d'Andrezy : ce que firent pareillement en 1641, pour le Fay, Jean Dumont, Ecuyer, qui en étoit Seigneur, et Jean de Guersant, Ecuyer, auquel il appartenoit en 1697. Nicolas de Soulefour, Prêtre, et le sieur Dufresnoy, premier Commis du Marquis de Barbezieux, exposerent, l'un en 1603, l'autre en 1697, que Glatigny étoit de la Paroisse d'Andrezy : ce que fit aussi en 1633 et 1637 Barthelemi de Gallet pour sa Seigneurie de Bellefontaine. Neanmoins on m'a assuré à Joui-le-Moutier que ces deux derniers lieux sont sur la Paroisse de ce même Joui. Au reste, s'ils ne sont plus d'Andrezy, ils en ont été au moins dans le temps que Joui n'étoit pas encore érigé en Cure. Permiss. de Chap. domest. 5 Août, 19 Nov. 10 Juin. 3 Oct. 28 Avril, 7 Nov. et 12 Juin.

On voit à Andrezy des portes du côté de la riviere, parce que le Parc dans lequel est compris la forêt de S. Germain s'étend jusqu'à ces portes d'Andrezy, quoique ce lieu soit séparé de cette forêt par la Seine. Les anciennes portes du Bourg sont tombées de vetusté ou ont été détruites, ensorte qu'il n'en reste que quelques tours. Les vins d'Andrezy sont reputés des meilleurs des environs de Paris.

Ce lieu auquel on compte six lieues de Paris est l'un de ceux que l'on voit au catalogue des Terres où la Coûtume de Paris est admise, mais avec opposition. Lorsqu'on dressa à Senlis, en 1539, le [procès-]verbal de la Coûtume de Senlis, le Chapitre de Paris y fit déclarer par Philippe Thureau, son Procureur, qu'Andrezy n'étoit aucunement du Bailliage de Senlis, mais de la Prevôté et Vicomté de Paris, et qu'il y avoit Procès pour cela entre les Gens du Roi du Châtelet de Paris et les Officiers du Roi de Senlis, pendant au Siége de Pontoise. Le Procureur du Bailliage de Senlis prétendit qu'Andrezy étoit de la Châtellenie de Pontoise et du Bailliage de Senlis, et prononça défaut contre le Chapitre de Paris. Procès verb. de 1539.

Outre la Seigneurie qui depuis 900 ans appartient à Andrezy au Chapitre de Paris, il paroit, par l'Histoire des Grands Officiers, que plusieurs personnes du nom de Lisle y ont eu aussi une Seigneurie. Il y est parlé d'Ives de Lisle qui étoit marié à Catherine Cousinot en 1477. Barthelemi de Lisle, Seigneur en partie d'Andrezy comme aussi de Puiseux et Cour-Dimanche ; il vivoit en 1530. Il comparut en 1539 à la redaction de la Coûtume de Senlis ; autre Barthelemi de Lisle qui vivoit en 1580. Il est P. Anselme. Hist. des Gr. Off. T. VIII, p. 795.

Procès verb. de 1539.

> Page 660.
> Édit. in 8º.

déclaré dans le Procès verbal de la Coûtume de Paris dressé cette même année, « que sa Seigneurie releve de M. le frere unique « du Roi, à cause de son Château de Pontoise ; qu'il a comparu « à la redaction de la Coûtume de Senlis, aussi-bien que le « Chapitre de Paris, Seigneur en partie d'Andrezy. » Claude de Lisle, Grand Louvetier de France vers l'an 1600. Joachim de Lisle, Marquis d'Andrezy, Seigneur de Bazemont, Puiseux et Cour-Dimanche, mort en 1667 et inhumé à Andrezy, où il avoit une maison. Charles de Lisle son fils, Chevalier de Malte en 1651, mourut à Andrezy ; un autre fils nommé Antoine-François, Capitaine de Cavalerie, mourut en 1686, sans être marié.

> Daniel p. 208.

Andrezy fut l'un des lieux où l'on tint des conférences à la fin de l'automne de l'an 1593, au sujet de la conversion du Roi Henri IV.

> Reg. Parl. du Présid. Ogier, T. CXXXV vel CVII.

Les Registres du Parlement m'ont fourni un fait par lequel je finirai l'article d'Andrezy. C'est que, le 28 Juillet 1683, on enregistra des Lettres pour le Chapitre de Paris portant amortissement à perpétuité, du fief, terre et Seigneurie d'Andrezy, du fief de Villette et de Calville et autres fonds acquis par ce Chapitre, en Janvier 1675 et Septembre 1677, du sieur le Tellier de Louvois, Ministre d'Etat. Ainsi depuis ce temps-là le Chapitre de Paris possede plus pleinement la terre d'Andrezy.

> Alm. Royal.

La Prevôté d'Andrezy ressortit directement à la Barre du Chapitre de Paris.

> Recueil des Benef. à la nomination du Roy.

Je ne connois en France aucun autre lieu du nom d'Andrezy qu'un Prieuré situé au Diocése de Sens proche Courtenay et dépendant de l'Abbaye de Saint Pierre-le-vif.

JOUY-LE-MOUTIER

C'est une des trois Paroisses du Diocése de Paris qui sont situées au-delà de la riviere d'Oise, et elle se trouve à la distance de sept lieues de Paris ; les deux autres sont Andrezy et Lieux. Un des plus anciens auteurs qui ait fait mention de ce village est

> Spicileg. T. I, pag. 686.

l'écrivain de la vie d'Hildeburge de Galardon, laquelle vivoit sous le regne de Philippe I. Elle étoit fille, dit-il, d'Hervé, Seigneur de Galardon, proche la ville de Chartres. Elle bâtit un Hôpital à Ivry sur les confins des Diocéses de Chartres et d'Evreux ; mais n'y pouvant rester à cause des guerres de ce temps-là, elle pria son fils Goellus de l'accommoder d'une terre doit il jouissoit par droit de succession ; cette terre étoit voisine du village de Joui situé sur l'Oise, *in confinio Gaudiaci villæ quæ est super Isaram*. Le fils n'hésita pas d'accorder à sa mere ce qu'elle souhaitoit. Elle s'y retira et l'Histoire ajoute qu'après sa mort elle apparut à Goellus, lui commandant de donner ce bien au Monastere de S. Martin de Pontoise.

Quoique Joui-sur-Oise ne soit nommé là qu'indirectement et par occasion, ce passage ne laisse pas que d'en dénoter l'antiquité. Mais comme ce n'est pas Joui lui-même qui fut donné à l'Abbaye de S. Martin de Pontoise, et que ce fut seulement une terre qui y avoisinoit, on ne peut en conclure que ce soit delà qu'il ait été surnommé Joui-le-Moutier qui se traduit en latin *Joïacum Monasterium*, ce qui induit en erreur et qui fait croire qu'il y a eu des Moines en ce lieu, quoique cela ne se puisse démontrer.

M. de Valois ne dit rien sur ce lieu qui soit instructif. Pour y suppléer, il me paroît que le nom de Joui-le-Moutier n'est donné à la portion du village de Joui voisine de l'Eglise, que pour la distinguer d'une autre partie considérable qui est appellée Joui-la-Fontaine ; ensorte que le mot de *Moutier* ne signifie là autre chose qu'*Eglise,* et qu'en disant *Joui-le-Moutier,* c'est comme si l'on disoit *Joui-l'Eglise* [1]. Il n'est pas besoin de prouver pendant combien de siécles les termes latins *d'Ecclesia et Monasterium* ont été synonymes, et de même en françois les mots d'Eglise et de Moutier. On peut compter que cet usage a subsisté pendant quatre cens ans au moins. Ce que je viens d'avancer sur les deux Joui opposés l'un à l'autre, est fondé sur tous les plus anciens Registres d'impositions ou rolles dans lesquels on voit toujours accouplés Joui-le-Moutier et Joui-la-Fontaine. Le livre des Elections composé sur ces anciens rolles en fait foi à l'article des Paroisses de l'Election de Paris. Les rolles des tailles ont le même langage et il a été suivi par le Dictionnaire universel de la France. Le premier y met 200 feux compris les deux ensemble, et le second y compte 747 habitans, ce qui revient à peu près au même. Quelle différence d'avec le Registre des visites faites en 1470, qui n'y a compté que 40 feux ! Au reste, ce n'est que depuis la fin du XIII siécle qu'on dit Joui-le-Moutier ; dans la charte d'abonnement des tailles de ce lieu faite en 1269, on lit *de Andresiaco et Joiaco* ; il y a aussi *de Valle Joiaci*. Aussi au Pouillé latin écrit vers l'an 1220, cette Paroisse est simplement appellée Joï, sans même aucune terminaison latine. ce qui marque que les auteurs ne sçavoient comment on l'appelloit en cette langue ; et quand ils auroient mis *Joiacum* on n'eut pas été plus au fait d'en

Notit. Gall. p. 420.

Magn. Past.

---

1. On disoit en 1322 *le Moutier S. Leu* pour signifier l'Eglise de Saint Leu près Taverny. Voyez sur Saint Leu.

_{V. les Formules de Marculf Lindembrogian. *Chart. Odon. Regis Diplom.* p.556. an. 889.} connoître l'origine, vu que la maniere la plus ancienne de rendre en latin les lieux dit Joui en françois, est *Gaugiacum,* terme vraisemblablement celtique. Mais au XV siecle ceux qui redigerent le Pouillé l'insererent sous le nom de *Cura de villa Joyaci.*

Cette Paroisse de Joui ne doit passer que pour un démembrement de celle d'Andrezy, mais un démembrement très-ancien et dont le temps est inconnu. Ainsi comme le Chapitre de Paris possedoit l'Eglise d'Andrezy au moins dès le IX ou X siécle, la succursale qui avoit été érigée à Jouy à cause de l'étendue du territoire dut être reputée appartenir au même Chapitre lorsqu'elle fut érigée en Paroisse.

On ignore en quel temps fut faite cette érection. On sçait seulement que les Chanoines de Notre-Dame de Paris étoient en possession du droit de nommer à cette Cure, vers l'an 1200, puisque cela se lit ainsi dans le Pouillé, et qu'au milieu du XIII siécle il fallut obtenir leur consentement pour démembrer le village appellé Lieux de cette Paroisse de Jouy devenue trop considérable et, en l'érigeant en Cure, leur en laisser la présentation.

L'Eglise de Jouy est toute voutée en pierre et pavée de même : son chœur a été bâti au XIII siécle et il est orné de galeries. Le grand portail et les deux collateraux sont aussi du même temps. Le clocher est sur le milieu de l'édifice en forme de pyramide de pierre non percée, mais massive ; elle est aussi du XIII ou tout au plus du XII siécle à en juger par les piliers et les arcs qui la supportent. La nef est pareillement embellie de galeries et murs d'appui, mais elle ne paroit être que d'une structure de deux cens ou 250 ans. Les deux collateraux de la même Eglise qui sont du XIII siécle finissent en pignon, ensorte qu'on ne tourne point par derriere le sanctuaire. A la Chapelle qui est au fond du collateral septentrional se voit encore un reste de vitrage du XIII siécle. On peut dire que cette Eglise a dans sa longueur ce qui lui manque en largeur et qu'elle est belle pour une Eglise de campagne. La Ste Vierge et S. Loup, évêque de Sens (qu'ils appellent S. Leu), en sont les Patrons. La dédicace s'y célèbre le 12 Septembre. Il est plus que probable que S. Leu a été ajouté, quoique le village eût une Fête particuliere, et qu'il n'a commencé d'être célébré que dans les derniers siécles. Dans les anciens Registres du Secrétariat de l'Archevêché, tel que celui de l'an 1482, la Cure est simplement dite *beatæ Mariæ de Joyaco* au 2 Juillet dans un acte de provisions. De plus, c'est que l'une des Chapelles du côté du midi est titrée de S. Leu et S. Gilles ; proche cette Chapelle est exposé un tableau de la vie de S. Leu sur bois, avec des inscriptions en gothique minuscule de trois cens ans ou environ. Ce qui prouve qu'il y a eu un concours à ce Saint qui est fort réclamé pour certaines maladies. En examinant ces peintures j'y ai reconnu qu'à l'endroit où est représenté l'inhumation du saint Prélat, le Clergé de Sens paroît en surplis à manches fermées, et qu'il y a un Ecclésiastique revêtu d'une soutane rouge.

J'ai apperçu dans le chœur de Jouy une tombe du XII ou XIII siécle qui paroît avoir été remuée, d'autant que la tête est vers l'orient ; et sur cette tombe restent en lettres capitales du temps, ces deux mots DAME MAHEUT, le reste étant effacé de vetusté. Dans la Chapelle du fond du côté méridional est figuré sur une tombe un Prêtre revêtu sacerdotalement et un homme en habits longs qui a la tête couverte d'un bonnet singulier avec cette sentence dans ses mains : *In carne mea videbo Deum Salvatorem meum* qui étoit autrefois si commune dans les temps où il y a eu des gens qui doutoient de la resurrection des corps. Dans l'aîle septentrionale est gravée en lettres gothiques une fondation de Messes faite par Martin Allain, Curé des Innocens à Paris, fils de Jehan Allain et de Denise Porché de ce lieu de Joy. L'acte est de 158... Dans la Chapelle de S. Michel du même côté est une épitaphe sur marbre blanc avec représentation d'un M. de la Barre, Président des Trésoriers de France, et de Catherine Pietre, sa veuve.

Les hameaux et écarts de Jouy, outre Jouy-la-Fontaine, sont Vincourt, la Seaule, Valvée d'Orvilliers où il y a cinq ou six maisons entre la Seaule et Jouy-le-Moutier, Ecancourt où il y a deux maisons de Triel, Diocése de Rouen, Vicariat de Pontoise, séparées par une rue, Petit-belle-Fontaine, Grand-belle-Fontaine et Glatigny bâti sur le modéle de Glatigny, voisin de Versailles.

Tout le territoire de cette Paroisse est en vignes, terres et prez. Il est du Bailliage et de la Coûtume de Senlis, dont le Procèsverbal de 1539 marque l'assistance de Jacques Allain, Vicaire de ce lieu. *Procès verb. de la Cout. de Paris, p. 659 et de Senlis.*

Je ne m'arrêterai point à refuter ceux qui, fondés uniquement sur le nom de Moutier, ont crû qu'il y avoit eu à Jouy une colonie de Religieux du Prieuré de Saint Martin des Champs ; que le village voisin appellé Lieux *Loca*, étoit pour leur servir de délassement, et Vincourt *Vinicurtis* pour leur fourniture de vin. Tout cela tombe, dès-là que Moutier en cette occasion signifie simplement Eglise. Je trouve cependant que les Moines de Saint Martin des Champs avoient dès le commencement du XII siécle dans la vallée de Jouy un labourage, un cens et des hôtes qu'un Moine nommé Berenger leur avoit donné du consentement d'Osmond de Chaumont : *apud vallem Joïaciterram, censum et hospites*. La Bulle de Calixte II place ce bien parmi ceux du Diocése de Paris, et celle d'Innocent II le met dans celui de Rouen ; il s'étend peut- *Hist. S. Mart. Camp. p. 157 et 171.*

être sur les deux Diocéses. On voit au moins par là que ces Religieux n'y ont eu ni Eglise ni Monastere.

 L'Eglise de Notre-Dame de Paris est celle qui a eu de temps immémorial le plus de revenu sur le territoire de Jouy et le Chapitre en est Seigneur aujourd'hui. On lit dans son Nécrologe écrit sous S. Louis, qu'alors ces biens étoient en Précaire. Un nommé Guillaume de Saint Denis jouissoit des terres, des vignes, des redevances de grains, et des cens et rentes, sur quoi il rendoit une somme au Chapitre à l'Octave de la Purification, et il payoit aux Chanoines un droit de station (c'est-à-dire de repas) le second jour de Novembre. Les Cisterciens de l'Abbaye de Notre-Dame du Val proche l'Isle-Adam eurent aussi dès le XIII siécle quelques droits à Jouy ; Geraud de Joy, Ecuyer (*Armiger*), leur donna en 1263 la quatriéme partie du fief de Gaignons ou Vengnions dont il avoit acquis la moitié d'Eufemie de Lusarches, et ils acheterent en 1318 une vigne située sur ce fief. Amaury de Pissecoc, Ecuyer, et Agnes, sa femme, leur vendirent aussi des vignes situées à Jouy dans le canton dit le Coudray. Il restoit néanmoins encore au XIII siécle quelque fief relevant du Roi dans ce qu'on appelloit la Vallée de Joy, laquelle étoit beaucoup plus étendue qu'aujourd'hui, et comprenoit le hameau de Lieux. Parmi les fiefs que Jean de Gisors tenoit du Roi sous le regne de Philippe-Auguste, se lit cet article: *Quicquid Gaco de Thorote habet in Valle de Joy, scilicet feodum et domanium.* Il y a aussi sur la Paroisse de Jouy, dans Jouy-la-Fontaine, des fiefs appellés du Pré du Buc, dont la Justice appartient à Madame la Princesse de Conti depuis l'an 1647, en vertu d'une échange. On lit que le sieur Guerapin de Vaureal, Maître des Comptes, avoit acquis vers l'an 1700 du Duc de Chevreuse la Justice de Jouy-le-Moutier. A Ecancourt le Prieuré de Conflans-Sainte Honorine possede un fief, ainsi qu'il m'a été dit.

 Je terminerai cet article en marquant que M. Prudhomme, Curé de Jouy, a bien voulu m'y aider en tout ce qui dépendoit de lui.

LIEUX

 La Paroisse du village qui est appellé Lieux par corruption et distante de Paris de sept lieues, est certainement detachée de celle de Jouy qui en est voisine. On en voit la preuve dans l'Histoire de l'Eglise de Paris. L'auteur dit avoir trouvé dans le grand Pastoral de Paris des Lettres de Renaud de Corbeil, Evêque Diocésain, par lesquelles, du consentement du Chapitre de sa

Cathédrale et de celui de Guerin, Curé de Jouy, il permet de construire une Église baptismale *in villa quæ dicitur Locus,* qui étoit auparavant de la Paroisse de Jouy, à condition que le patronage des deux Paroisses appartiendra au Chapitre comme celui de Jouy lui appartenoit, et que toutes les fois que cette Eglise de Lieux vaquera, le Chapitre présentera un Prêtre à l'Evêque, auquel il payera le droit de Synode et de Visite et autres comme faisoit le Curé de Jouy. Cet acte est de l'an 1252. L'Evêque assigna au nouveau Curé soixante sols parisis sur le revenu des dix livres de rente provenant du fond de 200 livres qu'Heloise de Boisemont avoit donné pour le Clergé de ce lieu. L'année suivante, Jean de Chesois, se disant nouveau Curé de ce hameau, promit devant l'Official de Paris qu'il conserveroit au Chapitre de Paris les mêmes droits qu'il avoit sur l'autel de Jouy, et qu'il les lui remettroit ou feroit toucher.

Magn. Past.

On voit par la charte ci-dessus que, dès le XIII siécle, le nom primitif de ce village étoit tellement defiguré dans le langage vulgaire, que l'on croyoit pouvoir le rendre en latin par *Locus ;* cependant c'est un terme si générique qu'il n'est pas probable qu'on ait pû le donner originairement comme un nom spécifique et particulier à un hameau. Ce qui est certain, est qu'en l'an 1189 et dans le commencement du XIII siécle, on prononçoit et on écrivoit *Leus* en françois dans les titres latins, faute de sçavoir comment l'exprimer en cette langue. *Usque ad villam quæ dicitur Leus,* dit un titre du grand Pastoral de Paris *lib. iv.* à l'an 1189. On trouve aussi au rang des fiefs que Jean de Gisors tenoit de Philippe-Auguste, *Quicquid Bartholomeus Malus-filiaster habet apud* Leus, *et quicquid Guillelmus de* Leus *habet apud* Leus, *et unam vineam quam habet idem Joannes de Gisortio apud* Leus *quæ vocatur* Li Clos Milon, *quæ est juxta vineam Guillelmi de Gallenda quæ vocatur Roguellus*. Mais cent ans après, c'est-à-dire sous Philippe le Bel, on trouve cette expression *in villa quæ dicitur ad Loca*. C'est dans les Registres du Parlement, à l'endroit où il est porté, que l'Abbaye de Saint Denis prétend y avoir Justice haute et basse.

Hist. de Montm. p. 415.

Reg. Olim Martis d. post Conv. S. Pauli 1307.

Dom du Plessis, Benedictin, qui parle de cette Paroisse dans son Histoire du Vexin-François, après avoir avancé que ce village est situé dans une prairie voisine de la Seine, assure qu'on trouve souvent dans les titres *Liex* pour *Lieux,* de même que dans plusieurs épitaphes il y a *Diex* pour *Dieu*. Il croit que l'on a joint mal-à-propos l'article *Li* avec le substantif *Eu* qui signifie *Prairie ;* ensorte que *Li eu* est comme qui diroit *la Prairie*. Il conjecture aussi que l'un des fondateurs de l'Abbaye de Saint Martin de Pontoise, nommé Amaury, avoit véritablement nom

T. II. p. 183.

Amaury de Lieux : mais que sous Philippe I il a pu arriver qu'on ait traduit ce nom *de Lieux* par *Delicatus* ; ce qui fait que ce fondateur est appellé *Amalricus Delicatus*. Pour moi, sans donner au village de Lieux ce qui ne lui convient pas, je serois plutôt d'avis que *Delicatus* est un adjectif employé pour surnom à une famille, de même qu'on a donné à d'autres le surnom de *Bellus*, de *Malenutritus*.

Hist. S. Mart. à Camp. p. 188.

L'Eglise de Lieux est un bâtiment qui ne paroît avoir que deux cens ans d'antiquité. Tout le chœur est solide et même vouté en pierre. En le bâtissant on grava en bosse sur les pierres du sanctuaire une inscription latine qui n'apprend rien, étant une pure sentence morale. La nouveauté de cet édifice se prouve encore de ce que, lorsqu'on a fermé le sanctuaire en forme de pignon, on a été obligé de le faire de biais ou de travers, pour ne point anticiper sur la rue comme il auroit fallu faire pour rendre l'angle droit [1]. La Ste Vierge est patronne de cette Eglise. Mais pour avoir une solemnité qu'on pût fêter et chommer en particulier, on a choisi S. Maur, Abbé, du 15 Janvier. Je n'ai pu découvrir depuis quel temps. Il faut que ce soit depuis deux cens ans. Une Bourgeoise de la Paroisse de Saint Maclou de Pontoise, femme de Jean de Ruel, marque dans son testament de l'an 1368 qu'elle laisse à l'œuvre de Notre-Dame de Lieux trois francs d'or. Dans la visite de 1470, l'Eglise est aussi dite de Notre-Dame, et dans la permission donnée le 8 Mai 1561 à Philippe, Evêque de Philadelphie, d'en faire la Dédicace et de la fixer au second Dimanche de Mai, elle est pareillement qualifiée d'Eglise de Notre-Dame. Il y a apparence que la devotion à S. Maur aura commencé par une Confrérie qui aura attiré un concours à Lieux.

Chartul. de Maubuisson.

Cette Cure n'est pas dans le Pouillé du XIII siécle parce qu'il a été écrit avant qu'elle fût érigée. L'usage a prévalu de la nommer *Loca*, ensorte que les Pouillés du dernier siécle mettent *Cura de Locis*, et c'est toujours un Chanoine de Notre-Dame de Paris qui y présente. On ne peut pas dire que c'est la pluralité des hameaux ou écarts qui ait fait donner ce nom, puisqu'il n'y en a aucun. Il n'y a dans l'Eglise qu'une seule épitaphe de remarque conçue en ces termes :

Hic jacet plumbeo tecta tumulo Margareta de Buat *Domina de* Lieux, Gency, le Bus et Melandon, *quondam Vidua Ill. Antonii de Guerapin Equitis Domini* de Bisseloup et de Marolles. *Obiit die 28 Julii 1649, ætatis 70, viduitatis 33.*

Gency nommé dans cette épitaphe est de la Paroisse de Cergy

---

1. C'est comme le Sanctuaire de Saint Cosme de Paris et celui de la Chapelle du College des Cholets.

aussi bien que Melandon ; le Bus ou le Bua est de celle de Jouy.

Lieux est composé de plus de cent feux, au lieu de quinze seulement qu'il avoit en 1470. Le denombrement de Pontoise y en compte 92. Le Dictionnaire universel de la France qui y compte 416 habitans le marque aussi de l'Election de Pontoise et Inten. dance de Rouen. Il le place dans le Vexin, mais il a tort de le dire pour cela du Diocése de Rouen. Cette Paroisse, comme quelques-unes des voisines, est du Bailliage et de la Coûtume de Senlis. Défunte Mademoiselle de la Roche-sur-Yon-Conti, en étoit Dame. Elle a relevé le château et fait faire un grand et large chemin pavé, qui, passant par les vignes du côteau, va se rendre dans la plaine d'en haut. Depuis la mort de cette Princesse, M. le Prince de Conti est devenu Seigneur de Lieux. Quelques-uns appellent cette Paroisse du nom de Vaureal. On voit par rapport à ce terme dans les Registres du Parlement un enregistrement de Lettres Patentes, fait le 4 Juin 1701, en faveur du sieur de Guerapin de Vaureal, Maître des Comptes, portant confirmation de l'acquisition par lui faite du Duc de Chevreuse de la haute, moyenne et basse Justice des Paroisses de Lieux, Jouy-le-Moutier, Fief du Pré du Buc, Jouy-la-Fontaine, Vincourt, Ecancourt et Glatigny. Reg. Copie de M. le P. Ogier, T. LVI et CXVII.

ERAGNY

A la distance d'un quart de lieue du Village de S. Ouen et environ une demie lieue de Pontoise vers le midi, est situé le Village d'Eragny dans un vallon presque sur le bord de l'Oise. On ne voit point d'où lui peut être venu ce nom, sinon du possesseur du terrain qui seroit appellé *Herennius* ou *Herinnius*. Cette Paroisse, éloignée de Paris de six lieues, est une des anciennes du Diocése. Ce fut au commencement du XII siécle que l'autel d'Eragny qu'on appelloit alors Erigny, passa entre les mains des Religieux de Saint Martin des Champs. On trouve plusieurs monumens faisant mention de cette donation. Premierement le Cartulaire de Saint Martin contient une notice d'acte abregé en ces termes : *Radulphus Delicatus et uxor ejus Hazecha concedentibus eorum filiis Radulfo et Amalrico atque filiabus Agnete et Cometissa dederunt Ecclesiæ Sancti Martini à Campis... altare de Herigniaco... et donum ipsum posuit Radulphus super Altare S. Martini in præsentia Ludovici designati Regis Franciæ* (Louis le Gros *eodem die quo uxor sua Hezecha honore debito* Hist. de Montm, Preuv. p. 33.

sepulta est apud S. Martinum in auditorio ante Crucifixum. Voilà une concession bien solemnelle. Le second monument est de Galon, Evêque de Paris, dont on a une charte de l'an 1107 qui porte ces termes : *Altare in villa quæ Erinniacus nuncupatur in honorem S. Germani*. La même Eglise se trouve dans le denombrement marqué par les Bulles de Pascal II, Calixte II, Innocent II et Eugene III, et enfin dans des Lettres de Thibaud, Evêque de Paris, environ l'an 1150.

<small>Hist. Eccl. Par. T. II, p. 76.</small>

L'Eglise de ce lieu est sous le titre de S. Germain de Paris.

On ne voit dans le bâtiment qui subsiste aujourd'hui, rien qui soit d'un temps fort reculé. L'édifice est fort simple et assez petit avec une tour neuve fort basse. Il peut avoir deux à trois cens ans. Ce qu'on y apperçoit de plus ancien est une tombe placée devant le sanctuaire sur laquelle est représentée une femme voilée, les mains jointes, ayant à ses pieds deux enfants emmaillottés debout, le plus grand à droite, l'autre à gauche, mais on ne peut lire sur cette tombe que ce reste d'inscription en gothique minuscule qui marque que c'est la veuve d'un Seigneur de S. Leu..... *Jacques de Saint-Leu..... ladite Jacqueline trespassa l'an M. CCC IIII^{xx}, le .... Septembre*. On conserve en cette Eglise dans un reliquaire de bois doré un bout supérieur de l'humerus ou du femur d'un S. Clair, Martyr. Au côté droit du chœur vers le midi est la Chapelle de Messieurs d'Alesso, Seigneurs d'Eragny, avec quelques-unes de leurs sépultures. La Chapelle qui est au côté opposé, est de S. Jean Baptiste, elle appartient à MM. de Menard, Seigneurs de Neuville, qui est un hameau considérable de cette Paroisse. Dans le peu de monumens qu'on y voit, il paroît un de ces Menard surnommé de la Grange avec mitre et crosse à ses armoiries.

Les listes modernes des Paroisses, soit pour les Elections ou pour les tailles, joignent toujours ensemble Eragny et Neuville. Le livre des Elections y compte 145 feux, et le Dictionnaire universel de la France met dans les deux ensemble 831 habitans. Peut-être y a-t-il erreur en ce dernier. Mais il est toujours vrai de dire que ces deux lieux ont chacun environ cent feux. Il ne sont séparés que par des vignes et par quelques bocages. Le terroir d'Eragny ne paroît pas être d'une grande fécondité, à en juger par ce qui se trouve en allant de ce village au grand chemin de Paris, non plus que sur la route qui conduit à Erblay. Il y a des vignes dans le territoire sablonneux et des bosquets de bois de bouleaux, du bled sarrazin et du tremble ou des osiers ; à l'approche d'Erblay disparoissent ces marques de terrain ingrat.

Eragny et Neuville sont actuellement de l'Election de Paris, quoiqu'en 1647 par un Edit du Roi il eût été compris dans les douze ou treize Paroisses qui furent alors distraites de cette

Election pour établir un Bureau d'Election particuliere à Pontoise. Ces deux lieux sont du Bailliage et de la Coûtume de Senlis ainsi qu'il fut remarqué lors du Procès verbal de la Coûtume de Paris en 1580, où l'on allegua que le Seigneur et les habitans avoient comparu à la Coûtume de Senlis. On y trouve même Jean le Heurteur, Curé de ce lieu. Edition de 1680, page 659.

La terre d'Eragny releve de Conflans-Sainte Honorine.

Les Seigneurs que j'en ai pu découvrir sont tous de la famille d'Alesso. Jean d'Alesso est le premier. Il étoit arriere petit-fils d'une sœur de S. François de Paule. Il fut Maître des Comptes et épousa une sœur de M. de la Saussaye, Evêque d'Orleans. Il vivoit sous François I. Un de ses fils nommé François d'Alesso, lui succeda dans sa charge et dans la jouissance de la Terre d'Eragny. Il fut marié à Marie de Vigny. C'est lui sans doute qui a comparu à la redaction de la Coûtume de Paris de l'an 1580, dont le Procès verbal a défiguré le nom en celui de François de Lasaurne. Je ne sçai pas à quel dégré lui étoit parent Olivier d'Alesso, Correcteur de la Chambre des Comptes, décédé le 23 Novembre 1638, et inhumé aux Minimes de la Place Royale avec Marie du Buisson, son épouse. Du Breul, lib. IV, artic. des Minimes.

Coût. de Paris édit. 1678, p 638.

Epitaphes de Paris à la Bibl. du Roy, p. 1209.

Le nom de François a été le plus usité parmi Messieurs d'Alesso, par rapport à S. François de Paule. Le dernier Seigneur d'Eragny s'appelloit François d'Alesso. Il étoit Gouverneur et Lieutenant général pour le Roi des Isles et Terres fermes de l'Amérique. Sa veuve, Marie Durand de Villeblain, n'est morte que le 5 Mai 1742, âgée de 86 ans. Merc. Juill. 1742, p. 1659.

Neuville est un peu plus voisin de la riviere d'Oise qu'Eragny : c'est en ce lieu qu'on la traverse en batteau pour aller à Joui-le-Moutier, etc. Il y a un château de belle apparence accompagné d'une Chapelle moderne du titre de la Trinité, laquelle est sur le bord du chemin et est desservie par un Chapelain. On y reconnoît au frontispice les armes des fondateurs. Le plus ancien titre que j'aye vu où il soit fait mention de ce lieu de Neuville est de l'an 1210. Raoul de Conflans donne aux Moines du Val un muid de vin à prendre en ce lieu. On trouve ensuite, en 1314, un délaissement que fait Aleps de Montmorency, sœur de Jean, Seigneur de Montmorency, à Adam de Vaumondois, fruitier du Roi, de quelques biens de son propre héritage, situés à Neuville-lez-Conflans. La collection des chartes des Notaires au Châtelet fait mention de ce lieu (p. 767), à l'occasion de Jacques des Vignes, Notaire Royal qui y residoit, et qui se qualifioit Notaire au Châtelet. Un Arrêt du Conseil du 4 Mars 1608 lui défendit de faire des actes ailleurs qu'à Neuville. Hist. de Montm. Preuv. p. 138.

Louis XIII accorda autrefois vers la fin de son regne au Sieur de la Grange de Neuville, le pouvoir de disposer d'un ancien chemin qui passoit le long des murs du parc du château de Neuville; les lettres en furent registrées en Parlement, le 14 Août 1638. J'ai encore trouvé qu'en 1721 Dame Marie-Françoise de la Grange, veuve du Marquis de Menard, Président au Parlement de Paris, propriétaire des terres et Seigneuries de Conflans-Sainte Honorine, Eragny et Neuville, en tous droits de haute, moyenne et basse Justice, obtint par Lettres Patentes d'y jouir et dans le hameau de Ham, du droit de chasse, et de faire garder ces terres par les Officiers particuliers, lesquelles terres furent distraites de la Capitainerie de Saint Germain-en-Laye.

Reg. Parl.

Registrée en Parl. le 12 Dec. 1721. Reg. T. LVII.

Ce hameau de Ham est situé dans le pli que la riviere d'Oise fait vis-à-vis Eragny et Neuville, et du même côté que ces deux lieux, tandis que Cergy, de la Paroisse duquel il étoit primitivement, est situé à l'autre bord de la riviere et dans le Diocése de Rouen. Les habitans de ce hameau, attendu que la riviere les sépare de leur Paroisse, obtinrent le 20 Juillet 1687 de M. de Harlay, Archevêque de Paris, de pouvoir aller faire leur devoir de Chrétien à Eragny, et celui de recourir dans le besoin au Curé, sans préjudicier toutefois aux droits de l'Archevêque de Rouen.

Reg. Arch. Par.

SAINT OUEN-L'AUMONE

Lorsque S. Ouen, Evêque de Rouen, fut décédé à Clichy proche Paris, le 24 Août de l'an 683, son corps fut transporté en sa ville Episcopale. Le Roi Thierry, la Reine, le Maire du Palais et toute la Cour l'accompagnerent jusqu'à Pontoise, où il fut remis au Clergé de la Province de Rouen accompagné de la Noblesse. La Ville de Pontoise n'étoit point alors située autour du château où elle a été bâtie depuis sur la croupe de la montagne à l'occasion des guerres; ce qu'il y avoit de maisons portant le nom de *Pons Isaræ* ou *Briva Isaræ* étoit situé un demi quart de lieue plus bas, vis-à-vis l'endroit où aboutissoit la chaussée militaire qui partoit de Paris : ainsi ce qu'on appelloit Pontoise étoit au lieu où sont aujourd'hui les jardins et le parc de l'Abbaye de Saint Martin qui n'étoit pas encore fondée et qui ne l'a été que longtemps après. On passe aujourd'hui le Bac en ce lieu, et on l'y passoit dès le temps des Romains, supposé que *Briv* en celtique ne signifie que *Passage*; mais par la suite il y eut un pont sur la riviere d'Oise qui donna occasion au nom de Pontoise.

Comme donc l'Eglise de Saint Ouen du village dont il s'agit à six lieues et demie de Paris est bâtie précisément sur le bord de la chaussée romaine, à l'endroit où elle aboutit à la riviere d'Oise, il est très-probable qu'elle a pris son nom d'une Chapelle qui fut érigée en l'honneur de S. Ouen lorsque le Clergé de Paris remit à celui de Rouen le corps du Saint Evêque vraisemblablement en mémoire de quelque guérison miraculeuse qui arriva dans cette occasion.

A l'égard du nom d'Aumone qu'on donne à ce village pour le distinguer de S. Ouen sur la Seine proche Clichy, la raison n'en est pas fort évidente. Quelques-uns croyent que S. Louis avoit dans la rue qui est à l'approche de Pontoise sur le territoire de Paris, une maison où il faisoit distribuer des aumônes : il y a même encore une maison qui se nomme la maison de S. Louis dans le haut de cette rue ; et comme cette rue et toutes les maisons qui y sont construites sont de la Paroisse de Saint Ouen, quoiqu'on les qualifie de faubourg de Pontoise, c'est ce qui fait juger que c'est de là que s'est formé le nom d'Aumone ; qu'on aura dit *la rue de l'Aumône, le faubourg de l'Aumône,* et de plus, l'Eglise de S. Ouen n'en étant éloignée que d'un demi quart de lieue, on lui aura aussi donné le même nom distinctif. D'autres personnes qui ont vu les titres de l'Abbaye de Maubuisson, disent que ce quartier s'appelloit l'Aumône avant le temps de S. Louis. En effet il y a dans le Cartulaire de l'Abbaye de Saint Martin de Pontoise une charte du temps de Guillaume, cinquiéme Abbé, qui siégea depuis l'an 1151 jusqu'en 1170, dans laquelle, parmi ceux qui la souscrivirent, on voit après Guiard, Maire de Saint Ouen, et Evrard de Lieus, un *Odo de Eleemosyna.* L'Aumône est là désigné comme un nom de Terre ou de Fief sans qu'on puisse dire d'où lui est venue cette dénomination. Peut-être a-ce été une Terre attribuée autrefois à l'Aumônerie de quelque Abbaye très-ancienne telle que Saint Denis ou de quelque Hôtel-Dieu très-ancien, ainsi qu'est celui de Paris, et qui malgré l'aliénation auroit conservé son précédent nom.

Mais, quelque époque que l'on donne à ce nom de l'Aumône, il passe pour constant que le gros du village de Saint Ouen qui y est transferé en ce quartier-là étoit auparavant proche l'Eglise où il ne reste plus que quatre ou cinq maisons. On l'appelloit alors *Villa S. Audoeni.* Le transport des habitans de Pontoise et du village de Saint Martin autour du château, fit quitter l'ancienne chaussée et l'ancien pont de bois, et l'on fit une nouvelle chaussée qui aboutit au nouveau pont de pierre. Ce fut aux deux côtés de ce nouveau chemin que les habitans de Saint Ouen transporterent leurs domiciles, et ils y sont restés depuis, plusieurs y tenant hôtellerie, et même à cause de sa proximité de Pontoise, ce lieu devint un de ses faubourgs. On croit que ces changemens se firent vers la fin du XII siécle dans le temps que la Commune de Pontoise fut établie, c'est-à-dire en 1188, car ce fut aussi vers ce même temps que fut formée la Ville.

L'Eglise de la Paroisse de Saint Ouen a un chœur qui paroît avoir été construit vers la fin du XIII siécle ou au commencement du XIV, et à côté est une tour du même temps, très-peu élevée. On voit à l'entrée de cette Eglise un portail de structure du XI siécle qui s'est conservé jusqu'à nos jours à la faveur du chapiteau qui le couvroit. A côté se voit sur une pierre qui avance, la statue d'un homme assis qui paroit ancienne et dont on ne peut dire l'origine ni la signification. On lit dans le côté gauche du chœur une inscription sur la pierre qui marque que cette Eglise fut dédiée le 6 Mai 1499 par Jean Simon, Evêque de Paris, présens Nicolle Crosneau, Curé, Thibaud le Grant et Lorent Crosneau, Chapelain et Clercs de céans, et que l'anniversaire s'en doit faire le Dimanche devant l'Ascension, comme en effet on le célèbre ce ce jour-là. On conserve dans la même Eglise un petit ossement du Saint Evêque de Rouen enfermé dans un reliquaire fait en forme de bras avec cette ancienne inscription : *Os du bras de Mons. S. Ouen.*

Reg. Ep. Par. Il y a aussi eu en cette Eglise une Chapelle fondée du titre de S. Louis dont j'ai vu des provisions de l'an 1619.

Comme on a relevé et mis à neuf le pavé de cette Eglise, c'est ce qui fait qu'on n'y voit point d'anciennes tombes. Il y a seulement dans la Chapelle méridionale où Saint Vincent et Saint Eloy sont représentés, l'épitaphe d'Abraham Krettzer, de la ville et canton de Soleurre, Capitaine de trois cens hommes de Nation Suisse au regiment de Sa Majesté sous le grand Colonel Baltazar de Grisach, Chevalier. Il décéda le 29 Septembre 1597, après le siége d'Amiens : le reste de l'inscription qui est en langage Alleman est couvert par la boiserie.

Cette Cure n'est point marquée dans le Pouillé de Paris écrit avant le regne de S. Louis. Est-ce par oubli ? Ou n'existoit-elle pas encore alors ? C'est ce qui est incertain. On a des exemples de Chapelles qui n'ont été érigées en Paroisse que bien des siécles après leur construction, et seulement dans le temps de leur réédification. Elle est marquée à la pleine collation Episcopale dans les Pouillés imprimés en 1626 et 1648. Dans un des Pouillés intermédiaires, c'est-à-dire du XV siécle, elle se trouve marquée en ces termes : *Curatus S. Audoeni juxta Pontisaram.* Elle y est dite *Cod. Regius* être de la nomination de l'Evêque. Dans un autre du XVI siécle, *5218.* où cette Cure de S. Ouen ne paroît pas, on trouve cet article :

Cura seu Capella S. Hilarii juxta Pontisaram [1], parmi celles dont la nomination est entierement à l'Evêque de Paris, et cette Cure ou Chapelle de Saint Hilaire n'est nullement dans le Pouillé du XIII siécle, ni même dans celui du XV. On peut inferer de tout cela que depuis le XIII siécle il y auroit eu quelques demembremens faits à la Paroisse de Mery-sur-Oise qui est une des plus anciennes Paroisses du Diocése, et qui est située un peu plus haut : que dans le XIV siécle la Chapelle de Saint Hilaire en auroit été détachée et érigée en Paroisse à laquelle on auroit attaché Epluches, Courcelles, l'Aumône, Saint Ouen, mais que par la suite, pour la commodité des habitans dont le plus grand nombre demeuroit à l'Aumône, on auroit choisi l'ancienne Chapelle ou succursale de Saint Ouen pour tenir lieu d'Eglise Paroissiale à tout le peuple de la Paroisse de Saint Hilaire, dont l'Eglise étant restée inutile et reduite en simple Chapelle, sera tombée par la suite. Au reste, quoique cette Chapelle ne se trouve pas dans le Pouillé de Paris écrit vers l'an 1450, il y avoit des Titulaires encore long-temps après. Pierre Bridel, *Capellanus S. Hilarii infra metas Parochiæ S. Audoeni juxta Pontisaram,* fit sa demission le 5 Juin 1486, et on en trouve des provisions du 8 Décembre 1496.

Je n'ai pu découvrir de quel S. Hilaire étoit titrée cette ancienne Chapelle qui n'a servi de Paroisse que durant peu de temps. Mais comme l'Abbaye de Saint Denis, qui avoit, il y a neuf cens ans, beaucoup de biens dans ces cantons-là, possede depuis le siécle de sa fondation ou environ, le corps de S. Hilaire, Evêque de Javoux ou de Mende, j'incline à penser que cette Eglise étoit sous son invocation. Cette Abbaye fait encore la fête de ce saint Prélat le 25 Octobre. Quelques-uns croyent néanmoins que c'étoit de S. Hilaire de Poitiers que cette Paroisse ou Chapelle étoit titrée.

Ainsi, après Saint-Ouen qui est aujourd'hui le Chef-lieu du canton, on peut compter le lieu de S. Hilaire qui l'a été pendant quelque temps. C'est une Seigneurie particuliere.

EPLUCHES est au nord de Saint Hilaire. Il y a une maison qui a été bâtie ainsi que le château par M. Jacob, Officier chez le Roi ; elle est proche celle de S. André bâtie par André Fournier, son prédécesseur, dans laquelle Henri de Gondi, Evêque de Paris, permit en 1605 à Denis Magnan, Curé du lieu, de faire célébrer.

COURCELLES est au couchant de Saint Hilaire. On y a trouvé un tombeau de pierre. On lit qu'en 1236, Gui de Villaines vendit à l'Abbaye du Val ce qu'il avoit dans la dixme des *Espeluches* et de Corcelles. *Tab. Vallis.*

---

1. Cette Cure de Saint Hilaire est mise encore dans le Pouillé de 1648, page 18, par une suite de l'ancienne routine des copistes.

La Vacherie est une maison détruite, à l'orient de Maubuisson, au-dessus des étangs du côté de Montarsis et de la Croix de Saint Prix. Il n'y reste que des terres et des paturages qui ont peut-être donné lieu à la dénomination. Le fief est partagé entre l'Abbaye de Maubuisson et le Prieuré de Saint Pierre de Pontoise.

La Chapelle de Sainte Isabelle ou Elisabeth que les Pouillés de Paris placent auprès du Pont de Pontoise, et qu'ils disent avoir été à la nomination de l'Hôtel-Dieu de Pontoise, ne subsiste plus. Elle étoit sans doute à la petite place que l'on voit au bout de ce pont à gauche, qui sert aujourd'hui de cimetiere à cet Hôtel-Dieu.

LEPROSERIE de Pontoise auprès de l'Aumône. C'est le nom dont se sert celui qui fit, en 1351 et les années suivantes, la visite des Maladeries du Diocése de Paris : *Leprosaria de Pontisara juxta Eleemosynam*. On lui apprit sur le lieu qu'en l'an 1315 l'Evêque de Paris et les habitans de Pontoise avoient passé un accord touchant le gouvernement de cette maison, en laquelle on venoit de fonder deux Chapelains. Il dit qu'il y a parmi les choses qu'on y conservoit précieusement le bourdon de S. Louis : *Reliquiæ, Baculus seu Bourdonus S. Ludovici*. Cette Leproserie portoit le nom de S. Lazare de même que plusieurs autres. J'ai vu la présentation que les habitans de Pontoise firent en 1465, le 22 Septembre, à l'Evêque de Paris, d'un des deux Curés de S. Maclou, pour être Maître de cette Maladerie, et elle y est surnommée de *S. Ladre*. Elle a aussi ce nom dans la permission que l'Evêque de Paris donna le 5 Septembre 1481, d'y ériger un nouvel autel à cause de la multitude des lepreux. La Chapelle renfermoit une Chapellenie du titre de la Magdelene dont j'ai vu des provisions des années 1535, 28 Février, et 1554, 5 Janvier. L'Evêque de Paris y nommoit ainsi qu'à cette Leproserie que l'on trouve conferée le 30 Octobre de la même année à Charles Guedon, Clerc. Sur la fin du siécle et au commencement du suivant, diverses Communautés eurent des vues sur cette ancienne Maison. Dès l'an 1589, les Minimes de la Province de France l'avoient obtenue, et ils en eurent la confirmation cinq ans après par Louis Godebert, Vicaire général de l'Evêque de Paris, sur le certificat de la mort de Pierre Parent, titulaire. Cependant l'Evêque en pourvut encore un particulier, le 29 Août 1595. Son successeur, Henri de Gondi, à la priere des Echevins de Pontoise, unit cette Leproserie au College de la Ville, le 25 Août 1600, à condition que ces Echevins feroient recevoir les malades dans cet Hôpital, qu'ils en gouverneroient le revenu et en rendroient compte chaque année à l'Evêque de Paris. Jean de la Combe, Ecuyer, en étoit alors administrateur. Enfin, l'an 1603, les mêmes Echevins prierent cet Evêque de la faire céder aux Capucins pour y demeurer, ce qu'il accorda sous condition que l'on payeroit 120 livres à Mellon May, Chapelain, pour les Messes, et pour l'administration des Sacrements aux malades. L'année suivante ces Religieux représenterent que l'Eglise de la Leproserie menaçoit ruine, et demanderent qu'on leur donnât ce qui étoit reservé pour les loges de la Leproserie, et que cette Eglise fût rebâtie ailleurs. L'Evêque de Paris et les habitants y consentirent le premier Juillet 1604.

L'Abbaye de Maubuisson est située sur la Paroisse de S. Ouen; j'en parlerai ci-après.

On lit dans le Gallia Christiana qu'en l'an 1395, il y avoit eu un accord sur les dixmes de Saint Ouen entre Pierre de Villers, Abbé de Pontoise, les Freres et Sœurs de l'Hôtel-Dieu de la même ville et l'Abbesse de Maubuisson. Encore actuellement l'Abbé de Saint Martin jouit des deux tiers de la grosse dixme. *Gall. Chr.* T. VII, col. 933.

Cette Paroisse ne se trouve point dans le Dictionnaire Universel de la France. Le denombrement de l'Election de Pontoise y marque 237 feux, mais en 1470 il n'y avoit encore que 20 habitans. On y voit des terres labourables, quelques vignes et des prez. Elle est l'une de celles où le jour de la Fête patronale le Seigneur fait abbattre l'oiseau par les garçons et l'oie ou canne par les filles, et il y a un prix pour les victorieux.

Les anciens Seigneurs ne sont point venus à ma connoissance, sinon que j'ai lu dans un livre manuscrit sur le Domaine de Paris, que la terre de Saint Ouen a été vendue l'an 1602, cent soixante-huit écus au sieur de Beaumarchais, ce qui ne peut convenir à Saint Ouen-sur-Seine. Depuis plusieurs années, Messieurs de la Corée jouissent de cette terre à laquelle est attachée le tiers de la dixme inféodée, qui a été achetée de l'Hôtel-Dieu de Paris. Messire P. Simon de la Corée, Evêque de Saintes, est né sur cette Paroisse et y a été baptisé. M. son frere a possédé cette terre qui est passée depuis à son fils, Maître des Requêtes.

On voit dans le Procès-verbal de la Coûtume de Paris « qu'en « 1580 les habitans de la Paroisse Saint Ouen et du Bourg de « l'Aumone, hameau de la Vacherie, Pluches et Courcelles situés « en icelle, » s'opposerent à l'assignation qui leur avoit été donnée pour comparoir à la redaction de la Coûtume de Paris, et « décla-« rerent ceux de l'Aumone être de la Paroisse de Saint Ouen et du « Bailliage de Senlis au Siége de Pontoise, et en ont été de tout « temps et ancienneté hostes et justiciables, et non de la Prevôté « de Paris. » Ce qui confirme ce fait, est qu'on trouve le Curé de Saint Ouen-lez-Pontoise au Procès-verbal de la Coûtume de Senlis de l'an 1539. Edit. de 1676, p. 659 et 664.

Michel Alix, Curé de Saint Ouen de l'Aumône, a été un homme zélé, auquel on a l'obligation de l'édition de l'*Hortus Pastorum* de Jacques Marchant, de l'an 1661, comme il se lit à la tête de cet in-folio.

<small>Reg. Ep. Par.
3 Aug. 1553.</small>
Cent ans auparavant, cette Cure avoit été gouvernée successivement par Dreux Budé et Nicolas Budé, nom respecté dans la littérature par rapport aux anciens Budé, dont le plus habile vécut jusqu'en 1540.

ABBAYE DE MAUBUISSON

Le lieu où cette Abbaye a été bâtie n'étoit pas Maubuisson dont elle a pris le nom, mais Aunay qui étoit pour lors un hameau de la derniere Paroisse du Diocése de Paris, contigu à la Ville de Pontoise, et ce hameau étoit ainsi nommé à cause des aulnes qui y étoient en quantité le long des étangs, comme il paroît par les chartes : il étoit situé au-dessus de ces étangs entre les tourelles qu'on voit encore, et l'Abbaye près du chemin de Paris où il paroissoit quelques maisons vers la fin du XV siécle, et dont il ne reste plus rien.

<small>Tabul.
B. M. Regalis.</small>
Le Fief d'Aunay que la reine Blanche acheta en 1237 et 1238 de Hugues Tirel, Chevalier, Seigneur de Pois, s'étendoit depuis le pont de Pontoise tout le long de la riviere jusques vers Epluches, Montarsis, Pierre-laye et l'Aumône-Saint Ouen.

Avant l'acquisition de tout le terrain nécessaire pour doter un Monastere, cette pieuse Reine fit commencer à en jetter les fondemens la premiere semaine d'après la Pentecôte de l'an 1236. Le dortoir, le refectoire et autres lieux réguliers étant achevés en 1241, elle fit dresser une charte, dans laquelle elle déclaroit qu'elle avoit bâti ce Monastere pour en former une Abbaye de Filles de l'Ordre de Cîteaux, et cela à l'intention de faire prier Dieu pour Alfonse, Roi de Castille, son pere, et Alienore, sa mere, défunt son mari le Roi Louis VIII, etc., désirant qu'elle fût appellée Notre-Dame la Royale, la Reine du Ciel en devant être la Patronne principale. L'Eglise fut achevée quelques années après, et la Dédicace en fut faite en 1244, le 26 Juin, par Guillaume d'Auvergne, Evêque de Paris. Quelques-uns disent que Saint Jean-Baptiste et Saint Jean l'Evangeliste furent aussi désignés Patrons après la Sainte Vierge. Le dessein qu'avoit eu la mere de Saint Louis d'y
<small>Ampl. Collect.
T. I, col. 1270.</small>
placer des Religieuses de l'Ordre de Cîteaux avoit été déclaré dès l'an 1239 par Saint Louis, lorsqu'il leur assigna une partie de leur revenu, mais cette maison ne fut soumise au Général de l'Ordre que la même année 1244, au mois de Septembre.

La même Reine avoit fait dès l'an 1241 l'acquisition d'un petit fief voisin qui étoit au-dessous et attenant l'endroit du potager, et qui s'étendoit jusqu'à quelques maisons de Saint Ouen. M. l'Abbé Millet qui est fort au fait des titres de cette maison, et qui m'a enrichi de plusieurs remarques, m'a mandé que le possesseur de ce Fief s'appeloit Robert de Maubuisson, et qu'il relevoit alors de Joyenval. Il n'est nommé simplement que Robert dans le Gallia Christiana, et sa femme y est appelée Odeline de Château-Rainard. Ce Fief de Maubuisson ne tarda gueres à communiquer son nom à la nouvelle Abbaye, qui l'a toujours gardé depuis, ensorte que l'on commença de bonne heure à dire en latin *Abbatia de Malodumo,* depuis alteré en *Maloduno,* quoiqu'il paroisse à quelques étymologistes que, pour s'éloigner moins de la racine de basse latinité d'où est venu le mot bois et celui de buisson son diminutif, il eut été plus convenable de dire *de Malo-Boscione.* Les Fiefs de Maleigne, Courcelles et la Vacherie ayant été depuis acquis par l'Abbaye, c'est ce qui compose la Terre de Maubuisson à laquelle est jointe la petite Terre de Vaux, où elle avoit même un Fief peu de temps après sa fondation; ce lieu de Vaux est de la Paroisse de Mery.

Ce Monastere étoit encore assez recent lorsque les Freres de la Maison-Dieu de Pontoise pretendirent que cette Abbaye devoit payer le droit appelé *Bufetagium* qui se levoit sur tout le vin qui se vendoit à pot dans Pontoise. Le Parlement de la Pentecôte de l'an 1265 déclara qu'elle en étoit exempte. *Gloss. Cangii voce* Bufetagium.

On a cru pendant long-temps que la premiere Abbesse de Maubuisson étoit une niéce de la Reine Blanche, mais sans aucun fondement. C'étoit une simple Religieuse tirée de l'Abbaye de S. Antoine de Paris, appellée Guillemette, choisie par la Reine comme la plus capable de gouverner son Abbaye. Son épitaphe en vers latins, gravée sur la pierre dans le Chapitre, devant le siége de l'Abbesse, en fait un grand éloge sans marquer de quelle famille elle étoit. Quant à la seconde Abbesse qui siégea en 1275, ce fut Blanche de Brienne d'Eu, fille d'Alphonse Comte d'Eu, Chambrier de France, petite niéce de la Reine Blanche. Elle fut la premiere Abbesse inhumée dans l'Eglise depuis qu'on eut commencé à y donner la sépulture à des princes. Depuis ce temps-là presque toutes les Abbesses ont été de quelque maison illustre ou ancienne, comme de celle de Montmorency, de Moncy en Vexin, d'Ivry ou Meulant, d'Estouteville, de Dinteville, d'Annebault, d'Estrées. On lit d'Angelique d'Estrées qu'elle fut déposée canoniquement l'an 1618, par un Décret du Chapitre Général de Citeaux, ou de l'Abbé de Citeaux, et que cet Abbé y envoya Marie-Angelique Arnaud qui y amena de Port-Royal des Champs vingt Religieuses et resta jusqu'en 1622, pour y rétablir la régularité et l'étroite observance. Charlotte de Bourbon-Soissons en fut ensuite *Gallia Christ., T. VII. col. 939.*

Abbesse; mais ses grandes austérités lui abregerent la vie, tellement qu'elle ne gouverna que durant trois ans. Catherine-Angelique d'Orleans, fille du Duc de Longueville, qui prit possession en 1653, fit sa demission au bout d'environ dix ans, après avoir fort embelli cette Maison et en avoir augmenté les bâtimens. On y voit l'épitaphe que M. Faure, Evêque d'Amiens, a composée en françois, dans laquelle elle est représentée comme une sainte. Louise-Marie-Palatine de Baviere, fille de Frédéric IV, Roi de Boheme, née dans l'hérésie, en avoit fait abjuration en 1658, et ensuite prit l'habit à Maubuisson; l'Abbesse précédente l'ayant désignée pour lui succéder, elle fut nommée par le Roi en 1664. Elle ne voulut point user de pectorale ni de thrône Abbatial; fort versée dans l'art de la peinture, elle s'appliqua à faire plusieurs tableaux de piété tant pour la Maison que pour les Paroisses du voisinage. L'Abbé Chastelain qui en avoit vu, a assuré qu'elle sçavoit peindre *admirablement*. Elle n'est décédée qu'en 1709. Dix ans après, cette Abbaye a eu pour Abbesse Dame Charlotte Colbert de Croissy, fille du marquis de Croissy, laquelle la gouverne encore aujourd'hui.

Voyages manuscrits.

L'Eglise est un grand gothique commun. Le sanctuaire est éclairé de deux rangs de vitrages l'un sur l'autre, et orné de galeries d'architecture de moyen gothique. Le chœur est des plus grands et des plus beaux, tout pavé d'une marqueterie de mastic, qui de loin paroît être du marbre.

La Reine Blanche, fondatrice du Monastere, est enterrée au milieu de ce chœur, sous une tombe de cuivre élevée avec sa figure de même métal accompagnée de huit vers latins dont le dernier marque qu'elle mourut religieuse, *Tanta prius, talis jacet hîc pauper monialis*. Matthieu Paris qui vivoit alors écrit la même chose un peu plus au long, à l'an 1252 : *Facta est autem sanctimonialis professa, velata ante mortem, et supra velum apposita est, corona, et vestita est reginaliter; et sic sepulta est.*

Quoique cette Princesse fût morte huit ans seulement après la Dédicace de l'Eglise, elle n'est pas la premiere qui y fut inhumée. J'y ai vu la tombe d'un Comte appellé Clarembaud, dont la date de la mort est de 1247. Autour est écrit en gothique capital : *Obiit Vendelii Dominus Comes hîc tumulatus, qui Clarembaldus...* et sur la tombe est figuré un homme armé de toutes pieces, dont l'écu est emmanché de deux emaux. Le chiffre au bas de l'inscription est MCCXLVII.

Jean de Brienne, dit le Prince d'Acre, second fils de Jean de Brienne roi de Jerusalem ou d'Acre et de Berengere de Castille, cousin-germain de S. Louis, est enterré dans le chœur. Il y a aussi les entrailles d'Alphonse de France, Comte de Toulouse et de Poitiers, frere de S. Louis.

Mathilde ou Mahaud, Comtesse d'Artois et de Bourgogne, petite niéce de S. Louis, est pareillement inhumée dans ce chœur, sous une tombe de cuivre. Le grand tombeau de marbre noir avec une figure qu'on voit à présent hors la grille du chœur, paroît avoir été placé autrefois à l'endroit où est cette tombe. On avoit cru que ce tombeau étoit de Catherine de Courtenay, Impératrice de Constantinople, femme de Charles de Valois, petit-fils de S. Louis, mais il est sûr qu'elle fut enterrée dans l'Eglise des Jacobins de Paris, en 1307.

Près le pilier qui est entre le grand autel et la Chapelle de S. Michel, sous deux tombes de marbre noir, sont les entrailles de Charles le Bel mort le 1er Février 1327, et de Jeanne d'Evreux sa troisiéme femme, décédée le 4 Mars 1370, avec leurs figures en marbre blanc.

De l'autre côté et vis-à-vis sont aussi deux tombes de marbre noir, sous l'une desquelles est enterrée Bonne de Luxembourg, fille du Roi de Boheme, épouse de Jean, Roi de France, décédée à Maubuisson le 11 Septembre 1349 ; et sous l'autre les entrailles du Roi Charles V, son fils, décédé en 1380, avec leurs figures en marbre blanc.

Au-dessous et du même côté est une petite tombe de marbre noir sous laquelle repose Jeanne de France, fille du Roi Charles le Bel et de Blanche de Bourgogne sa premiere femme, morte fort jeune, le 17 Mai 1321. Sa figure est en marbre blanc. On a cru pendant du temps que c'étoit celle d'une fille de S. Louis, nommée Louise. *Rouleau de la Chambre des Comptes de 1324.*

Blanche de Bourgogne ayant vu, en 1322, son mariage avec Charles le Bel dissous sous prétexte de parenté, se retira à Maubuisson, y prit l'habit de Religieuse en 1325, et y mourut en 1326. On lui donna la sépulture dans le Chapitre.

Au bas de la Chapelle de Saint Michel et près de la porte de l'Eglise, du côté méridional, est un grand tombeau de pierre élevé, couvert de plaques de cuivre bien travaillées, avec la représentation de Marguerite de Brienne-Beaumont, femme de Bohemond, Prince d'Antioche et Comte de Tripoli, décédée le 9 Avril 1328. On l'appelle communement la Princesse d'Antioche ; elle étoit petite-niéce de la Reine Blanche, mere de S. Louis, et cousine-germaine de Blanche d'Eu, seconde Abbesse de cette maison. Voici son épitaphe en langage du temps : « Cy gist Marguerite, « fille de Monseigneur Loys fils le Roi de Hierusalem, Viscomte « de Beaumont, femme Monseigneur Bemont, Prince d'Antioche « et Comte de Triple, qui trepassa l'an de grace 1328 le samedy « 9 Avril. Priez pour ly que Dieu mercy luy fasse. »

Outre tous ces Princes et Princesses dont on connoît le lieu de la sépulture en ce Monastere, en voici trois autres que quelques monumens nous apprennent y avoir eu leur sépulture sans que l'on connoisse l'endroit, sçavoir : 1° Robert II du nom, Comte d'Artois, fils de Robert I et neveu du Roi Louis VIII.

Spicil. in-f°. T. III, page 55, col. 1 et 57, col. 2.

Le Continuateur de la Chronique de Nangis assure qu'ayant été tué le 11 Juillet 1302 dans la bataille de Courtray contre les Flamans, son corps fut inhumé d'abord dans une Chapelle de Religieuses qui n'étoit pas encore dédiée, et qu'au mois de Décembre 1304 ses os furent levés de là et apportés à Maubuisson, proche Pontoise, où ils furent mis dans le tombeau. Les au-

Gall. Chr. T. VII, col. 930.

teurs du Gallia Christiana ont fait cette observation contre ceux qui ont dit que c'étoit à l'Abbaye de Royaumont qu'il étoit inhumé.

Compot VI. Joannis Perdr. Gall. Christ. col. 932.

2° Catherine, fille de Charles V, décédée au mois d'Octobre 1388, à l'âge d'onze ans, déja mariée à Jean, Comte de Montpensier, eut aussi sa sépulture à Maubuisson, suivant un ancien compte.

3° Jeanne, fille de Charles VI, morte à l'âge de deux ans, fut pareillement enterrée dans ce Monastere.

Mem. de Chiverny, p. 324.

Je ne parle point de Gabrielle d'Estrées qui a aussi été inhumée en ce Monastere avec l'enfant dont elle étoit grosse d'Henri IV.

Je ne rapporterai aucune épitaphe des Abbesses, parce qu'elles se trouvent insérées dans le Gallia Christiana, à la reserve cependant de celle d'une Abbesse que j'ai vue dans cette Eglise, gravée en gothique minuscule du XV siécle, dans laquelle je n'ai remarqué que la profession de foi que la défunte y fait par ces mots *Credo quod Redemptor meus*, etc.

Il ne me reste qu'à observer ce qui est écrit en cette Eglise sur deux tombes, et que personne n'a encore recueilli. Sur l'une on lit : *Cy git Madame Aaliz de Marrigny, jadis femme de Monseigneur Jehan de Mausigny, Chevalier, Seigneur de Chantelou sous Deux Amans ; après femme Monseigneur .... Seigneur du Quesnay de Breteville, qui trepassa l'an de grace M. CCCXXXVI, le lundi Notre-Dame Chandeleure.*

Sur l'autre, il ne reste que cinq ou six mots du caractere du XIII siécle gothique capital.

CI GIT VINCENT DE... la suite paroît avoir été biffée avec le ciseau ; puis on lit NOSTRE SIRE LE ROI.

Gall. Chr, T. VII, col. 930.

Il est quelquefois parlé dans les monumens de cette Abbaye des Chapelles qui y ont été fondées. Le Gallia Christiana fait mention de celle que Blanche de Brienne, la seconde Abbesse, fonda en 1308 des biens de ses parens sous le titre de la Ste Trinité et de

Ibid., col. 931.

S. Louis, et de celle qui fut fondée en 1323 sous le titre de S. Jean l'Evangeliste [1] ; je trouve ailleurs deux Chapelles de S. Paul et Sainte Catherine, fondées par la Reine Jeanne au mois d'Octobre 1340 derrière le chœur des Religieuses au fond de l'Eglise, à trente livres de revenu chacune ; plus, une Chapelle sans désignation du saint Patron, que Dame Philippe de Montmorency y fonda en 1351, d'un pareil revenu de trente livres assis sur des biens situés au Diocèse de Sens; plus encore, une chapelle de S. Michel que l'Evêque de Paris conféra en 1525 : c'est peut-être celle dont il est parlé ci-dessus ; à moins que ce ne soit la Chapelle de S. Michel du cimetiere, laquelle a été appellée abusivement du nom de S. Nicolas, et qu'on disoit fondée par les Seigneurs d'Aunay pour servir de Paroisse, parce qu'on y avoit fait l'Office pendant qu'on bâtissoit la grande Eglise. Elle n'a été enfermée dans l'enclos que depuis environ 70 ans. Dans un Registre de l'Evêché de l'an 1612, elle porte le titre de S. Nicolas du Buisson. Outre cela, il y avoit une autre Chapelle qui peut passer pour la plus ancienne, et que Renaud, Evêque de Paris, avoit transférée en 1260 du lieu de Cormeilles au cimetiere de Maubuisson. On ignore de quel Saint elle étoit titrée. On sait seulement qu'Alix de Neuvy en étoit la fondatrice.

Hist. de Montm. Preuv. p. 378.

Reg. Ep. Par.

Mem. de M. Milhet.

Madame d'Orléans-Longueville, Abbesse, ayant requis l'Archevêque de Paris que toutes ces Chapelles fussent réunies à celle de S. Paul située derriere le chœur et nommée ci-dessus, le Decret en fut donné le 30 avril 1656, et signé par André du Saussay, Evêque de Toul et Vicaire général de M. de Gondi, qui statua qu'il n'y auroit plus qu'un Chapelain titulaire, lequel seroit tenu de resider dans le lieu, et d'y célébrer quatre fois par semaine avec commémoration des saints Patrons des Chapelles éteintes.

Reg. Ep. Paris.

Cette Abbaye souffrit beaucoup du temps des guerres des Anglois sous le regne de Charles VII, mais neanmoins pas tant que plusieurs autres de ces quartiers-là.

Gall. Chr. T. VII, col. 933 et 937.

En 1652, tout le Couvent se retira à Pontoise à cause des guerres civiles.

Il y a eu autrefois un Maubuisson différent de celui-ci, mentionné dans une charte de Burchard, Seigneur de Marly-le-Château, de l'an 1209 ; et ce lieu a dû être aux environs de ce Marly.

Hist. de Montm. Preuv. p. 396.

1 On ne remarque point par qui elle étoit fondée; je trouve dans les Comptes du Domaine publiés par Sauval, T. III, qu'il y avoit, en 1450, 1472 et années suivantes à Maubuisson, une Chapelle fondée par Marguerite de Beaumont, possedée par Guillaume d'Auge, Docteur en Médécine (pages 378, 406, 416, 422). Mais Sauval, page 427, sur l'an 1476, donne la preuve que la Chapelle de la Dame de Beaumont étoit du titre de Ste Marguerite.

MERY-SUR-OISE

Il est écrit Mairi en françois dans le Pouillé latin rédigé avant le temps de S. Louis. L'auteur fait voir par là qu'il ignoroit comment on le nommoit en latin ; mais en même temps il découvre qu'alors on s'éloignoit moins qu'aujourd'hui de l'étymologie. Ce Mery situé à six lieues de Paris, a tiré sans doute son nom comme la plupart des autres de quelque portion de bois propre à bâtir ou à faire des tonneaux, qui a fait naitre les mots de Merrein, de Madré et semblables. On peut consulter là-dessus le Glossaire de Ducange, aux mots *Materia, Materiamen,* etc. Un article du réglement que Louis, Abbé de Saint Denis, fit l'an 862, avec ses moines, porte qu'ils prendront à Mery autant de douves à faire tonneaux pour servir au cellier pendant la vendange qu'il en faudroit pour la construction d'un poinçon, ou d'un bac appellé ponton [1]. Les Forêts voisines ne s'étendoient point alors jusqu'au lieu où Mery a été bâti, au moins le magasin ou chantier des marchands de merrein pouvoit-il être en ce lieu. Il y a grande apparence que ce qui appartenoit alors en ce lieu à l'Abbaye de S. Denis étoit très considérable, puisque, dans la désignation des tenans et aboutissans aux biens d'une métairie qu'un nommé Fulenz lui donna l'an 828, en échange d'autres biens situés dans l'Anjou, cette métairie située à Vaux, *in pago Parisiaco* qui est au même canton, est dite entourée de tous côtés de biens de cette Abbaye.

Diplom. p. 516.

Ce qui porte encore à croire que le Monastere de S. Denis a eu du bien considérablement sur le territoire de Mery-sur-Oise, est que l'Eglise du lieu est titrée de ce Saint ; ensorte même que je présume que le Vaux situé sur cette Paroisse conserve le nom de *Tunsone Vallis,* où Charderic, Abbé de S. Denis, bâtit un Monastere sous le nom de S. Denis même et de S. Marcel, vers l'an 670. Les chartes de ces temps-là le placent au pays de Champly, lequel s'étendoit en effet des deux côtés de l'Oise. L'Eglise qui subsiste de nos jours à Mery n'est pas d'un temps si reculé. Son sanctuaire seulement est du XIII siècle, excepté la voûte : cette voûte et le reste de l'édifice sont plus nouveaux aussi-bien que l'unique collatéral qui se voit du côté du midi ; mais cette Eglise est solidement bâtie, toute de pierre et voûtée de même. On y lit dans le

---

1. *De Madriaco tantum ex duvis, quantum sufficit ad unum pontonem faciendum à carpentariis Abbatis, in cellario per vindemiam deservituris.* (Diplom. page 536.)

chœur à main gauche l'inscription suivante en petit gothique :
Le cinq Aoust premier Dimanche dudict mois M. CCCC quatre-vingt et sept, par le congé, licence et permission de Reverend Pere en Dieu Monseigneur Loys de Beaulmont, Evesque de Paris, Reverend Pere en Dieu Monseigneur Pierre de la Chambre, Evesque de Nazareth et Abbé de Froymont, dedia cette présente Eglise en l'honneur et reverence de la benoiste Vierge Marie et Monseigneur S. Denis Patron d'icelle. Il est dit ensuite qu'il accorda 40 jours d'Indulgence au premier Dimanche d'Aoust : le tout *à la Requeste de Noble Homme M. Charles d'Orgemont Chevalier Seigneur de Mery et de Meryel ; à ce présent Maîstre Mathurin Boisdin Curé desdits lieux.*

A côté du sanctuaire vers le septentrion est une Chapelle tournée exprès obliquement afin que le Prêtre puisse plus facilement être apperçu à l'autel : cette Chapelle Seigneuriale est fermée d'une grande grille semblable à celle que l'on voit dans les Eglises des Couvens de Filles [1]. On y voit le mausolée en pierre d'une personne de la famille d'Orgemont et de sa femme, celui apparemment qui vient d'être nommé ci-dessus, avec les armoiries qui sont les trois épics d'orge en champ d'azur. A l'entrée de la nef un peu au-delà de la tour ou clocher est une Chapelle de S. Antoine fermée de balustrades de pierre, où est le mausolée d'Antoine de S. Chamant, Seigneur de Mery, Meriel, etc. L'inscription qui l'accompagne porte qu'il fut Gouverneur de la Ferté-Milon pendant la Ligue, Engagiste pour le Roi Henri IV de la Ville et Duché de Guise, et qu'il mourut le 2 Mars 1628 ; et pour plus grande instruction du lecteur on ajoute qu'il avoit été Ligueur, et avoit fait lever le siége de la Ferté-Milon à Henri IV qui fit depuis démolir cette place à la paix ; et que de l'argent du dédommagement il acquit la terre de Mery où il reçut souvent Henri IV et sa Cour. Ce mausolée est dit érigé en 1700, par les soins de François, Comte de S. Chamant-Peschier, Chevalier, Seigneur, Marquis de Mery, Meriel, Tour, Saùcour, Montubois, la Bonne-Ville, et du fief du Poix érigés en Marquisat l'an 1695. Il mourut le 10 Mars 1714, et son cœur est conservé au même endroit. Il y a dans la même Chapelle une fondation faite par Antoine de Saint Chamant, Seigneur de Mery, pour un Prêtre chargé de quatre Messes par semaine, et de l'instructon des enfans, du Catechisme, etc. Les enfans devoient être conduits le soir à l'Eglise pour y chanter des

Reg. Archiep. Paris. 19 Junii 1625.

---

1. Le Laboureur en son Tombeau des Illustres, page 276. J'ai vu, dit-il, en l'Eglise de Mery, Chapelle des Seigneurs, un Seigneur représenté aux vitres, armé de toutes pieces avec ses armes qui sont d'Orgemont, brife en chef d'un croissant d'argent.

Antiennes en l'honneur de la Sainte Vierge et de S. Antoine, pour le Roi et pour l'Archevêque de Paris. Le Seigneur céda à cet effet tous les droits de dixme qu'il avoit à Mery, Saucourt, Montubois, Nantouillet, Frepillon, Sognoles et Vaux, sans y comprendre ce qui appartenoit aux Curés de ces lieux ; lesquelles dixmes furent estimées valoir 313 livres de rente. L'homologation de la fondation fut faite à l'Archevêché le 19 Juin 1625.

Il paroît y avoir eu différens sentimens sur la nomination de la Cure de Mery. Quoiqu'on lise dans une Bulle d'Eugene III de l'an 1147 et dans une charte de Thibaud, Evêque de Paris, confirmative des Eglises que possedoit au XII siécle le Prieuré de Saint Martin des Champs *Ecclesiam de Merri*, cela n'a pas empêché que les auteurs du Pouillé écrit avant le regne de S. Louis ne l'ayent mise au nombre des Eglises dépendantes purement de l'Evêque de Paris. C'est ce qui a été suivi par les Pouillés manuscrits des XV et XVI siécles, et par les imprimés de 1626 et de 1648. Ensorte qu'il faut convenir que le Pelletier s'est trompé en marquant dans celui qu'il a donné au public l'an 1692, qu'elle est à la nomination de l'Abbé de Saint Denis. Aussi cette Cure ne se trouve point dans le catalogue des bénéfices dépendans de cette Abbaye, imprimé à la fin de l'Histoire du Monastere.

Hist. S. Mart. à Camp. p. 180 et 188.

Ce village n'étant pas situé sur une route fort passagere, c'est ce qui a occasionné quelques erreurs sur sa position. Le Dictionnaire universel de la France le place mal-à-propos dans le Diocése de Rouen, et dit que c'est un Marquisat du Vexin. Il faudroit, ce semble, pour qu'il fût plus surement du Vexin, qu'il fût situé au rivage droit de l'Oise, au lieu qu'il est à la gauche, quoiqu'on croye qu'il [y] a eu des exceptions. Cette Paroisse, au reste, est de l'Election de Pontoise et sujette au Bailliage et Coûtume de Senlis, peut-être en conséquence de ce qu'elle avoit été de l'ancien *Pagus Camliacensis*. Pierre Boussard qui en étoit Curé, comparut en 1539 à la redaction de la Coûtume de Senlis. En 1470, on ne comptoit dans son étendue que 26 feux. Le dénombrement de l'Election de Pontoise en compte 81 de nos jours. Ses dépendances sont Sognoles, Garenne, Bonneville, Vaux, Montarcy. Le tout ensemble, avec Mery, forme 80 à 100 feux ou environ 300 communians. Le Dictionnaire universel met 366 habitans. On voit quelques vignes sur cette Paroisse.

Proc. verb. Cout. de Paris 1580, p. 659.

Reg. Visit.

En 1555 l'Evêque de Paris permit d'ériger en secours de Mery la Chapelle de la Vierge, qui avoit été nouvellement bâtie à Vaux, aux frais des habitans, du temps que Jean Boucher étoit Curé.

Reg. Ep. Par. 8 Jan.

Il y a un bac qui part d'Auvers et aboutit à Mery. S'il y a eu un pont à Auvers au IX siécle, comme le laisse à penser un endroit des Annales de S. Bertin (en 865) et un autre de la Diplomatique, il

faut avouer que dès le XIII siécle il n'existoit plus, comme *Diplom. p. 520.*
on le verra ci-après.

Les titres du même siécle fournissent le nom de plusieurs Gentilshommes qui se surnommoient de Mery. On les rencontre principalement dans les Archives de l'Abbaye du Val. A l'an 1220 Dreux Buffe de Mêry, Chevalier, vend à ce Monastere toute la forêt qui s'appelle Haubuic. Le même approuva, en 1236, la vente que Gui de Villaines avoit faite aux mêmes Religieux de ce qu'il possedoit dans la dixme d'Epeluches et de Courcelles. Plus loin son épouse y est nommée Reine *Regina* ; c'est à l'an 1238, et enfin à l'an 1239 il accorda aux mêmes Moines l'usage libre dans son Travers de Mêry, c'est-à-dire de se servir de son bac pour passer et repasser sans rien payer. Deux ans après, il accorda la même chose à ceux de Saint Denis. Ce Drogon ou Dreux n'avoit pas apparemment la jouissance de toute la terre de Mêry : on trouve ailleurs un Guillaume de Mêry vivant dans le même temps. Ce Guillaume, pere de Raoul de Mêry et Agnès, veuve du même Raoul, vendirent en 1223 pour le prix de quatre-vingt livres une maison, afin de fonder de cette somme une Chapellenie perpétuelle pour l'ame de Raoul et d'Agnès, ce que Geoffroy, Archidiacre de Pontoise, approuva et confirma. En 1276, vivoit Henri, Seigneur de Mêry, qui donna du bien à l'Abbaye du Val pour l'ame de Jeanne sa mere ; et Jeanne sa veuve imita son exemple.

Tab. B. M. de Vallis. Portef. Gaign. p. 42.

Ibid., p. 123 et 124.

Chartul. S. Dion. Reg. p. 278.

Eclairciss. sur l'ancien droit de Paris sur Pontoise, p. 89.

Tab. Vallis.

Le plus considérable des Seigneurs suivans fut Pierre d'Orgemont, lequel fut élu Chancelier de France au Louvre par voie de scrutin en l'an 1373, et quitta les Sceaux en 1380. « Il fit bâtir « à Mêry, dit Sauval, une maison de campagne assez bien pro- « portionnée pour la grandeur et une personne de son rang ; « et quant à la beauté, ce qu'on peut attendre d'un siécle rude « et grossier tel que le sien. » Ce château est situé tout proche l'Eglise Paroissale. Le 26 Mai 1375, Charles V lui accorda dans cette Terre, haute, moyenne et basse Justice. Son fils fut Guillaume d'Orgemont, pere de Philippe, Echanson du Roi, et aussi Seigneur de Mery vers l'an 1480. En suivant la généalogie en droite ligne, nous trouvons Charles, Seigneur de Mêry et d'Esainville, mort le 9 Septembre 1502 et enterré à Sainte Catherine de la Coûture à Paris. Jeanne Dauvet, sa veuve, fit une fondation dans l'Eglise de Mery qui fut reçue par l'Evêque le 12 Mai 1520. Ensuite se trouve Pierre d'Orgemont, puis Emery, Chambellan du Roi vers l'an 1530 et 1540. Il est mal nommé Merry d'Orgemont dans la transaction qu'il passa en 1529 sur l'étang du Val. Il fut inhumé à Mery aussi-bien que son épouse dans la Chapelle des Seigneurs. Le Laboureur assure que ce sont eux qui y sont

Antiq. de Paris, T. II, p. 147.

Regist. du Domaine, T. I.

Reg. Ep. Par.

Tab. Vallis.

représentés à genoux, qu'il y avoit autrefois une épitaphe, mais qu'il n'en reste que quelques mots. Claude d'Orgemont succéda à son pere Emery dans cette Seigneurie. Il étoit Echanson ordinaire du Roi Henri IV. La Seigneurie passa par le mariage de sa fille Guillemette, seule héritiere, à François des Ursins, Chevalier des Ordres du Roi, Seigneur de la Chapelle-Gautier, mais il ne la posseda pas long-temps. Ce François des Ursins fut Gouverneur pour Henri IV, de la petite Ville de Pierrefont du côté de Soissons. Cette place, quoique munie d'un fort château, ayant été prise pour la Ligue, par Antoine de Saint Chamant, Gouverneur de la Ferté-Milon, François des Ursins céda à S. Chamant Mery et Meriel, pour ravoir Pierrefont. Mais ces circonstances rapportées par le Laboureur ne paroissent pas s'accorder avec ce qui est dit ci-dessus d'après l'inscription gravée en 1700 dans l'Eglise de Mery.

Il y eut en 1620 établissement d'un marché à Mery.

Cette Terre a été érigée en Marquisat en 1695, ainsi qu'il est dit ci-dessus.

La mort de François de Saint Chamant, l'un des derniers Seigneurs, est annoncée dans un Journal de 1739, où il est qualifié Marquis de Mery-sur-Seine, au lieu de Mery-sur-Oise, Seigneur de Meriel, Saucourt et Montubois.

Marginalia:
- Tombeau des Illustres, p. 269.
- Eloge des prem. Presid. p. 15.
- Le Laboureur *ubi supra*.
- Merc.Janv.1739, p. 188.

FREPILLON

Il est certaines Paroisses dont on peut assurer sans se tromper qu'elles sont un démembrement d'une autre, quoiqu'on ne puisse pas indiquer le temps précis de ce démembrement, ni de quelle Paroisse a été faite la distraction. Telle est la Paroisse de Frepillon éloignée de Paris de cinq à six lieues, et que les plus anciens titres appelloient *Frepillum*. Certainement elle n'étoit pas encore érigée au XII siécle, lorsqu'on redigea le Pouillé de Paris, ni au XIII lorsqu'il fut recrit : mais on le trouve sous le nom latin *de Frepilione* dans le Pouillé écrit vers le milieu du XV siécle, et j'en ai vu des provisions du 9 Octobre 1501. On pourroit croire qu'elle est détachée de Villiers-Adam ou de Bessaucourt : mais comme ces deux Paroisses sont de présentation monastique et que la Cure de Frepillon est à la pleine collation de l'Evêque de Paris, il est plus naturel de penser qu'elle a été démembrée d'une autre Cure qui étoit à la pleine collation Episcopale, telle qu'est la Cure de Mery qui n'en est éloignée que de demie lieue.

La proximité des deux villages est telle que les bois taillis de Frepillon sont vis-à-vis le clos du Seigneur de Mery. A l'égard de l'origine du nom de Frepillon, il ne faut nullement penser à pouvoir la trouver, jusqu'à ce que nous ayons un bon Dictionnaire Celtique.

Saint Nicolas est patron de l'Eglise de Frepillon qui est basse et petite et qui n'a que le chœur vouté. On y entrevoit quelques vestiges du travail du XIV siécle aux chapiteaux de quelques piliers. La Dédicace s'y célébre le Dimanche après la Saint Barnabé. A la Chapelle du fond de l'aîle gauche, c'est-à-dire du côté septentrionàl, est élevée au-dessus de l'autel une vieille châsse qu'on dit contenir des ossemens des compagnes de Sainte Ursule, donnés par l'Abbesse de Maubuisson, qui est Dame du lieu. Ces reliques avoient été tirées de la châsse qui est à Maubuisson du côté septentrional de l'autel par l'Abbé de la Charité-lez-Lesignes : elles consistent en une partie de crâne, une jointure d'os du bras, et un os de la jambe. L'Archevêque consentit qu'on les honorât à Frepillon par acte du 8 Mai 1647. On m'assura, lorsque je passai en ce village, qu'outre l'Abbesse, un M. Pelletier qui y fait sa demeure, y a aussi une Seigneurie. Les côteaux de ce territoire regardent le couchant et le midi : ils sont garnis de vignes ou de bocages. Cette Paroisse est la seule de ce nom dans tout le Royaume. Il n'y avoit en l'an 1470 que huit habitans à Frepillon, suivant l'acte de la visite d'un Doyen rural. Le livre des Elections marque qu'il y a 78 feux. On m'a dit sur le lieu qu'il y en a un peu davantage, et le Dictionnaire Universel y reconnoît 444 habitans.

<small>Reg. Arch. Par.</small>

Hadrien de Valois n'a pas dit un seul mot de ce village en sa Notice du Parisis, quoiqu'il eût pu trouver son nom dans les Preuves de l'Histoire de la Maison de Montmorency (pages 56 et 69), où on lit que Heimard de Frepillon ou Frepellum vendit à Burchard de Montmorency un bois situé vers Bettemont, que ce même Burchard donna à l'Abbaye du Val. Les titres sont des années 1174 et 1193. Un autre acte de l'an 1190 nous apprend qu'Engelran de Trie donna cette année-là à rente à Hemard de Frepeillun le bois *de Gehenniaco*, situé devant le village de Frepeillun. C'est ainsi qu'il est écrit en cette occasion. Les mêmes Archives qui contiennent cette particularité font mention à l'an 1228 d'un Alberic de Frepillon, Chevalier, et à l'an 1248, d'un autre Chevalier appelé Raoul de Frepillon, lequel déclare et reconnoît avoir vendu aux Religieux du Val un bien situé au territoire de *Mellomonte*. Il s'agissoit d'une vigne située sur ce territoire, laquelle Gui de Frepillon, Ecuyer, de l'aveu de Théophanie, sa femme, consentit qu'ils tinssent en main-morte, par acte de

<small>Titres de l'Abbaye du Val, Portef. Gaignieres, p. 42.</small>

<small>Ibid., p. 316.</small>

<small>Ibidem, p. 243. et p. 325.</small>

l'an 1260. Enfin, à l'an 1288, se voit le nom de Jean de Frepillon, Ecuyer.

C'est apparemment de l'un de ces Seigneurs que tient le nom de Frepillon une rue située à Paris dans le quartier du Marais. Elle étoit connue sous ce nom au moins dès l'an 1353.

Les auteurs du dénombrement des Elections et du Dictionnaire universel écrivent *Frespillon* le village dont il s'agit ici, mais ils ne sont pas à suivre en ce point.

VILLIERS-ADAM

ET

L'ABBAYE DU VAL

Il est hors de doute que ce village a tiré son nom d'un particulier appellé Adam, qui en étoit autrefois Seigneur; mais en quel temps faut-il remonter pour trouver cet Adam? C'est sur quoi il me paroît que M. de Valois s'est trompé, ou a parlé d'une maniere qui peut induire en erreur. Pour trouver un Adam de Villiers Chevalier, il se contente de remonter au XIII siécle, et il veut que ce soit un Adam, Seigneur de Villiers-le-Bel, qui l'ait aussi été de Villiers dont nous parlons, quoique le passage du Cartulaire de l'Evêque de Paris qu'il rapporte, ne prouve aucunement cette identité. Il est certain par une Bulle d'Eugene III et par une charte de Thibaud, Evêque de Paris, au milieu du XII siécle, que dèslors on connoissoit un Village du nom de *Villiers-Adam*. C'est pourquoi je crois devoir chercher dans le siécle précédent un Adam qui ait été assez illustre et puissant, pour pouvoir lui attribuer la jouissance de ce Villiers et de la célébre Isle qui n'en est qu'à une lieue, auxquels il auroit donné son nom. Ainsi, je ne jetterai point la vue sur un autre Adam que sur celui qui fut Connétable de France sous le regne de Philippe I, et dont le nom est au bas d'un acte de l'an 1079. En remontant l'époque du nom de Villiers-Adam et de l'Isle-Adam au regne de Philippe I, il ne se présente plus de difficultés, et on ne doit pas être surpris de trouver un *Adam de Insula* vivant en 1195, qui avoit un droit sur la Terre Royale d'Auvers, non plus que dans un titre de 1205, un *Galterus de Villers-Adam miles*, et dans un autre de 1239, un *Adam de Villari Adæ* aussi qualifié *miles* : ce pouvoient être des descendans du Connétable Adam.

Notit. Gall. p. 437, col. 2.

Hist. de Montm. Preuv. p. 29.

Amplis. Collect. T. I, p. 117.

Ex sched. D. Lancelot.

Ce Bourg est situé à six lieues de Paris, sur un côteau qui regarde l'orient. Il étoit autrefois fermé de murs : il en reste même une porte du côté qui conduit à Paris, les autres sont détruites. L'Eglise est titrée de S. Sulpice, Evêque de Bourges, et cela de toute ancienneté. On conserve dans les Archives de l'Abbaye du Val située sur cette Paroisse, un titre de l'an 1244, dans lequel il est spécifié que Mennier de Villiers-Adam et Théophanie, sa femme, leguent à Saint Sulpice de Villiers et au Prêtre du lieu, un demi arpent de vigne, et à l'Abbaye du Val, trois quartiers de vignes situés à Soocourt. On y lit dans un autre titre de 1254 que Marie, veuve de Jean dit Sanspitié, Ecuyer, légua à la Fabrique de Villiers-Adam un petit bien qui fut vendu à Gui de Bailliel, Ecuyer. *Tab. Vallis.*

Les Pouillés ont varié sur le présentateur à la Cure. Le plus ancien qui fut écrit environ le temps de S. Louis, marque que la nomination appartient au Prieur de Conflans-Sainte Honorine. Celui qui fut imprimé en 1626, assure qu'elle appartient à l'Abbé du Bec. Il faut se souvenir ici que le Prieuré de Conflans dépend de cette Abbaye. Le Pouillé du XV siécle, celui du XVI et l'imprimé de 1668 assurent au contraire que c'est l'Abbé de Saint Martin de Pontoise qui est présentateur, et le Pelletier l'a suivi dans le sien de l'an 1692. Les provisions du 4 Octobre 1476, du 16 Novembre 1498 et du 21 Novembre 1502, reconnoissent la présentation de l'Abbé du Bec. J'ai cité ci-dessus une Bulle du Pape Eugene III, de l'an 1147, et des Lettres de Thibaud, Evêque de Paris, de l'an 1150 ou environ, pour prouver que dèslors on disoit Villiers-Adam lorsqu'on vouloit désigner cette terre. Cette Bulle et ces Lettres marquent dans le denombrement du revenu des Moines de Saint Martin des Champs, deux parts de la dixme *de Villari Adam*. *Reg. Ep. Par.* *Hist. S. Mart. à Camp. p. 180 et 188.*

L'édifice de l'Eglise Paroissiale tel qu'il se voit aujourd'hui est beau et solidement bâti. Il n'a gueres que deux cent cinquante ans, quoique dans les compartimens des vitrages on ait voulu imiter le gothique. La nef n'est pas si élevée que le chœur. Le premier Août 1550 l'Evêque de Paris permit à René le Rouillé, Evêque de Senlis, de faire la bénédiction du grand autel qui avoit été nouvellement transféré et reconstruit ce qui lui fut renouvellé le 18 Janvier 1551, en lui donnant permission de bénir ceux de Notre-Dame et de S. Sébastien qui venoient d'être refaits. *Reg. Ep. Paris*

La tour ou clocher est de pierre de taille, et bâtie au plus tard dans le XIII siécle. Le voisinage d'une carriere qui est du côté de l'Abbaye du Val a facilité la construction de ces édifices.

Au XV siécle, en 1470, ce village ne contenoit que 30 menages. Il n'y a gueres aujourd'hui que cent feux dans cette Paroisse, *Visite de 1470.*

quoique le livre des Elections y en compte 118, et que le Dictionnaire universel de la France y admette 453 habitans. Meriel qui en a été détaché en 1713 pour être érigé en Cure, augmentoit autrefois le nombre des communians, mais non celui des taillables, parce qu'il est de l'Election de Pontoise, au lieu que Villiers-Adam est de celle de Paris. Les vignes de cette Paroisse sont en tirant vers le couchant : il en est fait mention dans une épitaphe gothique que j'ai vu dans l'Eglise. Il y en a aussi quelques arpens vers la pente du côté oriental, quoique ce soient de véritables terres à bled. Ce bourg paroît un peu désert et dépeuplé. Les femmes y travaillent beaucoup à la dentelle. Il s'y étoit introduit une coûtume par laquelle les garçons du lieu exigeoient un droit des garçons d'ailleurs qui venoient prendre femme dans ce Villiers-Adam, ce qui donnoit souvent occasion à des batteries.

Reg. Arch. Par. Un des Vicaires Généraux de M. de Perefixe fit défense le 19 Février 1667 de continuer cet usage.

Le plus ancien Seigneur de ce village après Adam le Connétable qui lui a donné son nom, est Philippe qui vivoit vers la fin du XII siécle. Lui et Richilde de Grolei, sa femme, donnerent un

Tab. Vallis. bois à l'Abbaye du Val. Gautier, Chevalier, Seigneur de Villiers-Adam, confirma à cette maison les anciens dons d'Anseau de l'Isle. Il étoit en différend avec elle en 1221 sur les vignes de Soocourt. En 1276 la Seigneurie étoit possedée par Matthieu de la Tournelle et Eloïse, sa femme, et même encore en 1296. Il y a apparence que cette terre resta dans la même famille durant tout le siécle suivant et une partie du XV, et que c'étoit de Villiers-Adam et non de Villiers-le-Bel qu'étoit Seigneur Jean de Villiers, fils de Pierre et de Jeanne de Châtillon, qui fut Maréchal de France en 1418.

Depuis ce temps-là il y a une lacune dans ce catalogue jusqu'à l'année 1580 que Jean de Florettes est dit Seigneur en partie de Villiers-Adam au Procès-verbal de la Coûtume de Paris. J'ai lu

Ibid. ensuite qu'en 1611 Richard de Petremolle, Chevalier, jouissoit de cette Terre : que depuis, sçavoir en 1613, elle fut saisie sur Charles de Florette Aligret, à la Requête d'Antoine de Saint Chamant, Chevalier. Jean le Comte, sieur de Montaglan, étoit Seigneur d'une partie vers 1660. Louise-Antoinette de la Barde, sa veuve, lui avoit succédé dès l'an 1675. Guillaume Lamy, Trésorier Général de la Maison du Roi, jouit d'une partie de cette Terre vers l'an 1670 : puis sa veuve, appellée Elisabeth Langetat, et ses enfans, la possederent en entier avec Antoinette le Comte, Dame de Montaglan en 1680. Le titre marque que cette Seigneurie releve du Roi à cause de sa Comté de Beaumont.

En ces derniers temps la Seigneurie de Villiers a été vendue en partie à M. Furgeau ; et cette partie a été saisie réellement, puis achetée par M. de l'Aubépine, Marquis de Verderonne, aussi-bien que l'autre partie que possedoit M. le Marquis de Novion. Enfin M. le Prince de Conti a acheté le tout de M. le Marquis de Verderonne avec Stors, etc.

Un des écarts de cette Paroisse s'appelle Coquesale. En 1220 les Religieux du Val y avoient un labourage dont ils payoient une redevance aux sieurs de Trie. On trouvoit à la Chambre des Comptes que ce Coquesale et Bailleu furent donnés en 1556 par le Roi au sieur Sterne. Il y a proche l'Abbaye du Val qui étoit originairement de cette Paroisse, et dont je vais parler, un bois appellé Chermenton. Table de la Chambre des Comptes, T. III, p. 431.

ABBAYE DU VAL NOTRE-DAME

OU SIMPLEMENT LE VAL

L'Ordre de Citeaux a fourni au Diocése de Paris deux Abbayes d'hommes, sçavoir: les Vaux de Sarnay ou de Sernay, et celle-ci ; toutes les deux dans une profonde vallée, à la distance de dix ou douze lieues l'une de l'autre.

Les écrivains de cet Ordre assurent que la fondation du Val est de l'an 1125, et que ce fut alors qu'une colonie de Religieux tirés de l'Abbaye de la Cour-Dieu, Diocése d'Orléans, vint habiter dans le lieu dit Vieux Moutier[1], qui est à l'extrémité de la gorge des montagnes qu'on voit en ce lieu, jusqu'à ce qu'Ansel de l'Isle-Adam les plaça l'an 1136 dans son propre fond. Les premiers et principaux bienfacteurs furent donc les Seigneurs de l'Isle-Adam, et ceux de Villiers-Adam, auxquels il faut ajouter plusieurs Seigneurs de Montmorency.

Cette Abbaye est à six lieues et demie de Paris, vers le nord-ouest, sur le territoire ancien de la Paroisse de Villiers-Adam, et maintenant sur celui de Meriel depuis que cette succursale de Villiers est devenue Paroisse. Du reste sa position est entierement à l'extrémité du Diocése de Paris en approchant de celui de Beauvais et non du Diocése de Beauvais, comme on a marqué dans le Dictionnaire universel de la France. M. de Valois étoit bien éloigné de donner dans cette méprise lorsqu'il a cru que le lieu marqué sous le nom de Vaux, sur le bord de l'Oise, entre Mery et Not. Gall. p. 433, col. 2

---

1. C'est apparemment ce qui a porté Dom Mabillon à croire que cette Abbaye du Val étoit au même lieu où étoit l'ancien Monastere de *Tusonis Vallis* appartenant à l'Abbaye de Saint Denis au VII siécle. *Diplomatic.* (page 477). *Gall. Chr.* (T. VII, col. 340.) Mais il y a là-dessus bien des difficultés.

Pontoise, étoit l'Abbaye du Val dont le nom étoit défiguré ; mais en cela il se trompoit à son tour, puisque ce Vaux de la Paroisse de Mery est à une grande lieue de l'Abbaye du Val.

Le premier Abbé du Val tiré de la Cour-Dieu fut un nommé Thibaud. Il y en a eu quarante-cinq jusqu'à Jean de la Barriere, Instituteur des Feuillans, qui fut le quarante-sixiéme. Le Roi Henri III qui estimoit fort sa nouvelle Congregation, lui accorda cette Abbaye en commende, afin que le revenu servît à l'entretien des Religieux de cet Ordre établis à Paris en la rue Saint Honoré : mais les troubles qui survinrent empêcherent que ce don eut lieu jusqu'à l'an 1611 que la Mense Abbatiale fut réunie à cette Communauté par Lettres Patentes de Louis XIII du 4 Juillet, et en conséquence d'une Bulle de Paul V de l'an 1614. Outre cela, le même Prince y réunit encore la Mense Conventuelle par Lettres du 14 Décembre 1625, que le Roi Louis XIV confirma au mois de Juillet 1646.

Mais quoique tout le revenu de cette Abbaye appartienne à la Communauté de la Maison de S. Bernard de Feuillans à Paris, de maniere même que les Archives y ont été transportées, cette Maison a toujours entretenu depuis ce temps-là l'Eglise et les lieux Réguliers de l'Abbaye du Val qu'elle fait desservir par un nombre de Religieux sous la conduite d'un Prieur ; elle s'est contentée d'accommoder cette Eglise à l'usage de l'Ordre, en plaçant le chœur derriere l'autel qui a été avancé dans la croisée, en même temps que tout le pavé depuis le sanctuaire jusqu'au fond a été élevé.

Au portail de cette Eglise le cintre du vitrage paroît être certainement du temps de la fondation.

On voit un grand nombre de tombes et de sépultures dans cette Eglise ; elles sont presque toutes réunies dans la croisée devant le grand autel ou placées du côté méridional, et, s'il n'est pas vrai de le dire de toutes, quelques-unes au moins ont été rapportées là de l'ancien sanctuaire et de l'ancien chœur. Une preuve évidente qu'on les a changées de situation est que celle de Charles de Villiers, Evêque de Beauvais et Abbé de ce lieu, décédé en 1535, a le côté de la tête placé vers l'orient et celui des pieds vers le couchant, ce qui est contre l'ancien usage. Aussi ne se trouve-t-elle plus devant le grand autel qui est la place où cet Evêque avoit été inhumé. Son épitaphe se trouve dans le Gallia Christiana traduite du françois en latin. Dans le même côté de la croisée sont élevées les tombes de marbre noir de plusieurs de la Maison [de] Montmorency, et des Seigneurs de Villiers, et leurs statues couchées dessus. On y remarque principalement les trois femmes de Charles de Montmorency : Marguerite de Beaujeu, décé-

Gall Chr.
T. VII, col. 883.

dée en 1336, la veille de la Tiphaine, c'est-à-dire de l'Epiphanie ; Jeanne de Roussy, morte en 1361, et Petronelle de Villers, trépassée l'an 1400. Cette derniere lui avoit survécu, car on lit sur la tombe qui lui est particuliere, qu'il décéda en l'an 1381. Jean de Villiers, Seigneur Châtelain de l'Isle-Adam et Prevôt de Paris, fut aussi inhumé dans cette Eglise l'an 1471, aussi-bien que Marguerite de Montmorency, femme d'Antoine de Villiers, morte en 1490, et lui en 1504 fut placé auprès d'elle. Il y a aussi dans le sanctuaire moderne de la même Eglise onze tombes transferées d'autres endroits de l'Abbaye, dont quelques-unes sont de marbre noir. Celle qui est placée vis-à-vis le milieu de l'autel est d'Adam Gaillonnet qui y est dit décédé à Auxerre en 1412, dans le temps que l'on y tint une Assemblée de tout le Royaume au sujet de la paix entre les Maisons d'Orleans et de Bourgogne sous le regne de Charles VI.

Gall. Chr. T. VII, col. 875, 876.

En voici une dont M. de Gaignieres nous a conservé l'inscription ; elle étoit en lettres gothiques capitales, proche le mur du sanctuaire au côté méridional. La figure représente un Diacre en dalmatique à manches fermées avec une aube garnie de plages, et le livre de l'Evangile sur sa poitrine :

Portefeuille Gaign. à la Bibl. du Roi.

> *O vos Artiste, Medici vos, vos Canoniste,*
> *Et vos Legiste, perpendite quis fuit iste*
> *Nomine Robertus Salnerius ipse vocatus*
> *Pontisara natus vir justus et undique castus*
> *Formosi gestus Consul bonitate precinctus*
> *Regis sensuatus, legum Professor honestus,*
> *Dum fuit in vita, Caleti fuit Archilevita :*
> *Vitam duxit ita, vobis sint talia scita.*
> *Post annos mille centum bis et octuagenos*
> *Et nonos denos de mundo tollitur ille,*
> *Septembris mense mortis corrumpitur ense.*
> *Hunc, Deus immense, cœlesti colliga mense.*

Et autour de sa tête, dans la bordure de la niche :

> *Dicat quisque tamen devotè, si placet, Amen.*

C'est un nommé Robert Saulnier, Archidiacre de Caux, dans l'Eglise de Rouen, mort au mois de Septembre 1299, qui étoit inhumé sous cette tombe.

A ses pieds sont figurés deux chiens qui tiennent un os par les deux bouts.

Dans l'aile septentrionale à côté du chœur est représenté sur une tombe un homme en robe longue, dont le capuchon est abbattu, à manches courtes boutonnées, un chien sous ses pieds ; et aux côtés de sa tête se voyent ses armoiries qui sont deux aigles éployées en chef, une en pointe et une fasce chargée de trois fleurs de lys. L'inscription est en ces termes : *Icy gist Mestre Jehan le Saunier jadis Trésorier de l'Eglise d'Avranche qui trépassa l'an de grace ..... S Matthieu fils de feu ..... Dex ait merci de l'ame.*

Dans le Chapitre étoit une tombe de pierre que M. de Gaignieres y a vu, sur laquelle étoit figuré un homme en habits militaires, la tête nue et les mains jointes, avec cette épitaphe en gothique minuscule : *Cy gist Noble Homme Regnault de Gaillonnet Seigneur de Gadencour, Panetier nostre Sire et premier Escuyer trenchant de Madame Blanche jadis Duchesse d'Orléans fille du Roy Charles fils du beau Philippe ; qui trespassa à Aucerre en la compagnie du Roy en revenant du voyage de Bourges l'an M. CCCC et douze le XVI jour d'Aoust : Priez Dieu pour l'ame de li.* Son écu est chargé d'une croix de S. André.

Le Cloître est rebâti à la moderne avec de gros piliers quarrés. Voici trois épitaphes d'une même famille que M. de Gaignieres y a vues autrefois. La premiere est du temps de Philippe-Auguste.

Sur une tombe placée le long de l'Eglise, autour d'un homme armé de toutes pieces ayant sur son épée son écu qui représente une croix, et une levrette à ses pieds, est écrit en gothique capital : *Ici gist Monseigneur Tibaut de Valancoujart* [1] *Chevalier, qui trépassa l'an M. CC. III, vint et VIII ou mois de Juignet. Priez pour lui.*

Autre tombe qui étoit la premiere en entrant, représentoit un homme armé comme ci-dessus et avec le même écusson, ayant un lion à ses pieds. L'inscription en même gothique que dessus. *Ici gist Messire Thibaut de Valengoujart Chevalier, qui trépassa l'an de grace nostre Seigneur M. CC. XLIII o mois de Novembre. Priez pour l'ame de lui que Diex bone merci li face. Amen.*

La troisiéme tombe de pierre qui étoit la seconde du cloître le long de l'Eglise, en mêmes caracteres et avec un lion aux pieds du mort, contient cette épitaphe : *Ici gist Messire Girart de Valengoujart, jadis fiu Messire Thibaud de Valengoujart, Chevalier qui trepassa l'an de nostre Seigneur M. CC IIII^{xx}. et XII la veille de la S. Martin diver. Priez pour lame de li.*

Il n'y a pas à douter, quoiqu'on voye beaucoup de tombes dans l'Eglise du Val, que l'usage primitif n'y ait été comme dans les autres Monasteres de l'Ordre de Cîteaux, de ne point inhumer de laïques dans l'Eglise. L'Abbé Pierre qui y avoit fait enterrer un Comte dans une Chapelle vers 1205, fut mis en pénitence aussi-bien que tous les Officiers de la Maison, comme il se voit dans la collection des reglemens des Chapitres de l'Ordre de Cîteaux.

Ampl. Collect. Martene.

1. C'est une Paroisse du Diocèse de Rouen dans le Vexin-François.

Ce Cloître et les autres lieux Réguliers sont situés au septentrion de l'Eglise. Le refectoir est un assez petit quarré ; il est au-dessous du dortoir qui est très-clair, et dont la voute est soutenue par des colonnes ou piliers anciens délicatement travaillés, ainsi qu'on en voit dans plusieurs autres dortoirs de l'Ordre de Cîteaux construits au XIII siécle ou XIV. En passant dans ce dortoir, j'y apperçus sur la porte de l'une des cellules ces mots écrits assez récemment : *Sanctus Guido quintus Abbas hujus domus, qui instituit pulsationem campanulæ in elevatione Hostiæ et Viatico. Obiit 1220.* Ce fait me parut être curieux, s'il est véritable ; mais peut-on compter sur l'auteur de cette inscription qui prolonge jusqu'à l'an 1220 la vie de cet Abbé, lequel étoit mort dès l'an 1206 ? Ce Gui étoit surnommé de Paré. Il devint Abbé Général de Cîteaux, puis Cardinal et Légat-Apostolique, et enfin Archevêque de Reims. Comme il n'a jamais eu de culte, il ne peut pas être qualifié *Sanctus*.

Dans le jardin est une belle fontaine, dont l'eau se joint au cours de celle qui vient du fond de la gorge derriere l'enclos et du lieu dit le *Vieux-Moutier,* et ces eaux font tourner un moulin dans la maison. Proche cette fontaine du jardin, est la fontaine rousse, minérale, qu'on dit être salée ou plutôt ferrée.

Ce Vallon est garni de carrieres fort abondantes du côté du septentrion ; ce qui fait que l'on peut bâtir facilement dans ces quartiers-là. Dès l'an 1156, l'Abbaye fut gratifiée à la reception d'un nouveau Religieux, du bois de la Carriere et de la carriere même. Hist. de Montm. Preuves p. 51.

Les Seigneurs de Montmorency se disoient être en possession d'avoir la garde de ce Monastere. Le Procureur du Roi la lui contesta, et gagna au Parlement du mardi après l'Ascension, 1314 ou 1315. Reg. olim. Parl.

Le Roi Philippe de Valois est venu loger dans cette Abbaye en 1333. Il y étoit le 10 Mars, comme il se voit par lettres d'Etat qui en sont datées. Il s'y trouva aussi le 10 et 11 Mars 1344, et le dernier Février 1338, comme le prouvent d'autres Lettres. Le Roi Charles V y étoit venu en 1369, selon des Lettres existantes signées de sa main. Reg. Concord. Parlam.
Tables de Blanchard.

En 1233, lorsqu'on eut le malheur à l'Abbaye de Saint Denis de laisser tomber à terre dans l'Eglise le saint Clou de la Passion de Notre-Seigneur que l'on y gardoit, ce fut une femme des environs de l'Abbaye du Val qui le ramassa et qui le donna à un Religieux de cette même Abbaye du Val où il fut gardé jusqu'à ce que la maison le rendit au Monastere de Saint Denis. Felibien, Histoire de l'Abb.deS.Denis p. 229 et suiv.

Cette Abbaye du Val, fille d'une des plus anciennes de l'Ordre de Cîteaux, nommée au commencement du présent article, étoit chargée de veiller sur d'autres du même Ordre. Au moins existe-t-il une déclaration de Guillaume, Abbé de Bonport, proche Rouen, de l'an 1463, par laquelle il reconnoît que Jean, Abbé du Val et ses successeurs sont visitateurs immédiats du Monastere de Bonport.

Tab. Vallis.

MERIEL

Comme cette Terre touche immédiatement à celle de Mery, il n'est pas extraordinaire qu'on lui ait donné un nom équivalent à celui de petit Mery, c'est-à-dire un diminutif de Mery même. C'est au moins depuis Pierre d'Orgemont que cette terre est possedée par les Seigneurs de Mery, ou par leurs enfans. Guillaume d'Orgemont, fils du Chancelier Pierre, étoit Seigneur de Meriel en 1410; Emery d'Orgemont, vers 1520, et Claude d'Orgemont sous Henry IV dont il étoit Echanson.

Ce village est situé à six lieues et demie de Paris sur le bord de l'Oise de même que Mery. L'Eglise a pour patron S. Eloy, Evêque de Noyon. Ce n'étoit qu'une annexe ou succursale de Villiers-Adam, et connue sous cette qualité depuis l'an 1530 au moins. Mais elle fut érigée en Cure l'an 1713, et voici comment. Le Comte de Saint Chamant, Seigneur du lieu, et les habitans représenterent qu'ils étoient éloignés d'une grande demie lieue de Villiers-Adam, qu'il est besoin de traverser un bois pour y aller, et par des chemins difficiles; qu'ils avoient une Eglise érigée depuis long-temps en succursale, avec des Fonts baptismaux et un cimetiere, qu'ils y avoient fait bâtir depuis peu un presbytere, et qu'il y avoit un revenu suffisant pour un Curé. Ils ajouterent que l'Abbaye du Val étoit située dans le district de cette succursale : que l'Evêque de Senlis, Prieur de l'Isle-Adam, consentoit à l'érection de Meriel en Cure, si l'Eglise étoit suffisamment dotée ; que Louis le Brun, Curé de Villiers-Adam, y consentoit aussi en le dédommageant, et qu'on avoit le consentement de l'Abbé du Bec qui est nominateur de Villiers-Adam, à condition qu'il présenteroit à cette nouvelle Cure. Ils produisirent outre cela un acte de l'an 1229, par lequel Jean de Troyes, Seigneur de Meriel, avoit donné à l'Eglise de Meriel cent sols parisis sur sa Terre, deux muids d'yvernage à prendre sur le moulin de Chanteraine à Pontoise qui lui appartenoit, et un muid de vin à prendre chaque année dans son clos de Meriel ; M. de Saint Chamant requit que ce payement qui se fait par les Carmelites de Pontoise fût employé pour former le gros de la Cure. M. le Cardinal de Noailles

P. Anselme. Hist. des Gr. Off. T. VI, p. 346. Ibid., p. 341.

Provisions de Villiers du 19 Sept. 1530.

Reg. Arch. Par.

Original déposé chez Lambon, Not. au Châtelet.

l'érigea donc en conséquence, la détachant de Villiers-Adam, et y assigna pour dotation les biens énoncés dans l'Acte ci-dessus, et commua les anciennes charges en un Salut le jour de S. Eloy, une Oraison des morts à la fin de toutes les Messes du Carême, et une Messe haute de Requiem au premier jour non-empêché après la S. Eloy. Il en confera le titre pour cette fois seulement à François-Artus Pelletier, Prêtre Parisien, marquant que par la suite elle seroit à la présentation de l'Abbé du Bec ; qu'il seroit permis au Curé de Villiers d'y venir officier le jour de Saint Eloy, et de prendre la moitié des Offrandes ; et que le Curé de Meriel viendroit processionnellement à Villiers le jour de S. Sulpice d'hiver, et y donneroit au Curé la somme de trois livres par forme de reconnoissance. Ce Decret est du 20 Octobre 1713.

Le nouveau Curé releva la nef qui étoit tombée dè vetusté, ainsi que je l'ai appris de lui-même. Il ne reste plus de l'ancienne Eglise du XIII siécle, qu'une petite porte qui est au côté droit. Il paroît que ce lieu étoit le cimetiere de Villiers-Adam par la quantité de cercueils de pierre qu'on a trouvé derriere cette Eglise à une portée de fusil. On peut juger de leur antiquité par la forme du couvercle d'un de ces tombeaux qu'on fait servir de marche ou de seuil à la porte dont je viens de parler. Le chœur de la même Eglise a été refait et vouté il y a cent ans ou environ. Le Prieur de l'Isle-Adam est Décimateur en ce lieu. Le Dictionnaire universel de la France se trompe lorsqu'il place cette Paroisse dans le Diocèse de Rouen. Il faut aussi reformer la carte du Diocése de Paris faite par de Fer en ce qu'elle renferme dans ce Diocèse le château et le hameau de Staur, qu'elle appelle Stour ; car quoiqu'il soit contigu au territoire de Meriel vers le nord, le hameau, le château avec sa Chapelle de la Magdelene sont de la Paroisse de l'Isle-Adam, et par conséquent du Diocése de Beauvais. Le moulin n'est pas non plus du Diocése de Paris ; mais la maison du meûnier en est, étant comprise dans la Paroisse de Mery. Le cours du ruisseau fait en cet endroit la séparation. Ce petit ruisseau est appelé dans un titre de l'Abbaye du Val de l'an 1220, *brachiolum aquæ de Meriello*. On y lit que Guillaume de Trie avoit autrefois donné à ce Monastere ce petit bras d'eau. Les Religieux qui payoient alors à Jean de Trie, son petit fils, cinquante sols par chaque année pour la jouissance d'une culture voisine appellée Coquesale, aimerent mieux lui rendre ce bras d'eau, afin qu'il les quittât de cette redevance de cinquante sols. Ce fut aussi de Renaud et Ingeran de Trie que les mêmes Moines du Val eurent, en 1237, du revenu assis à Meriel et aux environs.

Ce lieu de Meriel qui est de l'Election de Pontoise, et à six lieues et demie de Paris, n'avoit en 1470 que huit ménages. On

Portef. de Gaign. p. 325.

y compte à présent cent feux ou un peu plus, ce que le Dictionnaire universel a évalué à 408 habitans. Il y a beaucoup de vignes en tirant vers l'Abbaye du Val, tant sur la pente de la montagne que dans la plaine qui est en haut. La Seigneurie de cette Paroisse appartient à Madame de Saint Chamant, ou pour mieux dire Sainche-Amant, *de Sancto Amantio*.

BETHEMONT

<small>Sched.Lancelot.</small> L'omission qu'Hadrien de Valois a faite de ce village dans son catalogue des anciens lieux du Parisis, a engagé M. Lancelot à en chercher l'étymologie. Il prétend qu'il faut dire Berthemont et que les anciens titres l'écrivent ainsi. En conséquence de cela, il dit que c'est le nom de la Reine Berthe, femme du Roi Philippe I, que ce village porta avec le nom générique de Mont, à cause qu'il est situé sur la pente d'une montagne : et qu'on a des exemples du retranchement de la lettre R en certains noms propres, comme Chalepont et Chalevenne, qui se disent pour Charlepont et Charlevenne. Mais je croi qu'on peut raisonnablement douter que les anciens titres ayent Berthemont, puisqu'on en a un de 1174 qui met nettement Bettemont. Il n'est pas facile d'en trouver de plus anciens. Comme donc M. Lancelot n'a avancé tout cela que par conjecture, j'estimerois plutôt que le territoire où est situé ce village auroit appartenu à quelque Seigneur appellé Bethe. Il pouvoit y avoir dès le XII siécle dans ces cantons-là des personnes <small>Portef. de Gaign. vol. CLXXX, p. 516.</small> dont ce fut le nom propre. Le Cartulaire du Prieuré de Dueil fait mention d'un Benoît Bethe à qui Isabelle la Morelle donna sa dixme de vin et bled située à Groslay.

Ce village est situé à six lieues de Paris sur la pente douce qui se présente au bout de la forêt de Montmorency, du côté de l'occident, et il a presque en face le bourg de Villiers-Adam qui n'en est qu'à un bon quart de lieue. Ce n'est pas un vignoble comme la plupart des autres Paroisses voisines ; le pays est assez couvert d'arbres et d'arbrisseaux. Il y a après cela des terres et des prez. Les femmes y travaillent à la dentelle de même que dans plusieurs autres villages de ces quartiers-là. La Paroisse de Bethemont n'est point considérable. En 1709 on y comptoit 51 feux, peut-être que le livre a voulu dire 31, car le Dictionnaire universel de la France ne fait monter le nombre des habitans qu'à quatre-vingt-dix.

L'Eglise de ce lieu porte le titre de Notre-Dame. On y célèbre sa Nativité comme la Fête de Patron. Le bâtiment est petit et tout neuf, et l'on n'y trouve aucun vestige d'antiquité. Il a le défaut d'un grand nombre d'autres, de n'avoir qu'une seule aîle. Il est accompagné de ce côté-là d'une tour en forme de clocher également nouvelle. La Cure, selon le Pouillé du XIII siécle, est à la nomination du Prieur de Conflans-Sainte Honorine. Ce manuscrit se sert du mot de *Betemont* sans oser latiniser le nom. Les Pouillés du XV et du XVI siécle, aussi-bien que ceux de 1626, 1648 et 1692, donnent unanimement à l'Abbé du Bec le droit de la présentation. J'en ai vu des provisions du 30 Janvier 1684 sur sa nomination. Il faut toujours se souvenir que le Prieuré de Conflans est un membre de cette Abbaye, et que l'Abbé a souvent usé du droit des Prieurs de sa dépendance.

On trouve au XIII siécle un Matthieu de Bettemont qualifié *Armiger* dans les Archives de Notre-Dame du Val. Le titre est de l'an 1252, et dans un autre de 1271 est nommé Jean de Bethemont aussi *Armiger*. Dans le siécle suivant on lit que Simon de la Queue, Chevalier, reconnut tenir de M. de Montmorency, à cause de sa femme issue de cette famille, des héritages situés à Bethemont, communs entre lui et Guy de Courlandon. Cet aveu est de 1367. La Terre de Bethemont fut acquise vers 1420 ou 1430 par Guillaume Sanguin, l'un des plus riches bourgeois de Paris, et qui dès l'an 1412 étoit Echanson du Roi. Perrenelle de Villepereur devint Dame de la moitié en 1461. Je n'oserois assurer qu'il faille entendre de ce Bethemont-ci ce qu'on lit dans un compte de la Prevôté de Paris de l'an 1470, que Charles du Mesnil-Simon, Ecuyer, sieur de Maupart, paya une somme pour les fiefs de Bethemont, Tressancourt-le-Grand et Poucy, mouvants de Poissy, qui lui étoient échus par la mort de son pere. Le Dictionnaire universel des Paroisses de la France, ne reconnoît cependant que le seul Bethemont dont je traite ici. L'Histoire des Grands Officiers de la Couronne fait mention de deux autres Seigneurs de Bethemont au siécle suivant: Claude Motier de la Fayette, Seigneur en 1524; et quelques années après François Pajot, lequel fut reçu Conseiller au Parlement en 1549. En 1719 Geoffroy Macé Camus, Maître des Requêtes, étoit Seigneur de ce lieu. Cette Terre a été possédée de nos jours par M. le Marquis de Novion; mais il l'a vendue depuis quelques années à M. le Comte de Montmorency. Il y a un beau château proche l'Eglise.

J'ai vu un acte de l'an 1610, qui m'a appris qu'à Bethemont il y a une Seigneurie appellée Montgland, laquelle n'est marquée dans aucune carte. On dit aujourd'hui Montauglan, et ce mot s'employe en place de celui de Bethemont. J'ai déja nommé ce lieu plusieurs fois en parlant des autres Paroisses.

Marginal notes:
Portef. de Gaign. p. 259.
Hist. de Montm. Preuv. p. 369.
P. Anselme. Hist. des Gr. Off. T. VIII, p. 264.
Antiq. de Sauv. T. III, p. 363.
Ibid, p. 396.
P. Anselme. T. VII, p. 63.
Sauval. T. II, p. 107.
Permiss. de Chap. domest. 16 Sept.

CHAUVRY

Les différentes manieres dont un nom de lieu est écrit en langage vulgaire ou en latin servent quelquefois à découvrir l'origine de ce nom ; mais j'entends parler de l'écriture des anciens titres ; car on sçait que les modernes ont fort altéré les noms propres. Dans ce qui est resté de plus ancien où soit marqué le nom· du village dont il s'agit, je le trouve écrit *Chaufery et Chalveri*. Le Nécrologe de l'Abbaye de Saint Denis met au 16 Juin : *Obiit Odo miles de Chaufery;* et l'on voit en des titres de l'Abbaye de Saint Victor de Paris vers les années 1185 et 1193 *Adam de Chalveri et Radulfus frater ejus*. Mais, dans le siécle suivant, où l'on étoit accoutumé à latiniser les noms de lieu, on vit hazarder le mot *Chauveriacum*, quoiqu'on y eût encore quelque repugnance: car le Pouillé latin rédigé avant le temps de S. Louis aime mieux écrire le mot en françois que de le fabriquer en latin. Il résulte de tout ceci que l'on ne peut rien avancer de sûr touchant l'origine du nom de ce lieu.

<small>Hist. de Montm. Preuv. p. 61.</small>

La situation de ce village est à six lieues de Paris, sur un côteau qui regarde le septentrion. C'est un pays couvert d'arbres fruitiers et non fruitiers, arbrisseaux, avec des terres à grain. Le catalogue des feux de l'Election de Paris en met 90 à Chauvry ; et le Dictionnaire universel y compte 267 habitans.

Le bâtiment de l'Eglise Paroissiale titrée de S. Nicolas n'a que 200 ans ou environ. Le sanctuaire seulement en est voûté. Il y a dans la nef proche l'entrée du chœur une inscription sur une pierre en lettres gothiques qui contient ce qui suit : *L'an 1547 le second Dimanche de Juillet cette Eglise fut dédiée et trois autels, et le grand cimetiere benis par Reverend Pere en Dieu Monsieur Charles, Evesque de Magarence. Ce fait aux dépens de vénérable et discrete personne Me Thomas Cloüet, Prestre natif de Besancourt, Chanoine de Montmorency qui trepassa le 8 Juillet 1549.* L'acte de la permission accordée à cet Evêque le 30 Juin 1547, porte que la Dédicace seroit en l'honneur de la Sainte Vierge et de S. Nicolas.

<small>Reg. Ep. Paris.</small>

Dans le chœur de l'Eglise de Chauvry se voit une tombe de marbre noir avec l'épitaphe de Suzanne-Eléonore de Maillé de la Tour-landry, morte à Chauvry, le 6 novembre 1724. Elle étoit veuve de Joseph-Antoine de Colignon, Chevalier, Seigneur de Chauvry, du Breuil, décédé le 24 Avril 1722.

Le Pouillé de Paris du XIII siécle a varié sur le droit de présenter à la Cure de Chauvry. Dans un endroit, il le dit appartenir au Chapitre de Notre-Dame de Paris, et dans un autre il met cette Cure au rang de celles auxquelles le Prieur de Conflans-Sainte Honorine nomme. Les trois Pouillés du XV et du XVI siécle, ceux de 1626, 1648 et 1692 assurent que cette présentation appartient à l'Abbé du Bec, supérieur du Prieur de Conflans. J'ai vu des provisions du 30 Novembre 1477 accordées sur la présentation de l'Abbé du Bec. J'ai aussi appris que le Prieur de Conflans jouit à Chauvry d'une dixme qu'il partage avec le Curé, et qu'un nommé Pierre *Pilatus* avoit donné à ce même Prieuré un bien sis à Chauvry ; ce qui fut confirmé par *Chartul. Confl.* Adam de l'Isle, c'est-à-dire le Seigneur de l'Isle-Adam : ce qui marque une très-haute antiquité.

Il y avoit en 1240 une Leproserie à Chauvry qui servoit de limites à un droit cédé par un Seigneur aux Religieux du Val. Burchard, Sire de Montmorency, lui avoit légué cent sols par son testament de l'an 1237. *Leprosis de Chauveri centum solidos.* Hist. de Montm. Preuve p. 98.

Les noms des anciens Seigneurs de Chauvry nous ont été transmis le plus souvent à l'occasion des biens qu'ils ont donné à quelques Monasteres du voisinage. Odon de Chauferi, Chevalier, est dit avoir vendu au Roi, en 1219, un bois situé entre Halate et *Pomeriam*. Les titres de l'Abbaye du Val attestent que Jean de Chauvery, Chevalier, s'étoit reconnu redevable à ce Monastere avec Laurence, sa femme, d'une certaine quantité de bled par acte de l'an 1229. Cette redevance venoit d'une concession de Raoul, son frere. Nous lisons dans un autre acte qui est de l'an 1237, la donation faite à cette même maison par Jean de Chauvery, pere de Gautier, d'un droit de champart sur quatre arpens de terre situés *apud Fayellum*. Un troisiéme acte du même Jean, concerne le don qu'il fit en 1240 à ce même Couvent d'un droit qu'il avoit sur le charroi du produit des terres cultivées entre le ruisseau et la Leproserie de Chauvry. Ce droit y est qualifié *Thymonagium*. C'est ce que du Cange explique au mot *Themonaticum* dans le sens que je viens de dire, *Droit de timon*. Gautier de Chauvery, fils de Jean, non-seulement reconnut ces donations, mais il en ajouta encore d'autres en 1244, permettant à l'Abbé du Val de posseder des biens sur l'étendue de la Seigneurie, sauf le droit de cens : *Salvo censu*. En 1280, Simon de Chauvery, Ecuyer, vendit à ces mêmes Religieux des prés situés en la Paroisse de Balluel, c'est-à-dire Bailleil ou Baillai, mouvant de la censive de Fayel. Enfin, en 1285, Pierre de Chauvery fut aussi leur bienfacteur. Depuis ce temps, on trouve bien peu de chose sur les Seigneurs de Chauvery. Le douaire de Perrenelle de Villiers, veuve de Charles, Seigneur de Montmorency, est dit assis en partie sur les étangs de Chauvery, dans un acte de 1392.

Tres. des Chart. Reg. 31. f° 110.

Portef. de Gaign. p. 369.

Ibid., p. 136.

Ibid., p. 139.

Hist. de Montm. Preuve p. 155.

<small>P. Anselme.
Hist. des
Gr. Off. T. VIII,
p. 264.
Tab. Vallis.

Bibl. Franç.
T. XVI, p. 11.

Reg. Ep. Par.
Perm. d'or. dom.
30 Decemb.</small>

Cette Terre fut achetée vers l'an 1420 ou 1430 par Guillaume Sanguin, Echanson du Roi. En 1511 Geoffroy de Longueil, Avocat en Parlement, la possedoit. En 1597 Nicolas Hochet, Ecuyer, en étoit Seigneur en partie à cause de défunte Magdelene de Longueil, et il en fit hommage à Henri de Montmorency. En 1610, Gabriel de Cotignon (ou Colignon), Secrétaire du Roi et des commandemens de la Reine Marie de Medicis, et qui fut pourvu d'office de généralissime des Ordres du Roi, étoit qualifié Seigneur de Chauvry. En 1654, Nicolas de Colignon est qualifié *Nobilissimus vir Dominus* de Chauvry et du Breuil. Joseph-Antoine de Colignon a été Seigneur de mêmes Terres et est décédé en 1722, suivant l'épitaphe rapportée ci-dessus. En ces derniers temps M. de Boitrac a été Seigneur de Chauvry. M. le Comte de la Massaye lui a succédé et l'est actuellement.

Outre les Seigneurs de Chauvry qui par leurs bienfaits ont transmis le souvenir du nom de leur terre dans les archives des Eglises, ce même nom s'est conservé encore parce que certains biens donnés à ces Eglises y sont situés. Renaud de Musavene remet le souvenir de Chauvry aux Moines du Val, parce qu'en 1189 il leur donna un bois qu'il y avoit.

MONTCEOUD ou MOUSSOU

Je ne puis justifier la maniere dont j'écris le nom de cette Paroisse qu'en produisant d'abord les différentes manieres dont il est écrit dans les titres les plus anciens qui en font mention. En langage vulgaire au XII siécle on écrivoit *Monçoot*. C'est ainsi qu'il est écrit dans un acte de 1180 qui regarde le bois de ce lieu. Dans le XIII siécle on écrivoit *Monçout, Monceot, Moncehot* et *Monceaut*. En latin dans le même siécle c'étoit *Mons Ceodi*. Ainsi ce qui paroit le plus probable est que ce lieu, situé sur une petite montagne à six lieues de Paris, a pris le nom de son Seigneur qui s'appelloit *Ceodus*, ensorte que ce seroit par une altération qui n'est pas extraordinaire dans notre langue, que de *Mon* on ait fait Mou, et de *Ceot*, sou.

Il ne paroît pas qu'il y ait deux siécles que l'Eglise de ce lieu a été rebâtie et elle est assez nouvellement voutée en pierre. S. Sulpice, Evêque de Bourges, est le premier patron, et S. Jean l'Evangéliste le second. Il n'y reste qu'une seule sépulture du XIII siécle, située devant le sanctuaire du côté du nord. C'est une tombe retrecie du côté des pieds, sur laquelle est figuré un bouclier avec le crochet qui sert à l'attacher et sur laquelle on lit en capitales gothiques : CI GIST MONSEIGNEUR HEVDE DE LA QUEUE CHEVALIERS ; on le verra ci-après qualifié Seigneur de Moncehot en 1275. Ce bouclier est armorié de trois pals lozangés.

Dans l'aîle de cette Eglise qui est du côté septentrional se voit devant l'autel de la Vierge cette épitaphe : *Cy gist Noble Homme Anthoine de Bussy dit Piquet Escuyer Sr de Gournay en France, en son vivant Maistre d'Hostel de Mons. le Légat d'Amboise.* Il y est représenté vêtu de ces anciens habits ressemblant à une dalmatique, et sur ses épaules se voyent des billetes rangées par quatre, trois, deux et un.

Le nom de sa femme n'a pu être lu.

Au même endroit se voit celle de Nicolas de la Grange-Cornuau, Auditeur en la Chambre des Comptes de Paris, décédé le 21 Septembre 1692. L'Eglise de Moussou a été dédiée en 1543 par Charles Boucher, Evêque de Megare, suivant la permission à lui accordée par Jean des Ursins, Vicaire-Général, à la Requête du Curé et Marguilliers le 23 Août. *Reg. Ep. Paris.*

Le devant de cette Eglise est décoré d'une très-belle croix ; la Cure est à la pleine et pure collation de l'Ordinaire. C'est sur quoi les Pouillés ne varient point. Celui du XIII siécle l'appelle Monceot. Celui de 1626 *Moussetum* et en françois Moussat. Du Breul a mis dans son catalogue latin *de Monsoto*.

Les anciens Registres de l'Evêché nous apprennent que les Seigneurs de ce lieu avoient fondé dans leur château une Chapelle du titre de S. Eustache dont ils s'étoient réservé la présentation, et dont le titulaire ne devoit pas être installé par l'Archidiacre. On en a une présentation du 3 Avril 1469 et des collations du 22 Avril 1478, du 7 Décembre et 12 Février 1523, et du 14 Décembre 1534.

Dans le denombrement de l'Election de Paris de l'an 1709, ce village écrit Montsoubs est dit composé de 129 feux ; le dernier denombrement n'en compte que 82. Ce n'est point un pays de vignes. On y travaille en soye. *Ibid.*

Un des plus anciens Seigneurs, au moins d'une partie du territoire de Montceoud, est Burchard de Montmorency qui fit en 1180 un échange de son bois de *Montçoot*, ainsi qu'il l'écrit, avec les Religieux de Grammont, demeurant au Menel à demie lieue de Montceoud. Il paroit ensuite en 1231 un Hervé de Monçout, Chevalier, comme plege et garant d'un autre Burchard, Sire de Montmorency. En 1233, Odon de la Queue, Seigneur de Montceout, choisit sa sépulture à l'Abbaye du Val et y fit du bien du consentement d'Isabeau, sa femme. Suivit en 1233 un Raoul *de* *Hist. de Montm. Preuves p. 96.* *Ibid., p. 96.* *Tabul. Vallis.*

Monte-Ceodi, Chevalier, qui vend à Gui de Bailleil, Écuyer, une portion de terre. Après lui *Odo de Cauda* est qualifié Seigneur de Moncehot dans un titre de 1275. J'ai rapporté ci-dessus la teneur de son épitaphe. Il vivoit encore en 1279. Sa femme étoit une Agnès. C'est celui qui fut inhumé à Montceoud. Matthieu de Montmorency se disoit Seigneur de Monsoult en 1350, et reçut des denombremens en 1366 et 1367.

<small>Portef. Gaign. fol. 26 et 32.</small>

<small>Hist. de Montm. Preuves p. 369.</small>

Quelques-uns de ceux qui ont été Seigneurs de Montceoud au moins en partie dans le siécle suivant, sont connus d'ailleurs. Jean Postel qui avoit la Seigneurie d'Ormoye proche Corbeil, se disoit Seigneur de Montceoud sous Louis XI. Il mourut en 1469. Il y a apparence qu'il fut fondateur de la Chapelle de S. Eustache du château. En 1523, Magdelene Sanguin étoit Dame de Mouceould et de Maffliers, comme veuve de Claude de la Fayette. En 1534, leur fils Claude de la Fayette jouissoit de cette terre sous la tutelle de Jean Sanguin, Seigneur d'Angervilliers, Maître des Requêtes.

<small>Reg. Ep. Par.</small>

<small>P. Anselme. Hist. des Gr. Offic. T. II, p. 107.</small>

En 1540 et 1550, cette Seigneurie étoit possedée par François Pajot reçu Conseiller en Parlement en 1549, puis Ambassadeur en Suisse.

On ne trouve point le Seigneur de Mouceould dans le Procès verbal de la Coûtume de Paris de l'an 1580. Les archives de l'Abbaye du Val qualifient de Seigneur de Mouceoud en 1656 François du Bois, Maître d'Hôtel ordinaire du Roi.

Les Seigneurs actuels dans Mouceoud sont M. Camus de Pont-carré, Seigneur en partie du fief de la Pierre-Marguerite et du grand Gournai, étant aux droits de M. de Rebours ou Arbours et M. Berenger, Seigneur du Pied-de-Fer à la place de M. de la Salle. M. le Prince du Condé est Haut Justicier.

Mouceoud qui est la derniere Paroisse du Diocése de Paris, de ce côté-là, confine avec Mafflée qui est du Diocése de Beauvais. De Fer, marquant les limites dans sa carte du Diocése de Paris, a renfermé dans celui de Beauvais un lieu dit la Tuillerie qui est de la Paroisse de Mouceoud. On m'a assuré que c'est le chemin de Villiers-Adam qui fait la séparation des deux Diocéses; ensorte que les dernieres maisons de la longue rue de Mouceoud à main droite tirans vers le couchant, sont du Diocése de Beauvais, étant sur la Paroisse de Mafflée et sur la Justice de M. de Pontcarré, Premier Président de Rouen.

Nonobstant cela le Prieuré des Bons Hommes du Menel qui avoit été adjugé au Diocése de Beauvais dans le XIII siécle, se trouve avoir été reputé quelquefois de celui de Paris dans l'avant-dernier siécle, puisque la Duchesse de Montmorency présenta en 1582 Jean Ardier, Augustin de Paris, pour desservir ce Prieuré,

et que l'Evêque de Paris donna le Visa le 28 Janvier. D'autre part *Reg. Ep. Par.*
le château de Mafflée a aussi été réputé au moins en partie de la
Paroisse de Mouceoud suivant l'exposé du Président Boulanger
du 16 Septembre 1697 à M. le Cardinal de Noailles pour y avoir *Ibid.*
une Chapelle domestique.

BAILLAY ou BAILLET

ANCIENNEMENT BAILLEIL

L'auteur de la description de la Haute Normandie croit (T. I, page 368), que tous ces noms : Bailly, Bailleul et semblables noms de lieu viennent du Celtique *Bali* qui signifie une avenue d'arbres : ensorte que selon lui *Baliolum* doit être regardé comme un diminutif et signifie une petite avenue. Hilduin, Abbé de Saint Denis, faisant en 832 le partage des biens de ce Monastere avec ses *Diplomat.* Religieux leur donna pour servir à leurs vêtemens et à leur chaus- p. 520 et 537. sure plusieurs terres en entier, entre autres Franconville, Mafflée, Mosselles, Belloy ; et quant au lieu dit *Baliolum* dans le titre, il ne leur en assigna que la moitié, peut-être parce que l'Abbaye n'y possedoit que cela. Peu de temps après, cette portion de terre revint à l'Abbé avec d'autres par échange pour la terre de Nogent-sur-Seine. Or il est constant par des titres des siécles suivans, que par ce *Baliolum* il faut entendre le village dont il s'agit ici, que quantité d'actes du XIII siécle déterminent sous le nom de *Baliollum*, comme voisin de Mouceoud, de Fayel.

Le Pouillé de Paris du commencement du même siécle en designe l'Eglise sous le même nom latin ; et un titre de l'an 1280 l'appelle en françois *la Paroisse de Balluel*. C'est par altération que des Pouillés modernes l'ont appellée *Cura de Bailleto*.

Ce lieu est un pays de bons labourages. Il n'y a cependant que 20 feux taillables. Le denombrement de l'Election de Paris n'est pas juste lorsqu'il en marque 66. Le Dictionnaire universel de la France assure qu'il y a 103 habitans. Sa distance de Paris est d'environ six lieues.

L'Eglise de Bailleil est dédiée sous le titre de S. Martin. On en solemnisoit autrefois la Dédicace le 14 Septembre qui étoit le *Reg. Ep. Par.* jour qu'elle avoit été faite par Gui, Evêque de Megare ou de Magarence, l'an 1529, du temps qu'Etienne Farcilly en étoit Curé ; mais on la remet à présent au Dimanche d'après.

C'est un bâtiment tout neuf ou très-proprement renouvellé,

excepté la tour qui peut avoir 200 ans d'antiquité, et qui ne montre pas beaucoup de solidité. En reblanchissant l'Eglise on a conservé une des peintures à frésque qui furent peintes sur le mur, et qui représentoient les douze Apôtres dans le temps de la Dédicace selon l'ancien usage. Les épitaphes qui se lisent dans cette Eglise sont dignes d'attention. A un pilier du chœur est celle-ci :

Cy gist haut et puissant Seigneur Messire Charles d'O [1]*, descendu en premiere origine de la maison de Bretagne, en son vivant Chevalier de l'Ordre du Roy, Gentilhomme de la Chambre et Capitaine de cinquante hommes de ses Ordonnances, Seigneur chastelain des Chastellenies, Terres et Seigneuries de Franconville-au-Bois, Baillet en France, Bazemont, Avennes, Moliens, Villers, la Muette de Fresne, Loconville, Thibivilliers, Montmorin, Lailleraut, Vecquemont et de Mezelan en partie, fils de très-haut et puissant Seigneur Messire Jacques d'O, qui fut tué en la bataille de Pavie, en son vivant Chevalier de l'Ordre du Roy, Gentilhomme ordinaire de sa Chambre, et Enseigne de cent Gentilhommes de sa Maison ; et de haute et puissante Dame Louise de Villiers-l'Isle-Adam. Lequel Messire Charles d'O trépassa en sa maison de la Muette de Fresne le 7 May 1584 âgé de 65 ans.*

Et haute et puissante Dame Magdelene de l'Ospital-Vitry, Dame de Galetas, descendue en premiere origine des Ducs de Milan et de Naples, en son vivant femme dudit Messire Charles d'O ; laquelle trépassa en ce lieu de Baillet le 22 May 1597 âgée de 73 ans.

Ils sont tous les deux figurés sur une tombe.

Au sanctuaire est une représentation en pierre d'un Chevalier à genoux avec sa femme sur deux pilastres d'ordre Corinthien. L'inscription marque que c'est *Jacques d'O Chevalier, Gentilhomme ordinaire de la Chambre du Roy, Seigneur de Baillet, Franconville, Martin Ravenel et Vienne sous l'Eglantier ; et Dame Anne Lullier son Epouse ; lequel a fondé audit Franconville le premier Couvent de la Reforme du Tiers-Ordre de S. François.* Il mourut le 3 Janvier 1613 âgé de 56 ans, et elle le 30 Avril 1628 âgée de 64 ans. Au bas se lit en latin que c'est Jacques d'O, Marquis de Franconville, Seigneur de Baillet, qui a fait ériger ce monument en 1644.

La Cure de ce lieu a toujours été à la pleine collation de l'Evêque Diocésain. Aucun des Pouillés n'a varié sur ce point. Guillaume de Saint Patus et Adam de Bougival, Chevaliers, disputerent dès le commencement du regne de S. Louis au Curé de Bailleil

Tab. de Valle B. M.

---

[1]. Ce nom singulier, composé d'une seule lettre, vient d'un village du Diocése de Seez en Normandie entre Seez et Argentan.

la dixme de quelques Novales : mais il y eut en 1226 une Sentence de Barthelemi, Evêque de Paris, qui adjugea cette dixme au Curé. Ceci est tiré d'un titre de l'Abbaye du Val, où pareillement l'on doit trouver un abandon fait en 1251 par Robert de Courtenay, Doyen de l'Eglise de Chartres, et par Jean son frere, Chanoine de la même Eglise, d'une moitié de toute la dixme de Bailleil que ces deux Ecclésiastiques avoient donnée en fief aux deux Chevaliers susdits. On y voit aussi un traité fait en 1462 sur les dixmes par Louis le Gay, Curé de Bailleil. Portef. de Gaign. p. 311.

Les archives de l'Abbaye du Val nous apprennent que dès le XII siécle un Simon du Bois, Clerc de S. Jacques, à Paris, lui avoit donné le tiers d'une dixme qu'il avoit à Bailleil, témoin Maurice, Evêque de Paris en 1195, avec deux Prevôts de Paris nommés Jean Morel et Guillaume Escuencol, et du consentement de Gaucher de Chatillon dont cette dixme étoit mouvante, que de plus le même Gaucher, Connnétable de S. Paul, donna en 1206 à ce Couvent *foraginem decimæ de Bailhol*. On ne voit point dans le Glossaire ce qu'on doit entendre par *foraginem*.

Quant aux Seigneurs Chevaliers de Baillel, le premier que j'aie trouvé s'appelloit *Varnerus de Baillolio;* il est connu pour avoir aussi donné en 1213 à l'Abbaye du Val un bois, du consentement de Cornelie, sa femme. En 1285, Gui *de Bailliolo* est mentionné dans les titres de l'Abbaye du Val. On trouve aussi vers ce temps-là deux Seigneurs nommés Hugues et Guy. Tabul. Vallis.

Ibid.

On a vu ci-dessus à l'occasion des dixmes de ce lieu, que cette terre a été durant le XIII siécle en bonne partie dans la maison de Courtenay et possédée par des Ecclesiastiques distingués qui ont été dans ce temps-là Archevêques de Reims. En cette qualité Robert de Courtenay accorda aux Moines du Val, l'an 1299, la main-morte du bien qu'ils y avoient. Jean de Courtenay en avoit aussi été Seigneur, et en 1275 Guillaume de Courtenay dont la qualité n'est pas spécifiée. Ibid.

Dans les deux siécles suivans cette Seigneurie fut entre les mains des sieurs le Baveux. Hutin le Baveux, fils de Gui le Baveux, Chevalier, en étoit Seigneur sous le regne de Charles V. Il étoit Chambellan du Duc de Bourgogne, auquel il fit hommage de cette terre et de quelques autres le 15 Mai 1379, à cause de sa Comté de Clermont. En 1446 Jeanne la Baveuse étoit Dame de Bailleil. Son fils Robert d'O rendit hommage pour elle à Charles, Duc de Bourgogne et d'Auvergne, dont il étoit Chambellan. Jean d'O, Chambellan du Roi Charles VIII en 1486, fut aussi Seigneur de Bailliel par succession de Jeanne le Baveux, son ayeule, et il en fit hommage à Pierre, Comte de Clermont, en 1484. Il est mentionné dans les titres de l'Abbaye du Val aux années 1487 et 1492.

Messieurs d'O eurent cette terre durant tout le siécle suivant, ainsi qu'il paroît par ce qui en est dit ci-dessus, ensorte que Louise de Boutillat, veuve de Charles d'O, en afferma encore des dixmes en 1643.

Nicolas du Bois, Secrétaire du Roi, avoit cette Seigneurie en 1649, suivant un rolle de taxes de cette année-là. Sa veuve tran-

Tabul. Vallis. sigea en 1656 avec les Feuillans au sujet de leur revenu. Jean du Bois, son fils, étoit Seigneur en 1661.

On m'a dit dans le lieu en 1738 que M. le Duc de Lauraguais avoit hérité de Messieurs d'O les deux tiers de cette terre, et que M. Daguesseau de Valjouan jouissoit de l'autre tiers. C'est maintenant M. Pelletier de la Houssaye qui est co-Seigneur de Baillay avec M. le Duc de Lauraguais.

Notit. Galliar., M. de Valois parlant de Bailleil dit qu'une partie de cette
p. 410. Paroisse est appellée Fayet, nom qui lui vient des hêtres (autrefois appellés Fays) qui y étoient plantés. Après quoi ce sçavant ajoute un passage du Concile de Soissons de l'an 862 touchant un lieu nommé Fay, *Fagidum*. Mais il ne faut pas s'y laisser tromper, attendu que ce *Fagidum* de la charte du Concile regarde un Fay du pays Vexin, ainsi que cela seroit évident aux lecteurs de M. de Valois s'il n'avoit pas tronqué le texte. M. Lancelot, autre sçavant qui a laissé quelques remarques critiques non imprimées sur la Notice d'Hadrien de Valois, refute la premiere partie de son observation touchant Fayet, disant qu'il n'y a point de lieu de ce nom-là dans tout le Diocése de Paris, et il lui passe son erreur sur le *Fagidum* du Concile de Soissons. Mais M. Lancelot s'est trompé à son tour, en croyant que Fayet ou Fayel est un nom inconnu dans tout le Diocése de Paris.

L'Abbaye de Saint Martin de Pontoise avoit dans ce lieu de
Tabul. Vallis. Fayel un bien que Guillaume, son Abbé, échangea en 1233 contre d'autre bien de l'Abbaye du Val.

En 1237 trois Chevaliers, appellés Gui de Sengy, Jean Hellequin et Jean de Chauvery, y avoient une censive.

En 1248 Adam de Bougival donna à la même Abbaye du Val ce qu'il avoit dans la dixme de Fayel. En 1259 il y avoit un différend entre cette Abbaye et un nommé Manassé, Ecuyer, au sujet de la Haute-Justice de ce lieu, *pro pilario*, ce qui fut reglé par un arbitre. On lit encore qu'en l'an 1280, Simon de Chauvery, Ecuyer, vendit à ces mêmes Religieux des prez situés en la Paroisse de *Balluel* mouvans de la censive de Fayel. Ainsi l'existence de Fayel est très certaine. Les Feuillans de Paris qui ont succédé aux Moines du Val, sont dits Seigneurs de ce Fayel, et ils y ont une très-belle ferme. En 1628, le 1er Juillet, l'Archevêque de Paris permit à Claude Ménager, ci-devant

Greffier des finances. de faire célébrer en l'Oratoire de sa maison de Fayel.

L'Abbaye de Malnoue du Diocése de Paris avoit des dixmes à Bailleil sous le regne de Charles VII en 1453. *Tabul. Vallis.*

BOUFÉMONT

ET

LE PRIEURÉ DU BOIS-SAINT PERE

La Paroisse de Boufémont est à cinq lieues et demie de Paris sur le revers d'une des montagnes de la forêt de Montmorency. Il y a apparence que ce lieu tire son nom des particuliers qui y faisoient leur demeure. Il y avoit constamment des Bouffé sous les regnes de Louis VII et de Philippe-Auguste. Drogo *Buffatus* vivoit en 1150, et vers 1170 il est appellé Drogo Buffé. *Ibid.*

En 1174, Gautier Bufé fit remise à l'Abbaye de Saint Victor de Paris des droits de Gruerie qu'il auroit pû exiger sur des bois donnés à cette maison et qui étoient situés vers Boufémont. Odon Bufé est pareillement nommé dans un acte rédigé vers l'an 1185. Je ne dis pas que ce soient ces Bufé qui ayent donné leur nom à cette terre, puisqu'alors elle étoit sortie de leur famille. mais leurs ancêtres qui avoient vécu dans les siécles précédens. *Hist. de Montm. Preuves p. 55.*

L'Eglise Paroissiale est sous le titre de Saint Georges : elle a été rebâtie assez nouvellement. La Cure est à la pleine collation de l'Evêque Diocésain, suivant tous les Pouillés Parisiens, même celui du XIII siécle où elle est appellée *Cura de Bofesmunt*. Le cimetiere de ce lieu avoit été au haut de la montagne dans la forêt de Montmorency : l'Archevêque de Paris permit le 2 Décembre 1727 de le rapprocher et de le mettre dans un pré voisin du village. *Reg. Archiep.*

Selon le denombrement de l'élection de Paris, ce village avoit en 1709 cinquante-cinq feux. Le Dictionnaire universel de la France y marque 214 habitans. On assure que ce nombre est diminué. Comme le terrain est froid à cause qu'il regarde le septentrion, il y a peu de vignes : on y voit des labourages et des vergers et bocages. Les femmes, comme en plusieurs villages de ces quartiers, y travaillent à la dentelle.

Un Seigneur de cette Paroisse. appellé Hugues Tirol ou Tirel. en donna la Seigneurie au Prieuré de Saint Martin des Champs de Paris. ce qui fut confirmé par Etienne de Senlis. Evêque

<small>Gall. Chr.
T. VII, col. 63.</small>
Diocésain, l'an 1137. C'est pourquoi, lorsqu'on trouve un Lambert de Boffesmunt comme témoin, à l'an 1148, dans un acte de Matthieu de Montmorency, il ne faut le prendre pour un Seigneur de ce lieu. C'est le Prieur Commendataire de Saint Martin qui en est Seigneur. M. de Lionne, qui en a été Prieur depuis 1665 jusqu'en 1718, a donné cette terre à bail emphytéotique. Un M. Rigault en a joui ; ensuite sa veuve qui a épousé M. Parent, qu'on a qualifié de Seigneur. Elle avoit eu de son premier mariage deux filles qui ont hérité de cette Seigneurie.

<small>Portef. Gaign.
p. 133.</small>
Un titre de l'Abbaye du Val de l'an 1241 fait mention d'un canton de la Paroisse de Boufémont, appellé Remolée. Bois-Saint Pierre est aussi sur la même Paroisse.

Dans une affiche de l'an 1753, ce lieu est dit avoir haute, moyenne et basse Justice, relevante du Roi, et l'on marquoit que le revenu est [de] 4600 livres.

BOIS-SAINT PERE ou S. PIERRE,

PRIEURÉ

A une demie lieue ou environ de l'Eglise de Boufémont est celle du Bois-Saint Pierre, sur laquelle je m'étendrai davantage, d'autant que la matiere est assez abondante. Elle est située dans un fond très-solitaire et tout entourée de bois. Cette Eglise, réduite à une Chapelle avec le logis d'un fermier, représente les restes d'une Communauté que l'Abbaye de Saint Victor de Paris avoit autrefois en ce lieu. Cette Chapelle est rebâtie depuis cent ans, et n'a rien, par conséquent, d'ancien ; elle est un peu sur le côteau pour éviter l'incommodité des eaux qui sont dans le bas durant une grande partie de l'année. A l'autel est représentée <small>Ecclesia B. Mariæ de nemore S. Petri. Titre de 1197.</small> la Sainte Vierge, premiere Patrone, avec Sainte Radegonde et la Véronique. Aux vitrages est peint Saint Pierre avec les armes de Montmorency, et Saint Victor, Martyr. Le peuple appelle cette Chapelle plus communément du nom de Sainte Radegonde, et y va en pélérinage pour invoquer cette Sainte Reine. Auprès de la ferme du Prieur est une fontaine, suivant l'ordinaire des lieux de dévotion où il y a concours. Mais comme c'est M. le Duc qui l'a fait faire, on la tient fermée. Ce Prince a aussi fait construire un lieu de station et de rafraichissement au haut de la montagne sur le chemin qui conduit à Boufémont. Ensorte que le château de la Chasse qui est tout voisin, lequel avoit tiré son nom d'un semblable usage lorsque les Seigneurs de Montmorency y chassoient, reste abandonné et désert, n'y subsistant plus que des mazures d'une ronde tour découverte.

On ne voit pas bien pourquoi ce lieu s'appelloit *Nemus Sancti Petri* lorsque Matthieu de Montmorency, premier du nom, le donna à l'Abbaye de Saint Victor, à condition qu'on y célebreroit l'Office divin tous les jours. Burchard, son fils, nous apprend dans une lettre qu'il écrivit à Ernise, Abbé de ce Monastere, entre les années 1161 et 1165, que les Religieux avoient dès-lors quitté ce lieu, et qu'en le quittant, ils avoient emporté le calice et les vêtemens sacerdotaux. Il le prie d'y renvoyer le tout avec Radulfe, qui lui avoit été et à son frere, d'une grande utilité pendant leur maladie. En effet, les Seigneurs de Montmorency avoient un Hôtel en ce lieu. On a un acte de Bouchard, de l'an 1185, qui finit par cette date : *Actum publicè apud Nemus Sancti Petri.* Comme ces Seigneurs étoient non-seulement fondateurs de ce lieu, mais encore voisins, ils le prirent en affection, et y firent successivement beaucoup de bien. Dès l'an 1189 Bouchard y fit une donation : mais comme c'étoit des biens qu'il avoit usurpé sur l'Abbaye de Saint Denis, il chargea à la fin de sa vie Hervé, Doyen de Paris, son frere, de les restituer, et de donner en place aux Chanoines du Bois-Saint Pierre, cinq sols à prendre annuellement sur la cense de Sarcelles. Matthieu de Montmorency, son fils, deuxième du nom, fut plus liberal en 1197, et donna vingt sols à lever sur la même cense. En 1211 il donna huit livres de rente à prendre sur son revenu de Saint Marcel à Saint Denis. Le même leur fit présent en 1214 de toute la piece de bois située devant la porte de son Hôtel entre les deux chemins, et qui commençoit à la croix de pierre placée *in bivio de Buffemunt,* jusqu'à leur propre bois appellé l'Aleu, à condition qu'ils ne l'essarteroient point, et qu'ils ne couperoient point de pommiers, poiriers ni nefliers (*mespilus*). Il déclara que cette concession étoit pour l'aumône que Dame Richolde de Grolay leur avoit faite, et aussi en partie pour les dédommager de l'usage qu'ils reclamoient dans la forêt de Saint Pierre. En son particulier il légua par son testament vers l'an 1230 vingt arpens de bois. Enfin Bouchard son fils leur donna aussi par le sien de l'an 1237, un muid de bled de rente annuelle à percevoir sur le moulin d'Espaillart : c'est peut-être le même muid de bled que celui qui avoit été assigné par les Montmorency sur leur grange d'Ecouen.

Richolde dont on vient de parler, étoit femme de Gui de Grolay, et sœur de Matthieu de Montmorency. Elle avoit transporté en 1174 à l'Abbaye de Saint Victor, par la médiation de S. Pierre, Archevêque de Tarentaise, tout ce que ses ancêtres avoient donné à l'Eglise du Bois-Saint Pere; et de plus, se joignant à Matthieu de Roissy, elle avoit encore fait don à Saint

Epist. Historicæ Duchesne, T. IV, p. 765.

Hist. de Montm. Preuves p. 60.

Ibid., p. 62.

Ibid., p. 71.

Ibid., p. 86.

Ibid., p. 98.

Tab. S. Vict. ad 1273 et 1278.

Ibid., p. 55.

Victor de dix arpens de bois situés entre deux ruisseaux, et l'usage de ces deux mêmes ruisseaux : à l'occasion de quoi Pierre Laiguillon et Gautier Bufé remirent leur droit de gruerie. Un bienfacteur de cette maison qui paroît moins lié à la famille des Montmorency fut Hugues de Bailleil, lequel, de l'aveu d'Etienne, Chevalier de Tour, dit depuis *Saint Prix,* son frere, le gratifia en 1209 d'une redevance de deux sextiers de bled, sur ses moulins situés proche Mestigier.

Tab. S. Vict. p. 78.

Je laisse à ceux qui composeront l'Histoire de l'Abbaye de Saint Victor, à publier la liste des Prieurs de cette maison. Je n'en ai pu connoître que deux, sçavoir : Robert qui l'étoit en 1189, et Ericius en 1193. Du Breul m'a aussi indiqué Jean Simonis, décédé en 1541. Ce que j'ai lu dans le Nécrologe de Saint Victor au 20 Avril, m'a appris qu'outre les Chanoines Reguliers qui étoient au Bois-Saint Pere, il y avoit aussi une petite Communauté de Sœurs : *XII Calendas Maii... Commemoratio Sororum de Nemore.* On marqua au 12 Juillet 1564 dans les Registres de l'Evêché de Paris, qu'alors Nicolas Baudoin, Prieur du Bois-Saint Pere, fit échange d'une mazure et jardin sis à Margency, avec Claude Patrouillart, Marchand à Paris.

Ibid. p. 62 et 70.
Antiq. de Paris, p. 1006.

J'ai vu dans un Recueil de Factums imprimés un Mémoire intitulé : « Pour l'Abbaye de Saint Victor, prenant fait pour
« Etienne Favieres, Prêtre Profez, en ladite Abbaye, commis
« à l'administration du Prieuré de Bois-Saint Pere, et pour
« M. l'Evêque d'Orleans, Abbé; contre Jean Guillot, Chanoine
« Régulier, Profez du Mont-aux-Malades, Diocèse de Rouen,
« prétendant droit audit Prieuré, vers l'an 1678. »

Ce Prieuré est reduit depuis long-temps à un seul Chanoine Régulier de Saint Victor, lequel, à cause du danger qu'il couroit dans la solitude du vallon où est la Chapelle, fait sa demeure à Saint Prix, où il a une belle maison.

DOMONT

Le nom de cette Paroisse éloignée de Paris de cinq lieues se trouve écrit anciennement de bien différentes manieres. Dans les titres du XII siécle il y a *Ecclesia de Dootmonte,* quelquefois en françois *Doomunt* et *Doomont* aussi-bien que *Dosmont,* et d'autres fois *de Dolomonte,* et encore *de Dohumonte,* et que dans ceux du XIII siécle on trouve aussi *Domuntum* et *Doomont.* Après tant de variantes il est assez surprenant que M. de Valois, qui en connoissoit une partie, se soit contenté de marquer qu'on dit Dômont, parce qu'il est situé au revers de la montagne de Montmorency, qui forme une espece de dos : *propterea quod in dorso montis quod* dos *vulgo vocamus est constitutum.* On peut lui contester l'étymologie latine qu'il donne et lui en donner une teutonique de *Dal* et de *Mund*, qui feroit *Vexillum defensoris*[1]; ensorte que ce seroit le lieu où les anciens Seigneurs de la montagne de Montmorency auroient élevé du côté du nord l'étendard qui marquoit leur attention à défendre la vallée des incursions des ennemis.

Notit. Gall. p. 416.

On ne peut douter que ce village ne soit très-ancien, puisque dès le commencement du XII siécle il y avoit un peuple et une Eglise. L'Eglise, du titre de Notre-Dame, fut donnée au Prieuré de S. Martin des Champs du temps du Prieur Thibaud premier du nom, c'est-à-dire vers l'an 1108, par Radulfe le Bel et Lisvia, sa femme, et les Religieux y établirent un Prieuré. Cette Eglise ne manqua pas d'être mise dans le catalogue des biens dont les Papes donnerent la confirmation aux Prieurs subséquens. Dans la Bulle de Calixte II de l'an 1119, on lit : *Ecclesiam de Dootmonte cum appenditis suis.* De même dans celle d'Innocent II de l'an 1142 et dans celle d'Eugene III de l'an 1147. Les lettres de Thibaud, Evêque de Paris, qui sont de quelques années après, expliquent ces appendices, et mettent : *Ecclesiam de Doomont cum atrio et Decima ; Decimam vini totam et dimidiam leguminis.* Henri de Jaigny, Chevalier, ayant acquis de Matthieu de Roissy, aussi Chevalier, quelques arpens de terre sur le territoire de Dômont, les donna librement aux Religieux du lieu ; ce que Burchard de Montmorency ratifia, parce que c'étoit dans son fief. L'acte est de l'an 1134. Un autre Burchard, fils du précédent, leur donna, vers l'an 1190, deux muids de vin à prendre annuellement dans ses pressoirs de Montmorency ; il approuva comme suzerain ce que le Seigneur Adam leur avoit donné, à sçavoir six muids de grains à percevoir dans sa grange de Dosmunt, la rente des deniers que les gens de Dosmunt avoient coûtume de payer à l'Assomption ; le bois de Champ-Mainard qu'il leur avoit cédé en échange de celui qu'on appelloit Remmolu, aussi-bien qu'un étang que Jean, fils de cet Adam, leur avoit donné du consentement de sa mere Idonea. Adam de Villers, autre fils du même Adam, voulant faire prier Dieu pour la même Idonea et pour son mari, leur fit un legs de six sols ; ce que confirma Matthieu de Montmorency en 1214. Ce fut dans ce même siécle que Jean de Villers fonda par son testament une Chapellenie dans le Prieuré, voulant qu'un Moine du lieu célébrât tous les jours la Messe à son intention à l'autel de S. Jacques. Les biens qu'il destina pour

Preuves de Montmor. p. 38.

Hist. S. Mart. à Campis.

Preuves de Montmor. p. 97.

Ibid., p 60.

Ibid., p. 80.

---

1. Ou peut-être : *l'entrée de la vallée (dal Mund)*. — (Note de l'Éditeur.)

cette fondation produisoient quarante livres de revenu. Jean de Villers, Seigneur de Doomont, Ecuyer, reconnoît cette disposition en 1266.

<small>Hist. de Montm. Preuv. p. 114.</small>

Ces monumens nous apprennent le nom de quelques Seigneurs de Dômont, et combien ils étoient affectionnés pour le Prieuré bâti dans le lieu. Leur piété les porta aussi à faire quelques concessions à d'autres Monasteres voisins. Elisabeth, femme d'Adam de Doomont, donna en 1205 à l'Abbaye du Val qui en est voisine, six arpens de terre situés à Villiers-le-Sec. Adam leur donna encore en 1214 vingt sols de rente sur la censive de feu sa mere Idonea, pour faire prier Dieu pour elle et son mari. Le même Adam de Doomont, Chevalier, donna en 1241 à cette maison des terres situées dans un canton de Bofémont, appellé Reemolée. En 1275, Jean de Villers, Sire de Doomont, et Perrenelle de Chaumont, sa femme, confirmerent encore à ces mêmes Religieux un bien assis à Ezenville, dont Adam, autrefois Sire d'Ezenville, leur avoit fait présent. Je ne doute point que l'un ou l'autre de ces Adam surnommés de Villers ou de Domont, n'eût aussi fait part de ses biens au Prieuré du Bois-Saint Pere, puisque dans le Nécrologe de Saint Victor dont ce Prieuré est un membre, on lit au 2 Décembre : *Obiit Adam Miles de Doemont Frater noster*. Cette confraternité suppose un don considérable de sa part. Au moins il est constant que les Bons-Hommes du Menel qui sont à l'extrémité du Diocèse de Beauvais du côté de Paris, eurent de Jean de Villers-le-Bel un demi muid de bled à lever annuellement sur sa grange de Domont, et qu'Adam son frere ratifia cette donation. C'est Matthieu de Montmorency qui nous l'apprend par sa charte de l'an 1206.

<small>Tab. Vallis. Portef. Gaign. p. 156.</small>
<small>Hist. de Montm. Preuv. p. 80.</small>
<small>Ibid., p. 133.</small>

<small>Ibid., p. 77.</small>

Dans l'Histoire des grands Officiers de la Couronne est fait mention de Philippe de Daumont (l'auteur écrit toujours ainsi ce nom de lieu, ce qui fait voir qu'il ne goûte point l'étymologie hazardée par Hadrien de Valois). Il le dit aussi Seigneur de Villers-le-Bel. Il ajoute qu'il mourut en 1204, et que sa tombe est à Domont, dans le chœur, près la chaire du Prieur. Adam, Seigneur de Domont et Villiers-le-Bel, fit, selon lui, une fondation au Prieuré en 1218. Il continua en disant qu'Adam, Seigneur de Villiers, mort en 1339, fut inhumé sous les cloches du Prieuré de Domont, et que Jeanne de Beauvais, Dame de Macy, femme de Pierre, Seigneur de Villers, fut inhumée à Domont, à côté du chœur. Si les tombes de cette Eglise avoient été mieux conservées, on pourroit s'assurer davantage de tous ces faits. J'ai appris par un acte de l'an 1319, qu'en cette année Jean de Villers étoit Sire de Domont ; cet acte est le consentement qu'il donne à ce qu'un particulier tienne de lui un fief à Versailles.

<small>Tab. Ep. Paris.</small>

L'Eglise Priorale de Domont est titrée de Notre-Dame, et il y a un autel dans la croisée du côté du septentrion qui sert pour la Paroisse et qui est sous l'invocation de Ste Marie Magdelene. Le chœur et la croisée demontrent une structure du XII au XIII siécle. On peut tourner derriere le sanctuaire au-dessus duquel on voit un reste de galeries murées. La tour qui est du côté de l'autel paroissial paroît avoir été bâtie au XIII siécle. Au grand portail est en relief une figure de l'entrée de J. C. en Jerusalem, si grossiere que je la crois du XII siécle. Le portail septentrional n'est que de l'an 1574. Les vitrages de la nef sont du temps de François I. Le bâtiment du Prieuré est au midi de l'Eglise, et la maison Seigneuriale est de l'autre côté à l'angle du même portail.

La plus ancienne des inscriptions de cette Eglise est sur une tombe placée dans le chœur entre l'aigle et le banc des choristes. Cette tombe est retrecie du côté des pieds et représente une femme couronnée ayant une robe vairée et une bourse pendante à son côté : les lettres de l'épitaphe sont capitales gothiques. Le tout démontre le XIII siécle ; mais ce qu'on y peut lire se reduit à ce peu de mots : ALIENOR LA FAME......... VILERS. PRIEZ PR LAME.

Les anciens Seigneurs de Villers du XIV siécle ont leur sépulture dans la Chapelle du fond de l'Eglise et dans l'aîle du chœur ou du sanctuaire. Dans la Chapelle du fond dite de Saint Jean sont trois tombes l'une à côté de l'autre, desquelles l'inscription est en petit gothique : sur la premiere à droite on ne peut lire que ceci : *Noble Homme Ancel de Villiers, Chevalier d'Esenville qui trespassa l'an mille....... le Vendredi devant Noël. Priez Dieu qu'il ait l'ame de luy*. Il est représenté armé ; et sur son bouclier est figurée une main de laquelle pend un manipule : c'étoient ses armoiries.

Sur la seconde on lit : *Icy gist Noble Jehan de Villiers, Chevalier qui trespassa l'an mil CCC.......... le Dimanche devant Pâques flories. Priez Dieu pour l'ame de luy*. Son bouclier est comme celui du précédent. C'est apparemment celui qui est nommé ci-dessus comme vivant en 1319.

Sur la troisiéme on ne sçauroit lire que la date qui est *M. CCC LXIX le XIV May. Priez Dieu qu'il ait l'ame de lui*. Mais comme les armes de l'écusson ou bouclier sont les mêmes, il s'agit sans doute d'un Seigneur de la même maison.

Dans le collatéral du sanctuaire est une tombe qui représente deux figures, et au-dessus de ces figures sont trois épitaphes en petit gothique dont l'une porte ce qui suit :

Cy gist Jehan de Vilers, Chevalier dit Alumelle, fils de

*M. Pierre de Vilers qui trespassa en la bataille de Guadris..........
à l'igneu du Connestable de France.*

L'autre :

« Cy gist Madame Jeanne de Bauvais fille de Jehan Pillet de
« Lutinauve, femme de Pierre de Vilers Grand Maître d'Hostel
« du Roi nostre Sire, qui trespassa l'an de grace M. CCC L VIII
« (*ou LXIII*). »

La troisiéme regarde leur fils, et elle n'est pas lisible.

Il y a encore dans le chœur une tombe un peu plus étroite aux pieds qu'à la tête et qui ne peut être que du XIII siécle. Quoiqu'elle soit sans inscription, comme c'est un Chevalier qui y est figuré avec un bouclier qui le couvre presque entierement, et que les armoiries sont la main et le manipule des armes des Villers, il est indubitable que c'est la tombe de Pierre de Villers qui avoit épousé Alienor dont j'ai rapporté l'inscription la premiere.

Le chœur de cette Eglise est dans la croisée qui est voûtée ainsi que le sanctuaire. Dans la Chapelle méridionale à côté de ce chœur on voit la figure d'un Chevalier sur une tombe, accompagnée de cette inscription gothique : *Cy gist Noble Homme Arthus de Champluysant Escuyer, en son vivant Seigneur de Magnynes et de Recourt, qui trespassa le XXIX jour de May M. V. C. cinquante. Priez Dieu pour son ame.* Ses armes sont une croix chargée de cinq étoiles et écartelées de Villers à la main chargée de manipule.

Au pied du grand autel de cette Eglise est une belle tombe quarrée qui a peut-être été transportée de la Chapelle de la croisée. Il est gravé sur cette pierre : *Cy gist Noble Homme Antoine de Champluysant en son vivant Escuyer Seigneur de Domont, Magnine et Mousoult, Montigny-sur-Vigenne, Renemifontaine et de Messieres-sur-Amauce en Bassigny, et l'un des cent Gentilshommes de la Maison du Roy qui trespassa le 19 d'Aoust l'an MVc LVII, Priez Dieu pour son ame.* Le défunt est représenté armé.

A côté droit proche ses jambes est figuré un homme en habit court et sans armes avec cette inscription : *Cy gist Gabriel de Champluysant fils aimé dudit défunt.* Et proche sa jambe gauche deux jeunes gens en habits courts avec cette épitaphe : *Cy gisent Loys et François de Champluysant fils dudit défunt.*

La Cure de Domont est à la nomination du Prieur de Saint Martin des Champs selon tous les Pouillés à commencer par celui du XIII siécle. On lit dans l'Histoire de ce célèbre Prieuré (page 385), que dans le Prieuré de Domont qui en dépend il doit y avoir sept Religieux en comptant le Prieur. Il y est aussi fait mention de la Chapellenie de Saint Jacques qui y fut fondée en 1266 par Jacques de Villers. On apprend par un manuscrit de l'Abbaye de Ste Geneviéve qu'en 1246 et 1270 le Prieur de Domont avoit des mazures à Vemarz sur la censive de Ste Geneviéve. En 1267, J. Prieur de Domont promit à Renaud, Evêque de Paris, de faire son anniversaire pour avoir donné cent sols au Prieuré. *Liber de Justit. S. Gen. fol. 97.*

Parmi les sépultures qui se voyent autour du chœur de Notre-Dame de Paris est celle de Germain Vialart, Prieur de Domont, Conseiller au Parlement, et trésorier de la Sainte Chapelle du Palais, mort en 1574. Ce Prieuré fut donné en 1579 à Louis Seguier. Il a été possedé de nos jours par le Pere Vidier de la Borde, de l'Oratoire, décédé en 1748. En 1726 avoit été fait un reglement entre lui et le Curé. *Reg. Archiep. Paris. 10 Dec. 1726.*

Le denombrement des Paroisses de l'Election de Paris comptoit 138 feux à Domont, et le Dictionnaire universel de la France y marque 460 habitans ou communians. Ou voit par d'anciens titres qu'il y avoit autrefois dans ce lieu plus de vignes qu'il n'y en a aujourd'hui. L'exposition du côteau sur lequel ce village est situé, regardant le septentrion, n'est pas favorable à la maturité du raisin : mais les fruits y viennent plus heureusement. Après les vergers et les bocages qu'on y voit, le reste est en terres labourées. Les femmes et filles y travaillent en dentelle. On m'a dit sur le lieu que M. de Gaillarbois, Comte de Marcouville, est aujourd'hui Seigneur de cette Paroisse, et a droit de Haute-Justice.

L'Histoire de Montmorency fait mention du fief de CEPOY assis à Domont, pour lequel Philippes d'Aulnay paya le relief en 1469 à Jean, Baron de Montmorency, comme étant situé en sa terre et Baronnie. Ce fief a droit de Haute-Justice, et appartient aujourd'hui à M. le Comte de Marcouville. De lui releve le fief de Piedefer sans Justice, lequel appartient à M. le Marquis de la Salle. *Hist. de Montm. Preuv. p. 336.*

MANINE, écrit anciennement Magnines, est un hameau de la Paroisse de Domont. En 1221, Hervé de Munceod donna aux Moines du Val tout ce qu'il avoit de terre *in cultura de Magninis*. Le fief en a été réuni à Domont. *Tabul. Vallis.*

Le fief d'OMBREVAL qui n'a point de Justice y est aussi situé. Il appartenoit à feu M. Ravot d'Ombreval, Conseiller au Parlement. Le tout est nord-ouest de Domont.

LA RUE est un fief sans Justice appartenant aux sieurs Bonnet et aux Damoiselles Geoffroy. Il releve de Domont.

LA CHANCELLERIE est une partie du village de Domont, assez éloignée de l'Eglise, entre le levant et le midi. Tout ce quartier est de la censive de Cepoy.

PIGAL ou Pigalle étoit un hameau de Domont, situé au couchant et au-deià de Manines. Il n'y a plus que des mazures et des jardins.

On lit dans l'Armorial général de M. d'Hozier, Registre III, page 102, qu'il y a à Domont un fief appartenant à la maison de Braque. Paul-Benoît Braque, Gouverneur d'Auxerre, décédé en 1739, l'a possedé.

Il falloit que Domont fut au XIV siécle un lieu plus fréquenté et plus célébre qu'il n'est maintenant. On voit au trésor des chartes des lettres de Jean, fils aîné du Roi de France et Duc de Normandie, dont la date est *à la Chace-lez-Doomont en l'an* 1338 *au mois de Mars*. Les ruines du Château de la Chasse subsistent encore dans un vallon de la forêt de Montmorency à une demie lieue de Domont. J'en parle plus au long à l'article de S. Prix.

Tab. Ep. Paris. in S. Elig. J'ai trouvé dans mes recherches sur la Ville de Paris quelques preuves que l'Hôtel qu'on appelle l'Hôtel d'Aumont, situé sur la Paroisse de S. Paul, étoit nommé en 1511 l'Hôtel de Daumont.

SAINT BRICE

Il est ordinaire qu'à l'égard des Saints qui ont été honorés d'un culte public immédiatement après leur mort, de trouver plusieurs Eglises construites sous leur invocation, et même des villages et des bourgs qui portent leur nom. Saint Martin, Saint Hilaire, Saint Germain d'Auxerre, Saint Remi, Saint Medard, Saint Sulpice en fournissent des exemples. Saint Brice, Evêque de Tours après Saint Martin, doit aussi être mis dans ce nombre. On *Dictionn. Univ.* compte en France dix ou douze lieux considérables qui portent *géogr. de* le même nom, tel qu'on le prononce communément, outre ceux *la France, T. III.* qu'on appelle *Saint Brisson*, ou *Briçon*. Ces lieux ont commencé sans doute par un Oratoire ou Chapelle dans laquelle la dévotion de quelques Seigneurs avoit fait apporter de ses reliques ou au moins des linges ou étoffes qui eussent touché à ses ossemens ou couvert son tombeau. Par la suite, il y a eu des maisons bâties autour de la Chapelle, et plus elle étoit voisine d'un grand chemin, plutôt il s'y en est formé un village. Telle est l'origine de plusieurs villages qui portent le nom d'un Saint, et je suis persuadé que c'est en particulier celle du Bourg de Saint Brice duquel nous ne trouvons rien avant le regne de Louis le Gros, au commencement du XII siécle.

Ce lieu est à quatre lieues de Paris, sur le chemin qui conduit de Paris à Beaumont-sur-Oise, route de Beauvais et du Beauvaisis et d'une partie de la Picardie. Ce pouvoit n'être originairement qu'une dépendance de Grolay qui est un lieu très-ancien, mais l'augmentation des habitans y aura fait établir une Paroisse, et les hôtelleries s'y seront multipliées anciennement, avec d'autant plus de raison que c'étoit à la moitié du chemin de Paris à Beaumont, c'est-à-dire à quatre lieues de l'une et de l'autre ville. On ne peut pas dire positivement de quel temps est l'érection de la Paroisse sinon qu'elle peut être d'environ l'an 1100. Son territoire étoit alors plus grand qu'il n'est maintenant, parce qu'il comprenoit ce qu'on en a détaché par la suite pour établir Pissecoc en Paroisse. Mais il y avoit aussi moins d'habitans, puisqu'à remonter seulement à l'an 1470, ce lieu n'avoit alors que 50 habitans. *Regist. Visit.*

Aujourd'hui Saint Brice comprend 150 feux. Le denombrement de l'Election de Paris y en a mis 258, et le Dictionnaire universel de la France y a compté 740 habitans. C'est un pays plus en plaine qu'en côteaux, dans lequel il y a terres labourables, vignes, prairies, bocages. Il n'est qu'à une petite lieue de Montmorency dont il fait partie du Duché. On peut juger par la petitesse dont étoit l'ancienne Eglise que ce lieu n'étoit au XIII siécle qu'un simple village ordinaire. Cette ancienne Eglise n'est autre que l'édifice sur lequel est élevé le clocher qui est du siécle que je viens de spécifier. Depuis l'augmentation des habitans, on a bâti à côté de cette vieille Eglise deux aîles consécutives, toutes les deux du côté du midi, et l'une d'entre elles sert de chœur. Ces deux augmentations sont d'un travail dans le goût dont on commença à travailler sous François I, et que l'on voulut perfectionner sous Henri II. Cette Eglise n'est ni carrelée ni pavée, mais seulement enduite de plâtre par dessus la terre. Il n'est pas besoin de répéter ici que S. Brice, Evêque de Tours, en est le Patron. La Dédicace et la consécration de cinq autels fut faite en 1525. L'Anniversaire avoit été fixé au 10 Juillet, mais en 1528 il fut accordé au Curé et [aux] habitans de la remettre au Dimanche d'après le dix, ou au dix s'il étoit un Dimanche. *Reg. Ep. Par. 29 Jun. 1528.*

La premiere Eglise qui subsistoit au XII siécle fut donnée alors à l'Abbaye des Chanoines Réguliers de Saint Victor, par Etienne de Senlis, Evêque de Paris, suivant l'intention de Radulfe le Bel qui la lui avoit remise ; et comme celui qui en jouiroit étoit tenu de payer une rente à l'Abbaye, il résulte qu'aucun des Religieux n'y a gouverné la Cure. Il est parlé de la présence du Curé comme nécessaire à l'audition de certains comptes dans le Dictionnaire des Arrêts de Brillon au mot *Fabrique*. Ce Radulfe étoit un laïc qui avoit possédé pareillement l'Eglise de Villiers-le-Bel. *Ex Charta Barthel. Decani Paris.*

L'Evêque Etienne qui siégea depuis 1124 jusqu'en 1142, attesta la premiere année de son Episcopat que l'un des Seigneurs de Montmorency avoit donné au Prieuré de Saint Martin des Champs, *Hist. de Montm. Preuv. p. 38.*

du temps que Matthieu premier du nom le gouvernoit, la moitié de la dixme de féves du territoire de Saint Brice. Matthieu le Bel, parent de Radulfe, reconnut dans le dénombrement qu'il fournit l'an 1125 à l'Abbaye de Saint Denis, qu'il possedoit ce qu'on appelloit *Atrium Sancti Bricii*, et le bois de Reimolunt, et qu'un nommé Hubert de Saint Brice tenoit de lui un fief de quart de dixme à Villiers. Ce même Matthieu ayant reconnu qu'il ne pouvoit tenir régulierement en sa qualité de laïc la moitié de la dixme de Saint Brice, qui étoit du fief du Saint Denis, la remit entre les mains de Thibaud, Evêque de Paris, et, du consentement de l'Abbé Suger, il pria l'Evêque de la donner au Prieuré de Saint Martin des Champs. Matthieu de Montmorency, du fief duquel relevoit une troisiéme partie de cette dixme dont jouissoit le même Matthieu le Bel, donna pareillement son consentement pour le transport qu'il en vouloit faire à l'Eglise de Saint Martin. Ce qui étant approuvé par Adam le Bel, fils de Matthieu le Bel, par Amaury son aîné et sa femme Isabelle, aussi-bien que par ses freres Radulfe le Bel et Jean, fut muni d'une charte de l'Evêque Thibaud de l'an 1148. Ces donations des trois quarts de la dixme de Saint Brice au Prieuré de Saint Martin s'accordent assez bien avec ce qu'on lit dans le Nécrologe des Chanoines de Saint Victor au 11 Juillet, que Radulfe le Bel avoit donné à l'Eglise de Saint Brice la quatriéme partie de la grosse dixme, et une troisiéme de celle du vin avec la menue dixme, et un muid de froment de rente annuelle ; mais cela ne convient pas avec le témoignage d'une autre charte de Thibaud, Evêque de Paris, où sont énoncés tous les revenus dont jouissoit le Monastere de Saint Martin ; car on y lit parmi les biens qu'il confirme : *Decimam totam de S. Bricio præter modium unum frumenti quod est S. Victoris*. Et néanmoins plus bas il y a : *Partem decimæ de Sancto Bricio*. Je me contente de rapporter ces textes sans entreprendre de les concilier. Vers le même temps que l'Evêque Thibaud fit expédier cette charte, Achard, Abbé de Saint Victor, obtint du Pape Adrien IV une Bulle qui confirmoit à sa maison l'Eglise de Saint Brice. Tous les Pouillés, à commencer par celui du XIII siécle, mettent cette Cure à la présentation de l'Abbé de Saint Victor.

Il y eut dès le XIII siécle à Saint Brice une Maison-Dieu, ainsi qu'on disoit alors, c'est-à-dire une Maladerie ou Hôpital. Bouchard, Seigneur de Montmorency, s'en souvint dans son testament de l'an 1237, en ces termes : *Domui Dei de Sancto Bricio x libras*. Le Pouillé de Paris de l'an 1648 dit que cette Maladerie est de fondation Royale, et que le revenu est de 110 livres. Elle fut visitée en 1351 par le Commissaire de l'Evêque, Pierre de S. Lo, étant alors Curé du lieu

Il existoit aussi sur le territoire de Saint Brice, il y a trois cens ans, une Chapelle du titre de Saint Nicolas dont on trouve une permutation du 29 Mars 1491, et une resignation faite par un Religieux de Saint Lazare à un autre du même Ordre du 25 Janvier 1505, et enfin une collation du 18 Mars 1517. Il n'en reste plus de vestige que par une croix à droite en approchant de Saint Brice par le midi.

Les Seigneurs de Montmorency avoient dès le XII siécle un droit sur certaines denrées qui passoient par Saint Brice. Lorsque Burchard de Montmorency, fils d'Hervé, répandit ses largesses sur les Religieux de Saint Florent venus à Dueil, il leur donna entre autres choses soixante sols à prendre sur ce péage, comme l'atteste une charte de Maurice de Sully, Evêque de Paris. Saint Brice est une des terres où le Seigneur de Montmorency fit quelque échange l'an 1294 avec Renaud, Abbé de Saint Denis. Ce Seigneur qui étoit Chambellan de France, voulant dédommager le Roi Philippe le Bel de ce qu'il venoit de mettre en fief de l'Evêque de Paris et en celui de l'Abbé de Saint Denis certains biens qu'il tenoit en fief de la Couronne, mit en fief du Roi trois autres terres, dont la derniere est *la Ville de S. Brice.* Jacques, Seigneur de Montmorency, fut maintenu en 1391 dans le droit de faire prendre du poisson de ceux qui l'apportoient de la mer et passoient par Saint Brice, en payant le prix ordinaire. L'Arrêt qui est du mois de Mars se trouve parmi les plaidoyers de Jean le Coq. Cette terre a passé de la famille de Montmorency à la maison du Prince de Condé, où elle est toujours restée depuis.

_{Hist. de Montm. Preuv. p. 36.}

_{Ibid., p. 129.}

_{Ibid., p. 132.}

_{Ibid., p. 3.}

Quelques fiefs situés à Saint Brice ayant été possedés par la famille de Braque, c'est pour cela que quelquefois ils ont été qualifiés de Seigneurs de Saint Brice, ainsi qu'on voit dans les Mercures de France (Avril 1740, p. 818), et ailleurs.

Ces fiefs sont HEUGOT et LA MOTTE, dont l'un ou l'autre communement étoit dans cette maison, et quelquefois tous les deux ensemble. Nicolas Braque, tué en 1415 à la bataille d'Azincourt, en a joui. Jean Braque en fit hommage le 31 Octobre 1430 à Jean de Luxembourg, Seigneur de Montmorency, et Philippe Braque, Conseiller au Parlement, posseda le fief de la Motte en 1451.

_{Le Laboureur, Tombeau des Illustres, aux mots *Braque, d'Hozier.*}

GODIN est un fief dont François Braque fut Seigneur en partie vers l'an 1600.

PISCO ou PISCOT

En fait de noms de lieu il en est peu d'aussi rares que l'est [celui] de Pisco. Cependant il y a deux lieux ainsi appellés dans le Diocése de Paris; l'un dans l'Archidiaconé de la Brie et qui est un fief mouvant de Torcy, l'autre qui est dans le grand Archidiaconé et qui est celui-ci, distant de Paris de quatre lieues. Mais comme la terminaison de ce nom est insolite, chacun l'a écrite comme il a jugé à propos : Pissecoc, Pissecoch, Pissecho, Piscos, Piscot, Piscop [1] et Piscaud; j'ai hazardé à la tête de cet article de l'écrire Pisco tout simplement sur le fondement d'un texte bien ancien rapporté par Frodoard en son Histoire de l'Eglise de Reims. Cet écrivain rapporte le testament de S. Remi, ou tel que cet Eveque l'avoit rédigé, ou avec les additions qui y ont insérées dans les siécles qui précéderent le dixiéme. On y lit que [de] deux villages que Clovis lui avoit donné l'un s'appelloit Pisco et l'autre Fesheim, et que ces deux noms étoient du langage franc. Je conviens qu'il ne s'agit point dans ce testament de Pisco du Diocése de Paris; mais puisque voilà un témoignage de l'antiquité du nom parmi les François, il est à présumer que celui dont je traite a tiré sa dénomination de quelques François des premiers fixés dans les Gaules. Cependant, comme on peut inférer de ce qu'il y a en France plusieurs lieux qui s'appellent Pisseleu et Pisseloup, et quelques-uns même nommés Pissechien, que c'est en place de Pisteleu, Pisteloup et Pistechien, c'est-à-dire retraite de loup, retraite de chien, rien n'empêche qu'on ne puisse également conjecturer que Pissecoc a été écrit pour Pistecoc, c'est-à-dire une espece de Basse-cour où l'on nourrissoit de la volaille. On apprend par un article des Capitulaires de Charlemagne que *Pista* étoit le synonyme de *tugurium* et de *casa*. M. de Valois paroît avoir cru que le nom latin du village de Piscot étoit *Piscosum*; mais il a été trompé par un nouveau catalogue des Paroisses qui n'est pas exact. Je ne connois qu'un seul titre ancien où le nom de Piscot ait été latinisé. On auroit tort d'ailleurs de croire que ce nom vienne du poisson, le lieu n'étant pas propre à des étangs.

Ce village est situé sur un côteau un peu plus élevé que le bourg de Saint Brice; son exposition est vers l'orient. On y cultive de tout ce que la terre produit communément. Il y a même quelques petits bois qui rendent le terrain fort varié. En 1470 il n'y avoit à

---

1. Biscop étoit un nom propre en Angleterre au VII siécle, mais un nom personnel et non de lieu. Voyez Bollandus au 12 Janvier, vie de S. Benoît Biscop.

Pisco que six feux. Le denombrement de la France par Elections tourne ainsi l'article de cette Paroisse : *Piscop, Poncel et le Luat 63 feux*. Les trois mêmes noms sont également réunis dans le rolle des Tailles. Mais le Dictionnaire universel met simplement *Piscop en l'Isle de France 180 habitans*, sans parler de Poncel ni de Luat qui sont sous-entendus, et le dernier denombrement du Royaume n'y met que 40 feux. Je dirai ci-après un mot de ces deux écarts.

Tous ces lieux étoient de la Paroisse de Saint Brice avant l'an 1214 que Pierre de Nemours, Evêque de Paris, érigea en Cure la Chapelle qui étoit à Pissecot; cela se fit du consentement de Gobert, Curé. La Cure fut dotée par Pierre de Pissecot, Chevalier et autres particuliers du même nom de Pissecot, qui donnerent des fonds et qui dedommagerent le Curé de Saint Brice par une rente. Je me contente de nommer Eremburge de *Bra*, pour de *Bria* ou *Braia*, laquelle donna aussi du bien avec ses fils Pierre et Renaud, Chevaliers [1]. La charte de l'Evêque déclare qu'il y avoit dèslors deux lieux du nom de Pissecot qui devoient être de la nouvelle Paroisse aussi-bien que *Villa quæ dicitur Luat et illa quæ appellatur Blamu*. C'est ce qu'on appelle aujourd'hui Blemur. Le Pouillé étoit apparemment déja arrêté alors, puisque cette Cure ne s'y trouve pas. Elle est à la présentation de l'Abbé de S. Victor suivant les Pouillés du XV et du XVI siécle, des années 1626, 1648 et 1692, et c'est une suite naturelle du démembrement qui a été fait de celle de Saint Brice appartenante à la même maison. J'en ai vu des provisions sur la nomination de cet Abbé de l'an 1479, et du 14 Avril 1499 à Adam Pluyette, Prêtre. La Cure y est nommée *de Pisconio*, quoique dans le Pouillé latin d'environ l'an 1450 elle soit dite de Pissecop.

L'Eglise de Pisco telle qu'elle est aujourd'hui n'a pas beaucoup d'antiquité. Elle a été presque entierement rebâtie vers le milieu de l'avant-dernier siécle, par un Curé qui se nommoit Beraut Braque ou de Braque. Il étoit issu des anciens Seigneurs du Luat, château situé sur la Paroisse; il possedoit le Prieuré de Sainte Celine de Meaux et étoit Protonotaire du Saint Siége. Le Laboureur marque avoir appris toutes ces circonstances de son épitaphe posée au lieu où fut mis son cœur et ses entrailles. Il ajoute que ce qui prouve encore qu'il avoit fait rebâtir cette Eglise, sont les armes de Stuart qu'il y fit mettre en plusieurs lieux. Il descendoit de cette maison du côté de sa mere appellée Guyonne Stuart. Il mourut le 11 Décembre 1571. La Sainte Vierge est patronne de cette Eglise avec un Saint Gunifort qu'on y honore le 26 Août, *Tombeau des Illustres, art. Braque.*

Voyez sur ce célèbre Curé l'Armorial de France Regist. I, art. *Braque*.

---

1. Armorial général d'Hozier, Regist. 3., art. Braque, p. 3, 4.

mais dont je crois que le culte a été apporté en ce lieu par quelqu'un des Seigneurs Ecossois. Sa legende qui le fait naître en Ecosse, puis passer en France avec Gunibolde, son frere et deux de ses sœurs, et delà en Italie où Gunibolde fut martyrisé à Cumes et Gunifort à Milan, a été jugée si mauvaise par les Bollandistes, auxquels je l'avois envoyée, qu'ils n'ont pas daigné en faire mention. Cette Eglise ayant été achevée en 1556, l'Evêque de Paris permit le 14 Avril d'y célébrer en attendant qu'elle fut dédiée, et le 27 Juin 1560, il permit à Philippe, Evêque de Philadelphie, d'en faire la dédicace avec la bénédiction de quatre autels, et d'en fixer l'anniversaire au 7 Juillet.

Reg. Ep. Paris.

Je vais produire les plus anciens Gentilshommes qu'on trouve en avoir pu être Seigneurs. J'écrirai le nom de leur terre de la même maniere qu'il est dans les titres du temps, ainsi que j'ai déja fait. Anselme de Pissecoc, Chevalier, est nommé dans une charte de Saint Maur de l'an 1124, comme Seigneur suzerain d'un terrain entre Bondies et Coudray, proche les marais. Le huitiéme fief dont Matthieu le Bel rendit hommage en 1125 à l'Abbaye de Saint Denis, étoit situé à Espiès et possedé par cet Anselme de Pissecoc. En 1163, Anselme et Henri de Pissecoc sont cités comme témoins en des lettres de Maurice, Evêque de Paris, pour l'Abbaye de Chaalis. En 1177, pour cautions de Burchard de Montmorency touchant des biens situés à Heugot, sont produits Henri de Pissecoc et Thibaud, son fils. Dans des chartes du même Seigneur de Montmorency des années 1189 et 1193, paroît parmi les témoins Pierre de Pissecoch, apparemment le même qui fut le premier fondateur de la Paroisse en 1214. Au XIII siécle on trouve d'autres Seigneurs sur le territoire de Pisco qui ne portoient pas le nom du Village. Dans le même siécle ou le suivant, Amaury de Pissecoc, Ecuyer, et Agnès, son épouse, vendirent aux Religieux du Val des vignes de Jouy, sises au lieu dit le Coudray. Vers le milieu du XIV siécle sous le Roi Jean, Arnoul de Braque, annobli par Philippe de Valois, avoit des Seigneuries à Piscot, et sa postérité en jouit jusqu'à ce qu'une fille de Simon Braque, veuve du sieur du Mesnil surnommé Marcelet, en vendit une partie à Arnould Boucher, Maître des Comptes.

Chart.S.Mauri.

Chartul. S.Dion.Regium.

Portefeuille Gaign. Vol.CCIV, p.25.

Hist. de Montm. Preuv. p. 57, 61 et 69.

Ibid., p. 203.

Armor. gén. d'Hozier Reg. III. Généal. de Braque.

Hist. des Presid. p. 121.

Durant tout le XV siécle la Seigneurie de Piscot fut dans la maison des Bouchers. Arnoul Boucher qui avoit épousé Jeanne Gentien la possedoit vers l'an 1400 ; sa veuve reçut encore en 1441 des droits de relief de cette terre. Bureau Boucher venu du Poitou vers 1418, en jouit par la suite. Il épousa Gilette Raguier, Dame d'Orçay, et il fut Maître des Requêtes. D'eux naquit Jean Boucher qui fut Seigneur de Piscot et d'Orçay, Maître des Requêtes, élu

Hist. des Gr. Off. T. VI, p. 340, 381, 410. Eloge des Conseill. p. 26. Hist. des Presid. p. 233.

premier Président en 1497. De son mariage avec Denise de Harlay procéda Pierre Boucher qui ajouta la Seigneurie d'Houilles à celles de Piscot et d'Orçay. De Pierre a été issu Arnoul, Président au Grand Conseil, aussi Seigneur de Piscot. Je n'ai pu trouver la suite des Seigneurs de cette partie de ce village. Je sçai seulement que de nos jours elle a été possedée par M. de la Grange qui a manoir ou château proche l'Eglise ; qu'à sa mort il a laissé deux filles qui jouissent de cette terre par indivis. L'aînée a épousé le Seigneur du Tillet vers Etampes.

PISCOT-CHATEAU-VERD, ou simplement CHATEAU-VERD, est le fief formé de ce qui étoit resté à Mrs de Braque après l'aliénation faite à Arnoul Boucher dont je viens de parler. Le dernier Seigneur en ce présent siécle l'a aussi été du Luat, sçavoir le Comte de Braque qui mourut en 1744 en ce lieu de Château-verd. Cette Seigneurie est échue en partage à sa fille cadette mariée à M. de Cheresy, Gentilhomme de Normandie.

LE LUAT est une Seigneurie avec château proche Ecouen, mais sur la Paroisse de Piscot. On a vu ci-dessus qu'elle fut attribuée en 1214 à la nouvelle Paroisse. Vers 1370 une Dame de Beaumarchais le vendit à Arnoul Braque qui le posseda avec Piscot en partie vers 1380, et il en devoit hommage à Thomas de Braque. Nicolas, son fils, lui succéda. Jean Braque, Chevalier, étoit Seigneur du Luat en 1427. On apprend par Sauval que quoi-qu'il tint le parti du Roi d'Angleterre, comme il demeuroit à Lille, en Flandres, son Hôtel du Luat fut donné par ce Prince à Albert de Rosengarden et Watequin Wales, Anglois, et à Adenet Tixerrand, dit Chapelier. Bernard Braque, Chambellan du Roi, étoit Seigneur en 1441 ; il paya le 22 Novembre à Jeanne la Gentienne, Dame de Piscot, dix livres tournois pour le relief du Luat. Philippe Braque, Conseiller au Parlement, rendit hommage le 5 Août 1445 de la même Seigneurie. Il épousa Marguerite de Canlerz qui vivoit encore en 1497 et se qualifioit Dame du Luat. Jean Braque fut ensuite Seigneur de cette terre. L'un de ses fils, nommé Pierre, eut la Seigneurie de Blesmur aussi située sur la Paroisse de Pisco. Son second fils, appellé Philippe, fut Seigneur du Luat et de la Motte, fief situé à Saint Brice. Il fut aussi Gouverneur et Capitaine de Harfleur et de Montivilliers. Il portoit pour armes : d'azur à la gerbe de bled d'or, bordure engrelée d'or, et pour devise : *In homine virtus oppressa resurget*. Il écartela d'azur à trois fleurs de lis d'or, etc., comme le Laboureur assure l'avoir vu en plusieurs lieux du Château du Luat. Il avoit épousé Guyonne Stuart, dont il eut Robert, Seigneur du Luat, qui fut échanson de Catherine de Medicis, mere de François II. Il gît à Piscot avec Jeanne Fretel, sa femme, Dame de Misy sur Yonne.

> Le Laboureur, Tombeau des Illustres. p. 309.
> Antiq. de Paris, T. III, p. 325 et 584.

Sa devise étoit : *Tunc satiabor*. Son second fils fut Beraut Braque, Curé de Piscot, dont j'ai parlé ci-dessus ; et le troisiéme François Braque, du mariage duquel sortit François, Seigneur de Piscot et du Luat, qui épousa en premieres noces Marie Bouette, sœur de Robert Bouette, Seigneur de Blemur, par contrat du 29 Janvier 1600, et en eut Marie Braque, et en secondes noces Madelaine Briçonnet, d'où sortit François Braque, Seigneur du Luat et de la Motte, lequel épousa Elisabeth le Fevre.

La Seigneurie du Luat et plusieurs autres du voisinage sont restées dans la maison de Braque. François de Braque, Seigneur du Luat, la Motte, Saint Brice, Piscot, etc., n'est décédé qu'en 1691, laissant deux fils : Christophe en 1740 en sa Terre de Saint Brice ; Paul-Benoît, Seigneur du Luat du fief de Domont, ancien Gouverneur de la Ville et Château d'Auxerre, décédé en 1739 dans son Château du Luat et inhumé à Piscot le 15 Novembre. Le fils [de ce dernier] Paul-Emile, connu sous le nom de Comte de Braque, lui succéda et mourut le 6 Octobre 1744 à Piscot-Château-vert. Sa fille aînée qui avoit été mariée à M. de Flogny, Gentilhomme de Bourgogne, et qui avoit eu le Luat dans son lot, l'a vendu vers 1752 à D^e de la Roche, veuve de M. Boucher, Receveur de la Capitation de la Cour.

Ce fut dans cet ancien Château du Luat que Beraud Braque, ci-dessus nommé, mit en sûreté les reliques de son Prieuré de Sainte Celine du faubourg de Meaux dans le temps des guerres des Calvinistes en 1567. C'étoit la châsse de Sainte Celine ; une partie de son chef enchâssé séparément, un os du bras de S. Barthelemi et autres. Elles ne furent reportées au Prieuré qu'en 1572, le 20 Octobre, par Jean de Maubuisson, Grand Prieur de Saint Denis, et rendues à Nicolas David, Religieux de Marmoutier.

BLEMUR est une autre Seigneurie sur la Paroisse de Piscot et nommé Blamu dans l'acte d'érection de cette Paroisse en 1214.

Tab. Vallis.
Portef. Gaign.
p. 261.

D'Hozier
Art. Braque,
page 70 et 75.

Tab. Ep.

En l'an 1239 un Adam de Blemur, Ecuyer, permit avec Isabeau, sa femme, aux Moines du Val de tenir en main-morte ce qu'ils avoient acquis dans son fief, sçavoir six arpens dans les aunayes de Piscot. Les Mrs Braque acquirent des fonds à Blemur dès l'an 1456, et ils étoient qualifiés Seigneurs de ce lieu en 1472. En 1540 Robert Bouette, Conseiller au Parlement, obtint de faire célébrer en sa maison. C'est lui ou son fils qui comparut à la Coutûme de Paris de l'an 1580 avec Eustache Bouette, Gentilhomme ordinaire de la Maison du Roi, dont une fille, nommée Marie, épousa en 1600 François Braque, sieur de Piscot et du Luat. Sur la fin du dernier siécle Magdelene Gedoyn, épouse de Jean Bouette, Chevalier, Seigneur de Blemur, fonda par son testament du 18 Février 1698 un Chapelain à Piscot à condition qu'il viendroit célébrer la Messe au Château de Blemur, lorsqu'il en seroit requis, excepté les jours de grandes Fêtes ; ce qui fut admis par M. le Cardinal de Noailles le 8 Septembre 1700. Mais en 1727 il y eut une reduction de cette fondation du consentement de Françoise-Julienne Talon, veuve de Jean Bouette, Seigneur de Blemur. Cette Seigneurie appartient actuellement à un jeune enfant posthume de M. de Blemur. C'est de cette famille qu'étoit Jacqueline Bouette, connue par tant d'ouvrages de piété, sous le nom de Madame de Blemur, décédée en 1696, simple Benedictine du Saint Sacrement à Châtillon-sur-Loing. *Reg. Arch. Par.*

Ibid.

PONCEL est un hameau de Piscot situé sur le grand chemin de Paris à Beaumont au-delà de Saint Brice. Ce lieu existoit dès la fin du XII siécle. On trouve Guillaume du Poncel et Cécile, sa veuve, qui fonderent vers l'an 1209 à l'Abbaye de Saint Denis la Chapelle de Saint Hippolyte, cause pour laquelle ce Guillaume *de Poncello* est marqué dans le Nécrologe du Monastere, et de plus un Chanoine de Paris aussi appellé *Wilhelmus de Poncello* est au même livre des bienfacteurs. *Hist. de S. Denis, p. 217. Necr. S. Dyon. ad calcem VIII Id. Oct. et V Id. Oct.*

Quelque temps après un Adam de Poncel, Chevalier, reconnut devoir chaque année à l'Abbaye de Sainte Geneviéve de Paris, la veille de sa Fête d'hiver, un cierge de cinq sols. Mais comme la charte de reconnoissance est passée devant l'Official de Meaux, il s'agit peut-être d'un autre Poncel. *Chart. S. Gen. p. 242, ad an. 1219.*

Il y a à Grolay un fief appellé Piscop, duquel fief releve un autre fief du même nom de Piscop sis à Epinay-sur-Seine. *Affiche de 1741 sur Epinay et Ville-taneuse.*

CERCELLES ou SARCELLES

Pour ne rien rapporter que de certain au sujet de l'antiquité de ce village, je ne remonterai pas plus haut que l'année 894. Le Roi Eudes étant à l'Abbaye de Saint Denis pendant le mois de Mai, fut suplié par Heriman qui en étoit Trésorier, de lui accorder une ferme située sur le territoire royal de Cercelles. Ce prince la lui accorda avec sept familles serves et un moulin situé sur la petite riviere de Rone, *Rodonus*, et cela pour l'entretien du luminaire de cette Eglise. Je me suis servi de ces termes : *Territoire Royal de Cercelle*, parce que le Roi s'exprime ainsi dans le titre : *Ex fisco nostro Cercilla*. Cercelle étoit si bien reputé terre Royale dès-là qu'il étoit qualifié *du fisc*, qu'en vertu de cette expression Dom Michel Germain l'a placé *Hist. S. Denis p. 101.*

Diplomaticæ lib. IV.

parmi les terres où nos Rois avoient un Palais. Pour ce qui est de l'étymologie, il ne faut point esperer de la donner.

Cercelles est aujourd'hui une des Paroisses les plus considérables de l'Archidiaconé de Paris. Elle est située à trois lieues et demie de cette Ville sur la pente douce d'une montagne qui la sépare d'Ecouen ; son exposition est au midi et au couchant, pays des vignes pour la plus grande partie avec beaucoup d'arbres fruitiers. Le denombrement de l'Election y comptoit 39 feux en 1709 : et le Dictionnaire universel de l'an 1726 assure qu'il y a 1060 habitans.

L'Eglise qui est sous le titre de S. Pierre et S. Paul a été bâtie à diverses reprises. Le chœur qui est en forme quarrée et ses deux collateraux approchent fort de la structure de la fin du XII siécle, c'est-à-dire d'environ l'an 1200. Au sanctuaire qui se termine en pignon, on voit au-dessus de l'autel une galerie fort basse. Les quatre gros piliers qui forment le chœur supportent une flêche de pierre qui contient cinq grosses cloches. Les arcades de cette flêche prouvent par leur cintre absolument rond, que cet ouvrage est ce qu'il y a de plus ancien dans cette Eglise. La nef et le portail paroissent n'être que de cent cinquante ans ou environ. La Dédicace s'y célébre le 18 Juin. On lit sous le banc des Chantres l'épitaphe suivante en lettres gothiques :

Cy gisent honorable homme Jehan Soudain, en son vivant Huissier du Roy, Capitaine de la Ville de Senlis, et Consierge du Chasteau du Roy, qui trespassa le 12 Juillet 1582, et Honorable femme Molette Blondel femme dudit Sieur laquelle trespassa le 12 Décembre 1557.

Dans l'aîle méridionale du chœur est représenté en marbre blanc, à genoux, Roland de Neubourg, que son épitaphe dit avoir été toujours fidele à Henry III et Henry IV, avoir été admis au rang des Conseillers d'Etat par Louis XIII, puis avoir travaillé *Paci Juliodunensi*, c'est-à-dire au Traité de Loudun de l'an 1616, et être mort en l'an 1629. Ce Mausolée du sieur de Neubourg a été dressé par les soins de Marthe le Roy, sa veuve. On a oublié d'y marquer qu'il étoit Seigneur de Cercelles.

La Cure de Cercelles est à la pleine collation de l'Archevêque de Paris, suivant tous les Pouillés. Dès le XIII siécle le Pouillé écrivoit en latin *Sarcella* au singulier ; mais lorsqu'il fait l'énumeration des Abbayes, Chapitres et Prieurés, il l'écrit *de Sarcellis* au pluriel, et il ne place sous le Doyenné dit *de Sarcellis* que des Prieurés, sçavoir ceux d'Argentueil, de Conflans, de Taverny, de Tour ou Saint Prix, de Domont, de Dueil, de Villiers-le-Bel, de Roissy, de Marly-la-Ville, de Moncy-le-neuf, du Bois-Saint Pere, les Chapitres de Montmorency et de Lusarches, avec les

Abbayes d'Herivaux et de Notre-Dame du Val. Dans un des titres de l'Abbaye de Notre-Dame du Val qui est écrit au XIII siécle, est nommé *G. Decanus de Cercella*, le même apparemment qui certifia, en 1219, en sa qualité de Doyen *de Sarcelle*, la donation d'un bien faite au Monastere de Saint Denis.

Chartul. S. Dion. Reg. Art. de Dugny, fol. 360.

Quant à la Seigneurie de cette Paroisse, je ne dirai point qu'un *Radulfus de Serserla* du Cartulaire de Chaalis l'ait possedée ; le titre de 1663 qu'on y voit ne le fait point entendre. Je ne puis commencer les vrais Seigneurs de Cercelles qu'au XV siécle. Jean de Popincourt, Avocat au Parlement, l'étoit en 1456. Il fut en l'an 1465, vers le 8 Juillet, l'un des Commissaires Capitaines aux portes de la Ville de Saint Denis, pour la garder contre les Bourguignons. Il mourut revêtu de la dignité de Président au même Parlement, le 25 Mai 1480. Il eut pour fille Claude de Popincourt, qui fut mariée en 1468 à Jean du Plessis, Maître d'Hôtel des Rois Louis XI et Charles VIII, lequel fut Seigneur de Cercelles et de Liencourt; elle mourut le 25 Novembre 1510, et fut inhumée à Cercelles, proche son mari. Jean du Plessis eut plusieurs fils ; mais Guy, par transaction passée avec ses freres, eut la terre de Cercelles avec un fief assis à Villiers-le-Bel. On apprend par son testament qui est de l'an 1518, que sa mere Claude avoit fondé une Messe à Cercelles pour tous les Dimanches. Après sa mort, Charles et Guillaume du Plessis se trouvent qualifiés freres et Seigneurs de Sarcelles. A leur priere, le Roi François I, par Lettres datées de Saint Fuscien, au mois de Septembre 1545, établit quatre Foires à Cercelles, sçavoir : le mercredi d'après les Rois, le premier mardi d'Avril, le premier jour d'Août, s'il ne tomboit au Dimanche, auquel cas le premier mardi, et le premier mardi d'après la Toussaint ; et outre ces quatre foires, un marché tous les mardis de l'année. Dans ces Lettres, outre la Seigneurie de Cercelles que Charles du Plessis possedoit en commun avec ses freres, il est qualifié Seigneur de Savonnieres, Maître d'Hôtel ordinaire du Roi, Général de ses Finances ; et Guillaume du Plessis est dit Seigneur de Liencourt, Valet tranchant de Sa Majesté et Maître d'Hôtel ordinaire du Daufin. On verra ci-après que sur la fin du dernier siécle il y eut d'autres Lettres pour des Foires à Sarcelles ; c'est ce qui fait douter si les Lettres de 1545 eurent leur exécution. J'ai parlé plus haut de Roland de Neubourg, Seigneur de Cercelles ; on trouve dans l'éloge des Conseillers de Paris (page 37), un Roland de Neubourg, premier Maître d'Hôtel de la Reine, mere de Louis XIV, et Seigneur de Cercelles. Ce fut sans doute le fils de Roland dont je viens de parler, qui étoit décédé dès l'an 1629. Ce même Roland, second du nom, porte les deux mêmes qualités dans les Lettres qu'il obtint de Louis XIV

Tab. Car. loci.

Chron. S. Denis sur Louis XI.

Epitaphe à Ste Croix de la Bret. sous le Lutrin.

Ibid. Blanch., p. 507. P. Anselme. Hist. des Gr. Offic. T. IV, p. 746.

Bannieres du Châtelet, T. IV, fol. 193.

Page 37.

pour l'établissement de deux Foires par an à Cercelles, chacune de deux jours, et d'un marché tous les mardis. Dans l'enregistrement de ces Lettres fait en Parlement le 17 Janvier 1681, il est observé qu'elles avoient été portées à la Cour des Aydes qui avoit donné un interlocutoire, et que le Prince de Condé, Louis de Bourbon, Seigneur de Montmorency, y avoit été opposant. Quelques années auparavant, ce même Roland de Neubourg avoit fait ériger cette terre en titre de Marquisat.

Cercelles est entré dans la maison de Hautefort. Le Seigneur et la Dame de Hautefort y établirent, dès l'an 1690, deux Sœurs Grises dans un petit Hôpital; et cet établissement fut approuvé par M. le Cardinal de Noailles, en 1697.

Reg. Arch. Par. 3 Sept.

Ils eurent en 1700 un fils appellé Emmanuel-Dieudonné, qui a joui depuis de cette terre, et qui est qualifié Marquis de Hautefort et de Surville, Chevalier de Malte.

P. Anselme. Hist. des Gr. Off. T. VII, p. 339.

Dès le siècle de Louis le Gros, quelques autres Seigneurs que ceux de Sarcelles même y possedoient des fiefs sur la Paroisse, et ce sont les plus anciens dont on ait connoissance. Par exemple Adam de Neisanz en tenoit en l'an 1125 un de Matthieu le Bel, lequel relevoit de l'Abbaye de Saint Denis, selon l'aveu de ce même Matthieu. Or, la Seigneurie de cet Adam qui comprenoit le village de Neisanz détruit il y a long-temps et s'étendoit sur Saint Brice et sur Grolay, étoit aussi située en partie sur Cercelles; c'est là déja une marque de démembrement de Cercelles. On en apperçoit de plus grands indices dans les Comptes de la Prevôté de Paris du temps de Charles VII, pendant que les Anglois étoient les Maîtres de cette Ville. On y voit que Jean Braque, Chevalier, possedoit l'Hôtel du Luat avec Justice et fief à Cercelles. Il tenoit le parti du Roi d'Angleterre et demeuroit alors à Lille, en Flandre. Ce même Roi donna depuis cet Hôtel avec le fief et les dépendances sises à Cercelles à deux Anglois nommés Albert Rosengarden et Watequin Walles, et Adenet Tixerand dit Chapellier, à laquelle donation s'opposa Jean Broutin, changeur. Vers l'an 1550, Nicolas Hardi étoit Seigneur de la Cour-lez-Cercelles. Le Procès-verbal de la Coûtume de Paris redigé en 1580 fait mention de plusieurs fiefs ou petites Seigneuries situées à Cercelles, et qui appartenoient au sieur Fiacre Guesdon, sçavoir: la Cour-lez-Cercelles dont je viens de parler, le fief dit Robillac, Merlefontaine, le Val, Villiers et Moulin-couppe, assis aux environs du même lieu de Cercelles. Dans la même Coûtume, le Grand Prieur de France est qualifié Seigneur en ce même Village. Il y a aussi sur cette Paroisse une maison appellée Giraudon qui appartenoit en 1706 à M. Gilles le Sourt, Curé de Saint Paul de Paris. Elle est à présent à M. l'ancien Evêque de Quebec. Une

Chartul. S. Dion. Reg.

Voy. le T. I p. 610 et 611.

Sauval, T. III, page 584.

Ibid., p. 325.

Hist. des Maitres des Req. p. 111.

Cout.Edit.1678, p. 637.

nouvelle carte des environs de Paris marque au sud-est de Cercelles un lieu nommé le Haut du Roy. Une affiche m'a appris
qu'il y a pareillement sur cette même Paroisse un fief appellé
Bertrandi. M. de Raincy, Auditeur des Comptes, jouit aujourd'hui
d'une des Seigneuries situées à Cercelles.

 Cercelles fut l'une des terres où le Seigneur de Montmorency
avoit, à la fin du XII siécle, des cens les plus exactement payés.
Matthieu, l'un de ces Seigneurs, donna par pure aumône aux
Chanoines Réguliers du Bois-Saint Pere vingt sols à prendre   Hist. de Montm.
chaque année dans le produit de sa cense de Cercelles *in proprio*   Preuves p. 71.
censu meo de Cercella, dit-il. Le même étant informé, en 1200,
que les soixante sols assignés par Burchard, son bisayeul, pour le
luminaire de Saint Martin des Champs avec d'autres redevances
envers l'Eglise de Cluny étoient mal payées, à cause que la levée
s'en devoit faire en divers lieux, « je les assigne, dit-il, dans un   Ibidem, p. 72.
« lieu sûr, à sçavoir à Sercelle, dans ma cense ou censive. » Le
Chapitre de Notre-Dame de Paris acheta au XIII siécle une dixme
à Sarcelles : ce fut de l'argent provenant des legs non-déterminés
de plusieurs Chanoines. Il n'y eut que Guillaume d'Auneau, Chanoine, neveu d'Ives de Mellou, Archidiacre, qui, donnant quarante   Necr. Paris. in
livres, déclara que c'étoit *ad emendum partem decimæ de Sarceles;*   Bibl. Reg.
et Regnaud de Viceors, Prêtre, acheta lui-même et de son propre   ad 15 Julii.
argent, une portion de cette dixme pour l'Eglise de Notre-Dame.   Ibid.
Le nouveau Gallia Christiana fait aussi mention du tiers des dixmes   ad 19 Decemb.
de Cercelles, et cela à l'occasion d'un compromis que firent Geo-   Gall. Chr.
ffroy de Pontchevron, Doyen de Paris, et Jean d'Orleans, Prieur   nova, col. 205.
de Dueil, pour ce tiers, au mois de Février de l'an 1266.   Pastor. Magn.

 M. du Pré de Saint Maur, dans un nouvel ouvrage, fait mention,
par deux fois, des dixmes que le Chapitre de Paris a à Sarcelles,
qui se payent, dit-il, à la mesure de Montmorency, plus foible
d'un quart que celle de Paris, et dans son article des variations,
(page 73), il insere en son livre ce fragment des Registres du
même Chapitre de l'an 1474 : *Firmarii decimarum de Sarcellis
habeant bladum pro 12 solidis pro quolibet sextario.*

 On lit dans Sauval (Tome I, page 613), que le moulin haut du
Roi, situé à Sarcelles, dépend de la Commenderie de Bellé,
Paroisse de Nully-en-Telles, Diocèse de Beauvais.

 Ce n'est pas seulement par rapport aux biens temporels situés
à Cercelles que les Nécrologes font mention de ce village : le
nom de Sarcelles ainsi écrit s'y trouve encore pour avoir
été porté par plusieurs personnages qui y étoient nés. Les
monumens de l'Abbaye de Saint Victor de Paris parlent d'un
Hugues de Sarcelles, Chanoine Régulier de cette maison, qui   Hist. MS.
étoit devenu illustre dans la vie spirituelle vers l'an 1171. Un   T. II, cap. xxxii.

Pierre *de Sarcella* est mentionné au 7 Octobre dans l'ancien Nécrologe de l'Abbaye de Saint Denis. Je crois qu'il est le même Pierre de Sarcelles, Docteur en Medecine, dont celui de Saint Victor met au XII Février *Anniversarium Magistri Petri de Sarcellis, Magistri in Medicina, nostri specialis amici*. Le Nécrologe ancien de Sainte Geneviéve marque au 1ᵉʳ Janvier la mort de Frere Adam de Sercelles ; au 19 Février, celle de Gui Blondel de Sercelles ; et au 23 du même mois celle de Maître Gui de Sarcelles qui donna à la maison quarante livres et une bible. C'étoit un legs considérable, il y a quatre ou cinq cens ans. Je ne sçais si l'un de ces deux Gui de Sarcelles ne seroit point l'illustre Medecin qui, du temps de Saint Louis, abandonnant la profession, se fit Religieux à Sainte Catherine de la Coûture, l'an 1260. Il est appellé en latin *Guido de Cercelles*. Sur la fin du XIII siécle, l'une des Religieuses de Longchamp qui fit sa déposition sur la vie de la bienheureuse Isabelle, sœur de Saint Louis, est appelée par l'Historienne contemporaine, *Sœur Erembour de Cercelles*.

Hist. univ. Par. T. V, p. 892.

Du Cange. Vie de S. Louis, p. 175, 178.

Parmi les Curés de ce lieu, je n'ai trouvé de remarquable que Philippe Briault, qui étoit en même temps Chanoine de Notre-Dame de Paris, Archidiacre de Josaïe, Doyen de Saint Cloud et Chanoine de Saint Maur. Il mourut le 2 Novembre 1572, et il repose à Notre-Dame. M. du Ruel qui y est mort Curé, il y a quelques années, âgé de plus de 80 ans, ne doit pas être oublié, puisqu'il a composé une Histoire de Senlis, sa patrie, qu'il se disposoit à donner au public, lorsque la mort l'a enlevé. Je parle pour l'avoir vue entre ses mains.

Ex Registro Bibl. Reg.

VILLIERS-LE-BEL

Le nom de ce village ne renferme rien qui de soi-même dénote une haute antiquité. Villiers étoit la dénomination que l'on donnoit à toute sorte de maisons de campagne. *Villare* et *Villa* s'employoient indifféremment, et l'on se contentoit, pour distinguer ces sortes de maisons ou terres les unes des autres, d'y joindre le nom du propriétaire ou Seigneur. Villiers-le-Bel est dans ce même cas. Le Bel n'est point là pour signifier que c'est un beau village, un bel endroit, quoique M. de Valois l'ait cru. Ce n'est pas une épithete comme dans Villiers-le-Sec : c'est que cette terre appartenoit à une famille noble dont le nom étoit *le Bel*.

Notit. Galliar. p. 437.

Le plus ancien de ces le Bel que j'aye trouvé jusqu'à présent dans les titres, vivoit vers le commencement du XII siécle. Il se nommoit Matthieu le Bel. Il étoit l'un de ces Chevaliers qui se reconnaissoient Vassaux de l'Abbaye de Saint Denis. Par le dénombrement qu'il donna en 1125, on voit combien il tenoit de terres de ce Monastere, et combien il en avoit cédé à d'autres pour être tenues en arriere fief. Je crois assez volontiers que c'est de lui que le Villiers dont je traite prit son surnom de Villiers-le-Bel. Il y dit, pour ce qui le regarde personnellement et qui concerne cet article : *In proprium possideo Villam de Villers et hospites de atrio ejusdem.* *Chart. S. Dion. Bibl. Reg.*

Cette Paroisse est toute rassemblée vers l'extrémité d'un grand vignoble qu'elle borne du côté de l'orient. Sa situation est à trois lieues et demie de Paris, et à demie lieue ou environ tant d'Ecouen que de Cercelles. Ce lieu domine sur ce dernier village, mais aussi, à son tour, il est dominé par la montagne d'Ecouen du côté du nord-ouest. En 1470, ce lieu étoit l'un des plus peuplés du Diocése de Paris, puisqu'il y avoit 80 feux. Dans le denombrement de l'Election de Paris, Villiers-le-Bel a été marqué peut-être faussement pour 640 feux : car aujourd'hui, il n'y en a que la moitié ou environ. Les auteurs du Dictionnaire universel de la France ont oublié cette Paroisse. *Reg. Visit.*

L'Eglise est remarquable par ses piliers fort élevés et par sa croisée, le tout avec des galeries sans appui et des vitrages, ce qui ressent parfaitement le goût de structure du XIII siécle. Les quatre piliers de cette croisée sontiennent un clocher en pavillon couvert d'ardoise, mais qui probablement étoit primitivement une fléche de pierre suivant l'usage ancien. Le sanctuaire est terminé en pignon et non en abside ou demi cercle. La nef a des pilastres d'ordre composite. Elle paroît refaite depuis 200 ans ou environ, et elle est soutenue en dehors par des arcsboutans. Le retable d'autel est orné de quatre colonnes de marbre. Saint Didier, Martyr, Evêque de Langres, patron de cette Eglise, y est représenté d'un côté, et S. Victor, Martyr de Marseille, de l'autre. Le chœur est très-proprement pavé. On conserve dans cette Eglise un ossement de S. Didier long de quatre ou cinq pouces, de couleur tirant sur le cendré et qui paroit être une portion de quelque os du bras. Il est qualifié petit focile dans les Registres de l'Evêché, où l'on lit qu'Anne, Duc de Montmorency, Frere Raoul Gaignier, Chanoine de Saint Victor, Curé, et les Paroissiens l'avoient obtenu de l'Eglise de son nom à Langres, le 19 Mai 1561, suivant un acte dressé par un Notaire, et que l'Evêque de Paris permit de l'enchâsser et de faire la fête de la Susception le 30 Mai, avec quarante jours d'Indulgences. L'Abbé Chastelain n'avoit point vu cette relique en 1685 ; mais il vit le buste dans lequel sont renfermés *Reg. Ep. Par. 11 Julii 1561.*

quelques ossemens de Saint Etern, Evêque d'Evreux, apportés de Lusarches, dont la reception y est célébrée le premier Septembre.

<small>Martyrol. univ. 15 Juillet.</small>
On croit que tout le chef y est, et M. Chastelain l'ayant ainsi marqué dans son Martyrologe, cela a passé jusques dans le nouveau Breviaire d'Evreux de l'an 1738. Un habile homme m'a assuré avoir vu à Domont un ancien mémoire dans lequel il étoit marqué que c'étoit Radulfe le Bel qui les avoit données avec des reliques

<small>Voyages manuscrits de Chastelain.</small>
de Ste Venice. On montre aussi à Villiers-le-Bel des reliques de Saint Eutrope et de Sainte Opportune. L'Abbé Chastelain a observé comme une singularité, que dans cette Eglise le chœur est rond, parce que chaque côté forme un demi cercle, que le Prieur avoit fait des Statuts de ce qu'il appelloit l'*Association fidele,* lesquels étoient tous tirés mot à mot de l'Ecriture Sainte. Cette association n'étoit composée que de trois personnes avec lui, qui étoient l'Abbé de la Briffe, l'Abbé Anselme et M. Taconnet. Il faut se souvenir qu'il s'agit ici de l'année 1685. Je tiens du fils d'un ancien Procureur Fiscal de ce lieu, qu'il y a eu un temps où il demeuroit en ce Prieuré cinq Religieux de l'Ordre.

Ce Prieuré-Cure fut donné à la Maison de Saint Victor de Paris, presque dans les premiers temps de sa fondation. Raoul ou Radulfe le Bel est mentionné dans le Nécrologe de l'Abbaye, au 11 Juillet, pour en avoir été le donateur [1]. On croit qu'il en avoit fait la remise à Etienne de Senlis qui fut sur le siège episcopal de Paris depuis l'an 1124 jusqu'en 1142, et qui en transporta la desserte à la nouvelle Abbaye. Achard qui fut Abbé de Saint Victor

<small>Gallia Ch. nova, T. VII, col. 662.</small>
depuis l'an 1155 jusqu'en 1162, obtint du Pape Adrien IV une Bulle au sujet de cette Eglise et de celle de Saint Brice. Depuis ce temps-là, Amaury de Villiers-le-Bel, Chevalier, que le Nécro-

<small>Necrol. MS. S. Vict. an 21 Martii.</small>
loge de Saint Victor appelle Maurice, fit présent à la même Eglise de quatre arpens de terre labourable. Il vivoit vers l'an 1170 ou 1175. En 1263 Robert, Abbé de Saint Victor, autorisa un échange

<small>Chartul. S. Dion. Reg. fol. 372.</small>
de biens que le Prieur de Villiers le Bel avoit fait avec le Monastere de Saint Denis. Le Pouillé de Paris manuscrit d'environ ce temps-là, met la Cure *de Villari Bello* à la présentation de l'Abbaye de Saint Victor. Mais les Pouillés manuscrits du XV et du XVI siécle et les [Pouillés] imprimés chez Alliot tant en 1626 qu'en 1648, ne font aucune mention de ce bénéfice, ni comme Cure ni

<small>Page 83.</small>
comme Prieuré. Le Pelletier, dans le sien donné au public l'an 1692, n'en ayant rien trouvé, confond (page 83) cette Paroisse avec celle de Villiers-le-Bacle du Doyenné de Châteaufort, croyant que le Bel et le Bacle se disoient indifféremment. Du Breul a observé que ces

---

1. M. Gourdan a quelquefois défiguré le nom de ce Radulfe en celui de Renaud.

Prieurs tirés de la maison de Saint Victor sont seulement Administrateurs du Prieuré, et qu'ils sont revocables au gré des anciens de la maison, et que cela fut confirmé par Arrêt du Parlement du 11 Juillet 1470 contre Frere Jean d'Escouys qui s'étoit fait pourvoir à Rome du Prieuré et Cure de Villiers-le-Bel, et en vouloit débouter Frere Mathurin de la Folie institué par les Senieurs de Saint Victor. Il auroit pu citer à cette occasion les Lettres d'Absalon, Abbé de Saint Victor, de l'an 1202, dans lesquelles l'Eglise de Villiers-le-Bel est marquée comme ayant été des premieres dans le cas. Elles se trouvent au Gallia Christiana. Cet ancien Arrêt sur Villiers est rappellé dans un Factum sur le Prieuré du Bois-Saint Pere d'environ l'an 1678. *Antiq. de Paris,* p. 350. Edit. 1639.

Gall. Chr. nova, T. VII, *Instrum.* col. 80.

On lit dans un nouvel ouvrage que les deux tiers de la dixme de tous les biens du territoire de Villiers-le-Bel appartiennent aux Peres de l'Oratoire de Montmorency comme Chanoines de ce lieu. Fremainville. Pratique des Droits Seigneur. T. II, p. 114.

Il reste ici par rapport au spirituel une chose singuliere à remarquer ; c'est la tradition qui subsiste que Villiers-le-Bel étoit autrefois de la Paroisse de Lusarches. Ce sentiment se trouve marqué dans le nouveau Breviaire d'Evreux. J'ai de la peine à le croire bien appuyé. On n'en trouve rien dans les anciens Registres, et il est difficile de se persuader que la Paroisse de Lusarches se fut étendue jusqu'à trois lieues de l'Eglise Paroissiale ; il n'y a aucun exemple de pareille chose. Ce qui a fait naître cette opinion, est qu'à Lusarches proche l'Eglise Paroissiale il y a plus d'un arpent de terrain où l'on n'inhume plus personne, qu'on dit avoir été le cimetiere des habitans de Villiers-le-Bel. Mais voici le sens dans lequel je pense qu'il faut entendre que Villiers-le-Bel avoit son cimetiere à Lusarches : c'est que le transport de quelques reliques de S. Etern conservées à Lusarches, fait autrefois à Villiers-le-Bel, avoit établi quelque relation entre les deux Paroisses. Cette relation durant encore dans le temps que les Calvinistes se multiplierent à Villiers-le-Bel, détermina les Catholiques de ce lieu à se retirer à Lusarches pendant les grands troubles, ensorte qu'on leur destina une place particuliere dans le cimetiere où ils ont été inhumés à mesure qu'ils y sont décédés. Ce village de Villiers-le-Bel étoit autrefois peuplé d'Huguenots, et on dit qu'il y en reste encore un assez grand nombre. *Brev. Ebroïc.* 1738, ad 16 Julii.

Pour donner une liste des Seigneurs de Villiers avec quelques circonstances historiques sur leur territoire et Seigneurie, il est besoin de remonter jusqu'à Matthieu devenu fameux dans le Cartulaire de Saint Denis, par son aveu et denombrement amplement détaillé de l'an 1125. Il y déclare que Hubert de Saint Brice tient de lui le fief du quart de la dixme de Villers, et le droit de resider dans le même Villers pendant trois mois. Il avoit dit plus haut *Gloss. Cang. nova Edit. voce* Status 9.

que Raoul de Mesiafin y avoit aussi droit de residence. Ce droit s'appelloit *Status*. On disoit *habere statum apud Villers per tres menses*. Le même Matthieu le Bel remit en 1148 à Thibaud, Evêque de Paris, la dixme de Saint Brice. Il paroît qu'alors la Seigneurie de Villiers étoit passée à Raoul qui étoit son frere ou son fils, puisque ce fut lui qui remit l'Eglise du même lieu à l'Evêque Etienne mort en 1142. On a vu ci-dessus un Amaury de Villiers-le-Bel bienfacteur de la même Eglise. Son fils nommé Gui, Seigneur de Villiers, et son épouse Elisabeth transigerent en 1196 avec Mathieu de Montmorency touchant ce qu'ils tenoient de lui en fief dans le territoire du même Villiers. Les Chanoines de Saint Victor étoient en difficulté avec le même Gui au sujet de la Justice de leur maison et de leurs terres : mais Eudes de Sully, Evêque de Paris, décida l'affaire en leur faveur. Quelques mémoires marquent ici un Philippe, Seigneur de Villiers-le-Bel et de Domont, mort en 1204. Il est plus certain qu'en 1206 un Jean de Villiers-le-Bel qui avoit une grange ou ferme à Domont la donna en aumône aux freres du Menel, c'est-à-dire aux Bons-hommes ou Grammontins voisins de Mafflée. Vautier de Villers, Chevalier et Helloïde, sa femme, donnerent en 1219 aux Moines de Saint Denis un pacage situé à Dugny et contigu à leur maison. Vers l'an 1230 Adam de *Villiers-le-Bel*, Chevalier, rendit hommage à Guillaume d'Auvergne, Evêque de Paris, pour le fief de quarante livres parisis qu'il avoit sur le Travers de Conflans et que lui avoit vendu Adam de Garges, Clerc. En 1363 Guillaume de Villiers-le-Bel, Ecuyer et Eustache sa femme, donnerent à l'Eglise de Saint Maur des Fossés pour leur anniversaire le cinquième d'un fief qu'ils tenoient de la même Abbaye. C'est apparemment le même Seigneur qui est appellé Pierre dans quelques mémoires où son épouse est nommée Eustache de Courtenay. Ces mémoires les disent inhumés l'un et l'autre à Villiers-le-Bel en la Chapelle de Saint Nicolas. Guillaume mourut vraisemblablement en 1263, ou au commencement de l'année suivante, puisqu'on trouve qu'en 1264 la Seigneurie étoit tenue par une femme. Cette Dame de Villiers-le-Bel se plaignit en Parlement de ce que le Prevôt de Paris s'opposoit à ce qu'elle eût des fourches patibulaires quoiqu'elle eût la Justice de larcin, qu'elle eut exercé celle de la coupure d'oreilles, et celle d'enterrer vives les larronnesses. Sur ce que le Prevôt représenta que ceux qui avoient droit de fourches les dressoient seulement lorsque le cas y échoyoit, et qu'aussitôt ils les abbattoient, il fut jugé qu'il en seroit de même à Villiers. Quelques années après la terre de Villiers-le-Bel fut tenue par Pierre Chevalier. Baron de Macy. On le dit inhumé avec Mahaud de Gamaches, sa femme, l'an 1286 en la Chapelle de Notre-Dame du même lieu de Villiers où est leur tombe. En 1339 le Seigneur de Villiers-le-Bel s'appelloit Adam. Il est sans doute le même Adam de Villiers-le-Bel qui fut tué à la bataille de Navarret en Espagne l'an 1365. Vers l'an 1380 Marguerite d'Aunay, fille de Philippe, Maître d'Hôtel du Roi Charles V, avoit épousé le Seigneur de Villiers-le-Bel. Nous lisons ailleurs qu'il se nommoit Pierre, et qu'il rendit aveu en 1387 de la terre d'Oignon. Dans le siécle suivant, quelqu'une des branches des Montmorency posseda cette terre. Il me paroît qu'il y a quelque erreur de la part de ceux qui mettent parmi ces Seigneurs de Villiers-le-Bel Jean de Villiers, fils de Pierre et de Jeanne de Chatillon, lequel Jean fut créé marechal de France en 1418, servit Henri VI, Roi d'Angleterre, en 1432, puis Charles VII, et fut tué l'an 1437 à Bruges dans une émeute populaire. Je soupçonne qu'ils ont pris Villiers-le-Bel pour Villiers-Adam, Bourg voisin de l'Isle-Adam dont ce Jean de Villiers étoit Seigneur. Car je trouve en 1425 un Jacques de Villiers, Seigneur de Villiers-le-Bel, qui avoit des pretentions sur les dixmes de Sarcelles, et en 1460 Jacques de Villiers, Seigneur de l'Isle-Adam et Valmondois, est dit aussi Seigneur de Villiers-le-Bel en partie. Néanmoins il est certain que le Connétable Anne de Montmorency passe pour avoir été en même temps Seigneur Chastelain de l'Isle-Adam et Seigneur de Villiers-le-Bel, selon des Lettres de l'an 1527. François, son fils, lui succeda et possedoit Villiers-le-Bel vers l'an 1567. Aussi, dans le Procès-verbal de la Coûtume de Paris, le Seigneur de Montmorency est-il dit Seigneur de Villiers-le-Bel.

<small>Hist. de Montm. Preuves p. 527.</small>
<small>P. Anselme. Hist. des Gr. Off. T. VIII, p. 883.</small>
<small>Invent. Spir. fol. 148. Tab. Vallis.</small>
<small>Hist. de Montm. Preuves p. 278.</small>
<small>Hist. de Montm. p. 438.</small>

Madame de Joyeuse a possedé la terre de Villiers-le-Bel, et depuis elle cette terre appartient à M. le Prince de Condé.

Le Grand Prieur de France se disoit aussi Seigneur à Villiers-le-Bel en 1580 ; mais nous ignorons en vertu de quoi, n'y ayant point d'Histoire de l'Ordre de Malte ou des successeurs des Templiers qui entre dans le détail de leurs biens. A l'égard du Prieuré de Saint Martin des Champs, il avoit à Villiers dès le XII siécle une dixme de vin. Dans l'énumeration des revenus de cette maison faite par la charte de Thibaud, Evêque de Paris, vers l'an 1150, il y a : *Decimam vini apud Villers.* L'Abbaye de Saint Magloire y avoit en 1341 et 1360 un revenu sur des terres situées aux lieux dits Champ-long et le Gelinier. Le titre porte que la mesure de ce lieu est celle de Montmorency : par quoi un muid d'avoine mesure de Paris faisoit à la mesure de Villiers quatorze septiers. Il y a de plus à Villiers-le-Bel un fief appellé le Fief de la Quatorziéme dont M. Charles Amelot, President en la troisiéme des Enquêtes, avoit la dixme inféodée. Sa fille héritiere obtient le 16 Mai 1702 un Arrêt du Parlement qui condamnoit à payer la

<small>Coutume de Paris.</small>
<small>Hist. S. Mart. p. 188.</small>
<small>Chart. S. Magl. Gaign. Portef. CCXXI, fol. 199.</small>
<small>Code des Curez, T. I, p. 212.</small>

dixme à raison de quarante sols par arpent du terrain enfermé dans un enclos auparavant ensemencé. Dans cet Arrêt la mense Abbatiale de Saint Denis et l'Abbaye de Saint Victor sont dites gros Décimateurs de Villiers-le-Bel.

En 1465, le jeudi 31 Octobre, le Roi Louis XI ayant reconduit avec le Comte de Charolois jusques bien avant sur le chemin de Pontoise le Duc de Guyenne, Charles son frere, qui alloit en Normandie, ils vinrent passer ensemble les Fêtes de la Toussaint à Villiers-le-Bel ; après quoi le Comte de Charollois alla en Picardie, et le Roi revint à Paris. On a des Lettres de Louis XI datées de Villiers-le-Bel le 2 Novembre de cette année-là, qui portent commission pour recevoir le serment des Ducs de Normandie.

Jean Castel. Chronique de Saint Denis

Tables de Blanchard.

Il est sorti de ce lieu un homme illustre à la fin du XIV siécle. C'est André Barré qui, s'étant fait Chanoine Régulier à Saint Victor de Paris, en devint Abbé l'an 1423, et gouverna sagement cette maison durant vingt-cinq ans en des temps très-difficiles. Il mourut le 25 Octobre 1448. Il est inhumé au côté droit du chœur de Saint Victor.

Gallia Chr. nova, T.VII, col. 685.

Un Prieur, Curé de Villiers-le-Bel, doit être nommé en qualité d'auteur. C'est Charles de la Grange qui a composé un livre intitulé : *Les Mysteres sacrés de N. S., etc., selon le cours de l'année*, en plusieurs in-12. Paris, Couterot, 1697. Sa mort, arrivée en 1709, donna occasion à un mémoire contre les prétentions de M. Augustin Perrochel, en sa qualité de grand Archidiacre de Paris, lequel est à voir.

ECOUEN et ESANVILLE

Il paroît qu'on ne peut gueres refuser de reconnoître, après Dom Mabillon, la Terre et Seigneurie d'Ecouen dans le titre que ce sçavant Religieux a donné en son livre *de re diplomatica* (page 465), à l'an 632, par lequel Dagobert fait présent à la Basilique de Saint Denis du village appellé en latin *Iticiniscoam* ou *Iticinoscoam*, lequel auparavant appartenoit à deux Seigneurs nommés Landry et Ga...nery, avec les bois, prés, pacages et cours d'eau. La même terre semble être pareillement nommée par l'auteur des Gestes de ce Roi, mais d'un nom fort abrégé, savoir *Idcina*. Il met cet *Idcina* dans le nombre des terres que ce même Prince donna à l'Eglise de Saint Denis. Comme Ecouen et Esanville ne forment de tout temps qu'une seule et même Paroisse, il y a apparence que le mot *Idcina* est celui qui a produit Esen-ville,

Duchêne, T. I. Gesta Dagob. num. 37.

qui aura d'abord été écrit Idcin-ville ou Itcin-ville, comme formé d'*Idcina-villa*, et que *Iticiniscoam* est un assemblage des deux noms, comme qui diroit Itcin-Iscoan.

    Depuis ces deux monumens, on ne retrouve aucune chose qui se rapporte à Ecouen, que l'acte de la fondation de la Chapelle d'Aisenville [1]. Il fut dressé sous l'Episcopat de Geoffroy qui dura depuis l'an 1060 jusqu'en 1092. Une Dame alliée aux Montmorency, touchée de piété, se rendit Religieuse dans le Monastere de Notre-Dame et de Saint Paul en Beauvoisis, et y fit présent de sa terre d'Aisenville. Quelque temps après, la Communauté ordonna que, par obéissance, elle iroit demeurer dans cette terre. Elle le fit, et de là elle venoit assiduement chaque jour à l'Eglise Paroissiale. Mais étant devenue infirme avec l'âge, elle obtint de l'Evêque Geoffroy et de Drogon, Archidiacre, de bâtir un oratoire en sa terre au cas que Robert, son Curé, y consentît. Ce prêtre le permit, à condition que son Eglise ne perdroit point ses droits les principaux jours de Fête [2], qu'on n'y célébreroit point ces jours-là ni le jour natal de Saint Acceul, qu'on n'y célébreroit aucun mariage, et qu'on n'y releveroit point les femmes de leurs couches. Il est vrai que le nom d'Ecouen n'est point dans cet acte ; mais la désignation de la Fête de Saint Acheul, actuellement encore patron d'Ecouen, fait voir qu'il ne s'agit point ici d'autre Eglise que de celle-là.

    La position du bourg d'Ecouen relativement à Paris est une des plus faciles à indiquer. Ce lieu est situé directement au septentrion de cette Ville, c'est-à-dire deux lieues par-delà Saint Denis, et par conséquent à quatre lieues de Paris. Il est bâti sur un coteau assez élevé qui regarde aussi le septentrion ; l'air en est pur et vif, et le territoire fertile en tous biens. Le château et les Seigneurs qui l'ont possedé l'ont rendu célébre. J'en parlerai ci-après.

    Comme les Barons de Montmorency eurent par la suite des temps plusieurs terres de l'Abbaye de Saint Denis, il se trouve que dès le XI ou XII siécle, ils jouissoient de celle d'Ecouen ; et même sous le regne de Louis le Gros, ils se disoient possesseurs de l'Eglise de ce lieu. En conséquence de cette possession, Burchard de Montmorency accorda cette Eglise avec toute la dixme au Prieuré de Saint Martin des Champs, ce que l'Evêque Etienne certifia en 1124, quoique cela eût déjà été confirmé par une Bulle

---

1. Le titre l'ortographie ainsi, ce qui n'empêche pas que cela ne vienne d'*Iticin*.
2. *In Nativitate Domini, neque in Octavis, neque in Apparitione, neque in Purif. S. Mariæ, neque in Capite Jejunii, neque in Natale S. Acceoli, neque in Dedicatione Ecclesiæ, neque in Ramis Palmarum, neque à quinta feria ejusdem septimanæ usque ad secundam feriam subsequentis hebdomadæ, nec in Rogationibus nec in Ascensione et in die Pentecostes, neque in Natali omnium Sanctorum et Defunctorum.*

Hist. S. Mart. Camp. p. 157.
Ibid.

de Calixte II de l'an 1119 en ces termes : *Altare Ecclesiæ, atrium et decimam de Escuen.* Une Bulle d'Eugene III de l'an 1147, employe à peu près les mêmes expressions : mais la charte de Thibaud, Evêque de Paris, d'environ l'an 1150, détaille mieux le tout, en mettant : *Ecclesia de Escuen cum tota decima et atrio et tortellis* [1] *Nativitatis Domini et Capella de Esenvilla,* et un peu plus bas : *tertiam partem Altaris de Escuen.* Desorte que Matthieu de Montmorency, ayant voulu troubler les Religieux de ce Prieuré en leur possession de lever la dixme de tout le territoire d'Ecouen, fut obligé d'avouer en Jugement qu'il avoit eu tort :

Hist. de Montm. Preuv. p. 114.

sur quoi il y eut sentence de l'Official de Paris en 1265.

Il y a deux cens ans que l'Eglise d'Ecouen a été rebâtie à neuf, du moins le chœur, avec une aîle qui est du côté septentrional.

Reg. Ep. Paris.

Il fut permis le 24 Mai 1536 au Curé de transferer l'autel ailleurs, jusqu'à ce que le nouvel édifice eut été fini. On voit aux vitrages les chiffres 1544 et 1545, aussi-bien que le mot Απλανος qui étoit familier aux Montmorency de ces temps-là pour montrer qu'ils ne s'étoient jamais écartés de leurs devoirs ; leurs armes se voyent pareillement aux voûtes. Il n'y a point d'aîle vers le midi. On voit de ce même côté au vitrage du chœur, un Ecclésiastique représenté avec S. Paul son patron derriere lui, qui peut être un Cardinal ou un Dignitaire du Parlement ou d'un Chapitre. Aux vitres de l'autre côté est un Chanoine représenté à genoux, en robe violette, avec son aumusse sur le bras droit ; c'est apparemment quelque Chanoine de Montmorency, qui étoit Curé d'Ecouen, comme il y en a eu un dans le siécle dernier dont l'épitaphe est au chœur.

On a vu ci-dessus que la Fête patronale de l'Eglise d'Ecouen étoit *Natale Sancti Acceoli,* et l'on a dû conclure par l'endroit où cette Fête est placée entre le jour des Cendres et la semaine Sainte, qu'elle tomboit ordinairement en Carême. C'est encore le même Saint *Acceolus* que l'on y revere comme patron. On conserve sur la porte de la sacristie une châsse qui contient de ses reliques reçues le dixiéme jour d'Août. On l'y appelle différemment en françois Acceul ou Axele, ce qui vient visiblement du latin *Acceolus ;* cependant les prédicateurs attribuent à ce Saint les actions de S. Andeol, martyrisé dans le Vivarez le premier Mai. Il est vrai que l'on célèbre sa Fête à Ecouen le même jour : mais comme c'est aussi celui auquel le martyrologe de Saint Jerôme marque à Amiens le martyre des Saints *Acius* et *Aciolus,* il paroît plus simple de croire que c'est de ce dernier Saint d'Amiens que sont

---

1. C'étoient des pains en forme de tourteaux, espece d'offrande que les habitans faisoient à l'Eglise aux Fêtes de Noël.

les reliques qui ont fait donner à la premiere Eglise bâtie à Ecouen le nom de Saint Acceul, et que ces reliques furent tirées du Monastere de S. Denis, où nos Rois en avoient fait apporter de divers lieux de la France, entr'autres d'Amiens, qui furent reçues sous le titre de Saint Firmin, etc. On a vu ci-dessus que la Terre d'Ecouen étoit dans le lot des Moines de Saint Denis lors du partage en 832. Le jour de la reception des reliques de S. Acceul étant le 10 d'Août, quelques-uns ont imaginé que S. Laurent étoit le second patron d'Ecouen.

Cette Eglise a été aggrandie sur le devant en 1737, mais cette augmentation de la nef est sans aucun goût d'architecture. Il n'y a dans cette Eglise de sépulture remarquable que celle de la famille appellée Chardon, attachée de temps immémorial aux maisons de Montmorency et de Condé. Sur une épitaphe sont mentionnés : « Nicolas Chardon, sieur de Villegray, Capitaine du Château, « Terre et Seigneurie d'Ecouen, Villiers-le-Bel, etc., fils de Pierre « aussi Seigneur de Villegray, qui étoit fils du Capitaine Chardon « dont il est fait glorieuse mention au second livre de l'Histoire « de M. du Bellay. Pierre Chardon, Ecuyer, Seigneur de Ville- « gray, aussi Capitaine. Nicolas Chardon, Docteur de la Société « de Sorbonne, Curé d'Ecouan. » Et contre l'ordinaire des épitaphes, on n'y marque ni le jour, ni l'année de leur mort. Mais au bas se lisent ces deux vers :

> *Chardoneæ gentis cernis commune sepulcrum :*
> *Conspicuos Clero, Marte, Togâque viros.*

Leurs armoiries sont trois étoiles.

A un autre pilier on lit l'épitaphe suivante : *Hic jacet D. Nicolaus Christophorus de Chardon in Theologia Licentiatus è Regia Navarra, Domni-Martini Decanus ac Prior Razinnensis. Obiit 1708 ætatis 33.* De plus est nommé au même endroit un *Petrus de Chardon olim Canonicus Suessionensis* mort en 1691.

Le Pouillé de Paris du XIII siécle s'accorde avec les titres ci-dessus allégués pour donner au Prieur de Saint Martin des Champs la nomination à la Cure d'Ecouen, et les autres Pouillés écrits depuis y sont conformes. La seule différence entre les Pouillés modernes et l'ancien sur cet article consiste en ce que l'auteur de l'ancien, très-réservé dans l'usage de latiniser les noms de lieu, aime mieux imiter tous les titres du XII siécle et dire comme eux en langage vulgaire *Escuen* que d'y donner une terminaison latine. Cela marque en passant que dans ces deux siécles on avoit perdu de vue le nom latin primitif qui étoit resté caché dans les archives de Saint Denis. Dans le XIV siécle on passa par-dessus le doute et l'on écrivit en latin *Eschonium* ou *Escho-*

Hist. S. Mart. Camp. p. 446. vium, comme il paroît par l'acte de nomination faite l'an 1331 de Bertrand de Pomieres, Curé *Ecclesiæ Eschovii Paris. Diœc.* à une Chapelle de Saint Jacques de la Boucherie, ce qui a été suivi par le Pouillé de l'an 1626.

On me dispensera de donner ici un catalogue des Seigneurs d'Ecouen. Il faudroit pour cela transcrire une partie trop considérable de la généalogie des Montmorency qu'on peut voir dans Duchêne et ailleurs. Il suffit de dire que les Seigneurs de Montmorency ont possédé la terre d'Ecouen durant cinq ou six cens ans. L'un des plus fameux qui l'a tenue a été Anne, le célébre *Hist. de la maison de Montm. p. 266.* Connétable qui l'avoit eu de Rolland de Montmorency en 1527. C'est lui qui fit bâtir le château et probablement aussi l'Eglise, excepté la nef. Cette terre avoit été unie au Duché de Montmorency : mais comme elle se trouva mouvante de l'Abbaye de Saint Denis, elle en fut distraite peu de temps après, sçavoir, en 1551. *Reg. Parl. 4 Sept. 1551.* Par les Lettres Patentes, le Roi quitta les foy et hommage qu'il s'en étoit retenu et les remit à l'Abbaye de Saint Denis pour lui être rendus comme avant la jonction. François de Montmorency *Hist. de Montm. p. 438.* eut en 1563 la terre d'Ecouen, en vertu du partage ordonné par son pere le Connétable. Cette terre et celle de Preau fut confisquée *Reg. Parl. 9 Mars 1633.* sur le Duc de Montmorency, et donnée par Louis XIII à la Duchesse d'Angoulême en 1633.

Le château d'Ecouen consiste en quatre gros corps de logis qui forment un corps quarré, aux angles duquel sont quatre pavillons quarrés plus élevés d'un étage que le reste de l'édifice. Dans leurs angles rentrans sont des tourelles qui se terminent en cone. Ceux qui souhaiteront un plus grand détail sur l'architecture de ce *Description de Paris, T. VIII.* château, le trouveront dans M. de Piganiol. Ils en trouveront aussi la représentation dans Androuet du Cerceau en ses tomes in folio des anciens châteaux publiés vers l'an 1580, et dans la *Tome I Ed. 1655.* topographie de France par Zeiller. Sauval a écrit qu'on y admiroit les vîtres peintes en camayeu, d'après les desseins de Raphaël, la *Antiq. de Paris, T. II, p. 142.* table faite d'un ceps de vigne d'une grandeur demesurée [1], la Chapelle environnée d'un lambris de bois de rapport et de différentes couleurs, mais plus admirable encore ci-devant pour quelques bustes et figures antiques, et par ces deux captifs de marbre du dessein et de la main même de Michel Ange qu'Henri, dernier Duc de Montmorency, donna en mourant, l'an 1632, au Cardinal de Richelieu. D'autres y ont remarqué un Christ mort que le Rosso avoit peint pour le Connétable Anne avec beaucoup d'étude et de perfection. Ce Peintre Italien étant venu en France, fit plu-

---

1. J'ai vu cette Table vers l'an 1700. Elle avoit environ trois pieds de long sur deux pieds et demi de large.

sieurs tableaux des actions de François I, et ce Prince lui fit donner un Canonicat de Notre-Dame de Paris. Il mourut en 1541. Comme le Connétable vécut dans un temps où l'on commença à voir beaucoup de remuemens, on lui suggera de faire mettre sur la principale porte de ce Château ce commencement d'une Ode d'Horace dont le premier mot faisoit une allusion puerile au nom d'Ecouen : Voyage de France chez le Gras 1724.

> *Æquam memento rebus in arduis*
> *Servare mentem.......*

Ou plutôt je croirois que le Connétable Anne de Montmorency ayant bâti ou rétabli le Château d'Ecouen, au temps de sa disgrace qui dura depuis 1540 jusqu'à la mort de François I, il a voulu se rappeler lui-même ce vers d'Horace, pour s'animer à soutenir son exil avec dignité.

Le pavé de la cour étoit autrefois fort estimé pour sa beauté et par une espece de labyrinthe qu'on y avoit formé de pierres de diverses couleurs. Théâtre des Villes.

On a une déclaration du Roi François I donnée à Ecquen, le 4 Juillet 1527, quelques Edits et Déclarations datés pareillement de ce lieu par Henri II au mois de Mars 1547 ou 1548. C'est aussi à Ecouen que fut donné par le même Prince le fameux Edit du mois de Juin 1559, qui punit de mort les Luthériens. Les Ducs de Bourgogne et de Berry furent reçus en ce Château par M. le Prince, le 6 Juin 1705, et y dinerent. Table de Blanchard. Merc. Juin 1753, p. 282.

Cette terre est l'une de celles sur lesquelles les Montmorency assignerent le plus de revenu pour les Monasteres et pour les Pauvres. En 1205, Matthieu de Montmorency donna à l'Abbaye du Val un muid de froment du meilleur à lever chaque année en la grange d'Escouen. Le même en 1213 accorda aux Religieux du Menel, de l'Ordre de Grammont fondé proche Mouceout, cinq muids de grain à prendre au même endroit. Enfin par son testament il voulut qu'on prît sur la même grange cinq muids de bled chaque année pour en faire du pain qui seroit distribué aux pauvres tous les jours du Carême, par les Chanoines de la Collégiale de Saint Martin de Montmorency. Il mourut le 24 Novembre 1230. Le Prieuré du Bois-Saint Pere situé entre Saint Prix et Bouffémont avoit aussi le droit de percevoir tous les ans un muid de bon bled sur le revenu du Seigneur d'Ecouen, à la Saint Martin d'hiver, ce qui fut reconnu par les Montmorency en 1273 et 1278. Hist. de Montm. Preuv. p. 76.

Ibid., p. 80.

Hist. de Montm. p. 143.

Hist. de Montm. Preuv. p. 123 et 125.

Le livre imprimé du dénombrement des Elections spécifie ainsi ce lieu : *Escouen et Neufmoulin Château 295 feux.* La Description du Royaume de France n'y en met que 230. Le Dictionnaire universel du même Royaume, joignant aussi Neufmoulin avec

Ecouen, y compte 1036 habitans ou communians. Le Rolle des tailles joint aussi Neufmoulin avec Ecouen, si c'est la même chose que la Carte de Fer et autres appellent Moulineuf : ce lieu est tout proche Ezanville. J'ai trouvé un fief du nom de Neufmoulin donné par échange au Prieuré de Saint Martin des Champs, dès l'an 1408, par Jean Caillot demeurant à Ezanville, dont Jacques, Seigneur de Montmorency, donna les lettres d'amortissement.

<small>Hist. de Montm. Preuv. p. 159.</small>

Il y a des Vignes au voisinage d'Ecouen, en tirant sur le chemin de Villiers-le-Bel, et sur le même chemin se voit une jolie Chapelle du titre de Sainte Anne.

Sauval rapporte d'après Paul Petau une découverte de tombeaux faite à Paris, qui prouve que la pierre d'Ecouen y étoit employée dès le IV siécle de J. C.

<small>Antiq. de Paris, T. II, p. 535.</small>

Entre Ecouen et Saint Brice est l'étang du Chaufour avec un moulin qu'on assure être sur la Paroisse d'Ecouen. Ce bien fut regardé comme considérable par le Roi d'Angleterre Henri V, vers l'an 1423 ; il le donna avec les prez qui en dépendoient et la basse Justice à Me Jean le Clerc qui tenoit son parti, après les avoir ôtés à Maître Bureau Boucher, absent, qui étoit attaché au Roi Charles VII.

<small>Compte de la Prev.de Paris. Sauval, T. III, p. 325.</small>

ESANVILLE

On a vu ci-dessus les commencemens d'Esanville, lesquels ne sont pas nouveaux, si c'est ce lieu en particulier qui s'appelloit *Idcina Villa* au VII siécle. Dans le XI siécle on disoit et on écrivoit Aysen-Ville. Ce fut alors qu'il commença à y avoir une Chapelle en cette partie de la Paroisse d'Ecouen, par les soins d'une Dame à qui cette Terre appartenoit, et le Curé eut soin de faire mettre des bornes à l'usage qu'on auroit pu faire de cette Chapelle.

<small>Hist. de Montm. Preuv. p. 27,</small>

Il semble, par la teneur de la charte par laquelle Thibaud, Evêque de Paris, confirma vers l'an 1150 au Prieuré de Saint Martin des Champs tous les biens qu'il avoit dans son Diocése, que la Chapelle d'Esanville y fut comprise ; on y lit *Capella de Esenvilla*. Cependant, suivant le Pouillé Parisien du siécle suivant, un peu avant le temps de S. Louis, c'étoit au Prêtre d'Ecouen à donner cette Chapelle *de donatione Presbyteri de Escuem, Esenvilla*. Le Pouillé du XV siécle, sans dire à qui elle appartient, met simplement *Capella B. Mariæ de Essenvilla in Parochia de Esconio*.

L'édifice que l'on voit aujourd'hui à Ezanville ressemble aux Eglises ordinaires de village, n'étant plus une simple Chapelle, mais regardé comme celui d'une succursale. L'Eglise est d'un goût d'architecture ressemblant assez à la maniere dont on bâtissoit sous François I ou Henri II. Elle est toute voutée avec une seule aîle du côté où est la tour du clocher ; mais on ne tourne point derriere le sanctuaire. Le portail et quelques piliers de la nef du côté du septentrion sont du XIII à XIV siécle. Ainsi il ne faut pas s'attendre à y rien voir du regne du Roi Philippe I, temps auquel la premiere Chapelle fut construite. Le chœur est boisé et pavé à neuf très proprement. Cette Eglise est sous le titre de l'Assomption de la Sainte Vierge. Il y a un Chapelain titré qui a le chœur à lui, mais qui ne peut pas exercer les fonctions Curiales. La desserte de la succursale se fait dans la nef par un Prêtre que le Curé d'Ecouen y commet pour prêcher et administrer les Sacremens.

Ce village est situé sur une petite éminence qui est fort dominée par les montagnes d'Ecouen et autres. On n'y voit point de vignes, tout est cultivé en grain ou autrement. De là à Villiers-le-Sec est une plaine d'une grande lieue, presque entierement en bleds. Ce lieu est à une demie lieue d'Ecouen et placé un peu plus haut sur le ruisseau de Rône. Le denombrement de l'Election de Paris y marquoit 76 feux, qui sont maintenant reduits à moitié suivant l'observation du Sieur Doisy. Il y a un rolle particulier pour la Taille.

M. le Prince de Condé est Seigneur en partie du lieu d'Esanville. C'est à lui le petit bois quarré, situé au sud-ouest de ce village, avec une grosse ferme. Les Religieuses Benedictines de l'Abbaye de Saint Paul, proche Beauvais, ont l'autre partie de la Seigneurie qui leur vient du don de la Dame dont j'ai parlé ci-dessus.

Pour ce qui est des anciens Chevaliers, Ecuyers ou autres qui sont surnommés d'Esanville, on trouve d'abord à l'an 1177, Reric d'Esanville avec Renaud, Gui et Pierre, ses freres. *Hist. de Montm. Preuv. p. 76.*

Robert d'Esanville, Chevalier, tenoit en 1230 de Pierre de Marly des pêcheries dans la Seine. Il vivoit encore en 1239. *Chart. S. Dion. Reg. p. 265.*

En 1272 Pierre des Barres, Chevalier, et Marguerite de la Guierie, sa femme, avoient un fief à Esanville. *Tab. Vallis. Gaign. page 260.*

Adam, Sire d'Esanville, avoit donné à l'Abbaye du Val Notre-Dame du bien situé à Esanville, dont Jean de Villers, Sire de Domont, accorda la confirmation l'an 1275. *Tabul. Vallis. p. 110.*

Jean Bureau, Evêque de Beziers, étoit Seigneur d'Esanville en 1472, et Pierre Bureau, Chevalier, l'étoit en partie l'an 1487. *Ibid., p. 370. Gall. Chr. T. VI, col. 362.*

Charles d'Orgemont, décédé en 1502, avoit été Seigneur de la même Terre. *Epitaphe à Ste Cath. de la Couture.*

Louise d'Orgemont, veuve de Rolland de Montmorency, mort

en 1506, se qualifioit Dame de Baillet sur Esche et d'Esanville.

Hist. de Montm. p. 290.

Depuis ce temps-là, le Connétable de Montmorency posseda cette Terre avec plusieurs autres du voisinage; puis, François, son fils aîné, etc. Et enfin, de la Maison de Montmorency elle passa à celle de Condé à laquelle elle appartient maintenant.

Dans le rolle imprimé d'une taxe imposée en 1649, sur toutes les terres d'autour de Paris, est spécifié le sieur Prélabbé pour sa Terre d'Esanville.

MOISCELLE

Lorsque Hilduin, Abbé de Saint Denis, fit en 832 un partage de ses terres avec les Religieux, une de celles dont il assigna le revenu pour être employé à l'achat des habits et des chaussures des Moines fut Moiscelle qu'il appelle *Muscella*, nom qui ne fait naître aucune idée qui puisse en rappeller l'étymologie. Mais quelques années après, les Religieux désirant avoir dans leur lot la terre de Nogent-sur-Seine au Diocèse de Troyes, cederent à l'Abbé pour cela la moitié de Bailleil, la terre de Moiscelle et d'autres dont il sera parlé en leur lieu. Voilà ce qu'on sçait de plus ancien sur Moiscelle situé à cinq lieues de Paris.

De re Diplomat. p. 520.

Diplomat. anni 862. Ibid. 537.

Delà on n'en trouve rien jusqu'à l'an 1150 ou environ, qu'on lit dans une charte de Thibaud, Evêque de Paris, la confirmation du don de l'Eglise de Moiscelle, au Prieuré de Saint Martin des Champs et de toute la dixme tant grande que petite. Dans ce titre latin ce lieu est appellé *Moisella*. Il faut croire que quelque Evêque revoqua depuis ce don et qu'il se fit quelque échange, puisque dès le XIII siécle cette Eglise étoit de plein droit à l'Evêque de Paris quant à la nomination du Curé, selon le témoignage du Pouillé de ce temps-là où elle est nommée en françois Moisselles, sans que son nom y soit aucunement en latin. On la trouve pareillement au rang des Cures de la nomination de l'Evêque dans les Pouillés manuscrits du XV et du XVI siécles, dans ceux qui ont été imprimés au XVI et elle n'est point du tout dans celui du Prieuré de Saint Martin.

Hist. S. Mart. Camp. p. 187.

L'Eglise a été primitivement au bout d'une rue qu'on a appellée la rue du Moutier, et qui tiroit vers Atteinville à l'endroit où il y a une croix, parce que le grand chemin tortillant alors, passoit de ce côté-là. En la rebâtissant sur le bord du nouveau grand chemin on l'a exposée aux humidités que cause la chûte des torrens. L'ancienne Eglise avoit été dédiée le 12 Juillet 1551, par l'Evêque de Megare, mais les moissons ayant paru être un obstacle à la solemnité, le Curé et les habitans avoient obtenu permission en 1571 de la remettre au Dimanche d'après la Saint Barthelemi.

L'ancien Patron est, dit-on, aussi S. Barthelemi ; le nouveau et le plus solemnisé est S. Maclou. La rencontre de ces deux Saints pour Patrons, me porte à conjecturer que l'Eglise de Saint Barthelemi de Paris dans laquelle le corps de S. Maclou, Evêque d'Alet en Bretagne, fut apporté pour la crainte qu'on avoit des Normans, auroit eu du bien sur le territoire de Moiscelle et que ce fut ce qui y procura de ses reliques. Mais comme depuis ce temps-là le peu qui y avoit été porté s'est trouvé perdu, les Chanoines de Saint Victor de Paris qui possedent aujourd'hui la plus grande partie du corps de ce Saint, en ont donné au Curé en 1706 un ossement qui a été placé le 11 Juillet derriere le grand autel. Dans des provisions de l'an 1538, cette Cure est appellée *S. Macuti de Moisellis*. Cette Eglise, telle qu'elle est aujourd'hui, n'a gueres qu'un siécle d'antiquité ; on y voit dans le fond le chiffre de 1645. Elle est avec le défaut commun à plusieurs autres de n'avoir qu'une aîle. Il n'y paroît aucune sépulture remarquable, et pour toute inscription, je n'ai vu que celle d'une fondation faite vers l'an 1650, par Jacques Habert, Maître des Comptes.

Brev. Paris. 15 Nov.

Chastelain Martyrol. univ. p. 990. Permiss. de distraction par le Card. de Noail. du 20 Mars 1706.

Le testament latin de Bouchard, Seigneur de Montmorency, de l'an 1237, fait mention de deux Hôpitaux de Moiscelles sans latiniser le nom de ce lieu. Ce Seigneur donna à la Maison-Dieu dix livres, et aux Lepreux cent sols : *Domui Dei de Moisselles decem libras,* et plus bas : *Leprosis de Moisselles centum solidos.* Je ne puis assurer si les Seigneurs de Montmorency avoient fondé ces deux Hôpitaux : mais j'ai lu qu'en 1561 le Seigneur de Montmorency présenta Requête au Parlement, exposant que les ancêtres étoient fondateurs des Hôtels-Dieu de Montmorency et de Moiscelles, et que c'étoit à lui à veiller sur la régie des revenus et non au Prevôt de Paris ou Lieutenant Civil, ni au Substitut du Procureur Général au Châtelet : en quoi il fut autorisé par Arrêt du 23 Décembre. L'acte de la visite faite en 1351 de la Maison-Dieu, par le Commissaire de l'Evêque de Paris, marque que cet Hôpital étoit pour les Pauvres de Moiscelle, d'Atteinville et de Domont. Jean de Montmorency, qui en étoit administrateur en 1500, fit sa démission le 2 Juin entre les mains de l'Evêque.

Hist. Eccl. Par. T. II, p. 332. Hist. de Montm. Preuv. p. 86.

Reg. Ep. Paris.

Le village de Moiscelles est entierement ramassé dans une espece de fond sur le grand chemin de Paris à Beaumont. Il n'y a nuls écarts, mais bien quelques petits fiefs relevant, comme le village, de M. le Prince de Condé, Haut-Justicier. On n'y voit aucunes vignes : tout est en plaines labourées. Les femmes y trafiquent en dentelles. Le dénombrement de l'Election de Paris imprimé en 1709 y met 50 feux, et un autre plus nouveau y en compte 43. Il n'y en a gueres davantage. Le Dictionnaire de tous les villages de France a oublié celui-ci. Le petit ruisseau qui y passe et qui prend sa source dans le voisinage, et coule ensuite vers Esanville, s'appelle Rône, nom qui n'est point inventé de nos jours, mais qui se trouve dans un titre par lequel le Roi Eudes donne au Monastere de Saint Denis, l'an 894, un moulin situé *super fluvio Rodono*. Ce nom de *Rodonus* ou *Rosdonus* n'étoit pas inconnu aux anciens. On lit encore ailleurs au sujet de Frodoïn, Abbé d'un Monastere dont le nom s'est perdu, qu'il donna, la septieme année de Charlemagne, c'est-à-dire l'an 775, à l'Abbaye de Saint Germain-des-Prez, dite alors Saint Vincent et Saint Germain, une terre située *super fluvium Rosdon* : mais comme cette terre y est désignée sous le nom de *Filcherolas*, il paroît que ce doit être le ruisseau qui passe à Dampierre, proche Chevreuse, et qui vient de Senlisses et des Vaux de Cernay.

<small>Hist. de S. Denis. Preuv. p. 101.</small>

<small>Annal. Ben. T. II, p. 233.</small>

En 1628, Claudine le Moine étoit Dame de Moiscelle et faisoit sa demeure à Domont. Il s'agit de la Seigneurie subordonnée à celle de M. le Prince de Condé, Haut-Justicier. Aujourd'hui, le Seigneur est le Sieur Matha, Procureur Fiscal d'Enguien, et Receveur Général de M. le Prince de Condé pour le Duché d'Enguien.

ATTEINVILLE

Le plus souvent les villages dont le nom se termine en *Ville* n'ont été originairement qu'une Terre ou Ferme d'un particulier dont ils ont pris le nom, cela est certain à l'égard d'une infinité de Villages de Normandie.

Il est à présumer que le nom d'Atteinville a été formé de la même maniere ; cependant, comme il est difficile d'entrevoir de quel nom personnel Gaulois, Romain ou Teutonique, peut avoir été formé le mot Attein, j'aime mieux ne rien avancer là-dessus. Tous les titres latins que j'ai pu voir du XII et XIII siécles nomment ce lieu assez uniformément, et avec de legeres différences dans l'écriture. Il est donc écrit *Attenvilla*, *Atheinvilla*, *Ateinvilla*, *Atenvilla*, et plus communément de la premiere maniere. Les habitans prononcent aujourd'hui Tainville. Avant le XII siécle, il n'est fait aucune mention de ce lieu.

Cette Paroisse est à cinq lieues ou un peu plus de Paris, vers le septentrion, à un quart de lieue de la route de Beaumont-sur-Oise.

C'est un pays de labourages. Une partie du village et Eglise sont bâties sur une éminence si petite que ceux qui la voyent de loin se figurent que la Paroisse est dans une plaine. Au commencement du dernier siécle c'étoit encore un bourg muré. Il y avoit en ce lieu 98 feux en 1709, suivant le denombrement alors imprimé. Le sieur Doisy en a redonné un autre où il en marque seulement 72. Le Dictionnaire universel de la France assure qu'il y a 314 habitans à Atteinville. Le territoire s'étend jusqu'auprès de Moiscelles qui n'en est qu'à un quart de lieue sur le grand chemin.

C'est sous l'invocation de S. Martin qu'est l'Eglise de cette Paroisse. L'ancienne Eglise avoit été dédiée seulement l'an 1529. le Dimanche dans l'Octave de la Nativité de N. D., par Gui de Montmirail, Evêque de Megare, en présence de Pierre Jourdan, Curé : le même Evêque avoit béni le cimetiere le 13 du mois. Mais cette Eglise eut peu de temps après le besoin d'être rebâtie, et la bénédiction de la nouvelle Eglise fut faite par Henry le Meignen, Evêque de Digne, avec celle de trois autels au mois de Septembre 1576, avec ordre d'en célébrer l'anniversaire le Dimanche d'après la Nativité de la Vierge. L'édifice est accompagné de deux aîles sans contour derriere le sanctuaire ; il est aussi sans fenêtres, ni au chœur qui est vouté ni à la nef qui n'est cintrée qu'en plâtre. Les vitrages du sanctuaire sont de l'an 1575. La tour ou clocher de cette Eglise est basse mais très-bien bâtie. On y voit dans la nef une tombe sur laquelle est figurée une Dame qui a une espece de guimpe sur la tête, et dont le corps est couvert d'une robe d'hermine. On lit autour de cette tombe cette inscription en lettres capitales gothiques : *Ici gist Madame Ydoine, Dame d'Atainville, qui trespassa l'an de grace mil deux cens IIIIxx et V, le samedi d'après la Saint Martin d'esté. Priez Dieu pour l'âme.* Elle a vers sa tête deux anges ou enfans en aubes qui l'encensent, selon l'usage du XIII siécle. Il y a à ses côtés quatre écussons : à sa droite quatre oiseaux séparés par une bande concave. Le second écu est chargé de trois fuseaux ; à sa gauche un écu parti losanges 3, 2, 3, 1. L'autre écu chargé de trois bandes de gauche à droite.

<small>Reg. Ep. Paris.</small>

Cette Eglise avoit été donnée par un Evêque de Paris au Prieuré de Saint Martin avant l'an 1147, puisque le Pape Eugène III, confirmant en cette année-là les différentes donations faites à ce Monastere, marque *Ecclesiam de Attenvilla cum decima ;* cela est expliqué plus amplement dans la charte de Thibaud, Evêque de Paris, postérieure de quelques années, et donnée à même fin. On y lit cet article : *Ecclesia de Attenvilla cum decima tota et tortellis.* Plus bas est un autre article qui ne fait point de sens de la

<small>Hist. S. Mart. p. 180.</small>

<small>Ibid., p. 187.</small>

maniere dont il est ponctué dans l'imprimé ; c'est pourquoi j'ai cru devoir le restituer ainsi, d'autant plus qu'il ne paroît pas y avoir jamais eu de vignes à Atteinville et que c'est le bien principal d'Argentueil : *Partem decimæ de Sancto Bricio : et decimam frumenti de cultura Hugonis filii Garneri apud Attenvillam. Tertiam partem de sua parte decimæ. Tertia vini annonæ et leguminis et decimam vinearum apud* Argentuel. Mais, même avec cette correction, le mot *sua* n'en sera gueres plus intelligible.

En conséquence de la donation de l'Eglise faite et confirmée aux Religieux de Saint Martin des Champs, ils ont eu le droit de présenter à la Cure d'Atteinville, comme en font foi tous les Pouillés de Paris à commencer par celui du XIII siécle. Cette Cure n'a aucun écart, et le revenu passe pour être fort considérable. Un Philippe de Corbie en étoit Curé en 1483.

V. Pouillé de Pelletier.

Les anciens monumens fournissent le nom de quelques Seigneurs d'Atteinville avant que cette terre appartînt aux Célestins de Paris. Le Cartulaire de Saint Denis dont une des plus anciennes pieces est l'aveu que Matthieu le Bel rendit à ce Monastere en 1125, nomme un Rodulfe de Mesiafin qui tenoit de ce Matthieu quelque bien *apud Ateinvillam*. Cela ne prouve pas cependant qu'il en fût Seigneur. Mais on ne peut gueres refuser cette qualité à Guy de Atheinville qui, en 1197, augmenta de beaucoup les biens de l'Abbaye du Val Notre-Dame, voisine de ces cantons-là, dans laquelle il fut inhumé, non plus qu'à Guillaume son fils, aussi bienfaiteur de cette maison, du consentement d'Agnes, sa mere. On trouve ensuite Odon Ponceart, *de Ateinvilla,* Chevalier, en 1233, et Ferric, Chevalier, *Miles de Ateinvilla,* bienfaiteur insigne de la même Abbaye, en 1246, lequel a été mis dans le Nécrologe du lieu au 3 Janvier. Les mêmes archives du Val font mention à l'an 1249 de Jean *de Ateinvilla,* qualifié Chevalier : et de Robert *de Atteinvilla* ayant le titre d'*Armiger,* lesquels en 1271 donnerent au même Monastere un sextier de bled à prendre dans le moulin d'Atteinville. Madame Ydoine, Dame d'Atteinville, dont j'ai rapporté ci-dessus l'épitaphe, étoit apparemment sœur ou fille de ce dernier, étant décédée en 1285. En 1310 Jeanne de Lusarches, veuve de Jean de Laon, Chevalier, tenoit cette terre suivant les plaintes portées contre elle en Parlement, par un particulier, auquel elle avoit enlevé des terres en Lardiller et à Semilly. En 1312, le Parlement régla plusieurs contendans à cette terre, adjugeant à cette Dame et à Jean de Landres et à sa femme les trois quarts, et à Jean de Tarenne, Chevalier, le quart. En 1326 la terre d'Atteinville étoit possedée par Agnès d'Atteinville et par le même Jean de Landres, Chevalier. Cette particularité se trouve dans les Registres du

Reg. Ep. Paris. 24 Jun.

Chart. S. Dion. in Bibl. Reg.

Tab. B. M. de Vallis.

Ibid. Portef. Gaign. p. 369.

Reg. Parl. Par.

Châtelet de Paris à l'occasion d'un Procès entre Jean, dit Baillet, et Jean le Picard, pour raison du retrait d'une piéce de terre dont il y eut appel d'Atteinville au Châtelet, et du Châtelet au Parlement : de laquelle procédure on infere que les Seigneurs d'Atteinville n'ont qu'un Maire ou Prevôt, et non un Bailly. Le Seigneur de Goussainville avoit aussi alors beaucoup de bien à Atteinville. Ces biens ayant été confisqués par le Roi en 1332, pour satisfaire à une amende, furent saisis à la Requête de Charles, Seigneur de Montmorency. L'estimation de leur valeur fut de quatre cens livres parisis. Le dernier acte qui se trouve touchant les anciens Seigneurs d'Atteinville est encore tiré des titres de l'Abbaye du Val. Il y est parlé à l'an 1337 d'un Jean de Laon, Chevalier, Sire d'Atteinville, qui déclara que ses prédécesseurs avoient donné à ce Monastere, vers l'an 1300, les cens de ce village. Ce Jean de Laon est peut-être le même qui est nommé ci-dessus Jean de Landres. Quoiqu'il en soit, il ne vivoit plus en 1341.

Reg. Parl. Par.

Hist. de Montm. Preuv. p. 143.

Tab. de Valle B. M. fol. 23, Gaign.

Ibid.

Les Célestins de Paris ont succédé après le milieu du XIV siécle aux Seigneurs laïcs d'Atteinville. Du Breul ne dit la chose que d'une maniere obscure. Il marque seulement que Philippe de Mezieres acheta pour eux cent livres de rente et plusieurs censives sur la terre d'Atteinville qu'il qualifie de Bourg fermé de murs. Ce Philippe, qui avoit été l'un des principaux Conseillers du Roi Charles V, s'étoit retiré chez ces Célestins pour y finir ses jours, et ne mourut qu'au commencement du XV siécle. Dans les Mémoriaux de la Chambre des Comptes on trouve à l'an 1400 ou environ les Célestins de Paris mentionnés touchant l'amortissement de la terre d'Atteinville. On lit aussi dans l'Histoire des Grands Officiers, qu'en 1425 et 1426 ces mêmes Religieux se défirent d'une partie de leur bien d'Atteinville et d'une maison, et qu'ils vendirent ces *portions* à Jean Bureau, Commissaire au Châtelet, depuis Chambellan du Roi.

Du Breul Antiq. de Paris, p. 681.

Hist. des Gr. Off. T. VIII, p. 135.

BELLOY ou BÊLOY

Il n'est point parvenu jusqu'à nous de plus ancien titre qui parle de Belloy qu'un acte d'échange que fit un des Nobles du Royaume sous Louis le Débonnaire avec les Moines de Saint Denis. Ce Seigneur nommé Lantfrid donna à cette Abbaye, l'an 829, des biens qu'il possedoit à Houdancourt au Diocèse de Beauvais, pour d'autres biens que l'Abbé Hilduin lui céda, qui étoient situés dans le Parisis au territoire de Bêloy. Cet acte aussi-

Diplom. Mabill. p. 251 et 526, in nota.

bien que celui du partage des terres de l'Abbaye fait en 832 entre l'Abbé et les Religieux, dans lequel la terre de Bêloy est comprise avec d'autres pour les vêtemens et la chaussure des Moines, fait voir que le Monastere y avoit des revenus considérables. Il nous apprend en même temps le nom que l'on donnoit alors à ce lieu, qui est *Bidolidum*, dont je croi qu'on chercheroit en vain l'étymologie, ce terme paroissant être Celtique. Les biens que l'Abbaye de Saint Denis a eu à Belloy lui venoient apparemment de la donation de quelques Rois : car par une Charte de l'an 840 il est constant que Bêloy étoit une terre du Fisc, dont les Rois avoient fait beaucoup de distractions en faveur des Eglises. Je ne puis me dispenser de mettre ici un abregé de cet acte.

Diplom. Mabill. p. 520.

C'est une donation que fait à l'Abbé Hilduin le même Lantfrid avec sa femme Teutgilde, de fermes ou métairies situées dans le territoire de Bêloy. Il y avoit non seulement des terres labourables, mais aussi quelques bois. Les différentes pieces de terre y sont spécifiées par la quantité de *bunnaria* ou d'arpens qu'elles avoient; il y en a qui tenoient et aboutissoient aux terres de Saint Denis, d'autres aux terres de Saint Gervais, à celles de Saint Pierre, à celles de Saint Germain, à celles de Saint Salve (*S. Salvii*) [1], et quelques-unes à des terres du Fisc. Il y est aussi fait mention de prez et de quelques pieces d'eau, mais jamais de vignes; ce qui dénote que le pays étoit dèslors comme il est aujourd'hui. La conclusion de cet acte est en ces termes : *Acta est donatio apud Bidolidum vicum publicum prope Basilicam S. Georgii Martyris. Data mense Februario die nono ipsius mensis anno XXVII regnante Domno nostro Hludowico Serenissimo Augusto, in Dei nomine feliciter.* Je rapporte ici cette conclusion afin de prouver au lecteur que Dom Michel Germain avoit d'abord fort bien pensé en écrivant que ce pouvoit être de Bêloy que cette charte étoit datée, et qu'il n'auroit pas dû ajouter l'alternative de Béloy ou Bissueil qu'il dit dépendre en partie de l'Abbaye de Saint Denis. Il n'auroit aucunement hésité s'il avoit sçu que l'Eglise de Bêloy est encore actuellement sous le titre de Saint Georges [2] : outre que l'analogie est fort sensible entre Bêloy et *Bidolidum*, et qu'il n'y en a aucune avec Bissueil, village du Diocése de Reims.

Ibid., p. 517.

Ibid., p. 251.

Hist. de S. Denis p. 179.

---

1. Je n'ose décider de quel S. Gervais, ni de quel S. Pierre ou S. Germain il s'agit ici. Pour ce qui est de S. Salve, Ansegise, Abbé de Fontenelle, fait mention dans son testament d'une Eglise de Saint Salve située dans le pays de Bray. Quiconque la decouvrira fera plaisir aux curieux. Il paroît par le livre de l'Abbé Irminon que l'Abbaye de S. Germain avoit du bien considérablement à Belloy.

2. On voit par cet exemple de quelle utilité il est quelquefois de connoître les saints Titulaires des Eglises de la campagne, et combien il est important pour la conservation des faits historiques, de ne les pas changer.

Ceux-là se sont encore trompés qui, au rapport de Dom Félibien, ont cru que ce *Bidolidum* étoit aux environs de Villiers-le-Bel. La charte de 832 et celle de 862 qui en est la confirmation, en désignent assez la position, lorsque dans l'énumération des revenus appliqués à l'entretien des Religieux, elle observe cet ordre : *Maflare, Muscellam, Bidolitum, Villarem,* etc., ou bien *Maflarem, Villarem, Bidolitum.* Il suffit de jetter la vue sur la carte, pour voir que Bêloy est situé entre Mafflée, Moiscelle et Villers-le-Sec, à la distance d'environ six lieues de Paris. Dans ce dernier titre de 862 qui fut confirmé la même année au Concile de Soissons, il est marqué qu'alors la Dame Teutgilde jouissoit de Bêloy par précaire de la part des Religieux de Saint Denis. Apparemment qu'elle étoit veuve dans ce temps-là, et que le Seigneur Lantfride étoit décédé. *Diplom. p. 537.*

J'ai déjà marqué ci-dessus par occasion que l'Eglise de Bêloy est du titre de Saint Georges. Cette Eglise est à trois fonds, c'est-à-dire qu'elle a deux aîles completes ; sa structure paroît être du XIV siécle, excepté le grand portail qui est d'un goût d'édifice d'environ le temps d'Henri II, et très-bien travaillé. Au-dessus de ce portail étoient des orgues qui ont été détruites. Le chœur qui est étroit a été boisé depuis peu ; mais l'Eglise n'a pas d'autre pavé que le plâtre. La Cure est à la pleine collation de l'Evêque Diocésain selon le témoignage du Pouillé écrit au XIII siécle, où le village est nommé seulement en françois et appellé Baalai. Les Pouillés redigés depuis, tant les manuscrits que les imprimés, marquent aussi que cette Cure est à la pleine collation Archiépiscopale. Le Pelletier est le seul qui dans le sien de 1692 en attribue faussement la présentation à l'Abbé d'Hérivaux.

Le territoire de cette Paroisse consiste principalement en terres labourables. Aux approches du village, du côté d'Atteinville ou de Villaines, sont de petits vallons où croissent des osiers. L'ancien dénombrement de l'Election de Paris marque à Belloy 138 feux, et le dernier n'y en reconnoît que 88. Le Dictionnaire Universel y compte 425 habitans.

Depuis Lantfrid, Seigneur françois nommé ci-dessus, qui avoit du bien à Belloy au IX siécle, et depuis l'acte où sa veuve est mentionnée, on ne trouve plus les noms des possesseurs de cette terre pendant trois cens ans. L'Abbaye de Saint Denis jouissoit apparemment de la plus grande partie des Domaines, et ce qui étoit du Fisc fut peut-être donné en récompense à des particuliers. Au IX siécle, l'Abbaye de Saint Germain des Prez avoit une Eglise à Bêloy laquelle jouissoit d'un certain revenu et possedoit des Hôtes. Peut-être est-ce celle de Villaines qui la représente aujourd'hui. *Cod. Irmin. Abb. fol. 45.*

Sur la fin du regne de Philippe-Auguste vécut un nommé Guillaume, qualifié *Miles* de Beeloy, frere de Baudoin, Prieur de Saint Martin des Champs. Ce Chevalier de Bêloy avoit donné au Monastere de Saint Martin, tant pour lui que pour Pierre son autre frere, un muid de bled à percevoir par chaque année sur la dixme de Bêloy, dans la grange qu'il y avoit, pour raison de quoi on y célébroit son anniversaire. Ce Pierre de Bêloy paroît le même contre lequel les Religieux de Royaumont plaidoient sur la fin du regne de S. Louis, voulant qu'il détruisît le moulin à vent qu'il avoit fait construire à Bêloy, sous prétexte qu'il nuisoit à leurs moulins de Gonesse. Ce qui ne l'empêcha pas de gagner contre eux au Parlement de Pentecôte 1275.

<small>*Hist. S. Mart. p. 204.*</small>

<small>*Reg. Parl.*</small>

Quelques années après un Gui de Bêloy possedoit cette terre en partie. Matthieu de Bêloy en jouissoit en 1327, selon un aveu rendu par lui au Seigneur de Vierme pour son manoir, etc., et vingt-huit arpens de terre sis entre la Croix de Saint Georges et le moulin à vent de Bêloy, etc. L'an 1351, Philippe de Bêloy, Ecuyer, plaidoit en Parlement contre l'Abbaye de Maubuisson, près Pontoise. En 1362, Jacques de Bêloy est au rang des héritiers de Matthieu de Montmorency. Il étoit petit-fils de Gui nommé ci-dessus. Il vivoit encore en 1368. On croit qu'il avoit succedé à Jean, son pere, en la terre de Bêloy.

<small>*Geneal. des Sieurs de Belloy p. 23 in-4° Paris 1747.*</small>

<small>*Ibid., p. 17. Reg. Parl. Hist. de Montm. Preuv. p. 368.*</small>

<small>*Geneal. de Belloy, page 25.*</small>

Le partage étant fait entre ses enfants en 1389, Anseau en devint Seigneur. Il épousa Marie des Essarts, fille de Philippe, Seigneur de Thieux, en 1391. Il vivoit encore en 1410, et étoit mort en 1415. Jacques, son fils, rendit en 1416 hommage au Seigneur de Vierme. Ce Seigneur de Bêloy est du nombre des Généraux de l'armée de Charles VII qui furent tués à la bataille de Verneuil gagnée par les Anglois le 17 Août 1424.

<small>*Ibid., p. 27, 29.*</small>

<small>*Ibid., p. 30.*</small>

Comme ces Seigneurs ne sont quelquefois qualifiés que Seigneurs en partie de Bêloy, de là vient que sur la fin du XIV siécle un Jean le Bouteiller, de Senlis, pouvoit se dire et se disoit Seigneur de Bêloy. En 1425 et 1426, un Jean Chevalier, Seigneur de Candas, qui avoit épousé Marguerite de Montmorency, est dit pareillement Seigneur de Bêloy. On lit aussi dans Sauval que quelques années après un Seigneur de Bêloy s'appelloit Pierre Gentien, et qu'il l'étoit devenu par sa femme. En 1475, 1476 et 1482, Michel de la Grange, Trésorier du Roi, Général de ses Monnoyes, étoit en partie Seigneur de Bêloy. Il eut pour successeur Sébastien de la Grange, aussi Seigneur en partie d'Ermenonville. Il vivoit en 1511 et 1525. J'ai trouvé de plus qu'en 1495 un Antoine de Villers étoit Seigneur de Bêloy.

<small>*Hist. des Gr. Off. p. 399.*</small>

<small>*Reg. Consil Parl. 22 Décemb. 1425. Hist. de Montm. Preuv. p. 359. Sauval, T. III, pag. 584.*</small>

<small>*Tab. B. Mariæ de Valle.*</small>

<small>*Sauval, T. III. page 552.*</small>

Comme la ligne des Seigneurs du nom de Bêloy, en France, seroit difficile à suivre dans le livre de leur généalogie, je suis

obligé de passer tout-à-coup à Guillaume de Bêloy, fils d'Antoine ; *Tab. Ep. Paris.*
il vivoit en 1517. Antoine, son fils, lui succéda en 1538. Il mourut *Spirit.*
en 1567 et fut inhumé à Bêloy. Il avoit épousé Julienne de Mont- Liasse 32, n. 20.
mirail dont il eut Michelle de Bêloy, Dame de Bêloy en France, Geneal. p. 38,40.
laquelle épousa, vers 1552, Antoine, Seigneur de Bêloy-Saint Page 105.
Lienard, au Diocése d'Amiens. Jean, leur fils, succéda sous la Page 136.
tutelle de sa mere, où il étoit en 1571. Il eut de son premier
mariage avec Marie de Soissons, un fils nommé Charles. Il fit son
testament en 1590. Charles épousa en 1607 Valentine le Clerc, Ibid.
fille de Robert le Clerc, Seigneur d'Armenonville, et d'Anne
Hennequin. Hercules, leur fils aîné, fut marié en 1649 avec Marie Ibid.
de Villemouté. Il demeuroit en sa terre de Bêloy en France page 109, 110.
lorsqu'il fit preuve de sa noblesse en laquelle il fut maintenu
le 2 Octobre 1668. Il posseda le fief Sébastien de la Grange dont il
vendit les deux tiers et sa terre de Bêloy en France, aux Chanoines
de Notre-Dame de Paris, le 12 Juin 1694. Les Chanoines la
possedent et ont une partie de la Justice.

Un des Seigneurs d'une partie de Bêloy qui doit être joint à
ceux dont j'ai interrompu ci-dessus la ligne à l'an 1495, est
Christophe du Crocq, Chevalier, qui dans le Procès-verbal de la
Coutûme de Paris de l'an 1580, est dit Seigneur de la Haute-Justice
de Bêloy et de la moitié de la moyenne. C'est apparemment la
portion dont on dit que Messieurs Camus de Pontcarré sont
possesseurs. Jean-Baptiste-Elie Camus de Pontcarré reçu Con- Dict. de
seiller au Parlement en 1721, est Seigneur de Bêloy avec le Moreri au mot
Chapitre de Paris. *Camus.*

Les dixmes possédées dans cette Paroisse par l'Abbaye du Val
ont été quelquefois prises à bail par des Seigneurs de Bêloy, et
c'est ce qui a fait connoître par les titres les époques de ces
Seigneurs.

Il y a à Bêloy un fief qui a été acheté par M. de la Croix, grand
Archidiacre de Paris, et qui par succession est tombé à sa niéce,
épouse de M. Chassepot de Beaumont, Conseiller au Grand-
Conseil.

Monsieur Thiers, écrivant sur le droit de dépouilles qu'ont les
Archidiacres, dit qu'en 1474 le Curé de Bêloy étant mort, François
Hallé, Archidiacre de Paris, en demanda le lit avec les draps et la Suppl. Moreri
couverture ; de plus le surplis, l'aumuce, le breviaire et la ceinture au mot
d'argent. *Archidiacre,* p. 60.

Outre ce Bêloy, il y en a deux autres dans le Royaume, tous
deux situés en Picardie, l'un au Diocése de Beauvais, l'autre au Dict. univ. de
Diocése d'Amiens. Je les ai nommés quelquefois ci-dessus dans ce la France.
présent article.

VILLAINES

Le nom de ce Village, éloigné de Paris de cinq à six lieues, paroît être un diminutif du mot latin *Villa;* et il n'est pas rare dans le royaume. Il est certain que ce lieu n'existoit point encore au XIII siécle lorsqu'on dressa le Pouillé des Paroisses du Diocése de Paris. Il y a apparence que le terrain où la Paroisse se trouve, étoit une dépendance de Bêloy, qui est une des plus anciennes Paroisses de ce Diocése. Villaine en Parisis est nommé dans le testament de Saint Aldric, Evêque du Mans, écrit sous le regne de Louis le Débonnaire. Ce saint Prélat, disposant de ses biens, veut qu'on distribue aux Prêtres et aux pauvres le produit des bestiaux qu'il a en différentes terres, auxquelles il ajoute pour la derniere : *Et in Villena in Parisiacò.* Une charte du Roi Robert qui comprend le détail des terres du Prieuré d'Argentueil, marque qu'il y a une métairie à Villaines, *in Villena mansum;* mais comme il n'est pas spécifié que ce fut un Villaines situé en Parisis, ce peut être Villaines au-delà de Poissy.

Miscell. Baluz. T. III, p. 89.

Opera Abaëlardi ad calcem.

Il y avoit au reste une Eglise à Villaines, en France, dès le milieu du XIII siécle. On lit que Damoiselle Marie, femme de Jean, surnommé Sans-pitié, Ecuyer, donna en aumône à la fabrique de l'Eglise de Villaines, proche Maflée, un demi arpent de terre l'an 1253. L'Eglise de Villaines est proportionnée au peuple. C'est une espece de Chapelle dont le sanctuaire paroît avoir été voûté vers l'an 1600, assez proprement. La Sainte Vierge est patrone de cette Eglise. L'Evêque de Paris, François de Poncher, y vint en personne, le 10 Octobre 1528, bénir le cimetiere. Les Pouillés du XV et XVI siécle, ceux de 1626 et 1640, certifient que l'Archevêque de Paris confere la Cure de plein droit. C'est ce qui confirme qu'elle a été démembrée de Bêloy, dont la collation appartient pleinement à l'Evêque Diocésain, plutôt que d'Attainville, dont la Cure est à la présentation du Prieur de Saint Martin des Champs. Il y avoit une Cure à Villaines au moins dès l'an 1384, qu'il est fait mention de Jean Terrée qui la possédoit.

Tab. Eccl. de Valle. Portef. Gaign.

Reg. Official. Paris.

Ce lieu est l'un des six Villages où Matthieu de Montmorency, Chambellan de France, et Jeanne, sa femme, cédérent du bien à Renaud, Abbé de Saint Denis, et au Couvent, moyennant quatre mille quatre cens livres tournois ; ce qui fut confirmé par Lettres de Philippe-Auguste, au mois de Décembre 1294.

Hist. de Montm. Preuv. p. 129

La Paroisse est assez petite. Dans le dénombrement de l'Election de Paris on ne lui donne que 29 feux : elle en a même moins actuellement. Le Dictionnaire géographique universel y compte cent dix habitans. Ce lieu est pays plat, terres de labourage et sans aucunes vignes. M. le Prince de Condé et M. de Pontcarré sont en contestation pour la Seigneurie, et l'affaire est indécise. Je n'ose pas compter parmi les anciens Seigneurs de cette Paroisse un Gui de Villaines qui vendit en 1236 aux Moines du Val ce qu'il avoit de droit dans la dixme d'Espeluches et de Courcelles. Mais surement il faut mettre de ce nombre Jean de Brinon, Conseiller au Parlement vers l'an 1545 ; ensuite Jean de Vignolles, Doyen des Secrétaires du Roy, ainsi que je l'ai appris par l'épitaphe d'Anne Guyart, sa femme, morte le 14 Octobre 1569. On lit qu'ils avoient eu ensemble dix-sept enfans. ^{Tab. B. M. de Vallis.} ^{Epit. des SS. Innocents, recueil. à la Bibl. du Roy p. 592 et 651.}

Je n'ai point trouvé ce lieu parmi ceux qui sont régis par la Coutûme de Paris.

LUSARCHES
ET L'ABBAYE D'HERIVAUX

Malgré l'obscurité qui se trouve dans les origines de ce lieu, on peut assurer certainement qu'il est ancien de plus de mille ans, pourvu qu'on se contente d'entendre simplement par Lusarches un Palais de nos Rois. Il reste en effet des monumens qui font voir que sous la premiere race le Roi Thierry, fils de Clovis II, tint les plaids la septiéme année de son regne, c'est-à-dire l'an 680 de J. C. le 30 Juin, au Palais dit en latin *Lusareca*. Pareillement Clovis III, fils de Thierry, vint l'an 692 tenir ses plaids dans le même Palais le 1er Novembre avec Sigofroy, Evêque de Paris, Constantin, Evêque de Beauvais, et Ursinien, Evêque d'Amiens, suivis des grands de sa Cour. En ce dernier acte ce Palais est nommé *Lusarca*. ^{Diplom. p. 470.} ^{Ibid., p. 474.}

Mais nous ne voyons aucun indice qu'il y eut aussi un village de ce nom, qu'environ cent ans après. On cite de Charlemagne une charte de l'an 775, par laquelle, à l'occasion de la cérémonie de la Dédicace de l'Eglise de Saint Denis faite le 23 ou 24 Février, il donne à cette Eglise les métairies qu'il avoit à Lusarches : *Villas nostras nuncupantes Lusarcha, quæ ponitur in pago Parisiaco super fluvio........ una cum illa Ecclesia in honore S. Cosmæ et Damiani*[1]. Voilà trois diplomes qui constatent l'antiquité de Lusarches ; et même le dernier nous apprend qu'il y avoit dès le XIII siécle en ce ^{Doublet Hist. de S. Denis p. 710.}

---

1. Le nom du ruisseau est resté en blanc. Ce ne peut être que celui qui passe à Chaumontel.

lieu une Eglise de S. Côme et S. Damien. Mais avec l'aide de ces sortes de monumens quoiqu'anciens, il est encore très-difficile de dire pourquoi ce lieu est ainsi nommé ; son nom est unique en France, et l'on n'en voit point l'origine. Il ne reste rien sur quoi l'on puisse appuyer pour l'étymologie de Lusarches que le nom de la petite riviere la plus voisine laquelle passe au bas de la montagne après avoir arrosé Chaumontel. Elle s'appelle Luze, et cela suffit pour avoir donné le nom de *Lusareca* au château le plus notable au bas duquel elle passoit.

Laissant à part l'étymologie, ce lieu mérite une description particuliere. Il est situé au nord de Paris à la distance de six à sept lieues sur la route de Chantilly, de Creil, Clermont en Beauvoisis, etc. Cette petite ville ou Bourg est presque entierement dans un vallon évasé auprès duquel sont plusieurs sources et étangs. Il en faut excepter le château et le chemin qui y conduit ; ce château est sur une éminence à la partie occidentale du lieu. Il est construit entierement à l'antique, et renferme une Eglise Collégiale du titre de S. Côme. A la partie opposée, c'est-à-dire à l'orient, est bâtie l'Eglise Paroissiale qu'on appelle Saint Damien. Lorsqu'on vient de vers Paris, cette petite Ville paroît former une espece de vaisseau dont les deux Eglises construites aux deux extrémités forment la poupe et la proue. Un titre du Chapitre de ce lieu de l'an 1204, marque qu'alors la Paroisse comprenoit 400 feux. On lit dans le denombrement de l'Election de Paris de l'an 1709 que l'on comptoit alors 337 feux. Celui de 1745 y en marque seulement 222. Dans le Dictionnaire universel on a marqué qu'il s'y trouve mille habitans. Ce Dictionnaire universel dit mal-à-propos que cette Ville est du Diocése de Senlis : mais il dit plus vrai quand il ajoute qu'on y travaille beaucoup en dentelles. Il y a des vignes proche Lusarches vers le couchant d'hiver, quelques bois, des prairies et terres labourables ; mais la proximité de plusieurs villages fait que les façons de ces biens ne produisent pas beaucoup d'exercice aux habitans de Lusarches qui sont dans le cas de plusieurs autres lieux situés sur les grandes routes, c'est-à-dire que la plupart tiennent des Hôtelleries. On assure que ce lieu a été autrefois muré, et il en reste des vestiges, avec quelques portes.

Il ne m'appartient pas de décider s'il existoit une Paroisse à Lusarches, avant qu'il y eût un Chapitre. Selon le titre ci-dessus allégué de Charlemagne, on doit dire que la Paroisse est plus ancienne que le Chapitre : car Charlemagne n'auroit pas donné aux Moines de Saint Denis une Eglise où il y auroit eu des Chanoines. Or, selon ce titre, il leur donne en l'an 775 l'Eglise de Saint Côme et Saint Damien de Lusarches. De ce que les Chanoines de Lusarches nomment à cette Cure, il ne s'ensuit pas non plus qu'elle soit plus nouvelle que l'érection du Chapitre, parce qu'on a beaucoup d'exemples par lesquels il est évident qu'en érigeant une Collégiale dans un lieu, les Evêques Diocésains accordoient aux Chanoines la nomination de la Cure déjà subsistante auparavant. Dans l'incertitude qui reste sur l'antiquité de la Paroisse de Lusarches, je commencerai par dire ce qu'on sçait sur la Collégiale.

COLLEGIALE. Le premier auteur qu'on sçache en avoir parlé est Dusaussay qui assure qu'un Gentilhomme François nommé Jean de Beaumont, étant allé avec les croisés au secours de la Terre sainte sous le Pontificat d'Alexandre III, rapporta d'Orient en France les corps de S. Côme et S. Damien qu'il mit à Lusarches. Il y fonda, dit-il, une Eglise en leur honneur, et y établit un Chapitre de Chanoines pour veiller à la garde de ce nouveau trésor. Il se présente une difficulté dès ce premier article. Ce n'est pas du côté du nom de Beaumont. Il est certain que dès le temps de Louis le Gros, un Matthieu de Beaumont jouissoit de la moitié de Lusarches à cause de son mariage avec la fille de Hugues, Seigneur de Clermont en Beauvoisis. Mais il est aussi très-certain qu'il n'y eut point de Croisade pour la Terre sainte sous le Pontificat d'Alexandre III. Ainsi la tradition sur laquelle du Saussay s'est fondé est fort suspecte. On lit dans le fond du sanctuaire de cette Collégiale en grosses lettres gothiques et néanmoins non capitales, mais qui peuvent avoir deux à trois cens ans d'antiquité, l'inscription suivante peinte sur le mur : *Monsieur Jehan de.... ault Comte d'Eu et Agnes de Lusarches sa feme fondateurs de cette Eglise.* Mais cette inscription mutilée ne peut faire foi. Le second article qui forme de la difficulté est au sujet de l'apport des corps de S. Côme et de S. Damien, lequel ne peut subsister, si le voyage de celui qu'on dit les avoir apportés est un voyage chimérique.

Dusaussay. Martyr. p. 663 et 272, Baillet 27 Sept.

Suger vita Lud.Grossi.

Je crois pouvoir dire là-dessus que le laps de temps depuis qu'on posseda à Lusarches ou aux environs les ossemens de S. Etern, Evêque d'Evreux, qui avoit été assassiné dans le voisinage par des impies vers l'an 653, aura été cause que depuis qu'on les eût enchâssés et mis dans l'Eglise de Saint Côme et de Saint Damien de Lusarches, cette châsse étant appellée la *châsse de la Collégiale de Saint Côme et de Saint Damien*, ceux qui voulurent abréger cette expression dirent: *La Châsse de Saint Côme et de Saint Damien;* ce qui a pu faire naître l'opinion par laquelle on a prétendu avoir en cette Eglise les corps de S. Côme et S. Damien, qu'un Jean de Beaumont, Seigneur de Lusarches, auroit apportés de bien loin. Sçait-on aussi si S. Etern étoit seul lorsque les impies le massacrerent ? N'avoit-il pas quelque pieux Diacre ou Clerc avec lui selon la coûtume des Saints Prélats dans ces anciens temps ? Si son Clerc fut assassiné avec lui, il s'ensuivroit qu'au lieu d'un corps saint inhumé dans la Chapelle de l'ancien Palais de Lusarches, il y en auroit eu deux. Cette duplication de corps aura encore plus naturellement insinué que l'on possedoit en cette Eglise celui de S. Côme et celui de S. Damien. Au reste, il est toujours vrai de dire que l'on y conserve environ deux ou trois corps saints, et que si l'apport de reliques d'Orient par un Comte de Beaumont est réel, il peut avoir apporté des ossemens des compagnons de ces saints martyrs. Pour ce qui est de S. Etern, on sçait que sa tête n'y est pas, parce qu'elle a été transportée *Breviar. Par. et Ebroic.* autrefois au village de Villiers-le-Bel, où on la conserve dans l'Eglise de Saint Didier. Il y manque aussi l'ossement qui fut donné en 1682, à deux Chanoines d'Evreux que le Chapitre avoit députés pour le demander. Depuis cette concession, le Chapitre d'Evreux a statué que les Chanoines de Lusarches seroient regardés comme Chanoines Honoraires d'Evreux.

Je crois devoir aussi faire observer ici qu'à Lusarches, pour preuve de l'antiquité du culte de S. Etern, on fait remarquer qu'il subsiste dans les ruines du Château de la montagne un reste de Chapelle de son nom, et où l'on croit que le Chapitre a eu ses commencemens avant que d'être dans la grande Eglise. Pour moi je ne regarde cette Chapelle que comme un mémorial de l'ancienne où le Saint Evêque avoit été inhumé. Il en est des Chapelles comme des tombeaux que l'on renouvelle quelquefois : car il s'en faut de beaucoup que ces restes de château et de la Chapelle soient du temps même de la seconde race de nos Rois.

L'Eglise Collégiale de Lusarches est un bâtiment gothique de structure d'environ l'an 1200. Il a une croisée ; le sanctuaire finit en pignon *ex abrupto* à cause de la pente de la montagne qui est vers le soleil levant ; le clocher est à côté du fond de l'Eglise. Quand on bâtit la nef qui paroît du même temps, on l'embellit de galeries sans appui (ce qu'on n'avoit pas fait au chœur), mais ces ornemens d'architecture ont été fort endommagés dans le côté méridional. Les deux ailes finissent avec la nef sans qu'on puisse tourner derriere le sanctuaire. Il y a une espece de tribune ou continuation de galeries au dessus du grand autel, ce qui servoit autrefois à placer les musiciens aux Fêtes particulieres, dans laquelle situation ils faisoient face à l'orgue qui est sur la grande porte. Au dehors de cette porte sont trois figures de pierre qui paroissent aussi être du temps de Philippe-Auguste ; sçavoir celle d'un Saint Evêque au pilier qui sépare les deux battans de la porte et qu'on dit être de Saint Etern ; et deux à chaque côté, sçavoir de deux Saints tenans chacun un livre et vêtus comme on représente ordinairement les Apôtres : et au dessus de chacun d'eux un meurtrier ou bourreau qui les met à mort. On dit dans le pays que ce sont S. Côme et S. Damien ; mais ce peuvent être aussi deux Ecclésiastiques compagnons de S. Etern. On ne voit point de boëtes dans leurs mains qui puissent engager à croire nécessairement que ce soyent les deux Saints freres medecins. On lit que Jeanne de Bourgogne. Reine de France, épouse de Philippe le Long, par devotion pour ces martyrs vint honorer leurs Reliques à Lusarches, et que les ayant trouvées renfermées dans des châsses peu décentes, elle en fit faire d'autres d'argent ; que la Translation qu'il fallut faire donna occasion d'appeller à Lusarches les Chirurgiens de Paris pour prononcer à la maniere accoûtumée sur la nature des ossemens. Cette Translation fut faite par l'Evêque de Paris le 3 Octobre 1320, en présence de la même Reine et de sa fille, Duchesse de Bourgogne, des Abbés de Saint Denis et de Sainte Geneviéve. La châsse de S. Etern est aussi d'argent, et construite en forme de coffre. On y voit représentés un Roi et une Reine à genoux. Proche la Reine est un écusson miparti champ d'azur à bandes d'argent, et de l'autre côté miparti de gueules et d'or, ce qui peut venir d'une châsse précédente. Dans la croisée du côté du septentrion reste couchée la figure en pierre d'un chevalier, mutilée par les jambes. A son bouclier est un lion qui se montre par le côté gauche. La statue de sa femme aussi couchée est restée en entier. Ce sont sans doute les fondateurs du Chapitre. A l'autre côté de la même croisée dans la Chapelle est pareillement figuré un chevalier armé ayant un lion à ses pieds. Ses armoiries sont trois bandes d'argent entremêlées de six oiseaux deux à deux.

Index funer. Chirurgor. Par. édit. 1544, p. 537.

Dans la nef proche la porte du chœur se voit sur une tombe l'inscription suivante en caracteres gothiques minuscules, dans laquelle il y a un ou deux mots qui ont été effacés à dessein ; je marque par deux étoiles l'endroit où ils sont :

Cy gist honorable et discrete personne Pigislarinus le Liesse, Chanoine de seans, Curé du petit Plessier, Garde du Scel du Roi notre Sire, lequel alla de vie à trespas.......... tous les ans à tel jour que fut, son t : chns prins sur * * pour le remede de son ame.

Ce Chanoine est revêtu de chasuble et a un calice à ses genoux. Je pense que les deux mots remplis par ces étoiles et qui se trouvent biffés sur la tombe sont *les François,* et que cela peut s'entendre de la prise de Lusarches en 1429.

Dans la même nef se voit aussi la tombe de Jean Coiffier, Seigneur de Roquemont, qui paroît être du XVI siécle.

Dans le sanctuaire enfin se voit une inscription qui porte qu'en ce lieu gisent Nicolas Viole, sieur de Cervilliers et Lusarches, mort en 1654 à Sedan des blessures qu'il avoit reçues au siége de Stenay ; et sa femme Anne Boyer, morte en 1655.

Le Château où cette Eglise est construite est dans la partie la plus élevée du lieu. Il est depuis longtemps en ruine et inhabité, sinon par le bas où sont restés les logemens de quelques Chanoines.

Il est prouvé, par une Bulle du Pape Lucius III datée de la seconde année de son Pontificat qui revient à l'an 1183, que le Chapitre de Lusarches étoit dèslors fondé. Ce Pape, confirmant, aux Chanoines les biens qu'ils possedoient suivant leur énoncé, se borne aux articles suivans, qui sont : la Paroisse ou Cure de Lusarches avec la dixme et quelques hôtes qui cultivoient des terres ; une portion dans les dixmes de Mareil ; un muid de froment de rente que leur avoit donné Pierre le Sanglier et un demi muid du don d'Adam de Vezelai. Le souverain Pontife y comprend ensuite une Chapellenie fondée par Jean le Moine et Valentin de l'Etang ou de Stain, qui leur avoit été donnée pour y nommer, ce qui étoit ratifié par l'Evêque de Paris, ainsi que la Bulle ajoute. De plus il leur confirme l'Annuel des Canonicats vacans pour en appliquer le revenu à la Fabrique de l'Eglise et à l'entretien des livres. Le droit qu'ils ont dans la trésorerie et celui de prendre dans la forêt voisine de Lusarches, soit du bois à brûler, soit pour bâtir. Les Evêques de Paris ont donné depuis à ces Chanoines le droit de présenter à quelques Cures du voisinage outre celle du lieu, et apparemment qu'ils les desservoient eux-mêmes primitivement. On lit dans le Pouillé de Paris du XIII siécle : *De donatione Canonicorum de Lusarchis ; Ecclesia de Lusarchis, de Spineto ; de Laci*, et par une addition un peu postérieure *de Plesseyo juxta Lusarchias*. Les Pouillés du dernier siécle y ajoutent la Cure de Chaumontel. Le Chapitre de Lusarches est Curé primitif de ces Eglises. Il est composé de sept Chanoines, ayant un Prevôt à leur tête. Ils sont tous à la nomination alternative de M. le Prince de Condé et de M. le Président Molé, Seigneurs par indivis ; droit que plusieurs Jurisconsultes ont regardé comme semblable à celui du Roi dans les Chapitres de fondation Royale. Le Prévôt se fait par l'Election du Chapitre qui choisit ordinairement le plus ancien du corps.

Ce n'est qu'au XIV siécle, après la Translation des Reliques de l'an 1320, qu'a commencé la rélation des Chirurgiens de Paris avec l'Eglise Collégiale de Lusarches. On lit que c'est par une fondation de ces temps-là faite à la Requête des Chanoines de Lusarches qui proposerent de réunir la Confrérie des Chirurgiens de Paris à l'ancienne Confrérie de Lusarches. Ces Chirurgiens y députerent quatre de leur Corps en qualité de Recteurs de la Confrérie pour faire la visite et les opérations nécessaires aux malades qui y viennent de divers endroits. Cela se fait deux fois l'année, sçavoir : le jour de S. Côme, 27 Septembre, et le jour de S. Simon [et] S. Jude. Ils y ont leur banc qui a été construit proche la porte de l'Eglise, du temps de M. le Maréchal.

Il y avoit dans cette Collégiale plusieurs titres de Chapelles. Celle de Saint Jean-Baptiste a été réunie au Chapitre le 17 Décembre 1498, par l'Evêque de Paris, du consentement de Bernard Roillet, Licencié en droit qui en étoit Titulaire. En 1714, ce Chapitre ayant exposé qu'il étoit composé de sept Chanoines, deux Chantres, six Enfans de chœur et d'un Bedeau, et que tout son revenu n'alloit qu'à 882 livres, ce qui faisoit à chacun 126 livres, M. le Cardinal de Noailles y unit la Chapelle de la Trinité de 15 livres de revenu, celle de Notre-Dame de 190 livres, et celle de Saint Nicolas de 110 livres, afin que le produit fût converti en distributions manuelles. Son decret fut confirmé par Lettres Patentes enregistrées le 20 Septembre 1715. *Reg. Ep. Par.* *Reg. Archiep. Paris. 22 Aug. 1714.* *Reg. du Parl.*

Quelques-uns des plus anciens titres de cette Eglise sont le traité que le Chapitre et le Curé firent en 1204 touchant leur revenu, et par lequel il fut réglé que le Curé ne prendroit aucune dixme. Puis, la création d'une petite rente en faveur de Ranulfe, Evêque de Paris, faite l'an 1282, à cause des amortissemens qu'il avoit accordé des cens et rentes que le Chapitre avoit en sa Seigneurie, mouvans de lui en fief et arriere-fief, et dont quelques-unes lui venoient d'Emenjarde, Dame de Lusarches, et de Jean Ecuyer, Seigneur du Château d'en-haut, comme les rentes sur le moulin de l'étang, sur ceux de Becherel et de Coye. Une Enquête de l'an 1581 nous apprend que cette même Collégiale fut pillée, ravagée et ruinée en partie par les Huguenots. *Tab. Ep. Paris. Spiritul. Invent. fol. 148.* *Chart. maj. Ep. fol. 252.*

EGLISE PAROISSIALE. Quoique l'Eglise Paroissiale de Lusarches soit sous l'invocation de S. Côme et S. Damien conjointement, comme elle l'étoit dès le temps de Charlemagne, néanmoins on l'appelle plus communément du nom de S. Damien, par opposition à la Collégiale qu'on appelle S. Côme. Autrefois, dit-on, elle s'appelloit S. Barthelemi, et on en fait la Fête de rit solemnel. Dans le synode de l'an 1460, elle est simplement denommée *S. Damiani*. Elle est située au bout oriental de la Ville.

C'est un grand vaisseau où il y a différens genres de structure. Il n'y a d'ancien que le sanctuaire qui n'est point terminé en rond mais en pignon, et le fond des deux collateraux qui finit en rond-point. Ces morceaux sont du XIII siécle. Le chœur et la nef sont d'une simplicité qui n'indique aucun temps. Le portail et le haut de la tour paroissent être bâtis au milieu du XVI siécle vers le regne d'Henry II.

On y voit dans la nef, devant le Crucifix, l'épitaphe de quelques Curés qui m'ont paru mériter que j'en fisse mention. L'une est de

Philippe le Bel, né à Borrenc-sur-Oise, au Diocése de Beauvais, lequel ayant été élevé par son oncle, Abbé de Sainte Geneviéve de Paris, devint principal du College de Calvy-Sorbonne, puis Docteur de la maison des Cholets, et enfin Curé de Lusarches, où il mourut octogenaire, le 27 Septembre 1626. L'autre est de Claude Bazot, Parisien, très-habile dans le grec et l'hebreu, qui fut choisi par M. le Bel. Il avoit été Procureur de la Nation de France, puis Recteur de l'Université, ensuite de la Société de Sorbonne. Il décéda le 2 Octobre 1652, âgé de 70 ans, laissant pour son successeur Jean Dufour, son neveu.

On voit aussi dans la même Eglise les épitaphes de Messieurs le Coq et Baron, qui étoient Seigneurs de Chauvigny, au siécle dernier.

Dans l'aîle droite ou méridionale, à côté du chœur, est l'épitaphe de Claude-Albert d'Arbois, Seigneur de Romeny, Lecheries, Largilliere, Blanchefontaine, etc., Lieutenant des Gardes du Corps de Sa Majesté, Brigadier des armées, Grand Bailly du Soissonnois, Chevalier de l'Ordre de S. Louis. On y marque « qu'il fut d'une « probité généralement reconnue, d'une valeur qui alloit jusqu'à « l'intrépidité. Le sang froid qu'il conservoit dans les combats « lui faisoit toujours utilement employer son courage..... Il étoit « naturellement bienfaisant, ne pouvant souffrir une médisance, « ce qui lui fit mériter à la Cour le nom de *Protecteur des* « *absens*. »

On ajoûte « qu'il eut l'honneur d'être regretté du Roi, qui eut « la bonté de dire qu'il avoit perdu un de ses meilleurs Officiers. « Il mourut à Lusarches, le 8 Juin 1698. »

J'ai déja observé ci-dessus que cette Cure étoit à la nomination du Chapitre du lieu dès le XIII siécle ; ce qui est également marqué dans tous les Pouillés. Il y a un titre dans les Archives de l'Abbaye d'Herivaux qui consiste en une donation que Guy le Bouteiller confirme l'an 1209. Cet acte finit ainsi : *Actum apud* *Lusarchias in Monasterio Parochiali*. Il n'en faut point inferer qu'il y ait eu des Moines dans cette Eglise ; *Monasterium* signifie en cet endroit la même chose qu'*Ecclesia*.

Gall. Chr. T.LXXI, c. 818.

Plus de trente ans auparavant parut comme témoin dans un acte de l'Evêque Maurice de Sully, *Godefridus Presbyter de Lu- sarchiis*. Proche la même Eglise est une grande place qu'on dit avoir servi à inhumer les gens de Villiers-le-Bel, lorsqu'ils étoient de la Paroisse de Lusarches. Voyez ce que j'en dis à l'article de Villiers-le-Bel.

Tab.Carol. loci. Gaign. p. 211.

CHAPELLES. Il y a plusieurs autres petits bénéfices ou Chapelles à Lusarches, les unes subsistantes, les autres réunies, ainsi que j'ai dit. La Léproserie ou Maladerie est une des plus anciennes.

Elle existoit dès le commencement du regne de Philippe-Auguste, vers la fin du XII siécle. On trouve dans les titres de l'Abbaye du Val, proche l'Isle-Adam, que les Lepreux de Lusarches possedoient une piece de terre à Fontenay en France, lieu dit Pomereth, l'an 1190. Cette Maladerie est encore actuellement comprise au rôle des Décimes. Il falloit qu'elle fût riche, puisque selon le livre des visites des Léproseries faites en 1351, neuf villages ou hameaux avoient droit d'y placer leurs malades, sçavoir, après Lusarches, « Gascourt, Tymercourt, Lacy, le Plessis-Trianon, « Espinay, Champlastreux, Chaumontel et Janny. » Il est fait mention dans les Registres du Parlement au 17 Mars 1383 d'une Chapelle de Lusarches dont la collation est dite appartenir à l'Evêque de Paris ; à l'occasion de quoi on ajoute, que l'Archidiacre de Paris, quoique grand Clerc du Conseil du Roi, n'avoit pu la conférer en Régale, et que ses lettres seront rompues. *Tabul. B. M. de Valle. Gaign. page 152. Reg. Visit. Lepr. Par. 1351.*

Il semble qu'il y ait eu à Lusarches une autre maison hospitaliere outre la Léproserie. Il est fait mention de son Hôtel-Dieu dans le Pouillé du XV siécle, à l'occasion d'une Chapelle qui y étoit : *Capella ad altare S. Jacobi in Domo Dei de Lusarchiis.* Il en est aussi fait mention l'an 1585, auquel temps, par lettres du 28 Septembre, Arnoul du Mesnil ordonna comme Vicaire Général de l'Evêque à Sœur Paule le Jay, Religieuse de Maubuisson, d'aller demeurer à cet Hôtel-Dieu pour y recevoir les Pauvres. *Reg. Ep. Paris.*

C'est aussi sur le territoire de Lusarches qu'est situé le petit Prieuré ou Chapelle de Saint Nicolas de la Grange du Bois dépendant de l'Abbaye d'Herivaux, qui a été ordinairement possedé par un Chanoine Régulier, et qui a été quelquefois permuté pour une Cure. *Reg. Ep. Paris. 9 Jul. 1477. Prov. 1656. Reg. Arc. Comp. Ep. Par. 13 Aug. 1573.*

Vers l'an 1658, les Pénitens du Tiers-Ordre de S. François obtinrent permission (on la dit être du 17 Janvier 1653) de s'établir à Lusarches, à condition de ne faire aucune quête ni rien qui puisse préjudicier aux Chanoines. Les Registres du Parlement font foi que cette permission fut enregistrée cette année-là, le 7 Septembre, avec modification. De fait, ces Religieux s'y sont établis, et y ont une petite maison. Elle est située dans le canton dit Roquemont dont le Seigneur leur fit présent. Ceci pourroit convenir à René Coiffier. Prieur de S. Paul-ès-lions, que je trouve avoir obtenu en 1653 de faire célébrer en sa maison de Roquemont. On a vu ci-dessus par l'épitaphe de Jean Coiffier, que Roquemont étoit une Seigneurie réelle. Ces Pénitens sont appellés dans le lieu *les Religieux de Roquemont,* de même qu'à Paris on les appelle les Picquepusses. *Reg. Arch. Par. 15 Nov.*

TEMPOREL DE LUSARCHES. — CATALOGUE DES SEIGNEURS. Il est resté tant de preuves des hommages rendus aux Evêques de Paris pour la Terre de Lusarches, au moins en partie, et sur-tout pour la Forteresse, qu'il n'y a presqu'aucun sujet de douter que quelqu'un de nos Rois de la seconde race n'eût fait présent à l'Eglise de Paris du Palais qu'il avoit en ce lieu, et du terrain adjacent. On ne peut pas prouver que tous les Seigneurs qui possedoient quelque portion de Domaine à Lusarches ayent relevé de l'Evêque de Paris, mais on va voir par la liste de tous ceux que j'ai pu trouver désignés avec la qualité de *Dominus Lusarchiarum* [1], que plusieurs ont reconnu l'Evêque de Paris pour leur Seigneur suzerain. Quant à la partie de Lusarches qui relevoit de lui (si tout n'en relevoit pas), le plus ancien possesseur connu est Hugues, Comte de Clermont en Beauvoisis, qui vivoit vers l'an 1100, et qui mariant Emme, sa fille, à Matthieu, Comte de Beaumont-sur-Oise et Seigneur de Chantilly, lui donna la moitié de la Terre de Lusarches. Matthieu s'étant emparé du reste au préjudice de son beau-pere, Hugues de Clermont alla s'en plaindre à Louis VI qui venoit d'être désigné Roi. Ce Prince vint à Lusarches à main armée; ayant repris la tour il y mit une forte garnison et la rendit en cet état au même Hugues; Raoul ou Radulf, son fils, lui succeda dans la portion qu'il s'étoit retenu; puis à Radulf succeda Gui, son fils, et un second Gui, fils du premier; Gui pere et fils sont mentionnés dans le Calendrier Nécrologique de l'Abbaye d'Herivaux, comme Chevaliers et Seigneurs de Lusarches, vers les années 1165 et 1180. L'un des deux donna à cette nouvelle Communauté cinq sols dans son cens de Lusarches. Gui I avoit une sœur nommée Marguerite de Lusarches, qui épousa en 1152 Gui de Senlis, Bouteiller de France, et lui porta une partie de la Seigneurie de Lusarches. Ces deux Seigneurs, sçavoir Raoul, Comte de Clermont, et Gui prétendirent à cause de leur Seigneurie avoir droit sur une prébende de N.-D. de Paris, qui avoit été à Pierre de Moncy. Ce droit leur fut disputé, et ils s'en déporterent. Gui fit sa rénonciation dès l'an 1160, dans le dongeon (*Dongionis*) de Lusarches. Raoul fit la sienne à Paris sur l'autel du chœur pendant la Grand-Messe, l'an 1169, et remit à l'Evêque Maurice un anneau. Il en donna depuis acte en présence du Roi et du Comte Thibaud.

Du côté des Beaumont il reparoît un possesseur de la moitié de Lusarches dans la personne de Jean de Beaumont qui se dit *Dominus Lusarchiarum* en 1213. Ce furent lui et Jeanne sa femme qui donnerent à l'Abbaye d'Herivaux la place où l'Eglise est bâtie. Thibaud de Beaumont lui succeda avec la même qualité

Suger. vita Lud.Grossi. Duchêne, T. IV, page 284.

Gall. Chr. T.VII, col. 817.

Chart. maj. Ep. fol. 303.

Ibid., fol. 304.

Gall. Chr. T.VII, col. 820.

---

1. Je trouve dès l'an 1087 un *Raredus de Lusarchiis*, présent à Saint Denis avec les Seigneurs de Marly-sur-Seine; mais il n'est pas dit *Dominus*. Preuves de l'Hist. de Montmorency, p. 30.

de *Dominus de Lusarchiis*, qu'il prenoit en 1229 dans la donation qu'il fit des bois de Fontenelles aux Chanoines d'Herivaux, pour que Richilde, sa femme, eut une Chapelle perpétuelle en cette Eglise. Il avoit été investi de la moitié de Lusarches en 1228 le 28 Juillet, par la reception d'un anneau d'or. En 1236, il approuva un don fait à l'Abbaye de Sainte Geneviéve dans d'autres de ses terres.

Gall. Chr. col. 821, 822.

Chart. S. Gen. p. 244.

Dans la branche alliée aux Bouteiller de Senlis, Raoul de Senlis se disoit *Dominus Lusarchiarum* en 1227 et 1238. Il fit plusieurs concessions à l'Abbaye d'Herivaux en différentes forêts. Lorsqu'il fut mort, un Thibaud de Beaumont, différent du précédent, fit en 1268 hommage à Etienne, Evêque de Paris, d'une part qui lui étoit advenue dans la moitié que ce Bouteiller tenoit. Marguerite Bouteiller de Senlis le rendit pareillement au même Evêque pour ce qu'elle avoit à Lusarches à cause de la tutelle de ses enfans. Puis Barthelemi de Meru, la même année et au même Prélat. Ce dernier avoit porté l'Evêque de Paris à son entrée. Il est nommé dans les titres de l'Abbaye du Val, à l'an 1266. Outre cela il s'étoit formé depuis l'an 1227 une nouvelle branche d'héritiers dans cette Terre, qui dès l'an 1236 paroît sous le nom de *Joannes de Turre de Lusarchiis, miles, et Eufemia uxor*. Cette Dame Eufemie vivoit encore en 1263.

Gall. Chr. T. VII, col. 821, 822 et 823.

Chart. Ep. Par. fol. 118.

Gall. Chr. T. VII, col. 109. Hist. Eccl. Par. T. II. p. 87. Tabul. B. M. de Valle. Gaignier. p. 150 et 201.

La part dans la moitié de Lusarches dont avoit joui, en 1268, Thibaud de Beaumont, échut peu de temps après à Jeanne de Beaumont, laquelle s'étant alliée avec Jean de Tillay, ce dernier en fit hommage au même Evêque, Etienne Tempier, l'an 1271.

Chart. Ep. Par. fol 135. Hist. Eccl. Par. T. II. p. 584.

D'un autre côté, une Aliz, Dame de Lusarches, épousant Lancelot de Saint Maard, Maréchal de France, lui apporta la moitié de Lusarches. C'est pourquoi ce Lancelot fut obligé d'en faire hommage au même Prélat Etienne, en 1273. Cette Alix a donné son nom à un Bois appellé *Nemus Aalis*, ou Bois Laix. Elle et son Epoux sont encore mentionnés à l'an 1276, dans les titres de l'Abbaye du Val. En 1278 Ansel Bouteiller, de Senlis, est qualifié Seigneur de Lusarches, dans une vente qu'il fait à l'Abbé de la Victoire de Senlis. En 1279, Matthieu de la Tournelle prenoit le titre de Seigneur de Lusarches; son écu étoit chargé de cinq tours.

Gall. Chr. T. VII, col. 820.

Tab. B. Maria de Valle.

Gaign. page 162.

Gall. Chr. nova. T. IX. col. 1504. Tab. Vallis.

Avant que d'aller plus loin, il y a une chose importante à observer par rapport à Saint Louis. Le Comté de Clermont auquel étoit attachée une partie de la terre de Lusarches sous l'hommage dû à l'Evêque de Paris, étant retourné à la Couronne par la mort de la derniere héritiere, arrivée sans laisser de lignée, en 1251, le Comte de Beaumont qui possédoit Lusarches en partie, avoit voulu en faire hommage à Saint Louis. Mais ce Prince ne voulut pas recevoir cet hommage de Lusarches, de crainte que

Chart. Ep. Par. fol. 227.

s'il le recevoit, l'Evêque de Paris ne fût en droit de lui demander hommage à son tour ; il déclara qu'il ne vouloit pas être vassal de l'Evêque de Paris, *Homo Episcopi Parisiensis*, et renvoya le Comte de Beaumont directement à cet Evêque pour la moitié de Lusarches dont il jouissoit. La Forteresse du lieu étoit comprise dans cette portion.

<small>*Chart. Ep. Par. fol. 126.*</small>

Dans le siécle suivant, ce qui est connu sur Lusarches est que Jeanne de Beaumont, épouse de Jean de Tillay, étant Dame de Lusarches, entreprit de faire lever sur les gens du pays tous les vivres dont elle avoit besoin, au prix qu'elle vouloit ; sur la résistance qu'ils apporterent, le Bailli du lieu décida que cette affaire devoit être mise ès mains du Roi. Le Parlement confirma le prononcé, et la Dame fut condamnée à cinquante livres d'amende, *parvorum bonorum Parisiensium*. Ce fut la même qui fit, sous le regne de Philippe le Bel, l'échange de Lusarches et de Coye pour des Terres que Pierre de Chambly, son Chambellan, tenoit de ce Prince. Jean vivoit en 1311. Mais depuis ce temps-là, Charles le Bel qui commença à régner en 1322, souhaitant avoir Lusarches aussi-bien que Coye, en traita avec Thibaud de Tillay, fils de Jean, et de Jeanne de Beaumont; ce Prince lui remit les terres de Pierre de Chambly qui étoient retournées au Domaine, et lui, Thibaud, cede au Roi Lusarches et Coye, à Paris, le 28 Octobre 1322.

<small>*Reg. olim 1306, in festo S. Andreæ.*</small>

Deux Evêques de Paris, quelques années après, pour avoir plus de sujet de veiller sur Lusarches dont ils étoient Seigneurs suzerains, y firent des acquisitions. Hugues de Besançon ayant eu une somme de 600 livres du Chapitre de Paris, à l'occasion de l'érection de l'Eglise du Sépulcre, y acheta en 1329 le Château de la Motte. C'est celui qui est auprès de la Paroisse. Guillaume de Chanac, son successeur, est dit pareillement avoir employé en 1333, au mois d'Août, la somme de mille florins d'or pour l'achat du Château de Lusarches, suivant un titre écrit dans le logis que les Evêques de Paris avoient à Saint Marcel. Ce dut être aussi vers ces temps-là que Marguerite de France, Comtesse de Flandre et fille de Philippe le Long, rendit à l'Evêque de Paris son hommage pour ce qu'elle devoit à Lusarches.

<small>*Gall. Chr. T. VII, in Hug. col. 128 et 130. Hist. Eccl. Par. T. II, p. 607 et seq.*</small>

<small>*Ibid., col. 130.*</small>

Le nom de Beaumont n'étoit point encore cessé parmi les Seigneurs de Lusarches. On trouve que Jean, Geoffroy et Philippe de Beaumont prirent cette qualité depuis 1323 jusqu'en 1383. En 1346 l'un des deux Châteaux de ce lieu étoit tenu par Geoffroy de Beaumont, l'autre par Jean de Lusarches. Ils furent sommés alors par Foulques, Evêque de Paris, comme ses vassaux, d'aller à l'ost du Roi à Rouen. En 1387 Philippe de Beaumont, Seigneur de Lusarches et Jeanne Bracque, sa femme, donnerent à

<small>*Tab. Ep. Paris. in feodis.*</small>

l'Abbaye de S. Maur le fief de Villiers près Tournan pour faire *Tab. S. Mauri.* prier Dieu pour eux et pour Jean de l'Hôpital, premier mari de ladite Bracque.

Après ces anciens Seigneurs, nous n'avons connoissance que de deux Seigneurs de Lusarches d'un nom nouveau durant ce même siécle. L'un s'appelloit Gilles Galloys ; Du Breul en fait mention, lorsqu'il parle de ceux qui fonderent des Chapelles chez les Chartreux de Paris. Il reconnoît qu'il augmenta le revenu de celle de S. Jean avec Jeanne, sa femme. Dans leur Nécrologe au 25 Mai ce Chevalier est dit Protecteur du Temporel de cette maison, et outre la dot de la Chapelle de S. Jean, leur avoit encore donné un joyau où sont les Reliques de plusieurs Saints. L'autre Seigneur de Lusarches sur la fin de ce siécle fut Jean de Dicy, Capitaine de Corbeil et Grand Ecuyer de France en 1398. Antiq. de Du Breul, p. 355.
Hist. des Gr. Off. T. VIII, p. 470.

Au XV siécle Jean le Clerc, Chancelier de France, acheta la Terre de Lusarches avec la Cour des Barres. Il en jouit depuis l'an 1421. D'anciens monumens le qualifient Seigneur de la Motte et de Lusarches. Quelque temps après cette petite Ville fut prise par les Armagnacs dans l'été de l'année 1429. Ibid. T. VI, pag. 386 et 387.
Journal de Charles VI, p. 124.

Les Ecrivains qui ont vu des titres des Comtes de Beaumont reconnoissent parmi les Seigneurs de Lusarches un Blanchet de Beaumont en 1406, un Charles de Beaumont en 1421, et un Jean de Beaumont, Seigneur en partie, lequel céda ce qu'il avoit en ce lieu à Louis, Duc d'Orleans, l'an 1491. Hist. des Gr. Off. T. VI, p. 470.

Le Duc de Bretagne fit hommage de Lusarches à l'Evêque de Paris le 13 Juillet 1474, par Robert-Jean, en présence de Jacques Loüet, Bailly de l'Evêché. Deux jours après Simon Bureau, Ecuyer, Seigneur en partie, en rendit aussi hommage dans la Salle de l'Evêque, présent Pierre Bureau, Chevalier de Montglat, et Pierre le Clerc, Ecuyer, le rendit pareillement pour sa part. Le Roi Louis XI voulut avoir la portion que Simon Bureau avoit à Lusarches, et il en fit présent aux Chanoines de la Collégiale du lieu, donnant en place au Sieur Bureau, qualifié Maître des Comptes, des étaux de la Boucherie de Beauvais de Paris. Reg. Ep. Paris.
Compt. de la Prév. de Par. 1483. Sauval, T. III, page 473.

Jean de Challon, Prince d'Orenge, eut aussi une part de la Seigneurie de Lusarches ; ce bien et d'autres furent confisqués sur lui en 1478 et donnés par Louis XI à Jean de Dallon, Sieur de Lude, son Chambellan : et depuis, sçavoir en 1481, au lieu de Lusarches, le Roi lui donna Gisy, proche Sens. Ce bien de Lusarches fut apparemment rendu au Prince d'Orenge, puisqu'après la mort de sa veuve en 1485, son fils demanda six mois de souffrance à l'Evêque de Paris pour lui en rendre hommage, mais au lieu de ce Prince l'hommage en fut fait le 17 Juin 1486 par Jean de Ronchault, Ecuyer, qui venoit de l'acheter de lui. Reg. Parl. 22 Jui. 1478. Mem. Cam. Comp. 1481.
Reg. Ep. Paris. 1 Mart.

Reg. Ep. Paris.	En 1488, le 11 Mars, Eustache Allegrin, Avocat en Parlement, prêta foi et hommage pour une portion de fief ou Seigneurie encore moindre que les précédentes. C'étoit pour soixante-dix arpens de bois de la forêt de Coye en deux pieces tenant au bois d'Herivaux, et pour le droit de faire mener ses foins par corvée à Lusarches de la prairie assise entre la Ville de Lusarches et le lieu de Saugy (apparemment Cheusy).
Ibid. *4 Jun. 1499.* Sauval, T. III, p. 562.	A la fin du XV siécle Marc Cenesme, Elu de Paris, étoit Seigneur de Lusarches pour la partie qui avoit appartenu à Nicolas Ballue, Seigneur de Villepreux, et à Philippe Bureau, sa femme, auparavant au Sieur de Montmorency. Le 18 Août 1513
Reg. Parl.	Daufine de Condan, sa veuve, étoit Dame de Lusarches. Il eut pour fils et successeur en 1514 Jean de Cenesme, Ecuyer, lequel avec Louis son frere possedoit les deux Châteaux en 1533. Suivant une sommation de l'Evêque, ses enfans, Pierre et autres, firent rendre hommage à l'Evêque de Paris par François de Cenesme, leur tuteur, le 11 Janvier 1537. Depuis, en 1575 au mois d'Août,
Reg. Ep. Paris.	Suzanne de Cenesme rendit son hommage pour un quart; Audoin de Thurin pour un autre quart; François Prudhomme pour le troisiéme quart, et l'Evêque accorda souffrance à Sidoine de Cenesme pour le restant.
	Dans le Procès-verbal de la Coûtume de Paris de l'an 1580 comparut François Prudhomme, Ecuyer, comme Seigneur en partie de Lusarches. Il conserva ce titre jusqu'à sa mort, arrivée en 1587.
	En 1582, le Sieur d'Erquinvilliers et Suzanne de Cenesme, sa femme, possesseurs d'un tiers de la Seigneurie de Lusarches, l'échangerent pour des rentes.
	Il y eut le 28 Mars 1600 un fameux Arrêt rapporté par tous les auteurs, au profit du Cardinal de Gondi contre le Seigneur de Lusarches sur la prorogation de la saisie féodale.
	Vers ce temps-là les deux fiefs de Lusarches, l'un dit la Motte, l'autre le Château de S. Côme, étoient possedés par indivis par Dame Ambroise Avrillot, veuve d'Audoin de Thurin, et par les enfans mineurs de Bernard Prudhomme, Chevalier, comme il se
Offic. de Chenu. Tit. XXIII, chap. xxxix.	voit par leurs hommages de l'an 1607. Il y eut le 28 Novembre 1611 un Arrêt donné en la Cour des Aydes qui maintenoit cette Dame dans la jouissance du droit de Banvin depuis le lendemain de Pâques jusqu'à six semaines après, à la charge qu'elle ne pourra vendre d'autre vin que de son cru.
Tab. Ep. Paris.	En 1617, le 19 Octobre, Bernard Prudhomme, Chevalier, Seigneur en partie de Lusarches comme héritier de Marguerite de Cenesme, sa mère, rendit foi et hommage à l'Evêque de Paris.
Ibid.	En 1636, Charles du Bec jouissoit comme époux de Claudine

Prudhomme de la moitié de la Terre de Lusarches, et en fit hommage à l'Evêque le 21 Janvier. Puis en 1641 pour une moitié Anne de Preaux, héritiere de Marie du Bec, sa cousine, qui avoit hérité de Charles du Bec et de Claudine Prudhomme ; l'autre moitié procédant de Marie du Bec, fille dudit Charles, appartint à Robert de la Blouere, Ecuyer, Sieur de Saulet, son héritier. Il fit hommage au même Evêque le 29 Juin 1641.

La Comtesse de Soissons possedoit l'une des moitiés en 1642, et la donna par son Testament au Chevalier fils du Comte de Soissons. Puis, en 1646, Louis-Henri, Prince de Bourbon, en eut la moitié par indivis. L'Archevêque de Paris attendit pour son hommage qu'il eut l'âge de majorité.

Dans la suite du même siécle, Nicolas Viole porta la qualité de Seigneur de Lusarches. Cet Officier d'armée mourut en 1654. Voyez son épitaphe ci-dessus p. 203.

Cette Terre est aujourd'hui pour la plus grande partie à M. le Président de Molé, ou plutôt, comme j'ai dit ci-dessus, M. le Prince de Condé et ce Président sont Seigneurs par indivis. *Concord. des Brev. p. 211.*

FOIRES. Il y a à Lusarches deux Foires de bestiaux et étoffes par chacune année ; l'une est le lendemain du jour de S. Côme et S. Damien, 27 Septembre ; l'autre un mois après, le jour de S. Simon. Il y a aussi un marché les Vendredis de chaque semaine.

HAMEAUX. Les Ecarts et Hameaux de Lusarches sont l'Abbaye d'Herivaux et la Grange-au-Bois, desquels je parlerai ci-après, Chauvigny, Timécourt, Gacourt, Bertinval, la Ferme de Montmartre à Chaumontel.

Le nom de GACOURT est un peu altéré ; car on a dû dire primitivement Goucourt. Il ne paroît pas en effet qu'on doive chercher ailleurs que dans ce Gacourt le *Curtis Guldulfi* du pays Parisis dont il est parlé dans une Charte du Roi Charles le Chauve, de l'an 867, conservée dans les Archives de l'Abbaye de Saint Maur des Fossez. Il est dit que Herpuin, Evêque de Senlis, et Godefroy, Abbé de S. Maur, firent un échange. Herpuin donna à Godefroy des biens de l'Eglise de Saint Rieule de Senlis, situés dans le lieu dit *Erulfi Curtis* du pays de Meaux, vraisemblablement Court-Evroul, et réciproquement Godefroy donna à Herpuin, pour l'Eglise de Saint Rieule, des biens que son Abbaye avoit au pays de Paris, dans le lieu dit *Curtis Guldulfi*. Ce diplome est daté de Senlis, le XVI des Calendes d'Avril, Indiction I. Il y avoit eu d'ancienneté à Gacourt, une Chapelle du titre de S. Jean-Baptiste. Lorsqu'elle eut été détruite par les guerres, Aimeric de Magnac, Evêque de Paris, en fit la réunion à la Collégiale pour l'augmentation du culte divin, par acte du 6 No- *Ex Autogr. in tabul. Fossat.*

vembre 1377. Lorsqu'elle eut été rebâtie en 1609, les Chanoines continuerent d'y aller célébrer l'Office le jour de S. Jean, et l'Evêque permit au Seigneur d'y faire célébrer la Messe. Ce Seigneur est aujourd'hui M. Molé. Il y a sept ou huit maisons en ce hameau.

<small>*Reg. Ep. Par. 7 Aug.*</small>

BERTINVAL est une Seigneurie située au nord de Lusarches. On lit que Jean Viotel donna en 1238 à l'Abbaye d'Herivaux un sextier de froment à prendre sur le moulin de ce lieu. J'ai vu dans un Cartulaire de l'Abbaye de Saint Denis, qu'en 1283 Gilles de Compiegne, Prevôt de Paris, vendit à ce Monastere la Croix-Brisié en Bertinval. Est-ce le même Bertinval? Il est fait mention des Seigneurs de Bertinval, près Lusarches, dans les Registres de l'Archevêché, de Nicolas Camus en 1607, de Michel le Camus et Catherine de Bracque, sa femme, en 1667, de M. de la Bonnerie, en 1697. De nos jours, elle a appartenu aux Demoiselles d'Ussel; et aujourd'hui à M. d'Arsilly, Soûfermier.

<small>*Gall. Chr. T. VII. col. 823.*</small>

<small>*Cod. Reg.*</small>

<small>*Perm. de Chap. domest.*</small>

TIMECOURT a été dans la famille de Bracque au dernier siécle, et appartenoit en 1661 à Marguerite de Besançon, veuve d'Alexandre de Baillon, Chevalier, Seigneur de Forges. Présentement en partie à M. de Molé.

<small>*D'Hozier Reg. III, p. 92 et 93.*</small>

CHAUVIGNY est mentionné ci-dessus comme Seigneurie dans l'épitaphe des Sieurs le Coq et Baron. M. Molé en est aussi Seigneur.

EGLISES QUI Y ONT DES DROITS. Je n'ai pas trouvé que beaucoup d'Eglises ayent eu du bien sur le territoire de Lusarches, si ce n'est peut-être le Prieuré de Longpont sous Montlhery; j'ai lu que Garsilius, fils de Payen Serlon de Dordenc, prenant l'habit de l'Ordre à la mort, donna tout ce qu'il possedoit à Lusarches au XII siécle, du consentement de sa mere, qui avoit ce bien dans sa dot.

<small>*Chartul. Longipont. f. 5.*</small>

On assure que l'Abbaye de Saint Victor de Paris retire une redevance de grain sur le Chapitre de Lusarches, apparemment à cause de Lacy.

EVENEMENTS. Quant aux événemens arrivés à Lusarches, ce que j'en ai trouvé se reduit à la prise que les Armagnacs en firent l'an 1429 sur le parti du Duc de Bourgogne. Le Journal qui marque ce fait porte que les troupes commirent alors du dégat en l'Eglise Collégiale.

<small>*Journal de Paris sous Charles VII, page 124 et 133.*</small>

ILLUSTRES PERSONNES DU LIEU. Lusarches a produit plusieurs personnes qui peuvent passer pour célébres par leurs connoissances ou par le rang qu'elles ont tenu.

Henri de Lusarches, Chanoine de Chartres, fut Clerc ou Aumônier de Charles I d'Anjou, Comte de Provence, frere de S. Louis.

Matthieu, Evêque de Riez en Provence, décédé en 1288, passe pour avoir été de la famille des Seigneurs de Lusarches, d'autant que dans un acte passé devant lui à Riez en 1284, on lit parmi les témoins *Testibus...... Johanne de Lusarchis nepote dicti Domini Episcopi*. On trouve aussi à Riez, dans divers actes du Chapitre en 1288, 1289 et 1306, *Baldoynus de Lusarchis Regensis Canonicus*. Memoires de M. Salomé Bénéficier à Riez et Historiographe des Evêques.

Nicolas de Lusarches étoit Doyen de Saint Germain l'Auxerrois à Paris en 1289, et le fut jusqu'environ l'an 1300. On le trouve fait Evêque d'Avranches en 1306. On dit qu'il mourut en 1310, et qu'il est inhumé à Sainte Geneviéve de Paris. Les Registres du Parlement de la Saint Martin 1313 font aussi mention d'un Nicolas *de Lusarchiis*, Prevôt d'Auvers en l'Eglise de Chartres, et Clerc du Roi. Seroit-ce la même personne ? Gall. Chr. T.VII, col. 260. Gall.Chr. vetus. Reg. Parl.

Hugues de Lusarches se trouve dans l'ancien Nécrologe de l'Abbaye de Sainte Geneviéve de Paris, avec la qualité d'Archidiacre de Meaux. Il a aussi le même titre dans le Cartulaire de Meaux. Necrol. S. Genov. ad ij. cal. Januar. Chart. Meld. B. M. Paris. fol. 35.

Philippe le Bel, fait Chanoine Régulier de Sainte Geneviéve en 1508 et qui en devint Abbé en 1534, après avoir été Curé-Prieur de Roissy-en-France et de Saint Etienne du Mont, étoit natif de Lusarches. Il eut pour neveu Philippe le Bel, Curé de Lusarches, de l'épitaphe duquel j'ai donné l'Extrait. On connoît de lui une traduction du livre du Pere Jerôme Platus, Jesuite Italien, *De bono Status Religiosi*, qu'il dedia à Henry de Gondi, Evêque de Paris, et depuis Cardinal de Retz. Il avoit été reçu Docteur le 8 Octobre 1582. Gall. Chr. T.VII, col. 769.

Voici quelques habiles Artistes natifs de Lusarches :

Robert de Lusarches étoit Architecte sur la fin du regne de Philippe-Auguste. Ce fut lui qui commença vers l'an 1220 l'édifice de la Cathédrale d'Amiens, l'une des plus belles du Royaume. Félibien traité des Archit.

David de la Corbiniere aussi né à Lusarches, a été Prevôt des Chirurgiens de Paris, et est mort le 20 Novembre 1635. Index Funer. Chirurg.p.556.

Le Sieur Tardif, qui a été Ingénieur, et qui est mort Maréchal de Camp des Armées du Roi, étoit pareillement natif de Lusarches.

HERIVAUX, ABBAYE

C'est le nom que porte une Abbaye du Diocése de Paris, située à une lieue de Lusarches et à sept ou environ de Paris vers [le] nord-est. Ce n'est point un village, *Vicus*, ainsi que M. de Valois l'a cru, mais un lieu très-solitaire, enfoncé dans un vallon où il ne se trouve précisément que le Monastere et ses dépendances avec un Not. Gall. p. 420, col. 1.

reste d'étang dont les sources font tourner un moulin. Ce vallon est couvert par une haute montagne du côté du midi ; des autres côtés par une forêt, qui fait partie de la forêt de Halate, et il n'est découvert que du côté du couchant où Lusarches est situé, ce qui forme un point de vue fort agréable.

Ce lieu fut d'abord habité par Ascelin qui, tout Seigneur qu'il étoit de Marly-la-Ville en partie, se retira pour y mener une vie solitaire. Après y avoir demeuré avec quelques compagnons environ trente ans et avoir obtenu des Comtes Renaud de Clermont en Beauvoisis et Matthieu de Beaumont-sur-Oise, Seigneurs en partie de Lusarches, une augmentation de territoire, il voulut s'assurer que le lieu ne retournât pas dans l'affreux état de solitude où il l'avoit trouvé. Du consentement des Ermites qu'il y avoit réunis, il se rendit près de l'Evêque de Paris, Maurice de Sully, l'an 1160, et lui remit sa petite Communauté pour y introduire la Régle des Chanoines de l'Ordre de S. Augustin et l'usage de l'Office Divin comme dans l'Eglise de Paris, se soumettant à sa Jurisdiction, ce que l'Evêque agréa. Et c'est, à ce que je pense, toute la part que ce Prelat a eu à cette fondation, quoique Rigord et Nangis marquent à l'an 1196 que Maurice avoit doté cette Abbaye de ses propres fonds. Peut-être aussi faut-il dire qu'il lui donna une partie des dixmes à Marly-la-Ville, et que ce don occasionna la construction d'un Prieuré en ce lieu, dans lequel on établit depuis une Paroisse. Avant l'an 1188 et avant que cet Evêque fut mort, l'Eglise d'Herivaux avoit pris l'institut de l'Abbaye de Saint Victor, ce qui ne changeoit pas beaucoup les dispositions du pieux Ermite Ascelin. Mais en 1234, l'Evêque Guillaume la déclara exempte de la Jurisdiction de chef de Congrégation. Quant aux bienfacteurs, leurs noms seroient trop longs à rapporter. On compte jusqu'à vingt-quatre Seigneurs des cantons qui ont répandu leurs largesses sur cette maison.

Voyez l'art. de Marly.

Gall. Chr.

L'Eglise de cette Abbaye n'est que comme une longue Chapelle sans aîles, mais avec une croisée garnie de divers autels. Sa structure paroît être de la fin du XII siécle ou plutôt du commencement du suivant, ce qui se connoît plus visiblement à la mitre des Evêques figurés dans les vitrages, lesquels vitrages sont ou d'un rouge foncé de ces temps-là, ou d'un blanc sur lequel on a jetté une couleur pâle comme dans les Eglises de l'Ordre de Cîteaux d'environ l'an 1200, et que l'on qualifie de grisailles. Ces vitrages peints représentent la mort de Jésus-Christ. L'autel a été avancé dans ces derniers temps vers le milieu de la croisée, et le chœur a été placé au fond de l'Eglise. Il y a des fonts baptismaux pour les enfans des Fermiers. On y administre aussi le Sacrement de mariage ; cependant ce n'est point une Paroisse, puisque la maison paye vingt sols par an au Curé de Lusarches, en reconnoissance de ces droits. Il y a apparence qu'à cause de l'éloignement et des mauvais chemins, l'Abbaye et le Curé traiterent ensemble. Mais il faut aussi qu'il y ait eu autrefois des habitans dans ce vallon, puisqu'on trouve qu'entre 1470 et 1475 il y eut un affranchissement accordé aux gens de la vallée autour de l'Abbaye d'Herivaux jusqu'au nombre de douze menages. Outre cela il est sûr que l'on compte jusqu'à quatorze feux à la Grange aubois qui est au-dessus. Mem. de la Chambre des Comptes.

L'Histoire des Grands Offices de la Couronne nous a transmis des épitaphes de deux personnes illustres inhumées dans le chœur du côté méridional, et qui n'y sont plus : *Cy gist Messire Thibaud de Puiseux Chevalier Seigneur de Puiseux qui trèspassa l'an M. CCC. XIIII.* Hist. des Gr. Off. T. VI, p. 666.

Cy gist Madame Agnes de Trie femme dudit Messire Thibaud laquelle gouverna le Roy Charles VI à l'âge de VII ans, laquelle trèspassa l'an MCCCLXXIIII. On apprend aussi que Jeanne de Meudon, femme de Guillaume le Boutillier de Senlis, décédé en 1353, est inhumée dans la même Eglise, et qu'on y a vu son épitaphe. Ibid., p. 158.

On y a vu pareillement au bas des dégrés du sanctuaire la tombe de Jean de Puiseux, Chevalier, décédé en 1330 ; au milieu du chœur celle de Jean de Puiseux, Chevalier, mort en 1399 ; dans la partie septentrionale du même chœur, celle de Pierre de Puiseux, aussi Chevalier, décédé en 1332, et enfin dans le sanctuaire est la sépulture d'Arnoul de Puiseux, Maître d'Hôtel du Roi, mort le 17 Août 1400.

Dans le sanctuaire de la même Eglise du côté septentrional repose René le Rouillé, Evêque de Senlis, Abbé de Notre-Dame du Val et d'Herivaux, et Chanoine de la Sainte Chapelle de Paris, qui décéda le 13 Septembre 1559 ; son neveu du même nom, aussi Abbé d'Herivaux et mort en 1624, repose à l'autre bout du sanctuaire. J'y vis en 1739 dans le côté septentrional de la croisée une statue de pierre représentant un Magistrat en robe rouge à genoux, et posée à terre, que l'on assure être celle de René le Rouillé, Conseiller Clerc du Parlement, Abbé de ce lieu et dont je viens de parler.

Lorsqu'on a placé l'autel où il est, le clocher a été transporté sur le même croison, de peur que les cordes des cloches ne tombassent sur l'autel s'il eut resté au milieu.

Le Couvent a été rebâti depuis peu à neuf, et avec une espece de magnificence ; peu s'en faut qu'il ne soit aussi élevé que l'Eglise.

On compte jusqu'à présent trente et un Abbés à Herivaux,

dont le premier fut Thibaud dit de Saint Victor, parce qu'il en étoit Chanoine. Il commença à siéger vers l'an 1175. Odon, pareillement Chanoine de Saint Victor, lui succeda vers 1200. Ensuite Pierre, l'an 1223 jusqu'environ l'an 1240. Ce fut sous ces trois Abbés que furent faites à cette maison presque toutes les donations des biens dont elle jouit. On fut fort exact dans cette Abbaye à faire graver sur les tombes de presque tous les Abbés, des épitaphes en vers latins. On peut les voir dans le Gallia Christiana. Ils étoient la plupart natifs des villages voisins soit du Diocèse de Paris, soit de celui de Senlis. Il faut y ajouter l'Abbé Pierre qui en 1283 obtint de l'Evêque de Paris l'amortissement des biens de son Abbaye, situés sur ses Fiefs et arriere-Fiefs. Il y avoit des bois entre autres qui étoient un don de Barthelemi de Meru, Chevalier.

Tab. Ep. Par. in Amortissem.

Jean Cirot (mal écrit Ciret) est marqué au Gallia Christiana pour le dernier Abbé Régulier. Sous cet Abbé, Louis d'Argouges, Vicaire Général de l'Evêque de Paris, fit en 1474 et années suivantes, la visite au nom de l'Evêque. Les Religieux qui étoient au nombre de sept se plaignirent en 1476, de ce que cet Abbé retenoit pour lui les fruits d'un Prieuré dépendant de la maison, au lieu d'en pourvoir un Religieux. Comme les dernieres guerres avoient mis les bâtimens en mauvais état, ce même Abbé commença en 1475 à rebâtir le Cloître. Il mourut vers l'an 1490. En cette année-là fut pourvû de cette Abbaye en commende par le Pape, Jean de Montmorency, bâtard des Seigneurs de ce nom, Prêtre, Maître-ès-Arts et Protonotaire du Saint Siége.

Reg. Ep. Par. 10 Jul. 1490.

Il y a eu ensuite à Herivaux quatre de Messieurs Rouillé consécutivement Abbés, sous l'un desquels, en 1565, fut homologué à l'Evêché un partage qu'il avoit fait avec les Religieux. Après eux l'Abbaye passa à Pierre de Vaudetar, neveu du dernier. Le feu ayant presqu'entierement reduit en cendres la maison l'an 1632, cet Abbé la rebâtit à ses frais dans l'espace de deux années.

Tab. Ep. Paris.

Il n'avoit pas été besoin de reforme dans ce Monastere depuis sa fondation jusques dans le XVI siécle; et même encore l'an 1528 l'Evêque de Paris ayant envoyé deux Commissaires pour y faire visite en son nom pendant qu'il faisoit celle de la Collégiale de Lusarches, ils y trouverent les cinq Religieux qui composoient la Communauté, célébrans très-bien l'Office Divin. Ce ne fut qu'en 1561 qu'il y eut, le 5 Juillet, un Arrêt du Parlement qui commettoit un Conseiller pour travailler avec l'Evêque de Paris à la reforme de cette maison. On ignore ce qui fut fait alors : mais on sçait qu'en 1639 la reforme des Chanoines Réguliers de la Congrégation de France, dite de Sainte Geneviéve, y fut introduite.

Reg. Ep. Par. Domin. 11 Oct. 1572.

Reg. Parl.

Quatre Cures dépendent de cette Abbaye, sçavoir : Fosses, Marly-la-Ville et Bellefontaine du Diocése de Paris ; et Montepiloix, du Diocése de Senlis.

LA GRANGE-AU-BOIS n'est plus qu'une simple Ferme située sur le sommet de la montagne adossée à l'Abbaye, et éloignée de Bellefontaine d'un grand quart de lieue du côté du septentrion. Il y a subsisté une Chapelle, du titre de Saint Nicolas, fondée en 1247 par Adam Bigne. J'ai vu des Provisions de cette Chapelle, quelquefois qualifiée de Prieuré, expédiées au Secrétariat de Paris au XV et XVI siécle, à des Chanoines Réguliers d'Herivaux. Depuis long-temps il n'y reste plus de vestige de cette Chapelle ; et le hameau dans lequel on a compté jusqu'à quatorze menages n'en a plus qu'un seul.

EPINAY-LEZ-LUSARCHES

DITE SELON D'AUTRES

EPINAY-LE-SEC

Ce sont les buissons et broussailles qui, selon M. de Valois, en sa notice des Gaules, ont donné le nom à ce lieu comme à plusieurs autres : aussi en latin sont-ils nommés *Spinolium* ou *Spinoilum*, ou quelquefois *Spinetum*. Ce dernier nom est celui que l'auteur du Pouillé Parisien du XIII siécle a employé, pour nous apprendre que la Cure du lieu est à la présentation du Chapitre de Lusarches.

Je n'ai point trouvé le Catalogue des Bénéfices où M. de Valois dit que l'Eglise d'Epinay, proche Lusarches, n'est qualifiée que *Capella de Spineto*. Il falloit cependant que ce fût une Cure dès le temps du regne de S. Louis, puisqu'elle se trouve dans le Pouillé de Paris redigé un peu avant ce temps-là.

Il ne reste aucun vestige de cette ancienne Chapelle ni de l'ancienne Eglise Paroissiale. L'édifice de la Paroisse qu'on voit aujourd'hui ne paroît avoir que deux siécles au plus d'antiquité. Elle est sous le titre de S. Eutrope, premier Evêque de Saintes. On y montre un buste de bois doré avec quelques morceaux de ses reliques qui consistent en six esquilles de tibia ou d'autres gros ossemens de couleur de cendres. Un Registre de visite d'Archidiacre de l'an 1471 fait mention que dès lors il y avoit en ce lieu une Relique du bras de ce Saint enfermée dans un reliquaire d'argent.

PAROISSE D'EPINAY-LEZ-LUSARCHES

Code des Curés, T. I, p. 53.

Par Arrêt du Parlement du 2 Mars 1687, Adrien Raguet, Curé de cette Paroisse, fut maintenu en la possession de toutes les menues dixmes, et le Chapitre de Lusarches en celle des grosses dixmes et novales. Le même Chapitre présente à la Cure du lieu, lequel paroît être un détachement de Lusarches.

Le Village d'Epinay est peu considérable. On ne le trouve dans les livres de l'Election de Paris, sçavoir dans les denombremens et rolles de l'Election, que sous l'article de Champlatreux, et de même dans le Dictionnaire universel de la France ce village, pris en particulier, ne paroît être composé que de quinze ou vingt feux. Il est situé sur une éminence à six lieues ou environ de Paris, un peu en deçà de Lusarches, sur la gauche. Le territoire consiste en labourages avec beaucoup de fourneaux à plâtre. Le denombrement de 1709 donne à Champlatreux, Epinay et Trianon, pris conjointement, 55 feux, on n'en trouve que 34 dans le dernier. Le Dictionnaire universel avoit évalué cela à 151 habitans.

CHAMPLATREUX étant le lieu le plus considérable de la Paroisse au rapport des denombremens, je le ferai passer avant Trianon. Son nom désigne assez la nature des terres, sans qu'il soit besoin de s'expliquer plus au long. Je n'ai vu aucun titre latin où il en soit fait mention. Ce que j'en ai appris de plus ancien, est qu'en 1524 Nicolas Avrillot en étoit Seigneur, et que vers l'an 1530 ou 1540 il est qualifié Maître des Comptes, et époux de Marie Luillier. C'est encore Nicolas Avrillot qui est dit Seigneur de Champlatreux dans le Procès-verbal de la Coûtume de Paris de l'an 1580. Je trouve ensuite qu'en 1595, il y avoit à Champlatreux une Chapelle en titre, laquelle fut conferée le 25 Septembre par l'Evêque de Paris à Jean Prevost, Prêtre de Paris *quoquomodo vacet*. La postérité de M. Avrillot est recommandable du côté de Barbe Avrillot, sa fille, qui, étant veuve de M. Acarie, Maître des Comptes, grand Ligueur, se retira aux Carmelites de Pontoise, où elle mourut en odeur de sainteté le 18 Avril 1618, ayant pris l'habit de Sœur converse. Sa vie, écrite par André du Val, Docteur de Sorbonne, a été imprimée, aussi bien que celle de Marguerite Acarie, leur fille, morte pareillement Religieuse Carmelite.

Permiss. de Chap. dom. du 17 Févr.

Messieurs Molé possederent depuis cette terre qu'ils joignirent à celle de Lacy et de Trianon, qu'ils avoient auparavant. Edouard Molé, mort Président à mortier en 1614, l'avoit apparemment acquise de la succession de M. Avrillot. Son fils, Matthieu Molé, étant Procureur Général vers l'an 1620, obtint permission d'y retablir les fourches patibulaires qui tomboient de vieillesse. Monsieur de Gondi, premier Archevêque de Paris, lui permit, et à

Reg. Parl.

Renée Nicolaï, son épouse, d'avoir à Champlatreux une Chapelle domestique pour la Messe. Il devint ensuite premier Président du Parlement, et pendant l'intervalle de temps qu'il fut Garde des Sceaux, sçavoir : depuis l'an 1651 jusqu'à sa mort arrivée en 1656, le Roi Louis XIV logea une fois à Champlatreux, étant dans les derniers temps de sa minorité ; en memoire de quoi une des chambres du château est encore appellée la chambre du Roi. Cette terre a passé aux descendans de Matthieu Molé, premier Président, de pere en fils, sçavoir : Jean-Edouard Molé, décédé en 1682 ; Louis Molé, décédé en 1709 ; Jean-Baptiste-Mathieu Molé, tous Présidens à mortier. *Permis. de Juin 1623.*

TRIANON est une très-ancienne Seigneurie sur la Paroisse d'Epinay. Ce nom étoit connu dès la premiere race de nos Rois, si on en croit M. de Valois. Ce sçavant conjecture que c'est le *Drionnus Vicus,* où fut battue une monnoye de ce temps-là, gravée dans Bouteroue, et qui porte DRIONNO VICO. Dès le XII siécle, le lieu de Trianon s'écrivoit *Triasnum.* Dans des lettres données l'an 1175 par Maurice de Sully, Evêque de Paris, en faveur de l'Abbaye de Chaalis près Senlis, pour des biens qu'elle avoit vers ces quartiers, est nommé parmi les témoins *Mainerius de Triasnum.* Ce terrain relevoit de Lusarches, puisqu'il fut besoin pour deux arpens de terre que Gilbert, Clerc, avoit donnés à l'Abbaye d'Herivaux que Raoul, Seigneur de Lusarches, confirmât la donation en 1238. Mais si Trianon près Lusarches n'est pas le lieu où a été frappée la monnoye ci-dessus, ce peut être Trianon proche Versailles, lequel Trianon étoit une Paroisse du Diocése de Chartres, avant que le territoire eut été incorporé au Domaine de Versailles. *Gall. Chr. nova, col. 823.*

Par la suite des temps, on est venu à dire en parlant de ce Trianon situé sur la Paroisse d'Epinay, la Grange-Trianon, parce que ce lieu étoit possedé par Messieurs de la Grange. De ce nombre fut Michel de la Grange, Trésorier du Roi, Général de sa monnoye en 1475 et 1482, qui épousa Françoise de Longueil. Il avoit été Prevôt des Marchands dès l'an 1466, selon un titre de l'Abbaye du Val de l'an 1525. Sebastien de la Grange étoit alors Seigneur de Trianon. Il fut inhumé dans l'Eglise d'Ermenouville proche Garges, où l'on voit encore sur sa tombe sa qualité de Seigneur de Trianon-lez-Lusarches. Il avoit épousé Marguerite du Val, Dame de Villers-le-Sec. Je trouve dans la Généalogie de MM. Huault un Sebastien de la Grange (apparemment leur fils) qui épousa Isabeau Viole, fille de Nicolas. La fille de Sebastien I, appellée Marie de la Grange-Trianon, fut la troisiéme femme de Nicolas Molé, Conseiller au Parlement, décédé en 1542, et qui fut l'ayeul du célébre Matthieu Molé, premier *Hist. des Presid. p. 465.*

Président et Garde des Sceaux. Charles de la Grange, Conseiller au Parlement et Chanoine de l'Eglise de Paris dans ce présent siécle, descendoit de ces Messieurs de la Grange-Trianon. Il avoit un frere Ecclésiastique, qui étoit surnommé Trianon.

Monsieur le Président Molé a aussi acquis la Seigneurie d'Epinay, et l'a jointe à ses autres Seigneuries voisines, après en avoir traité avec un des Messieurs Crozat.

LACY ou LASSY

On compte six lieues et demie de Paris à Lacy. Le peu de distance qu'il y a de ce village à Lusarches donne lieu de croire que la Cure qui y a été érigée n'est qu'un démembrement de celle de Lusarches qui étoit le chef-lieu du canton, à moins qu'il ne fût prouvé que Lacy étoit la Paroisse de tout le canton, et que Lusarches n'eût été qu'un château fortifié auprès duquel [se] seroit formé un bourg dont les habitans auroient recouru originairement à Lacy pour le spirituel ; mais ce qui s'oppose à cette pensée est que Monsieur de Valois observe qu'il a vu un ancien Pouillé où, au sujet d'une Chapelle d'Epinay, cette Chapelle est écrite *inter Ecclesiam de Lusarchis et Capellam de Laci*. Je prefere de l'écrire Lacy, parce que les plus anciens titres que j'aie vu, tel qu'est le Pouillé du XIII siécle et un titre de 1212 conservé à Herivaux[1], l'écrivent de cette sorte, sçavoir : *Laciacum ;* et je ne serois pas éloigné de croire que ce nom, dont l'origine n'est point connue d'ailleurs, ne vint de quelque grand étang ou espece de lac, qui auroit été formé par les écoulemens venant de Bellefontaine et au-delà, et par ceux qui descendent de Roquemont et de Chavigni. Il en est encore resté au lieu le plus bas de la prairie, le nom de Vivier. Cette grande piece d'eau ou marais a dû être dessechée par la suite pour l'utilité du pays, et pour la salubrité de l'air ; et les habitans établis sur le côteau qui regarde le septentrion et le couchant s'en sont bien trouvés. Dans un des Catalogues de Du Breul, ce lieu est écrit Lassis ; dans le premier Pouillé d'Alliot, il y a en latin *De Luciaco*, et en françois *De Luciac*. Le Pelletier fait une autre faute, et met Lary.

Quoiqu'il en soit de l'étymologie du nom de Lacy, on ne peut nier que ce village ne soit ancien, puisque la Cure subsistoit au moins dès le XIII siécle, auquel le Pouillé du temps marque

Not. Gall. p. 431, col. 1.

---

1. *Helvis de Laciaco nobilis mulier.* Gall. Chr. T. VII, col. 820.

que sa nomination dependoit du Chapitre de Lusarches. L'Eglise du lieu est petite. Le chœur m'a paru être de la structure du XIII siécle, mais les vitrages ne sont que du dernier. La nef, comme dans beaucoup de petits villages, n'est que de pur plâtre.

Une chose singuliere, est que la chaire à prêcher est placée directement au-dessus du confessionnal. Je n'ai pas trouvé l'acte de la Dédicace de l'Eglise, mais seulement celui de la bénédiction du cimetiere faite le Dimanche 24 Juillet 1524, par François Poncher, Evêque de Paris. La Cure est toujours à la présentation des Chanoines de Lusarches.

Le nombre des feux est de 38, selon le denombrement de 1709. et il y a 167 habitans ou communians, suivant le Dictionnaire universel. On m'a certifié qu'on y comptoit encore 35 feux ou environ. C'est un pays de labourages ou pacages. On n'y voit aucunes vignes. Etienne de Senlis, Evêque de Paris, mort l'an 1140 et inhumé à Saint Victor, donna à cette maison de Chanoines Réguliers une partie de la dixme de Lacy à la priere de Payen de Prêles, comme le témoigne une charte de Barthelemi, Doyen de Paris, neveu de cet Evêque, que j'ai vu à Saint Victor. Ce petit village fut l'un de ceux qui resterent inhabités durant le temps des guerres des Anglois, depuis l'an 1422 jusqu'en 1430. Sauval. T. III, page 585.

La terre de Lacy étoit au commencement du XVI siécle dans la famille des Seigneurs de la Grange-Trianon. Nicolas Molé, Président au Parlement de Paris, en devint Seigneur par son mariage avec Jeanne de la Grange-Trianon. A sa mort, arrivée en 1545, Edouard, son fils, aussi Président, la posseda et mourut en 1616. Puis Matthieu Molé, fils d'Edouard, lequel fut premier Président et Garde des Sceaux, et décéda en 1656. Ensuite Edouard, son fils, Abbé de S. Paul, puis Jean et Louis Molé, la plupart réunissant ensemble la terre de Champlatreux qui en est voisine. Ce dernier est mort en 1709. Lacy est toujours dans la famille des MM. Molé, et est possedé aujourd'hui par M. le Président de ce nom. Hist. des Presid. par Blanchard.

J'ignore pourquoi dans le Procès-verbal de la Coûtume de Paris dressé en 1580, Matthieu Chartier, Conseiller au Parlement, est qualifié Seigneur de Lacy. Apparemment que la terre étoit alors partagée entre deux Seigneurs.

LE PLESSIS-PRÈS-LUSARCHES

ou

LE PLESSIER

Le nom de Plessis est commun à un grand nombre de lieux, comme l'a fait remarquer M. de Valois, et comme on voit par le Dictionnaire universel de la France. Cela ne signifie qu'un lieu fermé de branchages pliés et entrelacés, tels que les parcs à parquer. Pour distinguer ces différens Plessis on leur a donné le nom d'un ancien possesseur, ou celui de la situation proche tel ou tel lieu. Celui-ci a diversement été nommé le Plessis-lez-Lusarches, ou le Plessis-sous-Lusarches, ou simplement le petit Plaissié ; d'autres l'appellent le *Plessis-Vallée*[1], ce qui a été défiguré dans la Carte du Diocèse de Beauvais en ces mots : *Le Plessis des Valets*. Le Dictionnaire universel n'y compte que 121 habitans ou communians, ce qui revient à trente feux ou environ.

Il est situé à six lieues de Paris et à demie lieue de Lusarches vers l'orient d'hiver ; et malgré cette proximité il y a encore le village de Lacy entre deux. Il n'est distant de Lacy que d'une portée de mousquet. Sa situation est un peu plus haut sur le côteau qui regarde le nord, situation qui paroit propre pour la santé. Le territoire n'est qu'en terres labourables, sans aucunes vignes.

Le voisinage de Lusarches porte à croire que ces deux Paroisses sont un démembrement du chef-lieu de Lusarches qui étoit autrefois une terre de grande étendue. Mais il faut que ce demembrement soit ancien, puisque ces deux Cures se trouvent dans le Pouillé du XIII siécle où elles sont dites à la nomination du Chapitre de Lusarches. Dans l'incertitude du temps de leur érection, on peut, ce semble, conjecturer que Lacy fut la premiere demembrée de Lusarches, et que par la suite le Plessis fut demembré de Lacy. Ce qui porte à le croire est qu'il n'y a pas d'apparence qu'en érigeant en même temps deux différentes Eglises, on les eût toutes les deux érigées sous l'invocation de la Sainte Vierge. Mais comme Lacy comprenoit le Plessis, et que l'Eglise de ce Lacy fut sous le titre de la Sainte Vierge, l'Eglise qu'on bâtit par la suite dans le lieu du demembrement prit le même nom, selon l'usage appuyé de divers exemples. Au reste, Notre-Dame du Plessis n'a rien dans son édifice qui paroisse ancien :

---

1. Du Breul en ses deux Catalogues met *de parvo Plesseio* et *Plessis le petit*.

le chœur qui est fort petit quoique voûté n'est que du dernier siécle. On m'a assuré dans le lieu que M. le Président Molé de Champlatreux en est Seigneur avec les Célestins de Paris à raison d'un fief qu'il y a. Dans le tems de la redaction de la Coûtume de Paris, c'est-à-dire en 1580, Matthieu Chartier, Conseiller au Parlement, possedoit cette terre. Ellle étoit en 1649 à M. Molé, Seigneur de Champlatreux, suivant le rolle imprimé au sujet d'une taxe imposée sur les Seigneurs.

Il y avoit eu au commencement du XIV siécle une contestation sur la haute Justice de ce lieu, quelques-uns prétendant qu'elle devoit ressortir à Gonesse. Mais il y eut Arrêt le 18 Mars 1327 qui décida qu'elle devoit ressortir au Châtelet de Paris. <small>Petit Livre blanc du Châtelet, f. 260.</small>

Je n'ai rien trouvé dans les siécles précédens touchant cette terre, sinon que l'an 1220, Adam, Evêque de Terouenne, auparavant Archidiacre de Paris, laissa aux Chanoines Réguliers de Livry quatre sextiers de bled à prendre dans la grange du Seigneur *del Plaisier*, c'est-à-dire du Plessis, lesquels étoient dits appartenir à son fief. <small>Cart. Livriaci.</small>

Quoique le Pouillé du XIII siécle latinise ainsi le nom de ce lieu : *De Plesseyo juxta Lusarchias*, néanmoins l'exactitude demande qu'on écrive *de Plexitio juxta Lusarcas*. Le Pelletier faisant imprimer en 1692 le Pouillé de Paris, a placé au Plessis-lez-Lusarches une Chapelle dont il dit que la nomination est au Chapitre de la Collégiale. On ne la trouve point désignée ailleurs.

CHAUMONTEL

Ce que l'on peut produire de plus ancien touchant ce village éloigné de Paris de six lieues et demie ou environ, est qu'on le voit denommé parmi les biens de l'Abbaye de Montmartre, dans une Bulle d'Eugene III de l'an 1147 en ces termes : *Capellam unam in Calvo monticulo, cum feudo Pagani Francebise*.

Cette Chapelle et ce fief appartint environ trente ans après à Constance, Comtesse de Toulouse. Cette Princesse ayant donné au Couvent de Montmartre la somme de cent livres et vingt sols de cense annuelle pour la fondation de l'anniversaire de Guillaume, son fils, l'Abbesse Elisabeth lui céda ce lieu de Chaumontel pour s'y retirer et ne plus penser qu'à son salut. Constance y établit un Chapelain dont la nomination devoit revenir à l'Abbesse après son décès. Les auteurs du Gallia Christiana qui ont vu ce titre, ajoutent que cette fondation du Chapelain de Chau- <small>Gall. Chr. T. VII, col. 615.</small>

montel fut approuvée par Henri, Evêque de Senlis. Elle a dû être faite vers l'an 1180, mais je ne vois pas pour quelle raison on s'adressa à l'Evêque de Senlis au sujet de la confirmation de cette fondation, sinon que cet Evêque auroit prétendu que la partie de Chaumontel située au rivage droit de la riviere étoit de son Diocése. Peut-être en étoit-elle effectivement et qu'elle faisoit partie de celle de Coye qui en étoit en 1138 et 1147, comme on verra dans l'article de ce lieu.

Gall. Chr. T. VII, col. 823. Les auteurs des Pouillés de Paris des trois derniers siécles ont appellé ce lieu en latin *calidus Mons,* et en françois Chaumont ; et en effet quelques Titres du XIII siécle que je citerai ci-après expriment aussi ce même lieu par *calidus Mons.*

Le village dit Chaumontel par abregé de Chauvemontel, est situé dans le bas du côteau qui lui a donné le nom, sur le bord du ruisseau de Luze formé par les sources qui viennent de Lusarches, de Lacy et des environs de l'Abbaye de d'Hérivaux, lequel, après avoir passé proche le Monastere, se jette dans l'Oise.

Tab. Ep. Paris. La Chapelle dont je viens de parler et les maisons du voisinage formant le hameau de Chaumontel étoient sur le territoire de la Paroisse de Lusarches. C'est pourquoi, lorsque les habitans sollicitèrent l'érection d'une Eglise Paroissiale auprès de Guillaume, Evêque de Paris, vers l'an 1232, il fut besoin que le Chapitre et le Curé de Lusarches, nommé Clement, y consentissent. L'Acte de cette érection qui est du mois de Juillet 1233, porte les charges suivantes, sçavoir : que la présentation du Curé de Chaumontel appartiendra au Chapitre de Lusarches ; que cette nouvelle Eglise Paroissiale payera au Curé de Lusarches quarante livres par an en quatre payemens de dix livres, qui se feront à Noël, à Pâques, à la Pentecôte et à la Toussaint, et que le nouveau Curé et ses successeurs se rendront processionellement avec les Paroissiens à l'Eglise Paroissiale de Lusarches pour y assister à la Procession du Dimanche des Rameaux et à celle du jour de l'Ascension.

L'Eglise de Chaumontel est fort petite ; on y apperçoit encore dans le chœur du côté méridional un pilier de la construction du XIII siécle. La Dédicace en a été faite sous le titre de la Sainte Vierge, le Dimanche 11 Octobre 1528, par François Poncher, Evêque de Paris.

Au côté gauche du chœur se voit une tombe sur laquelle sont représentés deux Ecuyers avec cette inscription en petit gothique :

Cy gist Oudart de Bercheires Escuyer qui trespassa l'an de grace M. CCC. LXIX. le XXVIII jour d'Avril. Priez Dieu pour l'ame de lui. Cy gist Jean de Bercheires fils dudit Oudart qui trespassa l'an M. CCCC et douze le vendredi après la Toussaint. Priez Dieu pour l'ame de lui.

Ces Ecuyers ont sur leur chaperon ou haubort quatre oiseaux figurés, deux de chaque côté.

On voit au même lieu cette autre épitaphe sur une tombe : *Cy gist Bonaventure de la Chaussée Sieur du Boucheau qui décéda le 7 Mars 1613.*

Et dans la Chapelle de S. Claude, au côté septentrional du chœur se lit sur une autre tombe l'inscription suivante : *Cy gisent Maistre Jehan Troncon en son vivant Seigneur de Chaumontel, et Claude de Fichepain sa femme.* Leur mort est assignée l'an 1590 et 9 Mars 1612.

La nomination à la Cure de ce lieu appartient, suivant le traité ci-dessus de 1233, au Chapitre de Lusarches, et les Pouillés marquent la même chose.

Il y a quelques vignes à Chaumontel, le reste consiste en labourages ou prairies. Le pont qui y est sur la Luze sert à passer les voitures, etc., qui vont à Chantilly et plus loin. Le denombrement de l'Election de Paris marque en ce lieu 76 feux : et le Dictionnaire Universel de la France y met 209 habitans. Mais le nom y est défiguré sous celui de Chaumont. Dans la carte des environs de Paris donnée par l'Academie des Sciences, il est écrit Chamontal.

Je n'ai point trouvé d'autres anciens Seigneurs de ce village, que ceux qui sont mentionnés dans quelques Cartulaires. J'ai apperçu dans celui de S. Nicolas de Senlis à l'an 1236, *Gerardus de Chaumontel miles.* Dans celui de l'Abbaye du Val est nommé Nicolas de Chaumontal, Chevalier, comme ayant ratifié en 1297 la vente qu'il fit à cette Abbaye de sa portion au territoire de Fayel qui relevoit de lui. On lit aussi dans le Gallia Christiana, à l'Article de l'Abbaye d'Herivaux, que Pierre *Miles de calido Monte* lui avoit donné une redevance de bled qu'il avoit dans le moulin de Glume, et cela avant l'an 1238. On a encore d'autres exemples du même temps, de l'expression *de calido Monte.* Les biens que l'Abbaye d'Herivaux y eut vers ce temps-là étoient dans le fief de Raoul, Seigneur de Lusarches. *Gall. Chr. T. VII, col. 823.*

Après ces anciens Seigneurs de Chaumontel, je suis obligé de venir à Louis du Souchay qui l'étoit en 1520 en même temps qu'il prenoit la qualité de Clerc des fiefs de l'Evêque de Paris. Marguerite de Sailly, sa veuve, vivoit en 1528. Un autre Louis du Souchay, Ecuyer, se qualifioit en 1548 Seigneur de Chaumontel-la-Ville-lez-Lusarches ; c'est dans l'acte de partage d'une maison sise à Paris fait entre Gaston du Souchay, Seigneur de Chaumontel, et Marie du Souchay, veuve de Simon Janvier, Avocat, après la mort *Tab. S. Magd. in Archiv. Ep. Paris.*

Tab. S. Magl. in Archiv. Ep. Paris.

de Louis dont ils sont héritiers. Ce second Louis du Souchay eut deux fils, Gaston et Pierre, et Marie, épouse de Matthieu de la Porte en 1551.

Pierre Mercier, Procureur, étoit Seigneur de cette Terre au temps de la redaction de la Coûtume de Paris en 1580 ; ensuite Jean Tronçon, suivant son épitaphe ci-dessus rapportée. Pierre l'Escuyer, Secrétaire du Roi, possedoit cette terre en 1632 et 1640.

Reg. Ep. Paris. Hist. de la Chancell.

Après lui fut Seigneur Jean l'Escuyer qui étoit décédé avant l'an 1689. Je trouve aussi Anne Boyer qualifiée vers ces temps-là Dame de Chaumontel-la-ville et d'une partie de Lusarches. Elle

Merc. Avr. 1739, p. 822.

avoit épousé Nicolas Viole, Capitaine au Regiment des Gardes Françoises.

Dans le siécle présent toute la Seigneurie de Chaumontel appartient à M. le Prince de Condé, depuis la vente que lui a faite une Damoiselle Moreau.

Il ne faut point confondre Chaumontel avec Chaumoncel du territoire de Sucy en Brie, dont il est fait mention dans quelques titres de l'Abbaye de Saint Maur des Fossez de la fin du XIII siécle.

JAGNY ou JAIGNY

Nous ne connoîtrions point l'antiquité de ce village au-dessus du Pouillé dressé vers le commencement du XIII siécle, si ce n'étoit que dans les archives de quelques Eglises a été conservé le nom de certains Seigneurs du même lieu. On ne sçait que conjecturer sur l'origine du nom, par la raison que les Titres du XIII siécle qui sont les plus anciens que l'on aye où ce village soit nommé, varient sur la maniere de l'écrire. En 1224 il est écrit *Johanniacum*; en 1227, *Gehenniacum*; en 1233, *Jehenniacum* et *Jehengniacum*; en 1250, *Johangniacum* et *Jahaniacum*; en 1271 et 1278, *Gehenni*, et en 1279 *Jaigniacum*. Enfin le Pouillé redigé dans le même siécle met en françois *Jahenni* sans entreprendre de latiniser ce nom ; cependant, si malgré toutes ces variétés on peut choisir ce qui paroît le plus vraisemblable, je croirois que la premiere maniere de l'écrire, laquelle est tirée du

Magn. Past. Paris, fol. 27.

grand Pastoral de l'Eglise de Paris, est la moins alterée, et même je pourrois avancer qu'elle ne l'est aucunement ; que *Johanniacum* a été dit de même que *Marcelliacum, Antoniacum, Balbiniacum, Saviniacum,* expressions qui signifient Terre, ou Domaine de Marcellus, d'Antonius, de Balbinus, de Savinus ou Sabinus. Ainsi *Johanniacum* étoit la Terre ou Seigneurie d'un nommé

Jehan, car on écrivoit ainsi anciennement et en latin *Johannes* avec aspiration. Il n'y a gueres plus d'éloignement de *Johanniacum* à Jaigny, que des mots ci-dessus rapportés à Marcilly, Antony, Baubigny et Savigny.

Le village de Jaigny est situé à cinq lieues et demie de Paris, dans la plaine qui se trouve au haut de la montagne dont Mareuil occupe le côteau regardant le midi, et n'est séparé de Mareuil que par un bois de bouleaux et d'arbustes. Cette Paroisse ne contenoit que 72 feux lors du denombrement des Elections. Le Dictionnaire y compte 256 habitans. On m'a dit qu'actuellement il y a environ cent feux. Le terrain est tout en terres, sans vignes, et il y a quelques cantons de bois.

Les habitans honorent S. Leger comme leur patron : mais ils conviennent que S. Barthelemi étoit véritablement l'ancien, quoiqu'on ne le regarde aujourd'hui que comme le second patron. Le chœur de l'Eglise Paroissiale et ses deux collatéraux sont rebâtis à neuf et bien voûtés environ depuis cent cinquante ans : mais la nef n'est nullement construite en ligne droite avec le chœur, et la grosse tour qui est au frontispice en rend l'entrée fort peu gracieuse. Comme le chœur a été carrellé de simples carreaux de terre cuite, les tombes qui y étoient ont été transférées ailleurs : c'est pourquoi on trouve dans la nef la tombe de Dagobert du Four, Curé, mort en 1600. Mais quoiqu'il n'y ait point de tombes dans le chœur, on ne laisse pas d'y avoir une inscription pour conserver la memoire de deux Curés de la Paroisse qui ont fondé les écoles des garçons et des filles ; l'un nommé Michel le Clerc, l'autre François Laisney, mort le 8 Octobre 1726, âgé de 82 ans.

Dans le collatéral méridional est représenté à la Chapelle de la Vierge, au vitrage devant l'image de S. Jacques Majeur, un Chanoine à genoux en robe violette et manches de surplis rondes : ses armes sont d'or au paon dressé. Devant le même autel est une tombe sur laquelle est représenté un Chevalier armé et botté. Comme les restes d'inscription qu'on y voit sont en petit gothique, ce militaire peut être mort au XV ou XVI siécle.

La Cure de Jaigny étoit conferée par l'Evêque de Paris, *pleno jure,* au XIII siécle, ce qui subsiste encore, et qui est attesté par tous les Pouillés du XV et XVI siécle, 1626 et 1648. Mais le sieur le Pelletier, faisant le sien en 1692, a cru que la Cure de Jagny étoit la même que celle de Gagny proche Chelles, et après avoir nommé Jagny, il renvoye à Gagny pour le surplus.

Pouillé du XIII siécle.

Ces mêmes Pouillés du XV et XVI siécle, de 1626 et 1648, marquent qu'il y a dans l'Eglise de Jaigny (celui de 1648 met ici *Joigny* pour *Jaigny*), une Chapelle du titre de S. Michel, et la mettent au rang des bénéfices à la nomination Episcopale. Il faut qu'elle le soit encore, puisqu'elle se trouve actuellement au rolle des décimes. C'est celle qui est à côté du chœur du côté du septentrion. On voit dans le Pouillé du XV siécle, à la marge, qu'elle est qualifiée *bona*. Elle fut conferée le 27 Juillet 1479 à Jean de Corbie, Licencié ès Loix, Archidiacre et Chanoine de Beauvais, fils du Président de Corbie, ci-après nommé.

<small>Reg. Ep. Par.</small>

Un nommé Henri de Jaigny, Chevalier, est le premier Seigneur connu de ce lieu. En 1227, conjointement avec Aalips, sa femme, il céda à l'Abbaye de Saint Denis le fief qu'il avoit dans le territoire de Garges. Ce qu'il y a de singulier dans ce Seigneur est que dans quelques Titres d'environ le même temps, il est appellé *Soltannus de Johanniaco*. Je ne sçai si ce nom ne seroit pas un fruit des Croisades qui avoient précédé, car alors il n'étoit pas absolument rare. On peut en voir la preuve dans l'Histoire de la maison de Montmorency.

<small>Magn. Past. Paris. fol. 27. Preuv. p. 34.</small>

Durant le reste du siécle les Cartulaires fournissent des Chevaliers appellés Pierre et Henry *de Joheigniaco*. En 1271 Guillaume de Jaigny rendit hommage à l'Evêque de Paris pour son manoir *de Hebergagio suo*, et pour des bois et des terres qu'il tenoit de Philippe de Brunoy, Ecuyer, situés au même lieu de Jaigny. En 1278 Jean de Jaigny, Ecuyer, fils de ce Chevalier, le rendit pour les biens de sa succession. Dans un des manuscrits de M. du Puy est renfermé un cahier écrit vers l'an 1300 où est un Catalogue ainsi intitulé : *Illi sunt de Castellania Parisiensi tenentes à Domino Rege*, et parmi ces Seigneurs se trouve *Henricus de Gehenni*.

<small>Chart. Livr. Item. S. Genov. Paris. p. 299 et 336.</small>

<small>Chartul. Ep. Paris. Reg. fol. 148.</small>

<small>Man. coté 690.</small>

En 1346 Charles, Comte de Flandres, et Raolt Duvelin de Lions, Chevalier, tenoient chacun de l'Evêque de Paris un fief sis à Jagny : ce qui fut cause que cet Evêque les assigna pour se rendre à l'ost du Roi à Rouen. En 1363 un nommé Robert de Lihuns ou de Lorry, Chevalier, passa un accord mentionné dans les Registres du Parlement. La Terre de Jagny fut une de celles que le Roi d'Angleterre, qui se disoit Roi de France, ôta vers l'an 1423 au propriétaire, parce qu'il étoit attaché à Charles VII, et qu'il donna à Simon Morhier, Prevôt de Paris, qui la regarda comme de petite valeur. Messieurs de Corbie la possederent de pere en fils, sçavoir, Arnaud le Chancelier, Philippe et Guillaume décédé en 1490. Il reste un hommage rendu le 7 Juillet 1491 à Louis de Beaumont, Evêque de Paris, de la terre de Jaigny, par Jean de Corbie, Conseiller au Parlement, Archidiacre de Gâtinois en l'Eglise de Sens, et par Charles, Ecuyer, son frere, tous deux fils de Guillaume, Président au Parlement. Charles ayant épousé Louise Langlois, en eut Jean de Corbie qui jouissoit de cette terre en 1516. Les memoires que l'on m'a fourni (M. de Launay,

<small>Tab. Ep. Paris.</small>

<small>Sauval, T. III, p. 333.</small>

<small>Hist. des Presid. p. 101.</small>

<small>Reg. Ep. Paris.</small>

Curé de Villiers-le-Sec, portent qu'en 1531 la Terre de Jaigny étoit advenue à Guillaume de Meaux, Vicomte de Bertenay, par son mariage avec Antoinette de Corbie, fille de Charles ci-dessus nommé, et qu'alors il en fit un échange avec Jean Sanguin élu en l'Election de Paris. Mais il ne s'agissoit pas de toute la Terre, puisqu'on trouve deux denombremens faits à l'Evêque de Paris par François de Corbie, Ecuyer, Seigneur de Jaigny, l'un le 20 Octobre 1579, l'autre le 20 Janvier 1580. Ce même Corbie est aussi qualifié Seigneur de ce lieu dans le Procés verbal de la Coûtume de Paris redigé la même année, en même temps que Girard Sanguin y est pareillement dit Seigneur de Jaigny en partie. Mais ce qui peut former une difficulté, est que quatre ans auparavant, paroît un hommage rendu pour Jaigny à l'Evêque de Paris, par Marie Lombart, veuve de Rolland de Ponthus.

Le 26 Février 1629, François du Val, Seigneur de Fontenet, fit acquisition de la moitié de la Terre de Jaigny, de François Sanguin, Seigneur en partie dudit lieu.

Enfin, par le mariage de Marie-Françoise-Angelique du Val avec M. Potier, Duc de Gêvres, cette Terre est entrée dans la maison de Gêvres qui la possede avec trois autres Terres contiguës.

Il y avoit au XIII siécle un lieu dit *Nemus de Gehenniaco* proche Frepillon, et il y a encore un Jaigny, hameau aux environs de la Paroisse de Saint Forgeil proche Chevreuse. Ces deux lieux sont du Diocése de Paris. Un manuscrit de M. du Puy, cotté 690, fait mention d'un troisiéme Gehenni, situé vers Crepy en Valois, *Decimam de Gehenni quam Philippus de Crespiaco tenet de Rege.* *Tab. Vallis.*

MAREUIL EN FRANCE

dit maintenant MAREIL

Le premier monument de l'antiquité où ce Village me paroît être nommé est une charte de Thibaud, Evêque de Paris, donnée vers l'an 1150, par laquelle ce Prélat confirma au Prieuré de Saint Martin des Champs tous les biens qu'il possedoit alors. Il spécifie parmi ces biens la troisiéme partie de l'autel de Mareuil, et une portion de dixme dans le même village. *Tertiam partem altaris de Marul : Partem decimæ apud eamdem villam.* Cela me paroît ne pouvoir s'entendre de Marolles en Brie où le même Monastere de Saint Martin a un Prieuré, parce que ce lieu est mentionné séparément dans cet acte et le nom même est trop différent. Cela *Hist. S. Mart. f. 88.*

ne peut non plus convenir à Marolles au-delà de Montlhéri, par la raison de la différence du nom, ni même à Mareilles proche S. Germain-en-Laye, qui est un quartier où jamais le Monastere de Saint Martin des Champs n'a eu de bien. Mais il doit s'entendre naturellement de Maroil en France, dit depuis Mareuil et enfin Mareil : 1º parce que dans cette charte ce Marul est nommé immédiatement après Ecouen; 2º parce que S. Martin est patron de la Paroisse, et 3º parce que Chastenet, dont le Prieuré de Saint Martin est Seigneur, en est fort voisin. Après cela on ne trouve plus rien sur ce Mareuil jusqu'à ce qu'on rencontre les noms de quelques Seigneurs. Je les rapporterai ci-après.

Ce Village est situé à cinq lieues de Paris sur un côteau qui regarde le midi et dont par conséquent l'aspect est du côté de Paris. Il est environ à mi-côte. Quelque petit marais qui avoit été autrefois dans le bas lui a fait donner le nom qu'il porte et qui a dû se dire en latin *Maroïlum* ou *Marogilum,* mais que par une transposition de lettres on a appelé *Marolium.* J'y ai vu en 1748, vers le sommet de la montagne, un petit bois de haute-futaye qui dominoit sur le château, et du côté du levant, sur le chemin de Jaigny, un petit bois de bouleaux et coudriers qui étoit autrefois entouré de murs et formoit le parc du château. Le reste est cultivé en bled et autres grains. Le château est très-bien bâti et dans une très-belle situation, aussi presque à moitié de la côte. On a observé que, quoique la distance qu'il y a de la plaine à ce château ne paroisse pas grande, et quoiqu'on y monte assez doucement, dès le bas il est plus élevé que celui d'Ecouen qu'on voit de là en perpective. Le nombre des feux de cette Paroisse est de 102, si on s'en rapporte au livre des Elections imprimé en 1709. Le Dictionnaire universel Géographique de la France n'y comptoit en 1726 que 348 habitans.

L'Eglise du lieu titrée de S. Martin est couverte d'ardoise, ce qui est très-rare dans les villages. Le dedans est bâti avec solidité d'une structure qui paroît avoir deux cent cinquante ans ou environ, à pilastres et chapiteaux d'ordre dorique, mais si bas qu'il n'y a pas de vitrages dans le haut du tour du chœur. Au lieu de cela l'architecte a tellement ménagé le terrain, que l'on tourne facilement derriere le sanctuaire, ce qui est peu commun dans les Paroisses de la campagne. La tour des cloches qui accompagne ce bâtiment fait aussi un assez bel effet par son couronnement, sans cependant paroître assez solidement construite. On n'y voit aucune inscription aux murs ni sur le pavé de cette Eglise, sinon les armes de Messieurs du Val. Quelqu'un m'a assuré y avoir aussi vu celles de Messieurs de Corbie que je n'y ai point apperçues.

Le Pouillé du XIII siécle dit que la collation de la Cure *de*

Marolio appartient de plein droit à l'Evêque de Paris; c'est ce qui est suivi par celui qui fut imprimé en 1648. Mais celui de 1626 et celui du sieur le Pelletier imprimé en 1692 tombent tous les deux dans une méprise à ce sujet. Le premier en donne la nomination au Chapitre de Lusarches; et le second la donne à l'Abbé de Coulombs, au Diocése de Chartres, confondant ce Mareuil avec Mareilles ou Mareuil près de Saint Germain-en-Laye.

Jean de Mareuil est le premier Seigneur de ce lieu que j'aie découvert. Il vivoit en 1290. Sa veuve, Marguerite de Montfort, vendit aux Moines du Val, en 1297, sa portion dans le territoire de Fayet situé à Bailleil.

Durant le siécle suivant, la Terre de Mareuil fut toujours dans la maison de Trie. Philippe de Trie en étoit Seigneur en 1319. Il prit cette qualité l'an 1326 dans la promesse qu'il donna de faire une fondation au Sépulcre à Paris. Renaud de Trie l'étoit en 1355. Philippe de Trie donna denombrement de cette Terre le 24 Juillet 1394 à Amaury d'Orgemont, Chancelier du Duc d'Orléans. Ce même Philippe et Agnès de Goussainville, sa femme, la vendirent le 17 Septembre 1395, à Renaud de Trie, Seigneur de Saulmont, Chambellan du Roi, et à Jeanne de Bellengues, sa femme. *Tab. Ep. Paris.*
Mem. de
M. de Gêvres.

Cette Jeanne de Bellengues étant remariée à Jean Malet, Seigneur de Montaigu, ils revendirent conjointement, le 24 Février 1408, à Jacques de Trie, Seigneur de Rouleboise, et à Catherine de Fleurigni, sa femme, la moitié de la Terre de Mareuil, en même temps que la moitié du fief noble de Chantilly que Renaud de Trie, Amiral de France, avoit leguée à la même Jeanne de Bellengues.

Le 18 Janvier 1410, le même Jean Malet de Graville et son épouse Jeanne, vendirent à Arnaud de Corbie, Chancelier de France, l'autre moitié de Mareuil. En 1415, cette derniere moitié étoit déjà passée à Philippe de Corbie, comme il est dit dans le denombrement du 8 mai de cette année, donné par Jacques de Trie, Seigneur de Rouleboise, à Pierre d'Orgemont, Sire de Montjay.

La Terre de Mareuil fut donnée vers l'an 1423, par le Roi d'Angleterre qui se disoit Roi de France, à Simon Morhier, Prevôt de Paris, qui ne la garda pas, se plaignant qu'elle étoit de nulle valeur. Sauval,
T. III, p. 335.

Au mois de Mars 1454, Guillaume de Corbie, Conseiller au Parlement, fils de défunt Philippe de Corbie, Maître des Requêtes et de Jeanne Chanteprime, eut la moitié qui lui manquoit de la Terre de Mareuil, par un échange qu'il fit avec Pierre Rolin, Ecuyer, qui la possedoit par succession de Gerard Rolin, Chevalier, Bailly de Mâcon, et de Marie de Trie, sa femme, ses pere Mem. de la
maison de M. de
Gêvres, dont
M. de Lannay,
Curé de
Villiers-le-sec,
m'a envoyé des
Extraits.

et mere. Ce Guillaume de Corbie fut Président au Parlement et mourut en 1490. Nicolas de Corbie, Conseiller au Parlement, lui succéda et mourut en 1512 ou 1522. Un second Guillaume de Corbie, Seigneur de Mareuil, étant décédé, la Terre advint à Marie de Corbie, veuve de Germain du Val, Secrétaire du Roi, laquelle en fit hommage le premier Juin 1553 au Connétable de France, Anne de Montmorency. Cet hommage fut repeté au même le 15 Avril 1566, par Tristan du Val, Maître des Comptes, héritier de sa mere. Le 15 Juillet 1579, autre hommage rendu à Magdelene de Savoye, Duchesse de Montmorency, par François du Val, Conseiller à la Chambre des Comptes, tant pour lui que pour Marie, Nicolas, Catherine et Germain ses freres et sœurs, héritiers de Tristan, leur pere. On ne m'a fourni de plus que deux hommages d'un François du Val, Mestre du Camp du Roi du Régiment de Piémont, rendu le 11 Janvier 1619 à Henri de Montmorency, Amiral de France, et une réiteration qu'il en fit au Roi le 4 Août 1634, à cause de son nouvel avenement à la Châtellenie de Chantilly. J'ai vu un Traité de l'an 1664, fait par François du Val avec les Moines du Val.

Hist. des Presid. p. 101.

Enfin cette Terre et autres est entrée dans la Maison de Gêvres par mariage de Marie-Françoise-Angélique du Val avec M. Léon Potier, Duc de Gêvres, Pair de France, qui en a donné le denombrement le 20 Février 1696, à M. Henri Jules de Bourbon-Condé.

Voyez pour le reste la fin de l'article de Fontenet en France; ce sont les mêmes Seigneurs.

VILLIERS-LE-SEC

On ne peut douter de l'antiquité de ce village, puisqu'on le trouve énoncé dans des titres de l'Abbaye de Saint Denis, rédigés sous Louis le Débonnaire et sous Charles le Chauve. Ce territoire qui y est nommé simplement *Villaris* est l'un de ceux dont le revenu devoit servir aux habits et à la chaussure des Religieux, selon l'arrêté de l'Abbé Hilduin de l'an 832. Cette disposition fut confirmée dans un Concile trente ans après. Dans tous ces actes *Villaris* est nommé avec Mafflée, Moiscelles et Béloy qui sont contigus.

Diplomat. p. 520 et 537.

Le nom de Villiers, *Villare* ou *Villaris*, a été donné anciennement à quantité de lieux comme équivalent à celui de *Villa*, et souvent l'on a distingué ces Villiers par le nom d'un ancien possesseur. Mais celui-ci est surnommé le Sec à cause de l'aridité de son territoire, comme l'a remarqué Hadrien de Valois. On connoît en France cinq ou six autres villages du même nom de Villiers-le-Sec. Quoique celui-ci soit dans un lieu bas relativement à la montagne d'Epinay qui est contiguë, on n'y voit point de fontaines, mais seulement des mares ; c'est un pays de labourage, situé à cinq lieues de Paris. Le dénombrement de l'Election de Paris lui donne 46 feux, ce que le Dictionnaire Universel de la France fait revenir à 400 habitans ; on assure que ce nombre n'est plus si fort. *Notit. Gall. p. 437. Dict. Univ.*

Il y avoit une Cure érigée à Villiers-le-Sec dès le temps de la redaction du Pouillé Parisien avant le regne de S. Louis. Elle y est marquée au nombre de celles dont l'Evêque a la nomination pure et simple, ce qui n'a point changé. L'Eglise est sous l'invocation de Saint Thomas de Cantorbery, ce qui nous apprend qu'elle n'existoit point avant l'an 1173, auquel cet Archevêque fut canonisé. Il est à croire que cette Paroisse fut formée d'un demembrement de celle de Belloy qui a toujours aussi été de nomination Episcopale. L'édifice de l'Eglise qui subsiste aujourd'hui ne paroît avoir que deux cens ans d'antiquité. La Dédicace en fut faite le 9 Mai 1557 par l'Evêque de Megare ; mais le 23 Avril 1659 il fut permis d'en anticiper l'anniversaire au quatriéme Dimanche d'après Pâques. Dans l'aîle de cette Eglise qui est du côté du midi et la seule qu'il y ait, se voit une Chapelle érigée en l'honneur de la Sainte Vierge, marquée dans les Pouillés de 1626 et 1648, et appellée dans le rolle des décimes Notre-Dame de bon Secours. A la voute et aux vitrages de cette Chapelle sont les armoiries des fondateurs qui sont les mêmes que l'on voit au château. Elle a de revenu deux muids de froment à prendre sur l'Hôtel Seigneurial, ainsi que le dit la Sentence que Robert Bonnette, Prêtre étudiant à Paris et Chapelain, obtint le 12 Juillet 1425 contre Denise de Grislay ou de Coissé, Dame du lieu, et contre Jacques de Villiers qui logeoit au château. Quelques Ecclésiastiques des maisons de Longueil et de Corbie ont possédé cette Chapelle en 1483 et 1489. *Reg. Ep.* / *Tab. Ep. Paris. in Spir.* / *Reg. Ep. Paris.*

Après les changemens arrivés dans le Royaume à la fin de la seconde race de nos Rois et au commencement de la troisiéme, on vit quelques Chevaliers devenir Seigneurs au moins en partie de Villiers-le-Sec. Raoul de Mejafin y tenoit de Matthieu le Bel en 1125 ce qu'on appelloit alors l'Etat, *Statum*. On voit ces mêmes Chevaliers disposer des Domaine et des Dixmes. Ainsi dès le XII siécle Raoul d'Eaubonne donna à l'Abbaye d'Herivaux deux sextiers de froment à y percevoir. Elisabeth, femme d'Adam de Domont, fit présent de six arpens de terre situés en ce lieu de Villiers aux Religieux de l'Abbaye du Val. En 1217, lorsque Guerin de Moncel et Agnès, sa femme, eurent compté au Chapitre *Chart. Reg. S. Dion. p. 215.* / *Gall. Chr. T. VII, Instrum, col. 275.* / *Tabul. Vallis.*

de Paris la somme d'environ cent soixante livres pour la fondation d'un Chapelain de Sainte Catherine en l'Eglise de Paris, l'emploi qu'on en fit fut l'achat d'une portion de dixme à Villiers-le-Sec, laquelle rendoit trois muids et demi de bled. Adam de Balleurs, Chevalier, et Pierre de Baalis, son beau-frere, avec Beatrix, sa femme, furent les vendeurs.

<small>Hist. Eccl. Par. T. II, p. 261. Magn. Pastor. p. 203.</small>

Un des plus connus entre les Seigneurs de Villiers-le-Sec fut Adam, qui vivoit sous le Roi Charles V, et qui épousa Alix de Mery. Dès l'an 1372 Charles de Montmorency, qui avoit épousé Perrenelle l'une de ses filles, et Gilles de Poissy, qui avoit épousé l'autre nommée Leonore, partagerent les biens d'Adam et d'Alix, Seigneur et Dame de Villiers. Perrenelle de Villiers fut qualifiée Dame de la Ferté-Imbauld. Elle jouissoit de l'Hôtel de Villiers ; Jacques de Montmorency et Denise, issus de son mariage, ayant partagé la succession de Perrenelle, l'Hôtel de Villiers échut à Denise, Dame de Coissé, par partage du 2 Août 1415.

<small>Hist. de Montm. Preuv. p. 150.</small>

Denise ayant épousé un nommé Turpin, Isabeau Turpin, leur fille, succéda dans la Terre de Villiers. Elle épousa un Rochechouard, dont Jeanne de Rochechouard issue, épousa Jacques de Beaumont, duquel dernier mariage procéda Philippote de Beaumont. Cette derniere fut mariée à Pierre de la Val qui eut par elle dans son partage, en 1495, la Terre de Villiers qu'avoient tenu par leurs femmes tous les ci-dessus nommés, Thibaud de Beaumont et sa sœur, épouse d'André de Vivonne, s'étant départis de leur droit en faveur dudit Pierre de la Val.

Gilles de la Val (fils apparemment de Pierre) vendit depuis cette terre à Augustin de Thou, avocat au Parlement, qui la lui recéda : ensorte que le même Gilles de la Val la vendit le 7 Mars 1532 à Nicolas Berthereau, Secrétaire du Roi, et depuis Secrétaire de la Chambre d'Henri II et Concierge de son Palais. Ce Berthereau en rendit hommage à Aymar de Nicolaï, Seigneur de Goussainville, le 25 du même mois de Mars. Nicolas Berthereau est connu dans les Registres du Châtelet par l'établissement des Foires qu'il procura à sa Terre de Villiers en 1553, pour le 1er Mai et 18 Octobre, et d'un Marché tous les lundis lorsqu'ils ne subsistent plus. Ce fut aussi lui qui obtint du Roi en 1555 un réglement du 12 Juillet sur l'ordre de la levée des dixmes en cette Terre. Anne Berthereau, son fils, Secrétaire du Roi, jouit de Villiers après lui, comme aussi Françoise Berthereau, sa fille, qui en porta en mariage la moitié à Michel Bouillon, Ecuyer, Sieur de Jalanges, puis Palamedes Bouillon, leur fils, leur succéda dans cette portion.

<small>Bannieres du Châtelet, vol. V, fol. 291. Ibid.</small>

Marie de Saint Mêmin, veuve de Nicolas Berthereau, avoit joui du quart de cette Terre, lequel quart étoit advenu par succession à Nicolas de Saint Mêmin, son neveu, Sieur du Menil, qui en fit échange, le 6 Novembre 1588, avec Arnoul Boucher, Seigneur d'Orsay, premier Président au Grand Conseil, et avec Elisabeth Malon, sa femme. Cette portion fut depuis léguée par ladite Elisabeth à M. Ravaud Asse, Greffier du Criminel au Parlement. Nicolas Hatte avoit pareillement hérité d'une partie de Villiers avec Elisabeth Malon, Dame d'Orsay.

Pendant les années 1602 et 1603, M. Germain du Val, Seigneur de Fontenay-Mareuil et Capitaine du Château du Louvre, acheta la portion du Sieur Bouillon et celles des Sieurs Hatte ou Asse. Dans une transaction du 23 Juin 1623, Marie du Molinet est dite veuve de lui. Elle vivoit encore le 2 Juillet 1631, jour auquel elle rendit hommage de Villiers-le-Sec à Antoine Nicolaï, Seigneur de Goussainville. Mais après son décès, François du Val, Mestre de Camp du Régiment de Piémont, entra en possession de cette Terre, laquelle a été portée à Messieurs de Gêvres par le mariage de Marie-Françoise-Angelique du Val, avec M. Léon Potier, Duc de Gêvres, dans la maison duquel elle est actuellement. Outre ce que j'avois pu trouver sur ces Seigneurs par mes recherches particulieres, M. de Launay, Curé de Villiers-le-Sec, a bien voulu m'aider de tout ce qu'il avoit remarqué dans les anciens titres de la Seigneurie.

La Justice de cette Terre ressortit à la Prevôté Royale de Gonesse.

Il y a sur cette Paroisse un Fief, dit la Haye RAPINE, relevant de M. de Nicolaï, Seigneur de Goussainville.

On observe entre Esanville et Villiers-le-Sec, dans une avenue d'arbres à droite en venant à Villiers, une sablonniere dans laquelle il y a des coquillages faits en forme de visses.

FONTENET ou FONTENAY-EN-FRANCE
AUTREMENT
FONTENET-SOUS-LOUVRES

Si l'on s'en rapporte à M. de Valois, en sa Notice des Gaules, on ne peut ni on ne doit douter que le grand nombre de villages dit Fontenay, autour de Paris et ailleurs, ne tirent leur dénomination de ce qu'il y a dans ces lieux beaucoup de fontaines, ou qu'il y en a d'abondantes. Sans prétendre garantir une étymologie si générale, je puis assurer à l'égard de celui-ci que, comme il est placé dans un lieu bas, les sources y sont assez communes.

Le plus ancien titre qui fasse mention de ce Fontenay, situé à cinq lieues de Paris, est un partage des biens de l'Abbaye de Saint Denis de l'an 832, confirmé en 862. *Fontanidum* y est nommé immédiatement après Goussainville, ce qui fait voir que ce Monastere avoit alors du bien dans ce Fontenay. Depuis ce siécle-là je n'ai rien trouvé sur cette Paroisse jusqu'au commencement du XII où il en est parlé à l'occasion du don qu'un Evêque de Paris fait de l'autel de ce lieu au Prieuré de Saint Martin des Champs.

Cette donation que les Bulles confirmatives données par Calixte II en 1119, Innocent II en 1142, et Eugene III en 1147, spécifient en ces termes : *Altare de Fontaneto*, est plus amplement expliquée par la charte que Thibaud, Evêque de Paris, fit expédier pour confirmer les dons de ses prédécesseurs ; on y lit : *Ecclesiam de Fontaneo et partem Decimæ*, et treize lignes plus haut : *In Ecclesia de Fontano tortellos in crastino Natalis Domini et decem modios vini et decimam*. Mais outre que ces deux textes ne paroissent pas s'accorder, il n'y a gueres d'apparence que dans ce dernier il s'agisse de Fontenay-sous-Louvres, puisqu'il n'y a point de vignes, et qu'on ne voit pas qu'il y en ait jamais eu. L'Imprimeur peut avoir omis quelques mots de cette charte par lesquels on verroit sur quel lieu étoit assignée une redevance aussi forte qu'est celle de dix muids de vin. Conformément à ces Bulles, le Prieur de Saint Martin des Champs a été reconnu dans le Pouillé du XIII siécle et dans tous les suivants comme présentateur à la Cure de Fontenay.

Aucune de ces Bulles non plus que la charte de l'Evêque Thibaud ne spécifie sous l'invocation de quel Saint étoit cette Eglise. On prétend dans le village qu'anciennement Saint Vincent en étoit le Patron : mais S. Aquilin, Evêque d'Evreux, l'étant devenu par la suite à l'occasion de quelques-unes de ses Reliques que les Cluniciens du Prieuré de Gigny[1] accorderent apparemment à ceux de Saint Martin, S. Vincent ne fut plus regardé que comme second Patron, ainsi qu'il l'est encore. On conserve au trésor de cette Eglise un reliquaire d'environ trois cens ans ; c'est un Ange d'argent doré qui tient une petite figure ronde, dans laquelle on croit qu'il y a une prunelle du Saint Evêque d'Evreux. Sa fête s'y célèbre le 4 Février, qui est probablement le jour auquel ses Reliques furent reçues à Fontenay. Il est représenté en relief au grand portail de cette Eglise qui a quelque chose d'assez majestueux. Ce portail ainsi que le reste de l'Eglise est du XIII siécle.

---

1. Ce fut dés le temps du B. Bernon que le corps de S. Aquilin fut reçu à Gigny, en Bourgogne. Voyez le nouveau Breviaire d'Evreux, au 19 Octobre.

Le chœur est voûté, mais sans avoir de vitrages ni de galeries. Le sanctuaire a été ajouté à l'Eglise il y a environ deux cens ans ; il est de pierres plus neuves et d'une autre structure que le reste de l'édifice. Il a aussi été construit de maniere qu'on peut tourner tout au tour; ce qui n'est pas commun dans les Eglises de la campagne.

Voici à peu près ce qu'on lit sur une tombe placée devant le grand autel : *Cy gist Germain Pluyettte, Théologien, fils de Gilles, Procureur Fiscal de ce Bailliage, lequel après avoir élevé les enfans les plus considérables des Facultés de Paris et avoir été Principal : a esté choisi par Vincent Marchand, Curé, pour lui succeder, sur ce qu'il avoit ouï dire que les Pluyettes avoient été plus de deux cens ans Curés à l'édification des Seigneurs et Peuples, et se souvenant aussi d'avoir été choisi lui-même. Il a été Curé 36 ans, et est mort âgé de 78 ans, le 12 Janvier 1660.*

Dans le chœur est l'épitaphe de Gilles Pluyette, Curé, bienfacteur, décédé le 14 Juin 1694, après avoir employé son bien au soulagement des malades dans la contagion qui emporta trois cens personnes. On lit au même endroit que Jean Pluyette, Bachelier en Théologie, Maître du Collége des Bons-Enfans à Paris, et Curé du Mesnil-Aubry, a laissé 24 arpens de Terre à la Fabrique de Fontenay pour une Messe basse en l'honneur de la Sainte Croix les jours de vendredis, à la fin de laquelle le Curé fera aspersion ; de plus, qu'il a fondé deux bourses au même Collége pour ses parens qui porteront son nom, et au défaut, pour un enfant de Fontenay et un du Mesnil-Aubry ; que les Marguilliers y nommeront, et que M. l'Evêque de Paris donnera les Provisions, le tout suivant le contrat passé en 1476 pardevant Nicolas Billery et Louis Barthelemy, Notaires.

A l'égard des inscriptions concernant les Seigneurs, on ne voit au chœur que celle qui marque que le cœur de François du Val, Seigneur de Fontenay, y est inhumé. Il y est qualifié Conseiller sous Henri IV et est dit mort au mois d'Août 1603. Dans la nef proche la grande porte se voit la tombe de Charles du Vivier, Ecuyer, Sieur de Boislegat et de la Porte, mort à Paris le 24 Juillet 1594. Il y est figuré armé de pied en cap. Boislegat est un fief de la Paroisse ; je n'ai pu découvrir l'origine de ce nom.

Je ne m'étendrai pas ici sur la Croix d'or considérable par sa grosseur et son antiquité, qui est conservée fort religieusement dans le trésor de cette Eglise. Comme la tradition du lieu est qu'elle contient sous ce précieux métal une matiere encore plus précieuse, qui est du bois de la vraie croix, je me suis servi de ce monument avec d'autres preuves pour assurer par une dissertation particuliere que c'est à ce Fontenay que fut d'abord déposée la

Diss. sur l'Hist.
de Paris,
1743, T. II, p. 1.

Croix qui fut apportée de Jerusalem au commencement du XIII siécle avant qu'on la portât à Saint-Cloud, d'où elle fut solemnellement transferée à Notre-Dame de Paris.

Comme je n'ai point entrepris de recueillir toutes les épitaphes des Ecclésiastiques, je n'ai rien dit de celle d'Etienne Boursier, Docteur de Sorbonne, Curé du lieu, mort en 1730. Je remarquerai seulement par rapport aux Curés de Fontenay, que cette Cure est le premier exemple que M. Thiers ait cru que l'on puisse apporter pour le droit des Archidiacres de Paris sur la dépouille des Curés. Nicolas Fraillon, Archidiacre en 1434, la demanda après la mort d'un Curé de ce lieu.

Ceux qui ont publié le dénombrement des feux de l'Election de Paris ont compté à Fontenay en France 250 feux, et le Dictionnaire Universel des Paroisses du Royaume dit qu'il y a 653 habitans. Le même Dictionnaire remarque qu'on y travaille beaucoup en dentelles. Ce village est assez ramassé et n'a aucuns écarts. M. du Pré de S. Maur parle ainsi du territoire de Fontenay dans son Essai sur les monnoies, page 65. Il dit qu'il n'y a pas long-temps qu'une terre y étoit affermée en grain moyennant un septier de bled par arpent, et qu'aujourd'hui le fermier de quatre-vingt arpens rend mille livres et un millier de paille.

Hist. des Gr. Off.
T. VI, p. 665.

La Terre de Fontenay appartenoit au Roi vers l'an 1315. Philippe le Long en fit présent alors à Simon de Mauregard. En 1326 Philippe de Mauregard possedoit cette Terre, suivant un titre de l'Eglise du Sépulcre à Paris, dans lequel il cautionne Philippe de Trie, Seigneur de Mareuil. Thibaud, fils de Simon de Mauregard, donna cette Terre l'an 1333 à Philippe de Trie. En 1354 Matthieu de Trie est dit Seigneur de Fontenay, et le Roi lui adressa des Lettres.

Hist. de Montm.
Preuv. p. 47.

Hist. des Gr. Off.
T. VI,
p. 665 et 666.

En 1355 Renaud de Trie possedoit cette Seigneurie. En 1367 elle étoit passée à Philippe de Trie, Chambellan du Roi de Navarre. Lui et Agnès de Goussainville la vendirent en 1391 à Gilles Malet, Seigneur de Villepêcle, à condition d'usufruit. Il est qualifié Maître d'Hôtel du Roi auquel il en fit hommage en 1392. Sa fille porta cette Seigneurie à Colas de Mailly, Chevalier. Depuis ce tems-là je trouve quelquefois plusieurs Seigneurs en même temps. Car en 1442 et en 1450 Gilles d'Azincourt est qualifié Seigneur de Fontenay et du Plessis-Gassé dans un accord qu'il passa avec les Religieux du Val Notre-Dame. D'autre part se trouve un hommage fait au Roi le 26 Mars 1448 avant Pâques pour la terre de Fontenay par Jean Bureau, Maître des Comptes et Trésorier de France : et en 1464 Damoiselle Philippe Bureau, sa fille, le rendit le 24 Mai, pendant que quatre ans auparavant Thierrion de Fressencourt se dit Seigneur de Fontenay en partie.

Mem. MS.

Tabul. Vallis.
Sauval,
T. III, p. 348.

Mem. MS.

Tab. Vallis.

On m'a fourni une Requête du 8 Mai 1475, dans laquelle Nicolas Balue, Conseiller du Roi, est qualifié Seigneur de Fontenay. On sçait d'ailleurs qu'il étoit Maître des Comptes et frere du Cardinal Balue. Il la transmit à son fils, Jean Balue, Curé de Saint Eustache de Paris, Grand Archidiacre d'Angers et Archidiacre de Souvigny en l'Eglise de Clermont-en-Auvergne. Ce dernier la vendit l'an 1510 à Noble Germain du Val, qui en rendit hommage le 16 Juillet 1518, et qui obtint en 1531 du Roi François I, étant à Rouen au mois de Février, l'établissement de deux foires dans cette terre : l'une le 14 Septembre jour de l'Exaltation de la Sainte Croix, auquel l'exposition de l'ancien reliquaire du bois de la vraie Croix attiroit un grand concours ; l'autre le 28 Décembre jour des Innocens ; et un marché tous les mercredis de l'année ; son décès arriva environ quinze ans après. En 1545 Marie de Corbie, sa veuve, fit le partage de cette terre entre elle et ses enfans, sçavoir : Marie, femme de Christophe de Harlay, Tristan, Maître des Comptes, Germain, Geoffroy, Nicolas et Anne. En 1550 Tristan, l'aîné des fils, jouissoit de la Seigneurie, et en fit hommage le 14 Octobre. Marie de Corbie, sa mere, en fit le sien pour la moitié qu'elle en avoit le 5 Janvier suivant. Puis le 30 Juin 1563 Tristan repeta le sien à titre successif de ses pere et mere. En 1578 Magdelene de S. André, veuve de Tristan du Val, fit un traité sur la même terre avec ses enfans, François, Marie, Nicolas, Prieur de Montjay, Catherine, et Germain, Ecuyer de la petite Ecurie du Roi. François du Val, Maître des Comptes, en rendit hommage au Roi le 26 Juin 1579, et Germain fit le sien le 9 Janvier 1604. Ce dernier étoit Gentilhomme Ordinaire de la Chambre du Roi, et fut aussi Capitaine du Château du Louvre. Il mourut la même année. On trouve une contrainte du 25 Août 1604 décernée contre Marie du Molinet, sa veuve, pour le payement des frais dûs aux députés de la Noblesse aux Etats de Blois par défunt son mari. François du Val succeda à Germain son pere. Il fit en 1634 un échange avec Gabriel de la Vallée-Fossés, Gouverneur de Verdun et Maréchal de Camp. Ce fut par ses soins que la terre de Fontenay fut érigée en Marquisat l'an 1637 et unie à celle de Mareuil avec cette clause : *Sa Majesté veut qu'au défaut d'hoirs masles ladite terre de Fontenay venant à passer à sa fille unique, elle en jouisse en titre de Marquisat ensemble ses hoirs nonobstant toute clause de reversion.*

Cette fille appellée Marie-Françoise-Angelique du Val, épousa M. Leon Potier, Duc de Gêvres, et lui porta les deux terres. Il a eu pour successeur M. Joachim Bernard Potier, Duc de Tresmes ; puis Messire François Potier, Duc de Gêvres, etc., Seigneur actuel.

Dans la collection d'épitaphes qui est à la Bibliothéque du Roi, on lit parmi celles de l'Eglise de l'Ave Maria de Paris, celle d'un François Hotman, Conseiller du Roi, Seigneur de Fontenet-en-France et de Bertranfossez, mort en 1638.

Certains Actes nous apprennent le nom de quelques anciens Seigneurs de fief particuliers à Fontenet. Un Chanoine de Reims, dit Ansel de Torote, s'y disoit en 1217 Seigneur pour quelque chose, et y fonda son anniversaire partant pour Jerusalem en 1218. Jean de Garges, Ecuyer, y avoit un petit fief sur les dixmes, dont il fit hommage à l'Evêque de Paris, en 1228. Il y avoit en ce même tems à Fontenet un Chevalier nommé Gervais de Fontenet, qui partit pour la Croisade contre les Albigeois. Une Dame nommée Richilde de Fontenet avoit en 1239 une censive sur la même Paroisse dans le territoire appellé l'Epine de la Garde. Robert de Ver ayant vendu une piece de terre qui y étoit située, il fut besoin que cette vente fût approuvée par Philippe de la Bretesche, Chevalier.

Tab. Vallis.
Chartul.
Ep. Par. Reg. fol. 99.

Tab. Vallis.
Portef.Gaignier. fol. 158.

Ibid.

Le Grand Prieur de France se dit Seigneur en partie de Fontenay-en-France dans le Procès-verbal de la Coûtume de Paris de l'an 1580, et cela par rapport à un canton de terre qui releve de la Commenderie de Puyseux, village voisin.

On m'a aussi assuré qu'il y a à Fontenet un fief appellé de Trousse-Vache, dont un tiers appartient au Seigneur, l'autre tiers aux Filles-Dieu de Paris, et le dernier tiers au Curé. Trousse-Vache étoit un nom de famille de Paris, dès l'an 1261.

Sauval, T. I, page 163.

En 1442, Philbert de Mary, Ecuyer, étoit Seigneur de l'Hôtel de Ourze, à Fontenet.

Tabul. Vallis.

L'Abbaye du Val au Diocése de Paris, aujourd'hui possédée par les Feuillans, est le Monastère qui a depuis un plus long temps des biens à Fontenay. Gui de Torote lui donna en 1194 quatorze arpens de terre situés entre Fontenay et Goussainville. Agnès de Gentilly lui donna pour la somme de dix-huit livres, sa terre de Pomereth située au même Fontenay. Ce territoire de Pomereth est nommé dans un titre de l'an 1190 comme contenant une piece de terre qui appartenoit à la Leproserie de Lusarches.

Portef. Gaign. p. 165.

Ibid., p. 138.

En 1216, Jean de la Tour de Lusarches, Chevalier, et Eufemie sa femme, vendirent encore aux Moines du Val dix arpens de terre situés à Fontenay. Il est visible que ce sont ces terres qui ont donné origine à la ferme des Feuillans de Paris, auxquels l'Abbaye du Val est réunie. Un des titres de cette Abbaye porte que pour cette visite il fut besoin de l'agrément de Pierre de Bouqueval dont ce bien étoit mouvant.

On a vu ci-dessus que le Roi donna à Simon de Mauregard la terre de Fontenay. Ce fut apparemment alors que ce Prince se retint une rente de trente deux livres parisis sur cette terre à cause de la haute Justice. En 1520 cette somme fut échangée avec Jean Bureau, Trésorier de France, pour quarante livres qu'il avoit droit de prendre chacun an sur le Trésor Royal à Paris. J'ai lu dans les derniers Memoriaux ou Inventaires du Domaine, qu'en conséquence d'un Acte du 10 Août 1450, le Seigneur de Fontenay en France lui doit dix livres de rente à cause de la Justice. Mem. de la Chambre des Comptes vers 1451. Sauval, T. III, p. 603.

Il y a eu autrefois une Maladerie à Fontenay. Les Freres de cette maison exposerent en 1353 au Roi Jean, que S. Louis leur avoit donné un muid de bled à prendre chaque année à Gonesse. Reg. Visit. Lepros. 1353.

Un illustre personnage qu'on doit regarder comme issu de la Paroisse dont je traite est Jacques de Fontenet, qui étoit Abbé d'Herivaux en 1280. Ces mots qu'on lit sur sa tombe à Herivaux : *natus fuit de Fonteneto,* sans autre explication, doivent s'entendre de ce Fontenet qui est tout voisin. Gall. Chr. T. VII, col. 82.

La fondation de Jean Pluyette, en faveur des enfans de Fontenet, a pu fournir à quelques-uns les moyens de se distinguer par leur science ; mais il n'en est point venu à ma connoissance d'autres que ceux du même nom de Pluyette. Il y en eut qui devinrent célèbres à Paris avant et depuis la fondation. Jean Pluyette fut Recteur de l'Université en 1462, puis Principal du College des Bons enfans, et mourut Curé de S. Germain-le-vieux ; Guillaume Pluyette fut aussi Recteur de l'Université en 1515. Aquilin Pluyette le fut pareillement en 1537, puis docteur de la maison de Navarre en 1541. Hist. Univ. Par. T. V, p. 895. T. VI, p. 916 et 920.

LE MENIL-AUBRY

Le mot Menil ou Mesnil venant de *Mansionile* qui signifie une petite maison sise dans la campagne, Menil-Aubry doit avoir été une ferme ou métayerie d'un nommé Alberic dit Aubry par abbreviation. La jouissance de la dixme de ce lieu par le Prieuré de S. Martin des Champs à Paris, fait connoître que c'est de ce même lieu qu'il faut entendre ce que Thibaud, Evêque de Paris, lui confirme dans sa charte d'environ l'an 1150 : *Decimam terræ quam Albericus Malenutritus tenet.* Cet acte nous apprend le temps auquel Alberic Maunourry vivoit, et qu'il jouissoit d'une terre dont lui-même avoit donné la dixme à ce Monastere. Maunourry étoit un de ces surnoms qui commencerent à être d'usage au XII siécle.

Il paroit qu'alors il n'y avoit pas encore de Cure en ce lieu, et que c'étoit un simple hameau où résidoient les laboureurs du sieur Aubry, ou peut-être n'y avoit-il encore aucun habitant.

Quoiqu'il en soit, il y avoit une Paroisse en ce lieu vers l'an 1200. On en érigea vers ce temps-là dans des hameaux du Diocése de Paris où il n'y avoit que quatre ou cinq habitants, et l'Evêque s'en retint la nomination de plein droit selon que fait foi le Pouillé écrit alors, ce qui a été suivi depuis.

Ce village de Menil-Aubry est situé à quatre lieues et demie de Paris sur le grand chemin de Lusarches, de Chantilly, etc., dans une plaine, et son territoire ne consiste qu'en labourages. On y compte dans ce siécle 50 feux ou environ. Le Dictionnaire universel dit qu'il y a 455 habitans ; mais on m'a assuré dans le pays qu'on y en compte bien 500 maintenant.

L'Eglise est sous le titre de Notre-Dame. Celle qui subsiste aujourd'hui ne paroît pas avoir deux cens ans d'antiquité, aussi lit-on à la voute le chiffre 1582. Cette époque est encore fondée sur ce qu'on voit aux murs gothiques de l'aile septentrionale en espece de bande ou ceinture et en lettres de relief sur la pierre, la strophe *O salutaris Hostia,* qui n'est devenue plus commune dans les Offices Divins et dans les Inscriptions que depuis l'origine des hérésies de Luther et de Calvin. Cette Eglise est toute bâtie de pierres solides et est voutée d'un bout à l'autre et couverte d'ardoise. Le défaut qu'il y a, est qu'elle ne tire du jour que de ses bas côtés. Le chœur au reste est beau. Le portail est accompagné d'une grosse tour quarrée aussi nouvelle et aussi solide que le reste de l'édifice. Un Mémoire manuscrit que j'ai lu sur la maison de Bourbon, remarque qu'autrefois à la voute de cette Eglise se lisoient des vers françois sur la maison de Lorraine en forme de prophétie. Ils commençoient ainsi :

> Garde, France que les chausses Lorraines soient,
> Jamais jointes à ton corps ne à ton pourpoint.

Quoique cette Eglise ne soit que du XVI siécle, on y voit cependant quelques tombes du XV qui viennent du bâtiment précédent. Dans le côté méridional est une tombe sur laquelle Blanche de Popincourt, Dame du Menil, est représentée en marbre blanc. Elle étoit femme du Prevôt de Paris, et mourut en 1422. Dans la nef est la tombe de Jean Pluyette, Curé du lieu et Maître du Collége des Bons Enfans, rue Saint Victor, à Paris, mort en 1478. Il est représenté en chasuble, le calice entre les mains, suivant l'ancien usage observé dans l'exposition des Prêtres. C'est lui qui fonda deux bourses dans ce Collége pour les enfans de son nom, marquant qu'à leur défaut l'une des deux seroit destinée pour un enfant du Menil-Aubry, ainsi que je dis plus au long à l'article de Fontenay-en-France. L'Acte de la résignation de sa Cure qui est du 8 Juin 1475, le qualifie Bachelier en Théologie. Nous tenons de Dupleix qu'un neveu du Cardinal d'Ossat a été Curé du Menil-Aubry, vers l'an 1620, et que son oncle lui avoit fait changer son nom.

Je n'ai trouvé sur les Seigneurs que les renseignemens qui suivent. En 1260, le Seigneur de ce lieu étoit Adam de Villebeon, dit le Chambellan ; c'est ce que nous apprenons par la contestation qu'il eut alors avec Anseau de Garlande, Seigneur de Tournan, au sujet de la Justice de Châtres en Brie et de la maison ou château de la Houssaye.

Philippe Ogier possedoit cette terre en 1376, selon des Lettres datées de Château-Thierry, au mois d'Octobre de cette année, par lesquelles Charles V exempta les habitans des prises ou des fournitures à la Cour. *Ordonnances Royaux, T. VI, p. 124.*

On a vu ci-dessus, en parlant des tombes de l'Eglise de ce lieu, que Blanche de Popincourt en étoit Dame en 1420. Ses héritiers vendirent cette terre à Simon Morhier, Chevalier, Garde de la Prevôté de Paris. Le droit du cinquième denier lui fut remis par Henri, Roi d'Angleterre, qui prenoit alors le titre de Roi de France. Les lettres de ce don sont du premier Octobre 1424. Ce Prince y déclaroit que ce droit lui appartenoit par la confiscation faite sur les enfans de feu le Vicomte d'Assy, dont le Menil relevoit. Plus bas, Sauval fait entendre que leur mere s'étoit remariée à Eustache de Conflans, Chevalier, attaché au parti du Roi Charles VII. On trouve dans les Registres du Parlement appellés Registres du Conseil, au 23 Juillet 1430, une mention du même Simon Morhier, Seigneur du Menil. Il y est dit que certains particuliers, nommés Thibaud Regnart et Guillaume Maupilier, étoient logés en ces temps de guerres intestines dans l'Eglise du lieu depuis sept ou huit mois. Simon Morhier, qualifié de Prevôt de Paris dans ce Registre, les obligea de venir en son logis pour le garder, ou de payer ceux qui le gardoient, s'ils vouloient sauver leurs bleds au mois d'Août suivant. Vers l'an 1437, cette terre cessa d'appartenir à Simon Morhier et fut donnée par le Roi Charles VII à Regnaud Guillein. *Sauval. Antiq. de Paris, T. III, p. 330.* *Mem. de la Chambre des Comptes.*

Depuis ce temps-là, je n'ai trouvé de Seigneurs du Menil-Aubry qu'Anne de Montmorency, qui acheta cette terre vers l'an 1554. Le même nom d'Anne de Montmorency reparoît dans le Procès-verbal de la Coûtume de Paris, de l'an 1580, et la qualité de Seigneur du Menil-Aubry y est jointe. *Hist. de Montm. p. 405.*

En 1643, Louis Huault se disoit Seigneur du Menil, ce qui paroît par l'acte d'échange qu'il fit avec les Religieuses de Montmartre d'un domaine qu'il y avoit de quatre-vingt arpens, partie *Reg. Parl. 29 Jul. 1643.*

en fief, partie en roture, pour la terre de Bussi-le-Repos en Champagne.

En ces derniers temps, M. le Prince de Condé est Seigneur du Menil-Aubry.

Le Benedictin de Saint Denis, auteur de la vie latine de Charles VI que le Laboureur a publiée en françois, rapporte à l'an 1400 que l'orage qu'il fit au Diocése de Paris, le 30 Juin, deracina plus de mille arbres fruitiers au village de Menil-Aubry, dont il se joua par les champs, et qu'y ayant découvert une grange, il souffla trois muids de bled tout entiers qu'il fit tomber dans un puits qui en étoit proche.

<small>Hist. de Ch. VI, p. 440.</small>

La Carte des environs de Paris donnée en 1674 par l'Académie des sciences, a oublié de marquer ce village.

<small>Cod. des Curés, T. I, p. 362.</small>

Le Code des Curés nouvellement imprimé fait mention de cette Paroisse, en ce qu'il dit que Jean-Baptiste Robert, Curé, et les Religieux de Saint Martin des Champs, gros Décimateurs, ont obtenu, le 10 Février 1718, un Arrêt du Conseil qui juge que la dixme de sainfoin et bourgogne y est dûe dans les enclos.

PLESSIS-GASSOT

Le nom de Plessis est un des plus communs parmi les noms de village, parce qu'il est formé de *Plexitium* qui signifie un territoire ou terrain fermé de clayes. Ces sortes de cantons n'ont par la suite été distingués que par le nom de leur Seigneur ou de leur possesseur. A l'égard de celui-ci, on a plus souvent dit *Le Plessis-Gassot*; mais cependant quelques titres l'ont appelé *Le Plessis-Gassé*, et, dans le Pouillé Parisien écrit vers l'an 1450, il y a *Curatus de Plesseyo Gassonis*. Il est situé à quatre lieues et demie de Paris un peu par-delà Ecouen, dans un pays de labourages. Je n'ai pu découvrir quel étoit ce Gassen ou Gasson ou Gassé, à qui appartenoit le Plessis dont il s'agit, ni le temps auquel il vivoit, mais je conjecture qu'il a appartenu au même Gasson à qui étoit la terre de Saint Leger proche Saint Denis, dite primitivement *Vasconis Villa*, puis *Gassonis Villa*. Or, ce *Vasco*, dit depuis *Gasson* et *Gassen*, a vécu dans le IX siécle au plûtard. Il ne seroit pas extraordinaire qu'un même Seigneur eût eu un village proche Saint Denis et un clos deux lieues et demie plus loin.

<small>Voyez S. Leger et Stains, T. I, p. 580.</small>

Le temps de l'érection de la Cure est peu connu. Elle n'étoit pas encore établie lorsque le premier Pouillé de Paris fut redigé au XIII siécle ; comme c'est l'Evêque qui la confere *pleno jure,* il faut qu'elle ait été demembrée de Bouqueval ou du Menil-Aubry, lesquelles deux Cures étoient dès lors comme aujourd'hui à la pleine collation Episcopale. Peut-être que ce Plessis a eu des habitans tirés des deux Paroisses lorsque la Cure y a été érigée. Il n'y a pas d'apparence que ce lieu ait été détaché de Tessonville ; car comme la nomination à cette derniere appartient au Prieur de Saint Martin des Champs, il n'eût pas abandonné à l'Evêque de Paris son droit de présentation à la nouvelle Cure du Plessis ; mais seulement il a pu se faire qu'une partie des habitans de Tessonville se soit retirée au Plessis-Gassot, qu'on dit avoir été autrefois un bourg où passoit une route pavée, dont on a trouvé, dit-on, des restes derriere l'Eglise, à plusieurs pieds dans terre.

Cette Eglise du titre de la Sainte Vierge est bâtie de belles pierres, comme celle du Menil-Aubry et de Mareuil, et paroît être à peu près du temps de celle du Menil qui ne passe pas deux cens ans. Elle est avec une aîle de chaque côté par où lui vient la lumiere ; car le corps de l'Eglise est sans vitrages et sans galeries. On apperçoit dans une clef des voutes un écu chargé de six roses, et dans un autre endroit des mêmes voutes le chiffre 1575. On n'y voit aucune ancienne tombe que celle d'un Curé nommé Matthieu Roillene, qualifié Maître-ès-Arts, né à Blandy en Brie, lequel décéda en 1455. Elle est dans le collateral méridional proche la tour qui supporte les cloches. Il en paroît un plus ancien nommé Jean de Querisy dès 1386. On soutient dans le pays que la Chapelle de S. Leu ou de S. Loup de Tessonville, qu'on prononce Quessonville, étoit anciennement desservie par les Curés du Plessis-Gassot, et que le Curé de Bouqueval ne se l'est attribuée que parce que le dernier ou pénultiéme Curé du Plessis étant devenu fort âgé et caduc, la lui abandonna. Consultez à l'article de Bouqueval ce qui est dit sur cette Chapelle. Quoique cette Cure fût d'un assez bon revenu au XIV siécle, puisqu'elle étoit sur le pied de quarante livres, le voisinage lui fit quelques fois réunir dans le siécle suivant celle de Bouqueval durant la vie de quelques Curés. C'est ainsi qu'en avoit joui Denis Chapuis qui décéda en 1475, et cela avoit été ainsi reçu au Synode de 1455. *Reg. Official. 31 Jan.* *Reg. Ep. Paris.* *Tab. Ep.*

Il y a dans ce village 40 à 50 feux ou environ. Le dénombrement marqué dans le livre de l'Election de Paris en 1709 les faisoit monter jusqu'à cinquante-neuf. Le Dictionnaire Universel de France n'y compte que 176 habitans. Toute la culture de cette Paroisse est en plaine, et l'on n'y voit point de vignes.

Vers l'an 1320 cette terre appartenoit au Roi qui en fit présent à Simon Mauregard. Thibaud, fils de Simon, la donna en 1333 à Philippe de Trie. Elle passa ensuite à Matthieu de Trie, puis à Renaud, de là à Philippe de Trie, Chambellan du Roi de Navarre, *Hist. des Gr.Off. T. VI. p. 665 et 666.*

qui la vendit à Gilles Malet, Seigneur de Villepêcle, à condition d'usufruit. J'ai trouvé dans un Registre de l'Officialité de Paris de l'an 1387 un Jean de la Mote qualifié Ecuyer, Paroissien du Plessis-Gassot. En 1420 Philippes de Reuilly, Trésorier de la Sainte Chapelle, étoit Seigneur du Plessis-Gassot. Sauval nous apprend que ce Seigneur fit saisir en 1430 sur Pierre de Hez un fief situé dans cette Paroisse comme mouvant de lui. Il mourut en 1438. Quatre ans après, c'étoit Gilles d'Azincourt, Ecuyer, qui jouissoit de cette Seigneurie, comme il s'infere d'un accord qu'il fit en 1442 avec les Religieux du Val en sa qualité de Seigneur de Fontenet en France, et en 1473 Nicolas Balue la possedoit suivant un titre du même Couvent. En 1521 Antoine-Robert Malon, l'un des quatre Notaires et Secrétaires du Roi, Greffier au Criminel, l'un des ancêtres de M. de Bercy, fit don aux Guillemites de Paris conjointement avec Marguerite Boucher d'Orcey, sa femme, de la Seigneurie et Terre du Plessis-Gassot. Il leur demanda pour cela une Messe perpétuelle avec le Salut *Ave verum* au temps de l'élévation. Son intention selon quelques-uns étoit de les empêcher de quêter. Ils comparurent comme Seigneurs de ce lieu à la Coûtume de Paris de l'an 1580. L'attention des anciens Seigneurs sur les maladies de la Lepre, autrefois fort commune, avoit fait construire une Leproserie à l'extrémité des deux Paroisses de Tessonville et de Plessis-Gassot et sur le territoire de chacune. Cette maison ayant été reduite en pitoyable état dans le temps des guerres du XV siécle, Jean Simon, Evêque de Paris, commit cette Leproserie telle qu'elle étoit aux soins de Matthieu de Robichon, Curé du Plessis-Gassot, le 23 Juillet 1499.

Gall. Chr. nova, T. VII, col. 245.

Antiq. de Paris, T. III, p. 586.

Reg. Ep. Paris.

BOUQUEVAL

Ce Village situé à quatre lieues et demie de Paris est assez peu connu, parce qu'il ne se trouve sur aucune grande route : quelques-uns même l'ont confondu avec Bougival qui est une autre Paroisse, située entre Ruel et Saint Germain-en-Laye.

A l'égard de l'origine de son nom, il n'y a gueres d'apparence de pouvoir la tirer du nom propre du possesseur de la petite vallée au haut de laquelle est situé ce village, puisqu'on ne trouve nulle part parmi les noms propres d'hommes dans l'antiquité, ni *Buccus* ni *Bucco*. Il paroît plus vraisemblable que ce nom a été formé du mot vulgaire *bouch* ou *bouk* qui étoit celtique ou au moins franc, lequel signifioit ce qu'en latin on appelloit *hœdus,* et ce lieu auroit été apparemment ainsi appellé à cause du vallon voisin abandonné autrefois aux boucs. Dans le Pouillé de Paris du XIII siécle, la Cure est appellée *Bocunval.*

L'Eglise de ce village est un édifice de deux à trois cens ans, peu solidement construit. Charles Boucher, Evêque de Megare, en fit la Dédicace sous le titre de S. Jean Baptiste le 30 Août 1545, avec la permission de Jean Ursin, Vicaire Général de Jean du Bellay, et il statua que l'anniversaire en seroit fixé au Dimanche d'après le 30 Août. Le même Evêque y bénit aussi trois autels ; à gauche, un de Notre-Dame, et un de S. Sebastien ; et à droite un de S. Michel. Ce fut apparemment à l'occasion de l'autel de Saint Sebastien que Raphaël Clery, Curé de ce lieu, obtint de François Hotman, Conseiller au Parlement, Abbé de S. Medard de Soissons, un fragment des reliques de S. Sebastien outre un autre fragment des reliques de Ste Agathe ; lesquels cet Abbé avoit tiré de ce Monastere. Vu l'acte de cette donation, Denis le Blanc, Vicaire Général de l'Archevêque de Paris, en permit l'exposition par Lettres du 19 Avril 1622. *Reg. Ep. Paris.* *Ibid.*

La Cure a toujours été à la pleine nomination de l'Evêque de Paris, conformément au Pouillé du XIII siécle : mais quelquefois les Evêques l'ont unie à celle du Plessis-Gassot pour la vie d'un Curé seulement, comme il arriva en 1475. *Reg. Ep. Junii.*

Bouqueval est un pays de labourages. La Paroisse n'est composée que de quarante feux ou environ, ce que le Dictionnaire universel de la France a évalué à 107 habitans.

Cette terre donnoit le nom à une certaine famille dès le commencement du XIII siécle. Geoffroy Pomel vendant sa dixme de Tilloy aux Religieux de Chaalis en 1213, fit approuver cette vente par Gautier de Boquenval, son frere. Pierre en étoit Seigneur en 1216, 1230 et 1234 ; il est mentionné en cette qualité en des titres de ces deux dernieres années passées en faveur de l'Abbaye du Val. En ces titres ce lieu est appellé *Bouconval.* Depuis ce temps là cette terre passa dans la maison de Montmorency. Sous le Roi Philippe le Bel, la Cour du parlement déclara par un Arrêt, après avoir oüi le Prevôt de Paris, que le Seigneur de Montmorency connoîtroit des affaires des Nobles du village de Boconval, comme étant de sa Châtellenie. Mais sous Charles V et depuis, les Montmorency en furent eux-mêmes les Seigneurs. Matthieu de Montmorency l'étoit en 1380, sa veuve Jeanne Braque en 1414 et 1423. Charles de Montmorency en 1443, 1459 et 1461 Jean de Montmorency reçut en 1469 les droits attachés à cette terre. Depuis elle sortit de la maison de Montmorency. Germain le Picard, Conseiller au Parlement, en jouissoit en 1580, suivant le Procès-verbal de la Coûtume de Paris. M. Marcel, Maître des Requêtes, marié *Ex tit. Caroli loci.* *Gaign. p. 159.* *Portef. Gaign. pag. 150 et 154.* *Parlem. Pentec. 1288, et petit livre blanc du Châtelet, f. 255.* *Hist. des Gr. Off. T. III, page 619.* *Hist. de Montm. page 516 et Preuv. p. 333, et 335.* *Tab. Ep. Paris.*

à..... Allés, fille de Jacques Allés, Doyen de la Chambre des Comptes, posseda la même terre au commencement du XVII siécle. En ces derniers temps M. Berthelot de S. Laurent en a été Seigneur, et l'a donnée à sa fille, épouse de M. de Damas, Marquis d'Anlezy èn Bourgogne.

<small>Tiré de son Epitaphe à S. Jacques de la Boucherie.</small>

On apprend par un Acte de partage entre trois freres, sçavoir: Thomas Clerc, Helloin et Antoine, confirmé en 1219 à Saint Germain-en-Laye par Philippe-Auguste, que Thomas avoit eu entre autres la dixme de Bucunval dans son lot, ce qui désigne qu'elle avoit été inféodée. J'ai lu enfin dans le Cartulaire de Saint Denis à l'an 1248, que Thibaud de Nully, Prieur de cette Abbaye, acheta les champarts de Bouconval pour doter sa dignité ou office de Prieur, ce que Dom Félibien attribue à Guillaume de Macorris, alors Abbé de Saint Denis.

<small>Chart. S. Gen. p. 80.</small>

<small>Chartul. Bibl. Reg.</small>

<small>Hist. de S. Denis p. 246.</small>

L'Hôtel-Dieu de Gonnesse, dès le siécle de sa fondation, avoit eu des cens à Bouqueval. Ils furent échangés par Guillaume, Maître de cette maison. La grosse dixme de ce même lieu lui appartenoit en 1351, selon le registre des Visites faites alors. Et en 1471, il y possedoit encore une ferme.

<small>Chartul. Reg. S. Dion. p. 392.</small>

<small>Tab. Ep. Paris.</small>

On connoît dans le Diocèse de Beauvais, sur le territoire d'Angicourt, un lieu dit Bouqueval.

TESSONVILLE

Au sortir de Bouqueval du côté du couchant, se présente un vallon dans lequel est un petit bois de haute-futaye, après quoi l'on trouve une Chapelle qui paroît avoir été considérable autrefois. Elle est sous l'invocation de S. Leu, Evêque de Sens. On m'assura qu'on y avoit conservé de ses Reliques; mais que comme cette Chapelle est solitaire on les avait transferées à la Paroisse, d'où on les apportoit le premier jour de Septembre auquel il s'y faisoit un concours de devotion avec une espece de Foire.

<small>Hist. S. Mart. à Camp. p. 499.</small>

Cette Chapelle est dans le Rolle des Décimes sous le nom de Tessonville, et il y est ajouté que c'étoit autrefois une Cure. En effet, on trouve dans Marrier, parmi les Cures qui sont à la présentation du Prieur de Saint Martin des Champs, la Cure de S. Loup et S. Gilles *de Thessonvilla,* ce qui s'accorde avec le Pouillé Parisien du XIII siécle où on lit parmi les Paroisses de la nomination de ce Prieuré celle de *Tetcunvilla.* Au reste, malgré l'antiquité de ce Pouillé qui ne devoit pas être inconnu, le nom de cette Paroisse ne se trouve dans le Pouillé du XV siécle que par une addition faite dans le XVI, où l'on marque qu'il y en a des Collations sur la présentation du Prieur de Saint Martin, faites en 1552 et 1571. Elle est dite située sur la Paroisse de Bouqueval dans le Registre de 1700, au 18 Octobre. *Not. Gall. p. 424, col. 2*

Hadrien de Valois, dans sa notice du Parisis, dit un mot de cette ancienne Paroisse en parlant de celle de Montesson. Les habitans qui en dépendoient se sont retirés au Plessis-Gassot et à Bouqueval, dont le Seigneur prétend que le territoire de la Chapelle est de sa Justice.

Le nom de ce village détruit paroît venir du possesseur appellé *Tetcunius* ou *Taxo*, ou *Tesso*; ainsi ce village étoit la demeure de Taisson ou Taxon. On trouve le nom de Taxon parmi les noms propres dans l'Histoire de Montmorency, et parmi ceux des anciens Nobles de Normandie. Mais d'autres aimeront peut-être mieux le dériver de *Tesso,* mot de basse latinité qui signifie blaireau, animal fort gras, en sorte que Tessonville seroit la même chose que *village des Blaireaux*. On peut choisir entre les sentimens de M. de Valois celui qu'on voudra, ou ce qu'il avoit dit à la page 424, ou ce qu'il dit à la page 428. *Preuv. p. 16.* *Valesius ubi supra.* *Ed. 1678, p.634.*

En 1580, lorsque la Coûtume de Paris fut rédigée, Tessonville appartenoit aussi-bien que Bouqueval à Germain le Picard, Conseiller au Parlement.

Il y a eu autrefois entre Tessonville et le Plessis-Gassot une Leproserie bâtie sur les deux Paroisses. Elle fut détruite dans les guerres du XV siécle. Voyez à la fin de l'article du Plessis-Gassot. *Reg. Ep. Par. 23 Julii 1499.*

GARGES

Il seroit difficile de reconnoître Garges sous l'ancien nom de *Bigargium,* si l'on n'avoit pas plusieurs exemples du retranchement de la première syllabe de certains mots dans l'usage vulgaire. Comme donc cela n'est pas rare, les sçavans sont convenus que par le mot *Bigargium Palatium*, il faut entendre Garges entre Saint Denis et Gonesse, ou bien Guerches que l'on prononce aussi Guarches, et dont la situation est au-dessus de Saint Cloud. Dom Michel Germain en son Traité des Palais de nos Rois, reste indéterminé là-dessus, aussi-bien que Dom Ruinard et Dom Bouquet dans leurs éditions des Gestes de Dagobert. Pour moi je me déclare tout-à-fait pour le sentiment de M. de Valois, et je pense comme lui que c'est au village de Garges, situé à une lieue au-delà de Saint Denis par rapport à Paris, et par conséquent à trois lieues de la Capitale, qu'étoit le Palais Royal où Dagobert indiqua une Assemblée générale des Grands de son Royaume pour le 23 Mai de l'an 635, qui étoit le mardi dans l'Octave de l'Ascension, et que ce fut en ce lieu qu'il leur fit part de ses dernieres dispositions ou testament, en commettant l'exécution à ses fils Sigibert et Clovis. Premierement parce que ce Prince étant plus particulierement devoué au Monastere de Saint Denis, dont il étoit le Dotateur, qu'à aucun autre, il étoit plus naturel que ce fût aux environs qu'il eût choisi de faire sa résidence; secondement, le lieu où a depuis été bâti le petit village de Guerches étoit une dépendance de la terre de Nogent que S. Cloud avoit donné cent ans auparavant à l'Eglise de Paris, et par conséquent ce n'étoit plus un terrain du Fisc. D'ailleurs il y a une grande différence entre Guerches et Garges, car ce mot de Guerches ou Guarches vient de *Werchiæ* ou *Warchiæ* ou *Worchiæ*, nom qui n'est pas rare en France parmi les noms de lieu, tandis que celui de Garges est unique. Enfin, il restoit encore à la fin du XIII siécle à Garges un territoire appellé Godde; et comme jusqu'ici on n'a sçu en quel endroit reconnoître le village du nom de *Goddinga* où Fulrad, Abbé de Saint Denis, fit confirmer par Charlemagne, au mois d'Octobre de l'an 778, toutes les immunités de son Monastere, ne semble-t-il pas convenable de le placer proche le Palais de Bigarge qui pouvoit être devenu inhabitable, ensorte que le Manoir Royal auroit été transporté à Godde sur le même territoire.

Si l'antiquité du lieu de Garge se trouve suffisamment établie par ce qui vient d'être dit, c'est toujours indépendemment de son étymologie sur laquelle je ne crois pas qu'on puisse rien dire de solide et satisfaisant. C'est pourquoi je ne m'y arrête pas. J'observerai seulement que M. Lancelot n'a point été heureux dans son observation manuscrite, où il dit que Garges est le *Worchiæ* du Rithme satyrique composé au XI siécle et imprimé au troisiéme Tome des Analectes; je croi avoir prouvé assez clairement ailleurs que *Worchiæ* étoit Vorges auprès de Laon.

<small>Analect, T. II, page 538. Dissert. sur l'Hist. de Paris, T. II, p. cxxxv.</small>

Garges est situé sur le rivage droit de la riviere de Crould, au bas d'un petit côteau dont l'aspect est vers l'orient. La culture du terrain y est plus diversifiée que dans les villages qui sont au rivage gauche, et dont le terrain s'étend dans la grande plaine. On voit des vignes à Garges, et il y en avoit aussi autrefois. On n'y comptoit en 1470 que 36 habitans. Le dénombrement de 1709 dit qu'il y a 110 feux. Néanmoins le Dictionnaire universel de France n'y met que 284 habitans. Ce dernier ouvrage dans lequel on emploie la maniere dont les Receveurs des Tailles écrivent les noms de lieu, donna à Garges le nom de Garges-Gonesse, parce que dans les Rolles des Tailles on écrit Garches-Gonesse, afin de le distinguer de Garches-lez-Saint Cloud. Mais j'ai fait voir ci-dessus que les noms de ces deux lieux étoient originairement plus différens entre eux qu'on les fait aujourd'hui.

Le patron de l'Eglise de Garges est S. Martin. On n'y apperçoit rien d'ancien à cause des fréquentes réparations qui y ont été faites. Ce qui fait cependant soupçonner que ces nouveaux enduits de plâtre couvrent un vieux édifice, est que dans le chœur entre l'aigle et le banc des Chantres est une tombe qui ressent le temps du regne de Philippe le Bel, et que tous les mots de l'inscription qui n'est plus lisible sont séparés les uns des autres par trois points mis perpendiculairement. On y voit un homme à longue robe dont l'intérieur paroît fourré. Une autre inscription moins ancienne a été mieux conservée. On y lit : *Cy gist Messire Anne de Garges en son vivant Chevalier Seigneur de Thiverny, des Fiefs de Bourbon et de Thoüin, d'Amours-lez-Creil, et du Fief de Gicault assis en cedit lieu de Garges; lequel trespassa le X jour de Janvier 1572.* Ses Armoiries sont un grifon ou un lion écartelé de losanges.

Cette Eglise possedoit sous le regne de Louis XI plusieurs reliquaires. Les Marguilliers les confierent à Jean de Harlay, Chevalier du Guet, pour en faire approuver les reliques par Guillaume Chartier, Evêque de Paris, et ils ne purent les ravoir, dont ils se plaignirent à l'Archidiacre en sa visite de 1472. Il y a apparence qu'elles furent supprimées. *Reg. Visit.*

Dans le Pouillé Parisien du XIII siécle cette Eglise est marquée à la pleine collation de l'Evêque; l'auteur a mieux aimé laisser le nom de *Garges* en françois que de le latiniser; en quoi il a suivi l'exemple de la plupart des titres latins qui l'expriment de même en langage vulgaire. Tous les Pouillés venus depuis sont conformes à l'ancien. Il semble que l'Abbaye de Saint Denis ait eu quelque droit sur l'Eglise de Garges dès sa premiere origine, soit pour avoir fourni le terrain, ou à la dépense du bâtiment; car dès avant le XII siécle elle avoit accordé ou cédé cette Eglise à un Chevalier. Matthieu le Bel rendant son aveu à l'Abbé l'an 1125, marque parmi ses articles : *Ecclesia de Garges excepto altari et atrio ejusdem Ecclesiæ.* S'il ne tenoit de l'Abbaye de Saint Denis que le corps de l'Eglise, c'est que l'Evêque s'étoit toujours conservé l'autel et le droit d'y pourvoir d'un Prêtre aussi-bien que le droit du porche appartenant au Curé nommé par l'Evêque. Ces deux droits étoient utiles, l'un par les offrandes qui se font à l'autel, et l'autre par le droit des mariages qui alors étoient célébrés sous le porche des Eglises. *Chart. S. Dion. Reg.*

Le même Matthieu le Bel (celui qui selon les apparences a donné son nom à Villiers-le-Bel) ajoute encore dans son dénombrement: *Balduinus d'Andely meus est de feodo quem tenet apud Garges :*

par où l'on apprend qu'il tenoit de Saint Denis un fief situé à Garges, et qu'il l'avoit retrocedé à Baudoin d'Andilly. Ce Baudoin y avoit des hôtes. On voit aussi par le même Cartulaire qu'en 1209, Adam de Mareuil, Clerc, tenoit de Saint Denis une terre à Garges. Mais en même temps que d'un côté cette Abbaye recevoit des hommages et des soumissions pour des fiefs ou terres situées à Garges, elle y en acquit d'autres que des Chevaliers ou des particuliers tenoient apparemment de la libéralité du Prince, soumettant la Communauté à des redevances quelquefois assez bizarres envers ceux qui avoient cédé ou aliéné leurs droits. En 1227, Henri de Jagny et Alix, sa femme, céderent aux Religieux les fiefs qu'ils avoient à Garges. Philippe de Garges, Chevalier, fut sans doute un de ceux qui fit à l'Abbaye quelque cession semblable. Emeline, sa veuve, se lassa de payer la redevance convenue entre les parties. Il est marqué qu'en 1231 elle quitta au Monastere de Saint Denis le droit de chair et de poisson qu'elle y avoit. En compensation de quoi les Religieux lui donnerent chaque jour[1] une miche à prendre dans leur boulangerie et un échaudé les jours de Fêtes, dans la cuisine du Couvent un ordinaire avec une écuelle de potage et une écuelle de quelque chose qui est appellé en latin *Porcia*. En 1237, Raoul de Garges et Mabille, sa femme, firent les choses plus généreusement; ils quitterent tout-à-fait à l'Eglise de Saint Denis pour la somme de douze livres le droit qu'ils avoient de recevoir du Couvent, par chaque année à la Fête de S. Denis, et dans l'hospice de S. Denis, un porc et demi, quatre oyes, huit poulles, cinquante pains et cinquante bouteilles de vin.

Quelque temps après, sçavoir en 1254, vivoit un Chevalier dit Pierre de Garges.

La Terre de Godde, dont j'ai déjà parlé, laquelle étoit sur la Paroisse de Garges, se trouvoit être dans la censive du Prieur de Saint Denis. C'étoit Oudard de Boneuil, Ecuyer et Jeanne, sa femme, qui la possedoient en 1281. Ils en firent alors l'abandon à ce Prieur. Voilà, ce semble, à quoi se réduisent les grandes acquisitions que Dom Félibien dit avoir été faites à Garges, par le grand Prieur de Saint Denis, à l'exemple de l'Abbé Matthieu. J'ai aussi trouvé qu'en 1360, un canton de prairie à Garges dit *La fontaine S. Germain*, étoit tenu à foi et hommage de l'Abbé de Saint Denis, et cela à l'occasion de la vente que Jean et Raoul de Garges, Ecuyers, fils de Guillaume, en firent à Denis Tite,

---

[1]. *Unam michiam in pistrino suo, et unum eschaudetum in Festis. In coquina Conventus generale unum, et unam scutellam potagii, et unam scutellam de porcia.* Ce dernier mot ne se trouve pas au Glossaire.

Greffier du Parlement. Ce Jean étant mort, je trouve qu'en 1362 Raoul passe un accord avec Jeanne d'Aunay, sa veuve.

La terre de Garges fut depuis aliénée, en conséquence de l'Arrêt du Parlement du mois d'Avril 1595 qui permettoit les aliénations. Hist. de S. Denis, p. 427.

Outre l'Abbaye de Saint Denis, d'autres maisons Régulieres possederent aussi des biens à Garges. L'Abbaye de Livry y eut de Guillaume de Drenci, Chanoine d'Auxerre en 1241, une vigne située sur la censive de Guillaume Acrochart. Il n'y a que deux cens ans que l'Abbaye du Val de Grace, transferée de Biévre à Paris, possedoit à Garges des terres, des vignes et des rentes, dont une partie venoit d'un legs de Charles le Coq, Président des Monnoyes, comme le marquent des Lettres d'Henri II de l'an 1549. On trouve aussi plusieurs Seigneurs séculiers à Garges dans l'intervalle du XIV, XV et XVI siécles. En 1309 la haute Justice de ce lieu fut donnée à Ferry Tachier, Chevalier, par le Roi Philippe le Bel, en reconnoissance de ses services. Dans la confiscation qu'Henri V, Roi d'Angleterre, fit lorsqu'il se vit maître de Paris en 1423, se trouve : l'Hôtel, cens, etc., sis à Garges, qui appartenoit à Jean du Puis, que le Roi donna le 27 Février 1423 à Jean de Thoisy, Evêque de Tournay, en payement de mille francs à lui dûs pour ses gages de Conseiller du Roi ; un hôtel, un pressoir, etc., qui appartenoient à Bureau Boucher, et furent donnés par ce même Prince à Jean le Clerc (apparemment celui qui fut Chancelier de France) avec la Mairie et Prevôté qui appartenoient à Demoiselle Jeanne la Tachiere, mais elle lui fut rendue, excepté la Justice qui demeura en la main du Roi ; la maison qui appartenoit à Miles Chaligaut, absent ; l'hôtel, cens et rentes qui étoient à Jean de Garges, absent, desquels Girault Desquai jouit pendant quelque tems par don du Roi ; plus une maison et terres appartenantes à Bureau de Dammartin et à sa femme ; enfin les héritages, rentes et Justice que Charles le Leu et les enfans de Jean de Garges y avoient comme héritiers de Adam de la Neuville furent donnés à Girard Desquai.

Il y eut sous Louis XI une autre confiscation : Garges le fut sur le Comte d'Armagnac, et il fut donné au sieur de la Forest le 7 Avril 1471. Vers l'an 1500 Guillaume Charmolue possedoit à Garges un fief auquel appartenoit tout droit de haute Justice, Voirie et connoissance de Nobles du village et territoire, mouvant de la Châtellenie de Gonesse : depuis, ce fief passa à Jean Versoris, Avocat au Châtelet de Paris, ensuite à Nicolas Charmolue, Avocat en Parlement. Il le possedoit en 1489 qu'il est dit Procureur du Roi en Cour d'Eglise. Il en fit hommage en la Chambre des Comptes le 16 Janvier 1510. Guillaume Versoris, Gentilhomme Normand, se trouve ensuite qualifié de Seigneur

Marginal notes:
- Gall. Chr. T. VII, Inst. p. 198.
- Petit Livre blanc du Châtelet, fol. 55.
- Charte donnée en Octob. au Val-la-Comtesse.
- Sauval, T. III, p. 325 et 326, 328.
- Tabl. de la Chambre des Comptes, T. II, p. 146.
- Tab. Ep.
- Catalog. des Conseil. au Parl.

de Garges vers 1550. Le pere et le fils le furent successivement; mais la terre de Garges fut donnée par le Roi à Marie de Foix, en vertu de Lettres registrées au mois de Juillet 1513. Nicolas Charmolue, Lieutenant Civil, lui succéda. Nicolas de Hacqueville étoit devenu Seigneur de Garges en 1535, par son mariage avec Marie Charmolué, fille du précédent; ensuite son fils de même nom reçu Conseiller au Parlement en 1544. Après eux deux, Claude de Hacqueville, Maître des Comptes, qui comparut en cette qualité à la redaction de la Coûtume de Paris l'an 1580. Lui et Joseph son frere y déclarerent qu'ils s'opposoient à la comparition faite par le Grand-Prieur de Saint Denis en qualité de Seigneur de Garges en partie, et soutinrent qu'il n'étoit permis au Prieur ni autres de se dire Seigneurs en partie ou portion de Garges : et le Prieur repliqua au contraire. Je ne dis rien du Fief de Gicault situé aussi à Garges, ne le connoissant que par l'épitaphe d'Anne de Garges de l'an 1572, ci-dessus rapportée. François de Machault étoit Seigneur en partie de Garges en 1639.

Tabl. de la Chambre des Comptes.
Tab. Ep. Paris.

Eloge des Conseil. p. 66.

Coût. de Paris. Edit. 1678 p. 662.

En 1742 cette Seigneurie de Garges a été affichée dans Paris, comme étant de 2500 livres de rente, et ayant un château couvert d'ardoise. Madame de Precourt en étoit alors Dame du clocher. M. de Machault, Controleur général et Garde des Sceaux, en est devenu possesseur depuis, et y a fait faire d'immenses travaux.

Il exista au XIII siécle une famille du nom de Garges, laquelle, sans doute, avoit pris son origine en ce lieu; mais ses biens paroissent avoir été situés ailleurs. Cette branche portoit alternativement le nom de Jean et de Pierre. Jean de Garges, Ecuyer, fit hommage en 1228 à Guillaume, Evêque de Paris, pour le fief que Matthieu de Villers devoit tenir de lui à Epiers. En 1247 il étoit Chevalier. Il approuva cette année-là pardevant Hervé, Curé de Grolay, la vente d'une partie des dixmes de Roissy dont Guillaume, Evêque de Paris, donna Acte. En 1254 vivoit Pierre de Garges, Chevalier. Il devoit service au Roi durant cinq jours, au lieu que Jean de Garges, Chevalier, en devoit pendant 25 jours l'an 1271. Enfin je trouve un Christophe de Garges, Ecuyer, Capitaine et Gouverneur du Château de la Fere en Picardie. Il mourut en 1550 et repose aux Cordeliers de Senlis.

Chart. Ep. Par. fol. 99.

Chart. S. Gen. fol. 260.

Tab. B. Mariæ de Valle.

De la Roque. Traité de la Nobl. p. 60.
Portefeuil. de Tombes de Gaig.

Sauval traitant des Fiefs qui sont renfermés dans Paris, nous apprend qu'il y en a un qui porte le nom de Garges ou Culdoe, dont le Seigneur obtint Sentence du Trésor en 1584. Il étoit situé en la rue de l'Arbre-sec et relevoit de l'Evêque de Paris, quoique quelques-uns crussent que c'étoit du sieur de Bercheres en Brie.

Antiq. de Paris, T. I, p. 421.

Tab. Ep. Paris. Perm. de chap. domest.

M. Talon, célèbre Avocat Général, avoit, il y a cent ans, sa maison de campagne à Garges.

Reg. Arch. Par. 9 Junii 1640.

ERMENOUVILLE

aujourd'hui ERNOUVILLE ou ARNOUVILLE

Ce village est situé à trois lieues et demie de Paris vers le nord et sur le rivage de la petite riviere de Crould, à l'endroit où elle reçoit un petit ruisseau appelé Rône, qui venant de Moisselle passe à Esanville et à Sarcelles. C'est un de ces lieux qui portent le nom de celui qui y possedoit le principal domaine; ce possesseur devoit s'appeller *Ermenoldus* ou *Ermenoldis*, nom Teutonique ou Franc, lequel n'a pas été rare autrefois; ainsi l'on a dû en former *Ermenoldi Villa*. Les textes que je cite en vérifieront cette étymologie qui est d'autant plus probable que l'Abbaye de Saint Denis a eu pour vassal au IX siécle un Ermenold dont il est fait mention dans un Diplome du Roi Eudes, comme ayant tenu d'elle un moulin à Cercelles. Doublet p. 810.

Il y avoit en ce lieu une Eglise ou au moins un autel dès le XI siécle, puisque, dès le commencement du siécle suivant, Galon, Evêque de Paris, voulant gratifier le Monastere de S. Martin des Champs, dont Thibaud étoit Prieur, lui donna *Altare apud Ermenovillam in honorem S. Dionisii;* ce qui fut confirmé par une Bulle de Pascal II, et par d'autres de Calixte II et d'Eugene III. Bouchard IV du nom, Seigneur de Montmorency, ratifia aussi cette donation de l'autel d'Ermenouville selon un accord de l'an 1124 passé entre lui et Matthieu, Prieur de S. Martin, et certifié la même année par Etienne, Evêque de Paris. Dans ce dernier Acte on lit: *Concessit et Altare de Ermenolvilla*. Dom Marrier ne faisant pas assez d'attention au vrai nom de ce lieu, marque dans son Histoire du Prieuré de S. Martin (page 496), parmi les Bénéfices qui en dépendent, la Cure *Sancti Dionysii de Arnonvilla*, et en marge *Arnonville;* alteration de nom qui, quoiqu'assez analogique, n'est point suivie dans les Cartes géographiques ni ailleurs, au moins dans les Pouillés, Dénombremens, Registres et Rolles. Dans le Pouillé Parisien du XIII siécle, elle est dite *Ermenovilla*. Du Breul n'en a fait aucune mention dans le sien. Alliot qui l'avoit bien ortographiée en son Pouillé in-8° de 1626, s'est avisé de l'écrire mal en son édition de 1648 et de mettre Hermonville. *Hist. S. Mart. Camp.* p. 133 et seq.
Hist. de Montm. Preuves p. 38.

Saint Denis nommé ci-dessus est encore actuellement le Saint titulaire de l'Eglise d'Ermenouville: le bâtiment est d'une structure fort commune, et paroit avoir été souvent réparé; on y reconnoît cependant encore un ou deux piliers d'une structure du

PAROISSE D'ERMENOUVILLE

XIII siécle. Elle fut dédiée en 1542 aux Fêtes de Pentecôte par l'Evêque de Megare, avec la permission de l'Evêque de Paris, qui lui enjoignit de fixer l'anniversaire au Mardi de la Pentecôte. C'est dans le chœur du côté méridional où est placé l'aîle et le clocher de cette Eglise. Sur le mur de la nef se lit cette épitaphe en lettres gothiques, laquelle étoit auparavant dans le chœur vis-à-vis la tombe qu'on y voit :

Reg. Ep. Paris.

Cy-devant gist sous cette tumbe Noble Damoiselle Magdelene Duval, en son vivant femme de feu Noble Homme Sebastien de la Grange, Escuyer Seigneur de Treanon-lez-Lusarches et de cette Ville d'Ermenonville en partie, laquelle trespassa le 17 jour d'Octobre 1537.

A côté de son mari qui est représenté sont figurés dix ou douze fils. Dans la nef encore se lit ce qui suit sur une belle tombe :

Cy gist Noble Homme Messire Pierre de la Grange en son vivant Secretaire du Roy, Trésorier des Fortifications......... trespassa le 8 jour de Novembre 1549.

La Cure est à la présentation du Prieur de S. Martin. Il n'y avoit dans ce lieu en 1470 que 24 habitans selon les denombremens. La Paroisse est composée d'environ 60 à 70 feux, ce que le Dictionnaire universel évalue à 253 habitans. J'ai trouvé dans le tome du Cartulaire de l'Abbaye de Saint Denis qui est à la Bibliothéque du Roi (page 222), qu'en l'an 1224 Gautier de Saint Denis, Chevalier, étoit homme lige de l'Abbaye pour tout le village et la terre d'Ermenoville, lesquels étoient néanmoins possedés par Gui de Berron, Chevalier ; j'y ai lu aussi (fol. 232) que Guillaume *de Hermenovilla* tenoit, l'an 1251, son manoir situé en ce lieu à foy et hommage de l'Abbé de Saint Denis. Dom Félibien n'a point non plus oublié de me marquer que l'Abbé Matthieu de Vendôme y fit des acquisitions vers l'an 1280.

Hist. de S. Denis p. 253.

La prairie d'Ermenouville est nommée dans quelques titres d'Eglise. Dans le temps que l'Abbaye de Livry ne faisoit que commencer et ne consistoit encore qu'en quelques hermites rassemblés à Montfermeil, Eudes de Montfermeil, Chanoine de Montmorency, vendit à leur Prieur six arpens de prez *juxta Ermenovillam in censiva Petri de Joheigniaco militis*. Cette vente est de l'an 1243, et ce qui ôte tout doute que cette piéce de prez fut proche Ermenouville dont je parle, c'est que dans d'autres monumens de la même Abbaye qui en font mention, il se lit que le quint du bien de Jeanne, Dame de Montfermeil, étoit situé en partie *Ermenovillæ juxta Gonessiam*.

Cartul. Livriac. fol. 84.

Dès le même siécle les vignes d'Ermenouville étoient connues : il en est parlé dans le Cartulaire de l'Evêque de Paris sous le nom de *Villa Ermain*, et la vigne est encore un des biens du pays.

Cod. Reg. f. 70.

A l'égard des Seigneurs du lieu, je croirois qu'il faut mettre de ce nombre un Adam et un Pierre d'Ermenoville mentionnés dans les Preuves de l'Histoire de Montmorency (page 57), à l'an 1177. Un Adam d'Ermenouville, Chevalier, vivoit en 1236. Robert de Lorry, Chevalier, est dit Seigneur d'Ermenouville et Maître des Requêtes en 1346. Il passa en 1361 un accord en Parlement avec les habitans de Lusarches. Tab. Vallis.
Hist. des
M. des Req.

Philippe de Lacy en est dit Seigneur dans les Registres du Parlement à l'an 1384 au mois d'Août.

En 1429 Philippe, Seigneur de Beloy, tenoit à Ermenouville des Fiefs de l'Abbé de Saint Denis. Généal. de Belloy, p. 23.

Pierre l'Orfévre possedoit cette terre en 1465, suivant les Chroniques de Saint Denis. Il fut au mois de Juillet l'un des Commissaires-Capitaines pour le Roi aux portes de Saint Denis. Chron. Louis XI.

Bastien de la Grange est qualifié Seigneur en partie et de Belloy à l'an 1511. C'est apparemment le même qui est nommé dans l'épitaphe ci-dessus rapportée. Sauval,
T. III, p. 552.

Bertrand l'Orfévre fut aussi Seigneur d'Ermenouville vers 1525, ainsi que le porte l'Acte de Valentine l'Huillier, sa veuve, et autres depuis 1532 jusqu'en 1541. Fondat. de la Chapelle de Cramoyel.

De nos jours cette terre a été possédée par M. de Machault, Conseiller d'Etat, et après sa mort elle a passé à M. de Machault, Garde des Sceaux de France et Controlleur général des Finances, qui y a fait tant d'embellissemens que la face de ce lieu est changée entierement, suivant qu'on apperçoit dans la nouvelle carte du sieur le Rouge des environs de Paris.

GONESSE

Du Breul dit que ce Bourg est Prevôté et Châtellenie Royale, et que cette Châtellenie est une des sept filles du Châtelet de Paris, étant du Domaine du Roi. L'auteur des antiquités des Villes se sert d'autres expressions qui reviennent au même, lorsqu'il écrit que ce Bourg se vante du glorieux nom de fille et Sousbailliage de la Prevôté de Paris. Ce n'est cependant pas tant sous cette qualité qu'il se présente beaucoup de choses à dire sur ce Bourg, qu'à cause qu'il est composé de deux Paroisses ; qu'il y a un Hôtel-Dieu célèbre ; que nos Rois et autres ont souvent fait des largesses du revenu qu'ils avoient en ce lieu ; que les habitans ont de tout temps été adonnés à quelque commerce, et qu'il est même sorti de ce Bourg quelques gens illustres.

Hist. Thuan. Ce lieu que M. de Thou qualifioit en 1590 d'un des plus beaux
T. XI. p. 191. villages de l'Isle de France, est situé à quatre petites lieues de
Paris, presque du côté du nord, sur la petite riviere de Crould
qui le separe en deux, laissant à son rivage droit la Paroisse de
Saint Pierre et à son rivage gauche celle de Saint Nicolas ; de
sorte que le côteau sur lequel est la premiere de ces deux Eglises
regarde presque le midi, et l'autre qui paroît un peu moins élevé
regarde le septentrion. Il y a un pont par lequel on va de l'une
à l'autre.

Je ne connois point de titre plus ancien qui fasse mention de
ce lieu que la charte du partage des biens de l'Abbaye de Saint
Denis sous l'Abbé Hilduin, laquelle est de l'an 832, et qui fut
confirmée dans un Concile tenu à Soissons trente ans après. Le
nom latin qu'on y donne à ce lieu est *Gaunissa*, nom singulier et
dont jusqu'ici on n'a pas trouvé l'étymologie. Le Monastere de
Saint Denis y avoit dèslors du revenu. Trois et quatre cens ans
après les titres latins mettoient *Gonessa* en parlant de ce lieu,
comme on voit par les chartes des donations de nos Rois. Le
Pouillé dressé avant le regne de S. Louis porte le même nom. Il
nous apprend que Gonesse étoit le chef-lieu de l'un des Doyennés
ruraux de Paris, et que la Cure étoit à la présentation du Prieur
de Dueil. C'étoit sans doute celle de Saint Pierre qui est l'ancienne et la plus considérable, et dont vraisemblablement l'autre
n'est qu'un démembrement. Au moins voit-on dans une charte
Hist. de Montm. datée l'an 1110, par Galon, Evêque de Paris, en faveur du Prieuré
Preuv. p. 3. de Dueil, que la partie des dixmes de Gonesse qu'Hervé de Montmorency avoit donné à ce Prieuré et qu'il tenoit du fief de
l'Evêque, étoient de l'Eglise de Saint Pierre. Il n'y a aussi que
la même Eglise qui soit nommée dans l'article de cette charte, où
l'Evêque Galon confirme la cession que Burchard, fils du même
Hervé, fit à ces Religieux de Dueil du droit qu'il avoit de présenter un Prêtre pour être Curé à Gonesse. Il n'est semblablement parlé qu'au singulier du Prêtre de Gonesse dans la charte
d'Odon de Sully, Evêque de Paris, postérieure d'un siécle, par
laquelle ce Prélat quitte et confirme au Couvent de Dueil le droit
Chart. S. Gen. Curial de la Chapelle de Vauderland, à condition que ce Prêtre
Paris. de Gonesse en aura la Cure et en recevra les droits. L'Evêque
continue son Acte en ces termes : *Præterea decimam de Gonessia
et de Valle Derlandi cum reportagio decimæ præfatis Priori et
Monachis confirmamus.* La premiere occasion où il soit parlé de
plusieurs autels à Gonesse, est le legs qu'on lit avoir été fait à
Necr. MS. Eccl. l'Eglise de Notre-Dame de Paris de trois parties des autels de ce
Paris. lieu : *Tres partes altariorum Gonessæ.* Ce don fut fait par Guil-
Id. Febr. laume de Bellême, Evêque de Chalons-sur-Marne, qui décéda

en 1226. Néanmoins, dans un Procès jugé en 1397, il n'est parlé *Tab. Ep Paris.*
que d'un Prêtre desservant Gonesse, nommé Jean le Clerc. Il
prétendoit ne devoir à l'Evêque le droit de procuration ou de
visite que tous les trois ans. L'Evêque eut la recréance au
Parlement.

L'Eglise de Saint Pierre dont je parle comme de la premiere,
est un bâtiment du XIII siécle qui figure comme les grandes
Eglises de ce temps-là ; il est embelli de galeries internes et de
deux aîles qui regnent même derriere le sanctuaire. La foiblesse
de cet édifice du côté du midi, occasionnée par la pente du côteau,
quoiqu'il soit appuyé de ce côté-là d'une forte tour gothique, a
pu empêcher qu'on n'y ait fait une voute aussi solide que le reste.
Le portail de cette Eglise est aussi du XIII siécle, mais fort simple
et sans beaucoup d'ornemens. François Poncher, Evêque de
Paris, en consacra de nouveau le 20 Juin le grand autel qui avoit *Reg. Ep. Paris.*
été démoli et changé de place. Un des anciens Curés a été Jean Accords passés
le Clerc, qualifié Clerc du Roi, le 26 Juillet 1381. en Parl.

L'Eglise de Saint Nicolas ne paroît point de loin avec l'éclat
de Saint Pierre, mais en dedans, c'est un édifice très-propre. Les
collateraux méridionaux sont du XIII siécle tirant sur le XIV. Ils
ont été allongés en 1609 vers l'orient de deux arcades et de la
sacristie ; tout le reste de cette Eglise, tant le chœur que la nef, n'a
gueres plus de deux cens ans. On lit à un pilier du côté septentrional en caracteres gothiques, que la Dédicace en fut faite
l'an 1532, *le Dimanche après la Translation de S. Nicolas, par
Guillaume le Duc, Abbé de Sainte Geneviéve, Evêque de Belline,
commis établi par François Poncher, Evêque de Paris*, Thomas
Pivet en étant Curé, et qu'un Chanoine du Sépulcre et Roger
Blondeau, Vicaire, accompagnés des Paroisses, célébrerent la
veille avec Processions autour de l'Eglise. Le Registre de l'Evêché *Reg. Ep. Paris*
ajoute que l'Evêque consacra aussi cinq autels.

Le fond du sanctuaire est orné d'un grand Crucifix en relief
qui paroît bien travaillé. On a conservé dans le chœur une tombe
du XIV siécle, sur laquelle est figurée une personne en habits
longs et un capuchon pointu enfoncé dans la tête. Mais l'inscription qui est en lettres capitales gothiques ne peut plus se lire. Il
est fort commun de voir en cette Eglise des épitaphes de laboureurs et de boulangers sur le marbre. La tour qui est construite
à la porte qui regarde le septentrion n'est que de l'an 1732. Le
Pouillé imprimé en 1626 ne parle que de cette Eglise au sujet
de Gonesse, et il en donne la présentation au Prieur de Dueil.
Le Pelletier, dans le sien imprimé en 1692, ne parle que de la
Cure de Saint Pierre et oublie celle-ci. Le Pouillé de 1648, plus
exact que ces deux, nomme les deux Cures et observe que la

présentation de l'une et de l'autre appartient au Prieur de Dueil. J'ignore pour quelle raison cette Cure est dite avoir été appellée autrefois Gallande, suivant un ancien Registre de l'Evêché dans lequel on lit au 25 Août : *Ecclesia Parochialis Sancti Nicolai de Gonessa alias Gallande.* Les deux Cures de Saint Pierre et de Saint Nicolas ont été possédées autrefois par Jean de Corbie, Conseiller au Parlement, en vertu de la nomination de Guillaume de Cambray, Prieur de Dueil en 1486, sous prétexte qu'il y avoit une union faite par le Pape.

<small>Reg. Ep. Paris.</small>

En tout Gonesse, l'an 1470, il n'y avoit que 84 habitans, sçavoir 60 à Saint Pierre et 24 à Saint Nicolas.

On m'a assuré dans le pays qu'il y a 500 feux en celle de Saint Pierre et 300 dans celle de Saint Nicolas : ce qui paroît s'accorder avec la supputation du Dictionnaire universel de la France qui y met 3000 habitans ou communians, quoique le calcul du livre de l'Election n'y compte en tout que 553 feux. S'étant élevé autrefois dans ce Bourg des difficultés au sujet des clefs du trésor de l'Eglise et de la preséance des Marguilliers, il y eut le 16 Mai 1684 un Arrêt du Parlement servant de reglement sur ces points ; et il y a eu depuis ce temps-là une Sentence du Châtelet du 3 Juin 1710 et Arrêt du 4 Août 1711 qui en ordonne l'exécution. On peut voir dans le Code des Curés (T. II, page 275), les Arrêts du Parlement sur plusieurs anciens usages de cette Eglise, et qui reglent le Curé avec les habitans. On ne spécifie point de laquelle des deux Paroisses il s'agit.

<small>Recueil d'Arrêts in-4°.</small>

Il se présente beaucoup plus de choses à dire sur l'Hôtel-Dieu de Gonesse bâti derriere l'Eglise de Saint Pierre que sur ses deux Eglises Paroissiales. Il fut fondé l'an 1210 par Pierre de Tillay qui y donna tout son bien. Il y fit aussi bâtir une Chapelle qui étoit desservie par des freres pendant que les malades étoient servis par des sœurs. Comme le Curé paroissoit pouvoir être lesé dans cet établissement, le fondateur lui assigna pour dédommagement un muid de froment par chacun an, et lui donna douze livres en argent pour acheter une terre ou une vigne pour lui et ses successeurs. Il fut statué que les Prêtres de cet Hôtel-Dieu ne recevroient dans leur Eglise aucun des Paroissiens de Gonesse aux Fêtes annuelles, sçavoir Pâques, Pentecôte, Noël, la Toussaint, et la Saint-Pierre-Saint-Paul, qu'ils n'en recevroient non plus aucun pour les marier ou les confesser, ni ne releveroient aucune femme après ses couches. Selon le même reglement on faisoit une différence entre ceux des habitans des Gonesse qui dans la maladie se faisoient porter à cet Hôtel-Dieu et y mouroient, d'avec ceux qui s'y étoient rendus eux-mêmes à pied et y avoient pris l'habit des malades. A l'égard des premiers, quoiqu'ils eussent pris cet habit,

<small>Chopin *Lib. II de sacra Polit.* T. VI, art. 20, p. 298. Du Breul, page 1034.</small>

s'ils venoient à mourir, on portoit leurs corps à la Paroisse pour y célébrer la premiere Messe, après quoi on les reportoit à l'Hôpital où les freres faisoient le reste pour eux comme pour des confreres : mais pour ce qui est des seconds on ne les portoit point du tout à la Paroisse. De plus, aucun Paroissien de Gonesse ne pouvoit faire de legs tricennal ou annuel à cet Hôpital qu'il n'en eut fait un à la Mere-Eglise du lieu et à son Prêtre, quand même pendant sa maladie il auroit pris l'habit de la maison ; mais cette clause ne regardoit point ceux qui en pleine santé prenoient cet habit. La charte de Pierre de Nemours, Evêque de Paris, datée du mois de Janvier 1210, et de laquelle tout ceci est tiré, ajoute que la Chapelle et l'Hôpital seront sous sa dépendance, et que les Prêtres qui y seront en quelque temps que ce soit lui jureront obéissance et fidélité. Ce Prélat accorda toutefois au fondateur que sa vie durant il put choisir un Gouverneur du temporel de l'avis du Conseil Episcopal, mais qu'après sa mort le gouvernement de cette maison appartiendra à l'Evêque de Paris de concert avec les Prudhommes de Gonesse. Je rapporte ici cet Acte presqu'en entier, parce qu'il est à croire que plusieurs des autres Hôpitaux ou Maisons-Dieu du Diocése de Paris avoient été fondés sous des semblables conditions. En 1219 Philippe-Auguste étant à Saint-Germain-en-Laye, confirma la fondation de Pierre de Tillay qu'il qualifie simplement de *Fidelis noster*. Ses lettres sont imprimées dans Du Breul (page 1035), d'une maniere un peu différente de celles que j'ai vu dans une copie du Cartulaire du même Roi. Voici comment finit cette copie manuscrite; le Prince confirme l'établissement, puis ajoute : *Ita quod in terris non poterit fieri villa nec ibidem hospites poni. Actum apud Pontem-Archæ MCCXIX mense Aprili*. Cette clause veut dire que dans les terres que le fondateur avoit assignées pour cet Hôpital, on ne pourroit construire aucun village ni aucune autre habitation, ou y recevoir des hôtes. En 1269 on trouve un *Magister Domus Dei de Gonesse* dans un Cartulaire de Saint Denis à la Bibliothéque du Roi. On voit dans cette maison une inscription récente qui qualifie Pierre du Tilley Chevalier, Seigneur de Friebas, Mesnil-Maugier, Barneville, Amundeville, Quisberville, etc. Son épouse y est appellée Aveline de Saint Cyr. La Chapelle de cette maison est sous le titre de Notre-Dame. Les deux Fondateurs y sont figurés sur leur tombe avec un arc sur leur tête où sont des vers latins très-difficiles à lire, et qui finissent par ces deux syllabes *trida*. Du côté de la porte sont plusieurs tombes étroites du côté des pieds, sur lesquelles sont figurés des boucliers ou écus fort pointus par le bas avec l'anse dans la partie supérieure et le crochet qui paroît se supporter.

Cart. Phil. Aug. sub. fin.

Sur l'une se lit : *Cy gist Messire Guy Bountalg qui fut Prudhom.* Ses armes sont un bouclier triangulaire partagé en quatre quartiers dont deux ont des queues de rateaux figurés.

Sur une autre : *Cy gist Messire Jehan.* Ses armes sont un bouclier ou écu mais penché avec l'attache de l'écu.

Une autre tombe sans écusson porte ces mots : *Cy gist Renauꝫ le Fiuꝫ de Nicolas le Prevost.*

Sur la tombe d'un Prêtre est figuré un calice tout seul avec cette inscription : *Hic jacet........t........Pbr de Hauptovillari.* Cette tombe étant aussi large aux pieds qu'à la tête, peut être d'un siècle plus nouveau que les autres. Toutes ces inscriptions sont en lettres gothiques capitales.

A la voute du sanctuaire de cette Chapelle est une croix qui tient un peu de celle des Chevaliers du Temple. Peut-être que le grand Prieur qui est Seigneur en partie de Gonesse a donné pour faire quelques réparations au sanctuaire. Vers le milieu du XIII siécle l'Abbé de Saint Victor avoit quelques intérêts à discuter avec le Maître de cet Hôtel-Dieu ; sur quoi il y eut un accord passé en présence de Renaud de Corbeil, Evêque de Paris. Parmi les legs anciennement faits à cet Hôpital se trouve celui de la Reine Isabeau de Baviere. Elle y légua par son testament de l'an 1431 l'Hôtel qu'elle avoit à Saint-Ouen qui avoit appartenu à Guillaume Fleureau.

<small>Gall. Chr. nova, T. VII, col. 102.</small>

<small>Camer. Com. Regist. K.</small>

Quoique, selon les actes ci-dessus rapportés, l'Evêque de Paris fut chargé de pourvoir à cet Hôtel-Dieu tant pour le spirituel que pour le temporel, et que les habitans lui présentassent un administrateur, on voit que dès l'an 1339 on douta si l'Evêque en avoit le gouvernement. En ces temps-là (ainsi que l'on sçait), l'Evêque étoit souvent à la Cour du Pape à Avignon. La visite faite par son ordre, en 1353, nous apprend qu'avec le Maître, nommé Guillaume de Louvre, il y avoit alors en cette maison quatre Freres, six Sœurs et six domestiques. Le Visiteur ordonna qu'on y chanteroit à note l'Office Canonial. Dans la visite faite 2 ans auparavant, il avoit appris que cette maison avoit 46 sols *de caro censu* à Gonesse, la grande dixme à Bouqueval et le quart de la dixme à Dueil. Sur la fin du siécle suivant, le Parlement pourvut au gouvernement de cette maison. L'Evêque plaida et soutint son droit en 1490. Cinq ans après, les Marguilliers et habitans de Gonesse s'étant plaint du desordre et dérangemens arrivés en cette maison, la Cour, oui l'Evêque de Paris et le Procureur général, commit Martin de Bellefaye et Jacques Chambellan, pour s'y transporter et s'éclaircir sur les effets qu'on disoit enlevés, et voir comment les malades y étoient nourris. Un autre article de ses registres attribue à l'Evêque le pouvoir de contraindre les

<small>Reg. Parl. T. V.</small>

<small>Regist. visit. Lepros.</small>

<small>Reg. Parl. 4 Sept. 1489.</small>

<small>Ibid., 29 Apr.</small>

<small>Ibid. 15 May 1495.</small>

Administrateurs à nourrir avec le Maître deux Religieux et un Clerc. On apprend par les Registres de l'Evêché de Paris que sur la fin de la même année 1495, Benoît de Jean de Saint Mauris, Evêque-Comte de Cahors, qui avoit eu droit sur l'administration de cet Hôtel-Dieu, s'en déporta alors. On peut aussi constater les Registres du Parlement touchant l'Arrêt qui fut donné par la reformation en 1517 et 1529. Le procès sur l'administration de ce même [hôpital] duroit encore vers la fin du XVI siécle, parce qu'il y avoient des gens qui s'en faisoient pourvoir par le Roi, croyant qu'il étoit de fondation Royale. Mais l'Evêque et les habitans furent maintenus par Arrêt du Parlement du 27 Mai 1583, et depuis par un Arrêt du Grand Conseil du 21 Janvier 1597. Du Breul, de qui je tire ces dernieres circonstances, ajoute qu'un Gentilhomme qui avoit inquiété Pierre Boisot, Curé de Goussainville, au sujet de cette administration, jusqu'à prétendre que les lettres de Philippe-Auguste étoient fausses, fut condamné en 1607, le 31 Janvier, par Sentence des Députés du Roi en la Chambre de la Charité Chrétienne, séante à Sainte Croix de la Bretonnerie, et le 10 Mars 1609 par Arrêt du Grand Conseil.

Reg. Ep. Par. 13 Mars 1495.

Reg. Parl. 14 Febr. 1527. 7 Jun. 1529.

Antiq. de Paris, p. 1033.

Il y a apparence que le Chapelain de cet Hôpital avoit également eu un sort incertain pendant la durée de ces procès, et qu'il ne fut déclaré perpétuel que par la reconnoissance authentique du droit qu'avoit l'Evêque de Paris de lui donner des provisions comme à un Titulaire. C'est ce qui paroît devoir s'inférer de l'épitaphe qui se lit à l'entrée du chœur de l'Eglise de Tillay, où l'on donne à Maître Denis Vallet, natif de Gonesse, la qualité de *Chapelain perpétuel de la Chapelle fondée en l'Hôtel-Dieu dudit Gonesse,* lequel décéda le 20 Mars 1620, possedant avec sa Chapellenie une Cure dont le nom ne peut se lire.

Sous le regne de Louis XIII, les Jacobins réformés qui avoient déjà une maison dans Gonesse obtinrent que cet Hôpital leur fût uni. Les Registres du Parlement font foi des difficultés qui se présenterent à cet établissement. Il y eut ensuite un Arrêt interlocutoire, et les Lettres Patentes furent enregistrées avec modification. Après quelques années de leur entrée en cet Hôpital, ils prétendirent que l'on pouvoit faire les Pâques dans leur Eglise. Mais, sur les représentations des Curés de Gonesse, Goussainville et Tillay, l'Archevêque fit une ordonnance contre eux le 17 Mars 1668. Les revenus de cet Hôtel-Dieu se trouvant augmentés sur la fin du siécle dernier par la réunion de la Maladerie de Gonesse, de celle de Tremblay et du quart des dixmes de Tillay, M. le Cardinal de Noailles fit un nouveau réglement daté du 3 Juillet 1699. Enfin, ces Religieux parvinrent à obtenir, le 7 Septembre 1701, des Lettres de confirmation de leur établisse-

Reg. Ep. Par. 21 Maii 1621.

Reg. Parl. 15 Febr. 1640 et 11 Maii ejusdem anni.

Reg. Ep. Paris.

ment du reglement général sur tout ce qui concernoit l'adminis tration spirituelle et temporelle de cet Hôtel-Dieu, où on lit que le Bureau de cet Hôpital seroit composé du Prévôt du lieu, du Substitut du Procureur Général en la Prevôté, du Syndic des habitants et de l'un des deux Curés alternativement d'année en année, à commencer par le plus ancien.

<small>Arrêt du Parlem. Fremainville. Pratiq. des Droits Seigneur. T. II, p. 98.</small>

Si nos Rois ne peuvent passer pour être les fondateurs de l'Hôtel-Dieu de Gonesse, il n'en est pas moins vrai qu'ils employerent une partie assez considérable du revenu de cette terre pour différentes donations. On en verra le détail après que j'aurai rapporté ce que j'ai pu trouver par rapport à leur Domaine.

<small>Ex Sched. D. Lancelot.</small>

Les Rois ont joui de cette terre depuis Hugues Capet qui la réunit au Domaine comme membre de son Comté de Paris. Ils y mirent d'abord des Châtelains. On en connoît un qui vivoit au XII siécle. Il est appellé *Balduinus de Gonessa* dans un titre de 1177. On ignore en quel temps les Prevôts de Gonesse ont succédé aux Châtelains. Dans un des Comptes de 1202 sous Philippe-Auguste on lit *Pro Gonessa centum solidi*. Mais on ne voit point d'où cette somme provenoit. Plus loin il est dit que Gonesse payoit au Roi par an 207 sols. En 1253 il y avoit sur le territoire un canton appellé *Vau du Roy*. J'ai lu dans une copie de Registre du Domaine (Tome I) que la terre de Gonesse étoit tombée sous Charles VI ou environ dans la maison d'Armagnac, d'où le Roi l'ayant retirée l'avoit donnée au Comte de Dammartin : mais qu'en 1446, le 22 Octobre, Charles VII la reprit, en donnant à ce Comte en place la terre de Melun.

<small>Brussel. Traité des Fiefs p. CXLV et CXLIX.</small>

<small>Chart. S. Dion. Reg. p. 381.</small>

En 1463, la veille du Saint Sacrement, le tonnerre étant tombé sur cette terre, et l'orage en ayant ravagé les bleds, le Roi Louis XI fut engagé par ce malheur à faire une diminution à ses laboureurs. Deux ans après, il donna cette terre à Antoine de Chabanes, Comte de Dammartin, par échange pour Blanquefort situé proche Bourdeaux. Ce Comte avoit eu intention de la réunir avec Chantilly, Montjay, Crecy et Gournay, à son Comté de Dammartin : mais le sieur de Montjay, l'Evêque de Paris et le Comte de Boulogne s'opposerent au transport de ses terres, et le Parlement enregistrant les Lettres du Roi le 12 Janvier, avoit fait mettre que c'étoit de son commandement, et avoit excepté la terre de Gonesse, qui par ce moyen demeura entre les mains du Roi : de sorte qu'y ayant eu un plaidoyer sur les oppositions le 22 Octobre 1466, le même Prince donna à Antoine de Chabanes la terre de Moret au lieu de Gonesse. Il avoit aussi distrait de cette Prevôté, sur la fin de son regne, trois des principaux villages dont Roissy étoit l'un : c'est pourquoi, en 1484, on se crut obligé de faire une diminution au Fermier du Tabellionage. Il s'étoit

<small>Sauval, T. III, pag. 374.</small>
<small>Ibid., p. 383.</small>

<small>Reg. Parl. 11 Febr. 1465.</small>

<small>D. Ogier. Table de la Chambre des Comptes, T. II, p. 128</small>
<small>Sauval, T. III, p. 453.</small>

fait un changement plus remarquable dans le siécle suivant : la terre de Gonesse avoit été engagée par le Roi au sieur de Gêvres; Henri III permit par lettres expresses du 21 Sept. 1581 au premier Président de Thou, de la retirer de ses mains. En 1645 et 1646, les quatre moulins bannaux, les droits de champarts et les terres labourables faisant le Domaine foncier de Gonesse furent partie échangés partie engagés au Duc d'Estrées, Maréchal de France. Louis XIV accorda l'an 1684 à Annibal, Duc d'Estrées, son héritier, par ses Lettres de confirmation de ces anciens contrats (registrées en Parlement le 25 Avril 1684), pour continuer dans cette jouissance et, selon le livre du sieur d'Angosse, les choses étoient encore ainsi en 1710.

_{Voy. au Code rural des Arr. du Parl. sur des moulins 1563 et 1589, p. 333 et 336. Lettr. regist. en la Chambre des Comptes. 15 Janv. 1582.}

_{Généralité de Paris, in-12.}

Enfin, dans le siécle présent, les Administrateurs de l'Hôtel-Dieu de Paris sont devenus Seigneurs Engagistes du Domaine Seigneurial foncier de Gonesse, ainsi que j'ai appris par les Lettres Patentes registrées le 12 Décembre 1721, pour faire la confection du terrier de cette Seigneurie et Châtellenie, par Nicolas Solieres, Notaire du lieu.

_{Reg. Parl.}

Le produit de cette terre, quoique considérable, le seroit encore davantage sans toutes les distractions que la piété de nos Rois en a fait faire. En 1154 Louis VII, dit le Jeune, assigna sur la terre de Gonesse deux muids de froment pour la fondation du Prêtre de sa Chapelle à Paris. Des Lettres de S. Louis de l'an 1256 font mention de ces deux muids que l'ancien Chapelain recevoit à Gonesse, outre deux autres qu'il avoit à Villeneuve-le-Roi. En 1164 Louis VII donna encore à prendre chaque année sur sa grange de Gonesse six muids et demi de froment aux Bonshommes de Vincennes : c'est ainsi qu'on appelloit alors les Religieux de Grammont nouvellement établis dans le bois de Vincennes sur la Paroisse de Saint Germain de Fontenay. Le même Prince donna aussi en 1165 au Gentilhomme servant la Reine Alix, nommé Ogier, qui lui avoit apporté la nouvelle de la naissance de son fils Philippe, trois muids de froment à prendre chaque année à la Toussaint sur la même grange. Gautier Giffart, bourgeois de Paris, à qui cette rente étoit échue du côté de Geneviéve, sa femme, la vendit cent ans après conjointement avec elle à Jean d'Acre, Bouteiller de France, fils de Jean d'Acre, Roi de Jerusalem, exécuteur du Testament d'Alphonse, Comte d'Eu, son frere, pour la fondation d'une Chapelle de S. Martin dans l'Eglise de l'Abbaye de Saint Denis, ce qui fut confirmé par le Roi Philippe le Hardi en 1277. En 1197 Philippe-Auguste étant à Poissy donna à l'Abbaye de Livry qu'il venoit de fonder seize muids de grain sur le revenu de la même grange de Gonesse, ce qui se trouve énoncé de même dans la Bulle que les

_{Felibien Hist. de Paris. Preuves, T. III, p. 119 et 125.}

_{Hist. de Paris, T. III, p. 65. Thes. anecd. T. III, col. 163. Du Breul, page 1016.}

_{Du Breul Antiq. de Paris, p. 837, 838, 839.}

_{Cartul. Livriac. charta XI. Ogier, Tab. de la Ch. des Comptes 1526 T. III.}

Religieux obtinrent en 1221 d'Honorius III, pour la confirmation de leurs biens, et qui a été reconnu à la Chambre des Comptes vers l'an 1529. S. Louis qui ne degeneroit point de la piété de ses prédécesseurs, ayant établi les Chartreux à Paris, leur assigna pareillement cinq muids de bled à Gonesse l'an 1259. La Maladerie de Fontenay-sous-Louvre retiroit aussi autrefois de Gonesse un muid de bled. Les Freres de cet Hôpital avoient exposé au Roi Jean en 1353 que ce muid se payoit par aumône depuis le tems de S. Louis. Les Chanoines Réguliers du Val des Ecoliers à Paris avoient aussi du même S. Louis un muid de bled de rente à Gonesse. Jusqu'ici je n'ai rapporté que des donations Royales.

Du Bois Hist. Eccl. Par. T. II, p. 435.

Tab. Ep. Paris. Piganiol, T. IV, p. 29.

J'ai dit plus haut un mot de la dixme qu'Hervé de Montmorency donna aux Moines de S. Florent de Saumur, dont il établit une colonie à Dueil; outre cette portion de dixme et des droits de sépulture dont il jouissoit à Gonesse, il se dessaisit en leur faveur généralement de tout ce qu'il avoit dans l'Eglise du lieu, excepté, dit-il, mes hôtes de l'aître, *exceptis hospitibus meis de atrio.* L'Acte est sans date d'année; mais il a été confirmé sous l'Episcopat de Maurice de Sully. La confirmation que l'Evêque de Paris, Odon de Sully, avoit accordée aux Religieux de Dueil de cette dixme et d'une autre, lui avoit valu un muid de bled dans celle de Gonesse que ces Religieux lui promirent : mais comme cette seconde dixme étoit sur Vauderland qui touchoit à Roissy dont l'Eglise est de la dépendance de Sainte Geneviéve, le même Prélat donna en 1205 ce muid de bled à la même Abbaye de Chanoines Réguliers.

Hist. de Montm. Preuv. p. 35.

Chart. S. Gen. p. 136.

Il faut conclure pareillement des dons que les Seigneurs de Montmorency et de Marly-le-Château firent aux Moines du Val, Ordre de Cîteaux, qu'ils avoient du bien situé à Gonesse. Burchard de Montmorency, décédé en 1181, leur légua la terre qu'il y possedoit, et Matthieu de Marly leur y assigna en 1202 onze sols par an à la Saint Jean dans la rente ou redevance qu'il y avoit. Hervé de Montmorency qui mourut Doyen de Paris en 1191, avoit eu une terre à Gonesse. Il la legua semblablement au Chapitre de la Cathédrale, afin que du revenu les Chanoines eussent, le jour de l'anniversaire d'un Archevêque de Bourges pour lequel il s'intéressoit, un repas de la nature dont on les faisoit alors. Entre les biens que Barthelemi de Roye destina pour la fondation de l'Abbaye de Joyenval à l'extrémité du Diocése de Chartres, proche Saint Germain-en-Laye, Gautier, Evêque de Chartres, y compte dans sa charte de l'an 1224, *Grangiam suam de Gonessia cum appenditiis suis.* Dans le même siécle, l'Abbaye de Saint Denis y avoit des vignes dans les cantons appellés Chastellon, *Via de Traieres et Via de la Marliere,* et Thibaud de

Gall. Chr. nova, T. VII, col. 875.

Tab. Vallis.

Ann. Præmonst. Hugo Probat. p. 575.

Nully ou de Milly, Prieur du même Monastere, y fit acquisition de quelques champarts pour son Prieuré. Les Religieux de Royaumont qu'on sçait avoir été fondés par S. Louis, avoient des moulins à Gonesse, sur la riviere de Crould. Dans le doute, je n'ose assurer s'ils les tenoient de ce Saint Roi; quoiqu'il en soit, ces moulins leur avoient fourni un revenu considérable jusqu'à ce que Pierre de Bêloy, Chevalier, s'avisa de bâtir en sa terre de Bêloy un moulin à vent. Ils représenterent au Parlement de la Pentecôte 1275, le tort que cette nouvelle invention leur faisoit, et demanderent que le moulin fût détruit; mais ils furent refusés. Bêloy est, comme on sçait, sur une espece d'élévation où la nouvelle machine devoit expédier bien du grain. Il n'est éloigné de Gonesse que de deux lieues et demie. Les Chartreux de Paris qui avoient déjà eu de la part de S. Louis une redevance de grain sur la Grange Royale de Gonesse, furent encore gratifiés depuis en ce lieu de vingt arpens de terre, par un Vicaire de l'Eglise de Paris appellé Jean Boileau. Le Roi Philippe le Bel donna en 1308 aux Dames de Poissy deux cens livres de rente sur la terre de Gonesse pour en jouir après le décès de Foulques de Regny, Chevalier. Louis le Hutin gratifia pareillement le Monastere des Clarisses du Moncel, proche le Pont Sainte Maxence, de deux cens livres de rente sur la même terre.

<small>Chartul. Reg. S. Dion ad an. 1241, f. 369, f. 371. Felibien. Hist. S. Denis, p. 248.</small>

<small>Reg. Parl. V. II.</small>

<small>Necrol. Cartus. ad 26 Julii.</small>

<small>Trés. des Chart. reg. en 1308, donné en Déc. à Fontaineb. Lib. Rub. Camer. Comp.</small>

Je n'ai pu découvrir de quel Roi les Filles-Dieu de Paris eurent le don de deux muids de bled sur la terre de Gonesse; je ne connois ce don que par les Mémoriaux de la Chambre des Comptes qui font mention des payemens de cette redevance vers l'an 1515. Enfin Louis XIII, imitant ses prédécesseurs, accorda en 1636 à l'Abbaye du Val de Grace six muids de froment à prendre sur le moulin de Gonesse.

<small>Gall. Chr. nova, T. VII, col. 584.</small>

On trouve pareillement que plusieurs Chapelles situées à Notre-Dame de Paris ont du bien à Gonesse. Les Chapelains de S. Jean l'Evangeliste et de Ste Agnès y ont vingt et un arpens de terre. La Chapelle de S. Nicaise, fondée par Girard *de Collauduno* y en a douze tant en prez qu'en buissons. Ce qui concerne les Marguilliers de l'Eglise de Paris est plus singulier. On lit dans l'état de leurs Charges et de leurs revenus, ce qui suit : « Ils ont toujours « pris de l'Evêque par la main de son Receveur la quarte partie « du Castel de Gonesse, qui est et qui doit être de sept septiers de « froment; un Compte de 1361 dit que l'Evêque leur devoit pour « cela douze sols. »

<small>Collect. MSS. du Bois, T. V, ad calcem.</small>

<small>Cod. Colb. MS. 1963, f. 25.</small>

J'ai aussi appris qu'une Chapelle du Diocése de Paris nommée S. Germain de Vitry, desservie à Saint Jacques de la Boucherie, tire du revenu à Gonesse la quantité de trente-deux septiers de froment.

Les habitans de Gonesse ont toujours été laborieux et favorisés par nos Rois. Il y avoit au XIII siécle de ces habitans qui ne pouvoient trouver à se marier à des femmes libres à cause de leur servitude qui consistoit à être tenus d'amener à Paris les voleurs, et à garder chacun une nuit au mois d'Août la Grange du Roi à Gonesse. Sur l'enquête faite par Hugues d'Athis, S. Louis les quitta de ces servitudes, ne se retenant que le droit de chevaucher et de servir à l'armée. Dans le même siécle, où la coûtume étoit que les villages du Parisis fournissent des animaux au Prince, Gonesse fut excepté ; cette franchise et ce privilége *animalium non capiendorum* leur fut confirmée par Philippe le Bel, au mois de Novembre 1305. Le Roi Jean les exempta aussi de prises en 1355, ce que Charles V confirma. Il y a plusieurs preuves que dans le même siécle on faisoit des draps à Gonesse. Philippe de Mezieres qui avoit été Conseiller de Charles V, voulant porter Charles VI, son fils, à mépriser le faste dans les habits, marqua dans un livre fait pour son instruction, que les Rois regnans quatre-vingt ou cent ans auparavant ne s'habilloient point de drap de Bruxelles ni de Malines, mais simplement de drap de Gonesse. Le commerce des habitans de ce lieu en draps et en peaux, leur avoit fait avoir à Paris dans le quartier des Halles une Halle particuliere. Elle étoit au bout de la rue de la Tonnellerie et en faisoit le coin; les comptes de la Prevôté de Paris de 1467 et 1484 l'appellent la *Halle aux Bourgeois, Habitans et Pelletiers de la Ville de Gonesse*, et marquent que depuis on l'appela *le petit Palais*. Dans le dernier compte il est parlé d'un droit que ces mêmes *Habitans et Drapiers de la Ville de Gonesse* payoient pour cette Halle.

On ne sçait pas précisement le temps auquel les moulins à drap de Gonesse changerent de nature et devinrent moulins à bled. La situation de ce lieu au milieu d'un terroir de sept mille arpens de terres labourables, ainsi qu'il est marqué dans le Traité de Police, et très-fertiles en bled, fit penser à un nouveau commerce, lorsque les draps qu'on y fabriquoit perdirent de leur mérite, et peut-être aussi en même temps que l'on cessa à Paris d'estimer le pain de Chailly et de Viceours. Le territoire et celui des environs ayant toujours été fertile en bled, ainsi que l'on peut juger par la Grange Royale qui y étoit, ces bleds étoient apparemment amenés en nature à Paris, au lieu de quoi les habitans se sont mis sur le pied de le faire moudre et d'en faire du pain qui a pris le dessus sur beaucoup d'autres à raison des eaux qui ont été employées pour cela. Vigneul de Marville dit dans ses Mémoires (Tome III, page 72), que l'expérience fait voir que c'est aux eaux de Gonesse que nous devons le bon goût du pain qui se fait dans ce Bourg. C'est ce qui est répété en termes équivalens dans le

Dictionnaire de Trevoux; voyez ce que je dis sur les eaux de la fontaine de Goussainville à l'article de ce village. Quelle qu'ait été la cause du goût que l'on trouvoit autrefois dans le pain de Gonesse qui étoit épais et massif, mais fort blanc, on en est revenu à cause qu'il se sechoit aisément. Présentement il ne vient à Paris que peu de pain de Gonesse, et les Boulangers de ce lieu se sont établis dans les faubourgs de Saint Martin et de Saint Denis. Dict. Trev. au mot *Pain*.

Il se tient à Gonesse deux marchés seulement par semaine, sçavoir : les Lundis et les Vendredis, et une Foire le 3 Février. Concord. des Breviair. p. 211.

Le Bourg de Gonesse qui a été si célèbre par son pain, l'est par quelques événemens contenus dans l'Histoire. La naissance de Philippe-Auguste en ce lieu l'an 1165 seroit le plus mémorable, s'il étoit vrai que c'est de là que ce Prince a été quelquefois appellé *Philippe de Gonessia;* mais on doute qu'il n'ait pris ce surnom que dans le même sens que François I, écrivant à Charles-Quint, se qualifioit : *Par la Grace de Dieu, Roi de France et premier Citoyen de Gonesse.* Il n'est pas cependant impossible que la Reine Alix n'y soit accouchée. Le Roi devoit, outre sa grange, y avoir un château ou une maison. On voit, environ cent ans après, Robert d'Artois, frere de S. Louis, tomber malade à Gonesse et y rester jusqu'à sa guérison qui fut obtenue par des Processions que l'on fit à Ste Geneviéve de Paris. Rouillard. Hist. de Melun, p. 391. Cod. Reg. MS. 4182.f.128.

L'Abbé Chastelain a marqué dans la Table Géographique de son Martyrologe universel, au mot de *Gonesse*, que S. Thomas d'Aquin y a fait un voyage, accompagné de Frere Richard, sans dire d'où il a tiré cela. Le R. P. Touron, sçavant Historien de l'Ordre, ignore totalement ce fait.

Le Roi de Navarre étant fait nouvellement Capitaine de Paris en 1358, pendant l'été, ce fut d'abord à Gonesse qu'il se transporta, parce que plusieurs autres Capitaines des Villes de la Vicomté l'y attendoient. Les Anglois qui residoient à Creil se rendirent aussi au même lieu sur la fin du mois de Septembre. Sous le regne de Louis XI, les Bourguignons y furent pendant un mois entier, vers l'an 1465, depuis la S. Jean, et y gâterent extremement les terres et champarts qui appartenoient au Roi. Ce fut à Gonesse que furent convoqués au mois d'Octobre 1468, les Nobles qui tenoient fief ou arriere-fief dans la Prevôté et Vicomté de Paris. Henri IV y vint camper au mois de Septembre 1590, lorsqu'il eut vu Lagny pris par le parti de la Ligue, et sa seconde tentative sur Paris échouée; et de-là il envoya en différens lieux des détachemens de son armée. Chroniq. de S. Denis. Ibid. Sauval, T. III, p. 392. Compte de remises aux Fermiers. Chroniq. scandaleuse. Daniel Hist. de France, prem. Edit. p. 76.

Le nom de Gonesse se trouve aussi dans d'autres monumens que ceux de l'Histoire de nos Rois, soit par rapport à des Gentilshommes qui l'ont porté à cause de quelque fief qu'ils tenoient du Roi, soit par rapport aux biens qu'eux ou leurs femmes ont fait aux Eglises, ou enfin relativement à quelques illustres personnages originaires ou natifs de ce lieu. Raoul ou Radulphe de Gonesse (*Gaunissa*), Chevalier, vivoit en 1125, auquel temps Matthieu le Bel donnant son denombrement à l'Abbaye de Saint Denis, déclara que ce Raoul étoit son homme lige pour trois livres. Agnès, femme du même Raoul, est inscrite au Nécrologe de l'Abbaye d'Herivaux, au 5 Mars. Odon de Gonesse donna vers l'an 1138, à Saint Nicolas de Senlis, une piéce de prez voisine de ce Monastere. Thibaud et Odon de Gonesse, Chevaliers, paroissent en qualité de garans dans un Acte de l'Abbaye de Chaalis de l'an 1169. Le même Odon de Gonesse se trouve aussi nommé dans un Acte de l'an 1180 qui concerne la Ville de Tonnere. Une Mathilde de Gonesse qui pouvoit avoir été leur sœur donna autrefois à l'Abbaye de Ste Geneviéve 60 sols pour la pitance du Couvent. Guillaume de Gonesse, Chevalier, est mentionné comme bienfacteur dans le Necrologe de la Cathédrale de Senlis écrit au XIII siécle. Un nommé Gui de Gonesse étoit Prieur du célébre Prieuré de Saint Maurice de la même Ville de Senlis, en l'an 1284. Gui Clarembould de Gonesse étoit un Docteur et Socius de la Maison de Sorbonne, reçu en 1262 et mort en 1286. C'est de sa liberalité qu'elle a deux manuscrits cottés 165 et 506. En 1304, dans la convocation du Ban et arriere-Ban pour la guerre de Flandre, est nommé Me Charles de Gonesse. Une des familles qui avoient le nom de Gonesse demeuroit à Echilleuse, au Diocése de Sens ; un Pierre de Gonesse d'Echilleuse devint Garde du Trésor des Chartes du Roi sous Charles V. Un Jean de Gonesse, Prieur des Blancs-Manteaux à Paris, étoit Evêque de Nassau, en 1391. Il étoit profés de l'Ordre des Servites. Il dédia en 1397 l'Eglise des Blancs-Manteaux de Paris. L'Abbé Chastelain dit qu'il fut Vicaire général de Pierre d'Orgemont, Evêque de Paris, en 1410. Un nommé *de Gonesse* soutint vers ces temps-là que neuf assertions de Jean Petit devoient être condamnées comme contraires à la foi, ce qui paroît convenir à ce Jean de Gonesse. Nicolas de Gonesse, Maître-ès-Arts et en Théologie, reçut ordre du Duc de Berry, frere du Roi Charles VI, par Jacques Couaux ou Coicaux, son Trésorier, de continuer la Traduction de Valere Maxime, de latin en françois, qui avoit été commencée par Simon Hedin, environ ..... ans auparavant [1]. Il la finit en 1401. Elle fut jugée digne de l'impression. Nicolas de la Boissiere, qui, après avoir exercé la chirurgie à l'armée au dernier siécle, s'étoit fait reclus sur le Mont-Valerien, étoit de Gonesse. Salomon de

---

1. Je l'ai vu chez les Barnabites de Paris.

Priezac en fait un grand éloge dans son *Mons Valerianus* imprimé en 1661. Il mourut le 10 Mai 1669, âgé de 46 ans. Son Epitaphe, pages 12 et suiv.

Enfin Gonesse a été autrefois si fameux qu'il donnoit son nom à une certaine étendue de pays qu'on appelloit le Gonessois. Une charte de Charles VI, sur Porchefontaine, près Versailles, donnée en 1395, marque par incident que Pierre de Villiers, Archidiacre de Sologne, tenoit des hoirs de Henri de Villetain, quarante arpens de terre en Gonoissais, au terroir de Ressigny. Reg. des Chart. 162, p. 1.

Il y avoit à Gonesse, en 1379, un canton de terrain dit le *Val-Bernard,* où le grand Prieur de Saint Denis avoit des droits près le chemin de la *Table-Ronde,* ce qui est à remarquer ici par rapport aux anciens Chevaliers de la Table-Ronde, qui font la matiere d'un Roman célèbre. Accords passés en Parl.

TILLAY ou LE TILLAY

Le nom de cette Paroisse est différemment écrit dans les cartes des environs de Paris, les uns ayant admis l'article grammatical et les autres non. Mais comme ce nom ne peut avoir été donné à ce lieu qu'à l'occasion des Tils ou Tilleuls qui y étoient plantés sur les bords de la petite riviere de Crould, ensorte que les titres latins du XII et XIII siécle l'appellent *Telleïum, Tilleïum et Tilliacum,* il paroît qu'il est plus à propos de régler ce nom sur celui qu'on donne aux lieux plantés autrefois d'ormes, de chateigniers et de pruniers, et qu'ainsi, comme on se contente d'appeller ces lieux Ormoy, Châtenay, Prunoy, il faut de même se contenter de dire Tillay ou Tillet; ou bien Tilloy comme on l'a écrit durant quelques siécles.

Ce village est situé sur le bord occidental du Crould dans un vallon très-agréable, à quatre lieues de Paris; outre quelques prairies et les labourages, il y a aussi beaucoup de vignes. Toutes les maisons sont ramassées aux environs de l'Eglise; ensorte qu'il n'y a d'écart que le moulin Nadras qui est du côté du midi. Tillay est placé entre Goussainville et Gonesse à peu près à distance égale de demie lieue, et à un quart de lieue seulement de Vaudherland qui est situé sur la route de Paris à Senlis vers l'orient de Tillay. Le nombre des habitans étoit autrefois assez considérable. Selon le denombrement des Elections, il contenoit 244 feux en 1709; le Dictionnaire universel de la France de 1726 y comptoit 818 habitans. Le denombrement de 1745 n'y marque plus que 180 feux. On m'assura dans le pays en 1738, qu'il y avoit bien approchant de cent cinquante feux, et qu'on y recueilloit quelquefois huit cens muids de vin.

L'Eglise de ce lieu est sous l'invocation de S. Denis. Son édifice n'a que deux siécles d'antiquité. Elle est accompagnée de bas côtés d'où vient la lumiere pour éclairer le corps du bâtiment, dont tout le reste est massif et voûté sans qu'il y ait de vitrages au dessus des arcades du chœur ni de la nef. Le 28 Mai 1583, l'Evêque de Paris permit aux Marguilliers de faire dédier cette Eglise avec trois autels par l'Evêque de Digne : et l'anniversaire de cette Dédicace fut fixé au Dimanche d'avant la S. Jean.

Tab. Ep. Paris.

On voit dans le chœur la tombe d'un Chevalier ayant un chien à ses pieds, et le reste des ornemens dont on accompagnoit les tombeaux des personnes de ce rang au XIII siécle.

Voici ce qui s'y lit sur une autre tombe :

Cy gist Noble Damoiselle Charlotte le Tardif veuve de feu Noble Homme Guillaume de Marle en son vivant Escuyer Seigneur du Tilloy, Commissaire ordinaire des guerres : laquelle décéda en son Hostel à Paris le XVI jour de Septembre M. V. C. IIII^{xx} et Sept. Ses armes sont deux oiseaux et deux palmes. Les autres épitaphes seigneuriales sont dans la Chapelle de S. Nicolas bâtie au midi de l'Eglise par ordre de Nicolas Girard, Seigneur.

Nicolao Girard Domino du Tilloy, Regis Consiliario, Helvetiorum Exquestori, Regum et omnium hujus Regni Procerum quandiu vixit benevolentiâ decorato, ob ingenii acumen publicis privatisque negotiis domi forisque gerendis leniter vita functo Non. Febr. MVI. C. XIV. ætat. suæ ferè LXXII, et à contracto matrimonio XXXIII, primùm jacenti sub hac ædicula quam ipse pridem in honorem S. Nicolai animo voverat, etc.

Lucretia de Marle Conjux M. cum liberis.

Autre épitaphe: *Henricus Girard Tillæi Dominus Regi in sacro Consistorio à Consiliis, et Fiscalium Rationum Procurator Generalis. Obiit XIIII Cal. Nov. 1625 ætatis XXXIIII. Magdelena Barentin vidua posuit.*

Il est ajouté qu'elle a été aidée en cela par Timoleon Brilliad, qualifié *Regi à Consiliis et militarium Copiarum generalis Censor.*

La Cure de Tillay a toujours été et est encore à la collation de l'Evêque diocésain. Aucun Pouillé n'a varié là-dessus depuis celui du XIII siécle.

On ne lit point que la Chapelle de S. Nicolas dont on vient de parler soit fondée. Il y a à Tillay un autre titre qui a des revenus pour lesquels il est imposé au rolle des Décimes. C'est la Maladrerie du lieu.

La fertilité du terroir de cette Paroisse a été cause dès le XIII siécle de l'empressement qu'ont [eu] dès alors plusieurs

Communautés d'y avoir du bien. Geoffroy Pomel y vendit en 1213 aux Religieux de Chaalis une dixme pour le prix de 42 livres, de l'agrément de Gautier de Boquenval, son frere. L'Abbaye de Sainte Geneviéve de Paris recevoit chaque année à la Foire de l'Indict (Lendit), douze livres pour le revenu de la terre qu'elle avoit à Tillet. L'Abbaye de Saint Denis y acquit en 1248 par le Ministere de Thibaud de Milly ou de Nully qui en étoit Prieur, beaucoup de droits de champart. Jean dit de la Motte de Tilley, Ecuyer et Isabelle, sa femme, vendirent encore des cens au Prieur de Saint Denis l'an 1251. Le même Monastere y acheta trois sols de cens et un chapon de rente en 1273 avec un demi arpent de terre ; l'acte qui est écrit en françois porte expressément qu'il *est assis au-dessus du Moustier de Tellai*, ce que je remarque pour donner à connoître qu'en ces temps-là souvent par le terme de Moutier on entendoit l'Eglise Paroissiale. Pierre, Abbé de Saint Victor de Paris, vendit de plus au Monastere de Saint Denis, l'an 1287, des dixmes qui se levoient à Tilley qu'on appelloit vulgairement les dixmes de l'Autel, mouvantes du fief de la même Abbaye de Saint Denis, situées en partie au territoire de la Haïette, partie à la Cousterele et partie sur le chemin *de grandi Campo*, le tout pour la somme de quinze livres parisis. Il fut dressé en 1512 un acte qui déclare que la dixme de cette Paroisse appartenoit aux Chanoines de Saint Denis du Pas, à Paris, aux Bons-Hómmes de Vincennes, à la Maladerie de Fontenai-lez-Vincennes, et au Curé de Tillay. Elle fut alors limitée de tous côtés. Il y fut parlé de quelques terres sises sur le dixmage de Tillay appartenantes au Seigneur de Chastillon en la Paroisse de Gonesse, comme aussi de la fontaine et du ruisseau dits Chanevieres se jettant dans le Crould, de plus du moulin à draps du même Chanevieres, et enfin du Jardin des Tournelles appartenant à Noble Germain de Marle.

On vient de voir que l'Abbaye de Saint Denis avoit un fief à Tillay à la fin du XIII siécle. Mais il y avoit aussi en même temps un Seigneur principal dont la Seigneurie étoit apparemment mouvante de Gonesse. On lit bien qu'en 1271 un Jean de Tillay, Ecuyer, prêta foi et hommage à Etienne Tempier, Evêque de Paris, mais c'étoit pour une partie qu'il avoit dans la moitié de la terre de Lusarches. D'un autre côté cependant on voit Regnaud, fils de Nicolas, Prevôt de Gonesse, reconnoître en 1234 que c'est de Saint Denis qu'il tient tout le pourpris, c'est-à-dire la maison qu'il a à Tillay *cum Forteritia*, moyennant quatorze deniers de cens capital. Cette forteresse de Tillay sous la dépendance de l'Abbaye de Saint Denis, semble désigner un Droi Seigneurial bien ancien.

PAROISSE DE TILLAY

On peut ajouter à cela que le titre de Saint Denis que porte l'Eglise de Tillay paroît encore marquer une rélation très-ancienne de ce lieu avec l'Abbaye.

Faute de monumens je ne puis indiquer de Seigneurs de ce lieu que depuis deux cens ans [1]. Germain de Marle, Général des Monnoyes et Secrétaire du Roi, l'étoit en 1528, 1531 et 1541. Puis Guillaume de Marle dont la veuve est inhumée dans l'Eglise Paroissiale ainsi qu'on verra ci-après. Elle transigea en cette qualité l'an 1571 avec l'Administrateur de la Léproserie de Fontenay près Vincennes. Depuis lui, Nicolas Girard, ancien Trésorier des Ligues Suisses mort en 1614, lequel avoit épousé Lucrece de Marle, fille de Guillaume. Ensuite Henry Girard, Procureur général en la Chambre des Comptes, décédé en 1625.

Sauval, T. III, p. 613. Hist. de la Chancell. p. 102.

Reg. Ep. Paris. 1 Mart.

Epitaphes de l'Eglise Paroiss.

Taxes des maisons près Paris.

Dans un acte de l'an 1649, le Sieur Girard, qualifié ci-devant Conseiller au Parlement, est dit Seigneur du Tillet près Gonesse.

Sur la fin du dernier siècle et au commencement de celui-ci, le Seigneur de ce lieu étoit M. Girard de la Cour des Bois, qui mourut fort âgé. Il laissa pour héritier M. Bailleul de Château-Gontier, Président à mortier au Parlement de Paris, fils de sa fille.

Le Seigneur, en 1738, étoit M. le Comte du Plat en Limosin, Capitaine d'Infanterie. Le château est assez simple ; mais il y a une belle garenne et plusieurs bosquets.

Voy. l'art. de Gonesse, p. 259.

Comme anciennement on portoit souvent le nom du lieu d'où l'on étoit, il est à présumer que le fondateur de l'Hôtel-Dieu de Gonesse en 1200 s'appellant Pierre de Tillay, étoit natif de ce lieu-ci, ou qu'il y possédoit quelque Seigneurie. Il avoit épousé Aveline de Saint Cyr. Il n'est peut-être pas différent du Chevalier dont la tombe se voit encore au chœur de Tillay et dont j'ai parlé ci-dessus.

C'est aussi apparemment de ce village dont il est parlé dans les Chroniques Françoises de S. Denis à l'endroit où il est fait mention des guerres des Anglois et Navarrois, sous le Roi Jean, à l'an 1358. « A Tilly, disent-elles, étoient assemblés cinq cens « hommes du temps de la régence de Charles Dauphin, lesquels « cinq cens hommes sous Jean Vaillant, Prevost des Monnoyes du « Roi Jean, allerent à Meaux avec ceux qui étoient partis de Paris. « On leur ouvrit les portes, et ils commirent les dégats qui y sont « rapportés : c'étoit le neuviéme jour de Juin. »

---

1. Gautier, Ecuyer, étoit peut-être Seigneur de Tillay en 1319. On lit dans une addition au Nécrologe de Notre-Dame de Paris du XIII siécle, que Girard Seigneur *de Colloduno* et Archidiacre, mort le ix des Calendes d'Avril 1319 donna à Notre-Dame cent sols *super terram Galteri armigeri de Thif juxta Gonessam*. S'il y a dans l'original *de Thil*, il n'y aura plus de doute.

Depuis plusieurs années on a débité dans Paris une collection de Noels composée par un Curé du Diocése qui n'a pas jugé à propos d'y mettre son nom. Je tiens de M. Valleyre qui les a imprimés et qui les débite, qu'ils sont de M. le Curé de Tillay.

Dans les Recueils des factums de l'an 1742, il y en a un imprimé chez d'Houry qui renferme un exemple notable de la crédulité de la populace de Tillay sur les prétendus revenans.

ROISSY EN FRANCE

La fertilité de la partie de l'Isle de France qu'on appelle en particulier du nom de France, est peut-être la cause qu'on a imaginé qu'elle avoit été habitée par les Francs dès les temps les plus éloignés. Au moins lisons-nous dans le Commentaire que Raoul de Prêles, Conseiller de Charles V, ajouta à sa Traduction des livres de la Cité de Dieu composés par S. Augustin, entre plusieurs lieux du Parisis que les Francs et les Sicambres avec Ybon leur Duc bâtirent après Lutece, celui de Roissy. Mais sans vouloir m'appuyer sur cet écrivain trop crédule, je puis faire remonter l'antiquité du nom de Roissy jusqu'au temps des Romains. Selon M. de Valois, ce lieu et les autres du même nom, ont eu leur denomination du myrte sauvage qui y croissoit en abondance ; le nom de cet arbrisseau est *Ruscus* ou *Ruscum*, d'où il a été facile de former *Rusciacum* et par altération *Rossiacum*, de même que de *Boscus* on a fait *Bosciacum*, puis *Bossiacum* et ensuite *Bussiacum*. Je souscrirois volontiers à cette étymologie fournie par ce sçavant, s'il ne me paroissoit pas également probable que les noms de Roissy peuvent venir d'un ancien possesseur de famille romaine qui se seroit appelé *Roscius*, nom qui dût devenir commun dans les Gaules lorsque les Colonies Romaines s'y transplanterent, puisqu'il étoit assez commun en Italie. V. Inscript. Gruter.

On ne peut produire des titres qui en fassent mention au-dessus du XII siécle dans lequel on voit un Matthieu de Roissy et Richilde, sa sœur, donner de leur bien à l'Abbaye de Saint Victor, l'an 1174. Sur la fin du même siécle vivoit à Paris un célébre Prédicateur, nommé Pierre de Roissy ; mais comme il y a deux Roissy dans le Diocése, il est difficile de décider duquel des deux il tiroit son origine. Hist. de Montm. Preuv. p. 55.
Recueil des Hist. des Gaules, T. XVII, p. 48.

Le Roissy dont il s'agit ici est à cinq lieues de Paris, sur la route de Soissons, dans un vallon évasé et fort découvert, sans vignes ni sans autres arbres ou bois qu'une longue avenue qui prend aux environs du chemin de Senlis. Tout le territoire est pays de labourage et de bonnes terres. Le denombrement des Elections y comptoit 167 feux; on dit qu'il y en a maintenant davantage; le Dictionnaire universel de la France a évalué les habitans au nombre de 675. Toutes les maisons sont rassemblées sur le côteau qui est en pente douce d'orient en occident. Quelques cartes marquent à l'extrémité de Roissy un lieu qu'elles appellent Matiere, ou Marquiere ou enfin Morquiere. Il est cependant vrai que ce nom ne se trouve pas dans un titre d'environ l'an 1250 [parmi] ceux des différens cantons de Roissy qui y sont ainsi désignés : *Changi, Vallis Noël, Vallis Fouberti, Magnamota, Via Goolonæ, Challas, Lagutena, Campus petrosus*. Mais dans une Sentence arbitrale de Jean de Toucy, Abbé de Ste Geneviéve, l'an 1211, il est fait mention des habitans de Roissy comme voisins du champ d'Isabeau de *Martru* dont la dixme étoit disputée entre l'Abbaye de S. Denis et le Prieuré de Saint Martin des Champs. Cependant, comme dans un Acte de 1279 certains biens sont désignés situés au territoire de Roissy, entre Roissy, Mortieres et Chanevieres, il y a plus d'apparence que Martru et Mortieres sont deux lieux différens.

L'Eglise de ce lieu reconnoît S. Eloy pour son patron. Il n'y a de remarquable que le chœur et le sanctuaire qui sont bâtis depuis environ six vingt ans d'ordre composite, couverts d'ardoise et fermés de grille de tous côtés. La nef est fort large, mais sans aucuns embellissemens d'architecture : au frontispice de l'Eglise est une grosse tour terminée en pavillon. A l'entrée du chœur est la tombe d'un Seigneur dont l'inscription est en petit gothique ; on y lit : Cy gist noble homme Jehan en son vivant Seigneur de Ploisy et de Roissy en Parisis, qui trèspassa le VI jour de May l'an M CCCC LXXVII. Cy gist Damoiselle Perrette de Thyois sa femme, en son vivant Dame de Nuysemont-lez-Dreux, laquelle trèspassa, etc. Comme elle est effacée en plusieurs endroits, j'y ai suppléé par le Portefeuille des tombes de M. de Gaignieres. L'homme est armé de pied en cap. Ses armoiries sont échiquier en chef.

On les voit sur la robe de sa femme au côté droit, et au côté gauche celles de la Dame qui sont des oiseaux et des lions les uns sur les autres.

Avant qu'on entre dans le chœur par la grande porte, on voit une autre tombe et inscription en même gothique minuscule en ces termes : *Cy gist Pierres de Billy-sur-Ouir*[1] *Escuiers Sire de ladicte Ville de Batily, de Mauregart, qui trespassa l'an de*

Marginalia:
- Carte de Duval.
- Carte de Rochefort et celle de De Fer.
- *Censur. S. Genov. Par. fol. 56.*
- *Cart. S. Dion. in Bibl. Reg. fol. 117.*
- Voy. l'article de Villepeinte.

---

1. Il faut apparemment lire *sur Ourc*. C'est au Diocése de Soissons, proche la Ferté-Milon.

grace..... L'année n'est pas lisible, mais c'est sûrement entre 1400 et 1500. Les armoiries de cet Ecuyer sont trois tourteaux.

Dans le fond d'un collatéral de cette Eglise, proche l'autel de S. Roch, se lit sur le marbre : *Par Arrest du grand Conseil rendu le 19 Novembre 1668 M. Henry de Melin Docteur en Théologie, pour lors Prieur, et les Marguilliers de cette Eglise ont été maintenus en l'Administration de l'Hôpital de Roissy suivant l'intention de défunt Nicolas Marche qui fonda ledit Hôpital et l'ordonna ainsi par son Testament fait le treize Septembre 1407.*

Nous apprenons dans Sauval que c'est en vertu d'un traité qu'Odon de Sully, Evêque de Paris, fit au mois de Juin 1200 avec Jean de Toucy, Abbé de Ste Geneviéve, que l'Eglise de Roissy échut à cette Abbaye. Ce Prélat la lui donna, et lui attribua en même temps les habitans de Vauderland par forme de supplement ; ce qui fut changé à l'égard de Vauderland quelque temps après. Par le traité de 1202, rapporté dans l'Histoire Ecclésiastique de Paris, l'Evêque devoit tirer sur l'Eglise de Roissy quatre livres Parisis pour le droit de Procuration. On lit que dans le même siécle la dixme de Roissy étoit possedée par différentes Eglises et divers Seigneurs. En 1209 Pierre de Nemours, Evêque de Paris, donna ou approuva le don de la menue dixme fait aux nouvelles Religieuses de Saint Antoine-lez-Paris. Ces Dames traiterent ensuite avec le Prieur de Roissy pour cette dixme, à condition qu'il leur payeroit quinze sols Parisis par chaque année. Il est marqué dans cet accord fait par le Doyen de Meaux, Délégué du Pape, que cette donation leur avoit été faite par Guillaume *de Montefirmo* et Agnès, sa femme. L'Abbesse de Saint Antoine en donna Acte l'an 1218. La suite fait voir que *de Montefirmo* veut dire de Montfermeil. En 1228, Guillaume, Evêque de Paris, certifia par une charte que Gui de Fontenelles, Chevalier, et Agnès sa femme, fille de Guillaume de Montfermeil, Chevalier, avoient quitté à l'Abbaye de Ste Geneviéve le quart de toute la grosse dixme de Roissy avec la paille et la moitié de la grange des dixmes ; qu'il avoit aussi vendu à la même Abbaye le quart de la dixme de toute la vesse qui se recueilloit à Roissy et qui appartenoit par droit d'héritage à la même Agnès, moyennant trois muids d'avene que l'Abbaye leur laissoit à prendre à la mesure de Meaux dans la grange de Jossigny. Cet Acte a pour approbateurs Adam de Villers, Chevalier, premier Seigneur du fief, et Gazo de Goussenville, aussi Chevalier, second Seigneur, et pour garant Guillaume de Conches, Chevalier. Dès l'année suivante qui étoit 1229, il eut une Sentence de Baudoin, Prieur de S. Martin des Champs, et de Maître Hugues de Lusarches, Dignitaire en la Cathédrale de Meaux, au sujet de la vente de ce quart

Antiq. de Paris, T. III, p. 53.

Du Bois, T. II, p. 154, ad an. 1202 et p. 281.

Cart. S. Genov. p. 107.

Ibid., p. 213.

Ibid., p. 112.

Ibid., p. 214.

de la grosse dixme de Roissy, faite par Guillaume de Fontenelles. En 1236 Jean de Montfermeil, Ecuyer, vendit à la même Abbaye de Ste Geneviéve une partie de la dixme de grain et des pailles et vesses, le tout du consentement de Drocon, Chevalier et Adam Ecuyer, ses freres, Garin de Conches, Chevalier, mari de leur sœur Adelaïde, Gilon de Roissy, Odon de Compens, Soltan de Jaagny, Chevalier et de Sedile, Dame d'Aulnay, du fief de laquelle la grange de Roissy mouvoit en second. De laquelle vente Marie, Abbesse de Footel (depuis dit Malenoue), eut cent sols de profit pour ses droits. En 1250 Jean de Garges et Sedile, sa femme, vendirent à la même maison de Ste Geneviéve une sixiéme partie qu'ils avoient dans la dixme de Roissy à l'exception du cinquiéme de cette portion qui appartenoit déjà à cette Eglise ; les garants de cette vente furent trois Chevaliers, Hugues de Brueres, Matthieu des Loges et Pierre de Garges. Ce qui montre combien la dixme de Roissy étoit alors partagée par droit d'héritage entre différens Seigneurs, est que vers l'an 1246 Jeanne, fille d'Henry de Montfermeil, donna aux Hermites sous Montfermeil la moitié d'un cinquiéme de toute la portion qu'elle avoit dans la dixme de Roissy *jure hereditario :* en échange elle leur donna depuis des terres situées à Vaudemont[1]. L'Eglise de Ste Geneviéve augmentant son temporel à Roissy par l'achat de différentes portions des dixmes inféodées, y fit aussi acquisition de quelques terres en propre, entre autres de Gui, dit le Loup, Chevalier, la quantité de quinze arpens l'an 1249, sous la garantie de Pierre de Ceaux, de Jean Cubaut, de Cevren, Chevalier, et de Jean de Versailles, Ecuyer.

Ce fut aussi vers le milieu du XIII siécle que les revenus de l'Eglise de Roissy furent augmentés par la fondation d'une Chapellenie que fit Matthieu de Roissy, lequel assigna pour cela la grande et menue dixme qu'il avoit à Besons, et des vignes situées au port du même lieu de Besons qui mouvoient du fief de Roissy. Philippe et Gilles de Roissy, Chevaliers, approuverent en 1241 la fondation de leur pere, comme aussi Burchard de Montmorency, en qualité de Seigneur suzerain de ce fief de Besons. Au reste, il ne faut point confondre cette Chapellenie avec le Prieuré de Roissy que le Pouillé Parisien du XIII siécle met au rang des Prieurés du Doyenné de Sarcelles, et qui apparemment étoit plus ancien que la Paroisse.

Sauval qui nous a conservé le souvenir de beaucoup de parti-

---

1. Maître Helie, Chanoine de Troyes, qui avoit acheté une terre à Roissy en France, de Noble Homme Odon de Compens, la donna en 1242 à la Maison de Montfermeil, *Domui Manus firmæ ad sustentationem unius quarti Canonici. Actum apud Manum firmam.* Cartul. de Livry, f. 20.

cularités qui regardent Paris et les environs, parlant des Coûtumes abolies parmi les Ecclésiastiques dont il met du nombre l'usage où étoient les Curés d'avoir des plats. chaque nôce, ajoute ce qui suit : « De nos jours encore les Religieux de Sainte Gene- « viève ont fait condamner par Arrêt les habitans de Roissy, « village à deux lieues de Paris, de les payer à leur Curé, mais « je n'ai pu découvrir nulle part en quoi il consistoit ni combien « ils étoient apprétiés. » C'est jusqu'ici Sauval qui parle, et qui se trompe en marquant Roissy à deux lieues seulement de Paris. *Antiq. de Paris,*
T. II, p, 629.

La Cure et le Prieuré de Roissy ont souvent été possédés par des Chanoines Réguliers devenus célèbres. On met dans ce nombre Guillaume le Duc, Philippe Cousin, Philippe le Bel sous le regne de François I. J'ai trouvé qu'en 1520 l'Evêque de Paris, voyant le Prieuré vaquer trop long-temps, le conféra à Gilles Vincent, Chanoine Régulier de l'Abbaye d'Hiverneau, et qu'en 1525 Philippe le Bel possédant la Cure, il y eut une Sentence du Prevôt de Paris qui déclara qu'elle n'étoit point sujette au déport. *Reg. Ep. Par.*
28 Dec. 1520

La terre de Roissy peut fournir une liste de ses Seigneurs assez complete depuis le commencement du regne de S. Louis. Je vais les nommer par ordre des temps et spécifier le contenu des titres où il en est fait mention. Depuis Matthieu de Roissy que j'ai dit ci-dessus avoir vécu en 1174, se présente Philippe de Roissy, Chevalier, et Agnès, sa femme, qui vendirent en 1224 au Chapitre de Paris des vignes qu'ils avoient à Lay pour le prix de 70 livres, de laquelle vente furent garants Jean du Tremblay et Soltan de Jehanny ou Jaigny. Quatre ans après, sçavoir en 1228, Gilon de de Roissy, Chevalier, et Alix, son épouse, firent au même Chapitre de Paris une vente de quatre arpens de vignes dans le même lieu de Lay en la censive de Notre-Dame, dont les pleges ou garants furent Gui d'Orville et Jean de Puisieux. En 1233, Matthieu de Roissy, Chevalier, tenoit une terre à Domont en fief de Philippe de Roissy, aussi Chevalier. En 1239 Amaury de Roissy et Marie permirent aux Religieux du Val, proche l'Isle-Adam, de tenir en main-morte une vigne située à Taverny. Cet Amaury de Roissy avoit donné son nom à une rue de Paris. C'est la rue qu'on a depuis appellé la rue Ognard ou Oniart, laquelle aboutit par un bout à la rue S. Martin et par l'autre à la rue des cinq Diamants. Sauval dit qu'en 1273 on l'appelloit *Vicus Almarici de Rosiaco,* et en 1300 la rue Amaury de Roissy. En 1264 se trouve nommé dans les Registres du Parlement Philippe de Roissy, Chevalier. Il y eut cette année une Enquête faite de l'ordre de S. Louis par Etienne Boileau, Prevôt de Paris, et par Maître Etienne de Douay Prevôt de Gonesse, pour sçavoir com-

Magn. Past.
Par. fol. 27.

Ibid., fol. 25.

Hist. de Montm.
Preuv. p. 79.

Tabul. Vallis.
Portef. Gaign.
p. 314.

Sauval.
T. I, p. 153
Rues de Par.
T. I du présent
ouvrage, p 366.
Reg. Parlam.
Pentecost.

ment Philippe de Roissy, Chevalier, et ses prédécesseurs avoient usé de la Justice du village de Roissy et pendant combien de temps. Il fut ordonné que Philippe demeureroit ensaisiné de la basse Justice, et que la haute qu'il ne reclamoit point demeureroit au Roi. Ce Philippe de Roissy est apparemment le même dont l'ancien Obituaire de Sainte Geneviéve fait mention au 7 Avril en ces termes : *Obiit Philippus Miles de Royssiaco qui dedit nobis in censu suo de Royssiaco quinque solidos Parisienses quos vendidimus L solidos Paris.* On ne voit pas qui pouvoit être Seigneur de Roissy au commencement du XIV siécle, sinon peut-être Charles, Comte de Valois, fils du Roi Philippe le Hardi, lequel Comte fit acquisition d'un grand nombre de terres. Ce qui me le fait conjecturer est que ce fut en ce lieu de Roissy, voisin de Paris, qu'il étoit, lorsque l'Evêque de Meaux y passant, l'an 1301, le 5 Mai, lui donna Acte de sa soumission pour l'hommage dû au sujet des biens situés à Croy que ce Prince venoit d'acheter de Guillaume des Barres, Chevalier.

Chartul. Ep. Meld. in Bibl. S. Mart. Par. ad calcem.

On a vu ci-dessus par l'inscription d'une tombe dans l'Eglise de Roissy, qu'il y eut un Pierre de Billy, Seigneur de cette Paroisse. Jean de Billy possedoit cette terre en 1367. Une Sentence rendue par Honoré de Franc, Prevôt de Gonesse, le 23 Août de cette année, déclare que Jean Billy, Sieur de Roissy, a sur cette terre justice des cas et délits qui y sont commis tant en voirie comme ailleurs, jusqu'à en 60 sols d'amende et au-dessous. Le même Jean de Billy avoit épousé Jeanne de Puisieux, laquelle étant devenue veuve, rendit le 20 Mars 1405 au Roi, à cause de sa Vicomté de Paris, hommage du fief que feu son mari possedoit à Roissy. Ce de Billy est dit simplement Ecuyer, Seigneur de Mauregart et de Roissy en partie. Vers l'an 1425, un Jean Jouvenel avoit à Roissy un fief qui lui fut ôté par Henri, Roi d'Angleterre, et donné à Matthieu Helu ou Hola. Depuis les de Billy on trouve parmi ceux qui ne sont dits Seigneurs de Roissy qu'en partie, Nicolas de Longueil, marié en 1465 à Jeanne de Blaru, puis Antoine, son fils unique. Apparemment que l'autre Seigneur de Roissy dans ce temps-là étoit Jean de Ploisy qui mourut en 1477 selon l'épitaphe rapportée ci-dessus. Il jouissoit de la Seigneurie dès l'an 1457, suivant un compte d'alors.

Petit Livre blanc du Châtelet, fol. 253.

Ibid., p. 252.

Sauval, T. III, p. 585.

Hist. des Présid. p. 485.

Sauval, T. III, p. 356.

Mais en 1482 Raoul Jouvenel des Ursins, Chanoine de Notre-Dame de Paris, paroît avoir été le seul Seigneur de cette terre. Il avoit obtenu cette année-là au mois d'Août de Louis XI, étant à Meun-sur-Loire, la haute Justice en cette Seigneurie, pouvoir d'y établir Bailly, Prevôt, Voyer, Procureur, Garde-Scel et Sergens, dresser Fourches patibulaires et Prisons, avec exemption du ressort de la Châtellenie et Prevôté de Gonesse. Le Roi ayant écrit au Parlement de vérifier ses Lettres, il y eut informations faites *Reg. Parlam.* *de commodo et incommodo*, et le 19 Novembre de la même année *5 Sept.* la Cour déclara que les Lettres Patentes seroient registrées pourvu que les habitans de Roissy ressortissent à Gonesse en cas d'Appel pardevant le Bailly [1], ajoutant que le sieur Jouvenel n'aura ni Tabellion ni Scel à Contracts, et tiendra cette Justice du Roi en foi et hommage à cause du Châtelet de Paris. Mais quarante ans après, ces obstacles parurent levés, puisque le sieur Juvenal des Ursins fit acquisition des droits qui lui avoient été contestés. Un Extrait du Compte du Domaine de Paris de l'an 1523 im- *Antiq. de Paris,* primé dans Sauval dit que la haute Justice de Roissy fut vendue *T. III, p. 607.* le 15 Juin 1522, moyennant la somme de 240 livres, à Juvenal des Ursins, par les Commissaires ordonnés par le Roi pour la vente et aliénation de son Domaine. Aux Juvenels des Ursins succeda dans la Seigneurie de Roissy la famille des Mrs de Même. Il y a Lettres de François I, données à Jaligny au mois d'Août 1541, par lesquels il est permis à Jean-Jacques de Même, Lieutenant *Bannier. du* Civil en la Prévôté de Paris, Seigneur de Roissy, d'y faire con- *Châtelet, III vol.* struire un moulin à vent, auquel ses vassaux puissent et soyent *fol. 229.* contraints d'aller moudre, à la charge de payer six livres parisis de rente à la recette du Roi, et si ce moulin ne peut suffire, ceux de Roissy iront moudre aux moulins de Gonesse comme ils ont fait de tout temps. Par d'autres Lettres du même Prince datées de Saint Germain-en-Laye au mois de Novembre de 1544, il est *Bannier. du* permis au même Seigneur, qualifié Maître des Requêtes, de ré- *Châtelet,* tablir sur sa terre des Fourches patibulaires, d'y établir une Foire *IV vol. fol. 145.* chaque année le 3 de Novembre et un marché les mardis. On le trouve encore en 1553, traitant avec les Chapelains de la Chapelle *Reg. Ep. Paris.* des Ramais à Saint André des Arcs au sujet d'une maison. Ce *12 Nov.* Jean-Jacques de Même mourut en 1569. Il est inhumé aux Grands *Hist. des Présid.* Augustins. Henri de Même, son fils, fut Seigneur de Roissy *p. 393.* après lui. Il fut Conseiller au Grand Conseil, puis Maître des Requêtes et ensuite Chancelier de Henri de Bourbon, Roi de *Ibid. et p. 266* Navarre en 1572. Il est qualifié Seigneur de Roissy dans la Coû- *et 267.* tume de Paris de l'an 1580. Il avoit épousé Jeanne Hennequin, fille d'Odard, Maître des Comptes, décédé en 1557. La terre de *Ibid.* Roissy passa ensuite à Jean-Jacques de Même, fils d'Henri, de là à Henri de Même, puis à Jean-Jacques de Même, né en 1643, et enfin l'an 1662, Antoine de Même, Conseiller au Parlement, étoit *Le P. Anselme,* Seigneur d'Irval et de Roissy. On lit parmi les fondations qui *T. IX, p. 316.* s'acquittent à Paris en l'Eglise de Saint Jacques de la Boucherie

---

1. On lit dans un compte de 1484 qu'en conséquence de la distraction de Roissy de la Prevôté de Gonesse par Louis XI, le Fermier du Tabellionage de cette Prevôté obtint une diminution. *Sauval, T. III, page 453.*

au 6 Novembre, celle de Perrette Barthelemy, Dame de Roissy en France, faite l'an 1606. Un Acte plus important concernant cette terre et marqué dans les Registres du Parlement au 7 Juillet 1650, porte qu'elle sera mouvante de la grosse tour du Louvre, et que les appellations iront en Parlement.

<small>Catal. des Fond. de S. Jacq.</small>

Le Dictionnaire universel de la France publié en 1726 est le premier ouvrage imprimé où il ait été fait mention de Roissy. On y lit qu'il y avoit en ce lieu un château fort ancien qui appartenoit à la maison de Mêmes, que le Comte d'Avaux devenu maître de cette terre le fit abattre en 1704, et fit commencer un fort beau château qui a été continué jusqu'à sa mort, ne restant plus alors qu'un pavillon à achever. L'enclos est de plus de cent arpens; mais il manque d'eau et l'on n'a pas encore pu réussir à y en faire venir.

<small>Pigan. T. VIII.</small>

Ce château fut acheté en 1713, par la Marquise de la Carte, qui en 1719 le vendit au sieur Law. Depuis il a été possedé par M. Portail, premier Président, puis par M. Riquet de Caraman, Maréchal de Camp, qui a épousé la fille de ce dernier.

Aujourd'hui il appartient à M. Rouillé de Jouy, Secrétaire d'Etat de la Marine.

Le nom de Roissy est devenu célèbre dans l'Histoire par ceux qui l'ont porté, et qui se sont distingués dans leur état en différentes manieres. Sur la fin du XII siécle fleurit Pierre de Roissy, que Rigord qualifie Prêtre du Diocése de Paris, homme lettré et de sainte vie, que Foulques, Curé de Neuilly, s'associa pour prêcher la pénitence aux femmes de mauvaise vie. Il y a à Rome, parmi les manuscrits de la Reine Christine de Suéde, un volume intitulé : *Manuale Magistri Petri de Roissiaco Cancelarii Carnotensis,* qui est sans doute du même sçavant. Cet ouvrage dont j'ai vu un exemplaire à la Bibliothéque de Saint Victor de Paris, et un autre dans celle du Collége des Cholets, ne paroît pas avoir été imprimé : c'est une explication des cérémonies de la Messe qui commence par ces mots : *Frumentum desiderat nubes,* écriture du XIII siécle. Dom Rivet paroît s'être trompé dans son neuviéme tome, lorsqu'il a attribué cet ouvrage à un Pierre, Chancelier de Chartres, plus ancien de deux cens ans. Un Simon *de Roceyo,* qui peut se traduire de Roissy, étoit en 1286 Clerc ou Chapelain du Roi. L'ancien Nécrologe de Ste Geneviéve annonce au 10 de Février l'obit de Maître Herbert de Roissy, Archidiacre de Tournay. Je n'ai pu découvrir en quel temps il a vécu. La même Abbaye a eu plusieurs Abbés natifs de Roissy, sçavoir, en 1288. Jean de Roissy qui auparavant en étoit Sousprieur, et qui mourut en 1307; en 1517 Guillaume le Duc, qui par la suite devint Evêque, *in partibus,* du titre de Belline. Il

<small>Rigord. T. V. Duchêne, p. 41, ad an. 1198.
Recueil des Hist. des Gaules, T. XVII, p. 48.
Bibl. Reginæ Christinæ cod. 106 aut 395.
Cod. CC. in-4°.</small>

<small>Hist. de Montm. Preuv. p. 127.</small>

<small>Gall. Chr. nova in Abb. S. Genov. T. VII. col. 748 et 767.</small>

mourut en 1537. L'Abbaye de Saint Victor de Paris eut aussi pour Abbé Pierre le Duc, natif de Roissy, depuis l'an 1383 jusqu'en 1400. On conserve à Saint Victor plusieurs de ses Ouvrages Theologiques et de ses sermons manuscrits. On assure pareillement qu'Antoine de Ploisy, élu Abbé de Saint Faron de Meaux en 1462, étoit né à Roissy. On a vu ci-dessus un Jean de Ploisy Seigneur de Roissy. Outre Pierre de Roissy qu'on doit mettre au rang des écrivains selon ce qui vient d'être dit, on doit placer au même rang Jean-Jacques de Même, Seigneur de Roissy, puisque la Croix du Maine l'a inseré dans sa Bibliothéque des Auteurs qui ont écrit en françois. Le Pere Raymond Chaponel, Prieur de S. Eloy de Roissy, avoit écrit d'après le Pere Desnoes une Histoire des Chanoines Réguliers, et son ouvrage a été imprimé en 1699 à Paris. Outre ce Prieur de Roissy, écrivain, on peut faire ici mention de deux autres. Sauval rapportant des Extraits de Comptes de la Prevôté de Paris, met cet article vers l'an 1415. « Les livres de Maître Jehan Jouvenel trouvés en « la garde de Frere Pierre de Bar, Religieux de l'Abbaye de Sainte « Geneviéve au mont de Paris et Prieur de Roissy en Parisis, « membre de ladite Abbaye : lesquels livres furent baillés à « M. le Régent par Lettres du Roi. » On voit au Cloître de la même Abbaye de Sainte Geneviéve l'épitaphe d'un Prieur de Roissy du XVI siécle qui peut être placée ici pour sa singularité.

Gall. Chr. in Abb. T. VII, col. 684.

Hist. de l'Egl. de Meaux, p. 587.

Antiq. de Paris, T. III, p. 329.

> Mort trés-cruelle qui ça et delà court
> Et par son dard ici mit à l'envers
> Le corps de feu Frere Jehan de la Court
> Qui maintenant est fait pâture aux vers.
> Subprieur fut de céans et Convers,
> Et de Roissy Prieur sans aucun blâme.
> Vous qui passez cy-devant à travers
> Priez Jhesus qu'il doint pardon à l'ame.
> Il trèspassa l'an mil cinq cent et dix
> Priez donc Dieu qu'il lui doint Paradis.

Je finirai l'article de Roissy en rappellant à la mémoire Aubin Olivier, natif de ce village, qui fut un célébre Graveur des Monnoyes en 1581. La Croix du Maine le met parmi les hommes qui ont excellé par leur industrie. Dans une ancienne feuille volante où sont imprimés les noms des fameux Artistes, il est dit né à Boissy en France; mais il y a faute dans une lettre. Il y est qualifié Inventeur et Conducteur des engins de la Monnoie du moulin qui est en l'Isle du Palais de Paris.

La Foire de Roissy qui avoit été obtenue, ainsi qu'on a vu ci-dessus, pour le 3 Novembre, se tient maintenant le 2 qui est le jour des Morts.

Almanach Royal et autr.

VAUDHERLAND

La situation de ce Village est dans un petit Valon sur le grand chemin de Paris à Senlis, à quatre lieues de Paris ou un peu plus. Il a Roissy à l'orient et Tillay au couchant, tous deux à une petite distance.

La premiere mention qu'on trouve de ce lieu est dans une charte d'Odon de Sully, Evêque de Paris, qui renferme un accord passé entre lui et l'Abbaye de Ste Geneviéve l'an 1202, au mois de Juin. Ce Prélat traitant pacifiquement avec les Chanoines Réguliers au sujet de la Paroisse de la Montagne Ste Geneviéve à Paris et de ses dépendances, leur donna de plus l'Eglise de Roissy en France, et en outre le Village de Vaudherland. Il est besoin de rapporter ici en entier le texte latin avant que de pouvoir raisonner sur ce qu'il contient. *Præterea Ecclesiam de Roissiaco dedit Episcopus canonicis memoratis ad eorum usum perpetuo possidendam cum additamento Villæ quæ vocatur Vallis-Dellandi; in qua Villa licebit prædictis Canonicis de Monte, si voluerint ædificare Capellam, Episcopi tamen jurisdictioni subjectam, et tam in Ecclesia de Roissiaco quam in ipsa Capella, sicut et in aliis eorum Ecclesiis Parochialibus ad curam animarum suscipiendam Presbyterum Episcopo præsentabunt.* Puisque l'Evêque Odon cédant Vaudherland aux Chanoines de Ste Geneviéve déclare qu'il leur sera libre d'y bâtir une Chapelle, c'est une marque que ce lieu de Vaudherland n'avoit aucune Eglise, et que c'étoit un simple hameau dont il pouvoit attribuer les peuples à Roissy ainsi qu'il le fait par la suite de cette charte. Il paroît au reste que les Chanoines de cette Abbaye ne tarderent pas beaucoup à bâtir une Chapelle à Vaudherland. Cependant Jean, Abbé de Sainte Geneviéve, remit dès l'année suivante au même Evêque le soin pastoral de ce lieu, comme étant trop éloigné de Roissy; en récompense de quoi la Paroisse de Vanves proche Paris fut augmentée par lui. En 1205 les Droits Curiaux sur la Chapelle de Vaudherland furent donnés par le même Evêque de Paris aux Prieur et Religieux de Dueil à condition que le Prêtre de Gonesse qui étoit à leur présentation en gouverneroit le peuple et recevroit les droits attachés au Service Curial. Robert, alors prieur de Dueil, s'étoit déja retenu le droit de bâtir à Vaudherland une Chapelle où deux Moines auroient fait l'Office, sauf le Droit Paroissial de Gonesse. Outre cela, à cette occasion Odon de Sully confirma au même Monastere de Dueil la dixme de Vaudherland avec celle de Gonesse, moyennant une redevance de bled qu'il se retint et qu'il assigna à l'Eglise de Sainte

Geneviéve. C'est ce qu'on lit avoir été ratifié dans le temps, ou même lorsque cela n'étoit encore qu'en projet, par Michel, Abbé de Saint Florent en Anjou et sa Communauté. *Cart. Ep. Paris. fol. 8.*

En tous ces Actes le lieu dont il s'agit est appellé en latin *Vallis Dellandi*, ou *Vallis Derlandi*, et même quelquefois *Villa Derlandi*. D'où il s'ensuit que c'étoit une Vallée et Domaine d'un Seigneur appellé plus anciennement *Herilandus*, car le nom *Dellandus* ou *Derlandus* est absolument insolite et inconnu. On aura d'abord dit, lors de l'origine de la langue romane, Vaul d'Heriland, dont par la suite on aura retranché l'aspiration et la lettre *i*, ce qui aura produit *Vau Derland*. Ce nom est encore plus altéré dans une charte de l'Abbaye de Livry ; on y lit qu'en l'an 1246, Jeanne, fille d'Henry de Montfermeil, donna aux Hermites du même village de Montfermeil des terres situées à Vaudernant. *Cartul. Livr. Charta 21.*

On ne sçait point précisément le temps auquel la Chapelle de Notre-Dame de Vauderland fut détachée de Gonesse et érigée en Paroisse. Il est certain que ce n'est pas avant la fin du regne de S. Louis, puisqu'elle ne paroit pas dans le rang des Cures de ce temps-là. Les plus anciens Catalogues où je l'ai trouvée est le Pouillé écrit vers 1450 où elle est dite *de Vallelandi* et appartenir quant à la nomination au Prieur de Dueil. Ensuite celui du XV siécle qui met *Valle Herlandi* : et les autres où le nom est souvent défiguré. Le bâtiment de l'Eglise qui subsiste, sur-tout celle de la Tour, fait voir qu'elle n'a pas été reconstruite depuis le XIII ou XIV siécle, mais seulement reparée et embellie.

Le dénombrement de l'Election de Paris compte à Vaudherland 30 feux, et le Dictionnaire Universel du Royaume y marque 198 habitans. Le terrain est de labourages. Le Roi est Seigneur de cette Paroisse.

L'Ordre de la Charité de Notre-Dame, espece de Freres Hospitaliers qui avoit commencé en Champagne sur la fin du XIII siécle, a eu dix-sept Maisons en France. L'une d'entre elles étoit à Vaudherland sous le Titre de S. Vincent. Elle subsistoit encore au XVI siécle. Le même Ordre étoit à Paris dans la Maison qu'on appelloit les Billettes. *Chastelain Martyrol. univ. Bimestre Janv. p. 33.*

GOUSSAINVILLE

Je n'ai trouvé aucune mention de ce Village avant l'an 832, auquel il en est parlé dans l'énumeration des biens de l'Abbaye de Saint Denis sous l'Abbé Hilduin et depuis en 862. Cette terre y est appellée *Gunsanevilla*. Quoique ce nom paroisse parmi les *Mabill. Diplom p. 520 et 535.*

terres de l'Abbaye, il ne s'ensuit pas de-là que ce Monastère fût maître de la terre en entier. On trouve quelquefois dans les Actes de partage des noms de terre dont ceux à qui ils échoient n'en ont qu'une portion. Au reste, quoique ce ne soit que depuis l'an 832 que la terre de Goussainville est connue, elle pouvoit exister sous ce même nom long-temps auparavant. M. de Valois observe judicieusement que *Gunsana* est le nom germanique d'une femme de la Nation françoise : cette terre pouvoit donc avoir appartenu à quelque puissante Dame françoise du VI ou VII siécle, et peut-être même à Chunsane, qui fut femme du Roi Clotaire premier : Car *Chunsana et Gunsana* est la même chose et l'on va voir par tout ce qui va être dit, que ce n'étoit pas une terre de peu de valeur.

La situation de Goussainville à quatre lieues et demie de Paris est sur le penchant d'un côteau qui regarde un peu le midi, et davantage l'orient ; le bas du vallon est arrosé de la petite riviere de Crould, dont les eaux viennent des environs de Fontenay et de Louvres, et qui forment des prairies assez belles. Il y a outre cela à Goussainville une Fontaine mémorable et qui a exercé la veine de plus d'un Poëte. Le pays n'est pas de labourages et de prairies seulement : il y a aussi des vignes. Les deux portes dont j'ai vu les restes démontrent que c'étoit un Bourg fermé. Dans le dénombrement de l'Election de Paris il est marqué que ce lieu contient 185 feux. Le Dictionnaire universel de la France y compte 600 habitans ou communians : mais le nombre est, dit-on, plus grand. Il y a en ce même livre une erreur plus considérable en ce qu'après avoir dit qu'on y fabrique beaucoup de dentelles, il fait un autre article de *Goussainville terre appartenante à M. le Président Nicolaï avec Justice et Châtellenie ressortissante directement au Parlement de Paris,* comme si c'étoit deux lieux différens, quoique ce soit le même.

La Cure de Goussainville est aussi mentionnée dans le plus ancien Pouillé Parisien, qui est du XIII siécle. Elle y est appellée en latin *Gonsenvilla*, et il y est spécifié qu'elle est à la nomination du Prieur de Conflans-Sainte Honorine, aussi-bien que dans celui qui a été écrit vers l'an 1450. Le Pouillé de 1626 la marque à la nomination du Chancelier de Notre-Dame de Paris, ce qui est une faute, et celui de l'an 1648, aussi-bien que le Pelletier dans le sien de 1692, la disent être à la présentation de l'Abbé du Bec. Il ne m'appartient pas de prononcer sur ces divers témoignages. Ce qui est sûr, est que l'on voit plusieurs autres Cures du Diocése de Paris que le Pouillé du XIII siécle assure être à la nomination du Prieur de Conflans, devenues aujourd'hui à la présentation de l'Abbé du Bec, dont le Prieuré de Conflans est une dépendance.

Aussi dans les anciens Registres celle de Goussainville est-elle telle ; je me contenterai de citer ceux des années 1496, 1511, 1518 et 1547. La Cure de Goussainville a été unie à celle de Tremblay sous le regne de Charles VIII, mais ce n'a été que pour un temps et en faveur d'un Curé seulement. *Reg. Ep. Par.*

Saint Pierre et Saint Paul sont patrons de l'Eglise de Goussainville. Cette Eglise est d'une architecture dans le goût de celle dont on bâtissoit sous Henri II il y a environ deux cens ans : aussi y voit-on en certains endroits la lettre H et des C entrelacés. Elle est toute voûtée et accompagnée de deux aîles, sans cependant qu'on puisse tourner derriere l'autel : elle finit en pignon, et n'a d'autres vitrages que celui du fond au-dessus de l'autel et ceux des deux collatéraux. Le retable du grand autel représente l'Histoire de la Passion ; et il y a au-dessus une crosse qui forme la suspension du saint Ciboire. La tour de pierre où sont les cloches est d'un temps beaucoup plus ancien que l'Eglise : elle m'a paru être du XIII siécle, et peut-être même est-elle de la fin du XII. On n'entre au reste dans cette Eglise que par une porte collatérale du côté du midi ; il n'y a pas de grand portail vers l'occident, l'emplacement du château en empêchant. La Dédicace de cette Eglise avoit été faite un Dimanche de Quasimodo ; mais sur la représentation d'Aymar Nicolaï, Seigneur, elle fut remise par acte du 18 Mars 1536 au premier Juillet[1]. En 1549 on permit de la remettre au premier Octobre, et enfin Jean Boisot, Curé, Proviseur du Collége d'Hebant, obtint en 1561 qu'à cause des semailles elle fut transferée au premier Dimanche d'Octobre. *Ibid.*

Dans le chœur, entre l'aigle et le sanctuaire, est une tombe presque toute effacée, sur laquelle cependant on aperçoit qu'elle couvre le corps d'un Seigneur décédé en 1518, et celui de Catherine de Montmorency, sa femme ; on reconnoîtra ci-après que c'est la tombe de Philippe d'Aunoy, Seigneur de Goussainville, marié en 1468. Dans le sanctuaire du côté gauche ou du nord, se voit une tombe fort élevée que Jean Nicolaï, premier Président de la Chambre des Comptes, fit placer en mémoire de son épouse décédée le 28 Mars 1597. *Mariæ Billiæ Corvillœæ..... liberorum octo, superstitum sex Matri, post unum et trigesimum ætatis annum, connubii nonum ac decimum..... vitâ functæ.* Outre le caveau qui est sous cette tombe, la famille de Nicolaï a encore d'autres sépultures dans la Chapelle de S. Nicolas qui est au bout du collatéral gauche ou septentrional. On y voit l'épitaphe de Jean-

---

1. Il est échappé à cette occasion une erreur au Secrétaire de l'Evêché : comme M. Nicolaï étoit qualifié Seigneur de S. Victor, qui est autre Terre que l'on nommoit avant Goussainville, il a cru que S. Victor étoit Patron de l'Eglise de ce lieu.

Aymar Nicolaï, Marquis de Goussainville, premier Président en la Chambre des Comptes, mort en 1737, âgé de 79 ans, avec un long éloge en style lapidaire ; plus, celle de Françoise-Elisabeth de Lamoignon, son épouse, décédée le 27 Avril 1733, âgée de 55 ans. On y lit aussi sur le marbre la fondation faite en 1696 de deux Sœurs Grises pour le soulagement des Malades de Goussainville et pour l'instruction des filles, par Marie-Catherine le Camus, premiere femme de ce premier Président Jean-Aymar Nicolaï, Seigneur du lieu.

Duchêne assure, dans son histoire de Montmorency (page 527), qu'Artus d'Aunay, Chanoine de la Sainte Chapelle, fils de Jean d'Aunay, dit le Galois, Seigneur d'Orville et de Goussainville, est aussi inhumé en cette même Eglise où il a ses armes qui sont l'écusson de Montmorency au canton dextre du chef et brisées au senestre des armes d'Isabeau de Rouvroy, sa mere, qui sont de sable à une Croix d'argent chargée de cinq coquilles de gueules.

Au commencement du XII siécle un nommé Gazon de Rurote jouissoit d'un fief sur l'Eglise de Goussainville, et il en devoit foi et hommage à Matthieu le Bel, fameux Chevalier de ce temps-là. *Cartul. S Dion. in Bibl. regia p. 213.* L'Acte de dénombrement que le même Matthieu donna à l'Abbé de Saint Denis en 1125 nous a appris ce fait, et il ajoute que Gazon n'avoit aucun droit sur l'autel ni sur la dixme, non plus que sur tout ce qu'Yves de Conflans avoit eu dans le même village du côté de sa femme.

L'Abbaye du Val, proche l'Isle-Adam, est l'une des Eglises qui a eu des premieres du bien sur le territoire de Goussainville. La charte de sa fondation qui est de l'an 1137 marque qu'un terrain *Gall. Chr. nova Instrum. col. 59.* dans ce lieu lui avoit été donné par Roricius, Seigneur du lieu. *Terra de Gunseivilla ex dono Roricii ejusdem Villæ Domini.* *Tab. Vallis.* Un titre de l'an 1146 fait consister le don de Reric en quatre charrues de labourage, ce que Rainaud, Comte de Clermont, confirma alors. On apprend par d'autres titres de cette maison aujourd'hui possédée par les Feuillans de Paris, que les Religieux firent depuis des acquisitions dans le même lieu. En 1233 le Couvent du Val promit de payer la dixme à celui des Chanoines de Notre-Dame de Paris qui auroit sa Prebende ou son revenu à *Ibid.* prendre à Goussainville ; et en 1238 il y acheta de Renaud *de Gunsonvilla*, Ecuyer, un bois dit situé *juxta Essarta de Monther-* *Hist. Eccl. Par. T. II, p. 144.* *lon.* Ce que je viens de dire sur le Chanoine Prébendier de Goussainville demande à être développé. Gerard du Bois, en son Histoire de l'Eglise de Paris, se contente de dire en une simple *Ex magno Past.* ligne à l'an 1189 : *Tertia pars hujus Villæ datur Ecclesiæ Pori-* *in Bibl. reg.* *siensi.* Mais dans les Recueils du sieur de Gagnieres on voit qu'en cette année ce fut Robert, fils de Guillaume de Goussainville, qui donna au Chapitre de Paris le tiers des dixmes de sa terre, et que sur la fin de cet Acte scellé par Hilduin, alors Chancelier de Notre-Dame, il y a *Tota vicia, totum foragium, omnes triturantes et trahentes pertinent ad dictam Decimam. Horum omnium medietatem quittavit nobis.* La vente faite par Robert de Goussainville fut approuvée en 1203 par Gui le Bouteiller du Roi, de qui cette dixme étoit mouvante. Un autre fils de Guillaume de Goussainville, nommé *Gaco* ou *Gacho*, avoit pareillement vendu au Chapitre de Paris ce qu'il avoit dans les mêmes dixmes; c'est ce qui s'infere de l'approbation de cette vente donnée en 1200 par sa mere, Mahaud de Goussainville, remariée à Pierre Lescart et par les ratifications que Jean de Beaumont en accorda comme Seigneur suzerain de cette portion. M. du Pré de Saint Maur a cité dans son nouveau livre sur l'évaluation des denrées un article des Registres du Chapitre de Paris de l'an 1534 touchant ces dixmes de Goussainville. Enfin ce droit de dixme appartenant aux Chanoines de Notre-Dame de Paris est reconnu jusques dans les titres du Prieuré de Conflans-Sainte-Honorine, par lesquels on apprend que la dixme que ce Prieuré a à Goussainville est partagée avec ce Chapitre.

Magn. Past. Paris. fol. 113.

Portef. Gaign.

Ces dons, ventes ou autres aliénations m'ont fourni l'occasion de nommer plusieurs Seigneurs de Goussainville. On peut en donner une suite plus complete par le moyen des anciens titres. On a vu ci-dessus que Roricius en étoit Seigneur en 1137 et 1146. J'ai trouvé dans une Charte de l'Evêque de Paris Maurice de Sully, de l'an 1173, *Roricus miles de Gunsavilla.* Au Cartulaire de Ste Geneviéve de Paris est nommé, à l'an 1221, *Gacho miles de Gosseynvilla.* C'est Herbert, Abbé de ce Monastere, qui le quitte d'un sextier de bled qu'il devoit par chaque année à l'Eglise de Roissy en France, en considération d'un arpent de terre assigné à Roissy par Philippe, Seigneur du lieu. *Gacho* vivoit encore en 1230. Vers le même temps vivoit un Raoul ou Radulfe de Conflans, Chevalier, qui se qualifie Seigneur de Goussainville dans une déclaration qu'il donne que Guillaume, Chevalier, Hugues, Gerard et Dreux ses freres n'ont rien dans le fief de Goussainville. En 1247, un titre de l'Abbaye de Chaalis fait mention de Guyard *de Guossenvilla.* En 1254, Thibaud *de Gonseinville,* Chevalier, fit un échange de biens au territoire de la Garde. On lit dans un Registre du trésor des chartes, que le Roi Philippe de Valois étant redevable d'une somme de 2000 livres à Charles, Seigneur de Montmorency, lui donna à prendre une partie de cette dette sur la somme que le Seigneur de Goussainville lui devoit pour une amende. Cet acte est daté de Paris le 7 Février 1331. On y lit aussi qu'en 1332 tous les biens de ce Seigneur situés non-

Tabul. Caroli loci.

Cartul. S. Gen. p. 237.

Voyez sur Conflans-Sainte Honorine.

Tab. Vallis. Gaignieres, p. 146 sans date.

Tab. Caroli Gaign., p. 376. *Tabul. Vallis.* p 160.

Hist. de Montm. Preuv. p. 142.

seulement à Goussainville, mais encore à Meudon, Attainville, Lusarches et Fontenay, lui furent adjugés. Ce Seigneur de Goussainville condamné à une amende envers le Roi se nommoit Gui. Il vivoit encore en 1343. Geoffroy des Essarts avoit acheté dès l'an 1331 ce qu'il avoit aux Fosses, proche Louvre. Ses enfans, Guillaume et Agnès, ne se rendirent point faciles envers Matthieu de Montmorency, à qui Charles son frere avoit cédé les droits qui lui venoient du Roi, et ne souffrirent qu'avec peine que cette branche de Montmorency prît le titre de Seigneur de Goussainville. Cela paroît par un ajournement en Parlement que leur fit faire Jean de Billy, Ecuyer, en 1365 [1]. Agnès de Goussainville fut mariée à Philippe de Trie, Seigneur de Mareuil et de Fontenay. Philippe et sa femme vendirent leur terre de Goussainville à Philbert Paillard, Président au Parlement et à Jeanne de Dormans, sa femme. Ce Philbert mourut en 1387. Sa fille, Jacqueline Paillard, eut une partie de Goussainville et la porta en mariage, l'an 1403, à Charles d'Aunay, Seigneur d'Orville et de Villeron ; l'autre portion étoit possédée par Guillaume de Dormans, Evêque de Meaux, en 1390, puis Archevêque de Sens. Jean d'Aunay, fils de Charles et époux d'Isabeau de Rouvroy, eut la moitié de Goussainville, avec celle d'Orville. L'Abbaye du Val lui donna en 1439 la déclaration de ce qu'elle avoit à la Grange de Noues.

Son épitaphe qu'on dit être dans la Chapelle du Collége de Beauvais à Paris, le qualifie Chambellan du Roi, et dit qu'il mourut le 8 Novembre 1489.

Les contestations entre les héritiers de Gui de Goussainville fondus dans la maison d'Aunoy d'Orville, et une branche de Montmorency, avoient duré près de six-vingt ans. Chacun se disoit de son côté de pere en fils Seigneur de Goussainville. Jeanne Braque, veuve de Matthieu de Montmorency, vers l'an 1414 s'en qualifia Dame au moins jusqu'en 1424, puis son fils, Charles de Montmorency. Enfin, tous ces Co-Seigneurs se réunirent en 1468, par le mariage de Catherine de Montmorency, fille de Charles, Connétable de France, avec Philippe d'Aunoy, fils de Jean. Philippe qui est nommé Seigneur de Goussainville encore en 1510, dans le Procès-verbal de la Coûtume de Paris de cette année-là, eut plusieurs enfans ; mais la Seigneurie de Goussainville échut à Antoine, Chanoine de Beauvais et de Laon, qui la donna en 1527 à Anne Baillet, sa niéce, fille de Thibaud Baillet, Président au Parlement et de Jeanne d'Aunay, lorsqu'elle fut mariée à Aymard Nicolaï, Seigneur de Saint Victor, premier Président de la

---

1. Guillaume de Goussainville, Ecuyer, est mentionné en 1365, dans un Titre de l'Abbaye du Val. *Tab. Vall. Gaignieres, p. 338.*

Chambre des Comptes. Cette Anne Baillet est encore nommée Dame de Goussainville dans le Procès-verbal de la Coûtume de Paris en 1580. Antoine Nicolaï fut Seigneur de Goussainville après Aymar son pere, et pareillement premier Président en la Chambre des Comptes. Jean, fils d'Antoine, succeda à la charge et à la terre. Ensuite Antoine, fils de Jean, et ainsi jusqu'à nos jours cette terre est dans la même famille. Elle a été érigée en Marquisat l'an 1645. Les Lettres furent registrées en Parlement le 6 Septembre. D'autres Lettres Patentes registrées le 5 Mai 1701 en faveur du Marquis de Goussainville, premier Président en la Chambre des Comptes, portent que cette Terre et Seigneurie n'est pas comprise dans la Capitainerie de Livry. Jean-Aymar Nicolaï, premier Président en la Chambre des Comptes et Possesseur de ce Marquisat, est décédé le 6 Octobre 1737, âgé de 79 ans. Le fils, revêtu de la même charge, a succédé dans la Terre de Goussainville. Reg. Parl.
D. Ogier. Abbr.
vol. XII.

Ibid. T. LVII
vel CXVII.

Merc.
Octob. 1737.

Selon les anciens Registres de l'Evêché, un nommé Nicolas le Myre fondant une Chapelle de S. Sauveur à S. Eustache de Paris, a voulu que la présentation du Chapelain fût attachée au Seigneur temporel de Goussainville. Nicolas d'Aunoy est dit y avoir nommé le 3 Mars 1521, et Aymar Nicolaï le 23 Octobre 1533.

Quoiqu'outre ce Goussainville il y en ait un autre situé au Diocése de Chartres dans l'Election de Dreux, je ne fais aucun doute que les Chanoines de Notre-Dame de Paris qui ont porté le nom de Goussainville au XIII siécle ne fussent natifs ou originaires de celui-ci, et probablement des fils du Seigneur. Herbert de Goussainville, Chanoine de Notre-Dame de Paris, fut subdélégué en 1231 par les Commissaires du Pape pour la réforme des Chanoines de Saint Paul dans la Ville de Saint Denis. Il fut aussi Chapelain de l'Evêque de Paris vers l'an 1260 ou 1270, c'est-à-dire comme Pénitencier. Son anniversaire est au Nécrologe de Paris au 2 Juillet. Le même manuscrit marque pareillement au 3 Novembre celui de Robert de *Gonseinvilla,* Chanoine de Notre-Dame. Hist. de S. Denis
p. 226.

In Bibl. regia.

Au dernier siécle sortit de ce lieu Nicolas Guerin, qui devint Docteur de la Maison et Société de Sorbonne, et mourut Curé d'Ermenouville le 28 Août 1652. Je tire cela d'une inscription sur le marbre, placée dans la nef de Goussainville par ordre d'Elie du Fresne, Docteur, Curé de Gonesse.

J'ajouterai touchant cette Paroisse ce qu'en a écrit le célèbre Medecin Pierre Petit dans le siécle dernier à la tête d'une piéce de vers imprimée, qu'il adresse *Henrico citadino suo,* et je le donnerai dans ses mêmes termes :

In agro Parisiaco ad octavum circiter ab urbe lapidem suburbanum est amplum, nobile, opulentum, nec minus amœnum nomine

Gossinvilla. Pagus ejusdem nominis adjacet, incolis frequens, Domino inclytus. In eo suburbano fons oritur non fertilitate modo quam præstat regioni sed etiam usu præcipuo memorandus. Si verum est non posse aliis aquis laudatissimum illum panem confici quem ab oppido Gonessa Gonessiacum vulgo nuncupamus, Eam nunc proprietatem seu verè seu falso creditam sed tamen creditam versibus celebrare visum est.

Plus bas il ajoute :

Serrarius in suo Agriculturæ Theatro autor est Pistores Gonessæ super commendata panis illius bonitate publice aliquando interrogatos, communi sententiâ respondisse ejus bonitatis aquarum quibus uterentur ingenio esse adscribendam.

Pierre Petit rapporte ensuite à quelle occasion il composa ce Poëme. Dans une conversation on avoit fort parlé de la Fontaine de Baville [1], en présence de M. Nicolaï, Seigneur de Goussainville. Ce Seigneur dit qu'il avoit sur son territoire une Fontaine qui avoit bâti Gonesse, et qui restoit inconnue parce qu'elle n'avoit pas encore trouvé de Poëte qui eut entrepris d'en faire l'éloge. A l'instant le même Pierre Petit prit la résolution de la célébrer dans le public lorsqu'il l'auroit visitée ; et après s'y être transporté il composa un Poëme de quatre cens vers ou environ intitulé *Fons Gossinvillæ,* seu *Gonessiades limphæ*. Il commence ainsi :

Est mihi fas grandes paulum intermittere curas
Sæpe quibus Lodoïce tuos non segnis honores
Gentibus ostendi.

Comme cette Fontaine s'appelle *la Fontaine des Puisarts,* il l'apostrophe quelquefois sous ce nom, page 3 :

Dum prata et rivos sector Puisartia Nympha,
Quos salices interglaucas et amœna vireta,

etc. page 11 :

Salve formosum numen Puisartidis undæ.

Le dernier vers finit ainsi :

..... Alma tuum Terra audiat undique nomen.

Les Editeurs de Moreri n'ont point connu cet ouvrage de Pierre Petit ; au moins ils n'en font point mention à son article. M. Moreau de Mautour a trouvé cette Poësie si bien faite qu'il l'a

---

1. On la trouve au sortir de Goussainville en allant à Louvre à main droite après qu'on a passé un pont. Elle est voûtée.

mise en vers françois adressés à M. Nicolaï, premier Président en la Chambre des Comptes. Elle a été imprimée à Paris en 1699 chez Mazuel.

. Ceux qui soutiennent que c'est le bon bled qui fait le bon pain ne conviendront pas de la vertu qu'on attribue à l'eau de la Fontaine des Puisarts. D'ailleurs l'on assure que les Boulangers de Gonesse ne vont point chercher de cette eau pour faire leur pain.

LOUVRE

Ce n'est point dans les ouvrages fabuleux tels que ceux dont s'est servi Raoul de Prêles sous le regne de Charles V, qu'il faut chercher l'antiquité de Louvre. Cet écrivain voulant faire parade d'érudition pour le temps auquel il vivoit, a mis dans une de ses Notes sur la Traduction des livres de S. Augustin de la Cité de Dieu, au Chap. XXV, que Louvre en Parisis est l'un de ces lieux que les Sicambres avec Ybon, leur Duc, édifierent en même temps que Lutece, Cormeil, Roissy ; et cela huit cent trente ans avant la venue de Jesus-Christ. Ce trait est bon pour ceux qui veulent se repaître de fables. C'est bien assez que de pouvoir dire de Louvre qu'il existoit un peu avant la fin des persécutions de l'Eglise, puisque S. Justin y a souffert le martyre : *In territorio Parisiacensi in ipso loco qui dicitur Lupera, passio S. Justini Martyris*, disent les premieres copies du Martyrologe Hieronymique au premier Août. Mais dans ces temps réculés il ne faut pas borner l'étendue du territoire de Louvre à celle qu'il a aujourd'hui. C'étoit alors la derniere bourgade du Parisis de ce côté-là, mais dont le terrain comprenoit au moins en partie la haute montagne dite Montmelian.

Radulph. de Pratellis. de Civit. Dei.

Il reste outre cela une tradition que S. Rieul venant de Paris à Senlis pour y annoncer la foi, s'arrêta à Louvre parce qu'on y adoroit une Idole de Mercure ; qu'il la toucha de son bâton prononçant le nom de Notre Seigneur, et qu'à l'instant elle tomba : qu'il instruisit quelques Payens en ce lieu et leur confera le Baptême : et que c'est en mémoire de cet Apostolat de S. Rieul qu'il y a encore dans ce lieu une Eglise qui porte son nom avec celui de la Vierge, et que l'on y solemnise sa Fête. Cette Eglise est contiguë et collaterale à celle de Saint Justin. Quoique je ne donne pas cette Histoire de S. Rieul pour aussi authentique que l'est le Martyrologe de S. Jerôme, je ne crois pas cependant qu'on doive la mépriser ; on la trouve marquée dans les Actes de ce

Saint; mais comme il y est parlé de montagne et qu'à Louvre il n'y a pas de montagne remarquable, il y a plus lieu de croire que c'est de celle qu'on appelle Montmeillan qu'il faut entendre cette prédication. Le territoire de Louvre devoit s'étendre jusques-là.

Une autre preuve de l'antiquité de Louvre se tire du testament de Ste Fare, Vierge et Abbesse au Diocése de Meaux, dans le VII siécle. Elle y déclare qu'elle avoit du bien considérablement en ce lieu et même une partie de la Terre, venant apparemment d'Hagneric, son pere, l'un des principaux de la Cour de Theodebert, Roi d'Austrasie, et elle y marque que du consentement de ses freres Chagnou et Faron [1] et de sa sœur Agnetrude, elle donne cette portion de Louvre au Monastere d'Eboriac qu'elle avoit fondé au Diocése de Meaux. *Dono dulcissimis germanis meis faventibus Chagnulfo, Burgundofarone et Agnetrude portionem meam de Villa vocabulo Luvra sitam in pago Parisiaco.* Au IX siécle, on comptoit parmi les villages où l'Abbaye de Saint Denis avoit du bien, une Terre dite en latin *Latvero*. Et Dom Félibien a mis en marge de l'Acte qui en fait mention que c'est Louvre; ce que je penserai volontiers comme lui, pourvu qu'on lise dans cet Acte *Lovero*, venant de *Loverum;* car *Latuerum* ne feroit qu'obscurcir l'étymologie de ce lieu, et *Loverum* peut servir à la développer. Je ne parle point de la charte de Sauvegarde attribuée au Roi Dagobert, où Louvre est reconnoissable dans le mot *Luvera*.

M. de Valois méprise avec grande raison l'imagination de du Haillan, que le mot de Louvre en général est comme qui diroit *le Travail*, en regardant la premiere lettre du mot comme un article, ensorte que ce terme signifieroit *l'Œuvre* par excellence. Quelques modernes ont suivi le même sentiment; mais il faut préférer celui de M. de Valois qui assure que cette expression vient de quelque ancienne langue. Sauval a peut-être bien rencontré lorsqu'il avance, sur le témoignage d'un vieux Glossaire Latin-Saxon, que Leovar y est rendu par *Castellum*. Ainsi le nom de Louvre n'auroit aucun rapport avec le substantif latin *Lupus*, et ceux qui l'ont latinisé en *Lupera* auroient mieux fait de mettre *Lovera*, ou bien *Luvera*.

Au reste on ne connoît dans la France aucun lieu qui porte le nom de Louvre après le Bourg en question, qu'un quartier de Paris sur la Paroisse de Saint Germain l'Auxerrois, lequel avoit ce nom sous le regne de Philippe-Auguste et qui l'a donné au célébre Château qui y a été bâti. On trouve bien au Diocése de

---

1. Si l'on s'en rapporte au texte latin qui suit, il serait préférable de lire : « Du consentement de son frère Chagnoulf, faron (c'est-à-dire noble) de Bourgogne et de sa sœur Agnetrude, etc. » (*Note de l'Editeur.*)

Cambrai un Louvroil qui paroît être un diminutif de Louvre; au Diocèse d'Amiens, Louverchies qui est le mot de Louvre allongé, et d'autres semblables; mais le Village de Louvre devenu maintenant Bourg, est le seul de son nom dans le Royaume. On pourroit m'objecter que selon certains Actes du martyre de S. Just, il y avoit un lieu de ce nom de *Lupera* au Diocése de Beauvais, et que c'est aujourd'hui la petite Ville de Saint Just sur la route de Paris à Amiens; mais je suis persuadé que ce n'est que dans des copies récentes de ces Actes, que l'on a mis *Lupera* en place de l'ancien nom qui étoit *Sinomovicus*, car c'est ainsi que j'ai lu dans les plus anciens Actes manuscrits de ce Saint qui me soient tombés entre les mains: *Ibi est locus antiquâ appellatione Sinomovicus, ubi* *Fons dictus Sirica exoritur, cujus decursum Araïœ rivus excipit,* et il n'y a pas un mot de *Lupera*. <small>Cod. Bibl. Reg. Bibl. B. M. Par.</small>

Louvre est à cinq lieues de Paris, à moitié chemin de Senlis et sur une des grandes routes de Picardie, presque tout-à-fait au nord de Paris. La plus grande partie du territoire est en labourages; il y a néanmoins quelques vignes en tirant vers Goussainville. La situation du Bourg est sur un côteau en pente douce vers le midi. Le grand chemin forme la principale vue de ce lieu, ensorte qu'en allant à Senlis on trouve des maisons à droite comme à gauche, et même l'Hôtel-Dieu dont l'édifice peut avoir cinq cens ans, est à droite; mais les deux Eglises dont je parlerai ci-après sont à gauche, c'est-à-dire dans le côté occidental, que je crois avoir été originairement le seul peuplé; ensorte que, selon ma pensée, avant qu'on se fût rapproché du grand chemin et qu'on se fût mis en état d'être fermé de murs, il y auroit eu des maisons jusqu'au Château d'Orville, duquel on voit aujourd'hui les restes à un quart de lieue du Bourg, vers le couchant. Suivant le dénombrement de l'Election de Paris de l'an 1709, il y avoit alors dans Louvre 190 feux, ce qui selon l'évaluation du Dictionnaire Universel de la France formoit 565 habitans. Le dernier dénombrement du Royaume marque à Louvre 125 feux.

Il y a dans ce Bourg deux Eglises paralleles qui ne sont séparées que par un passage. La plus ancienne et qui est située un peu plus sur la pente est celle de Saint Rieul, *S. Rogulus*. Elle est petite. Sa construction paroît être de la fin du XI siécle ou du commencement du suivant. Les gens du lieu la croyent si vieille qu'ils se sont imaginés que telle qu'elle est, elle servoit de Temple aux Payens. C'est sur cette Eglise qu'est construite une belle tour de pierre dont le travail est du XII siécle, et qui est apperçue de loin à cause de son élévation. Le portail est aussi orné de sculptures qui ressentent le XII siécle.

Un peu au-dessus de cette Eglise, eu égard au terrain qui monte, est l'Eglise Paroissiale du titre de S. Justin, Martyr du lieu. Elle a à l'occident un portail qui paroit être du même temps que celui de l'autre Eglise. On y voit aussi vers l'autel quelques piliers qui sont du XIII siécle. Il n'y a rien d'ancien dans le reste, qui paroît être un gothique moderne enté sur le vieil édifice. Il y a deux collatéraux fort larges; mais le tout se termine en quarré ou en pignon vers l'orient où est la grande vue; cet édifice est sans clocher, la sonnerie étant sur l'autre Eglise.

On possède dans cette Eglise de S. Justin quelques Reliques du Patron qui furent tirées de sa châsse conservée à Notre-Dame de Paris, non par Jean-François de Gondi, premier Archevêque, sous le regne de Louis XIII, ainsi que l'ont écrit MM. de Tillemont et Baillet, mais par l'Evêque de Paris Pierre de Gondi, l'an 1571, suivant le certificat qui accompagne ces reliques, dont voici la teneur :

Ista portio Capitis divi Justini martyris et una de costis sacri Corporis ejusdem sancti in insigni Ecclesia Parisiensi quiescentis, fuerunt datæ et concessæ venerabili Curato Ecclesiæ Parochialis dicti sancti Justini de Lupera Parisiensis Diocesis et devotis Habitantibus Parochianis dicti loci, per Reverendum in Christo Patrem et Dominum D. Petrum de Gondy Episcopum Paris. de consensu et liberalitate Venerabilium Dominorum Capituli dictæ Paris. Ecclesiæ de reliquiis dicti sacri Corporis in sua capsa repertis; anno Domini millesimo quingentesimo septuagesimo primo die octava mensis Junii, Signé, HATON, *dicti Domini Petri Episcopi Secretatius, et de ejusdem Mandato,* ROUSSE, *Notarius Capituli Parisiensis, et de Mandato Dominorum dicti Capituli.*

Il résulte de cette attestation que l'on ne peut pas dire que la tête de S. Justin eût été portée à Auxerre, ainsi que l'Histoire l'assure.

Quoique le tombeau de ce Saint ait dû être autrefois à Louvre, puisqu'il fut martyrisé en ce lieu, on n'en a aucun souvenir, non plus que du temps auquel il fut tiré de ce tombeau, et de celui auquel il fut porté à Paris. On croit que ce fut du temps des Normans. Il paroît que le sépulcre de ce Saint a dû être à l'endroit où est l'une ou l'autre des deux Eglises. La banniere de la Paroisse représente la Sainte Vierge, S. Rieul, Evêque de Senlis, et S. Justin enfant entre les deux.

Après tout ce que je viens de dire qui fait connoître deux Eglises subsistantes à Louvre depuis six à sept cens ans, il est étonnant qu'il ne soit jamais fait mention que d'une seule dans les titres, au moins dans ceux du Prieuré de Saint Martin des Champs publiés par Marrier. Une Bulle d'Urbain II de l'an 1097, marque parmi ses possessions *Ecclesia de Loveriis.* Guillaume, Evêque de Paris, donne l'an 1098 à ce Monastere, entre autres choses,

deux parties de l'autel de Louvre, *duas partes altaris villæ quæ* Hist. S. Mart.
F. 477.
dicitur Luveris. Gallon, autre Evêque de Paris, lui donne
l'an 1107 quatre autels : *Quartum in villa quæ Luvriacus vocatur* Ibid., F. 497.
in honore sancti Justini consecratum. Une Bulle de Calixte II de
l'an 1119, où les biens de ce Prieuré sont énoncés, met : *Apud* Ibid., F. 157.
Luvram in Parisiaco Ecclesiam cum atrio. Celle d'Innocent II de
l'an 1142, renferme les mêmes termes. Dans celle d'Eugene III Ibid., F. 171.
de l'an 1147, qui entre dans le même détail, il y a *Apud Luvras*
Ecclesiam cum atrio et decima. Dans la charte de Thibaud, Ibid., F. 180.
Evêque de Paris, donnée pour confirmer les mêmes biens vers
l'an 1150, on lit : *Ecclesiam de Lupera, cum atrio et tertia parte* Ibid., F. 186.
decimæ et duabus partibus minutæ decimæ et appenditiis suis.
Il n'est pas à présumer qu'il y eut alors deux Eglises à Louvre,
surtout si proche l'une de l'autre. Il est bien plus vraisemblable
que l'Eglise de Saint Justin étoit dans le XI et le XII siécle celle
qu'on appelle aujourd'hui de Saint Rieul : mais que s'étant trouvée
trop petite pour contenir les habitans dont le nombre étoit augmenté, on en avoit bâti tout auprès, au XIII siécle, une autre
plus vaste, et qu'en abandonnant l'ancienne comme trop petite, on
y aura érigé un autel du titre de S. Rieul pour ne pas avoir deux
Eglises de Saint Justin dans le même lieu.

Aussi les plus anciens Pouillés de Paris sont-ils d'accord avec
les nouveaux pour ne marquer qu'une Cure à Louvre, laquelle ils
disent être à la nomination du Prieur de S. Martin, excepté celui
du sieur Le Pelletier de l'an 1692, qui la dit faussement à la nomi-
nation de l'Abbé de S. Denis. Celui du XIII l'appelle *Ecclesia de* Cartul. S. Dion.
Reg. col. 363.
Lovres. Dans un Acte que G., Archidiacre, y termina le Jeudi après
Pâques 1230, où *M. Presbyter de Luperis* est nommé comme
témoin, il y a *Actum apud Luperas.* Le Pouillé du XV siécle met :
Curatus de Luparis, et le revenu y est marqué de cinquante livres,
ancienne estimation. Car cent ans après, elle valoit quatre cens
livres au dire des habitans. On étoit en 1562, dans le temps des
guerres des Calvinistes, et plusieurs Curés ne résidoient point.
Les habitans de Louvre exposerent au Parlement que quoique
leur Cure fût opulente et de valeur de 400 livres, y ayant six
muids de bled, froment de France, et dix-huit septiers de grains
d'autre, avec un porc gras, sans le casuel ni les rentes en deniers,
François Gentils s'en disant pourvu recevoit depuis deux ans sans
résider, commettant un Vicaire incapable et qui exigeoit des
droits aux Baptêmes. Le Parlement en fit parler à l'Evêque de Reg. Cons. Parl.
3 Mars 1562.
Paris et lui nomma un bon Vicaire.

On ne voit dans cette Eglise aucune ancienne sépulture remarquable. M. le Feron, Président honoraire au Parlement de Paris
et Seigneur de Louvre, étant décédé en son château le 3 Juin 1742,

y a été inhumé dans un caveau de la Chapelle S. Nicolas à côté de l'autel, vers le midi.

Voici une épitaphe qui se lit à Louvre où elle a été mise par les soins d'un nommé Regnault qui avoit survécu à ses deux freres, Claude et Jean, décédés en 1617, l'un le 15 Mars, l'autre le 31, le premier âgé de 58 ans et l'autre de 43 :

« Deux freres sont gisans près de cette escripture
« Qu'en un mois la mort a de ce monde emblé
« Envieuse que l'ung faisoit croistre le blé
« L'autre alloit retardant l'affreuse sépulture :
« L'un cultivoit les champs,
« L'autre artistement
« Aux corps passionnés de mainte maladie
« Par remedes esquis en prolongeoit la vie,
« Ou pour le moins aulx maulx donnoit soulagement. »
En Mars fut de tous deulx en même année
Et le cours la fleur de l'âge terminée.

Le portail de l'Hôtel-Dieu de Louvre désigne assez par sa construction que cette maison a été bâtie au XIII siécle et apparemment dans le temps de la fondation de l'Aumône de pain qui se fait chaque année dans ce Bourg. Il y avoit en cette Maison-Dieu, l'an 1351, des Freres placés par l'Evêque de Paris et des femmes. On y déclara alors au Visiteur envoyé par lui, que cette Maison avoit quarante-deux arpens de terre et deux arpens de vigne.

Lib. Visit. an. 1351.

En 1435 Nicolas Fraillon, Archidiacre, mit en possession de la Chapelle Foulques Guillet, Prêtre, pourvu par l'Evêque *pleno jure*.

Tab. Ep. Paris. in Spir.

En 1474, le 29 Mai, Guillaume Chartier, Evêque de Paris, confirma l'administration de ce lieu à Antoine Houzé, le 7 Juin 1561. L'Evêque, en continuation du droit d'y commettre, y proposa Pierre Boucher et Justin Gosse y demeurans.

Reg. Ep. Paris.

Ibid.

L'Aumône de pain dont je viens de parler est fondée sur une donation de plus de soixante et dix arpens de terre situés en différens lieux de la Paroisse de Louvre, qu'on assure avoir été faite par la Reine Blanche, mere de S. Louis, et par Philippe le Bel, petit-fils de ce saint Roi. La régie de ces terres produit cinquante-cinq septiers de bled par chaque année. La distribution de la principale partie de ce revenu se fait en pain le jour de la mi-Carême, à tous les pauvres qui se présentent, tant du lieu que des environs. Il s'est élevé une contestation dans ces derniers temps, touchant le cérémonial de cette distribution, mais cela ne regarde point l'historique auquel je me borne.

Mem. impr.

La Leproserie de Louvre est un autre établissement pieux.

Cette maison paroît avoir été fondée au XIII siécle à une portée de fusil du Bourg sur le chemin de Senlis. Elle est connue dès l'an 1241, auquel tems Guillaume, Evêque de Paris, convint avec le Prieur de Saint Martin que l'on n'y établiroit pour Chapelain qu'un Religieux Hospitalier, sauf le droit Paroissial; et que, si le cas arrivoit qu'il fallut y constituer pour Chapelain un Prêtre séculier, il seroit à la nomination du Prieur de S. Martin de même que la Cure. Cette Maladerie n'étoit tenue de prendre des malades que de Louvre seulement. Celui qui la visita en 1351 de la part de l'Evêque, a marqué dans son Registre qu'elle avoit alors cinq arpens de terre à Sorvilliers et dix-neuf à Louvre. Cette Maladerie est encore à présent au rolle des décimes. Elle est aussi figurée dans la carte de de Fer. *Hist. S. Mart. p. 499.* *Reg. Visit. 1351, fol. 27.*

Saint Nicolas des Cocheries étoit reputé dans le XV siécle être sur la Paroisse de Louvre, quoiqu'il soit proche Montmeillan. Cette Chapelle est ainsi denommée dans un Acte de permutation du 15 Décembre 1478. *Capellania S. Nicolai de Coscheriis infra metas Parochiæ de Luperis.* J'en parle plus au long à l'article de Montmeillan. *Reg. Ep. Paris.*

Pour ce qui est du Temporel de Louvre, on n'en trouve rien avant le XII siécle. Il y avoit des Seigneurs laïques : ils ne sont pas venus à notre connoissance. Ce qui se présente d'abord, est que l'Abbaye de Saint Lucien de Beauvais y avoit du terrain et du revenu, et qu'elle le donna en 1161 au Prieuré de Saint Martin des Champs pour des biens situés en Picardie. Ce que ceux de S. Lucien donnerent n'est pas exprimé : il falloit que ce fût peu de chose, puisqu'ils s'obligerent de faire à ceux de Saint Martin un supplément annuel en argent. Je ne déterminerai point la quotité du revenu que nos Rois avoient à Louvre, n'en restant point d'enseignemens. On sçait seulement qu'au XII siécle ils y avoient des hôtes, et outre cela un droit d'avoine. Philippe-Auguste en fit le transport avec cinq Seigneuries considérables situées ailleurs, l'an 1195, à Richard de Vernon et son fils, en récompense de la cession qu'ils lui avoient faite de Vernon et Longueville avec leurs dépendances. L'acte d'échange ne dit point le nom du fils de Richard de Vernon. Peut-être est-il ce Jean de Vernon dont on a cité dans une charte de l'an 1232 la donation faite aux Religieux de Saint Martin des Champs de tout le droit qui pouvoit compéter à ce Jean au Four de Louvre. Selon un Acte rapporté par Doublet, l'Abbaye de Saint Denis avoit aussi à Louvre en 1308 un territoire et une Justice. *Hist S. Mart. Camp. p. 192.* *Ampl. Collect. T. I.* *Mem. du Prieur de S. Martin de l'an 1741, p. 2.* *Hist. de S. Denis p. 944.*

Plusieurs cartes des environs de Paris, celle de de Fer entre autres, et celle de de l'Isle marquent non-seulement Orville au couchant de Louvres, elles placent encore entre Orville et Louvre un lieu dit Secretain. Ce dernier lieu porte apparemment ce nom par rapport au Sacristain de Saint Martin des Champs dont cette glebe formoit la mense ou en faisoit partie. On fit imprimer en 1741 un long mémoire sur les droits de ce fief, auquel je crois devoir renvoyer ceux qui seront curieux de les connoître. Ce fief au reste ne forme pas la sixiéme partie de la Paroisse.

<small>Mem. chez Dumesnil.</small>

Orville étoit un Fief très-ancien avec un Château dont on ne voit plus que les ruines [1]. Dès l'an 1198 il y avoit un Reric d'Orville dans la censive duquel étoit le vignoble de Balemont. Gui d'Orville et Eustache son frere, Chevaliers, cederent en 1236 à l'Abbaye de Sainte Geneviéve des vignes situées à Auteuil. Robert d'Orville, Chevalier, est connu par sa veuve Mathilde qui vendit à l'Abbaye de Saint Denis le fief *de Mareschaucia*, dont Alexandre d'Orville, Clerc, et Jean d'Orville, Ecuyer, ses fils, furent garants en 1260. Dans les titres que je cite, ce lieu est dit indifferemment *Orvilla, Aurivilla, Urvilla*.

<small>Cartul. Caroli loci.</small>
<small>Cart. S. Genov. p. 245.</small>
<small>Cartul. S. Dion. Reg. p. 243.</small>

Je sçai que dans les temps de nos premiers François quelques Fontaines célébres dans le Royaume étoient appellées *Ur*: seroit-ce relativement à quelque source de la riviere de Crould, que le lieu voisin auroit été appellé Ourville? En 1374 la Seigneurie d'Orville appartenoit à Robert d'Aunoy dit le Gallois, Chevalier, Grand Maître des Eaux et Forêts. Elle passa ensuite à Charles son fils, qui épousa Jacqueline de Paillard en 1463. Jean d'Aunoy leur fils, outre la Seigneurie d'Orville, se dit aussi Seigneur de Louvre et assigna sur cette double terre, l'an 1468, comme étant son propre héritage, la sureté d'une rente conjointement avec Isabelle de Rouvroy, son épouse. Il mourut en 1489. Ce fut de son temps, sçavoir en 1438, que les Anglois s'emparerent de son château qui étoit resté sans défense, parce qu'il n'avoit pas voulu payer les gardes. Sa femme fut prise et emmenée à Meaux, qui leur appartenoit encore.

<small>Hist. de Montm.</small>
<small>Ibid. Preuv. p. 336.</small>
<small>Journal du reg. de Ch. VII, p. 175.</small>

Philippe d'Aunoy, fils aîné de Jean, épousa en 1468 Catherine de Montmorency, et eut, entre autres biens, Orville et Louvre; après lui Artus d'Aunoy, son second fils, Protonotaire du Saint Siége et Chanoine de la Sainte Chapelle, jouit de ces deux terres. Artus étant mort, ses terres advinrent à Jeanne sa sœur, épouse de Thibaud Baillet, Président au Parlement, ou plutôt à Anne Baillet leur fille, qui fut mariée à Aymar Nicolaï, premier Président de la Chambre des Comptes. Elle en jouissoit en 1553, 1554 et même en 1580, suivant le Procès-verbal de la Coûtume de Paris, où elle est dite Dame de Louvre, Goussainville, Orville, etc.

<small>Coût. de Paris, in-8°, édit. 1678, p. 640.</small>

<small>1. J'y ai reconnu en 1740 qu'il avoit été quarré. Il y restoit encore l'appui du pont levis, une entrée de cave, et la moitié d'un puits. Il étoit sur le bord du vallon en face du midi attenant les carrieres.</small>

Renée Nicolaï, leur fille, épousa Dreux Hennequin, Président en la Chambre des Comptes, et lui porta les deux terres. Il mourut en 1550.

Oudart Hennequin, son second fils, aussi Président en la Chambre des Comptes et qui vivoit en 1599 et est décédé en 1616, eut de son mariage avec Magdelene du Boucher, Elisabeth Hennequin mariée à Raoul le Feron, Maître des Comptes, et morte en 1631. C'est ainsi que la terre de Louvre a passé à Messieurs le Feron.

Après Raoul le Feron a été Seigneur de Louvre et Orville, Oudard son fils, Président aux Enquêtes, mort Prevôt des Marchands en Février 1641. Ensuite Jerôme le Feron décédé en 1727, Soû-Doyen du Parlement. Ses deux successeurs dans la terre de Louvre ont été Nicolas le Feron, pere et fils, décédés en 1734 et 1742, tous deux Présidens honoraires au Parlement. Voyez ci-dessus, page 299, le lieu de la mort et de la sépulture du dernier. *Epit. à S. Jean en Grece.*

Entre l'année 1754 et l'année 1755, la terre de Louvre a été acquise par M. de la Haye de Bazinville, Fermier Général, [pour] la somme de près de deux cens mille livres.

Outre ce qui a été [dit] ci-dessus des Seigneurs d'Orville et de leurs droits à Louvre, il faut sçavoir qu'il y a eu un nommé Adam, Archi-diacre de Paris, qui avoit une censive à Louvre au commencement du XIII siécle. Il fut fait vers l'an 1213 Evêque de Terouenne. Ce fut dix ans après que les Moines de Notre-Dame du Val près l'Isle-Adam, ayant acquis six arpens de terre en sa censive de Louvre, il ratifia cette acquisition. Je n'ai pu découvrir sa famille. *Tabul. B. M. de Valle. Gaignier. p. 156.*

Une autre Communauté qui a du bien à Louvre en Parisis sont les Dames Dominicaines de Poissy qui y possedent une ferme.

Les Capucins de Paris ont aussi une maison ou hospice en ce Bourg. *Permiss. d'y célébrer 1697.*

On lit dans quelques anciens Historiens qu'en l'an 1162 le Comte de Flandres... fit des excursions dans le Royaume jusqu'à Louvre. On trouve aussi une charte du Roi Jean, datée du même lieu de Louvre, le 16 Mars 1354. Les Chroniques de Saint Denis et Christine de Pisan ont marqué dans la vie du Roi Charles V, que lorsque l'Empereur Charles IV, oncle de ce Prince, vint à Paris l'an 1377, cet Empereur coucha à Louvre, et que ce fut là que Charles V envoya un char. On lit aussi dans la Chronique de Louis XI que ce Roi vint coucher pareillement à Louvre allant en Picardie au mois de Mars de l'an 1477. *Geneal. Com. Flandr. T. III, Thes. Anecd. p. 390. Ampliss. Coll. T. I.* *Chron. scand.*

Voici quelques traits qui concernent la Communauté des habitans de Louvre. En 1318 ces habitans se plaignirent en Parlement de ce que Guillaume le Thiars, Ecuyer, les empêchoit de faire paître leurs bestiaux où ils avoûtumé, et de chasser à toutes bêtes, et même alloit jusqu'à les maltraiter. Comme ils avoient porté cette affaire devant le Prevôt de Paris, Guillaume en appella, disant que ces lieux étoient sous la jurisdiction du Prevôt de Gonesse ; et le Parlement confirma son Appel et renvoya l'affaire devant ce dernier Prevôt.

Reg. olim 10 Febr. 1318.

En 1545 il fut permis aux habitans, par lettres de François I données à Paris au mois de Décembre, de clore de murailles leur Bourg, et pour cela [de] le faire mesurer et imposer chacun.

Bannieres du Châtelet, IV vol.

Il se tient chaque année une Foire à Louvre le jour de Sainte Catherine.

L'estampe du mausolée de Barthelemi Tremblet, sculpteur du Roi, décédé à l'âge de 61 ans et inhumé à Saint Eustache de Paris, nous apprend qu'il étoit né à Louvre. On y lit ces quatre Vers :

> Louvre me donne l'être et Paris la fortune ;
> J'eus l'honneur d'être au Roi, Saint Eustache a mes os :
> Passant, au nom de Dieu, si je ne t'importune,
> Durant ce mon sommeil, priez pour mon repos.

Ce mausolée n'existe plus et l'estampe ne marque point l'année de sa mort.

EPIERS ou EPIAIS

Dans les différentes manieres d'écrire ce nom, je crois qu'il faut préférer *Epiers,* parce qu'il est écrit *Espiers* dans les titres françois que l'on a depuis le commencement du XIII siécle, et que dans les titres latins même depuis le milieu du XII, il est écrit *Spieriæ,* ou bien *Espieriæ.* Ce nom n'est pas rare en France. Il y a des lieux qui le portent dans les Diocéses de Blois, d'Orleans, de Rouen, de Soissons, de Toul, de Poitiers, de Bordeaux et d'Evreux, et cela ne doit pas paroître surprenant, puisque ce nom a été formé de *Spicarium,* qui signifioit une grange dans la loi salique et dans quantité d'autres monumens de la moyenne et basse latinité.

Dict. Univ. de la France, T. I, col. 1108 et 1132.

Gloss. Cangii voce Spicarium, *col. 648.*

Epiers du Diocése de Paris[1] est éloigné de cette Ville de cinq lieues, et placé à l'orient d'hiver du Bourg de Louvre. C'est un pays de labourages et sans vignes. Ce n'étoit point encore une Paroisse vers la fin du XIII siécle. Comme la Cure est à la pure

---

1. En 1325, le 5 Octobre, le Roi Charles le Bel étoit logé dans l'un de ces lieux appellé Espiers selon un titre cité dans l'Histoire Ecclésiastique d'Auxerre T. I, page 441. Mais c'est plus probablement Espiers du Diocese d'Orléans qui est dans une charmante situation.

collation de l'Ordinaire, elle n'a pu être détachée que d'une Paroisse qui fût dans le même cas. Ainsi n'ayant pû l'être de Roissy ni de Louvre dont la présentation aux Cures appartient à des Communautés dès le XII siécle ou dès les premieres années du suivant, il s'ensuit qu'elle ne peut être qu'un demembrement de Chenevieres, d'autant que des autres côtés elle confine au Diocése de Meaux. Je n'ai pu juger du temps que s'est faite l'érection de cette Paroisse que par celui de la bâtisse de l'Eglise qui paroît être du commencement du XIV siécle, ou de vers l'an 1350. Elle est sous le titre de la Sainte Vierge, située dans une plaine comme tout le village, ce qui la rend humide. Elle est terminée en pignon vers l'orient, accompagnée de deux aîles ou bas côtés et entierement voûtée, et enfin soutenue du côté du midi par une tour terminée en pavillon. La Dédicace n'en fut faite que le 13 Septembre 1531 par Guillaume le Duc, ancien Abbé de Sainte Geneviéve, Evêque de Bellune *in partibus,* qui y bénit aussi quatre autels; le tout par commission de l'Evêque de Paris. Dans le Pouillé du XV siécle le nom de cette Paroisse est Espiers, et l'Evêque est dit nominateur de cette Cure. Du Breul en son catalogue latin des Paroisses du Diocése nomme cette Paroisse *Espieriæ*, en françois Esperi; le Pouillé de 1626 *Epieriæ*, Eperies, et celui de 1648 l'appelle Espeais en langue vulgaire. Tous les deux en déclarent la Cure à la collation Archiépiscopale, conformément aux anciens.

Il reste deux ou trois monumens très-anciens touchant la dixme de ce lieu. Le premier est une charte de Thibaud, Evêque de Paris, vers l'an 1150. Parmi les biens dont ce Prélat confirme la possession au Monastere de Saint Martin des Champs, est l'article suivant: *Spieriis sextam partem decimæ totius.* Le Cartulaire de l'Evêché de Paris nous a conservé les actes par lesquels nous apprenons que Radulfe de Montgier disposa en faveur d'Adam de Montreuil d'un fief dans la dixme d'Epiers l'an 1199. C'est Ansel, Evêque de Meaux, qui le certifie; l'un des garants étoit Pierre, Prevôt *Montis Gaii* de Montjay, et Radulfe même en donna déclaration à Adam. Par une charte d'Odon de Sully, Evêque de Paris, de l'an 1200, il conste que cet Adam de Montreuil étoit Chanoine de Notre-Dame, et qu'il avoit pour sœur Helwide de Fontenet, laquelle, du consentement de Robert le Fort, son mari, lui permit de disposer, ainsi qu'il jugeroit à propos, de la dixme qu'il possedoit à Epiers. Adam fondé en titres donna cette dixme à l'Eglise de Paris pour augmentation de la dot de quatre Marguilliers perpétuels ainsi que l'attesta l'Evêque Odon par ses lettres de l'an 1203. Froger, Chambrier du Roi Louis VII, avoit aussi de son côté vers l'an 1150 une portion de dixme sur le

Hist. S. Mart. p. 187.

Cart. Ep. Par. Bibl. Reg.

Ibid, fol. 73.

Ibid., fol. 53.

Opera Petri Bles. ad calcem p. 788 et Gall. Chr. nova.

territoire d'Epiers comme sur celui de Chenevieres. Il la céda
<small>Tit. de Chaalis.</small> liberalement à l'Abbaye de Chaalis comme nous apprenons du
<small>Portef.</small> témoignage qu'en donna alors Thibaud, Evêque de Paris. C'est
<small>Gaignieres CCIV, p. 271.</small> apparemment le même bien denommé dans la Bulle du Pape
<small>Du Breul, p. 712.</small> Alexandre III de l'an 1175 en faveur de Chaalis en ces termes :
Terras etiam in territorio de Espiers et de Malleward quas tenetis
<small>Cod. MS.</small> *ab Ecclesia B. Mariæ Parisiensi et ab ejusdem Ecclesiæ Capitulo.*
<small>Caroli loci.</small> L'Hôpital de Sainte Opportune de Paris autrement dit de Sainte
Catherine, eut en 1209 une maison en ce lieu, dont Gautier
d'Aunoy ratifia le don fait par sa tante paternelle.

Le denombrement des feux des Paroisses qui se trouve dans le livre des Elections, marque 50 feux à Epiers. Le Dictionnaire universel qui compte par habitans y en suppose 172. Ces deux ouvrages imprimés s'accordent avec le Rolle des tailles pour nommer cette Paroisse Epiais-Tournedos. Les anciennes cartes, telles que celle de Samson dressée lorsque Paris n'étoit encore qu'Evêché, et celle de Nicolas Duval marquent avec la particule conjonctive Espiais et Tournedos. C'étoit apparemment deux lieux qui ont été réunis, et ce qui le prouve est que Manasse,
<small>Hist. S. Mart.</small> Evêque de Meaux, confirmant en 1140 les biens assignés pour la
<small>à Camp. p. 397.</small> fondation du Prieuré de Mauregard dans son Diocése, marque parmi ces biens : *In Episcopatu Parisiensi in villa quæ dicitur Tornados, furnum unum.* Dans le rang des témoins de cette charte, immédiatement après les dignités de l'Eglise de Meaux sont nommés *Anselmus d'Espiers, Gauterius Bochart, Hugo de Alneto, Mergotus de Tornedos.* Le fief de Tournedos est aujourd'hui sans habitation. Il touche de fort près à la Paroisse de Mauregard. On m'a assuré sur le lieu qu'il a été acheté par les anciens
<small>Général.de Paris</small> Seigneurs de Mauregard, qui étoient MM. Amelot ou de Billy. Le
<small>in-8º 1710, page 515.</small> sieur Chalibert d'Angosse met parmi les fiefs dépendans de Chantilly, Tournedos à Mauregard. Quelques-uns parlent par tradition qu'il y avoit autrefois proche ce Tournedos un Couvent, et que les Célestins en possédent aujourd'hui le terrain. Jean de Garges
<small>Cart. Ep. Paris.</small> fit en 1228 hommage à l'Evêque de Paris au sujet d'un fief situé
<small>Reg. fol. 98.</small> à Espieres que Matthieu de Villers devoit tenir de lui. En 1245, l'Abbaye de Livry fit acquisition de quelques terres dans le même
<small>Cart. Livriaci,</small> village d'Epiers, situées au territoire dit Perruchei de Champagne
<small>fol. 33.</small> que lui vendit Pierre de Bonneuil, Ecuyer ; mais ni Jean de Garges, ni Pierre de Bonneuil ne paroissent avoir été Seigneurs
<small>Cartul. S. Dion.</small> d'Epiers, non plus qu'Anselme de Pissecoc et Manassès qui
<small>Reg. p. 213.</small> tenoient en 1125 ce qu'ils possedoient à Epiers, soit en fief, soit autrement, de Matthieu le Bel, l'un des plus puissans Seigneurs du Parisis.

Il n'en est pas de même de Barthelemi Crusart qui possedoit

alors la moitié de la terre d'Epiers et toute la voyerie, ce qui con- *Cartul. S. Dion.*
stituoit une partie du septiéme fief, que Matthieu le Bel ci-dessus *Reg. p. 213.*
nommé reconnut tenir à foy et hommage de l'Abbaye de S. Denis.
On peut compter ce Barthelemi Crusart parmi l'un des plus
anciens Seigneurs d'Epiers. Après Anselme d'Espiers mentionné
ci-dessus à l'an 1140, Albert *de Esperiis* peut suivre. Il est témoin
dans une charte de Maurice de Sully, Evêque de Paris, datée Tit. de Chaalis
de 1175, au sujet de la donation d'un bois faite à l'Abbaye de Portef. Gaign.
Chaalis. Thomas *de Esperiis* vivoit en 1244, selon un titre de 204, page 241.
l'Abbaye du Val, et on trouve à l'an 1283, dans le Cartulaire Ibid., page 167.
de S. Maur, *Adam Miles de Espiés*. Le Nécrologe de l'Abbaye de
Saint Denis met au 22 Juin : *Obiit Wilhermus d'Espiés Miles*. Hist. S. Dion.
Thomas de Braye, Chevalier, étoit Seigneur d'Epiers en 1376. ad calcem.
Jean de Braye, Ecuyer, l'étoit en 1390. Lui et sa femme Catherine
Chantelle vendirent cette année-là, le 14 Septembre, à Pierre de Hist. des Gr. Off.
Braye, le moulin à vent d'Epiers avec toute Justice haute, moyenne T. II, p. 118.
et basse, et il fit hommage du fief entre Epiers et Roissy à Amaury
d'Orgemont, Seigneur de Chantilly.

En 1537 la Justice d'Epiers est dite appartenir au Chapitre de Collect. MS.
Paris. Bien plus anciennement, sçavoir en 1276, on trouve que ex Regist.
le même Chapitre y fit mettre en ses prisons un nommé Alberic du Bois, T. V.
de Mauregard, arrêté dans une batterie le couteau à la main, dont
il fut dressé un Acte conservé au grand Pastoral.

On m'a assuré en 1745 que M. Couturier, Président aux Enquêtes, Seigneur de Mauregard, étoit Seigneur du territoire où
l'Eglise d'Epiers est bâtie. Les autres Seigneurs d'Epiers sont le
Chapitre de Paris, Madame Charlet et Madame le Merat. M. Couturier étant mort depuis, cette Seigneurie a passé à la veuve de
M. Desvieux, Fermier général, sa tante paternelle.

CHENEVIERES EN FRANCE

On appelle ce lieu Chenevieres en France pour le distinguer
des deux autres Chenevieres du Diocése de Paris, l'un qui est
une Paroisse sur la Marne dans l'Archidiaconé de Brie, l'autre
qui est un hameau de Conflans-Sainte Honorine. Quant à l'origine du nom de ces lieux, on ne peut se dispenser de suivre le
sentiment de M. de Valois, qui est que ces lieux tirent leur dé- Notit. Gall.
nomination de la quantité de chanvre qui croissoit sur le terri- p. 412, col. 1.
toire. Mais on fait aujourd'hui un autre emploi du terrain de ces

lieux, et principalement de celui de Chenevieres en France, dont tout le pays ou presque tout est en labourages sans que les Chenevieres y soient plus communes qu'ailleurs.

A l'approche de ce Village en venant de Louvre se trouve un petit vallon, qui forme du côté de l'orient un petit côteau sur lequel le village est placé et tout entouré d'ormes. Sa distance de Paris est de cinq lieues ou environ comme celle de Louvre. Selon le dénombrement de l'Election, il n'y avoit en 1709 que 41 feux à Chenevieres (Doisy, en 1743, en met 37) : ce qui se trouve encore à peu près le même, et en 1726, suivant le Dictionnaire universel de la France, on y comptoit 164 habitans.

On y célèbre la fête de l'Eglise Paroissiale le premier jour de Septembre. On la prétend dediée sous l'invocation de Saint Leu et de Saint Gilles, quoique probablement ce ne soit que Saint Gilles qui doive être regardé comme Patron, vu que le nom de Gilles a été porté par des Seigneurs de ce lieu au XIII siécle, et que cette Eglise a vraisemblablement commencé par une Chapelle que les Seigneurs auront consenti de faire servir de Paroisse.

Reg. Ep. Paris. Elle est dite *Ecclesia SS. Egidii et Lupi* dans des provisions de la Cure du 2 Août 1553. On ignore le temps de la premiere Dédicace. Il y avoit une Cure à Chenevieres dès le XIII siécle, puisqu'elle est nommée au Pouillé de ce temps-là. L'étendue de la Paroisse étoit alors plus grande, et il y a toute apparence qu'Epiers, village voisin, en est un démembrement. Le bâtiment de l'Eglise d'aujourd'hui est presqu'entierement neuf, principalement le portail. Le chœur qui est plus exhaussé que le reste, est très-délicatement vouté et fort clair, finissant en demi cercle, et couvert d'ardoise. Sa structure est d'un siécle et demi ou environ. Il y avoit à côté de cette Eglise une haute tour quarrée qui menaçoit ruine en 1718. A peine eut-on présenté Requête à M. le Cardinal de Noailles pour la réparer, qu'elle écroula. Le Cardinal permit le 15 Mars 1719 d'employer 1800 livres pour la rebâtir. Néanmoins on assure que ce fut M. Nouveau, Seigneur du lieu, qui a fait refaire celle que l'on voit. Dans la nef, qui est construite plus simplement, est une tombe à droite élevée de trois pieds, sur laquelle on lit ce qui suit :

Cy gist........ Crocq en son vivant Seigneur de Channevieres et de Vemars en partie qui trèspassa le dixiéme jour du mois de Décembre l'an M. V. C. et XVIII. Dieu lui face mercy.

Cy gist Damoiselle Jehanne de Courtignon native de Compans en son vivant femme de......... Sr. de Chenevieres et de Vemars en partie, laquelle trèspassa le jour de Pacques Close l'an mil V. C. et VI.

Il faut remarquer que ce qui n'est tracé ici que par des points a été effacé et biffé à dessein de dessus la tombe ; c'est le nom du Seigneur. Il est représenté en habit court, et sur cet habit sont figurés des lions grimpans et des armoiries, ayant une croix croisée à trois fleurs de lys en chef et une en bas.

Aux voûtes de la nef est aussi une pierre sur laquelle sont des armoiries écartelées de Bretagne.

Cette Cure est une des anciennes du Diocése : au moins existoit-elle au XIII siécle, et elle étoit du nombre de celles dont les Evêques n'avoient point cédé la nomination à aucun corps. Elle est appellée *de Cheneveriis* dans le plus ancien Pouillé ; Du Breul en son catalogue des Cures l'appelle en latin *de Canaberis,* et en françois *Canabre*. Alliot l'a bien plus défiguré dans les deux langues, en son Pouillé de 1626, il l'appelle *de Lavaberis,* de Lavabiere. Il ajoute qu'elle est à la pure collation de l'Archevêque, *Cura et Capella de Lavaberis*. Le Pouillé du XV siécle fait mention d'une Chapelle aussi située à Chenevieres, et celui de 1648 en parle comme si elle étoit située dans l'Eglise de Chenevieres. Je croirois qu'ils ont voulu parler d'une Chapelle située à une portée de mousquet du village, vers le midi sur la pente d'un côteau inculte, et que toutes les cartes modernes marquent sous le nom de Saint Medard. Je ne sçais pas. même si ce lieu ne seroit pas celui qu'un titre de l'an 1174 appelle *veteres Canaveriæ,* c'est-à-dire les vieilles Chenevieres, dont je dois parler ci-après. Cette Chapelle est appellée *Ecclesia S. Medardi* dans un titre de l'Abbaye de Chaalis de l'an 1207. Elle peut avoir été l'ancienne Eglise Paroissiale. On y voit une ancienne tombe gothique fort effacée. Enfin, comme elle s'est trouvée avoir été profanée, on l'a détruite dans les années dernieres. Portef. Gaignieres, CCIV fol. 263.

Au XII siécle un Chambrier du Roi Louis le Jeune, nommé Froger, possedoit une dixme dans le territoire de Chenevieres. Il en fit présent à l'Abbaye de Chaalis qui est à trois lieues de là ; ce qui fut attesté par une charte expresse de Thibaud, Evêque de Paris, vers l'an 1150, dont les témoins furent deux Archidiacres nommés Pierre et Guarimond. Tit. de Chaalis. Portef. Gaign. cc, p. 271.

Dans l'aveu que Matthieu le Bel passa en 1125 à l'Abbaye de Saint Denis des fiefs qui relevoient de lui, et qu'il tenoit de cette Abbaye, est la mairie que Hugues de Maumoulin tenoit à Chenevieres. Outre la dixme que Froger, Chevalier, Chambrier du Roi, avoit à Chenevieres, il y possedoit aussi des terres de Franc-aleu qu'il donna en 1168 à la même Eglise envers laquelle il avoit disposé de sa dixme ; Maurice de Sully, Evêque de Paris, en donna acte, comme aussi du don que Hugues du Bois, Chevalier, fit au même Monastere de six arpens sur le territoire des vieilles Cart. S. Dion. Bibl.Reg.p.213. Tit. de Chaalis, Portef. Gaign. cciv, p. 266.

Chenevieres. La charte concernant ce dernier fait est de l'an 1183, et a eu pour temoins Pierre, Doyen de Saint Germain-l'Auxerrois, et Barthelemi de Sarclé que l'Evêque qualifie de *Decanus noster*.

J'ai été informé que deux des Chapelles de Saint Germain-l'Auxerrois ont aussi du bien dans le village de Chenevieres.

Il ne s'est présenté à mes recherches sur Chenevieres en France, que les Seigneurs suivans. En 1207 Pierre Bozre qualifié *Miles de Chanuveriis* vendit pour le prix de 19 l. aux Religieux de Chaalis deux arpens de terre situés entre l'Eglise de S. Medard et la grange de Vallorent, qu'on écrit aujourd'hui Vaulaurent. En 1247 Adam de Chenevieres, *Adam de Canaberiis miles*, surnommé Choisel, étoit en difficulté avec les mêmes Religieux sur la Justice des terres dépendantes de la même grange de Vaulaurent à eux appartenante. En 1270 un second Pierre de Chenevieres et Adeline, sa femme, ratifierent au mois de Mai une vente faite à l'Abbaye de Ste Geneviéve de Paris par Pierre de Vemarz. Ce second Pierre étoit apparemment fils d'Adam de Chenevieres, surnommé de Choisel : car on lit en 1279 et 1300 dans les titres de Chaalis, Pierre, dit Choiseau, Chevalier, avec la qualité de Sire de Chenevieres. Il y avoit eu aussi un Gilles Choisel *de Canaberiis*, fils d'Adam de Chenevieres, Chevalier, lequel Gilles *Geletus* approuva, en 1271, la vente d'un bois situé *juxta nemus de Cormellis* faite aux Religieux de Chaalis.

Au milieu du XV siécle cette terre et plusieurs autres du voisinage étoient possedées par Jean d'Aunoy, dit le Galois, puis par son fils Philippe d'Aunoy qui, en 1468, épousa Catherine de Montmorency. En 1510 Antoine du Crocq en étoit Seigneur selon le Procès verbal de l'ancienne Coûtume de Paris de la même année. C'est sans doute ce Seigneur dont la moitié du nom a été biffée de dessus sa tombe ; la terre resta dans la même famille : elle y étoit encore lors du Procès verbal de la Coûtume de Paris de l'an 1580 où sont nommés Louis du Crocq, Ecuyer, et Christophe du Crocq, aussi Ecuyer, Seigneurs de Chenevieres, en France.

Messieurs de Lusson, Auditeurs des Comptes, pere et fils, ont été Seigneurs de cette Paroisse. L'un des deux l'étoit en 1697, et depuis M. de Bernage de Pesarches. Ensuite Mrs Nouveau, pere et fils, depuis l'an 1718. Le Seigneur actuel est Conseiller au Parlement. Le Château est revêtu de tourelles.

VILLERON

La ressemblance du nom de cette Paroisse avec celui de Villeroy a été cause que dans tous les Pouillés imprimés de Paris elle est écrite Villeroy, sçavoir dans ceux de 1626 et 1648, et même dans celui de 1692. Cependant il est très-certain que Villeron est son nom, et qu'elle n'est point écrite autrement dans toutes les cartes géographiques et dans les rolles de tailles ou de décimes. Il est aussi très-constant que Villeroy est une autre Paroisse du Diocèse, située dans l'Archidiaconé de Josas.

On ne sçait rien de Villeron au-dessus du XII siécle, à moins que ce lieu ne soit le *Villerolum*, terre où l'Abbaye de Saint Denis avoit du bien sous le regne de Louis le Débonnaire, dont il est fait mention dans l'acte de partage entre les Moines et l'Abbé Hilduin en l'an 833 : auquel cas il faut abandonner l'étymologie de *Villa Rodingi* ou *Villa Radulfi*, et à plus forte raison celle de *Villa rotunda*, que quelques-uns ont imaginé sans titre, mais à cause que le territoire de la Paroisse est presque de forme ronde. *Mabill. Diplom. p: 520.*

Ce village est à cinq lieues et demie ou environ de Paris, un peu par de-là Louvre. On le laisse à main droite allant à Senlis. Il est situé dans la plaine. Le XII siécle fournit plusieurs preuves de l'existence de cette Paroisse. La premiere de ces preuves a même quelque connexion avec ce que je viens d'insinuer sur l'Abbaye de S. Denis. Matthieu le Bel, puissant Seigneur, rendant en 1125 son aveu général à ce Monastere pour tous les fiefs qu'il en tenoit, ou qu'il avoit donné en fief à d'autres Chevaliers, dit et déclara que le douziéme fief qu'il possedoit étoit l'Eglise de Villeron et *atrium et decima*. *Cartul. S. Dion. Reg.*

Cette Eglise qui, comme on vient de voir, étoit tombée en mains laïques, étoit titrée de Saint Germain d'Auxerre, ainsi qu'elle l'est encore aujourd'hui. Des provisions de la Cure du 19 Janvier 1475 en font foy. Mais aussi il y a preuve qu'elle a été changée de place [1], et qu'il n'y a gueres que deux cens ans qu'on a bâti dans le village l'édifice qui subsiste, quoique depuis il ait été renouvellé en plusieurs de ses parties. La Dédicace de la nou-

---

1. Ce n'est pas seulement la tradition attestée par les cartes géographiques qui prouve qu'il y avoit une certaine distance entre Villeron et Saint Germain, c'est encore un titre de l'an 1219 qui regarde un échange fait alors. Robert de Saint Denis, Chevalier de Evemarz, y déclare *Quod Fratres Vallis Laurentii assensu Abbatis Caroli loci terram octo arpentorum inter Villeron et S. Germanum in escambium dederunt Guidoni de Berron pro alia terra octo arpentorum inter Naiam de Villeron et le Defais*. Tab. Car. loci Gaignieres, p. 264.

velle Eglise fut faite le mardi de la Pentecôte, 21 Mai 1532, par
Guillaume le Duc, Evêque de Bellune, avec la permission de
l'Evêque de Paris, en présence de Vincent Grillet, Curé, Nicolas
Duesmer et Jean Prevôt, Prêtres, Jean Gilbert, Conseiller du Roi,
et les Marguilliers Guillaume Rondeau et Olivier Brullé.

Reg. Ep. Par.

C'est une Eglise assez petite pour le lieu qui est considérable.
Elle est presque de figure quarrée ayant une aîle de chaque côté,
et le tout terminé en pignon. C'est un gothique entierement voûté.
M. le Comte, Curé dernier mort, a fait bâtir l'aîle méridionale qui
est du côté du Presbytere. On lit sur le vestibule ou portique de
cette Eglise qui paroît être ce qu'on y voit de plus ancien, qu'il
est de l'an 1577. Presque tout le pavé du chœur consiste en tombes de Curés du lieu pendant le XVI et XVII siécles, et tous sont
représentés les pieds tournés vers l'orient suivant l'ancien usage ;
quelques-uns sont figurés avec une croix sur le devant de leur
chasuble. Du côté du septentrion est la Chapelle de MM. le Picard,
anciens Seigneurs de la Paroisse. Eustache le Picard mort au
mois de Mars 1635, y a son épitaphe latine dans laquelle on lit
qu'il s'est distingué *in prœliis Courtracensi et Evracensi*, et qu'il
a vécu 78 ans : que Suzanne sa femme a eu trois fils : **Henricum
Triumfontium Abbatem, Ludovicum d'Eaubonne**[1]**, et Eustachium
ejusdem loci Dominum**. On y voit aussi le mausolée de Loys le
Picart en pierre. Ces deux derniers par leur testament, l'un du
28 Mars 1621, l'autre du 29 Juin 1649, y ont fait beaucoup de
fondations qui ont été réduites en 1727. Dans l'une des épitaphes
de la nef qui sont presque toutes des sieurs Bruslé, Fermiers de
Vaulaurent, il est parlé du don fait à l'Eglise d'une rente sur un
arpent et demi de terre au territoire de Montmelian près la Chapelle de Saint Nicolas le Cocheux, vers l'an 1560. En 1635 Jean
Fontaine, Curé de ce lieu, exposa à M. l'Archevêque de Paris, Jean
François de Gondi, qu'il avoit trouvé dans les Archives de son
Eglise une machoire entiere de Ste Cécile, Vierge et martyre, quelques parties de la tête de S. Maurice, des ossemens des onze mille
Vierges, un os de la main de Ste Barbe et de la tête de Ste Anne,
quelques os de S. Sulpice de Bourges, de S. Germain d'Auxerre
et de S. Hubert de Liége, que ces reliques étoient accompagnées
d'un Acte du 5 Octobre 1501, par lequel Jean de Home, Evêque
de Liége, permet à l'Abbesse de   proche Liége, Ordre de
Citeaux, de les donner à Jean Capet, Docteur en Théologie, de
l'Ordre des Freres Mineurs : qu'il y avoit aussi l'Acte de don fait
par Petronille de Saint Genez, Abbesse, du même jour et an ; et

---

1. Je ne trouve pas de place pour ce Seigneur d'Eaubonne : il s'agit apparemment d'Eaubonne, ferme proche Blancmenil.

un troisiéme Acte du 8 Octobre 1503, par lequel Etienne Porcher, Evêque de Paris, permet de les exposer à Villeron où elles étoient. Sur quoi M. l'Archevêque, vu le Procès-verbal du Doyen rural de Montmorency et de Claude Dreux, Archidiacre de Paris, d'où il résultoit que les guerres avoient été la cause qu'on les avoit tenues si long-temps cachées, permit le 30 Octobre de les exposer de nouveau, accordant comme Etienne, son prédécesseur, 40 jours d'Indulgences à ceux qui les visiteroient : l'Histoire imprimée du Collége de Navarre fait mention à la page 223 d'un apport de ces reliques fait de Liége à Paris par le même Cordelier.

La nomination à la Cure est attribuée purement et simplement à l'Evêque de Paris dans le Pouillé du XIII siécle, en ces termes : *De Donatione Episcopi Cura S. Germani de Vilero,* ce qui a toujours eu lieu depuis. Les Pouillés de 1626, 1648 aussi bien que l'état du Diocése sous M. le Cardinal de Noailles marquoient une Chapelle en titre de bénéfice en l'Eglise de Villeron, mais elle n'a plus de bien, et on ne la trouve point au rolle des Décimes.

Voici le Catalogue des Seigneurs. Le plus ancien de ceux que je conjecture avoir possédé cette terre est *Drogo de Villerun.* Il est ainsi écrit dans l'acte de l'an 1174, par lequel il est déclaré qu'il donna à l'Abbaye de Chaalis un demi arpent de terre, et qu'il eut pour cela un cheval de cette Abbaye. Les titres du même Monastere font aussi mention, à l'an 1251, de Gui de Villeron, Chevalier; à l'an 1250, d'Adam de Villeron, Ecuyer, neveu d'Henri de Berron, Chevalier, et à l'an 1458, d'Adam, fils de Gui de Villeron, Ecuyer. Il y eut quelques années après une enquête faite au sujet de la Justice de ce village, par Etienne Boileau, Prevôt de Paris; mais sur ce que Maillard et Guill. Fauconniers, Adam de Janzi, Guiard de Berron, Jehan de Plailly, Guyot de Villeron, Renard Piel et Thibaud de Villeron, Chevalier, declarerent qu'ils avoient Justice dans tout ce qu'ils possédoient à Villeron, quoique les Gens du Roi pretendissent avoir le meurtre, le Parlement adjugea la saisine à ces Seigneurs, parce qu'on ne prouva rien pour la cause du Roi. Depuis le milieu du siécle suivant les sieurs d'Aunoy se qualifierent Seigneurs de Villeron. Ils étoient surnommés le Gallois. Philippe d'Aunoy est le premier que j'aye trouvé. Il fut Maître d'Hôtel des Rois Charles V et Charles VI. Il eut pour fils Robert, pere de Charles, lequel épousa Jacqueline de Paillard, Dame en partie de Goussainville, et il étoit mort dès l'an 1427. Jean d'Aunoy, son fils, Chambellan du Roi et Echanson en 1426, lui succeda. Il étoit encore Seigneur de Villeron en 1455, et même en 1468, année du mariage de Philippe, son fils. Ce Philippe III du nom, Echanson du Roi en 1491, vendit cette terre à Jean Gilbert, Correcteur des Comptes, de maniere qu'Antoine, son fils, Cha-

Cart. Mauritii Paris. Portef. Gaign. 204.

Registres de Parlement de la Toussaint 1265. Petit Livre blanc du Châtelet, fol. 257.

Hist. de Montm. p. 527 et Preuv. p. 336 Hist. des Gr. Off. T. VIII, p. 883 et 884. et T. III, p. 619. Hist. de Montm. Preuv. p. 336.

noine de Beauvais et de Laon, plaidoit en 1494, pour le retrait. Ceci s'accorde avec une Sentence de 1497 dans laquelle on lit que les deux tiers de la Seigneurie de Villeron tenus ci-devant par les Seigneurs Gallois d'Aunoy et par Jean de Sevre, Ecuyer, étoient possédés par Jean Gilbert, et que l'autre tiers qui avoit été possédé par Jean de Saint Romain étoit passé dans la famille des le Picart. Ce Jean Gilbert fut présent, en 1532, à la Dédicace de l'Eglise, lui ou son fils. Quant aux sieurs le Picart, ils sont très-remarquables. Martin le Picart, Secrétaire du Roi, est le premier qui eut sa part dans cette Seigneurie. Il en jouissoit dès l'an 1440. Il mourut en 1456 et fut inhumé à Paris, à Sainte Croix de la Bretonnerie. Martin, son fils, aussi Notaire et Secrétaire du Roi, eut ensuite la portion qu'il avoit possédée. Il mourut le 4 Septembre 1490 et fut inhumé à Saint Martin des Champs, à droite du sanctuaire, où l'on voit, selon Marrier, une tombe au bas de laquelle sont représentés ses enfans, sçavoir : huit garçons et dix filles. Jean le Picart, l'un de ses fils, est dit Seigneur de Villeron, en Janvier 1497, dans la Sentence de Jean d'Estouteville, Garde de la Prevôté de Paris, par laquelle il est permis à Jean le Picart et à Jean Gilbert, suivant les Lettres qu'ils ont obtenues du Roi, de faire élever des fourches patibulaires à deux piliers à Villeron, le Procureur du Roi appellé. Cette permission fut fondée sur une Sentence plus ancienne rendue par Guillaume Seaise, Prevôt de Paris, le 11 Septembre 1357. Ce Jean le Picart mourut en 1501. Son épitaphe à Saint Severin de Paris, en la Chapelle de Brinon, dans l'aîle septentrionale, le qualifie Correcteur des Comptes, Secrétaire du Roi et Seigneur de Villeron. Un second Jean le Picart qui apparemment étoit son fils, est dit avoir fleuri sous François I, avoir été Secrétaire du Roi et aussi Seigneur de Villeron, et enfin être mort en 1549. Son épitaphe est aux Blancs-Manteaux avec celle de Jacqueline de Champange, Dame d'Attilly, son épouse. Pendant qu'il possedoit cette terre, les nouveaux hérétiques de Paris eurent le credit de faire exiler par ordre du Roi, l'an 1383, le Docteur François le Picart, son fils, qui étoit l'un de ceux qui combattoient leurs erreurs avec le plus de zéle et de succès dans ses prédications; il choisit la Ville de Reims pour s'y retirer. Tous ses parens et ses amis l'accompagnerent jusqu'à Villeron. Il fut rappellé l'année suivante; il fut élu Doyen de Saint Germain l'Auxerrois en 1548, et l'année d'après il eut la terre de Villeron de la succession de son pere; étant mort en 1556, le 17 Septembre, il fut inhumé aux Blancs-Manteaux, proche son pere. On n'avoit jamais vu de funerailles où il y eût eu un si grand concours. Il laissa un frere nommé Clarembaud le Picart qui fut Seigneur d'Attilly en partie, et autres terres; son fils

Eustache fut Seigneur de Villeron et de Ver en France. C'est de lui que sont issus les Seigneurs de Villeron. En ces derniers temps, Messieurs Merault ont possedé cette Terre. Les Journaux m'ont fourni Alexandre René Merault, Conseiller Honoraire au Parlement de Paris, décédé le 10 Février 1718, et René Merault, Maître des Requêtes, vivant en 1742. Ce dernier en jouit encore. J'ai trouvé dans les extraits des Registres du Parlement à l'an 1736, mention de Claude-Joseph de Fecamp, Chevalier, Seigneur de Villeron. Marguerite Baudoin y est dite être veuve de lui. Cela doit-il s'entendre d'un autre Villeron ? Le Dictionnaire Universel n'en marque qu'un dans tout le Royaume. Mercure de Juillet 1742, p. 1676.

Le nombre des feux dans Villeron est de 76 suivant le denombrement imprimé en 1709 ; et selon le Dictionnaire universel de la France il y avoit 272 habitans l'an 1726. Le territoire est comme celui des Villages contigus, en labourages et prairies sans vignes. Il y a une foire chaque année en ce lieu le jour de Saint Matthieu.

LA GRANGE DE VAULAURENT qui est au milieu de la campagne sur le territoire de cette Paroisse mérite d'être vue pour sa grandeur, ses voûtes et ses piliers. Elle appartient aux Religieux de Chaalis. Ils avoient dès le siécle de leur fondation la moitié des terres qui en dépendent ; le Roi Louis VII leur en donna l'autre moitié qu'il avoit acquise. Ce Prince s'exprime ainsi dans la charte de 1138 par laquelle il confirme les fonds que Louis le Gros son pere leur avoit accordés : *Et terram Vallis Laurentii cujus medietatem cum emptam absolutamque possederant Monachi, nos alteram emptam à possessore dedimus.* Boudon [Odon ?] de Gonesse et Roche sa femme avoient droit de percevoir chaque année sur cette Grange la quantité de deux muids de froment, mais ils en firent la remise à la même Abbaye l'an 1172. Cependant, si l'on peut s'en rapporter au contenu d'une Bulle d'Alexandre III de l'an 1175, une partie de ce que Chaalis avoit à Vaulaurent était tenu à cens du Prieuré d'Argentueil. *Terram quam in Grangia Vallis Laurentii tenetis ab Ecclesia S. Mariæ de Argentolio, salvo censu consueto.* Les anciennes cartes du Diocèse de Paris ou des environs appellent ce lieu *Saint Laurent,* comme si c'étoit une Chapelle. Les nouvelles sont plus exactes et se conforment aux titres, quoique dans le langage vulgaire on prononce Vauleren ou Volron. Le peuple a forgé des fables à l'occasion du quarré de la couverture de grange qui reste non-achevé, et fait que le dessous est exposé aux injures de l'air : mais les connoisseurs en sçavent la raison physique pour laquelle on a laissé ce quarré proche la porte découvert et sans tuiles ; sçavoir pour opposer au vent qui, soufflant par la grande porte avec impétuosité, nuisoit au tas de

Archives de Chaalis.

Litt. Regia.

Cod. MS. Caroli loci.

gerbes. Les Religieux de Chaalis comptent parmi leurs Bienfacteurs un Raoul de Vaulaurent, citoyen de Senlis, qui leur avoit
donné une culture ou couture. C'est peut-être de lui que vient
une partie des terres qui composent cette ferme.

Tab.Caroli loci, Gaign. f. 258.

Le Chapitre de N. D. de Paris jouit aussi d'une dixme sur le
territoire de Villeron. Dans le registre des Accords passés au Parlement l'an 1361, à la page 500, il est dit que Vaulaurent est une grange où ce Chapitre a une certaine redevance.

Ex MS. Sorbon.

Parmi les gens d'Eglise qui ont porté le nom de Villeron, je n'ai remarqué qu'Adam de Villeron qui étoit Docteur de la Société de Sorbonne et Professeur en 1244; ensuite Guillaume de Villeron, qui fut Prieur de la Maison du Val des Ecoliers de Saint Eloy de Chailly près Longjumeau en 1393.

Gall. Chr. T. VII, col. 866.

CHATENAY EN FRANCE

Ce lieu est surnommé du nom du pays de la France pour le distinguer d'un autre Chatenay beaucoup plus considérable qui est compris dans l'Archidiaconé de Josaïe ou Josas. M. de Valois dit que ces lieux ont tiré leur nom de la quantité extraordinaire de chataigniers qui y étoient plantés. C'est en effet ce que laisse à penser le terme latin *Castanetum* usité dans les titres latins pour désigner ces villages. Celui-ci est à cinq à six lieues de Paris, à gauche de la route qui va à Senlis. Il n'est éloigné de Fontenay sous Louvre que d'un quart de lieue ou environ, et autant de Puiseux. Sa situation est sur une montagne, dont l'exposition ne rend point pour cela le sol propre à la vigne : on n'y voit que des terres labourées avec quelques vergers et arbrisseaux.

Ce lieu est plus connu dans l'antiquité par son Eglise que par tout autre endroit. Dès l'an 1097 il en est fait mention dans l'acte de donation qu'en fit Guillaume, Evêque de Paris, au Prieuré de Saint Martin des Champs, à la Requête des Religieux : *Altare villæ quæ dicitur Castanetum.* Une Bulle d'Urbain II d'environ le même temps lui donne le nom d'*Ecclesia de Castenio.* Dans celle de Calixte II, de l'an 1119, il y a parmi les biens reconnus appartenans au Monastere de Saint Martin, *Villam Castaneum cum Ecclesia et Decima;* dans celle d'Innocent II, de l'année 1142, *Villam Castaneum cum Ecclesia;* dans celle d'Eugene III, de l'an 1147, *Villam de Castaneo cum Ecclesia et Decima:* ce qui est répété dans les mêmes termes dans la charte de Thibaud, Evêque de Paris, donnée vers l'an 1150. Cette Eglise est petite. Elle

Hist. S. Mart. p. 477.
Ibid., p. 148.
Page 157.
Page 180.

est sous l'invocation de S. Martin et avoit été dédiée de nouveau sous ce titre en 1578 vers le commencement de Juillet par Henri le Meignen, Evêque de Digne, qui ordonna, comme député de l'Evêque de Paris, que la Fête s'en feroit le Dimanche après la Translation de S. Martin. Le chœur en a été renouvellé l'an 1645 aux dépens de Jean-Baptiste-Amador de Richelieu, Abbé de Marmoutier et Prieur de Saint Martin des Champs, et en cette derniere qualité Seigneur de la Paroisse. Le reste est reparé autant que l'on a pû faire à l'égard des vieilles Eglises. On y a ajouté de nouveau une aîle du côté du midi. Le Pouillé du XIII siécle et tous les suivans marquent que la présentation à la Cure appartient au Prieur de Saint Martin. Il y eut, le 7 Août 1719, un Arrêt rendu au Grand Conseil entre les Religieux de ce Prieuré et François de Larrovy, Curé, qui maintenoit les Religieux en qualité de Curés primitifs dans le droit d'officier à Chatenay les quatre Fêtes annuelles et le jour du Patron : ce qui depuis a été restreint au Prieur titulaire.

Reg. Ep. Paris. 1 Julii.

Arrêt de S. Nicolas des Champs 1720, p. 28.

On ne compte gueres que vingt à vingt-cinq feux dans cette Paroisse. Le Dictionnaire universel du Royaume y marque 151 habitans. Mais les auteurs de ce Dictionnaire, après l'avoir fort bien distingué de l'autre Chatenay-lez-Baigneux, attribuent à Chatenay en France une particularité qui appartient à cet autre Chatenay situé beaucoup plus près de Sceaux que de Bagneux. Ils disent qu'on y voit la maison que M. le Duc du Maine a donnée à M. de Malezieu. Chacun sçait qne c'est à Chatenay proche Sceaux qu'est située cette maison, et non à Chatenay en France.

On lit dans l'Histoire de Saint Martin des Champs que celui d'entre les Religieux qui étoit chargé de la recette des revenus de Chatenay en France étoit chargé de payer cinq sols à la Communauté de Saint Martin pour l'anniverssaire d'Urse ou Ursion, Prieur du même Monastere, mort au commencement du XII siécle. Ursion avoit pu avoir du bien en ce lieu ou en être natif. Mais il est certain que Pierre de Chatenay que l'on compte pour le dixiéme Abbé d'Herivaux, qui est une Abbaye fort voisine de ce Village, en tiroit son surnom. Il siégea vers l'an 1349, et ensuite il fut Prieur de Marly-la-Ville.

Ex Necrol. S. Mart. in Hist. Guid. loci, p. 151.

Gall. Chr. nova, T. VII. col. 825.

La Paroisse de Chatenay s'étend du côté de Puiseux jusqu'au bout du clos de la derniere maison du même Village de Puiseux.

J'ai fait observer sur Bellefontaine, que le Chapitre de Saint Germain-l'Auxerrois avoit au commencement du XIV siécle une Seigneurie qui confinoit à Chatenay en France.

Gall. Chr. T. VII, col. 561.

PUISEUX

Ce village est situé à six lieues de Paris et à une seulement de Louvre ; on le laisse à la gauche en allant à Senlis.

On ne trouve cette Paroisse nommée dans aucun titre plus ancien que le XII siécle. C'est une Bulle du Pape Calixte II de l'année 1119, en faveur du Prieuré de Saint Martin des Champs. Les Eglises et les biens appartenans à ce Monastere y sont détaillés, et parmi les villages où il y avoit quelques terres ou labourages est nommé Puiseux, voisin de Chatenay, *villam Castaneum cum Ecclesia et Decima et Terra de Puteolis* [1]. L'Abbé de Saint Lucien de Beauvais, dans la Charte de l'an 1361 par laquelle il fait l'échange de quelques biens situés à Puiseux avec le Prieuré de Saint Martin des Champs, met: *quicquid terræ et redditus habebat Ecclesia S. Luciani apud Puteolos.* Les titres latins du XIII siécle se servent aussi du terme *Puteoli,* surtout ceux qui paroissent dans l'Histoire de Montmorency et le Pouillé écrit avant le regne de S. Louis. La même uniformité n'a pas eu lieu dans les titres françois ni dans le langage vulgaire: on disoit Puseaus au XIII siécle, et on a dit depuis Puisieux, Piseux, enfin plus communément Puiseux. M. Chastelain écrivoit Pisieux ; mais du Breul en son Supplément qui contient le Catalogue des Cures du Diocèse, l'appelle Puteaux, et le Pouillé de l'an 1626 lui donne en françois le nom de Puteoles. M. de Valois écrit que ce nom vient des puits qui sont en ce lieu : *A puteis nomen invenit;* je penserois qu'il vaudroit mieux dire *à puteolis.* parce que Puiseaux est un diminutif de puits qui doit être formé du diminutif latin. Ce village est en effet dans un fond où l'on trouve sans creuser fort profondément de quoi former de petits puits. Il n'est éloigné de Chatenay que d'un quart de lieue du côté de l'orient, et environ autant de Marly-la-Ville du côté du midi.

L'Eglise, quoiqu'ancienne, paroît un bâtiment assez moderne par le moyen des fréquentes réparations qu'on y a faites. Elle est sous le titre de Sainte Geneviéve. Elle fut dédiée en 1578 par Henri le Meignen, Evêque de Digne, commis par l'Evêque de Paris, qui statua que l'Anniversaire seroit célébré le jour de l'Invention de la Ste Croix. Le voisinage des carrieres de Senlis fait aussi qu'on y voit de fort belles tombes pour de simples habitans du lieu. La Cure est généralement, selon tous les Pouillés, à la

---

1. La Bulle d'Innocent II de l'an 1112 ne met point *Terra de Puteolis,* mais *Decima de Puteolis.* Il seroit bon de voir les originaux.

nomination Episcopale. Celui du XIII siécle ajoute qu'outre la
Cure, l'Evêque y confère une Chapellenie à la présentation de
Jean de Puiseux, Chevalier. Cette présentation Seigneuriale est
marquée dans tous les Pouillés tant manuscrits du XV et XVI siécle,
qu'imprimés de 1626 et 1648, et elle nous sert à connoître quelques
Seigneurs de la Paroisse. Dans des provisions du 13 Juin 1496,
elle est désignée en ces termes : *Capella B. Mariæ in Castro de
Puteolis ad presentationem Domini loci.* Le Rolle des décimes fait
encore actuellement mention de la même Chapelle sous le titre de
Notre-Dame.   *De patronatu Joh. de Puteolis militis ut dicitur.*

Puiseux est un pays sans vignes. Le dénombrement de l'Election
n'y compte que 47 feux. Il y en a un peu plus : aussi le Dictionnaire universel y marque-t-il le nombre de 334 habitans. On a vu
ci-dessus que le Prieuré de Saint Martin des Champs y avoit un
labourage dès le commencement du XII siécle. Mais la Seigneurie
de Chatenay ne paroît pas s'étendre sur le territoire de Puiseux,
qui a toujours eu ses Seigneurs particuliers.

Les plus anciens de ces Seigneurs sont : 1º Jean de Puiseux,
Chevalier, qui se trouve nommé dès l'an 1228 avec Gui d'Orville
aussi Chevalier, dans l'acte de l'acquisition que le Chapitre de
Paris fit de quelques terres à Lay. Il paroît que c'est lui qui a
fondé la Chapelle de Notre-Dame qui fut d'abord dans le Château
de Puiseux. 2º Arnoul de Puiseux qui paroît en 1241 en qualité
de plege ou garant envers l'Abbaye de Saint Denis, pour une
donation que Burchard de Montmorency lui fit. Le même Chevalier garantit aux Moines du Val, près l'Isle-Adam, trois arpens de
terre sur le chemin qui conduit de Fontenay en France à Mareuil.   *Tabul. B. M. Par. seu magn. Pastor.*   *Hist. de Montm. Preuv. p. 96.*   *Tab. Vallis.*

Mais le lieu où l'on retrouve le nom d'un plus grand nombre
de Seigneurs de Puiseux est l'Abbaye d'Herivaux qui n'en est
éloignée que d'une lieue et demie. On peut conclure de la sépulture que plusieurs y ont reçu, qu'ils en sont des bienfaiteurs
considérables. Jean de Puiseux, mort à la fin de Mars 1330, y fut
inhumé au bas des degrés du sanctuaire. Pierre de Puiseux, Chevalier, décédé aussi sur la fin de Mars 1332, fut enterré dans le
chœur à main gauche. Thibaud de Puiseux, Chevalier, qui mourut
le dernier Janvier 1343, y a sa sépulture au côté droit, comme
aussi Agnès de Trie, sa femme, qu'on dit avoir élevé Charles VI
jusqu'à l'âge de sept ans, et qui trespassa le 25 Avril 1374. Jean de
Puiseux, Chevalier, mort en 1399, repose au milieu du chœur.
Dans le sanctuaire enfin, en tirant vers la porte de la sacristie, est
la sépulture d'Arnoul de Puiseux, Maître d'Hôtel du Roi, lequel
mourut le 17 Août 1400.   *Gall. Chr. nova, T. VII, col. 817.*

On trouve encore ailleurs quelques autres Seigneurs de ce même
lieu. Charles de Sainte Maure, Comte de Nesle et de Puiseux,   *Reg. Ep. Paris.*

nomma le Chapelain de la fondation de son prédécesseur, Jean de Puiseux, le 11 Mars 1497. Le même y nomma le 28 Juillet 1500, Antoine de Marafin, de famille noble. Jacques Olivier, premier Président au Parlement de Paris, créé en 1517, étoit Seigneur de Puiseux en France, de Ville-Marechal et de Leuville. Magdelene Olivier, sa fille, lui succéda et nomma le Chapelain le 18 Mars 1523. Etant mariée avec Jean de la Salle, Ecuyer, elle y présenta encore avec lui le 30 Mai 1555.

<small>Blanchard, Hist. des Prem. Presid. p. 60.</small>

Dans le Procès-verbal de la Coûtume de Paris de l'an 1580, comparurent comme possesseurs de la Terre de Puiseux les enfans de M. de Herville (peut-être faut-il lire de Leuville). Jean de la Salle étoit Seigneur de Puiseux en 1595, comme il paroît par l'acte de la présentation à la Chapelle susdite. Ce devoit être le fils de Jean ci-dessus nommé. Derechef il y a présenté le 28 Décembre 1699 Fursy de la Salle, sur la demission de Jacques de la Salle. On voit aussi vers le même temps Pierre Forest, Conseiller au Parlement, qualifié Seigneur de Puiseux aussi-bien que de Bellefontaine.

<small>Reg. Ep. Paris.</small>

<small>Hist. des Gr. Off. T. VIII, p. 484.</small>

Il faut encore observer que dans le Procès-verbal de la Coûtume ci-dessus cité, le grand Prieur de France est dit pareillement avoir une Seigneurie à Puiseux.

M. Roulier, Seigneur de Marly-la-Ville, a possédé la terre de Puiseux en ces derniers temps, et M. de Nantouillet lui a succédé dans l'une comme dans l'autre.

On lit dans les anciens monumens du Chapitre de S. Germain l'Auxerrois, certains articles qui prouvent que la terre de Puiseux relevoit de la Justice de Bellefontaine. Seroit-ce que dans les siécles éloignés, Bellefontaine et Puiseux eussent été un seul et même territoire, dont l'Eglise principale du titre de S. Germain d'Auxerre, auroit été à Bellefontaine, et la Chapelle succursale à Puiseux, sous le titre de Sainte Geneviéve? Il n'y a que la suite des temps qui puisse faire découvrir la cause des variations qui sont arrivées dans les Seigneuries et dans les titres des Saints Patrons des Paroisses. Voyez ce qui en est dit à l'article de Bellefontaine.

FOSSES

Le nom que porte ce lieu indique suffisamment qu'il est situé dans un vallon. On y compte six lieues et demie de Paris. M. de Valois a fort bien remarqué que ce village a toujours eu le même nom formé du latin, qui n'est nullement altéré, que ce nom est dans le plus ancien Pouillé comme dans tous les nouveaux. Il lui trouve en cela quelque ressemblance avec celui de S. Maur des Fossez : c'est tout ce que ce sçavant nous en apprend ; cependant, loin de penser que comme à Saint Maur ou au Château des Bagaudes, ce soit un fossé de défense qui ait donné le nom à Fosses, je serois porté à croire que ce lieu auroit tiré sa dénomination de la sépulture des soldats qui auroient été taillés en piéces au VIII siécle dans les environs, c'est-à-dire sur les bords de la forêt qu'on appelle aujourd'hui d'Herivaux et de Chantilly, et qui dans ces temps se nommoit *Sylva Cotia* également comme la forêt de Compiegne ; d'où lui vint le nom de la forêt de Coiz, autrement écrit de Coye. On fixe cette bataille à l'an 715 de J. C. Comme l'Eglise de ce lieu est sous l'invocation de S. Etienne, Pape, du titre duquel il n'y a gueres d'Eglises en France, je commencerai par rechercher la raison pour laquelle celle-ci est sous ce titre. Vers l'an 751, le Pape Etienne II vint en France pour implorer le secours du Roi Pepin, contre Astulphe, Roi des Lombards, et il logea longtemps à l'Abbaye de Saint Denis.

Voyez Coye.

Si le Pape Etienne II n'apporta point en France de *Brandeum* sous le nom de S. Etienne, Pape, qui auroit servi à cette Dédicace, et s'il n'en laissa pas à l'Abbaye de Saint Denis, il n'y a presque pas lieu de douter que Fulrad, Abbé de la même Eglise, qui se trouva à Rome quelques mois après que le Pape Paul I eut levé le corps de ce S. Pape Etienne I avec plusieurs autres, n'en obtint alors. Il dut avoir d'autant plus de facilité à y parvenir, qu'il connoissoit particulierement ce même Pape Paul avec lequel il avoit été envoyé en Toscane, sous Etienne II. Paul qui lui accorda les corps d'un S. Alexandre, d'un S. Hippolyte et d'un S. Vit, martyrs, ne lui refusa point vraisemblablement quelques fragmens de celui de S. Etienne, Pape ; on peut dire même qu'il étoit tout naturel que cet Abbé en eût par forme d'échange, puisque ce fut dans la même Eglise de Rome où venoit d'être apporté le corps de S. Etienne Pape, que furent déposées les reliques de S. Denis, Evêque de Paris, que Fulrad avoit donné au Pape Paul, et qui firent ajouter au nom de S. Etienne, Pape et de Sylvestre, que portoit cette Eglise, celui de Saint Denis.

Ce n'est pas assez de prouver que l'Abbaye de Saint Denis ait possédé quelques reliques de S. Etienne, Pape, il faut faire voir la maniere dont l'Eglise de Fosses a pu y avoir part. Il y en a deux : ces reliques ayant été apportées de Rome par l'Abbé Fulrad, cet Abbé en fit part à son frere en même temps qu'il lui remit le corps de S. Vit. Le frere de l'Abbé Fulrad, dont on ignore le nom, étoit Seigneur de Montmelian. Il y bâtit une Eglise sous le titre de S. Vit, parce que c'étoit de ce saint martyr qu'il avoit apporté presque tout le corps, et qu'il n'avoit eu qu'une petite partie de celui de S. Etienne, Pape. Je rapporte sur Montmeillan les preuves que l'Abbaye de S. Denis entra bientôt après en jouissance de la nouvelle Eglise de Saint Vit et d'une partie du revenu de la terre. Je dis aussi au même endroit que l'Abbaye d'Herivaux fut dès le XII siécle gratifiée des dixmes de Montmeillan. La qualité de gros décimateurs dans la personne de l'Abbé et [des] Religieux d'Herivaux leur donna plus d'autorité dans le lieu, en même temps qu'elle exigeoit d'eux la réparation et l'entretien de l'Eglise de Montmeillan. Je ne fais donc aucun doute que ce fut dans le XII siécle, lorsque l'Eglise de S. Vit, bâtie depuis quatre cens ans par le frere de l'Abbé Fulrad, menaça ruine, que les Chanoines Réguliers d'Herivaux retirerent chez eux toutes les reliques conservées jusqu'alors en cette Eglise de Montmeillan, et qu'ils ne les firent sortir d'Herivaux que pour la dédicace de l'Eglise du lieu de Fosses où ils avoient beaucoup de biens, et où elles sont restées depuis.

L'Eglise de Fosses ne fut point dédiée sous le titre de S. Vit, parce que son territoire n'étoit pas démembré de celui de Montmeillan, mais sous celui de S. Etienne, Pape et Martyr.

L'autre voye par laquelle les Reliques de S. Etienne ont pu être portées jusqu'à dans les anciens temps, et avoir fait donner le nom à l'Eglise du lieu, est que l'Abbaye de Saint Denis a eu dans ce village un fief qu'elle avoit cédé depuis aux Chevaliers du nom de le Bel, de maniere même que, dès l'an 1125, Matthieu le Bel l'avoit fait passer en arriere-fief à Hervé *de Malmolin,* comme il se voit au huitiéme article de sa déclaration. Ainsi, lorsqu'il a été question d'une Dédicace d'Eglise à Fosses, les Religieux de Saint Denis ont pu être priés d'accorder des Reliques, et ils auront fait présent de ce que l'Abbé Fulrad avoit eu de celle de S. Etienne, Pape.

Chartul.S.Dion. Bibl. Reg. ad ann. 1125.

L'Eglise de Fosses bâtie à la fin du XII ou au commencement du XIII siécle est celle même qui subsiste aujourd'hui. Elle est fort basse mais fort solidement construite, la tour principalement soutenue par quatre gros piliers avec ses fenêtres à arcs ronds sans pointe. Les piliers de la nef qui n'est pas voûtée mais seulement lambrissée paroissent être bâtis au XIII siécle sous Philippe-Auguste aussi bien que le portail. Ils sont un peu moins grossiers que ceux du chœur. Le sanctuaire et la Chapelle du fond de l'aîle méridionale sont terminés en demi cercle de même que plusieurs édifices du temps de Louis le Jeune.

Dans l'aîle méridionale du chœur est un petit morceau d'architecture terminé en pointe avec des especes d'ornemens en forme de balcons à l'antique, et d'une structure d'environ l'an 1500.

Cette architecture est pour orner l'armoire qui renferme les Reliques de cette Eglise. Il y a un bras de cuivre que l'on appelle de S. Etienne Pape, dans lequel est un petit ossement de ce saint ; le chef de S. Vit apporté surement de Montmeillan ; et de plus par forme d'accompagnement un autre chef de bois doré, à qui on donne le nom de S. Modeste ; plus une boëte quarrée qu'on dit contenir des Reliques de Sainte Crescence. Il paroît par là qu'on s'est laissé persuader aisément que le Saint Vit martyr, dont Fulrad apporta le corps sous le Roi Pepin, étoit S. Vit de Lucanie, dont on fait la Fête dans le Romain avec celle de S. Modeste et Ste Crescence : ce qui souffre cependant de la difficulté. Quoiqu'il en soit, la Fête de S. Vit du 15 Juin est chommée à Fosses, aussi bien que celle de S. Etienne Pape, du second jour d'Août. Voy. Baillet et Bollandus.

On n'apperçoit dans cette Eglise, malgré son antiquité, aucune ancienne épitaphe : seulement, proche l'armoire des Reliques, se voit la tombe de Pierre Mercier, Lieutenant général de Clermont en Beauvoisis, Seigneur de Fosses, décédé le 18 Septembre 1617. M. le Cardinal de Noailles permit en 1715 qu'on prit quelques toises du cimetiere de cette Eglise pour l'aggrandissement du Presbytere, et les habitans y consentirent. Reg. Archiep. Paris. 26 Sept. 1715.

La Cure de Fosses dans le Pouillé du commencement du XIII siécle est dans le rang de celles qui sont à la pleine collation de l'Evêque de Paris. Ce ne fut qu'en 1260 que Renaud de Corbeil, Evêque de Paris, sur l'exposé que Hervé, Abbé d'Herivaux, lui fit de la pauvreté de sa maison, donna cette Eglise à cette Abbaye du consentement de Gilbert qui en étoit Curé. L'Abbé promit de la faire desservir par deux Chanoines Réguliers ; l'Evêque de son côté se retint huit sols de droit au synode de la Saint Remi, autant au synode de Pâques, et quatre sols pour l'Archidiacre à chacun de ces synodes. Hist. Eccl. Par. T. II.
Ex major. Chartul. Paris. fol. 254.

Depuis ce temps-là les Abbés d'Hérivaux ont eu la présentation, qui est marquée clairement dans le Pouillé du XV et du XVI siécle, dans celui de 1648 et chez le Pelletier[1]. En conséquence, c'est un Chanoine Régulier de la Congrégation de France qui gouverne cette Cure. La Bulle d'Alexandre III de l'an 1163 en faveur des biens de l'Abbaye d'Hérivaux, articule entre autres choses un sextier de froment qu'Ascelin, Chevalier, leur avoit donné actuellement sur sa maison de Fosses. Trente ans après, Gui le Bouteiller de Senlis et sa femme, donnerent à la même Communauté soixante arpens de terre qu'ils avoient acquis de Reric de Fosses. En 1238 Raoul, Seigneur de Lusarches, lui confirma les cinq sols Gallia Christ. vet. T. IV.
Hist Eccl. Par. T. II, p. 150.

---

1. Le Pouillé de 1626 a fait une transposition du présentateur de cette Cure avec celui de Franconville. Il met pour Fosses l'Archevêque, et pour Franconville l'Abbé d'Hérivaux. C'est le contraire qu'il falloit mettre.

<small>Gall. Chr.
T. VII, col. 823.</small> qu'elle avoit droit de prendre au même lieu de Fosses dans les cens de Jean de Charny.

Le territoire de Fosses ne consiste qu'en terres labourables, en prairies et quelques terrains marécageux. Le dénombrement des Elections y a compté 48 feux, et ensuite 36, et le Dictionnaire universel 160 communians ; mais on n'y compte gueres aujourd'hui que 25 ou 30 feux. Ce lieu suit la Coûtume de Paris. Il a été omis par ceux qui ont dressé la Table des dépendances de cette Coûtume.

<small>Gaign. p. 241.</small> Quelques endroits du Cartulaire de l'Abbaye de Chaalis au Diocése de Senlis, font mention de certains habitans de Fosses qui lui ont donné du bien. Ces donations sont certifiées par Maurice de Sully, Evêque de Paris ; l'une est la ratification de Gui *Parvi* de Fosses du don fait par Hugues, Maire de Lusarches, de tout son bois appellé *Hasta Belvacensis* ; l'autre est la concession qu'Alis, femme d'Alelme de Fosses, fait à cette Abbaye d'un morceau de terre propre à fabriquer de la brique ou de la tuile. Cette derniere est de l'an 1166. L'un des témoins est *Ludovicus Presbyter de Fossis.*

<small>Hist. de Montm.
Preuv. p. 416.</small> A l'égard de la Seigneurie de Fosses, que je crois avoir été au XII et XIII siécle une Paroisse beaucoup plus étendue qu'elle n'est à présent, je trouve au commencement du XIII siécle que le Domaine du Roi avoit joui de la moitié de cette terre ; Jean de Gisors reconnoît tenir de Philippe-Auguste du bien situé à Malli, c'est-à-dire à Marly-la-Ville, et la moitié de Fosses. L'Evêque de Paris y avoit des fiefs et des arriere-fiefs au XIII siécle. Celui qui siégeoit en 1285 étant informé que les Templiers y avoient acquis d'Henri Bouton, Prêtre, seize arpens de terre et <small>Cart. maj. f. 76.</small> d'autres morceaux sur son fief aux lieux dits Biaulieu, Recourt, Hapay, Perier, les mit entre ses mains ; ce qui les obligea pour l'amortissement, de lui créer une rente qui fut constituée par Geoffroy de Vicher, leur Visiteur général.

MM. Cousinet ont joui long-temps de cette terre, de pere en fils, jusqu'à ce qu'elle a été vendue par M. Cousinet, Maître des Comptes, décédé depuis peu. M. Petit est actuellement Seigneur de Fosses.

Je n'ai point trouvé de personnes remarquables du nom de ce lieu que Guillaume *de Fossis,* qui fut quatriéme Abbé d'Herivaux, vers l'an 1240. Il pouvoit être issu des Seigneurs de ce lieu.

MARLY-LA-VILLE

J'aurois bien souhaité, pour avancer affirmativement que Marly-la-Ville situé à six lieues de Paris, est le lieu que différens diplomes et actes du VII siécle appellent *Marlacum*, et dans lequel le Roi Thierry avoit un Palais d'où l'on a des chartes datées de l'année 678, au mois de Septembre ; mais il y a dans le Royaume tant de lieux dont la dénomination peut venir de *Marlacum* ou de *Mastacum* qu'on ne sçait auquel de ces lieux attribuer ce Palais. Il devoit être aux environs de la Neustrie, et peut-être en tirant vers l'Austrasie. C'est tout ce qu'on en peut dire jusqu'à ce qu'on trouve de plus grands éclaircissemens.

<small>Mabill. Diplom. p. 469.</small>

Une personne bien instruite des antiquités de l'Abbaye d'Hérivaux (le P. Prevost) m'a assuré que l'Eglise de Marly a été donnée à cette Abbaye par Maurice de Sully, Evêque de Paris, et son Chapitre, par conséquent avant l'an 1196 auquel mourut cet Evêque. Cependant elle ne se trouve point comme Paroisse dans le Pouillé de Paris du XIII siécle. On y voit seulement que parmi les Prieurés renfermés dans le Doyenné de Sarcelles, il y en subsistoit un sous le nom de *Prioratus de Malliaco Villa*. On ne trouve point non plus l'Eglise de Marly-la-Ville au rang des Paroisses dans le Pouillé écrit vers 1450, ni dans celui du XVI siécle.

Comme donc la Paroisse de Fosses se trouve dans tous ces Pouillés, et que l'Eglise Paroissiale de Marly honore comme son Patron S. Etienne, Pape, le même qui est Patron de l'Eglise de Fosses, il semble qu'on peut en conclure que l'Evêque Maurice n'auroit donné qu'une Eglise Cléricale située sur le territoire de Fosses, et non une Eglise Paroissiale ; et que, lorsqu'on l'a érigée en Paroisse, le peuple détaché de l'Eglise de Fosses a voulu conserver le même Patron : d'où il s'ensuit que la Paroisse de Marly-la-Ville seroit un démembrement de celle de Fosses. Il faut observer que ces deux villages ne sont éloignés l'un de l'autre que d'une demie lieue. Apparemment que l'Eglise donnée par l'Evêque Maurice, et qui étoit devenue Prieuré, aura servi de Paroisse aux habitans. Ce qui me le fait croire, est que sa structure approche très-fort du temps de S. Louis, si elle n'est pas précisément de ce temps-là. C'est un vaisseau tout gothique bâti cependant selon différens goûts : le sanctuaire a deux rangs de vitrages : le chœur est sans galeries au-dessous des vitrages, mais l'édifice de la nef en est embelli des deux côtés ; la tour et le portail paroissent aussi bâtis à la fin du XIII siécle. Les deux aîles ou collatéraux de l'Eglise sont aussi gothiques et du même temps. Le bâtiment est entierement voûté et paroît l'avoir été long-temps après sa construction. La propreté du pavé répond à la délicatesse de la voûte. Le chœur est pavé en petits carreaux de pierres uniformes. Dans le reste de l'Eglise les tombes sont fort communes, mais leurs inscriptions n'ont rien de remarquable. Il paroît que ce qui a contribué à rendre cette Eglise une des plus belles du Diocése de Paris pour ce qui est de la campagne, est la facilité d'avoir la pierre de Senlis au moins pour les tombes avec quelques carrieres que l'on a épuisées dans le pays. L'Anniversaire de la Dédicace de cette Eglise se célébre le second Dimanche après Pâques.

Ceux qui ont fait imprimer en 1626 le Pouillé du Diocése de Paris y ont oublié cette Paroisse, parce qu'ils ne l'ont pas trouvée dans aucun des Pouillés précédens. Il est vrai qu'elle se trouve dans l'édition de 1648 in-4°, mais avec une faute considérable, en ce qu'on y a mis que la Cure est à la pleine collation de l'Archevêque. Le Pelletier a rencontré plus juste dans le sien de 1692 ; il a marqué que la présentation appartient à l'Abbé d'Herivaux, ce qui étant véritable, peut encore servir à appuyer la conjecture que cette Cure est demembrée de celle de Fosses, dont un Evêque de Paris avoit accordé la nomination à l'Abbé d'Hérivaux depuis la confection du premier Pouillé.

Quelques titres des Abbayes de Chaalis et d'Herivaux nous fournissent de quoi parler des dixmes de Marly-la-Ville. Dans le Cartulaire de Chaalis, Maurice de Sully, Evêque de Paris, atteste que Raoul de Sercelles a donné à ce Monastere de Chaalis toute la dixme des terres qu'il avoit au territoire de Marly, et cela vers l'an 1163. Le même Evêque certifie en 1164 qu'un particulier nommé Richard *Theotonicus* a donné au même Monastere une terre à Marly. Il y a dans les archives d'Herivaux deux actes de l'an 1237. Dans l'un c'est Agnès de Baillay ou Bailly (*de Baaliaco*) qui vend à l'Eglise de cette Abbaye la quatriéme partie de grain d'hiver (*Hibernagii*) de toute la dixme de Marly-la-Ville, et deux parties de marchese de ce quart de dixme, *cum forragio et tractu ipsius*. Dans l'autre, c'est Guillaume de Chantilly (*de Chantilliaco*), Chevalier, Chastelain de Montmeillan, qui amortit en faveur de l'Abbaye d'Herivaux, le quart de la dixme totale de Marly-la-Ville comme mouvante de son fief et acquise par les Religieux des héritiers d'Etienne Potier, Chevalier d'Ermenonville. On assure aussi (mais sans produire de date) qu'outre une donation d'une partie des dixmes de Marly faite par un nommé Raoul à l'Eglise d'Herivaux, Hugues de Lusarches et Guy de Fosses lui firent présent de ce qu'ils y avoient.

Portef. de Gaign. à la Bibl. du Roy.

Gall. Chr. nova, T. VII, col. 822.

Ibid., col. 823.

On trouve dans d'autres archives les noms de quelques Seigneurs de Marly-la-Ville ; celles de l'Abbaye de Saint Magloire insinuent qu'en l'an 1184, une branche des Seigneurs de Montreuil y faisoient leur résidence. Le Cartulaire de Saint Maur des Fossés fournit le plus ancien Seigneur de Marly que je puisse produire après le Fondateur d'Herivaux, duquel je parlerai ensuite. On y lit que Pierre de *Mailliaco Villa juxta Luperas*, Chevalier, et Ada, sa femme, possedent conjointement avec Simon de Bandeville et Dreux de Morcent, Chevaliers, héritans de leurs femmes, la quantité de cent arpens de terre à Ozoir-la-Ferriere, dans la censive de Saint Maur. Cet acte est de l'an 1266. En 1353, Marly-la-Ville étoit dans la maison de Trie. Billebaud de Trie, Chevalier, attaqua en Parlement le Prevôt et Procureur du Roi de Gonesse, pour avoir tiré de ses prisons un voleur qu'il avoit fait pendre audit lieu de Gonesse. Il y eut [lieu] d'informer sur le droit de ce Seigneur. En 1378, Jean de Châtillon et Isabeau de Trie, sa femme, étoient en Procès avec Robert Malard, pour des biens situés à Marly-la-Ville. On va voir que cette terre étoit apparemment alors dans la maison de Châtillon. <small>Hist. de la Maison de Châtillon p. 581.</small>

On lit dans Sauval que la terre de Marly-la-Ville fut acquise en 1464 de Jean de Châtillon, Chevalier, par Dreux Budé, Trésorier et Garde des Chartes du Roi et Audiencier en la Chancellerie. A cette occasion cette terre est dite mouvante de Gonesse. Il paroît qu'un Secrétaire du Roi, nommé Jean Prevost, en acheta aussi une partie. Le Roi lui remit les Droits *de Quinto*, etc. Jean Budé qui étoit pareillement Secrétaire du Roi, acheta seulement dans le même temps, de Jean Auger, Ecuyer, une rente sur la même terre. Dreux Budé faisant son acquisition, obtint de Louis XI des Lettres Patentes pour l'union du fief des Cornillons avec la terre et Seigneurie de Marly, pour relever en une seule fois de Gonesse. Elles sont datées de Sazilly près Chinon, au mois de Février 1464. Les mêmes Budé, Seigneurs de cette terre, obtinrent en 1480, que les appellations de Marly ressortiroient au Châtelet et non à Gonesse. Les Lettres sont datées du 13 Août, à la Motte d'Egry. Enfin, le même Prince étant au Plessis du Parc, proche Tours, au mois de Mars 1481, accorda à Jean Budé, Seigneur de Marly, d'avoir un scelleur particulier pour les contrats sur sa terre. <small>Sauval, T. III, p. 372.</small> <small>Bann. du Châtelet, I vol. fol. 188, 199 et 240.</small>

Cette terre resta en partie dans la famille des Budé durant le siécle suivant. Je dis *en partie*, parce que j'ai lu qu'un Seigneur de Jaigny, nommé Guillaume de Meaux, prenoit en 1631 la qualité de Seigneur de Marly-la-Ville. Guillaume Budé, second fils de Jean, Maître des Requêtes, l'un des hommes les plus sçavans de son tems, la posseda jusqu'en 1540, qui fut l'année de sa mort. Il y bâtit, suivant qu'on l'apprend par une de ses lettres, citée dans l'Histoire des Belles Lettres. La maniere dont il écrivoit en latin Marly n'étoit pas conforme à l'origine. *In eo tractu*, dit-il dans une autre lettre, *qui peculiari nomine Francia appellatur nos prædium Marlianum habemus*. Jean-Salmon Macrin de Loudun, appellé l'Horace de son temps, adressant au même Budé une piéce de vers, latinise Marly de la même maniere :

> *Quod Villa est tibi Marliana sculptu*
> *Affabre et variis polita signis*
> *Cultu et materiata sumptuoso*
> *E multis mihi prædicaris unus.*

Antoine Budé étoit en 1552 Seigneur en partie de Marly-la-Ville. Il obtint alors une Sentence qui condamnoit l'Abbaye de Saint Magloire de Paris à lui payer l'indemnité de vingt arpens de terre, sis sur cette Seigneurie qui lui avoient été legués.

Avant l'an 1600 la terre de Marly étoit possedée par Jacques Danès, Conseiller au Parlement, Président en la Chambre des Comptes, Prevôt des Marchands et Conseiller d'Etat, homme de lettres et ami des gens lettrés. Jacques, son fils, en jouit après lui. Il épousa Magdelene de Thou, fille de Jacques-Auguste de Thou, Président à mortier, après la mort de laquelle il se fit d'Eglise, devint Maître de l'Oratoire du Roi, et enfin fait Evêque de Toulon en 1640. Ce Seigneur de Marly abdiqua son Evêché en 1656, quitta toutes les marques de grandeur et répandit dans le sein des pauvres les biens qu'il avoit reçus de ses peres, passa dans les exercices de la charité, dans l'austérité, la retraite et la priere le reste de ses jours à Paris où il mourut le cinq Juin 1662. Il fut inhumé à Sainte Geneviéve des Ardens, dans le chœur de l'Eglise auprès de laquelle il demeuroit. Son corps y a été retrouvé dans un cercueil de plomb au mois de Janvier 1747, lors de la démolition de cette Eglise, et il a été transporté dans l'Eglise de la Magdelene. L'un des quatre lits que ce saint Evêque a fondés aux Incurables est pour la Paroisse de Marly.

La Terre de Marly-la-Ville fut érigée en Comté l'an 1660, par Lettres Patentes du mois d'Octobre, ensorte que Pierre de Hodic, Maître des Requêtes, qui la posseda depuis, prit la qualité de Comte.

Jean Rouillé de Fontaines, Maître des Requêtes, l'a eue après lui, et est décédé le 12 Août 1728. Cette terre a passé à M. Rouillé de Fontaines, Conseiller au Parlement, son fils, qui l'a vendue à M. l'Allemand de Nantouillet, Fermier Général.

Les cahiers des comptes de la Prevôté de Paris, du temps que le Roi d'Angleterre y étoit reconnu, rapportent nombre de confiscations faites par ce Prince en 1423, et nomment les anciens propriétaires des biens. Maître Jean de Vitry, homme qualifié, avoit à Marly-la-Ville un Hôtel qui fut donné par le Roi à Guillaume Boudin et au Sr de Courcelles, Chevalier. Un autre Hôtel sis en la même Paroisse et appellé l'Hôtel au Bois de la Presse [Plesse] qui appartenoit à Maître Jean Jouvenel, Chevalier absent, fut donné à Matthieu Holla, l'un de ceux qui avoient fait entrer dans Paris les gens du Duc de Bourgogne. *Sauval, T. III, p. 326 et 585.* *Ibid., p. 586.*

Il n'est marqué dans le denombrement de l'Election de Paris que 31 ou 51 feux à Marly-la-Ville. Le Dictionnaire Universel du Royaume y compte 408 habitans. Cette Paroisse a été pendant quelques siécles plus peuplée qu'elle n'est aujourd'hui. Rocourt, où est la source de la petite riviere qui passe à Fosses et où l'on voit un étang dans un profond vallon vers le nord-est, avec une carriere, est situé sur le territoire de Marly. Il y avoit ancienne- ment en ce lieu une manufacture de draps qui a été assez célèbre. Il y a eu aussi des Foires pour les bestiaux, qui duroient plusieurs jours de suite. Maintenant on ne travaille plus à Marly qu'à la culture des terres, c'est-à-dire au labourage, car il n'y a pas de vignes, et dans le Bourg les femmes s'occupent à faire des dentelles. Budé, parlant de la fertilité des terres de Marly, dit qu'il falloit neuf boisseaux pour y ensemencer un arpent, [il] ajoute que dix-huit arpens d'assez bonnes terres s'y affermoient commu- nément un muid de bled à un sol près du meilleur; qu'ainsi chaque arpent étoit affermé huit boisseaux de bled. L'arpent étoit alors tel qu'il est aujourd'hui. *Budé lib. V, p. 142.*

Comme cette Paroisse est la derniere du Diocése de Paris, et qu'immédiatement après, en allant à Senlis, on trouve sur la droite Survilliers qui est du Diocése de Senlis, de-là est venu l'usage de qualifier du nom de *Maladerie de Survilliers* l'ancienne Leproserie du titre de S. Lazare; mais quoiqu'elle soit voisine du village de Survilliers, elle est comprise au rolle des décimes du Diocése de Paris, comme étant sur le territoire de la Paroisse de Saint Vit de Montmeillan qui est de ce Diocése. Je n'en fais mention ici, [que] parce qu'elle sert d'Hôpital aux malades de Marly, et que la Paroisse de Montmeillan n'y a qu'un seul lit.

Le Grand Prieur de France avoit une maison à Marly-la-Ville vers la fin du XV siécle; cela se prouve par une Sentence des Requêtes du Palais du 6 Octobre 1496, qui porte que ce Prieur ne peut administrer les Sacremens par ses Religieux ou Chape- lains en sa maison de Marly sans le consentement de l'Evêque ou du Curé. Dans le Procès-verbal de la Coûtume de Paris 1580, le même Grand Prieur s'est dit Seigneur en partie de ce Marly. *Tab. Ep. Paris. Spirit.*

Voici les noms de quelques personnes dignes de remarque relativement à Marly. L'illustre Ascelin, surnommé l'hermite, qui *Gall. Chr. T. VII, col. 816.*

en effet en étoit Seigneur au XII siécle aussi-bien que de la vallée où il fonda l'Abbaye d'Hérivaux ; mais j'ai cru qu'il méritoit bien de n'être pas confondu avec le commun des Seigneurs temporels. Il faut voir ce que j'en ai dit sur l'article d'Hérivaux. Il paroît que Pierre de Châtenay qui fut Prieur de Marly vers le milieu du XIV siécle, étoit un homme respectable, puisque son humilité le porta à quitter la Dignité Abbatiale d'Herivaux pour occuper ce simple bénéfice.

Gall. Chr. T. VII, col. 825.

Le célébre Frere Fiacre, Augustin déchaussé, étoit né à Marly-la-Ville en 1669, et baptisé en l'Eglise de Saint Etienne. Il s'appelloit Denis Antheaume, et étoit fils de François. Sa vie a été imprimée à Paris, in-12, l'an 1722, et dédiée à M. de Caumartin, Evêque de Blois.

On apprend par les Registres du Parlement à l'an 1529 que ce fut en cette Paroisse que parurent les brise-images du XVI siécle dont quelques-uns étant venus à Paris s'exercerent sur une image de la Sainte Vierge, derriere le petit Saint Antoine. Ce qui fut fait pour l'expiation de leur impiété, est marqué dans les Histoires du temps.

Sauval. T. III, p. 610.

Marly-la-Ville est le premier lieu où la Gazette de France ait annoncé l'essai fait des expériences de l'Electricité pour préserver les édifices des foudres du tonnerre.

Voyez la prem. Gazette de Juin 1752.

BELLE-FONTAINE

Cette Paroisse est située au-dessous de celle de Fosses, sur le ruisseau formé par les sources de Montmeillan et Survilliers, et qui sont plus sensibles sur les limites de Marly-la-Ville. Le plus ancien titre qui en fasse mention appelle ce lieu *Bella Fontana*. Il est de l'an 1174. Dans le siécle suivant on a voulu s'exprimer en meilleur latin et dire *Bellus Fons,* ce qui n'a pu faire changer l'expression vulgaire. Ce village est à six lieues de Paris dans un agréable vallon, quoiqu'un peu resserré. C'est un pays à terres labourables et prairies, et qui a tiré son nom d'une fontaine qui sort de la montagne sur le bord du ruisseau. Les dénombremens du siécle présent lui donnent 40 à 50 feux, ce qui selon le Dictionnaire universel revient à 200 habitans.

La Cure étoit érigée dès le XIII siécle, et elle étoit alors à la pleine nomination de l'Evêque de Paris : c'est ce qui a trompé les rédacteurs des Pouillés. Le Pelletier est le premier qui a assuré dans le sien de 1629 qu'elle est à la présentation de l'Abbé d'Hérivaux, et cela se trouve être ainsi depuis long-temps. Le changement avoit été fait apparemment vers l'an 1436, parce qu'on trouve que le 8 Juin 1437 Robert, Abbé d'Hérivaux, constitua à Jacques, Evêque de Paris, et à ses successeurs vingt sols de rente pour le dédommager du déport, et cela à cause de l'union de cette Cure faite à son Abbaye.

Il ne reste dans l'Eglise Paroissiale que deux épitaphes assez modernes. L'une est sur la tombe de Charles Menard, Conseiller au Parlement de Paris, fils de Georges Menard, aussi Conseiller ; on y lit ceci à la louange de Charles : *Qui cum dubiis et nutan-* <small>Tab. Arch. Par.</small> *tibus sub Henrico III rebus in fide mansisset, et restaurata demùm Henrici magni victricibus armis Galliá, penatibus redditus, priscá et verè Gallica Virtute Regium nomen semper coluit. Demùm Ludovico XIII Rege majoribus in subselliis sedens decessit Nonis Decembris 1619.* Blanchard nous apprend qu'il avoit été reçu <small>Catalogue des</small> Conseiller le 22 Février 1582 et Georges son pere le 6 Août 1544. <small>Cons. au Parlem.</small> L'autre tombe est de Marie-Elisabeth de Braque, Dame du lieu, morte le 31 Mai 1720, âgée de 19 ans, fille de Christophe de Braque, Seigneur de S. Brice, Piscot, etc. Elle avoit épousé, quatre mois auparavant, Maximilien-Bruno-Joseph Forest, Seigneur de Belle-Fontaine et du Coudray, près Lusarches.

Le bâtiment de cette Eglise est du nombre de ces anciens édifices qui ont souvent été reparés.

Cette Eglise fut dédiée le Dimanche 24 Juillet 1524 par François Poncher, Evêque de Paris, qui y bénit trois autels : le premier en l'honneur de S. Nicolas qui passoit pour Patron du lieu ; le <small>Reg. Ep. Paris.</small> second en l'honneur de la Ste Vierge ; le troisiéme sous le titre de S. Jean-Baptiste. Quoique S. Nicolas soit regardé comme Patron, il y a lieu de croire que cette Eglise a été primitivement sous le titre de S. Germain, Evêque d'Auxerre. Les monumens du Chapitre de S. Germain l'Auxerrois par lesquels on apprend que la terre de Puiseux qui n'est éloignée de là que d'une lieue relevoit de la Justice de Belle-Fontaine, spécifient positivement que les <small>Tab. S. Germani</small> dixmes et champarts du même Belle-Fontaine, qui étoient à raison <small>Autiss.</small> de la dixiéme ou onziéme gerbe, étoient apportés par les débiteurs <small>ex D. H. Prevost</small> sous l'orme de S. Germain proche l'Eglise du lieu. Or l'orme <small>Canon. B. M.</small> devoit porter le nom de l'Eglise. Mais quoique les Chanoines de cette Collégiale ne possedent plus rien à Belle-Fontaine, ayant vendu leurs droits dans le temps des contributions pour le payement de la rançon de François I, le saint Evêque d'Auxerre peut toujours en être regardé comme premier Patron, n'ayant vraisemblablement commencé à y en avoir un second que par un effet de la dévotion de Nicolas Bracque, Maître d'Hôtel du Roi Charles V, qui auroit acheté une partie de cette Terre, lequel ensuite y auroit fondé un titre de S. Nicolas, d'où il seroit arrivé que le dernier titre auroit éclipsé l'ancien.

Entre les actes qui prouvent le Droit Seigneurial du Chapitre de S. Germain en ce lieu, je me contenterai d'en citer trois. Par le premier qui est de l'an 1202, Milon de Belle-Fontaine, Chevalier, qui s'étoit emparé dans la voirie et justice de toute la terre de Belle-Fontaine et dans les prez du même lieu appartenant à l'Eglise de S. Germain l'Auxerrois, de la quantité d'environ neuf arpens de ces prez situés près le moulin de Saulx, desquels il avoit retenu partie en ses mains, partie baillé en fief, *Ex Litt.* et partie à cens au préjudice de cette Eglise, les restitua au *Odonis Episc.* Chapitre par les mains d'Eudes de Sully, alors Evêque de Paris, ce qui fut confirmé par le Roi Philippe-Auguste au mois d'Août 1204. Le second acte est un bail passé par-devant Jean Taconneau et Jacques Bechelle le 7 Mai 1413, par lequel le Chapitre de Saint Germain afferme à Jean-Philippe Laboureur à Belle-Fontaine pour trois ans, la Mairie de ce village avec tous les cens, rentes, dixmes, champarts, ventes, saisines, amendes, bournages et tous autres droits au terroir de Belle-Fontaine, à la charge de tenir Registre pendant ces trois années des ensaisinemens, et de ceux qui doivent payer, et d'exercer bien et dûement la Justice que lesdits Sieurs ont à Belle-Fontaine. Un troisiéme acte qui est d'environ l'an 1317, nous apprend que cette Terre du *Gall. Chr.* Chapitre de Saint Germain s'étendoit depuis Belle-Fontaine et *T.VII, col. 261.* Fosses jusques du côté de Châtenay et de Puiseux, et que c'étoit à son sujet qu'il y avoit procès alors entre ce Chapitre et Alerme de Brienne.

Adam, qui d'Archidiacre de Paris fut fait Evêque de Teroüenne, possedoit au commencement du XIII siécle le fief du moulin de Saulx, nommé ci-dessus. J'ai vu une charte par laquelle, à la priere de l'Evêque de Senlis, il accorde aux Chanoines Réguliers de *Cartul. Livr.* Livry la possession de tout ce qu'ils ont *in molendino de Salice* *art. Heremitar.* *apud Bellum Fontem, quod est,* dit-il, *de feodo nostro.* Ce titre *fol. 12.* est de l'an 1220. Ce moulin occasionna des différens avec le Curé *Ibid.* et les Paroissiens du lieu. Le reglement qui est de 1222 porte entre autres articles que le boisseau sera conforme à la mesure de Lusarches. Les arbitres de ces différens avoient été l'Abbé *Ibid.* d'Hérivaux, Clement, Prêtre de Lusarches, et Nicolas, Prêtre de Belle-Fontaine. Il y eut aussi un accord touchant la place de *Ibid., fol. 100.* devant le moulin. Un des Seigneurs particuliers s'appelloit alors Jean et se qualifioit *Domicellus de Bello Fonte.* Le même Cartulaire contient encore acte de l'an 1316, qui regarde Belle-Fontaine. C'est un échange que Jean de Darenci, Ecuyer, qui y demeuroit, fit avec l'Abbaye de Livry, étant [estant?] au droit du Prieur des

Hermites, d'une piece de marais assise audit Belle-Fontaine dessous le ruisseau du moulin.

Mais Milon et Jean ne sont point les plus anciens qui ayent été reconnus pour Seigneurs de Belle-Fontaine avec le Chapitre de Saint Germain l'Auxerrois. On peut remonter jusqu'à un *Radulphus de Bella Fontana* mentionné comme présent à un Acte passé à Montmorency l'an 1174, et même à un autre acte passé au donjon de Lusarches dès l'an 1160. Hist. de Montm. Preuves p. 56. Chart. Ep. Par. fol. 303.

Milon *de Bello Fonte* fut apparemment son fils et son successeur. On le trouve à la Cour du Roi Philippe-Auguste à Senlis dès l'an 1186. Il y fit confirmer par une charte de ce Prince que chacun des hommes de sa Terre (*quæ de nostro est feodo*, dit le Roi) fussent exempts de tolte et de taille, moyennant les redevances annuelles de trois sols et deux chapons à lui Milon, et au Roi celle d'une mine d'avoine pour droit de tensement ou de protection ; que les amendes ou forfaits de 60 sols fussent reduits à cinq, et celles de cinq reduites à douze deniers. Outre qu'il est nommé ci-dessus à l'an 1202, il est encore connu par un acte de 1212 qui fait mention du fief qu'il avoit *juxta nemus Aalis*. Il avoit dèslors trois fils, Radulfe, Jean et Gui. Recueil des Ordonn T. VII, p. 326. Gall. Chr. T.VII, col. 820.

Jean est qualifié *Domicellus de Bello Fonte* vers l'an 1222 et en 1238. Il donna à l'Abbaye d'Hérivaux cinq sols à prendre dans son cens de Belle-Fontaine : ce que Raoul, Seigneur de Lusarches, confirma en 1238. Ibid., col. 823.

Depuis ce temps-là on ne connoît plus de Seigneur de Belle-Fontaine jusqu'à Nicolas Braque, Maître d'Hôtel du Roi Charles V, vers l'an 1370 ; la postérité duquel a continué de posséder cette terre jusqu'à nos jours, comme on voit par l'épitaphe assez recente qui se lit dans l'Eglise du lieu.

Il faut cependant avouer qu'il y a eu aussi d'autres Seigneurs, à moins que dans les Coûtumiers que je vais citer il ne s'agisse d'une petite Seigneurie de Belle-Fontaine située sur la Paroisse de Jouy-le-Moutier proche Pontoise. A la Coûtume de Senlis, redigée en 1539, comparut Yvon Pierres, Seigneur de Belle-Fontaine, au nom du Connétable Anne de Montmorency, Seigneur de l'Isle-Adam, dont il étoit Maître d'Hôtel. Et on lit dans le Procès-verbal de celle de Paris de l'an 1580, que le Grand Prieur s'y qualifie Seigneur en partie de Belle-Fontaine. Je remarque aussi que dès l'an 1283, un Chevalier dit Thibaud de Morengle, avoit une censive dans la Paroisse dont il s'agit, et sur laquelle étoient les biens que Philippe Beauventre, Ecuyer, donna à l'Abbaye d'Hérivaux. Reg. Ep. Paris. Amortissem.

Le Seigneur actuel est M. Forest, ancien Officier. Il y en avoit un du même nom dès l'an 1712. Cart. maj.f.320.

Sur la pente de la montagne au-dessus de l'Eglise vers le septentrion est une ferme considérable que l'on appelle *Saint Remi*, parce qu'elle appartient à une Abbaye de ce nom qui est de Religieuses de l'Ordre de S. Benoît. Ce Monastere étoit autrefois proche Senlis, et a été transferé proche Villers-Coterest.

COYE

anciennement COIZ

On ne sçait pas bien d'où peut être formé ce nom de *Coya* ou Coye. Probablement c'est un mot celtique ou saxon. Cependant, comme en 1212 on écrivoit en langage vulgaire Coiz et non pas Coye, je pourrois en conjecturer avec assez de fondement que ce mot vient de *Cota* ou *Cotia*, dérivé du saxon Cote, qui signifie des chaumieres, des maisonnettes, des habitations de pauvres gens. On peut voir là-dessus le Glossaire de Ducange aux mots *Coscez* et *Cotaz*. Il est au reste plus probable que le nom vient de là, que non pas des grez *à Côtibus*, comme M. de Valois le prétend en écrivant sur *Cotia sylva*.

Coye est la derniere Paroisse du Diocése de Paris, du côté qu'il confine à celui de Senlis, à gauche de la grande route qui conduit de Paris à cette derniere Ville. Elle est dans une grande solitude, étant entourée de forêts presque de tous les côtés. Sa distance de Lusarches n'est que d'une bonne lieue, et de Paris huit lieues. Le terrain en est sablonneux quoique le lieu soit dans un vallon, et il y a quelques étangs qui forment la petite riviere de Luze. Les habitans sont la plupart bucherons ou cordiers, les terres n'étant propres qu'aux menus grains, et exposées aux courses des bêtes fauves. Il y a néanmoins quelques vignes sur une côte vers l'orient du village. Ce lieu suit la Coûtume de Senlis dont il n'est éloigné que de trois lieues : on ne connoît dans la France aucune autre Paroisse de ce nom.

<small>Carte du Dioc. de Senlis.</small>

Le Denombrement de l'Election apprend qu'il y avoit autrefois 98 feux ; mais on me dit dans le lieu en 1739 qu'il n'y en a maintenant que 40 à 50. Le Dictionnaire universel de 1727 assure qu'il y avoit 309 habitans.

L'Eglise de ce village porte le titre de Notre-Dame. Comme elle tomboit de caducité, elle fut abbattue en 1738, et M. le Duc fit rebâtir celle qu'on voit aujourd'hui, qui est des plus simples. On n'a conservé de l'ancienne que la tour qui ne m'a paru être bâtie que depuis cent ou cent cinquante ans. Cette Paroisse étoit du Diocése de Senlis au commencement du XII siécle, puisque Pierre, Evêque de Senlis, en fit, l'an 1138, la donation au Prieuré de Saint Nicolas d'Acy, proche sa Ville Episcopale : *Ecclesiam de Coia cum atrio et minuta decima, Lucum etiam cum terra arabili*. Et comme ce Prieuré dépend de celui de S. Martin des Champs situé à Paris, les Religieux de ce dernier Prieuré firent énoncer cette donation dans la Bulle du Pape Eugene III qui confirmoit leurs biens. Comme cette Eglise manque dans le Parisien du XIII siécle, il y a apparence qu'elle n'étoit pas encore alors attribuée au Diocése de Paris. On trouve aussi que vers l'an 1180, Henri, Evêque de Senlis, confirma une fondation faite à Chaumontel qui est un peu en deça de Coye, et qui pouvoit en dépendre alors. Les Evêques de Paris s'accommoderent apparemment depuis avec ceux de Senlis ; quoiqu'il en soit, la Cure de Coye se trouve au Pouillé de Paris du XV siécle, et j'en ai vu une collation faite par l'Evêque de Paris, de l'an 1474, 19 Février. Depuis ce temps-là elle y a été toujours comprise et marquée être de la pleine Collation de l'Evêque.

Hist. S. Mart. p. 292.

Ibid., p. 182.

Le plus ancien Seigneur de ce lieu ou que nous connoissions y avoir possedé du bien, est un Comte Renaud. Lorsqu'on songea à fonder une Abbaye de Chanoines Réguliers à Hérivaux qui n'en est qu'à une lieue, ce Comte donna à ce Monastere *dimidium annonæ in molendinis de Coya,* suivant le titre rapporté par le Pere du Bois. Il paroît y avoir quelque erreur ou omission dans l'édition de cette charte de Maurice de Sully, Evêque de Paris l'an 1193. Car, selon l'exposé des Religieux au Pape Alexandre III, ce Pape déclara en 1163 qu'il leur confirmoit trois sextiers de froment et trois de mexteil (*Mixturæ*), à prendre sur le moulin de Coye, provenant d'un don du Comte Renaud. Je croirois cependant que ce Comte n'étoit pas unique Seigneur dans Coye et que cette Terre étoit Royale, comme étant des dépendances de l'ancienne maison de plaisance de nos Rois appellée la Morlaye dont le château n'étoit qu'à demie lieue. Mais Renaud ou ses ancêtres pouvoit en avoir eu une partie par donation de nos Rois, de même qu'ils en firent, depuis, diverses distractions, et que selon les différentes occasions ils y rentrerent par échange ou autrement. Ainsi par exemple Philippe-Auguste donna la terre de Coye et autres à Richard de Vernon l'an 1195 en place de Vernon et Longueville. La maison de Brienne s'étoit vue dès le même temps ou environ posséder la forteresse de Coiz : mais en 1212 Geoffroy de Brienne promit par des lettres expresses de rendre au Roy cette forteresse. On trouve aussi un titre où la Morlaye et Coye sont dit possédés au commencement du

Hist. Eccl. Par. T. II, p. 150.

Gall. Chr. vetus, T. IV.

Diss. sur l'Hist. de Paris, T. II, p. 126.

Ampl. Collect., T. I. p. 1008.

Cod Reg. 6765. fol. 363.

XIII siécle par le Comte de Beaumont, où il est marqué que ce fut en 1226 que la Morlaye fut donné par le Roi au Comte de Boulogne. Raoul, Seigneur de Lusarches, pouvoit de même avoir eu du Roi la redevance du moulin de Coye qu'il agréa en 1238 que Guillaume de la Porte, son vassal, eut donné à l'Abbaye d'Hérivaux. En 1283 Marie le Grand étoit Dame de Coye, et donna en cette qualité à l'Abbaye d'Hérivaux une redevance en bled à prendre sur le moulin du lieu. Il y a grande apparence que c'étoit d'un de nos Rois que l'Abbaye de la Victoire, proche Senlis, tenoit des prez aux environs de Coye, qu'elle échangea avec Pierre de Chambly dit le Gras, Chevalier, selon qu'il se lit dans une Ordonnance de Charles le Bel de 1321. D'autres actes antérieurs et postérieurs prouvent que les Seigneurs de Beaumont-sur Oise en avoient été possesseurs, et que Coye étoit échû à des filles de cette maison. En 1313 Philippes de Beaumont, femme de Renaud de Trie, Comte de Dammartin, étoit Dame de Coye. En 1322 Jeanne de Beaumont, Dame de Roissy en France, fit une échange de Coye et de Lusarches avec Pierre de Chambly que j'ai nommé plus haut, pour d'autres terres que le Roi lui avoit données : mais le Roi Charles le Bel ayant désiré avoir Lusarches et Coye, reprit les terres cédées à Jeanne de Beaumont, les donna en fief à Thibaud de Tillay, fils de la même Jeanne, lequel ceda en contr'échange à ce Prince, Coye avec Lusarches, à Paris le 28 Octobre 1322. Le volume de la Bibliothéque du Roi qui m'a fourni ces particularités, contient aussi les lettres de la vente que Gui le Bouteillier, Chevalier Seigneur d'Ermenouville et sa femme firent au Roi vers l'an 1332 de plusieurs portions de bois situées à Montvinois et aux environs dans la forêt de Coye. Nonobstant tout ce que je viens de dire, Amaury le Bouteiller de Senlis qui mourut en 1346, avoit pris encore le titre de Seigneur de Coye. Depuis le milieu du XV siécle jusques vers la fin, le Fief de Malépargne situé à Coye et consistant en plusieurs arpens de bois, fut tenu par Guillaume et Eustache Allegrin, suivant les hommages qu'ils en rendirent aux Evêques de Paris, le 11 Octobre 1469 et 11 Mars 1488. Depuis ce temps-là, Eustache le vendit à Jacques de Lestre ; celui-ci à Nicolas de la Vallée, et ce dernier à André de la Barre.

Il ne se retrouve plus de Seigneurs de ce lieu jusqu'à l'an 1504, que Noble homme Jean de Suze, Seigneur de Coye, est mentionné dans les Registres de l'Evêché comme ayant légué à l'Eglise Paroissiale une piece de terre voisine de l'Eglise pour en faire le cimetiere. En 1533 Jean de Suze, Chevalier, Seigneur de Coye, fut sommé par l'Evêque de Paris en qualité de Vassal.

Louis Rosel, Conseiller au Parlement de Metz, est qualifié

Seigneur de Coye en 1681 dans l'Histoire des Grands Officiers. En 1697 Toussaint Rose, Seigneur de ce lieu, Secrétaire de la Chambre et Cabinet du Roi, et Président en la Chambre des Comptes, obtint des Lettres Patentes qui érigeoient cette Seigneurie en titre de Marquisat relevant du Roi, à cause de son Château du Louvre, avec permission d'y établir un Bailly au lieu d'un Prevôt, pour y rendre la justice. Elles furent enregistrées le 22 Septembre. Depuis le décès du Sieur Rose qui avoit surfait cette terre à M. le Prince de Condé, ses héritiers la lui vendirent à prix raisonnable. Il en est dit Seigneur dans des Lettres Patentes enregistrées au Parlement, lesquelles portoient approbation de la vente à lui faite par l'Abbé et les Religieux d'Hérivaux de la propriété, Seigneurie, haute, moyenne et basse Justice de 469 arpens, 25 perches de bois en la Forêt de Coye, à l'exception de 35 arpens 20 perches qui ne seront plus possédés par eux qu'en roture.

Hist. des Gr.Off. T. VIII, p. 811.

Reg. du Parlem.

Memoires de Gourville, T. II, p. 133.

Reg. Parl. à l'an 1717, 1 Sept.

MONT-MEILLAN

Les exemples que fournit l'Histoire par lesquels il est avéré que le mot Meillan est derivé du côté de celui de *Mediolanum*, suffisent pour faire penser que le véritable nom latin de Mont-meillan situé à six lieues et demie de Paris, est *Mons Mediolanus*. Il y a dans le Berri le Bourg de Château-meillan, que Grégoire de Tours et de très-anciens Martyrologes n'appellent point autrement que *Castrum Mediolanense*, ou *Castrum Mediolanum*. Mais pour pouvoir déterminer l'origine de ce nom, il faut attendre qu'on ait plus de connoissance que l'on en a de l'ancien langage celtique. On sçait seulement que *Maid* signifioit *fertile, gras*. Pour ce qui est d'*iolan*, on en ignore la signification. Quelques-uns de ceux qui apprendront par ce que je vais dire, que ce village de Mont-meillan est moitié du Diocése de Paris et moitié du Diocése de Senlis, pourront croire que c'est de là que lui est venu le nom de *Mediolanum* ou *Mediolandum*, comme si on eut voulu dire *Terre mipartie*, Land signifiant Terre en langage saxon. Mais j'aime mieux croire que *Mediolanum* est un mot purement celtique et qui n'a de latin que sa termination *um*. Ainsi je ne puis goûter la pensée de M. de Valois qui a été d'un troisiéme avis, et qui présumant qu'on a toujours dit en latin *Mons Meliandi*, s'est imaginé que c'étoit comme qui diroit *Mons Melii*, la montagne d'un nommé Melius.

Ce qui me paroît de plus ancien concernant Mont-melian, est

que cette montagne est la même où étoit élevée l'idole de Mercure dont parlent les actes de S. Rieul, premier Evêque de Senlis. Il est vrai que ces actes donnent à entendre que c'étoit sur le territoire de Louvres qu'il la trouva. Mais comme il n'y a qu'une lieue et demie de Louvres à Mont-melian et que dans l'intervalle de l'un à l'autre, aussi-bien que dans le voisinage, il ne se présente aucun lieu ancien, on est bien fondé à croire que le territoire de Louvres s'étendoit jusques là, d'autant plus qu'il n'y a point de montagnes dans le territoire de Louvres tel qu'il est restreint aujourd'hui, et qu'il en falloit une considérable pour le culte de Mercure.

Fulrad, Abbé de Saint Denis sous le Roi Pepin, eut un frere dont nous ignorons le nom, mais ce frere avoit un bien considérable à Mont-melian. La preuve en est de ce que c'est à Mont-meillan même que se trouve l'Eglise de Saint Vit que ce Seigneur y bâtit après qu'il eut apporté de Rome le corps du martyr de ce nom, que le Pape Paul avoit donné à son frere Fulrad. Ce Seigneur laïque qui fut pressé depuis par les Moines de Saint Denis de leur faire présent de ce corps déposé à Mont-meillan, leur promit de leur donner la terre même. Cette donation eut lieu, mais les différentes distractions de biens arrivées à Saint Denis, avoient été cause que la terre de Mont-meillan étoit échue au Monastere d'Argentueil. Cependant elle étoit revenue à l'Abbaye de Saint Denis par la réunion qui fut faite de ce Monastere au chef-lieu dans le commencement du XII siécle ; c'est l'Abbé Suger qui assure le fait. Nonobstant cela, c'est le Prieur d'Argentueil qui est maintenant Seigneur de S. Vit de Mont-meillan.

Sæc. Bened. IV, p. 1.

Duchêne, T. IV, p. 333.

Mont-meillan en général étoit une Châtellenie, et il est déclaré tel dans une confirmation d'Adelaïde, femme du Roi Louis le Gros, en faveur de l'Abbaye de Chaalis. Cet acte porte qu'il y avoit des bornes qui séparoient la Terre des Bouteillers de Senlis d'avec la Châtellenie de Mont-meillan. Guillaume d'Avemart est dit en avoir été Prevôt dans un titre de l'an 1186. Les Religieux de Chaalis dont les archives fournissent ces particularités, possedoient à Mont-meillan dès les premiers temps de leur fondation une dixme qui est dite assise *in territorio sancti Justi*, suivant l'acte de confirmation de Thibaud, Evêque de Paris : mais il y a peut-être erreur de copiste, puisqu'un peu plus bas cette dixme est dite située *in territorio sancti Viti*, et il est ajouté qu'elle leur avoit été accordée par Alelme de Mont-meillan.

Ex Tit. Caroli loci, Portef. Gaign. pag. 204 et 272.

Le titre de Châtellenie donné à Mont-meillan n'étoit pas sans fondement : nos Rois y avoient eu un Domaine. On lit dans le Continuateur d'Aimoin, Liv. V, qu'en l'an 1060 Philippe I fortifia le château de Mont-meillan contre le Comte de Dammartin

nommé Hugues. Ce fut Philippe-Auguste qui en 1195 s'en dé- *Ampliss. Coll.*
saisit en même temps que de quelques autres terres en faveur de *Mart.*
Richard de Vernon qui lui donna en échange Vernon et Longue- *T. I. p. 1008.*
ville. Ce même Richard, à la fin d'un acte de l'an 1214, s'exprime Comptes,
ainsi : *Actum in Capella mea apud Montmeliant*. Ceux de la famille Vol. I, pages 70,
de Vernon possederent cette Châtellenie durant le XIII siécle. 150 et 154.
jusqu'à ce que Guillaume de Vernon, époux d'Alix de Meulant et
Seigneur de Plailly, eut marié sa fille Marie à Guillaume Calletot. *Hist. des Gr.Off.*
C'est là le surnom que le P. Anselme ou ses Continuateurs p. 411.
donnerent à ce Guillaume ; mais je soupçonne que Calletot a été
mis par inadvertance pour *de Cantiliaco*, de Chantilly, parce que *Gall. Chr.*
les titres de l'Abbaye d'Hérivaux nous fournissent à l'an 1237 un *T. VII, p. 823.*
Guillaume de Chantilly, Chevalier, Châtelain de Mont-meillan.
Ce nouveau Châtelain de Mont-meillan fit en 1284 une échange
de cette terre, et de celles de Plailly, Auvers et Couviz ou Couvieuz *Hist. de Montm.*
avec les Religieux de Saint Denis qui lui donnerent en place leur p. 191.
ancienne terre de Berneval au pays de Caux. M. Beneton, auteur
du Commentaire sur les enseignes militaires, rapporte un fait que
j'insererai ici sans le garantir, d'autant que je ne sçai d'où il est
tiré. Il dit que les Seigneurs de Mont-meillan du nom de Vernon *Comment. sur*
possederent l'Avoüerie particuliere de l'Abbaye de Saint Denis *les Enseign. mil.*
jusqu'à l'année 1284 qu'ils cederent cette Avoüerie au Monastere. 1742, p. 109.
pour des terres que l'Abbaye leur donna. A ce compte, ce seroit
plutôt l'Avoüerie de Saint Denis que ces Seigneurs auroient cédée
pour Berneval, que non pas la Seigneurie de Mont-meillan.

Au reste les Registres du Parlement font mention plusieurs fois
des droits de l'Abbaye de Saint Denis à Mont-meillan. On y voit
un Arrêt de l'an 1287 qui porte que les Religieux ont droit de Doublet
connoitre des actions personnelles entre les Nobles qui habitent pag. 931 et 932.
dans la Jurisdiction de la Châtellenie. L'Evêque de Beauvais
proposa en Parlement vers l'an 1300 de faire abattre le moulin à
vent que les mêmes Religieux avoient construit *prope Villam de
Monte Meliano*, disant qu'ils n'avoient pas le droit d'y en avoir.
Mais le Parlement de la Toussaint 1361 les maintint. Des lettres
du 13 Avril 1368 données par le Roi Charles V, prescrivent au *Trés. des Chart.*
Capitaine de Senlis de mettre six hommes pour garder le château
de Mont-meillan appartenant à Saint Denis, marquant que les
Généraux de Paris les payeront. Ce Couvent avoit aliéné cette
Tour quelques années après, ou en avoit confié la garde à un *Hist. de Montm.*
Louis de la Val de la maison de Montmorency, puisqu'en 1386 il p. 636.
la vendit avec d'autres biens à Pierre d'Orgemont, Seigneur de
Mery-sur-Oise ; et l'on voit qu'au milieu du XVI siécle il y avoit
à ce château un Capitaine payé par le Roi. Les Mémoriaux de
la Chambre des Comptes ont fait mention du Capitaine Grand-

Jean Laubigeois, qui reçut alors 300 livres pour neuf ans de ses gages.

C'est aujourd'hui le Prieur d'Argentueil qui est Seigneur de la partie de Mont-meillan située dans le Diocése de Paris.

Avant que d'aller plus loin, il faut avertir que la montagne de Mont-meillan est sur deux Diocéses. La partie septentrionale et celle qui tire vers le levant d'été, est du Diocése de Senlis aussi bien que les maisons qui sont sur le faîte de la montagne. L'Eglise où les habitans de ce Diocése font le service s'appelle Notre-Dame ; elle n'est que succursale de Saint Barthelemi de Morfontaine [1]. Le Seigneur de Plailly, dont le château est à Morfontaine, est Seigneur de ce territoire.

Le reste de la montagne qui regarde le midi et le couchant est du Diocése de Paris, et composé d'un moindre nombre d'habitans. Il n'y a que cinq ou six feux qui forment environ une quinzaine de communians. Le dénombrement de l'Election de Paris publié en 1720 n'y a admis que quatre feux. Elle a été oubliée dans le Dictionnaire universel. Les terres sont très bonnes pour le bled. On a voulu essayer d'y faire venir de la vigne, mais inutilement. Au bas de la montagne est la prairie qui est arrosée d'un petit ruisseau dont l'eau coule foiblement d'occident en orient. Il semble qu'il y ait eu là autrefois une chaussée, et on y en voit des restes. A demi-côte est une fontaine qui humecte la sécheresse de cette montagne, avec un petit bois taillis tout auprès.

Sur la pente de la Montagne est placée l'Eglise Paroissiale de Saint Vit. On la croit bâtie dans le lieu même où le frère de Fulrad, Abbé de Saint Denis, en construisit une sous le Roi Pepin. On ajoute que le corps de Saint Vit, martyr, apporté d'Italie, y fut conservé jusques sous le regne de Louis le Débonnaire que les Religieux de Saint Denis le laisserent emporter en Saxe, ne conservant à Mont-meillan que la tête, laquelle même depuis fut transportée à Fosses de la maniere que je le rapporte en parlant de ce village.

L'Eglise qui subsiste aujourd'hui ne paroit avoir que trois ou quatre cens ans d'antiquité. Elle est fort petite. Le saint martyr y est représenté en enfant. On y conserve dans un buste un petit fragment de ses reliques. La nomination de la Cure est dite appartenir à l'Evêque de Paris dans le Pouillé du XIII siècle, dont l'auteur l'appelle en françois Monmeliant, sans oser latiniser le nom. Dans le Pouillé du XV siécle et subséquens elle est *de Monte Meliano*, et la nomination est toujours attribuée à l'Evêque.

---

1. Je sçais si cette Eglise ne seroit pas celle dont il est fait mention dans le Martyrologe manuscrit de Saint Rieul de Senlis en ces termes au..... *In Montis locello Dedicatio Ecclesiæ S. Mariæ et Translatio Corporis S. Terentis.*

Il n'y a que le Sieur le Pelletier qui toujours assez mal-informé, marque dans son Pouillé de l'an 1692 qu'elle est à la présentation de l'Abbé de Saint Denis. J'ai vu des Provisions du 31 Août 1523, *Reg. Ep. Par.* où l'Eglise est dite *Ecclesia Parochialis SS. Viti et Modesti,* et d'autres du 12 Août 1569 par démission faite entre les mains du Chapitre de Paris, le Siége vacant, qui portent *Eccl. Paroch. SS. Viti, Modesti et Crescentiæ.*

Un Curé de ce lieu nommé Jean de Vaux, essaya, sur la fin du dernier siécle, de faire réduire cette Cure à une simple Chapellenie dont il auroit été titulaire. Il représenta en 1695 à M. l'Archevêque, qu'il n'avoit que trois maisons dans sa Paroisse, celle d'un Berger, celle d'un Chartier et celle d'un Manouvrier, deux petites fermes dans la Campagne, l'une éloignée de trois quarts de lieue, avec une maladerie près Survilliers, l'autre ferme dite Quipelle, située proche Villeron ; que le presbytere étoit en décadence et les habitans hors d'état de le rétablir ; que la rondeur de la montagne avoit rendu ce lieu desert à cause de la difficulté du charroi ; qu'en reduisant cette Eglise à une simple Chapelle, et attachant ces habitans à des Paroisses voisines, il resteroit Chapelain ; que la nef seroit demolie, et que le Chapelain entretiendroit le reste et y feroit l'Office. Il y eut des arrangemens pris. Exploit donné au Prieur d'Argenteuil comme Seigneur, à M. Molé Décimateur comme Abbé d'Hérivaux, il fut convenu que le Titulaire y célebreroit deux Messes par semaine, y fourniroit les Vases sacrés, ornemens, linge, luminaire ; qu'il seroit chargé des Vases sacrés et autres meubles existans alors, et des cloches du poids de deux cens livres ; que le jour de S. Vit il y célebreroit solemnellement tout l'Office, Matines, Grand-Messe, premieres et secondes Vêpres ; qu'il retabliroit et entretiendroit le cimetiere ; que vaccation arrivant, la Chapelle tomberoit en déport ; qu'elle seroit imposée à toutes les décimes ; qu'elle payeroit à l'Archidiacre six livres pour droit de visite. Selon ce plan on réunissoit une des maisons à la Paroisse de Vemarz ; la ferme de Quipelle à la Paroisse de Villeron ; celle de la Chapelle-Saint Lazare à Marly ; ensorte que les Curés auroient eu les novales qui se seroient formées par la suite. Le Chapelain auroit payé par an au Curé de Vemarz douze livres, à celui de Villeron trois livres et autant à celui de Marly. Il auroit aussi été tenu de rétablir et entretenir à ses frais, la Chapelle de S. Nicolas située sur le territoire de la Paroisse. Ces arrangemens furent pris au mois de Mai ; mais soit que le Curé s'apperçut combien il étoit chargé par cet arrangement, soit à cause que la mort de M. de Harlay, Archevêque, survint trois mois après, les choses se trouvent être aujourd'hui dans leur ancien état. Le presbytere de Saint Vit de Mont-meillan est un de ceux dont la vue est la plus charmante. Le Curé profitant de la situation de son jardin a eu la dévotion d'y ériger un Calvaire, avec des grottes ou cabinets d'oraison : ce qui y attire un concours des Paroisses voisines qui y viennent en Procession les Dimanches et Fêtes.

Il y a d'ancienneté plusieurs Chapelles sur le territoire de cette Paroisse.

Premierement : La Chapelle de S. Jean. Elle est ainsi inscrite dans le Pouillé Parisien du XV siécle : *Capellania S. Johannis in Castro de Monte Meliano*. Il est ajouté de la même main que c'est l'Evêque de Paris qui y nomme. Aussi en ai-je vu une colla-

Reg. Ep. Par. tion faite par lui le 9 Février 1477 après la demission de Raoul chef de Ville [Chefdeville]. Le Pelletier la marque dans son Pouillé sur le pied de cent livres de revenu. Il paroît par là que le château (aujourd'hui en ruines) est sur le Diocése de Paris.

2º La Chapelle de Saint Nicolas, quoique très-ancienne, ne se trouve marquée dans les Pouillés de Paris que depuis le XVI siécle. Une charte de l'an 1207 nous apprend que l'Abbé de Saint

Gall. Chr. Denis céda vers ce temps-là aux Dames de Footel, représentées
T. VII. Instrum. depuis par celles de Malenoüe, ce qu'il avoit dans l'Eglise de
col. 84. Saint Nicolas près Mont-meillan avec la maison et le clos, et trois sextiers de froment que cette Eglise de Saint Nicolas avoit droit de prendre dans la grange de Mont-meillan, et en outre quatre arpens de terre que cette Eglise de Saint Nicolas avoit en champart dans ce même lieu ; c'étoit pour finir toutes les prétentions que l'Abbaye de Footel avoit sur le Prieuré d'Argentueil en vertu de l'hospitalité qu'elle avoit exercée envers une partie des Religieuses lors de leur dispersion dans le siécle précédent. Dans les Pouillés et cartes géographiques depuis cent ans ou six vingt ans, cette Chapelle est surnommée d'un nom écrit de six ou sept façons. (Nicolas *de Cocheriis*, ou des Cochers, ou de Cochenitz, ou Cochevits, ou enfin des Corcheries.) Des provisions du 14 Septembre 1488 données par l'Evêque, mettent *Capella S. Nicolai in Castro de Mont-meillan*. D'autres, du 16 Octobre 1565, marquent *S. Nicolai des Cocherils ;* celles du 8 Juin 1586, la disent située dans l'Eglise de Mont-meillan et la surnomment des Cocheris, ce qui est contredit par les cartes qui la placent à l'orient de Marly-la-Ville. Au rolle des décimes où elle est estimée produire 300 livres, elle est surnommée des Corcheries. Le Pelletier place une Chapelle de Saint Nicolas dans Mont-meillan,

Pouillé de 1692, même après en avoir qualifié une autre de *Saint Nicolas de*
p. 87. *Lorcheries en la Chapelle du Louvre*. Ce qui ne paroît nullement clair. On a vu ci-dessus que dans le projet de l'extinction de la Cure de Mont-meillan, le Chapelain de Saint Vit

eut été chargé de rétablir et entretenir une Chapelle de Saint Nicolas.

3° La Chapelle de S. Michel dont il y a dans le Pouillé Parisien du XV siécle la ligne suivante : *Capellania S. Michaelis subtus Montem Melianum.* Elle y est dite être à la nomination de l'Evêque. En effet, dans des Provisions du 25 Février 1478, il la confere *pleno jure.* Comme le cimetiere du village étoit autrefois à un quart de lieue de là, du côté du couchant, je croirois que c'en étoit la Chapelle, parce qu'anciennement on étoit assez attentif à bâtir dans le cimetiere les oratoires du S. Archange surnommé *Signifer.*

4° La Chapelle de S. Lazare est située avec sa ferme sur cette Paroisse en tirant vers Marly. On l'appelle dans le rolle des décimes *la Maladerie de Survilliers*, et c'est son nom primitif, ou parce qu'elle est un peu plus près de Survilliers que de Montmeillan, ou parce que les malades de la Paroisse de Survilliers, quoique du Diocése de Senlis, étoient les premiers qui avoient eu droit d'y être reçus. C'étoit donc au XIV siécle une Léproserie. Il y avoit en ce lieu, l'an 1351, un Maître établi par l'Evêque de Paris et trois ou quatre freres. Le Commissaire pour sa visite de la part de cet Evêque reconnut que cette Léproserie étoit pour quatre Paroisses limitrophes : *Sorvillare Silvanectensis Diœcesis, Monmelian Paris. Diœc. Vemartium, Malliacum-Villa.* Quatre ans après, c'est-à-dire en 1355, fut fait en Parlement un accord à l'occasion de l'entreprise du Prevôt de Gonesse qui avoit fait jetter dans le puits de cette Maladerie le corps d'un noyé. Il fut dit que quant au spirituel elle dépendoit de l'Evêque de Paris et quant au temporel du Prieur d'Argenteuil. Cette maison possedoit quinze arpens de terre, des vignes, etc., sous Mont-meillan, et quelques vignes à Montmagny. Louis de Beaumont de la Forêt, Evêque de Paris, l'ayant trouvée en mauvais état l'an 1474, en confera le titre, le 29 Mai, à Jean Henriot, Chantre de l'Eglise de Paris, pour la rétablir. En 1550, Robert Benoît, Chanoine de la même Eglise, en étoit Administrateur et donna à bail emphytéotique une piéce de vingt-sept arpens de terres et broussailles appartenante à cette Léproserie, et située sur le territoire de Mont-meillan, avec pouvoir d'écarter ce qui étoit en bois, ce que l'Evêque de Paris ratifia. J'ai encore trouvé que, le 9 Juin 1561, l'Evêque de Paris nomma deux Gouverneurs à la Maladerie de S. Ladre-lez-Survilliers.

Reg. Visit. Lepr. Diœc. Par. fol. 81.

Reg. Visit. upra.

Reg. Ep. Par. 25 Oct. 1550 et 1561.

Félibien a paru être un peu embarrassé sur le lieu de la naissance d'un Hugues *de Mediolano*, qui fut fait Abbé de Saint Denis en 1197, et il a cru qu'il étoit peut-être originaire de Milan. Peut-être aussi étoit-il natif de Mont-meillan. Au moins la qualité de Prieur d'Argenteuil qu'il avoit eu avant que d'être Abbé, lui

Hist. de S. Denis p. 212.

avoit donné le titre de Seigneur de Mont-meillan. On voit vers l'an 1165 ce même Hugues, Prieur d'Argenteuil, arbitre dans une affaire conjointement avec Milon, qualifié pareillement *Archipresbyter Mediolanensis*. Pourquoi tant de personnes de Milan dans le Diocése de Paris? Cet Archiprêtre n'étoit peut-être autre que le Curé de Saint Vit de Mont-meillan; le titre d'Archiprêtre ou doyen rural n'étant pas attaché alors à certains lieux, mais à ceux auxquels l'Evêque jugeoit à propos de le conferer.

<small>Hist.de S.Denis, p. 198.</small>

J'ai trouvé un Geoffroy de Mont-meillan (*de Monte-Meliandi*) qualifié Bailly d'Auvers, dans les chartes de l'Abbaye du Val. C'est dans l'acte du don qu'il fit à ce Monastere l'an 1238, pour y avoir sa sépulture avec son épouse Petronille.

<small>Portef. Gaign. p. 295.</small>

Le Dictionnaire Universel de la France marque un autre Mont-meillan, et le dit situé au Diocése de Reims; mais il est à craindre que les Auteurs n'ayent pris un nom pour un autre.

VEMARZ

Je ne m'arrêterai point à chercher l'étymologie du nom de ce village, parce que je crois qu'il est impossible de la trouver. La maniere de l'écrire a toujours été assez uniforme depuis le XIII siécle inclusivement, mais au XII siécle on l'écrivoit en françois Avemar ou Avemart, et c'est ainsi qu'il est écrit dans plusieurs titres de l'Abbaye de Chaalis [1]. Cette augmentation d'une lettre dans ce mot ne nous met pas plus au fait pour en découvrir l'origine. De nos jours quelques-uns l'appellent Vaulmar, et je l'ai vu ainsi écrit sur la tombe d'un Curé de ce lieu, gravée dans l'Eglise en lettres gothiques il y a environ un siécle et demi. Néanmoins ceux qui latinisoient le nom de ce village au XII siécle l'appeloient *Vemarcium;* c'est ainsi qu'il est nommé dans une charte de Maurice, Evêque de Paris.

<small>Ibid., p. 204, ad ann. 1174. 1182 et 1186.</small>

<small>Chart.B. Mariæ à Campis.</small>

Ce village est à six lieues de Paris. On le laisse en allant à Senlis, à demie lieue sur la droite; il est aussi à demie lieue de Mont-meillan, et à égale distance de Moucy-le-neuf.

Il n'y a rien à remarquer dans l'Eglise de ce lieu qui est bâtie en forme presque quarrée, toute de pierre et voutée. On y voit au portique sur un cartouche le chiffre 1545, et il est assez vraisem-

---

1. *Fulco de Avemar, Mainerius de Avemar 1182, W. de Avemar Præpositus de Montmeilliant 1163.*

blable que le corps de l'édifice et même sa tour ou clocher n'ont que deux siécles d'antiquité.

Quoique le Village paroisse être dans une plaine, cette Eglise est bâtie sur une petite éminence dont la pente regarde le midi. Saint Pierre, Apôtre, en est le Patron. La Cure est à la pleine collation de l'Archevêque de Paris, en quoi aucun des Pouillés du Diocése n'a varié. Dès le XIII ou XV siécle elle passoit pour être d'un revenu considérable, sçavoir de 50 livres.

Le Pouillé imprimé en 1626 place sur le territoire de Vemarz une Chapelle dite *de Coschis*, de Coches. Celui de 1648 s'exprime ainsi : *Chapelle de Notre-Dame de Achis dans la Paroisse de Vemar*. Le Pelletier s'exprime dans le sien comme ce dernier. L'état des Chapelles du Diocése, dressé sous M. le Cardinal de Noailles, marque parmi celles du Doyenné de Montmorency la Chapelle Notre-Dame d'Arches, Paroisse de Vemarz. C'est sans doute la même Chapelle, et il y a apparence que les biens en sont perdus, puisqu'on ne la trouve pas taxée aujourd'hui dans le rolle des décimes. Son véritable nom paroît avoir été Notre-Dame *de Achis* en latin, puisqu'elle est ainsi appellée dans le Pouillé Parisien du XV siécle, avant lequel on n'en trouve aucune mention. Elle y est marquée être de la nomination de l'Evêque.

Ce qui fait qu'il est resté d'anciens titres qui font mention de cette Paroisse, sont les donations qui ont été faites à diverses Eglises de differens biens qui y sont situés. C'est pour cela que les titres de l'Abbaye de Chaalis nomment ce lieu. On lit dans le Cartulaire de Notre-Dame des Champs à Paris une charte de Maurice de Sully, Evêque Diocésain, qui certifie que Foulques, *Chart.B. Mariæ* Prêtre de Vemarz, a vendu aux Moines de ce Prieuré et aux Reli- *à Campis.* gieuses de l'Abbaye de Chelle la grange (c'est-à-dire la ferme ou métairie) qu'il avoit à Vemarz : cette vente occasionna un traité ou accord que ces deux maisons passerent avec ce Prêtre ; lequel *Ibid.* accord fut rendu public par Philippe, Archidiacre de Paris, en 1180. Guillaume, Prêtre de Vemarz, qualifié *Anglicus,* fonda aussi son Anniversaire à Ste Geneviéve de Paris au XIII ou *Necrol. S. Gen.* XIV siécle par une donation de 25 livres Parisis. *ad 20 Jan.*

Les noms des Seigneurs de Vemarz ne peuvent pas former une suite. Voici ceux que j'ai découverts avec l'extrait des titres où ils sont nommés. Robert de Saint Denis est qualifié *Miles de Evemars* en 1211. En la même qualité il certifia l'an 1213 que Gui de Ber- ron, ayant besoin d'argent pour faire sa sœur Religieuse, avoit eu *Tab.Caroli loci.* quarante-deux livres des Religieux de Chaalis, en leur vendant six arpens de terre, proche Saint Germain de Villeron. Jean Berout de Vemart, Chevalier, avoit au XIII siécle le droit de *Chron. S. Dion.* recevoir quarante sols de rente annuelle à la bourse de l'Abbé *Reg. p. 251.*

de S. Denis, et tenoit ces quarante sols en fief de cet Abbé : mais il les vendit au Couvent l'an 1266 : ce qui fut approuvé par Emeline de Vemart, femme de Jean de Versailles, Chevalier. En 1270 Pierre de Vemart, Chevalier, vendit et donna en partie à l'Abbaye de Ste Geneviéve de Paris sa maison de Vemart avec tout le pourpris et les dépendances, terres, hôtes, coûtumes, cinq sols de cens annuels, la Seigneurie et le droit de Justice ; ces biens étant mouvans de Matthieu de Montmorency, comme quatriéme Seigneur, il confirma le don de la vente, et consentit que cette Communauté les possédât en main-morte. Les autres qui y consentirent pour la mouvance de leur fief, furent Thibaud de Beaumont, Gautier de S. Denis, Chevalier, Sire de Jully et Helizende sa femme ; Pierre de Chenevieres, Chevalier et Adeline sa femme ; Pierre de Versailles, Ecuyer et sa femme Philippe ; Gilet de Versailles, Ecuyer ; Philippe de Nery, Chevalier et Marie son épouse ; Jacqueline de Quimquemport, Dame de Pierre Ficte, veuve de Guillaume de Pierre Ficte ; Agnès, Dame de Chapeignon, veuve de Pierre de Lyvronne, Chevalier, le fit moyennant une somme ; les tuteurs de Pierre de Courcelles, pupille, et Guillaume de Courcelles, Ecuyer. Je n'entre ici dans ce détail, que pour faire voir avec quelle solemnité les ventes ou donations se faisoient alors. Ce Pierre de Vemart, Chevalier, bienfacteur de l'Abbaye de Sainte Geneviéve, est marqué dans son ancien Nécrologe au 22 Février. Un autre Seigneur, nommé Baudoin et Vemart, s'y trouve pareillement au 5 Mars pour avoir donné à la même Eglise quelques arpens de terre situés au lieu dit les Granges de Palaiseau. Un troisiéme, nommé Pierre de Courcelles et qualifié *Armiger,* ayant vendu au même Couvent, l'an 1295, ce qu'il avoit à Vemarz, les Religieux qui étoient à ses droits sommerent Pierre de Vemarz, Chevalier, de venir à l'Abbaye pour reconnoître ses Seigneurs. Il prétendit qu'il ne devoit pas être ajourné chez eux, mais dans le lieu où Pierre de Corcelles avoit coûtume de l'ajourner. Le Parlement prononça en sa faveur, pourvu cependant que ce fut dans le Fief dont étoit mouvant le Domaine de ce Pierre de Vemarz, et que là les Religieux pouvoient tenir leur Audience, et exiger de lui ce qui convenoit à raison de son Fief. L'année précédente qui étoit 1294, ce même Pierre de Vemarz comparoissant en Parlement avoit donné en garde à l'Abbaye de Ste Geneviéve, et nommément au Chambrier, ses biens et ses hommes. Avant le milieu du XV siécle la terre de Vemarz avoit eu pour Seigneur Jean de Romain, Conseiller au Parlement. Il avoit épousé vers l'an 1415 Marie de Marle, fille de Henri, Chancelier de France, laquelle vivoit en 1461. Après lui fut Seigneur de ce lieu Gilles Anthonis, Secrétaire du Roi, qui mourut le

3 Juin 1493, et qui repose au cimetiere des Innocens, proche la Chapelle de Neuville ; ensuite son fils Jacques Anthonis, l'un des quatre Elus de Paris, mort le 11 Septembre 1553. Son épouse s'appelloit Marguerite Fournier. Il gist au même lieu. Ces Anthonis ne possedoient pas la terre en entier, puisque Antoine du Crocq, Seigneur de Chenevieres en France, en est qualifié Seigneur en partie sur sa tombe à Chenevieres, où il est décédé en 1518. De plus, dans la Coûtume de Paris au Procès-verbal de l'an 1580, Louis du Crocq, Ecuyer et Christophe prennent le titre de Seigneurs de Vemars. Au commencement du dernier siécle Guillaume du Crocq étoit qualifié Ecuyer, Seigneur de Vemarz en partie. Anne de Pienne, sa veuve, lui donnoit ce titre l'an 1634. Recueil des Epitaph. de Par. à la Bibl. du Roy, p. 430.

Voy. l'article de Chenevieres en France. Cout. de Par. Edit. in-8o 1678, p. 635.

Permiss. de Chap. domest. 23 Mai.

M. Nicolas de Sainctot, Introducteur des Ambassadeurs, est aujourd'hui Seigneur de cette Paroisse. Claude Catherine, sa fille, veuve du Comte de la Tour d'Auvergne, étant décédée à Paris en 1750, a été portée à Vemarz pour y être inhumée. Merc. de Août 1750, p. 200.

Dans le denombrement des feux de l'Election de Paris, le livre imprimé en 1709 en marque 214 à Vemarz, apparemment pour 114. Le Dictionnaire universel de la France y compte 430 habitans, ce qui est plus juste. Les habitans s'adonnent au labourage et autres semblables travaux, le pays n'ayant aucunes vignes, et les femmes travaillent à la dentelle.

Au sortir de ce Village, en tirant vers Mont-meillan, est une ferme de l'Abbaye de Ste Geneviéve de Paris, avec une Chapelle sous le titre de la même Sainte. On trouve que le 2 Juin 1536, l'Evêque de Paris permit à Guillaume le Duc, Evêque de Bellune *in partibus*, ci-devant Abbé de Ste Geneviéve, de bénir la Chapelle de la maison de cette Abbaye située dans Vemarz, et même d'y donner la confirmation et la tonsure. Dans l'acte d'une permission d'y célébrer, accordée le 11 Avril 1697, elle est appellée les Carneaux. Reg. Ep. Par.

Ibid.

La ferme de Choisy aux bœufs qui appartient à l'Abbaye de Chaalis par donation, est située à l'extrémité du territoire de Vemarz du côté opposé à la Chapelle des Carneaux, c'est-à-dire en allant à Epiers. Son ancien nom est Soissy. Louis VII dit dans ses lettres de l'an 1152 qu'il a donné aux Religieux de Chaalis sur ce qu'il a *in plana terra sive in bosco apud Soisiacum*, se retenant vingt sols de rente annuelle en monnoye de Provins. Les lettres du Roi Jean de l'an 1358 concernant le Concierge du Palais portent que les Religieux de Chaalis doivent seize sols parisis à ce Concierge pour une grange qu'on appelle Soissy. En 1690, l'Archevêque de Paris leur permit d'y célébrer dans leur Chapelle. L'Abbaye de Livry est aussi du nombre de celles qui ont eu du revenu à Vemarz. Robert, qualifié *Miles S. Dionysii*, lui donna vers le commencement du XIII siécle quarante sols de cens à Vemarz. Ex Autogr.

Ord. des Rois, T. III. p. 314.

Cartul. Livr. ex litt. Petri Ep. Paris.

348   PAROISSE DE MOUCY-LE-NEUF

Gall. Chr. nova, in Instr. — du consentement de son épouse ; laquelle somme fut énoncée dans la Bulle d'Honorius III de l'an 1221 avec les autres biens de cette maison.

Gall. Chr. vetus et nova in Abb. Heri. vallis. — Il ne s'est présenté dans mes recherches aucun illustre du nom de Vemarz, que Regnaud du Val, appellé quelquefois Regnaud de Vemarz, parce qu'il en étoit originaire. Il fut fait Abbé d'Hérivaux au Diocése de Paris l'an 1371, et mourut le 13 Février 1393.

MOUCY-LE-NEUF

Le nom de ce lieu qui est écrit communément *Montiacum*, ne vient pas, comme on pourroit le croire, de quelque montagne sur laquelle il soit construit, puisqu'il n'y en a aucune, et qu'il est bâti dans un vallon fort évasé au bout de la plaine d'Epiais. Mais, *Notit.'Galliar. p. 423.* comme l'a pensé M. de Valois, il est tiré du nom du possesseur dans le temps que les Romains occuperent les Gaules. Ce n'est cependant point que ce possesseur ou constructeur de ce village se soit appellé *Montius*, ainsi que l'a cru le même sçavant ; car ce nom est inconnu parmi les noms Romains. Il faut plutôt dire que c'est d'un *Munatius* que ce lieu a pris son nom, aussi-bien que Moucy-le-vieux qui y est contigu, et que primitivement ces deux lieux avoient appartenu au même maître. Rien n'a été plus facile, après avoir formé le nom de *Munaciacum*, que d'en retrancher le premier *a*: ce qui a fait *Muntiacum*, comme on l'écrivoit au IX siécle, qu'on a rendu en françois par Muncy ; ensuite on l'a écrit Moncy, et enfin Moucy. L'auteur du Pouillé du XIII siécle, quoiqu'écrivain latin, appelle cette Paroisse simplement *Monci*, faute d'avoir sçu son vrai nom. Cela fait voir au moins qu'il ne croyoit pas que ce nom vint de quelque montagne ; car dans ce sentiment il lui eût été facile de mettre *Montiacum*.

Extraits du Cartulaire de Ste Opportune de Paris, renferm. l'ouvr. de S. Anselme Evêque de Séez ; publié avec la vie de la Sainte par Nicolas Gosset 1655, p. 268.

Par ce qui nous reste de plus ancien sur ce lieu, nous apprenons que le Clergé de la Ville de Seez, affligé par les Normans, avoit obtenu de Louis le Germanique, frere de Charles le Chauve, par le moyen de son Evêque Hildebrand qui siégea depuis environ l'an 850 jusque vers 880, la terre de Muncy *prædium Muntiacum* pour y mettre en sureté le corps de Sainte Opportune ; que cet Evêque y envoya une partie de ses Ecclésiastiques avec les Reliques de la Sainte. Comme il n'y avoit point encore d'Eglise à Muncy, le corps de la Sainte fut déposé dans la maison d'un nommé Gozlin. Il y eut bientôt un grand concours de peuple et plusieurs malades y furent gueris, de sorte que les aumônes suffirent pour y bâtir quelques années après une petite Eglise. Dans le temps que l'armée de Boson, Roi de Bourgogne, faisoit des ravages en France, c'est-à-dire en 879 après la mort de Louis le Begue, un des Capitaines de ce Roi s'empara de Muncy, il voulut y commettre beaucoup de dégât, et piller surtout l'Eglise de Sainte Opportune. La punition qui lui survint l'obligea de laisser son cheval aux Ecclésiastiques de Seez, desservant cette Eglise, avec une somme de deniers formant le poids de deux livres ; en même temps il prit ce Clergé sous sa protection et fit sortir tous les brigands des Villages voisins. Le corps de la Sainte avoit été un peu de temps auparavant mis en refuge dans le château de Senlis, d'où il s'ensuit qu'il ne resta gueres à Muncy que quinze ou vingt ans de suite. On assure que de Senlis on l'y rapporta, et on ajoute que, dans le temps d'une autre guerre, il fut caché au haut du clocher de son Eglise, ce qui n'est gueres vraisemblable. Celui qui a écrit ce dernier fait l'accompagne de circonstances incroyables, et a apparemment ignoré qu'anciennement, c'est-à-dire dans le XII siécle et dans les trois ou quatre suivans, c'étoit l'usage en bâtissant une Eglise et finissant le clocher de mettre dans le pommeau de la croix quelques fragmens de toutes les reliques que l'on pouvoit avoir pour préserver ces lieux de la foudre. Voilà simplement ce qui a pu arriver à Moucy. Au reste, le corps de Sainte Opportune ne resta pas tout entier dans ce Village. Il en fut porté une partie à Paris pour être conservé dans l'Eglise connue sous le nom de cette Sainte. *Extraits du Cartulaire de Ste Opportune p. 300.*

Moucy-le-neuf est situé à sept lieues de Paris, à une lieue et demie de Dammartin en Goële. C'est la derniere Paroisse du Diocése de Paris de ce côté-là, et elle confine avec les extrémités de Meaux et de Senlis, n'étant qu'à une petite lieue de la montagne de Mont-melian dont la plus grande partie est du Diocése de Senlis. Les eaux qui prennent leur source auprès de cette montagne ont leur écoulement du côté de Moucy-le-neuf et de là à Moucy-le-vieux, qui est du Diocése de Meaux, d'où en passant au-dessous de Dammartin et de Thieux, puis au travers de Claye, elles se jettent dans la Marne ; la carte de de Fer donne à ce ruisseau le nom de Brevonne, mais dans un titre de l'an 1273, il est appelé *Riparia de Bevron*. On pourra remarquer par la suite de cet article depuis quel temps ce Moucy du Diocése de Paris est surnommé Moucy-le-neuf, mais je n'ai pu en découvrir la raison. Apparemment que Moucy du Diocése de Meaux qui est contigu passoit pour plus ancien en tant que Paroisse. *Cartul. Livriac. fol. 26.*

Puisque la premiere Eglise qui a été bâtie à Moucy du Diocése de Paris est celle de Ste Opportune, je ramasserai d'abord ici tout ce qu'on en sçait, ou que j'en ai pu apprendre. Elle avoit été occupée par des Clercs ou Ecclésiastiques séculiers pendant plus de deux cens ans. Mais sur la fin du XI siécle, un Chevalier nommé Albert, qui en jouissoit sans qu'on sçache à quel titre, sinon apparemment celui de Seigneur du lieu, présenta au Chapitre du Prieuré de Saint Martin des Champs avec Hugues son fils, du temps du Prieur Ursion, c'est-à-dire vers l'an 1090, et il en fit don à la Communauté avec ce qu'on appelle *Atrium* et ses dépendances, de même que les Clercs en avoient joui, donation qu'il déposa à l'instant sur l'autel et qui fut ratifiée par Richilde, sa fille, épouse de Jean de Lagny, par Hedwide, son autre fille, et depuis par Burchard de Montmorency, qui étoit le Seigneur suzerain. Depuis ce temps-là ce bénéfice fut marqué comme appartenant à Saint Martin, dans les Bulles des Papes Urbain II, de l'an 1097, Calixte II, de l'an 1119, Innocent II, de l'an 1142 et Eugene III, de l'année 1147. Trente ans après la donation d'Albert, Burchard de Montmorency étoit en contestation avec les Religieux de Saint Martin. Etienne, Évêque de Paris, déclare par une charte de l'an 1124 qu'ils sont tombés d'accord, et que Burchard leur laissoit la jouissance de tout ce que ses Vassaux leur avoient donné de son fief, et pour premier article est spécifiée l'Eglise de Ste Opportune de Moucy, avec la dixme et ce qu'on appelloit *Atrium*, avec les serfs, tant hommes que femmes. Cent ans après il fut besoin de rebâtir cette Eglise. Les Religieux du Prieuré obtinrent de Guarin, Evêque de Senlis, qu'ils pussent prendre dans la carriere qui étoit entre la Chapelle de Sorval et la Chapelle d'Orry, autant de pierres qu'il en falloit pour cet édifice. La charte est de l'an 1220. Le bâtiment qu'on voit aujourd'hui est celui-là même qui fut fait alors : c'est une Eglise très-élevée, terminée au fond en forme de pignon ; elle a deux aîles qui sont voûtées, mais le corps de l'édifice n'est que lambrissé. Au portail sont trois especes de guerites terminées par le bas en cul de lampe, et par une couverture d'ardoise dans la partie supérieure. Celle du milieu est la plus élevée, et elle est terminée par une flêche sous laquelle sont les cloches. Dès le XIII siécle auquel cette Eglise fut achevée, on y admit des sépultures de laïques, même de femmes. Il y en a une entr'autres sur la tombe de laquelle on lit en gothique capital : *Cy gist Tiete de......fame de.........* Outre la singularité du portail de cette Eglise, on peut encore regarder comme singuliere la galerie à appui de bois qui en traverse le fond au-dessus de l'autel. Il y a dans la même Eglise une inscription sur un marbre qui apprend qu'elle a été reparée par Achilles le Petit, Prêtre, Abbé d'Evron, puis Prieur de ce lieu, mort le 29 Juillet 1584, âgé de 65 ans. Il est inhumé proche la grande porte. Sur l'autel est un buste de bois dans lequel il y a du chef de Ste Opportune; une châsse de bois à l'antique où il y a plusieurs ossemens des Saints Cance, Cantien et Cantianille, martyrs, et enfin une châsse plus moderne, aussi de bois, dans laquelle est un reliquaire en forme de croissant, qui soutient une machoire de S. Godegrand, Evêque de Seez, frere de Ste Opportune. En 1386 une Chapelle du titre de Notre-Dame étoit nouvellement fondée en ce Prieuré, par Philippe d'Aunay, Chevalier, Maître d'Hôtel du Roi, et Agnès, sa femme, lesquels fondateurs y sont inhumés. Le premier Chapelain fut un nommé Ponce de Grigny, qui traita avec le fondateur au sujet des biens de ce bénéfice. C'est le même bénéfice que la Chapelle de Notre-Dame de Moucy-le-neuf, laquelle est encore actuellement au rolle des décimes. Elle étoit à la nomination des successeurs de Messieurs d'Aunay dans la terre de Goussainville. De là vient qu'Antoine d'Aunay y présenta le 9 Janvier 1521 et le 26 Décembre 1531, et Anne Baillet, le 27 Août 1556. Dans l'une de ces trois Provisions il est arrivé au Secrétaire de qualifier le Prieuré de Moucy du nom de *Sanctæ Appolloniæ* au lieu de *Sanctæ Opportunæ*. On trouve dans les Registres du Parlement de la même année 1586 au 15 Novembre un nommé Jacques Gueraut, Prieur de Moucy-le-neuf : il y est fait mention de testament ; et les exécuteurs y sont denommés. Selon les monumens qui regardent Saint Martin des Champs, il devoit y avoir dans ce petit Monastere six Religieux, compris le Prieur ; mais en 1399 il n'y en avoit plus que deux. Les Statuts imprimés de Cluny nous apprennent que le Chapitre général tenu à Cluny cette même année, en modera, à la considération du Cardinal de Thurey, la peine décernée contre ces deux Religieux, que le Chapitre de l'an 1398 avoit excommuniés pour certaines rebellions. Le Pouillé Parisien du XIII siécle compte ce Prieuré parmi ceux qui étoient renfermés dans le Doyenné de Sarcelles : *Prioratus de Moncy*.

M. Jean-Marie Henriau, Evêque de Boulogne, étoit ci-devant possesseur de ce Prieuré. Il est décédé au mois de Janvier 1738.

M. Palerne de Lyon est aujourd'hui Prieur.

L'Eglise Paroissiale de Moucy-le-neuf n'est point comme dans plusieurs lieux où il y a Prieuré, contiguë à ce Prieuré ou renfermée dedans. Elle en est assez considérablement éloignée et plus avant dans le village. Le titre du Saint qu'elle porte est S. Vincent, martyr. Cette Eglise ne paroit être qu'un édifice de deux cens ou deux cens cinquante ans. Elle est basse, sans vitrages dans le corps de l'Eglise, ni galeries, mais elle est entierement voûtée, proprement pavée et bien reblanchie, accompagnée d'une aîle de chaque côté et ornée d'une flèche sans tour. Au vitrage du sanctuaire du côté du midi sont les armoiries.

On a marqué ci-dessous que ce sont les armes des Danuts de S. Simon.

On voit dans le chœur de cette Eglise les épitaphes suivantes :
Cy gist noble et discrete persone Anthoine le Bouteiller en son vivant Sr. du fief de Biset et de Moncy-le-neuf en partie, Prothonotaire du saint Siége Apostolique, qui décéda le X Juillet M. V. C. LII.

Ses armes sont aux vîtres du sanctuaire et à la clef de la voûte de l'aîle du côté septentrional.

Autre épitaphe un peu effacée :
Cy gist .... le Bouteiller en son vivant Seigneur de Monchy-le-neuf et de Vigneul en partie, Prothonotaire du saint Siége ...... et de Pierreval qui tréspassa le XIII de Janvier M. V^c. XLV.

Autre :
Cy gist noble homme Charles le Bouteiller en son vivant Chevalier Sr. de Vigneul et de Moncy-le-neuf en partie et du fief de Biset, qui tréspassa le ...... Juillet 1551.

Cy gist .... Damoiselle Jeanne de Begegy sa femme, de la maison de la Roche-Froissart au pays d'Anjou, qui trespassa ....

Le reste n'a pas été fini. Ses armes sont écartelées d'une étoile.

Autre :
Cy gist honorable homme Maistre Loys des Portes en son vivant Notaire et Secrétaire du Roy, Advocat en la Cour de Parlement et Bailly de Moncy-le-neuf, qui décéda en sa maison de la Folie Paroisse dudit Moncy le premier jour d'Octobre 1580. Il est représenté en robe sur sa tombe.

On lit encore au sanctuaire de la même Eglise l'épitaphe de *Haut et puissant Seigneur Charles le Bouteiller de Senlis, Chevalier de l'Ordre du Roy, Gentilhomme de Sa Majesté, Lieutenant de cent hommes d'armes de son Ordonnance sous la charge de M. de Thoré Gouverneur de l'Isle de France et Capitaine de cent Chevaux Legers ; Seigneur de Vinueil, de Monssy-le-neuf, etc. Et Dame Jeanne Dauvet sa femme.* Puis une fondation de l'an 1604. On a ajouté par renvoi au bas de cette derniere épitaphe après le mot de Bouteiller : *Dit le Bouteiller à cause de l'estat de Grand Bouteiller et Grand Eschanson de France.*

La Cure de Moucy-le-neuf dans tous les Pouillés de Paris, même celui du XIII siécle, est dite à la collation pleine et entiere de l'Evêque de Paris. Il n'y a que celui du Sieur le Pelletier imprimé en 1692 qui la marque à la présentation du Prieur du lieu. Celui de l'an 1626 appelle en françois cette Cure, *la Cure de Neuf Moussac.*

Tous ces Pouillés Parisiens, excepté celui du XIII siécle, font mention d'une Chapelle de Saint Michel fondée dans l'Eglise

Paroissiale de Moucy-le-neuf, et elle est comprise dans le rolle des décimes. Je n'ai pu en découvrir le fondateur. C'est rélativement à la Fête de cette Chapelle, aussi bien qu'à celle de l'Eglise Paroissiale, que lorsque le Seigneur de Moucy voulut établir des Foires dans ce lieu, il demanda au Roi Louis XII que l'une fût le jour de S. Michel et le lendemain ; l'autre, le jour de S. Vincent et le lendemain. *Bannieres du Châtelet,* 1 vol. fol. 452.

J'ai vu trois anciennes nominations à cette Chapelle, faites par les Evêques de Paris, *pleno jure*, l'une du 26 Mars 1473, l'autre du 24 Avril 1553, la troisiéme du 15 Mars 1580.

Le Registre des visites des Maisons-Dieu et Léproseries du Diocèse de Paris en 1351, fait mention de ces deux Hôpitaux qui existoient alors à Moucy ; il marque que la Maison-Dieu étoit fort remplie, et quant à la Léproserie, il dit qu'une partie des biens étoit tenue par Philippe de Moucy *Armiger*.

Au XIII siécle, les Seigneurs des Barres, possesseurs de quelques terres dans le pays Mulcien, à l'orient de Dammartin, se prétendoient Seigneurs suzerains du fief dans la dixme de Moucy-le-neuf. Regnaud de Mitry, Chevalier, tenoit de Jean de Borras, Ecuyer, le tiers de la grande dixme de Moucy. Le besoin d'argent où il se trouva dans le pays d'outremer, étant à la Croisade en 1270, fit qu'il vendit cette portion de dixme au Chapitre de Paris. Mais dès le siécle précédent, outre les Religieux de Moucy, d'autres Communautés possedoient déjà du bien sur ce territoire. Manasses, Evêque de Meaux, confirmant l'an 1140 la fondation du Prieuré de Mauregard, faite en son Diocèse par les Sieurs d'Aunoy, déclara qu'outre les terres et revenus situés dans son Diocèse, ces Religieux de Mauregard avoient été gratifiés d'un pré. *In Episcopatu Parisiensi in Villa quæ Mouciacum dicitur pratum unum.* *Magn. Pastor. Paris. p. 233* *Hist. S. Mart. à Camp. p. 397.*

La Paroisse de Moucy-le-neuf est comprise dans le dénombrement des Elections du Royaume pour 180 feux. Le Dictionnaire universel y marque 560 habitans. Les femmes y travaillent beaucoup à la dentelle. Il n'y a point de vignes : tout est en terres à grain ou en prez.

Ce que j'ai pu trouver qui concerne la Seigneurie de Moucy-le-neuf et ses Seigneurs se reduit à ce qui suit. En 1220, Gaucher d'Aunoy, Sénéchal de Dammartin, en étoit Seigneur en partie ; et en 1250, c'étoit Pierre d'Aunay qui possedoit cette terre avec la même qualité de Sénéchal de Dammartin. Perrete, sa fille, étoit Dame de Moucy en 1266. Vers ce temps-là le Comte de Dammartin prétendit y avoir la Haute-Justice et dans toute la Châtellenie. Après une Enquête le Parlement lui donna gain de cause en 1267 contre les prétentions des Gens du Roi. Quatre ans après *Hist. des Gr. Off.* T. VIII, p. 881. *Reg. Parl. in Parl. Pentec. 1267.*

il se fit un dénombrement des Chevaliers du Bailliage de Paris, qui devoient aller à la guerre contre le Comte de Foix ; il fut déclaré que le Comte de Dammartin devoit fournir deux Chevaliers *pro terra sua de Mouceio*. En 1282, Gautier d'Aunoy, Chantre de l'Eglise de Senlis et Chanoine de celle de Beauvais, fit un échange de ce qu'il avoit à Moucy-le-neuf avec Jean de Chantilly et Jeanne d'Aunoy, sa femme. En l'an 1300, la Seigneurie de Moucy-le-neuf étoit au moins en partie entre les mains de Gautier d'Aunoy. Le même la possedoit en 1317. C'est l'année en laquelle il déclara avoir intention d'y fonder une Chapellenie dont le Prêtre célébreroit chaque jour, et il obtint pour cet effet de Jean, Seigneur de Montmorency, l'amortissement de seize livrées de terre à Parisis en la Ville de Moucy et au terroir, en tant qu'il les tenoit de lui en fief. Mais en 1342, Guillaume le Bouteiller plaidant avec Jeanne de Clermont, sa femme, contre le Couvent de Saint Martin des Champs et le Prieur de Moucy, prenoit le titre de Chantilly et de Moucy-le-neuf. Durant le cours de ce siécle une partie de la Seigneurie de Moucy-le-neuf passa aux de la Val [Laval]. Jean de la Val en jouit vers l'an 1370 ; au moins on sçait qu'en 1372 il en céda la propriété à Gui de la Val son neveu, Seigneur d'Attichy, lorsqu'il épousa Isabeau de Chastillon, et en 1385, Jean de Clermont se désista de ces deux terres consentant qu'elles demeurassent au même Gui de la Val. Mais quelques années après, la nécessité l'ayant obligé de vendre plusieurs de ses terres, Pierre d'Orgemont, Seigneur de Mery-sur-Oise, acquit de lui le petit fief de Moucy-le-neuf, avec le château et la terre de Chantilly aussi-bien que la tour de Montmelian. Le tout pour la somme de huit mille francs d'or, par acte du 28 Mai 1386, dont Perrenelle de Villiers, Dame de Montmorency, reçut le droit de quint deniers, comme ayant la garde de ses enfans. Guillaume le Bouteiller de Senlis possedoit alors le reste de la Seigneurie de Moucy-le-neuf. Il en est dit Seigneur dès l'an 1383 ; ce bien lui venoit de Marie de Cermoise, sa femme. Il en rendit foi et hommage à la même Dame Perrenelle de Villiers, au commencement de Juillet 1287, et il lui paya pour l'année à cause du décès de Pierre de Cermoise, Chevalier, la somme de 150 francs d'or. On prétend que c'est le même Guillaume le Bouteiller qui mourut le 20 Août 1461, selon son épitaphe attachée à une Croix du cimetiere des Innocens. Mais cela ne peut être, puisque Marie de Cermoise, sa femme, est qualifiée veuve de lui dans la fondation qu'elle fit en 1431 à l'Abbaye de S. Denis d'une Messe quotidienne sur le revenu de la terre de Moucy-le-neuf. Il laissa cette terre à Jean le Bouteiller son neveu ; après lequel elle fut possedée avec celle de Moucy-le-vieux et de Vineuil par Jean le Bouteiller qui avoit épousé Perrette d'Aunoy, quatriéme fille de Philippe d'Aunoy et de Catherine de Montmorency. C'est de ce Jean le Bouteiller que Duchêne dit que sont descendus les Barons de Moucy-le-vieux et de Vineuil qui vivoient lorsqu'il écrivoit, c'est-à-dire en 1624. Selon l'Histoire des Grands Officiers, Jean III succéda en 1511 à Jean II, lequel, selon un acte rapporté dans Sauval (Tome III, page 600), étoit Capitaine du Guet, et Jean IV étoit Seigneur en 1564, après qui le fut Philippe le Bouteiller, en 1589 et Jean le Bouteiller en 1620, selon la même Histoire, (page 262). Cette ligne de Seigneurs de Moucy-le-neuf pourroit au reste souffrir difficulté, puisque dans les épitaphes ci-dessus rapportées, un Charles le Bouteiller et un Antoine le Bouteiller sont qualifiés Seigneurs de Moucy-le-neuf dans le même temps, c'est-à-dire au milieu du XVI siécle, et depuis ce temps-là un second Charles le Bouteiller qui vivoit en 1604; mais la solution s'y trouve aussi, puisqu'ils n'y sont dits que Seigneurs en partie de Moucy-le-neuf, de même que l'ont été apparemment pendant un certain temps ceux de la ligne ci-dessus. Il y avoit même eu des filles jouissantes de la Seigneurie de Moucy-le-neuf conjointement avec leurs freres. En 1512, Grignardon de Landesay, Chevalier du Guet, à Paris, fut qualifié Seigneur de Moucy-le-neuf et de Moucy-le-viel, à cause de Françoise le Bouteiller, sa femme et ses freres et sœurs : ce fut lui qui obtint du Roi Louis XII, étant à Blois au mois de Novembre de cette année-là, les lettres d'établissement des Foires de la S. Vincent et de la S. Michel dont il a été parlé ci-dessus. Françoise était fille de Jean le Bouteiller deuxiéme du nom.

<small>Hist. de Montm. p. 518.</small>
<small>Hist. des Gr. Off. T. VI, p. III, p. 260.</small>
<small>Bannieres du Châtelet, I vol. fol. 425.</small>

Dans le Procès verbal de la Coûtume de Paris rédigée en 1580, comparut comme Seigneur en partie de Moucy-le-Neuf, Chrestien le Bouteiller, Ecuyer, fils de Girard le Bouteiller, Sénéchal de Lorraine.

On vient de voir un Jean le Bouteiller, Seigneur de Moucy-le-neuf en 1620. C'est apparemment le même Jean le Bouteiller de Senlis aussi qualifié Seigneur de Moucy-le-neuf, qui est marqué avoir rétabli en 1640 la Croix du cimetiere des Innocens proche laquelle il est inhumé.

<small>Recueil des Epitaph. de Par. à la Bibliot. du Roy, p. 622.</small>

M. le Marquis de Rothelin est aujourd'hui Seigneur de Moucy-le-neuf.

Le 4 juin 1667 le Parlement registra la grande Chambre assemblée, etc. les Lettres Patentes en faveur de Jean le Bouteiller de Senlis Seigneur de Moucy, et d'Armand son fils, Mestre de Camp du Régiment de la Reine, portant érection de la terre de Moucy, circonstances et dépendances en titre de Comté, pour en jouir par ledit de Moncy, ses hoirs mâles et ayant cause; ensemble des

<small>Reg. Parl. Ogier T. V, fol. 364</small>

terres et fiefs qu'ils pourront par la suite acquerir relevans du Roi, pour y être joints, sans que pour ce il soit rien innové en la Justice de ladite terre, ni qu'elle puisse être réunie à la Couronne faute d'hoirs mâles; auquel cas le titre de Comte demeurera seulement éteint.

Reg. Ep. Paris.
12 Apr.

LA FOLIE qui est un lieu marqué sur la carte du Diocése à l'orient d'hiver de Moucy, existoit dès l'an 1551 et appartenoit à Pierre Boucher, Procureur au Parlement, à qui il fut permis, vu l'éloignement, de faire célébrer en sa Chapelle.

Le lieu nommé l'Erable, dans la carte de de Fer, est maintenant sans maison, quoique la carte en marque. Il n'y reste qu'un arbre sur une hauteur vers le septentrion en la censive de Moucy-le-neuf.

Catal. MSS.
Sorb. Cod. 124.

Il y a eu à Paris, sous le regne de Philippe-le-Hardi, fils de S. Louis, un Théologien nommé Guillaume *de Monciaco novo*, qui donna en 1286 des livres à la Bibliothéque de Sorbonne. Il passe pour avoir été un grand Prédicateur.

DOYENNÉ
DE CHELLE

CONFLANS

ET LE BOURG DU PONT DE CHARENTON

JE commence cette partie du Diocése de Paris par ce Village, non qu'il soit le plus ancien du côté de ces quartiers-là, mais à cause qu'il est sur le bord des deux rivieres qui séparent le grand Archidiaconé de Paris de celui de Josas et de celui de Brie, et que c'est dans le voisinage de ces limites qu'ont été établies sur les côteaux par Saint Germain, Evêque de Paris, plusieurs Paroisses dont ont été détachés les habitans des rivages de ces deux rivieres, pour constituer des Paroisses particulieres.

Il est facile de remarquer qu'aux extrémités des anciens ponts il fut ordinairement formé un hameau, ou un village, ou bien un bourg du côté que la route conduit à un lieu considérable ou à une contrée peuplée ; si au contraire il y a un côté qui conduise à un moindre nombre de lieux, ou qui ne conduise à aucun endroit, on y a bâti moins de maisons, ou même il n'y en a aucune. La chose est sensible au pont de Charenton. A l'extrémité qui finit au rivage droit de la Marne, il s'est formé du côté qui mene à Paris un bourg assez considérable, tandis que du côté qui conduit à Saint Maur ou à Vincennes, les maisons sont fort écartées, et qu'il y a fort peu d'habitans. A l'autre extrémité de ce Pont, la différence est encore plus sensible. Il y a un hameau qui forme une rue du côté qui mene dans la Brie ; et en sortant de ce pont, à main droite, il n'y a pas de maisons, parce que ce côté-là ne conduit qu'à des terres labourées.

On n'a point de certitude absolue, que dès le temps de César il y ait eu un pont à l'endroit qu'on appelle Charenton. Il y en a seulement quelque apparence à en juger par la facilité qu'eurent les troupes Romaines lorsqu'au retour de leur vaine tentative sur Lutece du côté de la riviere de Bievre, elles vinrent repasser la Seine à Melun, afin de se rendre proche la même ville de Lutece du côté du rivage droit de la Seine. On croit que la riviere de Marne étoit en cet endroit, comme ailleurs, remplies d'isles grandes et petites qui avoient facilité la construction d'un pont de bois.

<small>Acta SS. Bened. Car. III, P. I, p. 13.</small>

Du moins il est constant par la vie de Saint Merry, qu'il existoit au VII siécle un pont sous le nom de Pont de Charenton, *Pons Carantonis*, et que ce pont étoit alors facile à rompre et à défaire, ce qui indique un pont de bois. Il est sûr d'un autre côté par les Annales de Saint Bertin à l'an 865, que cet ancien pont avoit été fait par les habitans du lieu. Charles le Chauve étant informé qu'il étoit rompu, et que les habitans étant dispersés de côté et d'autres à cause des courses des Normans, ne pouvoient pas le refaire, ordonna qu'il fût refait par les ouvriers des Provinces éloignées chargés de construire des forteresses sur la Seine.

<small>Duchêne, T. III, p. 224. Bouquet, T. VII, p. 791.</small>

Ce morceau important des Annales de la composition de Hincmar de Reims, nous apprend qu'il y avoit dès-lors beaucoup d'habitans proche le pont de Charenton. Il est vrai qu'il ne détermine point le côté du rivage ; mais il y a toute apparence que c'étoit du côté de Paris en tout sens, par la raison que les habitans se fixent plus ordinairement du côté par où passent les voyageurs ; sur-tout ceux qui négocient en ce qui est le plus nécessaire à la vie, et qui font le plus grand nombre. C'est pour cette raison qu'on a appelé Bourg de Charenton ou Bourg du Pont de Charenton, toutes les maisons qui sont depuis le bout du Pont jusqu'au haut de la montagne où se trouve la porte du Bourg.

<small>Factum de M. de Bercy 1744 p. 48-54.</small>

Quoique cela ne forme qu'une seule rue, il y a cent cinquante chefs de famille [1]. C'est là que sont les établissements publics, Bureau des Aydes, département de la Maréchaussée, le Bureau de la Poste aux Lettres, celui de la Poste aux Chevaux, la Maison des Sœurs de la Charité : cependant l'Eglise Paroissiale n'est point en ce lieu, non plus qu'au lieu appelé les Carrieres de Charenton, et qui est plus grand et aussi plus peuplé que le Bourg même, mais dans le village de Conflans plus voisin de Paris que n'est ce Bourg.

C'est ce qui me paroît prouver la haute antiquité de l'Eglise de Saint Pierre de Conflans ; il faut, en effet, qu'il y ait existé une Paroisse de Conflans qui s'étendoit dès son origine jusqu'au Pont bâti sur la Marne, pour que les premieres maisons bâties proche

---

[1] Le dénombrement de l'élection imprimé en 1709, comptoit alors tant en ce Bourg que dans Conflans et Carrieres, 319 feux : et en 1726, le tout étoit évalué par le Dictionnaire universel de France, à 1100 communians. Une personne instruite m'a assuré qu'à présent il y en a 1500.

de ce Pont en tirant vers Paris, ayent été de cette Paroisse; autrement l'augmentation de ces maisons auroit été plutôt de Saint Maurice, où il n'y a pas tout-à-fait si loin à aller, et dont les maisons sont contiguës à cette augmentation : et si la premiere Eglise bâtie à Conflans n'eût pas étendu son territoire jusqu'au bord du Pont, sans doute que lorsqu'on l'a rebâtie et rendue de capacité à contenir le grand peuple qui lui est survenu, on en eût placé l'édifice entre les Carrieres et ce Bourg. Mais selon l'ancienne Regle, quelque accroissement qu'ait pris un lieu quant au nombre de ses habitans, il faut qu'il reconnoisse le même Curé que ceux qui, les premiers, ont habité ce lieu, ont reconnu pour leur Pasteur. Ainsi, il ne doit pas paroître étonnant qu'un lieu fermé tel qu'est le Bourg de Charenton, ait son Eglise Paroissiale dans un village éloigné et non fermé de murs, parce que ce Bourg de Charenton n'avoit pas toujours été Bourg, et ne l'est devenu que depuis la détermination du territoire des Paroisses et surtout depuis que l'importance de la place pour les abords de Paris, obligea d'y construire des forteresses.

L'Eglise de Saint Pierre de Conflans de la Paroisse de laquelle est le Bourg du Pont de Charenton, est un bâtiment du XVI siécle qui est tout voûté, et qui a un collateral de chaque côté, mais sans abside ou sans fond en forme de rond-point. Dans une charte de l'an 1098 Guillaume, Evêque de Paris, marque qu'il donne au Monastere de Saint Martin des Champs, deux parties de l'Autel du village appellé *Confluentium* : mais dès auparavant ce Prieuré possédoit l'Eglise de ce lieu, puisqu'elle est spécifiée dans la Bulle d'Urbain II de l'an 1097, parmi celles de ce Monastere, sous le nom de *Ecclesia de Confluentia*. Dans l'énumération des biens du même S. Martin faite par la Bulle de Calixte II donnée l'an 1119, on lit *Villam Confluentiam cum Ecclesia et appenditiis*, et cela est répété dans celle d'Innocent II, de l'an 1142 ; au lieu que dans la Bulle d'Eugene III donnée en 1147, il y a simplement *Villam de Conflens cum Ecclesia*. Les lettres de Thibaud, Evêque de Paris, données à ce Prieuré vers l'an 1150, expliquent ainsi ce qu'il possédoit à Conflans : *Ecclesiam de Conflens cum villa et tertia parte decimæ*. Ces mots *cum villa* sont apparemment l'une des preuves de l'antiquité du droit de cette Communauté sur ce qu'on appella depuis la Grange aux Merciers. L'Eglise de *Conflans* est dans le Pouillé Parisien du XIII siécle, au rang de celles dont la nomination appartient au Prieur de Saint Martin, et tous les Pouillés imprimés y sont conformes. Il est fait mention dans le Cartulaire de S. Maur d'un Curé *de Conflentio* nommé *Alermus*, lequel en 1256 donna à cette Abbaye une piece de terre au territoire des vallées avec la carriere voisine : *in territorio de vallibus*

<small>Felibien, Hist. de Paris, T. I, p. 138 et T. III, p. 52.</small>

<small>Hist. S. Mart. p. 48.</small>

<small>Ibid. p. 158, 171 et 180.</small>

<small>Portef. Gaign. ccxxiii, fol. 32.</small>

cum carreria adjacenti. Vingt ans après, le Curé et [les] **Marguilliers** de Conflans reconnurent avoir reçu quatorze livres pour un droit de dixme qu'ils avoient vendu au Roi Philippe le Hardi, proche le Bois de Vincennes. Le 9 Août 1385 Regnaud Toupet, Curé, admodia un arpent de vigne de son Eglise, lieu dit les Hayes-aux-Demoiselles. Jean Bodin, Curé, en 1472 demeuroit à Rome. Martial Voisin, autre Curé, est mentionné à l'an 1516.

<small>Mém. de la Ch. des Compt. l'an 1276.

Reg. Official. Par.
Reg. Visit. Archid.
Hist. S. Mart. Camp. p. 101.

Chart. S. Magl. Portef. Gaign. 221.</small>

Le Monastere de Saint Martin des Champs ne fut point le seul qui dès le XI siécle eut des revenus à Conflans. Sous le regne d'Henri I, l'Abbaye de Saint Magloire y avoit un droit de pêche dans la riviere, à l'endroit même de la jonction de la Seine et de la Marne, *unum gurgitem piscalem in confluentia Sequanæ et Maternæ.* Mais l'on ne voit point que ces deux maisons, quoique dotées de quelques revenus situés à Conflans et à Charenton, y ayent eu aucun Prieuré.

Il a existé certainement au Pont de Charenton une Léproserie, qui est mentionnée dans le Registre des visites de celles du Diocése de Paris faites en 1351. On y lit *Leprosaria de Ponte Carentonis.* Et ensuite ces mots : *De prisia ejus, sola Parochia de Conflentio,* qui veulent dire qu'on n'étoit tenu d'y recevoir que les seuls malades de la Paroisse de Conflans. Il reste à trouver la place où elle étoit. Jamais les Léproseries n'étoient dans les Bourgs. Il semble qu'il y avoit aussi, outre cela, un Hôpital en ce lieu. J'ai vu deux collations de l'administration *Hospitalis S. Mauritii infra fines Parochiæ de Ponte Carentonis,* faites par l'Evêque de Paris, le 11 Janvier 1570 et le 31 Décembre 1579. Il seroit surprenant que cet Hôpital n'étant pas situé sur la Paroisse de Charenton Saint Maurice, eût cependant pris le nom de ce Saint. Mais on voit bien qu'il s'agit de celui qui étoit à l'extrémité de cette Paroisse de Saint Maurice vis-à-vis le bout du Pont.

<small>Reg. visit. Lepr. fol. 64.

Reg. Ep. Paris.</small>

Dans le dernier siécle il s'est formé sur le territoire de la Paroisse de Conflans, deux Communautés : l'une d'Hommes, l'autre de Filles. Celles d'Hommes est censée comprise dans le territoire joignant le Bourg de Charenton. Ce sont les Carmes Déchaux, qui pour cela sont communément appellés les Carmes de Charenton. Ils furent fondés vers l'an 1615 par Charles Bailly, Président en la Chambre des Comptes et Chrestienne Leclerc, son épouse. Ce Charles étoit fils de Guillaume Bailly, mort Abbé de Bourgueil en 1582. Le Noviciat y fut établi le 2 Avril 1617. La confirmation de leur établissement et de la donation à eux faite par leur Fondateur, ne fut registrée en Parlement que le 7 Mai 1637. Leur Eglise est assez belle : le dedans est d'une exacte symmétrie avec des arcades, pilastres et statues. Avant que ces Religieux eussent fait bâtir aux Carrieres proche leur Maison,

<small>Vie de S. Maur, par le P. Ignace, carme, p. 423.</small>

il y avoit entre Conflans et Charenton un écho qui répétoit jusqu'à dix fois. L'autre Communauté établie à Conflans est un Prieuré de Bénédictines, sous le titre de la Conception et de Saint Joseph. Il reconnoît pour son Institutrice Charlotte le Bret, qui de Religieuse de Farmoutier étant devenue Prieure de Saint Thomas de Laval au Diocèse de Sens, jetta les fondemens d'un nouveau Monastere de son Ordre à Lagny l'an 1641. C'est ce même Couvent qui au bout de douze ou treize ans fut rapproché de Paris à cause des guerres, et placé à Conflans dans l'Hôtel ou Palais de Bourgogne, c'est-à-dire l'ancien séjour des Ducs, que la Duchesse d'Angoulême lui vendit. Depuis lequel tems ce Monastere a fourni plusieurs Abbesses à diverses Maisons de Bénédictines. *Gall. Chr. T.VII, col. 646.*

La partie de Charenton qui est de la Paroisse de Conflans étoit dans ces quartiers-là le lieu le plus rempli de belles maisons, et d'especes de forteresses. Il y en avoit une au bout du Pont qui tient au Bourg. L'ancienne coutume étoit d'en bâtir sur les passages de conséquence. Il y avoit de plus une marque de Seigneurie, qui consistoit dans un droit de péage.

L'Evêque de Paris est le plus ancien Seigneur de Charenton que l'on trouve, et il jouissoit d'un droit de péage sur le Pont de ce lieu et à Maumoulin, au sujet duquel il plaidoit en 1486. On lit dans son Cartulaire que les Evêques avoient donné la Terre de Charenton en Fief au Seigneur de la Tour de Senlis ; ensorte que les Hugues de Senlis dits Le Loup, en furent Seigneurs durant tout le XIII siécle. Mais il faut aussi reconnoître que cette famille des Le Loup ne jouit pas de tout, et qu'il y en eut une partie cédée à un Bourgeois de Paris nommé Noël de Surleau. Guillaume, Evêque de Paris, lui accorda en 1230 de tenir de lui en Fief, tout le manoir qu'il avoit au Pont de Charenton, moyennant quatre sols de service, sans taille, sans corvée, et sans être tenu d'aller à l'armée ; permettant à lui et à ses hoirs d'y bâtir et d'avoir droit de Justice sur leurs Hôtes, ne se réservant que la Justice des forfaits. En 1246 Gazon de Maubuisson, Chevalier, revendit à l'Evêque de Paris ce qu'il tenoit de lui de cens au bout du Pont, et dans les Carrieres de Charenton. *Reg. Parl. 7 Apr. Chart. Ep. Par. fol. 1. Hist. des Gr.Off. T. VI, p. 267. Chartul. min. Ep. Par. fol. 195. Chart. min. f. 213.*

Dès l'an 1227 ceux de la Maison de Senlis avoient cédé une partie de ce qu'ils tenoient de l'Evêque de Paris à Ferric Pasté, Chevalier, dont la censive est mentionnée au Cartulaire de Saint Maur par rapport à certaines vignes qui y étoient situées. Pour ce qui est d'Hugues Le Loup, il approuva en qualité de Seigneur de Charenton, le don qu'Eustache de Villepecle fit à l'Abbaye d'Hieres de soixante sols dans son cens situé au même lieu.

<small>*Chart.Hederac.*</small> Gilles Pasté, Clerc coseigneur avec les Le Loup de Senlis, ne fit pas moins valoir son droit Seigneurial. Il est fait mention <small>*Reg. Parl.*</small> dans les Registres du Parlement à l'an 1268, de la permission <small>*Candel. 1268.*</small> qu'il obtint de rétablir les fourches patibulaires qu'il avoit eues en sa Terre *Juxta Charentonium propè Parisios ;* à quoi le Prevôt de Paris avoit été opposant. Un endroit des mêmes Registres, <small>*Ibid.*</small> quoique postérieur de cent [ans, représente le Procureur du Roi <small>*12 Apr. 1374.*</small> alléguant que le *paage* de Charenton est d'ancien Domaine et patrimoine Royal, et même que la portion de l'Evêque de Paris en est pareillement. Le port de Conflans fut aussi regardé comme étant de la Seigneurie des Chevaliers du nom de Le Loup. Il fut <small>*Chart.Hederac.*</small> besoin en 1234 qu'un Seigneur de ce nom certifiât la donation que Roger *Pica* avoit faite à l'Abbaye d'Hieres de sept livres assises sur ce Port qui lui appartenoit. Cens ans après un autre Seigneur du même Port de Conflans qui n'est pas nommé, vendit à Hugues de Besançon, Evêque de Paris, une rente de cent treize sols sur les produits de ce Port ; circonstance qui nous est <small>*Ex Chartul.Ep.*</small> transmise par l'acte d'application que cet Evêque fit en 1331 <small>*Paris.*</small> de soixante-treize sols qui en provenoient, aux Chanoines de <small>*Gallia Chr.*</small> <small>*T.VII, col. 129.*</small> sa Cathédrale qui assisteroient au chant de la Prophétie à la première Messe de Noël, suivant l'ancienne coutume du rit Gallican.

Sejours du Roi et des Princes entre le Pont de Charenton et Conflans, et leurs Possesseurs. Mais, pour revenir à la preuve qu'il y ait eu une forteresse au bout du Pont de Charenton, il faut sçavoir qu'encore dans le XIII siécle, Philippe-Auguste regardoit le terrain voisin de ce Pont comme une terre du Do- <small>Duchêne,</small> maine, puisque par son Testament de l'an 1222, ce fut ce lieu <small>T. V. p. 261.</small> même qu'il ordonna qu'on choisît pour y bâtir une Abbaye, dans laquelle il y auroit vingt Prêtres Chanoines Réguliers semblables à ceux de Saint Victor. Le Fort du Pont de Charenton subsistoit <small>Hist. des Gr.Off.</small> au XIV siécle avec distinction, et il avoit un Capitaine particulier. <small>T. VII, p. 433.</small> Jean de l'Hôpital l'étoit en 1380. François, son frere, lui succéda. Il falloit aussi que sa situation eût mérité l'attention de nos Rois, puisqu'ils s'étoient choisi un séjour tout auprès. Il y avoit encore en 1578 une maison et un jardin situés proche ce Pont, qu'on appelloit *le Séjour du Roi.* Peut-être étoit-il dans la place que Philippe-Auguste avoit désigné pour sa fondation, laquelle ne fut <small>Sauval,</small> point faite en ce lieu. Plusieurs Historiens modernes ont marqué <small>T. III, p. 602.</small> qu'en 1567 il y avoit au Pont de Charenton un Fort inexpugnable..

On ne peut douter que nos Rois ne se fussent conservé un Domaine considérable sur le territoire d'entre le bourg de Charenton et Conflans, lorsqu'on aura vû qu'ils y résidoient souvent, qu'ils ont fait des distractions des terres qui en dépendoient, et qu'enfin on connoît le temps auquel ils s'en sont dessaisis. A l'égard de Philippe le Bel, outre la Charte de 1306 qu'il fit expédier, on produit une autre Charte de ce Prince du mois de Janvier 1309, par laquelle il confirme à la Léproserie de la Saussaye, la dixme de tous les vins qui seront amenés pour la bouche du Roi dans les Palais situés à Paris, ou dans la Banlieue, et Carrieres y est spécifié. C'est ce qui est répeté à l'égard des Maisons Royales de Carrieres et Cachant dans une autre Charte du mois de Février 1316, et qui prouve que les Rois venoient quelquefois résider à Carrieres, qui est entre le Bourg de Charenton et l'Eglise de Conflans. En 1316, Philippe le Long fit à Mathilde, Comtesse d'Artois, sa belle-mere, un don qui marque l'étendue du territoire Royal sur la Paroisse du même lieu de Conflans ou Bourg de Charenton. Etant au Bois de Vincennes au mois de Décembre, il lui fit présent de sa garenne depuis le Pont de Charenton jusqu'à la Tour de Bercy, et depuis la Riviere de Seine jusqu'au chemin par lequel on va de Paris à Saint Maur. Le Testament du même Prince dans lequel il est ordonné que les nouvelles garennes seront détruites, est daté de Conflans-lez-Carrieres le 26 Août 1321. Il semble par cette expression que Carrieres étoit un lieu plus considérable que Conflans, et que le Roi avoit un logis à Conflans outre celui de Carrieres. En 1339 au mois de Juin, Philippe de Valois data pareillement une Ordonnance de Conflans-lez-Paris. Ce fut au même lieu que mourut dix ans après, Jeanne de Navarre, seconde du nom.

<small>Du Breul, p. 1008.</small>

<small>Cod. Victorin. inter Reg. Parl. not. 42, fol. 90.</small>

<small>Tables de Blanchard.</small>

Mais c'étoit aux Carrieres principalement qu'outre l'endroit destiné au logement du Roi, il y avoit du temps du Roi Jean un lieu de Séjour pour ses chevaux, suivant une Charte de ce Prince en faveur des habitans de Creteil et de Maisons qui y fournissoient du fourage. On lit aussi que le Dauphin Charles assiégeant Paris en 1357, étoit logé en son Hôtel du Sejour à Carrieres. Je renvoie à m'étendre là-dessus à la fin de cet article, parlant des événémens. En attendant que je m'étende sur la Maison Royale de Conflans, j'observerai que le terrain de ce Sejour de Carrieres fut depuis érigé en Fief qui porte encore le nom de *Sejour du Roi*. Il a été possédé depuis plus d'un siécle par MM. Dionis, grand oncle, oncle et neveu, et le Couvent des Carmes Déchaux qui joint leur Maison, occupe par accommodement une partie du terrain de cet ancien Sejour.

<small>V. Gloss. Cang. voce Sejor. Ordon. T. VI, p. 702. Chron. S. Dion.</small>

En 1481, le 21 Décembre, Louis XI donna à Jean de Saint Omer dit Bastard de Valere Capelle, sa Maison de Conflans, près Paris, pour en jouir tant qu'il lui plairoit et en recevoir le revenu. Il paroît que deux ans après il n'en jouissoit plus; car le 3 Juillet 1483 le même Roi donnant à Sixte d'Allemagne, son Chirur-

<small>Mem. de la Chambre des Comptes.</small>

gien, les Maisons de Flandres, Artois et Bourgogne, y ajoute la Seigneurie de Conflans, près Paris. On voit même par d'autres enseignemens, qu'une Dame, nommée Gilette Hennequin, veuve de Jacques de Hacqueville, avoit aussi joui par don du même Roi l'an 1487, de la Maison nommée le Sejour du Roi, près le Pont de Charenton.

> Ch. des Compt. Ogier, T. VIII, fol. 333. Mém. de la Chambre des Comptes.

Enfin le 26 Mai 1554 le Roi Henri II ceda à Claude Dodieu, Evêque de Rennes, Maître des Requêtes, ses hoirs et ayant cause, toute la terre, rentes, justices, Seigneuries et droits qui lui appartenoient en la Paroisse de Conflans-lez-Charenton, depuis le Pont de Charenton exclusivement, jusqu'au Ponteau de la Grange aux Merciers, et tout le droit de justice et pêcherie qu'il avoit en la riviere de Seine dans les mêmes lieux. Les Lettres de cette aliénation furent registrées en Parlement le 6 Août de la même année.

> Reg. Parl. T. XLII, f. 267.

Ce qui vient d'être dit au sujet du don des Maisons de Flandre et de Bourgogne, fait en 1483 au Chirurgien de Louis XI, paroît devoir aussi s'entendre de Conflans ou de Carrieres proche Charenton. Les Comtes de Flandres avoient eu vers l'an 1400 à Conflans une Maison appellée le Sejour ; elle tenoit à celle des Ducs de Bourgogne appellée le Sejour de Bourgogne, autrement le Manoir et la Maison du Duc de Bourgogne, laquelle Maison fut augmentée vers l'an 1430, de granges et jardins situés aux Carrieres de Charenton.

> Sauval, T. II, pag. 110 et 112.
>
> Ibid. T. III, fol. 156.

Les derniers Ducs joignirent ces deux Maisons de plaisance, et les embellirent de jardins, vignes, jets d'eau, galeries. Le Duc ou Archiduc Maximilien d'Autriche qui avoit épousé Marie de Bourgogne, fille du dernier Duc de Bourgogne, établit un Consierge (*Conservus*) dans les siennes vers l'an 1481. On lit qu'il fit don de cette Consiergerie d'abord à Olivier de la Marche, et qu'il la continua en 1491 à Charles, fils du même Olivier [1] ; que par le moyen de quelques terrasses elles s'étendoient jusques sur les bords de la Seine. Ce Manoir ou Sejour du nom de Bourgogne, avoit paru si considérable aux yeux de Gaguin, qu'il en avoit conclu que Philippe, Duc de Bourgogne, étoit Seigneur de Conflans. En 1548, Henri II, par Lettres données à la Côte Saint André le 14 Septembre, commit Robert Danet, Président en la Chambre des Comptes et autres, pour vendre au plus offrant les Sejours, Manoirs et Maisons de Bourgogne, Artois, Flandre et Brabant situés à Conflans, près Charenton, qui avoient appartenu aux Ducs de Bourgogne et de Brabant, Comtes de Flandre et Artois,

> Mém. de la Chambre des Comptes.
>
> Feuille imprim.

---

1. Je n'ai pu découvrir d'où étoit venue à Jean Jouvenel une censive qu'il avoit à la Croix de Conflans en 1409, suivant un Compte de l'Hôtel-Dieu de Charenton de cette même année. *Archiv. Ep. Paris.*

et qui étoient avenus à la Couronne, sans en rien réserver que la teneur féodale.

A l'égard du Bourg du Pont de Charenton, je n'ai point trouvé de successeurs aux Chevaliers ci-dessus nommés, Le Loup et Pasté, ou de particuliers qui en ayent été Seigneurs, que Pierre Blanchet, qualifié Seigneur de la Ville du Pont de Charenton dans l'aveu et dénombrement qu'il fournit au Roi en l'an 1367. Il faut toujours observer que *Ville* ne signifie là autre chose que ce que veut dire en latin le mot *Villa*. On voit dans Sauval le sommaire d'un compte de confiscations faites par le Roi d'Angleterre vers l'an 1423, par lequel il apparoît qu'une Dame Gentien possedoit alors cette Seigneurie, à laquelle il est dit qu'appartenoit toute justice, et que proche le Pont étoit l'Hôtel de la Geole pour les Plaids. Quelque temps après les biens appartenans en ce lieu à ses quatre fils, sçavoir : deux Hôtels, vignes, terres, prés, saulcy, l'Hôtel de la Geole ci-dessus, et deux Moulins sur le Pont, furent donnés par le Roi d'Angleterre à Jean de Pressy, Chevalier. Sur la fin du siécle suivant, ce Bourg avoit appartenu à Pierre Cerisay. Ses héritiers le possédoient en 1514. Le carrefour qui est au bout du Pont au-dedans de ce Bourg est dit être en leur censive dans un titre de cette année-là. Nicolas de Cerisay possédoit en 1520 la Seigneurie du Pont de Charenton, selon une Sentence de la Chambre du Trésor du 18 Juillet. Quelquefois cette Seigneurie étoit simplement appellée la Seigneurie de Charenton. En 1561, Antoinette de Cerisay, veuve du Chancelier Olivier, rendit foi et hommage de cette Terre et Seigneurie à Charles IX, et dans l'acte elle est dite tenue du Roi à cause du Chastel du Louvre. En 1569, dans une Enquête qui fut faite, les témoins déposerent que cette Dame y avoit Haute, Moyenne et Basse-Justice avec Prevôt et autres Officiers. En 1574, Jean Olivier, Seigneur de Leuville, fit le même hommage que ci-dessus, le 16 Août, pour cette Seigneurie dite du Pont de Charenton, qui lui étoit advenue par le décès de sa mere. L'acte fait mention d'un grand nombre de maisons situées tant à Charenton qu'aux Carrieres. Le même Jean Olivier est qualifié Seigneur du Pont de Charenton et de Carrieres en 1580, dans le Procés-verbal de la Coutume de Paris. Il y eut par la suite un procès entre les Evêques de Paris et le Sieur de Bercy, Seigneur du Bourg du Pont, au sujet de trois maisons situées à gauche en venant du Pont au Bourg, sur ce que l'Evêque en prétendoit la directe; mais il fut terminé en 1613 par une transaction qui l'assura au Sieur de Bercy. En 1618, il y eut établissement de Foires et de Marchés en ce lieu ; et ce droit fut confirmé en 1725. En 1619, le Bourg de Charenton fut érigé en Châtellenie par Lettres Patentes du Roi. La même année il y eut

Sentence le 20 Avril, par laquelle Charles de Malon, Conseiller d'Etat, Président au Grand-Conseil et Seigneur du Bourg de Charenton, fut maintenu en la possession et jouissance du droit de Voirie en l'étendue de ce Bourg, contradictoirement avec le Grand Voyer de France. En 1625, au mois de Septembre, le Roi accorda des Lettres Patentes qui permettoient l'union de la Grange des Merciers avec la Seigneurie et Châtellenie de Charenton; et dix ans après, le 31 Juillet, il y en eut d'autres pour conserver aux Paroisses d'où dépendent ces deux Seigneuries, le même état qu'elles avoient avant cette union; et enfin d'autres le 20 Août suivant pour déclarer qu'en réunissant ces deux Seigneuries, l'intention de Sa Majesté a été d'unir aussi les Justices pour être exercées par les mêmes Officiers en la Châtellenie de Charenton. A l'égard du Procès qu'il y a eu en ces derniers temps entre M. de Maslon de Bercy et M. de Loriere, Seigneur de Charenton Saint Maurice, leurs Factums sur l'étendue de leur Seigneurie sont répandus dans le public, et je ne m'étendrai aucunement sur cette matiere.

BERCY. Comme je conjecture qu'il y a eu autrefois quelque confusion faite de Bercy avec ce lieu appellé la Grange aux Merciers, et que le Château de Bercy aussi bien que la partie supérieure du lieu dit la Grande-Pinte, est sûrement de la Paroisse de Conflans, j'ai cru devoir produire ici ce que j'ai pu ramasser touchant ces lieux, sauf au Lecteur à faire abstraction de tout ce que j'aurai pu insérer par occasion, sur certaines portions qui sont peut-être de l'ancienne Paroisse de Saint Paul de Paris, ou de la nouvelle de Sainte Marguerite, dont ce n'est point mon but de parler dans cet article. Ce que l'on trouve de plus ancien sur Bercy, regarde l'Isle qui portoit ce nom, et qui est appelée *Insula de Bercilliis* dans un Diplôme de Louis le Gros.

Le Roi Louis le Gros dotant l'Abbaye de Montmartre l'an 1134, lui donne entre autres biens la terre de cette Isle *de Bercilliis*[1] exempte de tout droit de Coûtume. Deux Seigneurs appellés Adam de Bray et Thibaud faisant en 1172 un échange de biens, Adam et sa femme Emeline donnerent à Thibaud la Grange de Bercix, *Grangiam de Bercix,* avec toutes les terres et prés qui en dépendoient. Voilà un lieu dit la Grange de Bercix bien clairement; c'est ce qui fait soupçonner que de Bercix qui se sera quelquefois

---

[1] Peut-être même que ce terme *Bercilliis* qui a formé le nom vulgaire Bercy, n'est qu'une altération du nom, semblable à celui que portoit une autre Isle de la Seine au-dessous de Rouen proche Caudebec et appelée *Insula Belsinaca* au VIII siécle : Bels ou Bers pouvoit signifier dans le langage Celtique quelque chose que nous ignorons.

trouvé mal écrit, on aura fait Mercix et ensuite Mercier [1]. Bercy devoit être en 1316 une espece de Port, puisque dans une Charte de Philippe le Long, datée de cette même année, la portion de garenne que ce Roi donna à la Comtesse d'Artois, ainsi que j'ai dit ci-dessus, prenoit depuis le Pont de Charenton, *usque ad Turrim de Berciaco*. Voilà ce que j'ai trouvé de plus ancien touchant Bercy, et qui est antérieur à tout ce que j'ai vu sur la Grange aux Merciers. Je puis seulement ajouter que Perrenelle de Villiers, alliée à la Maison de Montmorency au XIV siécle, est qualifiée Dame de Bercy-lez-Charenton, dans l'acte du partage de ses biens fait en 1415. Je ne dis rien d'un Poëte françois du XIII siécle nommé Hugues de Bercy. Il y a apparence qu'il tiroit son nom de ce lieu, à moins que ce ne fût d'une Seigneurie de Bercy qui a existé dans le Poitou. Ce personnage au reste ne fait rien au sujet que je traite, à moins qu'on ne puisse le faire passer pour un Seigneur de ce lieu.

Col. Victorin. *inter Reg. Parl.* *n. 42, fol. 90.*

Hist. de Montm. p. 165.

Fauchet, Orig. de la Poés. Franç. p. 151.

LA GRANGE AUX MERCIERS. La Grange aux Merciers sera le nom sous lequel je rapporterai le reste de ce qui se présente à dire, puisque ce nom a prévalu, quoique sans beaucoup de fondement. Les grandes Chroniques de Saint Denis marquent que le 11 Juillet 1358, les troupes du Roi de Navarre quittant la montagne de Charonne, allerent à la Grange aux Marchez (*lise*ʒ Merciers), d'où elles délogerent pour s'approcher du Duc Régent qui étoit campé vers Carrieres, et que là il y eut un grand escarmouche ; rencontre sans doute bien différente de celle où ce même Roi de Navarre étant allé joindre ce Régent, Charles, fils du Roi Jean, assemblé avec la Noblesse proche le Pont de Charenton, se contenta de leur parler sans en venir aux mains : ce qui fut cause que les Parisiens ne voulurent plus de lui pour leur Capitaine. La Grange aux Merciers appartenoit sur la fin du même siécle à Pierre de Giac, Chancelier de France. Il l'avoit eue par décret en 1385. Lui ou son fils vendit cette Terre à Jean, Duc de Berry, l'an 1398. Louis de Luxembourg, Evêque de Terouenne, jouissoit en 1435 de l'Hôtel appellé la Grange aux Merciers. Il fut confisqué sur lui en 1436, et donné par le Roi au Sieur de Saye, Baron d'Ivry. Mais dès l'an 1439 cette Terre appartenoit à Pregent, Seigneur de Coetivy, Amiral de France. Vers le milieu du même siécle le Prieur de Saint Martin des Champs en étoit regardé comme Seigneur, et y exerçoit la Justice. Les Princes qui faisoient la guerre à Louis XI l'an 1465, étoient logés aux environs de Charenton, et il fut tenu à Bercy ou à la Grange aux Merciers,

Cont. Nangii ad an. 1358.

Sauval, T. I. p. 117, et T. I, p. 147.

Inform. de dom Henry. Mémoir. de la Chambre des Comptes. Regist. du Reg. de l'Hôtel en 1446.

---

[1] Dans le Rôle imprimé des Décimes, on dit encore : *Les Peres de la Doctrine Chrétienne de la Grange à Bercy*, et non pas *de la Grange aux Merciers*.

diverses assemblées de ces Princes qui furent inutiles, aussi bien que le Traité. Le Roi alla pour cela en personne à la Grange aux Merciers, le 22 Octobre. La Chronique qui marque cette circonstance, fait mention à la même année d'un Bourguignon qui fut pendu à Charenton à la Justice, près le Pont, par ordre du Comte de Charollois ; et à l'an 1467 elle parle d'un capitaine ou Prevôt d'Auxerre nommé Sevestre le Moine, lequel après avoir été longtems dans les prisons de la rue Tiron à Paris, fut noyé dans la Seine proche la Grange aux Merciers, par ordre de Louis XI. En 1501 cette Terre appartenoit à M. de Taillebourg. En 1515, le 28 Avril, il y eut Sentence du Châtelet qui condamna Antoine de Luxembourg, Chevalier, Comte de Brienne, et Dame.... de Coetivy, sa femme, auparavant femme de Jacques d'Estouteville, Chambellan du Roi, de payer aux religieux de Saint Martin des Champs la somme de quatre livres quatorze sols qu'ils ont droit de prendre en qualité de Seigneurs Hauts-Justiciers, bas et moyens de l'Hôtel de la Grange aux Merciers, terres, prés et appartenances assises en la Paroisse de Conflans entre Paris et le Pont de Charenton. En 1526 Charles de Luxembourg, Comte de Brienne, vendit cet Hôtel à Guillaume Dodieu, Conseiller au Parlement. En 1529, le 29 Novembre, la moitié de la Terre de la Grange fut échangée par Christophe d'Aligre pour ses mineurs, héritiers de Dame Gilette de Coetivy, à Jean Hennequin, Conseiller au Parlement, pour la Terre d'Actainville en Dunois. En 1530, le 13 Mai, Charles de Luxembourg en échangea l'autre moitié avec le même Jean Hennequin pour la Terre de Lomoye proche Mantes. En 1550 François de Grouches en étoit détenteur avec Georges de Montenay, sa femme. Tout ceci est tiré des Mémoires de feu M. Lancelot qui avoit vu les titres.

Autrefois, au-dessus de la Grange aux Merciers, il y avoit eu une Maison appellée La Folie Cornu, dont Girard Baudard, Procureur au Parlement, accorda en 1506 la jouissance à Simon le Hongre, Laboureur, moyennant une redevance. Les Cornu étoient au XIII siécle une famille distinguée qui fournit alors plusieurs Archevêques à l'Eglise de Sens. On entendoit par *Folie* une maison de divertissemens.

Le pavillon qu'on trouve avant que d'entrer dans le Bourg de Charenton par le haut, appartient à M. l'Advocat, Maître des Comptes ; et auparavant il étoit à M. Poupardin, son beau-pere, qui l'avoit acheté de M. Lope de Bourdeaux. La vue de ce lieu domine sur tous les environs. La Duchesse de Sforce y faisoit sa demeure en 1691.

François de Harlay, Archevêque de Paris, souhaitant avoir une maison de plaisance dans le voisinage de cette Capitale, en acheta l'an 1672, de M. le Duc de Richelieu, une en roture à Conflans, accompagnée d'une isle sur la riviere et la fit rebâtir à neuf, puis la legua à ses successeurs. C'étoit celle qui avoit appartenu en 1568 à André Guillard, Sieur de l'Isle, faisant apparemment partie de ce que Claude de Dodieu, Evêque de Rennes, avoit eu douze ans auparavant du Roi Henri II (ci-dessus page 366). La même année 1568, elle avoit passé à Nicolas le Gendre, Seigneur de Villeroy. Elle est aussi la même que Nicolas de Neuville, aussi Seigneur de Villeroy, avoit acquise en 1605, de M. Charles de Maslon, Seigneur de Bercy, lequel de Neuville la vendit en 1619 à Nicolas de Verdun, premier Président du Parlement; puis en 1634 elle fut adjugée par Décret à M. Le Jay, premier Président; après lequel étant passée à Henri de Baufremont, Marquis de Senecey, Catherine de la Rochefoucaud la vendit en 1655 à Armand-Jean du Plessis, Duc de Richelieu, dont je viens de parler. M. de Harlay, acquereur, y mourut d'apoplexie le 6 Août 1695. La situation de cette maison est sur la pente du côteau qui donne une vue charmante sur la riviere et sur une vaste plaine. M. Piganiol est celui qui a fait la plus belle et la plus exacte description du jardin, composé de trois terrasses l'une sur l'autre, sans oublier la pompe qui est à côté de la riviere pour donner de l'eau à cette maison. Mais il est moins exact lorsqu'il veut insinuer que c'est cette maison seule qui porte le nom de Conflans, et que le Village n'a pas le même nom. On a vu ci-dessus que le Village et l'Eglise de Conflans étoient connus dès le XI siécle. Ainsi la Maison de l'Archevêque de Paris a tiré son nom de la Paroisse, loin de lui avoir donné le sien.

Mais en fait de maisons situées sur la Paroisse de Conflans, celle qui est incontestablement la plus belle, outre qu'elle est Seigneurie, est le Château de Bercy, bâti sous la conduite de François Mansart. Les vues en sont très-étendues, et les dedans ornés de peintures singulieres, qui représentent l'audience que le Grand-Visir donna au Marquis de Nointel, Ambassadeur de France, son entrée dans la Ville de Jerusalem, et plusieurs cérémonies qui se font au Saint Sépulcre. Les jardins ont été fort embellis de statues, etc., depuis l'an 1706, et surtout de la longue terrasse qui regne le long de la riviere.

Depuis le décès d'Anne-Louis-Jules Malon, Maître des Requêtes, arrivé le 5 Octobre 1706, les mêmes Seigneuries qu'il avoit, sçavoir: de Bercy, Conflans, Pont de Charenton, Càrrieres et la Grange aux Merciers, ont appartenu à son fils aîné Charles-Henry, Maître des Requêtes, Intendant des Finances, mort le 19 Janvier 1742, et ensuite à Charles-Nicolas Malon, Maître des Requêtes, Président au Grand-Conseil, qui en jouit aujourd'hui.

Regist. du Parl. 21 Juin 1673.

Nouv. Descr. des env. de Paris, T. VIII, p. 170.

Mercure, Fevrier 1742, p. 399.

Outre les événemens arrivés à Conflans et aux environs, que j'ai inserés ci-dessus à l'occasion de ce que j'avois à prouver, en voici d'autres sur lesquels je suis obligé d'insister un peu plus.

Ce fut, par exemple, au Bourg de Charenton, territoire de Carrieres et Conflans, que Charles V, Régent de France, campa le 30 Juin 1358, avec trente mille chevaux, pendant que Paris ne le reconnoissoit pas, mais le Roi de Navarre. *Et estoit le corps dudit Régent logé en l'Hostel du Sejour ès Carrieres. Et de-là il vint au pavillon qui fut fait vers le moulin à vent, pour parlementer avec le Roi de Navarre le 8 Juillet.* Des Ursins en son Histoire de Charles VI (page 120), parlant de Charenton, dit qu'en 1405 *le tonnerre y abbatit huit cheminées, rencontra un compagnon auquel il osta le chaperon et la manche dextre de sa robe, et passa sans lui mal faire : et par un trou entra en la Maison du Daufin et en une chambre rencontra un jeune homme, lequel il tua, lui consumant les chairs et les os et tout.*

On lit en l'Histoire du même Roi écrite par le Fèvre, qu'en l'an 1418 le Duc de Bretagne vint à Charenton pour faire la paix entre le Dauphin et le Duc de Bourgogne, à cause que la peste étoit à Paris ; mais que ce fut en vain, les deux Princes n'ayant pu s'accorder.

Selon un autre monument du temps, Henri V, Roi d'Angleterre, allant à Troyes en 1420, pour son mariage avec Catherine de France, s'arrêta en passant à Charenton, où la ville de Paris lui fit présenter quatre charetées de *moult* bon vin.

Le Pont de Charenton qui avoit été pris par les Anglois sous le regne de Charles VII, fut repris le 11 Janvier 1436, par les gens du Capitaine de Corbeil nommé Ferriere, et par les soins de Jean de Blaisy qui en chasserent la garnison Angloise.

En 1590, le 25 Avril, le Pont de Charenton fut attaqué par l'armée du Roi Henri IV et emporté ; et ceux qui firent résistance dans le Fort qui le défendoit, ayant été pris, furent pendus. Le même Roi fit construire un Pont vis-à-vis Conflans par où il envoyoit ses partis courir la campagne vers Gentilly, Issy, Vaugirard ; mais avant la fin de Septembre les armées ligueuses étoient redevenues maîtresses de ce Pont.

L'Histoire de France fait aussi mention à l'an 1649, d'une prise du Pont de Charenton par le Prince de Condé sur les Parisiens.

CHARENTON-SAINT MAURICE

Le lieu de Charenton en général se trouve nommé incidemment dans des monumens du VIII et IX siécle, et cela à l'occasion de son Pont appellé *Pons Carentonis*. Ce terme *Carento,* qui lui est commun avec quelques rivieres de France, et avec plusieurs autres lieux dont le nom commence par Carent, ou par Charent, vient du Celtique ou Gaulois, mais on en ignore la signification ; car ce seroit se tromper que de diviser en trois de cette sorte le mot *Char en ton* pour y trouver une espéce de sens ou de signification. Au bout septentrional du Pont de Charenton du côté de Paris, en tournant la rue qui est à droite, on entre presque à l'instant sur le territoire de la Paroisse de Charenton surnommé Saint Maurice, pour le distinguer du Bourg de Charenton qu'on laisse à main gauche, et qui reconnoît l'Eglise de Conflans pour sa Paroisse. Il y a une ruelle appellée la Ruelle Leguilliere qui fait la séparation des deux Paroisses, proche la Chapelle de Sainte Catherine, laquelle Chapelle est de la Paroisse de Charenton Saint Maurice, et pour cette raison j'en parlerai ci-après.

Vita Sancti Meder. Annal. Bertin.

Ce nom distinctif est fondé sur ce que Saint Maurice, ancien Martyr, est le Patron de l'Eglise Paroissiale. Cette Eglise est située presque à l'extrêmité du Village du côté de Saint Maur ; et l'on n'en approche que par des chemins assez solitaires, et dont l'allignement a été rompu par l'établissement de la Communauté du Val-d'Osne. Il s'en faut de beaucoup que ce Village soit peuplé comme le Bourg de Charenton. J'ai trouvé que quelquefois on l'appelloit *le Petit Charenton*. Mais en récompense il s'étend plus avant dans la campagne, puisque le hameau de S. Mandé en est. L'Eglise est petite, rebâtie à neuf assez peu solidement. On assure que ce fut aux dépens d'un Curé, mais avec d'autres secours, puisqu'il y eut un Mandement de l'Archevêque pour faire contribuer à ce rétablissement, en date du 8 Septembre 1696. Pierre Billard, Prêtre Missionnaire, auteur de quelques ouvrages, étant décédé en 1726 dans la maison de M. Billard de Loriere, Seigneur du lieu, fut inhumé dans le chœur de cette nouvelle Eglise.

Suppl. de Moreri.

Dès le XII siécle cette Eglise appartenoit au Chapitre de Saint Marcel de Paris. La Bulle du Pape Adrien IV qui confirme les biens de cette Collégiale en 1158, marque *Ecclesiam de Charentum.* Aussi le Pouillé du XIII siécle met-il la présentation de cette Eglise comme appartenante à Saint Marcel ; le Pelletier s'y est conformé dans le sien de 1692. Le Pouillé manuscrit du XVI siécle et les imprimés de 1626 et 1648, marquent à la nomination de l'Abbé de Saint Antoine de Paris, en quoi ils font de lourdes fautes, vu qu'il n'y a point d'Abbé de Saint Antoine, et que si c'est l'Abbesse qu'ils ont voulu dire, cette Dame n'a aucune nomination de Cure, pas même à l'alternative. La présentation à la Cure de Charenton a toujours appartenu au Chapitre de Saint Marcel, qui posséde même dans ce lieu un revenu appellé le gros de Charenton. J'ai lu dans un Registre épiscopal de 1501 au 27 Juillet : *Ecclesia Parochialis sancti Mauritii de parvo Charentone de præsentatione Capituli sancti Marcelli.*

<small>Regl. du 3o Déc. 1727.</small>

Le plus ancien titre de ma connoissance qui fasse mention de l'Eglise de Charenton, est un diplome non daté du Roi Henri I, où, entre autres biens que ce Prince fait au monastere de Saint Barthelemi et de Saint Magloire de Paris, est spécifiée la donation d'un vivier ou gord de poissons, situé proche l'Eglise du village de Charenton : *Unum ascensorium piscium juxta Ecclesiam Karentonæ villæ.* Henri regna depuis l'an 1031 jusqu'à l'an 1060. On trouve encore des lettres de l'Official de Paris à un Chanoine de la Chapelle du Roi, au sujet de la réparation de cette Eglise. Elles sont du mois de Décembre 1274. En troisiéme lieu, il se présente une quittance de trente sols parisis pour un demi-arpent de terre vendu au Roi Philippe le Hardi en 1275, au nom de l'Eglise de Saint Maurice de Charenton ; ce morceau faisoit apparemment partie du terrain que ce Prince acheta pour l'augmentation du Parc de Vincennes, avec ce que lui céderent les Chanoines de Saint Marcel.

<small>Hist. Eccl. Par. T. II, p. 75.</small>

<small>Placard de M. Prevost Avoc. à Paris.</small>

Il y a sur le bout du territoire de cette Paroisse vers le couchant et proche un orme, une ancienne Chapelle qu'on appelle de Sainte Catherine, et qui est plus connue sous le nom de Chapelle de l'Hôtel-Dieu de Charenton ; les provisions que Jacques, Evêque de Paris, en donna le 15 Juillet 1428, disent qu'elle avoit été bâtie et fondée par Robert Blanchet, et qu'elle tomboit déjà en ruine, quoiqu'il n'y eût pas cent ans qu'elle fût fondée, l'époque de cette fondation devant être seulement placée un peu avant l'an 1357. On trouve en effet qu'en cette année Guillaume Blanchet, Prêtre, et sans doute parent de Robert, en étoit le Maître et Proviseur, et qu'en cette qualité il donna à loyer au même Robert et à Jeanne, sa femme, une maison sise au Pont de Charenton, tenante à la maison du Heaume, celle apparemment qui avoit appartenu à l'Evêque de Terouanne selon d'autres titres. De plus, en 1366, Jean Lioust, Prêtre et aussi Proviseur, donna à bail de l'agrément d'Etienne, Evêque de Paris, au même Robert qualifié *Ostiarius*, Huissier du Roi, une place vacante qui tenoit à la maison de cet Officier d'une part, et d'autre à la ruelle conduisant au bois de Vincennes. On trouve enfin dans un

<small>Tab. Ep. Paris. in Spirit.</small>

compte de l'Hôtel-Dieu de Charenton de l'an 1409, que la Cha- *Arch. Ep. Par.*
pelle de Robert Blanchet lui devoit une rente de dix sols par an.
J'ai vu l'acte de représentation que l'Archidiacre de Paris fit
en 1679 à l'Archevêque de Paris, de celui qui étoit nommé à la
Chapelle de Charenton.

Il a paru en 1743 un imprimé à dessein de mettre le public au *Mémoire de*
fait de la Paroisse de Charenton-Saint Maurice. On y distingue *M. de Bercy.*
trois Seigneuries ou fiefs : d'abord celui qui a le nom de la Paroisse. Des deux autres, l'un s'appelle le fief de la Chaussée, et
l'autre le fief de la Riviere. Je ne puis décider duquel des deux *Cedul. Parlam.*
étoit Seigneur Thomas de Fleury, qui plaidoit en 1362 contre le *1362.*
Seigneur de la Queue en Brie. Le fief de Charenton-Saint Maurice
est mouvant de l'Abbaye de Saint Denis. C'est le même que le
fief de Pierre Feron, que Charles VI donna dans le mois de
Mai 1422 à Philippe de Morvilliers, premier Président, comme
confisqué sur ce même Pierre Feron et sa femme, en ces termes :
Justices, maisons, revenus et possessions qui souloient leur appar-
tenir assis et situées à Charenton. C'est apparemment ce fief dont *Merc. Juin 1743,*
fait mention un ancien Registre de l'Abbaye de Saint Denis, dans *1 vol. p. 1091,*
lequel on lit : *Carentonium obvenit Domino Regi per eschoetam.* *rectifié par celui*
Debebat dicto Domino servitium trium equitum in banno. Après *d'Août suiv.*
Jeanne Gentienne qui jouissoit en partie de la terre de Charen- *Du Breul,*
ton en 1430, les possesseurs connus de ce fief sont Philippe de *p. 635.*
Morvilliers, mort en 1438 et inhumé à Saint Martin des Champs, *Tab. Ep. Paris.*
Pierre de Morvilliers, son fils. Je l'ai trouvé qualifié Conseiller *in Moissy.*
au Parlement, Seigneur de Charenton, Trembleceau et Cramayel,
dans un acte de 1459. Il fut Chancelier de France pendant trois
ou quatre ans, et mourut en 1476. Anne de Morvilliers, sa fille,
porta cette Seigneurie à Philippe l'Huillier. Valentine l'Huillier,
procédée de ce mariage, épousa Bertrand l'Orfévre. Elle étoit
veuve le 7 Août 1532, lorsqu'elle en fit aveu à l'Abbaye de Saint
Denis. Elle est qualifiée en 1544 veuve d'un Seigneur d'Arme- *Acte de fond. à*
nonville, Dame de Cramayel, Saint Port et Charenton-Saint Mau- *Cramayel.*
rice. Jeanne l'Orfévre, fille de Bertrand et de Valentine l'Huillier,
porta cette terre à Charles de l'Hôpital qui donna son aveu à
Saint Denis le 20 Janvier 1546. Christophe de Thou possédoit
cette Seigneurie en 1580. Anne de Thou, sa fille, la porta à Phi- *Procès-verbal de*
lippe Huraut, Comte de Chiverny et Chancelier de France, qui *la Coutume.*
la vendit en 1597, deux ans avant sa mort, à Jean le Bossu, Secrétaire du Roi, sous le nom de fief de Charenton-Saint Maurice, et
qui est qualifié de même à l'endroit de sa sépulture dans l'Eglise
de la Charité de Paris. En 1657, Jacques et François le Bossu,
freres, rendirent hommage à l'Abbaye de Saint Denis les 8 Mai
et 29 Août. De la famille des le Bossu, ce fief a passé à Messieurs

de Loriere, parce que Gui Michel Billard de Loriere, Conseiller au Grand-Conseil, épousa Henriette de Saint Simon, fille d'une Dame le Bossu.

La même famille des le Bossu a possédé aussi très-long-temps les fiefs de la Riviere et de la Chaussée. Le premier est très-connu par les choses que j'en rapporterai ci-après.

A l'égard du fief de la Chaussée qui commence au sortir du pont, à la ruelle l'Eguillier d'un côté, et de l'autre côté à la ruelle de l'Abreuvoir et s'étend jusqu'au Val d'Osne, duquel je vais parler, il releve de la Queue en Brie. Le Seigneur de la Queue y a la haute-justice, selon le contrat de la vente qu'en fit Guillaume de Besançon au Président de Thou le 8 Octobre 1556. Jean le Bossu qui depuis posseda ce fief, rendit foi et hommage à ce Seigneur le 19 Février 1600; Simon le Bossu, son fils, pareillement le 26 Février 1626. Les actes portent qu'il y a moyenne et basse-Justice, et qu'un moulin sur la Marne y est compris. Le Marquis de Lameth, Baron de la Queue, fit saisir le tout féodalement faute d'aveu, vers l'an 1665. M. le Duc de Charost, Baron du même lieu de la Queue, à cause de Dame de Lameth, son épouse, eut acte en 1703 des Dames de Saint Cyr qui jouissent du revenu Abbatial de Saint Denis, comme elles ne lui disputoient pas la mouvance du fief de la Chaussée pour la moyenne et basse-Justice, et que le Baron de la Queue a tout droit de haute-Justice.

Charenton devint célèbre parmi les Protestans de Paris au commencement du dernier siècle, parce que ce fut l'endroit où le Roi leur permit, le 1er Août 1606, de s'assembler pour les actes de Religion, au lieu qu'auparavant ils alloient à Ablon qui est plus éloigné d'environ deux lieues. Ils y acheterent d'abord la maison de Guillaume de l'Aubespine, Seigneur de Château-neuf, Conseiller d'Etat, du prix de sept mille livres; et on assure qu'ils y tinrent leur premiere Assemblée au nombre de trois mille dès le Dimanche 27 du même mois. M. Jean le Bossu, Secrétaire du Roi, qui alla au Bureau de la Ville pour s'opposer en qualité de Seigneur haut-Justicier à cet établissement, ne put obtenir qu'acte de son opposition, et les acquereurs lui firent rendre foi et hommage. Par la suite, nonobstant les oppositions des le Bossu, Seigneurs, et celles du Sieur François Veron, Curé de Charenton, les Protestans y firent bâtir, sur les desseins du Sieur Jacques de Brosse, Architecte, le Temple où il y avoit deux rangs de galeries à appui, une petite lanterne sans cloche surmontée par un globe. L'édifice étoit un quarré oblong percé de trois portes, éclairé par quatre-vingt-une croisées en trois étages. Il avoit de longueur 104 pieds dans œuvre et 66 pieds de largeur; les murs étoient épais de trois pieds et demi. Dans le clocher fut mise par la suite une cloche de deux mille ou environ, donnée par M. Gillot en 1624. A gauche étoit le cimetiere des gens de qualité. Néanmoins il y avoit des exceptions, s'il est vrai que ce fut dans le Temple même que le Maréchal de Gassion, tué à Lens, fut enterré eu 1647. Ce Temple pouvoit contenir quatorze mille personnes dans les endroits seulement garnis de menuiseries. On apprend par les Registres du Parlement, au 15 Septembre 1606, que cet établissement n'étoit point vérifié ; que pour cette raison le Lieutenant Criminel qui avoit reçu ordre de se trouver sur les avenues de ce lieu lorsque les Religionaires en revenoient, avoit craint aussi-bien que le Chevalier du Guet, de leur prêter main forte, si on les insultoit, sans en avoir parlé à la Cour. Mais il n'y eut point d'émeute que fort long-temps après, sçavoir au mois de Septembre 1621. Les Protestans tinrent en ce Temple de Charenton leurs Synodes Nationaux de 1623, 1631 et 1644 [1]. Sur la fin du mois d'Août 1671, quelques Catholiques voulurent la nuit mettre le feu à ce Temple, et y firent d'autres insultes. Les Religionaires en porterent leurs plaintes au Parlement le 1 Septembre par la bouche du Lieutenant de Police. Il y eut ordre d'informer. Mais l'Edit de Nantes ayant été révoqué en 1685, on commença à abbattre ce Temple le Mardi 23 Octobre 1686, et en cinq jours tout fut détruit, et les matériaux appliqués au profit de l'Hôpital Général de Paris.

Reg. du Parlem. T. L.

 La place où avoit été ce Temple resta inhabitée pendant près de quinze ans. D'abord le terrain en fut donné aux nouvelles Catholiques de la rue Sainte Anne, à Paris, qui en firent leur maison de campagne. Ensuite, la pensée vint à quelques personnes d'établir sur ces ruines un Couvent où l'on pratiqueroit l'adoration perpétuelle du Saint Sacrement, en expiation de ce qui avoit été prêché en ce lieu pendant tant d'années contre la foi de la présence réelle du Corps de Notre Seigneur dans l'Eucharistie. M. le Cardinal de Noailles, Archevêque de Paris, ne trouvant point de Religieuses dans son Diocèse qui voulussent y venir demeurer, se souvint qu'étant Evêque de Chaalons il avoit remarqué une Communauté de Bénédictines, membre de Molême, exposée à de fréquents pillages. De concert avec son frere, Evêque de Chaalons, il jetta les yeux sur cette Communauté pour la faire venir à Charenton. Il y eut des Lettres-Patentes expédiées en 1701 (Registrées en Parlement le 17 Juin) pour transferer ces Religieuses du lieu dit le Val-d'Osne situé à deux lieues de Joinville vers le nord, entre les villages d'Osne et d'Aubigny, avec

Mémoire de Mme du Voyer, T. II, p. 62.

---

1. Il y avoit eu un Coche par eau établi pour aller de Paris à Charenton. C'est ce que suppose le rétablissement qui fut permis à Jacques Deschamps d'en faire en Janvier 1657, par Lettres enregistrées le 1er Avril 1658.

permission à elles d'y acquérir des places pour s'y établir, comme aussi celle d'y recevoir des filles nouvellement Catholiques, et d'employer pour cela tant la portion dont le Roi leur avoit fait don [1], que celle qu'il avoit donnée à l'Hôpital de Paris. Dès le mois d'Octobre 1700, une Dame de piété donna à cet effet 6000 livres par les mains du P. de la Motte, Barnabite. M. le Cardinal de Noailles mit le 13 Août 1701, la premiere pierre à la nouvelle Eglise que le Roi bâtissoit, et avant deux ans révolus il en fit la bénédiction le Mardi de la Pentecôte, 29 Mai 1703. On y entre par beaucoup de degrés. Mme de Chauvire fut la Prieure qui y vint du Val-d'Osne avec une partie de sa Communauté. Ce Prieuré avoit été fondé sous l'invocation de la Sainte Vierge au XII siécle, par Godefroy, Seigneur de Joinville; et comme il dépendoit de Molême, où S. Robert, Abbé, a été honoré depuis le XIII siécle, ce même Saint a continué d'être regardé au Val-d'Osne de Charenton comme second Patron. Quoiqu'il n'y ait pas exposition perpétuelle du Saint Sacrement à découvert en cette Eglise, mais seulement les Jeudis et dans quelques grandes Fêtes, cependant, il y a toujours une Religieuse en adoration devant l'autel où le Corps de JESUS-CHRIST est conservé dans le ciboire. On assure que le 11 Novembre de chaque année on y expose un morceau d'un bras de S. Martin, ce qui seroit une relique bien précieuse, si elle étoit véritablement du grand Evêque de Tours.

Reg. Ep. Febr. 1701.

Alman. spirituel 29 Avril.

L'établissement des Freres de la Charité à Charenton-Saint Maurice, ne m'est point si connu que celui des Dames du Val-d'Osne : cependant j'en suis assez instruit, pour ne me pas fier à l'époque que lui donne M. de Loriere, Seigneur de Charenton, dans un Mémoire imprimé l'an 1725. Il y avance que ce ne fut qu'environ l'an 1660 que deux de ces Religieux s'établirent en ce lieu, dans un fond du prix de quatre mille livres, sur le fief dit de la Riviere. Je ne conteste point la valeur, le nom ni la situation du terrain où ils s'établirent. Ce qui est certain est qu'avant l'an 1644, Sebastien Le Blanc, sieur de Saint Jean, Contrôleur des guerres, donna aux Religieux de cet Ordre une maison toute meublée et un clos de vigne en ce lieu, de la contenance de dix arpens avec quatre cens livres pour avoir d'autres meubles, le tout pour y former un Hôpital de douze lits et sept Religieux, suivant l'acte de fondation du 10 Septembre 1642. Le Recueil imprimé en 1723 sur les maisons de cet Ordre, l'appelle Jean Le Blanc. Il est encore certain qu'outre cela il leur donna une maison sise à Paris, rue des Noyers. Ayant donc demandé à l'Archevêque

Reg. Arch. Par.

---

1. Les Filles nouvelles Catholiques avoient des héritages à Charenton qui furent amortis en 1686. *Sauval.*, *T. I*, pag. 695.

permission de s'y établir, de pouvoir quêter aux environs, et faire bénir une Chapelle, cela leur fut accordé le 13 Février de la même année. L'Eglise ayant été bâtie en moins d'un an et bénite sous le titre de Notre-Dame de la Paix, l'Archevêque permit le 5 Janvier 1645, d'y exposer l'os d'un bras des compagnons de Saint Maurice. Cette relique venoit de Robert Myron, Ambassadeur chez les Suisses, Maître des Comptes, qui l'avoit obtenue d'Alexandre Soupi, Evêque de Plaisance, Nonce du Pape en Suisse, lequel Robert Myron la donna à son tour à un Religieux de la Charité qui l'avoit soigné dans une maladie. L'établissement de ces Freres, ou plutôt de leur Hôpital à Charenton pour retirer les malades, fut aussi confirmé à la Chambre des Comptes avec l'acquit des amortissemens, la même année 1645. Par la suite du temps, cet Hôpital fut aussi destiné à servir aux malades d'esprit qui avoient besoin d'être renfermés. On leur construisit une Chapelle séparée qui fut bénite par le sieur Louiset, Curé de Vincennes, en vertu de commission du 9 Octobre 1701. Vingt-quatre ans après, ces Religieux étoient en procès avec M. de Loriere, Seigneur de Charenton-Saint Maurice, au sujet du bras de la Marne et du chemin public. Toute leur maison est en très-bel air, et jouit d'une vue charmante, surtout par le haut. *Reg. Arch. Par.*   *Ibid.*   *Factum.*

J'ai hésité sur l'endroit de Charenton où je placerois ce que j'ai remarqué touchant une Chapelle de Saint Jean qui y subsistoit il y a plus de deux cens ans, et qui dès lors avoit besoin d'être refaite à neuf. Il est dit qu'elle étoit située dans l'enclos de la principale maison de Charenton, *in clausura domus principalis de Charentonio;* que Claire le Gendre, veuve d'Olivier Alligret, Conseiller et Avocat du Roi au Parlement de Paris, obtint du Cardinal d'Albi, Légat en France, des Indulgences adressées au Chapelain de cette Chapelle pour tous ceux qui contribueroient à sa réparation : et l'Evêque de Paris permit le 10 Avril 1532 la publication de ces Indulgences. Il ne paroît pas qu'il faille chercher cette Chapelle de Saint Jean dans le bourg du pont de Charenton. Pour lui trouver donc une place autant qu'on le peut faire par conjecture, je croirois qu'elle auroit existé sur le terrain qui appartenoit cent ans après au sieur Sebastien Le Blanc, et que peut-être c'étoit de-là que lui étoit venue par ses devanciers la qualité de sieur de Saint Jean, parce que le territoire qu'il possedoit à Charenton avoit pris le nom de la Chapelle ; et que cette Chapelle n'ayant pas été solidement réparée sous le regne de François I, elle seroit tombée de caducité, et auroit achevé de disparoître entierement dans le temps des troubles de la Religion, de maniere qu'on n'en voyoit rien en 1644, et qu'il n'en restoit que le nom qui étoit porté par le possesseur du terrain. *Reg. Ep. Paris. 1532.*

Il parut en 1733 un Mémoire imprimé composé au nom du Seigneur de cette Paroisse, du Curé, des Habitants et des Religieux de la Charité, pour prouver qu'on ne devoit pas enlever le pavé du chemin qui communique de Charenton au pont de Saint Maur, attendu que ce chemin faisoit la communication de la Bourgogne et de la Champagne avec la Brie.

Dans un tableau de la Chapelle du Collége de Navarre, qui contient les legs du Cardinal d'Ailly, il est parlé du produit du moulin de Charenton situé sur la Marne, à environ deux milles de Paris. M. de Launoy n'a pas dédaigné d'insérer ce fait dans l'Histoire qu'il a écrite de ce Collége. Ce moulin a appartenu depuis à La Thorilliere, fameux Comédien françois, avec une maison et un jardin assez grand qui étoit planté sur le coteau.

<small>Hist. Dom. Nav. p. 134.</small>

Je ne fais point d'article particulier de François Veron, Curé de Charenton, dont j'ai déja dit un mot, et qui est mort en 1649. Il est très-connu par ses controverses et ses Ecrits contre les Calvinistes, qui sont imprimés et forment deux volumes *in-folio*. Cet habile Controversiste étoit de Paris et avoit été Jésuite.

L'Auteur de la vie de Charles Du Moulin, fait observer (page 2) que ce célèbre Jurisconsulte avait une maison et des vignes à Charenton.

Le dénombrement de l'élection de Paris a marqué 166 feux à Charenton-Saint Maurice. Il faut y comprendre le hameau de S. Mandé, qui fait partie de cette Paroisse, et dont je vais parler.

SAINT-MANDÉ. Il y a apparence que ce nom fut donné à ce lieu depuis que les Religieux Bretons du IX siécle ou du suivant y apporterent des reliques de S. Mandet ou Maudet, Solitaire de Bretagne, mort au VII siécle, le 18 Novembre, et qu'ils y bâtirent par la suite une Chapelle sous l'invocation de ce Saint; ce qui occasionna un concours à ses reliques, et fit construire un Prieuré qui fut membre de l'Abbaye de Saint Magloire. L'Eglise étoit très-petite dans le dernier siécle, et en la rebâtissant au commencement du siécle présent, on l'a très-peu aggrandie.

Au reste, il est certain que ce Prieuré subsistoit avant le XIII siécle; mais le Prieur n'étoit pas Seigneur du lieu. Celui qui possédoit ce Prieuré en 1275, et qui étoit Bénédictin comme ceux de Saint Magloire, reçut douze livres du Roi Philippe-le-Hardi, pour le dédommager de ce que l'on avoit pris dans son terrain en aggrandissant le Parc de Vincennes. Jean Vie, Prieur de Saint Mandé, est mentionné comme présent à Paris en 1315, à la translation du corps de Saint Magloire. Sous le regne de Louis XI, le Curé de Charenton, autorisé par le Chapitre de Saint Maur, disputa aux Religieux de Saint Magloire le droit des offrandes de la Chapelle de Saint Mandé. L'affaire fut appointée, et l'on

<small>Mem. de la Chambre des Comptes. Chastel.
Martyrol. Univ. p. 813.
Tab. S. Maglor.</small>

ignore quelle fut la décision. Ce Prieuré dont il y a des collations faites par l'Evêque de Paris, à des Moines et autres, en 1530, 27 Novembre, 1ᵉʳ Décembre 1596, a été réuni à l'Archevêché de Paris sous M. de Perefixe, vers l'an 1665. Il est certain qu'il n'a jamais été à la nomination de l'Abbé de Chaumes, comme le dit le Pelletier en son Pouillé, le confondant avec la Cure de Mandres en Brie. *Reg. Ep. Par.*

Le plus ancien des Seigneurs de S. Mandé que nous connoissions, est mémorable par ses libéralités envers l'Abbaye de Saint Antoine des Champs. Nous ignorons son nom ; mais nous sçavons que ce fut lui qui fournit la dépense pour bâtir l'Eglise de cette Abbaye, vers l'an 1220 et 1230, et qu'il lui donna pour la doter trente arpens de terre en sa censive. Un nommé Jean Hesselin paroît en avoir été Seigneur en 1391, puisqu'il empêchoit alors de vendre sans sa permission, des chandelles aux pelerins de Saint Mandé, suivant en cela l'exemple de Richard, Abbé de S. Maur, à l'égard des pelerins de Saint Maur. Il étoit apparemment petit-fils d'un autre Jean Esselin, Bourgeois, qui vendit en 1376 vingt-quatre arpens de terre à Saint Mandé avec des cens et des rentes, au Roi Philippe le Hardi pour l'augmentation du Parc de Vincennes. Vers l'an 1330 cette Seigneurie étoit possedée par Emery d'Orgemont. En ces derniers temps elle a appartenu à M. de Flamarens, qui l'avoit par sa mere qui étoit une Le Camus, et il l'a vendue à M. de Berulle, Maître des Requêtes. *Gall. Chr.*
T. VII, col. 900.

Regist. du Parl.
7 Déc. 1391.

Mém. de
la Chambre des
Comptes.
Cod. Reg. 6765.

Ce hameau n'étoit pas au XIII siécle bâti comme on le voit aujourd'hui en une seule rue, qui est collaterale à la clôture du Parc de Vincennes. Les maisons étoient éparses de côté et d'autre, et elles s'étendoient dans ce que ce Parc renferme aujourd'hui. Mais les acquisitions que fit le Roi Philippe le Hardi, rétrecirent beaucoup le territoire de Saint Mandé, en même temps qu'elles servoient à l'aggrandissement du Parc. Le Maître ou Proviseur de la Maison-Dieu du pont de Charenton, vendit en 1274 à ce Prince quatre arpens de terre en la garenne de Saint Mandé, le tout pour dix livres parisis. La même année, Gui de la Forêt, Ecuyer, lui vendit pour le prix de soixante-trois livres six sols, soixante-huit arpens de terre qui se trouvoient renfermés nouvellement dans le Parc. Il y eut plusieurs autres ventes ainsi faites cette année et les suivantes sur la terre de Saint Mandé. Aussi la proximité où ce hameau se trouva être du Parc de Vincennes, fut-elle cause que le Roi Charles V, cent ans après, ordonna que les habitans jouiroient des mêmes priviléges que ceux de Vincennes. En cette charte latine, ce lieu est appelé *Villa sancti Mandeti*. Nos Rois avoient proche le Prieuré de Saint Mandé une maison dite l'Hôtel du Roi. *Cod. Cam.*
Comp. in sched.
Lancelot.

Ord. des Rois,
T. VI, p. 246,
ad an. 1376.

Les Religieux de Saint Magloire proposerent à François I en 1537, *Tab. S. Magl.*

de lui céder huit arpens de ce Prieuré sis à Charenton, en échange de cet Hôtel. Les Lettres du Roi pour l'information, sont datées de Chatillon-sur-Loing, le 13 Septembre.

Mais quoique la plus grande partie du hameau de Saint Mandé fût de la Paroisse de Charenton, il y avoit en 1627 une maison que l'on disoit être de la Paroisse de Saint Paul, s'il en faut croire l'exposé que fit le 13 Juin, à l'Archevêque de Paris, Achilles de Harlay, Marquis de Breves et Odette de Vaudetar, sa femme, pour obtenir la permission d'y faire célébrer.

<small>Reg. Arch. Par.</small>

Il arriva en 1629, sur le territoire de Saint Mandé, une espece de Miracle. Deux voleurs avoient emporté de S. Maur, au mois de Juin 1628, le chef d'argent qui renfermoit la tête de ce Saint, et, ayant rompu ce reliquaire dans un bled proche Saint Mandé, ils avoient enfoui la relique dans la terre. Sur les recherches que l'on fit de ce reliquaire, quelques vignerons travaillant entre Saint Mandé et Picquepusse, s'étoient apperçus des démarches extraordinaires de ces deux hommes ; mais cela en resta là, jusqu'à ce que les nommés François Charon et Nicolas Duchemin, labourant en une terre de ces quartiers-là, le soc de la charrue poussa ce chef sur le labourage ; il étoit enveloppé de taffetas rouge, et dans le crâne étoient trois roulleaux de parchemin qui désignoient que c'étoit le chef de Saint Maur, avec mention des translations. Le clergé de Saint Maur et les Officiers laïques étant appellés au lieu de la découverte dit la Croix-fossés, il en fut dressé procès-verbal le Samedi cinquième jour de Mai 1629, par Guillaume le Maître, Maire et Garde de la Justice, Terre et Seigneurie de S. Mandé [1], pour Jerôme de l'Arche, Conseiller du Roi, Seigneur de ce lieu. Le chef fut restitué aux Chanoines et reporté à leur trésor.

<small>Vie de saint Maur par le P. Ignace Carme Déchaux 1640 in-8°, p. 461 et suiv.</small>

Saüval s'étend sur les Momies d'Egypte qui étoient conservées il y a environ cent ans à Saint Mandé dans la maison qu'y avoit autrefois M. Fouquet, Surintendant des Finances. Guy Patin parle aussi de cette maison dans ses Lettres à l'occasion du scellé que le Lieutenant Civil y mit en 1660.

<small>Antiq. de Paris, T. II, p. 334.</small>

<small>Patin, Lettre 268, 19 Sept. 1663.</small>

Il y a eu dans le siécle dernier divers établissemens de Communautés à Saint Mandé, dont quelques-uns n'ont point réussi, et d'autres n'ont réussi que pour un temps. Les Annonciades de Melun avoient tenté inutilement de s'établir à Corbeil, faute de place. Elles en trouverent à Saint Mandé : elles y acheterent un grand corps de logis où Jean-François de Gondi, Archevêque de Paris, leur permit, le 23 Octobre 1632, de s'établir ; mais comme il y eut des oppositions au don de plusieurs arpens de terre que

<small>Reg. Arch. Par. Sauval, T. III, p. 182.</small>

---

1. Les titres que prend cet Officier doivent faire douter de ce qu'a écrit Sauval, T. II. p. 429, qu'il n'y a point de Justice au fief de Saint Mandé.

le Roi leur avoit fait, elles requirent l'Archevêque de permettre qu'elles s'établissent à Popincourt, fauxbourg de Saint Antoine. Le 1er Février 1676, les Religieuses de la Saussaye proche Villejui obtinrent de M. de Harlay, Archevêque de Paris, de se transferer à Saint Mandé comme dans un lieu plus commode et plus sûr, à condition qu'elles seroient soumises à la jurisdiction Episcopale. Elles eurent même là-dessus des Lettres-Patentes qui furent inscrites dans les Registres de l'Archevêché le 4 Septembre 1689, et néanmoins il paroît qu'au bout d'onze ans elles étoient retournées dans leur ancienne Maison, car on trouve qu'en 1700 leur Maison de Saint Mandé étoit occupée par la Duchesse Douairiere de Montbazon, et que l'Archevêque permit de faire célébrer dans la Chapelle, les Religieuses étant retirées. Pour ce qui est des Hospitalieres de Gentilly, elles obtinrent en 1705 la permission de s'établir à Saint Mandé, à la charge de laisser à l'Hôtel-Dieu de Paris leurs héritages et maison de Gentilly, où l'air est beaucoup moins sain. Les Lettres-Patentes furent enregistrées en Parlement le 29 Janvier 1705. M. Titon acheta pour ces Religieuses la maison qui avoit appartenu à M. Fouquet, et elles y demeurerent encore. M. Titon fit bâtir auprès de ce Couvent une maison qui appartient encore à M. de Villegenou, son fils. *Reg. Arch. Par.* *Ibid.* *1 Aug., 605.*

Un autre écart de Charenton est, selon un acte de 1543, l'Hôtel des Piliers, ainsi dit parce qu'il étoit proche les Piliers de la Justice de S. Maur. Il y eut alors une Enquête à la poursuite du Cardinal du Bellay, qui vouloit avoir cet Hôtel alors appartenant au Sieur de Riveron, Auditeur des Comptes, par échange pour une Ferme du Prieuré de Saint Eloi sise à Messé en Beauce. *Tab. Ep. Paris.*

A l'extrémité de la Paroisse de Charenton-Saint Maurice et tout proche le bourg de Saint Maur, se voit dans le vallon une Chapelle dite Notre-Dame de Presles, c'est-à-dire de la prairie *de Pratellis*. Ce que j'en ai vu de plus ancien, est qu'en 1459 il y avoit une Confrérie, et qu'au Synode d'Octobre, il fut permis à un Prêtre de la desservir Dimanches et Fêtes, en même temps que l'Eglise de la Varenne. Je n'en connois point l'origine. Divers Ermites y ont fait leur demeure. C'est par la permission accordée le 4 Septembre 1696 à Louis Lucas, d'y demeurer en qualité d'Ermite, que j'ai appris qu'elle étoit sur la Paroisse de Charenton. *Ibid.* *Reg. Arch. Par.*

Au XIII siécle, le Prêtre de Croissy avoit à raison de son titre de Chapellenie, le droit de prendre deux muids de bled dans les moulins de Charenton appartenant au Comte de Grandpré. Comme ces moulins furent détruits vers l'an 1278, ce Prêtre obtint en 1279 un ordre du Parlement au Prevôt de Paris de lui payer ces deux muids par an, ou la somme de dix livres. Je ne vois point auquel des deux Croissy du Diocése de Paris on peut rapporter ce fait. *Reg. Parl. olim Pentecost. 1279.*

FONTENAY SUR LE BOIS

Le surnom qu'on a donné à ce village, pour le distinguer des autres Fontenay du Diocése de Paris, est fondé sur ce qu'il est voisin du Bois de Vincennes. Ce n'est pas d'aujourd'hui qu'il y a de la liaison entre l'un et l'autre, puisque même une grande partie de ce Bois est planté sur le territoire de Fontenay, lequel s'étend jusqu'à Saint Maur, et que dans des titres de neuf cens ans une portion considérable de ce Bois est dite être *de villa Fontanedus*. A l'égard du nom Fontenay, il n'a pas besoin d'explication ; son étymologie est très-claire ; on convient généralement que tous les Fontenay sont ainsi dénommés, à raison de quelques fontaines.

<small>Reg. Ep. Paris. 16 Oct.</small>

Ce lieu est situé à deux lieues ou environ de Paris, sur la pente d'un coteau qui regarde le midi et le couchant. Il y a beaucoup de vignes. On y comptoit, en 1696, lorsqu'il fut question d'y établir un Vicaire, 208 feux, 650 communians et 300 enfans. Le nombre des habitans étoit de 254 feux en 1709, lors du dénombrement des Elections, et en 1726 il y avoit 964 habitans tout compris. Le dernier dénombrement n'y compte que 214 feux.

Le bâtiment de l'Eglise n'a gueres que deux cens ans ou environ, étant de structure erricastique, ainsi qu'appelloit M. Chastelain tous les édifices d'Eglises construits vers le temps de François I et d'Henri II, c'est-à-dire des édifices d'où le gothique étoit banni, et dans lesquels on rassembloit un mélange d'architecture Romaine et autres. La tour cependant qui la soutient vers le midi, n'est pas de ce genre de structure : elle paroît par le bas du dedans être du XII ou XIII siécle. Cette Eglise a sa beauté ; elle est accompagnée de deux collateraux et toute voutée, mais sans galeries. L'aîle du côté septentrional aux environs du chœur, supporte des culs de lampes ou lanternes très-bien travaillés. La situation de cette Eglise sur la pente de la montagne, a obligé d'en fortifier l'édifice par dedans ; il est aussi muni par le dehors de piliers voutans. Le 10 Juin 1704, il fut jugé au Conseil que les habitans feroient les réparations des collateraux aux deux côtés du chœur, quoique fermés d'une clôture à l'alignement de celle du chœur.

<small>Loix des bâtiments 1748, p. 71.</small>

Au chœur repose Antoine de Lorne, Secrétaire honoraire et ancien Greffier en chef du Parlement, décédé en sa maison située en ce lieu, le 2 Octobre 1733, âgé de 80 ans. Au premier pilier de la nef à droite est marquée la fondation que Demoiselle Marie Le Fevre de Paris a faite pour un Maître d'Ecole gratuit, par Contrat du 8 Décembre 1717. Il n'y avoit point de portail au frontispice ;

M. Duval, Curé, en a fait faire un en 1752, avec plusieurs autres embellissemens.

Le patron de cette Eglise est Saint Germain, Evêque d'Auxerre, ainsi que de plusieurs autres Eglises du même canton. Outre la Fête du 31 Juillet, on y célèbre celle de sa Translation le 1er Dimanche d'Octobre. La dédicace est le 1er Dimanche de Septembre.

Il faut croire que Saint Germain, Evêque de Paris, qui étoit fort dévot à Germain d'Auxerre, se servit pour la dédicace de quelques-unes des Eglises de son Diocése, des reliques qu'on avoit de ce Saint dans le trésor de son Eglise Cathédrale, lesquelles venoient de Sainte Geneviéve, à qui le Diacre du saint Prélat les avoit apportées d'Auxerre. L'Eglise de Fontenay dut être d'autant plus considérée par les Evêques de Paris, que le village leur appartenoit dans ces temps éloignés. Il est vrai qu'on ignore d'où ce bien étoit venu à l'Eglise de Paris : mais voici ce qu'on lit dans un Diplôme de Charles le Chauve de l'an 847, dont l'original est conservé dans les Archives de Saint Maur. Cette Abbaye possédoit un bois sur la Paroisse de Boissy, surnommée aujourd'hui de Saint Leger. L'incommodité du passage de la riviere de Marne, fit que l'Abbé Hincmar proposa à Erkenrad, Evêque de Paris, de faire un échange. Il céda à l'Eglise de Paris une portion de la Forêt de Boissy, de cinq cent trente-sept perches de circuit, et l'Evêque de son côté donna à l'Abbé, du consentement des Chanoines, *ex rebus Ecclesiæ sibi commissæ, de villa quæ vocatur Fontanedus, concidem quæ vocatur Vilcenna habentem in gyro perticas quingentas XXXVI.* Il est hors de doute qu'il s'agit là de Fontenay sur le bois de Vincennes, puisque voilà ce Bois qui y est désigné sous son ancien nom de Vilcenne, que ce bois est contigu à l'Abbaye des Fossés, et que c'est ce qu'elle souhaitoit que d'avoir à sa porte un bois qui lui appartînt. Le Diplôme du Prince est une confirmation qu'il donna de cet échange. Environ cent quarante ans après, le Clergé de l'Eglise de Paris exposa au Pape l'état de ses biens, pour obtenir de lui une confirmation. Ce fut l'Evêque Lipard ou Liperne qui la demanda dans un voyage qu'il fit à Rome entre les années 980 et 984. Or, pour dernier article des biens que Benoît VII lui confirma et à son Clergé, il y a *Fontenetum cum Ecclesia, Vilcenam cum omnibus inibi adjacentiis.* Ainsi l'Eglise de Fontenay conjointement avec la terre, étoit des appartenances de l'Eglise de Paris à la fin du dixiéme siécle ; depuis ce temps-là les Evêques l'ont réservée pour être purement à leur collation. En effet, elle est marquée *de donatione Episcopi* dans le Pouillé du XIII siécle ; et même, elle s'y trouve la premiere de tout le Doyenné de Montreuil, et avant Montreuil qui n'y est placé qu'au troisiéme rang. Les Pouillés imprimés en

Vita Sanctæ Genovefæ. Item. sæc. III. Ben. ann. Mabil

Voyez les preuves de cet ancien nom à l'article de Vincennes.

Hist. Eccl. Par. T. I, p. 554. Gallia Christ. nova, T. VII, Instrum.col.21.

1626 et 1648, sont unanimes pour la collation Archiépiscopale *pleno jure*. Le Pelletier est le seul qui, mal instruit en ce point, donne la nomination de cette Cure au Prieur de Saint Martin des Champs. Il a suivi une faute échappée à la page 127 du Pouillé de 1648.

<small>Pouillé de 1692, p. 62.</small>

Il y a toute apparence que c'étoit de la libéralité de quelques-uns de nos Rois de la premiere race, que l'Evêque et l'Eglise de Paris tenoient le domaine de Fontenet, mais ces Princes s'en étoient réservé quelque chose. De ce qui restoit, Louis le Gros en assigna un labourage de deux charrues à l'Abbaye de Saint Victor lorsqu'il la fonda, avec cinq Hôtes, qui y avoient des maisons, dix sols de cens dans le même village, payables en partie par ces cinq Hôtes et partie par d'autres, et de plus dans le même lieu un pressoir et demi avec les droits de pressurage qui y étoient attachés. Ceci ne formoit qu'une petite partie des biens dont ce Prince fit approuver la donation dans l'Assemblée de Chaalons-sur-Marne de l'an 1113. Lorsqu'on ferma de murailles le Parc de Vincennes, il y eut des terres de la dépendance de Saint Victor qui y furent comprises. Cette Abbaye en fut dédommagée par une rente de vingt-cinq livres sur le Domaine Royal. Le Mémorial où est marqué le paiement de cette rente en 1275, l'articule ainsi : « Quittance de l'Abbé et Religieux de Saint Victor de 25 livres « Parisis, pour dixmes qu'ils avoient droit de prendre dans la « closture nouvelle de Vincennes. » L'année suivante, le 23 Mars, un Chanoine de Paris, nommé Pierre le Roux, donna aux Chanoines Réguliers de Saint Victor tout ce qu'il avoit dans ce Fontenay en cens, dixmes, etc., à condition que l'Abbaye distribueroit la moitié du produit à des Etudians en Théologie, et l'autre moitié à des Etudians en Logique. Depuis tant de donations, cette Maison eut aussi dans le territoire de Fontenay droit de Justice. Il est reconnu par une Sentence de Hugues Aubriot, Prevôt de Paris, du 23 Mai 1376, et le 22 Juin 1399 Charles VI permit à ces Religieux de faire élever une échelle en leur Justice de Fontenet lez le Bois de Vincennes. C'est pour toutes ces raisons que Saint Victor comparut à la rédaction de la Coûtume de Paris l'an 1580, comme Seigneur de Fontenay. On dit même que c'est sur le fief de Saint Victor que l'Eglise est bâtie. Enfin j'ai trouvé qu'en l'an 1646, cette Abbaye obtint permission du Roi de vendre le fief, censives et terres qu'elle avoit en cette Paroisse, et que le Parlement ordonna une descente sur les lieux pour juger *de commodo*. Mais cette vente ne fut point exécutée, puisque la Seigneurie de Fontenay appartient encore à cette Abbaye.

<small>Hist. Eccl. Par. T. IV, p. 296 et 797.</small>

<small>Cod. Cam. Comput. in Bibl. Reg.</small>

<small>Gall. Chr. nova, Tom. VII, col. 678. Necrol. ms. Sancti Vict. ad 1 Nov.</small>

<small>Petit Livre blanc du Châtel. fol. 34. Voy. sur ces échelles l'article de Chelle ci-après.</small>

<small>Reg. Parl. 21 Mart. 1645.</small>

La Paroisse de Fontenay étoit autrefois plus étendue qu'elle n'est aujourd'hui. Celle de Montreuil me paroît en être un démembrement très-ancien, puisqu'elle n'a commencé, ainsi que son nom le porte, que par une Chapelle que le Clergé de la Cathédrale de Paris y avoit sur son propre territoire de Fontenay. Le lieu où les Minimes sont bâtis, et où étoient avant eux les Bons Hommes ou Religieux de Grammont, a toujours été de Fontenay et en est encore, et par conséquent tout ce qui est entre ce Couvent et le bout du Bois de Vincennes du côté de l'Orient. Pour ce qui est du côté du midi, son ancien territoire est jusqu'au bas du bourg ou village de Saint Maur ; ce qui comprenoit un canton de terres et vignes relevant en 1410 de l'Hôtel du Pont Perrin, faisant partie de l'Hôtel Royal de Saint Paul. Ce territoire est séparé de celui de la Paroisse de Saint Nicolas du bourg de Saint Maur, par une rue nommée Beaubourg qui descend à la riviere de Marne. Les maisons les plus voisines du bourg de Saint Maur des deux côtés de cette rue, ont été désunies de la Paroisse de Fontenay, et unies à celle de Saint Nicolas, par un Décret de M. de Perefixe, Archevêque de Paris, du 13 Janvier 1669. Cette désunion de Fontenay a été demandée par Simon Chauvin, Secrétaire du Roi, Louise Godefroy, veuve de Jean l'Escuyer, Sieur de Chaumontel, et par quatre autres propriétaires de maisons tant dedans que dehors le bourg Saint Maur, qui se chargerent de payer chaque année une redevance au Curé et à la fabrique de Fontenay. Le hameau du Pont de Saint Maur, qui à plus forte raison étoit de la Paroisse de Fontenay, en a aussi été désuni, et uni à la même Paroisse de Saint Nicolas, par un Décret de M. de Harlay, Archevêque, donné le 4 Janvier 1693. Par le moyen de ce dernier démembrement, la Chapelle de Saint Leonard située proche ce Pont, sur le grand chemin et la descente qui y conduit, n'est plus de la Paroisse de Fontenay. Ce Pont a porté long-temps le nom de Pont Olins, *Pons Olini ;* quelquefois aussi on a dit le Port Olins. En 1110 le Roi Louis le Gros remit le droit annuel de trois sols que l'Abbaye de Saint Maur lui devoit pour le passage de ses biens par ce lieu. En 1259 un nommé Jean Ret, qualifié *Capellanus de Ponte Olini,* y jouissoit d'une maison. Dans le cours du même siécle une des redevances des habitans de Champigny envers l'Abbaye de Saint Maur, étoit de fournir des sacs *ad ferendum bladum dictæ Abbatiæ de Ponte Olini.* Il y a à l'autre bout du Pont de Saint Maur un lieu que les anciens titres latins de l'Abbaye appellent *Portus Longini,* et les titres françois Poleng, et qu'on trouve nommé maintenant Poulange dans plusieurs cartes modernes, ou Poulangis dans les plus nouvelles. Ce lieu se trouve aussi être aujourd'hui de la Paroisse de Saint Maur ; mais il étoit anciennement de celle de Fontenay. Il reste une Charte d'Odon de Sully, Evêque de Paris, de l'an 1207, qui marque

Sauval, T. II, p. 110.

Ex Tab. S. Mauri et Arch. Par.

Chart. S. Mauri.

Chart. S. Mauri Gaignieres.

Ibid. fol. 26.

qu'alors Radulfe, Curé de Fontenay, étoit en procès avec l'Abbaye de Saint Maur sur la menue dixme de la grange *de Portu Longini*, et qu'il s'accorda sur ses prétentions. Et sans remonter si haut, je trouve qu'en 1626, le 1 Juin, Poulangy est dit être sur la Paroisse de Fontenay, dans la permission accordée à Charles Valdir, Secrétaire du Duc d'Espernon, d'y avoir une Chapelle domestique. Une autre preuve encore de l'ancienne étendue de la Paroisse de Fontenay, est qu'elle étoit tenue au *reportage* envers celle de Nogent qui y touche, c'est-à-dire qu'à raison du voisinage, les laboureurs de Nogent cultivoient le territoire de Fontenay, et que pour cela la moitié de la dixme de ces cantons ainsi cultivés se reportoit à Nogent, ainsi que le Glossaire de Du Cange explique ce mot *reportagium* au sujet de Clamard et de Meudon.

<small>Chart. S. Mauri ad ann. 1225.</small>

Il y a sur la même Paroisse de Fontenay une Maladerie, qui est encore actuellement insérée au rôle des décimes. Le Pouillé Parisien de l'an 1648 dit « qu'elle est entre le bois de Vincennes « et le bourg de Fontenay, proche ce bourg; qu'elle est de fon- « dation Royale, qu'il n'en reste que des masures qui se voient « sur le chemin ; que plusieurs terres en dépendent et que le « Grand Aumônier y pourvoit. » Si cet article du Pouillé est exact, il sera difficile de convenir de ce qu'a avancé M. Grancolas : que la Maladerie de Fontenay au Bois de Vincennes fut unie en 1566 à l'Hôtel-Dieu de Paris. Elle subsistoit dès l'an 1219 auquel elle eut part dans une rente sur une maison à Paris, rue de la Voirerie, en la censive de Saint Merry, et qui au XV siécle étoit voisine de la Court-Robert. Ce qui en prouve encore l'existence dès le XIII siécle, est un acte de 1221 au Cartulaire Episcopal de Saint Maur, fol. 238 ; plus un autre par lequel Adam Harent, Chevalier, attesta en 1236 devant l'Official de Paris, qu'on avoit donné à la Léproserie de Fontenay une autre maison sise rue de la Corroirie, mouvante de son fief, et qu'il l'amortissoit. Plus, on trouve une reconnoissance que le Proviseur de cette Maison donna en 1276, comme il avoit reçu des deniers du Roi la somme de vingt sols parisis pour dédommagement d'un fossé fait sur son fond pour le conduit des eaux : apparemment l'eau des fontaines de la côte pour le bassin de Vincennes. On connoissoit à cette Léproserie trois arpens de terre aux environs de Vincennes, suivant un bail de 1303 ; et en 1458, trois maisons de la rue de la Couroyrie, dont avoit joui Jean le Danois, étoient dites lui appartenir. Cette Léproserie, selon le Registre des visites des Léproseries de l'an 1351, étoit pour les habitans de Fontenay, Montreuil, Bagnolet, Neuilly avec ses hameaux, et pour tous les habitans de Fontenay demeurans à Saint Maur. Il y est fait mention d'un homme qui y avoit été reçu par Brevet du Roi Jean,

<small>Pouillé 1648, p. 41.</small>

<small>Hist. de Paris, T. II, p. 73.</small>

<small>Tab. Ep. in Spir.</small>

<small>Ibid.</small>

<small>Cod. Cam. Comp.</small>

<small>Reg. visit. Lepr. Paris. 1351, fol. 11 et 924.</small>

du 2 Octobre 1350, *in suo jucundo adventu.* C'étoit l'Evêque qui y établissoit le Maître. Le principal bien qu'elle avoit alors, étoit une dixme à Tillay proche Gonesse, outre un droit de bled sur les moulins du Roi, sis à Gonesse même, qui avoit été donné par Saint Louis, et reconnu en 1353 par le Roi Jean. Elle étoit sous le titre de Sainte Marie-Magdelene, suivant un acte du 20 Mars 1571. *Tab. Ep. Paris. in Lepros.*

L'eau des sources qui ont donné le nom au lieu, ne fut pas toujours conduite à Vincennes. On voit par une Ordonnance de Charles V, datée de Vincennes le 5 Décembre 1377, que les eaux de Fontenay servoient aux abreuvoirs que le Roi fit dresser en son Hôtel de Beauté; et que les conduits passoient à travers les mazures des habitants, de leurs vignes et de leurs terres, et que les gens de Fontenay étoient tenus de nettoyer ces fontaines, dont l'eau couloit jusques dans cet Hôtel. Ce fut une des conditions sous lesquelles ce Prince les exempta de toutes prises pour son Hôtel et pour celui des Princes, et outre cela de celles qui se faisoient et des impôts qui se levoient pour la chasse aux loups. Ces privilèges leur furent confirmés par une Ordonnance de François I, donnée à Carrieres au mois de Juin 1519, aux mêmes conditions que dans les anciennes Lettres. *Ord. des Rois, T. VI, p. 311.* *Bannieres du Châtelet, vol. II, f. 311.*

LE CHATEAU DE BEAUTÉ étoit autrefois le lieu le plus notable de la Paroisse de Fontenay. Car quoiqu'il ne fût qu'à une petite distance du territoire de Nogent sur Marne, il étoit compris sur celui de cette premiere Paroisse. Quoiqu'on attribue au Roi Charles V d'avoir bâti le premier un Château en ce lieu, il ne faut pas croire que le nom de Beauté ne soit que de son temps; il peut être aussi ancien que celui de Plaisance, qui est à un quart de lieue de-là, et même être plus ancien; ensorte que de ces deux noms qui sont synonymes pour signifier un lieu agréable, l'un auroit servi à faire penser à l'autre. Il falloit qu'il y eût eu en ces quartiers-là un lieu dit *Beauté* dès la fin du XII siècle, puisque dès-lors il y avoit sur la Marne des moulins qui en avoient tiré leur nom. On disoit en 1206: *Les moulins de Beauté;* ceux à qui ils appartenoient en transporterent l'hommage au Roi cette année-là. Ceux qui latinisoient alors ce nom, employoient le mot *Bellitas.* Charles V ne fit que relever ce nom, qui étoit presque tombé dans l'oubli, en bâtissant sur la côte d'où l'on voit Vincennes au couchant, Neuilly et Chelle au levant, le cours de la Marne, Champigny, Chenevieres, etc., vers le midi. J'ai vu une note de la main de Guillaume de l'Isle, qui marquoit que Philippe de Valois avoit commencé à faire construire ce Château, et que le Roi Jean l'avoit continué; mais ce qui m'inspire de la défiance pour cette remarque, c'est que l'Auteur de la même note ajoute que *Invent. Camer. Comput. cod. Reg. 6765, fol. 90.* *Nota mss. in Notit. Gall. Valesii.*

Charles V y est né; ce qui est faux, puisqu'il est certain que ce Prince naquit à Vincennes, et que Christine de Pisan assure que ce fut lui qui *édifia Beauté qui moult est notable manoir*. Quelques Chartes de son regne sont terminées ainsi : *Datum in domo nostra Pulchritudinis*.

La piété du même Prince l'avoit engagé à y construire aussi une Chapelle, dans laquelle on lit qu'il y avoit trois Messes fondées. Il y attira l'Empereur Charles IV qui y résida plusieurs jours, et Charles V alloit le visiter en ce lieu chaque jour, puis revenoit en son château de Vincennes. Quoique l'air de Beauté fût très-salutaire, ce Roi y finit ses jours sans être bien avancé en âge, le 16 Septembre 1380. Ce Château continua d'être entretenu sous le regne de Charles VI, on y nommoit des Seigneurs de qualité pour Concierges. (Dans Sauval les sieurs Bureau l'étoient en 1463-1464.) On lit qu'après Charles le Bref, qui en fut déchargé, ce Prince [Charles VI] donna cet Office au Comte de Nevers. Son fils, Charles VII, fit présent de ce Château à la belle Agnès, fort connue dans son Histoire. L'Auteur du Journal de son regne assure que c'étoit le Château *le mieux assis qui just en toute l'Isle de France*. Le Duc de Guyenne, frere du Roi Louis XI, y résidoit en 1461, lorsque le Parlement députa l'un de ses membres pour aller conférer avec lui.

Dans le siécle suivant ce Château étoit réduit à une simple tour, à la garde de laquelle les Rois continuoient de nommer un Concierge. Le sieur de Graville ayant cessé de l'être, François I pourvut de cette Charge Guillaume de Montmorency, l'an 1516. Il fut remplacé par trois de la même Maison successivement, depuis 1551 jusqu'en 1615 que Henri de Montmorency commença à en jouir.

La même tour de Beauté subsistoit encore au commencement du dernier siécle. Claude Chastillon en a fait entrer la représentation dans sa Topographie in-folio, gravée en 1610. On y voit que cette tour étoit quarrée. Il n'en reste plus que la place, et quelques portions de la voûte qui étoit dessous. Ceux-là ont été mal informés, qui ont fait mettre par Dom Michel Germain dans la Diplomatique, à l'article de *Bellitas*, que l'on a rebâti un Château à neuf sur les débris de l'ancien. Ils ont confondu avec Beauté le Château de Plaisance qui en est voisin, et qui a été véritablement rebâti plusieurs fois. Au bas des murs de l'ancien Château de Beauté, il y a encore un moulin qui porte ce nom. C'est un domaine qui a été engagé au Seigneur de Plaisance.

Dans les cahiers des confiscations faites au nom du Roi d'Angleterre Henri VI, lorsqu'il fut devenu maître de Paris vers l'an 1423, est mentionnée celle qui fut faite de l'Hôtel-rouge, fief avec Justice, haute, moyenne et basse, situé à Fontenay sur le Bois, et qui fut donné par ce Prince à un nommé Jean Dieupar, qui avoit aidé à faire entrer dans Paris les troupes du Duc de Bourgogne. Cet Hôtel y est dit relever de la Terre de Villemomble. C'est apparemment une partie de ce fief qu'il faut entendre pour la Seigneurie de Villemomble à Fontenay, laquelle s'étend dans le vignoble vers la Pissote, d'autant que les dernieres maisons de Fontenay en descendant de ce côté-là, à main droite, sont ce que l'on connoît encore sous le nom de la Maison rouge. On trouve aussi le fief d'Haute-Loup, mentionné dans le Procès-verbal de la Coûtume de Paris de l'an 1580, où paroît Jean le Noir, comme Seigneur du fief du Jardin, autrement Hauteloup, à Fontenay et environs : ce fief est dans le haut du village sur le chemin qui conduit de Fontenay à Rôny. On l'appelle plus communément le Fief du Jardin.

Quelqu'un pourra peut-être penser que puisque la Paroisse de Fontenay s'étendoit encore dans le siécle dernier jusques dans le bourg de Saint Maur, tout l'emplacement de ce bourg et même celui de l'Abbaye en a dû être, par la raison que lorsque cette Abbaye de Saint Pierre des Fossés fut fondée au VII siécle, il n'y avoit en ce lieu aucune Eglise Paroissiale, et qu'il est certain que la premiere Eglise qui fut bâtie pour les ouvriers et paysans serfs du Monastere, fut à la Varenne, sous le titre de Saint Hilaire, laquelle Eglise n'existoit pas encore au IX siécle. Mais comme je dois en parlant de l'Abbaye de Saint Maur, faire un article particulier de ce lieu de la Varenne, je n'en parlerai point ici, non plus que de l'Eglise de Saint Nicolas du bourg de Saint Maur, qui sera jointe à l'article de la même Abbaye. Je me borne ici à donner une petite Notice du Couvent des Minimes, qui est compris dans la Paroisse de Fontenay.

DU PRIEURÉ DES RELIGIEUX DE GRANDMONT

DU BOIS DE VINCENNES, DEPUIS DONNÉ AUX MINIMES

Le Roi Louis le Jeune ayant fait venir d'au de-là de la Loire des Religieux établis par Saint Etienne de Muret, qu'on appelloit dès-lors Bons-Hommes de l'Ordre de Grammont, leur donna dans le Bois de Vincennes toute la partie qui étoit environnée de fossés, et obtint de l'Abbaye de Saint Maur, du Prieuré de Saint Martin des Champs et de celui de Saint Lazare de Paris, un abandon en faveur de ces Grammontins, de tout le droit d'usage que ces trois Maisons pouvoient avoir dans cette enceinte. La Charte imprimée en plusieurs endroits, est de l'an 1164. Dans *Du Breul, p. 1016 Félibien, Hist. de Paris. T. III, p. 64. Thes. anecdot. T. I, col. 463.*

l'acte de donation que leur fit neuf ans après Matthieu de Montreuil, d'un muid de grain à Villeneuve Saint Georges, ils sont appellés *Religiosi homines de Vicena*. Dans le don d'un droit de sel à eux fait en 1179, par Thibaud de Montmorency et ses freres, il y a : *Ecclesiæ B. Mariæ de Vicena et fratribus de Grandimonte ibidem Deo servientibus.* On voit, par ce dernier acte, que leur Eglise fut bientôt bâtie : aussi n'y avoit-il rien de plus simple que ces sortes d'édifices dans cet Ordre, ainsi qu'on peut en juger par d'autres du même tems qui subsistent encore. Ce qui fit beaucoup estimer ces Religieux, fut non-seulement leur vie austere, mais aussi l'attention que le Prince eut pour eux et la confiance que Philippe-Auguste eut dans les lumieres du Frere Bernard, qui lui persuada de chasser les Juifs de son Royaume. Ce Prince ne voulut pas même partir pour la Terre-Sainte, qu'il n'eut recommandé à la Reine et à Guillaume, Archevêque de Reims, qui devoient disposer des Bénéfices en son absence dans le cas de Régale, d'user des conseils du même Religieux. Il ne prend point de qualité dans un acte de 1196, où il est nommé à la tête de sa Communauté dans un Traité qu'il fit avec l'Abbaye de Saint Maur, touchant des gords ou fosses à poisson. Cet acte commence ainsi : *Ego Frater Bernardus de Vicena et omnes ejusdem loci fratres.* Ces Grammontins recevoient les legs que leur faisoient ceux qui prenoient leur habit. Un d'entre eux leur ayant donné des terres au-dessous de Montreuil, Pierre qualifié *Corrector domus de Vicenis*, et les autres Freres, promirent en 1223 aux Templiers de Paris, Seigneurs censiers de ce canton, de vendre ces biens à des séculiers dans l'an, après qu'ils en auront été requis, et en attendant de leur payer par an une oye ou douze deniers dans l'octave de l'Assomption. Le même Pierre, Correcteur de Vincennes, vendit en 1230 une maison à Paris, rue Sainte Marine, à Helie, Soudiacre du Pape et Chanoine de Troyes.

Il n'y avoit pas encore cent ans écoulés depuis leur établissement, qu'on leur forma des difficultés sur leurs biens. Ils présenterent au Parlement de la Chandeleur 1260, la Charte du Roi Louis VII, et ils ne furent pas pour cela écoutés plus favorablement. Le Parlement de la Pentecôte 1271 décida qu'une certaine partie du Bois de Vincennes entourée de vieux fossés ne leur appartenoit pas, mais au Roi. Un peu après l'an 1300, Robert de France, Comte de Clermont, fit de nouveaux bâtimens dans ce Couvent, et Louis le Hutin permit en 1314 à Louis de Clermont, Chambrier de France, son fils, d'y loger lui et ses hoirs. Les Grammontins ayant cédé au Roi Charles cinquième de leur terrain en sa clôture du même Bois, ce Prince leur donna d'autre bien en place, sçavoir : la terre de Quincy en Brie, qu'il leur amortit, mais au sujet de laquelle les Officiers de Provins les inquiéterent encore. Un Mémorial de l'an 1398 parle de l'acqui- *Cod. Regius* sition qu'ils firent alors de trois arpens et demi et huit perches de *6765.* bois à Vincennes. Christine de Pisan, en sa vie de Charles V, met parmi les fondations : *Item les Bons-Hommes d'emprès Beauté*, Liv. III. ch. xi, sans doute à cause qu'il augmenta leurs biens.

On peut voir dans Du Breul les noms de plusieurs Prieurs de Antiq. de Paris, cette Maison. Il en a même donné les épitaphes en entier tirées p. 1018. de leurs tombes, qui se voient encore, dit-il, en la basse Eglise. Le second Prieur n'y est dit mort qu'en 1341. Ce qui fait voir que ce nom de Dignité commença tard en cet Ordre; le neuviéme Prieur mourut en 1488, et l'onziéme en 1505.

Depuis l'établissement de l'Ordre de Chevalier de Saint Michel, fait en 1469 par Louis XI, les Prieurs de cette Maison de Vincennes en furent faits Chanceliers, ou plutôt ce Prieuré fut donné en Commende à des personnes d'un grand nom, telles que le Cardinal de Lorraine, Gabriel Le Veneur, Evêque d'Evreux et Hurault de Cheverny, Chancelier de France. En 1584, Henri III détacha ce Monastere de l'Ordre de Grammont, auquel il donna en échange le College Mignon situé à Paris. Ce Prince, incertain de l'Ordre Régulier à qui il le donneroit, y mit d'abord des Hieronymites de Pologne, puis des Cordeliers ou Freres Mineurs, et enfin des Minimes tirés du Couvent de Nigeon, qui en prirent possession le 17 Octobre 1585. Leur enclos renferme 47 arpens. On va visiter par curiosité dans leur Sacristie le Tableau du Jugement Universel de Jean Cousin. On voit dans leur Eglise inférieure, devant l'Autel, cette inscription sur une tombe : *Cy gist M. Roger de Canone Sieur de Marsac, Gouverneur de la Citadelle de Nancy, Lieutenant Commendant du Château de Vincennes, mort audit Château le XI Avril 1665.*

MONTREUIL-SUR LE BOIS

Comme le Diocése de Paris comprend deux lieux appellés Montreuil, l'un situé à l'orient de la ville, l'autre à l'occident, il a été nécessaire de les distinguer. Celui dont on parle en cet article est le plus connu. Il n'est éloigné du milieu de Paris que de deux petites lieues. On le surnomme *sur le Bois*, parce qu'il est au-dessus du Bois de Vincennes, qui est au midi de ce village. C'est un pays très-cultivé, principalement en vignes et arbres fruitiers; il y a quelques plaines, mais beaucoup plus de coteaux; les labourages ne sont que dans la plaine au-dessus de la montagne qui couvre ce lieu du côté de l'orient, et il n'y a aucun bois dans tout le territoire. Le dénombrement de l'Election donnoit à ce lieu 186 feux, ce que le Dictionnaire Universel a rendu par le nombre de 2760 habitans, et le sieur Doisy par 614 feux.

Le nom de Montreuil étant Ecclésiastique, parce que c'est le diminutif de Moutier ou Monastere, ne peut indiquer qu'une origine de même espece. Il a été différemment alteré en latin. Dès le commencement du XII siécle, qui est l'époque la plus ancienne où il paroisse dans les titres, on disoit *Musterolium* : un peu après d'autres ont écrit *Mosteriolum* ; au XIII siécle *Mousterolium, Monsterolium, Monsteriolum, Musteriolum, Musterolum, Monsterolum*, et quelquefois en françois Monsterol ou Monsterel. M. de Valois n'hésite point à assurer que la dénomi-

Notit. Gall. p. 523, col. 2. nation des deux Montreuil du Diocèse de Paris, vient de *Monasteriolum*. C'est, dit-il, un petit Monastere qui a donné le nom à chacun de ces deux lieux, de même qu'à beaucoup d'autres. Mais comme on n'a aucune preuve qu'il y ait jamais eu de Couvent ni de Moines dans l'un ni dans l'autre de ces deux Montreuil, je pense qu'il faut expliquer, ainsi que je vais faire, le sentiment de M. de Valois, où l'abandonner comme faisant une décision trop générale. De même donc que quantité de lieux sont appellés *La Chapelle*, parce qu'il y a d'abord eu dans ces lieux un Oratoire, au bout duquel il s'est formé des maisons, de la même maniere plusieurs lieux ont reçu anciennement le nom de *Monasteriolum*, quoique occasionné par une simple Chapelle, lorsque cette Chapelle appartenoit à une Communauté Ecclésiastique, ou avoit été bâtie par cette Communauté ; car en ce cas on l'appelloit *Monasteriolum*, pour les distinguer de celles que des particuliers faisoient construire. Dans cette hypothèse, puisqu'on ne trouve pas le moindre petit vestige de Monachisme ancien dans nos deux Montreuils, je dis d'abord de celui-ci, que c'est à quelque ancien Doyen de l'Eglise de Paris qu'il doit son origine. Quoique les Doyens en général puissent remonter jusqu'au temps de Louis le Débonnaire, on ne connoît cependant ceux de Paris que depuis le X siécle. Le Doyenné eut dès ses commencemens un fief dans le territoire où Montreuil se trouve, et qu'il tint sans doute du Roi. Il en est fait mention dans le Nécrologe de cette Eglise,

Necr. Paris. XIII sæculi ad 27 Febr. à l'annonce de l'obit du Doyen Luc, à l'occasion d'une censive que le Chapitre acheta vers l'an 1260, laquelle étoit située dans ce fief de Montreuil. Il est probable qu'il ne faut point faire remonter l'origine de Montreuil plus haut que celle de ce même fief. Le Doyen qui le premier en jouit, y construisit un petit Oratoire qui aura été qualifié de *Monasteriolum ;* le pays ayant été défriché de bonne heure et trouvé propre à la vigne, il s'y sera fait des établissemens de vignerons ; l'Oratoire ou petit Moustier leur aura servi de Paroisse, sous le nom de *Monasterel*, ou *Monstrel*, et l'Evêque de Paris qui en avoit permis l'érection, s'en sera réservé la nomination. Mais peut-être est-ce en conséquence de quelque fondation faite par un Doyen de Notre-Dame, que le Chapitre de Paris y alloit en procession un certain jour de l'année, comme je l'expliquerai ci-après.

Que l'Eglise Paroissiale d'aujourd'hui soit encore à la même place dans laquelle étoit le petit Oratoire ou *Monsterel* du fief Decanal c'est ce qui ne se peut prouver. Il suffit qu'il ait existé dans l'étendue du territoire auquel il a donné le nom. Je me suis un peu étendu à débrouiller l'origine de ce *Monsterel* qui n'a jamais eu de Moines, parce que ce qui sera dit ici servira pour Montreuil d'auprès de Versailles, et que j'y renverrai. Il est bien vrai que plusieurs Maisons Religieuses ont des revenus à Montreuil sur le Bois ; mais on connoît l'origine de ces biens ; elle est postérieure à la formation du nom, et à celle des fiefs des Dignités de Cathédrale établis vraisemblablement lors de l'institution de la vie commune des Chanoines, après le Concile d'Aix-la-Chapelle tenu en 816. Je donnerai ci-après l'époque de ces donations faites à différens Monasteres.

Le lieu de Montreuil qui n'a dû commencer ainsi que par un Oratoire au milieu d'un fief, ainsi que tant d'autres lieux dits *La Chapelle*, étoit devenu considérable, au moins dès le regne du Roi Philippe I. Je me fonde sur le Nécrologe de l'Eglise de Paris, pour assurer que le Chapitre de Notre-Dame étoit dès-lors dans l'usage d'y aller en Procession, s'il n'y alloit pas déja auparavant. Je le prouve par la donation que fit Foulques Ier du nom Evêque de Paris, qui siégea les années 1103 et 1104. On y lit au 8 Avril : *Obiit Fulco Parisiensis Ecclesiæ Episcopus qui fecit unam domum in claustro et dedit novem arpennos vinearum ad Stationem ad Mousterolium.* Ou Foulques établit la Procession, qui vraisemblablement se faisoit le jour de S. Pierre, ou bien il fonda seulement le repas qu'on y prendroit ; car à la Station de Saint Maur, quoique plus longue, il étoit défendu de rien manger, parce qu'elle se faisoit en Carême. Ce ne fut pas là au reste la seule chose par laquelle Montreuil se trouvoit distingué, au moins dès le XII siécle : les Evêques de Paris ayant partagé l'Archidiaconné de Paris en deux Doyennés, quant aux Paroisses, le choisirent pour être le lieu de la résidence de l'un des deux Doyens ; ce qui fut cause que pendant plusieurs siécles on disoit *le Doyenné de Montreuil*. Le Pouillé du XIII siécle en sert de preuve. Il place sous le titre de *Decanatus Musteroli,* toutes les

Cures qui sont réputées aujourd'hui être du Doyenné de Chelle, et il n'emploie le titre de *Decanatus de Cala*, qu'à l'égard des Abbayes et Prieurés qu'il met sous ce Doyenné purement Monastique et composé d'Eglises Régulieres. C'est même delà qu'on peut encore prouver que Montreuil n'a jamais rien eu de Monastique. Maurice de Sully, Evêque de Paris, plus ancien d'un demi-siécle que la confection de ce Pouillé, menoit quelquefois le Doyen de Montreuil avec lui, ou lui donnoit l'hospitalité : ce qui fait qu'on le trouve témoin dans des Chartes de ce Prélat; par exemple, dans une qui regarde l'Abbaye de Chaalis, et qui est de l'an 1168, on lit : *Testis Bernerus Decanus noster de Mosteriolo*. Comme plusieurs actes se passoient aussi pardevant les Doyens ruraux, de-la vient qu'on trouve pareillement des Chartes expédiées par des Doyens de Montreuil ; il y en a une entre autres, d'Isembard, Doyen *de Monsterolio* dans le Cartulaire de l'Abbaye de Livry, à l'an 1218. Le Curé de Montreuil fut aussi toujours pleinement du choix de l'Evêque. Le Pouillé du XIII siécle et tous les suivans sont uniformes là-dessus. Une Sentence de l'Official de Paris du 22 Juillet 1329, en faveur de Jean d'Orly, Curé, m'a appris que lui et ses prédécesseurs avoient joui de tout droit de basse-Justice sur une maison du village dite *La Chapellerie*. Un autre fait peu connu concernant cette Cure, est qu'en 1391, après le décès de Denis Le Roi, Curé, elle se trouvoit unie par autorité Apostolique au Collége de Beauvais dans Paris : en considération de quoi ce Collége s'engagea par acte du 4 Juillet de cette même année, de payer tous les ans à la Saint Martin d'hiver à l'Evêque de Paris et à ses successeurs, seize sols parisis. On ignore quand et comment cette union a cessé.

L'Eglise qui subsiste aujourd'hui à Montreuil, quoique bâtie dans ces temps-là, est assez belle et répond au titre de Doyen que portoit le Prêtre qui la desservoit. On y monte par quelques degrés. Le chœur est sûrement d'une bâtisse du treiziéme siécle avec des galeries à jour. La tour placée vers le nord en est aussi ; mais non pas la fléche qui n'a été faite qu'après. Cette Eglise d'une grandeur assez considérable, est pareillement accompagnée de deux collateraux, sçavoir un de chaque côté ; les piliers en sont assez délicats, surtout dans le chœur. Saint Pierre et Saint Paul sont les Patrons ; et la Dédicace s'y célebre le Dimanche le plus proche de la Fête de Saint Matthieu. On ne trouve point en quelle année elle fut faite, on sçait seulement que le 26 Mars 1540, l'Evêque de Paris permit à celui de Megare d'y bénir des Autels, et une portion de terre proche l'Eglise. Il est notoire aussi par les Registres de l'Archevêché, qu'en 1621 Thomas Deschamps, Curé de ce lieu, ayant exposé à M. de Gondi (qui n'avoit encore que

le titre d'Evêque de Paris) que Marie de Beauvilliers, Abbesse de
Montmartre, lui avoit fait présent des os d'un bras et d'une côte
des Saints Martyrs compagnons de Saint Denis, le Vicaire Général *Reg. Ep. Paris.*
Sylvius à Petra viva, lui permit d'exposer les os du bras dans *23 April 1621.*
l'Eglise de Montreuil, et la côte dans la Succursale de la Pissotte.
Je n'ai vu dans cette Eglise aucune sépulture remarquable.

Martin le Marinel, Prêtre du Diocèse de Coutances, qui s'est
fait connoître par quelques ouvrages Liturgiques dans le temps
qu'il fut attaché à Dominique Seguier, successivement Evêque *Reg. Arch. Par.*
d'Auxerre et de Meaux, avoit été fait Curé de ce Montreuil le
29 Mars 1627.

La premiere des Maisons régulieres qui paroît avoir eu du bien
à Montreuil, est l'Abbaye de Saint Victor de Paris, à laquelle le
Roi Louis le Gros donna sur le domaine de ce lieu lorsqu'il la
fonda en 1113, le labourage d'une charrue avec un hôte qui
cultivoit ces terres: *Apud Musterolium quod est juxta Fon-* *Hist. Eccl. Par.*
tanetum, terram unius carrucæ cum uno hospite. De-là l'origine *T. I, p. 796.*
de la Seigneurie de Saint Victor en ce lieu. Ce fut depuis ce *Gall. Chr.*
temps-là un domaine avec maison Seigneuriale, où il fut permis *T. VII, col. 679.*
par l'Evêque à Robert, Abbé de cette Eglise en 1260, d'ériger un
autel pour y faire célébrer. Quelque autre Roi y ajouta apparemment la Justice, puisque parmi les Arrêts du Parlement il *Petit Livre blanc*
y en a un du 2 Janvier 1319, par lequel la haute-Justice des *du Châtelet,*
Religieux de Saint Victor à Montreuil leur est confirmée; et *fol. 131.*
qu'il y a une Sentence de Hugues Aubriot, Prevôt de Paris, *Ibid., fol. 132.*
du 23 Mai 1376, qui les y maintient. Le Prieuré de Saint Martin
des Champs avoit hérité de quelques vignes *apud Musteriolum;*
mais c'étoit un si petit objet, qu'il en avoit accordé la jouissance *Hist. S. Mart.*
à un Notable appelé Adam de Bray, lequel en 1172 la céda *p. 195.*
à Thibaud son fils. Les Chevaliers du Temple prétendoient vers *Chartul. S. Gen.*
l'an 1220 être Seigneurs de cinq arpens, dont le legs avoit été *ad an. 1233,*
fait aux Grammontins du Bois de Vincennes. Et en cette qualité *p. 219.*
de Seigneurs censiers et justiciers de ce canton, ces mêmes
Grammontins leur devoient payer une oye chaque année: ils
avoient de plus un droit de dixme et un cens de trois sols huit
deniers sur un autre labourage de Montreuil, appellé Bois Ruffin.
Mais en 1224 Olivier de la Roche, Grand-Prieur de France, *Chartul. S. Gen.*
donna le tout en échange à l'Abbaye de Sainte Geneviéve. L'Ab- *p. 76.*
baye de Livry eut aussi des vignes ou un droit de vin à Montreuil
dès le siècle de sa fondation. La Bulle d'Honorius III, qui *Gall. Chr. nova,*
confirma ses biens en 1221, spécifie les vignes de Chanocil, de *T. VII,*
Montberling, de Thieulemoy et de Montreuil. Il est fait mention *Instr. col. 92.*
ailleurs d'une vigne des Chanoines de Livry à Montreuil, sur *Chart. Livr.*
laquelle Henri, Comte de Grandpré, avoit quelque droit en 1268. *fol. 4.*

De plus Jean, Comte de Beaumont, attesta en 1220 que Jeanne, sa femme, leur avoit donné deux piéces de vin (*duos doblerios vini*) à prendre chaque année dans les pressoirs *de Monsterol*. Ainsi, la maison de Livry étoit considérablement partagée à Montreuil ; car je pense qu'il faut aussi rapporter à cette Paroisse le territoire de Thieulemoy où cette Abbaye avoit pareillement des vignes ; ce lieu écrit aussi Tyeulemoi et Telemoy dans les titres, et toujours par rapport à quelque piéce de vignes, me paroît être celui que depuis on a appelé Tillemont ou Tilmont, lequel est un canton de vignes situé sur la Paroisse de Montreuil. Le même Jean, Comte de Beaumont ci-dessus nommé, fit aussi part de ce qu'il avoit à Montreuil, aux Moines de Gournay-sur-Marne ; il leur donna en 1222 vingt sols parisis dans la cense qu'il y levoit. De toutes les Maisons Régulieres qui ont eu du bien à Montreuil, il n'y a que Saint Victor et les Templiers qui paroissent y avoir eu une Seigneurie en forme. Les Doyens de Paris étant plus anciens au moins de trois siécles que ces Ordres Réguliers, leur fief aussi doit passer pour être plus ancien que la Seigneurie des autres. Ce fief avoit des mouvances, comme j'ai dit ci-dessus, et le Chapitre de Paris même les reconnut. Le même Chapitre eut pareillement par forme de legs quelques vignes situées à Montreuil. Une Dame nommée Richilde en donna quatre arpens aux Chanoines pour le repos de l'âme de Thomas, son fils, Acolyte Chanoine, et cela *ad stationem quatuor ferculorum*. Cette Dame vivoit au plus tard dans le XII siécle. Je ne la crois pas différente de Richilde, mere de Matthieu de Montreuil, qui donna en 1173 une rente de grain aux Bons-Hommes du Bois de Vincennes. A l'égard des repas de l'anniversaire, on sçait que dès le dixiéme siécle ces sortes de repas étoient établis sur le pied des quatre plats ci-dessus marqués. Au XIII siécle, Matthieu de Beauvais, Chanoine de Paris, fondant un autel à Notre-Dame, donna pour cela entre autres biens un arpent de vigne situé à Montreuil. Les Chapelains de Saint Thomas de Cantorbery, en la même Eglise, y en ont deux arpens. Je passe légerement sur l'Abbaye d'Hierre, que des Lettres de Maurice de Sully, Evêque de Paris, attestent y avoir eu la moitié d'un vignoble, venant d'Hildeande, femme de Baudoin, Flamand, aussi-bien que sur les Religieuses de Saint Antoine, qui y possédoient un bien dès le temps du Roi Jean, et sur les Freres Billettes ou de la Charité Notre-Dame, à Paris, qui y avoient un labourage qu'ils vendirent à Jerôme Dufour, Conseiller au Parlement en 1575.

Le Domaine du Roi en ce lieu mérite davantage notre attention. Philippe-Auguste en fit aussi quelque distraction l'an 1193, en faveur de Gaucher de Chatillon, pour avoir de lui le Château de Pierrefont. Quelques-uns assurent que le même Prince en donna le surplus au commencement du siécle suivant, à Guillaume de Garlande V^e du nom. Au reste, il fut jugé en Parlement l'an 1258, que la haute-Justice de ce lieu appartenoit au Roi. Il y eut vers l'an 1409 une confiscation d'héritages appartenant à Guillaume Barrand ou Bureau, Secrétaire du Roi, criminel de léze-Majesté, absent et banni ; Charles VI les donna au Comte de Vertus. Vers l'an 1466, Dreux Budé, Garde des Chartes du Roi et Audiencier de la Chancellerie de France, ayant acquis de Thomas Boutin et Jeanne l'Orfevre, sa femme, une rente assise sur la terre de Monstereul sur le Bois de Vincennes, il fut spécifié qu'elle étoit tenue en fief du Châtelet.

Hist. des Gr.Off. T. VI, p. 32.
Reg. Parl. Pent.
Petit Livre blanc du Chât. f. 248.
Reg. du Trésor des Chart. Décrétale 1413.
Mém. de la Chambre des Comptes.
Sauval, Antiq. de Paris, T. III, p. 390.

Depuis Guillaume de Garlande ci-dessus nommé, je n'ai trouvé que les Seigneurs suivans de Montreuil : Jean Turquan, Bourgeois de Paris, décédé en 1439, en est dit Seigneur en partie, dans son épitaphe. Sauval apporte une preuve que cette terre échut en 1490 à Jacques Chevalier, Maître des Comptes, par succession de sa mere, fille de Dreux Budé, dont j'ai parlé un peu plus haut, et en conséquence d'adjudication par décret. Je ne vois pas comment concilier ces derniers faits avec ce qui se lit ailleurs, sçavoir que Montreuil près Vincennes a été possédé par Jacques Huault qui alla à la conquête de Naples et y mourut en 1495, puis par ses descendans Pierre et Jacques Huault. Guillaume, Correcteur des Comptes, fils de ce dernier, en jouissoit l'an 1543.

Epitaphe à S. Paul-sous-les-Charniers.
Compte de la Prev. de Par. 1491.
Sauval, T. III, p. 495.
Reg. du Conseil du Parl. 3o Août 1490.
Moreri, voce Huault.

Le Seigneur de Montreuil n'est point nommé dans le Procès-verbal de la Coûtume de Paris de 1510 ; mais dans celui de la réformation faite en 1580, cette terre est dite appartenir à François de Maricourt, Chevalier de l'Ordre du Roi, et Claude Breteau, Procureur en Parlement, en est qualifié Prevôt. Le Procès-verbal d'où je tire ces circonstances, donne pareillement le titre de Seigneur en partie de Montreuil à l'Abbaye de Saint Victor, à la Sainte Chapelle de Paris et au Grand-Prieur de France. C'est aujourd'hui M. le Comte de Sourdis qui est Seigneur de cette Paroisse.

Procès-verbal, p. 649.

LA PISSOTE étoit autrefois de la Paroisse de Montreuil, comme aussi le Château de Vincennes. Il y eut après la mort de Saint Louis qui y avoit fait bâtir une Chapelle, quelques différens entre ce Chapelain Royal et le Curé. Simon de Matifas, Evêque de Paris, les termina en 1294. Charles, fils aîné du Roi Jean, et depuis son successeur à la Couronne, sous le nom de Charles V, étant né au Bois de Vincennes, le 21 Janvier 1337, fut baptisé sur les fonts de la Paroisse de Montreuil, ainsi que ce Prince le déclare dans des Lettres de l'an 1375, dans lesquelles il ajoute que Jeanne de Bourbon, son épouse, y avoit aussi été baptisée. On

Gall. Chr. T.VII, col.120.
Ex magno Cartul. Epist.
Trés. des Chart. Reg. 107, Piéce 143.

trouvera ces Lettres au bas de cette page [1]. Voyez le reste à l'article de Vincennes.

Les habitans de Montreuil ont été favorisés de plusieurs priviléges accordés par nos Rois. Ayant exposé combien ils avoient souffert de l'absence du Roi durant les guerres, et pendant qu'Etienne Marcel étoit Prevôt des Marchands, le Roi Jean par ses Lettres du mois de Mars 1360, les exempta de prises, c'est-à-dire de payer aucuns subsides ni de loger les gens de sa suite, et fit défenses de prendre leur bled, vin, vaches, volailles ou autre bétail à condition qu'ils entretiendroient à leurs dépens les fontaines de Montreuil, desquelles l'eau s'écouloit jusqu'à la rue Pavée qui alloit au vivier de Vincennes [2]. Ces mêmes exemptions furent encore confirmées par Charles V en 1363 aux mêmes conditions, et par Charles VI en 1380 au mois de Février. En 1445, sous le regne de Charles VII, pendant que le Comte de Tancarville étoit Capitaine du Bois de Vincennes, les habitans de Montreuil et de Fontenay résisterent à la soumission qu'on exigeoit d'eux de faire le guet dans ce Château ; et l'affaire fut portée en Parlement. Leur Procureur allégua pour eux qu'ils n'étoient pas nuëment sujets du Roi, et qu'ils avoient aussi d'autres Seigneurs ; que les ennemis étant éloignés de seize lieues, le guet étoit inutile à Vincennes : l'affaire fut appointée. On voit par le reste du plaidoyer, qu'il fut dit que, du temps du Prince de Galles, Vincennes n'étoit qu'une Maison forte et un Palais ; que c'étoit seulement Charles V qui lui avoit donné la forme de Château : que le Roi Jean s'y étoit tenu souvent, et qu'alors les habitans de Montreuil et de Fontenay y avoient fait le guet. Il paroît aussi par le même plaidoyer, que

Ord. des Rois, Du Breul, p. 1020.

Ord. des Rois, T. VI.

Reg. Parlam. 21 Febr. 1445.

---

1. *CHARLES, etc. sçavoir faisons à t. p. et a. Que nous estant en l'Eglise de saint Pierre de le*7 *Bois de Vincennes, ès fons de laquelle Eglise nous et nôtre très-chiere et amée Compagne la Royne fusmes baptisés, pour révérence de Dieu et de la glorieuse Mere de Dieu et dudit Apostre de qui la feste est aujourd'hui, et aussi à la supplication de la femme et d'aucuns des amis charnelx de feu Arnoult de Larron jadis Maire de ladite Ville, que fut n'aguerre justicié et pendu au gibet de Paris, à ladite femme et amis dudit Arnoult, avons donne*7 *et donnons de certaine science et grace spécial par ces présentes, autorité et licence du corps dudit feu Arnoult faire traive hors dudit gibet où il est à présent, pour ycellui mettre et faire mettre en terre-sainte ; toutefois que ce soit secretement et sans solemnités. Si mandons à notre Prevost de Paris ou à son Lieutenant, que ledit corps dudit feu Arnoult face baillier et delivrer à la femme et amis charnelx dudit Arnoult, pour le mettre et faire mettre en terre-sainte comme dit est, en faisant et souffrant jouir et user la icelle femme, amis dudit feu Arnoult perpétuellement et paisiblement de notre présente grace, etc. Donné à notre Ville de Monstereul le XXIX de Juin, l'an de grace MCCC LXXV et de notre regne le douzième.*
 Par le Roi T. Hocie.
 Registre du Trésor des Chart. 107, pièce 143.

2. Le Placard de M. l'Avocat Prevost sur Vincennes en 1738, marque que c'est au cour de cette eau venant de Montreuil que finit la Banlieue de Paris.

les habitans de la basse-cour du Château étoient en différend avec ceux de Montreuil, sur ce que ceux-ci les avoient imposés avec eux au rôle des subsides. Blanchard fait mention de Lettres-Patentes portant reglement sur les priviléges des gens de Montreuil accordées au mois de Mai 1514, et d'autres du Roi Henri II de l'an 1547. Du Breul parle d'un Arrêt de la Cour des Aydes qui paroît avoir modifié et expliqué ces priviléges. Il est resté jusqu'ici de ces anciennes graces de nos Rois, que les habitans de ce lieu vendant leur vin en gros, sont exempts de ce que l'on appelle le droit du gros.

<small>Du Breul, Antiq. de Paris, p. 1020.</small>

Le territoire de Montreuil est fertile non seulement en vin, mais encore en fruits de plusieurs sortes. Le nouveau Livre sur la culture des pêchers imprimé vers l'an 1749, parle avantageusement de celle que font les habitans de ce lieu.

Il y eut à Paris du temps de Saint Louis, un célébre Architecte, appellé Pierre de Montreuil, qui bâtit le refectoire de l'Abbaye de Saint Germain des Prés et la grande Chapelle de Notre-Dame voisine du Palais Abbatial, qui sont deux morceaux gothiques très-délicats. Brice et Piganiol disent qu'il eut aussi la conduite de l'ouvrage de la Sainte Chapelle du Palais. L'inscription de sa tombe qui se voit à la Chapelle de Notre-Dame ci-dessus dite, porte ces mots : *Musterolo natus,* d'où M. Felibien en son Traité des Architectes, a conclu qu'il étoit de Montereau ; ce qui a été suivi par Moreri. Mais à moins que cet Auteur n'ait eu une preuve positive que cet Architecte étoit de Montereau-Faut-Yonne, on doit se déterminer à regarder Montreuil proche Paris comme son lieu natal, parce que c'est à Paris qu'il a vécu, qu'il a travaillé, qu'il est mort, et qu'il a été inhumé, et que dans cette ville, lorsqu'on parle de Montreuil sans autre explication, on entend naturellement Montreuil qui touche aux fauxbourgs. Il est vrai que *Musterolum* en latin peut également signifier quelquefois Montereau ; mais l'équivoque est levée par l'épitaphe de sa femme ainsi conçue : *Ici gist Annes feme jadis feu mestre Pierre de Montereul.* Ce que je viens de dire touchant l'usage d'entendre à Paris Montreuil-sur le Bois, lorsqu'on dit simplement Montreuil, se confirme par le récit que fit vers l'an 1280, Guillaume le Cordelier, d'un miracle de Saint Louis sur une femme qui pendant neuf jours vint de Montreuil au tombeau de ce Saint en l'Eglise de Saint Denis, et fut guérie : il est visible qu'on ne peut entendre par ce lieu simplement appellé Montreuil, que celui qui n'est qu'à deux lieues ou un peu plus, de Saint Denis [1]. Le

<small>Brice, T. IV, p. 313.</small>

<small>Miracl. de saint Louis, chap. xxii.</small>

---

1. Le Cartulaire de l'Abbaye de Livry parlant à la page 89 d'un Renaud de Montreuil, qui en 1202 avoit certains droits sur l'Eglise de Clichy en l'Aunois, l'appelle *Renaudus de Musterolo :* et dans une Charte de Louis VII

Nécrologe de l'Abbaye de Saint Germain nous apprend que ce Pierre de Montreuil mourut en 1266, le 17 Mars. Il est inhumé dans le chœur de la Chapelle, sous une tombe où il est représenté le compas à la main. C'est là qu'on lit ces deux vers :

Hist. de S. Germ. à la fin.

> *Flos plenus morum, vivens doctor latomorum,*
> *Musterolo natus jacet hic Petrus tumulatus.*

ECARTS DE MONTREUIL

TILLEMONT. Le célébre Sebastien le Nain se retira en 1679 sur la même Paroisse, dans le lieu dit Tilmont, que j'ai conjecturé ci-dessus être le Telemoi des titres de l'Abbaye de Livry. C'est en cette solitude qu'il composa plusieurs de ses ouvrages. Quoiqu'elle fut éloignée de près d'une demi-lieue de l'Eglise Paroissiale, il y alloit exactement les Dimanches et Fêtes pour exercer l'office de Diacre. M. Secousse m'a dit avoir vu dans le cabinet où travailloit ce sçavant et laborieux Auteur, l'empreinte de ses deux pieds marquée sur les carreaux qui étoient au-devant de son bureau. Ce Château de Tillemont étoit commun en 1631 à Seraphin Ragois, Conseiller du Roi et Marie du Lac, sa femme, et à Jean Le Nain, Seigneur de Beaumont avec Marie Ragois, son épouse. Aujourd'hui Tillemont appartient à M. Bucy, payeur des rentes.

Suppl. de Moreri 1735, T. II, col. 409 au mot Tronchay.

Perm. de chap. domest. 23 Juillet 1638.

MONTEREAU est une Seigneurie sur la Paroisse de Montreuil, un peu par de-là Tillemont en tirant vers Rosny. Au XIII siécle un Chevalier nommé Etienne y avoit quelques redevances, dont il fit présent aux Chanoines de Saint Jean-le-Rond de Paris, et ceux-ci les vendirent peu après à l'Abbaye de Sainte Geneviéve. Cette Seigneurie a appartenu au XVI siécle à Messieurs Desjardins, Conseillers au Châtelet, Echevins de Paris vers 1530 et 1570 ; et dans le dernier siécle à M. Garnier, dont la fille nommée Marie-Jeanne Garnier, Dame de ce lieu, épousa en 1669 Etienne Canaye, décédé Doyen du Parlement de Paris au mois de Janvier 1744.

Cod. ms. Victor. 990, fol. 147.

SAINT ANTOINE est un bien qui appartenoit à l'Abbaye de ce nom à Paris, et qui anciennement s'appelloit Aunay. Dès l'an 1310 Pierre de Chambly, riche Seigneur, y fit quelques acquisitions de ce Couvent.

Liber rub. Camer Comput.

BOISSIERE est une maison de cette Paroisse non marquée sur les cartes, laquelle appartenoit en 1626 à Jacques Chevalier, et Renée de Pontlevoy, sa femme.

Reg. Ep. Paris.

de l'an 1173 chez Du Breul (page 1016), un bienfacteur des Grammontins du Bois de Vincennes est simplement dit *Matthæus de Monterel*.

FORTIERE est un Fief à Montreuil que je n'ai connu que par une affiche de Paris de l'an 1740.

Un nommé Gandulphe *de Arablis*, qui paroît avoir été étranger, avoit à Montreuil sous Philippe le Bel une Maison et des dépendances. Ce bien étant venu à ce Prince par droit d'aubaine, il le donna pour récompense à Falcon de Regney, Chevalier, par Lettres datées d'Arras au mois de Juillet 1304. Regist. du Trés. des Chart. 37, litt. 33.

Je lis ailleurs que Matthieu de Nanterre, Président en Parlement sous Louis XI, avoit à Montreuil, près Vincennes, une Maison avec des piéces d'eau. Sauval, T. III, p. 401.

Je trouve encore qu'en 1564, Charles IX fit don à Philbert Fillots de tous les droits du Roi sur une maison et jardin situés au même Montreuil, qui appartenoit auparavant à Guichard Richard, Receveur des amendes de la Cour du Parlement. Mém. de la Ch. des Compt. 1564.

Le *Gallia Christiana* (T. I, édit. 1656, page 657), spécifie à l'article d'Octave de Bellegarde, Archevêque de Sens, dont on a quelques ouvrages, que ce fut sur cette Paroisse qu'il décéda le 26 Juillet 1646.

VINCENSES

REMARQUE SUR LE BOIS, LE CHATEAU, LA SAINTE CHAPELLE ET LA PAROISSE

Premierement sur le Bois qui a donné occasion au Château.

Si l'on s'est beaucoup exercé jusqu'ici à chercher l'étymologie du nom de Vincennes sans la trouver, ou sans avouer qu'elle étoit introuvable, cela ne peut provenir que de ce qu'on n'a pas pris la peine de remonter jusqu'aux plus anciens titres où ce lieu est nommé. Les uns, informés qu'il y a des titres latins où ce nom est écrit *Vicena* ou *Vicenæ*, ont imaginé que c'étoit en place de *Vita sana* qui auroit formé le nom de *Vie-saine*, alteré, selon eux, en celui de Vicenes. D'autres, peu frappés de la ressemblance de prononciation de ces deux mots, et établissant toujours pour fondement de leurs conjectures le mot *Vicena*, ont pensé que ce pouvoit être la distance de vingt stades de Paris à ce lieu qui l'auroit fait ainsi nommer; ou que le Bois auroit contenu deux mille arpens, ce qui auroit formé le mot *vingt-cens*, ou enfin que les habitans de ce lieu auroient été sujets au paiement d'un droit de vingtiéme, soit pour les Seigneurs, soit pour l'entretien des murs de Paris. Mais pour abandonner ces étymologies, il suffit Pierre de Fenin, Mém. sur Ch. VI, p. 493. Du Breul, p. 1015.

Valois *Not. Gall.* Chastelain. Piganiol, T. VIII, p. 41. Merc. de Franc. Nov. 1740, p. 2406 et 2407.

d'être informé que dès l'an 847, un titre de l'Abbaye de Saint Maur faisant mention du Bois de Vincennes comme étant de la terre ou Paroisse de Fontenay, l'appelle *Vilcenna*; que dans une Bulle de Benoît VII, donnée l'an 980, entre les biens de l'Eglise de Paris, après *Fontenetum cum Ecclesia*, il y a tout de suite : *Vilcenam cum omnibus inibi adjacentiis* : qu'en l'an 1037 le Roi Henri I permettant aux Moines de l'Abbaye de Saint Maur de prendre pour leur cuisine du bois de la forêt du fisc Royal contiguë à leur Monastere, lui donne pareillement le nom de *Vilcena*; qu'en l'an 1075 on comptoit parmi les dons du Roi Philippe I à l'Abbaye de Saint Magloire : *In silva quæ dicitur Vilcena duæ summæ asininæ*; que la Bulle de confirmation des biens de l'Abbaye de Montmartre par Eugene III en 1147, parlant du bois que cette Maison pouvoit y prendre, sçavoir une charretée de bois mort, la désigne sous ce nom *in silva Vulcenia*; et qu'enfin dans l'acte d'échange que Philippe-Auguste fit en 1190 avec les Moines de Saint Martin, pour le droit qu'ils avoient d'y pouvoir prendre du bois, le Roi dit *in nemore nostro de Vilcenna*. Comme donc voilà un espace de quatre cens ans et dans un temps bien reculé, pendant lequel on a dit et écrit *Vilcenna* ou *Vilcena*, il est tout-à-fait vraisemblable que ce nom vient de quelque mot des anciens Francs ou Germains tels que *Wils*, qui dans la Loi des Bavarois signifioit un cheval médiocre ; et qu'ainsi il y auroit pu avoir en ce lieu un petit haras qui auroit donné le nom au Bois. Il y avoit aussi en Champagne au X siécle, proche l'Abbaye de Montierender, un lieu appellé *Velceniæ*, où Heribert, Comte de Troyes, assigna à ce Monastere quelques maisons. C'est donc le retranchement de la lettre *l* fait par l'usage vulgaire, qui fut cause qu'on lit depuis *Vicenna* et Vicennes, d'où l'on a fait Vinciennes et Vincennes.

Ce que j'ai dit jusqu'ici suffit pour montrer qu'il n'y a nul fond à faire sur les étymologies ci-dessus rapportées, et prouve en même temps l'ancienneté du Bois de Vincennes. Outre ce que j'ai marqué en passant, sur les usages que les Rois accorderent à plusieurs Communautés dans ce Bois, on doit encore compter parmi ceux qui y eurent part, les Lépreux de S. Lazare-lez-Paris, qui y avoient la charge d'un cheval par chacun jour, en vertu d'une donation de Louis VII. Mais il faut croire que depuis l'an 847, auquel l'Evêque et l'Eglise de Paris, comme Seigneurs de Fontenay, jouissoient d'une portion de forêt dans ce territoire, il s'étoit fait quelque échange entre eux et le Roi, de qui sans doute ces biens leur étoient venus ; car on ne voit pas depuis bien des siécles que l'Eglise de Paris possede rien à Vincennes, qu'elle puisse dire provenir de ces anciens fonds.

Vincennes n'a donc d'abord été connu que par le Bois qui porte ce nom, et ce bois n'a pas toujours été de la même étendue. En 1164 Louis VII déclara qu'il donnoit aux Religieux de Grammont toute la partie de ce Bois avec le fond de la terre qui étoit entouré de fossés, sans dire si c'étoit lui ou un de ses prédécesseurs qui eût fait faire ces fossés. Philippe-Auguste, son fils, fit fermer ce Bois de fortes et épaisses murailles en 1183. Rigord, auteur contemporain, qui a écrit ce fait, assure qu'avant ce temps-là ce Bois étoit ouvert à tous les passans, et qu'Henri, Roi d'Angleterre, ayant été informé de cette dépense de Philippe-Auguste, envoya les cerfs, daims et autres bêtes fauves qu'on put prendre en ses Duchés de Normandie et d'Aquitaine, pour les y mettre. Il y a apparence que ce fut aussi alors que fut bâtie la Maison de plaisance de ce lieu, qui, dans un acte de l'an 1270 cité ci-après, est simplement appellée *Regale manerium.* Comme les Historiens qualifient les murs de ce premier Parc de murs très-forts, *muro optimo, muro fortissimo,* cette premiere clôture est indubitablement celle qui n'est plus reconnoissable que par les vestiges éminents qui en restent couverts de gazon, que les paysans appellent *le dos d'âne.* Il en subsiste encore des portions très-considérables entre le château et Saint Maur, qui font voir que ces murs étoient épais de quatre ou cinq pieds. Je les ai suivis en quelques endroits du côté du couchant, et j'ai reconnu par les impositions de pierres qui y sont encore à fleur de terre en leur premier état, que Rigord ni Guillaume le Breton, auteurs du temps, n'ont point exagéré dans leurs expressions. Je me suis un peu étendu sur ces vestiges de la premiere clôture afin de dissuader quelques personnes qui les trouvant si épais et si remplis de chaux et de ciment, m'ont dit que ce pouvoit être un reste d'ancien chemin Romain sur lequel on auroit fait passer la charrue. Depuis cette clôture Philippe-Auguste acheta encore l'an 1211 des Religieux de Grammont quelques bois situés hors les nouveaux fossés, et même ces fossés neufs, pour le prix de 1000 livres.

<small>Duchêne, T. V, p. 11.</small>

<small>Rigord, Guill. le Breton.</small>

<small>Regist. du Trés. des Chart. cod. 31.</small>

Château ou Maison Royale. Quelle qu'ait été la Maison de plaisance que Philippe-Auguste fit bâtir dedans ou proche le Parc de Vincennes, cette Maison et ce Parc furent souvent honorés de la présence de Saint Louis. Joinville dit (page 12) : « Mainte fois ai « vu que le bon Saint apres qu'il avoit ouï Messe en esté, il se « alloit esbattre au Bois de Vincennes et se seoit au pied d'un « chesne, et nous faisoit asseoir tout emprès lui. Et tous ceux qui « avoient affaire à lui, venoient à lui parler, sans ce que aucun « Huissier ne autre leur donnast empeschement. » Un autre Auteur de sa vie, a aussi écrit que Saint Louis, au sortir de son sommeil d'après-midi, se rendoit quelquefois à Vincennes et y soupoit.

<small>Vie françoise par un Cordelier; mise en latin par les Bolland. 25 Août.</small>

Mais Nangis y marque plus formellement la résidence de ce Prince, lorsqu'il écrit qu'il y fit mettre la Couronne d'épines de Notre-Seigneur en dépôt à son arrivée de Sens, et qu'il la porta depuis le Bois de Vincennes jusqu'à Notre-Dame de Paris, nuds pieds, lui et ses freres. Les Chanoines de Ste Geneviéve l'étoient venus trouver au même Bois de Vincennes quelques jours avant cette Procession, pour lui faire agréer qu'ils ne portassent point en cette occasion la châsse de Sainte Geneviéve. Ces faits sont de l'an 1239. Ce fut au même lieu que le Thalmud fut rendu l'année suivante aux Juifs ; restitution qui parut si peu canonique, que, selon un Auteur du même siécle, le Prélat qui l'avoit procurée, fut atteint au Bois de Vincennes même d'une maladie soudaine qui obligea S. Louis d'en sortir promptement. Lorsque ce Roi partit pour son second voyage d'Outremer en 1260 [1270], il vint coucher, dit encore Nangis, au Bois de Vincennes pour y prendre congé de la Reine son épouse. Cette Princesse y étoit en 1270 sur la fin de l'été, lorsqu'Etienne Tempier s'y rendit pour la consoler de la mort de ce saint Roi. Cet Evêque de Paris y reçut par occasion l'hommage de Iolende, Comtesse de Flandres, pour la Seigneurie de Montjay ; et c'est cet acte qui appelle ce lieu *Regale manerium*.

Philippe le Hardi, fils de Saint Louis, donna des accroissemens au Parc, par le moyen de quelques acquisitions des années 1274 et suivantes. Il eut du Chapitre de Saint Marcel 72 arpens de terre, sur lesquelles ce Chapitre avoit deux tiers de la dixme et le Curé de Charenton l'autre tiers. En compensation de quoi il donna à ces Chanoines de Saint Marcel un muid d'avoine à prendre sur son grenier à Paris. Il y fit aussi une nouvelle clôture entre le Bois et le hameau de Saint Mandé ; il y acheta des fossés et des conduits d'eau qui se déchargeoient dans le Vivier près le même lieu de Saint Mandé. Ce même Roi avoit épousé à Vincennes l'an 1274, en secondes noces, Marie, fille du Duc de Brabant.

Histoire sur le Chateau. Etang. La fréquente résidence des Rois et des Reines de France en ce lieu au commencement du XIV siécle, et dans le temps même de leurs maladies, suppose qu'il y avoit déja véritablement un Château, avant que l'on jettât les fondemens de celui qui subsiste aujourd'hui. Jeanne, Reine de France, épouse de Philippe le Bel, y mourut le 2 Avril 1304. L'écrivain qui est du même temps, met : *apud Nemus Vincennarum*. Le même, rapportant la mort du Roi Louis le Hutin qui y arriva en 1316, met *in domo Regali Nemoris Vincenarum*. J'ajouterai ici en passant que Clemence de Hongrie, sa seconde femme, continua de jouir de cette Maison jusqu'au 15 Août 1317, qu'elle la céda au Roi Philippe le Long, son beau-frere, qui lui donna en échange la Maison du Temple et celle de Ncelle, par transaction passée à Poissy. A l'article de la mort du Roi Charles le Bel arrivée le 2 Février 1327, l'écrivain dit *apud Nemus Vicenarum*, et de même en rapportant la naissance de la fille dont Jeanne d'Evreux, troisiéme femme de ce Roi, y accoucha deux mois après. Enfin ce même Ecrivain, rapportant à l'an 1333 les mouvemens que l'on se donna à Paris à l'occasion du sentiment du Pape Jean XXII sur la vision béatifique, dit que Philippe de Valois rassembla à Vincennes pour en raisonner en sa présence, tous les Théologiens et ce qu'il y avoit alors d'Evêques et d'Abbés à Paris. Son expression est *in domo sua de Nemore Vincennarum*. On peut voir ailleurs la décision que fit cette Assemblée.

Titres de Godefroy.

Thes. anecd.

Il paroît que jusqu'alors les termes *manerium et domus*, étoient ceux dont on se servoit pour désigner cette Maison Royale de Vincennes. Elle n'avoit pas apparemment eu jusques-là l'apparence de Château ; mais en 1337, le même Roi Philippe de Valois commença celui qu'on voit aujourd'hui, et l'éleva jusqu'à rès de terre, conservant toutefois l'ancienne Chapelle de Saint Martin de la Maison Royale précédente. Vingt-quatre ans après, le Roi Jean son fils fit élever ce bâtiment jusqu'au troisiéme étage. Pendant sa prison en Angleterre, Charles, Régent, informé que le Bois de Vincennes dépérissoit, à cause du grand nombre de personnes à qui le Roi avoit permis d'y prendre du bois, adressa à Adam de Melun, son Chambellan et à Philippe Ogier, son Secrétaire, un ordre pour défendre à Pluyau, Concierge, de ne plus permettre d'en prendre, sans des ordres postérieurs à cette défense. Le même Charles qui étoit né à Vincennes l'année même que les fondemens du nouvel édifice avoient été jettés, acheva, étant devenu Roi, l'entreprise de ses ancêtres, et se plut en ce lieu plus qu'en aucun autre de ses Châteaux. Toutes ces circonstances se trouvent dans une inscription en trente-six vers françois, gravée sur une pierre de marbre noir à l'entrée du pont de la tour du Donjon. Ces vers sont dit être de la composition de Philippe Ogier, dont je viens de parler. Comme ils sont imprimés dans Du Breul et dans les Origines de la langue Françoise par Borel, j'ai cru devoir me contenter d'en donner ci-dessous la substance. Ils commencent ainsi :

Ex Schedis D. Secousse.

> *Qui bien considere cet œuvre*
> *Si comme se monstre et descueuvre.*

Lorsque la Maison Royale de Vincennes eut tout-à-fait pris l'air d'une Forteresse, il fut réglé que les habitans de Montreuil et de Fontenay y feroient le guet, sçavoir quatre de Montreuil et deux de Fontenay par chaque nuit. Le Roi avoit ordonné, dès le temps de Bertrand Du Guesclin, que l'on feroit de grands manteaux de gros drap où le chaperon tiendroit. Le Portier du Château en avoit la garde, et les leur donnoit le soir en entrant. Le Comte de Tancarville, Capitaine de ce Château et Jean Sauvage, son Lieutenant, eurent beaucoup de peine à faire continuer l'exécution de ce réglement. Les paysans alleguerent que Vincennes n'étoit qu'un lieu de plaisance ; ils se prétendirent affranchis de toute servitude, pourvu que ceux de Montreuil conduisissent les eaux à Vincennes, et ceux de Fontenay à Beauté. On leur répondit que de tout temps ils avoient mis en sûreté leurs effets en cette Maison Royale de Vincennes ; qu'autrefois tout le pays d'autour Fontenay et Montreuil étoit en garenne Royale, tellement que les *conins* y gâtoient leurs vignes, et que les gens de cette garenne pouvoient aller jusqu'en leurs maisons découvrir leur pot, regarder au four ce qu'il y a dedans ; ce qui étoit autrefois une grande sujétion. Après des informations sur tous ces points, ils furent condamnés au Châtelet, ceux de Montreuil à fournir deux hommes au guet, et ceux de Fontenay un, ou à payer seize deniers par chaque défaut ; ce qui ne faisoit que dix blancs par an, au lieu que par l'Ordonnance du Roi il étoit dit qu'on payeroit huit sols par chaque feu. Nous apprenons par Christine de Pisan en sa vie de Charles V, que ce Prince avoit eu intention de faire une *ville fermée* à Vincennes, c'est-à-dire un bourg clos de murailles, et que pour cela il y avoit établi *en beauls manoirs* la demeure de plusieurs Chevaliers, et autres *les mieulx amez*, et leur auroit assigné à chacun une rente viagere ; il voulut aussi que ce lieu fût franc de toute servitude et redevances. Il est constant au reste par des quittances des années 1373, 1374, 1375, qu'il acquit beaucoup de terres pour l'augmentation de la garenne de ce Château. Il y fit tenir en 1371, le 16 Novembre, une espece de Concile, composé d'Archevêques, Evêques, Abbés, Docteurs en Théologie et en Droit, pour déterminer quel étoit le Pape que l'on devoit regarder comme légitime, et il y fut décidé que ce seroit le Pape Clement VII. Mais ce que Charles V fit encore de fort considérable à Vincennes, est la fondation de la Sainte Chapelle et des Chanoines qui la desservent. J'en parlerai ci-après plus au long. L'Ordonnance qu'il fit touchant la majorité des Rois, est datée de Vincennes au mois d'Août 1374.

Le regne de Charles VI n'a rien de remarquable par rapport à Vincennes, sinon les Chartes qu'il accorda aux Chanoines pour accomplir la fondation commencée par Charles V, son pere ; la naissance et la mort de son fils Charles, Daufin, qui y arriverent le 24 Septembre 1386 et le 28 Décembre de la même année. Sur la fin de son regne en 1419, la cherté du bois étant devenue fort grande, il fut ordonné que le Bois de Vincennes seroit coupé [1].

Du tems de Charles VII, Henri V, Roi d'Angleterre, qui préten- Chron. S. Denis
doit à la Couronne de France, vint mourir à Vincennes sur la fin
du mois d'Août 1422.

Louis XI étant en ce Château l'an 1465 à la Toussaint, y reçut Ibid.
hommage du Duché de Normandie que lui fit le Duc de Berry.
Sous son regne les titres font souvent mention de l'Etang de Vincennes. J'observerai préliminairement que dans certaines Lettres
de l'an 1182, au commencement du regne de Philippe-Auguste, il
est fait mention de l'Isle de Vincennes : *Insula de Vicenis*, par
rapport à l'abandon que l'Abbaye de Montmartre fit de l'usage
qu'elle y avoit. Peut-être que les fossés qui environnoient alors le
Bois étoient remplis d'eau ; ce qui le faisoit considerer comme
une espece d'Isle, avant la clôture de murs que ce Prince fit faire
l'année suivante. Quoiqu'il en soit, lorsque les eaux des collines
voisines eurent leur libre écoulement dans le bas du vallon, il s'y
forma un étang, le même peut-être qui subsistoit encore il n'y a
pas long-temps, et qui étoit du côté de Saint Mandé. Dans un
compte de la Prevôté de Paris, est articulé le payement d'un
charpentier *pour avoir fait un pont dormant au travers du ru par* Sauval,
où vient l'eau de Bagnolet et de Charonne, à l'étang du Bois de T. III, p. 407.
Vincennes, entre les vignes de Montreuil et de la Pissote, nommé
le ru Orgueilleux, lequel pont il étoit besoin de faire pour passer
les gens qui alloient à Paris. Et plus bas : *Réparations faites tant* Ibid, p. 413.
au ru de la Pissotte par où va et coule l'eau au grand étang du
Bois de Vincennes, nommé le ru Orgueilleux, comme à un vieulg
qui est joignant la porte de la Conciergerie dudit Bois. On peut
conclure de ces deux fragmens de Comptes, qui sont d'environ
l'an 1470, qu'il y avoit alors au moins deux étangs à Vincennes.
Ce sont sans doute ces deux pièces d'eau qui furent données par
Louis XI, sous le titre d'Etang et de Vivier du Bois de Vincennes,
à Olivier le Mauvais, Barbier du Roi, par Lettres régistrées en Reg. Parlam.
Parlement le 4 Janvier 1473. Il étoit alors Concierge du Château.

On lit qu'en 1474 il y planta trois mille chênes dans un Parc de Sauval,
deux cens arpens. T. III, p. 418, ex Comput.

Quoique la grosse tour du Château de Vincennes, nommée aujourd'hui Donjon, n'eut pas encore cent ans, les mêmes Comptes Sauval,
parlent des réparations qu'on y fit vers l'an 1472, et spécifient que T. III, p. 414.
l'on y mettoit dès-lors des prisonniers. C'est peut-être la premiere
fois qu'on la trouve destinée à cet usage, qui n'eut apparemment Mer. des
lieu que depuis que Louis XI eut fait faire d'autres bâtimens dans chroniques,
ce Château. fol. cxcii, recto.

---

1. Le moule coûtoit 16 ou 18 sols, et on n'avoit que trente-deux buches par moule. (Journal de Paris sous Charles VI, p. 57.)

_{Sauval, T. III, p. 512.} On apprend par d'autres articles des Comptes de l'an 1495, que la Reine Anne de Bretagne faisoit sa demeure à Vincennes, où elle avoit un jardin.

_{Reg. Parl. 29 Janu.} En 1562, sur le bruit qui se répandit que les Prétendus Réformés faisoient des prêches au Château de Vincennes, le Parlement manda le Capitaine de ce Château, et lui enjoignit de les empêcher.

_{Vie du P. Jean de la Barriere.} Henri III y reçut en 1587 le Pere Jean de la Barriere, avec ses soixante-deux Religieux de Feuillant. Ils y resterent depuis le commencement du mois de Juillet, jusqu'au commencement de Septembre, qu'on les logea à Paris près les Thuilleries. Le Capitaine de ce Château, nommé Saint Martin, à qui le même Prince l'avoit confié, soutint le blocus pendant un an de la part de la _{Mém. du temps.} Ligue, qui faisoit ses progrès en 1589, et enfin le Duc de Mayenne s'en rendit maître par composition sur la fin de l'année.

Les augmentations ou changemens que Louis XI avoit fait à ce Château, ne l'avoient pas rendu beaucoup plus logeable, et il ne le devint que par le moyen d'un nouveau goût d'architecture. Catherine de Medicis, veuve du Roi Henri III, avoit exposé au _{Sauval, T. I, page 677.} Pape Pie IV en 1564, que les Rois n'alloient plus si souvent qu'autrefois au Château de Vincennes, parce qu'il n'étoit pas habitable : c'étoit dans le temps qu'elle pensoit à acquerir le Château de Saint Maur. Il n'est pas moins vrai que les Rois y vinrent encore, puis- _{Suppl. à Du Breul, p. 85.} que Charles IX y mourut en 1574 le 30 Mai. Marie de Medicis, mere de Louis XIII, fit commencer une très-belle galerie dans ce Château du côté qui regarde Paris et le Bois du Parc, laquelle galerie fut ornée d'excellentes peintures, et au-dehors du Château elle fit enfermer de fossés pleins d'eau un grand espace de terre dont elle forma un jardin fort diversifié ; l'Ecrivain de ce dernier fait ajoute le nom des plus notables personnes qui furent enfermées dans ce Château depuis l'an 1617 jusqu'en 1637 : sçavoir le Prince de Condé qui y demeura jusqu'en 1620, avec lequel la Princesse son épouse s'enferma. Le Maréchal d'Ornano qui y fut mis quelque temps après, et qui y mourut de maladie. En 1626 le Duc de Vendôme et le Chevalier de Vendôme, son frere, qui avoient été arrêtés à Amboise. Le Chevalier y mourut de maladie, et le Duc en sortit l'an 1631. En 1635 le Duc de Puylaurens, lequel y mourut, puis deux autres qui étoient prisonniers de guerre. Je n'aurois pas fait mention de ces faits, s'ils n'avoient _{Piganiol de la Force.} déja été autrefois imprimés. Louis XIII ayant fait abattre quelques-uns des anciens bâtimens, fit élever deux grands corps de logis dans la cour du côté du midi, l'un pour le Roi, l'autre pour la Reine. Ils n'ont été achevés que vers le commencement du regne de Louis XIV.

Patin écrivoit en 1654 qu'il étoit tombé une tour du Bois de

Vincennes, qui avoit écrasé un des Consierges avec sa femme et trois enfans : que le Roi Louis XIV avoit voulu voir ce désastre. Ce fut sous son regne que fut faite une nouvelle clôture du Parc. Le 30 Juin 1660 il y eut Arrêt du Conseil d'Etat, portant estimation des terres et héritages compris dans le premier dessein de cette clôture. Dans ce qui étoit du territoire de Charenton, sont mentionnés les chantiers ou cantons nommés les Loges, les Epinettes, Savigny, les Besançons situés le long des anciens murs du Parc. De plus le chantier de Bretesche : un grand canton nommé les Fontaines et le bout des vignes, autrement la Justice de Charenton, les chantiers des Sallons, des Limones, les Papillons, les Moinesses jusqu'à la Croix Boissée. Le haut Baillet, les Bannieres, le clos de la Cerisaye, les Graviers, les Vignes blanches, les Hayes aux Demoiselles, les Gaillardes, Butte de bonheur. Au territoire de Saint Maur, le bas de Beauté, les Barres, le chemin de la Reine. J'entre dans ce détail, parce que l'ancienne Topographie des lieux est spécialement de mon dessein. Lettre du 26 Janv. n. 36.

C'est dans le Château de Vincennes que le Cardinal Mazarin mourut l'an 1661 le 9 Mars.

En 1679 Louis XIV y établit une nouvelle Chambre de Justice contre les empoisonneurs. Mém. du temps. Mercure 1679, p. 184.

Les Journaux du regne de Louis XV font mention de la résidence de ce Prince au Château de Vincennes, dès le premier mois de ce regne qui étoit Septembre 1715. Ce fut là qu'on lui présenta alors un Sellier demeurant à Châteaudun, natif du Diocése de Toul, âgé de 114 ans. Dès l'année suivante il y eut une Déclaration du Roi pour regler les Capitaineries de Chasse de Vincennes. Mercure de Mai 1716. Reg. Parl. 19 Aug. 1716.

En 1731 on coupa et arracha tous les arbres du Bois de Vincennes. On partagea le Parc, ainsi qu'on le voit, et on y sema le gland d'où sont provenus les chênes qui commencent à former un taillis.

Avant la même année 1731 on distinguoit à Vincennes le grand Parc d'avec le faux Parc. L'enceinte du faux Parc étoit plus petite et plus ancienne, quoique beaucoup postérieure à celle qu'avoit fait construire le Roi Philippe-Auguste. Elle commençoit à l'endroit où étoit le Château de Beauté, ensorte que la porte de Beauté étoit en ce mur. Elle traversoit ensuite les terres situées entre le Bois et Saint Maur, et s'étendoit du côté du couchant ; au milieu de ce mur étoit une porte qui conduisoit à Saint Maur. Cette enceinte a été abbattue en 1631, excepté la porte qui subsiste encore.

On éleva alors vers le milieu du chemin qui conduit de Vincennes à Saint Maur, un obelisque sur lequel on fit graver une description qui contient en gros les changemens arrivés alors.

On compte aujourd'hui six portes au Parc de Vincennes : 1° La porte au bout de ce qu'on appelle la Basse-cour, qui est au bout du chemin qui vient de Paris au Château. 2° La porte qui va à Fontenay. 3° Celle qui va à Nogent. 4° Celle qui conduit à Saint Maur. 5° Celle qui entre dans le hameau de Saint Mandé. 6° Celle qui est au bas de ce hameau et que l'on nomme la porte de Belair, nom que porte aussi une maison qui est au même lieu en dehors.

Avant l'an 1731, il y avoit immédiatement après le Parc du Château, un mur qui alloit jusqu'à cette porte de Belair, et qui formoit un Parc avec le mur qui regne le long du grand chemin pavé de Vincennes. Ce mur intérieur a aussi été abbattu alors, ensorte que le Parc de Vincennes comprend aujourd'hui ce petit Parc, le faux Parc du côté de Saint Maur, et le petit Parc de Beauté.

On commença vers l'an 1738 un grand travail au bout du Parc vis-à-vis les murs de l'Hôpital de la Charité de Charenton. On y abbattit le mur du Parc et on y creusa un fossé large et revêtu de pierres. Cet ouvrage ne fut pas continué.

Vers l'an 1740 on établit dans le Château de Vincennes une Manufacture de Porcelaine qui a produit de très-beaux ouvrages : on parle présentement de la transferer à Sêvre.

SAINTE CHAPELLE. Vers le temps de l'ancienne Maison Royale du Bois de Vincennes, il y avoit eu en ce lieu une Chapelle du titre de Saint Martin, auquel on sçait que tous les Rois de France ont porté une grande vénération. Nous avons des Lettres de Saint Louis qui y fonda le Chapelain en 1248, moyennant quinze livres de revenu sur la Prevôté de Paris, et qui devoit avoir de livraison par chaque jour lorsque le Roi étoit à Vincennes, quatre pains, un sextier de vin, quatre deniers pour sa cuisine et deux toises de chandele, et moitié de tout cela quand la Reine seule y étoit. Charles V y fit construire une autre Chapelle qui put correspondre aux édifices qu'il y avoit fait bâtir. Elle fut qualifiée de Collégiale de la Sainte Trinité, et l'office Canonial y fut commencé dès son vivant. Ses Lettres données à Montargis au mois de Novembre 1379, y établissoient quinze personnes ; sçavoir neuf Chanoines, dont un seroit Trésorier, et un autre Chantre, quatre Vicaires et deux Clercs. Mais comme ce Prince n'avoit pas eu le loisir de la doter, ainsi qu'il l'auroit souhaité, quoiqu'il eût assigné beaucoup de terres et Hôtels spécifiés dans les Lettres de son successeur, ce successeur, qui étoit Charles VI, son fils, leur accorda la seconde année de son regne toutes les confiscations et forfaitures advenues et à advenir dans tout son Royaume, avec un grand nombre d'obligations dont les Juifs lui étoient redevables, lesquelles dettes n'étoient pas encore acquittées en 1394 au mois de Juillet, suivant qu'il paroît par une Charte de ce

Chart. maj. Ep. fol. 287.

Félibien, Hist. de Paris, T. III, p. 197.

Sauval, T. III, p. 34 des Preuves.

temps-là. Charles V n'avoit pu réunir à la nouvelle Collégiale les biens de la Chapelle de Saint Martin du Château, à cause que le titulaire vivoit encore : Charles VI fit cette réunion, et comme elle étoit à la collation du Trésorier de la Sainte Chapelle de Paris, pour le dédommager, il lui donna la collation de la Chapelle de Saint Denis du Château de Cravenchon au Diocèse de Rouen qui étoit de nomination Royale, le tout par Lettres du 19 Mai 1389. Vingt ans après ou environ, la terre de Boisroger, acquise de Philippe d'Auxi, Seigneur de Dompierre, Sénéchal de Ponthieu (selon le Pouillé de Paris 1626, page 86, elle valoit 60 ou 70 livres), fut aussi employée par ce Prince pour la dotation de la Chapelle ou Collégiale de Vincennes. Cette Eglise étoit, dit-on, à l'endroit où est aujourd'hui le cloître des Chanoines. Elle n'étoit pas encore achevée en 1393, comme il s'infere du Testament que Charles VI fit cette année-là, et elle resta toujours imparfaite. Celle que l'on voit maintenant et qui est considérable pour son élévation et sa largeur, passe pour être plus belle que n'étoit l'ancienne ; elle est dans le goût gothique quoique bâtie sous François I et Henri II, qui est le temps auquel on cessoit communément de bâtir de cette sorte. Les vitrages en sont estimés. On les dit peints par Jean Cousin sur les desseins de Raphaël. C'est dommage qu'on en ait enlevé la moitié pour y suppléer par du verre blanc. On conserve dans le Trésor un bassin de cuivre rouge des Indes en forme de casserolle qui a cinq pieds de circonférence, où sont des figures représentant des Persans ou des Chinois. On y voit un Roi sur une espece d'estrade avec des gardes à ses côtés, et cela y est deux fois ; beaucoup de chasses de tigres, lions, léopards ; en deux endroits quelques mots Arabes qui regardent quelques familles de cette nation. Ce bassin représente aussi plusieurs hommes en casques et boucliers. Les figures sont cizelées dans le cuivre, et tout ce qui a été cizelé est rempli d'argent. Je croirois que ce bassin a servi aux purifications qui étoient fréquentes chez les Orientaux, et qu'il a été apporté des Croisades. Il a servi en France au baptême de quelques Princes du sang, et encore à présent, c'est celui dont on se sert au baptême dans cette Chapelle, quand le cas y échoit. Piganiol n'avoit pas examiné de près cette cuvette. Dans le côté droit du sanctuaire est représenté sur une tombe un Prêtre avec les habits sacerdotaux et l'aumuce dans la tête. On y lit les deux inscriptions suivantes : « Cy gist vénérable et discréte personne M. Guillaume « Cretin, en son vivant Aumonier du Roy, Chantre et Chanoine « de la Sainte Chapelle du Palais à Paris, jadis Trésaurier de « ceans, lequel trespassa le xxx jour de Nov. l'an M. V^c. XXV. « Priez... »

Trés. des Chart. Reg. 146, Piece 315.

Trés. des Chart. Reg. 136, Piece 15.

Vie de Ch. VI par Besse, in-4°, p. 346.

Descrip. de Par. T. VIII, p. 43.

Quisquis es, ô hospes, jacet hac sub mole Cretinus
Cretinus, placidam posce dari requiem.
Quatuor ille olim Regum comes ordine honeste
Vixit, vir, meritis et pietate major.
Historiam à Franco complexus ad usque Capetum
Hugonem abruptum morte reliquit opus.
Hocce tui desiderium tenue derelinquis
Cetera ne vatem sint habitura parem.

Guillaume Cretin avoit été Chroniqueur de Louis XII. Ses ouvrages d'Histoire de France en vers françois sont restés manuscrits à la Bibliotheque du Roi et ailleurs. Ses autres poësies ont été imprimées à Paris en 1723 par Coustelier. On y voit deux Requêtes en vers françois qu'il présenta au Roi François I, au nom de la Sainte-Chapelle de Vincennes, qui se plaint de ce qu'elle n'est pas encore achevée depuis huit vingt ans que l'on commença à la bâtir. L'Epitaphe ci-dessus constate l'époque de la mort de Cretin, sur laquelle l'Auteur de la Bibliotheque Françoise a paru douter (Tome X, page 19). Ce même Guillaume Cretin passe pour être celui que Rabelais raille sous le nom de Rominagrobis, par la description qu'il en fait. L'ancien *Gallia Christiana* traitant des Evêques de Normandie, dit que Pierre Du Val, Evêque de Seez, décédé en 1564, a été inhumé dans la Sainte Chapelle de Vincennes.

<small>Dictionn. Trev. au mot *Rominagrobis*.</small>

Les Assemblées des Chevaliers de l'Ordre de Saint Michel qui se tenoient au Mont Saint Michel, furent transférées par Henri II dans le mois de Septembre 1557, à la Sainte Chapelle de Vincennes, quant à l'office de S. Michel et aux services pour les Chevaliers défunts. Ce même Roi voulut qu'à chaque chaise du chœur fussent mises les armoiries des Chevaliers selon leur antiquité : de sorte qu'alors on l'appelloit *La Chapelle de l'Ordre de Saint Michel*, ainsi que Henri II l'avoit ordonné, ajoutant qu'il y auroit au chœur un coffre ou seroit renfermé un livre contenant les faits et gestes des Chevaliers. Le reglement a été confirmé par les Rois suivans, même par Louis XIV en 1645 et Louis XV en 1717. Et encore aujourd'hui le Chapitre de Vincennes fait le service aux deux fêtes de Saint Michel, et célèbre le lendemain de chacune un service pour les Confreres de l'Ordre. Les ornemens, décorations de cette Chapelle et spécialement les vitrages, portent les marques du même Ordre. La Chambre des Archives au-dessus de la Sacristie, étoit dès le tems qu'elle fut bâtie, la Chambre du Conseil des Chevaliers. Mais enfin ces Chevaliers, en vertu d'un Reglement du Conseil du 26 ou 28 Avril 1728, s'assemblerent au mois de Mai suivant dans le Grand Couvent des Cordeliers de Paris pour y célébrer l'Office divin :

<small>Extrait d'un Mémoire de M. Boulé, Chanoine de Vincennes et Greffier.</small>

<small>Mém. de la Chambre des Comptes.</small>

et les Chanoines de Vincennes représenterent par toutes les raisons ci-dessus alléguées, qu'ils sont Aumôniers et Chapelains nés de cet Ordre, et demanderent à y être maintenus.

Mém. imprimé, signé Boulé, Chanoine et Greffier.

En 1694 les Chanoines du Vivier en Brie, au Diocése de Meaux, à neuf lieues de Paris, qui avoient été fondés par Charles V, furent réunis au Chapitre de Vincennes : en conséquence de laquelle réunion il y eut quatre ans après un Arrêt du Conseil à la requête de Nicolas Heron, Trésorier, qui régla le partage des revenus. On lit dans cet Arrêt imprimé, que le revenu des deux Chapitres réunis montoit alors à 26115 livres, 12 sols, 10 deniers, et les charges à 8615 livres.

On trouve dans Du Breul et ailleurs, plusieurs réglemens concernant ce Chapitre de Vincennes. L'office divin s'y faisoit dans des livres semblables à ceux de la Sainte-Chapelle de Paris, qui n'étoient autres que les livres Parisiens. On voit dans le Catalogue de la Bibliothéque de Charles V, que ce fut delà qu'on en tira plusieurs : les apostilles que le Garde de la Librairie fit alors à ce Catalogue, portent ces mots : *Baillé par le Roi à ses Chanoines qu'il a fondés au Bois de Vincennes nouvellement.* Cela se lit à l'article d'un Missel en deux volumes grosses lettres. Ces livres écrits sur parchemin avec grand soin, étoient pour durer bien des siécles.

Du Breul, p. 1013. Chenu des Offices, T. I, ch. VII.

Cod. Collect. 1008, fol. 24 et seq.

Il y eut quelques changemens dans le dernier siécle ; mais ils furent si légers, que dans une Requête au Roi présentée par le Sieur Heron, Trésorier, les Chanoines y avancent comme une chose sûre, que ce n'est pas la Sainte-Chapelle de Vincennes qui a changé ses usages, mais celle du Palais à Paris.

La Trinité est qualifiée dans leur *Ordo : Festum Patroni Primarii;* l'Assomption, *Festum patroni minus principalis.* Ils ont toujours fait l'office de Saint Eutrope, de Saint Germain d'Auxerre aux jours de ses Saints. Depuis que j'ai écrit ceci, j'ai appris que vers le commencement de l'année 1749, les Chanoines de cette Sainte-Chapelle ont repris leur ancien usage de se servir des livres Parisiens, et qu'ils ont adopté la derniere édition de ces livres.

Les Officiers du Chapitre de Vincennes sont Officiers Royaux sans provisions du Roi, et connoissent des cas Royaux.

Il y a eu aussi un Réglement de M. de Harlay, qui porte que le Bailly de Vincennes n'aura que la taxe des Prevôts Royaux, parce qu'il n'est Bailly que par privilége.

Lorsqu'on établit une succursale à la Pissote en 1547, ainsi qu'il sera dit ci-après, cette Succursale étoit aussi *pro inferiori curia castri Nemoris Vincennarum;* mais depuis peu le Château forme une Paroisse particuliere, où les Chanoines marient, baptisent et enterrent ; et on lit dans leur *Ordo* imprimé, que Saint Martin *est patronus Parœciæ hujus castri* : et le Trésorier en est Curé.

PAROISSE DE LA PISSOTE. Il ne reste plus qu'un mot à dire sur la bourgeoisie qui habite à Vincennes au côté septentrional du Château. La suite des temps a formé en cet endroit un village, qui consiste aujourd'hui en une grande place quarrée, entourée de maisons de tous côtés, excepté du côté du midi où est l'une des portes d'entrée de la Maison Royale. Les bâtimens qui environnent cette grande place et la place même, se nomment la Basse-cour et c'est la *Curia inferior* de laquelle je viens de parler, les bâtimens qui sont derriere ceux-ci vers la campagne, se nomment la Pissote.

Sauval avoue qu'il n'a pu sçavoir ce que signifie le nom de Pissote, ni ce que ce peut être. Il y avoit autrefois, dit-il, une Pissote à Paris derriere le Temple ; on l'appelloit la Pissote Saint Martin. Un Hôtel de la Paroisse de Saint Paul rue Saint Antoine, qui fut appellé en dernier lieu l'Hôtel de la Reine, étoit auparavant nommé l'Hôtel de la Pissote. Le même Auteur ajoute qu'il se souvient d'avoir lu ce nom en quelques Cartulaires, comme pour signifier une habitation au milieu de terres cultivées. Je ne doute point que dans ce nombre ne se trouve le grand Cartulaire de l'Evêque de Paris, où il est fait mention à l'an 1274 d'un *Guillelmus de Pissota;* et encore le Nécrologe de l'Eglise de Paris, dans lequel effectivement on trouve un canton de vignes de la Paroisse de Châtenay proche Sceaux, qui est désigné par cette expression : *Ad Pissotam;* ou même le Censier du Prieur de Versailles qui place une Pissote à Meudon vers l'an 1400, sans parler de la Pissote de Beines proche Montfort-l'Amaury.

Ce que Sauval n'a pu découvrir touchant ce terme me paroît renfermé dans la signification du mot *Pista*, de sorte que ce ne seroit que le même mot différemment écrit et prononcé. Or on sçait par le Capitulaire de Charlemagne *De Villis*, que *pista* signifioit une chaumiere ou quelque chose d'aussi vil. *Ut genitia nostra bene sint ordinata*, dit le Prince, *id est de casis, pistis, tuguriis*. La Pissote peut n'avoir commencé que par une simple chaumiere des Gardes du Bois de Vilcenne, et ensuite il s'en sera fait une petite auberge pour les passans; ou peut-être étoit-ce d'abord une simple loge ou case de quelques vignerons de Montreuil, car ce lieu étoit de la Paroisse aussi-bien que la premiere et la seconde Maison Royale du Bois de Vincennes, et il avoit des Seigneurs particuliers.

Les habitans de cet ancien hameau sont pour la premiere fois, de ma connoissance, mentionnés dans une Charte du Roi Jean

Mém. de la Ch. des Compt. 1463. Felibien, T. III, p. 562.

Necrol. Paris. ad 17 Aug. in articulo scripto, c. 1300.

Tab. S. Magl.

Baluze de Villis. cap. XLIX. *(édit. 1780), T. I, p 331.*

Gloss. Cangii Voce Pista

du mois de Mars 1360, qui les exempte de toutes prises, en [les] *Livre rouge ancien du Chât. fol. 64.*
chargeant de faire couler les fontaines au Bois de Vincennes, et le ruisseau dans le Parc. Par d'autres de 1364, ils sont exemptés de toutes tailles. La Seîgneurie de la Pissote est nommée dans une Epitaphe du 15 Septembre 1439 sous les charniers de Saint Paul, où Jean Turquan, Bourgeois de Paris, est dit Seigneur de la Pissote et de Montreuil. On a vu ci-dessus par des extraits d'un Compte de la Prévôté de Paris, que les eaux venant de Bagnolet et de Charonne couloient entre les vignes de Montreuil et de la Pissote, ce qui formoit un ruisseau qu'on appelloit *le ru orgueilleux* (pour dire le ru gras et argilleux). Il étoit autrement dit le ru de la Pissote. L'Abbaye de Saint Victor de Paris avoit un fief au même lieu de la Pissote. Elle obtint du Roi Louis XIV la permission de le vendre, ce qui fut registré en Parlement le 21 Mars 1646, en ordonnant une visite pour juger *de commodo*, etc.

Comme la Pissote n'étoit qu'un hameau, il n'y avoit aussi qu'une Chapelle. Sur l'exposé des dangers que l'on couroit pour les Sacremens, elle fut érigée en Succursale le 4 Janvier 1547, *Reg. Ep. Paris.* du consentement de Nicolas Boisseau, Curé de Montreuil, à la réserve des jours solemnels et Fêtes de Patron. Ayant été rebâtie, Charles, Evêque de Megare, en fit la bénédiction le Dimanche *Ibid.* 6 Septembre 1551, celle du cimetiere et des autels Notre-Dame, Saint Jean l'Evangéliste et Saint Jacques. Thomas des Champs, aussi Curé de Montreuil, ayant eu de Marie de Beauvilliers, Abbesse de Montmartre, une côte des Martyrs de leurs châsses, *Ibid.* la fit approuver en 1621, par l'Evêque de Paris, pour être déposée *23 Apr. 1621.* dans cette Eglise Succursale. Elle fut depuis érigée en Paroisse sous l'invocation de la Sainte Vierge, et elle est à la pleine collation de M. l'Archevêque. Cette érection est postérieure à tous les anciens Pouillés Parisiens imprimés. Des lettres la marquent l'an 1669. Le premier Curé fut un Chanoine de Vincennes nommé Anselme Larsonneur. Jean Le Marinel, Curé de Montreuil, y *Reg. Arch. Par.* consentit, moyennant cent livres de rente pour l'indemniser lui *9 Aug.* et ses successeurs, et huit livres à la Fabrique de son Eglise. Il y a aussi eu dans cette Eglise une fondation de Chapelle faite par Nicolas Courtois, dont la nomination appartient au Curé et aux héritiers dudit Courtois. J'en ai vu une collation faite le 8 Juillet 1686. Le Livre des élections imprimé en 1709, compte 50 feux à la Pissote, et le Dictionnaire Universel de 1726 y marque 228 habitans.

SAINT-MAUR-DES-FOSSÉS

CHATEAU DES BAGAUDES. C'est une opinion communément reçue, que le lieu où est le bourg du nom de Saint Maur, a eu primitivement le nom de *Castrum Bagaudarum,* aussi-bien que celui de *Fossatus.* La situation de ce lieu dans une péninsule de la Marne (et tellement péninsule, que quelques anciens Ecrivains l'ont qualifié *Insula*) étoit naturellement celle qui convenoit à un Château. Quelques-uns veulent qu'outre le circuit que la Marne fait presque tout autour de cette péninsule, il y avoit encore des fossés le long du bord de cette riviere dans l'intérieur de la péninsule même : le nom de *Fossati* au pluriel employé dans quelques anciens titres, autorise ce sentiment ; d'autres pensent qu'il n'y eut jamais qu'un fossé tracé en ce lieu, et que c'étoit pour en former une Isle en y faisant passer un bras de la Marne ; ou que si ce fossé n'étoit pas assez profond pour cela, il servoit au moins à empêcher du côté des terres l'entrée de la péninsule. En effet, le nom de *Fossatus* au singulier, est celui qui est employé dans les plus anciens titres.

On ne doit pas regarder comme très ancienne la vie de S. Babolein, premier Abbé de ce lieu dans le septiéme siécle, ni même s'appuyer trop sur les titres qu'elle rappelle. L'Auteur qui étoit Moine de l'Abbaye, n'a vécu qu'à la fin de l'onziéme siécle, et il a manqué de critique au jugement de tous les Sçavants de ces derniers temps, lorsqu'il a voulu parler de ce qui étoit arrivé sept cens ans avant lui. Toute la grâce qu'on peut lui faire, est de croire que les lieux dont il parle ont appartenu au Monastere des Fossés, et qu'il y a eu des diplomes de nos Rois à ce sujet ; mais ces diplomes pouvoient avoir été refaits depuis le temps de la perte des originaux. On peut lui accorder encore ce qu'il dit sur les anciennes murailles d'un Château dont il avoit vu les fondemens en ce lieu, aussi-bien que sur le Fossé : *Usque hodie inveniuntur lapides magni optimo opere Romano quadrati, qui in fundamento ipsius ædificii tunc fuerunt positi.* Et plus bas : *Ad Occidentis vero partem quæ Parisius respicit urbem, antiquis Paganorum operibus ex petrosa terra ædificatus erat murus firmissimus cum altitudine magnorum Fossatuum, qui ab aqua in aquam, id est, a parte meridiei usque ad septentrionis plagam protendi videtur.* Mais qui peut croire avec lui, sans aucun garant, que c'est Jules Cesar qui avoit fait faire tous ces ouvrages, et qu'il lui donna le nom de *Castrum Bagaudarum,* à cause que ceux auxquels il en confia la garde s'appelloient Bagaudes ? Tous

(marginalia:) Dom Mabillon. Les Bolland. Le P. Le Cointe. Dom Bouquet. Dom Rivet.

les gens versés dans la lecture des anciens Auteurs, conviennent que le nom de Bagaudes n'a commencé à paroître que trois cens ans après, sçavoir sous l'Empire de Dioclétien et Maximien. Ce fut le nom que portèrent alors les troupes errantes de mécontens, principalement de paysans, nom qui, quoique d'abord ne signifiant en général qu'une assemblée, par la suite devint odieux, à cause que ces Bagaudes se mêloient de voler et piller, ensorte qu'il fut donné à tous ceux qui refusoient d'obéir aux Empereurs, nom par conséquent qui put être quelquefois attribué aux Chrétiens par les citoyens des villes Payennes. L'Anonyme Moine des Fossés ne se contente pas d'inventer que Jules Cesar avoit bâti le Château où étoit situé son Monastere, il veut encore que ce soit ce Château qu'Amand et Ælien habitoient avec une multitude de paysans, et que Maximien Hercule envoyé par l'Empereur Dioclétien, vint détruire, déterminant à ce lieu en particulier, ce qu'Orose, qu'il avoit lu, a dit après Aurelius Victor, et Eutrope, des Gaules en général, sans désigner la Province et encore moins le canton. Bien plus, de ces deux chefs de Bagaudes Amand et Ælien, il en fait deux Chrétiens, et il ajoute qu'il faut croire que cette multitude de gens retirés dans ce Château étant Chrétiens, ainsi que leurs Chefs, finirent leur vie par le martyre. Il n'est pas besoin de critiquer davantage l'Auteur d'une légende qui a voulu deviner les faits au bout de sept cens ans. Mais, dira-t-on, c'étoit au neuviéme siécle, sous le regne de Charles le Chauve, un sentiment reçu, que le lieu où est l'Abbaye de Saint Maur avoit été autrefois appellé le Château des Bagaudes, une Charte de ce Prince de l'an 866 le dit positivement : *quod vocatum olim fuit castrum Bagaudarum*. Je répons que les Chartes d'un temps si éloigné que l'on n'a transmises à la postérité que par le moyen du Cartulaire de l'Abbaye, rédigé et écrit à la fin du treiziéme siécle, tandis que toutes les autres du même siécle sont conservées jusqu'aujourd'hui en original ; ces Chartes, dis-je, sont suspectes d'avoir été retouchées et interpolées, ensorte qu'il y a de violens soupçons que c'est afin que les additions qu'on y avoit faites ne fussent pas connues, que l'on a eu soin d'en supprimer les originaux aussibien que ceux du diplome du septiéme siécle, qui regardent la fondation et l'exemption.

Oros. Hist. Lib. VII, c. xxv, an ann. 285.

Hist. Eccl. Par. T. I, p. 450.

L'origine de la tradition du Château des Bagaudes ne peut être non plus solidement appuyée sur le discours que l'on fait tenir à l'Archidiacre Bidegisile parlant au Roi Clovis II : *Exoro tuam Celsitudinem ut mihi digneris concedere castrum olim dictum Bagaudarum*. Ce langage est de l'invention de l'Anonyme Auteur de la leçon de Saint Babolein, dont j'ai dit l'âge ci-dessus en marquant le cas qu'en font les critiques.

On a voulu aussi tirer de l'origine des Bagaudes, le nom d'une porte de la ville de Paris qui étoit aux environs de l'Eglise de Saint Gervais, lorsque ce quartier fut fermé de murs par les François ; on l'appelloit par corruption *la Porte Baudere,* dont on avoit fait *Porte Baudet ;* et l'on s'imaginoit que Baud étoit l'abregé du mot Bagaud. On ajoutoit que cette porte avoit eu ce nom, parce qu'elle conduisoit au Château des Bagaudes : mais c'est une illusion de croire que le nom de cette porte ait jamais eu de rapport avec les Bagauds ou Bagaudes. Ce nom est resté moins éloigné de son origine dans celui de la Place qui en étoit voisine, et qui s'appelle *la Place Baudoyer.* En effet, les titres du XIII siècle et suivans, parlant de cette Porte et de la rue qui y aboutit, l'appellent *Vicus Baldaeri, Porta Bauderi, Porta Balderii, Porta Baldeorum, Porta Bauderia.* Pour moi depuis que j'ai vu le Testament de la Dame Ermentrude redigé à Paris vers l'an 700 de Jesus-Christ, et qui fut autorisé par Mommole alors Comte de cette Ville, et par *Baudacharius* qui en étoit Défenseur, espece d'Office considérable, je ne puis m'empêcher de croire que c'est de ce *Baudacharius* que la Porte et la Place ont eu le nom ; parce qu'il a été naturel de réduire le nom *Baudacharius* en *Baudarius,* de même qu'on a réduit *Clothacharius* en *Clotharius,* et *Annacharius* en *Annarius.* Or, qui ne voit combien il a été facile de *Baudarius* en faire Baudaier, ou Baudaire ? Ainsi, il ne faut pas penser que les Bagaudes aient contribué en rien à la formation de ce nom. Contentons-nous de sçavoir qu'il y a eu dans les Gaules des factieux ainsi appellés, sous l'Empire de Diocletien, sans oser décider où ils étoient rassemblés, à moins que nous n'ayons d'autres monumens que l'Anonyme de l'Abbaye de Saint Maur auteur de la vie de Saint Babolein, et que deux Chartes du Cartulaire de la même Abbaye suspectes d'altération et de rature. Il y avoit encore des Bagaudes dans les Gaules sous l'Empire de Valentinien III en 435, 436 et 437 : mais au rapport de Salvien, auteur contemporain, c'étoient presque tous les gens de la campagne qui le devenoient malgré eux ; accablés d'impôts et de vexations de la part des Officiers Romains, ils quittoient leurs maisons et leurs petits fonds, alloient de lieu en lieu et se retiroient chez les ennemis des Romains où ils avoient moins à souffrir ; veut-on que ce soit à ceux des environs de Paris que l'Isle des Fossés ait servi, tout ingrate et stérile qu'elle étoit ? Il s'agira encore de sçavoir si le mal étoit dans ces pays aussi grand que le dépeint Salvien qui écrivoit à Marseille avant l'an 451. Au reste ces paysans étoient la plupart Chrétiens, puisqu'alors la Foi avoit été annoncée dans la plus grande partie des Gaules. C'étoient des gens descendus des anciens Gaulois ou des Romains même, que la cupidité des Trésoriers Romains avoit mis aux abois. Peut-on croire que vagabonds et errans comme Salvien les représente, ils eussent séjourné assez long-temps dans l'Isle ou Peninsule de la Marne pour qu'elle en prît leur nom? M. Genebrier, dans son Hîstoire de l'Empereur Carausius, qui a vu le jour en 1740, a suivi le préjugé populaire sur les Bagaudes du lieu dit le Fossé; mais il avoit si peu examiné les Archives de ce lieu, où il dit (pages 15, 16 et 17) que fut donnée une bataille contre ces factieux, qu'il a assuré que l'ancien Monastere est occupé aujourd'hui (1740) par des Chanoines Réguliers.

Voici donc à quoi semble se réduire ce que l'on peut dire de plus probable sur l'antiquité du lieu de Saint Maur : 1º Qu'il a été d'abord couvert de bois, et qu'il faisoit partie de la Forêt appellée *Vilcenia*, qui dans la suite a été coupée en grande partie, et dont le nom a été altéré en celui de Vincennes ; 2º que lorsqu'on en eut abbattu une partie dans le quartier de la Péninsule formée par la Marne, on bâtit dans ce lieu un Temple en l'honneur du Dieu Silvain ou Dieu des Bois, et un édifice pour les Officiers de ce Temple, qui fut qualifié de Collége. Il faut croire que les Romains étant devenus maîtres de Lutece et du pays de Parisis, n'avoient pas beaucoup tardé à introduire en cette contrée le culte de ce Dieu Silvain, puisque l'inscription Romaine trouvée à Saint Maur et qui fait mention du rétablissement de ce Collége de Silvain, est d'environ l'an 200 de Jesus-Christ. Le rétablissement d'une chose suppose qu'elle avoit existé long-temps auparavant. Cette inscription passée dans le Cabinet des antiques de l'Abbaye de Saint Germain des Prés, a mérité l'attention de Dom Bernard de Montfaucon, qui en avoit été gratifié par M. l'Abbé Chevalier. Il donna en 1734 à l'Académie des Inscriptions les remarques qu'il avoit faites à son occasion. Comme il n'en a pas fourni la description, se contentant d'en rapporter le contenu, c'est ici la place de la représenter telle qu'elle est. C'est une pierre platte d'environ un pied en quarré, laquelle avoit été faite pour être incrustée dans un mur ou sur une porte [1]. Elle est composée de sept lignes ainsi distribuées, en caracteres romains qui sont de plus d'un pouce dans les premieres lignes, et qui vont en

<small>Mém. de l'Acad. des Inscript. T. XIII, p. 429.</small>

---

1. Feu M. l'Abbé Chevalier l'avoit eue de son neveu de même nom, Chanoine de Saint Maur, aujourd'hui Chanoine de Notre-Dame ; elle avoit été trouvée vers l'an 1725 par terre dans son bucher comme pierre inutile. Ce bucher fait partie de la grosse Tour du Cloître Canonial. Il falloit qu'elle eût été incrustée précédemment dans le mur de cette Tour ou ailleurs à Saint Maur. L'Abbe Chastelain a écrit qu'après avoir visité vers l'an 1680 les curiosités de la Collégiale, il avoit vu à Saint Maur sur un marbre blanc cette inscription : *Collegium Silvani*, etc.

diminuant à mesure qu'on approche de la fin, avec un point après chaque mot.

COLLEGIUM.
SILVANI. REST
ITVERVNT. M.
AURELIUS. AUG.
LIB. HILARUS.
ET MAGNUS. CRYP
TARIUS. CURATORES.

Etant donc très-vraisemblable par cette inscription qu'il y avoit dans les bois voisins de la Péninsule de la Marne, un Collége de Silvain, le Temple ne devoit pas en être éloigné ; et ce sont apparemment les restes des fondations de ce Temple, que l'Auteur de la vie de Saint Babolein avoit vus sous le Roi Philippe I, vers l'an 1080, et qu'il a pris pour des restes d'un Château de Bagaudes. Cela se confirmera, si jamais on découvre en ce lieu quelque statue qui représente un homme entre des arbres tenant une serpe et portant une branche de pin ou de cyprès tel qu'on représente ordinairement le Dieu Silvain. Dom Bernard a expliqué ainsi l'inscription ; « Marcus-Aurelius, affranchi d'Auguste, et sur-
« nommé Hilarus, et Magnus Cryptarius, Curateurs, ont établi
« le Collége de Silvain, c'est-à-dire la Société ou Confrérie du
« Dieu Silvain. » Le nom de Marcus-Aurelius que portoit le premier Curateur, marque que l'Auguste dont il étoit affranchi étoit l'Empereur Marc-Aurele, qui regna depuis l'an 161 de Jesus-Christ, jusqu'à l'an 180. A l'égard du surnom *Cryptarius* porté par Magnus, second Curateur, c'étoit, dit ce Pere, un nom d'Office, dont il n'avoit point encore trouvé d'exemple. Mais comme on a vu des souterrains dans la Péninsule dont il s'agit, et qu'il en restoit encore un il y a cent ans, appellé *La Cave Saint Felix,* il paroît que Magnus a été un Officier qui auroit eu inspection sur ces sortes de lieux souterrains, cryptes, caves ou cavernes. Pour ce qui est de la réunion faite par l'Auteur de la vie de Saint Babolein, de l'idée de Bagaudes avec l'idée de Chrétiens martyrisés dans le canton, il y aura été conduit par la lecture qu'il pouvoit avoir faite de quelque écrit, où l'on marquoit par ces lettres B. AGOARDUS le nom d'un notable du territoire, dans lequel les Barbares massacrerent la multitude de ceux qui s'étoient mis sous la protection de ce nommé Agoard.

Comme il est constant que les Temples des fausses divinités cesserent de subsister depuis le regne de l'Empereur Constantin, la Confrérie du Dieu Silvain ne put plus être entretenue comme auparavant. Les Francs étant survenus dans les Gaules cent cinquante ans après, il y a grande apparence qu'ils s'emparerent d'abord de tous les lieux religieux du Paganisme qui étoient restés déserts et inhabités; et qu'après la conquête des environs de Paris, Clovis les fit regarder comme des biens du Domaine de sa Couronne. Si ma conjecture est vraie, on peut présumer que toute la Forêt de Vilcene arrosée par la Marne, appartint à nos Rois dès le temps de la premiere race, avec la presqu'isle qui en formoit une bonne partie. Mais un peu auparavant qu'ils en prissent possession, il s'y étoit fait quelques Martyrs dans la plaine de cette Péninsule; c'étoient des Chrétiens, dont je viens de parler, qui fuyant les Barbares conduits par Attila en 451, s'étoient retirés en ce lieu et aux environs. Ils y furent mis à mort le 24 Juin tant sur l'un que sur l'autre des bords de la Marne. Le seul d'entre ceux qui souffrirent au rivage droit, dont le nom se soit conservé, s'appelloit *Felix*. Les autres qui moururent en plus grand nombre sous le glaive des Barbares à l'autre bord, furent des Chrétiens dont les chefs étoient originaires des environs de la Moselle ou du Rhin, à en juger par leurs noms d'Agoard et d'Aglibert. Ces deux Martyrs sont regardés comme les plus notables d'entre eux. Usuard nous en a transmis la mémoire dans son Martyrologe, composé il y a neuf cens ans. Comme la tradition d'Orleans est que ce fut le 14 Juin que la ville fut délivrée des Huns, une partie des soldats d'Attila pouvoit être arrivée dix jours après au confluent de la Seine et de la Marne. *Vetustiss. Martyrologia.*

Histoire de l'Abbaye des Fossés. Environ cent trente années après la mort de Clovis I, regna en France Clovis II. Un Diacre de l'Eglise de Paris, qui vivoit alors, nommé Blidegisile, ayant conçu de la dévotion pour un lieu si voisin d'une terre arrosée du sang des Martyrs, obtint de ce Prince toute la Presqu'isle ou environ. C'étoit un bien appartenant au Fisc; et c'est ce qu'on nommoit dans l'onziéme siécle *Castellio*, le Fort, à cause des fossés qui y étoient; le reste du terrain de la péninsule, dit la Varenne, dans laquelle on a vu jusques dans le dernier siécle la Cave dite de S. Felix, y fut aussi compris.

Ce Diacre ou Archidiacre de Paris n'avoit eu intention, selon la Charte, de bâtir qu'une Eglise du titre de S. Felix, Martyr, S. Quentin, aussi Martyr, et S. Germain [1]; mais depuis il avoit changé de dessein, et avoit obtenu de Clovis II de quoi y bâtir un Monastere. L'Eglise fut construite sous le titre de la Ste Vierge, et

---

1. Comme S. Germain, Evêque de Paris, étoit mort trop récemment, il y a plus d'apparence que ce fut celui d'Auxerre que ce Diacre eut en vue, d'autant qu'il étoit déja reconnu Patron à Fontenay, village contigu.

des deux Apôtres S. Pierre et S. Paul. S. Babolein en fut établi le premier Abbé. On croit qu'il avoit été tiré de l'Abbaye de Luxeuil ; au moins il fut fort exact à visiter dès le commencement de son gouvernement, les Monasteres qui observoient la regle de Saint Columban, Abbé de Luxeuil, pour profiter des exemples de vertu qu'il y trouveroit. C'est un de ces points dans lesquels on ne peut récuser le témoignage du Bénédictin auteur de sa vie, et qui convient au temps auquel vivoit le Saint Abbé. Je ne crois pas qu'on puisse ajouter une égale foi à ce qu'il dit plus bas, que le Diacre Blidegisile enrichit la nouvelle Eglise de Reliques de quantité de Saints : il s'imaginoit qu'à cause qu'il y en voyoit un grand nombre en ce lieu dans le temps qu'il écrivoit, tout cela venoit des dons de ce pieux Diacre. Au reste, ce Monastere des Fossés, cent ans après sa fondation, n'étoit regardé que comme une Celle, ce qui veut dire un petit Couvent. Une Charte du Roi Pepin, pere de Charlemagne, datée de l'an 768, parlant de la portion que ce Monastere avoit dans la Forêt d'Iveline, met *Cella quæ dicitur Fossatis*.

<small>Duchêne, T. I, p. 661.</small>

<small>Ibid., p. 662.</small>

A peine s'étoit-il écoulé deux cens ans depuis la fondation de ce Monastere, que la discipline monastique n'y étoit plus en vigueur, et les bâtimens presque détruits. Begon, Comte de Paris, s'appliqua à rétablir au commencement du regne de Louis le Débonnaire cette Abbaye, qu'il qualifie de *Cœnobiolum* ; et étant venu trouver l'Empereur avec l'Abbé appellé Benoît, il en obtint l'an 816 des Lettres qui mettoient cet Abbé, ses Moines et tous les biens de la Maison sous sa protection, et leur permettoient, la vacance du Siége Abbatial arrivant, s'ils trouvoient quelqu'un parmi eux capable de les gouverner suivant la regle de Saint Benoît, d'élire ce Religieux-là pour Abbé. Le petit Monastere est dit situé *in pago Parisiaco in loco qui dicitur Fossatus*. Il est aussi connu sous le nom de *Fossatus* dans le Catalogue des Monasteres qui ne devoient au Roi que des prieres seulement, dressé l'an 817. Dans d'autres Lettres également conservées en original et qui sont de l'an 829, Pepin, Roi d'Aquitaine, donne à l'Abbé Benoît *ex Fossati Monasterio*, des biens situés dans son royaume. Le Monastere du Fossé ou des Fossés acquit en peu d'années une si grande réputation, qu'un Comte appellé Rorigon et sa femme Bilechilde, après avoir réparé le Couvent de Glanfeuil sur Loire, où le corps d'un Saint Maur, Confesseur, reposoit, le soumit à Engelbert, Abbé des Fossés ; et l'Empereur Louis le Débonnaire ne le prit sous sa protection, qu'à condition qu'on y vivroit comme à l'Abbaye des Fossés. **Cette charte est datée de l'an 833, à Aix-la-Chapelle** ; mais l'original n'ayant pas été conservé comme ceux des précédens diplomes, ayant au contraire été brûlé avant l'an 868, ainsi que témoigne

<small>Ex autogr. dato Aquisgrani.</small>

<small>Ibid.</small>

Odon, Abbé des Fossés, en deux endroits de son Ouvrage composé alors, on ne peut exiger d'avoir la même foi à une copie inserée dans un Cartulaire du XIII siécle pour tous les articles qui la composent. Je me contente d'observer ici en passant que l'on n'y voit point *Fossatis* comme dans les précédentes, dont les originaux subsistent encore, mais toujours *Cœnobii Fossatensis*, qui n'étoit point encore devenu d'usage dans le style de la Chancellerie. En 835 ou 836 dans le diplôme en original par lequel Pepin, Roi d'Aquitaine, confirme le don que veut faire à l'Abbaye des Fossés Gauzbert, l'un des Seigneurs de son Royaume, d'une Terre appellée Mairé, en se rendant Moine en ce Monastere, on lit *eodem loco qui vocatur Fossatis*. Elle est datée du Palais de Doüé (qui étoit en Anjou). L'Empereur Lothaire donnant à l'Abbaye des Fossés différentes Terres, et voulant marquer qu'il y étoit venu récemment, s'exprime en ces termes, dans sa charte datée de Bonneuil, qui n'en est qu'à une lieue, l'an 842 : *Nos Monasterio Fossatis venientes*. On la conserve pareillement en original. Le Roi Charles le Chauve confirmant par un diplome donné à Compiegne l'an 846 ou 847, la charte de son pere, qui accordoit à l'Abbaye des Fossés la Terre de Marne en Anjou, possédée ci-devant par Gauzbert qui s'étoit rendu Moine, parle ainsi de l'Abbé : *Venerabilis Einhardus Abba Monasterii Fossatus*. C'est l'original qui s'exprime ainsi. Ce n'est donc que depuis ce temps-là où environ, que l'on forma le mot *Fossatensis*, lequel fut usité avec le nom de Saint Pierre, même depuis que le corps de Saint Maur y fut apporté ; encore le terme *Fossatus* ou *Fossatis* subsista-t-il toujours. L'Auteur des Annales de Saint Bertin dit à l'an 861 (temps auquel il vivoit), que les Normans se saisirent alors avec leur Chef nommé Veland, du Monastere *Fossatis*.

Duchêne,
T. III, p. 414.
Mabill. *sec. IV*.
Boll.

On assure, sur la foi d'un manuscrit de cette Abbaye, que ce ne fut pas le Comte Begon qui en rebâtit l'Eglise sous Louis le Débonnaire, mais les Abbés Benoît et Ingelbert, et que la Dédicace en fut faite le 7 Décembre de l'an 839, par Aldric. Archevêque de Sens et autres Prélats. Je ne vois pas pourquoi Erkenrad, Evêque de Paris, qui étoit plein de vie, ne s'y seroit pas trouvé. On ajoute que le corps de S. Babolein, premier Abbé du lieu, qui avoit été inhumé dans l'Eglise de la Sainte Vierge située au septentrion, fut transferé en cette nouvelle Eglise. C'est le deuxième édifice que l'on vit de l'Eglise principale du Monastere, et qui fut renouvellé avant qu'il y eût cent ans expirés depuis sa Dédicace.

Vie françoise de saint Maur.

Gall. Chr.
T. VII, col. 282.

Une troupe de Danois conduite par Veland, fils du Grand Veland, s'empara en 861 du lieu des Fossés et y résida environ une année, au bout duquel temps une partie d'entre eux remon-

Annal. Bertin.

terent jusqu'à Meaux. Nonobstant le retour qui étoit à craindre de quelque autre parti de ces Barbares, le Roi Charles le Chauve ayant appris en 868, que les Moines de Glanfeuil en Anjou erroient en divers endroits du Royaume, pour tâcher de mettre à couvert le corps de S. Maur leur Patron, leur ordonna de l'apporter à l'Abbaye des Fossés, dont ils dépendoient. Enée, Evêque de Paris, se rendit à ce Monastere, et le porta dans l'Eglise jusqu'à l'Autel des Saints Apôtres sur ses propres épaules, en présence d'un grand nombre de Chanoines et de Moines, et le déposa dans un coffre de fer le 13 Novembre. Cette date est certaine, étant marquée deux fois dans l'ouvrage de l'Abbé Odon, témoin oculaire. Charles le Chauve revenant de Bourgogne au mois de Février suivant, vint faire sa priere devant le corps de S. Maur le 5 du même mois; et quelques jours après étant à l'Abbaye de Saint Denis, il envoya deux pieces d'étoffe précieuse dont on se servit pour le couvrir les jours de Procession et d'autres Solemnités. C'étoit naturellement la place où le même Odon, de qui nous tenons ces faits, auroit dû parler du présent que l'Evêque Enée fit alors d'une Prébende de son Eglise Cathédrale à ce Monastere, pour en jouir perpétuellement; comme aussi de l'établissement qu'il fit d'une Procession : cependant il n'en dit pas un seul mot. On est informé de ces deux circonstances par

Hist. Eccl. Par. T. I, p. 448. une Charte qui porte le nom de cet Evêque, dans laquelle il raconte la cérémonie qu'il a pratiquée à la réception du corps de S. Maur; et parlant ensuite de la Procession qui sera faite par le Clergé de Notre-Dame chaque année à ce lieu, en mémoire de celle de la réception du corps du Saint, il la fixe au Mercredi de

Voy. Chastel. Martyrol. Univ. Bimestre Janvier p. 278, où il rectifie le P. Mabillon. la semaine d'après le Dimanche de la Passion : il choisit ce tems exprès, tout différent qu'il étoit de celui de la réception faite au mois de Novembre; et afin qu'il y eût plus de mérite à assister à cette Procession, il prescrivit que l'on iroit et reviendroit à jeun sans rien exiger des Moines des Fossés. Cette Station étoit à l'instar de celle que le Clergé de Rome, dont on venoit de recevoir la plupart des usages en France, faisoit en Carême dans différentes Eglises. On regarde la concession de cette Prébende Cléricale ou Canoniale à une Communauté, comme le premier exemple de ces sortes de démembremens dans l'Eglise de Paris; de même que l'établissement de la Vicairie des Fossés est le premier exemple de ces sortes de Vicairies dans la même Eglise : car les Chanoines de Paris se lasserent de voir que l'Abbaye des Fossés ne fût tenue à aucune charge pour cette Prébende. Rainaud, Evêque de Paris, à qui les Moines en demanderent la confirmation

Hist. Eccl. Par. T. I, p. 625. cent trente-huit ans après, c'est-à-dire l'an 1006, statua en la leur accordant, que désormais l'Abbé Hildebert et ses successeurs nommeroient, du consentement de leur Chapitre, un Clerc qui la desserviroit, lequel seroit présenté au Doyen et au Chapitre par un Moine que l'Abbé députeroit, et seroit tenu de venir deux fois par an à l'Abbaye des Fossés, sçavoir : aux Fêtes de S. Pierre et de S. Maur. Ce même Evêque renouvella le Statut de l'Evêque Enée sur la Procession du Mercredi d'après le Dimanche de la Passion, recommandant toujours à son Clergé de ne prendre aucune refection à l'Abbaye des Fossés, mais d'y aller et d'en revenir à jeun. L'original que j'ai vu à Saint Maur a été écrit par Ansel, Chancelier de Notre-Dame. On voit par là avec quelle sévérité on observoit le jeûne. Cette Station servit à renouveller tous les ans, depuis le Statut de l'Evêque Enée, le souvenir de la réception du corps de S. Maur faite le 13 Novembre et marquée en ce jour dans les anciens Calendriers de l'Abbaye des Fossés et de ses dépendances sous le nom d'*Adventus beati Mauri*. La Procession de Notre-Dame à Saint Pierre des Fossés se pratiquoit encore en l'an 1145, du tems que Barthelemi de Senlis étoit Doyen de cette Cathédrale, comme il se voit par le Cartulaire de Saint Victor (page 3) au sujet de la redevance que l'on payoit au Vicaire qui y avoit assisté. Mais ce ne fut point dans le tems de son établissement en 868, que l'on commença à appeler cette Abbaye et le lieu où elle est, du nom de Saint Maur, comme l'a cru le Pere Du Bois ; les premiers titres où l'on trouve *Monasterium Sancti Mauri*, ou *Ecclesia Sancti Mauri*, ne sont que du XIII siécle. *Hist. Eccl. Par. T. I. p. 451.*

Les Normans étant revenus en 878 aux environs de Paris, les Religieux s'éloignerent avec le corps de S. Maur ; et après avoir été en différens lieux, ceux qui l'avoient en dépôt ne le rapporterent que vers l'an 920. Le Monastere qui avoit été détruit par les Normans, venoit d'être rebâti par Abbon, Evêque de Soissons, par un Comte nommé Haganon, parent d'Adelaïde, mere du Roi, et par l'Abbé Rumald. C'est ce que nous apprenons d'un diplome de Charles le Simple, daté de Compiegne l'an 920, dont l'original emploie les termes de *Monasterium Fossatense*. On ne trouve point de preuve qu'il y eût eu alors une nouvelle Dédicace d'Eglise. S'il y en eut une, elle auroit été celle d'un troisiéme édifice bâti aux Fossés.

Depuis ce renouvellement la vie réguliere ne fut pas trop bien observée aux Fossés. Il paroît qu'en 925 on y appréhendoit encore de nouvelles insultes. L'Abbé Adhelnée obtint alors de Teudon, Vicomte de Paris, une place dans la ville pour servir d'azile à ses Moines en cas de besoin avec un petit Oratoire du titre de Saint Pierre qui étoit totalement détruit. Je n'ai pu découvrir où il étoit situé. Les Religieux, peu de temps après, à l'exemple *Ibid. T. I. p. 535.*

Vita Burch. Comit. T. IV. Duchêne, p. 116 et 117. de Mainard, leur Abbé, menoient une vie séculiere, et prenant les habits du monde, ils alloient chasser dans les bois voisins. Un Moine plus scrupuleux que les autres, vint s'en plaindre à Burchard, Comte de Corbeil, homme de sainte vie, qui ayant obtenu du Roi Hugues-Capet le titre d'Advoué de Saint Pierre des Fossés, parce que cette Abbaye étoit du Domaine Royal, alla à Cluny, et amena Saint Mayeul pour y mettre la réforme. Cet Abbé de Cluny l'ayant proposée aux Religieux, ils aimerent mieux tous sortir que de s'y soumettre, excepté Adicus, c'est le nom de celui qui avoit averti Burchard ; de sorte que Saint *Ibid., p. 118.* Mayeul fut obligé d'y mettre de ses Religieux de l'Observance de Cluny, et en considération de cette réforme, Hugues-Capet donna à ce Monastere des Fossés la Terre de Maisons qui en est voisine, ainsi que j'ai dit ci-dessus ; la date de l'acte est certainement de l'an 988.

Ibid. Les Religieux de l'Ordre de Cluny s'attendoient que cette Maison deviendroit l'un de leurs Prieurés ; mais après la mort de Hugues-Capet, le Roi Robert, de l'avis du Comte Burchard, et non à la priere des Moines, qui ne comptoient point avoir d'autre personne qu'un Prieur à leur tête, y nomma pour Abbé Teuton, l'un des Religieux amenés par S. Mayeul. Cet Abbé, voyant que les murs de l'Eglise ne pouvoient plus subsister, abbattit le vaisseau entierement et construisit une autre Eglise plus vaste et plus belle. C'est celle dont il reste encore de nos jours le portail avec tous les piliers de la nef ; ces morceaux sont les fragmens de l'architecture que l'on employa sous le Roi Robert. On choisit le jour que le corps de Saint Maur étoit arrivé en ce Monastere l'an 868, c'est-à-dire le 13 Novembre, pour en faire la Dédicace. Les anciens Martyrologes de l'Abbaye, dont il en reste un de quatre à cinq cens ans au Prieuré de Saint Eloi qui en dépend, marquent à ce jour après Saint Brice et Saint Amand, Evêques : *Adventus Sancti Mauri et Dedicatio Ecclesiæ Fossatensis*. Le *Hist. Eccl. Par. T. I, p. 658.* Pere Du Bois assure qu'elle fut faite sous l'Abbé Odon II, par Imbert, Evêque de Paris, l'an 1030, et que ce fut sous l'invocation de la Sainte Vierge et des Apôtres Saint Pierre et Saint Paul, sans aucune mention de Saint Maur. Mais il seroit à souhaiter qu'il eût marqué d'où il a tiré que dans le temps que cette cérémonie fut faite, il y avoit onze ans seulement que les fondemens de l'édifice avoient été jettés par l'Abbé qui siégeoit alors. Il paroît que son copiste a lu *XI anno* au lieu de *XXXI anno,* car on ne peut récuser le témoignage de l'Ecrivain de la vie du Comte Burchard, auteur du temps, lequel certifie que ce fut Teuton le premier Abbé des Fossés, tiré de l'Ordre de Cluny, qui en jetta les fondemens et qui, ayant quitté trois ou quatre ans après le gouvernement, laissa continuer l'ouvrage par ses successeurs, dont il en vit mourir deux avant lui. Si c'est plutôt dans le nom de l'Evêque de Paris que le Pere Du Bois s'est trompé et qu'il faille laisser *undecimo anno,* alors, les fondemens de l'Eglise ayant été jettés l'an 998 par l'Abbé Teuton, elle aura été achevée en l'an 1009, auquel siégeoit déjà l'Abbé Odon, puisque ses deux prédécesseurs n'avoient siégé ensemble que cinq ans. Ainsi il n'est pas étonnant que Teuton qui s'étoit retiré à Cluny leur eût survécu. D'ailleurs il faut encore observer qu'en 1009, le 13 Novembre arriva un Dimanche, ce qui rendoit ce jour-là encore plus convenable à la cérémonie.

Vita Burch.
Com.
Duchêne,
T. IV, p. 120.

En même tems que l'on bâtissoit l'Eglise de l'Abbaye des Fossés plus magnifiquement qu'elle ne l'avoit jamais été, plusieurs personnes constituées en dignité travaillerent à procurer un nouvel éclat à ce Monastere, à le rendre célébre, et même, s'ils eussent pu, le plus fameux de tous ceux du Diocése de Paris. Burchard, Comte de Corbeil, déclare dans une Charte de l'an 1006, qu'il avoit reçu ordre des Rois Hugues-Capet et de Robert son fils, d'y procurer sous leur autorité tout le bien qu'il pourroit; en vertu de quoi lui et Rainaud son fils, Evêque de Paris, accorderent une permission générale d'y faire des donations, en l'honneur de la Ste Vierge, des Saints Apôtres Pierre et Paul et du Saint Confesseur Maur, ami de Jesus-Christ : *Sancti quoque Mauri dilecti Confessoris Christi.* C'est là l'un des premiers actes où Saint Maur paroît comme l'un des Patrons du Monastere, qui néanmoins continuoit toujours d'être appelé *Fossatus.* « Si quel- « que Chanoine ou Clerc de Corbeil veut embrasser l'état monas- « tique, que ce soit aux Fossés, continuent Burchard et Rainaud : « *Monachus Fossatis efficiatur.* Nous voulons, ajoutent-ils, que « les laïques qui souhaiteront fréquenter une autre Eglise que « celle de leur Paroisse, ne soient admis que dans l'Abbaye des « Fossés. » Il faut se souvenir de ce que j'ai déja touché ci-dessus à l'occasion de la Charte de l'Evêque Enée, que Rainaud, Evêque de Paris, la renouvella quant à ces deux points : 1º Quant à la Prébende de Notre-Dame de Paris accordée à l'Abbaye des Fossés, qui étoit un honneur qu'aucune autre Eglise du Diocése n'avoit encore eu. 2º Quant à la Procession ou Station du Carême, ce qui étoit encore une marque singuliere de distinction, vu que de toutes les autres Eglises où le Clergé de Paris étoit tenu de faire une Station Quadragesimale, celle-là étoit la plus éloignée. Tant de prérogatives réunies commencerent à faire concevoir de l'Abbaye des Fossés la plus haute idée qu'on en eût jamais eu; de sorte que cent ans après, c'est-à-dire sous Louis le Gros, les diplomes expédiés à la Chancellerie l'appelloient souvent *Sancta*

Fossatensis Ecclesia, de même qu'on en usoit à l'égard des Cathédrales. J'en ai vu deux de l'an 1118, où cette Eglise est ainsi qualifiée. L'une, par laquelle Louis VI ordonna que les vassaux de cette Abbaye, soit libres, soit serfs, aient pleine liberté de tester et de porter les armes, et que l'Abbaye puisse ordonner le duel entre ses serfs et des personnes franches; ce que M. le Président Henaut a remarqué dans son abrégé chronologique, comme une singularité. L'autre regarde une concession que le même Prince lui fit de quelque revenu à Courceau, proche Melun, ajoutant qu'aucun des Hôtes de l'Eglise des Fossés ne pourroit être jugé que dans la Cour de l'Abbé et en sa présence.

<small>Analect. in-8°, T. II. p. 563, in-fol. 232.</small>

<small>Ex Autogr. in Tab. Fossat.</small>

Pendant que Rainaud, Evêque de Paris et Burchard, son pere, travailloient à donner du lustre à l'Abbaye des Fossés, et qu'on en rebâtissoit l'Eglise, les Moines venus de Cluny en étoient les maîtres, et même après que l'Abbé Teuton eut abdiqué, celui qui lui succeda, nommé Thibaud, frere de l'Evêque Renaud, et qui en étoit encore Abbé en l'an 1006, avoit été élevé sous Saint Mayeul à Cluny. Comme donc on faisoit profession d'étude et de science dans cette Congrégation, et principalement dans le Cheflieu, il est certain que la colonie que Saint Mayeul avoit amenée pour occuper ce Monastere, et qui étoit composée, ainsi que dit l'Historien contemporain, des Religieux les plus accomplis, *Perfectioribus Cœnobii (Cluniacensis) fratribus;* il est certain que cette colonie joignit l'étude à la priere. On peut assurer que ce fut elle qui donna la naissance à la belle Bibliotheque qui étoit autrefois aux Fossés, dont les débris ont passé en la Bibliotheque du Roi et en celle de S. Germain des Prés dans le siécle dernier [1]. Il y eut donc en ce Monastere non seulement des copistes de livres, mais même encore des Auteurs. Je ferai voir plus bas qu'il y en eut dès l'arrivée de cette colonie qui travaillerent à donner du relief au Monastere, en essayant de faire connoître S. Maur plus qu'on ne le connoissoit, et lui ôtant l'ancien titre de *Dilectus Confessor Christi* dont il étoit en possession, qui leur paroissoit trop vague. Odon de Glanfeuil, Abbé de ce lieu en 868, ne fut plus le seul Ecrivain que pût produire ce Monastere; il y en eut d'autres au commencement du XI siécle, au milieu et à la fin. Je remets à en parler à l'article des Illustres de ce lieu. Enfin la régularité s'y maintint si exactement durant ce siécle, qu'au commencement du suivant, sçavoir l'an 1107, ce fut à l'Abbé des Fossés que Galon, Evêque de Paris, donna le Monastere de Saint Eloi de Paris pour y établir un Prieuré composé de douze Moines, en place des Religieuses qui en furent ôtées.

---

[1]. M. Bavart, Chanoine, qui en avoit eu quelques-uns, m'en a fait présent.

Le fait que je vais rapporter contribuera beaucoup à exciter la dévotion des Parisiens envers Saint Maur, dont on avoit le corps aux Fossés. La sécheresse de l'année 1137 engagea Etienne, Evêque de Paris, de concert avec l'Abbé Ascelin, à faire porter en Procession le corps de Saint Maur, et par ce moyen l'on obtint de la pluie. *Sec. IV, Ben. Part. II, p. 183.*

Pendant le douziéme siécle et le treiziéme, l'Abbaye fut comblée de tant de biens par différens Seigneurs, qu'il y eut de quoi composer un volume des actes de ces dernieres donations, échanges, acquisitions, etc., sous le gouvernement de Pierre de Chevry, Abbé. J'entends parler du Cartulaire écrit en 1284, dont je me suis servi pour faire connoître un grand nombre de lieux du Diocése de Paris, quoique je ne prétende pas que parmi les Chartes les plus anciennes, dont quelques-unes seulement ont été inserées, toutes méritent la même créance qu'auroient les originaux qui ont disparu. Ce fut dans le même siécle que la dévotion du peuple vint au point qu'il n'appella plus l'Abbaye des Fossés autrement que du nom de Saint Maur. Les Princes suivirent l'exemple du peuple. Alphonse, Comte de Poitiers et de Toulouse, légua par son Testament pour une lampe devant le corps de Saint Maur, la somme de trente sols assise sur la Prevôté de la Rochelle ; mais le Roi étant à Fontainebleau au mois de Décembre 1290, permit que cette somme fût prise sur la Prevôté de Paris. *Gall. Chr. T. VII, p. 295. Ampl. Collect. T. I.* *Ex Autographo Fossatensi.*

Le siécle suivant paroît être celui où fut construit le Sanctuaire de l'Abbaye avec le tour des Chapelles, dans un goût d'architecture assez délicat, ainsi que je l'ai vu et admiré plusieurs fois. Dans ce même siécle, l'Empereur Charles IV étant venu en France voir le Roi [Charles] V, son neveu, alla en pelerinage à S. Maur, le mardi 12 Janvier 1377. L'Abbé du lieu, qui se nommoit Jean de Chartres, chanta la Messe ; l'Empereur donna à l'offrande cent francs, et il se trouva soulagé de sa goutte. Il y revint encore le Vendredi suivant jour de la Fête du Saint, et assista à la Messe célébrée par l'Evêque de Paris. Depuis son retour en Allemagne, le Roi Charles V, à qui il avoit fait sçavoir que les gouttes le tourmentoient encore beaucoup, demanda à l'Abbé quelques reliques de Saint Maur pour les lui envoyer. Il députa pour cela exprés à l'Abbaye Philippes de Mezieres, Chancelier du Roi de Chypre, muni de ses lettres, lequel en rapporta un morceau de côte qui fut envoyé à l'Empereur dans un reliquaire d'or. Ces faits sont rapportés dans des Lettres de Charles V, datées de son Château, proche Creil, au mois d'Août 1378. Dans ces Lettres, Charles V réprime la témérité de certains quêteurs, qui avec des Indulgences promenoient dans le Royaume une châsse du nom de Saint Maur, *Christ. de Pisan, vie de Ch. V, ch. XLV* *Ex Tab. Fossat.*

et il assure que toutes les parties du corps du Saint, à la réserve du morceau de côte donnée à l'Empereur, sont dans la châsse qui a été ouverte en présence de son Envoyé, qui y a aussi vu des Bulles chargées de leur plomb, attestant la même chose.

Une preuve du concours à la châsse ou aux Reliques de Saint Maur sous le regne de Charles VI, est qu'en 1391 il y eut un Procès entre les habitans et les Religieux comme Seigneurs, sur le droit de vendre des chandelles aux Pelerins ; ces derniers prétendoient que personne ne pouvoit en vendre que de leur autorité, et que les Seigneurs de Charenton et Saint Mandé jouissoient d'un semblable droit sur leur terre. Les habitans assuroient de leur côté que la coutume n'avoit été établie que par l'Abbé Richard [1], et qu'elle étoit nouvelle. Les Moines alors peu instruits de leur établissement en ce lieu, s'appuyoient sur ce que Clovis, premier Roi Chrétien, leur avoit donné toute Justice par leur fondation. Enfin, le 30 Avril 1407, ils furent déboutés de l'empêchement qu'ils avoient voulu faire à trois habitans de vendre chez eux des chandelles et des images de plomb pour les Pelerins sans leur permission.

Reg. Parl. 1391, 7 Déc.

Petit Livre du Châtelet, p. 515.

L'Abbaye de Saint Maur eut apparemment besoin d'argent pour la réparation de l'Eglise, sur la fin des guerres des Anglois contre Charles VII. On conserve des Lettres de Henri, soi disant Roi de France et d'Angleterre, datées du 30 Octobre 1434, par lesquelles il permet aux Religieux de Saint Maur de porter la châsse du Saint par-tout les pays de son obéissance pour ramasser des aumônes, et il veut que la conduite en soit commise à trois Religieux de bonnes mœurs. Lorsque ces Religieux furent arrivés à Rennes en Bretagne, l'Evêque Guillaume ne voulut pas leur permettre d'exposer leurs Reliques à la vénération des Fidéles, à moins qu'ils ne lui prouvassent qu'elles étoient véritablement de Saint Maur ; disant qu'en attendant qu'ils iroient chercher les preuves, ils pouvoient les déposer en lieu sûr, soit à Rennes, soit à Vitré. De quoi cet Evêque leur donna un acte en latin, scellé le 10 Juin 1434 par Pierre *de Medietaria*. Je laisse aux lecteurs éclairés à faire les réflexions qui se présentent assez naturellement tant sur les Lettres du Roi Charles V ci-dessus citées, que sur la précaution de l'Evêque de Rennes qui étoit Guillaume Brillet, et comme je n'ai point trouvé dans les Archives de Saint Maur de quoi suivre la demande des Moines, j'en reste là. J'ajoute seulement qu'au mois d'Octobre 1573, quelques reliques furent tirées de la châsse du Saint, pour être données au Cardinal de Bourbon :

Tabul. Fossat.

---

1. Cet Abbé de Saint Maur a été oublié au *Gallia Christiana*. Je croirois qu'il auroit vécu entre Jean II et Pierre II.

c'est ce qui se voit par un compte de recette du sceau Episcopal de Paris, où j'ai lu ce qui suit : *Pro sigillo apposito in acto susceptionis seu extractionis reliquiarum ex capsula sancti Mauri Fossatensis R. D. Cardinali de Borbonio tradendarum. vij Octob. 1573.*

Enfin ce Monastere, après avoir subsisté environ neuf cens ans et avoir essuyé différentes révolutions, devint au XVI siécle dans le cas de la plupart des autres et il eut un Abbé Commendataire. Le premier fut François Poncher, Evêque de Paris, qui décéda en 1529. Jean du Bellay qui lui succeda dans la dignité Episcopale, eut aussi la même Abbaye. Cette continuation de possession par les Evêques de Paris, fit penser à la réunir tout-à-fait à l'Evêché. La dignité Abbatiale fut éteinte en 1533 par une Bulle de Clement VII, et le revenu attaché à l'Evêque de Paris, qui en fut établi Doyen et huit ou neuf Chanoines créés en place des Moines. Les Commissaires la mirent en exécution trois ans après, le 17 Août, réservant à l'Archidiacre pour son droit d'installation de l'Abbé, la somme de dix livres, à chaque mutation d'Evêque, et au Chantre de l'Eglise de Paris pour le droit qu'il auroit eu à l'installation d'un Doyen de Saint Maur, un porc verre, *unum porcum verem,* ou bien la somme de cent sols à la même mutation d'Evêque. Le même jour, 17 Août 1536, l'Evêque Jean du Bellay confera la Chantrerie de cette nouvelle Collégiale à Catherin Deniau avec une Prébende, les huit autres Prébendes à Denis Camus, Jean Chandelou, Jean Lucas, Louis Mazallon, Philibert Friant, Jacques du Fou, Louis de Venoy, et François Rabelais, Docteur en Médecine, qui depuis a été Curé de Meudon. Ces neuf personnes étoient les Religieux même de la maison. Ce fut de cette sorte que l'Abbaye de Saint Maur fut sécularisée. Neuf ans après, c'est-à-dire en 1545 le 22 Février, le même Evêque de Paris fit dans cette Eglise le sacre du célébre Evêque de Mâcon, Pierre Chastellain, qui avoit porté le Roi François I à devenir le Restaurateur des Lettres. Je ne parle point des Statuts qui furent dressés pour le nouveau Chapitre de Saint Maur, lesquels furent confirmés et augmentés par M. le Cardinal de Noailles, le 29 Janvier 1700 et le 12 Avril 1713. Il reste un acte de présentation que la Reine Catherine de Medicis fit au mois de Novembre 1580, à la Chantrerie de Saint Maur comme Dame du lieu.

Gall. Chr. T. VII, Instrum. col. 141.

Ibid. Instr. col. 150.

Reg. Ep. Paris.

Ibid.

Tab. Ep. Paris. in Spirit.

Le nouveau *Gallia Christiana* compte jusqu'à M. Poncher, Evêque de Paris, cinquante-quatre Abbés de Saint Pierre et Saint Maur des Fossés. Les titres qui m'ont passé depuis par les mains, m'ont appris qu'outre Richard nommé ci-dessus, il falloit reconnoître Valderan duquel on avoit douté, et qui l'étoit en 1067 et placer Guillaume du Fresnay Abbé en 1343, suivant un acte d'amortissement pour fondation : à prolonger le siége de l'Abbé

Nicolas au moins jusqu'en 1243; celui de l'Abbé Jean de Chartres au moins jusqu'en 1368 : à qualifier l'Abbé Jean VI du nom de Jean Toire ou Thoere, et à fixer son gouvernement en 1463 et 1473. Il est au Nécrologe de S. Eloi au 2 Août. Jean Binet, dernier Abbé Régulier, y est aussi marqué comme décédé en Juin 1525. Il faut observer que le premier Abbé de ce lieu qui porta les habits et ornemens pontificaux, fut Pierre de Chevry, mort en 1283.

Il arriva dans cette Eglise, environ cent ans depuis l'introduction des Chanoines, un malheur que l'on n'avoit point vu pendant les sept cens ans écoulés depuis qu'on y possedoit le corps de Saint Maur. La tête de ce Saint avoit été tirée de la châsse pour être enfermée dans un reliquaire séparé. On ne dit point en quel temps cette distraction avoit été faite. On sçait seulement que le 22 Juin 1614, ce chef avoit été transferé par Claude de Gelas, Evêque d'Agen, d'une ancienne châsse dans une autre d'argent, et que l'acte en avoit été confirmé et vérifié par l'Evêque de Paris. Il arriva donc qu'en 1628, la nuit du Vendredi au Samedi d'après l'Ascension, des voleurs vinrent à bout de s'emparer de ce reliquaire, et l'emporterent avec tout ce qui étoit dedans du côté de Paris. On fut près d'un an à croire la relique et le reliquaire perdus pour toujours : mais le 5 Mai de l'année suivante, deux hommes labourant une piéce de terre sur le territoire de Saint Mandé au lieu dit *le Creux fossé*, découvrirent dans terre la tête de S. Maur enveloppée d'un taffetas rouge, dont ayant averti les Chanoines de l'Abbaye et le Juge de Saint Mandé, il fut dressé à l'instant un Procès-verbal sur le lieu. Ce qui avoit persuadé ces laboureurs que c'étoit la tête de Saint Maur, est qu'ils avoient vu tomber de cette tête trois rouleaux de parchemin, dont deux l'indiquoient clairement. La relique fut déposée dans la Chapelle de Saint Mandé, jusqu'à ce qu'un pieux Chanoine la reporta en l'Eglise du Chapitre. M. de Gondy, Archevêque de Paris, donna une Sentence le 18 Mai suivant pour reconnoître ce chef, avec ordre d'ériger une Croix dans la place où il avoit été retrouvé, et d'y attacher un marbre qui contiendroit cette découverte. Le Prélat ordonna aussi de célébrer tous les ans à S. Maur le 5 Mai la Fête de l'Invention de ce Chef avec Procession à la Chapelle de Saint Mandé et à la Croix du Creux-Fossé avant la grande Messe, accordant Indulgences à tous ceux qui y assisteroient. L'un des rouleaux que les voleurs avoient mis ou laissé dans le creux du chef de Saint Maur, n'étoit qu'une simple étiquette latine : l'autre étoit l'acte de la Translation faite en 1614 et signé par l'Evêque de Paris. Le troisiéme étoit un acte de l'an 1623, concernant les Chanoines de S. Maur, qu'on ne pût reconnoître étant trop endommagé de pourriture. Ceux qui souhaiteront un plus grand détail sur cette découverte, le trouveront dans le Procès-verbal imprimé dans la vie de S. Maur qui parut en 1640, de la composition du Pere Samson, Carme Déchaux, dit dans la Religion Ignace de Jesus Maria. Ce chef de Saint Maur est maintenant conservé dans un buste d'argent qui pese vingt-huit marcs, sans la tête d'argent où est la relique. La Croix du Creux-Fossé ne subsiste plus et la cérémonie de la Procession étoit aussi cessée depuis longtemps. Vie de S. Maur, p. 466.

RELIQUES OUTRE CELLES DE S. MAUR. L'Eglise Collégiale de Saint Maur a été une de celles du Diocése de Paris la plus riche en reliques, tirées d'ailleurs que des cimetieres de Rome. Car, outre le corps de ce Saint Abbé qu'on soutient y être entier, à la réserve de quelques distractions, et qui cependant n'est que dans une châsse de bois doré sur le milieu de l'Autel de l'Abside, j'ai vu sur le même Autel du côté du midi la châsse de Saint Babolein, premier Abbé, couverte d'argent, dans laquelle est renfermé son corps ; et encore au-dessus de cet Autel, au côté septentrional, une autre châsse de cuivre doré où sont des ossemens de Saint Mein, Abbé en Basse-Bretagne, donnés peut-être par Jean du Bellay, Abbé de Saint Maur, puis premier Doyen, qui les auroit eu de René du Bellay, Abbé de S. Mein, son Vicaire Général. Il y en a aussi de Sainte Colombe, Vierge et Martyre. Ce qui est de cette Sainte paroît avoir été tiré du Prieuré de Saint Bond, situé à Paris dans le lieu où étoit primitivement une Eglise de Sainte Colombe. Ce Prieuré dépendoit des Fossés comme étant membre de celui de Saint Eloi. Au Trésor, outre le chef de Saint Maur, j'ai vu une châsse de cuivre doré, dans laquelle est un crâne qu'on dit, sans preuve, être de Sainte Macrine, sœur de S. Basile. Peut-être est-il de Sainte Macre martyrisée entre Soissons et Reims, et que ce seroit Abbon, Evêque de Soissons, qui l'auroit apporté aux Fossés lors de la Dédicace de l'Eglise qu'il avoit fait rebâtir. Il a été facile de confondre Macre avec Macrine. Ou enfin ne seroit-elle point d'une Sainte de Soissons que le Martyrologe manuscrit du Chapître de Saint Quentin appelle *Macrina* au 22 Novembre ? Plus une image de Notre-Dame d'argent donnée par *Jehan Barbier Secretaire de Saint Mor* en 1373, et contenant des reliques de Saint Maurice.

Une côte dont l'étiquette est du XIII siécle, en lettres capitales, porte *Costa sancti Petri Apostoli*. Nicolas Jaminet, Chanoine, a donné en 1661 l'Image d'argent de Saint Pierre où est cette Relique, de la vérité de laquelle le Clergé de Rome ne conviendra jamais.

Un grand reliquaire de bois couvert d'un verre en forme de tableau penché, où il y a dix-sept morceaux de reliques différentes, dont les plus remarquables sont un os de Saint Prix, Martyr ; l'extrémité supérieure d'un femur de Saint Florentin venue apparemment de Lagny ; un fragment de côte de S. Nivard, Evêque de Reims, et un autre fragment d'une côte de S. Nicaise, Evêque de la même ville, et Martyr.

Une petite châsse ou coffre d'ivoire fort antique, autour de laquelle sont en relief les Prophétes et les Apôtres, et même les trois Rois avec leurs noms, Gaspar, Melchior, Balthazar, le tout en lettres capitales du onziéme ou douziéme siécle. Le catalogue des reliques qui y sont, forme plus de vingt articles. Je ne m'arrêterai qu'aux deux ou trois premiers, parce que les certificats authentiques sont conservés dans les Archives. C'est une partie du chef de l'Apôtre Saint Philippe, et une phalange du doigt de Saint Matthieu ; le tout apporté de Constantinople en 1245 et 1250. J'en produirai les actes à la fin de ce Chapitre. Je sçai bien que le premier a été imprimé dans le Martyrologe de l'Abbé Chastelain (page 839), mais il n'est pas conforme à l'original.

EDIFICE DE L'EGLISE. On reconnoît encore en cette présente année 1753, que le bâtiment de l'Eglise de Saint Maur avec ce qui reste des anciens lieux Réguliers, étoit situé dans l'endroit le plus bas du village et dominé par une montagne du côté du midi, et malgré cette situation il n'étoit pas absolument trop humide. D'abord en approchant on trouvoit des restes d'un ancien portique qui avoit été de quatre travées, et dont la structure avoit paru être du troisiéme siécle. Il étoit entierement découvert depuis plusieurs années, la voûte en ayant été abattue. On voit de cet endroit le haut du portail de l'Eglise composé de pierres dures à deux pieds taillées en rond, en lozanges, etc., ce qui formoit une espece de marqueterie qui paroissoit être de sept à huit cens ans. Dans la nef tous les piliers étoient du temps du Roi Robert, environ l'an 1000 ; mais ce qui étoit aujourd'hui élevé sur ces piliers n'étoit pas si ancien, non plus que la voûte. La croisée étoit de l'architecture usitée au douziéme siécle, ou de la fin du onziéme. Le Sanctuaire étoit ce qu'il y a de plus nouveau, ne paroissant avoir que quatre cens ans ; les vitrages étoient du quatorziéme siécle ; cet ouvrage, quoique peu ancien, menaçoit ruine, parce que les fenêtres sont trop larges et les trumeaux trop étroits ; et c'étoit à cause du péril que l'on avoit rapproché le grand-Autel du côté du chœur, dont les stalles se trouvoient par ce moyen dans la croisée ; c'étoit le 19 Mai 1719, que M. le Cardinal de Noailles avoit permis l'érection de ce nouvel Autel. Le sieur Le Brun de Moleon, dans son voyage Liturgique imprimé en 1718, avoit fait un article particulier de Saint Maur des Fossés, pour marquer que le Saint Sacrement y est gardé et suspendu dans une

Voyage Liturg. p. 199.

colombe d'or au lieu de ciboire, de même qu'autrefois à Cluny. Cette Eglise avoit eu deux tours élevées au XII siécle, une à chaque côté de la croisée, mais fort rabaissées par la suite des temps.

SÉPULTURES. I. Dans le côté méridional de cette croisée étoient deux statues couchées, en forme de mausolée, et dont l'ouvrage ne paroissoit être que du treiziéme siécle : l'une étoit d'un Chevalier ayant un lion à ses pieds, son bouclier à sa cuisse gauche, avec deux Anges qui encensent sa tête de chaque côté. La pierre est un quarré oblong. Sur l'autre pierre, de même configuration, étoit pareillement en relief une Dame qui avoit la tête voilée et le menton embeguiné, avec une bourse attachée à sa ceinture du côté droit. Comme il n'y avoit aucune inscription, les Chanoines ignoroient de qui sont ces deux mausolées. Je conjecture que c'étoient les Cenotaphes taillés au XIII siécle en mémoire du Comte Burchard, mort en 1012, et d'Elisabeth son épouse, lesquels furent sûrement enterrés à l'Abbaye des Fossés sous le regne du Roi Robert. Mais comme la couverture de leur sépulture étoit disparue dès l'an 1058, temps auquel Odon, Moine du lieu, écrivit leur vie, on a bien pu au bout de deux cens ans les représenter non tels qu'ils étoient sous le Roi Robert, mais de la maniere dont on figuroit sous Philippe-Auguste ou sous Saint Louis, les Chevaliers et leurs femmes. L'Auteur de la derniere vie de S. Maur, que j'ai citée plus haut, a conjecturé que ce pourroit être Ermenfrede et son épouse Ennosande, qui seroient ainsi représentés ; mais quoique insignes bienfacteurs de cette Eglise, comme ils moururent avant l'an 1058, ce ne pourroit non plus être un monument de leur temps par la raison ci-dessus alleguée. J'ajoute ici une suite sur les sépultures de cette Eglise qui avoit été dressée par un curieux il y a environ cent ans. *Duchêne, T. IV, p. 123.* *Vie de S. Maur, 1040, p. 338. Duchêne, T. IV, p. 124.* *Cod. mss. S. Gen.*

II. A côté du grand-Autel se voyoit, dit-il, une tombe plate sur laquelle est représenté un Cavalier avec sa cotte d'arme, et cette inscription : *Cy gist Anthoine de Nacaille, Seigneur natif de la Duché de Savoye, Capitaine de saint Maur des Fossés pour le Roi notre Sire, et de par Monseigneur le Duc de Bourgogne, qui trépassa audit saint Maur le dixieme jour de Novembre, l'an de grace 1419. Dieu en ait l'ame. Amen.* Les armes sont une bande échiquettée de trois traits, et pour cimier une tête de paon, issante d'un vol.

III. Dans une cave sous le grand-Autel sont deux corps renfermés dans le plomb. On les dit être du Comte de Tonnerre et de l'un de ses fils tué à la bataille de Saint Denis en 1567.

IV. Proche la Sacristie sur une grande tombe est représenté un Cavalier armé avec sa femme. Ses armes sont six fleurs-de-lys comme les anciens Seigneurs de Nanteuil.

V. Dans une Chapelle voisine de celle où sont les reliques de Saint Maur, et qui est la Chapelle des Seigneurs de la Varenne Saint Maur, sont quelques tombes de ces Seigneurs. Les vitres sont semées de leurs armes qui sont d'argent à deux haches adossées de gueule au lambel d'argent de quatre pieces. Et dans la nef sont des tombes armoriées de même.

VI. Au côté septentrional du Chœur dans l'épaisseur du mur le plus éloigné de l'Autel, est un tombeau en relief représentant un Prélat crossé et mitré, sans armoiries ni écriture. Il a les pieds étendus vers l'Orient.

VII. Au milieu du Chœur, est la tombe de marbre noir et blanc d'un Abbé qui porte en ses armes une girone de dix piéces.

Concours. Il faut dire ici quelque chose du concours qui se faisoit à l'Abbaye des Fossés et à Creteil, le 24 Juin, avant l'an 1735, auquel il fut aboli. D'abord, il faut se ressouvenir que dès le regne du Roi Robert, Rainaud, Evêque de Paris, fils du restaurateur, procura que dès-lors l'Eglise des Fossés fût la plus visitée d'entre toutes celles des Monasteres du Diocése de Paris, en ce qu'il ordonna que ce seroit la seule Eglise Monastique où l'on pourrait recevoir des laïques. De-là ont dû se former de fréquens concours. Celui de la S. Jean avoit commencé par un motif de dévotion : non à l'occasion d'une Translation des Reliques de Saint Maur, que De la Martiniere suppose faussement avoir été faite à pareil jour : cela ne venoit point non plus de ce que les corps de Saint Agoard et Aglibert de Creteil eussent été mis en refuge dans cette Abbaye du temps des guerres. La même tradition fausse qui a fait croire ce transport, avoit persuadé à des gens de Creteil que le corps de Saint Babolein avoit aussi été porté de Creteil à Saint Maur, et qu'il y étoit resté : ce qui est contre toute vérité. Mais ce concours occasionné par les Saints de Creteil dégénera depuis qu'il fut restreint à l'Abbaye, parce que les Religieux, pour retenir sur leur terrain le peuple de Paris qui accouroit à Saint Maur dès le soir de la Vigile de Saint Jean, et qui alloit le lendemain gagner les Indulgences accordées par les Papes à ceux qui visitoient les reliques de ces Saints de Creteil martyrisés le 24 Juin, profitant de la conjoncture du concours qui par l'affluence ressembloit à une Foire, établirent à Saint Maur des assises dont la tenue commençoit l'après-midi de la veille de Saint Jean.

Les Officiers de toutes les Justices des Terres dépendantes de l'Abbaye, étoient obligés d'y paroître devant le Prevôt ou Bailly. Tous les habitans du village se mettoient sous les armes, et après l'Audience et l'appel de tous les Juges et de tous les habitans, ce cortége assemblé alloit tambour battant, drapeau déployé, faire la

Gall. Chr.
T. VII, col. 27.

Procession dans l'Eglise du Monastere : il sortoit par-dessous le Cloître, et alloit avec solemnité allumer le feu de la Saint Jean. Ce spectacle fit que les artisans de Paris et des environs qui ne seroient partis de chez eux que le jour de Saint Jean de grand matin, vinrent dès le soir, et comme les Religieux vouloient retenir le peuple au moins une partie de la matinée, ils prirent le parti de célébrer une Messe dès trois heures du matin.

Par la suite les armes à feu ayant été inventées, on s'en servit à la Procession des Assises, et l'on en fit des décharges dans l'Eglise même. C'est ce qui y attira encore plus de populace et par conséquent plus d'indévotion : de maniere que les Religieux crurent que pour éviter ou apaiser le tumulte occasionné par cette reddition d'hommage ou de devoir Seigneurial, il étoit à propos d'exposer leurs Reliques. Cette exposition ne fit qu'augmenter le désordre : elle attira des malades dont le nombre augmenta d'année en année, d'autant plus aisément que l'on se mit sur le pied d'y amener ceux qui étoient atteints du mal Saint Jean, c'est-à-dire de l'épilépsie ou du haut-mal, et peut-être à cause de la circonstance du jour [1], et comme ils restoient la nuit dans l'Eglise, ils obtinrent que la Messe qu'on disoit au point du jour fût chantée en l'honneur de S. Maur, qui a aussi été invoqué pour le même mal. Cette Messe solennelle commencée du tems des Moines, fut continuée par les Chanoines, et cela parce que le concours de malades continuoit. Au bout de cent ans ou environ, ces Chanoines avancerent cette Messe à minuit, chantant Matines auparavant. Cette ressemblance de la nuit de Saint Jean avec la nuit de Noël, rendit la chose plus mystérieuse, et attira encore plus de monde et de malades ; de sorte que les clameurs des uns et des autres ayant dégénéré en cohue et tintamarre de Halle ou de Foire [2] autour de l'autel où est la châsse de S. Maur, sans

---

1. Il est prouvé par le Livre des Miracles de S. Louis, que le concours se faisoit au XIII siécle, pour ce mal d'épilepsie, à l'Eglise de Saint Jean dans la ville de Saint Denis, et qu'on y alloit la nuit de S. Jean. *Bolland. 25 Aug. pag. 658.*

2. Un sçavant et zélé Chanoine de cette Collégiale, de qui je tiens plusieurs mémoires et qui est décédé à présent, m'a affirmé qu'il est témoin d'un grand nombre d'années que pendant quatre heures que duroient les Matines et la Grand-Messe de minuit, on n'entendoit que des cris et hurlemens continuels de malades ou prétendus tels des deux sexes, que six ou huit hommes promenoient étendus sur les bras tout autour de la Chapelle de S. Maur. Les malades crioient de toutes leurs forces : *Saint Maur, grand ami de Dieu, envoyez-moi santé et guérison, s'il vous plaît.* Les porteurs faisoient encore plus de bruit en criant : *Du vent, du vent* : et des personnes charitables éventoient les malades avec leurs chapeaux. D'autres crioient : *Place au malade, garre le rouge,* parce qu'on prétend que cette couleur est contraire aux épileptiques. Quand un malade avoit répété trois fois de suite sa priere, on le comptoit guéri, et l'on crioit à haute voix : *MIRACLE, MIRACLE.* Enfin c'étoit un vacarme si grand, que l'on n'entendoit point le Clergé chanter,

parler des profanations qui se commettoient dans le reste de l'Eglise, M. de Vintimille, Archevêque de Paris, crut devoir faire cesser ces scandales par une Ordonnance qui défendoit aux Chanoines de Saint Maur d'ouvrir leur Eglise avant quatre heures du matin le jour de S. Jean, et d'y dire la Messe à minuit. Ainsi a fini ce concours prodigieux de peuple, qui, selon de la Martiniere, se faisoit des extrémités de la France, et même des pays étrangers.

Le Mémoire du Chanoine fourni en 1745, continuoit ainsi : « Il ne reste plus à S. Maur de cérémonie extraordinaire à la « Saint Jean que l'ombre de celle qui y attira autrefois le concours « du peuple privativement à Creteil, et qui le rendit si nombreux « et si célébre. Ce sont les Assises que les Seigneurs de la Terre « ont continué de faire tenir, quoique la Seigneurie soit depuis « plus de cent cinquante ans en main laïque. Mais ce n'est plus « qu'une pure cérémonie, à laquelle les Officiers du Chapitre « n'ont pu être contraints d'assister comme du temps que l'Evêque « de Paris et le Chapitre de Saint Maur étoient Seigneurs. Ce-« pendant le cortége armé, ainsi qu'il est dit ci-dessus, continue « toujours de passer à travers l'Eglise, où les gens armés font la « décharge de leurs fusils. »

LA CHAPELLE NOTRE-DAME DES MIRACLES est située à côté du portique de l'Eglise de Saint Maur vers le septentrion. Il y a toujours eu dans l'Abbaye des Fossés un Autel ou une Eglise sous le titre de la Sainte Vierge, ce qui a fait que primitivement on appelle ce Monastere l'*Abbaye de Notre-Dame et des Saints Apôtres*. Les Reliques de Saint Maur ont par la suite fait disparoître dans l'usage le nom des Saints Apôtres Pierre et Paul, de même que le nom de ces derniers, à cause que leur Eglise étoit la plus grande, l'avoit emporté dans l'usage, sur celui de la Sainte Vierge. Saint Babolein, premier Abbé des Fossés, avoit été inhumé proche ou dedans la premiere Eglise de Notre-Dame, vers l'an 671. Quelques siécles après ses ossemens furent tirés de son tombeau et portés dans la grande Eglise de Saint Pierre. On conserva toujours depuis son cercueil de pierre dans l'Eglise de Notre-Dame, où l'on dit qu'il étoit arrivé plusieurs merveilles à son occasion ; c'est peut-être ce qui la fit surnommer par la suite

Labb. Bibl. mss.
T. I, p. 656.

et qu'il se formoit trois ou quatre différens chants dans les différentes parties de l'Eglise. Pendant cette nuit il y avoit dans la même Eglise de petits marchands de bougies et d'images, des mendians de toute espece, des vendeurs de tisane qui crioient : *A la fraiche, A la fraiche* : tout cela augmentoit le désordre. Et après la grand-Messe, qui finissoit vers les deux heures, les pélerins et pélerines les plus sages couchoient dans l'Eglise sans se géner sur leurs petits besoins : les autres alloient passer la nuit dans les cabarets ou aux marionettes, ou bien à la danse. C'est ainsi que se passoit cette prétendue dévotion.

Notre-Dame des Miracles. D'autres ont raconté là-dessus une Histoire assez semblable à celle qui fit autrefois donner à une Eglise de Constantinople le nom de Notre-Dame de l'Achiropée, c'est-à-dire, faite sans le secours de main humaine, et cela a été cru pendant plusieurs siécles. Mais aujourd'hui on veut des garans. L'édifice qui subsiste aujourd'hui n'est cependant point de ces temps reculés ; il ne paroît avoir que trois siécles de construction. Il contient quelques sépultures : mais les tombes qu'on y voit peuvent avoir été prises du portique de la grande Eglise ou de l'Eglise même. Comme la dévotion y a toujours été très-grande, le Chapitre, les habitans du lieu et du voisinage obtinrent le 8 Août 1624 permission d'y établir une Confrérie : et trois ans après une Bulle d'Urbain VIII pour des Indulgences. La Fête de la Dédicace de cette Chapelle se célèbre le 10 Juillet. J'ai connu par un compte de dépense du Monastere de l'an 1493, que cette année-là elle fut célébrée le Mercredi 10 de ce même mois.

Dans cette même Chapelle se voit un tombeau élevé en bosse représentant une Dame couchée, et à côté est une tombe plate sur laquelle sont figurés trois petits enfans, sçavoir deux garçons et une fille au milieu, avec des armes qui consistent en une bande. Et contre le mur est une plaque de cuivre où sont gravés ces mots :

Cy gist Noble Dame Madame Isabel d'Angeran, jadis femme de noble Chevalier et Seigneur Monsieur Jehan Seigneur de la Riviere, laquelle Dame avoit eu dudit Seigneur trois enfans cy-après nommés, c'est à sçavoir Monsieur Jehan Seigneur de la Riviere, premier Chambellan du bon Roi très-debonnaire le Roi Charles-le-Quint de son nom que Dieu absolue, Reverente Dame en Dieu Madame Marguerite de la Riviere Abbesse de l'Eglise de Ierre, Monsieur Bureau Seigneur de la Riviere, lequel fut après la mort de Monsieur Jehan son frere premier Chambellan du Roi Charles dessusdit, et après, premier Chambellan du Roi Charles VI de son nom fils du Roi dessusdit. Laquelle Dame trépassa le jour de Saint Nicolas d'hyver, l'an de grace 1363. Priez pour son ame, que Dieu bonne mercy lui face. Amen.

RÉSIDENCE DE PRINCES. Lorsqu'on trouve dans les anciens monumens que quelques-uns de nos Rois sont venus aux Fossés, il ne faut pas penser qu'ils aient logé autre part qu'à l'Abbaye, excepté depuis le regne de Charles IX, auquel temps la Reine Catherine de Medicis acquit cette Terre de l'Evêque de Paris, Eustache du Bellay. *Hist. Eccl. Par. T. I, p. 659.*

Le Roi Henri I témoigne par une Charte de l'an 1058, qu'il y venoit souvent faire sa priere. Louis VII dit le Jeune vint à l'Abbaye l'an 1168 et s'y trouva dans l'Eglise à la clôture d'un acte d'acquisition avec Agnès, Comtesse de Meulant, Dame de Gournay et Guy de Chevreuse. En 1223, le Jeudi avant la mi-Carême, *Chart. Fossat.*

Philippe-Auguste y prit le droit de gîte évalué cent livres, suivant le Cartulaire de ce Roi, fol. 265. Saint Louis qui y vint au mois d'Août 1229, y passa aussi en 1254, et l'Abbaye paya pour son gîte la somme de six-vingt livres. Il y eut un Traité de Paix fait à Saint Maur au mois de Septembre 1418. Un autre Traité de Paix y fut signé le 29 Octobre 1465. Cette même année le Duc de Berry y logea. On a vu ci-dessus que l'Empereur Charles IV y vint deux fois au mois de Janvier 1377, par dévotion pour Saint Maur que l'on invoquoit contre la goutte dont il étoit fort attaqué. Le Roi Henri y étoit le 1er Février 1551. Il reste plusieurs Déclarations, Ordonnances ou Edits du Roi Charles IX donnés à S. Maur en 1566, 1567, 1568. Cette Terre appartenoit alors à Catherine de Medicis, sa mere. Il y en a aussi plusieurs du Roi Henri III datés du même lieu durant les étés des années 1580, 1581, 1582 et suivantes.

Ampl. Collect. T. I. Sauval, T. II, p. 441. Reg. Parl. Chron. scand. édit. 1611, p. 105.

Je ne m'arrête point sur la résidence que fit à Saint Maur en 1278 au mois de Novembre, Simon de Brie, Cardinal de Sainte Cecile, Légat en France, non plus que sur celle du Duc de Bourgogne qui y soupa avec la Reine le 14 Juillet 1363.

Reg. du Trésor des Chart. 31.
D. Plancher, Hist. de Bourg. T. III, p. 15.

Au reste, ce n'est pas sans fondement que Sauval a avancé qu'il y eut à Saint Maur un Fort bâti et entretenu par les Religieux durant les guerres des Anglois et des Navarrois contre la France. J'ai vu aux Archives du Chapitre une Ordonnance de Charles V qui exemptoit tous les habitans des terres de l'Abbaye, de rien fournir pour sa Cour, attendu la défense faite à sa priere pour fortifier cette Abbaye, en former une place forte, et entretenir des troupes pour la défendre contre les incursions des Anglois.

Antiq. de Paris, T. II, p. 266.

ECRIVAINS. Cette Abbaye a fourni autrefois plusieurs Ecrivains. Il a même continué d'y en avoir depuis qu'elle a été sécularisée. Je vais parler des uns et des autres.

Le premier entre les Moines des Fossés dont il reste quelque ouvrage, est Eudes ou ODON, qui d'Abbé de Glanfeuil en Anjou, ou de Saint Maur-sur-Loire, devint Abbé des Fossés dans le temps que le corps de Saint Maur y fut mis en refuge, c'est-à-dire en 868. Il y composa l'Histoire de la destruction du Monastere de Glanfeuil et de son rétablissement, celle des miracles que le corps de Saint Maur y avoit operés, et enfin celle du transport de ces Reliques en différens lieux et de son arrivée en l'Abbaye des Fossés. Il y parle fort souvent comme témoin oculaire : au moins on ne peut nier qu'il n'eût été contemporain. Cet ouvrage a été imprimé en partie dans Duchêne, et depuis en entier dans les siécles Bénédictins. Il a mérité l'estime des connoisseurs. C'est du fragment historique de Gauzlin, son prédécesseur, qu'il a transmis en entier, que l'on tient ce qu'il y a de certain touchant la personne de Saint Maur de Glanfeuil.

Duchêne, T. III. p. 410. Sæc. IV. Bened.

Un Anonyme, Religieux des Fossés, du nombre de ceux qui avoient été élevés dans les sciences et la piété à Cluny, et probablement de ceux que Saint Mayeul avoit amenés pour peupler l'Abbaye des Fossés en place des anciens [étant témoin du zéle avec lequel Rainaud, Evêque de Paris, et Burchard, son pere, se portoient pour donner un grand renom à cette Abbaye], se mit dans l'esprit, après avoir lu l'ouvrage de l'Abbé Odon, dont je viens de parler, et sur-tout le fragment de l'Abbé Gauzlin de l'an 845, de faire à ce sujet une espece d'amplification qui pourroit servir de lecture à l'Office de la nuit, au lieu de quelques Sermons des Saints Peres qu'on y lisoit. Il pensa aussi que rien ne pouvoit donner une plus grande réputation à l'Abbaye des Fossés, dont il étoit membre, que de faire passer le Saint Maur dont on y possedoit le corps depuis plus d'un siécle, pour le disciple de Saint Benoit du nom de Maur, dont Saint Gregoire, Pape, parle dans ses Dialogues ; s'étant donc persuadé facilement que ce ne pouvoit être que lui qui seroit venu en France du temps d'un Roi nommé Theodebert, il composa sous le nom de Fauste une Histoire de la mission de ce Saint en France par Saint Benoît, mission faite, selon lui, sur la demande d'un Evêque du Mans, et arrivée l'année de la mort du même Saint Benoit. Mais comme il étoit assez éloigné du temps dont il a voulu parler et qu'il n'avoit aucuns mémoires, manquant même du catalogue des Evêques du Mans, il tomba dans plusieurs fautes de chronologie et autres qui ont fait voir la fausseté ou le désordre de sa narration. Plusieurs Sçavans ont déja écrit contre ce prétendu ouvrage de Fauste [1] ; ils ne peuvent croire qu'Odon, Abbé des Fossés sous Charles le Chauve, ait eu sous les yeux une pareille piéce, et ils soutiennent que la Dédicace qui en est faite sous son nom, à Almode, Archidiacre du Mans, est une lettre supposée, aussi bien que tout l'ouvrage, attribuée au nommé Fauste. Ce n'est point ici le lieu de rapporter leurs preuves ni celles que je puis y ajouter d'après les fréquentes lectures que j'ai faites de cette extraordinaire légende. Au reste il pourroit se faire absolument que ce fût Odon deuxième du nom, mort Abbé des Fossés un peu après l'an 1029, qui sous le nom de Fauste eût composé la vie de Saint Maur et son préambule, lorsqu'il n'étoit que simple Religieux des

---

[1]. Baillet, 15 Janvier. Chastelain, Martyrol. Univ. Tome de Janvier, p. 252. Les Bollandistes en des notes eparses dans leur immense collection. L'un des Députés pour l'édition du Breviaire de Paris sous M. de Noailles, m'a dit autrefois qu'il ne regardoit pas cette narration de voyage comme plus sûre que celle de l'arrivée de S. Denis l'Aréopagite à Paris. M. Fleury (Hist. Eccl., Liv. XXXIII, n° 13), reduit ce qu'il y a de certain dans ce long narre, à la teneur de l'inscription de Glanfeuil, avant qu'elle fût amplifiée, et telle qu'elle est au Breviaire de Paris.

Fossés assez jeune et l'un de la colonie des Cluniciens que Saint Mayeul y avoit amenés, et que peu après sa composition il l'auroit envoyée comme l'une de ses découvertes en différens lieux, d'où elle seroit parvenue à Lethald de Micy qui est le premier qui en parle dans ses minutes dont une copie est à Saint Germain des Prés. Si elle n'est pas de lui, elle peut être d'un Maître des Ecoles des Fossés ; car on va voir qu'il y en eut de florissantes et où l'on envoyoit des Ecoliers même de la Bretagne.

ODON, autre Moine des Fossés, écrivit l'an 1058 la vie de Burchard, Comte de Corbeil, grand bienfaiteur de l'Abbaye, qui étoit mort en 1012, revêtu de l'habit Monastique. Cet Historien ayant été élevé dès son enfance dans cette Abbaye, avoit connu ce Comte aussi-bien que Rainaud, son fils, dont il s'étoit pareillement proposé d'écrire la vie, ce qu'il n'a pas exécuté. Il dit dans son prologue qu'il s'étoit fait des ennemis dans ce Monastere, en sorte qu'il fut obligé d'aller demeurer ailleurs. Peut-être fut-ce pour son attachement à la vérité et parce qu'il parut opposé à la legende de Saint Maur, qui étoit, selon moi, tout récemment introduite de son temps, et à quelques opérations qui auroient été faites sous ses yeux pour lui donner créance dans la postérité. On voit par le Livre des Miracles de Saint Babolein, écrit au même siècle, que les Religieux demeurans aux Fossés n'étoient pas tous également portés pour rendre un culte convenable à leurs saints Patrons, et qu'ils étoient divisés sur ce point. On y apprend que ce Moine Odon avoit aussi composé quelques Répons en l'honneur du même Saint Babolein. L'ouvrage d'Odon sur le Comte Burchard est estimé. Duchêne l'a fait entrer dans sa collection, parce qu'il y a plusieurs traits concernant l'Histoire de France. Il ne faut pas le confondre avec l'Abbé Odon deuxième du nom, qui ne vécut pas jusqu'à l'an 1043. On croit aussi que cet Odon, simple Religieux des Fossés, est celui dont l'éloge se trouve dans une piéce de vers composée par un nommé Teulfe, Breton, qui étoit fort affectionné à ce Monastere. Ces vers sont à la louange de l'Ecole et des Etudians de l'Abbaye des Fossés. Un autre Ecolier, distingué par sa naissance, s'appelloit Godefroy. Le Poëte parle ensuite d'Amand, puis d'Haimery qu'il qualifie son compatriote, et finit ainsi :

Scrip. Franciæ, T. IV, p. 115.

Annal. Bened. T. IV, p. 580. 581.

> *O Fossatenses, sint vobis mille salutes :*
> *Hos vobis versus ego vester mitto Teulfus :*
> *Hos mitto vobis in veri fœdus amoris.*

ANONYME, Moine des Fossés, auteur de la vie et des miracles de Saint Babolein, premier Abbé de ce Monastere. La premiere partie de cet ouvrage qui est dans Duchêne, Tome I, n'est nul-

lement estimée, étant pleine de fautes et d'anachronismes que
Dom Mabillon a relevés. La seconde qui roule sur les miracles, *Sæc. II, Bened.*
apprend quelques faits en passant, mais elle n'a été écrite que
vers l'an 1080. On y lit que tous les pêcheurs de l'Isle, c'est-à-dire
de la péninsule, devoient du poisson à l'Abbaye le 7 Décembre,
jour de la Translation de Saint Babolein.

GUILLAUME, Religieux de Saint Maur qui rédigea le Cartulaire
de ce Monastere vers l'an 1280, et le finit vers 1284 sous l'Abbé *Gall. Chr.*
Pierre de Chevry. Il est vrai que ce compilateur n'y a pas fait *T. VII, col. 299.*
entrer plusieurs Chartes du IX siécle et autres, qui restent en
original et qui paroissent véritables, quoiqu'il y en ait inséré
quelques-unes de ces mêmes temps qui ont été altérées, et dont
l'original ne se voit plus. Mais son ouvrage ne laisse pas d'être
curieux par le détail des usages du treiziéme siécle qu'il y a
rapportés, particulierement au sujet de la maniere dont on jugeoit
les criminels dans les differentes Terres de l'Abbaye suivant la
nature du délit. J'y ai lu, par exemple, que pour juger un faux
monnoyeur du village de Marseille proche Gerberoy, au Diocése
de Beauvais, qui avoit été arrêté à Saint Maur, il y eut en 1275
une convocation de neuf Chevaliers et de quatorze Ecuyers; les
Chevaliers furent *Guido de Campis, Guillelmus de Combellis, Rogerus de Atiliaco, Petrus Bouque, Guillelmus de Champigniaco, Johannes de Chevriaco, Adam d'Epies, Theobaldus de Dumo, Drocho* de Sailleville. Les Ecuyers qu'il appelle en latin *Armigeri*, furent *Johannes Augeri, Johannes Conversus, Gaufridus de S. Laurentio, Girardus de Treeis, G. Burgensis Pariso, Guillelmus de Bonolio, Johannes de Limolio, Evrardius et Thomas de Capriaco, Johannes de Malavicina, Philippus de Dumo, Johannes de Villa Evrardi, Simon de Bri, Theobaldus de Chimino, Johannes de Chimino*. Tous ensemble jugerent avec le Prevôt de l'Abbaye
des Fossés, cet homme atteint et convaincu, et le condamnerent
à mourir dans l'eau bouillante. Ces Chevaliers et ces Ecuyers
étoient des vassaux de l'Abbaye qui, suivant l'usage de ces temps-là,
étoient convoqués et *conjurés* par le Juge du Seigneur suzerain
pour juger avec lui les procés.

Voici un mémorial sur une Sentence criminelle que le même
Auteur du Cartulaire a laissé en françois :

En l'an de grace 1278 le Lundi auquel fut la Feste de la Decollation *Cart. Foss.*
de saint Jehan Baptiste, en pleine Assise fut esgardé et jugié par le *Ep. Par. fol. 51*
Conseil de Monseigneur l'Abbé Pierre : c'est à sçavoir, M. Sire Pierre
Bouqe, Guy de Chans, Deny de Sailleville, Jehan de Coceigny, Gile de
Brion, Guillaume de la Granche, Evrart de Chevry, Gace de Lungni,
Pierre Rigaut, Jehan de Chevi, Guillaume de Ponteillaus, Estienne
Cranche, Gui de Chesnoi, Guillaume Tristan, Guillaume de Penill,
Chevaliers ; Geoffroy de saint Lorent, Laurens le Saunier et Jehan

Augier, *Borjois de Paris, Jehan de Moncy et Simon de Bri Escuier, Renaut de Veri, et Guillaume Prevost des Fosseʒ ; que porce que l'on ne trevoit pas par l'enqueste faite du fet de trois homes qui furent occis entre Christoille et Melli, que li Meires de Melli qui estoit detenus en prison dès la Chandeleur jusqu'au jour dui por la soupçon dudit fet en est mort de Lernie, ne quil fust corpable de mort, mes por ce qu'il estoit Meires et joustice et oi le cri et vit la mellée commencer et n'en fust plus; il fu esgardé et jugié par le Conseil des Chevaliers et Borjois dessusdits qu'il ira outre mer et movra dedans les Octieves de la saint Remi et demorra un an au-delà de la mer, et qu'il n'approchera la ville de Fosseʒ sus la hart de vingt liues en toʒ sent puisquil sera meus ; et quand il aura demoré un an au-delà de la mer, il s'en revendra se il veut et aportera tesmoignage que il aura aempli son an outre la mer, c'est à savoir en lettres scellées du scel du Patriarche ou de l'Ospital ou scel autentique. Et toutes ces choses jura lidit Meires en plaine Assise présens lesdits Chevaliers et grant multitude d'autres gens et fist le voyage. Mes porce qu'il ne revint pas si soffisamment come il lui fut enjoint, il fut envoié de rechef en pelerinage à saint Thomas de Cantorbire.*

D'autres dans le même cas qui avoient vu la mellée furent aussi en pleine Assise condamnés à aller à Saint Jacques.

REGNAUD DE CITRY ou Chitry, Prieur Conventuel de Saint Maur des Fossés sous le regne de Philippe de Valois, s'est fait connoître par le grand zèle qu'il a eu pour répandre dans le public les miracles de la Ste Vierge opérés en divers lieux. Il en fit commencer, l'an 1328, un Recueil que l'on conserve aujourd'hui parmi les manuscrits de Sainte Geneviéve de Paris. Le vingt-sixième miracle du quatriéme Livre est intitulé : *De iconia B. Mariæ V. quæ est in Monasterio Fossatensi, quam effigiavit virtus Altissimi.* Il y raconte que Guillaume, Comte de Corbeil, vers l'an 1060 sous le Roi Philippe I, ayant pris l'habit monastique aux Fossés en conséquence d'un vœu fait en maladie, et s'étant apperçu que l'image d'un Crucifix étoit usée, entreprit de la faire tailler à neuf par un nommé Rumolde, dans la chapelle de Saint Denis située au côté septentrional de l'Eglise, et que comme il voulut se mettre à tailler en bois l'image de la Ste Vierge qui devoit être au pied de la Croix avec S. Jean, cette image se trouva faite tout-à-coup. Voyez ce que j'en ai dit ci-dessus page 440. L'Auteur de la vie françoise de S. Maur, imprimée en 1640, cite ce miracle sur la foi de René Benoît, Curé de Saint Eustache, qui dans sa vie de S. Maur, publiée en 1602, dit l'avoir tirée de ce manuscrit.

Cod. mss. S. Genov. Sign. R. 7.

Vie de S. Maur, p. 566.

JEAN CASTEL qui avoit été Religieux de Saint Martin des Champs à Paris, fut fait Abbé de Saint Maur des Fossés au plus tard en 1472, et tint cette Abbaye jusqu'en 1476 ou environ. Il y a apparence qu'il étoit fils d'Etienne Castel qui avoit épousé Christine de Pisan, de laquelle j'ai fait imprimer une vie du

Diss. sur l'Hist. T. III.

Roi Charles V. Héritier du goût de sa mere pour transmettre à la postérité les actions de nos Rois, il marqua tant d'attention aux événemens du regne de Louis XI, qu'il fut choisi pour être Chroniqueur du Roi, ce qui étoit alors un Office distingué. En cette qualité il composa une suite des Chroniques dites de Saint Denis. Cette suite comprenoit les événemens du regne de Louis XI, à la réserve de quelques événemens qu'un Greffier de l'Hôtel-de-Ville insera dans sa copie particuliere, et qui lui ont fait donner le nom de *Chronique scandaleuse*. Ainsi tout le fond de cette Chronique tant de fois imprimée est de cet Abbé de Saint Maur, suivant que l'atteste l'éditeur de la Chronique Martinienne dans le titre de son édition. On ne sçait si Castel vécut assez long-temps pour finir l'Histoire du regne de Louis XI. Au moins il n'étoit plus Abbé de Saint Maur en 1477, et sûrement il ne vivoit plus en 1482. Outre ce qu'on lit de lui au *Gallia Christiana*, les Registres de l'Archevêché de Paris m'ont appris qu'il fut cité par devant l'Official pour avoir célébré pontificalement l'an 1473, dans l'Eglise de Saint Gervais, et y avoir donné la bénédiction solemnelle. Il en fit satisfaction dans la chambre de l'Evêque Louis de Beaumont, en mettant sa main dans celle de l'Official appelé Jean le Fournier. *Reg. Ep. Par. 25 Febr. 1473.*

FRANÇOIS RABELAIS qui avoit été Cordelier, puis Bénédictin, qui quitta ensuite pour se faire Médecin, eut de Jean du Bellay, Evêque de Paris en 1536, la huitiéme et derniere Prébende de Saint Maur, lorsque l'Abbaye fut sécularisée. On prétend que ce fut alors qu'il se mit à composer son Pantagruel. Comme l'on a encore de lui plusieurs autres ouvrages, quelques-uns ont pu être composés à Saint Maur.

Dans le même siécle, MICHEL DE MENEHOU, Maître des Enfans de Chœur de Saint Maur, fit imprimer une *Instruction sur les principes de Musique tant plaine que figurée*. Paris 1571. *Biblioth. de La Croix du Maine.*

PHILEMON-LOUIS SAVARY, Prêtre Chanoine de l'Eglise Royale de Saint Maur, après avoir prêché avec applaudissement pendant sa jeunesse dans les Chaires les plus célébres de Paris, composa en 1679 un discours sur la vraie et la fausse humilité qui remporta le prix à l'Académie Françoise de cette année-là. Etant ensuite retiré à Saint Maur, il s'appliqua à faire des expériences de Physique, d'Optique et autres parties de Mathématiques. Outre ses occupations Canoniales, il travailla pendant trente ans à rédiger les Mémoires sur le Commerce que lui fournissoit son frere Jacques Savary des Brulons, qui ont formé le Dictionnaire Universel du Commerce, dont les deux premiers volumes in-folio parurent en 1723 par ses soins, sept ans après la mort de son frere. Il est décédé le 20 Septembre 1727, âgé de 73 ans, laissant un troisiéme volume pour servir de supplément aux deux autres, lequel parut aussi in-folio en 1730. Il y a une seconde édition de tout l'ouvrage, dans lequel on a inseré à leur place les articles du Supplément.

J'en serois resté ici dans ce que j'avois à dire sur l'Abbaye et le lieu de Saint Maur, si ce n'étoit que depuis le tems auquel j'ai fini ce Mémoire, le Chapitre qui avoit succedé aux anciens Moines a obtenu après diverses formalités, d'être réuni à celui de Saint Louis-du-Louvre à Paris, dont le nom quatre ans auparavant étoit *Saint Thomas-du-Louvre.* Vers le milieu du siécle dernier, il y avoit eu des mesures prises pour transferer ce Chapitre au Couvent des Blancs-Manteaux de Paris, occupé par des Bénédictins de la Congrégation de Saint Maur, et ces Religieux eussent été demeurer à l'Abbaye des Fossés. J'ai même vu une espece de traité (au moins en projet) du 18 Décembre 1647, reçu par *le Moine Notaire,* suivant lequel les Religieux auroient fait à chacun des Chanoines 800 livres de pension et au Chantre 660 livres avec deux Prieurés de 1800 livres dont ils l'auroient fait jouir. J'ignore pour quelle raison le tout resta sans effet. Enfin, au bout d'un siécle, ces Chanoines de Saint Maur ayant été transferés à Paris, par Décret de M. l'Archevêque confirmé par Lettres Patentes, l'Eglise a été interdite et les Reliques ont été apportées à Paris le 27 Janvier 1750, pour être déposées dans la Chapelle intérieure de l'Archevêché, jusqu'à ce que M. l'Archevêque en voulût disposer. C'est dont il me reste à rendre compte, parce que cette distribution a été l'occasion de l'ouverture de toutes les châsses de cette Eglise et de tous les coffrets qui les contenoient.

Cette ouverture ayant été faite le matin du 14 Août 1750, dans cette même Chapelle, on a trouvé 1° dans la châsse de Saint Maur qui n'est que de bois doré et d'environ cent cinquante ans, un grand sac de peau blanchâtre qui couvroit plusieurs autres enveloppes plus précieuses sous la derniere desquelles étoient les plus notables parties d'un corps humain, en sorte qu'il paroissoit n'y manquer que des côtés et autres parties moins considérables dont quelques-unes se trouverent dans un taffetas séparé, et les autres, telles que les phalanges, etc., dans un sac de toile au fond duquel étoient des cendres et esquilles; on trouva aussi un acte du Chapitre écrit sur du papier en 1627.

Et dans une bourse d'étoffe étoit un petit parchemin qui marquoit qu'en 1378, on avoit fait une distraction de quelques parties demandées au nom du Roi Charles V par Philippe de Mezieres, Chancelier du Roi de Chypre, pour être envoyées à l'Empereur Charles IV, oncle du même Charles V, et que ce fut un morceau de côte; le reste de tout le corps y resta selon les Lettres du même

Roi indiquées ci-dessus. Je ne m'arrête point à une bande de parchemin qui étoit dans un sac de toile, laquelle concerne quatre ou cinq lambeaux d'ourlet de toile commune sale, longue de trois à quatre pouces ou environ. Voici la teneur de cette bande dont l'écriture m'a paru être du XIII siécle : *De ligaturis quæ fuerant in pixide beati Mauri quam dedit illi beatus Benedictus quando misit eum in Franciam.* Cette inscription parut être d'un style et d'un caractere trop récens pour être admises par les critiques.

L'acte le plus ancien, quoique d'une antiquité médiocre par rapport au corps de Saint Maur, fut retrouvé dans le fond de la seconde châsse, qui est celle de Saint Babolein, rencontre qui fournit matiere à quelques réflexions sur ce déplacement si extraordinaire, et qui fit considerer de près l'état de cette châsse, d'autant plus que c'est un morceau quarré de parchemin fort blanc et fort fin, de la grandeur seulement de trois à quatre pouces, sur lequel sont écrits ces mots d'un caractere qui m'a paru représenter celui du XI siécle : « Hic requiescit corpus *beati* Mauri Monachi « et Levitæ *discipuli Sancti Benedicti,* qui tempore Teodeberti « regis in Galliam venit et VIII X Calendas Febroarii migravit à « seculo. *Hujus corpus tempore regis Karoli in hoc Fossatensse « delatum est Cœnobium ubi venerabiliter jacet conditum.* » Le tout est écrit d'une même main. Les mots qui sont imprimés ici en caracteres romains, sont visiblement tirés de l'ancien parchemin qu'on avoit trouvé à Glanfeuil en Anjou dans une boëte proche le tombeau du Saint au IX siécle, c'est-à-dire en 845, avant que ce saint corps fût porté en divers lieux comme il fut depuis[1]. Et ce qui est en lettres italiques, représente les additions faites à la substance de cet ancien billet lorsqu'on écrivit ce second, où l'on répéte *Hujus corpus* sans faire attention que plus haut il y a *Corpus B. Mauri,* et qui suppose qu'il y auroit eu simplement *Hic requiescit beatus Maurus,* etc. Ainsi cette inscription prise en son entier est au moins irrégulière : en sorte que par la construction elle ressemble assez à celle de la châsse de Saint Babolein qu'on va voir, et qui date de l'an 1067. Ce dernier morceau de parchemin, après avoir été adossé par M. de la Touche, Secrétaire de l'Archevêché, et figuré, a été transporté ledit jour 14 Août de cette châsse de Saint Babolein en la châsse qu'on appelloit de Saint Maur qui auroit dû être sa place naturelle. On n'a rien retrouvé de l'ancien parchemin qui subsistoit en 845.

La tête de ce Saint a été trouvée dans le buste qui représente

---

[1]. Voyez les Breviaires de Paris, Noailles et Vintimille au 15 Janvier, où l'on a simplement mis *creditus est,* sans assurer l'identité réelle qui avoit été combattue par les deputés de M. de Noailles, aussi-bien que la sincérité de l'Histoire du voyage. Voyez ci-dessus, pages 424 et suivantes.

un Religieux. On ne sçait pas en quel tems elle avoit été autrefois séparée du corps. Ce buste d'argent est postérieur à l'an 1628. Il contient une espece de boëte aussi d'argent sur laquelle sont figurées, contre l'ordinaire, des os femur placés en sautoir et des larmes. Ce qui me porte à croire qu'elle a été faite d'abord pour une autre tête qui n'étoit pas celle d'un Saint. L'ouverture fermée d'un cristal est du côté du derriere de la base, parce que la partie de devant a été un peu usée par les levres des fidéles qui pendant plusieurs siécles ont pu la baiser à nud. L'ancien reliquaire de cette tête ayant été dérobé, comme il est dit ci-dessus, on avoit recouvré heureusement la relique avec ses anciens certificats, et ils y avoient été remis en 1629 : mais comme on ne les y a pas retrouvés ledit jour 14 Août 1750, M. l'Archevêque à qui j'indiquai qu'il y avoit dans ses Registres une copie de la reconnoissance de ce chef du 18 Mai 1629, ordonna qu'on en tirât copie, et cette copie a été mise dans l'intérieur de cette tête, ce que je puis certifier pour avoir été présent.

II. La châsse de Saint Babolein, premier Abbé de Saint Pierre des Fossés, qui est de bois faite en forme de cercueil couverte de feuilles de cuivre et d'argent ancien, d'un travail de cinq ou six cens ans, avec la représentation du Saint Abbé à l'un des bouts. Cette châsse ayant été ouverte, on y a trouvé tous les ossemens de ce Saint tant petits que grands, la tête y étant séparément dans un petit coffre. Voici la teneur d'un morceau assez considérable de parchemin épais qui y étoit : *Hic requiescit corpus sancti Baboleni Abbatis, primi pastoris et constructoris Ecclesiæ Fossatensis, qui anno Incarnati Verbi sexcentesimo quadragesimo tertio Indictione prima in Franciam venit anno primo regni Chlodevæi Francorum regis filii Dagoberti. Cujus sacrum corpus hic transpositum est anno Incarnationis Christi MLXVII. Indictione V. anno VIII regni Philippi regis Francorum XV Calendas Decembris gubernante Waleranno Abbate Fossatense Cœnobium. Caput vero honoris causa in alio loco est positum.* Et comme on avoit mis quelques petits ossemens avec le crâne, l'inscription qui y est jointe sur une bande de parchemin et qui est du onziéme siécle, de même que la précédente, porte ces mots : *Caput sancti Baboleni Abbatis Fossatensis et ossa ejus.* Le grand parchemin nous a appris en quel temps ces saintes reliques ont été changées de place, et nous assurent de l'existence de l'Abbé Waleran dont on avoit douté dans le *Gallia Christiana*.

III. Il y avoit à Saint Maur derriere le grand-Autel une troisiéme châsse, faite de cuivre en forme d'Eglise et d'un ouvrage du XV siécle, mais fort disloquée et gâtée. On l'appelloit la châsse de S. Mein, de Sainte Magdeleine et de Sainte Colombe,

Vierge et Martyre, parce que les reliques les plus notables qu'elle renfermoit étoient de ces Saints : mais à l'ouverture on n'a pu distinguer les unes des autres. Les trois pacquets qui la remplissoient ayant été visités, et copies des étiquettes prises sans qu'on ait pu en faire l'application, on les a transferés dans une autre châsse de cuivre doré qui est en bon état. L'étiquette dont l'écriture m'a paru la plus ancienne, est celle qui porte ces mots : *Reliquiæ sanctæ Juliæ Martyris de proprio corpore.* L'écriture m'a paru être du dixiéme siécle. La relique de cette Sainte Martyre du Diocése de Troyes, étoit apparemment venue de l'Abbaye de Jouarre où est son corps, à ce que l'on dit. _{Voy. ci-dessus p. 125.}

IV. Le petit coffre d'ivoire dont il est parlé ci-dessus, s'est trouvé contenir aussi diverses reliques des Saints de France, mais avec les étiquettes détachées et éparses.

Il n'a pas été besoin d'ouvrir les autres reliquaires plus petits, attendu que leurs inscriptions étoient visibles sans cela.

Le matin du Dimanche 30 Août de la même année, les Chanoines de Saint Maur, réunis à ceux de Saint Louis du Louvre, sont venus prendre solemnellement dans la grande Chapelle de l'Archevêché la châsse de Saint Babolein, et l'autre châsse de cuivre dite de Sainte Colombe ou de Saint Mein, avec tous les autres petites châsses, coffres, reliquaires, philacteres, qui avoient été dans leur Trésor à l'Abbaye des Fossés ; l'un de ceux qui composoient le Clergé portoit un des os du bras de Saint Maur que M. l'Archevêque leur avoit réservé, et l'un du Clergé de la Collégiale de Saint Merry portoit un os d'un des bras de Saint Babolein que le même Prélat a accordé à la Chapelle de Saint Bond sise sur cette Paroisse.

Le même jour, l'après-midi, les Religieux de l'Abbaye de Saint Germain-des-Prés sont venus en grande solemnité pour recevoir de M. l'Archevêque dans la même Chapelle le Chef et le corps de Saint Maur, et l'ont porté processionnellement dans leur Eglise, où les reliques ont été exposées durant le reste de la semaine.

De toutes ces Saintes reliques M. l'Archevêque a retenu pour lui le tibia droit de Saint Maur, et le tibia gauche de Saint Babolein.

Il a destiné pour l'Eglise Paroissiale de Saint Maur une vertebre et une petite côte de Saint Babolein, outre un reliquaire d'argent en forme de croix contenant une dent de S. Maur qu'il avoit précédemment donnée au Curé.

Trois autres petits ossemens du même Saint Babolein ont été réservés pour des Paroisses du Diocése de Paris où elles sont vénérées comme de véritables et authentiques reliques de Saints connus du pays, avec tout le respect qui leur est dû : ce sont Jouy-le-Moutier et Bois d'Arcy.

Un mois ou environ après cette cérémonie, un Anonyme intéressé à identifier la personne de Saint Maur de Glanfeuil avec le Maur des Dialogues de Saint Gregoire, a envoyé dans toutes les Communautés de Paris et dans plusieurs du Royaume, un cahier imprimé in-4°, sans nom d'Auteur ni d'Imprimeur, dans lequel il a fait un récit de ce qu'il a pu apprendre par des ouï-dire touchant l'ouverture des châsses de Saint Maur et de Saint Babolein et sur la nature de leur contenu. Mais j'ai remarqué que cet anonyme n'est point exact ; que son ouvrage a été fait avec précipitation, et qu'il y décide quelquefois trop vite sur certaines choses qu'il n'a pu ni voir ni examiner comme ont fait des témoins oculaires très attentifs, dont j'ai été du nombre.

Avant que de découvrir et démolir l'Eglise de Saint Maur, on a commencé au mois d'Octobre 1750 à exhumer les corps qui y étoient enterrés.

On n'a rien trouvé que des os dans les mausolées adossés au mur du chœur dans la croisée méridionale, ci-dessus cottés I, à la page 437.

La sépulture cottée II, à la même page, ne paroissoit plus et avoit apparemment été remuée et changée lorsqu'on construisit le nouvel autel.

On ne dit pas qu'on ait trouvé aucune chose dans la cave qui regnoit sous l'ancien autel.

Sous une tombe qui étoit chargée d'armoiries semblables, dit-on, à celles des Seigneurs de Nanteuil (ci-dessus, même page), étoient trois corps et rien de plus. Les six fleurs de lis semées sur cette tombe étoient un ornement que les tailleurs de tombe mettoient autrefois quand bon leur sembloit sur leur ouvrage, sans en fixer le nombre.

Il n'a été fait nulle mention des tombes des Seigneurs de la Varenne cottées ci-dessus page 438. Elles pouvoient avoir été rompues lorsqu'on répara l'Eglise dans le dernier siécle.

A l'égard de la sépulture sous un arceau au fond septentrional de la croisée, cottée VI, page 438, dessus la statue couchée du Prélat, étoit un cercueil de pierre moins large aux pieds qu'à la tête, dans lequel on vit étendu le corps d'un homme qui paroissoit avoir eu un habit noir. On y trouva une crosse garnie de quelques feuilles d'argent et de petites lampes de terre pleine de charbon, avec d'autres lampes huileuses et grasses. Or, comme la statue de ce Prélat étoit avec les ornemens épiscopaux et sculptée dans le goût du XIII siécle, il est certain que c'étoit la sépulture de Pierre de Chevry, Abbé de S. Maur, décédé en 1285, d'autant que ce fut lui qui obtint du Pape le privilége de porter la mitre et l'anneau, et qu'il fut le plus célèbre des Abbés de Saint Maur durant tout ce siécle. Depuis, en démolissant davantage au même endroit de l'Eglise, on a trouvé une inscription sur pierre en lettres capitales gothiques taillées en bosse et qui porte que Pierre dit de Ch..... a fait faire le chevet du Cimetiere jusqu'à la nef, plus les chaises du chœur ; plus la Chapelle de Saint Martin en M. CC..... Cette inscription avoit été placée là apparemment avant que ce Pierre de Chevry fût devenu Abbé, et il avoit voulu être inhumé proche de ce monument.

Sous la tombe placée au milieu du chœur (cottée ci-dessus VII à la page 428), fut trouvé un squelette couché sur la terre même, ayant des restes d'habits noirs, une mitre, avec une crosse d'étain : une longue pierre supportée par deux autres couvroit le dedans de cette sépulture. Quelques restes de lettres sur la tombe extérieure dénotoient le XIV siécle, pendant lequel l'Abbaye de Saint Maur a eu successivement six Abbés.

On trouva aussi sous les quarreaux vers le milieu de la nef un petit coffre qui contenoit les os d'un corps qu'on a cru être celui d'un Abbé, parce qu'il y avoit un bout de crosse. Ces ossemens avoient sans doute été tirés de quelque autre endroit de l'Eglise ou du Chapitre.

On auroit dû trouver pareillement dans quelque endroit de la même Eglise, la boëte dans laquelle avoient été mises les entrailles de Henri V, Roi d'Angleterre, mort au Château de Vincennes le 31 Août 1422. Jean le Fevre dit dans son Histoire de Charles VII (page 164), qu'elles furent enterrées à Saint Maur.

Les corps exhumés de cette Eglise ont été portés partie à l'Eglise de la Paroisse, et partie à la Chapelle de Notre-Dame des Miracles qui ne doit point être abbattue.

Le Réfectoire qui remplit presque tout le côté septentrional du Cloître, a été un édifice solidement construit au XIV siécle avec une chaire pour le Lecteur revêtue de dix images ou petites statues de Saints, d'un travail plus antique mais grossier.

HISTOIRE

DES DEUX PAROISSES FORMÉES DANS LA PÉNINSULE DES FOSSÉS

Nous ne pouvons assurer s'il y avoit quelques habitans dans la péninsule des Fossés lorsque l'Abbaye y fut construite au septiéme siécle. Il est sûr au moins qu'il n'existoit point alors de Paroisse de Saint Nicolas, et il est vraisemblable que la Paroisse de Saint Hilaire de la Varenne n'a été érigée que depuis ; ensorte qu'auparavant que l'Abbaye fût fondée, ce lieu faisoit partie d'une terre du Fisc dont les habitans en petit nombre étoient de la

Paroisse de Fontenay-sur le Bois ou de celle de Charenton. Il n'y a pas soixante ans qu'une partie des habitans de Saint Maur étoient de la Paroisse de Fontenay, et encore à présent, du côté de l'occident, la Paroisse de Charenton vient jusques dans Saint Maur. Ainsi, lorsqu'on érigea une Paroisse pour les habitans de la péninsule, Fermiers ou Officiers de l'Abbaye, on la concentra dans la Presqu'isle, sans l'étendre aucunement du côté de Charenton non plus que du côté de Fontenay, parce qu'on ne le pouvoit pas.

Cette Paroisse fut établie dans la plaine de la Varenne, à une demie lieue de l'Abbaye, à l'endroit où les terres étoient un peu moins mauvaises, mais toujours sur le territoire que l'Archidiacre Blidegisile avoit obtenu du Roi pour l'entretien du Monastere. L'établissement ne se fit que quand on y vit un certain nombre d'habitans. L'Eglise fut construite sous l'invocation de S. Hilaire de Poitiers, probablement en vertu de quelques reliques qu'Ebroin, Evêque de Poitiers en 850, envoya à l'Abbaye des Fossés, avec laquelle il étoit intimement lié à raison du Monastere de Glanfeuil en Anjou dont il jouissoit, lequel étoit dépendant de celui des Fossés, et ce choix put être déterminé à ce fameux S. Hilaire pour achever d'ensevelir dans l'oubli la mémoire de ce payen Hilarus qui avoit rétabli en ces lieux le College du Dieu Silvain, dont il est parlé ci-dessus (page 422). On voit qu'au dixième siécle le territoire de la Varenne entiere renfermoit trente-sept charrettes ou charrues et dix-huit manoirs de manœuvres, ce qui, en comptant les chartiers avec les manouvriers, formoit cent vingt et un hommes. Chaque manoir de chartier devoit à l'Abbaye pendant deux ans de suite une brebis et un agneau, et la troisiéme année cinq sols. Toute la Communauté des habitans payoit chaque année cent neuf mesures de froment. Chaque laboureur avoit quatre perches à ensemencer en froment et deux à ensemencer en tremoy, et devoit de trois semaines en trois semaines une corvée.

De tous ces habitans, l'Abbaye n'avoit à elle que trois maisons de manouvriers qui lui payoient neuf sols tous les trois ans. Toutes ces circonstances qui nous apprennent les usages des Seigneurs et des vassaux vers la fin de la seconde race de nos Rois, *Capitul. T. II.* sont spécifiées dans un manuscrit de ce temps-là rendu public par M. Baluze. Mais trois cens ans après, je veux dire du tems de S. Louis, les droits Seigneuriaux de l'Abbaye des Fossés sur les *Chart. Fossat.* habitans de la Varenne s'exprimoient en cinq mots : *Abbatia habet Majoriam, corveias, census, censam, audientias* : mairie, corvée, rentes, cense et Justice, et l'Abbaye de son côté devoit aux habitans de ce lieu douze pains *conventuels,* et un sextier et demi de vin pour être distribué aux Paroissiens qui communioient le jour de Pâques, pour manger et boire immédiatement après avoir reçu la sainte Eucharistie. Il faut observer qu'au commencement du regne de S. Louis, vers l'an 1230, la Paroisse de la Varenne fut considérablement diminuée par la distraction qui fut faite de tous les habitans du Village qui s'étoit formé autour de l'Abbaye appelé *Villa Fossatensis*, auxquels on assigna alors pour Paroisse l'Eglise de Saint Nicolas qui auparavant n'étoit qu'une Chapelle construite, dit-on, pour des bateliers.

Peut-être fut-ce aussi dans ce tems-là ou un peu auparavant, que ce qui restoit d'habitans à la Varenne fit faire quelque fossé de séparation pour distinguer leur territoire d'avec celui du village des Fossés. Au moins dès l'an 1214 on ne disoit plus *Varenna* tout simplement, mais *Clausa Varenna*. On lit dans l'Histoire de Paris, la manumission accordée en 1250 par Jean, Abbé des Fossés, aux hommes de *Clausa Varenna*, de même qu'à ceux des Fossés et de Chenevieres; et la confirmation de cet acte par la Reine Blanche en 1251, est rapportée au Cartulaire de l'Abbaye. *Hist. Eccl. Par. T. II, p. 381.*

On voit dans le même Livre comment se faisoit en ces temps-là le denombrement des Soldats que ce Village joint à celui de Saint Maur fournissoit au Roi, avec le détail de leur armure. Je le laisse en latin tel qu'il est. Cette revue qui fut faite l'an 1274 le Dimanche avant la Saint Michel, fut de quatre especes de Soldats, suivant l'état de leurs facultés. Il y en avoit douze de la premiere classe, sçavoir, de ceux qui avoient la valeur de 70 livres et plus de bien : vingt et un de la classe de ceux qui avoient trente livres ou davantage, puis ceux dont le bien n'alloit qu'à dix livres, et enfin ceux d'au-dessous. *Chart. Fossat. fol. 30.*

Illi qui habebunt valorem LX librarum et amplius habeant loricam vel hauberjons et capella de ferro, spatam sive ensem, et cultrum : et inventi sunt tales circa duodecim.
Habentes valorem XXX librarum et amplius haberent tunicas gambesatas, sive gambesonos, et capellum ferreum, ensem et cultellum. Inventi fuerunt XXI.
Alii vero qui habebunt decem libras et amplius, haberent galeram, sive capellum ferreum, ensem, furcam ferream et cultellum.
Alii vero qui minus habebunt; haberent arcus, sagittas et cultellum.
Et facta est ostensio eorum in Varenna juxta Carrerias.

Cette montre de troupes étoit à l'occasion de la guerre que Philippe le Hardi se disposoit à faire à Alphonse, Roi de Castille.

Quant à l'Eglise de la Varenne, l'autel en fut donné au commencement du onziéme siécle à l'Abbaye des Fossés par Rainaud, Evêque de Paris, à la priere de l'Archidiacre Lisierne : l'acte le désigne ainsi : *Altare beati Hilarii in pago Parisiaco, Insula* *Chart. Fossat. papyr. fol. 137.*

Fossatensi in villa quæ dicitur Cella. C'est le premier endroit où j'aie trouvé ce Village appelé du nom de *Cella.* Maurice de Sully, Evêque de Paris, confirmant le don de cette Eglise, s'exprime en ces termes l'an 1195 : *Ecclesia de Varennis cum atrio, magna et minuta decima.* La Bulle d'Innocent II, accordée l'an 1136, en faveur du Monastere, mettoit : *Ecclesiam Sancti Hilarii de Varennis cum Capella Sancti Nicolai sita in Fossatensi villa.* Au Pouillé Parisien du treiziéme siécle il y a simplement que l'Eglise *de Varennis* est de la donation de l'Abbé des Fossés, sans mention de la Paroisse de Saint Nicolas : et dans celui du quinziéme siécle, on la trouve marquée comme appartenante au même, et n'ayant que vingt livres d'ancien revenu pour le Curé. Depuis l'extinction du titre Abbatial fait en 1536, les Evêques de Paris l'ont conferée de plein droit. Elle est à portion congrue.

<small>Tab. Fossat.</small>

<small>Felibien, Hist. de Paris, T. III, p. 22.</small>

Cette Eglise de la Varenne avoit été bâtie primitivement plus près de la Marne du côté du midi, dans le lieu où l'on voit une croix entre le Bois Guenier et le Bois du petit Plant. Mais, comme elle étoit là toute seule et loin des Maisons depuis l'aggrandissement du Parc de Saint Maur, feu M. le Duc Louis de Bourbon Condé la fit détruire vers le commencement de ce siécle, et en rebâtit une autre plus proche des habitans, dans laquelle on a transporté trois ou quatre tombes de l'ancienne Eglise, qui sont du quatorziéme siécle ou environ, à en juger par le style de celle où il ne reste que ces mots : *pour l'ame de lui.* Le bâtiment est fort petit et dans le goût des édifices modernes. On a dressé une croix au lieu où étoit l'ancienne Paroisse; on l'appelle la Croix Saint Hilaire. Dans les dénombremens de l'Election de Paris, ce Village est appellé *La Varenne Saint-Maur,* pour le distinguer des autres Varenne. Celui de l'an 1709 y marque 15 feux et celui de 1745 y en marque 17; mais il y en a un peu moins, même en y comprenant deux ou trois auberges établies pour les bateliers de la Marne, et les trois ou quatre maisons situées vis-à-vis le moulin de Creteil.

En général le territoire de la Varenne n'est pas fort fertile; et c'est de quoi est convenu l'Auteur de la vie de S. Babolein, vers l'an 1080, quoiqu'il assure qu'il y croissoit alors du vin et du grain. Les habitans furent exemptés de prises par Lettres du Roi Charles VI, du 22 Juillet 1406, à la charge d'amener six charretées de paille de seigle à Paris ou à deux lieues aux environs pour le service du Roi, de la Reine et du Dauphin.

<small>Trés. des Chart. Reg. 160, Piece 442.</small>

Il paroît que les Abbés de Saint Pierre des Fossés avoient anciennement aliéné quelque canton de la Varenne, puisqu'en 1214 Ansel de Cocigny y avoit la mouvance d'un fief. Il est fait mention d'un Hôtel sis sur cette Paroisse dans un Compte de

<small>Chart. S. Mauri fol. 25.</small>

l'Ordinaire de Paris de l'an 1423, où on lit que cet Hôtel (sans autre désignation, sinon qu'il étoit situé à la Varenne Saint-Maur, et qu'il appartenoit à Pierre Boulart, absent) fut donné par Henri, Roi d'Angleterre, à Maître Grégoire de Ferrebouc, l'un de ceux qui firent entrer dans Paris les gens du Duc de Bourgogne, et que depuis ce même Roi le donna à Guillaume Le Muet, Changeur du Trésor, et à d'autres pour leur vie.   *Sauval, T. III, p. 324.*

Je trouve qu'en 1296 un hameau situé sur la Varenne portoit le nom de Celle (*Villa* de Celle), le même déjà employé ci-dessus, ce qui peut venir de ce que quelques Moines des Fossés s'y seroient retirés pour mener une vie solitaire. Un autre canton étoit appellé Marconval en 1295 ; ce seroit en latin *Marculfi vallis*.

Je trouve aussi la désignation d'un lieu dit *les Piliers* sur le territoire de cette Paroisse à l'an 1627, nom qui peut venir de ce que les marques de l'ancienne Justice des Abbés auroient été en ce lieu. François Tardif, Ecuyer, y avoit un Hôtel. Le nom des Piliers est celui que M. d'Anville donne aux maisons où l'on passe la Marne en bateau pour monter à Chenevieres.   *Perm. de Chap. domest. Reg. Ep.*

Les Géographes varient sur le nom d'un petit canton de la péninsule vis-à-vis Champigny et qui est de la Paroisse de la Varenne. Bruno l'appelle Champigné, d'autres Champigot et d'autres enfin Champignot, y mettant une Chapelle de S. Nicolas ; mais son vrai nom doit être Champigneau, parce que dans un titre de l'an 1294 il est appellé Champignelle, et de même dans l'acte d'acquisition qui y fut faite de deux mazures, en 1311, par Allard de Lambelle, Secrétaire du Roi, depuis Evêque de Saint Brieuc.   *Chart. Fossat. fol. 49. Tab. Fossat.*

Le Plan de l'Abbé de la Grive marque aussi dans la même péninsule, proche les Piliers, un lieu dit *Le Trou* ou *Petit-Menil*, qui n'est qu'une Ferme.

Enfin il y a trois ou quatre maisons du Port de Creteil qui sont dites être de la Paroisse de la Varenne.

Je croi devoir rapporter à cet article ce qu'on lit dans la vie de S. Maur de la composition du Carme nommé ci-dessus. Il y parle d'après un manuscrit dont il ne dit pas l'âge, d'une coutume qu'on attribuoit à S. Babolein, premier Abbé des Fossés, sçavoir : que ce Saint alloit réciter des Psaumes dans la riviere, toutes les nuits, sur trois grosses pierres. Je ne sçais si cette tradition ne seroit pas venue des restes que l'on voyoit d'un pont que l'on appelloit au douziéme et au treiziéme siécle le Pont Olin, *Pons Olini*, au lieu de quoi quelqu'un aura cru que c'étoit pour signifier *Pons Babolini ;* à moins que ce ne soit tout le contraire, et que de *Pons Baboleni* on ait fait *Pons Olini ;* ou bien ce pouvoit être des restes d'un pertuis qui auroit été sur la Marne, proche de l'Isle de la Varenne. Car on apprend par un acte non suspect, qu'en 1294 les   *Vie de S. Maur, 1640, p. 573.*

marchands maronniers de Marne se plaignirent de ce que les Moines de Saint Maur avoient détruit ce pertuis qui leur servoit, disoient-ils, à la navigation.

Chart. Fossat. fol. 48.

LA PAROISSE SAINT NICOLAS est aujourd'hui et depuis long-temps la plus nombreuse du territoire des Fossés ou de Saint Maur. Ce n'étoit d'abord qu'une simple Chapelle où les Moines établirent un Chapelain. Lorsque ces Religieux rédigerent leur Cartulaire en 1284, ils y firent vers le commencement l'observation suivante, que je traduis du latin : « Dans le village des « Fossés, *In villa Fossatensi,* a été bâtie anciennement une Cha- « pelle par nos prédécesseurs, et ils y ont établi un Chapelain qui « doit célébrer trois fois par semaine pour les défunts Abbés et « Moines, etc. » Ils ajoutent ensuite qu'on devoit donner à ce Chapelain chaque jour un pain conventuel, une quarte de vin, un général *unum generale*, c'est-à-dire un plat ou une portion, avec une écuelle de féves. Ce Chapelain étoit tenu d'assister aux Processions qui se faisoient hors le Monastere. Ils y mirent encore, quoique cette Chapellenie eût été érigée en Cure du temps de Guillaume, Evêque de Paris, du consentement du Prêtre de la Varenne, dont les hommes et femmes dépendant de l'Eglise des Fossés étoient Paroissiens; nonobstant cela ce nouveau Prêtre de la Paroisse des Fossés étoit tenu aux mêmes devoirs.

Gloss. Cangii. Voce Generale.

Ceci nous apprend l'époque de l'érection de la Cure de Saint Nicolas qui est aujourd'hui dans le Bourg; ainsi c'est Guillaume d'Auvergne fait Evêque de Paris en 1228, qui la procura. La Bulle d'Innocent II de l'an 1136, confirmative des biens de l'Abbaye des Fossés, avoit compris la Chapelle Saint Nicolas située *in Fossatensi villa ;* voilà ce qu'on en sçait de plus ancien; et sur la fin du même siécle, Maurice de Sully, Evêque de Paris, avoit reconnu que la même Chapelle *Sancti Nicolai in Fossatis* étoit exempte du droit de Synode et de visite. L'acte est de l'an 1195.

Felibien, Hist. de Paris, T. III, p. 22.

Lorsqu'on en eut fait une Paroisse par démembrement de celle de la Varenne, on y introduisit aussi l'usage qui subsistoit alors communément dans les Eglises Paroissiales le jour de Pâques, et qu'on a vu ci-dessus s'être pratiqué à Saint Hilaire, Eglise Matrice des habitans des Fossés. L'Abbaye s'engagea à fournir ce jour-là, par les mains du Prevôt, dans cette Eglise de Saint Nicolas, trois sextiers de vin du Couvent à ceux qui communioient, pour boire immédiatement après avoir reçu la Sainte Hostie. Le Curé de cette même Eglise n'avoit au quinziéme siécle ni gros ni dixmes, mais seulement sa nourriture dans le Couvent comme un simple Religieux. C'est la remarque que fit alors un Doyen rural de Chelle en sa visite : *Curatus sancti Nicolai nullum habet grossum,*

Chart. Fossat.

Tab. Ep. Paris.

nec aliquid habet in decimis; sed habet pitantiam in Abbatia sicut unus de Religiosis.

L'édifice de l'Eglise de Saint Nicolas est du siécle de l'érection de la Cure. La construction tant du chœur que de la tour ressent entierement le treiziéme siécle. L'Eglise a été bâtie à plusieurs reprises et continuée dans le quatorziéme siécle. Elle finit en quarré au pignon du côté de l'orient, est accompagnée d'une aîle à côté du chœur vers le midi, et ensuite d'une galerie en forme de Cloître Monacal. On n'y voit aucunes anciennes épitaphes. On peut remarquer dans le Cimetiere, pour la singularité, celle d'un Domestique qui a été posée aux dépens de ses Maîtres qu'il avoit servis fidélement. Elle est du siécle présent.

La nomination de la Cure qui avoit appartenu à l'Abbé des Fossés, est retournée de plèin droit à l'Evêque de Paris lors de l'extinction du titre Abbatial en 1536.

Il y a un canton de maisons un peu éloigné du gros du Bourg, et qui s'appelle *le Pont de Saint Maur*. Ce canton étoit originairement de la Paroisse de Fontenay sur le Bois, parce que cette Paroisse est plus ancienne que le village de Saint Maur, et qu'elle comprenoit presque toute la Forêt de Vilcene. Mais sur les remontrances faites à M. de Harlay, ces maisons furent détachées de cette Paroisse par Décret du 22 Juin 1693, et adjugées à la Paroisse de S. Maur, en payant une rente à l'Eglise de Fontenay et au Curé. *Reg. Archiep.* Voy. l'article de Fontenay.

Le nom que l'on a donné en dernier lieu au Pont qui est à cet endroit sur la Marne, revient assez à son nom primitif. On l'appelle depuis quatre cens ans *le Pont de Saint Maur*. Le plus ancien nom avoit été *le Pont des Fossés,* ainsi qu'il est attesté par deux actes du XIII siécle, dont l'un qui est de l'an 1281, constate que l'on avoit dit d'abord *Pons de Fossatis*. Cependant, dès le commencement du douziéme siécle, on disoit *le Pont Olins* en françois, et en latin *Pons Olini*. Il apparoît même un Port du même nom; mais soit que ce fût ou Pont ou Port, le Roi y levoit un tribut. L'Abbaye des Fossés en payoit trois sols par chacun an, jusqu'à ce que Louis le Gros lui fit la remise de cette somme pour toujours par Lettres données à Paris l'an 1110. En 1259 Jean, Chapelain *de Ponte Olini seu de Ponte de Fossatis,* reconnut que la Justice de la maison de ce Pont qu'il avoit donnée à loyer, dépendoit de celle de l'Abbaye. En 1384 Charles VI donna le 22 Octobre, étant à Paris, une Déclaration qui établissoit un droit de barrage au Pont de Saint Maur comme à celui de Charenton. On trouve dans les comptes de dépense de la Prévôté de Paris de l'an 1465, un paiement fait à Jean Potin, Examinateur au Chastelet, à cause qu'il avoit été avec six Charpentiers rompre le Pont de S. Maur pour la sûreté et garde de la ville de Paris. En 1590, *Ex autographo.* *Chart. Fossat. fol. 38.* Petit Livre du Châtelet, f. 148. Sauval, T. III, p. 386.

le 25 Avril, le même Pont de Saint Maur qui avoit été rétabli, fut attaqué aussi-bien que celui de Charenton par l'armée Royale, et emporté ; de sorte que ceux qui résisterent dans le Fort qui défendoit ce Pont ayant été pris à discrétion, furent pendus; mais, avant la fin du mois de Septembre, l'armée de la Ligue en étoit redevenue maîtresse.

Il existoit dès le XIII siécle, comme l'on vient de voir, une Chapelle située proche d'un Pont aux environs de S. Maur. On ignore si le Pont que l'on voit aujourd'hui est à la même place qu'étoient les anciens ; quoi qu'il en soit, il y a une Chapelle assez proche de ce Pont sur la pente de la colline, et apparemment au même endroit où étoit celle du XIII siécle. Le premier monument où elle se trouve surnommée de Saint Leonard, est le Pouillé du XV siécle, dans lequel on lit : *Capella sancti Leonardi Pontis sancti Mauri Fossatensis.* Elle y est dite être à la pleine collation Episcopale, ce qui est suivi par les Pouillés de 1626 et 1648, et vérifié par des provisions de 1501, etc. Le Pelletier dans le sien la marque faussement du Doyenné de Châteaufort. Peut-être dit-il plus vrai quand il ajoute qu'elle a deux cens livres de revenu. C'est Saint Leonard du 6 Novembre qu'on y regarde comme Patron. J'ai trouvé qu'en 1682, Jean de Ruffeville, Prêtre du Diocése d'Avranches, y fonda une Messe pour le jour de la Fête, donnant pour cela un certain revenu.

Reg. Archiep. Oct. 1682.

Depuis que les habitans du Pont de S. Maur furent déclarés être de la Paroisse de S. Nicolas, seule et unique Paroisse du Bourg, on y compta environ 130 feux. Le dénombrement de l'Election de Paris y en marquoit 128. Ce qui produisoit 430 habitans, suivant le calcul du Dictionnaire universel. Le dernier dénombrement des Feux de tout le Royaume, ne compte plus à S. Maur que 95 feux. J'ai remarqué en passant que dans les dénombremens et rôles de l'Election, ce même Bourg est appellé *saint Maur hors la Varenne*.

Cette Paroisse est renommée par le Château que l'on y voit. Jean du Bellay, Evêque de Paris, l'un de ceux qui ont contribué le plus au rétablissement des Lettres en France, et qui d'Abbé Commendataire de Saint Maur, en devint le premier Doyen et fut en même tems Cardinal, se mit le premier dans le goût de bâtir un Château à la place où étoit l'ancien logis Abbatial. C'étoit un édifice superbe pour le tems et du dessein de Philbert de Lorme. Comme on étoit alors très-fort dans l'usage des inscriptions, ce Prélat y fit mettre celle-ci en l'honneur de François I, son bienfaiteur et le restaurateur des sciences en France :

Hunc tibi, Francisce, assertas ob Palladis ædes
Secessum, vitas si forte Palatia, gratæ
Diana et Charites, et sacravere Camænæ.

Ce Cardinal avoit reçu en 1541 ordre du même Roi de faire fermer de murs le Parc de Saint Maur pour la conservation du gibier, tant pour lui que pour le divertissement de sa Majesté. Lettre de Mars au Bois de Vincennes.

Eustache du Bellay qui lui succeda en 1551, jouit du Doyenné de Saint Maur et de ses dépendances jusqu'à l'an 1563, qu'il vendit la Terre et le Château à la Reine Catherine de Medicis, veuve de Henri II, mere de Charles IX alors regnant, et cela pour d'autres Terres. Cette Reine y fit commencer un magnifique Château qui est long-tems resté imparfait. Les Rois Charles IX et Henri III s'y retirerent fort souvent durant l'été. Le continuateur de Du Breul écrivoit en 1639, que ce Château consistoit alors en un grand pavillon très-bien bâti de pierre et de brique, que le Roi Louis XIII y venoit quelquefois pour le plaisir de la chasse et y demeuroit huit jours. On a des Déclarations qui sont datées de ce lieu. Dans le traité qui fut fait entre Catherine de Medicis et l'Evêque de Paris, l'Evêque céda le Parc que son prédécesseur avoit fait fermer de murs, haute-Justice, moyenne et basse du Village, le pressoir bannal, les dixmes en la Varenne, le droit de pêcherie, le gord Besnard, deux Isles qui y touchoient, le Port de Chenevieres, l'Isle-l'Evêque, l'Isle de la Rondelle, l'Isle de Beaubourg, l'Isle de la Heronniere, les trois Isles au boucher ou bouchet, les prés des marais ou la Varenne, le Port de Creteil avec les Isles voisines, les terres des Clapiers près la Varenne ; deux arpens de vignes closes à murs appellés le petit clos, les deux moulins de Saint Maur, les bois Guinier en la Varenne, la maison appellée la Cassine, le pré et la Saussaye des Portes, la maison que le Chancelier de l'Hôpital avoit alors au village de Saint Maur, le droit de ban à vin depuis le jour de la Pentecôte jusqu'au jour Saint Jean inclusivement. Il n'est fait là aucune mention des terres de Saint Felix, mais elles n'en existent pas moins dans la péninsule. Elles sont à l'endroit où étoit la cave de Saint Felix, et apparemment que quelque ancien Abbé les avoit aliénées. Supplém. de Du Breul 1636, p. 98.

Après la mort de Catherine de Medicis, la Terre de Saint Maur passa à Charlotte-Catherine de la Tremoille, qui l'avoit acquise par décret des créanciers de cette Reine en 1598. Elle laissa au Prince de Condé, son fils, cette Terre, qui depuis est restée dans cette Maison. Les Princes de Bourbon-Condé ont rendu ce Château l'un des plus beaux lieux de plaisance des environs de Paris, soit par les embellissemens des bâtimens qu'ils ont fait achever, soit par les jardins qu'ils ont fait ajouter à l'ancien Parc, entre autres la maison et les jardins de M. de la Touane, Financier.

Il parut dans les Mercures de Juillet et Août 1700, à l'occasion du séjour que M. le Dauphin y avoit fait le 18 Juillet, un Ecrit qui marquoit la maniere dont l'art pouvoit ajouter à la nature pour l'embellissement des jardins de ce Château. Il y avoit un point particulier au bout du Parc à droite pour entendre un écho singulier, mais cet écho ne subsiste plus, à ce que l'on dit.

ÉVENEMENS. Quelques traits historiques finiront la longue description que je viens de faire de l'Abbaye des Fossés et du lieu de Saint Maur. Ce fut en ce lieu que ceux de Paris qui s'aviserent sous Charles VI de représenter sur le théatre le mystere de la Passion de NOTRE-SEIGNEUR et les actions ou le martyre de quelques Saints, et qu'on appella les Confreres de la Passion, donnerent les premiers essais de leurs représentations ; et peut-être fut-ce dans quelque salle du Monastere. L'Histoire ne spécifie point en quel quartier du Bourg ou du village. Mais elle marque que le Prevôt de Paris en ayant été averti, défendit à tous habitans de la Ville et même de Saint Maur, de représenter aucuns jeux de personnages sans la permission du Roi. L'Ordonnance est du 3 Juin 1398.

<small>Frère Parfait, Hist. du Théât. Français, T. I, p. 34.</small>

Une maladie contagieuse ayant cours à Paris l'an 1418, Gerard de Montaigu, Evêque de Paris, qui craignoit d'en être atteint, se retira à Saint Maur et logea à l'Abbaye. Il y étoit au mois de Novembre de cette année-là.

<small>Regist. du Cons. du Parl. Gall. Chr. T. VII, col. 144.</small>

Ce fut à Saint Maur que se retirerent en 1463, les Princes ligués contre Louis XI, et où les députés des Parisiens allerent les trouver pour traiter sur les moyens de les recevoir à Paris.

<small>Chr. de Louis XI.</small>

On lit dans un Mémoire sur le célèbre Guillaume Budé, imprimé parmi ceux de l'Académie des Belles-Lettres, que Guillaume écrivant à Louis son frere sous le regne de Louis XII ou de François I, lui parle comme un homme actuellement occupé à bâtir à Saint Maur et à Marly. En vérifiant ce fait, j'ai trouvé qu'en effet ce Sçavant avoit une piéce de vigne à Saint Maur *in Sammauriano pago*, à trente stades, dit-il, ou environ de Paris, et qu'étant mécontent de cette vigne qui geloit fort souvent ou qui étoit sujette à quelque autre malheur, et dont le vin n'étoit pas de défaite lorsqu'il y en croissoit, prit la résolution d'en faire un jardin et d'y bâtir une petite maison ; c'est ce dont il dit qu'il fut très-occupé, à cause de l'achat qu'il lui fallut faire d'un morceau de terre pour rendre son terrain quarré, et pour la conduite des allées et des eaux. Budé écrivoit ceci vers l'an 1520.

<small>Mém. de l'Acad. des Inscript. T. V, p. 359. Guil. Budœi Ep. Grœcœ Ep. 1.</small>

C'est à Saint Maur proche de Paris dans une maison située en entrant au côté de Vincennes à main droite, qu'a d'abord été fabriqué au siécle dernier le Ras dit de Saint Maur, espece d'étoffe, par un Monsieur Charlier dont la famille subsiste encore à Paris.

Un événement attira en ce Village une infinité de monde au mois de Mars en l'année 1706. On l'appela l'*Esprit de Saint Maur*. Un jeune homme du lieu, âgé d'environ vingt-cinq ans, d'un caractere mélancolique, crut voir un revenant, l'entendre et se sentir transporté avec son lit, etc. Il fut besoin pour désabuser le Public sur cela, qu'un homme sensé composât une Dissertation sur l'apparition des Esprits. Elle est datée de S. Maur le 8 Mai 1706. Je crois que M. Savary, Chanoine, en fut auteur.

<small>Dissert. in-12 chez Claude Cellier à Paris 1707.</small>

ACTES

SUR LES RELIQUES DONT IL A ÉTÉ PARLÉ CI-DESSUS

« Nos Legiers Deens de sainte Sophye, et Chancellier de lEmpire de
« Constantinoble et Estiennes Tresoriers de celle meisme Yglise, et
« Gaucher Deens de Liglise Nostre-Dame de Panecrante, faisons a
« savoir a toz cels que ces présentes Lettres verront que li nobles bers
« Messires Jefrois de Mesri Conestables de lEmpire de Constantinoble,
« nos pria humblement et dévotement que nos por Deu et por almone
« li donnessions alcuns Saintuaires por envoyer en son pays. Et nos
« regardans la devotion de son cuer et la bonne entention porce que
« nos creons que li Saintuaire seront honorez la o il les envoyera, li
« donames une partie del chif Monseigneur saint Felyppe l'Apostre, li
« quels estoit d'aucun tens en Liglise Nostre-Dame de Panecrante
« aviroené dune bande dor tot entor en laquelle ses nons estoit escrit
« de lettres gregoises[1]. Et por ce que nos creons que ce soit voir le
« tesmongnage des Latins qui en Liglise ont esté et sont et des Grex
« anciains, nos li donames ces Lettres scellées de nos scels, et prions
« cels as quels ces devant dites Reliques seront donées, que il por Deu
« et por misericorde na recoivent en leurs biens faiz et en lors oraisons.
« Ces Lettres furent faites en l'an de l'Incarnation Jhu xpist mil et
« CC et XLV el mois de Geinvier. »

<small>Chastelain, Martyrol. Univ.</small>

Il y reste deux seaux, de trois qui y étoient. Celui du milieu représente un saint Diacre. Il est oblong fini par MARTIRINES. L'autre rond représente la Sainte Vierge et le petit Jésus. On y lit le reste de SAINTE MARIE INVIOLAT.

<small>Ex autogr. apud S. Maur.</small>

Religioso viro et honesto Abbati sancti Mauri de Fossatis totiusque ejusdem loci conventui. J. Dominus de Odre miles salutem in eo qui fons est veniæ et largitor Religiositati vostræ notum compareat, nos de transmarinis partibus pretiosas Reliquias noviter attulisse unum videlicet de crinibus virginis gloriæ et junctam unam de manu sancti Matthei Apostoli et ut testatum nobis fuit et dictum à venerabilibus viris Decano de Blaquerna omnique Capitulo coram nobis jurantibus et actoribus illius muneris pretiosi, quas vobis et Ecclesiæ vestræ transmittimus ad honorem sancti Mauri Abbatis amici Domini Jesu Christi, et nos cum illis sigilli nostri impressione similiter hoc testamur, mandantes et vobis quatenus donum illud veneremini pretiosum sicut debet et justum est venerari. Datum anno Domini M. CC L in festo S. Martini hyemalis.

<small>Ibid.</small>

1. Ce chef est à N. D. de Paris.

NOGENT-SUR-MARNE

<small>Notit. Gall.
p. 425, col. 2.</small>

Les différens lieux du Royaume qui portent le nom de Nogent, ont été communément appellés dans les anciens Historiens et dans les titres latins *Novigentum,* ou *Novientum.* M. de Valois écrit qu'il est constant que ce mot vient de la langue des anciens Gaulois, mais que sa signification est incertaine, ou plutôt inconnue. Cependant quelques Sçavans, sur ce que dans plusieurs langues le mot *Nouveau* est approchant le même, quant aux principales lettres qui le composent, ont cru pouvoir conjecturer que *Nov* signifioit aussi *nouveau* dans le Celtique ; d'autres pensent que cette syllabe *Nov* ou *Nou* a pu être usitée pour désigner un terrain gras ou trempé, mais pour ce qui est de *gent* ou *jent,* personne que je sçache n'a encore dit ce qu'on doit en penser. Je ne hasarderai rien non plus sur cette syllabe. Ce que je puis dire est que certains territoires ont eu leur dénomination avant qu'on bâtît dessus, et l'ont communiquée aux Villages ou Bourgs qui y ont été construits depuis ; d'autres qui n'avoient point de dénomination, ont pris celle des Villes ou Bourgs qu'on y a bâtis. Ainsi, au cas qu'il y ait quelque Ville du nom de Nogent dont la situation actuelle soit sur un lieu sec, il se trouvera qu'il y aura dans le voisinage quelque terrain gras et aquatique qui sera cause de la dénomination. Il y a au Diocèse de Paris deux Paroisses dont le nom primitif latinisé est *Novigentum* ou *Novientum.* Ces deux lieux sont mentionnés dans des Historiens de la premiere race. L'un est ce qu'on appelle aujourd'hui Saint Cloud, et l'autre est celui qui fait le sujet de cet article. Nogent-sur-Marne, éloigné de Paris de deux lieues et demie, n'est pas le plus fameux aujourd'hui, mais il l'a été autrefois, et je lui restituerai ici ce que Dom Michel Germain lui a ôté et qu'il a donné au lieu dit Saint Cloud.

<small>Greg. Turon.
lib. VI, cap. II,
III, V.</small>

Cet Auteur est d'accord avec M. de Valois, Sauval, etc., que ce fut à Nogent-sur-Marne qu'étoit le Palais où Gregoire de Tours dit que le Roi Chilperic lui fit voir l'an 581, un meuble précieux, puis des pieces d'or d'un gros poids, que Tibere, Empereur d'Orient, lui avoit envoyées ; que ce fut là qu'il reçut l'Ambassade de Childebert, Roi d'Austrasie, et où Gregoire lui-même, conjointement avec Chilperic, essayerent de convertir le Juif Priscus. Mais il veut, sans en rapporter de preuves, qu'il y ait eu aussi dans le siécle suivant un Palais Royal à Saint Cloud, et que ce seroit en ce Palais qu'auroient été expédiées aux mois de Mai et de Juin de l'an 692, deux Chartes du Roi Clovis III au sujet de l'Abbaye de Saint Denis, datées *Noviento,* et une du Roi Childebert III, datée *Novigento* au mois d'Avril 695. Je réserve pour l'article de Saint-Cloud à prouver que ce lieu n'est devenu anciennement fameux, que par la retraite et la mort du saint Prêtre dont il a pris le nom, et par le concours à son tombeau ; que cette Terre ayant été donnée par ce Saint à l'Eglise de Paris, nos Rois n'y eurent point de Palais. Ainsi par le *Novientum* où la premiere des Chartes susdites assure que le procès des deux Abbés Chainon et Ermenoald fut plaidé dans le Palais, on doit entendre un Nogent où il y eût réellement un Palais, et c'est ce qui convient parfaitement à Nogent-sur-Marne où nos Rois se trouvoient à portée non-seulement du Bois de Vilcene, mais encore de la grande Forêt d'entre Paris et Meaux par les bois de Neuilly et d'Avron, qui alors étoient plus considérables qu'ils n'ont été depuis. C'est aussi de Nogent-sur-Marne qu'il faut entendre un endroit de Fortunat en la vie de Saint Germain, Evêque de Paris, où il est dit qu'au sortir de Nogent il vint à Vicneuf, faisant la visite de son Diocése. Car il est constant que ce saint Prélat vint à un Vicneuf de la Brie, et non du Berry qui n'étoit pas de son Diocése. Le texte dit : *Igitur Pastor bonus cum de vico Novigento ad vicum novum visitandi gregis cura solita pervenisset.* On sçait qu'il n'y a que trois lieues de Nogent à Vicneuf [Vigneux], qui est proche Villeneuve-Saint Georges.

Outre le voisinage de la Forêt, la situation du lieu au-dessus de la Marne que l'on voit couler de Lagny et de Chelles et serpenter autour de l'ancien Château des Bagaudes, dit aujourd'hui Saint Maur, forme un aspect fort agréable ; du côté opposé, qui est celui de Paris, la vue sur la vallée de Vincennes qui forme une espece de conque au milieu de laquelle est le Château, n'est pas un moindre attrait pour la campagne. Nogent se trouve placé comme sur la crête de la montagne, en sorte que l'air y est très-pur, quoique la grande pente soit vers le midi. Il ne paroît pas avoir jamais été fermé de murs, comme l'ont été plusieurs Bourgs.

L'Eglise est bâtie sur un fief appellé le fief du Moyneau dit Beaulieu, autrement Garentieres, dont le possesseur est pour cette raison nommé aux prieres du Prône. Il y a dans le chœur quelques pilastres et autres marques qui désignent que la construction est du treiziéme siécle. La tour ou clocher qui est au côté septentrional est au moins de ce temps-là, si elle n'est plus ancienne ; c'est une pyramide de pierre médiocrement élevée. Le bâtiment de l'Eglise a deux collatéraux. L'anniversaire de la Dédicace s'y célebre à la Saint André. On voit dans le côté droit du chœur deux tombes dont les inscriptions sont en caractere rond gothique du treiziéme siécle. Sur la place proche de la porte où est figurée un femme voilée, se lit : *Die Martis post Purificatio-tionem B. Mariæ Virginis Johanna soror venerabilis viri Magistri Odonis de sancto Dionysio Canonici Parisiensis, et Domini de Plesantia, sepulta fuit in loco : cujus anima......* Au pied de cette tombe se lit sur la tombe suivante : *Cy gist Jehan de Plesance Escuyer neveu de Mestre Ode de saint Denis, qui trespassa le tiers jour.....* Les armes sont trois chevrons dans un écu et une croix dans l'autre. C'est sans doute le même Jean *de Placentia* qu'on trouve avoir rendu hommage à Etienne Tempier, Evêque de Paris, dans le mois de Novembre 1271. Saint Saturnin, premier Evêque de Toulouse et Martyr, est le Patron de cette Eglise. Outre sa Fête du 29 Novembre, on y célèbre aussi sa Translation au mois de Juillet. On n'y conserve cependant point de ses reliques. Une Dame du Perreux, qui sera ci-après nommée, y donna au seiziéme siécle un reliquaire de Saint Vincēnt, Confesseur, qui ne se trouve plus. Le Cartulaire de l'Abbaye de Saint Magloire contient une Bulle du Pape Lucius, où sont marquées les Eglises que les Evêques de Paris avoient donné à ce Monastere, et de ce nombre est *Ecclesia sancti Saturnini de Novigento ;* et quelquefois dans les Registres de l'Archevêché de Paris d'ici à environ deux siécles, on trouve des provisions sur la présentation de l'Abbé de Saint Magloire, comme le 30 Octobre 1501 et le 28 Décembre 1546. Néanmoins les Pouillés de 1626 et 1648, disent que la Cure est à la pleine collation de l'Archevêque, et ce qui contredit plus fortement la Bulle ci-dessus, est que l'Eglise de Nogent se trouve dans le Pouillé Parisien du treiziéme siécle, qui lui est postérieur, au rang de celles qui sont *de donatione Episcopi,* et de même dans les Pouillés manuscrits du quinziéme et du seiziéme siécle. D'où il semble qu'on doit inférer qu'entre la date de la Bulle du Pape Lucius et la rédaction du Pouillé au XIII siécle, il y avoit eu quelque échange fait entre l'Evêque de Paris et l'Abbé de Saint Magloire. Le Pelletier dans son Pouillé imprimé en 1692, où il parle souvent comme un homme mal informé, la dit être à la présentation du Prieur de Gournay. Il n'y a aucun titre bénéficial ni Communauté sur cette Paroisse. On lit dans un Compte de la Fabrique de l'an 1581, qu'encore alors il y demeuroit au Château de Plaisance un Chapelain qui aidoit à la célébration de l'office dans la Paroisse. Le même Compte fait aussi mention de l'usage où étoient les Paroissiens de ce lieu, comme ceux d'ailleurs, de boire du vin dans l'Eglise, aussitôt après la communion Pascale, d'aller en Procession à Saint-Babolein, c'est-à-dire à Saint Maur et à Notre-Dame de Presle au-dessous de Saint Maur vers le couchant. Il y est aussi parlé d'une Chapelle de l'Eglise appellée *La Chapelle du Président,* sans doute celle du Seigneur du Perreux, dont il sera fait mention en parlant ci-après de ce fief.

Lorsqu'on quitte le chemin qui en sortant du Parc de Vincennes va à Nogent, et que l'on prend à gauche celui qui conduit à Plaisance, on trouve à droite une Chapelle surnommée de la Croix de Bichery, à cause qu'elle a été bâtie par un Vicaire de Nogent appellé Bichery.

La Paroisse de Nogent-sur-Marne se trouve marquée dans les dénombremens de l'Election de Paris imprimé in-4°, pour 193 feux, et le Dictionnaire Universel des Paroisses du Royaume y compte 869 habitans.

L'Abbaye de Saint-Pierre des Fossés, dite depuis Saint-Maur, comptoit dès le IX siécle le village de Nogent parmi ses principaux biens. Dans l'état de ses revenus que ce Monastere dressa vers la fin de ce même siécle, l'article de Nogent (*in Novigente*) nous apprend que les Religieux y avoient dix-huit maisons garnies de leurs charrues, et six où il n'y avoit que des manœuvres, ce qui formoit cinquante-cinq hommes. Chacune des dix-huit maisons leur payoit une année cinq sols de rente, et une autre une brebis et un agneau, et ainsi alternativement : plus deux muids de vin. On y voit la quantité de terrain que chacun devoit cultiver en grain ou en vignes. Ils devoient chacun à l'Abbaye trois poulets et des œufs : et les maisons de gens serfs qui étoient au nombre de six et demie, ne devoient gueres davantage. Le Roi Charles le Chauve donna en 848 à l'Abbé Ainard la pêche d'un gord, ou d'une partie de la riviere de Marne, qui est appellée en latin *lacus super fluvium Maternæ in loco qui dicitur Novientus*. On ne peut douter que ce ne soit à Nogent. Le diplome est daté du Palais de Quiercy (*Carisiaco*), *anno viij. Indict. X*. Sous le regne du Roi Robert, au commencement du XI siécle, le Vicomte de Corbeil nommé Robert fit présent à cette Abbaye d'un bien qui lui étoit venu par succession, *Villiaricum nomine, quod sistit supra vicum qui Novigentus dicitur*. Il sembleroit par ces expressions que le bourg ou village de Nogent auroit été alors dans le bas de la colline, ce qui confirmeroit l'origine que j'ai donné à la premiere partie du mot. Beaucoup de Villages, pour n'être plus sujets aux inondations, ont été rebâtis à mi-côte des montagnes, et y ont transporté l'ancien nom, ce qui a fait disparoître le nom que portoient auparavant les lieux où se sont faites les transplantations. Il est parlé de Nogent dans la vie du Burchard, Comte de Corbeil, qui vécut sous le même Roi. L'auteur, qui vécut dans le même siécle, appelle ce lieu Novigent [1].

Capit. Baluz. T. II, col. 1387.

Chart. minus S. Mauri, f. 83.

---

1. Il y dit que Teuton, Abbé de Saint-Maur qui avoit abdiqué, et s'étoit retiré dans la terre de Fleury-la-Riviere, au Diocèse de Reims, alors apparte-

Lorsque les revenus de l'Abbaye de Saint Maur furent augmentés à Nogent, les Religieux en assignerent une partie pour l'Aumônerie de leur Monastere. Au XII siécle l'Aumônier y avoit eu un corps de logis attaché à sa dignité avec un pourpris et un vivier, et un droit de corvée dans le tems que l'on vendangeroit aux vignes dites *de vallibus*. Dans le siécle suivant cette maison menaçant ruine, et l'Aumônerie n'ayant pas assez de bien pour l'entretenir, Pierre de Chevry qui fut Abbé au moins depuis l'an 1256 jusqu'en 1285, s'en chargea, parce qu'il lui étoit plus facile de se retirer en ce lieu qu'ailleurs, lorsque le Roi, la Reine, les Princes et autres Seigneurs venoient résider à Saint Maur; il fit rebâtir à neuf ce Manoir en entier, tant la Chapelle que les logemens, les portiques, les murs de clôture, en augmenta le terrain, fit refaire les caves et le vivier, et y fit amener par un conduit les eaux d'une fontaine. Cet Abbé s'étant mis dans l'usage de venir souvent à cette nouvelle maison, il étoit à craindre qu'il n'exigeât des habitans de Nogent situés sur son territoire, qu'ils lui fournissent des lits comme faisoient ceux des autres terres : mais il fut déclaré qu'ils n'y seroient pas tenus. Le même Abbé obtint du Pape Martin II, la permission de célébrer dans la Chapelle de sa maison de Nogent. L'Aumônerie ainsi dépouillée de son ancien logis, il ne lui resta plus à Nogent que le Four bannal, où tous les Paroissiens étoient tenus de cuire, excepté la maison dite Plesance, et celle du Perreux. Quoiqu'il en soit, ce sont aujourd'hui les Chanoines de Saint Maur qui sont Seigneurs de Nogent.

L'Abbaye de Saint Magloire avoit eu de Radulf, Abbé de Saint Maur, dès l'an 1233, une piece de terre située à Nogent pour la somme de cinq sols. Mais ce n'étoit pas le seul bien qu'elle eut à Nogent. Il paroît qu'elle y percevoit quelque dixme, puisqu'on trouve en 1225 Nicolas, que je crois Curé de ce lieu (au moins est-il qualifié *Persona Ecclesiæ de Nongento juxta Vicennas*), on le trouve, dis-je, en procès avec l'Abbé sur la dixme des Novales du territoire dit Bois-Galon et de celui de Gripeel ou Gripeau, et autres Novales, aussi-bien que sur les reportages de la Paroisse de Fontenay et sur les menues dixmes de Nogent, et enfin sur le droit de synode et de visite, sçavoir à qui c'étoit à le payer. Les reportages de Fontenay étoient la moitié de la dixme des terres situées sur le territoire de Fontenay, et cultivées par des paysans de Nogent. Cette moitié devoit appartenir alors, suivant l'usage

nante à son Abbaye, s'y étant ennuyé, voulut revenir à Saint-Maur, et vint en effet jusqu'à Nogent: que s'y étant arrêté il envoya dire aux Religieux qu'il venoit pour les voir; mais que plusieurs determinerent la Communauté à lui faire réponse qu'ils ne le recevroient pas, ayant élu un autre Abbé. Sur cela il prit le parti de retourner à l'Abbaye de Cluny, dont autrefois il avoit été tiré.

commun, au Gros décimateur de la Paroisse d'où étoient les Laboureurs et les bestiaux. Il est dit au même endroit du Cartulaire de Saint Magloire, que le Curé de Nogent devoit avoir à la Saint Etienne, lendemain de Noël, un pain, et à l'Ascension trois œufs. Regnaud, qui étoit Curé en 1292, fit faire par des arbitres un nouveau reglement, dans lequel il est parlé du territoire de Perreux. Il y eut encore en 1320 un différend sur la dixme d'un canton de la Paroisse de Nogent, situé dans la censive de noble homme Jean de Maure. L'Abbé de Saint Magloire prétendoit qu'elle lui appartenoit, et elle lui fut adjugée. La Sentence fut prononcée dans un lieu de l'Eglise de Paris qui paroit être l'endroit des Eaubenistiers de l'entrée, qui étoient alors de grandes cûves de pierres : *Acta sunt hac in Ecclesia Parisiensi apud cuvas*. *Gloss. Cangii voce Reportagium.*

Chart. S. Magl. fol. 178.

Les Garlandes avoient aussi eu une partie de dixme à Nogent. On trouve que Guillaume de Garlande donna au treiziéme siécle la moitié de ce qu'il en avoit au Prieuré de Gournay, pour le repos de l'ame de son fils Ansel, qui y étoit inhumé. Enfin Sauval, faisant l'énumération des biens de la Commenderie de Saint Jean de Latran, marque qu'elle a des prés à Nogent. *Chart. S. Gen. ubi de Roissy.*

Antiq. de Paris, T. I, p. 612.

De nos jours, le Curé de Nogent est seul gros décimateur.

On a vu ci-dessus, que sur la fin du treiziéme siécle, PLAISANCE qu'on écrivoit *Plesance*, et qu'on disoit *Plesantia* en latin, appartenoit à un Seigneur appellé Odon de Saint Denis, puis à un nommé Jean Guy, qui fit hommage, en 1211, à l'Evêque de Paris. On ignore ce que cette Terre devint à sa mort. On sçait seulement que Louis, fils ainé du Roi de France, Roi de Navarre et Comte de Champagne, y fit expédier, le 2 Septembre 1313, un acte concernant quelques terres situées dans la Champagne : *Datum apud Placentiam propè Vicennas*. La famille des Seigneurs des Grez l'eurent apparemment après lui ; au moins, un Evêque d'Auxerre, Parisien d'origine, nommé Pierre des Grez, lequel fut Chancelier de France, la regardoit-il comme à lui appartenante. Il reste une Lettre de lui à son Clergé, datée de l'an 1311, qui finit en ces termes : *Datum apud Placentiam domum nostram*. Depuis sa mort arrivée en 1325, cet Hôtel de Plaisance appartint à Jean de Challon, Comte d'Auxerre, sans qu'on sçache en vertu de quoi, sinon qu'il avoit pu l'acheter des héritiers de Pierre des Grez. Ce Comte d'Auxerre fut tué à la bataille de Crecy en Ponthieu, l'an 1346. Avant sa mort, il avoit vendu l'Hôtel de Plaisance pour le prix de douze cens livres à Jean des Mares, Conseiller du Roi et du Duc de Bourgogne [1], duquel Conseiller Philippe Trés. des Chart. Reg. 158, Piéce 222.

Mém. sur l'Hist. d'Auxerre, T. II, Pr. p. 295. Chambre des Comp. de Dijon.

Ibidem. Mandement du 4 Janv.

---

1. Ce fut apparemment en cet Hôtel que le Roi Jean logea le 6 Septembre 1363. On a des Lettres de lui données ce jour-là de Nogent-sur-Marne.

le Hardi, Duc de Bourgogne, frere du Roi Charles V, le retira pour le même prix en 1366. Ce Prince le remit au Roi l'an 1375, et Charles le donna la même année à la Reine Jeanne de Bourbon, sa femme, pour elle, ses hoirs et successeurs. Il est marqué dans l'Histoire de l'entrevue de Charles IV, Empereur avec Charles V, l'an 1378, que lorsque l'Empereur voulut s'en retourner en Allemagne, le Roi qui résidoit assez souvent à Vincennes ou à Beauté, le reconduisit jusqu'à l'Hôtel et Maison de Plaisance. A peine le Roi Charles V fut-il mort, que Charles VI, son fils, remit cette Maison au Duc de Bourgogne, son oncle, pour les bons services qu'il avoit rendus au défunt Roi. La Charte de cette seconde donation fut signée à Vitry en Brie, au mois d'Octobre 1380. Elle accordoit à ce Prince cet Hôtel en héritage perpétuel pour lui, ses hoirs, etc. Mais par le partage que ce Duc Philippe fit de ses biens entre ses enfans, le 27 Septembre 1401, l'Hôtel de Plaisance échut à Philippe, son troisiéme fils. Cependant c'étoit son second fils, Antoine, Duc de Brabant, qui en jouissoit au mois de Mai de l'an 1404. Antoine ayant été tué à la bataille d'Azincourt en 1415, Jean, son fils, en jouit ensuite : ce qui se prouve par les Lettres de délai d'un an que Charles VI lui accorda, le 6 Août 1417, à Paris, pour lui rendre hommage, où il est porté qu'il s'agit de l'Hôtel de Plaisance lez Nogent-sur-Marne, et de six vingt douze livres six sols six deniers oboles parisis qu'il tient en fief à héritage, et qu'il a droit de prendre chacun an sur la Recepte Royale à Paris, à cause de cet Hôtel. Charles VI accorda encore en 1418, le 28 d'Août, au même Prince, un délai de trois ans pour l'hommage de l'Hôtel de Plaisance, ainsi que le prouve une Charte du dépôt de Bruxelles.

Depuis ce temps-là, je n'ai rien trouvé sur Plaisance que dans le commencement du siécle suivant, auquel Philippe de Ronchaut est qualifié Seigneur de Plaisance près le Bois de Vincennes, dans un Compte de la Prevôté de Paris de l'an 1506. J'ai aussi reconnu dans un Compte de la Fabrique de Nogent de l'an 1581, que quelque temps auparavant, Plaisance avoit appartenu à un nommé Philbert de l'Orme. Je ne crois pas qu'on doive entendre par ce Philbert de l'Orme un autre que ce fameux Architecte, Abbé de Saint Eloi de Noyon et de Saint Serge d'Angers, qui fleurit sous Henri II et Charles IX, et auquel la Reine Catherine de Medicis confia l'Intendance des Bâtimens du Roi. Le Château de Saint-Maur-des-Fossés fut un de ceux qu'il fit bâtir. Il mourut en 1577, mais il n'étoit plus alors Seigneur de Plaisance. On apprend par les Registres de l'Archevêché, que Renée de Bourbon, Abbesse de Chelles, fille de Charles, Duc de Vendôme, étoit devenue Dame de ce lieu au moins dès l'an 1575. Elle l'avoit acheté

8300 livres de Marguerite Potard, veuve de François du Fresnoy. Il fut permis le second jour d'Août de cette année 1575, à Henri le Maignen, Evêque de Digne, de bénir la Chapelle du lieu de Plaisance, Paroisse de Nogent, sous le titre de Saint Michel, la terre d'alentour et les autels construits dans cette Chapelle ; bien plus, il fut accordé à l'Abbesse de Chelles, Renée de Bourbon, d'y pouvoir faire inhumer, sauf le droit du Curé, et d'y faire célébrer la Messe et autres offices. Mais quelques mois avant que cette Abbesse mourût, elle fut inquietée sur son acquisition et sur l'aliénation qu'elle venoit de faire de cette Terre à Charles de Lorraine, Duc d'Aumale, Pair de France. L'Evêque de Paris commit le 29 Juin 1583 pour informer là-dessus. L'exhibition de l'acte de vente dans lequel Etienne de Bray, Intendant des Finances, avoit stipulé pour le Duc, ne fit mention que de la maison de Plaisance, de deux arpens de vignes, autant de prés et deux ou trois de terres labourables, moyenne et basse-Justice et des rentes. L'Evêque homologua l'achat fait par l'Abbesse, parce qu'elle n'avoit pas aliéné pour cela d'anciens fonds. *Reg. Ep. Paris.* *Ibid 3 Aug. 1583.*

Jean Phelippeaux de Villesavin, Secrétaire des commandemens de la Reine Marie de Medicis et Conseiller d'Etat, possédoit cette Seigneurie avec le fief du Moineau au même lieu de Nogent, et plusieurs autres vers le milieu du dernier siécle. Elisabeth Blondeau, sa veuve, fut en procés avec les Chanoines de S. Maur, au sujet du droit de litre ou ceinture funebre autour de l'Eglise, lequel lui fut adjugé par Sentence arbitrale du 13 Septembre 1661, en vertu du fief du Moineau dont elle étoit Dame en même temps que de celui de Plaisance. L'année d'après, Louis XIV lui accorda droit de haute-justice en cette Terre de Plaisance. Les Lettres furent registrées en Parlement avec modification le 7 Septembre. *Regist. du Parl.* Leur fille, Anne Phelippeaux, fut mariée à Leon Bouthillier, Comte de Chavigny, à qui ces deux Fiefs ou Terres passerent. Marie de Chavigny, issue de leur mariage, fut la seconde femme d'Auguste de Choiseul, Comte du Plessis-Pralin, qui en jouit pareillement et qui mourut en 1705. Plaisance passa depuis au sieur Deschiens, fameux Financier, sur lequel elle fut par la suite adjugée au Roi, qui la vendit à M. Rouillé d'Orgemont, Secrétaire du Roi. M....., Maître des Requêtes, l'acquit de ce dernier vers l'an 1720. Il la posseda peu de temps, et la vendit à M. Racine du Jauquoy, lequel la vendit à M. Paris du Vernay, qui la possede aujourd'hui et y a fait bâtir une très-belle maison. La postérité verra avec plaisir une preuve que les Gens de Lettres y ont été bien venus, dans l'Ecrit que M. de Boze, de l'Académie Françoise et de celle des Inscriptions, a adressé de ce lieu au Cardinal Querini le 12 Juin 1743, touchant d'anciens diptyques. Cet ouvrage a été imprimé à Rome, in-4°.

Pour ce qui est des Seigneurs du fief du MOINEAU (qu'il faut peut-être écrire *Mont-henault*), je n'ai pu en découvrir au-delà du quinziéme siécle; car je crois devoir comprendre dans ce rang Gaspar Bureau, Chevalier, qualifié dès l'an 1444 Seigneur de Nogent-sur-Marne. Il est avec le même titre dans le catalogue des Grands-Maîtres de l'Artillerie à l'an 1460. Mais il est sûr qu'il ne possedoit à Nogent que le fief du Moineau sur lequel l'Eglise est bâtie. Il étoit en même temps Seigneur de Villemomble, ainsi qu'on peut voir à l'article de ce Village. L'extrait d'un acte de 1458 communiqué dans le procès de l'an 1661, contre le Chapitre de Saint Maur, porte ces termes : *Acte de donation faite aux Marguilliers et habitans de Nogent, par le Sieur de Villemomble Seigneur du fief du Moyneaux, de six pieds de terre en largeur à prendre alentour et au pourtour de l'Eglise pour faire une allée pour faire la Procession tout le tour d'icelle Eglise, icelle allée en la censive dudit Sieur de Villemomble et franche a toujours dudit cens, en date du 14 Juillet 1458.* On vit aussi durant tout le siécle suivant la Justice de Villemomble et la Justice du fief du Moineaux exercée par les mêmes Officiers, ou bien celle de ce Fief exercée par des Officiers dependans de ceux de Villemomble. Enfin Pierre de Flagheac, qui étoit Seigneur de Villemomble en 1608, laissa une fille nommée Anne, qui après avoir joui du fief du Moineaux, le vendit le 18 Février 1638 au sieur de Ville-Savin, qui devint aussi Seigneur de Plaisance.

Le fief du PERREUX est situé à une légere distance du village de Nogent du côté du levant. On a vu ci-dessus une mention expresse de la Maison dite le Perreux à la fin du treiziéme siécle dans le Cartulaire de S. Maur : elle étoit exceptée du nombre de celles qui devoient cuire au four bannal de Nogent. Le Nécrologe de l'Eglise de Paris, qui est du même temps, fait aussi mention de vignes situées *apud Petrosam*. Et en effet ce lieu est très-pierreux. J'ai vu dans l'Eglise de Nogent une inscription sur la pierre en lettres gothiques datée de l'an 1530 ou environ, qui marque que Jeanne Baston, veuve de Jean Behannet, Président en la Chambre des Requêtes du Parlement à Paris, Dame de la Folie-baston et du Pereux, fit construire une Chapelle en l'Eglise de Nogent, y donna 28 livres de rente et un reliquaire de Saint Vincent, Confesseur, avec un missel manuscrit, lettres d'impression. Il y a plus : c'est qu'on lit dans les Registres de l'Evêché à l'an 1529, que Messire François de Poncher, Evêque de Paris, se transporta à Nogent le 22 Juillet et y bénit la Chapelle de la Seigneurie du Pereulx sous le titre de la Visitation de la Sainte Vierge, et sous l'invocation des Saints Arnoul, Martin et Pardoux, Confesseurs, en présence d'Antoine, Seigneur du même lieu dit Perreux.

M. de la Cour des Chiens, duquel j'ai parlé à l'article de Plaisance, a acheté le Perreux sous le nom de M. de Saint Georges, son neveu, en 1698, après lequel cette Terre passa à M. Mailly de Breuil, Receveur Général des Finances, son gendre : elle a ensuite appartenu durant quelque temps à la veuve du Maréchal d'Alegre. Elle est possedée présentement par M. de Besson dont la femme se nomme de la Cour des Chiens. On assure que le Perreux est un franc-alleu.

Le fief de PINELLE situé sur la Seigneurie du Chapitre de Saint Maur, porte le nom qu'avoit une des Terres de cette Eglise située du côté de Reims au neuviéme siécle. Il appartient aujourd'hui à M. Georges qui le tient de M. son pere, Avocat au Conseil. *Polyp. S. Mauri. Baluẓ Capit. T. II, Instrum.*

En lisant le Cartulaire de Saint Maur à l'article de Nogent, on voit à l'an 1268 une Fontaine indiquée sous le nom de S. Pierre : *Via quæ ducit ad Fontem sancti Petri, terra onerata uno minello ordei.* Et à l'an 1282 : *territorium dictum Spina Ermengardis et Pons Chetivel* ou Chenuel.

Les habitants de Nogent ont obtenu autrefois des privileges de nos Rois. Ils exposerent en l'an 1404 leur état misérable, disant qu'ils étoient sujets à fournir au Roi fourrages, bestiaux, logemens, tant à cause du Château de Beauté, qu'à cause de celui de Plaisance : ce qui les obligeoit d'abandonner le pays. Charles VI les en déchargea par sa Charte du 10 Février de la même année, à condition qu'ils se chargeroient d'entretenir trois arpens de pré du Domaine sous Nogent, les faucheroient et en voitureroient le foin chaque année au Château de Vincennes : par le moyen de quoi la Recepte du Roi gagna cinq francs qu'il en coûtoit auparavant pour cette piece de pré. Ces arpens de pré dépendoient peut-être de Beauté ou de Plaisance. Louis XI confirma en 1474 ce privilege des habitans de Nogent, et leur accorda de plus de n'être désormais tenus aux hues ni chasse aux loups et louveteaux, à condition d'entretenir le Traité sur les trois arpens de prés. En 1581 les Marguilliers en prenoient encore soin. M. Paris du Vernay en jouit à présent par engagement. *Compte de Fabriq. 1581.*

Un Docteur Théologien de la Faculté de Paris nommé Pierre de Montmartre, a marqué qu'il étoit natif de Nogent-sur-Marne, dans un Ecrit qu'il a composé sur sa guérison miraculeuse arrivée à Saint-Maur en 1494, ainsi qu'il se lit dans la vie de ce Saint imprimée en 1640, page 503.

Les curieux qui ramassent toutes les brochures imprimées, n'excluent point de ce nombre celle qui le fut à Paris en 1511, chez Nicolas Rousset, concernant le Jugement rendu par le Bailly de Saint Maur, contre un vigneron de Nogent qui avoit tué sa mere, et qui fut exécuté sur le lieu.

Wateau, célébre Peintre natif de Valenciennes, étant attaqué de la poitrine, M. Le Fevre, alors Intendant des Menus et mort depuis quelques années, Trésorier de la Maison de la Reine, lui donna un appartement dans une maison de campagne qu'il avoit à Nogent, et il y fit venir Patot, jeune Peintre Flamand. Le même Wateau y mourut le 18 Juillet 1721 âgé de 37 ans, et fut inhumé dans l'Eglise Paroissiale.

<small>Gersaint Catalog. des Curios. de M. de la Roque.</small>

L'illustre Madame de Lambert qui a fait honneur à son sexe par son esprit et par ses ouvrages, a eu à Nogent une Maison qui appartient aujourd'hui à M. Laugeois. Pendant l'Eté elle y rassembloit une fois chaque semaine plusieurs Académiciens et autres Gens de Lettres qui étoient de ses amis.

NEUILLY-SUR-MARNE

Ce Village est un des plus célebres de tout le Doyenné de Chelles. Il est situé à trois lieues de Paris sur la route même de Chelles, dont il n'est éloigné que d'une lieue, à la droite du coulant de la Marne dans une plaine assez spacieuse.

Quoique son nom latin *Nobiliacum* paroisse venir de quelque Romain qui auroit été appellé *Nobilis,* ainsi qu'on en trouve quelques-uns dans les anciennes inscriptions, cependant il peut aussi être dérivé de la racine Celtique *Now* qui a produit tant de noms semblables, et qui outre les *Noviliacum* a fourni les *Novigentum,* les *Noviodunum,* les *Noviamagus* ou *Noviomum.* Comme Neuilly est placé dans une prairie, il y a tout lieu de croire que la raison qui lui a fait donner ce nom, est la même pour laquelle on donne le nom de *Now* (qu'on écrit Noüe), à des lieux humides et gras.

<small>Chart. Fossat.</small>

D'anciens titres du XIII siécle font mention de la Fontaine de Nully située dans la prairie. On peut juger au reste par ce préambule sur l'étymologie, que c'est par corruption que quelques titres latins appellent ce lieu *Nulliacum* ou *Nuilliacum,* et que ce nom latin est fait après coup sur le françois. L'Auteur du Pouillé Parisien écrit en latin au XIII siécle, n'étant pas informé du vrai nom latin de Neuilly, a mieux aimé l'écrire *Nuilli,* que de fabriquer un terme au hasard. M. de Valois assure qu'on lui avoit

<small>Notit. Gall. p. 416, col. 1.</small>

indiqué un titre où se lit cette phrase : *Nobiliacum quod vulgariter Nulliacum ad Placitum est vocatum.* D'où il conclut que ce Village a été quelquefois appellé en françois *Nulli aux Plaids.* Mais quoique cela se lise dans les mêmes termes au Cartulaire de Saint Maur, je crains fort que ce sçavant homme n'ait été trompé au sujet de cet *ad placitum,* qu'il écrit avec un P capital ; il me paroît que dans la phrase ci-dessus rapportée *ad placitum,* ne signifie autre chose sinon que pour exprimer en latin Neuilly, on peut dire *Nobiliacum,* ou, si l'on veut, *Nulliacum ;* que cela est à la volonté, *ad libitum.*

Selon les différens dénombremens de l'Election, il paroît y avoir cent feux ou environ à Neuilly. La supputation du Dictionnaire Universel de la France qui y marque 492 habitans, semble être assez juste. Le pays consiste en prairies, terres labourables et vignes avec quelques bois. Il étoit autrefois plus couvert, principalement sur les montagnes vers Avron ; mais avec le temps on a essarté et défriché en plusieurs endroits.

L'Eglise de ce lieu mérite quelque attention. Elle étoit sous le titre de Saint Baudele, Martyr de Nîmes, même avant qu'elle fût donnée aux Religieux de Saint Maur il y a près de huit cens ans. Le bâtiment qui subsiste aujourd'hui n'est point d'une si haute antiquité, mais seulement de la fin du XII siécle ou du commencement du suivant ; au moins quelques piliers du chœur sont du XII. Il y a eu des galeries autrefois, et qui, quoique grossieres, ont été fermées et murées pour plus grande sûreté du bâtiment. Le portail est certainement du XIII siécle : l'édifice du chœur est soutenu vers le midi par une ancienne tour. Cette Eglise solemnisoit sa Dédicace le 18 Octobre, jour fixé : mais comme souvent les vendanges concouroient, l'Archevêque de Paris permit, le 11 Octobre 1658, de la remettre au Dimanche d'après la Saint Luc. Le tombeau de Foulques, fameux Curé de ce lieu vers l'an 1200, est dans la nef devant la porte du chœur élevé en pierre de la hauteur d'un pied et demi. C'est un ouvrage du temps même auquel mourut ce pieux personnage. Foulques est représenté en relief sur ce sépulcre, revêtu en Prêtre, ayant la tête nue, et la tonsure faite sur le sommet avec des cheveux si courts qu'on lui voit entierement les oreilles. Il a sur sa poitrine un livre couché qu'il ne tient pas, puisqu'il a les bras croisés par-dessous, le droit posé sur le gauche. Sa chasuble et son manipule représentent les vêtemens sacerdotaux de ce temps-là. Il a sous lui une espece de marchepied taillé dans la pierre et deux anges en relief qui encensent sa tête posée vers l'occident, car selon l'ancienne maniere il a les pieds étendus vers l'orient ou vers l'autel. Il n'est pas vrai que l'on encense ce tombeau, comme quelques-uns l'ont cru, ni qu'il y ait des armoiries. On l'appelle dans le pays *Sire Foulques* et quelquefois *Saint sire Foulques.* On y dit par tradition que les Chanoines de Saint Maur ont essayé autrefois de l'emporter chez eux : mais l'immobilité du charriot dont on orne ce récit, fait voir quelle foi il faut y ajouter. M. l'Abbé Chastelain marque sa mort en son Martyrologe Universel au 2 Mars 1201, et le qualifie de Vénérable. Selon Villehardouin, auteur contemporain, Dieu avoit opéré par lui plusieurs miracles. Foulques étoit une espece de Missionnaire de ce temps-là, qui avec la permission de son Evêque visita l'Isle de France, la Flandre et la Bourgogne, combattant les vices par ses prédications et opérant même des miracles. Il convertit sur-tout beaucoup d'usuriers et de femmes de mauvaise vie. Il fut aussi ennemi déclaré des Juifs. Toutes ces circonstances sont plus au long expliquées par Robert, Chanoine de Saint Marien d'Auxerre, auteur contemporain, et par Jacques de Vitry. On lit dans un manuscrit de Saint-Germain-des-Prés, que Pierre, Chantre de l'Eglise de Paris, qui avoit entrepris de prêcher la croisade, n'ayant pu continuer à cause de sa maladie, s'étoit associé Foulques son disciple, recommandable par sa science et sa piété, *ætate quidem juvenem, scientia vero et moribus insignem, nec tamen in scientia magistro suo comparabilem ;* que ses prédications lui attirerent une si grande réputation, que tout le peuple ne l'appelloit point autrement que le Saint homme (*Sanctus homo*) : qu'étant à Corbie, avant que d'entreprendre l'ouverture d'une châsse des plus précieuses de l'Abbaye, il s'y disposa avec la Communauté par un jeûne de trois jours. Robert d'Auxerre recommence à parler de lui à l'an 1202, et dit qu'après avoir animé une infinité de peuples à partir pour la croisade, et avoir amassé bien des sommes pour cela, se disposant lui-même à partir pour ce voyage, il tomba malade à Neuilly et il y mourut au mois de Mai *ægritudine correptus in villa sua Nulliaco ubi Capellani officio fungebatur, defungitur.* Camuzat, Chanoine de Troyes, éditeur de cette chronique d'Auxerre, qualifie en marge Foulques de *Trompette de la guerre Sainte.* La vie du même Foulques a été imprimée à Paris en 1620 chez Cramoisy.

Un autre Curé de Neuilly-sur-Marne qui est mémorable, vivoit dans ces derniers tems. C'est Jean-Baptiste Du Hamel, grand Physicien, né à Vire, et qui avoit été Prêtre de l'Oratoire. Il tint cette Cure depuis 1653 jusqu'en 1663. Il fut depuis reçu à l'Académie des Sciences, dont il fut Secrétaire avant M. de Fontenelle. Il alloit tous les ans visiter son ancien troupeau ; et le jour qu'il restoit à Neuilly, y étoit célébré comme un jour de Fête. Il mourut en 1706.

Je ne parlerai pas de l'inscription à moitié effacée qui se voit dans l'Eglise de Neuilly, sur la tombe d'un nommé le Jeune, mort en 1530. Elle est dans le chœur, mais non dans sa situation primitive. On y apperçoit seulement qu'il étoit Seigneur d'Ourour en partie et de Nully-sur-Marne. Ourour est sans doute cette petite Paroisse qui étoit autrefois entre Montjay et Villevaudé, et qu'on appelloit en latin *Oratorium*. Il eut le 23 Août 1695 un Arrêt qui regloit les réparations à faire dans l'Eglise de Neuilly. Les habitans avoient consenti que les bas côtés du chœur fussent abbattus comme leur étant inutiles, si mieux n'aimoit le Chapitre de Saint Maur, gros décimateur, les réparer. Code des Curés, T. II, p. 418.

Ce fut de Burchard, Comte de Corbeil, sous le Roi Robert, et de Renaud, son fils, Evêque de Paris, que l'Abbaye de Saint Maur des Fossés eut tout ce qu'elle posséda à Neuilly, tant au spirituel qu'au temporel. Cela est attesté en partie dans la vie de ce Seigneur écrite par le Moine Odon, et plus amplement dans le diplome par lequel le Roi Robert approuve et confirme les dons de ces deux Seigneurs, faits pour le repos de l'ame de la Comtesse Elisabeth, consistans en différentes choses, sçavoir : le Village avec la Justice, la Vouerie, l'Eglise, l'autel, sans la redevance du droit de synode ni de celui de visite, les bois, les vignes et les prez. La donation de l'Eglise fut confirmée en 1136 par une Bulle d'Innocent II et par des Lettres de Maurice de Sully, Evêque de Paris, de l'an 1195, qui spécifient *Ecclesiam de Nobiliaco cum atrio, magna decima et duabus partibus in minuta*. Aussi la présentation de la Cure de Neuilly appartient-elle depuis ces tems-là à l'Abbé de Saint-Maur. Le Pouillé du XIII siécle y est conforme, et même celui de 1626. La réunion de l'Abbaye de Saint-Maur à l'Evêché de Paris, a remis l'Evêque Diocésain dans son ancien droit. Quant au Curé de Neuilly, il a été maintenu dans la possession des menues dixmes par Arrêts de 1620 et 1686. On a observé dans le *Gallia Christiana* que les Abbés e Saint-Maur se tinrent sur leur garde au sujet des procurations ou repas qu'ils donnerent dans Neuilly, à l'Evêque de Paris, et cela conformément aux Lettres de la donation de Renaud. Ainsi il fallut qu'en 1241, Guillaume d'Auvergne, Evêque de Paris, reconnut par écrit que s'il avoit été reçu et traité à Neuilly par l'Abbé, c'étoit par pure grace : et en 1244 le même Prélat donna acte comme on ne lui devoit pas de procuration dans la grange de Neuilly, c'est-à-dire dans la ferme, ou maison du Receveur. On voit par les anciens écrits de cette Abbaye, qu'elle avoit à Neuilly *heberbagium et grangiam cvij arpentorum;* que l'Abbé Pierre y fit bâtir une Chapelle et deux Chambres un peu après le milieu du treiziéme siécle, et que le Pape Martin II avoit permis aux Religieux d'y célébrer la Messe.

Par ce que j'ai dit ci-dessus, il paroît que Neuilly n'a pas dû être nommé dans le catalogue des terres que l'Abbaye de Saint-Maur possédoit au neuviéme et dixiéme siécle, et qui est imprimé

Capitul. T. II. à la fin des Capitulaires de M. Baluze avec un détail du revenu : mais à la fin de ce *Polypticus,* ainsi qu'il l'appelle et qui est conservé à la Bibliotheque du Roi, on trouve deux ou trois lignes qui concernent cette Terre, et qui sont du tems du Roi Robert; je les donnerai ici où c'est leur place, parce que M. Baluze les a omises. *De Nobiliaco remanent XXVIIII panes, LVIIII capones, et denarios XVI, Solidos X et dimidium, et de tramisso VIII modios.* On voit par là que les Religieux avoient des redevances de chapons en grand nombre. Burchard, Comte de Corbeil, qui leur avoit fait présent de la terre de Neuilly, eut chaque année un Anniversaire bien solemnel. L'usage d'un bon repas en de pareils jours, étoit alors usité chez les Moines de même que parmi les Chanoines. Ce fut le Proviseur de Neuilly qui fut chargé de la dépense de ce jour, qu'on regardoit comme celui de la mort du plus insigne bienfaiteur de la Maison, et l'Abbé Giraud en fit un Statut l'an 1058.

Vita Burch. Duchêne, T. IV. p. 124.

Au milieu du quatorziéme siécle, Neuilly étoit encore composé de plusieurs hameaux. Le Registre des visites des Léproseries du Diocése de Paris faites en 1351, parlant des lieux qui ont droit d'être admis dans celle de Fontenay lez le bois de Vincennes, met entre autres *Nulliacum cum Hamellis suis.*

EVRON, qu'on appelle aujourd'hui AVRON, en partie faisoit une portion considérable de cette Terre. Sa situation au faîte d'une montagne et au-delà d'un écart appellé *la montagne,* étoit cause qu'il y étoit resté beaucoup de bois qui s'étendoient presque jusques dans Villemomble à la distance de près d'une lieue de Neuilly, et une partie de ce bois-là s'appelle encore aujourd'hui le Bois de Neuilly. Quelques Nobles ou Chevaliers du voisinage y avoient certains droits de Gruerie et de Justice. Gaucher de Châtillon, Seigneur de Montjay, en fit remise aux Religieux de Saint Maur l'an 1194, du consentement de sa mere Adelaïde, Comtesse de Soissons, et de sa sœur Adelaïde mariée à Guillaume de Garlande; et l'Abbé Isembard de son côté lui céda la sixiéme partie du bois appellé *Communia* ou *Communium.* Guillaume de Garlande qui étoit Seigneur de Livry, donna aussi séparément sa remise du droit de panage dans les bois d'Evron. Les autres noms contenus dans les titres et qui peuvent éclaircir l'ancienne Topographie de ce lieu, sont 1° le Pont-Chenuel, mentionné au Cartulaire de Saint Maur comme voisin d'une Saussaie que l'Abbaye y possedoit. Je conjecturerois volontiers que ce Pont-Chenuel étoit celui qu'on a depuis appellé le Pont de Gournay, et qu'il aboutissoit alors à un petit canton de maisons à droite ou à gauche de la Marne, lequel canton désigné dans d'anciens titres sous le nom latin *Cœnoilum,* ou en françois sous celui de Chen-

Hist. de Montm. Preuv. p. 65.

Gall. Chr. nov. T. VII, col. 255, ex Thes. Chart. Chart. Fossat. Reg Portef. Gaign. fol. 34.

nuel et Chanœil, renfermoit une Chapelle qui fut donnée à Saint-Martin-des-Champs en 1122, et étoit dans le lieu dit aujourd'hui le Chesnay par altération ; car il a été facile de Chennuel en faire Chennuet puis Chennet, et ensuite Chesnet, d'où est venu Chesnay. Je parle plus au long de ce Chesnay à l'article des dépendances de la Paroisse de Gaigny dont il est. L'un des actes de l'an 1194 qui concerne les dons de Gaucher de Châtillon faits à l'Abbaye de Saint-Maur, soit par rapport à Evron ou à Neuilly, excepte positivement un bois qui alors portoit le nom de Martel. *Hist. S. Mart. p 280, 282.*

En 1424 l'Hôtel d'Avron étoit situé au Village de même nom. Il avoit terres, prés, bois et vignes, et étoit tenu en fief de l'Abbaye de Saint-Maur, moyennant 72 sols parisis. Cet Hôtel étoit situé dans un hameau qui portoit le même nom et qui ne subsiste plus. Laurent des Bordes, Secrétaire du Roi, acheta alors cet Hôtel de la veuve Jacques Coquelet, Ecuyer. Il revint à Jacques Toire, Abbé de Saint-Maur, environ l'an 1462, par la mort de Jean le Denoys, Evêque du Mans, Prieur Commendataire de Saint Eloy. Cet Abbé l'aliéna à vie en 1463 pour 3 livres 12 sols de rente sans préjudice des censives, à Bertrand de Beauvais, Seigneur de Prengues, Président en la Chambre des Comptes, qui en jouit jusqu'à la mort de cet Abbé, arrivée en 1473. *Tab. Fossat.*

En 1522 le Seigneur de ce lieu étoit Jean le Forestier, Archer de la Garde du Corps du Roi, qui, en 1525, fit sur ces droits un concordat, que l'Evêque de Paris approuva. *Reg. Ep. 9 Mart.*

Le nouveau Chapitre établi à Saint Maur jouissoit de huit livres de cens et rentes sur la même Terre : mais il fut obligé de les aliéner pour acquitter en 1581 les subventions Ecclésiastiques. La terre d'Avron, fief relevant pour toujours du Chapitre, appartint alors à Jean Bertrand, Avocat du Roi en la Chambre des Comptes. Elle passa ensuite à son neveu Louis de Donon, Trésorier de France, qui en porta la foi et hommage en 1612, et la vendit depuis à Claude le Ragois de Bretonvilliers, dont l'hommage est de 1534. Cette Terre est restée depuis dans cette famille. En 1667 elle étoit possédée par Alexandre le Ragois de Bretonvilliers, Supérieur du Séminaire de Saint Sulpice de Paris. En 1676, par Benigne le Ragois de Bretonvilliers, Président en la Chambre des Comptes. En 1707 par Benigne son fils, qui a été Lieutenant du Roi à Paris.

Le Château situé sur la pointe septentrionale de la montagne qui commence au Nord de Neuilly, paroît avoir été très beau. Il est dans une grande exposition.

VILLEVRARD est une terre contiguë au village de Neuilly, et située dans la plaine sur le bord de la Marne. Ce Fief releve du Roi, à cause de la Tour et Seigneurie de Gournay-sur-Marne. Il est indubitable que le nom de Villevrard vient de ce qu'il y a eu en ce lieu une maison de campagne appartenante à un nommé Evrard. Il faut que cet Evrard ait vécu au plus tard dans le XII siécle, puisque dès l'an 1124 on trouve un *Adam de Villa Evrardi*, et ce lieu devoit être d'une certaine étendue, puisqu'on lit que le Roi Philippe le Bel y avoit fait acquisition pour le Prieuré de Poissy, de tout ce que Gandulphe d'Arcelles y possédoit à sa mort, ce que ce Prince fit ensuite revendre en 1309, comme moins convenable à ce Monastere. Il reste aussi quelques actes de 1417 et 1485, qui font voir que ce Couvent de Filles y avoit alors des terres dont il payoit une redevance à l'Abbaye de Saint-Maur: ce qui venoit de ce que l'an 1411, le Roi Charles VI donna à Marie, sa fille, Religieuse de Poissy, la maison de Thomas d'Aunoy sise à Villevrard, confisquée à cause que ce Thomas avoit favorisé les ennemis du Roi. De plus, on lit que dès l'an 1387 les Chanoines de Saint Benoît de Paris avoient du bien non-seulement à Neuilly, mais encore à Villevrard. La Maladerie de Fontenay-sur-Bois a eu aussi des prés à Villevrard au XV siécle. On connoît plusieurs possesseurs de ce Fief. En 1457, il étoit tenu par Robert des Roches, Maître des Comptes; dans le siécle suivant par Renaud le Picart, auquel succéda Germain le Picart, reçu Conseiller en Parlement en 1555. Il jouissoit de ce Fief en 1567. Il est nommé dans le procès-verbal de la Coutume de Paris de l'an 1580. En 1594, Villevrard appartenoit à Catherine de Preart, fille de Germain, et veuve de François Dolu, Conseiller au Conseil privé et Président en la Chambre des comptes. En 1663, François Dolu le Picart possédoit cette terre, qu'il vendit le 25 Février à l'Abbé de Villeferin. Ce dernier en accommoda en 1668 M. Lambert de Torigny, qui en 1676 la vendit à Madame de Verderonne. Marie le Bret, fille de Cardin, Conseiller d'Etat, et mariée à Charles de Laubepine, Maître des Requêtes et ses ayans-cause, s'en défirent en 1681, au profit du sieur Langlois, Receveur des Consignations. Il obtint des Lettres-Patentes qui lui permettoient de faire élever des fourches patibulaires. En 1698 M. de Saurion, Trésorier de l'Extraordinaire des guerres, acquit cette Terre de la veuve du Sieur Langlois, et il la vendit en 1702 à M. de Vigny, Lieutenant-Général d'Artillerie, duquel M. de Berthelot de Pleneuf l'acheta en 1705. Ce dernier s'étant retiré à Turin, son épouse se fit adjuger la Terre par Arrêt du Conseil du 29 Mars 1719. Trois mois après elle la vendit au Sieur Ponce Coche, l'un des quatre premiers Valets de Chambre du Duc d'Orleans. Le Château qui étoit très-beau, étoit, dit-on, alors démoli. Le Sieur Coche et son épouse, tous deux décédés à présent, vendirent dès leur vivant l'usufruit de cette Terre à M. l'Archevêque de Cambray qui la possede aujourd'hui et qui est Seigneur du clocher de Neuilly, les Chanoines de S. Maur ayant autrefois aliéné les droits honorifiques de cette Terre, pour ne se reserver que le temporel. Le jardin, qui est très-beau, subsiste encore.

C'étoit sans doute dans quelqu'un des hameaux dessus nommés, que Jean Crapin, Chevalier, eut un Fief qui le fit surnommer de Nully, dans une vente qu'il fit l'an 1288 au Couvent de Saint Maur de quelques bois situés vers Tournan : comme aussi Etienne de Nully qui s'y disoit Seigneur en partie dans des écritures de l'an 1516. *Tab. Fossat. in Tournan.* *Tab. S. Maglor. rue Darnetal.*

Le Chapitre de la Cathédrale de Beauvais possédoit au XIII siécle à Neuilly un pré qui pouvoit lui être venu de quelque legs. Mathilde de Nanteuil, Abbesse de Chelle qui en est proche, en fit l'acquisition en 1271, moyennant vingt-quatre sols de rente annuelle. *Gall. christ. T. VII, col. 564.*

L'Abbaye de Sainte Geneviéve de Paris avoit aussi à Neuilly du bien de la même nature, et dans le même temps. *Habemus apud Nulliacum,* dit un Livre de cette Maison écrit alors, *duodecim arpenta pratorum.* Et celle de Livry y possédoit, en 1233, une vigne située sur le territoire de Saint Maur, lieu dit l'Essart, qui lui avoit été donnée par Thierry de Roony, Clerc. *Chart. Livriac.*

Le Couvent des Dominicains de Poissy devroit posséder du bien considérablement à Neuilly. Un nommé Gandulphe d'Arcelles, étant décédé vers l'an 1308, le Roi Philippe le Bel qui vouloit doter ce Monastere, fit acheter tout ce que cet homme puissant en fonds y possedoit. Mais ce Prince étant informé que ces biens ne convenoient pas à cette Nouvelle Maison, donna mandement en 1309, à Renaud d'Aubigny qui en étoit Prieur, de revendre les moins profitables à Matthieu de Thotée et à sa femme : sçavoir six maisons situées à Neuilly, dix arpens et demi de vigne, dix arpens de terre labourable et un quart et demi de pâtis, le tout pour le prix de 350 livres parisis. J'ai parlé ci-dessus de ce qui leur étoit resté situé à Villevrard.

Dom Mabillon a publié dans sa Diplomatique un acte de l'an 1173, concernant les habitans de Neuilly, qui lui a paru assez curieux. On y lit que sur la requête de ces habitans, Thibaud, Abbé de Saint Maur, changea la taille qu'ils payoient en une cense de cent sols payable au lendemain de la Toussaint : voulant que de plus ils fussent tenus à lui fournir quinze livres en ces quatre occasions, sçavoir : toutes les fois que le Pape viendroit en France, dans le cas d'incendie de l'Eglise, lorsque le Roi se fait couronner, et quand il fait lever la taille. Cette Charte fut reconnue en 1241 par Simon Barbete et Eudes Pepin, Prevôts de Paris, qui donnerent une Sentence à l'occasion de la difficulté formée *Diplom. p. 603.* *Ibid.*

entre l'Abbaye de S. Maur et les gens de Neuilly. Ces mêmes habitans ayant fait des remontrances au Roi Charles VI en 1394, obtinrent de lui une Charte au mois de Septembre.

<small>Trés. des Chart. Reg. 146, Piece 283.</small>

Les Auteurs du nouveau *Gallia Christiana* rapportent dans le Catalogue des Doyens de Paris à l'an 1498, un article qui paroît tiré des Registres du Chapitre, où le village de Neuilly est mentionné. Il y est dit que le Doyen Jean l'Huillier, neveu de l'Evêque de Meaux du même nom, conduisit en personne le 21 Juin, le corps de Pierre Pain-et-chair, Haut-Vicaire de l'Eglise de Paris, pour recevoir la sépulture dans l'Eglise de Neuilly.

<small>Gall. chr. nov. T. VII, col. 215.</small>

Le Dictionnaire de Bayle fait un article de Neuilly, à l'occasion de quelques personnes du même nom de Neuilly, qui se disent issues d'un Seigneur de Nully du XIII siècle, et qui s'attribuent des armoiries prétendues posées au tombeau de Foulques, célebre Curé du lieu dont j'ai parlé.

CHELLE

Le voisinage des forêts a souvent donné occasion à nos Rois de bâtir auprès des Maisons de plaisance. Dès le temps de la premiere race ils avoient choisi le lieu dit en latin *Kala* ou *Cala*[1] nom qui peut venir de Kal, qui a signifié chez les anciens un abbatis d'arbres, et par conséquent un lieu défriché et essarté[1] ; ils avoient, dis-je, choisi ce lieu pour se reposer dans les parties de chasse qu'ils faisoient dans les bois situés au côté septentrional de la Marne, à l'orient de la ville de Paris. Soit qu'il y eût un Village en ce lieu dès auparavant, ou qu'il n'ait commencé à se former que depuis la destination faite par Clovis ou autre, il fut qualifié par la suite de *villa Regalis*, mais au sixième siécle on ne l'appelloit simplement que *Cala civitatis Parisiacæ villa, villa Cala;* on disoit : *Villa Calensis quæ distat ab urbe Parisiaca*

---

1. Il y a en France trois ou quatre autres Villages de ce nom. Celui du Diocése de Soissons est presque sur les bords de la grande forêt de Cuise. Le Pere Du Breul, dans ses Antiquités de Paris, Livre IV, a cru que le nom de Chelle étoit inconnu avant la mort de Ste Bathilde arrivée vers 680, et que ce lieu n'eut ce nom qu'à l'occasion de la vision que cette Reine eut d'une échelle par laquelle elle montoit au ciel en la compagnie des Anges. En mémoire de quoi, dit-il, cette Abbaye porte pour ses armes une echelle avec deux fleurs-de-lys. Il n'avoit qu'à lire Gregoire de Tours pour revenir de son préjugé. Quelques actes du XII siècle ont appelé ce Monastere *Scalensis Ecclesia*. Le Dictionnaire étymologique de Menage, lettre *Ch,* n'ose assurer que le mot Chelle vienne de Kalati, Château.

quasi stadiis centum. Ce qui signifie que Chelle est à quatre lieues de Paris.

PALAIS A CHELLE ET EGLISE. Ce fut dans cette Terre que se retira le Roi Chilperic au sortir de la forêt de Cuise, après la mort de deux de ses fils, et qu'il fit venir de *Brennacum* son fils Clovis qui restoit. Ce fut dans le même lieu qu'au retour de la chasse il fut tué en descendant de cheval. C'est de là que ses trésors, entre autres le grand bassin d'or du poids de cinquante livres, fut enlevé par les Trésoriers et portés à Meaux où étoit le Roi Childebert, son neveu, avec les faux Traités fabriqués par Gilles, Evêque de Reims, tout cela dans les années 580 et 584. Voilà ce que nous sçavons de plus ancien touchant le lieu de Chelle relativement à nos premiers Rois. On peut y ajouter ce qui se lit dans les actes de Saint Gery, Evêque de Cambray, en l'an 600 ; sçavoir que Clotaire II, successeur de son père Chilperic, faisoit quelquefois sa résidence *in villa qua Cala dicitur,* où ce saint Prélat vint le trouver pour des œuvres de charité. L'Auteur ajoute que Landry, Maire du Palais, et les autres Seigneurs de la Cour y étoient avec le Roi. Il donne à entendre que dès lors il y avoit au moins deux Eglises à Chelle, lorsqu'il dit que Landry étant venu dans l'une de ces Eglises où étoit Saint Gery, fut fort étonné de trouver avec lui les prisonniers qu'il croyoit encore détenus dans les prisons de ce lieu.

Greg. Tur. Lib. V, c. XL. Lib. VI, c. XLVI.

Lib. VII, c. IV.

Bolland. XI August.

Ce trait d'histoire qui désigne une pluralité d'Eglises à Chelle, fait voir que ce lieu étoit dès lors devenu célébre. Il est certain qu'il y avoit alors une petite Eglise du titre de Saint Georges. Elle avoit été bâtie par Sainte Clotilde qui y avoit établi un petit Monastere de Religieuses. La Maison du Roi ne devoit pas être sans Oratoire ; on prétend avec grand fondement, qu'il y en avoit un sous l'invocation de Saint Martin, auquel avoit succédé une Chapelle de ce Saint, dont on voyoit encore des restes dans le siécle dernier. Enfin, ce qu'il pouvoit y avoir d'habitans dans le Village pour les travaux de la campagne, ou dans les bois, devoit avoir une Eglise Presbyterale, et il n'y a point d'inconvénient de regarder comme telle celle de S. André, rebâtie plusieurs fois depuis.

Vita secunda Bathild.

Diplomat. Lib. IV, p. 255.

Mais ce qui rendit le lieu de Chelle encore plus fameux, fut le Monastere que la Reine Sainte Bathilde y construisit après le milieu du septiéme siécle, et dans lequel elle se retira pendant sa viduité. L'Histoire en sera un peu longue, mais on ne peut se dispenser de la donner pour faire connoître le lieu de Chelle par son plus bel endroit.

Le Couvent de Filles que Sainte Clotilde y avoit bâti sous le nom de Saint Georges, se trouvant trop petit pour le nombre de celles qui s'y présentoient, la pieuse Reine le fit abbattre, et y fit jetter les fondemens d'une grande Eglise, dont l'autel du milieu étoit sous le titre de la Sainte Croix, celui du côté droit en l'honneur de Saint Georges et celui du côté gauche en l'honneur de Saint Etienne, premier Martyr. Elle y établit pour premiere Abbesse Bertille, du Diocése de Soissons, et remplit le Monastere de Religieuses venues de l'Abbaye de Jouarre qui observoient la Regle de Saint Césaire ou celle de Saint Colomban, suivant laquelle elles étoient habillées de blanc. Elle s'y retira par la suite et prit le voile, pratiquant l'humilité et l'obéissance comme une autre simple religieuse. Après sa mort, arrivée vers l'an 680, elle fut inhumée dans l'Eglise de Sainte Croix. Sainte Bertille, l'Abbesse, vécut jusqu'au commencement du siécle suivant. La régularité de ce Monastere y attira beaucoup de Religieuses, même d'Angleterre, et comme le Couvent d'hommes qui y étoit joint selon l'usage assez ordinaire de ce temps-là, ne se distinguoit pas moins par sa régularité, Sainte Bertille, se rendant aux prieres du Roi d'Angleterre, consentit que quelques-uns passassent jusques dans cette Isle pour y réformer l'état monastique qui s'étoit relâché. Ce qui confirme encore l'existence de cette Communauté d'hommes à Chelle, est que ce ne peut être que parmi eux qu'avoit été élevé Thierry, fils de Dagobert III, lequel monta sur le Trône vers l'an 720, et est connu sous le nom de Thierry de Chelle. Clotaire troisiéme du nom, fils de Sainte Bathilde, étant mort après quelques années de regne, fut inhumé l'an 668 dans la nouvelle Eglise de Sainte Croix de Chelle, et ce fut la premiere sépulture notable faite en ce lieu. Mais on n'a point la connoissance de l'endroit où ce Prince et quelques autres furent enterrés. La sé-

Vita S. Bathild. pulture de Sainte Bathilde fut accompagnée de l'inhumation d'une jeune Princesse, sa filleule, nommée Radegonde, qui étoit décédée
Sacrament. quelques heures avant elle, âgée seulement de sept ans ; elle est
vetus Calense. honorée comme Sainte, à Chelle, au moins depuis le neuviéme
Breviar. Paris. siécle, et même à présent dans tout le Diocése de Paris.
an. 1736.

Nous ignorons en quelle qualité Sonichilde, l'une des femmes de Charles Martel, finit ses jours à Chelle. Mais on est pleinement informé des biens qu'y fit Gisle ou Gisele, sœur de Charlemagne, qui en fut Abbesse et qui mourut en cette Abbaye l'an 810. Ce
Eginhard. Prince chérissoit tant cette sœur, qu'ayant appris sa maladie
Annal. Metens. l'an 804, il quitta le Pape Léon III qui étoit à Soissons, pour aller lui rendre visite. Quoique l'Eglise de Sainte Croix, construite par Sainte Bathilde, ne dût pas encore tomber de caducité, elle en bâtit une autre sous le titre de la Sainte Vierge, proche laquelle elle transfera la Communauté des Religieuses. Cette Eglise étoit à l'endroit où l'on voit la grande Eglise du Couvent qui subsiste aujourd'hui ; car ce seroit donner dans l'illusion que

de croire que cette Basilique construite par elle, est celle que l'on voit sur pied.

Vers l'an 818 l'Empereur Louis le Débonnaire étant passé par Chelle en allant du Mans à Aix-la-Chapelle, et ayant vu le lieu où étoit le tombeau de Sainte Bathilde dans l'Eglise Sainte Croix, ordonna à Hegilvige qui en étoit Abbesse, de faire lever ce saint corps de cet endroit et de le transferer dans l'Eglise de Notre-Dame du même lieu, nouvellement bâtie, ce qui fut fait par Erkenrad, Evêque de Paris, et autres, l'an 833, le 17 Mars, en présence de presque toute la ville qui étoit accourue pour voir ce corps trouvé sans corruption. Il fut placé derriere l'autel du milieu, et le cercueil de pierre resta dans l'Eglise de Sainte Croix, où on le voit encore dans un caveau. L'Abbesse avoit été en peine de ce qu'on feroit de ce tombeau, qui méritoit d'être respecté : l'Evêque fut d'avis qu'on y enfermât le corps de la jeune Sainte Radegonde : mais il en a aussi été tiré depuis et porté dans la grande Eglise. L'Empereur ayant appris les miracles opérés dans la cérémonie de la translation de Sainte Bathilde, donna alors à cette Abbaye un village appellé Coulons, qui est situé au Diocése de Meaux proche Gandelu. *Hist. Translant. Annal. Bened. T. II, p. 347, 555 et 556.*

Pendant la suite de ce siécle nous trouvons Hermentrude, épouse du Roi Charles le Chauve, qualifiée Abbesse de Chelle en 855 : ensuite Rothilde, fille du même Empereur Charles ; mais comme elle ne jouissoit de l'Abbaye que par maniere de bénéfice, de même qu'Hermentrude, le Roi Charles le Simple la lui ôta quand il eut fait la paix avec Rollon, Duc des Normans, vers l'an 912, et la donna à Haganon, son féal Conseiller : ce qui fut cause d'une guerre qui est marquée dans Frodoard. *Chr. Frodoardi ad an. 912.*

Nous touchons au commencement de la troisiéme race de nos Rois, laquelle remit ce Palais de Chelle dans sa premiere splendeur. On a plusieurs preuves que le Roi Robert y fit tenir des Assemblées d'Evêques. Une Lettre de Gerbert annonce une de ces Assemblées aux Chanoines de Saint Martin de Tours, et ils sont invités de s'y trouver. Elle s'y tint à la fin du X siécle. Ce Prince y tint un autre Concile au mois de Mai l'an 1008, où il fut accordé un diplome à l'Abbaye de Saint Denis. Il est encore fait mention des audiences que le Roi Robert ou son épouse Constance y donnoit, dans un Rythme satyrique des mœurs de son regne, où en parlant d'une affaire qui concernoit un Evêque de Laon, il est dit *Itur à Chela Vorchias* ; c'est-à-dire que les Courriers alloient de Chelle à Vorges, Domaine des Evêques de Laon, à une lieue de la ville. Enfin il reste une Charte de l'an 1029 en faveur de Saint-Maur-des-Fossés, qui est datée de Chelle. Mais depuis ce temps-là on ne voit pas que nos Rois se soient plu à Chelle. Ils *Duchêne, T. II. Doublet, p. 826. Analect. T. III, p. 584. Hist. Eccl. Par. T. VII, p. 657.*

laisserent tomber leur ancien Palais qui étoit situé derriere l'Abbaye, de sorte qu'il ne resta que des vestiges de la Basilique de Saint Martin, qu'on assure avoir été accompagnée d'un Oratoire de Saint Cesaire, et d'un autre du titre de Saint Leger. Lors donc que nous lisons que Charles V logea à Chelle avec ses troupes le 24 Juin 1358, dans le temps qu'il n'étoit encore que Régent du Royaume, à son retour du Valois, il faut entendre que ce Prince coucha à l'Abbaye et ses soldats dans le Bourg et sous des tentes. Il s'étoit mis en campagne pour s'opposer aux entreprises du Roi de Navarre.

Diplom. lib IV.
Chron. S. Denis.

C'est pourquoi il n'y a aucun fond à faire sur la tradition du peuple de Chelle, qui porte qu'à une certaine Ferme située dans le Village derriere les murs de l'Abbaye, vers le levant, et sur la porte de laquelle on voit deux tourelles, qui font qu'on l'appelle le Palais des Tournelles, ces petites tours sont un reste du Palais du Roi Chilperic, bâti il y a douze cens ans. Il en est de cette Maison Royale comme de l'édifice de l'Eglise des Religieuses, que l'on s'imagine être celle que l'Abbesse Gisele, sœur de Charlemagne, avoit fait bâtir, tandis que sa construction ne démontre aux connoisseurs que cinq à six cens ans d'antiquité. C'est ce qu'il est temps de faire remarquer, en donnant la description de cette Eglise, de ses reliques et autres curiosités, puis de ses usages ; après quoi je dirai un mot des variétés arrivées dans son gouvernement.

L'Eglise construite par l'Abbesse Gisele avoit déja quatre cens ans d'antiquité, lorsque le feu y prit en 1225 et la mit hors d'état de servir. On eut recours aux quêtes pour la rebâtir. Les reliques ayant été portées pour cet effet par le Royaume, suivant l'usage de ces temps-là, procurerent de si abondantes aumônes, qu'on vint à bout de la construire à neuf telle qu'on la voit. Quelques personnes pieuses firent bâtir des Chapelles à leurs frais. Jean, Chanoine de Saint Georges de Chelle, donna l'an 1261 de quoi y construire une Chapelle en l'honneur de Sainte Bertille, avec ce que l'Abbesse y contribua, et il se retint le droit d'y nommer un Chapelain la premiere fois. On ignore s'il y eut alors une Dédicace de cette Eglise : on assure seulement que celle qui fut faite par Etienne Poncher, Evêque de Paris, vers l'an 1512, étoit une nouvelle Dédicace que l'on crut être nécessaire à cause de plusieurs changemens qui avoient été faits dans cette Eglise. A l'égard des neuf autels qu'on y érigea en ce même siécle, le Cardinal Jean du Bellay, Evêque de Paris, en fit la bénédiction l'an 1546.

Tab. Ep. Paris.

Gall. Chr.
T. VII, col. 568.

Du Breul, L. IV.

VIEUX PORTAIL. Si l'on veut voir dans le Monastere de Chelle quelque morceau d'édifice plus ancien que tous ceux qui composent l'Eglise d'aujourd'hui, il faut s'arrêter à un portail qui est dans la premiere cour, et qui a pu être détaché de l'Eglise où il paroît avoir été conservé de l'ancienne du IX siécle, lorsqu'on la rebâtit dans le XIII. Ce qui me le fait dire, est que la place où où étoit l'entrée de la nef du côté du couchant, a été bouchée dans le temps de quelque réforme, afin que le peuple n'entrât plus par les aîles [1] ; et qu'il y a apparence que pour ne pas perdre ni gâter l'architecture de ce portail, on le transporta où il est aujourd'hui, de même que l'on a vu celui de l'Abbaye de Nelle-la-Reposte du Diocése de Troyes transporté à Villenoce dans le siécle dernier. Ce portail est tout-à-fait en demi-cercle ou anse de panier. Ce demi-cercle est subdivisé en deux. Dans l'un le Sculpteur paroît avoir voulu représenter les travaux des hommes durant chaque mois, et à l'autre les douze signes du Zodiaque. Celui des poissons est très-facile à remarquer. Le tout est orné de cordons artistement entrelacés. Au reste l'ouvrage de ce portail peut n'être que du X ou XI siécle ; on en trouve ailleurs de semblables dont on sçait l'époque. L'Abbé Chastelain regardoit les figures de ce portail comme des hieroglyphes Ægyptiaques. Je ne croi pas qu'il fût bien fondé.

EGLISE ACTUELLE. Cette grande Eglise qui subsiste sous le titre de Notre-Dame est un édifice gothique. Il est en forme de croix terminé comme les autres Eglises en demi-cercle du côté de l'Orient ; ce qu'il y a de singulier dans la croisée, est que les pignons qui la ferment, tant celui du midi que celui du septentrion, ne sont point en droite ligne, mais sont bâtis obliquement.

Ce bâtiment a une aîle qui regne des deux côtés et qui fait le tour du Sanctuaire. Il est embelli de galeries à l'antique d'un gothique grossier. Les vitrages sont colorés comme ceux de l'Abbaye de Saint Denis, ou autres Eglises du treiziéme siécle, c'est-à-dire d'un rouge très-foncé. La nef sert de chœur aux Religieuses, comme dans toutes les grandes Abbayes. Dans le côté septentrional de la croisée est une Chapelle dite de Saint Eloi ou de Saint Benoît, où l'on voit près de l'autel à la corne du *Lavabo*, une tombe élevée de plus de deux pieds, qu'on dit couvrir l'ouverture d'un caveau dans lequel est le tombeau du Roi Clotaire III, fils de Ste Bathilde, mais qui porte plusieurs marques de nouveauté. Cette tombe est de pierre quarrée oblongue, et non taillée comme les anciens tombeaux plus étroits aux pieds qu'à la tête. Le Roi qui y est gravé a la tête vers l'orient et les pieds étendus vers le couchant, et par-dessous est figuré un lion. Il a son sceptre en la main droite et il pose la gauche sur l'agrafe de son manteau.

Du Breul, Antiq. de Paris, Liv. IV, sur Chelle.

1. On a achevé de défigurer cette ancienne entrée dans le siécle présent, en bâtissant des especes de cabinets ou tribunes élevées, qui sont saillantes en dehors.

L'écriture qui est autour de la tombe commence à son pied droit et finit à son pied gauche; elle est en caracteres gothiques capitaux d'environ la fin du treiziéme siécle. Dom Martene dit y avoir lu : *Hic jacet Clotharius Balchildis Reginæ filius*. Il m'a paru qu'il y avoit *Baolthildis*. On a eu soin de mettre à la tête de cette sépulture un tableau écrit en petit gothique d'environ deux cens ans, qui explique plus au long l'inscription latine, mais dont la date n'est pas juste.

II Voyage Litt.

Proche ce tombeau, devant l'autel de Saint Eloi, est la tombe de Mahaud ou Mathilde de Nantueil, Abbesse de ce lieu, décédée vers l'an 1270. On peut voir dans Du Breul les Epitaphes de quelques autres Abbesses de ce Monastere.

Dans le même côté de cette Eglise est une Chapelle, dans le vitrage de laquelle, qui est du treiziéme siécle, est représenté le martyre de S. Vincent, avec ces mots en caracteres du même siécle : *S. VINCENTIUS ;* et dans la Chapelle du fond de l'Eglise est une Confrérie en l'honneur de Ste Bathilde, qui est appellée dans les anciennes tapisseries du chœur *Sainte Beaupteur*, et encore à présent par le peuple de Chelles *Sainte Bauteur,* au lieu que nos vieux Historiens françois la nommoient *Sainte Baudour*.

Il y a dans cette Eglise un autel de S. Pierre, auquel Philippe de Valois fonda des Messes en 1335, donnant pour cela la moitié de six cens arpens de la forêt de Livry. Cependant Du Breul dit que dans toute cette Forêt, il n'appartient à l'Abbesse et Couvent de Chelle que cinq arpens.

Invent. de la Chambre des Comptes. C. d. Reg. 6765, p. 24.

Le Sanctuaire est embelli de diverses incrustations de marbre; l'autel est de marbre et de cuivre doré, le tabernacle est, dit-on, d'argent massif. La grille du chœur a été faite par le même ouvrier qui a fait celle de Saint Denis en France, et qui passoit pour le plus habile de l'Europe en ce genre. Madame d'Orleans, fille du Duc d'Orleans, Régent du Royaume, fit faire de son temps cet embellissement et plusieurs autres à cette Maison pendant qu'elle en étoit Abbesse. Madame de la Meilleraye, autre Abbesse, avoit fait faire dans le siécle dernier la plupart des ouvrages de l'autel, avec les châsses d'argent. Dans l'avant-dernier siécle, l'Abbesse Marie de Reilhac avoit procuré de nouvelles stalles du chœur, et Magdelene de Chelle, autre Abbesse vers 1530, avoit fait élever la voute du même chœur.

Gall. Chr. T. VII, col. 568.

Ibid., col. 569.

Reliques. Les principales châsses de cette Eglise sont au nombre de cinq. Ordinairement on ne fait observer aux curieux que celle de Ste Bathilde qui est d'argent d'un très-beau travail, et une autre aussi d'argent qui contient les ossemens de Ste Bertille, premiere Abbesse, dont la translation fut faite en l'an 1185. Les trois autres châsses sont celles de Ste Radegonde, filleule de Ste Bathilde, de S. Genès, Archevêque de Lyon, et une autre appellée *la châsse des Saints*. L'Abbé Chastelain dit que cette derniere contient des reliques de S. Eloi; cependant ce qu'on y possede de ce Saint paroît être au trésor. Je croirois que c'est là que sont les reliques de S. Georges, qu'un Tableau de Reliques (d'environ 200 ans), écrit en gothique, dit être en cette Eglise. Du Breul a écrit aussi qu'on possédoit à Chelle un bras de S. Thomas d'Aquin, ce qui n'est pas prouvé. Martyrol. Univ. Bimest. Janv. p. 464.

On montre dans le Trésor deux beaux bustes d'argent, dans l'un desquels est renfermé le chef de S. Genès, Archevêque de Lyon, qui avoit été Aumônier de Ste Bathilde lorsqu'il n'étoit encore que Prêtre; et dans l'autre le chef de S. Eloi, Evêque de Noyon, qui avoit été l'un de ses Directeurs, et dont elle auroit voulu posseder le corps tout entier à Chelle. On ne dit point depuis quel temps l'on y possede les Reliques de ces deux Saints. On y voit aussi un calice auquel on donne le nom de S. Eloi, soit qu'il ait été fait par lui lorsqu'il exerçoit l'Orfévrerie, comme le croit Du Breul, ou qu'il lui ait servi dans les saints mysteres depuis qu'il fut Evêque. La coupe est d'or émaillé; elle a près d'un demi-pied de profondeur et presque autant de diametre; le pied est beaucoup plus petit. Dom Martenne croit que ce calice a été donné au Monastere par Ste Bathilde, qu'il servoit pour les jours de communion sous les deux especes (ce qui est cause qu'il est si profond) et qu'on l'appella le calice de S. Eloi, parce que ce Saint s'en étoit servi. La patene d'or du même calice fut fondue il y a plus de trois cens ans pour faire la châsse de Ste Bathilde. Je ne sçais pourquoi ce Pere n'a fait aucune mention du chef de Ste Bertille, premiere Abbesse de Chelle, qui fut renfermé dans un chef d'argent garni de pierreries par les soins de Marie de Reilhac, Abbesse, vers l'an 1508. Il étoit bon aussi de faire remarquer les distributions de reliques de Ste Bathilde. Par exemple, que du temps que Madame de la Meilleraye en étoit Abbesse, on accorda aux Religieux Bénédictins de l'Abbaye de Corbie, fondée par cette Sainte, une partie de sa machoire supérieure. Ce fut en 1647. Les Bénédictins l'ont fait enchâsser avec son voile et un de ses souliers.

MIRACLE INSIGNE DE STE BATHILDE. Je vais rapporter ici un fait important, dont M. Baillet n'a touché que deux mots d'après Dom Mabillon. C'est que, seize ans auparavant, comme il fut besoin de descendre la châsse de la même Sainte, il arriva un miracle éclatant le 13 Juillet 1631, sur six Religieuses de Chelle. Ces six Dames, nommées Marguerite Robert, Magdelene Beaussan, Marie Le Roy, Geneviéve Camus, Catherine Pinson, Bathilde de

Breval, avoient été atteintes depuis deux ou trois ans de certaines maladies qui leur causoient des convulsions extraordinaires et violentes. Elles devinrent comme furieuses, se jettant à terre, se frappant la tête contre les murs sans néanmoins en demeurer blessées ni marquées, et faisant diverses autres actions, souffrant des incommodités comme si elles eussent été obsédées ou ensorcelées. Mais aussi-tôt qu'on eut ouvert la châsse de Ste Bathilde et qu'on la leur eut fait toucher, elles furent guéries sans avoir ressenti depuis aucun reste de leur maladie. Au bout d'un certain temps il y eut une information faite par Jean-Baptiste de Contes, Chancelier de Notre-Dame de Paris, et Jean Charton, Pénitencier, qui reçurent les dépositions du Confesseur et du Médecin de la Communauté, et de plus de vingt personnes des faits ci-dessus; sur quoi, au bout d'un an et quinze jours, Jean-François de Gondi, Archevêque de Paris, reconnaissant la vérité du miracle, ordonna de chanter le *Te Deum* dans le Couvent, puis une Messe solemnelle de Ste Bathilde à laquelle les Religieuses communiéroient, avec permission au Couvent d'en faire tous les ans mémoire le 13 Juillet, de faire composer à ce sujet une leçon pour être ajoutée à leur Propre, après qu'elle auroit été approuvée de lui. Il faut sçavoir que le jour que ces six Religieuses furent guéries, étoit celui auquel on solemnisoit dans cette Eglise la Fête de toutes les reliques du lieu, ordonnée en 1444 par le Cardinal du Bellay, Evêque de Paris, être célébrée chaque année le Dimanche d'après l'onzième Juillet. En 1631, ce Dimanche étoit tombé au treize du mois.

Ordonn. du 30 Juillet 1632.

Du Breul sur Chelle. Antiq. de Paris, Liv. IV.

FÊTES LOCALES DE CHELLE. Le Calendrier local de Chelle a été sujet à diverses variations. Dom Martene qui a vu un livre d'Evangiles de plus de 800 ans appartenant autrefois à cette Abbaye, n'en a rien tiré par rapport aux Fêtes locales : mais par un Sacramentaire ou Missel d'environ le même temps, qui y est conservé et que j'ai vu, il paroît qu'alors la Maison n'avoit que trois Fêtes propres, savoir : le 30 Janvier, Sainte Bathilde; le 5 Août *Nonis Augusti*, Sainte Radegonde, jeune Vierge, pour laquelle il y a à ce jour une Préface particulière, où l'on emploie les termes *puerilis et Virginis;* le 5 Novembre, Sainte Bertille, première Abbesse.

On conserve parmi les manuscrits de l'Abbaye de Sainte Geneviève à Paris, un Livre d'office écrit au douzième siécle au plus tard, à l'usage du Monastere de Chelle, par lequel il paroît que les plus grandes Solemnités étoient suivant le rit du Diocése. Il y a aux premieres Vêpres de Sainte Bathilde cinq antiennes et cinq psaumes, avec un grand répons. A Matines neuf leçons, neuf répons ; de même au jour de Saint Georges et à celui de Saint

Denis. Mais à la Saint Benoît il y a douze leçons. Le chant de ce Livre est sans clef et sans lignes, ce qui en montre l'antiquité.

L'Abbé Chastelain assure dans le manuscrit de ses voyages, qu'il vit à Chelle parmi les Livres du Monastere, un Breviaire gothique, dans lequel il apperçut au 1er Avril une Fête intitulée : *Inventio S. Clotarii.*

Dans un Calendrier de l'an 1623, la Translation du corps de Sainte Bathilde est au 17 Mars, et non en d'autre jour [1]. La Fête de Saint Genès, Archevêque de Lyon, de rit double le 4 Novembre, jour le plus prochain vacant après le premier Novembre qu'il déceda. La Dédicace de N.-D. de Chelle seule le 14 Novembre.

Le Calendrier le plus récent a admis plusieurs Saintes d'Angleterre, et quelques Saints y ont été changés de jour. Saint Genès, par exemple, est au 14 Avril, Sainte Mildrede le 15 Juillet, Sainte Hilde le 7 Novembre, Sainte Ereswide le 9 Décembre. Au jour de la Dédicace de la grande Eglise de Notre-Dame, on y joint celle de Sainte Croix et de Saint Georges. Ce fut en 1648, le 10 Juillet, que l'Archevêque de Paris permit aux Religieuses de célébrer l'Octave de Sainte Scolastique annuellement, et celle de Sainte Bertille, premiere Abbesse ; celle de Saint Fiacre et de Saint Alexis de rit double, et de faire [celle] de Sainte Bathilde tous les mercredis vacans. En 1672 M. de Harlay leur donna permission de faire [celle] de Ste Hilde, Abbesse en Angleterre au septiéme siécle. Et en 1731 M. de Vintimille permit qu'elles fissent l'office de Saint Adelard, Abbé de Corbie, dont elles avoient obtenu des reliques. *Reg. Archiep.* *Gall. Chr. T. VII, col. 185.* *Reg. Archiep.*

Les Fêtes qui sont chommées dans l'Abbaye avec cessation de travail, outre celles du Diocèse de Paris et celles de l'Ordre de Saint Benoît, sont Sainte Bauteur, 30 Janvier, Saint Genès de Lyon le 14 Avril ; la Visitation de la Sainte Vierge, la Décollation de Saint Jean, Sainte Bertille, Saint Eloi et la Translation de Sainte Bauteur.

On y observe une cérémonie particulière le jour de Sainte Bauteur. J'en rapporte le détail à l'article du village de Montfermeil, parce qu'elle est faite pour le Seigneur de ce lieu, ou son fondé de procuration.

J'ai cru à l'égard des épitaphes qui sont en cette église, devoir renvoyer à Du Breul et au *Gallia Christiana*, et ne devoir faire ici mention que de celle-ci qui est dans le chœur des Religieuses, n'ayant point été remarquée par d'autres : *Magister Radulfus de Balliolis Episcopus Moronensis. Obiit MCCLXII in Vigilia Nat. Dni.* Il est nommé dans les éditions du *Gallia Christiana* *Portef. de M. Clairembaut des env. de Par.*

---

1. Du Saussay l'a mal marquée au 31 Decembre, et il a trompé Dom Mabillon.

parmi les Evêques de Terouenne ou de Boulogne, et il est dit décédé en 1264. Dans aucune n'est marqué le lieu de sa sépulture.

CARTULAIRES ET STATUTS. Dom Martenne fit une autre observation, lorsqu'il vit en 1718 les quatre beaux Cartulaires de cette Abbaye. Il trouva dans l'un de ces volumes des reglemens faits il y a cinq cens ans ou environ, pour la nourriture des Religieuses. « Il paroit, dit-il, par ces reglemens, qu'elles assaisonnoient leurs « légumes avec de la graisse trois fois la semaine seulement, les « Dimanches, les Mardis et les Jeudis, en quoi, ajoute-t-il, elles « étoient plus religieuses que les Religieux de Cluny qui en « mangeoient autrefois tous les jours ; en sorte que Pierre le « Vénérable se crut obligé de leur en ôter l'usage les Vendredis, « à cause du scandale des séculiers qui n'en mangeoient pas « eux-mêmes ce jour-là. Les grandes Fêtes on leur accordoit de « la viande, mais elles n'en avoient que d'une sorte, excepté le « jour de Sainte Bertille, premiere Abbesse de Chelle, auquel « on leur servoit deux mets, et le jour de Sainte Bathilde auquel « on leur en servoit trois. »

JURIDICTIONS, RÉGLEMENS SUR LES DROITS ÉPISCOPAUX. L'âge que le sçavant Religieux a donné à ces Statuts, revient au XII siécle. Ce fut vers la fin de ce même siécle que les Evêques d'Amiens et de Tournay avec deux Abbés élus pour arbitres entre l'Evêque de París d'une part, et l'Abbaye de Chelle d'autre part, prononcerent à Paris en présence de l'Abbesse Ameline et de la Prieure, que puisqu'elle avoit signé sa profession sur l'autel de la Cathédrale *Jac. Petit ad calcem. Theod. Cant. p. 722.* et y avoit promis serment d'obéissance à l'Evêque et à l'Eglise de Paris lors de sa bénédiction, elle ne devoit être pas plus exempte de la jurisdiction de cet Evêque, que le sont les Abbayes de Lagny, Saint-Maur, Montmartre, Hierre. La décision est de l'an 1196. L'année suivante le droit de visite ou de procuration dû à l'Archidiacre une fois l'an dans ce Monastere, fut aussi réglé par d'autres *Ibid., p. 682.* arbitres dont le premier fut Pierre, Evêque d'Arras. Il fut dit qu'il n'y meneroit pas plus de huit chevaux, le Doyen rural venant même avec lui; qu'au lieu de prononcer une Sentence contre l'Abbaye ou quelqu'un de ses membres, s'il étoit mal reçu, il s'en plaindroit à l'Evêque et que lorsqu'il mettroit une Abbesse en possession, il ne pourroit exiger d'elle son palefroy, ni la somme de cent sols en place de ce cheval. C'est dans ce dernier acte de 1197 que l'Abbaye de Chelle est appellée *Scalensis Ec-* *Gall. Chr. T. VII, col. 567. Reg. Cons. Parl. 24 Mart. 1482.* *clesia*. L'Abbesse Catherine de Ligneres reconnut encore en 1475 l'ancien usage d'appeler l'Archidiacre de Paris, aux intronisations des Abbesses, et en 1482 l'Evêque fut maintenu dans le droit d'y faire visite.

ACCIDENS. Depuis un siécle et demi il étoit arrivé plusieurs accidens à ce Monastere. Les guerres des Anglois l'ayant ravagé et presque détruit en 1358, les Religieuses furent contraintes de se retirer à Paris avec Alix de Pacy, leur Abbesse. Après leur retour elles ne purent y rester que jusqu'aux nouvelles courses des soldats, auquel temps il leur fallut revenir encore à Paris avec Jeanne de la Forêt qui en fut faite Abbesse en 1363. Pour surcroît de malheur, le feu du ciel tomba sur le Couvent, du tems qu'Agnès de Neuville le gouvernoit, entre 1399 et 1411, et y fit un tort considérable. En 1429, l'Abbaye fut pillée par trois cens Anglois pendant le Carême ; ensorte que les quinze Religieuses qui composoient la Maison sous le gouvernement de Marie de Clery, furent souvent obligées de sortir du Cloître pour vivre. *Gall. Chr. T.VII, col. 566.* *Ibid. T. VII, col. 567.* *Journal de Charles VI et Charl. VII, p. 130.* *Gallia Christ. col. 567.*

RÉFORME. La discipline monastique ayant beaucoup souffert de ces malheurs, Louis de Beaumont, Evêque de Paris, se projetta d'y remettre le bon ordre ; l'Abbesse faisant résistance, il envoya à Chelle Olivier Maillard, Cordelier, fameux prédicateur, au sortir de son Carême de l'an 1491 ; mais l'Abbesse ayant quitté le Chapitre durant qu'il prêchoit, il ne put rien finir. Jean Simon, Evêque, son successeur, autorisé d'un Arrêt du Parlement de l'an 1499, qui ordonnoit la réforme, y fit venir des Religieuses de l'Ordre de Fontevraud qui furent tirées du Prieuré de Fontaines, proche Meaux ; alors les Abbesses commencerent à n'être que triennales, avec pouvoir cependant d'être continuées. La premiere fut Jeanne de la Riviere, qui avoit été Prieure de Fontaines. Elle n'étoit d'abord qu'avec douze Religieuses, et en huit années elle vit augmenter le nombre jusqu'à quatre-vingt, qui est celui que le Pape Innocent III avoit défendu d'exceder, vers l'an 1208 ; et la réputation de cette Maison fut si bien établie, que dès l'an 1503 on en tira quatorze Religieuses pour l'Abbaye de Montmartre ; et même avant l'an 1518 on en avoit tiré pour rétablir la régularité à Faremoutier, à Jouarre, à Hiere, à Gif, et en plusieurs autres Abbayes. *Tab. Ep. Paris. in Spir.* *Reg. Parl. 6 Apr.* *Gall. Chr. T.VII, col. 567.* *Ibid., col. 568.* *Ibid., col. 568.* *Reg. Parl. 28 Mai.*

Les Abbesses de la nomination du Roi ne laisserent pas de maintenir l'observance régulière, quoique vers ce temps-là, c'est-à-dire vers le milieu du XVI siécle, le Monastere fut deux fois endommagé par les orages et par la foudre ; et qu'en 1561, l'Abbesse Renée de Bourbon, pour éviter les insultes des Huguenots, se retira avec ses quarante-six Religieuses à Paris, dans le Palais Abbatial du Cardinal, son frere. Car, même dans cette situation elles ne se relâcherent en aucun point de la regle, et elles l'observerent comme si elles eussent été à Chelle.

CHANGEMENT D'HABIT. Mais comme les plus saints établissemens sont sujets à vicissitudes, le nombre des Religieuses étoit fort diminué l'an 1609, et ne répondoit pas à celui des soixante et sept chambres qu'il y avoit dans ce Couvent. Ce fut pendant que la Communauté étoit si peu nombreuse, que les Religieuses demanderent permission de quitter l'habit blanc pour prendre le noir, qu'elles disoient être leur habit primitif; ce qui leur fut accordé par Henri de Gondi, Evêque de Paris, le 16 Avril 1614. Mais l'antiquité qu'elles donnoient à la couleur noire n'est pas un fait bien certain. Comme elles avoient été primitivement instituées sous la regle de Saint Cesaire, au VI siécle, ainsi que l'insinue l'Oratoire du nom de ce Saint qui y existoit dans le temps que nos Rois y eurent un Palais, elles ne durent pas dans leur origine être habillées autrement que de blanc, comme celles qui sûrement observerent la Regle composée par ce Saint Evêque d'Arles, l'an 534.

Reg. Ep. Paris.

Thes. aned. T. I, p. 3.

SECOND MONASTERE DE CHELLE

ET PAROISSE DE L'ABBAYE

EGLISES SAINTE CROIX ET SAINT GEORGES. Dans les différens temps que l'on a bâti au Monastere de Chelle, on a eu l'attention de conserver les titres ou vocables des Eglises construites par diverses Princesses. Celui de Saint Georges que Sainte Clotilde avoit érigé, fut conservé par Sainte Bathilde; ceux de Ste Croix et du même Saint Georges érigés par cette derniere Reine, ne furent point abolis ni éteints par la Princesse Gisele, Abbesse, lorsqu'elle fit construire l'Eglise de Notre-Dame, mais on continua de les entretenir, jusqu'à ce que les Eglises qui les portoient tombant de vetusté ou ayant été consumées par quelque incendie, il fut besoin de les rebâtir. Cependant, après quelques révolutions, l'Eglise de Sainte Croix s'est trouvée la mieux entretenue; de sorte que le bâtiment qui peut avoir quatre cens ans de construction (il paroît être de vers le temps de Saint Louis), sert à deux fins; sa partie orientale est l'Eglise des Bénédictins qui dirigent l'Abbaye et qui célébrent les grandes Messes des Religieuses dans la grande Eglise, et la partie occidentale séparée par un mur, sert de Paroisse aux Officiers et domestiques de l'Abbaye, sous le nom de Saint Georges. Cela pourroit faire croire que c'est l'Eglise de Ste Croix qui a fourni ou dont on auroit pris la moitié de l'étendue pour perpétuer le souvenir de Saint Georges; mais il y a plus d'apparence que c'est sous le titre de ce Saint Martyr qu'a été dédié cet édifice en son entier.

Quoi qu'il en soit, il ne se présente presque rien à dire sur cette Eglise, qui est sous le nom de la Sainte Croix, mais beaucoup de choses sur celle qui porte le nom de Saint Georges. La Matrone Hermentrude donna par son Testament, qui est du VII siécle, à la Basilique de Saint Georges de Chelle, une vigne qu'elle avoit à Torigny : *Vineæ pedatura una sita Tauriniaco, et quem Pinpo colit Basilicæ Domni Georgi Calæ dari præcipio.* Par une Charte du Cartulaire de l'Eglise de Vienne, datée de l'an 843, Saint Georges de Chelle possedoit alors une Terre dans le pays Viennois, au canton dit en latin *Octavensis in loco qui dicitur Cyconingus,* puisque pour indication des aboutissans à celle qui fut alors donnée à la Cathédrale de Vienne sous l'Archevêque Adon, il y a *partibus meridiei, terra sancti Georgii Calensi.... partibus septentrionis via publica et fluvio Alsoni.* On voit aussi que Saint Georges de Chelle avoit du temps de Charles le Chauve des Terres près Pontoise dans le Vexin, qui tenoient à celles de l'Abbaye de Saint Denis.

Supplem. ad Diplom. p. 93.

Chart. Eccl. Vienn. XI sæc. fol. 64.

Chart.Cor.calc.

Doublet, p. 802.

Comme donc il y avoit auprès du Monastere de filles, un Couvent d'hommes, suivant l'ancien usage, il est très-vraisemblable que ce fut l'Oratoire de Saint Georges substitué par Sainte Bathilde à l'ancienne Basilique de ce Martyr que Sainte Clotilde avoit construite, qui servit d'Eglise aux Moines qui célébroient les Messes des Religieuses, et à ceux dont on leur confioit l'éducation, tel que fut le Roi Thierry, fils de Dagobert III, dit delà Thierry de Chelle, comme aussi aux Officiers de l'Abbaye et aux domestiques. Mais ces Religieux se sécularisérent par la suite du temps, ou bien l'Abbesse ne voulut plus avoir que des Prêtres séculiers. Il est certain qu'au commencement du treiziéme siécle cette Eglise de Saint Georges étoit sur le pied d'une Paroisse, puisqu'en 1203 on se servoit du terme de *Paroissiens de Saint Georges,* et qu'il fut réglé alors que le Curé de S. André du bourg de Chelle ne pourroit obliger ces Paroissiens de venir à son Eglise. Les Prêtres qui desservoient cette petite Paroisse et le Couvent, voulurent de leur côté se faire valoir ; et se croyant incorporés à la Communauté, ils prétendirent avoir part à l'élection des Abbesses : mais l'affaire ayant été mise en arbitrage vers le même temps, ils furent condamnés. Cela arriva sous la Prélature de l'Abbesse Mathilde, qui mourut en 1223. On voit par un titre de l'an 1247, que ces Prêtres de Saint Georges devoient recevoir à Pâques chacun *Raconlas quatuor* ou *Racolas* avec un quartier d'agneau. On croit que c'étoient des especes de pains délicats ou des gâteaux.

Plaque de cuivre attachée en cetteEglise de S. Georges.

Cang. Gloss. voce Raconla *è Tab. Calensi.*

On lit aussi que l'Abbesse Mathilde de Nantueil qui siégea depuis 1250 jusqu'en 1274, prit grand soin de l'Eglise de Saint Georges et de son Clergé, lequel étoit amovible à sa volonté, sans excepter le Chefcier. Ces Ecclésiastiques cependant se qua-

Gall. Chr. T. VII. col.564.

lifioient de Chanoines dans ce même temps. Le Testament de l'un d'entre eùx daté de l'an 1261, commence ainsi : *Ego Johannes de Monumeta Clericus, Medicus et Canonicus sancti Georgii de Kala ;* et parmi les legs, il s'exprime de cette sorte : *Conventui de Mala* [*Kala ?*] *XI libras...... ita tamen quod piscantia canonicis et Monialibus in die Anniversarii mei sit communis.*

La suite fait voir davantage qu'ils furent érigés en espece de Chapitre, puisqu'on trouve qu'en l'an 1474 il fut fait une permutation de la Cure de Montevin contre un Canonicat (*Canonicatus*) de Saint Georges de Chelle. Et en 1476 un autre Canonicat fut permuté contre une Chapelle de Brie-Comte-Robert. Bien plus, il semble que dans le Décret que l'Abbesse Jeanne de la Riviere obtint vers l'an 1507 du Cardinal d'Amboise, pour qu'en place de ces six Prêtres, il y eut six Moines Bénédictins, ces Prêtres sont qualifiés de Chanoines. L'Ordonnance par laquelle Etienne Poncher, Evêque de Paris, en fit la suppression le 13 Juillet 1513, les qualifie tels. Ce Prélat mit en leur place six Moines réformés ; ce que le Roi Louis XII confirma. Ce fut ainsi qu'en ce point les choses revinrent dans leur premier état ; ces Religieux allerent jusqu'à prendre des Novices qui faisoient profession parmi eux.

Par la suite, vers l'an 1600, l'Abbesse Marie de Lorraine prit pour ses Chapelains des Bénédictins Anglois, du nombre desquels fut le sçavant Walgrave. Quelques années après, ces Bénédictins s'étant retirés, les Ermites de Saint Augustin leur succéderent, à la faveur apparemment d'un Couvent qu'ils ont au bout [du] pont de Lagny. Enfin Magdelene de la Meilleraye, Abbesse, obtint que ce fussent des Bénédictins de la Congrégation de Saint Maur qui fissent les fonctions spirituelles dans son Couvent, et ils y furent admis le 1er Mai 1637. Tels furent les différens sorts de l'Eglise de S. Georges de Chelles, dont les Bénédictins, comme j'ai déjà dit, occupent le fond du côté de l'orient, qu'ils qualifient d'Eglise de Sainte Croix, et où ils font leur Office en particulier : la partie antérieure ou occidentale sert de Paroisse (comme j'ai aussi dit) sous le véritable titre de Saint Georges : il y a des Fonts baptismaux et un Curé, Prêtre séculier. Dans le côté méridional de cette petite Eglise Paroissiale est, proche l'autel au-dessous d'une trappe, un escalier par lequel on descend dans un caveau situé sous le chœur des Religieux, où l'on voit le tombeau de Sainte Bathilde d'une pierre brute, rude et impolie même en dedans ; et pour en conserver la mémoire, on a mis au-dessus, du côté de la rue, une inscription qui en avertit, datée de l'an 1690.

ÉGLISE POUR LE BOURG. — SAINT ANDRÉ est le nom de l'Eglise Paroissiale des habitans : elle se trouve aujourd'hui tout à l'extrémité du lieu et même comme dehors, sur la route de Lagny, parce que les maisons qui faisoient la liaison avec le gros du Bourg, ont été abattues ou brûlées. Cette Eglise est située sur une petite éminence. La simplicité des chapiteaux des piliers du chœur désigne qu'elle a été bâtie sur la fin du douziéme siécle, au commencement du regne de Philippe-Auguste. Cet édifice n'est revêtu d'aucun ornement de sculpture, et l'on n'y trouve rien à remarquer. On m'a dit sur le lieu que les tombes ont été emportées par l'ouvrier qui a pavé la nef.

Ce qui paroît de plus ancien sur cette Eglise, est qu'à la fin du douziéme siécle, Jean, Seigneur de Pompone, qui probablement s'en disoit le maître, parce qu'il l'avoit bâtie, en fit la donation l'an 1202 au Monastere de Chelle sous l'Abbesse Ameline. Néanmoins on ne voit nulle part que l'Abbesse ait présenté à la Cure en ces temps-là. Dans le Pouillé Parisien du treiziéme siécle, parmi les Cures qui sont conférées par l'Evêque de plein droit, il y a : *Ecclesia S. Andreæ de Cala*. Il y eut le 18 Juillet 1442, un accord entre l'Evêque de Paris et Laurent, Curé de Saint André de Chelle, par lequel la Cure est déclarée être à la pleine collation Episcopale. Une copie du Pouillé écrit au treiziéme siécle y est conforme, aussi-bien que celui qui fut imprimé en 1626. Mais celui qui fut écrit au quinziéme siécle, et celui qui a été imprimé en 1648, marquent que c'est à l'Abbesse à nommer. Celui du quinziéme siécle ajoute que le Curé avoit quarante livres de revenu. Ce qu'il y a de certain, est que le 28 Juillet 1442, il fut passé aux Requêtes du Palais un accord entre l'Evêque de Paris et Laurent Pasté, par lequel il est évident que la Cure est à la pleine collation Episcopale.

Gall. Chr. T. VII, col. 563.

Ex tertio Chartul. Paris. apud du Bois, col. mss. T. III.

Chart. min. Ep. fol. 208.

[Doyenné.] Il est constant qu'au XII et au XIII siécle, l'on ne connoissoit point le Doyenné de Chelle. Le district qui lui est attribué aujourd'hui, s'appelloit *le Doyenné de Montreuil;* le bourg de Montreuil au-dessus du bois de Vincennes en étoit le chef-lieu. C'est ce qui est attesté par le Pouillé du treiziéme siécle : mais à la fin de ce Pouillé, dans l'énumération des Communautés Monastiques écrite par une main postérieure, et qui paroît d'environ l'an 1330, on voit en titre de Doyenné, comprenant douze Communautés tant Abbayes que Prieurés, *In Decanatu de Cala*. Ce fut donc vers l'an 1300 que l'usage vint de dire le Doyenné de Chelle ; par où l'on n'entendoit pas cependant un district de la même étendue que l'est le Doyenné d'aujourd'hui.

Hopital. Il n'y a pas d'apparence qu'un lieu passager comme l'est Chelle, et où il y avoit concours à cause des Reliques, fut resté sans Hôpital : mais cet Hôpital a été très-peu connu. Je ne l'ai point trouvé dans le catalogue des Maisons-Dieu extantes en 1351. En cette année-là, c'étoit la Léproserie de Gournay qui servoit pour les malades de Chelle. Il y avoit cependant eu un Hôpital à Chelle ; la Chapelle de cet Hôpital du titre de Saint Michel, avoit été détruite par les guerres. La visite en fut ordonnée en 1665, de la part de l'Archevêque de Paris ; et il y eut un ordre de la rétablir, daté du 28 Mai. Il pourroit se faire que ce petit Hôpital eut été fondé d'abord uniquement pour les Pelerins de Champagne ou de Lorraine qui alloient au Mont Saint Michel en basse Normandie, ainsi qu'il y en a eu ailleurs. Je trouve une Maladerie de Chelle au rôle actuel des Décimes.

<small>Liber. Visit. Lepr.Par.Diœc. 1351.</small>

L'Abbé Chastelain, fort attentif dans ce qu'il a vu du Diocése de Paris à marquer les Eglises qu'il appercevoit dans chaque lieu, écrivoit en 1671 qu'il avoit vu à Chelle neuf Eglises, partie sur pied, partie ruinées : 1º Sainte Bauteur ou Notre-Dame, dans laquelle Madame de Saint-Yon, Grande-Prieure, lui assura qu'elle avoit vu dire l'Office selon l'usage de Fontevraud. 2º Sainte Croix. 3º Saint Georges. 4º Saint André. 5º Saint Martin, à demi-ruinée. 6º Saint Cesaire. 7º Saint Leger de Faiquepoix. 8º Saint Michel, abandonnée. 9º Saint...... de l'Hôtel-Dieu. J'ai trouvé qu'au XV siécle il y avoit encore à Chelle un petit Bénéfice qu'on appelloit *Capellania Sancti Petri in Boucheria*.

<small>Reg. Ep. Par.</small>

CHELLOIS, NOM DE PAYS. Quoique Chelle ait commencé fort tard à donner la dénomination à un Doyenné Rural, il reste cependant quelque vestige que dès le VII siécle il y avoit aux environs un petit pays que l'on appelloit le Chellois. Sainte Fare donne entre autres choses par son Testament d'environ l'an 655, au Monastere dont elle étoit fondatrice et Abbesse au Diocése de Meaux, deux piéces de terre situées à Gaigny en Chellois, *in Gavaniaco villa in Kalense*.

<small>Hist.Eccl.Meld. T. II, p. 2.</small>

DOMAINE ROYAL A CHELLE. Mais le domaine de Chelle même étoit un domaine Royal, dont les Rois n'alienerent d'abord qu'une partie en faveur des fondations qu'y firent les Reines Clotilde et Bathilde. L'établissement du Monastere n'empêcha pas, comme on a vu ci-dessus, qu'ils n'y eussent un Palais encore au commencement de la race des Capetiens, et par conséquent des fonds pour l'entretien et la fourniture de ce Palais. Aussi y eut-il quelques-uns de leurs descendans qui disposerent depuis de quelques dépendances de cette Terre en faveur d'autres Eglises que celles du lieu. On sçait que Louis le Gros et Alix, son épouse, gratifierent en 1134 l'Abbaye de Montmartre de dix arpens dans la prairie de Chelle, et qu'en 1202 la Terre de Chelle produisoit encore au Roi Philippe-Auguste six vingt treize livres, ce qui reviendroit aujourd'hui à plus de deux mille francs.

<small>Hist. S. Mart. à Camp. p. 329. Brussel, Traité des Fiefs, Pieces, p. 149.</small>

Le territoire de Chelle, outre une grande prairie, contient aussi une grande plaine de terres labourables, sans celles qui sont sur les côteaux avec quelques vignes. Pour ce qui est de forêt, il ne devoit y avoir que peu de bois lorsqu'on y bâtit un Village, puisque son nom étoit formé, ainsi que j'ai dit, des abbatis de bois qu'on y avoit fait. On avoit planté par la suite un petit bois dans la campagne proche l'Abbaye ; mais comme on s'apperçut sous le regne de Charles V qu'il servoit de retraite aux voleurs et aux libertins, l'Abbesse Jeanne de la Forêt le fit couper. Il y a une montagne blanche à quelque distance du Bourg qui est appellée Mont-chalat, dans lequel nom l'étymologie est encore mieux conservée que dans le françois Chelle. On sent assez la ressemblance de ce mot chalat avec celui d'échalat que nous donnons à un tronc d'arbre taillé en plusieurs piéces longues. Au sortir de Chelle, en venant à Paris, on trouve dans les prés vers le couchant une croix de pierre de cent ou deux cens ans, que l'on appelle *La Croix Sainte Bauteur*. On croit dans le pays que c'est là que fut tué un de nos Rois, ce qui ne pourroit convenir qu'à Chilperic. Mais sa Maison Royale étoit-elle là pour qu'il y descendît de cheval ? et quel rapport entre cet événement et le nom de Sainte Bauteur ou Bathilde donné à la croix qu'on y voit ? Aussi le peuple accompagne-t-il ce récit de fables, comme d'apparitions d'esprits, etc. Il vaut mieux s'arrêter à un fait qui est beaucoup plus récent, et qui est très-certain. C'est que ce fut dans la plaine de Chelle (du côté de Lagny), qu'en 1590, sur la fin d'Août, le Maréchal de Biron jugea qu'il étoit à propos de porter l'armée du Roi Henri IV envoyée pour empêcher que ceux de la Ligue ne reprissent Lagny ; et cela parce qu'elle y seroit maîtresse de la Marne, et que s'étendant à gauche vers la forêt de Livry, elle boucheroit le passage aux troupes conduites par le Prince de Parme.

Gall. Chr. T. VII, col. 566.

REMARQUES CIVILES SUR CHELLE. Le nombre des feux de Chelle a été marqué de 210 dans le dénombrement de l'Election de Paris, et celui des habitans dans le Dictionnaire Universel de la France est de 750. Mais le dernier dénombrement que le sieur Doisy a rendu public en 1745, borne le nombre des feux à 167. Il falloit qu'au commencement du XIV siécle ce lieu fût peuplé, et ressemblât en quelque maniere à une Ville, quoique rien ne démontre qu'il ait été muré si-tôt. Au commencement du regne de Philippe le Long, les habitans se disoient déjà en possession d'avoir une Commune, quoique sans Lettres-Patentes, et ils essayerent d'établir entre eux un Maire, des Jurés et un Sceau : mais sur les plaintes de l'Abbesse Marguerite de Pacy, dès la premiere année de son gouvernement, le Parlement leur fit défense de s'immiscer à de telles fonctions, il fit rompre le Sceau de la prétendue Communauté, et la condamna à deux cens livres d'amende.

Reg. Parlam. S. Mart. 1318.

Le Roi Philippe autorisa en même tems les anciens droits de l'Abbaye.

Les habitants de Chelle étoient sujets comme ceux des Villages d'autour de Paris, à fournir leurs bestiaux, voitures et ustensiles pour l'usage de la Cour dans certaines rencontres. Cela s'appelloit le droit de prise. Ils furent exemptés de ces prises par Lettres-Patentes de Charles VI du mois de Mars 1400, en s'engageant de fournir trente charretées de feurre par chaque année à l'Hôtel-Royal de Paris. Onze ans après, l'Abbesse et les habitants s'étant vus ruinés par les guerres, exposerent au Roi qu'ils quitteroient le pays, si on ne leur prêtoit secours. S'étant offert de fortifier le bourg de Chelle, Charles VI leur permit d'y faire des fossés, des murs et des portes, par Lettres données à Paris le 17 Mars 1411.

Reg. du Trés. des Chart. vol. 156.

Trés. des Chart. Reg. 166, Piece 158.

Le Roi Louis XII accorda, étant à Vincennes, au mois de Juillet 1513, d'autres Lettres favorables à ce pays ; ce fut l'établissement de deux Foires à Chelle : l'une, pour le jour de Saint André ; l'autre, pour celui de la Magdelene, avec deux marchés par semaine, sçavoir : les Mardis et les Jeudis. Il y eut une opposition de la part de l'Abbé et Couvent de Lagny, qui ensuite se désisterent. Mais ces établissemens n'ont point continué sur le même pied. Les deux Foires sont maintenant le jour de Sainte Bathilde, 30 Janvier, et le jour de la Magdelene, que l'on dit être une Foire franche. On ajoute qu'il y a aussi à présent un marché franc tous les Mercredis ; d'autres disent un marché tous les premiers Mardis de chaque mois.

Bann. du Châtel. 1 vol. 464.

Alman. Royal.

Descript. du Royaume p. 191. Concord. des Brev. p. 208.

Au milieu de la place ou grande rue du bourg de Chelle, se voit une échelle de bois destinée à servir de supplice aux criminels. Elle est détachée de tout édifice, fort élevée et fort grande. Les échellons sont en forme de degré d'escalier et ne sont point à jour. Au haut de cette échelle il y a deux planches, qui au milieu et des deux côtés sont échancrées. On leve la planche supérieure, et on met dans l'échancrure qui est au milieu de l'inférieure la tête du criminel, et ses deux mains dans les autres échancrures ; on rabaisse ensuite la planche supérieure, en sorte qu'il se trouve la tête et les mains prises, et on l'expose en cet état durant quelque temps à la vue du public. Ce supplice, qui ressemble à celui du pilori, étoit autrefois assez commun. Une semblable échelle a donné le nom dans Paris à un lieu qu'on nomme encore l'Echelle du Temple, et qui étoit au coin de la rue des vieilles Haudrietes, à droite, en entrant dans la rue du Temple. Cette échelle dépendoit de la Justice du Temple.

Acte de 1369. Tab. Ep. Paris.

Les Bouchers de la grande Boucherie de Paris avoient encore, au quatorziéme siécle, droit de pâturage dans la grande prairie de Chelle, par concession du Roi Philippe-Auguste.

PERSONNES REMARQUABLES. On ne compte gueres d'illustres personnes sorties du lieu de Chelle, que ceux ou plutôt celles que l'Abbaye a fourni à l'Angleterre dans ses premiers temps, comme Sainte Hilde, Abbesse de Strenechal, de laquelle Bede a parlé ; Sainte Miltrede, Princesse et Abbesse en Angleterre, qui avoit été élevée à Chelle au septiéme siécle ; ensuite une Sainte Elisabeth, dite autrement Rose, fille de Raoul, Comte de Crespy, qui étant Religieuse de Chelle au douziéme siécle, établit au Diocése de Sens, lieu dit Roset en Gatinois, un Monastere transferé depuis à Ville-Chasson. Chastel. Martyrol. Univ. 13 Juin.

Je ne dois pas omettre un célèbre Architecte du treiziéme siécle, nommé Jean de Chelle, du nom de sa patrie. Il est connu à Paris pour y avoir construit le côté méridional de la croisée de l'Eglise de Notre-Dame ou au moins le portail de ce côté-là. Il fut commencé l'an 1257 : *Kallensi latomo vivente Johanne Magistro*, ainsi que porte l'inscription qui s'y voit en lettres de relief.

Pierre de Chelle étoit en 1273 Chanoine de Champeaux et Bailly de l'Evêque de Paris. Il reste une de ses Sentences de cette année-là. Chart. Livriac. fol. 91.

Philippe, Prêtre, Directeur des Religieuses de Chelle. Du Saussay l'a mis au 3 Mai dans le Supplément à son Martyrologe, en ces termes : *In territorio Parisiensi, Kalæ Monasterio, sancti Philippi Presbyteri, Virginum sacrarum pædagogi, viri Angelicæ puritatis et gratiæ*, sans marquer le temps auquel il vivoit. Sauss. T. II, p. 1114.

VER ou VERES-SUR-MARNE

L'incertitude où l'on est sur la maniere dont le nom de ce Village doit être écrit, marque qu'il est assez difficile d'en déterminer l'étymologie. Au treiziéme siécle, quelques-uns l'écrivoient Ver, et en cela ils imitoient peut-être la maniere d'écrire Ver, qui est une Paroisse plus fameuse au dessous de Dammartin, route de Soissons, et Ver par de-là Montlheri qui est divisé en Ver le grand et Ver le petit ; d'autres écrivoient Veres, et mettoient en latin *de Veriis*. M. de Valois l'a écrit Veres, d'après le Pouillé du treiziéme siécle ; dans l'usage des livres de l'Election on écrit Vaires : c'est ce qui a été suivi par l'Auteur du Dictionnaire universel de la France. Ceux qui sont informés que Ver ou War est une des racines de la langue Celtique ou Gauloise, qui signifie Fontaine copieuse, seront bien éloignés de croire que ces sortes de lieux aient été nommés Ver à cause des prairies. Je ne prétends pas au reste rien assurer sur la vraie origine de Veres ou Vaires dont je parle ici.

Ce Village est situé à cinq lieues ou environ de Paris, sur le bord de la grande prairie qui s'étend de Lagny à Chelle, et il est environ à moitié du chemin de l'un à l'autre. Cette position si voisine de la riviere de la Marne et dans un lieu tout-à-fait plat, est peut-être la cause que peu de gens s'y sont établis. Le dénombrement de l'Election n'y compte que huit feux, ce que le Dictionnaire universel réduit à 56 habitans. Il m'a paru en y passant l'an 1739, n'y avoir que dix ou douze feux. Le Château est un peu ancien et occupé par M. de Genes qui en est Seigneur. Il y en a un autre dans une Isle de la Marne un peu plus près de Chelle, tirant vers Noiziel, vis-à-vis l'endroit où se jette dans cette Riviere le ruisseau qui vient de Couberon et de Courtery ; on l'appelle le Château de Belle-Isle, et il est aussi de la Paroisse de Veres. C'est dans cette Isle appellée *Insula Vere,* que l'Abbaye de Saint Cyr, proche Versailles, avoit au douziéme siécle deux arpens de pré que Maurice de Sully, Evêque de Paris, acheta de l'Abbesse Sanceline, pour le prix de quatre livres. Veres n'est, comme on doit s'en appercevoir, qu'un pays de prairies avec quelques terres labourables. On y passe le bac pour aller à Torcy, Bourg considérable situé vis-à-vis sur une hauteur.

<small>*Chart. Ep. Par. Portef. Gaign. cxxvii, fol. 29.*</small>

Sainte Agathe est patronne de l'Eglise de ce lieu. C'est un très-petit bâtiment moderne auquel on a fait à différentes fois des aggrandissemens sur le devant. On n'y voit rien qui ne ressente une grande simplicité ; on n'a pas pu même y jetter les fondemens d'une tour pour les cloches, sans doute à cause de la mobilité du terrain. On conserve dans cette Eglise en une petite châsse de bois doré toute neuve, un os du bras de quelque Saint, mais je n'assurerai point que ce soit de Sainte Agathe, la célebre Martyre. La Cure est gouvernée par un Chanoine Régulier. Le Pouillé de Paris écrit au treiziéme siécle, la dit être à la nomination de l'Abbé *de Rara curia,* ancien nom de l'Abbaye de Saint-Martin-au-bois, au Diocèse de Beauvais. Lorsque ce Pouillé fut rédigé, ce lieu passoit aussi pour être un Prieuré, mais assez pauvre. Il y est dans le rang des Prieurés du Doyenné de Chelle, en ces termes : *Apud Veres est unus Canonicus.* Dans le Pouillé écrit vers l'an 1450, la Cure est dite à la nomination de l'Abbé du lieu, ce qui n'est point exact. Alliot, dans ses deux Pouillés imprimés l'un en 1626, l'autre en 1648, met que la nomination de la Cure de Veres appartient au Prieur du lieu, ce qui n'est point non plus exact. Le Pelletier, dans le sien de 1692, la donne à l'Abbé de Saint-Martin-au-Bois. Il faut sçavoir outre cela que le Prieuré-Cure de ce lieu, a souvent eu pour Succursale ou annexe celui

<small>*Notit. Gall. p. 406, col. 2.*</small>

de Brou qui en est voisin, comme font foi les provisions de l'E-
vêque de Paris du 14 Août 1475, 28 Août 1504 et 10 Juillet 1537.
La modicité du revenu de ces bénéfices a été cause en partie que
ce qui en dépend est souvent resté dans l'oubli. Comment découvrir, par exemple, où étoit une Chapelle du titre *Sanctorum Bar-
joli et Avertini infra limites Parochiæ de Veris et Brou*, que
l'Evêque de Paris conféra le 20 Fevrier 1541, comme vacante
par la mort de Guy le Maître ?

Voici ce que j'ai trouvé sur les Seigneurs de cette Paroisse.
J'écrirai le nom du *lieu* tel qu'il est dans les titres que je cite.
En 1216 Ferry, Seigneur de Ver, remit à l'Abbaye de Saint Denis [Hist. de S. Denis p. 220.]
des droits qu'il avoit sur leur dixme. En 1251 Nicolas de Pom- [Portef. Gaign. CCIV.]
pone, Seigneur de Ver et Jean de Ver dit le Brun, amortirent aux
Cisterciens de Chaalis deux arpens de terre situés à Ver, qu'Alix,
Dame de Ver, leur avoit donnés. En 1275 Jean *de Veriis* qualifié [Chart. Ep. Par. fol. 144.]
Armiger, fut témoin à l'hommage que Marie d'Aulnay rendit à
l'Evêque de Paris pour la terre de Pompone. Son nom est au
Nécrologe de l'Abbaye de Sainte Geneviéve au... Octobre, avec [Necr. S. Genov. XV sæc.]
le titre de Chevalier. Il avoit légué dix livres à cette Maison. Un
Guiot de Ver ou de Vers, se trouve dans un rôle de la Noblesse de [De la Roque, Traité de la Noblesse, p. 60 et 79.]
l'an 1271. L'année suivante il comparut en personne et déclara
qu'il devoit des hommes pour l'armée, mais aux frais du Roi. Sa
tombe, qui étoit à l'Abbaye de Chambre-Fontaine au Diocése de
Meaux, portoit cette inscription : *Cy gist Messire Gui de Pompone* [Annal. Præmonstr. D. Hugo, p. 449.]
Chevalier, jadis Sires de Ver, qui trespassa l'an de grace M CC V
le jour de Feste S. Laurent. Le Seigneur qui suivit immédiatement ce Gui y est aussi inhumé, selon cette épitaphe : *Icy gist* [Ibidem.]
Isabeau de Soisy jadis femme de M. Jean de Pompone. Icy gist
aussi Messire Jehan de Pompone Chevalier Sires de Ver, qui
trespassa l'an M CCC VII le Jeudi devant Pâques. Vers l'an 1330 [Ex annot. in Coll. Epitaph. Par. Bibl. Reg. p. 372.]
Jean du Mez, Seigneur en partie de Montfermeil, fils d'Alips,
Dame morte en 1336, demeuroit à Vair près Lagny. Il y avoit
fait en 1337 acquisition de douze arpens de terre et fiefs en
échange avec Pierre Verof, Ecuyer. Mais on ne voit pas qu'il ait
été Seigneur principal. François Cassinel le fut quelques années
après ; ensuite son fils Ferry Cassinel, Evêque d'Auxerre, mort
Archevêque de Reims en 1390 : puis Biette Cassinel sa sœur, en [Hist. de la M. de Châtillon, p. 451.]
hérita, ensuite Guillaume Cassinel qui l'étoit en 1405. Un peu
après ce temps-là un nommé Alexandre le Boursier y possedoit
beaucoup de bien ; et comme il étoit attaché au Roi Charles VII,
le Roi d'Angleterre le confisqua et le donna à Michel le Macon, [Sauval, T. III, p. 327.]
l'un de ceux qui avoient introduit dans Paris les gens du Duc de
Bourgogne. Vraisemblablement cette Terre sortit de la Maison
de Cassinel sous Louis XI, de même que la Seigneurie de Pom-

<small>Généalog. des Hennequin.</small> pone. Robert Lottin, Conseiller au Parlement, posséda la terre de Veres environ les années 1500 et 1510. Cette Seigneurie entra dans la famille de Mrs Huault par le mariage de Philippe de Hacqueville, fille de Nicolas de Hacqueville, Seigneur dudit Veres, avec Jacques Huault en 1519. Jean Huault, son fils, né en 1539, en jouit après lui. Mais il paroît qu'il n'avoit pas la Seigneurie en entier, puisque le procès-verbal de la Coûtume de Paris de 1580, présente deux Seigneurs de Vere : sçavoir, Guillaume Lottin, Maître des Comptes et le même Jean Huault, Conseiller au Parlement. Il fut fait Maître des Requêtes en 1586, Président au Grand-Conseil en 1587. Il fut pris par les Ligueurs au mois de Décembre 1588, comme il sortoit pendant les barricades pour aller trouver le Roi. Son Château de Veres fut brûlé : il fut obligé de racheter sa vie et sa liberté moyennant 4000 écus au profit de la Ligue. Renée Huault, son arriere-petite-fille, épousa en 1670 Louis du Tronchet, d'où sortit Jean-Paul du Tronchet, Marquis de Veres, marié en 1715 à Anne Aubourg. De la branche de M. Lottin, a été M. le Président Lottin de Chavangy, aussi Seigneur de Veres au dernier siécle, et depuis lui la Terre a appartenu à Mrs de Gesny qui l'ont possedée depuis le présent siécle de pere en fils.

La Maison de Gêvres jouit aussi d'une partie de cette Terre, qui releve d'elle à cause de la Baronie de Montjay.

POMPONE

Ce lieu est situé entre Chelle et Lagny sur le rivage droit de la Marne et dans la grande route, mais beaucoup plus près de Lagny que de Chelle. M. de Valois prétend que son nom lui vient de quelque Pomponius auquel il auroit appartenu primitivement. Mais sans remonter au temps des Romains, on trouve dans le Testament de la Dame Ermentrude fait vers l'an 700, le nom de Pimpo qui cultivoit ses vignes de Torigny. Ce Pimpo pouvoit être maître ou détenteur du territoire qui a pris son nom. Le dénombrement des Elections de Paris marque *Pompone et la Madelene pour 60 feux.* Le même nombre se trouve dans les rôles des Tailles. Le Dictionnaire universel, sans parler de la Magdelene, marque à Pompone 261 habitans ; ce lieu dit la Magdelene est en effet oublié dans presque toutes les cartes des environs de Paris. Je ne l'ai trouvé que dans celle du sieur Jouvin de Rochefort et dans celle que fit Samson lorsque Paris n'étoit encore qu'Evêché.

On y voit la Magdelene figurer comme faubourg de Lagny au bout du pont. Par cette réunion en un même article usitée dans les livres de l'Election, il paroît que ce canton de maisons est censé être de Pompone.

L'Eglise de Pompone est sous le titre de Notre-Dame, si on la regarde comme Priorale et sous celui de Saint Pierre en tant que Paroisse. Cette Eglise est solidement bâtie, toute voûtée, ornée d'un clocher en pavillon d'ardoise, mais elle est sans aîles. Le chœur paroît avoir été bâti au XIII siécle et la nef au XIV. Il reste au fond de ce bâtiment un vitrage qui est incontestablement du XIII siécle. A côté gauche du Sanctuaire, c'est-à-dire vers le nord, est gravée sur un marbre noir l'inscription suivante : *Simoni Arnauld de Pompone Equiti Marchioni de Pompone, Domino Baroni de Ferrieres, Chambrois, Aucquinville, olim apud Italos, Batavos, Suecos per honorificis legationibus diligenter è re Gallicana perfuncta. Deinde Ludovico Magno à sanctioribus consiliis secretis et mandatis regni semel atque iterum administro, cursus publici generali Præfecto, amantissimo conjugi, parenti optimo, uxor liberique mœrentes posuere. Obiit, Regi, universis regni ordinibus et exteris æque carus XXVI Septembris anno 1699, ætatis LXXX mens. X, dier. XXV.*

Dans la Chapelle de la Veronique située au côté méridonal du Sanctuaire, se lit cette épitaphe : « Cy gist noble homme « Mre Martin Courtin en son vivant Sr de Pompone et de la « Villeneuve aux Asnes, Notaire et Secretaire du Roi notre Sire « et Greffier en son trésor ès Paris, lequel trespassa le xviij jour de « Janvier mil V. C. et seize. »

On le voit représenté en robe longue, les mains jointes. Ses armoiries sont trois croissants.

Il y a encore dans la même Eglise une autre inscription en lettres gothiques qui peut être de deux cens ans ou environ. Le Curé y est qualifié Prieur. Elle est en mémoire d'un don de dix sols parisis fait à cette Eglise par Thibaud Burgaleail et Guillemette sa femme. La Chapelle de la Veronique ci-dessus nommée, est celle où se tenoit une Confrérie établie en cette Eglise, suivant la permission de l'Evêque accordée le 6 Novembre 1514. La Cure de Pompone *de Pompona*, est dite être à la présentation de l'Abbé de Rarecour dans le Pouillé Parisien du XIII siécle, *Abbatis de Rarecuria*. C'est ce qu'on appelle aujourd'hui Saint Martin au Bois, Abbaye de Chanoines Réguliers dans le Diocése de Beauvais, proche Gournay-sur-Aronde. Cette Cure est dans les Pouillés manuscrits du XV et XVI siécle. Mais dans les Pouillés de 1626 et de 1648, elle est dite être à la pure collation de l'Archevêque. Le Pelletier a éludé la difficulté dans le sien. On ne voit pas quel

Reg. Ep. Paris.

est l'Evêque de Paris qui avoit donné cette Cure à cette Abbaye de Chanoines Réguliers. On doit seulement tenir pour certain que ce furent des Religieux de cette Maison qu'on plaça dans le Prieuré qui subsistoit à Pompone dès le XII siécle, et non pas des Moines, ainsi que l'écrit M. de Valois (*Vicus cella Monachorum insignis*). Comme les Seigneurs de Pompone étoient célébres et riches, ce Prieuré fut apparemment fondé par eux ; au moins on lit que Jean et Maurice de Pompone avoient donné à l'Eglise de Notre-Dame de Pompone la dixme d'un lieu appellé *Luabium,* laquelle donation fut confirmée par Maurice de Sully, Evêque de Paris, l'an 1177. Ce Prieuré est aussi marqué dans le rang des Prieurés du Doyenné de Chelle au Pouillé Parisien du XIII siécle. On trouve ailleurs une Ordonnance du Roi Charles V de l'an 1367 au mois de Mai, par laquelle il prend sous sa garde le Prieur de Pompone, nommé Frere Noël Hubert, de l'Ordre de Saint Augustin. Ce même Prieuré se trouve parmi les bénéfices de Chanoines Réguliers du Diocése de Paris, dans le Pouillé de la Chambre Apostolique à Rome. De la Martiniere et le Dictionnaire universel de la France en font monter le revenu à mille livres, et ajoutent qu'il appartient aux Jésuites d'Amiens. Seroit-ce par la réunion déja ancienne de l'Abbaye de Runtcourt à leur Collége ? Il est bien vrai que la réunion leur en avoit été faite ; mais l'Arrêt du Grand-Conseil du 24 Septembre 1718, déclara cette union abusive, en faveur de Frere André-François d'Appougny, Chanoine Régulier de Saint Augustin de l'Ordre de Sainte Croix, qui étoit en possession du Prieuré-Cure. Le Pelletier dans son Pouillé de 1692, en fixe le revenu à quatre mille livres. Sauval nous apprend que ce Prieuré avoit vers l'an 1423 une maison à Paris, rue du Grand-Chantier.

Il existoit aussi à Pompone dès la fin du XII siécle, une Léproserie ou Maladerie dont on ignore les fondateurs. Lorsque Maurice de Sully, Evêque de Paris, alla bénir le cimetiere des Ermites du Val-Adam sous Montfermeil, il en fut dressé un acte, et parmi les témoins est nommé Guillaume, Chapelain des Lépreux de Pompone, *Teste Villelmo Capellano Lepresorum de Pompona.* Cette Maison étoit une espece de Communauté où demeuroient plusieurs Religieux : ce qui se prouve par l'acte de la vente qu'ils firent en l'an 1197, à Isembard, Abbé de Saint-Maur, d'une rente de bled sur les moulins de la Brosse proche Ferrieres en Brie. Il commence ainsi : *Ego Richardus Prior et Provisor domus infirmorum de Pompona, et omnes ejusdem domus Fratres infirmi et sani.* Je sens bien qu'à la rigueur on peut dire que cette Communauté n'étoit pas différente de celle du Prieuré, et que Richard,

Prieur de Pompone, mettoit seulement quelques-uns de ses Religieux dans cet Hôpital : mais je n'ose rien décider là-dessus. On voit au reste par un manuscrit de l'an 1351, que cette Léproserie devoit être située dans la langue de terre de la Paroisse de Pompone qui approche de Lagny. Car l'arrêté qui la regarde est intitulé : *Leprosaria de Pompona, alias de Latigniaco.* Elle étoit alors fort garnie de Prêtres, Freres servants et Sœurs. Lagny, Pompone, Montevrain, Checy, Chantelou, Conches, Gouverne, S. Thibaud, pouvoient y envoyer leurs malades : aussi avoit-elle un revenu considérable, tant à Lagny qu'à Saint Même, à Fontenet en Parisis. *Reg. Visit. Lepr. Diœc. Paris. fol. 76.*

Le Château de Pompone est situé sur la gauche du chemin qui mene à Lagny ; il a en perspective cette Ville avec de charmans vallons. Les avenues sont remarquables par leur nombre et leur beauté. Il y a peu de Terres dont nous connoissions les Seigneurs depuis un temps si reculé. Sous le regne de Louis VI, Hugues de Pompone, Seigneur de Crecy en Brie, se rendit fameux par ses entreprises. Guillaume de Nangis le représente à l'an 1114 comme un Pirate qui arrêtoit les batteaux de la Marne chargés de provisions pour Paris, et faisoit conduire à Gournay toutes ses prises. Le Roi s'empara du Château de Gournay et le confia aux Garlandes. Renaud, Sieur de Pompone, est nommé comme témoin dans un titre de l'Abbaye de Lagny de l'an 1152. Le même Renaud fut l'un des Seigneurs que le Comte de Meulan produisit au Roi Louis le Jeune à Paris l'an 1157, pour promettre par serment en son nom qu'il ne feroit pas servir contre lui sa terre de Gournay. Quelques extraits des titres de l'Abbaye de Chaalis, rapportent vers l'an 1150 ou 1160 la donation que fit à ce Monastere un Radulphe de Pompone, d'un bien situé *in territorio Commelensi*, territoire qu'on dit être au Diocése de Beauvais : mais peut-être le titre n'a-t-il que la lettre initiale R que le copiste aura rempli par *Radulfus* au lieu de *Renaudus*. Un Jean de Pompone fut presque contemporain de Renaud : un peu après l'an 1192 il quitta ses prétentions sur l'Eglise de Saint André de Chelle, et il en fit transport à l'Abbaye de ce lieu du temps de l'Abbesse Ameline. Voulant faire prier Dieu pour l'ame de Thibaud de Garlande, qui peut-être étoit son parent, il donna pour cela en 1200 aux Chanoines Réguliers de Livry, chez lesquels Thibaud étoit inhumé, des terres situées proche Brou. L'Histoire de Saint Denis rapporte à l'an 1216 la remise que Renaud, Seigneur de Pompone et Feric de Ver firent des droits qu'ils prenoient sur les dixmes de cette Abbaye : Renaud avoit apparemment survécu à Jean. Ce qu'il disoit avoir droit d'exiger du Cenier de Saint Denis, consistoit en cinq muids de grain de la dixme du

Nang. ad an. 1114.

Hist. Latiniac. ms.

Duchêne, T. IV, page 585.

Cod. ms. D. Cancellarii Franc.

Gall chr. nov. T. VII, col. 563.

Chart. Livriac. fol. 1.

Felibien, p. 220.

Gloss. Cang. voce Cœnator

village de Saint-Leger, proche l'Abbaye de Saint Denis, à cause d'un fief à lui advenu par sa femme. Un Hugues de Pompone Chevalier, fut aussi très-célebre dans le même temps que Renaud. Milon de Nanteuil, Prevôt de l'Eglise de Reims, le qualifie son beau-frere dans un acte de l'an 1211, par lequel il reconnoît que la terre de Saint Germain en Brie dont Hugues lui a donné la jouissance durant sa vie, releve de Blanche, Comtesse de Champagne. Le même Hugues paroît aussi dans des titres de Chaalis des années 1211 et 1213, et dans le Cartulaire de Saint Denis à l'an 1225, où il se reconnoît homme lige de l'Abbé pour ce qu'il possede à Villeneuve. Enfin, parmi les Chevaliers de la Châtellenie de Dammartin, qui tenoient leurs fiefs du Roi, est marqué Hugues de Pompone. Le même Hugues et sa femme Marie, avoit accordé à l'Abbaye de Livry deux arpens de terre en sa censive. On voit par un titre de cette Abbaye, qu'en 1241 il étoit décédé : on y lit qu'une partie de la dixme de Montfermeil étoit mouvante du fief possedé par ses héritiers. Un titre de Chaalis de l'an 1254, nomme deux de ses héritiers, sçavoir : Renaud de Pompone et Hugues ses enfans ; mais il eut aussi un troisiéme fils appellé Nicolas dans les mêmes archives, aux années 1248 et 1254. Un acte de 1251 le qualifie Seigneur de Ver : *Nicolaus de Pomponia Dominus de Ver*, et ses armoiries y sont figurées singulierement dans le sceau. Dans des titres de l'Abbaye du Jard de l'an 1250, son nom est ainsi exprimé : *Colasius de Pomponia armiger*. A l'an 1258 *Dominus Colardus Miles Dominus de Pomponia*, et à l'an 1270 où il est nommé *Nicolaus de Pompone Miles*. On lit qu'Adelaïse sa femme, s'étoit faite Religieuse à Farmoutier. La terre de Pompone étoit advenue vers ces temps à Hugues, frere de Nicolas, mais dès avant l'an 1275, il l'avoit aliénée en tout ou en partie à Marie d'Aulnay, laquelle, dans l'hommage qu'elle en fit à Etienne Tempier, Evêque de Paris, déclare l'avoir achetée de lui, et que son hommage est pour les arriere-fiefs. L'Abbaye de Chelle fit son opposition, mais on ne voulut point permettre que ce Monastere jouît de cette Seigneurie. Hugues qui étoit porté à vendre aussi-bien qu'Odeline son épouse, aliéna depuis à Marguerite, Abbesse de Chelle, plusieurs droits qu'il avoit à Chelle même dans le canton appellé le fief de Pompone, tels que le droit de roüage, de péage et de Justice. Et l'Evêque de Paris nommé Ranulphe en accorda l'an 1266 Lettres d'amortissement, se retenant tout ressort dans ce territoire et dans les arriere-fiefs. Le droit de 320 chandelles de cire que lui devoient les maisons et autres héritages du même canton, y avoit été compris. L'Evêque se disoit *Tiers-Seigneur*. Le dernier de ces Chevaliers du nom de Pompone que je trouve dans le cours de ce siécle, est Renaud de Pompone qualifié

Chevalier, Sire de Tieu sous Dammartin à l'an 1281. C'est dans un livre de Chaalis. J'ai attendu que j'eusse fait mention de ce dernier Renaud, pour parler du Roman de Thibaud de Marly écrit en vers. Voici ce que Fauchet a extrait de ce Roman concernant l'un des Renaud de Pompone : Des anciens Poëtes Franç. p. 95.

> La mort acconsieut tous les vieux et les puisnez ;
> Les riches et les pauvres n'en iert nus deportez.
> Dans Renaut de Pompone qui mout fut alozez
> Par le coup d'un garçon fut son pere aterez.

Ces deux derniers vers disent clairement que le pere de Renaud de Pompone avoit été tué par un garçon, mais cela ne peut gueres être attribué qu'au pere de l'un des deux Renauds nommés ci-dessus les premiers, d'autant plus qu'il faut entendre par ce Renaud un Chevalier qui fut comblé de louanges durant sa vie, et qu'il faut que le fait soit antérieur à la composition du Roman, car je croi ce pieux Roman composé par Thibaud de Marly, qui se fit religieux de l'Ordre de Citeaux vers l'an 1226, et mourut en odeur de sainteté Abbé des Vaux de Cernay, l'an 1247.

L'une des branches des anciens Chevaliers de Pompone se perpétua dans les Seigneurs de Ver, qui est une Terre contiguë. Il faut voir ce que j'en dis en parlant de Ver.

Pour reprendre la suite des Seigneurs de Pompone, je reviens au commencement du quatorziéme siécle, et j'y trouve Jean, Seigneur, et Jeanne, sa femme, vendant le droit de péage tenu du Roi qu'ils avoient eu par échange à Moret, sur les torines passant en l'eau de Seine et de Loing. La fille de ce Jean avoit épousé François Cassinel, fils aîné de Guillaume, mort en 1340 ; François, devenu par son mariage Seigneur de Pompone, eut plusieurs enfants : l'aîné nommé Guillaume, lui succeda dans les Seigneuries de Pompone et de Ver, et plaidoit en cette qualité l'an 1363 contre Isabeau de Soisy, qui se disoit aussi Dame de Pompone. Un second Guillaume Cassinel, fils apparemment du précédent, jouissoit des mêmes terres en 1405 ; on lit que Catherine Cassinel, sa fille, Dominicaine à Poissy, eut une pension de vingt livres sur la terre de Pompone. Ces Cassinels continuerent de posseder cette Terre, jusques sous le regne de Louis XI ou environ. Il est marqué dans un compte de l'an 1470, qu'elle étoit tenue alors entre les mains du Roi. Ce Prince en gratifia apparemment quelqu'un de ses Officiers, et vraisemblablement le Sieur Martin Courtin dont on a vu l'épitaphe ci-dessus, lequel vécut jusqu'en 1516. Il est qualifié Seigneur de Pompone dans le procès-verbal de la Coûtume de Paris de l'an 1510. Sa femme, Isabeau de Thumery, étoit morte dès le 8 Mars 1505. Elle fut inhumée à Saint-Gervais de Paris, en la Chapelle de Saint Pierre. Louis Courtin, leur fils, Conseiller au Parlement, jouit après eux de la Seigneurie de Pompone, et mourut en 1530. Marie, sa fille, porta en mariage cette Seigneurie à Nicolas de Hacqueville, reçu Conseiller au Parlement en 1544, d'où il arriva que plusieurs du nom de Hacqueville furent consécutivement Seigneurs de Pompone [1], et qu'un Nicolas de Hacqueville en conservoit encore le titre en 1619. Mais au moins dès l'an 1610 cette Terre appartenoit à M. le Fevre de la Boderie, Ambassadeur de France en Angleterre, puisque dans cette même année elle fut assurée à M. Robert Arnaud, Seigneur d'Andilly, par son contrat de mariage avec Catherine de la Boderie, fille de cet Ambassadeur. Ce même Arnaud d'Andilly parle dans ses Mémoires, de l'irruption que firent les soldats lors des guerres civiles de 1649 et 1652, dans son cabinet à Pompone, d'où ils emporterent plusieurs piéces rares. Vigneul-Marville observe que ce Sçavant se retirant quelquefois en cette Terre, y prenoit plaisir à cultiver lui-même des arbres par maniere de délassement. Il mourut en 1674. M. Le Maître de Sacy, qui étoit son neveu et qui est aussi très-connu par ses ouvrages, vint passer au Château de Pompone les dernieres années de sa vie, et y décéda le 4 Janvier 1684.

Simon Arnaud, ce célebre Ministre d'Etat, fils de Robert Arnaud, Seigneur d'Andilly, étant devenu possesseur de cette Terre, la fit ériger en Marquisat, et rendit par sa réputation le nom de Pompone plus mémorable qu'il n'avoit jamais été. Il est inutile de rien ajouter à ce que dit son épitaphe rapportée ci-dessus. Il n'y avoit que deux ans qu'il étoit décédé, lorsque Catherine l'Advocat, sa veuve, fonda un Chapelain pour la Chapelle du Château du titre de Notre-Dame, ou pour celle de même nom dans l'Eglise Paroissiale, le chargeant d'y faire l'Ecole et de porter le surplis, si le Curé le vouloit. L'acte fut passé à Pompone le 31 Décembre 1701, puis confirmé par le Cardinal de Noailles. En 1710, après la destruction de l'Abbaye de Port-Royal des Champs, le Marquis de Pompone, fils de Simon obtint que les ossements de Robert Arnaud d'Andilly, son ayeul, et d'autres de la même famille qui y étoient inhumés, fussent transportés dans l'Eglise de Pompone. Il n'étoit resté de son mariage avec Constance de Harville de Palaiseau, qu'une fille qui épousa en 1715 Joachim Rouault, Marquis de Cayeux et depuis de Gamaches, d'où sont sortis des héritiers de la terre de Pompone.

---

1. On lit dans le Supplément de Moreri à la lettre *G*, page 76, et dans M. Piganiol, Tome V, page 223, qu'en 1569 un Pierre Grassin étoit Seigneur de Pompone. Je crois qu'on a voulu dire de Bonbon, Village dans la Brie, proche Mormant.

Entre les événemens qui ont fait faire mention de Pompone par les anciens Historiens du Royaume, il n'en est pas de plus remarquable que celui de la résidence que le Roi Louis le Gros y fit durant l'année 1121. Il étoit alors en guerre contre Thibaud, Comte de Champagne et de Brie. Il essaya d'entrer dans Lagny, mais n'ayant pu y réussir, Suger dit en sa vie qu'il tourna ses armes du côté de l'agréable prairie qui s'étend vers Pompone, et qu'à sa présence toutes les troupes de Thibaud prirent la fuite. Il reste une Charte que ce Prince fit expédier en ce lieu, concernant une donation faite aux Religieux du Prieuré de Notre-Dame des Champs à Paris, laquelle finit en ces termes : *Actum apud Pomponium publicè anno Inc. Verbi Mc XXI.*

<small>Duchêne, T. IV, p. 301.</small>

<small>Sauval, Antiq. de Paris, T. III, Preuves p. 7.</small>

L'autre événement est rapporté par le continuateur de la chronique de Guillaume de Nangis. En voici les termes traduits du latin de l'Ecrivain contemporain. « Vers la fin de l'année 1329,
« dit-il, il y eut au Diocése de Paris dans un village appellé Pom-
« pone, un enfant de huit ans ou environ qu'on assuroit guérir
« les malades par sa seule parole, en sorte qu'un grand nombre de
« malades accouroient à lui de divers endroits, et entre autres, si
« c'étoit une personne tourmentée de fièvre qui venoit à lui, il lui
« ordonnoit de manger des pois ou de l'anguille, ou d'autres sem-
« blables mets qu'on sçait être tout-à-fait contraires à la santé.
« L'Evêque de Paris (Hugues de Besançon) et les Sçavans de Paris
« y ayant fait attention, le méprisèrent tout d'abord avec ses re-
« medes et ses prophéties. Mais ensuite le Prélat ayant vu évi-
« demment que tout ce que cet enfant faisoit étoit superstitieux
« et fou, fit venir le pere et la mere avec l'enfant, défendit aux
« parents sous peine d'être excommuniés, de permettre à leur fils
« de faire de telles choses, et il donna un Mandement portant
« défense à tous ses Diocésains, sous peine d'anathême, de recourir
« à cet enfant pour recouvrer la santé. »

<small>Ex Chart. B. M. Camp.</small>

<small>Spicileg. in fol. T. III, p. 92, col. 2.</small>

Les Historiens du siége de Paris par Henri IV, ont écrit que sur la fin de ce siége les Espagnols, ses ennemis, étoient couverts et retranchés au village de Pompone, près Lagny, sous la conduite du Duc de Parme. Il est aussi fait mention du village de Pompone dans les Registres du Parlement les plus anciens. Dans ceux de la Chandeleur de l'an 1261, il est dit quelque chose du bien que l'Abbaye de Royaumont y possédoit. Dans ceux de la Toussaint 1272, on voit le Maire et la Commune de Pompone (*Pomponii*) représenter qu'il n'étoient pas tenus de rien fournir au Roi pour son armée, par la raison que le Comte de Saint Pol, leur nouveau Seigneur, leur avoit accordé par Charte qu'ils ne fussent aucunement obligés de se trouver en aucune expédition militaire. Le Parlement, après avoir vu leur Charte, fit réponse que le Comte

<small>De la Barre, Hist. de Paris, p. 259.</small>

n'avoit pu les exempter de servir le Roi, et ils furent condamnés à l'amende.

COUVENT DES AUGUSTINS. Ce Couvent, quoique très-voisin de la ville de Lagny, puisqu'il est presque au bout de la sortie du pont, est cependant sur le territoire de Pompone qui s'étend jusques-là. Ce fut en 1328 que les Ermites de S. Augustin de Paris traiterent pour leur fondation en ce lieu. L'acte, dont il n'y a qu'un fragment donné au Public par Jacques Petit parmi ses monumens Ecclésiastiques, après le Pénitentiel de Théodore de Cantorbery (page 501), dit que ce furent des Bourgeois qui les admirent en ce lieu appellé La Motte, moyennant le serment que leur Procureur fit sur les Saints Evangiles, que les Religieux prieroient pour les Bourgeois, leurs parens et bienfaiteurs tant vivans que défunts, sans quoi la donation resteroit nulle. L'Editeur qui avoit vu l'acte en entier, ne marque point s'il s'agit des seuls Bourgeois de Pompone demeurans au bout du pont de Lagny, ou si ceux de Torigny qui aboutissent au même lieu y contribuerent pareillement, et même ceux de Lagny.

L'Eglise de ces Religieux peut absolument être la même que celle qui fut construite au XIV siécle. La Réforme des Augustins de la Province de Bourges y a été introduite au siécle dernier; de sorte qu'ils sont de l'espece de ceux qu'on appelle à Paris les Augustins de la Reine Marguerite, et qui sont au faubourg Saint Germain. Je n'ai trouvé mention d'eux qu'une seule fois dans les Registres de l'Archevêché; sçavoir, lorsqu'ils obtinrent la permission de remettre l'office de la Dédicace de leur Eglise au troisiéme Dimanche du mois d'Octobre. Par un Arrêt du Parlement donné le 25 Janvier 1669, où ils sont dits compris dans la Paroisse de Pompone, ces Religieux sont autorisés à enterrer chez eux ceux qui y éliront leur sépulture; à condition que les Curés leveront le corps, le conduiront à la Paroisse, soit de Pompone, soit de Torigny, puis le reporteront à l'Eglise des Augustins. Défense aux Augustins de lever les corps aux maisons. Jean Dimbert étoit alors Curé de Pompone et Jacques Sertier Curé de Torigny.

Reg. Arch. 15 Jul. 1661.

Code des Curés, T. III, p. 201. Journ. des Aud. T. III, l. VIII, ch. 1.

TORIGNY

Il ne faut point chercher d'autre origine au nom de Torigny, que celle que M. de Valois a proposée dans sa Notice des Gaules. Tous les lieux dits Torigny ou Torigné, tirent leur dénomination de quelque ancien Romain-Gaulois appellé Taurin. Ce nom étoit fort commun parmi les anciens habitans des Gaules, et si l'on écrit aujourd'hui Torigny au lieu de Taurigny, c'est un effet de l'usage de la langue vulgaire qui change en *o* la diphtongue *au*, de même qu'on le fait dans les mots Orleans, Omer, Ouën, etc. Il est certain qu'avant la premiere formation du langage François, lorsqu'on vouloit exprimer dans un acte le village de Torigny, on écrivoit *Tauriniacum*. Les preuves que j'en apporterai serviront en même temps à marquer l'antiquité de ce lieu.

Ermentrude, riche Dame du VII siécle, voulant favoriser l'Abbaye de Chelle, fondée de son temps, dicta au Notaire qui le recevoit, qu'elle vouloit qu'on donnât à la Basilique de S. Georges de Chelle, une piéce de vigne appellée *pedatura* située à Torigny : *Vineæ pedatura una sita Tauriniaco*. L'Abbaye des Dames Bénédictines de Morienval, au Diocése de Soissons, avoit un revenu plus considérable dans le même village de Torigny, par donation du Roi Charles le Chauve. Il leur avoit donné six meiz en ce lieu, *sex mansos in villa Tauriniaca*. La Charte de Charles le Simple qui leur confirme ce bien, désigne Torigny comme situé *in pago Meldensi super Maternam flumen*, c'est-à-dire, que ce Village étoit considéré compris dans les limites du pays Meldois en tant que confinant avec le Parisis ; probablement ces six familles habitoient sur le bout de la Paroisse de Dammard en approchant de Carnetin ; ce qui faisoit qu'on pouvoit les regarder comme situées autant sur le Meldois ou Mulcien, que sur le Parisis. Ces deux titres, dont l'un est d'environ l'an 700 de Jésus-Christ, l'autre d'environ l'an 900, suffisent pour marquer l'ancienneté de Torigny. Je dis, en parlant de Dammard, que c'est un démembrement de cette Paroisse.

Liturg. Gallic. p. 462. Supplem. ad Diplom. p. 462.

Annal. Bened. T. VI, p. 642.

Torigny, voisin de Lagny, à six lieues de Paris, est situé sur une petite côte qui borde la riviere de Marne vers le septentrion. Son territoire s'étend jusqu'au bout du pont de Lagny, en sorte que les maisons qui sont à droite en sortant du pont sont de la Paroisse de Torigny, et même les moulins du pont. Ce lieu n'est point du Doyenné de Lagny, comme Du Breul l'a cru dans son Catalogue des Paroisses du Diocése de Paris, mais du Doyenné de Chelle. La riviere de Marne fait la séparation de ces deux Doyennés. Le Pelletier a fait dans son Pouillé une faute encore moins pardonnable, lorsqu'il l'a placé dans le Doyenné de Château-fort. La Cure de ce lieu est à la pleine collation de l'Ordinaire, ainsi que le Pouillé du XIII siécle et les suivans l'ont toujours marqué. L'Eglise est sous le titre de S. Martin. L'ancienne avoit été dédiée au mois de Septembre 1549, par Charles, Evêque de Megare, qui y bénit cinq Autels. Elle est rebâtie à neuf depuis peu en forme de grande Chapelle. La

Reg. Ep. Paris.

permission de faire l'office en la Chapelle de la Magdelene sur le territoire de la même Paroisse, est du 7 Septembre 1722. Cette Eglise n'a d'apparence que par la tour et le clocher en pavillon couvert d'ardoise, placé au côté gauche du portail. L'Abbé Chastelain a remarqué dans son bimestre de Martyrologe avec notes (au xv Février, page 657), qu'on y honore spécialement Saint Guignefort. On n'y voit aucune tombe ni épitaphe. Il y a sur le territoire de cette Paroisse, sur le bord des vignes du côté de l'orient d'été, une Chapelle très-ancienne du titre de Notre-Dame. Les Religieux de Lagny disent qu'elle leur a été donnée par un nommé Adelelme, l'un de leurs bienfaiteurs. On lit dans l'Histoire manuscrite de cette Abbaye, que lorsque la Dédicace de l'Eglise de Lagny eut été faite par Odon de Sully, Evêque de Paris, l'an 1195, Gaucher, Seigneur de Montjay, mit sur l'autel une feuille où étoient écrits tous les biens appartenant à cette Chapelle, en présence de Raoul, Chevalier de Bucy, accompagné de Pierre et Adam, ses fils. C'étoit alors une des manieres de donner l'investiture. Cette Chapelle est appellée Notre-Dame de Haut-Soleil, sans qu'on en sçache la raison; elle est parallele à l'Eglise Paroissiale dont elle est fort peu éloignée et un peu plus haut sur le côteau. Le chœur par sa voûte et ses supports paroît être du XIII siécle. On y vient en pélerinage pour la fiévre. La Paroisse y va quelquefois en Procession. Il y a une fontaine au-dessus de cette Chapelle.

Le territoire de Torigny est presque entierement en vignes, dont l'aspect est vers le midi et qui sont situées sur une pente douce vers le rivage droit de la Marne. Dans l'énumération des Elections du Royaume, cette Paroisse est ainsi enregistrée : *Torigny et les Fourneaux 119 feux*. Les mêmes mots se trouvent au rôle des Tailles. Mais Torigny a été oubliée dans le Dictionnaire Universel des Paroisses de la France.

P. Anselme, T. VI, p. 338. Il ne s'est présenté à mes recherches d'anciens Seigneurs de Torigny, que Dame Marie de Paillard, fille de Philbert de Paillard, Président au Parlement de Paris, sous le regne de Charles V. Ensuite je vois que cette Terre étoit tombée dans la Maison d'Orgemont, originaire de Lagny. Pierre d'Orgemont rendit à l'Evêque *Invent. Ep. Par.* de Paris au XV siécle, hommage de ce qu'il tenoit de lui en fief; puis le 11 Mars 1478, Guillaume de Montmorency, fils de Jean et *Reg. Ep. Paris.* de Marguerite d'Orgemont, en fit hommage à l'Evêque de Paris au nom de sa mere. Dix ans après on trouve que cet Evêque accorda souffrance à Guillaume du Brouillat, Ecuyer, pour le même hommage. Ce dernier Seigneur étant décédé cette année 1488, la *Ibid. 25 Febr. 1488.* même souffrance fut accordée au curateur des mineurs, appellé Artus de Vaudray, Seigneur de Moncy et Saint Salle, Chambellan du Roi. Dans cet acte Guillaume est dit avoir possédé outre Torigny, les Seigneuries de Ladouville, Lizy sur Ourc et Saint Jean des deux Jumeaux. Enfin l'Evêque de Paris accorda encore souffrance au mois de Mars 1494, aux enfans de Guillaume du Brouillat pour les Seigneuries de Torigny et Montjay auxquelles ils prétendoient. Les Sieurs du Brouillat étoient encore Seigneurs de Torigny quatre-vingts ans après. Je lis que le 8 Janvier 1575, à la priere de Louise d'Orgemont, veuve de Louis du Brouillat, Chevalier des Ordres du Roi, Seigneur de Montjay et de Torigny, et à celle des habitans, l'Evêque de Paris permet de transférer le cimetiere de la Paroisse dans un lieu plus commode, d'en faire bénir un autre par Henri le Maignen, Evêque de Digne, de ne prendre de l'ancien que pour faire le grand chemin et en tirant les corps, et de fermer le reste. *Reg. Ep. Paris.* *Ibid.*

Dans le procès-verbal de la Coûtume de Paris de l'an 1580, parurent en qualité de Seigneurs de Torigny, François d'Angennes et Louis d'Agoust, Comte de Saulx. Le premier en avoit fait hommage la même année, le 6 Janvier, à l'Evêque de Paris, à cause de Magdelene du Brouillat, sa femme. La Maison de Gêvres possede Torigny depuis long-temps. L'Abbaye de Chaalis y a un fief, et pareillement M. Martin de Fontaines. En 1706 la Seigneurie étoit possédée par Anne Magdelene Potier, Marquise de Blerencourt, de la Maison des Ducs de Gêvres, et avant elle, par Marie Potier, aussi Dame de Blerencourt, de Montjay, etc. Dans ces derniers temps, cette Seigneurie continue d'être dans la même Maison de Gêvres. *Tab. Ep. Paris.*

On m'a assuré que les Templiers ont eu du bien sur cette Paroisse. Ce qui est sûr, est que les Religieux de Chaalis, Ordre de Cîteaux, Diocése de Senlis, y ont depuis six cens ans un clos de vignes de quatorze arpens, où l'on recueille d'excellent vin blanc. Garin, Seigneur de Clacei, ayant réclamé en 1174 contre la vente qu'il leur avoit fait des vignes qu'il avoit sur le territoire de Torigny, Raoul, Comte de Soissons et Adelaïde son épouse, leur transporterent les vignes de Raoul *de Grassia* avec une maison, moyennant un certain échange et une légere somme, en se réservant une redevance de huit soumes (ou charges) de vin, cinq de blanc et trois de vermeil; mais en 1259 Eudes, fils du Duc de Bourgogne, Comte de Nevers, et Mathilde sa femme, les quitterent de cette redevance. Dès l'an 1175, Alexandre III avoit confirmé à ces mêmes Religieux la maison et les vignes dont il s'agit: *Domum etiam et omnes vineas quas habetis apud Torengniacum.* *Portef. Gaign. CCIV, p. 305, 307 et 312.* *Cod. ms. Caroli loci.*

Dans les miracles arrivés au tombeau de Saint Louis, desquels Frere Guillaume, de l'Ordre de Saint François, écrivit le détail vers l'an 1282, il y en a un qui arriva au mois de Juin 1275, sur *Vita S. Ludov. apud Bolland. 25 Aug. p. 655.*

Jean de Lagny dit Dammart, Prêtre et Curé de Torigny proche Lagny.

La Chapelle de la Magdelene située sur cette Paroisse en tirant vers Lagny, n'a été détruite que depuis l'an 1740, en conséquence d'une Ordonnance de M. de Vintimille. C'étoit une espece de Succursale qui avoit toujours appartenu au Curé de Torigny. Un Bourgeois de Paris en a acheté le fond pour aggrandir sa maison et son jardin.

DAMMARD

DÉMEMBRÉ DE TORIGNY

Saint Medard, Evêque de Noyon, est un des saints Evêques de France auxquels nos Rois de la premiere et seconde race ont porté le plus de dévotion. Aussi le Diocése de Paris a-t-il un grand nombre d'Eglises sous son invocation, les Evêques n'ayant gueres manqué de se conformer aux pieuses vues de leurs Princes, et celle de ce Village est une de ces Eglises. Dam-Mard est comme qui diroit Saint Mard, car Dam et Dom, viennent de *Domnus*, et Saint Mard est une abbréviation de Saint Medard. Ainsi Dam-Mard est en latin *Domnus Medardus*.

On ignore quel nom pouvoit avoir le terrain qui forme la Paroisse de Dammard, avant que celui du saint Evêque lui fût donné. Il y a toute apparence que c'étoit Torigny qui s'étendoit jusques dans ce canton-là, et terminoit le Diocése de Paris sur une partie du pays Meldois : ensuite la fécondité du terroir aura augmenté le nombre des habitants, ce qui a donné origine à l'établissement de cette nouvelle Paroisse.

L'Eglise de ce lieu, dont le Saint Patron donne le nom au Village, a un chœur fort bas, de structure du XIII siécle : il a été regratté nouvellement : les collateraux sont plus récens. La nef est comme la plupart des autres, assez peu solidement construite. La tour du clocher a été abaissée depuis vingt ans ou environ. Outre S. Medard, on honore particulierement S. Vincent, parce que c'est un pays de vignes ; et même ceux qui ont eu soin de la fonte de l'aigle du chœur, ont imaginé de représenter cet oiseau grimpé sur la figure d'un tonneau de cuivre. La Cure est à la pleine collation de l'Archevêque de Paris. Elle est en ce rang au Catalogue du Pouillé du XIII siécle, mais par addition d'une main qui n'est que du commencement du siécle suivant : car elle s'y trouve de la premiere main à l'article du Doyenné de Montreuil, intitulé *De*

Hermeriis. Ainsi ce ne fut que vers l'an 1300 que l'Abbé de la même Abbaye d'Hermieres cessa d'en avoir la présentation. Il y avoit certainement en ce lieu un Curé séculier en titre au XV siécle. On voit à Paris dans la Chapelle de l'Archevêché, une tombe sur laquelle est gravé que dessous repose *Petrus de Rus quondam Curatus de Domno-Medardo et Sigillifer Curiæ Parisiensis*. Il y est dit décédé en M.CCC.... Les Pouillés des XV et XVI siécles, de 1626 et 1648, assignent pareillement à l'Evêque la pleine disposition de cette Cure. M. de Valois n'a pas laissé que d'écrire que Dammard est remarquable par son Prieuré appartenant à l'Abbé d'Hermieres : *Cellâ suâ ad abbatem Hermeriarum pertinente insignis*. En effet le Catalogue des Prieurés dits du Doyenné de Chelle, qui est à la fin du Pouillé Parisien du XIII siécle, marque *Prioratus de Domno Medardo*. *Notit. Gall.* p. 417, col. 1.

Les habitants de ce lieu sont vignerons pour la plupart, le terrain s'étant trouvé propre à la vigne, soit par la qualité du sol, soit par l'exposition vers le midi, secondée du voisinage de la Marne qui passe au bas du même côté. On a compté 106 feux en cette Paroisse lors du dénombrement de l'Election de Paris, et le nombre des habitans montoit à 586, suivant le calcul du Dictionnaire Universel du Royaume. Mademoiselle du Noyer, Dame du clocher, étoit ci-devant usufruitiere de cette Terre. Maintenant c'est M. de Stainel. Mais différentes Eglises y ont aussi leurs Seigneuries depuis plusieurs siécles.

Dammard appartient : 1º à l'Abbaye de Lagny ; c'est un de ses anciens revenus. 2º A M. de Vinterfeld et à ses neveux, Mrs de Bisenont. Avant M. de Vinterfeld c'étoit à M. du Noyer et avant lui à M. Groillard. Cette partie de Seigneurie est un bien engagiste du Roi. La troisiéme partie Seigneuriale appartient au Chapitre de Notre-Dame, qui a les dixmes.

Le Chapitre de Notre-Dame de Paris qui avoit des droits à Brie-Comte-Robert, en fit un échange l'an 1340 avec Jeanne, veuve du Roi Charles le Bel, pour des droits de censive qu'elle avoit achetés à Dammard, à raison du denier quatorze. Cette Seigneurie sur le territoire de Dammard, produisoit par an à ce Chapitre dans le XV siécle la somme de deux cens livres : ensorte qu'il s'est trouvé dans le cas d'une redevance envers le Curé, et un nouveau Livre a rappellé des reglemens faits par Arrêts en 1715 et 1716, sur le grain et le vin dus au Curé de Dammard pour ses gros. Livre rouge du Châtelet, f. 262.
Ex papyro Comput. XV sæc.
Code des Curés, T. I, p. 328.

L'Abbaye de Lagny paroît avoir été celle qui a pu produire des titres plus anciens pour établir sa Seigneurie dans Dammard. On voit d'abord dans le Glossaire de Du Cange un fragment de titre par lequel le Comte de Brie remet à ce Monastere, en 1206, le *Gloss. Cangii voce* Messio.

droit appellé *Messio* en latin qu'il avoit coutume d'y lever, et sur tous les Hôtes de Saint Pierre de Lagny. Secondement, l'an 1260, S. Louis confirma par son consentement le don qu'un Chevalier avoit fait à cette Abbaye du fief Royal qu'il tenoit de lui dans ce lieu. Le Prevôt de Paris ayant entrepris contre les droits de ce Monastere sur Dammard, fut condamné par un Arrêt du Parlement de la Toussaint de 1286. Il y eut aussi le 12 Juillet 1323, un Arrêt de la même Cour qui adjugea à cette Abbaye la Justice dans Dammard; et un autre du 7 Janvier suivant, par lequel il fut dit que l'empêchement fait par le Procureur du Roi aux Juges des Religieux de Lagny de visiter les mesures, sera ôté. Ces droits de l'Abbaye de Lagny étoient néanmoins limités. Les Religieux prétendirent dans ces mêmes tems avoir Justice sur une maison que les Prémontrés de l'Abbaye d'Hermieres y possedoient : mais Hugues de Crusy, Prevôt de Paris, jugea le 14 Mars 1326, que la haute et moyenne-Justice en cette Maison appartenoit au Roi, et la basse aux Religieux d'Hermieres. Cette Sentence du Châtelet fut sans doute ce qui fraya le chemin au traité que les deux Abbayes de Lagny et d'Hermieres passerent en 1336, au sujet de leurs censives en ce lieu. Mais dix ans après, l'Abbé de Lagny fut inquiété pour avoir trop entrepris à Dammard. Son Bailli fut assigné pour raison de la saisie du temporel de cet Abbé, à cause qu'il s'étoit approprié la haute-Justice de la moitié de ce Village, qui appartenoit au Roi. Vers l'an 1350 le Chapitre de Notre-Dame de Paris fut troublé dans la possession qu'il avoit de lever les dixmes sur les biens de l'Abbaye d'Hermieres situées à Dammard. Mais en 1354 l'opposant se désista au profit du même Chapitre. Vers la fin du siécle suivant, on vit une marque de l'attention des Officiers du Roi sur Dammard. Il est conservé des Lettres de Charles VIII du 27 Février 1491, par lesquelles ce Prince mandoit au Prevôt de Paris, de faire publier que les habitans de Dammard près Lagny étant en la haute-Justice du Roi, eussent à justifier des titres des héritages qu'ils possedoient, afin qu'on pût reconnoître ce qui avoit été usurpé sur le Roi et faire un nouveau Terrier et que son Receveur en fit recepte au compte du Domaine de Paris. On peut voir dans Sauval une espece de détail des droits Seigneuriaux du Roi sur Dammard, dont il fut passé reconnoissance en 1518. Par exemple, il y a terre et vigne, sous la fontaine aux Bergers; terres en Male espine; terres sur la fontaine du vivier de Blay. Quelques feuillets après il est fait mention, à l'an 1534, du Terrier de Dammard sur parchemin.

Les domaines que différentes Eglises ont eu à Dammard, n'ont point empêché qu'il n'y eût des Seigneurs laïques dans le même lieu. Un titre de l'Abbaye de Chaalis de l'an 1184, fait mention d'un Pierre de Dam-mahart. Gaucher de Châtillon, Seigneur de Montjay, y avoit au commencement du treiziéme siécle des droits de Coutûme ; mais en 1206, de l'avis de son épouse Elisabeth, il en fit remise aux habitans. Un Conseiller en l'Election de Paris, nommé Guillaume Colombel, étoit Seigneur de cette Paroisse vers l'an 1450. Les Chartreux de Paris l'ont marqué au 4 Avril dans leur Nécrologe. C'est en effet le jour qu'il mourut l'an 1475, ainsi qu'on lit sur sa tombe de cuivre conservée aux Célestins de Paris, où il est qualifié Conseiller du Roi et Seigneur de Dammard lès Lagny-sur-Marne. Henri, Roi d'Angleterre, étant devenu maître de Paris en 1423, récompensa Maître Michel le Maçon, l'un de ceux qui y avoient fait entrer les gens du Duc de Bourgogne, en lui donnant des biens situés à Dammard et à Torigny, appartenans à Alexandre le Boursier, qui étoit resté fidèle à Charles VII. Compte de la Prevôté. Sauval, T. III, p. 327.

Il y a six vingt ans que Timoleon Billiad, Contrôleur-Général, Reg. Arch. Par. avoit sa maison de campagne à Dammard.

BROU

autrement VILLENEUVE AUX ASNES

Les plus Sçavans se sont trompés sur ce qui regarde ce lieu. M. de Valois a écrit qu'il est situé entre Mitry, village du Diocése de Meaux, et Villepinte du Diocése de Paris : en quoi l'on voit qu'il l'a confondu avec la Villette aux Asnes. M. Lancelot, dont j'ai vu les remarques manuscrites, croit que ce lieu est situé dans le petit pays d'Aunois, et que pour cette raison il faut l'écrire Villeneuve aux Aulnes. Cependant il avoue que le procès-verbal de la Coutume l'appelle Villeneuve aux Asnes. Ce qu'il y a de sûr, est que cette petite Paroisse n'est pas dans l'Aunois, comme y sont Livry, Clichy et Sevran ; et que l'un de ces noms n'est pas Villeneuve aux Aulnes, mais Villeneuve aux Asnes. Je dis l'un de ses noms, parce qu'elle en a plusieurs. Les titres l'appelloient Brou, et quelques Pouillés lui donnent le nom *de la Forêt*, pendant que d'autres l'appellent Villeneuve aux Asnes. Cette variété de noms est fondée sur ce que le territoire de cette Paroisse comprend un lieu situé dans les Bois dit anciennement La Forêt, où il y avoit autrefois plusieurs maisons, et où il n'y reste plus qu'un vieux Château en ruine appartenant à Madame de Pompone, et il y a six vingt ans à Jerôme de Sera, Maître des

Requêtes [1], et de ce qu'il comprend aussi le lieu où les Religieux de la Trinité ont depuis plusieurs siécles une Ministrerie ou petite Maison de leur Ordre. Ce dernier fut nommé *Villeneuve* à cause de sa nouveauté, et surnommé *aux Asnes*, à cause que les Trinitaires qui y logeoient avoient un grand nombre de ces animaux, qui leur servoient de monture au treiziéme siécle, ainsi qu'on peut lire dans M. Du Cange et dans le Mercure de France.

Gloss. Cang. voce Asinus.

Merc. de France, Juin 1739, 1 vol. p. 1141.

Cette Paroisse, de quelque nom qu'on l'appelle, est située à une grande demie lieue de l'Abbaye de Chelle sur la route de Lagny, dans une plaine. Le dénombrement de l'Election de Paris y compte une quinzaine de feux, compris, selon ce qui y est dit, Villeneuve aux Asnes, Brou et Forest. Le Dictionnaire universel n'admet point le nom de Brou, et compte dans toute la Paroisse de Villeneuve aux Asnes 74 habitans, ce qui revient à peu près au même. Et c'est aussi l'état où cette Paroisse se trouve aujourd'hui.

Il y a beaucoup d'apparence que le nom de Brou, qui est le plus ancien, vient de *Brolium*, lequel a aussi formé celui de Breuil, par où l'on entendoit autrefois un petit bois. L'altération est fort ancienne, puisque dès l'an 1200 les titres latins n'appellent point ce lieu autrement que Brou. En cette année-là Jean de Pompone donna treize arpens de terre à défricher aux Religieux de Livry, *ad perticam de Oroer in Livreis de Brou,* pour le repos de l'âme de Thibaud de Garlande : dix ans après Mathilde, Abbesse de Chelle, passa un accord *super decimis terrarum de Brou.* Les Religieux de Livry quitterent cette dixme des terres de Brou, parce qu'elles étoient au-dedans des limites de la dimerie de Chelle, en compensation de quoi l'Abbesse leur donna la maison des Ermites de Montfermeil. Enfin, dans le Pouillé Parisien de la fin du même siécle, où le nom des Curés est ordinairement en latin, celle-là est dite simplement *Bro,* que l'on prononce vraisemblablement Brou.

Chart. Livriac. fol. 1.

Ibid., fol. 6.

Dans ce Pouillé cette Cure de *Bro* est déclarée être à la présentation de l'Abbé *de Raracuria,* par où il faut entendre Saint-Martin-au-Bois, dit autrement Ruricourt, au Diocése de Beauvais. Cette Abbaye est depuis un temps considérable réunie au College des Jésuites de Paris. Il falloit que Forest fût une Cure différente, puisqu'elle est ajoutée au Catalogue de ce Pouillé des Curés du Doyenné de Montreuil, et cela d'une écriture d'environ 1300, parmi celles qui sont à la pleine collation Episcopale. Le Pouillé écrit vers 1450, contient la même chose sur la Forêt, et dit que Brou est à la nomination du Prieur de Veres. Alliot, en son Pouillé

---

1. La permission d'y célébrer en une Chapelle domestique accordée le 28 Février 1622, le dit être sur la Paroisse de Brou.

de 1626, jette une grande confusion dans ces deux nominations: Il marque Brou à la nomination du Prieur de Veres, et Forest à celle de l'Abbé de Cluny ; mais dans son édition de 1648, où il marque deux fois la Cure de Forest, il la met toujours à la pleine collation de l'Evêque, et une Chapelle située dans l'Eglise de Brou à la présentation du Prieur de Veres, que dans celui de 1626 il avoit dit être à la collation de l'Ordinaire. Ce qu'il y a de sûr en tout cela, est que ces trois bénéfices ont été fort modiques, que Brou à la fin du quinziéme siécle et au commencement du suivant, étoit une Cure unie à celle de Veres, et qu'il n'en fut séparé que le 4 Décembre 1529, du consentement de l'Abbé de Ruricourt et du Curé de Veres. Néanmoins il fallut revenir à la réunion, et je trouve même qu'encore en 1578 il y eut des provisions données le 8 Juillet du Prieuré-Cure *S. Baudilii de Villa nova ad Asinos, Brou et Forest*, après que l'année précédente il y avoit eu le 18 Mai collation de la Chapelle-Chapellenie *SS. Bargerotti et Avertini,* proche le Château de Forest, vacante par la mort de Frere Thomas la Mothe. On ne connoît aucunement Saint Bergerot, à moins que ce ne soit Saint Baudele. *Reg. Ep. Paris.*

Sans m'arrêter plus long-temps à ces différences des Pouillés, l'Eglise de Brou étoit, quand je l'ai vue en 1738, un très-petit bâtiment situé sur la liziere d'un bois et toute seule avec son cimetiere derriere. Elle étoit sous le titre de Saint Baudele, Martyr de Nîmes, le même qui est Patron de l'Eglise de Neuilly-sur-Marne. Ainsi on pourroit croire que le territoire où est Brou, auroit été de la Paroisse de Neuilly avant que les bois eussent été coupés, ou bien que l'Abbaye de Chelle, qui est entre les deux Paroisses, a fourni des reliques du Saint Martyr pour la dédicace des deux Eglises. On m'a dit alors dans le pays que le peuple ne s'assembloit dans cette Eglise que quatre fois l'an : le chœur appartenoit à l'Abbaye de Chelle, la moitié de la nef à M. de Pompone, l'autre moitié au Seigneur du lieu, M. Feydeau de Brou, qui étoit alors Intendant de Strasbourg, et qui est présentement Conseiller d'Etat et Conseiller au Conseil Royal des Finances ; que le reste de l'année la Chapelle des Mathurins, qui est à une portée de mousquet, à Villeneuve aux Asnes, servoit de Paroisse, quoiqu'elle même fût fort caduque ; et que la banniere et les livres y étoient conservés, que les maisons sont dans le voisinage et confinent au grand chemin du côté du septentrion. Le logis du Curé y étoit pareillement ; et l'on se proposoit de bâtir la Paroisse en ce lieu. Lorsque la Forest étoit un hameau peuplé, l'Eglise de Saint Baudele ainsi située, se trouvoit au milieu des habitans. Il y a dix ans, il n'y avoit que le Château de Brou qui en étoit assez voisin. Depuis ce temps-là l'Eglise de S. Baudele a été rebâtie au bout méridional *Merc. Juin 1739. 1 vol. p. 1141.*

de l'étang du lieu, sur la route de Montfermeil, par M. Feydeau, alors Intendant de Paris, dont les armes sont sur la porte qui regarde le nord-est. Le même Seigneur a fait faire une route à gauche du grand chemin, entre Brou et Chelle, et fait bâtir une grande hôtellerie à l'angle que forme la grande route et l'allée de Montfermeil.

Il ne s'est point présenté d'autres Seigneurs dans les recherches que j'ai faites, que Jeanne de Villevodé, qualifiée Dame de Brou dans une vente de bois qu'elle fit en 1319 à Pierre d'Orgemont, Bourgeois de Lagny. Martin Courtin comparut à la Coûtume de Paris en 1510, en qualité de Seigneur de Villeneuve aux Asnes. Il étoit Secretaire du Roi, et avoit épousé Isabelle de Thumery, qui décéda en 1505. Leur sépulture est à Paris, en l'Eglise de Saint Gervais. Louis Courtin, Conseiller au Parlement, posséda depuis la même Seigneurie, et mourut en 1530. Charles le Prevost, Secrétaire du Roi, est qualifié Seigneur de Brou vers l'an 1570, dans une inscription que je rapporte à l'article de la Courtneuve près Saint Denis. Marie Batlard, Dame de Grandville, sa veuve, est dite Dame de la Villeneuve aux Asnes, dans le procès-verbal de la Coûtume de Paris de l'an 1580, aussi-bien que Pierre de Longueil. Denis Feydeau, Conseiller d'Etat sous Louis XIII et Louis XIV, a rétabli cette Terre en étant devenu Seigneur. Le Château, qui est situé au bord septentrional de l'étang, a été mis par Mrs Feydeau en l'état où il est. C'est toujours la même famille qui jouit de cette Terre.

La Maison des Mathurins de Villeneuve aux Asnes est du XIII siécle, auquel est faite la fondation de cet Ordre. Dès l'an 1239 Ansel de Cuiry, Chevalier, légua par son testament aux Freres de la Sainte Trinité de Villeneuve la somme de vingt sols. Comme cette Maison eut besoin de réforme sous le regne de François I, il en fut fait mention dans les Registres du Parlement au 16 Octobre 1535. Elle y est qualifiée *Administrerie de la Villeneuve aux Asnes près Chelle*, et quelquefois d'Hôtel-Dieu. Il fut arrêté que le Général des Mathurins donneroit des Lettres de Vicariat au Prieur de Saint Victor de Paris, pour réformer cette Hôtel-Dieu. Le rôle des décimes la reconnoît sous ce simple titre *Menistrerie de Villeneuve, Paroisse de Brou, Ordre des Mathurins*. L'Eglise qu'on voit aujourd'hui ne paroît avoir été bâtie que depuis la réforme mise dans cette Maison. Elle avoit servi dans le siécle présent pendant quelque temps de Paroisse aux habitans de Brou et de la Villeneuve ; mais depuis l'incendie de la ferme des Mathurins arrivé il y a quelques années, elle reste délabrée, et comme en ruine.

VILLEVAUDÉ

REPRÉSENTANT LES DEUX ANCIENNES PAROISSES D'OROIR
ET DE MONTJAY

A mesure que les années s'écoulent, on pourroit perdre de vue les marques qui indiquent que Villevaudé est une Paroisse nouvelle, et qu'elle tient lieu de deux autres Paroisses, dont l'une s'appelloit Oroir, en latin *Oratorium*, et l'autre Montjay. C'est pourquoi j'ai cru que je devois m'y arrêter, et ne rien négliger de ce qui peut contribuer à éclaircir ce qui regarde ces trois lieux réunis, qui sont à la distance de cinq lieues et demie de Paris.

Villevaudé, à le prendre en particulier, consiste en peu de chose. L'Eglise est dans un vallon, toute seule avec la maison du Curé. Le Village est un peu éloigné de-là, vers le couchant. A l'orient de l'Eglise est une haute montagne appellée Montjay, sur laquelle est la célèbre tour de ce nom, avec plusieurs maisons qui forment le Village de Montjay, et une petite Eglise qui est Priorale et qui a servi autrefois de Paroisse aux habitans voisins. Dans la vallée au bas de Montjay du côté du midi, est un assez gros hameau appellé Bordeaux. Voilà ce qui compose aujourd'hui la Paroisse de Villevaudé, et en quoi consiste le troupeau dont le Curé de Villevaudé a la desserte : car dans les dénombremens civils, on ne connoît point Villevaudé seul. Celui de l'Election de Paris réduit l'article en ces termes et en cet ordre : *Montjay-Villevaudez et Bordeaux 138 feux*. Le même langage est suivi dans le rôle des tailles. Le Dictionnaire Universel de la France marque en un seul mot *Montjai-Villevaudés*, sans nommer Bordeaux, et reconnoît en cette Paroisse 615 habitans. M. de Valois n'a pas connu Villevaudé : il n'en fait aucune mention dans sa Notice, pas même en parlant de Montjay, dont il traite assez au long. Le Pelletier, auteur du Pouillé de Paris, ne l'a gueres connu, puisqu'il le place dans le Doyenné de Châteaufort. *Notit. Gall. p. 406.*

L'Eglise du lieu d'Oroir, dit aujourd'hui Villevaudé, est sous l'invocation de S. Marcel, Pape, dont on fait la Fête le 16 Janvier. L'Edifice qui subsiste ne montre rien qui paroisse au-dessus de six vingts ou cent cinquante ans. On y voit seulement devant le lutrin des chantres la tombe d'un Seigneur qui paroît être d'environ l'an 1500. Saint Matthias y est pris pour un second Patron, parce que l'anniversaire de la Dédicace de cette Eglise se célèbre le jour de sa Fête. Le Pape Eugene III, confirmant en 1147 aux Prieurés de Saint-Martin-des-Champs et de Gournay les Eglises de leur dépendance, spécifie dans sa Bulle *Ecclesiam de Ororii cum atrio et decima*. Thibaud, Evêque de Paris, donnant vers l'an 1150 des Lettres pour la même fin, marque *Ecclesiam de Ororio cum decima*. Quelques années après il y eut des terres défrichées sur le territoire de cette Paroisse et sur la Seigneurie de Montjay. Guy, Seigneur de Montjay, avoit contesté la dixme de ces novales (*decimam ruptiorum*) aux Religieux de Gournay, possesseurs de l'Eglise : mais en 1165, il se désista de ses prétentions en leur faveur. Dans le titre il y a *infra Parochiam de Horeor*. Le Pouillé du Diocèse de Paris rédigé au treizième siécle et celui du quatorzième, marquent cette Cure dans le nombre de celles auxquelles le Prieur de Gournay présente, et l'appellent fort régulièrement *de Oratorio*. Alliot, dans son édition du Pouillé de 1626, la nomme aussi *Cura de Oratorio*, mais ignorant que ce nom avoit été rendu par *Oroer* en langage vulgaire dès le treiziéme siécle, il l'appelle en françois la Cure de l'Oratoire, et il marque qu'elle est à la présentation du Prieur *de Oratorio* au lieu de dire *de Gornaïo*. L'édition donnée par le même Alliot en 1648, ne fait plus aucune mention d'Oratoire ni d'*Oratorium*, et ne spécifie que la Cure de Villevaudé, dont elle marque que la nomination est au Prieur de Gournay. Dom Marrier avoit publié dans l'intervalle de ces deux éditions, un état des bénéfices qui dépendent du Prieuré de Gournay. On y lit parmi les Cures : *Cura de Villevaude*, puis *Cura sancti Marcelli Papæ et Martyrii de Oratorio repositorii subtus Montem-Gaium*. Ce qui n'est pas non plus tout à-fait exact, en ce que l'on voit qu'il donne comme deux Cures différentes, celle de Villevaudé et celle de Saint Marcel d'Oroer, tandis que c'est la même. Au reste, il n'est pas le premier qui ait appellé cette Cure *Oratorium repositorii*, qui est le même nom que porte une Paroisse du Diocése de Sens sur la route de Paris à Provins, dite Ozoir-le-repos. J'ai vu des provisions de cette Cure par Etienne durant tout l'espace du seizième siécle, où elle est désignée de même : l'une de 1521, 30 Mai, ajoute qu'elle est sous le titre *S. Marcelli Papæ et Martyris*. Ce n'est qu'à l'an 1551 que je commence à la trouver appellée *de Oratorio repositorii, alias de Villevaude*. A l'égard du mot *repositorium*, on a dans Nelle-la-reposte du Diocése de Troyes, et dans Ouzoir le repos de celui de Sens, dits en latin quelquefois dans les titres *Nigella abscondita et Oratorium absconditum*, deux exemples que le terme de repost, et de repostoir peut signifier quelquefois *caché*. On peut dire qu'en ce sens l'Oratoire de Saint Marcel étoit un Oratoire caché dans un enfoncement; à moins qu'on n'aime mieux reconnoître que *repositorium* signifieroit là un cimetiere, ou au moins un sépulcre : ou enfin dire simplement que le mot latin a signifié *un reposoir*, un lieu

Hist. S. Mart. p. 180.

Ibid., p. 187.

Hist. de Montm. Preuv. p. 63.

Hist. S. Marl. p. 284. Elle parut en 1637.

où l'on s'arrête ; mais en ce dernier sens on ne voit pas pour qui cet endroit auroit été un lieu de station, si ce n'est pour les chasseurs, vu qu'il est éloigné de toutes les grandes routes. Je n'ai plus qu'une petite remarque à faire sur la Paroisse d'Oroir, après quoi je n'en dois plus parler. C'est qu'il y avoit en 1200 une mesure pour les terres qu'on appeloit *pertica de Oroer ;* Jean de Pompone la désigna dans un titre de cette année-là, pour le mesurage ou arpentage de la quantité de terrain qu'il donna à défricher aux Religieux de Livry, sur ce qu'il appelloit *les Livreiz* de Brou. Chart. Livriac.
fol. 1.

Villevaudé qui n'étoit vraisemblablement qu'un hameau de la Paroisse d'Oroir, représente aujourd'hui cette Paroisse. Ce hameau étoit une Terre considérable et qui avoit des Seigneurs remarquables dès le treiziéme siécle. Je rapporterai ci-après ce que j'ai pu en découvrir. Un trait de l'Histoire des miracles de Saint Louis, écrite par Guillaume le Cordelier, Confesseur de la Reine Marguerite, veuve de ce Saint Roi, demande que je m'y arrête. Cette Histoire nous apprend qu'il y avoit alors à Villevaudé un Hôpital pour les malades. Guillaume traduisant de latin en françois l'enquête faite par plusieurs Evêques pour la canonisation du pieux Roi, dit dans le quatriéme chapitre, qu'il y eut des dépositions au sujet de Thomas Porcher, de la ville de Voudai, devenu aveugle, qui s'étoit fait amener à S. Denis au tombeau du Saint, et y recouvra la vue. Quelque desir qu'ait eu le sçavant Pere Stilting, Jésuite, de marquer la situation de cette *ville* de *Vouday*, comme l'appelle le Cordelier, et qu'il a traduit en latin par ces mots : *Vicus Voudai*, ce docte Jésuite se contente de dire dans une note : *Loci nomen est ; at illum frustra quæsivi*. Mais la première faute étoit venue du Cordelier qui, ne connoissant pas ce lieu nommé dans l'enquête *Villavoudai* en un seul mot, avoit inseré l'article entre deux, et avoit mis la ville de Voudai. En effet, on prononçoit et on écrivoit dès le treiziéme siécle *Villawolde* ou *Villavoude*. Je vais rapporter la suite de quelques Seigneurs dans les termes mêmes que le nom du lieu est marqué en plusieurs titres. Boll. Acta SS.
25 Aug. T. V,
p. 625, col. 2.

Dans une Charte latine de Maurice de Sully, Evêque de Paris, de l'an 1166, il est dit que la terre *de Tarenta fossa* est du fief de Pierre *de Villawolde*. Dans un acte de Raoul, Comte de Soissons, Seigneur de Montjai, de l'an 1183, se lit : *Testis Petrus de Vileveudeu*. Dans d'autres de 1184, est témoin pour Adelaïde, Comtesse de Soissons, *Petrus de Villa voto Deo*, et il est autrement encore écrit : *Petrus de Villevult De*. Il est visible qu'alors on croyoit que Voudai venoit de ces deux mots : *votum Deo* ou *vult Deus*. Mais probablement les étymologistes de ce temps-là se Titres de Chaalis
Portef. Gaign.
CCIV, p. 270.

Ibid., p. 307.

Ibid., p. 305.

trompoient encore. Il y a plus d'apparence que Voudai n'a jamais été qu'un seul mot, dont le fond reste toujours, soit qu'on l'écrive Voudé ou Vaudé. Sous l'épiscopat de M. de Noailles, on l'a quelquefois latinisé par *Villa Validata*.

Cette digression sur l'origine et sur les variétés usitées à l'égard du nom de Voudé, m'a donné occasion de faire connoître Pierre de Villevoudé, comme un des notables du temps. On vient de le voir paroître dans des actes du Comte et de la Comtesse de Soissons ; l'année d'après, il est nommé par Philippe-Auguste, avec Geoffroy, Evêque de Senlis, pour accommoder un procès entre les Abbayes de Chaalis et de Chelle, sur des biens situés à Berron. C'étoit en 1194. Barthelemi de Villavodé est mentionné au Cartulaire de Saint Denis à l'an 1230. Robert de Villavaudé, aussi Chevalier en 1264, au grand Pastoral de Paris. On reste ensuite un temps considérable sans trouver de Seigneur de ce lieu. Guillaume le Duc possédoit cette Terre vers l'an 1420. Il acheta, en 1423, l'Hôtel d'Henri de Marle, Chancelier. Il étoit Président à mortier en 1434. Il mourut en 1452 et fut inhumé dans le chœur des Celestins. Son épitaphe nous apprend une nouvelle altération faite au nom de Villevoudé ; c'est qu'on disoit alors Virevodé. Sa femme, Jeanne Porcher, étoit fille de Jean, Conseiller au Parlement. Leur fille unique, Marguerite, épousa Pierre Aguenin, Conseiller au Châtelet, à la charge que leurs enfans porteroient le nom d'Aguenin le Duc ; ce qui fut exécuté par Guillaume Aguenin dit le Duc, qui succeda en cette Seigneurie, dont il jouissoit en 1467. Il étoit Conseiller au Parlement, lorsqu'il mourut le 28 Décembre 1480 ; il fut inhumé à Saint-Jean-en-Grève. Julienne Sanguin, sa femme, mourut le 2 Juin 1502. Pierre Aguenin, Auditeur en la Chambre des Comptes, fut son successeur ; puis, un autre de même nom et surnom, lequel fut marié à Marguerite Matthieu, en 1578. Ces Seigneurs n'ont pas comparu à la rédaction de la Coûtume de Paris en 1580, mais Jacques Michon y est nommé au procès-verbal en qualité de Seigneur de Bordeaux, hameau de cette Paroisse.

MONTJAY. Il y a peu de choses à dire sur la Paroisse de Montjay, qui est éteinte aujourd'hui et réunie à l'ancienne Paroisse d'Oroer, appellée maintenant Villevaudé. L'Eglise du Prieuré, titrée de Saint Christophe, servoit à assembler les peuples de ce lieu. On y possédoit, en 1471, une relique de ce Saint. Elle ne sert plus qu'à acquitter les fondations des anciens Chanoines réguliers qui y demeuroient, de même qu'à celui de Pompone. C'étoit un membre de l'Abbaye de Saint-Martin-au-Bois, du Diocèse de Beauvais, dite anciennement Ruricourt, et non de celle d'Hiveneau, comme le Pelletier l'a marqué dans son Pouillé.

De la Martiniere et le Dictionnaire universel de la France en font monter le revenu à 850 livres. Ils l'écrivent Mont-Gay l'un et l'autre ; ce qui approche plus de l'étymologie *Montis Gaii*. Il est nommé le premier des Prieurés du Doyenné de Chelle, dans le Pouillé Parisien du treiziéme siécle. Celui du quinziéme siécle l'appelle *de Montegaudio* et *de Montegayo*. Au Pouillé de la Chambre Apostolique, à Rome, il est écrit Mont-Gry, ce qui est une faute de copiste. Je n'ai découvert que deux Prieurs de ce lieu, sçavoir : Guy de Baudreuil, qui fut le dernier Abbé Régulier de Saint-Martin-au-Bois, et qui abdiqua en 1492. L'autre fut Prieur Commendataire, Chanoine de Notre-Dame de Paris, nommé Pierre Basset, décédé le 30 Avril 1543, et inhumé à Notre-Dame. La présentation de la Cure de Montjay appartenoit à l'Abbé de Saint-Martin-au-Bois. Il reste un acte de la nomination que P., Abbé de cette Maison, fit dans le treiziéme siécle à l'Evêque de Paris, et le Pouillé rédigé au même siécle, la met dans le nombre de celles dont le droit de présentation appartenoit à cet Abbé. Nous ne voyons point quel pouvoit avoir été l'Evêque de Paris qui avoit été chercher une Abbaye si éloignée pour lui donner ce bénéfice et d'autres voisins. Les Pouillés des siécles suivans ne font plus mention de la Cure de Montjay. Le nom s'en trouve par erreur dans celui de 1626. C'étoit encore une Cure en 1583, le 1er Avril. Il y eut en 1707, du temps de M. de Noailles, un reglement touchant les Messes basses qui se disoient dans l'Eglise de ce Prieuré pour acquit des charges. Les habitans du hameau de Montjay se contentoient de l'entendre les Dimanches, sans venir à Villevaudé leur Paroisse. Il fut ordonné, du consentement du sieur Alaux, Prieur, que la Messe du Dimanche seroit transferée au Mardi, pourvu qu'il ne fût pas fêté.

Gall. chr. T. I.

Epitaphes de N.D. ou Tombes. Portef. Gaign.

Chart. Ep. Par. fol. 76.

Reg. Ep. Paris.

Reg. Arch. Par. 22 Jul.

Quoiqu'il ne soit pas impossible qu'un nommé Caius ou Gaïus ait été Seigneur de toute cette montagne, puisque ce nom étoit fort commun chez les Romains, M. de Valois croit plutôt que Caïus est l'adjectif de *Mons*, et que loin de dire *Mons Gaii*, il faut écrire comme dans plusieurs titres *Mons Gaius ;* en sorte que cela auroit la même signification que *Mons hilaris, Mons lœtus*. Mais comme il y a de la variation dans les titres même de cinq cens ans, et que quelquefois on y lit *de Monte Gaii*, la décision de ce Sçavant ne peut point, ce semble, passer pour irréfragable. Les Seigneurs de ce lieu, quelque puissants qu'ils aient été, se sont toujours (au moins de temps immémorial) regardés comme vassaux de l'Evêque de Paris. Pour être investi et mis en possession de leur Château et Chatellenie, ils devoient se reconnoître hommes liges de ce Prélat et lui présenter un cierge de dix sols; et l'Evêque de son côté leur devoit un anneau d'or pour la cérémonie de

Chart. Ep. Par. fol. 1, verso.

l'investiture. Il y a plusieurs exemples du don de cet anneau dans le Cartulaire de l'Evêque, dont on peut voir les fragmens imprimés dans M. de Valois, entre autres les deux investitures données à Jean de Damiette, fils de Saint Louis : l'une, en 1266 par Renaud de Corbeil, Evêque de Paris ; l'autre, par Etienne Tempier, son successeur, en 1268. Le Seigneur de Montjay devoit aussi être l'un de ceux qui portoient l'Evêque de Paris à son entrée au Siége Episcopal, ou qui le faisoient porter par procureur.

Notit. Gall. p. 406.

Ibid.

La tour de Montjay[1] a été très-fameuse par rapport à ces Seigneurs : elle est depuis long-temps en très-mauvais état, et l'on ne voit presque plus en ce lieu de vestiges de Château. Ce n'est plus qu'une espece de demi-tour, dont ce qui reste est élevé d'environ douze à quatorze toises : on y voit des marques qu'il y a eu deux ou trois voûtes les unes sur les autres, ce qui formoit plusieurs étages ; et qu'il y avoit des galeries en haut pratiquées dans l'épaisseur du mur, pour découvrir de quel côté venoient les ennemis. On trouve quelque chose d'extraordinaire sur cette tour de Montjay dans un Auteur qui vivoit sous le regne de Charles VI. Jean Petit, en son apologie du Duc de Bourgogne, au sujet de l'assassinat de Louis, Duc d'Orleans, avance que ce Louis ayant machiné la mort du Roi Charles VI, gagna quatre personnes, sçavoir un Moine apostat, un Chevalier, un Ecuyer et un Varlet, auquel il bailla sa propre épée, sa bague et un annel pour faire des maléfices : qu'ils porterent le tout en la tour de Montjay vers Laigny, et s'y logerent pendant plusieurs jours entre Pâques et l'Ascension : que là, un jour de Dimanche avant le lever du soleil, sur une montagne près cette Tour, proche un buisson, ce Moine fit plusieurs invocations de Diables qui apparurent au nombre de deux. Cette Tour servoit encore de défense en 1430. Le Régent de France pour les Anglois, après avoir pris Gournay au mois de Mars, se présenta devant la tour de Montjay, qui fut prise par composition le 28 du mois. Elle est représentée dans la Topographie de Claude Chastillon de l'an 1610, mais assez mal.

Monstrelet, édit. 1572, in-fol. lib. I, fol. 44.

Journal de Charles VII.

Topogr. de Cl. Châtillon, in-fol. maximo, fol. 16.

M. Lancelot de l'Académie des Belles-Lettres, qui avoit commencé une liste des Seigneurs de Montjay, n'a point craint, malgré le sentiment de M. de Valois, de mettre un nommé Jay ou Gaius à la tête ; il dit que les titres l'appellent *Gaius de Monte :* mais il a oublié de marquer d'où il avoit puisé la connoissance de ce Gaius. Le premier Seigneur certain de Montjay qui se trouve dans les titres, est Paganus[2] qui vivoit sous le Roi Henri I, et sous

---

1. Et non pas de Maugeron comme a mis le Sieur Piganiol, T. I de sa Description de Paris, page 79.
2. On croit que ce nom de *Paganus* étoit un sobriquet resté aux enfans qui avoient été baptisés tard, et pour ainsi dire, adultes.

Philippe I. Il signa en 1090 un privilége accordé par Philippe I à
l'Abbaye de Saint Remi de Reims. Nanterus, son fils, souscrivit
pareillement au même acte. Ce Nanterus *de Monte Gaio*, paroît <small>Hist. de Montm.</small>
aussi dans une Charte de la fin du même siécle concernant Moucy- <small>Preuv. p. 31.</small>
le-neuf. Ayant épousé Aveline, fille d'Udon qui avoit des préten-
tions sur l'autel de Champigny, [il] s'en empara au préjudice des
Religieux de Saint-Martin-des-Champs : mais depuis il le rendit <small>Hist. S. Mart.</small>
moyennant un cheval que les Moines lui donnerent et 60 sols de <small>p. 488.</small>
Provins à sa femme. Paganus *de Monte Gaio* mit son seing à un
acte touchant l'Abbaye de Saint Denis, de l'an 1110. Ce Sei- <small>*Ibid.*, p. 34.</small>
gneur fut l'un de ceux que Guillaume II, Roi d'Angleterre, fit pri- <small>*Suger.*</small>
sonniers, et qu'il voulut obliger par serment et hommage contre <small>*vita Lud. Grossi.*</small>
le Roi Louis le Gros. Il fut pareillement l'un des Barons du Roi <small>Duchêne,</small>
que Robert, Comte de Flandres, tâcha d'attirer à son parti. Suger <small>T. IV, p. 283, 302 et 305.</small>
marque aussi de lui, qu'il fut dans une grande consternation de
ce que le Roi d'Angleterre avoit réparé le château de Livry.
Ce même Payen consentit vers 1124 qu'Arnoul *de Corquerellis* <small>*Litt. Confirm.*</small>
donnât aux Moines de Gournay la terre et le bois *de Campo mul-* <small>*Lud. Reg.* 1124.</small>
loso. Le vrai nom de ce Paganus étoit Alberic, Payen n'étant <small>*in notis ad*</small>
qu'un surnom, comme j'ai déja dit. Il eut une fille nommée <small>*op. Abælardi.*</small>
Ermengarde, qui épousa en 1130 Henri de Châtillon-sur-Marne. <small>Histoire</small>
Il paroît que Gaucher de Montjay, qui est nommé dans une Charte <small>de Châtillon.</small>
de Manasses, Evêque de Meaux, de l'an 1134, étoit frere de cette <small>p. 28.</small>
Ermengarde, quoique quelques-uns l'appellent Gaucher de Châ- <small>Hist. de Montm. Preuv. p. 41.</small>
tillon. Ce Gaucher de Montjay fut cause de la destruction de son
Château. Il l'avoit fait fortifier extraordinairement, et l'avoit garni
de gens qui commençoient à courir sur les terres voisines et
jusques sur celles du Roi. Louis le Jeune ayant amené une armée, <small>Duchêne, T. IV,</small>
investit ce Château, le prit, en rasa tous les forts et n'y laissa que <small>p. 391 et 342.</small>
la grande Tour qui est celle qu'on voit aujourd'hui. Ceci arriva
vers l'an 1140. Réconcilié depuis avec ce Prince, il fut un de ceux
qui l'accompagnerent quelques années après à la Croisade. La <small>*Ibid.*, p. 389.</small>
Chronique de Morigny le met dans le nombre des plus fameux :
Gautherius de Monte Gaii est le nom qu'elle lui donne, et non
pas *de Monte Gaio*. C'est aussi de la même maniere que le Roi le
désigne lorsqu'il écrit de l'Orient à l'Abbé Suger, et qu'il lui mar- <small>*Ibid.*, p. 504.</small>
que les Barons que la fatigue du voyage avoit fait mourir proche
Laodicée. Ce Seigneur de Montjay avoit fait avant son départ une
gratification au Chapitre de Paris. Gilbert, Vicomte de Corbeil,
ayant donné aux Chanoines la dixme qu'il avoit à Boneuil près <small>*Necrol. Par.*</small>
Gonesse, Gaucher de Montjay, du fief duquel elle étoit, leur fit <small>*ad 22 Aug.*</small>
remise de ses droits et du domaine qu'il y avoit : car tout Boneuil
relevoit de Montjay, ainsi que par la suite on le reconnut dans
une enquête faite l'an 1278. Selon un trait généalogique inseré

Chart. Ep. Par. Bibl. Reg. f. 142.	dans la Chronique dite d'Albert à l'an 1119, ce même Gaucher de Montjay avoit épousé une des filles du Comte Hugues Colez, marié à la sœur de l'Empereur Conrad : et il en avoit eu Gui de Montjay qui lui succeda. C'est ce même Gui que j'ai marqué ci-
Hist. de Montm. Preuv. p. 63.	dessus avoir traité l'an 1166 avec les Moines de Gournay-sur-Marne, touchant la dixme des novales qui étoient du territoire d'Oroer et dans sa Seigneurie. Il avoit aussi un territoire dans le pays d'Aunois où est situé Livry : il en donna la jouissance en
Hist. S. Mart. p. 193. Charta Maurit. Ep. Par. Portef. Gaign. CCIV.	1168, du consentement de son épouse Adelaïde, aux hôtes de Saint-Martin-des-Champs, demeurant à Bondies et à Cevrent. Il confirma aussi aux Religieux Cisterciens de Chaalis, le don qu'Isabelle de Crespy, sa tante, leur avoit fait d'un clos de vignes situé à Lagny. Depuis la mort de Gui, Adelaïde, sa veuve, se maria
Titres de Chaalis Portef. Gaign. CCIV, p. 308. Hist. de Montm Preuv. p. 65.	à Raoul, Comte de Soissons, qui prenoit en 1183 le titre de Seigneur de Montjay, et le continuoit en 1204, auquel temps Adelaïde vivoit encore. Gaucher, fils d'Adelaïde, fut plus connu sous le nom de Châtillon, que sous celui de Seigneur de Montjay qu'il prenoit quelquefois. Il porte les deux titres à la tête de la concession qu'il fit en 1193 à l'Abbaye de Saint-Maur-des-Fossés, de la
Ibid., p. 65.	gruerie et de tout son droit et sa Justice dans le bois d'Avron, pour le repos des âmes de son pere Gui et de son frere de même
Necrol. Par. ad 23 April.	nom. Vers l'an 1200, les Chanoines de Notre-Dame de Paris, pour faire l'emploi d'un bien à eux legué par Henri de Dreux, Evêque d'Orléans, nouvellement décédé, acheterent de lui le griage ou
Hist. des Gr. Off. T. III, p. 161.	gruerie qu'il avoit au village de Mory, Diocèse de Meaux. La Seigneurie de Montjay passa, en 1227, de la Maison de Châtillon en celle de Bourbon, par le mariage d'Yolande de Châtillon à Archambaud de Bourbon. Ce nouveau Seigneur envoya l'année suivante Pierre de Bucy, pour porter en son nom comme Seigneur
Notit. Gall. p. 406.	de Montjay, l'Evêque de Paris, Guillaume d'Auvergne, à son intronisation, et rendit aussi hommage au même Prélat[1]. Mahaud
Duchêne, Hist. de Bourg. p. 84.	de Bourbon, fille d'Archambaud, porta depuis la terre de Montjay à Eudes de Bourgogne, fils du Duc de Bourgogne. L'hommage que ce Prince en rendit à Renaud de Corbeil, Evêque de Paris,
Chart. Ep. Par. fol. 114.	est marqué en ces termes au Cartulaire de l'Evêché : *Anno MCCLV fecit homagium mense Maio in aula Parisiensi superiori pro se et uxore sua nepte quondam defuncti Galleri de Castellione Odo Dominus de Bourbonio filius Ducis Burgundiæ pro portione uxorem suam contingente de feodo Castellania Montis-Gaii.* Huit ans
Hist. Eccl. Par. T. II, p. 456.	après, ce même Prince, Comte de Nevers, reconnut qu'il devoit payer pour Montjay par chacun an à l'Evêque Renaud de Corbeil,

---

1. M. de Valois a laissé passer quelques fautes dans l'extrait qu'il en a donné en sa Notice des Gaules, page 406.

la somme de vingt livres. En 1260, Jean de France dit de Damiette, autrement Tristan de France, fils de Saint Louis, fut reçu à hommage pour Montjay, et investi par la réception de l'anneau d'or des mains du même Renaud ; et cela à cause de sa femme qui étoit fille de Eudes, Duc de Bourgogne, lequel Eudes avant que de partir pour la Terre-Sainte, étant homme lige de cet Evêque, en avoit rendu hommage, ainsi qu'il vient d'être dit. Renaud protesta contre la séparation faite du fief de Claye de ce fief de Montjay, disant que si la terre de Montjay ne lui payoit point les vingt livres annuelles que lui devoit celle de Claye, il auroit recours sur cette même terre de Claye[1], pour reprendre ces vingt livres à lui promises en 1263 par le Comte de Nevers. Le même Jean de France recommença le même acte d'hommage deux ans après au nouvel Evêque, Etienne Tempier. Il s'étoit excusé par écrit de ne l'avoir pas porté lui-même à son entrée Episcopale, mais Enjorrand de Saint Remi pour lui. Après la mort de Jean, arrivée à Tunis en 1270, le même Evêque de Paris ayant trouvé au Château de Vincennes Yolande sa veuve, qui étoit restée sans enfans, s'y fit rendre hommage par elle pour la Seigneurie de Montjay ; mais parce que cette cérémonie ne s'étoit point faite en son lieu, il obtint de Matthieu, Abbé de S. Denis, et de Simon de Nesle, Ministres du royaume, des Lettres qui attestoient que cela ne pourroit lui préjudicier.

Gall. chr. vetus p. 445.

Notit. Gall. p. 406.

Chart. Ep. Par. fol. 126, et Gall. chr. nova, col. 3.

On trouve que deux ans après, Robert de Bethune, fils du Comte de Flandres et lui-même Comte de Nevers, possédoit cette Seigneurie, puisqu'il en fit hommage en 1272 à l'Evêque Etienne ci-dessus nommé, sur le préau au bord de la Seine. Je ne sçai pas bien comment elle étoit advenue à Jean de Challon, Comte d'Auxerre, sinon parce que sa seconde femme fut Alix de Bourgogne. En 1293, il écrivit à Simon de Bucy, Evêque de Paris, qu'il avoit cédé cette Terre à Guillaume, son fils, et qu'il le prioit de le recevoir à foi et hommage. Guillaume de Challon est en effet qualifié en 1299 *Cuens d'Auceurre et de Tonere, et Sire de Montjay.* Un Registre des accords passés en Parlement un peu avant l'an 1347, fait mention de celui qui fut fait entre Jean de Challon, Comte d'Auxerre, Seigneur de Montjay, et les Curateurs du testament de Jeanne Charcel, veuve de Maître Raoul de Prelles. En 1346, lorsqu'Edouard III, Roi d'Angleterre, entra en France à main armée, Foulques de Chanac, Evêque de Paris, reçut ordre de se rendre à Rouen, et de sommer le Comte de Flandres, en qualité de Seigneur de Montjay, de se trouver au rendez-vous en bel

Chart. Ep. Par. p. 135.

Hist. Eccl. Par. T. II, p. 514.

Titr. de Chaalis. Portef. Gaign. CCIV, p. 311.

Sauval, Antiq. de Paris. T. II, p. 45.

---

1. Claye est un Bourg du Diocése de Meaux, à deux lieues ou environ de Montjay.

équipage. Mais vers l'an 1370, Frederic, Marquis de Saluces et Beatrix de Geneve, sa femme, avoient des prétentions sur cette Terre, puisqu'en 1373, ils poursuivoient le Comte d'Auxerre et son Curateur, aussi-bien que Marguerite sa sœur, au sujet de la vente et criée qui en avoit été faite. Dans un procès du 26 Novembre 1386, la même Marquise de Saluces fut condamnée à payer sur sa terre de Montjay trois mille florins de bon or, à Jeanne de Vergy, Dame d'Antouin. Presque durant tout le siécle suivant, la Seigneurie de Montjay fut dans la famille d'Orgemont. Amaury d'Orgemont, Maître des Requêtes, en est dit Seigneur en son épitaphe où sa mort est marquée à l'an 1400. Il fut en difficulté avec Pierre d'Orgemont, Evêque de Paris, au sujet des vingt livres que ce Prélat retiroit annuellement de la terre de Montjay; il prétendit que par le Traité fait en 1263, par Eudes son prédécesseur, Duc de Bourgogne, il lui étoit loisible d'asseoir ces vingt livres ailleurs, et il offrit d'en payer vingt-quatre qui seroient sur des maisons situées à Paris. Il y reconnut en même temps que la Seigneurie de Montjay devoit de tout temps dix sols pour un cierge à la Chandeleur. Le Traité conclu fut confirmé par Charles VI, au mois de Mai 1399. Ensuite Pierre d'Orgemont, Chambellan du Roi, mort à la bataille d'Azincourt le 24 Octobre 1415 [1]. Ces épitaphes sont à Sainte Catherine de la Couture. Un second Pierre d'Orgemont en est dit Seigneur en 1450. Il joignoit à cette Terre celle de Chantilly en 1464. L'année d'après, Louis XI céda à Antoine de Chabannes, Comte de Dammartin, les droits qu'il avoit à Montjay et autres lieux. Pierre d'Orgemont en rendit hommage à l'Evêque de Paris le 22 Juin 1474. Après la mort de Pierre, la Seigneurie est dite appartenir à Guillaume de Montmorency, fils de Jean et de Marguerite d'Orgemont, et il en fit hommage à l'Evêque, le 11 Mars 1478. Vers l'an 1492, les enfans mineurs de Guillaume du Brouillat prétendant y avoir droit, obtinrent souffrance pour la reddition d'hommage. Depuis ce temps-là Pierre du Brouillat le renditl e 1er Février 1500, et Charles du Brouillat le 6 Juin 1512. Vers l'an 1550, Louis du Brouillat qui avoit épousé Louise d'Orgemont, est qualifié Seigneur de Montjay. Sa veuve vivoit encore en 1584. Magdelene-Catherine du Brouillat, Baronne de Montjay, épousa François d'Angennes,

---

1. Si Pierre d'Orgemont n'est mort qu'en 1415, je ne vois pas pourquoi Jacqueline Peynel qualifiée Dame de Montjay, est dite veuve de lui dès 1414, dans les Preuves de l'Histoire de Montmorency, page 166. Les monumens ne s'accordent point non plus sur Marie de Paillart. Elle est qualifiée Dame de Montjay vers l'an 1401, dans l'Histoire de la Maison de Châtillon, page 460, et cependant dans les Registres du Conseil du Parlement, il est fait mention d'elle au 15 Avril 1473. Une dernière difficulté est sur Louis de Challon qui y est dit Seigneur de Montjay, dans l'Histoire des Grands Officiers, p. 417 et 419.

Seigneur de Montcouet. Ils firent rendre hommage pour cela au mois d'Août 1573, et obtinrent souffrance pour deux mineurs, par le décès desquels ils demeurerent seuls Seigneurs en 1575. François comparut en sa qualité de Baron de Montjay, à la rédaction de la Coûtume de Paris, l'an 1580. En 1610, l'Evêque de Paris poursuivait Anne Feret, veuve de Pierre le Clerc, au sujet de l'acquisition qu'elle avoit faite de Montjay, etc. Depuis ce temps, la Seigneurie de Montjay est entrée dans la Maison des Mrs Potier de Gêvres, et a été possédée successivement par Louis, Marquis de Gêvres, par Renée, Duc de Trêmes, mort le 1er Février 1670; Leon, Duc de Gêvres, Marie-Jeanne Potier, Damoiselle de Trêmes, Dame de Blerencourt, de Montjay, Torigny, etc., qui a rendu hommage à M. l'Archevêque de Paris pour sa Baronnie, et par Anne-Magdelene Potier, Marquise de Blerencourt. Un Inventaire de titres de l'Archevêché fait mention de l'hommage rendu le 27 Juin 1670, à l'Archevêque Hardouin de Perefixe par Magdelene Potier de Trêmes. Celui de Bernard Potier, Seigneur de Blerencourt, y est sans date. Marie-Jeanne-Felice-Rosalie Potier de Gêvres, ci-dessus nommée Baronne de Montjay, mourut à Paris, le 10 Octobre 1740, âgée de 83 ans.

Le nouveau Traité des Fiefs publié en 1746, parle d'un Arrêt donné au profit du Seigneur de Montjay, auquel un Maître des Requêtes du Roi fit hommage, à cause de la Baronnie de Montjay retenue par le Roi. Mais comme cet endroit dans ce Livre m'a paru obscur et sans date, je me contente de ne le placer ici qu'en forme de supplément.

Guyot,
T. IV, p. 212.

LE PIN

Quoique le pin ne soit pas aujourd'hui un arbre fort commun dans le Diocése de Paris, il n'en faut pas conclure qu'il n'y en ait pas eu quelques forêts autrefois, de même qu'on en voit dans d'autres Provinces. Ainsi il n'y a pas sujet de réclamer contre l'origine que M. de Valois donne au nom de ce Village, prétendant qu'il vient de ce qu'on y a vu quelque pin d'une hauteur extraordinaire.

Ce Village est situé à cinq lieues de Paris vers le nord-est, une lieue au-delà de l'Abbaye de Chelle. Il est ramassé dans un vallon, et n'a d'autre écart que la ferme de Courtgain. Il y a quelques petits côteaux plantés en vignes, le reste est en terres et en prés. Le dénombrement de l'Election de Paris y compte 87 feux, ce que le Dictionnaire Universel de la France a évalué à 330 habitans. On dit qu'il y a encore à présent environ 80 feux.

Il ne se présente rien sur cette Paroisse de plus ancien, que ce qu'en a dit Dom du Plessis, historien de l'Eglise de Meaux, sçavoir, que quelques Seigneurs laïques ou ecclésiastiques donnerent avant l'an 1175, l'Eglise du Pin, du Diocése de Paris, aux Chanoines Réguliers de l'Abbaye de Chage, proche Meaux, et que de là fut formé un Prieuré en titre qui subsiste encore. Dans l'alternative que laisse Dom Du Plessis de croire que cette Eglise du Pin étoit possedée par des laïques ou par des Seigneurs ecclésiastiques, je serois plus porté à assurer que c'étoient des Seigneurs laïques qui en jouissoient selon l'abus de ces temps-là. J'en juge par ceux qui firent la démission des dixmes de cette Paroisse entre les mains de l'Evêque de Paris, Odon de Sully. Il attesta en 1205 que Radulfe, Comte de Soissons, et A..., son épouse, avoient résigné entre ses mains la dixme des novales du Pin, qui étoient voisines du Village, puis il ajoute que lui, Evêque, à la priere de ce Comte et de cette Comtesse, en avoit donné le tiers à la Cure du Pin, et l'autre partie aux Bons-hommes (*Bonis hominibus*) de Montfermeil. L'année suivante au mois de Janvier, Gaucher de Châtillon et Elisabeth, sa femme, firent de leur côté un semblable acte de la donation du tiers des novales du Pin, à l'Eglise de Notre-Dame-sous-Montfermeil, c'est-à-dire aux Ermites ou Bonshommes, comme on les appelloit alors. L'Abbaye de Chage intéressée dans ces dispositions, se donna du mouvement pour soutenir ses droits; l'affaire fut portée au Saint Siége, qui commit trois Chanoines de Soissons, Guy Doyen, Guerin Breches et H. de Saint Germain pour en décider. Ces Commissaires déclarerent en 1211, que l'Abbaye de Chage continueroit d'avoir le quart de la grande dixme et des novales, à condition que chaque année elle payeroit une certaine quantité de grain à l'Abbaye de Livry, comme aussi au Curé et Paroisse du Pin. Un Mémorial qui sert de supplément au Cartulaire de Livry, fait mention d'une Sentence au sujet de trois mines de grain, dues à cette Maison sur les dixmes du Pin, moitié bled et moitié avoine.

L'Eglise qu'on voit aujourd'hui au Pin ne paroît avoir été bâtie qu'au dernier siécle. Elle est voutée et soutenue de deux petites aîles. Le Saint titulaire est Saint Sulpice, Evêque de Bourges, et comme sa Fête tombe le 17 Janvier, qui est le jour de Saint Antoine, on s'est accoutumé à regarder aussi Saint Antoine comme Patron. La Dédicace se célebre le Dimanche le plus proche de la Fête de la Magdelene. Je croirois que c'est la Dédicace de l'ancienne qui paroît avoir été faite en 1538, par l'Evêque de Sebaste commis; au moins ce fut alors que l'Evêque de Paris lui permit de bénir l'étendue de treize perches de terre contiguës à l'Eglise Saint Sulpice et renfermées de murs. Dans la Chapelle du côté du septentrion est une tombe conservée de l'ancienne Eglise, sur laquelle est figuré un Ecclésiastique du quatorziéme siécle. On voit dans la nef en lettres gothiques du seiziéme siécle, l'épitaphe de la femme d'un Laboureur avec des quatrains latins.

La Cure est et a toujours été à la collation pure et simple des Evêques de Paris. Elle est dans ce rang au Pouillé du treiziéme siécle *de Pinu*, et cela n'a jamais varié.

Un nommé Jean de Moussy, Marchand de Paris, avoit fait construire sur cette Paroisse une Chapelle en 1540, du consentement de l'Evêque de Paris ; on n'a pas exprimé le lieu. Les guerres de la Religion ne la laisserent pas apparemment subsister long-temps. *Reg. Ep. Paris. 23 Aug.*

Cette terre du Pin du temps de la rédaction de la Coûtume de Paris en 1580, étoit possedée par François d'Angennes. Anne Feret, veuve de Pierre Le Clerc, Sieur du Vivier, l'acquit avec la ferme de Courgain avant 1610. En 1696 elle appartenoit à Ayme Severt, Secrétaire du Roi, ancien Avocat. M. Neret, Conseiller au Parlement, en étoit depuis Seigneur ; ensuite Madame sa sœur, veuve de M. de Villeneuve, Président en la Cour des Aydes, qui en jouit actuellement. *Procès-verbal. Tab. Ep. Paris. Perm. de Chap. domest.*

Au commencement du XVI siécle l'Abbaye de Saint Victor de Paris hérita d'un manoir situé au Pin, qui lui fut donné en 1505 par Pierre André, Greffier de l'Election de Paris. *Necrol. S. Vict. V. Kal. Jun.*

On m'a assuré à Saint-Martin-des-Champs, que c'est sur la Paroisse du Pin qu'est situé le territoire appellé en latin *Luabum*, qui est de la premiere dotation du Prieuré de Gournay, suivant les Chartes de l'an 1122 ; c'est un terrain sans bâtiment. Le voisinage de Pompone me porte aussi à le croire, car les Seigneurs de cette Paroisse y avoient une dixme, dont Jean et Maurice de Pompone gratifierent le Prieuré de ce lieu de Pompone, sous le regne de Louis VII, ce qui fut approuvé par Maurice de Sully, Evêque de Paris, l'an 1177. Il y a dans le titre latin *Decima de Luabium*. Rien n'approche plus du mot *Luavium* que portoit un lieu où fut battue une monnoie sous nos Rois de la premiere race, ce qui me fait hésiter à affirmer que ç'ait été Luat, Paroisse de Champigny-sur-Marne, plutôt que ce lieu-ci. *Hist. S. Mart. Camp. p. 279, 281. Gall. Chr. T. VII, col. 72. Le Blant, Traité desMonn. p. 67.*

De la maniere dont les Historiens s'expliquent sur les courses des Ligueurs en 1590, autour de Paris, il paroît que ce fut sur le penchant de la montagne du Pin que le Duc de Parme, combattant pour la Ligue, se campa, après avoir été repoussé des approches de Chelle par les troupes de Henri IV. Ensuite de quoi il répandit son armée par derriere jusqu'assez près des Faubourgs de Lagny.

COURTERY

La forêt qui est située entre l'Abbaye de Saint Denis, ou plutôt entre le chemin de Senlis et la riviere de Marne, ayant été défrichée dans presque toutes ses extrémités, il s'y forma plusieurs Villages par succession de temps, et la plupart ont pris le nom de celui qui avoit obtenu le terrain de la libéralité de nos Rois. De-là les noms de Court, *curtis* d'un tel, ou vallée d'un tel, ou bien montagne d'un tel, ou enfin *villa* d'un tel. Heric ou Eric étoit sous la seconde race de nos Rois un nom d'homme assez commun : quelque Seigneur qui le porta, le communiqua au Village dont je parle : ce qui a fait que dans le XII siécle où la mémoire n'en étoit pas encore éteinte, un Chevalier, Seigneur de ce Village, portoit dans son sceau : *Odo miles de Curte Erici.* C'est ce que nous apprend un titre de l'an 1168, dans lequel pareillement est nommé *Villelmus de Curte Erici.* Le même Guillaume est à la vérité appellé *Guillelmus de Curteriaco* dans un acte de 1153. Mais cela vient de ce que ce dernier Ecrivain étoit moins versé dans l'origine des noms que l'autre. Les deux Personnages ci-dessus cités, étoient amis de Gaucher, Seigneur de Montjay.

<small>*Hist. S. Mart. Camp. p. 13.*
Chart. Hederac. vol. CLXXXV. Gaign.

Duchêne, Hist. de Châtill. p. 38.</small>

Le village de Courtery situé dans un vallon, forme presque un triangle avec Couberon et le Pin, dont le premier est au couchant d'hiver, l'autre au levant d'hiver; et il a au septentrion le village de Ville-Parisis, dont il est séparé par une montagne. Tous ces Villages ne sont qu'à demie lieue les uns des autres. Courtery avoit 56 feux selon le dénombrement de l'Election, et selon le Dictionnaire universel du Royaume, cela revenoit à 180 habitans. C'est à peu près aujourd'hui le même nombre. Ce territoire n'est qu'en terres labourables et en prairies. Il est séparé de la montagne de Montfermeil et du village de Couberon par quelques pieces d'eau ou étangs. Au-dessus du Village, sur le chemin de Ville-Parisis, est une fontaine dont il ne reste que les tuyaux de fer qui conduisoient l'eau au Château.

L'Eglise de cette Paroisse qui est sous l'invocation de Saint Medard, n'a rien d'ancien : c'est un gothique simple qui peut avoir cent cinquante ans ou deux cens ans au plus : la tour cependant où sont les cloches démontre une plus grande ancienneté. La Cure a toujours été à la pleine et pure collation Episcopale, ainsi que le Pouillé du XIII siécle et les suivans en font foi. Le plus ancien de ces Pouillés l'appelle *Corteri*, sans latiniser le nom. Le Curé fut autorisé en 1250 à exiger du Prieur de Pompone et du Mathurin, Ministre de la Villeneuve aux Asnes, une certaine quantité de sextiers de bled, suivant un titre de cette même année conservé dans les papiers de la Cure.

François d'Angennes, Baron de Montjay et René de Meaux, Ecuyer, sont dits Seigneurs de Courtery dans le Procès-verbal de la rédaction de la Coûtume de Paris de l'an 1580. Au commencement du dernier siécle Anne Feret, veuve de Pierre Leclerc, sieur du Vivier, avoit acquis cette Terre. *Tab. Ep. Paris.*

Je n'ai rien trouvé sur Courtery que dans les Cartulaires de l'Abbaye de Sainte Geneviéve et de Livry. En 1207 Gautier de Provins et Eremburge, sa femme, donnerent à l'Eglise des Chanoines de Livry des terres et une masure situées *apud Cortery*; ce qui fut confirmé en 1236 par Radulphe, Seigneur *de Corteriaco*, en présence du Doyen de Chelle. En 1234 Lambert Fauconnier et Idonea, sa femme, notifierent que Thibaud de Corteri avoit donné aux Religieux de Livry un muid de bled dans sa dixme de Collégien. En 1240 Jean de Corteri est reconnu dans le Cartulaire de Sainte Geneviéve, second Seigneur d'un fief situé à Chenevieres-sur-Marne, et consistant en vignes et droit au port; il en approuva la vente cette même année. L'Abbaye de Livry se défit en 1457 d'une partie des biens qu'elle avoit à Courtery; Olivier Vincent les vendit à Guillaume le Bailleul, Architecte. On lit qu'à l'égard du reste, qui consistoit en vingt-deux arpens de terre, Jean Bienvenue, Abbé en 1532, en donna homme vivant et mourant à M. de Riberolles qui étoit alors Seigneur de Courtery. Ce que j'ai pu apprendre sur cette Seigneurie, est que de nos jours Morse, épouse de M. de Rochechouart, l'a possedée, et que celui qui en a hérité est M. de Sainte-Fere, Gentilhomme de la Province de Limousin. *Chart. Livriac. fol. 3. Charta 29. Ibid., fol. 9. Chart. S. Gen. Gall. chr. nov. T. VII. col. 834. Ibid., col. 844.*

Sur cette Paroisse est situé le fief de Clecy ou Clercy, suivant les hommages qui en ont été rendus au Seigneur en 1393 et 1404, pour Clotaumont, Terre de la Paroisse de Beaubourg en Brie. *Acte du Seigneur de Beaubourg.*

Il y a un autre Village du nom de Courtery au Diocése de Sens dans les environs de Melun.

COUBERON

Le nom de ce Village est un de ceux que le vulgaire a corrompus pour abréger et faciliter la prononciation. En remontant on voit dès le XV siecle *Corberon, Courberon*; plus anciennement et jusques dans le XIII. on lit *Corbreon*, et *Curtbreun*. Ainsi il ne faut faire aucun doute que le vrai nom françois ne soit Courtberon, ou bien Courtbreon ; et en latin *Curtis Breonis*, ou *Curtio Beronis*. Tout le monde sçait que *Curtis* est un terme générique revenant à celui de *villa*, *terra* et autres termes semblables auxquels on ajoutoit souvent le nom du possesseur, ou du Seigneur fondateur du Village ; ou enfin, si le nom du Seigneur n'entroit pas dans la composition du nom du lieu, c'étoit celui de la qualité du terrain qui lui succédoit. Je remarquerai en passant que le terrain qui est entre Coubron, Courtery et le Pin, est assez aquatique. Les connoisseurs jugeront si cela ne peut pas avoir influé dans la qualification du *Curtis* dont il s'agit.

Cette Paroisse est à l'orient de celle de Clichy et de l'Abbaye de Livry en l'Aunois, dont elle n'est éloignée que d'une demi-lieue. Elle est située dans un fond dominé par des bois du côté de Clichy et de Montfermeil. C'est un pays de labourages, prairies et bocages.

Le dénombrement de l'Election de Paris y a compté 88 feux, et le Dictionnaire universel de la France 247 habitans. On m'a dit sur le lieu que le nombre des feux est aujourd'hui de soixante.

L'Eglise est sous le titre de S. Christophe, mais comme la Fête de ce Saint arrive le 25 Juillet avec celle de Saint Jacques, le peuple a cru que c'étoit ce Saint Apôtre qui étoit le Patron de Couberon. Cette croyance est même si ancienne, que dans des provisions du 26 Avril 1474, la Cure est dite *Sancti Jacobi de Corberone* : et par la suite ce qu'on a cru de Saint Jacques le Majeur a été transporté à Saint Jacques le Mineur : ensorte que le concours s'y fait maintenant le premier jour de Mai. L'édifice est nouveau : il est construit de plâtre couvert de peintures. Devant la chapelle située vers le midi, est une tombe rétrécie du côté des pieds avec une inscription en lettres capitales. C'est un reste du pavé de l'ancienne Eglise.

Reg. Ep. Paris.

Dans le Pouillé Parisien du XIII siécle, cette Cure qui y est appellée *Cobreun*, est dite être à la pleine collation de l'Evêque ; ce qui a été suivi par les autres. Il est fait mention du Prêtre de Couberon, c'est-à-dire du Curé, dans un acte de 1201, par lequel il est investi de la dixme du canton de terres appellé *Sarclera*, que je croi être Mont-Saicle, dit autrement Mont-saigle. Derechef le Prêtre de Corberon se trouve chargé en 1237 par l'Official de Paris, d'aller trouver Sedile d'Aunoy pour lui faire ratifier un acte concernant le village de Roissy en France et l'Abbaye de Sainte Geneviéve.

Chart. S. Genov. p. 149.

A l'égard des Seigneurs de ce lieu, dès le milieu du XII siécle, paroît à Monterel un Barthelemi de Curtberun, neveu de Hugues Chevalier, lequel Barthelemi accorde à l'Abbaye de Chaalis du Diocése de Senlis, quarante et un arpens avec des dixmes sur un territoire appellé *Tarenta Fossa*. J'ai découvert par un autre acte, que ce *Tarenta Fossa* étoit en 1156 du fief de Pierre de Villevaudé. Le don de Barthelemi est certifié par Thibaud, Evêque de Paris, qui vivoit en 1150. Un Arnoul de Corberum eut vers l'an 1170 un différend avec le Chapitre de Paris sur une dixme de Boneuil entre Creteil et Sucy, et ils traiterent ensemble en 1173. Il est fait mention du même Arnoul de Couberon dans le Glossaire de Du Cange au mot *Arcagium,* d'après un titre de l'Abbaye de Chelles. Les Mauvoisin, famille célébre qui avoit un clos à Paris près la rue de la Bucherie, eurent quelque part à la terre de Couberon au commencement du XIII siécle. Robert Mauvoisin, Chevalier, résigna l'an 1201 entre les mains de Pierre, Archevêque de Sens, la dixme de saicle, et en investit le Prêtre de Corberon. Le même donna vers le même temps à l'Eglise des Chanoines Réguliers de Livry, un sextier de bled à prendre dans sa grange de Corberon. Le Roi Philippe le Bel fit acquisition de quelques biens à Corberon par échange avec Jean de Beaumont. Pierre de Chambly, Chevalier, avoit en 1302 des bois à Couberon, dans lesquels il permit au même Prince de chasser à la grosse bête. Ce Pierre de Chambly avoit eu Couberon et Aunay du Roi Philippe le-Hardi, pour récompense des services rendus à Saint Louis, et ce don avoit été confirmé par Philippe le Bel : néanmoins en 1320 par Arrêt du Parlement rendu le 24 Février en présence de Philippe le Long, ces deux terres furent restituées au Roi. Couberon fut depuis aliéné ou engagé, puisqu'on lit qu'en 1461 et 1464 Jean Rapioult, Ecuyer, en étoit Seigneur. Sept ans après on trouve Livry et Couberon revenus de nouveau au Roi par droit d'aubaine, et donnée à l'instant le 8 Mars 1468, à Jean Prevost, Contrôleur de la Recepte Général des Finances. Depuis ce temps-là les Seigneurs ne sont point venus à ma connoissance. Robert, en son *Gallia Christiana,* rapporte l'épitaphe singuliere d'un Philippe Bouton, qu'il dit Seigneur de Courberon, et qui à quatre vingt-seize ans avoit encore toutes ses dents, mais je pense qu'il veut parler d'un Seigneur de Corberon proche Beaune en Bourgogne. Les Registres du Parlement font mention à l'an 1659 des Lettres du Roi qui accorderent à M. de Nesmond trente cordes de bois de chauffage par an pour sa maison de Couberon.

Madame de Nangis possede aujourd'hui la terre de Couberon : le château, bâti sur la pente, est déja un peu ancien : le parc s'étend du côté de Montfermeil.

Une partie du hameau de Montauban, qui est situé sur la montagne proche Vaujou, est sur le territoire, Seigneurie et Paroisse de Couberon. En cette partie est une Chapelle fort ancienne du titre de Saint Jean-Baptiste qui appartient au Prieuré de Vaujou,

Titres de Chaalis Gaignieres.

Grand Cartul. de l'Ev. de Paris.

Chart. Livriac. fol. 17.

Ibidem.

P. Anselme. Hist. des Gr. Off. T. VIII, p. 312. Cod. Reg. 6765, fol. 303.

Brussel, Traité des Fiefs, T. II, p. LXXXVII.

Sauval, T. III, p. 364 et 371.

Table de la Chambre des Comptes, T. II, p. 137.

Supplém. p. 45.

Regist. Parl. 29 Août.

dépendant de Saint Victor de Paris. On croit que c'est en ce lieu que les Princes et autres personnes venoient entendre la Messe avant que de chasser dans la forêt.

MONTFERMEIL

De même que dans la forêt de Bondies ou de Livry il y a eu un lieu appellé simplement *Manus firma,* ou *Mons firmus,* il y en a eu aussi un autre plus considérable nommé en latin comme par une espéce de diminutif *Mons Firmoilus,* ou *Mons Firmolius,* et quelquefois *Mons Fermeolus*[1], ou *Mons Firmahis.* Ce dernier nom a été rendu en françois par Montfermeil. Ce lieu est devenu un Village considérable. Il est situé à quatre lieues de Paris sur une montagne, ainsi que le nom le désigne. Cette montagne est au nord-ouest du bourg de Chelle, et finit à Livry, qui est une demi-lieue plus loin vers le nord. C'est un pays vignoble, dont les côteaux regardent l'orient et le midi, et produisent du vin blanc. Ce même lieu ne manque point de bocages, qui ont eu de temps en temps quelques attraits pour ceux qui vouloient mener la vie Erémitique, ainsi qu'on verra ci-après. Le dénombrement de l'Election de Paris y compte 137 feux, ce qui a été évalué dans le Dictionnaire Universel de la France à 503 habitans.

S. Pierre est Patron de l'Eglise de Montfermeil. L'édifice du chœur est du XIII siécle, approchant du XIV, sans cependant être embelli de galeries, quoique ce fût assez l'usage alors. Il n'y a d'aîle que du côté méridional du chœur; une tour en pavillon couverte d'ardoise, sert un peu à relever la simplicité du bâtiment, qui d'ailleurs est d'une construction tortue, défaut qui lui est commun avec plusieurs grandes Eglises. Il y a dans le chœur une tombe du XIII siécle qui n'a pas été transposée, et une autre dont la tête a été mise du côté de l'orient, contre sa premiere disposition. On y voit une Dame représentée les mains jointes, ayant dans la tête un capuchon sans pointe : suivant l'écriture, qui est de petites capitales du XIV siécle fort effacée, j'ai jugé que c'étoit la tombe d'Alips, Dame de Montfermeil, qui mourut en 1336 sous le regne de Philippe de Valois. Je dois parler d'elle ci-après. Les *Reg. Ep. Paris.* habitans de cette Paroisse obtinrent le 26 Août 1546, de Jean du Bellay, Evêque de Paris, que Charles, Evêque de Megare, dédiât

---

1. Dans une Charte de l'Histoire Eccles. de Paris, T. II, p. 386, à l'an 1196, est nommé comme témoin à Saint Victor de Paris *Frater Stephanus de Monte Fermeolo.*

leur Eglise. Il en fit la cérémonie le 6 Septembre suivant, et il y bénit quatre Autels.

La Cure de cette Paroisse est à la pleine collation de l'Archevêque de Paris, suivant le Pouillé du treiziéme siécle. Il a été suivi par ceux qui en ont écrit depuis, excepté Le Pelletier, qui en assigne la nomination à l'Abbé de Lagny. Quelques Conseillers au Parlement en ont été Curés au seiziéme siécle, comme Charles de Hangest en 1500, et Pierre Mathé en 1543, suivant les Registres de l'Evêché. Le premier fut fait Evêque de Noyon en 1501. Le nouveau *Gallia Christiana* rapporte que Pierre de Nemours, Evêque de Paris, donna en l'an 1217 une Charte touchant les dixmes de Montfermeil. Odon de Sully en avoit donné une, neuf ans auparavant, pour les droits du Curé sur de nouveaux Religieux, desquels je vais parler. *Gall. Chr. T. VII, col. 89.*

CELEBRE ERMITAGE DU VAL-ADAM. Sous l'Episcopat de Maurice de Sully, c'est-à-dire avant la fin du douziéme siécle, quelques Ermites s'étant associés pour vivre en commun sur le territoire de Montfermeil, le Seigneur appellé Adam, et Mathilde, son épouse, leur donnerent trois arpens de bois pour y bâtir une Eglise sous le titre de Notre-Dame ; et il fut arrêté que ce lieu qui étoit dans le vallon, seroit appellé *Le Val Adam ;* la Charte de Maurice qui certifie ce fait et qui leur cede la dixme de leurs animaux, est de l'an 1184. Elle fut expédiée lorsque cet Evêque se rendit dans le lieu avec Pierre, Doyen de Saint Germain l'Auxerrois et autres, pour y bénir leur cimetiere. Dans des titres écrits depuis l'an 1200 jusqu'en 1220, on les y trouve différemment appellés : tantôt les Bonshommes de Montfermeil, tantôt les Ermites de Val Adam, et quelquefois les Chanoines de Val Adam. Cette derniere qualité est employée dans une Charte d'Odon de Sully, Evêque Diocésain, de l'an 1208, par laquelle il fut dit que le Curé quitteroit ses prétentions, moyennant que cette Maison lui payeroit chaque année, à Pâques, une livre et demie de cire. Le même Evêque attesta que le Seigneur Adam et Mathilde leur avoient donné dix muids à prendre dans leurs pressoirs. Mathilde et ses enfans leur donnerent outre cela un moulin dit de l'Assaut. Adam leur avoit donné de plus la dixme qui lui restoit en sa Terre, qui consistoit en une moitié de celle de bled et de vin de Montfermeil, laquelle étoit mouvante du fief de l'Abbaye de Chelle et des héritiers d'Hugues de Pompone. Je rapporte ce que plusieurs Seigneurs leur accorderent ou qu'ils acheterent, lorsque je parle de différens lieux, tels que Villepinte, Noisy-le-sec, Aunay, Ville-Parisis, le Pin, Soisy-sous-Montmorency, Ermenouville. Cette Communauté ne resta gueres que vingt ans dans son premier état. L'Evêque de Paris la donna à l'Abbaye de Livry, l'an 1207 ; et Mathilde, *Chart. Livriac. Hist. Eremit. fol. 5.*

Ibid., fol. 5.

Abbesse de Chelle, fit de son côté la même concession trois ans après. De-là vint que dans la Bulle d'Honorius III, de l'an 1221, cette Communauté est nommée parmi les dépendances de Livry, sous le nom de Prieuré de Montfermeil ; et comme l'Abbaye de Livry étoit réputée de l'Ordre de Saint Victor (de Paris), de-là vint apparemment qu'en 1243 le Prieur de Montfermeil étoit désigné en ces termes : *Prior Eremitarum juxta Montemfirmiolum Ordinis S. Victoris*. L'Auteur du Dictionnaire universel de la France fait mention de ce Prieuré, mais il en a marqué le revenu presque au double de ce que porte le Pouillé écrit sous M. le Cardinal de Noailles. Il y a eu, vers la fin de l'avant dernier siécle, une petite société d'Ermites renouvellée sur la même montagne de Montfermeil. Vincent Mussart, Parisien, et Antoine Poupon, s'y retirerent pour y vivre en solitaires. Comme c'étoit dans le temps du siége de Paris par Henri IV, quelques voisins leur susciterent des traverses ; ce fut ce qui obligea Vincent de se retirer à l'Ermitage de Saint Sulpice, au Diocése de Senlis, proche Mortfontaine ; après quoi il établit la Congrégation Gallicane des Pénitens du Tiers-Ordre à Franconville, sur les limites des Diocéses de Beauvais et de Paris. Dans le dernier siécle même, ce lieu n'est pas resté tout-à-fait sans Ermites. Le 14 Février, François Matthey, Bénédictin, obtint de l'Archevêque de Paris la permission de se retirer dans cet Ermitage, pour y mener la vie Érémitique, y célébrer et y administrer les sacremens à ceux qui vivoient avec lui. Et en 1657, l'Archevêque permit à Guillaume de Veyras, Prêtre du Diocése de Paris, de s'y retirer, sans mettre hors l'Ermite qui y demeuroit. En 1680, il y demeuroit encore un de ces Ermites appellé Jean Paulmier. Après sa mort, arrivée en 1681, Antoine Pellissier, Seigneur du Village, prétendit que cet Ermitage dépendoit de sa Seigneurie. Les Chanoines Réguliers de l'Abbaye de Livry firent valoir contre lui les titres dont j'ai fait mention ci-dessus, et une Sentence des Requêtes du Palais [fut] rendue le 6 Mai 1572, contre Jean le Comte, ancien Seigneur, aussi-bien qu'un Arrêt confirmatif du 5 Janvier 1573, qui les déclaroit propriétaires, en possession d'y mettre des Ermites, les visiter, corriger et chasser, sans préjudice au droit de Justice que le Seigneur pouvoit avoir sur quelque partie de leur terrain qui excéderoit les trois arpens primitivement donnés par le fondateur. Le sieur Pelissier prétendit, quant au spirituel, réfuter les raisons des Religieux de Livry, disant que l'Evêque Odon ne leur avoit donné, en 1207, qu'une simple inspection sujette à révocation, et qu'il y avoit des Arrêts de 1525 qui confirmoient à l'Evêque de Paris le droit de nommer les Ermites du Val-Adam, et lui permettoient de nommer le Prieur de

Saint-Martin-des-Champs ou celui des Celestins, pour y faire la visite.

Ce que j'ai à dire de plus sur Montfermeil, sera mêlé avec ce que j'ai trouvé touchant les Seigneurs de ce lieu. Le plus ancien Seigneur que j'aie pu découvrir est Adam, qui vivoit en 1184, ainsi qu'on vient de voir dans l'histoire de l'établissement de ses Ermites. Raoul, son fils, Chanoine de Notre-Dame de Paris, fonda son obit dans cette Eglise Cathédrale, et celui de Mathilde, sa mere, en même temps qu'il y institua un Chapelain. Adam de Montfermeil est aussi mentionné au 21 Novembre dans le Nécrologe de l'Abbaye de Saint Denis, et son épouse au 5 Août. Ces Seigneurs aimoient fort les Maisons Religieuses. Pierre de Nemours, Evêque de Paris, attesta en 1209, que le même Adam de Montfermeil avoit fait don à Guillaume, Abbé de Chaalis, de cinq sols dans sa censive. Jean de Montfermeil, Chevalier, a aussi sa place au 25 Novembre dans le Nécrologe de Saint Denis. En 1228, un Guillaume de Montfermeil étoit dans les pays éloignés, apparemment à quelque croisade ; en son absence, Marguerite, son épouse, fit du bien à Sainte-Geneviéve de Paris. Il y avoit aussi eu un Henri de Montfermeil, mais qui ne put continuer la famille, étant mort sans enfans avant l'an 1243 ; Marguerite de Savigny, veuve de Hugues d'Athiel, l'avoit épousé en secondes noces. En 1063, le Seigneur de Montfermeil étoit Gauthier de Guignecourt. Agnès, son héritiere, Dame de ce lieu après lui, fut poursuivie par les Chanoines de Livry l'an 1293, au sujet des douze muids de vin dus au Prieuré de Val Adam sur le pressoir de Montfermeil. Dans une liste des Chevaliers de la Châtellenie de Paris rédigée quelque temps après, il paroit Guillaume *de Monte firmali*, parmi ceux qui ne tenoient pas leurs terres du Roi. Alips, Dame de Monfermeil, étant morte vers l'an 1336, les deux enfans qu'elle avoit eus de ses deux maris, sçavoir : Jean Longis et Jean Du Mez, partagerent la Seigneurie le 14 Octobre. Le premier fit sa demeure dans la terre de Montfermeil. Mais cette Seigneurie passa bien-tôt des mains de ces deux Seigneurs en celles des Sieurs Godes. Jacqueline Gode en étant devenue Dame, épousa Pierre Robin, et en secondes noces Galon dit Ploich, puis Bertrandon d'Espagne, auquel elle survécut. Elle en avoit eu Marie d'Espagne qui vivoit en 1478. Du premier lit étoit née Jeanne Robin, mariée à Guillaume de Sailly, Seigneur de Dressy, qui entra en possession de Montfermeil avant l'an 1471, par don de Jacqueline La Sodée, qui lui remit sa personne et ses biens à cause de son grand âge. Mais il faut inferer d'une autre branche de Seigneurs dont je vais parler, qu'il y avoit eu un partage ou distraction d'une partie de cette Terre, soit par confiscation ou autrement. Quoi-

Necr. Eccl. Par. ad XI Cal. Dec.

Portef. Gaign. CCIV, p. 253.

Chart. S. Gen.

Chart. Eremit. in Cart. Livr. fol. 10.

Arch. Livriac.

Chart. Livriac. fol. 99.

Cod. Putean. 635.

Du Livre manuscrit des Epitaph. de Paris à la Bibl. du Roi.

qu'il en soit, on lit dans une piéce publiée par Sauval, que Jean Leclerc eut du Roi, dans le temps des confiscations, entre les années 1423 et 1427, vingt arpens de bois à Montfermeil, au lieu dit La Coudraye. Ce bois de la Coudraye est situé à l'orient du Village dont il s'agit. Pendant le cours du même siécle, Jaspard Bureau est qualifié Seigneur de Montfermeil, vers les années 1450 et 1460. Il étoit Grand-Maître de l'Artillerie et possédoit aussi la Seigneurie de Villemomble. Le Comte de Dammartin étoit, en 1497, possesseur de la terre de Montfermeil. Charles de Haubois, Abbé de Livry, obtint cette année un Arrêt du Parlement contre lui, pour être payé des douze muids de vin qu'il devoit à son Abbaye sur les pressoirs de cette Paroisse. Quelques années après paroît Jean Bourdelot, Procureur Général du Roi, avec la qualité de Seigneur de Montfermeil; je tire ce fait de l'épitaphe de Marie Ruzé, sa femme, morte en 1511. Jean le Comte l'étoit en 1522; c'étoit un Religionnaire. Le Procès-verbal de la Coûtume de Paris rédigé en 1580, donne à Jean le Comte, Ecuyer, la Seigneurie de Montfermeil. Je trouve ensuite à l'an 1619, Hilaire l'Hoste, Secrétaire du Roi, après lequel Hilaire l'Hoste, son fils, pareillement Secrétaire du Roi, la possédoit en 1648, lorsqu'il épousa Marie Arnaud. Jacqueline l'Hoste, leur fille, porta cette Terre à Jean de Houdetost; elle passa ensuite à leur fils Charles, né en 1651, qui fut Mestre de Camp du régiment de Bourgogne, et mourut en 1692. Mais avant ce temps-là et au moins dès l'an 1685, cette Terre avoit appartenu au Sieur Antoine Pelissier, Secrétaire du Roi. La même Terre a aussi appartenu, durant quelque temps, à M. de Chamillard. Michel Begon en étoit Seigneur en 1706. Dans un Livre imprimé en 1740, on lit que cette Terre étoit alors aux héritiers de feu M. Peren de Monras, Maître des Requêtes. De nos jours, M. Hocquart, Fermier Général, la possede.

Ce lieu fut érigé en Châtellenie l'an 1611, par Lettres registrées en Parlement le 10 Août. Il y a marché tous les Jeudis, et une foire le 29 Septembre.

Je ne dois pas omettre de parler ici d'une cérémonie qui concerne l'Abbaye de Chelle, à laquelle est tenu le Seigneur de Montfermeil, le 30 Janvier de chaque année, jour de Ste Bathilde. L'assujettissement de ce Seigneur paroît avoir été la condition expresse de l'inféodation de cette Seigneurie par les Dames de Chelles lorsqu'elle aura été acceptée, et peut-être même aura-t-elle été prévenue par ce Vassal, y ayant différens exemples que des Seigneurs se vouoient anciennement à des Eglises, comme à Saint Martin de Tours, à Saint Denis, et que d'autres étoient redevables de certains cierges considérables à des grandes Eglises dont ils étoient les vassaux.

Quoi qu'il en soit, le Seigneur de Montfermeil reconnoît dans l'aveu et dénombrement qu'il rend à l'Abbaye de Chelle à chaque mutation : « Que comme seul Seigneur dudit Montfermeil, il doit « estre et assister par chacun an, ou en cas d'absence ou autre « légitime empêchement, faire assister le Lieutenant ou Procureur « Fiscal de sa Justice fondé de procuration spéciale de lui, à la « Procession qui se fait en ladite Eglise de Chelle le jour de « Ste Bathilde, et a droit de porter ou faire porter de par lui par « l'un desdits Officiers, le cierge qu'on a accoutumé de porter par « chacun an ledit jour à ladite Procession, lequel lesdites Dames « Abbesses et Religieuses lui baillent. »

L'exécution de cette obligation a éprouvé quelques changemens dans la forme, par rapport à la maniere de porter le cierge. Voici comme elle s'exécute présentement. Le 3o Janvier, jour et Fête de Ste Bathilde, sur les neuf heures du matin, Madame l'Abbesse accompagnée de sa Communauté s'étant rendue dans le chœur auprès de la grille, les Officiers de la Justice étant au dehors de la même grille, le Procureur Fiscal de l'Abbaye adressant la parole à l'Abbesse, fait son requisitoire sur l'obligation du Seigneur de Montfermeil. Après lequel le Bailli de la Justice des Dames ayant ordonné qu'il sera appelé par trois fois *Monsieur de Montfermeil*, alors celui qui le représente remet sa procuration passée pardevant Notaire, et on lui demande s'il veut user du droit de porter le cierge. S'il déclare qu'il s'en désiste pour ce jour, on ordonne qu'il sera porté par un particulier revêtu d'un surplis, lequel est nommé par nom et surnom dans le Procès-verbal qui est rédigé sur le champ par le Greffier et signé du Bailli et du Procureur Fiscal, sur une table posée à cet effet près de la grille. Ensuite se fait la Procession, où ce cierge, qui est le cierge Pascal, est porté devant la châsse de Ste Bathilde, et le fondé de Procuration y marche seul immédiatement après les Officiers en robe, et est suivi des autres Officiers de l'Abbaye.

Il a existé autrefois à Montfermeil comme dans plusieurs lieux considérables une Léproserie, fondée, selon les apparences, au treizième siécle, ainsi que c'étoit alors l'usage. Mais dès l'an 1351, auquel l'Evêque de Paris envoya visiter toutes celles de son Diocése, elle se trouva en assez mauvais état, sans frere servant ni sœur. C'étoient les Marguilliers de la Paroisse qui en prenoient soin. Elle étoit destinée pour les malades de Montfermeil et de Gagny. Son bien consistoit en quelques morceaux de terre et de vigne. Il y a long-temps qu'il n'en est plus de souvenir. Elle ne se trouve pas dans la longue liste des Maladeries du Pouillé de l'an 1648.

Reg. Visit. Lepr. an. 1351. fol. 78.

GAGNY ou GAIGNY

C'est ici l'un des lieux du Diocése de Paris dont on peut faire remonter la connoissance dans des temps assez éloignés, puisqu'il est nommé dans le testament de Ste Fare, qui est d'environ l'an 632. Cette Sainte, née proche Meaux, avoit eu à Gagny deux piéces de terre en vertu d'un échange qu'elle fit avec Cagnoul, son frere. Elle les légua au Monastere dit Evoriac qu'elle avoit bâti au Diocése de Meaux, et qui depuis a été appellé de son nom Farmoûtier. Les Editeurs de son testament ont cru rendre exactement la leçon du manuscrit en lisant *Cavaniacum villa in Kalense;* mais je pense qu'il a dû y avoir dans l'original *Gaviniacum.* La différence du *G* capital d'avec les *C* capitaux est si legere, qu'elle est souvent imperceptible dans les manuscrits lorsqu'ils sont trèsanciens. Et ce qui me porte à lire *Gaviniacum,* est que le Livre censier d'Irminon, Abbé de Saint-Germain-des-Prés, vers le commencement du neuviéme siécle, appelle ce même lieu *Waniacum.* On sçait que le *G* et le double *W* se commuent souvent, mais on ne trouve pas que le double *W* s'emploie pour la lettre *C.* Voici le texte de ce Livre censier; il y est dit en parlant de l'Abbaye de Saint Germain : *Habet in Waniaco mansum dominicatum cum casa. De vineis arpennos LXV ubi possunt colligi modii CCCC : de Sylva leuvas II : de pratis arpennos XIIII ubi possunt colligi de fœno carra centum.* Plusieurs titres, soit du temps de Philippe-Auguste, soit des temps subséquens, portent en latin *Guenniacum* ou *Guagnicum.* Cependant l'écrivain qui rédigea en latin le Pouillé de Paris au treiziéme siécle, aima mieux marquer le nom de cette Cure en langage vulgaire, que de le latiniser, et il l'écrivit Guegni. Quelques modernes, au rapport de l'Abbé Chastelain, ont confondu Gagny du Diocése de Paris, avec Gany en Vexin, où la vénérable Domanie épousa S. Germer, au septiéme siécle. Le Pelletier, en son Pouillé de Paris, venant à l'article de Jagny, dans le Doyenné de Montmorency, renvoie à Gagny, croyant que c'est la même Cure, quoiqu'elles soient de deux différens Doyennés.

Gagny est à trois lieues et demie de Paris, vers l'orient. C'est un pays de terres labourables avec quelques vignes et des prés. Il a vers le septentrion la forêt de Livry ou de Bondies. Le Village est dans une espece de gorge plus ouverte vers le midi que vers le nord et l'orient; mais il est depuis long-temps accompagné de divers côtés de maisons appartenantes à plusieurs Seigneurs, lesquels d'abord n'eurent pour les distinguer que la couleur dont leur extérieur étoit couvert, ou le nom de leur Maître. De-là se sont formés les noms de Maison blanche, Maison rouge, Maison Guyot. Au bas du Village est une source qui va se rendre dans la Marne. Le dénombrement de l'Election de Paris compte à Gaigny trente feux. Le Dictionnaire universel lui donne 316 habitans, l'appellant du nom de Garny au lieu de Gagny.

Quoique ce Village soit ancien, comme on vient de voir, je doute qu'il y ait eu une Eglise Paroissiale avant le regne de Charlemagne. Cette Eglise est sous le titre de Saint Germain, Evêque de Paris. C'eût été la place d'en faire mention dans le Censier d'Irminon, Abbé de Saint-Germain-des-Prés, comme il est parlé des autres Eglises dans les Villages de leur domaine, lorsqu'elles dépendoient de l'Abbaye. On a vu ci-dessus que cette Abbaye en avoit une à Gagny du temps de cet Abbé contemporain de Charlemagne; et dans ces monumens il n'y a aucune mention d'Eglise : ce qui fait croire qu'elle n'a été établie que depuis, et que l'Evêque de Paris se seroit contenté, sans recourir aux reliques de l'Abbaye, d'y en mettre de Saint Germain de Paris (de ses habits) qui étoient conservées dans le trésor de la Cathédrale. On dit dans le pays que Saint Denis est l'ancien Patron : mais il ne reste aucune marque que l'Abbaye de son nom y ait eu du bien. Les Religieux même de Saint-Germain-des-Prés ignorent depuis quel temps ils n'ont plus à Gagny l'ancien bien ci-dessus spécifié, et leur Historien n'en dit pas un seul mot.

Le bâtiment de l'Eglise de Gagny est remarquable par sa solidité. Le chœur et les collateraux sont du treiziéme siécle : ce chœur est élevé mais sans galeries, et il est bien pavé. Il y a lieu de croire qu'ayant peut-être servi autrefois à la desserte du Prieuré dont il sera parlé ci-après, les Religieux y ont contribué. La Dédicace en fut faite sous le nom de Saint Germain, par François Poncher, Evêque de Paris, le Dimanche 5 Novembre 1525, et en même temps la bénédiction de l'autel de Notre-Dame et de celui de Saint Nicolas, avec ordre d'en célébrer l'Anniversaire *Reg. Ep. Paris.* le premier Dimanche de Novembre. Dans l'aîle méridionale proche la Chapelle de la Vierge, se lit sur un marbre noir l'épitaphe suivante :

Cy-gist Marie de Rohan, Duchesse de Chevreuse, fille d'Hercule de Rohan, Duc de Montbason. Elle avoit épousé en premieres nôces Charles d'Albert, Duc de Luynes, Pair et Connestable de France, et en secondes nôces Claude de Lorraine, Duc de Chevreuse. L'humilité ayant fait mourir depuis long-tems dans son cœur toute la grandeur du siécle, elle défendit que l'on fît revivre à sa mort la moindre marque de cette grandeur qu'elle voulut achever d'ensevelir sous la simplicité de cette tombe, ayant ordonné qu'on l'enterrast dans la Paroisse de Gagny où elle est morte à l'âge de 79 ans le 12 Aoust 1679.

M. l'Abbé Chastelain, auteur véridique, parle ainsi de Gagny où il avoit passé : *L'Eglise est très-laide*, dit-il. *On y voit l'épitaphe de Madame de Chevreuse si célébre dans l'Histoire de la guerre de Paris, qui commença en 1618 ; elle n'y est nommée ni Princesse ni même très-haute et très-puissante Dame, ni son mari très-haut et très-puissant Prince. Elle mourut sur cette Paroisse au Prieuré de Saint Fiacre de la Maison rouge.* J'ajoute que Madame de Chevreuse avoit joué un grand rôle sous le regne de Louis XIII.

Tous les Pouillés, à commencer par celui du XIII siécle, mettent la Cure de Gagny dans le nombre de celles dont les Evêques de Paris se sont réservé la pleine collation. J'ai lu dans le Cartulaire de Saint-Maur, qu'en 1212 une personne charitable donna à Pierre, Curé de Gagny, cinq arpens de terre situés à Martel, dans la censive de Saint-Maur, dont ce Prêtre ne devoit payer à l'Abbaye que huit sols de rente.

<small>Litt. Petri Ep. Paris. 1212.</small>

Prieuré de S. Fiacre. Le Pouillé de l'an 1648 met à la tête des Prieurés du Doyenné de Chelle, *le Prieuré de Gagny Ordre de saint Benoît, à la nomination de l'Abbé de saint Faron de Meaux*. A quoi Le Pelletier ajoute dans le sien (page 46), qu'il est titré de S. Fiacre, et qu'il a trois mille livres de revenu. C'est cet endroit même qu'on appelle autrement La Maison rouge. Dom Duplessis tire d'une inscription qui se lit sur la tombe d'Adele, Comtesse de Champagne, épouse de Thibaud III, dans l'Eglise de Saint Faron de Meaux [1], que cette Comtesse fut fondatrice de ce Prieuré de Saint Fiacre, sous la dépendance de Saint Faron. On assure aussi qu'en l'an 1226, Barthelemi, Evêque de Paris, transigea avec les Religieux de cette Abbaye de Meaux, au sujet du droit de visite dans ce Prieuré. Une partie du revenu consistoit en prés, puisque dans un titre de l'Abbaye de Livry de l'an 1255, pour désigner un pré qu'on lui donnoit et qui étoit situé à Gagny, il est spécifié qu'il touchoit au pré de Saint Faron. Quelques registres récens ne qualifient ce Bénéfice que du nom de Chapelle. Comme il est marqué au commencement de cet article, que l'Abbaye de Faremoutier eut du bien à Gagny dès le VII siécle, et que ce bien venoit d'une famille du Meldois, on peut conjecturer que le culte de Saint Fiacre y seroit plus ancien que la Comtesse Adele, et dire qu'elle n'en auroit été que la restauratrice. On connoît un

<small>Pouillé 1648, page 76.</small>

<small>Hist. de l'Egl. de Meaux p. 110.</small>

<small>Gall. chr. nova, T. VII, col. 94.</small>

1.   *Gaigny cum multis, hoc si cognoscere vultis,*
    Donavi donis honore Deique Faronis.
    (II Voyage Litt. de D. Martene, p. 6.)

certain nombre de Prieurs depuis deux cens ans ; plusieurs du nom d'Arbaleste, et plusieurs du nom d'Akakia. Nicolas Arbaleste fit bail de cinq arpens de terre, ce que l'Evêque de Paris ratifia le 3 Février 1538. De son temps furent obtenues de Rome des Indulgences pour la Chapelle du Prieuré dite de Saint Fiacre, que l'Evêque de Paris permit en 1639 de publier à l'Eglise de Gaigny. Après lui fut Prieur Gui Arbaleste, lequel résigna à Louis Grenée, Clerc Parisien, en 1571. Anselme Caillot, Clerc Manceau lui succéda. En 1596 commencerent les Akakia. Jacques, Clerc Parisien, puis Jean en 1601. L'Evêque permit alors à ce dernier de célébrer sur l'ancien autel conservé dans la Chapelle rebâtie de nouveau à cause des guerres. Jacques Akakia, Prieur, mourut en 1642, et le Prieuré fut conferé par l'Abbé de Saint Faron à un Moine Gradué. Le dernier qui soit venu à ma connoissance est M. Garnier, Chanoine de Meaux, lequel a cédé à M. de la Bouexiere, Seigneur de Gaigny, toutes les terres et dixmes du Prieuré, moyennant quinze cens livres de rente sur sa Terre, et que ce Seigneur fera dire tous les ans le jour de Saint Fiacre une Messe dans la Chapelle de la Maison rouge.

<small>Regist. Ep. Par.</small>
<small>Ibid. et seq.</small>
<small>Chart. Fossat.</small>

Sans les Archives de Sainte-Geneviéve et celles de Saint-Maur-des-Fossés, nous ne connoîtrions aucuns des anciens Seigneurs de Gagny. On lit dans les premieres à l'an 1228, Guarin *de Guenniaco*, époux de Beatrix de Montfermeil, et dans les secondes on voit à l'an 1259, que Garin de Gagny, Chevalier, vendit au Monastere des Fossés un arpent de pré situé proche la fontaine de Neuilly ; et cela du consentement de Beatrix de Gagny, veuve d'Etienne de Gagny, Chevalier. En 1580, Jean Granger, Ecuyer, est qualifié Seigneur du Grand et du Petit Gaigny dans le Procès-verbal de la Coûtume de Paris. Les derniers possesseurs de cette Terre sont Messieurs Ferrary de Bersilly, son gendre, Blondel de Gaspy, Borderel de Caumont, Substitut, Fayolle, et enfin M. de la Bouexiere, Fermier Général, qui l'a eue il y a environ 25 ans, et qui a fait avec le Prieur le traité ci-dessus.

<small>Chart. Fossat.</small>

ÉCARTS DE LA PAROISSE DE GAGNY

Outre la MAISON ROUGE qui est le plus ancien, attendu qu'il n'est autre chose que le Prieuré de Saint Fiacre, il y a le Chesnoy, la Maison Blanche, Montguichet, la Maison Guyot. J'ai traité ci-dessus l'article du Prieuré.

LE CHESNAY qui seroit mieux écrit le Chenoil, ne tire pas son nom comme plusieurs autres lieux de nom semblable, de ce qu'il y auroit eu en ce lieu un amas de chênes. Il est appelé *Canoilus* ou *Canoïlum* dans les titres depuis l'onziéme siécle, ou enfin

Canolium, et en langue vulgaire on le nommoit au treiziéme siécle Chanœil ou Chennuel ou bien Chaneul. On ne sçait pas d'où ce nom lui est venu. Un *Robertus de Canoilo* est nommé comme témoin avec Payen de Montjay dans un acte de l'an 1067. Il y avoit dans ce lieu une Eglise ou Chapelle en 1122, lorsque Etienne de Garlande la donna au Prieuré de Gournay avec une dixme, des prés, une terre et un bois : le tout ainsi qu'en avoit joui avant lui Albert de Bry-Anseau de Garlande ; son frere, du fief duquel ces biens étoient au moins en partie, agréa cette disposition, et elle fut confirmée par Gilbert, Evêque de Paris, et par le Roi Louis le Gros. De-là vient que parmi les biens que le Pape Eugene III confirma au Prieuré de Saint-Martin-des-Champs par sa Bulle de 1147, et Thibaud, Evêque de Paris, par ses Lettres d'environ l'an 1150, on trouve *Capellam Canolii*. L'Abbaye de Livry eut aussi dès ses commencemens quelques rentes en ce lieu. Une Bulle d'Honorius III de l'an 1221 lui confirme *census de Chanœil*. Dreux, Prieur de Gournay, fait mention dans ses Lettres de l'an 1224 de la vigne que le Monastere de Livry a dans sa censive *apud Chennuel*. Un titre de l'Abbaye de Saint-Maur d'environ ces temps-là, fait aussi mention du pont de Chenuel à l'occasion de la Terre d'Avron qui en est à une lieue ; en effet les eaux qui viennent de Couberon et Courtery s'écoulent dans la Marne, en partie proche Chenoil. On ignore en quel temps il cessa d'y avoir une Chapelle dans ce lieu de Chenoil. On ne sçait pas même de quel Saint elle étoit titrée. On n'en trouve rien dans les Registres. Ce lieu n'est plus que comme un fief ou une ferme dépendante du Prieuré de Gournay. On y voit placée dans le creux d'un arbre une pierre où le Bailli tient ses Assises.

LA MAISON BLANCHE. Le 7 Février 1719 le Parlement enregistra des Lettres-Patentes obtenues par Ponce Coche, premier Valet de Chambre de M. le Duc d'Orléans, Régent, pour lui permettre de renfermer de murs environ cent arpens de terrain à lui appartenans, contigus à une maison par lui acquise en la Paroisse de Gagny, Capitainerie de Livry et Bondy, et environ deux arpens d'une remise plantée, nonobstant l'Ordonnance. C'est, je croi, ce qu'on appelle aujourd'hui la Maison Blanche, qui certainement a appartenu à M. Coche, et de lui a passé à M. l'Archevêque de Cambray. Ce lieu appartenoit en 1635 à Nicolas de la Pome, Trésorier des cent Suisses.

MONT GUICHET est un Château sur le haut de la montagne, et qui a de l'apparence. Il appartient à M. le Chevalier de la Croix. Il a été possedé en 1640 par Jacques Boucher, Aumônier du Roi, Abbé de Trouart.

M. de Valois faisant l'énumération des montagnes que l'on

trouve de Paris jusqu'à Pompone, en laissant la Marne à la droite, marque *la Maison Mahaut* entre Villemomble et Montfermeil, et l'appelle en latin *Mansio Mathildis*. Cette position doit tomber sur le territoire de Gagny : mais jusqu'à présent je n'ai vu aucun titre où soit nommée une Maison-Mahaud ni en latin ni en françois : j'ai seulement lu dans le Nécrologe de l'Abbaye de Saint Denis, au 5 Août, la mort de Mathilde de Montfermeil, et dans le nouveau *Gallia Christiana*, qu'il y avoit eu cinq Abbesses à Chelle aussi appellées Mathilde, lesquelles ont vécu dans le XI, XII et XIII siécles. *Notit. Gall.* F. 428, col. 2.
Hist. S. Denis à la fin, preuves.

Jean de Gaigny, sçavant homme du XVI siécle, qui fut Recteur de l'Université, Chancelier, Aumônier du Roi François I, a passé pour être Parisien ; mais il étoit vraisemblablement issu de quelque Seigneur ou de quelques habitans du village de Gaigny proche Paris. Il mourut le 25 Novembre 1549.

Etiennette de Gaigny fut Abbesse d'Hierre au Diocèse de Paris entre les années 1540 et 1550. *Gall. Chr.* T. VII, col. 610.

RÔNY

Une des vallées les plus agréables du Doyenné de Chelle, est celle où est situé Rôny ; elle a vers le levant de la montagne d'Avron et vers le couchant la vaste montagne qui continue jusqu'à Montreuil ; mais elle tient du terrain de Noisy-le-Sec qui y confine vers le nord-ouest, car elle n'est arrosée d'aucun ruisseau. Le vallon est cependant un peu en pente vers le midi, où les eaux s'écoulent dans la Marne. Sa distance de Paris est de deux lieues et demie. Les plus anciens monumens qui fassent mention de Rôny, sont du IX siécle. C'est l'Histoire du rapport du corps de Ste Geneviéve du Diocèse de Soissons, où on l'avoit porté du tems des courses des Normans. Il y est dit que ceux qui le rapportoient, au sortir de Trie-sur-Marne, qui est aujourd'hui Trie-le-Bardou, vinrent à *Rodoniacum* qui se trouve imprimé dans Bollandus *Redomatum*, et de-là à Paris. Les titres du XIII siécle l'appellent aussi *Rodoniacum;* tous les noms latins usités dans les titres postérieurs sont fabriqués à plaisir, tels que ceux de *Rooneium* du Pouillé du XIII siécle, *Roisneium, Roonium, Roogniacum.* M. de Valois à l'article de Rôny, sur lequel il ne nous apprend rien, fait une longue digression au sujet de la chaîne de montagnes qui est depuis Charonne et Belleville jusqu'à Torigny en tirant vers Meaux, et semble insinuer que le nom de Rôny *Boll. 3 Jan. in Tract. S. Genov.*
Notit. Gall. F. 479.

viendroit *à rota :* mais j'aime mieux laisser l'origine de ce nom à rechercher, que d'adopter une telle étymologie.

Ce village est, comme je l'ai dit, dans un fond, et sans aucuns écarts. Le dénombrement de l'Election de Paris y marque 148 feux ; et le Dictionnaire Universel de la France y compte 414 habitans. Presque tout le territoire étoit planté en vignes à la faveur des deux montagnes, excepté le pays plat du vallon : mais depuis une Ordonnance de M. l'Intendant de Paris, on en a arraché beaucoup.

Saint Denis a été autrefois celui que les habitans révéroient comme leur Patron. Peut-être que le concours de sa Fête avec les vendanges dans ce pays vignoble, les a portés à prendre Sainte Geneviéve, qui est regardée comme la premiere Titulaire, et Saint Denis comme le second. Les enseignemens qu'auroit pu fournir là-dessus l'acte de la Dédicace de l'Eglise, sont perdus ; les croix qui attestent cette cérémonie subsistent toujours, mais l'année et le jour sont restés inconnus. Le chœur et le sanctuaire sont d'une structure du treiziéme ou quatorziéme siécle, aux vitrages près qui sont modernes. Aux deux côtés du chœur sont deux chapelles dont les autels ont été refaits, en sorte que le marchepied de chacun est une tombe rapportée d'ailleurs. L'une m'a paru être du treiziéme siécle par les belles lettres capitales gothiques qu'on y voit gravées en cette sorte : *Ci gist Guillé de Monstereul Clers jadis Bourjois de Paris qui trespassa...* Le reste est caché sous l'autel. A l'autre, qui a eu son inscription gothique, est représenté un Officier de l'Eglise, tenant une baguette. L'Eglise est au milieu du Village, accompagnée d'un clocher à pavillon couvert d'ardoise.

Le patronage de la Cure appartient à l'Abbé de Sainte-Geneviéve. Dès le milieu du treiziéme siécle, cette Abbaye en jouissoit aussi-bien que de la Seigneurie. Alexandre III, en sa Bulle de confirma-

Chart. S. Gen. et Gall. chr. T. VII, Instrum. col. 243.

tion des biens de cette Maison, donnée à Paris le 24 Avril 1163, marque *Rodoniacum cum Ecclesia ejusdem villæ, capitalibus justitiis, et omnibus justitiis, et omnibus pertinentiis suis.* Dans un

Hist. Eccl. Par. T. II, p. 154.

Traité que fit en 1202 Eudes de Sully, Evêque de Paris, avec l'Abbaye de Sainte-Geneviéve, il fut arrêté que la Cure de Rôny ne seroit point sujette au droit de procuration Episcopale. Au

Chart. S. Gen.

treiziéme et quatorziéme siécle il n'y avoit qu'un seul Religieux qui y fît sa demeure avec le Prieur. Elle est mise dans le Pouillé Parisien écrit vers 1220, au rang de celles qui sont *de donatione sanctæ Genovefæ,* mais elle y est placée parmi celles du Doyenné de Gonesse, dit depuis de Montmorency, ce qui paroît être une faute. Tous ceux qui ont été imprimés la marquent au Doyenné de Chelle, mais ils font une autre faute qui est de la dire à la pleine collation de l'Archevêque, excepté celui de Pelletier de l'an 1692, qui en assigne la présentation à l'Abbé de Sainte-Geneviéve. Celui d'Alliot de l'an 1626 est assez peu exact pour l'appeller la Cure *de Rosayco* et en françois *de Rosay*. Un illustre Curé de ce lieu a été Joseph Foulon qui l'étoit en 1550, et il en fut tiré en 1557 pour être fait Abbé de Sainte-Geneviéve. *Gall. Chr.* *T. VII, col. 771.*

Nous ignorons de quel part étoit venue à l'Abbaye de Sainte Geneviéve la terre de Rôny. On voit par la Bulle d'Alexandre III, qu'elle en jouissoit au milieu du douziéme siécle. Il ne lui manquoit que ce qui en étoit possedé par le Seigneur de Montjay, mais Gaucher de Châtillon qui jouissoit de cette Seigneurie avec sa femme Elisabeth, du consentement d'Adelaïde ou Alix, sa mere, Comtesse de Soissons, et d'Adelaïde, sa sœur, femme de Guillaume de Garlande, quitta ou abandonna en 1196 à l'Eglise de Sainte-Geneviéve-la-Gruerie dans tout le territoire de Rôny, tant dans les bois[1] que dans le dehors qu'il reconnoissait appartenir à cette Eglise, comme aussi tout ce qu'il avoit dans la Voirie et de droit domanial dans ce lieu. Cette donation fut confirmée par Innocent III, la seconde année de son Pontificat. Le Prieuré de Gournay-sur-Marne avoit aussi alors quelques censives, droits, domaine et Justice à Rôny ; Drogon vendit le tout en 1225 à l'Abbé de Sainte-Geneviéve ; ce qui fut confirmé la même année par Baudoin, Prieur de Saint-Martin-des-Champs. Enfin le droit de Justice de l'Abbaye étoit si bien établi à Rôny dès le même siécle, que, s'étant élevé quelque doute sur celui de haut-Justicier, Gilles de Compiegne, Prévôt de Paris, trouva par enquête faite en 1284, qu'elle étoit en saisine de la haute-Justice de Rôny. *Chart. S. Gen.* Duchêne, Hist. de la M. de Châtillon, Preuv. p. 33. *Chart. S. Gen.* p. 44. *Ibid. p. 214.* *Lib. Instist.* *S. Gen. fol. 96.*

Sauval a fait observer qu'on lit dans quelques Comptes du domaine de l'Hôtel-de-Ville de Paris ou du Roi, que l'Abbé de de Sainte-Geneviéve devoit chaque année à ce domaine pour raison d'un fief à Rôny, six oyes blanches le jour de la Notre-Dame de Septembre, et qu'il les paya à cette Fête l'an 1383. L'origine de cette redevance n'est pas claire. On trouve simplement que l'an 1162 Louis VII approuva la donation faite aux Chevaliers du Temple d'un fief situé à Rôny, sauf la charge attachée à ce fief, qui est appellée *servitium*, ou servitude ; sçavoir, que le jour de la Nativité de la Sainte Vierge ces Chevaliers donneront chaque année six oyes à Roger de Pensy ou Ponsy, *de Pensiaco* (peut-être faut-il lire de *Rensyaco*) et à son héritier. Ce pourroit être relati- Compte de l'an 1383. Antiq. de Paris, T. III, p. 261, et de l'an 1574. *Ibid.*, p. 644. *Chart. S. Gen.* fol. 74.

---

1. Apparemment que ces bois tenoient à ceux d'Avron, dont le même Gaucher céda aussi la Gruerie aux Moines de Saint-Maur, et peut-être appelloit-on ces bois indifféremment du nom d'Avron ou de Rôny ; car je trouve au Cartulaire de Saint-Maur qu'en 1195, Ansel, Doyen de Saint-Martin-de-Tours, reconnut qu'Isembard, Abbé de Saint-Maur, lui avoit accordé cent arpens dans son bois *de Rooniaco*, pour les essarter.

vement à ce fief qu'en l'an 1183 Amions, Grand-Maître de l'Ordre des Templiers en France, reconnut tenir de Sainte-Geneviéve de Paris six arpens de vigne à Rôny en plusieurs piéces, dont l'une est dite située au climat appellé *Masetum,* et quatre piéces de terre, situées, l'une à la Croix, l'autre à la Nouë-Sainte-Marie, la troisiéme *ad balneum caballi,* et la derniere *ad punctam.* Cette reconnoissance ne fait aucune mention d'oyes : mais en 1209 Frere A. de Coloors, Maître de la Maison du Temple en France, donna acte à l'Abbé de Sainte-Geneviéve comme Guibert, Maire de Rôny et autres dudit lieu, avoient pris à bail des Freres du Temple le fief que l'Ordre possédoit à Rôny, et devoient payer à ces mêmes Freres une oye blanche, et de plus étoient tenus de pressurer au pressoir des Freres, *usque ad septimam ollam;* dont fut témoin Frere Robert de Chanville, Maître de la Maison de Paris. En 1224 Olivier de La Roche, Grand-Maître des Templiers en France, fit avec l'Abbé de Sainte-Geneviéve un traité par lequel on apprend qu'il arriva du changement dans le tribut des oyes. Le Grand-Maître donna pour d'autres biens à cet Abbé tout son domaine situé sur la Paroisse de Rôny, à l'exception de la masure d'Ancher en laquelle il avoit plein domaine, promettant qu'il ne permettroit pas qu'il y demeurât désormais plus de deux familles. Outre cela il donna à l'Abbaye tout droit, cens et Justice sur un labourage situé à Montreuil dont les Religieux Grammontins de Vincennes avoient la jouissance, et qu'ils tenoient du Temple, moyennant la redevance d'une oye. Les Templiers retinrent encore à Rôny les vignes qu'ils y avoient avec leur pressoir, et celles que le Chantre de S. Paul à S. Denis y tenoit d'eux : lesquelles, selon un arpentage fait en 1393, ne consistoient qu'en un arpent : ce que l'Abbé donna en échange consistoit en des censives à Paris. Il paroît que ce put être vers ce temps-là, environ dans le commencement du regne de Saint Louis, que le tribut des oyes dû aux héritiers Pensy ou de Rensy passa entre les mains du Roi. Ainsi l'Abbaye de Sainte-Geneviéve qui étoit entrée dans les droits des Templiers à Rôny, succéda aussi à la servitude ou hommage, se réservant seulement de la part des Templiers, le tribut d'une oye pour ce qu'ils avoient conservé à Rôny. C'est ce qui sert à l'intelligence parfaite d'un fragment contenu en ces termes dans un des manuscrits de cette Abbaye : *Ecclesia sanctæ Genovefæ Parisiensis tenetur singulis annis reddere Præposito Parisiensi nomine Domini Regis sex anseres albos pro feodo de Rooniaco in festo Nativitatis B. Mariæ; de quibus Fratres Vicenarum tenentur nobis reddere unum in festo Assumptionis B. Mariæ, et Fratres Militiæ Templi in festo Nativitatis B. Mariæ.* Ces six oyes continuent d'être payées par celui qui a la ferme de Rôny de

MM. de Sainte-Geneviéve, à la ville de Paris, qui en donne quittance.

La question sur l'état des habitans de Rôny, sçavoir, s'ils étoient serfs de Sainte-Geneviéve ou non, est une affaire dont il fut besoin que les deux Puissances se mêlassent dans le XII et le XIII siécle. Sauval et le Pere Du Bois en ont touché quelque chose. Elle mérite d'être développée ici un peu plus amplement. Le Roi Louis le Jeune déclare par ses Lettres de l'an 1179, qu'Etienne, Abbé de Sainte-Geneviéve et les Chanoines de la même Eglise, avoient soutenu en sa présence, que les gens de Rôny étoient serfs de leur Eglise ; que les paysans l'avoient nié fermement, assurant qu'ils étoient seulement hôtes et fermiers de l'Abbaye. Les Parties oüies, le Roi fondé sur la Coûtume du Royaume de France, ordonna que ses hommes de Rôny se rendroient à la Cour de l'Abbé dont ils se reconnoissoient être les hôtes, et que là, si l'Eglise vouloit les tenir pour serfs, elle en fît la preuve par le duel : c'est-à-dire que les Chanoines Réguliers devoient fournir leur champion et les habitans de Rôny le leur ; et que si celui des habitans étoit vaincu, ce seroit la preuve qu'ils sont serfs de l'Abbaye[1]. Le jour indiqué étant venu, le champion des Chanoines se tint tout prêt ; mais les gens de Rôny n'en produisirent point. C'est pourquoi le Prince, du Conseil des Barons et Comtes, entre autres de Robert son frere, ordonna qu'ils seroient déclarés serfs, avec défense à eux de plus chicaner. Plusieurs des Dignitaires Ecclesiastiques de Paris firent serment avec le Roi pour donner plus d'authenticité à cette décision. Philippe-Auguste étant à Montl'heri en 1182, approuva cette Charte. En conséquence, les habitans de Rôny reconnurent pardevant Henri, Evêque de Senlis, qu'ils étoient hommes de corps de l'Eglise de Sainte-Geneviéve, et qu'ils lui devoient le droit de main-morte appellé *Caducum,* qu'ils ne pouvoient pas se marier sans la permission de cette Abbaye, avec des gens d'une autre terre, ni faire tonsurer leurs enfans, et que quelques-uns d'entre eux devoient le droit de quatre deniers. Le tout fut confirmé par le Pape Luce III, qui adressa sa Bulle à Etienne, Abbé de Sainte-Geneviéve.

Nonobstant ces formalités, les habitans voulurent revenir ; le même Pape dispensa les Chanoines Réguliers de répondre. Les habitans recommencerent à vouloir plaider vers l'an 1218. Ils avoient autrefois représenté au Saint Siége que ne pouvant pas se marier avec leurs voisins, qui évitoient leur alliance, ils étoient obligés de s'allier dans le lieu avec leurs parens au troisiéme et

---

1. Cette ordonnance de Louis VII et le reste des piéces ici citées, sont conservées à Sainte-Geneviéve.

quatriéme degré. Le Pape Honorius marqua aux Chanoines de Sainte-Geneviéve, par son premier rescrit, qu'il sçavoit que le droit Seigneurial de Sainte-Geneviéve venoit de la libéralité du Roi, mais aussi il y fit entendre que les habitans de Rôny avoient obtenu du Pape Innocent III, son prédécesseur, des Lettres adressées à l'Abbé de Josaphat-les-Chartres pour examiner cette affaire; que les *Genovefains* avoient promis d'engager Aymar, Trésorier du Temple à Paris, de la finir, et qu'ensuite ils avoient changé d'avis : c'est pourquoi il leur marqua que s'ils n'avoient pas quelque condescendance pour les gens de Rôny, il mandoit à l'Evêque d'Evreux, au Chantre de la même Eglise et à Maître Alain qui en étoit aussi Chanoine, d'ordonner en sa place ce qui conviendroit. Ces trois Commissaires n'ayant rien fini, le Souvevain Pontife nomma l'Archidiacre de Sens, le Chancelier de Milan qui étoit alors à Paris, et Maître Gautier Comut, Chanoine de Paris, pour donner la décision de l'affaire. Alors les habitans se désisterent du procès, au moins on a l'acte de désistement qu'en donnerent Azon, Suebeuf et Jean Quendo, pardevant G., Archidiacre de Paris, l'an 1223, et les nommés Deel et Grison, l'année suivante. Il reste encore une Lettre du même Pape Honorius, datée de la huitiéme année de son Pontificat et adressée à Thomas, Archidiacre de Paris, et Guillaume, Chancelier, par laquelle il se plaint que ceux de Rôny l'ont surpris, en taisant à ses seconds Commissaires le serment par eux fait ; et il ajoute que ces mêmes Commissaires ayant délégué leurs pouvoirs à deux autres, il leur ordonne d'examiner de nouveau cette affaire et de casser ce qui auroit pu être fait après appel. Enfin, la dixiéme année de son Pontificat, il adressa aux Religieux de Sainte-Geneviéve une Bulle, dans laquelle il défend aux habitans de Rôny de plus remuer contre leurs Seigneurs, ni de revenir contre leur propre renonciation, d'autant que ce procès a déjà été terminé sous le Roi Louis et sous Philippe, son fils : et afin que l'affaire finît entierement, il en écrivit quelques mois après aux Abbés de Saint-Denis et de Saint-Germain-des-Prés, et au Prieur de Saint-Martin-des-Champs. On peut voir par cet exemple jusqu'où l'opiniâtreté de simples paysans et pauvres serfs fut poussée, et juger qu'apparemment il en coûtoit alors très-peu pour plaider.

Après ce procès l'Abbaye de Sainte-Geneviéve obtint du Roi Louis VIII qu'il lui fût permis de faire construire une prison pour y enfermer seulement les gens de Rôny : mais le Couvent reconnut en même temps qu'il ne pourroit y mettre aucun homme de ce Village ni autre, sans la permission du Roi.

Vingt ans après, ces habitans de Rôny furent affranchis par Thibaud, Abbé de Sainte-Geneviéve, moyennant la promesse qu'ils firent d'une redevance de soixante livres par an, de payer la dixme, champart, etc., et de ne point établir de Commune parmi eux sans sa permission et celle du Roi. L'acte de manumission est du mois d'Août 1246. Saint Louis le confirma à Melun durant le même mois. Un fragment historique du même temps porte que toutes les fois que le Roi imposoit une taille, Rôny y étoit compris pour cinquante livres ; qu'il y avoit aussi en ce lieu un *Placitum Generale,* c'est-à-dire une Assise Générale, où tous les habitans devoient se trouver, et payer une petite somme, ou amende. *In Cod. ms. S. Genovef.*

Il est fait mention dans l'ancien Nécrologe de Sainte-Geneviéve, d'un canton de vignes du nom de l'Echelle, situé à Rôny, où cette Abbaye avoit en particulier une piéce de vigne à elle, donnée avec une Bible, par un Seigneur appellé Pierre de Lagny. *Necr. S. Genov. ad 31 Martii.*

Messieurs Merley ont eu au milieu du dernier siécle une Maison à Rôny. L'Archevêque de Paris leur permettant d'y faire dire la Messe, spécifie toute la famille, sçavoir : Jean Merley, Medecin du Roi, et Jeanne des Marele, son épouse, avec leurs enfans, André Merley, Aumônier du Roi, Abbé de Saint-Lô ; Roland Merley, Medecin, et Jean Merley, Avocat. *Reg. Archiep. 20 Jun. 1649.*

VILLEMOMBLE

L'Antiquité de ce lieu a été inconnue jusqu'ici, parce que l'on ne s'est point appliqué à rechercher d'où son nom pouvoit avoir été formé. On l'a écrit diversement tant en latin qu'en françois ; les uns ont mis *Villamumbla*, d'autres *Villamobilis*, quelques-uns *Villamunda*. En françois on le trouve écrit sur les cartes géographiques *Villemomble* et *Villenonble*. Il n'y a que celle du Diocése de Paris du sieur de Fer sur laquelle on lit *Villemomble*, qui est la meilleure maniere d'écrire ce nom, et qu'on suit dans le rôle imprimé des décimes. En effet, puisque le nom latin *Mummolus* ou *Mommolus* a été rendu par *Momble*, ainsi que fait foi le Martyrologe de M. Chastelain et celui de Paris au 8 Août, à l'occasion de Saint Mummolus, Abbé de Fleury-sur-Loire au septiéme siécle, n'est-il pas tout naturel d'en conclure que la plupart des lieux nommés *Villa* ayant eu pour distinctif le nom de leur premier Seigneur ou possesseur, le Village dont il s'agit a appartenu à un nommé *Mummolus*, ensorte que son nom véritable est *Villa Mummoli*. Or, il n'est pas besoin de sortir des environs de Paris pour trouver dans l'antiquité un célébre *Mummole*. *Supplem. ad Diplomat. p.92.*

L'illustre Dame Ermentrude ayant, vers l'an 700, rédigé à Paris son testament, dans lequel elle disposa en faveur d'un grand nombre d'Eglises situées à Paris et entre Paris et Meaux, des biens qu'elle avoit dans cette même contrée, crut qu'il suffisoit pour donner de la force à cet acte, de le faire souscrire par le seul Comte Mummole, et par quelques-uns de ses Officiers. Ce Comte étoit vraisemblablement le Comte de Paris, de même que Baudacharius qui signe après lui en qualité de Défenseur, nom de charge qui a été connu de l'Empire Romain, mais dont je ne pourrois expliquer les fonctions sans entrer dans un trop grand détail. Du nom de ce *Baudacharius,* comme je l'ai dit dans le premier volume, a été formé le nom de Baudoyer qui reste à l'une des Places situées à l'entrée de l'ancienne ville de Paris, proche la Grève.

Personne ne révoquera en doute qu'un Comte de Paris ne dût avoir une Terre considérable et bien située dans le voisinage. Voilà cette Terre toute trouvée. Ce Comte s'appelloit Mummole, et sa Terre a eu le nom de *Villa Mummoli.* Ainsi Villemomble existoit dès le VII siécle. Je n'ose cependant pas assurer que dèslors ce fût une Paroisse. Comme elle est sous le titre de S. Genès, Martyr, je pense que voici ce qui y donna occasion, et cela vers le tems même du Comte Mummole. Il est certain que du vivant de Ste Bathilde, fondatrice de l'Abbaye de Chelle, le saint Prêtre Genès qui étoit son conseil, fit sa résidence ordinaire à Chelle, et qu'il y vint plusieurs fois depuis qu'il fut élevé à l'Evêché de Lyon ; on tient même qu'il mourut à Chelle, puisqu'on y conserve encore son corps. Ce saint Prélat sans doute posséda quelques reliques du saint Martyr d'Arles, son Patron, qui étoit fort réclamé alors, et ç'aura été à l'occasion de ces reliques distribuées probablement après la mort du saint Evêque, par les Religieuses de Chelle, ou emportées par l'Evêque de Paris, que la Dédicace de l'Eglise de la terre de Villemomble aura été faite par la suite sous le titre de Saint Genès, Martyr, non celui de Rome dont le corps est resté dans un profond oubli, quoique aujourd'hui à Villemomble ce soit lui qu'on honore par méprise, mais de celui d'Arles, dont le culte a été bien plus célébre et plus étendu en France ; méprise à laquelle il est facile de remédier sans rien déranger, puisque le Natal de l'un et de l'autre est marqué dans les Martyrologes au même jour, qui est le 25 Août.

La situation de Villemomble à deux lieues et demie de Paris, sur le bord de la forêt de Bondies ou de Livry et dans un canton également propre à la vigne comme au reste des biens de la terre, dut en faire un lieu peuplé de bonne heure : mais comme cette Terre se trouva bornée par Rôny, Gagny et Montfermeil, elle ne put contenir beaucoup d'habitans. Le Dictionnaire Universel de la France n'y en compte que 140, et le dénombrement des Elections n'y a reconnu que trente feux. Le gros du Village est situé dans un fond au bas de la montagne sur le haut de laquelle est construit le château d'Avron. Quelques maisons écartées du côté du midi, ont formé un petit hameau appellé la Montagne, qui est placé en tirant vers Neuilly-sur-Marne.

L'Eglise Paroissiale étoit autrefois plus enfoncée dans le Village du côté du levant sur le chemin de Gagny. Elle a subsisté long-tems à la main gauche du même chemin proche le vieux Château, dont il reste des tourelles. Elle avoit été dédiée par Charles, Evêque de Megare, le 9 Septembre 1554. Elle fut abbattue vers l'an 1670. Ce n'est qu'en 1699 qu'elle a été rebâtie à la main droite dans la même rue un peu plus vers l'occident. On y voit une inscription qui marque que ce fut Isaac-Louis Ju[1], Architecte, qui la rebâtit, et que l'adjudication du marché lui ayant été faite pour la somme de 5980 livres, il avoit fait remise d'une partie. On peut juger par la modicité de cette somme, que cet édifice n'est qu'une espece de Chapelle. Il y a cependant plus d'un autel. A côté du grand, en tirant vers le nord, est l'autel de S. Genès, sur lequel se voit un tableau où ce saint est représenté en aube comme un Néophyte, c'est-à-dire un homme nouvellement baptisé, et S. Louis à côté de lui. La Fête de ces deux Saints qui sont morts dans des tems bien différens, arrive également le 25 Août. Le Martyr est le premier Patron, et S. Louis le second. Dans la nef de cette petite Eglise est une tombe de marbre noir chargée de cette épitaphe :

Cy gist François Hardy Ecuyer Seigneur de Dangé et Ecorcé, cy-devant premier Capitaine au Régiment de Navarre, lequel après avoir donné de solides preuves de sa valeur à la guerre, de sa probité dans le monde et de sa piété dans l'Eglise par l'érection qu'il a faite conjointement avec sa sœur d'une Ecole et de plusieurs Messes en cette Paroisse, est décédé le 23 Novembre 1725.

Selon le Pouillé Parisien du XIII siécle, la Cure *de Villa Mumbla* étoit pleinement de la nomination Episcopale ; mais cela vient de ce que lorsqu'il a été écrit, la nomination n'en avoit pas encore été cédée par l'Evêque de Paris à l'Abbaye de Livry. Les Pouillés de 1626 et de 1648 se sont cependant conformés à cet ancien. Le Pelletier dans le sien de l'an 1692, dit que c'est l'Abbaye de Livry qui y présente. Ce que je puis assurer comme certain, est que dès le XIII siécle l'Eglise de Villemomble fut regardée comme un membre de celle de Livry. Le premier titre des archives de Livry où il soit fait mention de Villemomble, nous

*Regist. Ep.
1 Aug. 1698.*

---

1. J'ai vu des personnes qui assurent que ce M. Ju étoit de Chenevieres.

apprend qu'en 1237, Jean de Beaumont, Chambellan du Roi, donna du consentement d'Isabelle, sa femme, en pure aumône à cette Abbaye, toute sa dixme de bled et de vin qu'il avoit dans ce Village. Depuis ce temps-là on trouva que le Prieur et les Chanoines *de Villa munda*, Ordre de Saint Augustin, acheterent en 1155 à Gaigny une piéce de pré contiguë au pré de l'Abbaye de S. Faron ; qu'en 1273 le Prieur *de Villa mobili* plaidoit contre Nicolas, Seigneur Chastelain de ce lieu, au sujet du refus qu'il faisoit de lui payer le muid accoutumé de bled hibernage, c'est-à-dire moitié d'orge et moitié d'avene (l'explication y est ainsi), et qu'il y fut condamné par une Sentence de Pierre de Chelle, Bailly de l'Evêque de Paris, Chanoine de S. Martin de Champeaux ; qu'en 1287 l'Official de Paris manda au Curé de Gaigny d'exhorter le Chastelain *de Villa Mobili*, à payer au Prieur du lieu le demi-muid accoutumé de vin de pressurage. De plus, à l'an 1489, paroît Frere Guillaume Pajot, Prieur de Villemomble. Le 27 Décembre 1499, ce Pricuré-Cure fut donné comme dépendant de l'Abbaye de Livry, à Guillaume, Bachelier en Théologie, Religieux de Livry. On lit aussi que pendant la même année 1499, Nicolas de Hacqueville, Chanoine de Paris et Abbé de Livry, donna à bail les dixmes de Villemomble à Frere Anne Martin, Prieur-Curé du lieu. Enfin elle est qualifiée *Cura Prioralis sancti Genesii de Villa Mobili* dans des provisions du 20 Octobre 1506. Je ne m'étendrai pas davantage à prouver que cette Cure est réguliere. Encore dernierement un Chanoine de la Congrégation de France la possédoit, et la permuta avec un Religieux de Sainte-Croix de la Bretonnerie. Ces faits sont assez notoires. Mais ce qui est très-peu connu, est que les Cordeliers songerent à avoir un Couvent à Villemomble, sur la fin du XV siécle. Ils y faisoient même leur demeure en 1492. Le huitiéme jour d'Août de cette année, les Cordeliers de Paris, Jacobins, Carmes, Augustins et le Procureur de l'Université de Paris, requirent le Parlement de juger le procès par écrit qui étoit à ce sujet. Après l'expiration des délais, le 13 Février suivant auquel on comptoit encore 1492, il fut dit « qu'à bonne et juste cause défenses ont esté faites aux « Défendeurs de rédifier nouveau Couvent audit lieu de Ville- « montble...... sans tirer à conséquence quant aux lieux non voi- « sins de Paris. » La fin de ce prononcé donne à entendre que la raison du refus qu'on fit aux Cordeliers de s'établir à Villemomble, étoit que ce Village étoit trop voisin de Paris. Les Fondateurs s'étoient cependant munis dès l'an 1490 de la permission de l'Evêque Diocésain. On n'a pas oublié de citer l'Arrêt ci-dessus dans les Mémoires du Clergé de France (Tome IV, page 484).

J'ai nommé ci-dessus deux Seigneurs de Villemomble, Jean de

Beaumont et Nicolas vivans au XIII siécle. En voici un du quatorziéme : c'est Pierre de la Val qualifié tel en 1351, dans un Registre de reprises de procès au Parlement. Il plaidoit alors contre le Comte d'Auxerre qui prenoit la défense des Receveurs d'un droit de péage qu'il avoit à Lagny. En 1353 il étoit devenu Evêque de Rennes, et il poursuivoit plusieurs habitans de Gaigny pour droit d'avoine et de deniers au sujet de certaines mazures. *Reg. Ep. Paris. 1 Aug. Reg. Parl.*

Avant que de continuer la liste de ces Seigneurs, il sera bon d'observer ce que marque un monument d'environ l'an 1424, publié par Sauval, à l'occasion du don que le Roi d'Angleterre, maître de Paris, en fit à un nommé Jean Dieuper ; sçavoir, que de cette Terre et Seigneurie relevoit le Fief de l'Hôtel-rouge situé à Fontenay sur le Bois, et ce qu'on lit dans les Chroniques de Saint Denis, sçavoir, que dans l'été 1465, vers le mois de Juin, les Bourguignons s'emparerent du lieu de Villemomble aussi-bien que de Dammartin. En ce temps-là cette Terre avoit pour Seigneur Jaspard Bureau, qui en jouissoit au moins depuis l'an 1444. Il se trouve qualifié Capitaine du Louvre en 1463 et 1466, et Maître de l'Artillerie du Roi en 1469. Villemomble passa peu de temps après aux Chabannes. Jean de Chabannes, Comte de Dammartin, en est dit Seigneur dans la permission que l'Evêque de Paris donna le premier Août 1490, d'y bâtir un Couvent de Cordeliers de l'Observance. Avoye de Chabannes la porta en mariage à Aymar ou Emon de Brie, Baron de Buzançois. Ce fut de lui que Florimond Robertet, Trésorier de France et Secrétaire des Finances, en fit l'acquisition pour la somme de six mille livres l'an 1507 (cette Terre est dite mouvante du Châtelet), et il en fit hommage aussitôt entre les mains d'Etienne Poncher, Evêque de Paris, commis à la Garde du Scel (Royal) en l'absence du Garde. Aussi Robertet est-il qualifié Seigneur Chastelain de Villemomble, dans le Procès-verbal de la Coûtume de Paris de l'an 1510. Dans celui de la Coûtume rédigée en 1580, est nommé Jean le Noir en qualité de Seigneur de la Garenne à Villemomble. En 1608, Pierre, Baron de Flagheac, est dit Seigneur de Villemomble et de Noisy-le-sec. *Antiq. de Paris, T. III, p. 324. Chron. Joan. Castel. aliasdict. Chron. scand. Necr. Cart. ap. Du Fourny. Sauval, T. III, p. 368. Hist. des Gr.Off. T. VIII, p.140. Reg. Ep. Paris. Compte de la Prevôté de Paris 1507. Sauval, T. III, p. 541. Hist. desGr.Off. T. VII, p 712.*

Maintenant cette Terre est dans la famille des le Ragois de Bretonvilliers par achat, et comme il n'y a plus de Château dans le bas du côteau, le lieu de la résidence Seigneuriale est le château d'Avron, qui est situé sur la montagne méridionale de Villemomble [1]. Benigne le Ragois de Bretonvilliers, Président en la Chambre des Comptes, Seigneur de Villemomble, est décédé en 1700. MM. le Ragois jouissent toujours de cette Terre.

1. Quoique dans un lieu élevé, les fossés sont pleins d'eau.

Il y a en ce lieu un torrent ou petit ruisseau sans nom qui commence son cours à Villemomble, et va se jetter dans la Marne à Ville-Evrard, Paroisse de Neuilly. Ce qui lui donne naissance sont quelques petits étangs restant à Launay, Château placé dans le bas, tout au bout de Villemomble, vers l'orient. La belle maison qui est dans le Village même, et dont les jardins s'étendent sur la côte en montant vers Avron, a été bâtie par le Sieur Barrême, Financier, décédé en 1741.

<small>Livre de la Connétablie vers le commencement.</small> Le Roi François I vint à Villemomble au mois de Juin 1544. C'est de ce lieu qu'est datée une de ses Ordonnances et un de ses Edits.

<small>Reg. Parl. 1374, 12 Apr.</small> Les habitans de cette Paroisse joints à ceux de Montreuil en 1374, s'opposerent au péage de Charenton que le Procureur Général et l'Evêque de Paris disoient être de l'ancien domaine Royal, et même une portion du revenu de l'Evêché, ajoutant que ce péage avoit été ordonné pour l'entretien du pont.

<small>Suppl. des Antiq. de Paris, p. 93.</small> L'Auteur du Supplément aux Antiquités de Paris par Du Breul, imprimé en 1639, fait la description de l'ancien château Seigneurial de ce lieu. Il l'appelle Villemeuble, faussement persuadé que *Villamobilis* est son vrai nom latin. Ce Château étoit entouré de fossés pleins d'eau vive et avoit deux ponts levis, une belle Chapelle, deux étangs, l'un de la contenance de 43 arpens, l'autre de 25. « Cette Seigneurie, continue l'Auteur, qui est Châtellenie, « a toute Justice, haute, moyenne et basse, et s'étend jusqu'aux « villages de Fontenay, de Montreuil, Nogent et plus de six cens « arpens tant de bois que terre et prés, et il y a sept Fiefs qui en « dépendent, le village de Noisy-le-sec et une autre Seigneurie. » Cela peut confirmer ce que j'ai avancé ci-dessus, que cette Terre vient d'un ancien Comte de Paris qui étoit un homme puissant.

<small>Ibid., p. 94.</small> En 1639 Villemomble appartenoit au Comte de Serre à cause de sa femme. Il y avoit aussi alors deux autres belles maisons en ce Village : l'une appartenoit au Sieur le Comte, gendre de Thomas Clere, Intendant des Finances : l'autre au Sieur l'Evêque, fils d'un Auditeur du Châtelet. C'étoient deux fiefs dépendans de la Châtellenie de Villemomble.

RAINCY où il y a eu autrefois un Prieuré de Bénédictins, à la place duquel a été bâti un beau Château dans le dernier siécle, a été originairement compris dans le territoire de la Paroisse de Villemomble. Voyez ce que j'en dit à l'article de la Paroisse de Livry, à laquelle ce lieu a été attribué dans ces derniers temps.

<small>Regist. Archiep. Paris. 18 Jul. 1648, 2 Juin 1656, 25 Aug. 1698.</small> LA GARENNE est une Maison de campagne ou Seigneurie sur la Paroisse de Villemomble, dont j'ai eu connoissance par l'établissement d'une Chapelle domestique depuis l'année 1648, auquel temps Noble Felix de Goreaul en étoit Seigneur. Ce lieu appar-

tenoit huit ans après à Charles Morel, Secrétaire du Roi et à Gilles Morel, Conseiller au Grand-Conseil, et en l'an 1698 à M. le Cousturier de Cocqueburne, Commissaire en la seconde Compagnie des Mousquetaires.

BONDIES

Sans vouloir faire remonter l'antiquité de Bondies jusqu'au temps de l'itinéraire d'Antonin, comme a fait M. l'Abbé Chastelain en certaines notes, où il a pris Bondies pour Vouzy du Diocèse de Reims, je me contenterai de dire que ce lieu est nommé comme ayant une Eglise, dans le testament de la Dame Hermentrude, qui est environ l'an 700 de JESUS-CHRIST. Cette ancienne piéce qui est très-précieuse pour le voisinage de Paris, fait quatre fois mention de Bondies, qu'on appelloit alors Bonisies ou Bonsies. La riche Dame Hermentrude donna premierement à l'Eglise de ce lieu des bœufs avec la charrue et tout l'attirail du labourage : *Alia carruca cum boves vel omni stratura sua Ecclesiæ vici Bonisiacensis dari jubeo,* et en même temps une terre appellée en latin *Volonnum* avec ses dépendances. *Similiter villare meum cui vocabulum est Volonno cum adjacentia sua.* Je n'ai pu découvrir quel pouvoit avoir été ce lieu dit *Volonnum.* Dans un autre endroit elle fait entendre qu'il y avoit alors à Bondies une Communauté de Clercs ou de Moines : *Alia pareclo vestimenti ad vico Bonisiaca Fratribus dari constituo.* Elle venoit de donner la premiere paire d'habits à la Basilique de Saint Denis ; la seconde est pour les Freres de Bondies. Plus bas enfin, elle donne à l'Eglise du même lieu de Bondies une piéce de vigne située *in Monte Buxata.* [Martyrol. Univ]

Bondies n'étoit plus appellé *Bonisiaca* dans le XI siécle. Henri I l'appelle *Bungeiæ* dans la charte de l'an 1060, par laquelle il la donne avec tous ses revenus à l'Eglise de Saint-Martin-des-Champs. La Bulle d'Urbain II qui confirme les biens de ce Prieuré en 1097, dit dans l'énumération : *Villa quæ dicitur Bonzeia.* On varioit au siécle suivant sur la maniere d'écrire ce nom : un diplome de Louis VII de l'an 1137, met *Bungeias,* et plus bas il confirme aux Religieux susdits, *viginti solidos in pedagio Bongeiarum de eleemosyna Alberti militis cognati Willelmi de Garlande.* Cet endroit prouve que Bondies étoit sur la grande route comme aujourd'hui, puisque voilà un péage qui y étoit établi. [Hist. S. Mart. p. 5.] [Ibid., p. 27.]

L'antiquité de ce lieu étant bien prouvée, aussi bien que l'antiquité de la Paroisse, il reste à en donner quelque description.

Bondies est situé à deux grandes lieues de Paris dans une plaine qui est traversée par le grand chemin de Meaux. C'étoit primitivement une Paroisse plus étendue, mais on en a démembré quelques dépendances, et apparemment Livry, Clichy, Vaujou. Comme elle se trouve à l'entrée d'une forêt, elle lui a donné le nom. Le pays se ressent donc du voisinage de cette forêt, en sorte qu'il contient moins de terres labourées, et fort peu de vignes, quoique la forêt, s'il en faut croire le Dictionnaire Universel de la France, ne renferme qu'onze cens soixante et dix-huit arpens. Selon le dénombrement des Elections, il n'y a à Bondies que 65 feux, et suivant le Dictionnaire Universel, 361 habitans.

Saint Pierre est Patron de l'Eglise Paroissiale. Le bâtiment en paroît fort caduque, quoiqu'il n'ait pas trois siécles de structure. On peut juger par l'état où il se trouve, que les fondemens sont assis sur un terrain aquatique. La tour qui est plus massive et placée du côté du septentrion, est du XIII siécle et penche du côté opposé, quoiqu'elle soit fort basse. Cette Eglise fut dédiée *Reg. Ep. Paris.* le Dimanche 10 Août 1533, par Gui de Montmirel, Evêque de Megare, qui y bénit aussi le grand autel, ceux de Notre-Dame, de S. Nicolas, Saint Jean et Sainte Barbe. On a fort parlé de rebâtir cette Eglise. Elle n'est ni carrelée ni pavée, on y marche sur un enduit de plâtre, à l'exception de quelques tombes qu'on y voit. Dans l'aîle méridionale est celle dont voici l'inscription : *Cy gist noble homme M. Clement Loyson, en son vivant Chevalier Seigneur de Bondis en partie, Capitaine pour le Roi de la ville de Montmedy au pays de Luxembourg, et Honorine de Beauvois sa femme, laquelle décéda.....* Le reste n'est pas achevé : le gothique de l'écriture désigne le XVI siécle. Les armoiries de l'homme sont trois roses et un croissant au milieu, et de la femme chevrons noirs et blancs.

Dans le chœur qui se termine en pignon, est la tombe de Roland Frolois, Secrétaire du Roi, Seigneur de Bondis, mort au mois de Mars 1647. Au reste cette description de l'Eglise de Bondies a été faite avant qu'on procédât à sa construction.

Ce fut Geoffroy, Evêque de Paris, qui en l'an 1088 donna au Prieuré de Saint-Martin-des-Champs l'autel de Bondies *cum atrio*, *Hist. S. Mart.* et avec ses autres dépendances. Sa Charte marque expressément *p. 472.* que le Roi Henri qui leur avoit donné le Village, en avoit fait rebâtir magnifiquement l'Eglise. L'Evêque ne se retint que le droit de Synode et de visite. Drogon, Archidiacre de Paris, à qui le tiers du revenu de cet autel appartenoit alors, s'en déporta, et consentit à la donation. Le lieu y est nommé *Bongeiæ*. Cet

acte des plus solemnels, fut passé dans le Chapitre de Paris :
parmi les témoins est nommé Vautier, Maire du lieu, et *Durannus
Decanus de Bungeias*. En 1119 la confirmation du Pape Calixte Hist. S. Mart.
porte ces mots : *Bonzeias cum Ecclesia et appenditiis suis*. Celle p. 157.
d'Innocent II en 1142 est dans les mêmes termes. Celle d'Eu- Ibid., p. 171.
gene III de l'an 1147, met simplement *Bonzeias cum Ecclesia*. Les Ibid., p. 180.
Lettres de Thibaud, Evêque de Paris, en confirmation des mêmes
biens, s'expliquent plus au long : *Ecclesiam de Bunziis cum tota
minori decima, et tertia parte majoris et atrio, et medietatem
Offerendæ in Pascha et in Nativitate et in Festo Sancti Petri*.
Le Pouillé Parisien du XIII siècle qui la met aussi à la nomination
du Prieur de Saint-Martin, l'appelle en françois Bonziers,
sans en latiniser le nom.

L'Abbaye de Saint-Maur-des-Fossés, plus ancienne que Saint-
Martin-des-Champs, avoit une dixme sur le territoire de Bondies,
et réciproquement ceux de Saint-Martin prenoient une dixme
à Noisy-le-Sec sur le territoire appartenant à l'Abbaye de Saint-
Maur. Il fut convenu en 1200 entre les deux Communautés, de Chart. S. Mauri.
faire un échange, et que chacune dîmeroit chez soi. On entrevoit
par une Charte de 1124, que les terres du Monastere de Saint-
Maur étoient situées entre Bondies et Coudray, qui est du côté de
Blancmenil proche quelques marais. Au moins ce fut alors qu'A-
dam de Ville-Evrard, Chevalier, quitta à ce Monastere un revenu
de quelques sols qu'il avoit sur quatre arpens dans cette position,
inter Bondies et Codreellum juxta maresios, ce qui fut approuvé
par Anselme de Pissecoc, Chevalier, du fief duquel ils mouvoient.

Les Moines de Gournay eurent aussi dès le XIII siècle un petit
revenu à Bondies. On a vu ci-dessus par une Charte de Louis VII,
qu'il y avoit en ce lieu un droit de péage dont un nommé Albert,
Chevalier, jouissoit. Ansel, Seigneur de Mont-real, qui avoit dix
sols dans le même péage, en fit présent l'an 1236 à ce Prieuré
situé sur la Marne. Peut-être étoit-ce le même que le Couvent de
Saint-Martin-des-Champs, dont ce Prieuré dépend, voulut exiger Doublet,
des habitans de Saint-Denis, lesquels gagnerent en 1283 aux Hist. S. Denis,
Enquêtes. Il y avoit aussi un canton sur Bondies qui relevoit de p. 925.
la Seigneurie de Livry. Ce canton s'appelloit Brichet. Plusieurs Gall. chr. nova,
cartes le marquent au midi de l'Eglise Paroissiale. Robert, Abbé T. VII, c. 834.
de Livry, qui en avoit la jouissance, en rendit hommage l'an 1403
au Sieur de Chambly, Seigneur de Livry. Le même lieu est encore
mentionné à l'an 1440. Mais, pour en revenir aux Religieux de Ibid.
Saint-Maur, il est certain que ce sont eux seuls qui ont partagé
avec ceux de Saint-Martin les droits honorifiques d'Eglise sur
le territoire de Bondies. Il y avoit autrefois une Léproserie à
Bondies comme dans les lieux considérables. Elle passoit déjà pour

cienne au XIII siécle. Il y a apparence qu'elle avoit été bâtie sur un fond de l'Abbaye de Saint-Maur, ou au moins la chapelle de cette Maladerie qui étoit sous le titre de Sainte Marie-Magdelene. Il est fait mention au Cartulaire de Livry à l'an 1236, d'un nommé Oger, Chapelain de cette Léproserie, comme possédant une vigne située *in allodio Guiberti Marescalli de Bondies*. Renaud de Corbeil, Evêque de Paris, conféra de sa propre autorité cette Chapelle en 1255. Mais peu de tems après il donna acte aux Moines de Saint-Maur, comme il n'avoit pas prétendu leur ôter le droit qu'ils avoient d'y nommer. Cette Léproserie étoit en très-mauvais état l'an 1651, suivant l'acte de visite. Elle avoit néanmoins alors environ vingt arpens de terre et un arpent de pré sis à Grolay, dit le Chetif. Le Pouillé de Paris du XV siécle la marque à la présentation de l'Abbé de Saint-Maur. Aujourd'hui cette Chapelle, dont le revenu peut monter à deux cens livres, est renfermée dans l'Eglise Paroissiale, l'ancienne étant détruite. Elle est mentionnée dans tous les Pouillés modernes. J'en ai vu des collations du siécle dernier par les Archevêques de Paris comme Abbés de Saint-Maur.

Chart. Livriac. fol. 36.

Gall. chr. nova, T. II, col. 104 et 297, ex Chart. Foss.

Reg. Visit. f. 70.

Il existe sur le territoire de Bondies un lieu dit *le petit Grolay*, où il y a pareillement une Chapelle. Ce lieu est tout proche de Drancy. Cette Chapelle, qui est du titre de Notre-Dame, doit être ancienne : ce ne peut être que de ceux qui la desservoient dont parlent divers monumens de l'Abbaye de Livry. On y lit, par exemple, dans le Cartulaire, à l'an 1220, parmi les témoins d'un acte : *Galcherus Presbyter de Grolayo parvo*. On voit dans l'Eglise de la même Abbaye une tombe où est représenté un Prêtre tenant un livre, avec cette inscription en lettres capitales gothiques qui ressentent le XIII siécle : *Hic jacet Albericus Presbyter de Grodolio parvo*. Cette Abbaye avoit dans ce lieu du Petit Grolay un revenu qui lui avoit été légué par Thibaud, frere de Guillaume de Clacy, avant l'an 1219, et qui est mentionné dans la Bulle d'Honorius III de l'an 1221, qui la concerne. Il n'y a plus qu'une ferme dans ce Grolay, surnommé le petit par opposition à la Paroisse de Grolay-sous-Montmorency. La Chapelle est connue sous le titre de Notre-Dame de Lorette. Elle est à la nomination du Prieur de Saint-Martin-des-Champs, de même que la Cure de Bondies. Peut-être que pendant quelque tems elle a été Cure démembrée de Bondies, ce qui faisoit que l'une et l'autre n'avoient qu'un seul et même Présentateur. Quelques titres modernes de Saint-Martin la désignent par le nom de Grolay proche Aunay : mais le Catalogue des Bénéfices rédigé sous M. de Noailles, le Livre des présentations de l'Archidiacre de Paris de 1691 et le Rôle des décimes, s'accordent tous à mettre cette

Chart. Livr. art. Eremitar. fol. 11.

Ibid., fol. 36.

Gall. chr. nova, T. VII, col. 93.

Rôle des Décimes.

Chapelle sur la Paroisse de Bondies. Quelquefois il est arrivé que le Prieur de Saint-Martin a nommé une même personne à la Cure de Bondies et à la Chapelle de Grolay, comme le fut René Chapelle, le 3 Février 1491. Nicolas Potier, Général des Monnoies en 1475, étoit Seigneur de Grolay et de Blancmenil. Le manoir de ce lieu appartenoit en 1574 au Sieur Prevôt, Président, et à Marie Potier, sa femme, ainsi que je l'apprends du don que le Roi leur fit d'une certaine quantité de bois dans la forêt de Bondies, pour leur chauffage leur vie durant. En 1660 René Potier, Président au Parlement, en étoit Seigneur. René Marillac, Maître des Requêtes, étoit Seigneur du petit Grolay et de Blancmenil en 1671. Il est mort en 1719. Reg. Ep. Paris. Hist. des Gr. Off. T. IV, p. 764. Reg. Cons. Parl. 20 Jan. 1574. Hist. des Gr. Off. T. VI, p. 557.

Après avoir assuré à l'Eglise de Bondies l'étendue de son territoire dans l'article de Grolay, que le voisinage d'Aunay et de Drancy pourroit faire un jour contester, je ne dois pas taire ce qui en a été distrait de nos jours; c'est le château de Raincy. Louis Sanguin, Marquis de Livry, Sieur de Generoy, Bondies, etc., obtint en 1697 des Lettres-Patentes pour pouvoir changer le nom du château de Raincy acquis par lui et situé sur la Paroisse de Bondies, en celui de Livry, avec union de ce château au Marquisat de Livry. Elles furent registrées le 9 Août 1697. Regist. du Parl. T. LXIII.

J'ai peu de choses à dire touchant les Seigneurs ou Chevaliers qui prenoient le nom de Bondies. Un Simon de Bondies, Ecuyer, et Aude, sa femme, paroissent en 1238 comme jouissants de quelques vignes à Raincy dans la censive des Moines de Tiron. D'autres actes du même tems, qui tous parlent de vignes situées sur cette censive de Raincy, font voir que l'on y connoissoit alors moins de terrain en bois qu'il n'y en a aujourd'hui. On trouve aussi en 1273 dans le Cartulaire de S. Denis, un Jean de Bondies qualifié également *armiger*. Ajoutez ici Clement Loyson, Seigneur au XVI siècle, puis Jacques de Baugy qualifié Seigneur de Bondies au Procès-verbal de la Coûtume de Paris en 1580; et ensuite Roland Frelois mort en 1647. M. Bordier le fut après lui. Depuis ce temps-là Bondies a appartenu à M. Triboulet, Marchand de Vin, qui a fait bâtir le Château et donna cette Terre avec charge de substitution à son fils, Trésorier de France à Paris, qui est mort sans enfans. Il n'y a pas long-temps que le Seigneur étoit M. de Grandville dont on voit le Château en arrivant du côté de Paris à gauche. Chart. Livriac. Chart. S. Dion. Reg. p. 431.

On a vu que dès le XI siècle Bondies étoit une Paroisse qui avoit ses Officiers, son Maire, son Doyen, etc. Dans le siècle suivant les Hôtes que le Prieuré de Saint-Martin y avoit, reçurent une faveur particuliere de Guy, Seigneur de Montjay. Il leur Hist. S. Mart. p. 193.

accorda toute la terre d'Aulnois convertie en labour, qui étoit dans sa Gruerie.

<small>Lettres datées de l'Abb. de Launay, XI Oct. 1345.</small> Il y a des Lettres de Philippe de Valois de l'an 1345, qui concernent l'amortissement qu'il accorda gratis d'un manoir situé à Bondies, et tenu en fief du château de Livry. Le motif de ce *gratis*, est le dommage que cause la garenne du Roi en la forêt de Livry. Je croirois que cela regarde la maison de l'Abbaye de Livry dite Brichet, dont j'ai parlé ci-dessus.

La forêt de Bondies étant appellée de différens noms suivant les cantons, ce seroit sans fondement que je rapporterois à l'article de Bondies tout ce qu'on lit sur les événemens qui y sont arrivés. Les Ecrivains ont pu désigner cette forêt sous le nom de Bondies, par la nécessité de la distinguer des forêts de Montmorency, de Rouvray ou Boulogne, de Senlis, etc., sans que ce soit sur le territoire de la Paroisse de Bondies que les choses se sont passées. Quelques-uns ont cru que l'ancien nom de cette forêt étoit *Lauconia silva*, et assurent en conséquence que c'est le lieu où le Roi d'Austrasie, Childeric, deuxième du nom, fut tué vers l'an 673. Mais si cette forêt avoit été appellée *Lauconia*, il seroit difficile que quelque canton n'eût pas conservé ce nom. Comme il n'y en a aucun, j'avois conjecturé que cette forêt *Lauconia* étoit entre Paris et Rouen vers Loconville : mais je pense à présent que c'étoit plutôt celle de la Brie où est le village de Logne.

<small>Hist. chron. de ce Roi, p. 427. Journal de Charl. VI, p. 34. Suppl. des Preuv. de l'Hist. de Par. en 633.</small>

Ce qui est sûr, est que quelques-uns de nos monumens donnent le nom de forêt de Bondies, à une forêt où le Roi Charles VI alloit quelquefois chasser : que la même forêt fournissoit du bois à Paris en 1417, et que l'on proposa en 1418 au même Prince, de permettre de vendre de son bois de Bondies plus *largement* que l'on ne faisoit pour cette fourniture : de plus, qu'en 1587 ce fut dans la même forêt que le Roi Henri III donna aux

<small>Reg. du Parl. 15 Oct. 1587. Reg. du Cons. du Parlem. 28 Février 1587.</small>

Religieuses de Saint-Antoine-des-Champs quatre arpens de bois pour leur chauffage durant neuf ans. Il est encore certain que l'événement du chien qui servit à découvrir le meurtrier de son maître, et que l'on dit s'être battu publiquement contre ce meurtrier, passe pour être arrivé dans la forêt de Bondies. On croit que ce fut au XIII siécle. Si ce fait n'est pas le même qu'Alberic, dans sa Chronique, regardoit déja de son temps comme une ancienne fable, il faut le voir à l'an 770. La même forêt de Bondies

<small>Concord. des Breviaires, p. 52 et 54.</small>

est encore remarquable, en ce que c'est celle où la Basoche du Palais se transporte tous les ans au mois de Mai, et par l'orgáne de son Procureur Général prononce une harangue sous un orme appellé pour cette raison l'*Orme aux Harangues*, avant que de requérir les Officiers des Eaux et Forêts, de faire marquer deux arbres, dont l'un doit être posé le dernier Samedi du même mois dans la cour du Palais au son des timbales, trompettes et hautbois. Le jour de la position de cet arbre a été remis depuis au mois de Juillet.

CLICHY-EN-L'AUNOIS

Le surnom de cette Paroisse lui vient de sa situation dans le petit pays d'Aunois, en même temps qu'il a été nécessaire de s'en servir pour le distinguer de Clichy situé sur la Seine à l'occident de Paris, et communément appellé Clichy-la-Garenne. Tous les deux étoient également terres Royales au VII siécle sous le regne de Dagobert, et s'appelloient en latin *Clippiacum*. On peut recourir à ce que j'ai dit sur leur étymologie commune à l'article de Clichy-la-Garenne, Tome I, page 419.

Clichy en l'Aunois est le premier des deux Clichy que nos Rois aient donné à l'Abbaye de Saint Denis. L'auteur des Gestes de Dagobert qui rapporte cette donation faite en 635 ou 636, l'appelle *Clippicum superius*: ce que Dom Felibien a traduit par *le Haut-Clichy*; en effet, sa situation est sur une montagne ou côteau, au lieu que Clichy-sur-Seine est dans une plaine. Il est éloigné de Paris de trois lieues et un peu plus. C'est constamment ce Clichy qui fut donné le premier, parce qu'en 683 Clichy-sur-Seine ou Clichy le bas, étoit encore une maison Royale appartenante au Roi dans laquelle S. Ouen, Evêque de Rouen, mourut. Aussi est-il le seul des deux Clichy dont l'Eglise soit sous l'invocation de Saint Denis. Il y a apparence que ce n'est que depuis que le Monastere de Saint-Denis eut été gratifié par Charles Martel de Clichy-sur-Seine, que l'Abbaye se défit de Clichy-en-l'Aunois, mais le nom de Saint Denis y resta toujours.

Duchêne, T. I, num. 37. Hist. S. Denis, p. 15.

Cette Eglise de S. Denis de Clichy avoit sans doute été élevée sur quelques reliques du Saint Evêque de Paris données par les Moines; cependant elle étoit restée sous la dépendance entiere de l'Ordinaire jusqu'au commencement du treiziéme siécle, ou, si elle en avoit été distraite, elle y étoit revenue. Il paroît en effet que durant certains siécles, quelques laïques avoient possédé à Clichy des droits Ecclésiastiques. L'Abbaye de Livry, à peine fut-elle fondée, qu'elle acheta de Renaud de Montreuil la sixiéme partie de la dixme de bled et de vin de Clichy, dont il étoit en possession, comme aussi le droit dont il jouissoit de prendre une certaine quantité de chandelles et d'oboles dans les offrandes du lendemain de Noël. L'acte est de l'an 1202.

Chart. Livriac p. 82.

Il y avoit alors à Clichy un Prêtre séculier pour Curé. Ce Prêtre nommé Suger étant décédé, Odon de Sully, Evêque de Paris, donna par des Lettres de l'an 1207 à la même Abbaye de Livry, l'Eglise de Saint Denis de Clichy avec tout le droit Paroissial et tout ce que Suger y avoit possédé. Il y eut une seconde donation faite en 1212 par l'Evêque Pierre de Nemours. De sorte que dans une Bulle d'Honorius III, de l'an 1221, concernant les biens des Chanoines de Livry, cette Eglise se trouve être dans ce nombre. Outre le droit de chandelles et d'oboles de l'Eglise de Clichy du jour de S. Etienne, lendemain de Noël, qui appartenoit à l'Abbaye depuis l'achat qu'elle en avoit fait de la main laïque, elle se vit en 1218 autorisée à percevoir pareillement les pains qu'on offroit le même jour dans la même Eglise de Saint Denis : les habitants les avoient redemandés, apparemment pour en convertir le profit à leur Fabrique ; mais l'Official de Paris les adjugea aux Religieux. Il y avoit plusieurs Paroisses du Diocése de Paris où le Prieuré de Saint-Martin-des-Champs étoit dans le même usage de recevoir des pains ou tourteaux aux fêtes de Noël. Vingt ans après Marguerite, veuve de Hugues d'Aties, obtint d'Yves, Abbé de Livry, qu'il y auroit deux Chanoines Réguliers demeurans à Clichy. Un acte de l'an 1241, c'est-à-dire postérieur de trois ans, donna en conséquence au bénéfice de Clichy le nom de Prieuré : c'est l'acte par lequel la même Marguerite ayant acquis un fief à Macy, le donna à ce Prieuré relevant de Livry, du consentement de Marie, Comtesse de Grandpré. Par un autre acte à peu près du même âge, le Prieur de Clichy acheta de Radulf de Viermes un bâtiment voisin du sien à Clichy et mouvant du Comte de Grandpré.

Quoique par tout ce que je viens de produire, il soit certain qu'il y avoit une Eglise Paroissiale et un peuple à Clichy-en-l'Aunois au commencement du treiziéme siécle, cette Cure cependant ne se trouve pas mentionnée dans le Pouillé Parisien écrit durant le même siécle. Il reste encore un réglement de 1323, dans lequel les Paroissiens conviennent de ce dont ils étoient chargés, sçavoir : de réparer la nef de l'Eglise, faire construire et entretenir les Fonts baptismaux, et faire la quête pour la confection du cierge Pascal.

L'Eglise qui subsiste aujourd'hui est un bâtiment assez nouveau. Il est sans aile et n'a que la forme d'une grande Chapelle. On dit que l'ancienne Eglise avoit essuyé un incendie dans le dernier siécle; c'est apparemment ce qui obligea le Curé et les habitans de demander à l'Archevêque de Paris la permission de la rebâtir, ainsi que le Sieur David s'étoit obligé de le faire à ses frais. André Du Saussay, Curé de Saint-Leu, fut commis pour examiner le besoin, et la permission fut accordée le 6 Août 1641. On y conserve sur un autel qui est dans la partie septentrionale, une petite châsse de bois doré, où l'on voit dans une fiole oblongue un fragment d'os peroné ou semblable, que l'étiquette dit avoir été donné à cette Eglise en 1624, par l'Abbesse de Montmartre, et être de l'un des compagnons de S. Denis [1]. Au côté méridional du grand-autel est une tombe quarrée qui est visiblement déplacée, puisque celle qui y est représentée a la tête vers l'orient. C'est une femme couverte d'un capuchon dont la pointe relève tout-à-fait, et qui a un béguin sous le menton. On lit autour en petites capitales gothiques : *Cy gist Jehanne de Saint Lorens femme de... de Saint Lorens Borgois de Paris, qui fut mere du frere Adam de Saint Lorent Frere de l'Ordre de...* Le reste est caché par le marchepied. Cette tombe paroît être du temps du regne de Philippe le Bel ou environ. Adam de Saint Laurent étoit sans doute un Religieux, Chevalier de l'Ordre du Temple, lesquels Chevaliers étoient Seigneurs de Clichy dès la fin du douziéme siécle ou au commencement du treiziéme, et cet Ordre nommé aujourd'hui l'Ordre de Malte, l'est encore.

Voici quelques actes qui font mention de ces Chevaliers du Temple. En 1277, Jean de Tourn, Trésorier de la Maison des Chevaliers du Temple, accorda au Curé de Clichy la quinziéme gerbe de bled et le vingt-septiéme sextier de vin, ce que Pierre Norman, Lieutenant du Maître de ces Chevaliers, approuva la même année. Adam de Brois, Commandeur de la Maison de Clichy, fit en 1323 un échange avec Arnould, Abbé de Livry, du consentement de Simon Lerat, Grand-Prieur de France. Charles V, Roi de France, logea au mois de Novembre 1365, *en l'Ospital de Clichy;* c'est là qu'il fit expédier des Lettres qui permettoient à l'Abbaye de Livry d'avoir chaque année vingt-cinq porcs en temps de paisson en la forêt de Livry, pour la dédommager des dépenses que ses veneurs et ses chiens y avoient causées quand ils y avoient logé. Le Procès-verbal de la Coutume de Paris de l'an 1580, qualifie le Grand-Prieur de France de Seigneur de Clichy-en-l'Aunoy. Sauval, dans son énumération des domaines de ce Grand-Prieur et de son revenu, marque la ferme de Clichy pour seize cens livres.

Chart. Livriac. fol. 90.

Ibid., fol. 38.

Ibid., fol. 100.

Antiq. de Paris, T. I, p. 611.

C'est par erreur que les Pouillés de Paris de 1626 et 1648 attribuent la nomination de la Cure de Clichy purement à l'Evêque de Paris. Le Pelletier ne s'est pas expliqué dans le sien de 1692. Les Curés ont été ordinairement tirés de Livry, puisque l'Abbé les

---

[1]. On a voulu dire l'un des Chrétiens martyrisés à Montmartre, dont je parle Tome I, page 445, et qui ne sont pas les compagnons de S. Denis.

nommoit et les y nomme encore. Nonobstant la proximité de l'Abbaye, ils avoient leur logis à Clichy; en sorte qu'il fallut en 1535 une permission de l'Evêque à Frere Jérôme Cappel, Curé, pour pouvoir demeurer à l'Abbaye de Livry; depuis ce temps-là les Curés y ont souvent fait leur demeure, quoique leur logis proche l'Eglise Paroissiale soit dans une agréable situation et dans une plus belle vue. Entre les pieux et sçavans personnages qui ont été titulaires de cette Cure, Jean Mauburne est l'un des plus remarquables. Il ne la garda que quelques jours ou quelques mois. Il devint presque aussitôt Abbé de Livry en 1501.

<small>Reg. Ep. Par. 17 Sept. 1535.

Ibid. 18 Nov. 1500.</small>

En 1709 on comptoit à Clichy 28 feux. En 1526 il y avoit 129 habitans. Ce nombre est maintenant réduit à douze ou quinze feux. Cette Paroisse est d'une petite étendue; elle n'est éloignée du village de Livry que d'un quart de lieue. Entre ces deux Villages sont des vignes en quantité qui regardent en partie le couchant, et le territoire s'appelle la Haute Forêt. Cette quantité de vignes me persuade que c'est de ce Clichy plutôt que de Clichy-la-Garenne, qu'il faut entendre le don que fit Charles VI à Pierre Bournasol de trois arpens de vignes advenus au Roi par forfaiture, qui sont dits situés à Clichy. Plus proche de Clichy est une pelouze de soixante arpens où les bestiaux paissent l'été, et le reste du temps dans les bois. M. le Prince de Dombes a à Clichy une maison pour la chasse. L'Abbaye de Livry a profité du voisinage de Clichy, soit en recevant des legs de biens qui y étoient situés, soit en achetant quelques-uns de ces biens. En 1239 Dame Philippe, veuve de Guillaume de Pierreloup, lui donna ce qu'elle y possédoit. Vers l'an 1379 l'Abbé Pierre y acquit une maison et un jardin de N. le Charron, lequel produisoit seize sols parisis de rente. La même Abbaye y avoit au siécle suivant des fontaines au sujet desquelles l'Abbé Jean la Vigne, successeur de Mauburne, transigea vers l'an 1502, avec Etienne Clegny, Bourgeois de Paris.

<small>Dénombr. des Elect. Dict. Univ. de la France.

Mém. de la Chambre des Comptes.

Chart. Livriac. fol. 89.

Gall. chr. nova, T. VII, col. 834.

Ibid., col. 838.</small>

C'est sur le territoire de Clichy-en-l'Aunois, et non sur celle de Livry, comme l'a marqué Le Pelletier dans son Pouillé, qu'est bâtie presqu'au bord de la lisiere du bois la Chapelle de Notre-Dame des Anges. Si l'on est bien fondé à faire remonter l'antiquité du titre de la Sainte Vierge en ce lieu jusqu'au regne de Philippe-Auguste, cela pourroit persuader qu'elle seroit dans l'endroit même que la Comtesse de Grandpré voulut qu'on appelât du nom de *Laus nostræ Dominæ*. Mais le surnom des Anges ne peut être venu que long-temps après. Pour tâcher de donner à ce lieu une origine plus frappante, on a adopté certains traits d'histoire, dans lesquels on mêle un événement arrivé à quelques Marchands d'une Province de France assez éloignée, et que je ne veux pas garantir. Les Chanoines Réguliers de la Congrégation de France

<small>Chart. Livriac.</small>

commencerent en 1655 à rebâtir cette Chapelle. M. de Nemond, Président à mortier, y mit la premiere pierre le 14 Septembre ; et elle fut bénite le 8 Septembre 1664. Le Curé de Clichy, les Chanoines Réguliers de Livry, et quelques habitans ayant demandé qu'on y érigeât une Confrérie, dont la solemnité seroit le second jour d'Août, jour auquel tout l'Ordre de Saint François célébre une fête de Notre-Dame des Anges qui lui est particuliere, sous le nom de *Portioncule*. Cela leur fut accordé le 14 Octobre 1671. On ne peut deviner quel a été le but de ce choix. *Reg. Arch. Par*

Un Historien contemporain de Mauburne, c'est-à-dire d'environ 250 ans, parle de la fontaine qui étoit dans le bois proche la Chapelle de la Sainte Vierge, qu'il ne surnomme point *des Anges* : il dit seulement que cette fontaine guérissoit de la fiévre. *Gall. Chr.* *T.VII, col. 846.*

VAUJOU

Le testament de la Dame Ermentrude, publié par Dom Mabillon, fait mention de presque tous les noms que portoit la chaîne de montagnes qui s'étend depuis Paris, en commençant à Romainville jusqu'au delà de Ville-Parisis et vers l'extrémité du Diocése en approchant de celui de Meaux. L'une de ces montagnes est appellée *Mons Metobanre*. Ermentrude y possedoit une grande piéce de vigne qu'elle légua entre autres biens à Deorovald, son fils, avec vigneron, surnommé Guntrachaire. Il paroît qu'il ne faut point chercher cette Montagne ailleurs qu'à Montauban, situé sur la Paroisse de Vaujou, étant très-possible que de Metobanr on ait fait Montauban, dans l'intervalle de plus de mille ans qu'il y a que le testament de cette Dame fut rédigé. Comme Vaujou, éloigné de Paris de quatre lieues, est situé sur le penchant de cette montagne, et du côté même qu'il y a des vignes, il s'ensuit que ç'a été le nom primitif du terrain où est le Village, et où sont les biens que les habitans cultivent. Je ne compte point cependant en donner l'étymologie, les noms propres des anciens Gaulois en françois étant très-difficiles à expliquer. *Liturg. Gallic.* *p. 462,* *et Supplem. ad Diplomat.*

La véritable origine du nom de Vaujou n'est gueres plus facile à découvrir, puisqu'il se trouve écrit de quatre ou cinq manieres dans les titres du douziéme et treiziéme siécle ; sçavoir : *Vallis Joth, Vallis Jost, Valjouc, Vallis Jocosa, Vallis Gaii, Vallis Gaudii*, et depuis deux cens ans plus communément *Vallis Jocosa*. Ce qu'il y a de moins improbable, est que la vallée ou descente sur laquelle a été bâti le Village a pris le nom de celui qui en étoit le propriétaire ou Seigneur, et que son nom a été *Justus,* qui est cause qu'on a écrit *De Valle Jost;* ou *Gaius* dont on a formé *Vallis Gaii,* de même qu'on a fait *Mons Gaii* du nom du même *Gaius,* et qu'on en a formé le mot de Montjay, village à deux lieues de là. M. de Valois a très-bien remarqué que c'est contre les regles ordinaires des conversions de lettres que de Vaujoust on a fait Vaujouc, et il réclame contre. Il auroit bien pu en dire davantage à plus forte raison contre l'addition de la lettre *r* au bout de ce nom, comme s'il venoit de *Vallis diei* ou de *Vallis dierum.*

<small>Not. Gall. p. 33.</small>

<small>Antiq. de Paris, p. 1003.</small>

Du Breul ayant appris que Saint Nicolas est Patron de l'Eglise de Vaujou, en a conclu que cette Paroisse fut fondée environ l'an 1090 quelque temps après que le corps de ce Saint Evêque de Myre eût été apporté à Bari en Italie. Mais comme on m'a assuré que Saint Sebastien est l'ancien Patron de cette Eglise, il semble qu'on peut en faire remonter encore plus haut, si l'on veut, la fondation. Si ce sont les reliques qui déterminent le choix du Saint titulaire des Eglises, il est constant qu'il a été plus facile d'avoir de Soissons de celles de Saint Sebastien qui y étoit presque entierement dès l'an 826, que d'en tirer de Saint Nicolas du lieu de l'Italie où elles étoient, et où elles avoient été apportées bien plus tard.

On ne trouve point en quel temps vivoit le Chevalier Hainon qui remit cette Eglise à l'Evêque de Paris, pour la donner aux Chanoines de Saint-Victor avec la grosse et menue dixme. On sçait seulement par le Nécrologe de cette Abbaye, que ce séculier après cette résignation se fit Convers parmi eux, dans le rang de ceux qu'on appeloit *ad succurrendum,* c'est-à-dire, pour être secouru de leurs prieres, et qu'il mourut, le 31 Août. Mais l'Evêque garda apparemment cette Eglise durant un certain temps. Ce fut seulement Etienne, Evêque de Paris, qui fit la donation de l'Eglise de Vaujou à l'Abbaye, à la priere d'Hugues de Prêles : ce qui doit s'entendre d'Etienne de Senlis qui siégeoit en 1130, parce qu'il n'y a pas eu dans ce siécle d'autre Evêque à Paris du nom d'Etienne, et que cependant cette Cure étoit vers l'an 1200 sous l'épiscopat d'Odon de Sully entre les mains de l'Abbé de Saint-Victor, qui pouvoit en destituer le Curé, sans en parler à l'Evêque, suivant une Charte de ce Prélat. L'ancien style des provisions de cette Cure, porte que la présentation appartient *ad Abbatem et Seniores de Camera S. Victoris Parisiensis.*

L'Eglise de Saint Nicolas de Vaujou que l'on voit aujourd'hui est un édifice du dernier siécle, solidement bâti tout en pierre, mais sans collatéraux. La maison du Prieur-Curé qui est derriere, a été construite en 1730 par M. La Grenée, Chanoine de Saint-

Victor, actuellement Prieur. Elle est très vaste et très commode, et on peut dire très belle pour la campagne. On peut voir dans Du Breul les éloges et les épitaphes de deux Prieurs-Curés de Vaujou qui ont été inhumés à Saint Victor, sçavoir, Jacques Parent mort en 1567, et Jean de Bordeaux, mort en 1587. Le premier est mentionné dans les Registres du Parlement au 4 Juillet 1565, à l'occasion de l'exposé qu'il y fit de la diminution de ses dixmes, parce que plusieurs de ses Paroissiens ne vouloient plus la payer, s'étant fait Calvinistes. Il fut maintenu dans l'usage où il étoit de la percevoir en bled et en vin. Du Breul auroit pu ajouter à ces deux Prieurs de Vaujou, Gabriel Cauderon, qui fut fait Doyen rural de Chelle le 29 Octobre 1593, par Jean Heurtault, Prieur de Saint-Victor, Vicaire Général de l'Evêque de Paris. *Antiq. de Paris, p. 1004.*

Dans le dénombrement de l'Election, Vaujour et Montauban y sont pour 96 feux, et dans le Dictionnaire Universel de la France le nombre des habitans est marqué être de 372, tout compris. Aujourd'hui il n'y a gueres que trois cens communians, compris les sept ou huit maisons qui sont sur le grand chemin de Paris à Meaux, lesquelles sont presque toutes autant d'Hôtelleries, et dont le canton a pris le nom de Vergalant, qui étoit l'enseigne d'une de ces auberges, compris aussi les dix ou douze maisons faisant partie de Montauban, qui sont pareillement de la Paroisse. Le village de Vaujou est en forme de conque dans une espece de concavité. Il y a même un endroit en maniere de gouffre, où les eaux se perdent sous la terre de même qu'à Romainville. Sur les côteaux sont des vergers remplis d'arbres fruitiers ; il y a des vignes en tirant vers Montauban, et sur le haut de la montagne ce sont des bois. Un titre de l'Abbaye de Livry de l'année 1258, marque qu'il y avoit sur la Paroisse de Vaujou un canton de vignes appellé Montchalout, sur la censive du Comte de Grandpré, qui apparemment étoit Seigneur alors, au moins en partie. *Chart. Livriac. fol. 71.*

La piété des anciens avoient fait établir à Vaujou une Léproserie ; mais le Commissaire pour la visite en 1351 vit le triste état où elle étoit dès-lors, et se contenta d'écrire *Leprosaria de Vaujoust per terram jacet*. Elle n'avoit de biens que deux arpens de terre sis à Vaujou. *Reg. Visit. Lepr. fol. 98.*

De tous les anciens Seigneurs de Vaujou depuis ce Comte, on ne retrouve que Jean de la Haye, Président aux Requêtes du Parlement de Paris [1]. Il fut Seigneur de ce lieu et de Montauban vers l'an 1480 ou 1490. Son fils Jean lui succeda. Jean second eut une fille nommée Jeanne qui épousa Jean de Monceaux, Seigneur de *Hist. des Présid. p. 117.*

---

1. Il paroît bien que vers l'an 1430, un Pierre de Nantouillet et un Sieur de Troicy, son gendre, avoient des domaines à Vaujou, mais il n'est pas sûr qu'ils eussent la Seigneurie. (Voyez Sauval, Tome III, page 585.)

Villeaccoublay. Elle fut apparemment mariée deux fois, ou c'est une autre fille du même Jean II qui épousa Guillaume Luillier, fait Maître des Requêtes en 1523. En 1560, c'étoit encore un Jean de la Haye, Conseiller au Parlement de Paris, qui étoit Seigneur de Vaujou. C'est peut-être le célebre Amyot, Grand-Aumônier de France et Evêque d'Auxerre, qui étoit en 1583 propriétaire du château de Vaujou et y demeuroit, car il se trouve des provisions de Bénéfices de son Diocése, datées cette année-là en ces termes : *Datum in Castello nostro Vallis Jocosæ die 15 Augusti 1583*, Jean de Beaugy, Trésorier de la Sainte-Chapelle de Bourges, présent. Après lui M. le Comte, Conseiller au Parlement, posséda ce château ; ensuite Michel-Antoine Scarron, aussi Conseiller au Parlement. Il y demeura quelquefois l'an 1634, avec Catherine de Taddey, sa femme. Il mourut en 1655. Jean Scarron, pareillement Conseiller au Parlement et marié en 1659, est aussi dit Seigneur de Vaujou. Michel laissa une fille qui fut alliée à la Maison d'Aumont, dans laquelle la Terre a resté jusqu'en 1503. Alors la Seigneurie fut vendue à Dame Marie Babeure, veuve de M. de Crosse de Montlor. Cette Dame la revendit en 1717 à Louis Lazare Thiroux, Ecuyer, Fermier Général, lequel a vendu en 1734, à Dame Françoise d'Arras, veuve de Messire Joseph de Nantia, Ecuyer, qui est encore actuellement Dame de Vaujou. Le Château de ce lieu a été représenté par Claude Châtillon en sa Topographie imprimée vers l'an 1610.

Fauchet, dans son Recueil des anciens Poëtes François, fait un article de Guichard de Briaugour comme d'un homme sçavant. Je croirois que Vaujou pourroit le revendiquer.

C'est dans le Château de Madame de Nantia qu'est mort en 1744 le Sieur Louis Dumas, Inventeur du Bureau Typographique qui a eu tant de succès dans le public. Il est inhumé dans le chœur de l'Eglise de Vaujou, et au-dessus de l'endroit de sa sépulture, proche le banc du Seigneur, a été posée une épitaphe de marbre qui fait son éloge en ces termes : *Cy gît Louis Dumas Licentié en Droit, également recommandable par ses lumieres et par ses vertus, Inventeur de la méthode du Bureau Typographique, mort au château de Vaujou le 19 Juillet 1744 âgé de 68 ans.*

Pleurez sa perte, jeunes enfans, et versez sur sa tombe les larmes que sa méthode vous a épargnées.

On a oublié de marquer dans cette épitaphe le pays de cet Inventeur, qui est le Languedoc.

Ceux qui en fait d'estampes prennent tout ce qu'il y a de comique, n'oublient pas celle de l'ancien Magister de Vaujou, dont l'attitude particuliere de sa fonction de chantre a mérité qu'on le gravât.

VILLE-PARISIS

Il y a apparence que ce Village bâti à cinq lieues de Paris, a tiré son nom de Ville-Parisis, de ce qu'il est le premier qui se trouve dans le Diocése de Paris au sortir de celui de Meaux, en suivant la grande route. M. de Valois y reconnoît le nom des peuples de Paris, et n'est aucunement porté à croire que ce soit un particulier appellé *Parisius* qui lui ait donné son nom. Ce qui peut paroître extraordinaire, est que l'on n'ait pas dit Ville en Parisis ou Ville de Parisis, mais il faut faire attention que les premiers François n'avoient point d'article ; quelques noms ont été continués dans l'usage de n'en point porter, tels que Cateau-Cambresis, Maison-Ponthieu, etc. Au reste, ce village a quelquefois été appellé dans les titres latins du douziéme et treiziéme siécles *Parisia* tout simplement, ou *Parisiaca*, sans l'addition du substantif *Villa*.

J'aurois souhaité pouvoir me servir de l'autorité du nouveau Martyrologe de Paris de l'an 1727, pour faire remonter l'antiquité de cette Paroisse jusqu'au sixiéme siécle de Jésus-Christ. On y lit au 4 Octobre parmi les additions : *In territorio Turonensi, sancti Quintini apud Villam Parisiacam nati, et enutriti qui cum in exercitu Guntramni Regis militaret, etc.* M. l'Abbé Chastelain s'étoit contenté dans le sien, imprimé en 1709, de dire que ce Saint Quintin étoit originaire de Ville-Parisis, au Diocése de Paris. Mais ces deux Martyrologes modernes ne peuvent suffire pour constater l'antiquité du Village dont je traite, parce que les plus anciens Légendaires où se trouve la vie de ce Saint, ne disent pas qu'il soit originaire de Ville-Parisis, encore moins qu'il y soit né ; ils se contentent de marquer que le pays Parisis l'avoit produit et qu'il avoit été engendré à Meaux : *Fuit idem gloriosus Martyr genere nobilissimo ortus ; quem credimus ut multorum habetur notitia, pago nobis Parisiaco prolatum, Meldis vero civitate genitum ;* ce sont les termes d'un Légendaire de l'Abbaye de Longpont, écrit vers l'an 1180 ou 1200. Cette légende qui paroît avoir été composée en la Touraine où ce Saint avoit été martyrisé, dit seulement que c'étoit le territoire, le pays, le Diocése de Paris qui avoit fourni ce Saint ; on s'y sert du terme *pagus*, qui est générique, et non de celui de *vicus* qui auroit signifié la même chose que *villa*, s'il avoit été employé, et auroit absolument désigné Ville-Parisis. Au reste cette observation préliminaire n'ôtera rien au Diocése de Paris ; il n'en sera pas moins vrai de dire, que les Tourangeaux ont cru que c'étoit ce Diocése qui avoit fourni ce Saint à leur Province, mais sans déterminer positivement la Paroisse où il étoit né.

Pour justifier ce que j'ai avancé sur la variété du nom latin de Ville-Parisis, je remonterai jusqu'au onziéme siécle, depuis lequel temps on verra plusieurs Seigneurs nommés dans les titres. Un *Warnerius de Parisio* est témoin en 1096 à la fin d'un acte du Cartulaire de S. Martin-des-Champs. Celui de l'Abbaye de S. Denis rapportant en détail l'aveu que Matthieu Le Bel fit à l'Abbé en l'an 1125, marque parmi les choses qu'il tenoit ou qu'il avoit cédé en arriere-fief : *Apud Villam Parisiam decima feodi Militum.* Ainsi il y avoit en ce lieu un fief, dit le fief des Chevaliers, de la dixme duquel Matthieu Le Bel jouissoit ; plus deux fiefs que tenoit Guillaume et son frere dit du Buliure. Guillaume de Corniun y est dit plus bas tenir aussi de Matthieu *Terram Parisiæ*. Ailleurs Hugues de Pompone, Chevalier, se dit homme lige de l'Abbé de Saint Denis à cause de ses biens *de Parisia*. Vers l'an 1166, Maurice, Evêque de Paris, atteste que Jean *de Parisiaca, nobilis vir*, a donné à l'Eglise de Val-Adam une dixme de la même Terre, située auprès du Village appellé *Malus nidus* (apparemment Mauny) dont a été témoin *Guibertus de Parisiaca Presbyter*. Avant l'an 1210, Guillaume de Ville-Parisis avoit donné le fief dit *de Acha* à Teric, Abbé du Val, proche l'Isle-Adam, lequel le transporta cette année-là au Monastere de Lagny. Le même Guillaume est qualifié *de Parisiaca Miles*, lorsqu'il donne en 1213 à l'Eglise du Val-Adam la dixme de tout son gagnage *apud Parisiam*, et tout ce qu'il a dans la dixme de vin, tant de ses vignes que celles d'autrui dans le même Village, et la moitié d'un muid de grain en sa grange de ce lieu : *medietatem hibernagii, medietatem Martiagii*. En 1218 un nommé *Pulanus de Parisia* vendit à l'Abbaye de Livry trois sols de cens qu'il avoit droit de lever sur les vignes de cette Maison dites situées *sub Montveogle*. Le Pouillé du treiziéme siécle appelle cette Cure simplement du nom de *Parisium*. Depuis ce temps-là je n'ai plus de titres latins à citer par rapport au nom du lieu.

Ce Village est situé dans une plaine découverte ; le chemin pavé de Paris à Meaux passe à travers ; la montagne qui commence vers Villemomble continue jusques-là, et est au midi du Village. Il y a sur la hauteur une maison assez apparente appellée Montsaigle, qui est peut-être le Montvéogle qui vient d'être nommé. L'Eglise qui est sous l'invocation de Saint Martin est petite, bâtie à la gothique, quoiqu'elle ne paroisse pas avoir cent cinquante ans, et l'on n'y voit aucune inscription. Il n'y a que le clocher terminé en pavillon d'ardoise qui la fait figurer au-dessus des maisons. La Cure existoit dès le douziéme siécle, si Guibert, Prêtre ci-dessus nommé à l'an 1166, en étoit pourvu. Elle est au Pouillé Parisien du siécle suivant et du quinziéme au rang de celles que l'Evêque confere *pleno jure*, ce qui a été suivi par tous les modernes.

On comptoit à Ville-Parisis et Lambrezy joints ensemble 69 feux, selon le dénombrement de l'Election. Le Dictionnaire universel de la France y a compté 365 habitans. Les Auteurs de ces deux ouvrages, se conformant aux Rôles des Tailles, joignent toujours Lambrecy avec Ville-Parisis, et l'appellent Landrecy. Mais ce Landreci qui étoit autrefois une ferme sur les extrémités de la Paroisse de Ville-Parisis, vers l'orient d'hiver, est totalement détruit ; en sorte qu'il ne reste plus que quelques vestiges de murs. Les Géographes l'avoient placé presque tous dans le Diocése de Meaux, et ils l'écrivoient Lambresy.

Il y avoit autrefois plus de forêt sur le territoire de Ville-Parisis qu'il n'y en a aujourd'hui. Les bois de ce nom s'étendoient beaucoup du côté de Tremblay, puisque dans le réglement fait en 1218 sur les limites du Tremblay, est nommé *nemus de Parisia*.

On a vu ci-dessus que la Communauté du Val-Adam depuis fondue en celle de Livry, fut favorisée par les anciens Seigneurs de Ville-Parisis de plusieurs biens situés dans leur terre au douziéme et treiziéme siécle. L'Abbaye de Saint-Victor y avoit aussi une dixme dès l'an 1198, et on vit par la suite l'une des deux Maisons avoir le droit de lever sur la grange que ceux de Livry appelloient leur grange de l'Aumône située en ce même lieu, un muid de bled et une redevance de vin ; sur quoi Robert de Melun, Abbé de Saint Victor, traita en 1257. Les Seigneurs de Montfermeil avoient aussi à Ville-Parisis des fonds dont ils firent part aux Religieux de Livry. Guillaume de Montfermeil, Chevalier, leur donna dix arpens de terre, l'an 1208, du consentement de Gaucher de Châtillon. Odon de Montfermeil, Chanoine de Montmorency, leur donna en 1241 ce qu'il y possédoit, qui étoit un cinquiéme, se contentant d'en recevoir l'usufruit durant sa vie.

Gall. chr. nova, T. VII, col. 672.

Chart. Livriac. art. Eremit. fol. 8.

Ibid., fol. 35.

Pour ce qui est du Prieuré de Grosbois réduit à une petite Chapelle de Notre-Dame, [il] est situé sur le territoire même de Ville-Parisis, à l'extrémité vers le levant, un peu plus bas qu'à mi-côte d'une montagne inculte au haut de laquelle est une haute-futaye. Il ne peut avoir été fondé que de pareilles libéralités des anciens Seigneurs, soit de Ville-Parisis, soit du voisinage ; mais nous ignorons quels ils sont. Ce Prieuré ne se trouvant pas dans le Catalogue des Prieurés inseré au Pouillé Parisien vers l'an 1300, cela pourroit faire croire qu'il n'a été établi que depuis, si ce n'étoit qu'il ne paroît pas non plus dans le Pouillé écrit vers l'an 1450. Marrier, Historien de Saint-Martin-des-Champs, et le Pouillé de Paris imprimé en 1648, le disent être à la nomination du Prieur de Gournay, ce qui fait voir qu'il est de l'Ordre de Cluny, et que

Marrier, p. 284.

les premiers Moines qui l'habiterent furent tirés de Gournay. Peut-être fut-il construit sur un fond appartenant à cet ancien Prieuré, tel que celui que des Lettres de l'an 1134 du Roi Louis VI appellent en le lui confirmant *Terram et nemus de Campo mulloso*, qui étoit sur la Seigneurie de Payen de Montjay. Il est possedé aujourd'hui par un Bénédictin de Cluny. Quelques Ermites y ayant demeuré, c'est ce qui lui a fait donner quelquefois le nom de l'Ermitage. M. le Cardinal de Noailles, faisant sa visite à la Paroisse du Pin, le 30 Juillet 1698, permit à Frere Jean de la Vergne, Ermite de S. Cyprien, de s'y retirer et d'y vivre soumis au Curé. Un autre Ermite y fut établi le 15 Août 1709. On l'apperçoit en allant à Meaux à main droite du grand chemin, à la distance d'un quart de lieue. Il y a tout auprès et dans la plaine une maison bourgeoise appartenante à M. de Jassau, Conseiller au Parlement, et qui est aussi de la Paroisse de Ville-Parisis, à l'extrémité du Diocése.

Voici les Seigneurs de cette Paroisse depuis deux cens ans, autant que j'ai pu les trouver. Renaud de Paris, Ecuyer, mort le 27 Mai 1517, inhumé dans le chœur de Sainte Croix de la Bretonnerie. Henri Clutin, reçu Président au Parlement en 1526. Il fut envoyé en Ecosse en qualité de Vice-roi, puis en Italie en qualité d'Ambassadeur vers le Pape, environ les années 1555 ou 1560, ou même plus tard. Le Pere Anselme ou ses continuateurs ont écrit qu'une Marie Clutin en étoit encore Dame au siécle dernier. Cependant je trouve qu'en 1580 la Terre appartenoit à Louis Du Crocq, Ecuyer, et à Christophe Du Crocq. Louise de Billon, femme d'Antoine de Barillon, Maître des Comptes, morte le 23 Octobre 1585, en est dite Dame en partie, dans son épitaphe à Sainte Croix de la Bretonnerie au chœur, à gauche. Jean de Barillon, Conseiller au Parlement en 1620, étoit Seigneur de Ville-Parisis. Durant le cours du dix-septiéme siécle, M. Gaillard en a été Seigneur et a fait bâtir le Château ; sur la fin du siécle, M. de Rouville ; en 1700, M. Geoffrin ; en 1730, M. de Fremon, qui mourut aussi-tôt qu'il eut acheté cette Terre. Il laissa un fils et une fille. Sa veuve a épousé M. des Utieres, Officier chez le Roi, et depuis peu cette Seigneurie a été achetée par Madame de la Garde, veuve du Fermier Général.

On lit dans l'Histoire des Grands Officiers, qu'il y avoit vers l'an 1516 à Ville-Parisis, une Seigneurie appellée Borde, dont Charles Choart étoit Seigneur.

MONT-SAIGLE, situé au midi de Ville-Parisis sur une montagne assez roide, appartient à un Gentilhomme nommé M. de Bondis, fils d'un ancien Seigneur de Bondis.

CEVREN ou CEVRAN

La Paroisse de ce nom est située à quatre lieues de Paris, à la main gauche du chemin de Meaux, à l'extrémité de la plaine ou des belles campagnes de bled qu'on appelle le pays de France, d'où est venu que quelques-uns l'ont appellée Cevran-en-France, qu'ils écrivent Sevran. Le petit ruisseau qui y passe s'appelle Morée, et prend sa source à demi-lieue de-là, vers Vaujour. Ce pays est cultivé en grains, mais non si abondamment que du côté d'Aunay, Villepinte et Tremblay : étant encore plus froid que les territoires que je viens de nommer, il n'a paru nullement propre à la vigne ; mais il y a des prairies et des pacages. Je ne m'arrête pas à l'étymologie du nom, elle est trop difficile à trouver ; je dirai seulement qu'il y a en Italie, au pays de Bénévent, une ville appellée *Ceperento*, qui est un nom tout semblable à la dénomination primitive de ce lieu.

Cette Paroisse est l'une des plus anciennes du Diocése de Paris. Elle n'est devenue petite que par les démembremens qui y ont été faits. L'illustre Dame Ermentrude qui vivoit vers l'an 700, en fait mention dans son testament, en ces termes : *Vineæ pedatura una sita in monte Blixata quem Leudefredo colit, Baselicæ sancti Martini Ciperente*[1] *dari jubeo.* C'est-à-dire : « Je veux qu'on « donne à la Basilique de Saint Martin de Ceverent, une certaine « piéce de vigne située sur le mont Blixat, qui est façonnée par « Leufroy. » L'Eglise de Cevran est encore actuellement sous le titre de Saint Martin. Il y a plusieurs siécles qu'elle est de la dépendance du Monastere de Saint-Martin-des-Champs. Les Religieux commencerent à avoir du bien en ce Village vers l'an 1060, auquel Arulfe de Montmorency leur donna une Terre qui y est située, appellée dans le titre *Monszelosus*[2] et qui sans doute est la ferme qu'on appelle Monceleux. Mais environ trente ans après un nommé Hadebran les enrichit bien plus considérablement dans le même lieu, puisqu'il leur donna ce qu'on appelloit *totam villam*, ce que la Charte explique en détail : c'est à sçavoir l'autel, l'Eglise, l'*atrium* sans réserve. A l'égard de la Terre ou

*Liturg. Gallic. p. 462.
Supplement. ad Diplomat. p. 92 et 93.*

Hist. de Montm. Preuv. p. 418.

Hist. S. Mart. p. 483.

---

1. Dom Mabillon qui a donné deux fois ce Testament, n'a pas apperçu que *Ciperente* étoit un nom propre de lieu, et que ce n'est qu'un seul mot. L'Imprimeur l'a écrit *ci perente* en deux et sans capitale. Les Eglises de la campagne auxquelles Ermentrude laisse du bien, sont dans le même canton.
2. M. Lancelot a laissé une note manuscrite qu'il croyoit que ce Monceleux étoit le *Moncelli* des diplomes du IX siécle, qui concernent l'Abbaye de Saint Denis : mais il s'est trompé. Ce *Moncelli* ou *Monticelli* étoit un pays vignoble, par conséquent bien différent.

Seigneurie, il la donna à condition qu'il en tiendroit la moitié en fief du Prieur : que le Prieur y établiroit un Maire qui partageroit à chacun sa moitié, et que le Prieur auroit la Justice et la Seigneurie comme étant celui qui jouissoit de la Terre ; qu'en quelque lieu du Village qu'Hadebran choisît de faire sa demeure, il en jouiroit comme d'un terrain de son domaine, sans payer aucun cens[1] ni autre redevance de Coûtume : qu'il auroit des coffres ou armoires et autres meubles dans l'Eglise du lieu, mais *sine arcandio*, terme qui ne se trouve point dans le Glossaire : peut-être s'agit-il de quelque usage Seigneurial ou droit honorifique. Toutes ces conventions furent approuvées par Geoffroy, Evêque de Paris et par Hugues, Comte de Dammartin, qui possedoit ce Village *ex Episcopi casamento*, et aussi par Guerin, fils de Milon qui le tenoit de ce Comte, duquel Guerin Hadebran l'avoit éu. Le même Evêque, par une autre Charte datée du Chapitre de Notre-Dame en l'année 1089, la trente et uniéme année de son épiscopat, donna encore aux Religieux de Saint-Martin deux autels, dont le premier étoit celui de Cevran, et cela du consentement de Dreux, Archidiacre de Paris. Il y spécifie que Hugues, Comte de Dammartin, tenoit ces deux autels par concession bénéficiale des Evêques, duquel Comte Guerin ci-dessus nommé le tenoit, et Milon de Guerin son pere. Depuis ce temps-là les Bulles des Papes Urbain II, Calixte II, Innocent II, Eugene III aussibien que la Charte de Thibaud, Evêque de Paris, vers l'an 1150, confirment la Terre ou l'Eglise, ou les deux ensemble au Prieuré de Saint-Martin.

Hist. S. Mart. p. 486.

Aussi le Pouillé Parisien du XIII siécle marque-t-il parmi les Cures dont la présentation a été cédée à des Communautés par l'Evêque Diocésain, *Cevren Sancti Martini à Campis*. La même chose est dans les derniers Pouillés de 1626 et 1692, à la réserve qu'ils changent l'ancienne maniere d'écrire le nom de ce lieu, qui étoit par un C. Alliot a oublié cette Cure dans son Pouillé de l'an 1648.

La situation de l'Eglise de Cevran sur le bord du ruisseau qui l'arrose du côté du midi, fait que le bâtiment est très-humide, et que ce qu'on y bâtit ne peut pas beaucoup durer. L'édifice de l'Eglise d'aujourd'hui est assez récent et ne paroît avoir que deux cens ans ou environ. Il est très-simplement construit. Il fut permis le 1er Avril 1551 à Charles, Evêque de Megare, d'en faire la Dédicace et d'y bénir trois autels. On n'y voit aucune sépulture. La tour de l'Eglise située vers le midi et plus proche encore du ruisseau que le reste, se ressent de ce voisinage et est même

Reg. Ep. Paris.

---

1. Je croi que *sive in censu* est une faute, et qu'il faut lire *sine censu*.

penchée de ce côté-là. D'un côté est la chapelle de M. le Marquis de Livry, Seigneur haut-Justicier : de l'autre, celle des Religieux de Saint-Martin, Seigneurs de Monceleux, et dont ils ont accordé la jouissance à M. Theresse, Seigneur de la Fossée. Il est fait mention de Leger, Prêtre de Cevrent, dans un titre de l'Abbaye de Livry du XIII siécle, par lequel il est qualifié d'Exécuteur testamentaire de Jeanne, femme d'Aubert d'Athies, Grand-Panetier de France, à l'occasion d'un legs que cette Dame avoit fait à cette Communauté. Ce Panetier du Roi vivoit en 1235, mais il s'appelloit Hugues d'Athies, selon le Catalogue des Grands Officiers. *Chatr. Livriac. fol. 5, capite Eremit.*

La même Abbaye de Livry eut vers ce temps-là un autre legs situé à Cevren même. Hugues, fils de Hugues de Saint-Marcel, qui y avoit un cens de dix sols, en fit présent à cette Maison l'an 1227. Dans le siécle précédent Radulfe d'Aunay et Hugues, son frere, y avoient une moitié de dixme qu'ils avoient engagée pour neuf livres de Provins à l'Infirmier de Saint-Martin. Ils assignerent en 1140 cette portion de dixme située à Cevren pour une partie de la dotation du Prieuré de Mauregard situé au Diocése de Meaux. *Ibid., fol. 70.* *Hist. S. Mart. p. 397.*

Mes recherches ne m'ont fourni que deux ou trois Chevaliers ou Ecuyers anciens surnommés de Cevran, *de Cevranno* ou *Cevreno*. Le premier est Geoffroy, Chevalier de Cevran, qui vivoit en 1168 ; les deux autres sous le regne de Saint Louis. En 1244, Guillaume de Cevran, Ecuyer et Heloyde, sa femme, vendirent à l'Abbaye du Val, proche l'Isle-Adam, des vignes situées à Saint-Leu, proche Taverny. En 1249, Jean Cubaut de Cevren, Chevalier, est nommé en qualité de plege ou caution au sujet d'une vente de terre faite à Roissy-en-France, par Gui le Loup, Chevalier. *Tab. de Valle. Gaignier. p. 215.* *Chart. S.Genov. fol. 295.*

Il y a sur la Paroisse de Cevran 28 feux, suivant le dénombrement des Elections, et 124 habitans selon le Dictionnaire universel de la France. On dit que ce nombre est diminué. Ce lieu étoit peut-être encore moins considérable au XII siécle. Pour contribuer à le peupler, les Religieux de Saint-Martin obtinrent de Gui, Seigneur de Montjay, qu'il fût permis aux habitans de Cevran de se servir de tout le terrain de l'Aunois qui seroit converti en labour. Entre les plus considérables témoins de cette concession, parurent de la part du Prieur de Saint-Martin, Geoffroy de Cevran, Chevalier, déja ci-dessus nommé, et Faucher, Maire du même village. *Hist. S. Mart. p. 194.*

· On connoît au côté droit du ruisseau trois ou quatre lieux tant en fermes qu'en fiefs : Monceleux, Rougemont et Fontenay, et outre cela le fief de Fourchelles, qui est apparemment celui que la carte appelle la Fossée. Il est fait mention de deux de ces lieux dans le Cartulaire de Livry, à l'an 1255. On y lit que cette Abbaye acheta de Philippe de Fontenay, Chevalier, et autres, cinq arpens de terre labourables proche le bois de Rougemont. De plus, que Raoul de Livry, Clerc, donna vers l'an 1280 à la même Abbaye sept arpens de terre au territoire de Livry et de Fontenay. Ce Raoul s'étant fait Dominicain, donna à cet Ordre trois arpens dans les essarts de Fontenay, que le Couvent vendit à la même Abbaye.

Chart. Livriac. fol. 3.

La ferme de Rougemont appartient à Messieurs de Saint Lazare de Paris.

Du tems de la derniere rédaction de la Coutume de Paris en 1580, Charles Maheu, Avocat, étoit Seigneur haut-Justicier de Cevran.

Procès-verbal, édit.1678, p. 637.

De nos jours M. Sanguin, Comte de Livry, est Seigneur du même village de Cevran.

LIVRY

Ce Village, situé à quatre lieues de Paris, dans la contrée appellée l'Aunoy, est devenu célébre par ses Seigneurs et par l'Abbaye qui y est fondée. Son étymologie vient de *Liberius*, nom romain d'un des premiers possesseurs, d'où a été formé *Liberiacum* et par altération *Livriacum*. Il est placé sur la pente d'une montagne dont l'aspect donne entierement sur le nord, et fait découvrir à plein les vastes campagnes de bled du Parisis. Les premiers titres où il est nommé sont du XII siécle. Le terrain du bas est sabloneux, et dans le haut sont des vignes bien cultivées, et quelques bois. Le dénombrement de l'Election y a marqué 110 feux, mais il n'y en a gueres qu'environ 80. Le Dictionnaire universel a varié sur le nombre des habitans, et a commis plusieurs erreurs sur ce Village.

Il n'y avoit originairement à Livry qu'une Chapelle, et un Château possédé par de puissans Seigneurs. La nomination de la Cure appartient au Prieur de S. Martin-des-Champs, comme étant apparemment un démembrement de la très-ancienne Paroisse de Cevran, qui en effet auroit été très-peu considérable pour une Paroisse subsistante dès l'an 700, si elle n'avoit pas eu des habitans sur le côteau dit Livry. Dès le commencement donc du XII siécle qu'il y eut une Chapelle bâtie à Livry, alors simple hameau, cette Chapelle se trouva toujours jointe en un seul et même article avec l'Eglise de Cevren dans les Bulles de Calixte II de l'an 1119, d'Innocent II et d'Eugene III, postérieures de quelques années, qui toutes marquent la Chapelle de Livry et sa dixme par forme d'appendice à l'Eglise de Cevran. Cette Chapelle étoit, comme on verra ci-après, différente de celle du Château, laquelle est d'un établissement postérieur, et ne fut fondée que depuis l'érection de l'ancienne Chapelle du hameau en titre Curial vers l'an 1200 environ, dans le temps même de la fondation de l'Abbaye.

Le premier vestige que j'aie trouvé de la Cure de Livry, est une Charte de Pierre de Nemours, Evêque de Paris, de l'an 1212, dans laquelle, approuvant la fondation d'un Chapelain faite par Guillaume de Garlande en sa Chapelle de Livry, il ajoute qu'il veut que la présentation à cette Chapelle appartienne au Prieur de Saint-Martin-des-Champs, de même que la présentation à l'Eglise Paroissiale du lieu. Le même Evêque avoit donné en 1210 des Lettres qui supposoient déjà un Curé à Livry et une Eglise Paroissiale : *Notum facimus*, dit-il, *quod Abbas et Conventus de Livriaco dederunt Presbytero de Livriaco domum suam quam habebant apud Livriacum contiguam Ecclesiæ de Livriaco, etc.* Par le reste de l'acte on voit que c'est une vente que les Chanoines Réguliers firent au Curé, et non un pur don. Ce Curé est appelé *Orricus Presbyter de Livriaco* dans d'autres Lettres de la même année, par lesquelles l'Evêque de Paris atteste qu'une Dame appellée Eufemie, s'est servie des mains de ce Curé pour léguer à l'Abbaye de Livry la cinquième partie de ses héritages. Ce même Curé qui avoit eu le malheur de donner dans les hérésies d'Amaury, fut épargné plus que d'autres. Cesaire d'Hesterbach assure qu'il étoit sexagenaire, et qu'il ne fut pas condamné au feu, mais à être enfermé. Du Boulay l'appelle *Ulricus de Lucri*; mais il faut lire *de Livri*. Il est aussi fait mention à l'an 1237, de la vigne du Prêtre de Livry, située à Livry même. Outre la Charte de 1212 ci-dessus citée, qui assure la nomination de la Cure à l'Eglise de Saint-Martin-des-Champs, le Pouillé Parisien écrit vers le même temps y est formel, et c'est ce qui a été suivi par tous les autres rédigés depuis. L'Eglise Paroissiale n'a rien de curieux, elle est neuve, fort petite, bâtie en maniere de Chapelle, sans aîle, et n'ayant au portail qu'une tour fort basse. L'ancienne Eglise étant fort enfoncée en terre, on avoit obtenu permission de la rebâtir au bas du Village sur le grand chemin, après information faite en 1697 par M. l'Abbé Bignon. Mais ensuite l'Archidiacre aima mieux élever le terrain et la construire au même lieu.

Elle est sous le titre de Notre-Dame, et l'Assomption est la Fête patronale. On y voit du côté méridional, c'est-à-dire à droite du

Hist. S. Mart. p. 484. Chart. Ep. Par. fol. 73.

Chart. Livriac. fol. 58.

Ibid., fol. 3.

Hist. Univ. Par. T. III, p. 50.

Chart. Livriac. fol. 3.

Reg. Arch. Par. 6 Sept. 1697.

chœur, une chapelle dans laquelle est la tombe d'un M. Sanguin qui étoit Seigneur de Livry vers l'an 1650. Le Pouillé Parisien de 1648 marque une Chapelle ou Chapellenie dans l'Eglise de Livry. Cette Chapelle moderne est peut-être bâtie en mémoire d'une autre : car l'ancienne qui étoit dans le Château subsistoit dès l'an 1200. Il est certain au moins qu'en 1212 Guillaume de Garlande l'appelle *sa Chapelle de Livry*, et y attacha alors pour l'entretien d'un Chapelain cent sols parisis assis sur sa cense de Montreuil ; plus un arpent de vigne et une maison à Livry, et en outre dix-huit sextiers de bon mêteil à prendre chaque année à la Toussaint en sa grange de Livry. Cette Chapelle au reste parut suppléer à celle qui dès l'an 1119 avoit appartenu en ce lieu au Prieuré de Saint-Martin, dont les revenus furent apparemment attachés à la Cure lors de son érection vers l'an 1200. Quoi qu'il en soit, Marrier, historien de Saint-Martin-des-Champs, avoit vu dans les Archives de ce Monastere quelques titres dans lesquels une des Chapelles de Livry qui en dépend pour la nomination, porte le nom de Condreil. Il semble même qu'il veut la distinguer de celle du Château.

M. de Valois parle de Livry avec distinction. Il s'est fondé sur l'Abbé Suger en sa vie de Louis le Gros, pour le mettre dans le rang des Châteaux qui forment chez lui un traité séparé. Cet Abbé de Saint Denis écrit que le Château de Livry étoit très-fortifié du temps de ce Prince ; que ces fortifications furent détruites néanmoins en un seul mois, et que dans le mois suivant elles furent refaites plus solidement qu'auparavant, de l'argent fourni par le Roi d'Angleterre, ce qui affligea fort Payen, Sieur de Montjay. Suger ajoute, quelques pages après, un fait qui se trouve placé à l'an 1128 dans une chronique de Lagny : c'est qu'il s'éleva une contestation importante entre Louis le Gros et Amaury de Montfort ; Etienne de Garlande prit le parti d'Amaury. Le Roi d'Angleterre et Thibaud, Comte de Champagne, les appuyerent de leur côté ; de sorte que Louis conduisit promptement une armée contre le château de Livry appartenant à Etienne, et l'attaquant avec toutes les machines de guerre usitées alors, il en devint maître. Mais comme Raoul, Comte de Vermandois, son cousin, avoit perdu un œil à cette attaque, et que le Roi lui-même y avoit été blessé à la cuisse d'un carreau lancé par une machine, ce Prince ordonna que le Château fût absolument détruit de fond en comble. Suger appelle ce Château en latin *Livriacum*, de même que les Bulles de ce temps-là lorsqu'elles parlent de la Chapelle. M. de Valois croit avec raison que *Livriacum* est le mot *Liberiacum* altéré par l'usage, et que le premier qui a possédé cette Terre et y a bâti un Château dut être un Romain-Gaulois appelé *Liberius*.

Les Sieurs de Garlande relevèrent sans doute par la suite des temps les ruines de leur château de Livry. Cette Terre n'étoit pas encore sortie de leur famille au commencement du XIII siécle. Guillaume de Garlande en étoit Seigneur dans les années 1186, 1197, 1200. Il est aussi qualifié Seigneur de Livry dans un acte d'environ ce temps-là, par lequel il quitte à l'Abbaye de Saint-Maur le droit de panage qu'elle a dans le bois d'Evron [1], et de Martel. Le château de Livry fut donné aussi vers le même temps par Guillaume de Garlande en douaire à Alix de Châtillon, sa femme, avec la moitié des terres qui en dépendoient, pour en jouir après la mort de sa mère [2]. Le même Seigneur de Livry confirma en cette qualité l'an 1202 les donations faites par Guillaume son père à l'Abbaye de Livry pour l'ame de Thibaud, son frère. Ce fut aussi lui qui fonda en 1212 une nouvelle Chapelle à Livry. Je parlerai ci-après de cette Abbaye et de cette Chapelle. Il paroît, par un titre de la même Abbaye, que le Comte de Grandpré avoit une censive à Livry l'an 1245. De plus, par un autre titre de l'an 1268, Henri Chevalier, fils du Comte de Grandpré et Laure sa femme, détachent plusieurs biens de cette Terre pour les donner à la même Maison : à sçavoir un étang, des bois situés entre l'Abbaye et le chemin qui conduit de Paris à Meaux, et une autre piéce de bois située entre le chemin de Guagny et celui du lieu dit la Mainferme. Comme ces Comtes de Grandpré faisoient souvent leur residence à Livry ou aux environs, les Religieux de Livry leur permirent en 1269 de chasser dans tous les bois que la Maison possédoit. Marie, Comtesse de Grandpré, leur avoit donné dès l'an 1231 pour le logement de deux Chanoines, Prêtres, qui prieroient pour elle et pour H. son mari, une maison dans ce dernier lieu, dont je ferai ci-après un article particulier.

Chart. Livriac.

Chart. Fossat.

Hist. des Gr. Off. T. VI, p. 32.

Chart. Livriac. fol. 3 et 4.

Chart. Livriac. fol. 3 et 4.

Ibid. Charta 127.

Sur la fin du même siécle Pierre de Chambly, Chevalier, Seigneur de Wirmes ou Viermes, avoit été gratifié par Philippe le Hardi de huit vingt livres de rente sur la terre de Livry en l'Aunois *et du manoir sans pris qui estoit gasté et deschu,* pour le récompenser et son pere des services qu'ils avoient rendus à Saint Louis. Ce même Pierre de Chambly fit depuis (sçavoir en 1302) un traité avec Philippe le Bel, dont je ne puis mieux marquer la substance qu'en me servant des termes du volume d'où j'ai eu connoissance de cet acte : *Littera Petri de Chambliaco Domini de Wirmes Militis, per quam concessit Domino Regi grossam fugam sive chassiam in boscis suis de Livriaco, de Alneto, de Courberon et aliis boscis suis circum vicinis, sub conditione in littera con-*

Brussel, Traité des Fiefs, T. II, p. LXXXVI tiré d'un acte de 1320.

Cod. Reg. 6765, fol. 303.

---

1. C'est ce qu'on appelle autrement Avron au-dessus de Villemomble.
2. Cette mere se nommoit *Idonea,* selon un titre de l'Abbaye de Livry de l'an 1186.

Reg. Concord. in Parl.	tenta de anno 1302. En 1351 et 1352 Jeanne de Chambly (la même peut-être que Jeanne de Trie aussi alors vivante) étoit Dame de Livry : elle plaidoit alors tant en son nom, qu'en celui de Charles
Troisième Cart. de l'Abbaye de Livry, fol. xi.	son fils dont elle avoit la garde. En 1366 ce Charles de Chambly étoit Seigneur de Livry. On le trouve déclarant alors par un acte que son clos est en friche et *savard*. En l'an 1403 un de la famille de Chambly étoit encore Seigneur de Livry. En cette année, le
Gall. Chr. T. VII, col. 834.	3 Mars, Robert, Abbé de Livry, lui rendit hommage pour la terre de Brichet située à Bondies. Depuis ce temps-là il n'est plus fait mention des Chambly par rapport à Livry.

L'Histoire des Grands Officiers de la Couronne (Tome VII, page 15) fournit ici la suite de quelques Seigneurs de Livry. Ancceau de Villers l'étoit en 1358. Jacques de Villers, mineur, l'étoit en partie l'an 1391. Pierre de Villers est aussi qualifié dans la même année Seigneur de Livry et Chambellan du Roi. Jean de Villers en 1426. Rien cependant ne me détermine à décider qu'il s'agisse ici de Livry-en-l'Aunois : mais c'est sûrement de Livry, Diocèse de Paris, qu'ont été Seigneurs ceux que je vais nommer.

Hist. des Maitres des Req. p. 132.	Hugues Rapiout, Maître des Requêtes, acheta cette Terre après l'an 1424, et il fut exempt des droits de quint et requint dus au Roi, en considération de ce qui lui étoit dû pour le reste du paiement de son ambassade vers les Ducs de Savoye et de Lor-
Sauval. T. III, p. 364.	raine. Ce qu'on lit dans les Antiquités de Paris nous persuaderoit que Charles Rapiout, Ecuyer, en jouissoit de la moitié l'an 1461 comme héritier de Hugues, si ce n'étoit qu'ailleurs il est marqué à l'an 1437 ou 1438 que la terre de Livry appartenoit au lieu de Charles Rapiout, à Simon-Charles, Président des Comptes, par
Mem. de la Chambre des Comptes.	un don du Roi. Peut-être ne s'agissoit-il que de la moitié. L'autre moitié étoit possedée par Colette du Val, veuve de Hugues ; mais lorsqu'elle fut décédée, cette moitié étant avenue au Roi par droit
Ibid., p. 404.	d'aubaine, Louis XI, par Lettres du 7 Avril 1467, la donna à Jean, Prévôt, l'un de ses Secrétaires. Il est qualifié ailleurs et à la même
Ibid.	occasion de Contrôleur de la recette générale des Finances. Un
Sauval, T. III, p. 502.	compte du Domaine de Paris de l'an 1492, marque à cette même année la réunion de Livry à ce Domaine.

Dès le commencement du siécle suivant, la terre de Livry étoit passée dans la famille des Sanguin de Paris. Un acte du mois de Décembre 1510, fait mention de Simon Sanguin, Ecuyer, Seigneur de Livry [1]. Nicolas Sanguin se joignit comme Seigneur de Livry aux habitants l'an 1512 pour maintenir contre le Seigneur d'Aunay l'usage où ils étoient de prendre genets et genèvre aux pacages de

---

1. C'est apparemment d'un autre Livry qu'étoit Seigneur Nicolas Lecoq, Conseiller au Parlement, puis Président en la Cour des Aydes, mort le 31 Août 1528. (Hist. des Gr. Offic., Tom. II, pag. 107.)

la queue d'Aunay. Dans le Procès-verbal de la Coûtume de Paris de l'an 1580 (Edit. 1678, page 642), comparut Jacques Sanguin, Conseiller du Roi, Lieutenant-Général des Eaux et Forêts de France, Seigneur et Chastelain de Livry en l'Aunoy. Enfin, dans les Registres du Parlement se trouve au 25 Mai 1689, l'enregistrement des Lettres-Patentes en faveur de Louis Sanguin, Seigneur, Chastelain de Livry, premier Maître d'Hôtel du Roi, portant érection de la Terre, Seigneurie et Châtellenie de Livry en titre de Marquisat. Ce Seigneur avoit épousé Antoinette de Beauvilliers de Saint Agnan, et est décédé le 6 Novembre 1723. Louis Sanguin, son fils et son successeur, Lieutenant-Général des Armées du Roi, mourut dans ce Château le 3 Juillet 1741, âgé de 63 ans.

Le titre de Châtelain que portoient les Seigneurs de Livry-en-l'Aunois est très-ancien : dès le XIII siécle, pour distinguer ce Livry des autres qui sont dans le Royaume, on disoit *Livry le Chastel*. C'est ainsi que s'exprime un titre de l'an 1296. Et même le Seigneur est marqué dans le rang des cinquante-neuf Barons du Royaume sous Philippe-Auguste. Aussi voit-on que sous le regne de Saint Louis ce lieu étoit fermé de murs. Le Cartulaire de l'Abbaye fait mention à l'an 1249 d'une maison de Livry située proche la porte. Il y avoit encore à Livry au XVI siécle un fief appellé le Fief de la Poterne, possedé par Pierre, Chevalier, et tenu du château de Livry. On lit qu'il étoit situé devant l'Eglise Paroissiale, et qu'il touchoit d'un côté à la basse-cour du même Château. Ce Château qui avoit donné la dénomination à Livry, et qui avoit été rebâti plusieurs fois, avoit encore quelque apparence au commencement du dernier siécle, que Châtillon le fit graver dans sa Topographie publiée en 1610. Le même a donné pareillement dans son Livre la représentation d'un Château du nom de la Héronniere qu'il qualifie de Maison Royale. Ce Château est presque tombé en oubli : il devoit être proche Livry, et l'on croit en voir les ruines entre le Village et l'Abbaye dans un triage de bois proche un moulin, où il y a des restes de maisons ou platrieres découvertes.

Chart. Livriac. *fol. 20.*

Ibid., fol. 71.

Ibid. fol. 84 et 91.

Cl. Châtillon, Topogr. fol. 16.

Mais soit que nos Rois se fussent conservé encore une maison à Livry, ou qu'ils aient logé dans le Château Seigneurial situé sur le côteau, on voit qu'ils y ont quelquefois résidé au commencement du quatorziéme siécle. Ce fut à Livry que Philippe le Bel fit expédier une Charte du mois d'Octobre 1305, plus d'autres Lettres au mois d'Août de l'an 1311 : *Actum Livriaci*. Ce fut aussi à Livry que Philippe le Long en fit expédier d'autres au mois de Juin 1317. Quelques mauvais copistes ayant écrit à la fin de cette Ordonnance Livry en *Aulnis*, au lieu de Livry en *Aulnois*, un

Trés. des Chart. Reg. 37, Piéce 94 Sauval, T. III, p. 652. Ordonn. Royal. de Laurière et Secousse.

Sçavant (M. de Lauriere en ses Ordonnances), s'est imaginé que ce Prince étoit alors dans le pays d'Aunis proche la Rochelle.

Il y a eu sur le territoire de la Paroisse de Livry, tel qu'il est aujourd'hui, outre l'Abbaye du nom de Livry, un Prieuré appellé Raincy, dont je parlerai ci-après ; et même avant que de parler de l'Abbaye, parce qu'il est plus ancien.

Chart. Livriac. fol. 2. Le four du village de Livry fut donné sur la fin du douziéme siécle à la nouvelle Abbaye du même nom, et ce don fut confirmé par Philippe-Auguste en 1197.

Au milieu des vignes qui sont sur la hauteur en allant à Clichy, est une fontaine dont les eaux paroissent depuis peu avoir changé de qualité. On a remarqué que depuis qu'on y a accommodé un bassin pour en contenir les eaux, et qu'on a facilité leur écoulement du haut de la montagne par le moyen de certains canaux plâtrés, avec une voûte de pareille matiere pour les couvrir, elles ne sçauroient plus cuire les pois ni les choux, qui ne font que rougir en bouillant.

Dans le bas du Village l'eau n'est pas si facile à trouver que sur le haut. Les puits qu'on y a creusés ont encore douze toises de profondeur.

On pourroit croire en lisant la Chronique de Guillaume de Nangis à l'an 1151, dans l'édition du Spicilege in-folio, T. III, que Thibaud, célébre Comte de Champagne, auroit été inhumé à Livry. L'imprimé porte *Livriaco sepelitur ;* mais c'est une faute d'impression. Il faut lire *Latiniaco* au lieu de *Livriaco.*

Il ne s'est présenté dans mes recherches aucun homme natif de Livry plus mémorable qu'un nommé Radulf, Clerc, lequel se fit Dominicain au Couvent de Paris quelques années après la mort *Chart. Livr. ad* de Saint Dominique. Ses vignes de Livry qu'il avoit données au *an. 1237.* Couvent en prenant l'habit, furent vendues par Pierre, alors Prieur, à l'Abbaye de Livry.

Madame du Plessis-Bellievre a une belle maison bourgeoise à Livry, à gauche du chemin qui traverse.

RAINCY

Comme le château de Raincy est aujourd'hui de la Paroisse de Livry, c'est ici la place de parler d'un Bénéfice qui subsistoit dans le lieu où ce Château est situé. L'Abbaye de Tiron, de l'Ordre de Saint Benoît, au Diocése de Chartres, étoit, il y a six cens ans, en grande réputation de régularité. Une colonie de cette Maison vint demeurer au Diocése de Paris, on ne sçait pas précisément le temps ; mais ce fut sans doute au douziéme siécle, lors de la ferveur de cette Congrégation. Ils y établirent un Prieuré dont on ignore les Fondateurs [1]. Il falloit que vers le commencement du regne de Saint Louis leur établissement fût déja ancien. En 1238, ils jouissoient d'un territoire de certaine étendue. Ils avoient une censive particuliere. Leur Monastere s'appelloit en latin *Rinsiacum*, et leurs dépendances *censiva monachorum Ordinis de Tyrone*, ou *censiva Prioris de Reinsiaco*, ou enfin *Territorium monachorum de Reinsiaco*. Il paroît par plusieurs titres de cette année-là et de la suivante, que les terres qu'on leur avoit données en les fondant étoient propres à la vigne [2]. Simon de Bondies, Ecuyer, et d'autres particuliers possédoient plusieurs piéces de vigne sur la censive du Prieuré de Rainsy : sept arpens de vigne qu'un Chanoine de Troyes donna à la maison de la Mainferme, dépendante de l'Abbaye de Livry, l'an 1239, étoient situés à Rainsi. Son acquisition avoit été confirmée par Gervais, Abbé de Tiron, comme Supérieur des Moines de Rainsy. L'Abbé de Tiron reconnut en 1254 que ce Prieuré et les trois autres que son Abbaye a dans le Diocése de Paris, doivent chacun cinquante sols de procuration à l'Evêque de Paris. Je ne vois point pourquoi ce Prieuré de Rainsy n'est pas au Catalogue de ceux du Doyenné de Chelle dans le Pouillé Parisien du treiziéme siécle ; mais il est marqué doublement dans celui de 1648 (pages 76 et 80) et dans celui du Sieur Le Pelletier. Ce dernier (page 49) l'appelle Raincy ou les Raimsis, sans dire que la raison de cette variété est qu'il y a dans la carte *le Raincy* tout simplement, et le petit Raincy situé tout auprès en tirant vers Villemomble.

Chart. Livriac. fol. 67 et 68.

Ibid. fol. 67 et 68.

Invent. tit. Ep. Paris.

La construction d'un Château en ce lieu faite il y a environ cent ans, et l'aggrandissement du jardin, ont fait disparoître l'Eglise ou Chapelle alors appellée de Saint Blaise, qui étoit au milieu des champs avec quelques foibles restes de Monastere. Le Sieur Bordier, Secrétaire du Conseil d'Etat et des Finances, se munit pour cela du consentement de l'Evêque de Metz, Abbé de Tiron, et de celui des Religieux de la même Abbaye. Guillaume Pinot, Chanoine du Sépulcre, à Paris, et Prieur de Rainsy, avoit déja fait des échanges convenables au bénéfice et au Sieur Bordier. Gui de la Vacquerie, son successeur, les consomma. Il avoit d'a-

Reg. Arch. Par 4 Jan. 1650.

---

1. On trouve dès l'an 1140 ou environ un membre de Tiron appellé *B. Maria de Rensio*, qui est un nom fort approchant de celui-ci. Ce lieu est spécifié dans une Bulle d'Eugene III de l'an 1147, en faveur de l'Abbaye de Tiron. *Gall. chr. T. VIII, p. 329*. Mais il est dit placé dans le Diocése de Bayeux ; ce qui me fait soupçonner qu'il y a quelque transposition dans cette Bulle.
2. Le nom de Rainsy paroît être formé de ce que ç'a été un hameau tout en bois, car par *rains de bois* on entendoit autrefois rameaux ou branchages ; de-là vient que la ville de Reims a pris pour armes parlantes deux branches d'arbres ou rameaux entrelacés.

bord été arrêté que le service du Prieuré seroit transferé en la Chapelle de l'Hôtel de Tiron, à Paris, et que les ossemens qui se trouveroient dans la vieille Chapelle seroient portés à l'Eglise ou Cimetiere de Villemomble. Après la visite faite du Prieuré par André du Saussay, Vicaire Général de l'Archevêque, l'Eglise fut abbattue ; mais ce fut dans la chapelle de Saint Pierre de l'Eglise de Saint Gervais de Paris que le service du Prieuré fut transferé avec la relique de Saint Blaise, du consentement du Curé et des Marguilliers, moyennant une certaine somme. Le contrat est du 13 Décembre 1649.

Le château de Rainsy fut donc alors bâti par Jacques Bordier, Conseiller et Secrétaire du Roi que quelques-uns assurent avoir aussi été Chancelier de la Reine. Son nom s'est conservé dans les Archives de l'Abbaye de Livry et dans les Registres du Parlement, à l'occasion de l'échange que Christophe de Coulange, Abbé de Livry, fit avec lui de cinquante arpens de bois pour un fonds de terre de trois cens livres de rente. On assure que la construction de ce Château lui coûta quatre millions cinq cens mille livres. La permission qu'il avoit obtenue du Roi d'enclore certaines terres dans son parc, fut registrée en Parlement le 22 Août 1652. Zeiller, en sa Topographie de France gravée en 1655, l'a représenté par les deux faces. Ce Château est un grand corps de logis composé de trois pavillons, dont celui du milieu est plus élevé que les autres et est arrondi par les extrémités. Le Sieur Piganiol de la Force en donne une description un peu plus longue, sans faire mention de la cuisine qui est un hors-d'œuvre singulier à l'entrée de la cour du Château à main gauche, et dans laquelle on descend par un perron très-bien travaillé. Le salon est une piéce estimée pour les peintures, de même que l'appartement du Roi. Après le Sieur Bordier, cette Terre appartint à Madame la Princesse Palatine, dont les héritiers la vendirent à M. Sanguin. On peut voir dans un ancien Journal la relation de la Fête que M. le Marquis de Livry, premier Maître d'Hôtel du Roi, qui avoit acheté ce Château, y donna au mois de Juillet de l'an 1688 à M. le Dauphin, lorsqu'il prit le plaisir de la chasse dans la forêt. Ce Prince vint encore au Raincy et à Livry le Lundi 7 Juin de l'an 1700 avec M. le Duc de Bourgogne. Comme il n'y a plus forme de Château dans le village de Livry, ce lieu de Raincy s'appelle Livry-le-Château. C'est ainsi qu'il est nommé dans une requête que le Marquis de Livry présenta la même année au Cardinal de Noailles.

Il y expose que le Château ci-devant appellé le Raincy, [qui] est à présent Livry-le-Château, en conséquence de Lettres-Patentes du mois de Juin 1697 registrées le 9 Août suivant, étoit autrefois de la Paroisse de Villemomble ; que le Sieur Bordier l'ayant acquis avec la Terre et Seigneurie de Bondis, souhaita qu'il fût de la Paroisse de Bondis, ce qui fut accordé en 1660, en indemnisant le Prieur de Villemomble, et lui payant six livres par an. Qu'ensuite cette Terre a été acquise par Madame la Princesse Palatine, des héritiers desquels lui Sanguin l'a achetée ; que le Roi ayant incorporé ce Château au Marquisat de Livry, il a intérêt qu'il soit aussi de la Paroisse, surtout depuis qu'il a aliéné la terre de Bondis, et qu'il offre de payer six livres par chaque année au Curé de Bondis de même qu'il fait au Prieur de Villemomble. L'Archevêque approuva la distraction pour le spirituel et statua *Reg. Arch. Par.* le 10 Octobre 1700, que le Seigneur de Raincy, dit Livry-le-Château, payeroit vingt livres par an au Curé de Bondis et six livres à la Fabrique, sans préjudice des droits de dixme que le Curé pourroit prétendre sur les lieux distraits.

ABBAYE DE LIVRY

Cette Abbaye doit son commencement à une Chapelle située proche Livry et dans la forêt du même nom, que Guillaume de Garlande, Seigneur de Livry, et Idoine, sa femme, voulurent en 1186 être desservie par des Chanoines Réguliers de l'Abbaye de Saint-Vincent de Senlis. Le Roi Philippe-Auguste, en considération d'Eudes de Sully, nouvel Evêque de Paris, qui succéda à Maurice jusques dans son zéle pour établir de nouvelles Maisons Régulieres, accorda d'abord en 1197 une somme de quarante livres pour aider à y établir une Abbaye, et confirma ensuite les autres donations faites par Guillaume de Garlande ; ensorte que dès l'an 1200 l'Abbaye se trouva fondée, et l'Eglise dédiée sous le titre de Notre-Dame, les quarante livres d'argent étant dès-lors converties par le Roi en seize muids de bled à prendre sur la Ferme Royale de Gonnesse.

Mais les revenus de cette Maison ne tarderent gueres à être augmentés par la réunion des biens de la Communauté des Ermites de Montfermeil, établis trente ou quarante ans auparavant dans un vallon de cette Paroisse qui étoit appellé Val-Adam, du nom du Fondateur. La ressemblance de la vie des Chanoines de Livry avec celle de ces Ermites, qu'on appeloit aussi les Bonshommes, étoit cause qu'on avoit aussi qualifié de Chanoines ces mêmes Ermites long-temps avant leur réunion.

Il y eut outre cela une Chapelle érigée dans la Brie en forme de Prieuré, où l'on établit des Chanoines Réguliers de Livry ; en sorte qu'avant l'écoulement d'un siécle depuis la fondation de l'Abbaye, on la vit posséder les biens de deux autres petites maisons : cette derniere s'appelloit le Cormier, et étoit située sur la Paroisse de Roissy en Brie, où j'en parle.

On peut y ajouter la Maison de la Mainferme peu éloignée de Livry, dans laquelle il se forma pareillement une espéce de Communauté sous la dépendance de la même Abbaye. J'en parlerai ci-après plus au long.

Il est de tradition en cette Abbaye, que les premiers Chanoines Réguliers qui y ont habité, portoient la robe rouge à l'exemple de ceux de Saint-Vincent de Senlis ; mais quoique cette Maison de Saint-Vincent fût en relation avec celle de Livry, elle ne s'y est jamais arrogé aucun droit sur le spirituel ni sur le temporel, et celle-ci ne fait voir qu'elle en a été détachée, qu'en solemnisant avec octave la Fête de S. Vincent. Ce saint Diacre y a été long-temps représenté au vitrage de l'Eglise proche le grand-autel, avec quatre vers latins rapportés dans le *Gallia Christiana,* d'où j'ai puisé ces derniers faits. C'est aussi dans cet ouvrage que l'on apprend que l'Abbaye de Rosche de l'ordre de Saint Victor au Diocése de Paris, au-delà de celle de Port-Royal, a été originairement soumise à celle de Livry.

Gall. Chr.
T.VII, col. 829.
Ibid.
col. 832 et 848.

Le bâtiment de l'Eglise de Notre-Dame de Livry, qui est assez petit, ne paroît pas être du temps de la fondation. Ce ne seroit pas le premier qui auroit été renouvellé sans qu'on en sçache l'époque. Mais en le rebâtissant, on y a conservé plusieurs anciennes tombes dont quelques-unes sont visiblement changées de leur situation primitive. Je n'en rapporterai que trois qui couvrent la sépulture de trois personnes étrangeres à cette Abbaye ; elles sont dans la nef.

La premiere est du XIII siécle, et représente un Prêtre tenant un livre, avec cette inscription en capitales gothiques : *Hic jacet Albericus Presbyter de Grodolio parvo* (du petit Grolay).

Sur la seconde est figuré un Prêtre tenant un calice, avec cette épitaphe en mêmes caracteres que ci-dessus : *Hic jacet Galfridus de Salicibus, carissimus in Domino beatæ Mariæ de Livriaco, quondam Presbyter sancti Martini de Palatio* (Palaiseau) : *cujus anima requiescat in pace. Amen.* avec des Anges qui encensent son visage, suivant l'ancien usage de faire encenser les Prêtres par deux Enfans de chœur durant leurs funérailles.

Ces deux tombes sont plus étroites aux pieds qu'à la tête, ainsi que la suivante.

Cette troisiéme tombe mise aujourd'hui de travers, représente un homme tête nue avec une robe longue et une ceinture placée fort bas. On lit autour en capitales gothiques : *Hic : jacet : Simon : nepos : Lupi : Militis : Anima ejus requiescat in pace. Amen.*

La plus belle des tombes que l'on apperçoit dans cette nef, étoit autrefois dans le chœur au bas des degrés du Sanctuaire : on y voit la représentation des deux Abbés de Livry qui étoient freres, et qui se sont succédé l'un à l'autre ; ils y sont revêtus d'habits sacerdotaux à l'antique, ayant chacun leur crosse, tête nue, grande tonsure et cheveux très courts. Ils gouvernerent cette Abbaye depuis l'an 1323 ou environ jusques vers l'an 1370. L'inscription est conçue en mauvaises rimes du temps de Charles V :

> *Hi duo prelati*
> *Fratres patre matreque nati*
> *Sunt Arnulfus, Robertus strati*
> *Peccato sint liberati*
> *Pastoris baculo hic tumulati*
> *Assunt sub tumulo, cum Christo sint comitati*
> *Qui scriptum legere noverit, dicat.* Miserere.

L'Auteur de cette épitaphe a oublié de marquer le nom de famille de ces deux freres.

Je ne parle pas de la sépulture du célébre Mauburn, premier Abbé Réformé de ce lieu, ni de celle de René Koetken, troisiéme Abbé de la Réforme, qui avoit été Maitre de Mauburn dans les Pays-Bas, non plus que de la tombe de Nicolas Grevin, Prieur, conservée dans la nef. *Gall. Chr. T. VII, p. 838, 839, 843.*

On connoît quarante-deux Abbés de cette Maison, dont le premier, appellé Guillaume, siégeoit en 1201. Le second, nommé Achon, fut tiré de S. Victor de Paris. Il ne se présente rien de fort remarquable dans le temps des anciens qui siégerent durant les trois premiers siécles de l'établissement, sinon qu'au bout de ce temps elle parut avoir besoin de réforme, et que l'Abbé Philippe Bourgoin qui la gouvernoit encore en 1490, s'étant démis, les Chanoines Réguliers Réformés de Saint-Severin de Château-Landon y furent appellés vers la fin du siécle.

Philippe avoit eu pour successeur en 1492 Charles du Haultbois, Conseiller au Parlement, qui tint le premier cette Abbaye en Commende, mais qui ne la garda que six ou sept ans. Ce fut après sa démission que le délai d'élection de la part des Religieux, obligea Jean Simon, Evêque de Paris, d'y nommer *jure devoluto pro hac vice*, Frere Jean Mauburn, Chanoine Réformé de l'Ordre de Saint Augustin, résidant alors à Château-Landon où il venoit d'introduire la réforme de la Congrégation de Windeseim en Allemagne dont il étoit. Cette nomination Episcopale datée du 2 Décembre 1499, n'eut point lieu, apparemment par le refus de Jean Mauburn. Nicolas Hacqueville, Chanoine de Paris et Conseiller au Parlement, qui avoit fort à cœur d'étendre la réforme de Windeseim ou de Saint Severin, devint Abbé Commendataire de cette Maison dans la même année. Pendant ce temps-là on se dépêchoit de former à Saint-Severin de Château-Landon, suivant le nouvel institut, plusieurs jeunes gens de bonne volonté tirés du College de Montaigu à Paris et élevés par M. Standon. La durée de la vie de l'Abbé de Hacqueville ne répondit point à l'ardeur de son zéle. Il ne jouit de l'Abbaye gueres qu'une année. Jean Mauburn qui étoit devenu Prieur de Clichy au-dessus de Livry par la démission de Guillaume Chauvin et par la collation du du Vicaire Général de l'Evêque de Paris, permuta ce Prieuré le 21 Novembre pour l'Abbaye ; outre cela il fut encore nommé par l'Evêque de Paris le 9 Avril suivant, après le décès du Sieur de Hacqueville.

Gall. Chr. T. VII, col. 835.

Reg. Ep. Paris.

Ibid.

Ce Jean Mauburn étoit de Bruxelles, ce qui fit que quelquefois on l'appella Jean de Bruxelles. Entre plusieurs Monasteres de Chanoines Réguliers qu'il réforma, il s'attacha principalement à celui de Livry, où il introduisit les jeunes Chanoines Réguliers disciples de M. Standon et formés à Château-Landon. Il avoit eu pour amis Saint François de Paule et plusieurs autres Saints et sçavans personnages. Erasme, son contemporain et Chanoine de la même Congrégation, admiroit la piété de Mauburn. On a découvert deux Lettres qu'il lui a écrites. Etant tombé malade, Jean Standon le fit transporter à Paris afin qu'il y fût mieux soigné, mais il y mourut sur la fin de Décembre, chez Jean Quentin, Pénitencier de Notre-Dame. Son corps fut reporté à Livry, accompagné des regrets de tous les gens pieux, et y fut inhumé devant l'autel. On conserve sa vie en manuscrit à Saint-Germain-des-Prés et à Sainte-Geneviéve.

Gall. Chr. T. VII, Instrum. col. 281.

Ibid., col. 839.

En trois ans de temps Mauburn eut trois successeurs ; en sorte qu'on disoit que l'Abbaye de Livry étoit le tombeau des Allemans, parce qu'ils étoient tous trois des Pays-Bas, et qu'ils y gagnoient la maladie dont ils moururent. Cela n'empêcha pas que cette Maison ne fournît plusieurs Religieux pour en réformer d'autres en divers lieux de la France, même de celles qui composoient le Clergé d'une Cathédrale. On tint à Livry dès l'an 1503 le Chapitre de cette nouvelle Congrégation de Maisons réformées [1]. Depuis, ce fut à Saint-Victor de Paris qu'il se tint le plus souvent ; ces nouveaux Abbés de la Réforme s'y firent quelquefois bénir, et d'autres fois en la Chapelle de l'Evêché, ainsi que fit Jean Bienvenue le Dimanche 10 Juin 1520, assisté de Jean Bordier et Jean Coulon, Abbés de Saint-Victor et de Chaage. Le Chapitre Général fut encore tenu à Livry en 1536, ce qui paroît être une marque

Reg. Ep. Paris.

---

1. L'Auteur de l'Histoire de l'Eglise de Meaux, semble assurer que la réforme n'étoit pas encore admise à Livry en 1505. (T. I, page 323.)

avantageuse. Néanmoins on lit que deux ans après le Parlement avoit ordonné que cette Abbaye de Livry seroit gouvernée, au spirituel et au temporel, ainsi que celle de S. Victor. Il y a lieu d'être étonné qu'après tant de démarches faites pour la réforme, on voie encore en 1558 Jean Moreau, Chantre de Paris et Jacques Quetier, Official, commis par l'Evêque pour réformer cette Maison. *Reg. Parl. 28 Mart. 1538* *Reg. Ep. Paris. 6 Mai 1558.*

L'Abbaye de Livry, quoique extrêmement distinguée par sa régularité, ne fut pas exempte d'avoir des Abbés Commendataires depuis le regne de François I. Les Chanoines Réguliers de la Congrégation de France y furent introduits l'an 1637, dans le temps que Christophe de Coulanges en étoit Abbé; ils y sont encore aujourd'hui, et y maintiennent toutes choses en bon état.

C'est ici le lieu de nommer en particulier les ouvrages sortis de la plume des Abbés de Livry.

On a de Nicolas de Hacqueville un Poëme latin sur Saint Bernard et sur les louanges de l'Abbaye de Clervaux, et des Lettres sur la réforme de Livry;

De Jean Mauburn le *Rosetum spiritualium exercitiorum* que Jean Saulay, Chanoine de Paris et Secrétaire de plusieurs Evêques de cette Ville consécutivement, fit imprimer à Paris in-folio en 1510;

De Jacques Fouré, Abbé en 1564, des Sermons manuscrits conservés à Chartres d'où il étoit natif;

D'Antoine Abelly, Dominicain comme le précédent, qui étoit encore Abbé en 1590, et qui fut Confesseur de la Reine Catherine de Medicis, des Sermons sur les Lamentations de Jérémie imprimés en 1582. *Bibl. de Du Verdier, T. I, p. 91.*

La Croix du Maine, en sa Bibliotheque des Ecrivains, marque un autre Abbé de Livry qui ne paroît pas dans le Catalogue; sçavoir Alphonse de Bezet qu'il dit avoir été Poëte, et avoir écrit sur la réforme des habits un ouvrage imprimé en 1548.

CHATEAU ET CHAPELLE DE LA MAINFERME

DÉTRUITS DEPUIS LONG-TEMPS

Ce lieu m'a paru ne devoir pas être séparé de l'article de l'Abbaye de Livry, quoiqu'il semble avoir fait partie de la Paroisse de Bondis.

Le Château et le reste étoit situé au sortir de Bondis, à un quart de lieue à main droite en tirant vers l'Abbaye. Mais il n'y avoit que trente ans ou environ qu'elle étoit fondée, lorsque Marie, Comtesse de Grandpré, Dame en partie de Livry, lui fit présent de ce Château ou Maison-Ferme, sous le titre de Lieu Notre-

Dame, tâchant de faire oublier l'ancien nom qui signifioit une Fermeté ou Forteresse. L'acte de sa donation est de l'an 1231.

Il est si certain que c'étoit une espece de Fort, que durant la minorité de Saint Louis, le Prévôt de Paris y avoit mis par ordre de ce Prince des gardes, qui n'en sortirent qu'en vertu d'un second ordre qu'il donna à cet effet, en délivrant cette Maison à l'Abbé de Livry. Ses Lettres étant si courtes, j'ai cru pouvoir les inserer ici dans leur entier :

Chart. Livriac. fol. 67. **Ludovicus Dei gratiâ Francorum Rex Præposito Parisiensi salutem. Mandamus tibi, quatenus custodes quos in domo de Manufirma de mandato nostro posueras, visis litteris amoveas, quia nos Abbati de Livriaco deliberavimus eandem domum. Actum apud Silvanectum M CC XXXII mense Octobri.**

Ibid. Cette Maison avoit pu être bâtie et gardée ainsi pour la sûreté des voyageurs dans la forêt de Bondis, à l'entrée de laquelle elle se trouvoit. On apprend par une Charte de la même Comtesse de Grandpré de l'an 1237, que le don qu'elle avoit fait à l'Abbaye de Livry de sa Maison de la Mainferme, étoit afin qu'on y établît deux Chanoines Réguliers qui priassent pour elle et défunt H. son mari. En accroissement de cette fondation, elle ajouta alors un morceau de terre et une certaine quantité de vin appellé *duo doblaria* à lever en son clos de Livry. L'Abbé de Livry mit apparemment à cette occasion un troisiéme Religieux à la Main- *Ibid., fol. 20.* ferme, puisqu'en 1242 Helie Chabot de Perigueux, Chanoine de Troyes, y en fondant un de nouveau, dit que ce sera le quatriéme. Cette derniere fondation étoit sur une Terre que ce Chanoine avoit achetée à Roissy-en-France, de noble homme Eudes de Compens. Helie fit sa donation étant dans le lieu : *apud Manum* *Ibid., fol. 4.* *firmam*. Trois ans après, le Cartulaire de Livry rapportant les biens faits à Livry par Henry, fils du précédent Comte de Grandpré, et par Laure, sa femme, dit en parlant d'une piéce de bois, qu'elle est située *inter viam de Guagnico et viam de Manufirma*. Le quatorziéme siécle ne fournit rien sur ce lieu; mais dans le suivant il est sûr qu'il y avoit encore une Chapelle. Jean, Abbé de Livry, informé du peu de revenu de ce bénéfice, y unit la Chapelle des Ermites en faveur de Jean Fouques, Reli- *Reg. Ep. Paris.* gieux de Livry, et l'Evêque de Paris confirma cette réunion le 14 Décembre 1476. C'est là que finit tout ce que l'on sçait de la Mainferme, qui ne paroît dans aucuns Pouillés, que dans celui du quinziéme siécle, où on lit : *Prior de Manufirma XXX libras* sous le Doyenné de Chelle. Les trente livres de revenu sont suivant une estimation encore plus ancienne que ce Pouillé.

NONEVILLE

Quoique cette Paroisse soit des plus petites du Diocése de Paris, ce qu'on a à en dire ne laisse pas que de souffrir des difficultés. Il est vrai qu'on n'en ignore pas l'origine, mais on ne sçait que dire de l'étymologie : la maniere même de l'écrire n'est pas trop certaine. M. de Valois l'appelle en latin *Nonnæ villa id est Monachæ villa,* Nonneville; il veut même qu'autrefois on ait dit Nainville, ce qui reviendroit, dit-il, à Nonnainville. Mais où a-t-il pris ces noms de Nonne et de Nonnain? Auroit-il vu quelque Cartulaire de Couvent de Filles où cette Terre fût dite appartenir à une Religieuse? C'est ce qu'il ne marque pas. _{Notit. Gall. p. 425, col. 1.}

Ce qu'il y a d'assuré sur Nonneville, se tire d'une Charte de Nemours, Evêque de Paris, de l'an 1209, par laquelle il est déclaré que Thibaud *de Nonovilla,* Chevalier, a doté de ses biens cette Paroisse nouvellement, du consentement du Prieur de Saint-Martin-des-Champs, à condition que la présentation de la Cure appartiendra au Prieur; qu'à Pâques il aura la moitié de toutes les offrandes; aux Rogations la moitié des œufs et des fromages; à la Pentecôte, la S. Jean-Baptiste, Noël, l'Epiphanie et Chandeleur, comme à Pâques; de plus, la moitié du pain de la S. Etienne, et enfin le tiers de la menue dixme, mais que ce sera au Curé à payer le droit de Synode et de visite. Cette Charte paroît insinuer : 1° que cette Cure avoit été démembrée de celle de Bondies ou de Drancy-le-Grand, puisqu'on ne put l'ériger que du consentement du Prieur de Saint-Martin à qui celle-ci appartenoit; 2° le Chevalier qui la dota étant appellé *de Nonovilla,* il est à présumer que ce lieu s'appelloit *Nonum* comme étant à neuf milles de Paris : ainsi c'étoit *Villa de nono,* de même qu'il y a en Dauphiné *Villa de septimo.* En effet, en comptant six milles du centre de Paris à Saint-Denis, il y en a neuf du même centre à Noneville, c'est-à-dire trois lieues. _{Hist. S. Mart. p. 495.}

Ce petit Village est à l'orient de Drancy, et au septentrion de Bondies, dans le pays d'Aulnois; ce qu'il y a de forêt est de bois blanc; les terres sont un peu sablonneuses; il y a des prés à la faveur de l'écoulement que l'on a procuré aux eaux de deux ruisseaux, dont l'un s'appelle Roatier. C'est un pays de plaine sans aucunes vignes. Pour tous habitans il n'y a que deux fermes. Aussi cette Paroisse ne forme-t-elle point d'article particulier dans le dénombrement de l'Election, ni au rôle des Tailles, ni dans le Dictionnaire Universel du Royaume.

L'Eglise Paroissiale n'est qu'une chapelle à la nouvelle, de deux ou trois toises en quarré. Elle est sous l'invocation de S. Jean-Baptiste. Il y a des fonts baptismaux. On voit un reste de cheminée proche cette Chapelle, vers le septentrion, vestige de l'ancien presbytere, car depuis long-temps aucun Curé n'y réside, vu la modicité du revenu, qui est, dit-on, de soixante livres. Il étoit de deux sextiers de bled en 1471, suivant le Registre de la visite de l'Archidiacre, et dès-lors il n'y avoit ni Saint Ciboire, ni Saintes Huiles, ni Marguilliers, et le Curé résidoit à Paris. Les Curés ont quelquefois été Vicaires d'Aunay en même temps, et y résidoient. Maintenant le Curé habite où bon lui semble, et se rend à Noneville pour y célébrer la Messe les jours d'obligation et pour les autres fonctions casuelles.

<small>Tombe dans l'Égl. d'Aunay. Registres de présentations Archidiaconales</small>

Quoique cette Cure fût érigée, comme a vu, dés le commencement du treiziéme siécle, elle ne se trouve cependant pas dans le Pouillé dressé vers le même temps. Mais, outre la Charte de 1209 qui la constate, on voit ailleurs Thomas, Prêtre *de Nova villa*, qui légue en 1246 différentes choses aux Eglises de Paris; par exemple cinq sols aux Chanoines de Saint-Symphorien de cette Ville, et autant à ses successeurs. Son exécuteur testamentaire fut Guillaume de Vauzy, Chanoine de Paris.

<small>Chart. S. Genov. p. 331.</small>

J'attribue ces faits au Curé de Noneville, parce qu'il n'y a jamais eu de Cure au Diocése de Paris dite Neuville, et que quelquefois on écrit *Nova villa* pour *Nona villa*. Les Pouillés manuscrits du quinziéme et seiziéme siécle et ceux de 1626 et 1648 sont conformes à celui de Saint-Martin, en attribuant la nomination de cette Cure au Prieur. Le 29 Janvier 1482, l'Evêque de Paris y nomma *jure devoluto* à cause du bénéfice incompatible qu'avoit obtenu le Curé, mais en reconnoissant qu'elle est *de præsentatione sancti Martini*. Elle est dite simplement *sancti Johannis*.

<small>Hist. S. Mart. p. 495.</small>
<small>Reg. Ep. Paris.</small>

L'an 1550 Jacques Le Clerc dit Cottier, Conseiller au Parlement, étoit Seigneur de Noneville.

<small>Hist. des Gr. Off. T. VI, p. 518.</small>

M. de Gourgues, Seigneur d'Aunay, possede aujourd'hui cette Terre.

AUNAY et SAVIGNY

Il y a un petit pays à l'orient de Paris sur la route de Meaux, qu'on appelle l'Aulnois, dans lequel sont situés Livry et Clichy, qui pour cette raison sont appellés Livry-en-Aulnois ou Aunois, Clichy-en-Aulnois. Ces lieux sont compris dans la forêt de Bondies, laquelle apparemment de ce côté-là étoit plus plantée d'aulnes que d'autres arbres, sur-tout dans les terrains bas. Il faut croire que ce village appellé Aunay, éloigné de Paris de trois lieues, a été ainsi nommé parce qu'il étoit sur les bords de cette partie où les aulnes étoient plus communs. Et en effet le territoire situé entre Livry et Aunay étoit assez propre à cette sorte d'arbre, comme on peut encore en juger par le terrain et par celui de Cevren et de Noneville qui remplissent cet intervalle. Mais il ne faut pas taire non plus que l'Aunois s'est étendu autrefois encore plus loin, et vers la riviere de Brevonne qui passe à Compens, puisqu'au treiziéme siécle des pacages situés sur cette riviere étoient appellés pacages *de Alneto*. Il faut néanmoins avouer que tout ce système étymologique tomberoit, s'il étoit démontré que Launay est un terme dérivé de *Lauconia sylva :* mais c'est ce que je croi impossible. *Necr. Eccl. Par. 4 Jan.*

    La description qui vient d'être faite de la nature de son terrain, marque assez que les prairies et les labourages sont ce qui lui convient, et qu'il est trop froid et trop mouillé pour la vigne. Ce Village est situé entre le ruisseau de Ridaux venant de Villepinte, et celui de Morée qui prend sa source proche Vaujou et passe à Cevren. C'est aussi à Aunay que le petit ruisseau, dit Roatier, qui vient des environs de l'Abbaye de Livry et passe à Noneville, se joint à celui de Morée. Selon le dénombrement de l'Election de Paris, il y avoit à Aunay 120 feux, compris les écarts (on assure qu'il n'y en a aujourd'hui que 90), et suivant le Dictionnaire universel on y comptoit 410 habitans. Dans ces deux ouvrages ce lieu est appellé Aunay-lez-Bondies, aussi-bien que dans le rôle des tailles; c'est une faute d'impression dans le Dictionnaire d'avoir écrit Annay. Le peu de distance qu'il y a de Bondies a fait que pour le distinguer des autres Aulnay qui sont dans le Royaume, on lui a donné ce surnom.

    Il y a à Aunay un Prieuré immédiatement attaché d'ancienneté à l'Abbaye de Cluny. Voici ce qu'on en lit dans le Livre intitulé *Bibliotheca Cluniacensis*, col. 1676: *Domus de Aunayo Parisiensis Diocesis quæ est de mensa Domini Abbatis, in qua debent esse cum Priore duo Monachi, et debent dicere quotidie Missam et Vesperas cum nota.* Il faut observer que cette petite notice de ce Prieuré peut n'avoir que deux ou trois cens ans; primitivement le nombre des Religieux dans un Prieuré étoit au-dessus de trois pour l'ordinaire, et l'Office Canonial s'y célébroit en entier. Cette notice a apparemment été faite depuis la diminution des biens. Le Prieuré d'Aunay *de Alneto* est nommé en son rang au Pouillé de Paris du treiziéme siécle, parmi ceux du Doyenné de Chelle. Je n'ai pu en découvrir les Fondateurs; mais il est plus que vraisemblable que les anciens Chevaliers du nom d'Aunoy ou d'Aunay qui ont fondé ou enrichi d'autres Prieurés dans le voisinage, tels que celui de Mauregard et celui de Moucy-le-neuf, avoient commencé par l'établissement de celui du lieu d'où ils tiroient leur nom. Ce Prieuré est sous le titre de Saint Sulpice.

Ce qui servoit à l'Office Canonial des Religieux de l'Abbaye de Cluny, étoit le chœur où la Paroisse célébre aujourd'hui le service divin ; ce chœur démontre son antiquité par l'épaisseur de ses piliers qui sont bas et écrasés, aussi bien que le clocher en forme de tour basse situé sur le milieu de ce chœur : tout marque l'architecture du douziéme siécle. Le plus ancien titre que j'en aie vu sur ce Prieuré est de l'an 1233. Rence, Abbé de Cluny, étoit en difficulté avec le Chapitre de Paris au sujet des Terres que ce Prieuré avoit au Mesnil-Rance, *apud Mesnilium Dominæ Ranciæ*. *Magn. Pastor.* Il pria Evrard, Prieur de Saint-Martin-des-Champs, de transiger pour lui.

C'est vraisemblablement en ce même Prieuré uni par le Pape à la mense de l'Abbé de Cluny, qu'étoit retiré Guillaume de Pontoise, Abbé de Cluny, vers l'an 1250, lorsque Primasse, Poëte *Decameron,* Italien, vint l'y trouver, cherchant à faire fortune en France, ainsi *Journée 1.* qu'il est rapporté dans Boccace. Cette Maison étoit fort endettée en *Nouvelle 7.* 1324, au rapport du Moine de Cluny qui parmi eux avoit la *Statut. Cluniac.* fonction de Chambrier de France. Dans les Statuts de l'Ordre faits *ed. in-4°. 1324.* en 1571, il fut dit que l'Abbé de Cluny penseroit à incorporer le *Ibid.* Doyenné ou membre d'Aunay au College de Paris pour l'entretien *ad an. 1571.* du Prieur et de neuf Religieux Etudians. L'union de ce Prieuré anciennement faite à la mense Abbatiale de Cluny, fut dissolue au *Reg. Ep. Paris.* commencement du dernier siécle, et l'Evêque de Paris ratifia cette dissolution le 22 Mars 1613. On voit dans les Registres *olim* du *Reg. Parl.* Parlement, que le Prieur fut autorisé dans les prétentions qu'il *Febr. 1313.* avoit en 1313 de faire couper à Coudray qui est situé au-delà de Blancmenil, un bois voisin de la Maison de Guichard de Coudray, Ecuyer, et par un autre monument on apprend que ce même Prieur avoit une rente en 1392 sur l'Hôtel du Comte de Saint- *Tab. Ep. Paris.* Pol, rue d'Autriche, que l'Evêque de Paris saisit pour droit d'amortissement.

L'Eglise d'Aunay qui avec sa nef sert aujourd'hui de Paroisse, renferme beaucoup d'épitaphes. Dans le chœur est une tombe de marbre noir élevée de la hauteur de deux pieds, sur laquelle sont représentés en relief un Seigneur et son épouse. On y lit : *Cy gist Messire Jean Le Clerc dit Cottier, Seigneur d'Aulnay, Nonneville et Savigny, Escuyer ordinaire du Roy, Capitaine des forêts de Livry et Bondis, qui décéda le V jour de Juillet, l'an de grâce 1609, de son âge le XLIII.* Ses armes sont un arbre, peut-être un abricotier.

Cy gist Dame Anne de Lamet, veuve de Messire Jean Le Clere dit Cottier, Chevalier Seigneur d'Aulnay, Nonneville et Savigny, Escuyer du Roy et Capitaine des forêts de Livry et Bondis, laquelle décéda le 1 Déc. et de son âge le XL. Ses armes sont trois roses.

> *La Vertu à cette cendre*
> *Fait un tombeau plus glorieux,*
> *Que le cizeau laborieux*
> *Qui son image a voulu rendre.*

Aux pieds de ce mausolée est la tombe de Damoiselle Marie de Troyes, femme de Noble Jean Le Clere dit de Cottier, Escuyer, Seigneur d'Aulnay, laquelle décéda au mois d'Août 1590. Ses armes sont cinq oiseaux.

Dans la chapelle du côté du septentrion, épitaphe sur le marbre :

> *Abiit, obiit*
> *Generosus Ludovicus Le Clere de Cottier*
> *Abibis, obibis tu quoque, Viator.*

Fuit Eques Baro d'Aulnay, Nonneville, Savigny, Belle-Fontaine, Deslions, animo et sanguine illustris. Hunc Regii conclavis ephebum intimè dilexit Ludovicus XIII. Hunc ad Rupellæ mœnia fortem expertus est ducem. Hunc candidè liberaliterque agentem viri boni coluere. Hunc piè constanterque morientem Christiani viri mirati sunt. Hunc tu, Viator, felicem opta. Matrimonio duxit Illustrissimam Magdalenam Larcher. Vita obiit anno Domini 1679, ætatis 73.

Hoc monumentum consecravit in perpetuum illustrissima et nobilissima filia ejus uxor Domini de Gourgues à sacris Regis Consiliis, Comitis Libellorum supplicum.

Un peu plus près de la porte se voit aussi en marbre noir l'épitaphe de Damoiselle Judith de Hangest, fille de feu Louis de Hangest, Escuyer, Seigneur de Louvaucourt, Bailleval et Beauvoir en Picardie, et de défuncte Damoiselle Antoinette de Sunicourt, morte en 1647.

Au bas du marchepied du grand-autel est encore une tombe gravée en caractères gothiques, sur laquelle on apperçoit le nom d'un Le Clere, fils de Jean Le Clere dit Cottier.

On m'a dit dans le pays que souvent les Curés de Noneville, village voisin, avoient été en même temps Vicaires d'Aunay, à cause du peu d'habitans de leur Paroisse et de la modicité du revenu. J'en trouve la preuve dans une épitaphe que je vois en l'Eglise d'Aunay, sur laquelle Thomas Michel, Prêtre, est qualifié Curé de Noneville et Vicaire d'Aunay. Il est dit né à Lonlay-le-Tesson en Normandie, mort en 1665, et avoir laissé une croix de procession de la valeur de quatre cens livres.

Au chœur enfin est sur le marbre l'épitaphe latine de Jacques Longer, Bachelier en Théologie, Chapelain de l'ancienne Communauté de Notre-Dame de Paris, qui a été Curé d'Aunay durant 27 ans, s'est distingué de son vivant par ses aumônes, et a laissé de plus en mourant ses livres et ses habits pour le soulagement des pauvres et l'entretien de l'Eglise. Il décéda le 7 Juillet 1711. Cette épitaphe, dont voilà la substance, a été mise aux dépens de M. Robert Lancele, son successeur, et a été composée par M. Bernard Collot, principal du College Fortet, puis Chanoine de Saint-Germain-l'Auxerrois transféré à Notre-Dame.

Sur le territoire d'Aunay du côté de Villepinte, sur le ruisseau de Ridaux, est une Chapelle dite de Notre-Dame de Consolation, dans le hameau de Savigny composé de quelques fermes. Cette Chapelle solitaire n'a rien aujourd'hui qui la distingue, sinon qu'elle est un titre Bénéficial qui est imposé aux décimes sous le nom de Chapelle de Notre-Dame de Savigny, et que le Pouillé de 1648 dit être à la nomination de l'Abbé de Cluny. Mais en combinant les différens mémoires que j'ai ramassés, j'ai trouvé de quoi prouver que le titre Curial d'Aunay étoit en ce lieu; d'où j'ai inféré que le gros des habitans qui forment aujourd'hui le village d'Aunay, a pu d'abord être ramassé proche cette Eglise de Savigny; mais qu'étant ruinée par quelque accident, et les habitans ayant conçu le dessein de s'approcher du Château du Seigneur le plus voisin, ont été se rebâtir à Aunay et auront obtenu de l'Abbé de Cluny de se servir de l'Eglise du Prieuré pour l'office Paroissial, et un logement tout auprès pour le Curé. Il falloit qu'il y eût eu un Curé à Savigny en 1246, puisqu'il y avoit un presbytere. Jeanne, fille de Henri de Montfermeil, leguant cette année-là à l'Abbaye de Livry du bien situé à Ville-Parisis, déclare qu'il est chargé de cinq sols legués autrefois au presbytere de Savigny, *oneratum de quinque solidis legatis presbyterio de Savigniaco.*

Hist. S. Mart. p. 500.

L'Historien de Saint-Martin-des-Champs a dû avoir travaillé sur un Pouillé plus ancien que le commencement du XIII siécle, qui est l'âge de celui de Paris, pour mettre comme il fait au rang des Cures de la nomination du Prieur, *Cura (seu vicaria perpetua) de Savigniaco ;* il met tout de suite : *In eadem Ecclesia quædam Capella cujus præsentatio ad Priorem Martinianum propter Prioratum de Aneto spectat.* On ne peut pas raisonnablement objecter que la maison Curiale de Savigny, dont il est fait mention ci-dessus, peut être celle de Savigny-sur-Orge qui est proche Mont-l'heri. Il est tout simple et tout naturel d'entendre dans le legs fait à l'Abbaye de Livry, le Savigny dont il s'agit, qui n'en est éloigné que d'une lieue. Robert Mauvoisin, Chevalier, donna dans les premieres années du même siécle (XIII) aux Chanoines de cette Abbaye de Livry, vingt arpens à essarter dans le bois :

Chart. Livriac. fol. 17.

quod dicitur de Saviniaco juxta Livriacum. André Torvel, Chevalier, donna en 1261 à leurs prédécesseurs les Ermites du Val-Adam deux arpens de terre de franc-aleu, situés à Savigny, *apud Savigniacum*. Ce seroit faire violence aux titres, que d'entendre par-là un autre Savigny que celui qui est contigu. Une des Chapelles de la Sainte-Chapelle du Palais à Paris, a son revenu assigné sur Savigny-lez-Aunay, ainsi que le dit Du Breul.   *Chart. Livriac.*

Du Breul, Antiq. de Paris, article de cette Ste Chapelle.

Au reste on est assuré qu'on donnoit le nom d'Aunay dès l'an 1215 ou environ à la Cure qui étoit pour les habitans d'Aunay et de Savigny, puisqu'elle se trouve sous ce nom dans le Pouillé rédigé alors, au lieu que celle de Savigny ne s'y trouve pas, étant apparemment alors éteinte ou réunie à la nouvelle Cure d'Aunay. Cette Cure *de Alneto* y est dite être à la nomination des Moines de Cluny, *Cluniacensum Monachorum*. Mais les Pouillés du XV et XVI siécle, de 1626, 1648 et 1692, disent unanimement qu'elle est à la présentation de l'Abbé même de Cluny. Je crois devoir encore ajouter ici en parlant des droits de l'Abbaye de Cluny à Aunay, ce que j'ai lu dans un rouleau d'homologations d'accords faites au Parlement. C'est celle d'un traité que fit en Mars 1459 Thibaud Charat, Secrétaire du Roi, nommé par l'Evêque de Paris à la Chapelle de Savigny. Il convint avec Jean de Montval nommé par l'Abbé de Cluny, de se déporter moyennant l'abandon que Montval lui feroit de huit septiers de grain du revenu.

Nos Rois ont eu pendant quelque temps des domaines situés à Savigny et à Aunay. Il reste à Savigny deux grosses fermes. On m'a dit que l'une des deux fut donnée par Saint Louis à la Sainte-Chapelle du Palais. Philippe le Bel, son petit-fils, avoit eu de Jean de Beaumont, Chevalier, Seigneur de Sainte-Geneviéve, un revenu de 211 livres, situé à Aunay et à Couberon, par l'échange de pareille somme à prendre sur le péage de Gien. Il les donna au mois de Mai 1299 à Pierre de Chambly, Sire de Viermes, Chevalier, son Chambellan, en échange de la Vicomté de Troyes que ce Chambellan avoit acquise de Jean, Sire de Dampierre et de Saint-Dizier. Ce même Chambellan devoit tenir ces biens d'Aunay et de Couberon en fief de Guillaume, Seigneur de Chantilly, pour les tenir du Roi en accroissement du fief de Livry, et à la charge de payer tous les ans au Roi une paire d'éperons dorés. J'ai aussi trouvé que c'étoit sur Aunay, Livry et Couberon qu'étoient assis les six cens livres que le Roi Charles le Bel donna à prendre à la veuve et héritiers de Pierre de Chambly en 1324.   *Livre rouge de la Chambre des Comptes.*

Petit Livre blanc du Châtelet, fol. 263.

Reg. Thes. Chart. 8.

Les plus anciens Seigneurs d'Aunay que j'aie trouvés dans les titres que j'ai vus, sont Radulf *de Alneto* et Vautier, son frere, fondateurs du Prieuré de Mauregard, Diocése de Meaux, en 1140.   *Hist. S. Mart. Camp.*

Hist.Eccl.Meld. Guillaume *de Alneto* qui donna vers l'an 1205 un muid de fro-
Charta 214. ment de sa grange de Moucy à la Maison-Dieu de Dammartin.
Sedilia Domina Alneti, qui fit du bien à l'Abbaye de Livry
Chart. Livr. en 1238. Marie *de Alneto* connue par l'hommage qu'elle rendit en
Chart.51,f.17. 1275 à Etienne, Evêque de Paris, pour la terre de Pompone.
Hist. Eccl. Par.
T. II, p. 584. Gautier d'Aunay qui reconnut en 1301 que feu Isabelle, sa femme,
P. Anselme. avoit legué une rente en grains à l'Abbaye de Saint-Antoine de
Hist. des Gr.Off. Paris, sur sa dixme d'Aunay et de Savigny. La même année, son
T.VIII, p.882.
Hist. de Montm. fils portant le même nom est qualifié Seigneur de Savigny. Un
Preuv. p. 139. Gautier d'Aunay vivant en 1317, possédoit en partie la terre de
Ibid., p. 33. Moucy-le-neuf. Robert d'Aunay, Chevalier, fit hommage l'an 1374
Hist. S. Mart. à Matthieu de Montmorency. Philippe d'Aunay, Chevalier, Maître-
Camp. p. 362. d'Hôtel du Roi, transigea avec un Chapelain du Prieuré de Moucy-
le-neuf en 1386. J'omets les Seigneurs d'Orville de la Maison
d'Aunay qui vécurent au siécle suivant ; je me borne à Noble
Comptes Eustache de Nanteville, Ecuyer, Seigneur d'Aunay en 1472 et
de ces années. 1475. Je traite des autres assez au long dans l'article de Goussain-
Sauval, T. III,
p. 406 et 421. ville. Au XVI siécle, la terre d'Aunay étoit dans la famille des Le
P. Anselme, Clerc surnommés Cottier. Jacques Le Clerc dit Cottier[1], Conseiller
Hist. des Gr.Off. au Parlement, en étoit Seigneur vers l'an 1350. Il fut apparemment
T. VI, p. 518.
Tiré des pere de Jean, dont la veuve est dite ci-dessus morte l'an 1590.
Epit. rapportées Jean II du nom lui succeda et mourut en 1609, puis Louis qui
ci-dessus. maria sa fille à M. de Gourgues, Maître des Requêtes. La terre
d'Aunay a été érigée en Marquisat ; et en l'année 1706, M. Jacques
Reg. du Parl. de Gourgues, Marquis d'Aunay, fit enregistrer en Parlement des
20 Janvier 1706. Lettres Patentes qui portoient confirmation de tous droits de
chasse en l'étendue de sa Terre située dans la Capitainerie de
Livry et de Bondies, à l'exception de la grosse bête. Jean François
de Gourgues, son fils, lui a succédé et a épousé Catherine-
Françoise le Marchand de Bardouville.

Les monumens du XIV siécle fournissent deux illustres person-
nages sortis d'Aunay. Le premier fut Pierre d'Aunay, Secrétaire
Necr.Eccl.Par. du Roi et Chanoine de Notre-Dame de Paris, décédé le 20 Sep-
tembre 1350. L'autre est Guillaume Boucher qui fut élu unani-
Hist. Univ. Par. mement par la voie du Saint Esprit, Recteur de l'Université de
T. IV, p. 420. Paris, le 16 Décembre 1368. Il est dit natif *de villa Alneti juxta*
Gonessiam. Aunay, en effet, n'est qu'à une lieue et demie de
Gonesse. Enfin Guillaume Fiscet ou Fichet qui a aussi été Rec-
Cod. ms. Bibl. teur de l'Université de Paris sous Louis XI, et qui a écrit sur la
Reg.num 7762. Rhétorique. Il est dit *Alnetanus Parisiensis.* On dit qu'il s'opposa
au dessein de Louis XI de faire des levées des Ecoliers pour
résister à la guerre de la Ligue dite *du bien public.*

1. Les Cottier furent alliés par femmes aux Briçonnet, Du Prat, Luillier. *Voyez les Généalogies.*

Il ne faut pas le confondre avec un petit lieu de même nom situé proche Chastenay, à côté de Sceaux, duquel Aunay il est fait mention dans le Nécrologe de l'Eglise de Paris, au 17 Août.

Le Procès-verbal de la Coûtume de Paris de l'an 1580, marque que les Chanoines de l'Abbaye de Sainte-Geneviéve sont Seigneurs d'Aunay en partie. C'est apparemment de celui que je viens de nommer.

On compte encore deux autres Aunay, hameau ou fiefs au Diocése de Paris, sçavoir : Aulnay sur la Paroisse de Saint-Cloud, et Aunay sur celle de Montreuil-lez-Vincennes.

TREMBLAY

Ce lieu porte dans son nom les marques de son origine. Avant que l'étendue des forêts d'autour de Paris eût été diminuée, on voyait en ce lieu beaucoup de trembles ou peupliers blancs. Mais depuis qu'on reconnut la bonté de ce territoire, on le cultiva en bled et autres grains, et l'ancien nom est toujours resté. Au reste, il faut qu'il y ait bien des siécles que ce nom soit en vigueur, puisque dès le regne de Charles le Chauve on écrivoit en latin *Trimlidum,* par altération de *Tremuletum,* ce qui insinue qu'il y pouvoit avoir dès-lors un langage vulgaire selon lequel on prononçoit *Trembloid.* Cette Terre est comptée en effet dans un titre de l'an 862, au nombre de celles qui appartiennent à l'Abbaye de Saint-Denis. Aussi est-ce des Archives de ce Monastere que se puise presque tout ce que l'on peut dire sur cette Paroisse.

Notit. Gall. p. 432.

Diplom. p. 537.

Elle est située à cinq lieues de Paris du côté du nord-est. A une petite distance de ce Village commence le Diocése de Meaux vers l'orient. Villepinte qui dépendoit anciennement de Tremblay, le borne vers le midi ; du côté du couchant et du septentrion sont les Paroisses de Roissy et d'Espiers qui sont du Doyenné de Montmorency.

Le Tremblay est partagé en deux, le grand Tremblay et le petit. Le grand Tremblay est le chef-lieu qui a été autrefois fortifié. On y voit encore quelques restes d'un ancien Château. C'est en ce lieu qu'est l'Eglise principale titrée de Saint Medard. Elle est basse et grande, accompagnée d'une aîle de chaque côté et d'une grosse tour. La couverture du chœur est d'ardoise et plus élevée que le reste. Ce chœur paroît avoir été bâti sous François I ou sous Henri II. A la voûte se voient les armoiries du Cardinal de Bourbon, Abbé de Saint-Denis. Ce chœur est très-propre et bien pavé. On ne voit rien dans cette Eglise au-delà de deux cens ans, que l'épitaphe gothique d'un Curé du lieu nommé Gilles Feuillet, décédé en 1501. On doit croire que la Dédicace en fut faite au mois de Septembre 1579, puisque la permission de la dédier et d'en bénir les autels accordée à Christophe, Evêque de Cesarée, par l'Evêque de Paris, a pour date le 11 du même mois.

<small>Reg. Ep. Paris.</small>

Le petit Tremblay est presque contigu à l'autre et a aussi son Eglise du titre de Saint Pierre, mais ce n'est qu'une Succursale. On y enterre, mais on n'y baptise pas; le Vicaire du grand Tremblay y célèbre la Messe tous les jours. Le peuple est dans l'opinion que Saint Pierre étoit la Paroisse, et que Saint Medard étoit une Eglise Monacale : cependant on ne trouve aucun vestige que cette derniere Eglise ait été un Prieuré. Celle de Saint-Pierre paroît être toute neuve, à la réserve du portail qui peut avoir deux cens ans d'antiquité ou environ. Il est vraisemblable qu'elle a été bâtie dans le lieu qui servoit de cimetiere pour le grand Tremblay, et qu'elle aura commencé par une simple Chapelle que quelque particulier nommé Pierre aura fait construire. S'il est vrai qu'elle ait été rebâtie dans ces derniers temps, au moins en partie, ou seulement recrêpie, il n'est pas moins sûr que la Dédicace en avoit été faite en 1531 le second jour de Juillet, Dimanche dans l'Octave des Apôtres, par Guillaume le Duc, ancien Abbé de Sainte-Geneviéve, Evêque de Bellune, et cela sous le titre de Saint Pierre et Saint Paul, en qualité de Succursale du grand Tremblay, en présence de Jean Rongemaille, Curé. Aussi quelquefois y a-t-il dans les provisions de cette Cure *de Trembliaco magno et parvo*. Quoi qu'il en soit, l'Eglise de Tremblay est nommée parmi celles qui appartiennent à l'Abbaye de Saint-Denis dans une Bulle de Luce III de l'an 1183. Il y avoit en 1235 un Curé séculier nommé Gui, lequel donna à l'Abbaye de Livry tous ses conquêts et tous ses meubles. Il est aussi fait mention du Curé de Tremblay dans une Bulle d'Alexandre IV qui fut élu Pape en 1254. Dans ce rescrit, le Pape oblige le Curé de prêter serment au Chapitre des Religieux de Saint-Denis, et promettre de conserver les biens et les droits de l'Abbaye. La même Cure appellée simplement *de Trembleyo* dans le Pouillé de Paris, écrit vers le commencement du treizième siécle, est déclarée être à la présentation de l'Abbé de Saint-Denis, ce qui a été suivi dans tous les Pouillés modernes, sans mention d'aucun autre bénéfice. Il y a même des cas où l'Evêque de Paris l'a jointe à une autre Cure. Ainsi fut-elle réunie à celle de Goussainville vers l'an 1486 pour la vie de Jean Niceron; cependant elle étoit la meilleure du Doyenné de Chelle, puisque dès l'an 1384 elle étoit la seule qui fût imposée à dix livres dix sols pour le droit de procuration ou

<small>Ibid.</small>

<small>Felibien,
Hist. de S. Denis
p. 204.</small>

<small>Chart. Livriac.
fol. 22.</small>

<small>Doublet,
Hist. de S. Denis
p. 589.</small>

<small>Reg. Ep. Paris.</small>

<small>Rotulus
de la Croliere.</small>

visite Episcopale, qui étoit la plus forte taxe de ce temps-là. De tout ceci il résulte qu'il n'y a à Tremblay qu'un seul bénéfice Ecclésiastique. Aussi n'y a-t-il dans le Rôle des Décimes, outre la Cure, que la Maladerie de ce lieu qui soit imposée. L'Eglise de Villepinte fait depuis bien des siécles un article séparé. Il suivra celui-ci.

Suger, Abbé de Saint-Denis, fournit dans un de ses ouvrages une assez ample notice du lieu de Tremblay, tel qu'il étoit au douziéme siécle sous le regne de Louis le Jeune. Il nous apprend que le Comte de Dammartin, Château qui n'en est éloigné que de deux lieues et demie, avoit entrepris de lever dans ce lieu une taille, qu'il imposoit de sa volonté, et un nombre de bêtes à laine, et qu'il venoit y loger plusieurs fois par an aux dépens des habitans. Suger, pour ne pas laisser ses vassaux à la discrétion de ce Comte, préfera de lui faire payer par chaque année la quantité de cinq muids de froment, ajoutant que pour son droit d'hommage il lui donneroit de sa bourse tous les ans à l'Octave de Saint Denis la somme de dix livres. L'Abbé continue et dit que par ce moyen il remit ce Village sur pied, qu'il y bâtit à l'entrée du côté de Paris un nouveau château avec une nouvelle grange, dans laquelle on devoit renfermer le produit de tous les champarts et celui de quatre charrues, pendant que l'autre grange située dans le Château du lieu devoit servir à renfermer le produit des dixmes et toutes les deux à mettre les fourrages ou pailles (*Stramina*).
« Cette Terre, ajoute-t-il, ne produisoit que quatre-vingt-dix
« muids de grains, et le Maire du lieu nous en donne à présent
« cent quatre-vingt-dix, outre ce que le Fermier emploie pour
« la semence, et outre la dépense pour les bœufs, les bouviers et
« les charrues ; à raison de quoi ils ont le revenu du four, et nous,
« nous avons nos droits de cens, de tensement [1], de mainmorte,
« de forfait, et la taille que nous imposons comme bon nous
« semble. Nous avons aussi fait entourer de murs l'ancien Châ-
« teau (*Curiam antiquam*), et nous avons fait construire attenant
« l'Eglise, une maison dans laquelle nos successeurs peuvent
« mettre en sûreté leurs personnes et leurs biens contre toute
« sorte d'ennemi. »

L'Abbé Suger avoit cru lever pour toujours les difficultés avec les Seigneurs de Dammartin : cependant on voit qu'après sa mort arrivée en 1152, il fut besoin de passer un nouvel accord avec la Comtesse Clemence. Il fut fait en l'an 1153 par Ansel ou Anseau, Prieur de l'Abbaye, en l'absence de l'Abbé Odon de Dueil qui étoit à Rome. Suger n'avoit parlé que de bêtes à laine que le

Lib. de admin. sua. Duchêne, T. IV, p. 342.

Felibien, Hist. de S. Denis p. 194.

---

1. C'étoit un droit pour la protection qu'on devoit aux habitants.

Comte exigeoit ; en ce second traité il est de plus fait mention de vaches et de porcs. Il se trouve aussi des Lettres du Roi Louis le Jeune de la même année, qui assurent qu'il n'y avoit eu rien de reglé sur le droit que la Comtesse de Dammartin disoit que le Comte avoit de loger à Tremblay, dans le Château ou le Fort, *in ipsa Firmitate,* lorsqu'il conduisoit une armée.

<small>Chart. S. Dion. Bibl. Reg. p. 413 et 418.</small>

Trente ans après, l'Abbaye de Saint-Denis augmenta ses revenus à Tremblay par l'acquisition qu'elle fit de tout ce que Guillaume Bateste èt Marguerite sa femme y possédoient, dont Maurice, Evêque de Paris, donna des Lettres en 1186. Gaucher de Châtillon, Seigneur de Montjay, donna en 1204 à ce Monastere toute la gruerie du Tremblay qui lui appartenoit, c'est-à-dire les bois de ce lieu mouvants de lui en fief avec pouvoir de les essarter et d'y faire tout ce qu'ils jugeroient à propos ; excepté qu'ils n'y bâtiroient point de Village. Henri de Troon étoit alors Abbé de Saint-Denis. Il obtint du Roi la confirmation de ce don, à condition que dans tout ce territoire il ne seroit élevé aucune Forteresse. Le diplome est donné à Paris *per manum fratris Garini.* C'étoit un Religieux Hospitalier, Evêque de Senlis, qui étoit Chancelier. Radulfe de Soissons, Seigneur de Montjay et Alix, sa femme, confirmerent aussi cette donation en 1204 *(griaria tam in nemore quàm in plano);* ce que firent pareillement en 1219 Nicolas, Abbé d'Igny et Haymeric, Trésorier de la Maison du Temple, chargés de la procuration de G. de Châtillon.

<small>Ibid., p. 211.

Hist. de Châtillon, p. 57, et Preuv. p. 34. Chart. S. Dion. Reg. p. 414.

Felibien, Hist. de S. Denis p. 215.

Hist. de Montm. Preuv. p. 65.

Chart. S. Dion. Reg. p. 421.</small>

Le droit de Justice appartenant à l'Abbaye de Saint-Denis sur le territoire de Tremblay, fut attaqué par le Prevôt de Paris du temps de Saint Louis. Il y eut une enquête au sujet des fourches patibulaires que les Religieux y avoient fait dresser ; mais comme on ne put rien prouver pour la prétention du Prevôt, la Cour du Parlement décida en 1247 que les Moines resteroient ensaisinés du droit de fourches. En 1339 Philippe de Valois avoit accordé la confiscation de certains héritages situés à Tremblay, à la nourrice de Philippe, son cinquième fils : mais ayant appris qu'elle devoit appartenir aux Religieux de S. Denis, comme Seigneurs, il révoqua sa donation.

<small>Reg. Parl. 1257.

Hist. de S. Denis p. 173.</small>

Le Cartulaire de cette Abbaye conservé à la Bibliotheque du Roi, rapporte à l'an 1218 une enquête qui se fit au sujet des Novales de la Paroisse de Tremblay et de Villepinte ; les cantons qui y sont nommés sont : Vauvoy et le bois dit *de Parisia,* et les personnes dont il y est fait mention, sont G., Archidiacre de Paris, et Haymeric, Chanoine de Senlis. Dans les liasses des accords anciens conservés dans le dépôt du Parlement, se voit celui que les Religieux de Saint-Denis et Jean de Pacy, Bourgeois de Paris, passerent en 1354, au sujet du droit de Justice que ce

<small>Page 420.</small>

Bourgeois prétendoit dans des fiefs, héritages et masures qu'il avoit eu à Tremblay par achat de Jean Daumarez, Chevalier. Mais on ignore quel fut le jugement des arbitres. Doublet rapporte un extrait des Lettres de l'an 1377 qui fait voir que les Religieux de Saint-Denis avoient le droit de prendre un septier de vin par chaque piéce que les Taverniers mettoient en vente. Doublet, Hist. de S. Denis p. 1039.

J'ai trouvé qu'en 1398 Miles Baillet avoit une censive au petit Tremblay. Arch. S. Elig. in Tab. Ep. Par.

De tous les biens qui avoient pu être distraits de Tremblay et donnés en fief par les Princes ou Abbés de Saint-Denis, Dom Felibien ne fait mention que de celui des Tournelles. Il nous apprend qu'en l'an 1403 Jean Pastourel qui avoit été Conseiller du Roi Charles V, et qui fut Président de la Chambre des Comptes, avoit donné à ce Monastere son fief des Tournelles et tout ce qui lui appartenoit à Tremblay. Au reste, quoique dans le Procès-verbal de la Coûtume de Paris de l'an 1580, la Seigneurie du grand et du petit Tremblay soit dite appartenir à l'Abbaye de Saint-Denis, cela n'empêchoit pas qu'en 1619 Jean-Baptiste de Bermont, Maître des Requêtes, qui avoit sa maison sur le petit Tremblay, ne fût qualifié Seigneur des Tournelles. Felibien, Hist. de S. Denis p. 320. Reg. Ep. Paris.

Plusieurs Eglises et Abbayes eurent aussi par la suite des temps des terres ou des revenus situés à Tremblay, soit par la disposition volontaire du Monastere de Saint-Denis, soit par donation que quelques particuliers firent des heritages qu'ils avoient sur le territoire de ce lieu. L'Abbé Suger ordonna par son testament que les pauvres Chanoines de la Maison de S. Paul dans Saint-Denis eussent pour la célébration de son anniversaire une certaine quantité de pains, et que pour cela ils tirassent une certaine quantité de froment de Tremblay dans le temps de la moisson. Un autre Abbé, cinquante ans après, céda aux Dames de Footel, dites depuis de Malnoüe, une dixme dans le territoire de Tremblay. Une Bulle d'Alexandre III de l'an 1175, prouve que l'Abbaye de Chaalis, au Diocése de Senlis, tenoit quelques terres à Tremblay de celle de Saint-Denis : *Terras quas tenetis ab Ecclesia sancti Dionysii in grangia quæ dicitur Tremblay*. En 1233 Adeline de Villepinte donna à l'Abbaye d'Hieres deux muids de bled à prendre sur le territoire de Tremblay ; ce qui fut approuvé et confirmé par Hugues le Loup, Chevalier, son fils. Le Nécrologe du même Couvent ajoute que cette Dame s'étoit faite ce qu'on appelloit alors *Monacha ad succurrendum*, c'est-à-dire qu'elle avoit pris sur la fin de ses jours l'habit des Religieuses Cisterciennes pour mourir dans cet habit, et participer au secours des prieres de la Communauté. Plusieurs titres du treiziéme siécle indiquent aussi que l'Abbaye de Livry eut dès-lors des terres à Tremblay. Agnès, Duchêne, T. IV, num. 550. Ex schedis D. Lancelot ad an. 1207. Cod. ms. Caroli loci. Cartul. Heder. Portef. Gaign. vol. XXIX. Necr. Heder. in Bibl. Reg. ad XV Cal. Nov. Chart. Livriac. charta 184.

veuve d'Odon de Compens, Chevalier, vendit à ces Chanoines Réguliers une piéce de terre située sur ce territoire, dans un canton appellé La Couture-Ermengarde, *Cultura Ermengardis* :

Chart. S. Dion. cette vente est de l'an 1241. On voit que deux ans après les mêmes
Reg. p. 425. Chanoines possédoient deux arpens de terre à Tremblay, dans le
Gall. chr. nova, lieu dit La Couture de Gizleval ou Gruelval, pour lesquels Y., qui
T. VII, col. 833. étoit leur Abbé, promit de payer annuellement au Monastere de
Chart. Livriac. Saint-Denis deux sols de cens. Odon Clement, Abbé de Saint-
p. 64. Denis, avoit exigé de celui de Livry qu'il se dessaisît de ces deux arpens ; et ils furent délaissés pour le droit de champart et de dixme.

Nos Rois s'étoient retenu un droit de gîte dans Tremblay ; la
Gloss. Cangii preuve en est dans un volume de la Chambre des Comptes où on
voce Gista, lit parmi les lieux chargés de ce gîte : *Trambl in Paris.* 1. Je con-
nov. edit. nois des Tables de cire sur lesquelles les Receveurs Royaux Marcel
col. 899. et Gentien écrivirent en 1286 que le Roi Philippe le Bel y logea au retour de son Sacre, le 17 Janvier de la même année. Ces tablettes appellent ce lieu le Tremblay-Saint-Denis. On a une Ordonnance de Philippe le Long, du 30 Janvier 1316, datée de Tremblay. Elle concerne le Trésor Royal et les Trésoriers. Il y a
Ex Reg. Pater. apparence que ce Roi revenoit aussi de Reims où il avoit été sacré dans le même mois. La route pour gagner Dammartin étoit apparemment alors ailleurs que par Roissy, et vraisemblablement on suivoit au sortir du grand Tremblay le chemin verd fort grand et fort large qui conduit jusqu'aux environs de Villeneuve-sous-Dammartin, ensorte qu'on laissoit à gauche le Menil-Rance, qu'on laisse maintenant à droite.

On compte environ deux cens feux dans les deux Tremblay joints ensemble, quoique le Dictionnaire Universel de la France n'y marque en tout que 440 habitans. Le territoire qui est presque totalement en labourages, n'est arrosé que par une petite source qui s'y trouve, qu'on appelle Rideau, laquelle prend son cours par Villepinte, Savigny, Aunay, Blancmenil et vient se jetter dans le Crould proche Dugny.

Les Auteurs des Chroniques de France, sçavoir Rigord et Nangis depuis lui, rapportent qu'au mois de Juillet de l'an 1198, il arriva dans le Diocése de Paris un orage des plus violens, et que la grêle qui tomba de la grosseur des œufs ravagea tout le pays ; sçavoir, les bleds, les bois et les vignes, à commencer
Duchêne, depuis Tremblay jusqu'à l'Abbaye de Chelle. Rigord racontant ce
T. V, p. 42. malheur, met à *Tremblaco*, et Nangis écrit *à Trembleio villa*
Spicileg. T. XI. sancti Dionisii.

Tab. S. Elig. En 1543 le Cardinal de Bellay, Evêque de Paris, devint possesseur d'une ferme sise en cette Paroisse, que Jean de Riberon,

Auditeur des Comptes, avoit achetée de Lazare de Selve, Sieur de Cormiers, et cela par échange de la Seigneurie de Moisenay, près Melun.

C'est dans ce même Tremblay de l'Abbaye de Saint-Denis, que le Roi Charles IX permit par des Lettres données à Moulins au Mois de Mars 1566, d'établir deux Foires : l'une le jour de Sainte Geneviéve, l'autre le 14 Septembre, et un Marché les Lundis et Vendredis.

Doublet, Hist. de S. Denis p. 1177.

Il ne faut point confondre ce Tremblay-Saint-Denis, avec le Tremblay Paroisse du Diocése de Chartres, entre Montfort et Neaufle, ni lui attribuer non plus ce qui ne convient qu'à un petit lieu dit le Tremblay sur le bord de la Marne, entre Bry et le Pont de Saint-Maur, et à un fief de même nom situé au fauxbourg de Corbeil, Paroisse Saint-Germain.

VILLEPINTE

Sur les limites du Diocése de Paris, du côté qu'il touche à celui de Meaux, à une petite lieue de Tremblay et une d'Aunay, à la distance de cinq lieues et demie de Paris vers l'orient d'hiver, est situé le village de Villepinte, dans une espece de plaine cultivée en bled sur une pente douce, et sans aucunes vignes.

L'antiquité de ce Village remonte au moins jusqu'au IX siécle, tems auquel il est nommé immédiatement après *Trimlidum* sous le nom de *Villa picta*[1], dans l'acte de confirmation qui fut donné en 862 du partage des biens de l'Abbaye de Saint-Denis fait trente ans auparavant. Il appartenoit donc alors à ce Monastere en vertu du don de quelque Prince, soit en tout, soit en partie. Le voisinage de ce lieu avec la forêt de Bondies qui s'étendoit alors bien plus qu'aujourd'hui, fut cause que les Officiers de la Fauconnerie du Roi Robert exercerent quelques vexations sur les vassaux de Saint-Denis demeurant à Villepinte ; de sorte que ce Prince fut

---

1. Quelques modernes croient que le nom latin étoit *Villa pentana* : mais cela est sans preuve ; tous les titres portent *Villa picta*. Peut-être qu'on croira que les premieres maisons qu'on y bâtit étoient enduites d'ocre ou de rouge. Mais plutôt il faut dire que *Villa picta* équivaudroit à *Villa culta*, *Villa fossa*, Village ou Terre défrichée, parce qu'en basse latinité on a dit : *Pictare terram* pour *Fodere terram*, d'où est venu le mot de piqueur, et le terme *pictura* pour signifier une certaine quantité de terre en labourage ou en vigne. Un titre de 1361 appelle en françois Villepointe le lieu dont il s'agit. Il y a, au Diocése de Saint-Papoul, une petite Ville dont le nom est aussi Villepinte, et qui probablement n'a pas une autre origine, aussi-bien que le Village du Diocése de Lescar.

obligé de les réprimer, ainsi que porte un titre cité dans l'Histoire de cette Abbaye, et qu'on dit être de l'an 997. Voilà pour ce qui regarde l'antiquité de ce Village.

<small>Félibien, p. 16.</small>

Ce lieu n'a été érigé en Paroisse que vers la fin du XIII siécle. Il étoit auparavant de la Paroisse de Tremblay. L'Eglise est titrée de la Sainte Vierge, et l'Assomption est la Fête patronale. Elle n'a rien dans sa structure qui soit beaucoup au-dessus de deux cens ans. Le chœur est dans le goût dont on bâtissoit sous Henri II. Il est élevé et couvert d'ardoise, mais non voûté, non plus que la nef qui est plus nouvelle. Cette Eglise est sans aîles. La tour qui est à l'entrée à main droite est du même genre de structure que le chœur, et bâtie solidement. Ainsi lorsqu'on lit que Jean Simon, Evêque de Paris, fit la Dédicace de l'Eglise Paroissiale de Villepinte le Dimanche 31 Mai 1495, et en fixa l'Anniversaire au Dimanche d'après l'Ascension, cela doit se rapporter à l'Eglise qui existoit auparavant. Car on a des exemples qu'on laissoit quelquefois vieillir des Eglises avant que de procéder à leur Dédicace.

<small>Reg. Ep. Paris.</small>

Toutes les maisons de cette Paroisse sont assez rassemblées. Le dénombrement de l'Election de Paris y marque 57 feux, et le Dictionnaire Universel y compte 190 habitans. On m'a assuré qu'il ne s'y trouve plus que 42 feux.

Si les Religieux de Saint-Denis en avoient été Seigneurs au IX et X siécle, comme on a vu, ils cédérent depuis cette Terre en fief aux Bouteillers de Senlis, qui sûrement en jouissoient dans le XII et le XIII. Un Gui de Senlis en est qualifié Seigneur vers l'an 1100, et Guillaume, son fils, après lui. Peu de tems après la Seigneurie étoit possédée par leurs descendans du nom de Hugues, et qui avoient pour surnom Le Loup. Ces Seigneurs sont tantôt qualifiés *Buticularius Silvanectensis* ou *Buticularius Regis*, et tantôt *Dominus Turris Silvanectensis*. Un de ces Bouteillers reconnut tenir à foi et hommage de l'Abbaye de Saint-Denis cette terre de Villepinte. Le Cartulaire de l'Evêque de Paris écrit sous S. Louis, portoit que le Seigneur de la Tour de Senlis est homme lige de cet Evêque, et tient de lui Villepinte et la terre de Charenton. M. de Valois avoit remarqué que Villepinte y est compté parmi les fiefs de l'Evêque Eudes de Sully, qui siégeoit en 1200. J'y ai lu que l'hommage avoit été rendu en effet au nom de la Charge ou Office qu'on appelloit alors *Buticalaria Silvanectensis*, apparemment par les titulaires de cette Dignité, et qu'en 1250 Gui de Senlis surnommé Le Loup, fut l'un des porteurs de Renaud, Evêque de Paris, à son intronisation. Les armoiries de ces Le Loup étoient trois oiseaux, comme je les ai vus au sceau de Hugues, au bas d'un acte de l'an 1231.

<small>Hist. des Gr. Off. T. VI, p. 251.</small>

<small>Chart. S. Dion. Reg. p. 235.</small>

<small>Notit. Gall. p. 437.</small>

<small>P. Anselme, Hist. des Gr. Off. T. VI, p. 207.</small>

Mais avant le milieu du XIII siécle, il y eut une branche de ces

Chevaliers de Senlis dont le chef portoit le nom de *Rogerus Pica*, qui se qualifia pareillement Seigneur de Villepinte et dont la femme étoit nommée *Adeluia* ou *Adelina de Villapicta*. Ce Roger donna à l'Abbaye d'Hieres, dont Clemence la seconde Abbesse avoit été sœur de Hugues Le Loup, sept livres parisis à prendre sur son port de Conflans, à condition que ce Monastere auroit un quatriéme Prêtre qui prieroit pour le repos de l'ame d'Adeluia son épouse, morte. Ce que Hugues Le Loup IIe du nom, Chevalier, ratifia en 1234, à la priere de Gui, son frere, qui tenoit de lui la Terre sur laquelle ce legs étoit établi. Je doute que cette Adeluia soit la même *A. domina de Villapicta* dont on trouve une promesse faite à l'Abbaye de Saint-Denis de lui payer la dixme de porcs. Il est sûr que c'est elle qui donna à l'Abbaye d'Hieres deux muids de bled à lever sur la terre de Tremblay, à quoi elle ajouta quarante sols de cens payables à Villepinte, lorsqu'elle prit l'habit de Cistercienne, pour mourir dans l'état de Religieuse *ad succurrendum*. Tant y a que dans le Nécrologe de la même Abbaye on lit au huit des Ides d'Octobre : *Obiit Avelina dicta Lupa de Villa picta, Deo sacrata*.
_{Gall. Chr. nova T. VII, col. 606 et 607, Ex Chartul. Heder.}

_{Chart. S. Dion. Reg. p. 419. Chartul.Heder. ad an. 1223, ubi ratif. filii ejus.}

_{Necrol. Heder. Cod. Reg. 1229,5.}

Adeluia ou Adeline n'est pas la seule Dame de la Maison de Villepinte qui ait été connue en ce siécle. Une *Eustachia de Villa picta* avoit épousé un Chevalier appellé Philippe *de Noemio*. Il fut décidé en 1248 par Matthieu de Marly et Gui de Chevreuse, Chevaliers, arbitres, en faveur de Gui Le Loup de Villepinte et ses freres, que ce Philippe ne pouvoit rien prétendre à raison de sa femme dans la maison et la terre de Villepinte. Le même Philippe paroît dans un acte de 1250 comme vendant au nom de Marie de Villepinte *nobili muliere matre sua* aux Religieux de Jard-la-Reine proche Melun, quarante arpens de bois. Dans ce même acte Helvide des Barres, Dame d'Oissery au Diocése de Meaux, déclare qu'elle en a ensaisiné Colas de Pompone, Ecuyer.
_{Hist. de Montm. Preuv. p. 405.}

_{Portef.de Gaign. vol. CCXI, p. 227.}

Comme il y a eu plusieurs Bouteillers du Roi portant le nom de Gui et plusieurs Hugues Le Loup, il n'est pas aisé de marquer lequel de ces Gui remit du consentement de Hugues Le Loup, son frere, au Monastere de Saint-Denis, les droits de Coûtume de Villepinte. Le temps auquel vécut Pierre, Archidiacre de Soissons, qui fut témoin de cette remise, peut fixer ce fait.
_{Chart. S. Dion. Reg. p. 414.}

Cette même Abbaye rentra en 1281 dans cette Terre, par la vente que lui en fit Hugues Le Loup, Chevalier, pour le prix de quatre mille livres. Renaud de Pompone vendit aussi aux mêmes Religieux, l'an 1282, ce qu'il y possédoit : de sorte que Dom Felibien a été très-fondé pour écrire que Matthieu de Vendôme, Abbé de Saint-Denis, augmenta le revenu de cette Seigneurie. Ce fut aussi sur cette Terre et sur celle de Gouvieux, que Renaud Giffart
_{Ibid., p. 438. P. Anselme, Hist. des Gr.Off. T. VI, p. 267. Chart. S. Dion. Reg. p. 146. Felibien, Hist. de S. Denis p. 253.}

<small>Hist. de S. Denis an. 1304. Gall. chr. nova, T. VII, col. 397.</small> Abbé de ce Monastere, assigna vingt livres aux Charités, apparemment à l'Aumônerie, par un acte de l'an 1304 en forme de testament, souhaitant qu'on célébrât son Anniversaire.

Dans le temps que l'Abbaye de Saint-Denis songeoit à rentrer dans ses anciens biens de Villepinte, Guillaume Le Loup, Chevalier, pensa à fonder un Chapelain en ce lieu, et en chargea par son testament Etienne dit Barré, Clerc, demeurant au même Village. Il pouvoit y avoir déja eu une Chapelle bâtie à Villepinte, mais il est sûr qu'il n'y avoit pas de titre Curial, et la Cure n'est point marquée dans le Pouillé de Paris dressé avant le regne de Saint Louis. Etienne Barré assigna dix-neuf arpens de terre laissés par <small>Chart. S. Dion. Reg. p. 436.</small> Guillaume pour doter un Prêtre en ce lieu, dont la nomination appartiendroit à l'Abbé de Saint-Denis, et qui seroit tenu de célébrer chaque jour à l'autel de Saint Nicolas ou autre à la volonté de cet Exécuteur testamentaire, et de prier pour l'ame de Marie Dame de Villepinte, et pour Maître Gui, Maître Guillaume et Adeline, enfans de cette Dame. La fondation est de l'an 1279. Il paroît certain qu'il y avoit dès-lors une Eglise à Villepinte, puisque les Lettres de Matthieu de Vendôme, Abbé de Saint-Denis, datées pareillement de 1279, au mois de Juin, sont intitulées : *Litteræ Matthæi Abbatis de beneficio in Ecclesia de Villa picta constituto*. Mais on n'est pas plus assuré pour cela de l'époque du titre Curial. La Cure n'est dans le Pouillé écrit vers 1450, que d'une main postérieure de 50 ans. Ce Pouillé et ceux de 1626, 1648 et 1692, marquent que la nomination de la Cure appartient à l'Abbé de Saint-Denis : c'est ce qui insinue qu'elle est démembrée de Tremblay et non d'Aunay, dont la présentation est à <small>Ibid., p. 420.</small> l'Abbé de Cluny. Aussi est-ce dans le Cartulaire de Saint-Denis qu'on trouve à l'an 1218 l'enquête faite au sujet des Novales *in Parochia de Tremblai et de Villa picta*. La même année G., Archi<small>Chart. Ep. Par. in Bibl. Reg. fol. 67.</small> diacre de Paris et Helie, Aumônier de Saint-Denis, s'étant informés quelles pouvoient être les terres Novales à Villepinte et Trembley depuis la tenue du Concile de Latran, placerent à ce sujet les bornes depuis le bois de Mintry ou Mitry jusqu'au bois de Hugues de Villepinte; de-là jusqu'au territoire de Weramoy, puis jusqu'au bois *de Parisia* en revenant ensuite au susdit bois de Mintry.

Quoique la Seigneurie de Villepinte ait appartenu, comme on vient de voir, à l'Abbaye de Saint-Denis depuis la fin du <small>Hist. des Gr. Off. T. VI, p. 404.</small> XIII siécle, cependant on trouve à l'an 1493 Jean de Paris, Ecuyer qualifié Seigneur de Villepinte ; à l'an 1530 Charles Michon, Con<small>Ibid. T. II. p. 404.</small> seiller du Roi, sur le fait de son Domaine : et vers l'an 1600 son petit-fils Jean Hennequin issu de Jeanne sa fille, est pareillement qualifié Baron et Seigneur de Villepinte. Peut-être qu'à l'égard de la Seigneurie de ces séculiers, il s'agit d'un autre Villepinte.

Deux d'entre les Monasteres du voisinage ont eu leur part en différens siécles dans le territoire de Villepinte. Gui de la Tour donna en 1124 au Prieuré de Saint-Nicolas près Senlis un labourage qui y étoit situé. En l'an 1140 Radulfe d'Aunay et Vautier son frere fondant le Prieuré de Saint-Jean de Maurgard au Diocése de Meaux, lui donnerent un moulin situé proche Villepinte, appellé *Molinellum*. Et vers l'an 1200 Hugues de S. Marcel voulant favoriser l'établissement des Ermites du Val-Adam proche Montfermeil, leur donna un arpent de terre au même village de Villepinte.

Hist. S. Mart. Camp. p. 288.

Ibid., p. 397.

Chart. Livr. in ex Charta Odon. Ep.

La Cure de Saint Martial de Paris avoit à Villepinte un fief dont les dépendances sont à Belleville. Le Curé de Saint-Pierre-des-Arcis en jouit aujourd'hui, par la réunion de la Cure de Saint-Martial faite à la sienne.

Il n'y a à Villepinte qu'un seul écart qui consiste en une ferme appellée Forte-affaire, vers le sud-est proche le cours du petit ruisseau de Morée. Le ruisseau qui passe à Villepinte s'appelle Ridaux ou Ridoux.

Dans un Rôle de taxes imprimé de l'an 1649, je trouve le Sieur de Flexelle, Président-ès-Comptes, imposé pour une maison à Villepinte et pour la terre dû Plessis.

BONEUIL-EN-FRANCE

De deux Boneuil qu'il y a au Diocése de Paris, celui dont il s'agit ici est situé sur la petite riviere de Crould, et est recommandable par plusieurs endroits, sans avoir été Terre Royale, comme l'a cru M. de Valois, en quoi il a induit en erreur Dom Michel Germain [1]. Son antiquité se prouve en ce que ce lieu est nommé dans l'acte du partage des biens de l'Abbaye de Saint-Denis fait en l'an 832, et dans la confirmation de ce partage qui est postérieure de trente ans. Ce n'est pas que cette Abbaye y eût de gros biens ; mais comme la pêche dans la riviere de Crould étoit un de ses revenus, c'étoit beaucoup pour les Moines qu'ils eussent à Boneuil un manoir qui pût leur servir à retirer et mettre à couvert leurs filets. C'est pour cela qu'on lit dans les actes en question : *Unus mansus in Bonogilo ad Fratrum retia componenda*. Le même Boneuil est aussi nommé dans le Livre des

Notit. Gall. p. 410, ubi de Bigargia.

Diplomat. p. 520 et 537.

---

1. Le Catalogue ou Pouillé met simplement le mot *Ganges* sans rien dire de plus ; ces mots *non procul à Crodoldo ac Bonogilo villa etiam Regia* sont de M. de Valois.

<small>Lib. II, mir. S. Dion. cap. xxix.</small>

<small>M. Lancelot Mémoire de l'Academ. des Belles-Lettres.</small>

miracles de Saint Denis composé il y a 900 ans. Il y est parlé de la guérison d'une femme qui est dite *Fisci Bonogili habitatrix.*

Ce lieu a été appellé *Bonogilum* ou *Bonoilum,* ou enfin *Bonolium.* Quelques Sçavans croient que *gil* en langage celtique signifioit une tente de Bergers. M. de Valois, sur le mot d'*Augustobona Tricassium,* s'étend à prouver que le mot *bona* est purement latin en cette occasion et nullement celtique ou gaulois. C'est ce qui peut déterminer l'étymologie des lieux dits Boneuil : ensorte que Bon ne signifieroit là autre chose que *bien, revenu, produit,* et probablement *ilum* ou *gilum* ne seroit qu'une terminaison arbitraire pour finir le nom d'une maniere qui ressente le genre Topographique, de même que *acus* et *acum* qui ne signifient rien par eux-mêmes, quoique quelques-uns aient imaginé qu'ils signifient l'aiguille d'un clocher, et que c'est pour désigner les Paroisses, qu'il est employé.

Boneuil sur le Crould est à trois lieues et demie de Paris, un peu en deça de Gonesse, et vis-à-vis Ermenonville qui est placé sur le rivage droit de cette petite riviere. Dans le dénombrement de l'Election on y marque 120 feux, ce qui, évalué par nombre d'habitans dans le Dictionnaire Universel de la France, monte à 555 habitants. C'est un pays de bons labourages avec quelques prairies.

L'Eglise dont Saint Martin est le Patron, menaçoit ruine en 1738, lorsque j'y suis entré. Le clocher en étoit déjà abbattu, et l'on parloit de la rebâtir : ce n'est pas que le lieu soit humide, car elle est sur le côteau qui regarde l'occident, mais de vetusté, m'ayant paru être du XIV siécle. Au reste, avec toute cette antiquité, il n'y en avoit pas eu encore de Dédicace en 1551. L'Evêque de Paris permit cette année à Charles, Evêque de Megare, de la faire et d'y bénir quatre autels.

<small>Reg. Ep. Par. 26 Sept. 1551.</small>

Voici deux sépultures qui sont du siécle même de la construction. Ses épitaphes sont dans le chœur sur une seule tombe en caracteres gothiques capitaux : *Cy gist... Jeanne Teinle jadis femme Guile le Latimier Escuyer qui trespassa l'an de grace M CCC et XII le jour de la Toussaint. Priez pour l'âme † Icy gist Guille le Latimier qui trespassa le....*

La femme a la tête nue avec un bandeau au front et un chien à ses pieds.

Une autre tombe qui est en lettres gothiques minuscules, porte ces mots : *Cy gist vénérable et discrete personne Maistre Pierre Le Moyne en son vivant Prestre Curé de Saint Fargeau et de Boneuil en France, lequel trespassa le... jour de Mai de l'an mil cinq cent et seize.*

La nomination de la Cure appartient au Chapitre de Notre-

Dame de Paris, selon le Pouillé Parisien du XIII siécle : mais ce qu'il y a d'extraordinaire dans ce manuscrit, est qu'elle s'y trouve deux fois ; premierement dans l'article du Doyenné de Gonesse, sous le nom latin *de Bono oculo*, qui est un nom fabriqué à plaisir ; et secondement dans celui du Doyenné de Montreuil, sous le nom vulgaire de Bonuel. Les Pouillés manuscrits la marquent sous celui de Montreuil. Ils sont du XV et XVI siécle. Le Pouillé de 1626 la marque sous ce dernier Doyenné, aussi-bien que celui de 1648, et le Catalogue des Départemens du Diocése imprimé de nos jours. Ces deux Pouillés et celui de Le Pelletier marquent unanimement la présentation comme appartenante à Notre-Dame de Paris : elle est en effet dans la partition de la vingt-uniéme Prébende.

Au XII siécle Gilbert, Vicomte de Corbeil, possedoit une dixme à Boneuil-en-France : ce fut de lui que le Chapitre de Paris eut cette dixme, comme son ancien Nécrologe le marque. L'Historien de cette Eglise observe à l'an 1158, que Simon de Passy donna trente livres à ce Chapitre pour en faire l'acquisition et entretenir de son revenu un Prêtre dans l'Oratoire de Saint-Denis qui étoit négligé. L'Eglise de Paris eut même quelque temps après un certain nombre d'arpens de terre en fond dans le territoire dont il avoit la dixme et par le moyen d'un legs que lui fit Raimond de Figeac, Soudiacre. Je trouve aussi que la quatriéme Chapellenie fondée à Notre-Dame de Paris par Adam de la Charité, sous le titre de Saint Denis et Saint George, a du grain considérablement à ce Boneuil-ci. Mais on apprend par le Cartulaire de l'Evêque de Paris, un point d'Histoire bien plus digne d'attention. C'est que ce Boneuil releve de l'Evêché de Paris en arriere-fief. On y lit qu'en l'an 1278 les paysans de ce Village ayant tué un cerf dans les prés, l'avoient transporté dans la grange du lieu. Le Prevôt de Gonesse l'avoit enlevé de-là à toute force, disant que le Roi avoit haute-Justice dans tout le village de Boneuil. Dans la chaleur de la contestation il fut proposé de rendre un agneau en place de ce cerf : mais comme le Bailly d'Etienne Tempier, alors Evêque de Paris, soutint le contraire de la prétention du Prevôt de Gonesse, il fut besoin d'en venir à une Enquête. Il en résulta évidemment que tout Boneuil relevoit de Montjay proche Chelle, et que Montjay relevoit de l'Evêché de Paris. L'acte est du Mardi d'après Pâques de la même année.

Necr. Eccl. Par ad 22 Aug. in Bibl. Reg.

Hist. Eccl. Par. T. II, p. 114.

Necrol. Paris. 3 Januarii. Collect. ms. du Bois, T. V.

Chart. Ep. Par. fol. 142.

Je ne marque point ici parmi les Seigneurs de Boneuil, le Sieur Le Latimier, quoique inhumé lui et sa femme dans le chœur de l'Eglise du lieu vers l'an 1320, parce que cette qualité ne lui est point donnée dans son épitaphe rapportée ci-dessus. Mais on connoît dans le même siécle, sous les regnes de Charles V et

Le Laboureur, Prélim. de l'Hist. de Charles VI, p 33.	Charles VI, Pierre de Chastel ou du Castel, homme de fortune, natif de Saint-Denis, lequel avoit d'abord été Clerc des Comptes. Il fit en 1379 l'acquisition du fief de ce même Boneuil. Il paroît que vers le commencement du regne de Charles VII, cette Terre étoit possédée par un Chevalier, nommé Pierre de Harsicourt, absent et attaché à ce Prince. Le Roi d'Angleterre l'en dépossédant vers
Comptes de l'Ord. de Paris, Sauval, T. III, p. 325.	l'an 1425, donna sa Maison, ses cens, etc., à un nommé Jean de Rigle. Ce fut vers ce même temps que ce même Prince ôta à Jacques le Renvoisié l'Hôtel qu'il avoit en ce Village, pour le donner à Guillaume Bourdin, qui avoit contribué à faire entrer dans Paris les gens du Duc de Bourgogne, et un Moulin à l'eau appartenant à Regnault Freron, pour récompenser Jean Gilles qui lui avoit rendu le même service. Ces faits ne peuvent s'entendre que de ce Boneuil, parce que dans le Livre d'où ils sont pris, il ne s'agit en cet endroit que du voisinage de Saint-Denis. Cent ans après, la Seigneurie de Boneuil-en-France étoit dans la Maison de Thou. Jean de Thou, Maître des Requêtes, la posséda, et ensuite Renée Baillet, sa veuve, en 1537. Ils jouirent aussi à
Sent. du 1 Juillet 1537.	Paris du fief Haran dit Coquatrix, rue Saint-Denis, vis-à-vis l'Hôpital Sainte-Catherine. Augustin de Thou, Président au Parlement, posséda Boneuil, et mourut en 1544. Après lui et dès l'an 1551,
Hist. de Montm. p. 519.	son fils Christophe, qui fut depuis premier Président du Parlement de Paris, qui la donna à Jean, son fils aîné, mort en 1579. Il lui survecut de trois ans. C'est pourquoi son nom se trouve dans la Coutume de Paris de l'an 1580. René, fils de Jean de Thou, Conducteur des Ambassadeurs, marié à Marie de la Faye, jouit de la terre de Boneuil après la mort de son grand-pere Christophe; il étoit son neveu. Sa fille, Françoise-Charlotte de Thou, fut mariée en 1643 à Christophe-Auguste de Harlay, à qui elle porta cette Terre, qui est restée dans la Maison de Harlay, et aujourd'hui possédée par Madame la Présidente de Crevecœur, sœur de M. de Harlay, Conseiller d'Etat, et mort Intendant de la Généralité de Paris.
Hist. de Corb. p. 38.	L'Historien de Corbeil a pris occasion de nommer René de Thou, Seigneur de Boneuil, sur ce que Louise de Thou, sa fille, qui étoit impotente, y fut guérie en 1611 sous la châsse de S. Spire, miracle qu'il avoit ouï raconter par le pere à la Reine qui passoit par Corbeil l'an 1622.

La campagne étant un lieu de tranquillité, quelques Ecclésiastiques ont trouvé le loisir d'y composer des ouvrages. De ce nombre est Pierre le Moyne, Curé de Boneuil-en-France, dont l'épitaphe est ci-dessus rapportée, dans laquelle il est dit avoir été en même temps Curé de Saint-Fargeau. Comme on lit dans la Bibliotheque Historique du Pere Le Long parmi les manuscrits de Notre-Dame de Paris, *Chronique de France depuis Adam jusqu'à Louis XI, par Pierre le Moyne, Curé de Saint Fargeau*, et que ce Pierre le Moyne n'est décédé qu'en 1516 en sa Cure de Boneuil, où il est inhumé, il est hors de doute que cet ouvrage doit lui être attribué. Malheureusement je n'ai pu jusqu'ici le retrouver parmi les manuscrits du Chapitre de Paris, que j'ai tous tenus et visités exactement.

<small>Bibl. Hist. de la France, n. 7393.</small>

DUGNY

Il est parlé de ce Village sous le nom de Tuni dans un titre de l'Abbaye de Saint-Denis, l'an 832, à l'occasion du pont qui de ce lieu menoit à Tricinis près ce même Monastere. De plus, il est nommé dans un Livre composé du temps de Charles le Chauve, sçavoir : le Traité des Miracles de S. Denis (lib. II, col. 15 et 16), à l'occasion de deux guérisons arrivées dans l'Eglise du même Village, qui portoit dès-lors le nom de ce Saint. Mais que la premiere lettre du nom de ce lieu ait été un T ou un D, nous n'en sommes pas pour cela plus instruits sur l'origine de ce nom, puisque la situation du lieu ne démontre rien qui ait du rapport avec *Tum* ou *Dum*, anciens mots celtiques qui signifioient quelque chose d'élevé.

<small>Diplom. p. 521.</small>

Ce Village est situé à deux lieues et demie de Paris, sur le bord de la petite riviere de Crould, qui passe ensuite à Saint-Denis. C'est un pays purement de labourages et de prairies. Le dénombrement de l'Election n'y compte que 39 feux et le Dictionnaire Universel 275 habitans. Mais le Bourget qui est sur cette Paroisse à un quart de lieue de l'Eglise et sur le grand chemin de Senlis, rend Dugny considérable, ce hameau étant comme un petit Bourg, suivant sa dénomination. Le Blanc-mênil paroît aussi avoir été de la Paroisse de Dugny avant qu'on l'érigeât en Cure.

Il n'y a rien que d'assez irrégulier dans tout l'édifice de l'Eglise de Saint-Denis de Dugny. C'est un bâtiment rajusté à plusieurs reprises. Gualon, Evêque de Paris, et Guillaume, Archidiacre, avoient donné l'autel de ce lieu au Monastere de Saint-Martin-des-Champs dès l'an 1107, à la priere de Thibaud qui en étoit Prieur, en conséquence de quoi la Bulle du Pape Pascal II, de l'année suivante, marquoit parmi les possessions de ce Prieuré, *Ecclesiam de Duniaco*, ce que celle de Calixte II répete dans les mêmes termes, ajoutant seulement : *et molendina et cetera quæ ibi sunt sancti Martini*. Néanmoins cette Eglise, dès la fin du même siècle,

<small>Hist. S. Mart. p. 497.</small>

<small>Ibid., p. 153.</small>
<small>Ibid., p. 157.</small>

n'étoit plus à la nomination de Saint-Martin-des-Champs, et Marrier convient qu'elle ne se trouve pas dans le Catalogue manuscrit des Cures dépendantes de Saint-Martin. Elle appartenoit au Prieuré de Dueil à la fin du douziéme siécle, sans qu'on sçache pourquoi ni quand ce changement fut fait, ni ce que l'Eglise de Saint-Martin eut pour son dédommagement. Dans la Bulle d'Alexandre III adressée à Daniel, Prieur de Dueil, on lit : *Ecclesia sancti Dionisii de Dumniaco;* et il est ajouté telle que Maurice, Evêque de Paris, l'avoit donnée. Dans la Bulle d'Urbain III de l'an 1186, il y a *Ecclesiam sancti Dionysii de Dumnio.* Il paroît que ce fut l'Evêque Maurice de Sully qui ôta l'Eglise de Dugny au Prieuré de Saint-Martin. Le Pouillé Parisien d'environ le regne de S. Louis, donne en conséquence au Prieur de Dueil la nomination de la Cure. Les Pouillés du quinziéme et du seiziéme siécle, et les deux de l'édition d'Alliot aussi-bien que celui de Le Pelletier, y sont conformes. En 1490 Nicolas Hocquart, Chantre de l'Eglise de Laon, possedoit cette Cure.

Outre l'Eglise de Dugny qu'il est sûr que le Prieuré de Saint-Martin possédoit encore en 1119, ce même Monastere y avoit aussi une Seigneurie. On apprend par un concordat fait entre Matthieu, Prieur, et Burchard, Seigneur de Montmorency, que Burchard ayant cédé plusieurs choses à Matthieu, ce Prieur de Saint-Martin lui céda de son côté Dugny : *concessit ipsi Burchardo Dugniacum in ei liberam potestatem faciendi inde quid vellet,* ne se retenant que soixante sols que Burchard consentit de payer pour la jouissance de la Terre. Ce Traité fut confirmé en 1124 par Etienne, Evêque de Paris. Ainsi on peut conclure de-là, que le Seigneur de Montmorency demanda aussi l'Eglise de Dugny, ou au moins qu'elle fut donnée aux Moines du Prieuré de Dueil qu'il affectionnait particuliérement ; c'est ce que j'affirmerois absolument, si l'acte de ce transport n'avoit pas été perdu.

La Maison de Montmorency donna apparemment depuis une partie de la terre de Dugny en fief, et de-là ont pris leur origine quelques Chevaliers surnommés de Dugny. Odon de Dugny vivoit sous Philippe-Auguste. Il est qualifié Chevalier dans l'ancien Nécrologe de Saint-Denis, où il se trouve au mois de Juin pour s'être fait sur la fin de ses jours Moine de l'espece de ceux qu'on appelloit *ad succurrendum.* Un Geoffroy de Dugny possédoit en 1206 une partie du péage de Brunoy, qu'il donna aux Religieuses d'Hieres. En 1268 Jean de Dugny rendit hommage à l'Evêque de Paris, Etienne Tempier, pour un bâtiment situé à Saint-Denis, aussi-bien que Petronille, veuve d'Henri de Dugny.

Le voisinage de ce Village avec l'Abbaye de Saint-Denis et avec des dépendances qu'elle a du même côté, avoit déjà causé des contestations entre elle et le Seigneur de Montmorency, qui étoit, comme on vient de voir, aux droits du Prieuré de Saint-Martin-des-Champs. La rupture des écluses de Dugny excita les plaintes de l'Abbé de Saint-Denis en l'an 1207. Ce fut la même année qu'Ursin ou Ursien, Chambrier du Roi, et Letice, sa femme, ratifierent la donation d'un bien situé à Dugny qui venoit d'être faite à cette Abbaye, et en 1212 ce même Officier du Roi approuva encore une vente d'héritages à Dugny faite au même Monastere par Hugues, oncle de sa femme. Ces donations et ces achats conduisirent à une acquisition complete de la Terre. En effet, Haimeric, Prieur de l'Abbaye, acheta entierement l'an 1216, la terre de Dugny. Cette circonstance est spécifiée dans l'ancien Nécrologe de cette Maison au mois de Septembre jour du décès de ce Prieur : *Qui emit conventui Duigniacum.* Félibien, Hist. de S. Denis Piéce 155.
Chart. S. Dion. Reg. p. 365.
Ibid., p. 358.
Hist. de S. Denis. Preuves.

C'est sur le même fondement que dans le Pouillé Parisien de l'an 1648, à l'article de cette Abbaye, on lit ces mots : « Le Prieur « Claustral de Saint-Denis est Seigneur temporel, haut, moyen « et bas Justicier de Dugny, avec droit de patronage. » Ce qui n'a pas empêché que dans le Procès-verbal de la Coûtume de Paris, en 1580, on ne trouve un nommé Merry Dupay, Ecuyer, qui se qualifie Seigneur de Dugny. On voit aussi dans Doublet l'exemple de la Dame de Saint-André qui ayant appellé d'un appointement fait au profit de l'Abbaye, touchant la haute-Justice des voiries de Dugny appartenante aux Religieux, fut déclarée par le Parlement en 1131 avoir mal appellé. Pouillé 1648, p. 131.
Doublet. Hist. de S. Denis p. 945. Reg. Olim an. 1311.

Ces Seigneurs de fiefs ont pu succéder à celui que possédoit, vers l'an 1300, Adam de Dugny, Chevalier, mentionné dans le Nécrologe de l'Abbaye d'Hieres au 31 Juillet.

Il y avoit en 1423, à Dugny, une Maison considérable que l'on appelloit l'Hôtel de la Pointe. Henri, Roi d'Angleterre, l'ôta à Jacques de Luiller, qui tenoit pour Charles VII, et le donna à un homme de son parti qui n'est pas nommé. Sauval, T. III. p. 324.

LE BOURGET, hameau composé d'une seule rue et situé sur la grande route de Picardie, est sur le territoire de Dugny, dont le clocher n'en est qu'à un quart de lieue. Il y avoit sur la gauche en móntant presque au bout de ce petit Bourg une Eglise Succursale du titre de Saint Nicolas, et peut-être étoit-ce pour cela que quelques anciennes provisions mettent *Ecclesiam Parochialem de Dugniaco et Burgello.* Elle avoit été dédiée en 1551 par Charles, Evêque de Megare. Mais comme elle tomboit de caducité, elle fut interdite en 1734, et l'Office fut transféré dans un autre lieu vers le même bout septentrional. Elle a depuis été rebâtie en partie des libéralités de l'épouse de M. Mirey, Receveur des Consignations, Seigneur en partie ; mais l'autel est placé dans l'occident, Reg. Ep. Paris.

et la porte à l'orient, ce qui est le contraire de ce qui avoit été pratiqué dans l'ancienne.

Quelques titres du quatorziéme siécle nomment ce lieu le Bourgeel. Mais un Auteur du même temps l'écrit Bourget comme on fait aujourd'hui ; c'est Guillaume de Machau, Poëte Picard, qui avoit souvent traversé ce Village. Sur la fin de son Poëme intitulé : *Confort d'amy*, parlant d'un lieu d'Allemagne nommé Glumort où l'Impératrice se retiroit, il s'exprime ainsi :

> *C'est une villette en l'Empire*
> *Qui n'est gueres dou Bourget pire.*

Les habitans du Bourgeel, selon ce qui est dans le dernier volume des Ordonnances du Roi Charles V (page 177), furent déclarés exempts des prises pour l'utilité de la Cour, attendu qu'ils avoient été endommagés et pillés par les ennemis, à cause de leur situation sur le grand chemin Royal. On lit aussi dans le Journal du Roi Charles VII, qu'en 1430, le 28 Août, les Armignacs avertis par des amis qu'ils avoient dans Paris, que les Parisiens avoient beaucoup de bled nouvellement recueillis au Bourget, mirent le feu aux charrettes qui en étoient chargées.

Journal de Charles VII, p. 134.

Pendant les deux derniers siécles, la Seigneurie du Bourget s'est souvent trouvée réunie avec celle du Blancmênil dans une même personne. M. Nicolas Potier possédoit les deux Terres en 1580, suivant le Procès-verbal de la Coûtume. Un autre Potier, Conseiller en 1646, étoit Seigneur du Bourget. Il mourut Président au Parlement en 1680. A la fin du siécle, René Marillac, Maître des Requêtes, en jouissoit. Il florissoit en 1671, et est mort en 1719.

Hist. des Gr. Off. T. IV, p. 364.
Ibid. T. VI, p. 557.

Les Religieuses de Montmartre firent en 1573 l'échange de 60 livres de rente sur la Ville, avec Antoine de Brolly, Seigneur du Mênil.

Comp. Ep. Par.

Le Bourget fait un article particulier dans le dénombrement de l'Election de Paris et au Rôle des Tailles ; il y avoit 95 feux, suivant le premier dénombrement ; le second de 1745 n'y en marque que 59.

Il y avoit autrefois une Léproserie au Bourget. Le Commissaire, de la part de l'Evêque de Paris, voulut la visiter en 1351. La trouvant fermée, il dressa son Procès-verbal en présence de Jean de Dole, Curé de Drancy, et de Frere Nicolas Grimont, Prieur de la Maison des Titulaires. On déclara qu'elle étoit exempte de l'Ordinaire, comme étant située sur la terre de Saint-Denis, et possédée toujours par le Moine qui est Prévôt de la Courneuve.

Reg. Visit. Lepr. 1351, f. 26.

Il arriva au Bourget l'an 1440 un fait qui ressent fort les mœurs de ce temps-là. Un habitant de ce lieu, nommé Du Clouy, avoit été frappé depuis douze ans d'excommunication par l'Official de Paris, et ne s'en faisoit point relever. Le Maire du même lieu reçut commission de le faire mettre en prison, mais un Sergent à cheval du Châtelet en empêcha. Ce Sergent fut condamné par Arrêt du 23 Décembre de cette même année 1440, à faire amende honorable au Bourget, et à payer une somme au Roi et à l'Evêque de Paris. *Tab. Ep. Paris. in Spirit.*

J'ai ouï dire à des personnes instruites de l'histoire du Soissonnois, qu'au Bourget proche Paris, deux ou trois maisons sont de la Justice de Pierrefond, mais on ne dit point d'où cela vient.

PONTIBLON a été aussi autrefois un hameau de la Paroisse de Dugny; il étoit situé un peu au-delà du Bourget en allant vers Senlis, et consistoit en quelques maisons bâties proche le pont sous lequel s'écoulent les eaux qui viennent de Blancmênil pour se jetter dans le Crould. Le Prieuré de Saint-Martin-des-Champs y avoit au commencement du douziéme siécle une ferme et des terres ainsi indiquées dans les Bulles de Calixte II et Innocent II, des années 1119 et 1142 : *apud Pontem Ebali curtem et terras.* En 1373, le Chapitre de Paris reconnut devoir au Chambrier du même Prieuré de Saint-Martin cinq sols parisis, à raison du cens dit de Pontiblon : *Ratione censu qui dicitur Pontisblon.* *Hist. S. Mart. p. 439.*

L'Abbaye de Saint-Denis qui avoit déjà fait beaucoup d'acquisitions à Dugny, y joignit en 1263 celle d'un pré sis à Pont Yblon contigu au pré du Prieur de la même Maison. *Chart. S. Dion. Reg.*

La Carte de de Fer, qui passe pour la plus exacte des environs de Paris, contient comme les autres le nom de Pont Iblon ; mais c'est pour l'attribuer au ruisseau qui vient de Blancmênil, comme si un ruisseau pouvoit être appellé Pont. D'autres Cartes donnent à ce ruisseau le nom d'Hazeray. On m'a assuré en 1745, que sur la fin du dernier siécle, on avoit trouvé dans terre, à gauche de ce Pont, c'est-à-dire à la partie occidentale, à cent pas du grand chemin, des tombes et des corps dessous, en des cercueils de plomb.

Les titres font encore mention de quelques autres lieux situés sur cette même Paroisse ; sçavoir, Palluel et Pont-Galland. Les plus anciens qui sont du XIII siécle, ne parlent que du moulin de Paluel. Ce nom Paluel désigne clairement un marais, qui apparemment étoit formé par les cours d'eau qui venoient d'Aunay et de Blancmênil. Ces deux cours d'eau ont dû faire construire des ponts : l'un a eu la dénomination de Pont-Iblon, dont je viens de parler, l'autre de Pont-Galland, et ces deux noms sont devenus ceux de deux Fiefs : cela est si constant, que dans le Rôle imprimé des Décimes, la Chapelle de S. Jean-Baptiste est ainsi désignée, afin qu'on puisse la reconnoître : *La Chapelle de S. Jean dans la* maison des *Fiefs de Palluel et de Pont-Galland, Paroisse de Dugny*. Dans le Livre des présentations du Grand Archidiacre de l'an 1680, cette même Chapelle est dite située dans le château de Palluel, lieu dit Pont-Galland, et être à la nomination du Seigneur. Pour l'intelligence de ces choses, il est besoin de recourir à une requête que le Sieur Doresmieux, Seigneur du Fief de Palluel, présenta à M. le Cardinal de Noailles, l'an 1724. Il y expose que Jean Jacques de Masparault, propriétaire de ce Fief, y avoit fait bâtir en 1669 une Chapelle au milieu du bois de l'enclos de ce Fief; qu'en 1674 il l'avoit dotée de cinq cens livres pour un Chapelain qui devoit être pourvu par l'Archevêque, et y célébrer tous les jours : que les héritiers du Sieur Masparault ayant fait couper le bois, la Chapelle se trouvoit seule, loin du Village et de la maison Seigneuriale du Fief. C'est pourquoi, il obtint permission de l'abattre et la rebâtir à l'entrée du clos, du consentement du Sieur Filleux, titulaire. Cet exposé renferme quelque différence d'avec ce qui se lit au 12 Janvier 1680, lorsque la fondation de 500 livres fut acceptée, en ce que ce Fondateur y est appellé André de Masparault et non pas Jacques, et qu'il est dit que ce fut par son testament qu'il légua cette somme.

Reg. Arch. Par.
22 Aug. 1724.

Ibid.
12 Jan. 1680.

J'ai trouvé du nom de Dugny, parmi les Dignités du Diocèse de Paris, une Abbesse de Chelle, au douzième siécle. Elle se nommoit Marie de Duny, et elle gouverna cette Maison depuis 1178 jusqu'en 1183.

Gall. Chr.
T. VII, col. 562.

LE BLANCMÊNIL

Ce nom n'a pas besoin d'explication pour quiconque sçait que mênil vient du latin *mansionile*. Il ne se trouve point de titre qui fasse mention de ce lieu au-dessus de l'an 1130 ou environ, qu'il paroît que l'Abbaye de Saint-Vincent de Senlis y possédoit un domaine considérable. Pierre d'Aunay, Chevalier, à l'exemple de son pere y levoit des droits de Coûtume injustes sur les hôtes que cette Abbaye y avoit, et les faisoit citer *ad curiam suam*. Louis le Gros l'ayant cité à son tribunal, le Conseil l'obligea lui, sa femme et ses enfans, de se désister. En 1141 Robert IIe du nom, Abbé de Saint-Magloire, traita avec Boudoin, Abbé de Saint-Vincent, au sujet du domaine de son Eglise situé en ce lieu de Blancmênil. Le premier abandonna au second le moulin de Saint-Magloire situé au fauxbourg de Senlis, moyennant qu'il recevroit trente mines de froment et trente mines d'avoine dans le Village appellé *Mansionile blaun*. Cet échange se fit pour la commodité

Gall. chr. nova,
T. X, Instr.
col. 212.
Chart. S. Magl.

des deux Abbayes : ainsi il ne faut pas douter que par *Mansionile blaun*, il ne faille entendre Blanc-mênil. Il n'y a qu'une transposition dans les mots. J'ai lu qu'en 1328 l'Abbaye de Saint-Magloire jouissoit encore de ce droit ci-dessus dans la grange cédée à Saint-Vincent. *Tab. S. Maglor.*

Blancmênil n'étoit alors qu'un hameau dépendant de la Paroisse de Dugny, dont l'Eglise est à demi-lieue ou environ. Il est situé à deux grandes lieues de Paris dans la plaine où est le Bourget, autre dépendance de cette ancienne Paroisse. Tout le territoire est en labourages et en prairies. Le Dénombrement de l'Election de Paris n'y marque que 16 feux et le Dictionnaire Universel de la France y compte 70 habitans.

Ce hameau n'est devenu célèbre qu'au XIV siécle, à l'occasion d'une Chapelle du titre de Notre-Dame qui y fut bâtie sous le Roi Jean l'an 1353, et dans laquelle il s'établit une notable Confrérie. Les Lettres des Indulgences à l'occasion de l'érection en 1356, sont signées par huit Evêques, et confirmées par Innocent VI. Depuis ce temps-là le Cardinal d'Etouteville, Légat en France, en accorda l'an 1450, et le Pape Nicolas V en 1462. L'Eglise qui subsiste aujourd'hui n'est pas le bâtiment primitif. Sa structure, qui est en forme presque quarrée, ne paroît pas avoir deux cens ans : elle est ornée d'une petite tour sur le devant. Ce bâtiment est terminé par un lambris en forme de voûte ou d'arc sans aucuns collateraux. Au vitrage du côté du septentrion est figuré un Ecclésiastique en robe violette, rochet et petit camail bleu : derriere son prie-Dieu se lit en lettres gothiques ce mot *Dadieu;* et au côté droit près la chaire du Prédicateur se lit une fondation faite par Guillaume Berson, Receveur de l'Evêché de Beauvais, natif de Roissy. L'un des articles porte que quand le Curé de Roissy viendra en Procession dans cette Eglise à la Pentecôte ou dans un autre temps, les Marguilliers de Blancmênil lui donneront cinq sols. Sur le banc de l'Œuvre est l'image d'un Saint Apôtre, au pied de laquelle se lit en petites lettres gothiques : † *Aliaume le Maignan et Octave de Jeurcy sa femme, cy onst donné cette relique en la Confrerie de N. D. du Blanc meny en l'an M CCCC L III.* Et au bas du piédestal d'un reliquaire quarré qui est de cuivre, dans lequel il y a *De Jerusalem. De l'os du bras de .....* d'un caractere d'environ cent ans, on lit en lettres de relief aussi gothique minuscule : *Jehan de Louan et Jehanne sa femme ont donné ce reliquere.*

Hist. de la Confrér. de Blancmênil in-4°, edit. prem. 1620, edit. seconde 1660.

Quoique la dévotion eût commencé dès le tems du Roi Jean, elle n'acquit un certain éclat que dans le siécle suivant. Outre les dons que je viens de rapporter, qui en sont une marque, on lit que Charles VI avoit permis eu 1407 aux Changeurs et Orfévres de Paris de continuer la Confrérie, et d'avoir une cloche pour crier cette Confrérie dans les rues de Paris; qu'en l'an 1412 ce lieu étoit distingué entre plusieurs de ceux qui étoient sous l'invocation de Notre-Dame, et que pendant le voyage que le Roi fit dans le Berry et dans l'Auxerrois, on y venoit en procession de Paris et d'ailleurs. Ce lieu de dévotion n'avoit pas laissé que d'être en proie aux soldats étrangers. Un Historien de la Confrérie écrit (page 21) qu'ils en avoient emporté la cloche, mais qu'en 1448 il en fut donné une autre du poids de cent dix livres, laquelle fut nommée Marie, par Denis le Maignan et Nicolas François. Jean le Maignan, aussi Orfévre, donna une image de S. Jean de cuivre doré en mémoire du Roi Jean. Il avoit été le premier Confrere lors du renouvellement en 1447 avec Oudin Bernard. Une Dame nommée Alizon de Narbonne fit présent d'un bâton pour la Confrérie lorsqu'elle s'y enrôla, et son exemple y attira cent trente-deux personnes. L'Historien de cette Chapelle dit que l'Annonciation étoit la Fête, comme en effet c'est le mystere sur lequel l'Evangile fournit plus de matiere touchant la Ste Vierge. Il ajoute qu'il y eut aussi un concours le jour de la Fête de la Conception, jusqu'au tems du Roi Henri II, que la cloche fut encore emportée. On en refit, dit-il, une autre en 1574, et étant cassée, on en fondit deux l'an 1585, et ce sont celles, dit-il, qui subsistent aujourd'hui. Il écrivoit en 1660, et il offrit son ouvrage à René Potier, Président au Parlement, Seigneur de Blancmênil. Il dit ensuite qu'il s'étoit établi autrefois une quête à Paris pour cette Eglise et pour la Confrérie, et qu'on alloit dans toutes les maisons; mais en 1660 on ne quêtoit plus que chez les Orfévres, qui alors étoient presque les seuls Confreres, et dans la Chapelle desquels, sise à Paris, on transféroit quelquefois certains Offices. La Confrérie avoit de même que celle de Boulogne un Bureau pour les aumônes à l'entrée de la Sainte-Chapelle de Paris, le Vendredi Saint et jours suivans.

L'établissement d'une Paroisse en cette Eglise de Blancmênil, est ce qui a pu faire cesser peu à peu le concours et la célébrité de la Confrérie. Le premier Pouillé où la Cure de ce lieu soit marquée, est de l'an 1450. Elle y est dite être à la nomination du Prieur de Dueil, et en cela on a suivi la regle ordinaire par laquelle les démembremens suivent le sort du principal. La même chose est marquée dans les Pouillés du XVI et XVII siécles, et dans celui de Le Pelletier, imprimé l'an 1692. Les anciens Registres que j'ai vus de 1483, 1573, 1574 y sont conformes dans les Provisions.

Le peu de feux ou d'habitans qu'il y a au Blancmênil, est une marque que le territoire de cette nouvelle Paroisse n'est pas fort étendu. Quoiqu'il en soit, j'ai lu quelque part qu'en l'an 1581 il fut passé un bail à ferme pour la moitié des dixmes de ce lieu appartenante aux Clercs de Matines de Notre-Dame de Paris. J'ai aussi lu qu'en 1423 il y eut une délibération de la Chambre des Comptes pour faire crier la terre de Blancmênil, à la charge de viage dû à Henri de Marle, Chancelier, et sa femme. Mém. de la Chambre des Comptes.

Le Seigneur le plus ancien que j'aie trouvé est Simon Potier, qui vivoit sous le regne de Charles VI. Puis son fils Nicolas Potier, Général des Monnoies sous Louis XI en 1475, élu Prévôt des Marchands en 1499 et mort en 1501. Son fils Nicolas eut aussi la même Terre après lui. Ensuite, Jacques Potier, Conseiller au Parlement, dont Bodin dit dans sa République que ce fut lui qui par ses bonnes raisons fit revenir le Parlement et absoudre une femme qu'il avoit condamnée à la mort. Il décéda en 1555. Françoise Cueillette, sa veuve, passa en 1567 plusieurs reconnoissances à l'Evêque de Paris pour des maisons sises en sa censive. On trouve ensuite Nicolas Potier, Président à mortier, Seigneur de Blancménil en 1578. En cette année il donna à la Maison de Saint-Lazare de Paris, des rentes pour des terres situées à Drancy et au Bourget, ce qui fut approuvé par l'Evêque de Paris. On assure qu'il vécut jusqu'en 1634. Le Roi lui avoit fait don de six arpens de taillis et de six pieds d'arbres sa vie durant à prendre dans la forêt de Bondies pour son chauffage et pour réparations à faire au Blancmênil, avec droit de panage et pâturages. Les Lettres en furent registrées avec modification le 14 Janvier 1612. M. Potier de Blancmênil, Président au Parlement, fils apparemment du précédent, fut celui qui fut arrêté par ordre du Roi en 1648, le 26 Août. René de Marillac, Maître des Requêtes, possédoit en 1672 la terre de Blancmênil. Il est mort en 1719. De nos jours cette Seigneurie a été possédée par M. Guillaume de Lamoignon, Président à mortier, qui épousa en 1711 Louise d'Aligre. M. le Chancelier de Lamoignon a porté le nom de Blancmênil jusqu'au tems qu'il a été fait Chancelier, en 1750 : car dans l'aliénation il fut convenu que le nom de Blancmênil resteroit à M. de Lamoignon, et qu'aucun des possesseurs de la Terre n'en prendroit le titre. En ces dernieres années cette Terre étoit entre les mains de M. Mire, dont la veuve la possede actuellement.

Le Château est bas, mais solidement bâti, et soutenu de quatre pavillons couverts d'ardoise.

DRANCY

<small>Notit. Gall. p. 416, col. 2.</small> Cet article fournira une nouvelle preuve que M. de Valois dans sa Notice du Parisis, s'est fié à des cartes peu exactes et qui figuroient des hameaux ou de simples fermes, comme si c'eût été des Paroisses. Il se contente de dire sur Drancy, que c'est un Village voisin du Bourget et de Grolay. Le Bourget n'est qu'un hameau de la Paroisse de Dugny, et Grolay n'est qu'une ferme de celle de Bondies. Son indication ne peut pas manquer de tromper ceux qui ne connoîtront pas le Diocése de Paris en détail, parce que de prime-abord par Grolay on entend le gros Village de ce nom qui est au-dessous de Montmorency, et que ceux qui iront chercher Drancy dans ces quartiers-là, ne l'y trouveront pas.

Drancy dont il s'agit, est mentionné dans un manuscrit de l'Abbaye de Saint-Maur d'environ l'an 900. On verra ci-après à quelle occasion.

Pour mieux indiquer la position de ce village, il suffit de dire qu'il est situé une lieue par de-là Pentin, à demi-lieue de Bobigny, et à une grande lieue de l'Abbaye de S. Denis vers l'orient par rapport à cette Abbaye. Ce Village est sur le bord de la plaine qu'on appelle la France et qui comprend un grand nombre de Paroisses, même du Diocèse de Meaux. Il n'est pas nombreux en habitans, quoiqu'il renferme aujourd'hui deux Paroisses réunies. Le Livre de l'Election y marque 44 feux, et le Dictionnaire universel de la France y compte 140 habitans. On assure qu'aujourd'hui ce lieu ne contient gueres que 30 feux. Tout y est en labourages et en prés ; le surnom que le Dictionnaire universel lui donne en l'appellant *Drancy-les-Noües*, marque que quelque canton se ressent d'un reste de marécages ou joncheres. On verra ci-après que ce lieu de Noües est ancien, mais il ne formoit pas le principal de la Paroisse.

<small>Ibid. p 416, col. 2.</small> M. de Valois se fondant sur ce que les anciens titres appellent Drancy en latin *Darentiacum*, croit que ce seroit un particulier nommé *Darentius* qui lui auroit donné son nom. Mais comme ce nom est inconnu parmi les Romains, et qu'il y a si peu de distance de *Darentius* à *Terentius* qui étoit fort commun parmi eux, et dont la premiere syllabe renferme les consones *D* et *T* qui proviennent du même organe, j'incline plus volontiers à dire que *Terentiacum* seroit l'appellation primitive de Drancy, qui auroit été altérée en *Darentiacum*, puis en *Drentiacum*. Dom Mabillon a cru que *Drausciacum* mentionné dans la confirmation du partage des biens de l'Abbaye de S. Denis de l'an 862, devoit

être Drancy : mais il n'y a pas de conformité dans les noms. Cela n'empêche pas qu'on n'ait des preuves que Drency existoit au neuviéme siécle. J'en parlerai plus bas. Au reste, une des Stations militaires ou mutations entre Valence et Die en Dauphiné, dans la Table Théodosienne, porte le nom de *Darentiacum* tout semblable à celui de ce Village.

La principale Eglise de cette Paroisse est titrée de Saint Germain d'Auxerre : elle est bâtie dans le canton qu'on appelle Drancy le grand. Elle étoit autrefois plus spacieuse. Le chœur ayant été abbattu, on a placé l'autel dans la croisée. On voit encore par quelques restes, que c'étoit un édifice du douziéme ou treiziéme siécle. Les Moines de Saint-Martin-des-Champs ayant demandé à Guillaume, Evêque de Paris, quelques autels sur la fin du onziéme siécle, l'autel de Saint Germain de Drency fut l'un de ceux qu'il leur donna en 1098 : *Altare villæ quam vocamus Derentiacum*. C'est ce qui pourroit faire douter que l'Eglise que le Pape Urbain II leur confirma en 1097 sous le nom de *Derenzegium*, soit celle de Drency. Mais il est constant que c'est elle qui fut confirmée avec d'autres à ce Monastere par le Pape Eugene III, l'an 1147, en ces termes : *Ecclesiam de Derency cum tertia parte decimæ*. Les mêmes expressions sont dans la Charte de confirmation donnée par Thibaud, Evêque de Paris, vers l'an 1150. On verra ci-après que les Moines de Saint-Nicolas de Senlis avoient en 1207 dans cette Eglise de Saint-Germain, la moitié des chandelles qui s'y offroient le jour de la Chandeleur.

Hist. S. Mart. p. 487.
Ibid., p. 148.
Ibid., p. 180.

Le Rôle des décimes fait mention d'une Chapelle du titre de Notre-Dame, située à Drency le grand ; c'est tout ce que l'on en sçait. Elle existoit dès le XV siécle, puisqu'on la trouve dans le Pouillé écrit vers l'an 1450, et qu'on en voit des provisions du 24 Novembre 1476.

La seconde Eglise de Drency, qu'on appellera, si l'on veut, l'Eglise du petit Drency, étoit située avec son territoire au midi de Drancy-le-grand, et portoit le nom de Saint Silvain, Evêque régionnaire des Pays-Bas, mort le 15 Février de l'an 718. Guy de la Tour fondant le Prieuré de S. Nicolas d'Acy proche Senlis, lui donna entre autres revenus l'autel de Drency : ce qui fut confirmé en 1124 par une Charte de Louis le Gros. Comme cela ne peut s'entendre de celui de Saint-Germain de Drancy-le-grand, qui étoit possédé par les Religieux de Saint-Martin-des-Champs, il en résulte qu'il s'agit de celui de Saint Silvain. Il paroît même que ce don fut bien-tôt suivi de celui de l'Eglise même. Elle fut accordée et assurée aux mêmes Moines de Senlis par Etienne de Senlis, Evêque de Paris, l'an 1140, selon la Charte qu'il en fit expédier dans le Chapitre de sa Cathédrale. Ce Prélat qui favorisa

Ibid., p. 228.
Ibid., p. 296.

cet établissement fait en faveur de son pays, donna à ces Religieux toute la menue dixme, avec un tiers de la grande tant en vin qu'en bled. La Charte qu'Odon de Sully, Evêque de Paris, fit expédier l'an 1207, concernant la même Eglise, la déclare bâtie nouvellement sur le territoire de celle de Saint-Germain dans le hameau appelé *Noes,* et la reconnoît appartenir aux Religieux de Saint-Nicolas de Senlis, quant à la présentation ; mais elle ajoute que le Prêtre de cette Eglise sera tenu de payer de ses revenus le droit de Synode et de visite, sans pouvoir se jetter pour cela sur la menue dixme des Moines ; et enfin que les Moines auront chaque année la moitié des chandelles qui sont offertes en cette nouvelle Eglise le jour de la Chandeleur, de la même maniere qu'ils les ont dans l'Eglise de Saint-Germain.

Hist. S. Mart. F. 297.

Le Pouillé Parisien du treiziéme siécle marque l'Eglise de Drancy comme étant à la nomination de Saint-Nicolas de Senlis, sans spécifier laquelle. L'Auteur ignoroit apparemment qu'il y eût deux Eglises en ce lieu : car parmi les présentations appartenantes au Prieur de Saint-Martin, il ne fait aucune mention de Drency, quoique l'Eglise de la nomination de ce Prieur soit la principale. On ne sçait que cette Eglise du petit Drency autrement Noes ou les Noües étoit sous le titre de Saint Silvain, que par l'Histoire de Saint-Martin-des-Champs, et par quelques provisions. Elle ne paroît dans le Pouillé du XV siécle que sous le simple nom des Noes, et la nomination en est dite appartenir à l'Evêque. Il est quelquefois arrivé qu'au lieu de la qualifier *Sancti Silvani,* on a mis *Sancti Silvestri.* Ces deux noms ont assez de rapport avec le nom *Silvanectensis,* et l'on pourroit croire que ce seroient les anciens Bouteillers de Senlis qui auroient déterminé le nom de ce Saint Patron pour une Eglise dont ils auroient été les maîtres. Cette Eglise étant tombée l'an 1620, Nicolas Dargonne qui en étoit Curé, demanda que les habitans fussent aggrégés au grand Drancy ; Rolland Landoys, Secretaire du Roi, s'opposa à cette réunion, et Nicolas Leclerc, tuteur de Loys, Seigneur d'Aunay, intervint. Nicolas Guenée succéda à Dargonne dans la Cure, et ayant continué le procès, Marguerite de Menyson, veuve de Tanneguy Seguier, Président au Parlement, tutrice de Pierre Seguier, poursuivit les oppositions de Landoys. L'Official de Paris déclara cette Eglise des Noes devenue simple Chapelle, et en unit les habitans au grand Drancy, du consentement du Curé ; condamna Guenée et ses successeurs à rebâtir dans l'an cette Chapelle sous le titre de Saint Silvestre ou plutôt Sylvain, d'y fournir ensuite de quoi y célébrer tous les Vendredis, y officier les jours du Patron et de la Dédicace premieres et secondes Vêpres, et payer quatre livres par an au jour de la fête Patronale

Ibid., p. 296.

au Curé du grand Drancy, et déclara que la présentation de la Chapelle appartiendroit au Prieur de Saint-Nicolas-lez-Senlis. Quoique cette Sentence ne soit que du 7 Décembre 1644, le Pouillé de 1627 cessa de faire mention de l'Eglise du petit Drancy ; le Pouillé de 1648 la place à Drancy-le-petit sous le nom de Saint Silvain, et en qualité de Chapelle. Elle est seule au milieu des champs. Il y a des terres qui en dépendent. Il n'y a plus de maisons au petit Drancy, sinon la ferme du Marquis de Mailly qui est vis-à-vis la Chapelle vers le couchant. On continue de mettre au Rôle des Décimes la Chapelle Saint-Silvain dite les Noües, ci-devant Cure de Drancy-le-petit. *Reg. Arch. Par.*

On a vu que Gui de la Tour de Senlis disposa en 1124 de l'autel de Drancy envers le Prieuré de Saint-Nicolas de Senlis : c'est ce qui fait juger qu'il étoit Seigneur de Drency. L'Auteur de l'Histoire des Grands Officiers l'a cru pareillement : il l'appelle Gui de Senlis Ier du nom. Cette Terre resta sans doute longtemps dans cette puissante famille. Un Guillaume le Loup, son fils, possédoit quelques années après une partie des dixmes de Drancy. En 1316 vivoit un Jean de Drancy, Ecuyer ; mais sa demeure étoit à Bellefontaine, proche Lusarches. On le connoît par un échange qu'il fit avec l'Abbaye de Livry. Dans le seiziéme siécle se retrouvent en même temps plusieurs Seigneurs de Drancy et de différentes familles : les uns étoient apparemment Seigneurs de Drancy-legrand, les autres de Drancy-le-petit. *P. Anselme, Hist. des Gr.Off. T. VI, p. 251. Chart.Hederac.* *Chart. Livriac. fol. 100.*

Nicolas Seguier étoit Seigneur de Drancy vers l'an 1500, et mourut en 1533. Pierre son fils lui succéda, puis Jerôme, fils de ce Pierre, lequel Jerôme fut Grand-Maître des Eaux et Forêts. Tanneguy fut fils de Jerôme et posséda cette Terre ; ensuite Pierre son fils, qui fut reçu Conseiller au Parlement en 1645, et Prévôt de Paris en 1653 et 1664. D'un autre côté je trouve Germain Du Val qualifié en 1531 Seigneur de Drency et de Fontenet-en-France. Les Budé jouirent aussi de la Terre de Drency au même siécle. Dreux Budé étoit Seigneur de Drancy-le-petit en 1504 et 1510, et Jacques Budé son fils en 1553, 1556. On lit dans le Procès-verbal de la Coûtume de Paris de l'an 1580, que Jean Budé l'avoit possédée en son vivant et l'avoit laissée à son fils Jean Budé, dont la mere appellée Marthe de Martines, comparut pour lui à cette Coûtume en qualité de veuve. *Hist. des Gr.Off. T. VI, p. 565. Hist. des Présid. à mortier p. 224. et des Gr. Offic. T. VI, p. 565.* *Généalog. impr. des Seign. d'Hiere. Procès-verbal, édit.1578,p.639.*

Dans ces derniers temps M. de la Chesnaye étoit Seigneur de Drency. Depuis, cette Terre a appartenu à M. Tiroux de Lailly et aujourd'hui à sa veuve : il étoit Fermier-Général.

L'état des biens de Saint-Pierre-des-Fossés, dit depuis Saint-Maur, rédigé au neuviéme siécle, nous apprend que cette ancienne Basilique possédoit alors à Drancy *in Derentiaco,* sept manoirs *Baluz. Capit. T.II, col. 1388.*

serviles contenant vingt-quatre habitans. Leur redevance envers Saint-Pierre étoit de chacun une brebis par an avec un agneau. Chacun des manoirs devoit labourer quatre perches pour y mettre du seigle, et deux pour du tremoy. Entre les deux saisons de ces labourages ils devoient neuf corvées [1].

Guillaume le Loup, Chevalier et Bouteiller de France, ayant rendu à Etienne de Senlis, Evêque de Paris, son propre frere, la moitié des dixmes de Drency dont il avoit joui aussi-bien que Gui son pere, en fit présent à l'Abbaye d'Hieres avant l'an 1140. C'est ce qui est attesté par la Bulle d'Eugene III en faveur de cette Abbaye de Filles, et par une Charte de Maurice de Sully, l'un des successeurs d'Etienne. Les Cluniciens de l'Abbaye de Montmartre ne possédoient pas un si considérable revenu à Drency : la Charte de Pierre le Vénérable, leur Abbé, ne met parmi les biens qu'ils laisserent aux Religieuses qui leur furent substituées, qu'un seul hôte à Drency : *unus hospes apud Darentiacum*. L'Abbaye de Sainte-Geneviéve plaça aussi autrefois sur Drency vingt livres provenant du legs d'un nommé Erard d'Andilly qui vivoit vers le treiziéme siécle.

Annal. Bened. T. VI, Prob. p. 676. Chart. Hederac. in Bibl. Reg.
Felibien, Hist. de Paris, Preuves, T. III, p. 60.
Necr. S. Genov. XV S. ad X Cal. Decemb.

Quant aux personnes mémorables qui ont porté le nom de Drency dans les temps reculés, il ne s'est présenté à mes recherches qu'un nommé Guillaume de Drancy, qui fut Chanoine de l'Eglise d'Auxerre du temps de Saint Louis. Il est nommé parmi les bienfaiteurs considérables de l'Abbaye de Livry, en ce qu'il lui donna une vigne à Garges et des prés au même lieu situés sur le fief de Saint-Denis.

Chart. Livriac. fol. 23.

BAUBIGNY

Il est surprenant que M. de Valois voulant indiquer la situation de cette Paroisse du Diocése de Paris, se contente d'assurer qu'elle est voisine d'Eaubonne (*Non procul ab aqua bona*). Pour peu que l'on connoisse ce Diocése, au nom d'Eaubonne on jettera d'abord les yeux sur Eaubonne, Paroisse proche Montmorency, auprès de laquelle certainement l'on ne trouvera aucun lieu du nom de Baubigny. Le sçavant de Valois n'auroit pas dû, ce semble, désigner la position de Baubigny par deux choses aussi peu connues que

Notit. Gall. p. 410.

---

1. Il y a eu proche la ville de Meaux un Drency mentionné dans un titre de l'an 1004 concernant la Cathédrale ; mais ce Drency Meldois ne peut pas être celui où l'Abbaye de Saint-Maur avoit du bien au neuviéme siécle. *Vales. Not. Gall.*, p. 331.

l'est une ferme, qui, selon quelques anciennes cartes, a existé autrefois sur la route de Paris au Bourget, ou que c'est un ruisseau qui est sans eau la moitié de l'année. Il rencontre mieux lorsqu'il dit que Baubigny a reçu son nom de quelqu'un qui s'appelloit Balbin ; et on n'en peut gueres douter. Ce nom étoit assez commun parmi les Romains ; aussi connoît-on trois Paroisses qui le portent en France, sans compter un hameau qui est sur le rivage droit de la Loire proche Bonny, au Diocése d'Auxerre. Le vrai nom latin de tous ces lieux est *Balbiniacum*.

La riche Dame Ermentrude qui vivoit auprès de Paris au septiéme siécle de Jesus-Christ, disposant de ses effets, légua à son fils la moitié de ce qu'elle avoit à Baubigny proche Paris tant en habits qu'en meubles et en bestiaux : *Simili modo de Balbiniaco tam vestis quam æramen vel utensilia et de bovebus ex omnia mediétatem sibi, dulcissime fili, habere præcipio.* Liturg. Gallic. p. 462, et in Supplem. ad Diplom.

Baubigny, quoique ancien, n'est pas cependant une Paroisse de grande étendue. En 1709, selon le dénombrement des Elections, on n'y comptoit que 29 feux, et selon le Dictionnaire universel le nombre des habitans ne monte qu'à 130. On m'a assuré que ce Village ne contient encore que trente feux au plus. Il n'est situé qu'à une demi-lieue au-delà de Pentin et dans la même plaine, c'est-à-dire à une lieue et demie de Paris. Il y a trois ou quatre arpens de vignes ; la terre n'y rapporte que des grains, sur-tout du froment, du seigle, de l'avoine, et outre cela de la bourgogne. En allant à Bondies on laisse ce Village sur la gauche. Le lieu ne paroît pas avoir jamais été fermé de murs.

L'Eglise Paroissiale est tout au bout du Village du côté oriental, dans un endroit fort solitaire. Elle est sous le titre de Saint André, Apôtre. Les fondemens en sont sans doute anciens, mais elle a été si souvent réparée et replâtrée, qu'on n'y connoît plus aucuns vestiges des siécles reculés. Il y a deux petits collateraux aux côtés du chœur ; la tour, par la maniere étroite dont elle est construite, paroît aussi désigner un ancien édifice sur lequel on auroit couché un nouvel enduit. La Dédicace s'y célébre au mois de Mai. J'ai trouvé que ce fut le 28 Avril 1557 qu'il fut permis à Charles, Evêque de Megare, de la faire et d'y bénir cinq autels et le cimetiere. Quelques anciennes tombes prouvent aussi la vetusté du bâtiment. Je les ai vues dans le chœur, et sans doute qu'elles couvroient la sépulture de quelques anciens Seigneurs. De celles qui étoient entre l'aigle et le Sanctuaire, l'une est en lettres gothiques capitales qui approchent fort du treiziéme siécle. Si elles ne sont pas de ce temps-là, il faut observer que celui qui y est représenté, est en robe longue. Entre l'aigle et l'entrée du chœur se voyoit une tombe représentant une femme voilée, telle qu'on les Reg. Ep. Paris.

figuroit sur les sépultures vers l'an 1300 ou 1350. L'inscription ne peut pas se déchiffrer [1]. Devant la Chapelle de la Vierge est l'épitaphe d'Anne de Bragelogne, veuve de Charles Perdrier, Seigneur de Bobigny, Baron de la Trombadiere. Il y est fait mention d'une fondation de l'an 1642. Il n'y a plus dans cette Eglise tant d'autels qu'autrefois. Guillaume Samson, Curé, obtint de l'Archevêque de Paris en 1652 d'en démolir deux de la nef qui étoient inutiles.

Reg. Arch. Par. 25 Maii.

Geoffroy, Evêque de Paris, sçachant que l'on avoit autrefois donné en bénéfice l'autel de cette Eglise à Galeran, Chantre de sa Cathédrale, obtint en 1089 qu'il lui en fît la démission, et aussitôt, il la donna au Prieuré de Saint-Martin-des-Champs, du consentement de Drogon, Archidiacre de Paris. Depuis ce don l'Eglise se trouva mentionnée dans une Bulle d'Urbain II de l'an 1097, comme les autres Eglises dépendantes de ce Prieuré, et non dans aucune de ses successeurs, mais bien dans la Charte de Thibaud, Evêque de Paris, d'environ l'an 1150 qui en confirme la jouissance aux Religieux en ces termes : *Ecclesiam de Balbiniaco cum tertia parte decimæ.* C'est aussi au Prieur de Saint-Martin que la nomination en est attribuée dans le Pouillé Parisien du treiziéme siécle, et tous les Pouillés postérieurs y sont conformes. Celui de 1626 fait aussi mention d'une Chapelle située à Bobigny sans autre explication. Il faut que ce soit un bénéfice, et le même apparemment que la Chapelle de Saint-Etienne du Château de Bobigny dite être à la présentation du Seigneur du lieu dans un Registre du Grand Archidiacre de Paris de l'an 1681, et de laquelle je parlerai ci-après, à moins que ce ne soit une autre Chapelle dite de Bobigny dans un Registre de l'Officialité de 1385. Comme il n'existe plus depuis un long-temps de descendants du Seigneur inhumé au pied du Sanctuaire de l'Eglise de Baubigny, sa tombe sert maintenant à couvrir la sépulture des Curés à mesure qu'ils meurent. Quoique je ne me sois pas proposé de donner les épitaphes des Curés à moins qu'elles ne renferment quelque chose de considérable, en voici cependant une d'un Curé de Bobigny que j'insererai ici à cause du style simple et naïf des vers qui la composent. Ce Curé mourut à Paris, et fut inhumé à l'Abbaye de Sainte-Geneviéve dans le Cloître. Je ne sçais si sa tombe n'est pas du nombre de celles qui ont été brisées et mises en œuvre l'an 1747, lorsqu'on a refait à neuf trois côtés de ce cloître. Elle étoit en petites lettres gothiques :

Hist. S. Mart. p. 148.

Ibid., p. 186.

> *Cy-dessous gist de Dieu le leal Serviteur*
> *Jehan Bruneau Prêtre de Bobigny Curé,*

---

1. Ces tombes ont été transportées dans la nef environ l'an 1755, lorsqu'on a carrelé le chœur à neuf.

Clerc de la Chambre, Chapelain de Monsieur.
Servans à tous tant comme il a duré :
Par dard mortel [1] *fust le corps séparé,*
De avec l'ame l'an mil cinq cent et quatre,
Le jour treiziéme de Juillet mal paré ;
Dieu par sa grace veille ses maulx rabattre.

Comme la résidence n'étoit pas alors exactement observée, ce Curé de Bobigny exerça à Paris la fonction de Greffier de la Chambre Ecclésiastique, et celle de Chapelain d'Etienne Poncher, Evêque de Paris.

Avant de donner le détail des Seigneurs de Baubigny, je dois avertir qu'il y a deux fiefs en cette Terre : l'un relève de l'Abbaye de Saint-Denis, l'autre du Seigneur de Livry, et leur dépendance s'étend jusques dans le territoire de Drancy, Paroisse voisine.

Il ne se trouve point de Seigneur de ce lieu plus ancien qu'un nommé Etienne de Baubigny, Chevalier, qui étoit comme Gentilhomme Commensal de Suger, Abbé de Saint-Denis, Ministre du Royaume sous le Roi Louis le Gros. Jean de Baubigny, Chevalier, est nommé dans une Charte de l'Abbaye de Chaalis de l'an 1164. Les titres de l'Abbaye de Lagny font mention de ce même Jean dit de Baubigny et d'Helisende, sa femme, comme ayant donné à cette Maison des terres situées à Ogne et à Condé, au Diocèse de Meaux. La disette de titres me fait passer à trois siécles plus bas, où Nicolas le Mire est qualifié en 1389 Seigneur haut-Justicier de Baubigny, qu'il avoit eu par son mariage avec une de Braque. Jeanne, sa fille, porta cette Seigneurie en mariage à Philippe Greincourt qui en fit hommage à l'Abbaye de Saint-Denis en 1406. L'autre portion de Seigneurie de Baubigny fut tenue vers ce temps-là par Gerard de Montaigu, puis par son fils, Evêque de Poitiers, qui mourut Evêque de Paris en 1420.
<small>Hist. de S. Denis p. 157, à l'an 1125.</small>
<small>Chart. de Gaign. p. 269.</small>
<small>Hist. Latiniac. manuscript.</small>
<small>Généal. d'Hozier au mot Braque.</small>
<small>Tabul. loci.</small>

Ensuite paroit Jeanne Braque, qualifiée Dame de Baubigny en 1424 ; puis Matthieu de Montmorency, qualifié Seigneur du même lieu, parce qu'il avoit épousé cette Dame. Charles de Montmorency leur succéda, et étoit Seigneur en 1443 et 1459.
<small>Arrêts de 1424. Hist. de Montm. Preuv. p. 333. Hist. de Montm. p. 516.</small>

Au commencement du XVI siécle, la terre de Baubigny étoit possédée par François de Bois-Baudry, par Simon Sanguin, Seigneur de Livry pour défaut d'aveu. La famille du nom de Perdriel, ou Perdrier car il est écrit des deux façons, commença alors à entrer dans la liste des Seigneurs de Baubigny. Pierre Perdrier, Seigneur de ce lieu, épousa vers l'an 1500, Jeanne Le Coq. On lut en Parlement, le 19 Mars 1538, les Lettres du Roi du 19 Fé-
<small>Tab. Ef. Paris. in Capell. S. Eustachii.</small>
<small>Hist. des Gr. Off. T. II. p. 107. Reg. Parl.</small>

---

1. Il fut tué entre Paris et Bobigny, à cause, dit-on, qu'il soutenoit les droits de sa Cure, selon un vieil enseignement conservé dans le lieu.

vrier 1537, qui lui permettoient d'être Conseiller de la ville de
Paris et Greffier en même temps. Son épouse fut inhumée aux
Célestins, en 1546. Jean Perdriel (apparemment leur fils) épousa
en 1557 Anne de Saint-Simon. Il eut aussi la Seigneurie de Baubigny. Guillaume Perdrier en étoit Seigneur en 1564 et en 1570.
Ce même vendit en 1596 à Florent d'Argouges, Conseiller du
Roi, plusieurs terres et héritages, ferme et lieux composant le fief
d'Emery, situé à Baubigny, qu'il avoit acheté de Raphaël Gaillan-
don. Le même encore se démit du droit de retenue de plusieurs
terres et lieux acquis par ledit d'Argouges et permit de les clore
de hayes. C'est peut-être ce qui a donné origine à la maison de
campagne qu'avoit à Baubigny au milieu du dernier siécle François d'Argouges, Maître des Requêtes, où il eut permission d'avoir
une Chapelle domestique.

Hist. des Gr. Off. T. IV, p. 409.

Reg. Ep. Paris.

Reg. Arch. Par. 29 Mart. 1656.

Un Historien des guerres civiles de l'avant-dernier siécle (La
Popeliniere) marque à l'an 1562, que ce fut un nommé Baubigny
qui tua à la bataille de Dreux le Maréchal de Saint-André. Il ne
dit pas si son nom véritable étoit Perdriel.

Hist. des Présid. au Parl. p. 127.

Durant tout le commencement du dernier siécle, Charles Perdriel jouissoit de la terre de Baubigny ; sa veuve, Anne de Bragelogne est nommée ci-dessus, page 636. Le dernier des Perdriels eut
deux filles, Anne et Charlotte. La premiere épousa en 1657 Charles
de Bethizy, Seigneur de Mezieres, à qui elle porta en mariage la
moitié de la terre de Baubigny. La seconde fut mariée à Joseph-
Charles d'Ornano, qui eut par ce moyen l'autre moitié. François
Jacquier acquit successivement ces deux portions, lesquelles réunies ont été possédées en ces derniers temps par M. Jacquier,
ancien Capitaine de Cavalerie, décédé en 1744. Et enfin la Terre
a passé à son neveu, M. Jacquier de Vieumaison, Conseiller à la
premiere des Enquêtes.

Nous apprenons par une requête de Pierre Perdrier, Secrétaire
du Roi, Greffier de la ville de Paris et Seigneur de Bobigny, de
l'an 1543, que long-temps auparavant, ses ancêtres avoient fondé
dans leur château de Baubigny une Chapelle du titre de Saint
Etienne, et du consentement des Evêques de Paris, y attribuant
pour revenu un demi-muid de grain avec soixante sols tournois
et quatre sols parisis, s'en retenant la présentation. Il demanda la
confirmation de ce droit à Jean du Bellay, Evêque de Paris, qui
la lui accorda. On ignore en quel temps vivoient les Fondateurs
de cette Chapelle. Elle ne paroît que dans les Pouillés du XVI et
XVII siécle. Comme elle étoit vacante depuis long-temps en 1518,
Etienne Poncher y nomma *jure devoluto*, le 26 Juillet, Pierre
Paillart. Cent ans après, sçavoir en 1618, je trouve des provisions
de l'Evêque de Paris de la même Chapelle, sur la présentation de

Reg. Ep. Par. 15 April. 1543

Ibid. 23 Maii 1618.

Barbe Robert, veuve de... Bragelogne, Conseiller en la Chambre des Comptes, tutrice d'Anne et Charlotte Perdrier, filles de Charles Perdrier, Seigneur du lieu. Dans une copie de Pouillé du temps de M. de Noailles, cette Chapelle du château de Bobigny est estimée avoir de revenu six septiers de grain et un écu d'or.

Les deux autres Paroisses du Royaume appellées Bobigny outre celle-ci, sont situées l'une en Bourgogne au Diocèse d'Autun, et l'autre en Poitou.

Dictionn. Univ.

NOISY-LE-SEC

Nous sommes informés par Gregoire de Tours comment on exprimoit de son temps en latin le nom de Noisy voisin de Paris. On se servoit du terme *Nucetum*, ou bien par altération *Nucidum*. Il est vrai que c'est de Noisy-le-grand, autrement dit Noisy-sur-Marne, que cet ancien Historien a voulu parler ; mais cela suffit pour faire voir que tous les lieux appellés Noisy ont eu leur dénomination de la quantité de noyers qui y étoient plantés. Celui-ci a été surnommé le Sec par opposition à l'autre qui est situé sur le bord d'une grande riviere, car il n'y a aucun ruisseau ni source.

Le Village est situé à deux lieues de Paris, un peu par de-là Romainville, dans la plaine. Sa vue est bornée vers le couchant par la montagne, dont la pente ou les côteaux sont tous garnis de vignes. On y comptoit en 1709 deux cens cinquante feux, ce qui en 1726, par l'évaluation du Dictionnaire Universel, fut jugé se monter à 838 habitans. Aujourd'hui l'on n'en fait monter le nombre qu'à 600, compris le hameau de Merlan qui est aussi dans la plaine.

M. de Valois s'est trompé sur l'antiquité de ce lieu, et il a commis deux fautes dans l'article qu'il en a donné ; la premiere, en ce qu'il a écrit que c'est ce Village qui est compris sous le nom de *Nucitum superius*, dans les actes du Concile de Soissons de l'an 862, où les biens de l'Abbaye de Saint-Denis sont dénommés, tandis que c'est Noisy au rivage gauche de la riviere d'Oise proche Beaumont, lequel est véritablement sur une élévation, et appartenoit à cette Abbaye dès le septiéme siécle. La raison qu'il apporte pour prouver que Noisy-le-Sec a pu être appellé *Superius*, disant qu'il est au delà des montagnes des fauxbourgs de Paris, a trompé Dom Felibien, quoiqu'elle soit assez frivole. Il n'est pas mieux fondé à la produire qu'à dire que Noisy-le-Sec appartient à l'Abbaye de Saint-Denis. Après avoir attribué à Noisy-le-Sec ce qui ne lui convient pas, M. de Valois lui ôte ce qui lui

Notit. Gall. p. 426.

Diplom. p. 474.

Hist. de S. Denis, p. 90.

appartient, en disant au même endroit, que le *Noisiacus Siccus* mentionné dans la vie de Burchard, Comte de Corbeil, est situé proche Melun. On verra ci-après que c'est une erreur. Sans donc m'attacher à un titre qui a été mal entendu, j'en produirai un autre plus ancien de vingt ans, dans lequel c'est sûrement de Noisy-le-Sec qu'il est fait mention. Les Religieux de Saint-Pierre-des-Fossés profitant de quelques jours de résidence que l'Empereur Lothaire, fils de Louis le Débonnaire, fit à Bonneuil-sur-Marne dans leur voisinage, l'engagerent à venir dans leur Monastere ; et sensible à leurs besoins, il leur promit plusieurs biens. La Charte qu'il en fit expédier à Boneuil le 21 Octobre 842, met dans ce nombre sept hospices ou familles à Noisy : *In Nucido hospitia septem*. Ce fut là l'origine du revenu que l'Abbaye de Saint-Maur a toujours eu depuis à Noisy-le-Sec, et ce qui détermina sans doute les Religieux à faire en sorte que Renaud, Evêque de Paris et Burchard, Comte de Corbeil son pere, consentissent que l'Eglise de ce lieu qui étoit tenue d'eux bénéficiairement par Goscelin, Vicomte de Melun, fût donnée à leur Abbaye. En effet, le même Goscelin la leur donna lorsqu'il se fit Religieux parmi eux. L'acte de confirmation du Roi Robert est de l'an 998. Les Moines marquerent depuis dans leurs Cartulaires, que c'étoit Renaud, Evêque de Paris, qui leur avoit donné l'autel de Saint Etienne de Noisy, à la priere de leur Abbé Hildebert et de leur Doyen Hilaire. Le Pape Innocent II leur confirma cette Eglise avec d'autres par sa Bulle de l'an 1136. Maurice de Sully, Evêque de Paris, la leur donnant de nouveau en 1195, se servit de ces termes : *Ecclesiam de Nosiaco sicco, cum atrio, magna decima, et duabus partibus in minuta*. Ainsi, depuis ce temps, la nomination à cette Cure fut attribuée à l'Abbé de Saint-Maur, dans les Pouillés de Paris, à commencer par celui du XIII siécle : j'excepte celui du sieur le Pelletier qui n'en a pas parlé, et qui a confondu cette Paroisse avec celle de Noiseau proche Amboile.

On lit au-dessus de la grande porte de l'Eglise cette inscription sur le marbre : *Deo Optimo Maximo et Beato Stephano sacrum*. Il y avoit quelque chose de plus : mais il a été effacé. Outre la Fête de Saint Etienne du 26 Décembre, on y chomme celle du 3 Août. L'Eglise est large et claire : elle est voûtée excepté la nef. L'édifice ne paroît avoir gueres que deux cens ans. Le 20 Mai 1698 il fut jugé au Conseil que les habitans feroient les réparations aux voûtes et couvertures des bas côtés du chœur, et que ces bas côtés seroient clos à l'allignement de la clôture du chœur. On y célebre l'anniversaire de la Dédicace quelque temps après la Pentecôte. Elle a été faite le 12 Juin : on ignore l'année. La tour en forme de pavillon couverte d'ardoise étoit autrefois plus élevée. Comme c'est un pays vignoble, on ne doit pas être surpris que Saint Vincent y soit fort révéré. Il arriva en 1707 dans le cimetiere une chose peu ordinaire : on y trouva en faisant une fosse sous un arbre, le corps d'une femme inhumée depuis près de trente ans, dont la mere vivoit encore, presque en son entier, la peau seulement desséchée. Comme le peuple sans autre formalité la prenoit pour une Sainte, le Doyen rural, par ordre de l'Archevêque, la fit réinhumer dans l'Eglise pour empêcher le concours. Le peuple fit un trou à la fosse et mit au-dessus une grille à travers de laquelle on voyoit les pieds de la défunte. On y faisoit toucher des chapelets, on y disoit des Evangiles, et on y faisoit des offrandes. M. l'Archevêque fit défendre le tout, et ordonna de publier au Prône sa défense, par laquelle il apprit au peuple que la conservation de ce corps pouvoit venir d'une cause naturelle ; et depuis il n'en fut plus parlé. *Reg. Arch. Par. 27 Sept. 1707.*

Dès l'an 1208 les Religieux de Saint-Maur donnerent au Curé de Noisy-le-Sec un logement près de l'Eglise, comme l'atteste une Charte de Pierre de Nemours, Evêque de Paris, de la même année. Ce Curé se trouva en état de fonder une Chapellenie dans l'Eglise de Noisy. Il le fit du consentement de la Communauté de Saint-Maur, et en laissa la nomination à l'Abbaye, [ce] dont le même Evêque de Paris donna acte l'an 1218. Cette Chapelle est mentionnée dans les Pouillés imprimés en 1626 et 1648 (pages 36 et 62), comme étant à la nomination de l'Archevêque de Paris, parce que l'Abbaye de Saint-Maur est réunie à l'Archevêché ; mais l'état des Bénéfices dressé sous M. le Cardinal de Noailles marque qu'il n'y a point de revenu ; aussi n'est-elle point au Rôle des Décimes. *Chartul. minus S. Mauri, f. 144.* *Chart. S. Mauri. Portef. Gaign. ccxxiii, fol. 374.*

Ce fut vers le milieu du treiziéme siécle, que Pierre, Abbé de Saint-Maur, établissant un Chambrier, lui assigna entre autres revenus trois sols parisis sur la terre de Noisy-le-Sec. J'ai déja fait assez entendre ci-dessus, que si l'Abbaye de Saint-Denis a quelque Seigneurie sur la Paroisse de Noisy-le-Sec, il ne s'ensuit point de-là qu'elle soit le *Nocitum Superius* des Chartes de cette Abbaye rédigées au neuviéme siécle. Isabelle de Romainville, veuve de Robert de Passy, Chevalier, vendit à ces Religieux en 1265 quelques cens sur le territoire de Noisy-le-Sec, ce que fit pareillement Pierre dit Troussevache, et dans ces actes il est fait mention d'un clos appelé *Clausum Castellani*. *Gall. Chr. nov. Instrum. an. 1256, T.VII, col. 108.* *Chart. S. Dion. Reg. p. 342.*

D'autres Eglises que Saint-Denis eurent aussi du revenu à Noisy-le-Sec. Dans une Bulle d'Urbain II de l'an 1097 pour la confirmation des biens de Saint-Martin-des-Champs, se trouve *Nuceium minus* à la suite de *Nucidium magnum;* et dans celle de Calixte II de l'an 1119 donnée pour la même raison, on lit : *Apud Nuseium siccum, terram et censum*. De même que l'Eglise *Hist. S. Mart. p. 148.* *Ibid., p. 157.*

de Saint-Martin avoit des dixmes à lever sur Noisy-le-Sec, celle de Saint-Maur en avoit sur Bondies, dont l'Eglise appartenoit à Saint-Martin ; ainsi elles dîmoient l'une sur l'autre ; mais en 1200 ces deux Monasteres firent quelque échange, afin de pouvoir ne dîmer chacune que sur le territoire de son Eglise. L'Abbaye de Livry, outre quelques sols de cense qu'elle avoit à Noisy, suivant la Bulle d'Honorius III de l'an 1221, ayant hérité des biens de l'Ermitage du Val-Adam [1], eut aussi des terres à Noisy-le-Sec, sçavoir : cinq arpens que Petronille de Noisy avoit donnés aux Ermites l'an 1120, et qui étoient situés dans le fief de Guillaume de Clacy. Je parlerai ci-après de ce fief.

<small>Chart.S.Mauri. Gall. Chr. nov. Instr. col. 93.</small>

<small>Chart. Livriac. art. Eremit. fol. 11.</small>

Les anciens Seigneurs de Noisy-le-Sec qui sont venus à ma connoissance, sont Enguerrand de Marigny auquel le Roi Philippe le Bel fit don de la haute-Justice de ce lieu. Louis d'Orleans étoit Seigneur de ce même Noisy vers 1430. Nicolas Balue, Maître des Comptes, frere du Cardinal Balue, l'étoit sous Louis XI. En 1434 et 1437, Vincent Drouart, Bourgeois de Paris, s'étoit dit Seigneur de Noisy-le-Sec en partie. On pourroit peut-être placer avant eux tous un Thibaud de Noisy-le-Sec, qualifié Clerc du Roi dans l'ancien Nécrologe de l'Abbaye de Sainte-Geneviéve au 25 Septembre. Il y est compris parmi les Chanoines surnommés *ad succurrendum*, ou bien il faut dire qu'il étoit simplement natif de Noisy.

<small>Lib. rub. Cam. Comput. Compte des confisc. Sauval, T. III, p. 564. Hist. des Gr.Off. T. II, p. 107. Tab. S. Maglor.</small>

M. de Bretonvilliers est aujourd'hui Seigneur de cette Paroisse.

CLACY paroît avoir été un fief considérable de la Paroisse de Noisy. Il fut primitivement appellé Clici, puis Cleici, et enfin plus communément *Claciacum* en latin. Je pense que sa situation étoit à droite en approchant de Noisy lorsqu'on vient de Romainville ; car m'étant informé de quelques vignerons, du nom que portoient ces cantons de vignes si bien exposés, ils me répondirent que le premier canton au sortir de Romainville s'appelloit Bellone, qu'ensuite à gauche cela s'appelloit Loriot, et à droite Goulay, et Claicy ou Caissy. Une des familles que l'Empereur Lothaire donna en 842 à l'Abbaye de Saint-Pierre-des-Fossés, depuis dite Saint-Maur, paroît avoir été logée à Claicy. On lit à la fin du *Polypticus* de cette Eglise publié par M. Baluze, et qui paroît être du neuviéme siécle, *Familia de Cliciaco Godelsadus, Ravenus, Odilo*, avec trente-trois autres noms, tant hommes que femmes, garçons et filles. On voit par-là combien une seule famille étoit nombreuse. Le Monastere de Saint-Martin-des-Champs eut aussi du bien en ce lieu : *Apud Cleici, terram et censum*, disent les Bulles de Calixte II et Innocent II. On trouve dans les titres plusieurs Chevaliers du nom de Clacy, soit comme donateurs ou vendeurs

<small>Hist. S. Mart. p. 157 et 171.</small>

---

1. Voyez l'article de Livry.

ou simplement en qualité de Seigneurs de ce fief, ou enfin comme témoins. Avant l'an 1122, Baudoin de Clacy avoit donné au Prieuré de Gournay le tiers de sa dixme de Bercheres en Brie. Ce même Baudoin de Clacy approuva comme Seigneur suzerain le don de quelques terres fait au Prieuré de Longpont. En 1157, le Comte de Meulant traitant en qualité de Seigneur de Gournay-sur-Marne avec le Roi Louis VII, fit prêter serment entre autres Chevaliers, par Adam de Clacy. En 1174, Garin de Clacy qui étoit attaché au Comte de Champagne, songea à vendre aux Cisterciens de Chaalis des vignes qu'il avoit à Torigny-sur-Marne. Guillaume de Clacy avoient en 1220 dans son fief des terres appartenantes à Petronille de Noisy-le-Sec. En 1235, Adam de Clacy avoit un fief à Collegien; et en 1250, Garin de Clacy, Chevalier, vendit à l'Abbaye de Saint-Maur une vigne située au territoire de Noisy-le-Sec, lieu dit Morant.

<small>Hist. S. Mart. p. 279.</small>
<small>Chart. Longip. fol. 22. Duchêne, T. IV, p. 585.</small>
<small>Chartul. Caroli loci. Portef. Gaign. CCIV.</small>
<small>Chart. Livriac. artic. Eremit. fol. 11.</small>
<small>Chart. Livriac. fol. 9. Chart. S. Mauri.</small>

MERLAN n'est pas un lieu inconnu dans les anciens monumens. Il y a apparence que la montagne qui en est la plus voisine avoit le même nom, et que c'est le *Mons Maurilion* où la riche Dame Ermentrude avoit au septiéme siécle des vignes dont elle disposa par son testament, car tous ces biens étoient situés en ces cantons-là, et elle parle de *Mons Maurilion* immédiatement après avoir fait mention de Bobigny, qui n'est éloigné de Merlan que d'une demi-lieue. Il n'en est pas moins vrai que dès le douziéme siécle le nom de Merlan étoit usité. On sçait qu'en l'espace de trois cens ans la langue des François dut changer beaucoup. Dans une Charte du Roi Robert où sont exprimés tous les biens du Prieuré d'Argenteuil, on lit *Merlant villa;* aussi ce lieu a-t-il un Prévôt particulier, duquel, selon ce qui se lit dans la Coûtume de Paris de 1580, les appellations ressortissent directement pardevant le Bailly d'Argenteuil, et de-là au Parlement. Guillaume Dumont, Bourgeois de Paris, qui en étoit alors Seigneur, représenta que cela étoit ainsi, et qu'il ne reconnoissoit point pour Merlan la jurisdiction du Prévôt de Paris.

<small>Supplement. ad Lib. de re Diplom. p. 92.</small>

<small>Procès-verbal, édition de 1678, p. 664.</small>

Noisy-le-Sec fut un des lieux où le Roi Charles IX permit l'exercice de la Religion Protestante. On l'y faisoit encore l'an 1576.

<small>Mémoires de l'Estoile.</small>

ROMAINVILLE

Ce Village est situé presque à l'extrémité de la plaine qui regne sur la montagne, laquelle au sortir de Paris commence à la Courtille, et qui continue à Belleville; en sorte que comme de Belleville la vue est charmante vers le midi et le couchant, de même l'est-elle de Romainville vers le couchant et le nord, du côté de Saint-Denis, et beaucoup au-delà, vers Dammartin, et sur la route de Meaux. On ne compte de Paris à cette Paroisse qu'une lieue et demie ou deux petites lieues, mais elle n'est pas située dans la Brie, quoique M. Piganiol l'ait assuré (Tome IV, page 477). M. de Valois se contente de dire sur ce Village qu'il a eu son nom de ce qu'il y demeuroit des Gaulois Romanisés qu'on appelloit souvent simplement Romains.

<small>Notit. Gall. p 418, col. 2.</small>

Pour moi il me paroît aussi vraisemblable que cette terre a appartenu à un homme appellé Romain, qui étoit un nom assez commun anciennement, puisqu'on connoît plusieurs Evêques, Abbés et Comtes, qui l'ont porté aux sixiéme, septiéme et huitiéme siécles. Et comme Saint Germain, Evêque d'Auxerre, est le premier Patron de l'Eglise de ce lieu, de même qu'à Pentin qui y est contigu, je soupçonne que Romainville n'étoit d'abord qu'un hameau de Pentin, et qu'il en a été distrait pour être érigé en Paroisse avant que l'Eglise de Pentin appartînt aux Moines de Saint-Martin-des-Champs. Peut-être faut-il dire aussi que Pentin seroit une distraction de Romainville. Mais on ne trouve pas de titres qui parlent de Romainville avant le treiziéme siécle, au lieu qu'il en reste du onziéme siécle qui regardent Pentin. Le plus ancien que j'aie vu sur Romainville, est une opposition que forma *R. persona de Romanavilla* à un legs fait à l'Abbaye de Saint-Magloire d'une vigne sise à Charonne en 1219. Quant à Saint Romain, Evêque de Rouen, qui est reconnu à Romainville comme second Patron, cela peut être venu de la dévotion de quelque Seigneur ou de quelque Curé qui aura cru que cette Terre avoit pris sa dénomination de ce Saint, quoique le voisinage de Meaux porte plutôt à croire que ce nom lui sera venu de Romain, qui étoit Evêque de Meaux en 748.

<small>Tab. S. Magl.</small>

La petitesse d'une Eglise est quelquefois une marque de son antiquité. Celle de Romainville a un chœur quarré fort petit, dont les quatre piliers qui supportent la voûte paroissent imités sur la structure du temps de la seconde race de nos Rois. La Dédicace en est marquée par des croix sur la pierre, en relief, et qui paroissent très-anciennes ; on y en célebre l'anniversaire le 22 Juillet. La Fête des deux Saints Patrons y est chommée : celle de Saint Germain le 31 Juillet, et celle de Saint Romain le 23 Octobre. Il faut observer en passant, que les croix pour la Dédicace sont quelquefois taillées par les ouvriers en bâtissant les Eglises, et long-temps avant qu'on les dédie ; celle de Romainville n'a été faite, selon Doublet, qu'au commencement du dernier siécle. Les Religieux de Saint Denis accordèrent pour cela, en 1601, aux habitans, quelques ossemens de Saint Hilare ou Hilaire, Evêque,

<small>Antiq. de S. Denis, p. 312.</small>

dont ils ont le corps ; ce qui pourra encore causer un jour de la confusion, et lorsqu'on retrouvera ces reliques) porter à croire que ce Saint est un troisiéme Patron, ou peut-être même le faire regarder comme le premier, en prenant ces ossemens pour des reliques du grand Saint Hilaire, Evêque de Poitiers. Bollandus paroît y avoir été trompé, puisqu'en traitant au 13 Janvier l'article du culte de ce Saint Docteur de l'Eglise Gallicane, il dit que l'Abbaye de Saint-Denis a donné de ses reliques pour la Dédicace de l'Eglise de Romainville. Cependant il est certain que ce qu'on montre à Saint-Denis comme la principale portion du corps de Saint Hilaire dans une Chapelle de son nom, n'est pas de l'Evêque de Poitiers, mais de Saint Hilare, Evêque de Javoux ou de Mende, mort au sixième siécle le 25 Octobre, et que le peuple de ces côtés méridionaux des Gaules appelle et écrit Saint Chelirs, par alteration de la maniere prise des Espagnols de dire *Sanche* ou *Sainche* pour *Saint*. Doublet dit encore que les Religieux de Saint-Denis donnerent aussi pour la Dédicace de l'Eglise de Romainville, en 1601, une dent de Saint Pierre l'Exorciste et un petit ossement d'un Saint Patrocle. *Breviar. antiq. sancti Dion. Gall chr. nova, T. VII, p. 86.* Doublet, Antiq. de S. Denis, p. 311.

La nomination à la Cure de Romainville appartient à l'Archevêque de Paris *pleno jure,* suivant le Pouillé du treiziéme siécle, où ce lieu est appellé *Romana villa,* et selon tous ceux qui ont été rédigés depuis. Dans toutes les anciennes provisions, comme celles du 14 Février 1535 et du 23 Janvier 1585, elle est appellée *Ecclesia Parochialis SS. Germani et Romani de Romana villa.* Reg. Ep. Paris.

Ce lieu est marqué pour 103 feux dans le dénombrement des Elections, et pour 399 habitans dans le Dictionnaire universel du Royaume, et enfin pour 84 feux dans le dénombrement de 1745. C'est un pays de labourages et de vignes. Sur le territoire de cette Paroisse est un petit tertre ou éminence inculte, où l'on voit par certains restes qu'il y a eu un bâtiment en forme d'equerre dont la grande face regardoit le nord, et l'autre côté le couchant. Au bas de cette petite hauteur est un gouffre en forme d'entonnoir dans lequel les eaux s'écoulent presque de toutes parts, et entre autres celles d'une fontaine qui prend son cours du plus haut ou environ d'une colline vers l'occident. On y a jetté des animaux vivans qu'on n'a jamais revus depuis. Cette espece d'abyme a fait donner à la petite élévation qui est vers le nord et à la maison qui y étoit anciennement, le nom de *Trou Vassou.* Il est vrai qu'il y a eu dans le seiziéme siécle une famille du nom de Vassou, à Romainville. Sebastien Vassoul, Marguillier de cette Paroisse, comparut pour les habitans à la rédaction de la Coûtume de Paris, en 1580, et un Pierre Vassou fut en 1618 auteur d'une fondation. Mais comme on est assuré par le testament de la noble Dame Procès-verbal, édit. 1678, p. 643.

Ermentrude du septiéme siécle, que la plupart de ses biens n'étoient autres que les vignobles qui sont sur la droite du chemin en allant de Bobigny à Meaux, et qu'elle y fait mention d'un nommé Wassiou, en qualité d'Intendant de la culture d'un de ces vignobles, il semble que cela convient assez à la situation du vignoble de Romainville qui est vis-à-vis Bobigny à demi-lieue, et où il reste encore des gens du même nom.

<small>Supplem. ad Diplomat. p. 92.</small>

Le nom de Romainville se trouve par rapport à ses Seigneurs en quelques anciens monumens, et l'on ne peut douter que partout où il paroît, il ne s'agisse de la Paroisse voisine de Paris, puisqu'elle est la seule de ce nom dans le Royaume, si on peut s'en rapporter au Dictionnaire Universel de la France. Dans une Enquête faite en 1263 par Etienne Boileau, Prévôt de Paris, est mentionné un Pierre de Romainville, Chevalier, tué par Pierre Langlois de Mincy *(Petrus Anglius de Mentiaco)*, Ecuyer, et sa compagnie. Une Isabelle de Romainville avoit épousé Robert de Possy ou Rossy, et en étoit veuve en 1265 quand elle vendit des cens dans Noisy-le-Sec, à l'Abbaye de Saint-Denis. Les Cassinel possederent durant un temps assez considérable la terre de Romainville. François Cassinel, Sergent d'Armes du Roi Jean, en étoit Seigneur. Il mourut le 23 Octobre 1360 : ensuite elle passa à Guillaume Cassinel, son fils, qui étoit en procès l'an 1363. Un autre Guillaume Cassinel en jouissoit l'an 1405, aussi bien que de Pompone et de Vere. Il est qualifié Maître-d'Hôtel de la Reine dans son épitaphe qui se voit à Sainte Catherine de la Couture, en une Chapelle dont l'inscription marque qu'il en est le fondateur, et qu'il mourut le 28 Avril 1413. Un des Comptes de la Prevôté de Paris d'entre 1423 et 1427, marque que les héritages que Guillaume Cassinel, Chevalier, avoit eus à Romainville, furent donnés par le Roi Henri VI à Marcelot Testart, Trésorier de la Reine. Ils étoient chargés d'un muid de bled de rente envers la Maladerie du Roule, et de sept livres parisis aussi de rente envers la Chapelle de Saint-Thomas de Cantorbery, fondée en l'Eglise de Paris. Le même Prince ayant confisqué les biens que Jeanne, veuve de Maître Raoul Brisoul, avoit au même village de Romainville, les donna à Jean Gilles, l'un de ceux qui avoient fait entrer dans Paris le Duc de Bourgogne, de même qu'il avoit fait à l'égard de la Maison d'Odon Gentien attaché au Roi Charles VI qui étoit au même lieu, et qu'il donna l'an 1425 à Etienne Bureau, Secrétaire du Roi. Vers le commencement du siécle suivant, Jean Soly est qualifié Seigneur de Romainville. Il avoit épousé Jacqueline Chevalier, qui après être remariée mourut en 1540. Jacques de Romey, Valet de Chambre et Porte-manteau ordinaire du Roi, l'étoit sur la fin du même siécle. Il mourut en 1590. Vers les commencemens du dernier

<small>Reg. Parl. Candelos. 1263 Acte franç. d'Et. Boileau, Prévôt de Paris. Cart. S. Denis, Biblioth. du Roi, p. 342.
Epitaph. à Ste Cath. de la Couture.
Hist. des Gr. Off. T. II, p. 40.
Ibid. et son Epitaph.
Sauval, T. III, p. 326.
Collect. ms. Du Bois, T. V, ad calcem ubi de Capellis B. M. Paris.
Sauval, T. III, p. 326.
Ibid., p. 323.
Epitaphe de Jacqueline Chevalier à S. Jacques-de la Boucherie.</small>

siécle, la Terre étoit possédée par Nicolas Quelain qui épousa *Epitaphe* Angelique de Longueil. Il est inhumé au Collége de Saint-Jean- *à S. Thomas du* de-Beauvais à Paris. Son épouse mourut en 1634. On peut placer *Louvre.* ici M. de Machaut, qui est qualifié Sieur de Romainville, par Théodore Godefroy, à la fin de la vie du Maréchal de Boucicaut, qu'il tenoit de lui. Les deux derniers possesseurs de cette Terre ont été M. de Vauluire, puis M. Le Blanc.

Depuis elle a été possédée par M. le Marquis de Segur. Le possesseur actuel est M. Morand, qui a fait rebâtir le Château.

Cette Terre releve de la Tour de Montjay.

Il y a eu à Romainville une Léproserie : mais le Registre des Visites de l'an 1351, témoigne que dès lors elle étoit en très mauvais état.

Cette Paroisse a produit un illustre personnage au treiziéme siécle. Arnould de Romainville est nommé le quarante-cinquiéme *Gall. chr. nova,* d'entre les témoins de la translation du corps de Sainte Geneviéve, *T. VII, col. 744.* faite en 1242. Il étoit Chanoine Régulier de cette Abbaye. Son mérite le fit élire Abbé par la Communauté l'an 1275 ; mais il remit cette dignité entre les mains du Pape, cinq ans après. Il survécut six ans, et ne mourut qu'en 1286, le 10 Octobre.

Je ne me suis point arrêté à réfuter ici les modernes qui ont cru *Chron. Fredeg.* que le *Romiliacum villa,* Terre voisine de Paris où le Roi Dagobert I répudia Gomatrude sa premiere femme, pour prendre Nanthilde, n'est autre que Romainville. L'analogie du latin est entiérement pour Reuilly, canton situé à l'extrémité du fauxbourg Saint-Antoine, où nos Rois avoient alors une Maison.

PENTIN

Le nom de cette Paroisse est unique dans le Royaume ; au moins le Dictionnaire universel de la France ne connoît que celui-ci, qui est situé à une petite lieue de Paris. Je ne sçai si on doit beaucoup compter sur l'étymologie que M. de Valois en donne en ces termes : *Pentinum dictum est à clivo seu declivitate quam pentam vocamus,* une pente, *quod de monte pendeat.* Dans les plus anciens titres où ce lieu est nommé, et qui sont du onzième siécle, il est écrit *Penthinum.* Cette syllabe *Penth* est peut-être une de ces racines celtiques dont nous avons perdu la signification. Pentin, au reste, n'est pas sur une pente, mais dans une plaine ; les côteaux qui sont compris dans son territoire, sont même un peu éloignés du Village.

PAROISSE DE PENTIN

<small>Hist. S. Mart. p. 487.</small>

Comme un des premiers biens que le Monastere de Saint-Martin-des-Champs eut dans le voisinage de Paris, fut une Terre de francaleu que Joscelin, Archidiacre de Notre-Dame, lui donna en 1067, les Religieux ne tarderent pas beaucoup à mettre l'autel de ce lieu au nombre de ceux qu'il convenoit de demander à l'Evêque Diocésain : ils le demanderent en effet à Guillaume, qui gouvernoit l'Eglise de Paris, et ils l'obtinrent avec d'autres en 1098. C'est

<small>Ibid., p. 148.</small>

pour cela que quoique dans la Bulle d'Urbain II qui confirmoit leurs biens en 1197, il n'y ait simplement que *Penthinum* pour désigner le fond qu'ils avoient depuis vingt ans, celle du Pape

<small>Ibid., p. 157.</small>
<small>Ibid., p. 171.</small>

Calixte II qui est de l'an 1119, met *Penthinum cum Ecclesia et appendititiis suis, et Roveredum cum circumjacentibus terris* : ce qui est répété mot pour mot dans celle d'Innocent II de

<small>Ibid., p. 180.</small>

l'an 1142. On lit dans celle d'Eugene III de l'an 1147 *Penthinum cum Ecclesia*. On verra ci-après que *Roveredum* est sur le même territoire. Thibaud, Evêque de Paris, donna vers l'an 1150 à ce Monastere, dont il avoit été Prieur, des Lettres qui ne spécifient que l'Eglise avec toute sa dixme : *Ecclesia de Pentin cum tota decima* : un peu plus bas il parle de l'Eglise de Saint-Denis-de-la Charte, à laquelle il paroît confirmer la dixme de vin de Pentin et une partie des offrandes qui s'y faisoient dans une Chapelle de l'Eglise de ce lieu. *Apud Pentin sancto Dionysio de carcere decimam vini, et in Capella ejusdem Ecclesiæ medietatem offerendæ in tribus festis, Paschæ, omnium Sanctorum, Natalis Domini.* Mais peut-être que la Chapelle à laquelle sont dues ces offrandes, si ce n'est pas celle d'Adam le Riche dont il sera parlé ci-après, est un autel de la nef de Saint-Denis-de-la Chartre qui étoit Paroissial, comme on a vu (Tome I, page 339), ou bien cela se doit entendre de la Chapelle qui auroit été au Pré-Saint-Gervais.

La Paroisse de Pentin forme deux articles dans le Dénombrement de l'Election, dans le Rôle des Tailles et dans le Dictionnaire universel du Royaume. Pentin et la Villette-Saint-Denis y sont compris pour 123 feux, formant 261 habitants. Le Pré-Saint-Gervais est dit avoir 68 feux dans l'état de l'Election, et 620 habitants dans le Dictionnaire. Mais ces calculs paroissent pécher dans le nombre des habitants, quoiqu'à l'égard des feux il soit vrai de dire qu'en comprenant le Pré-Saint-Gervais, il y en a bien trois cens à Pentin. La plaine de Pentin ne consiste qu'en terres labourables et jardins. Il y a fort peu de vignes : mais les côteaux en ont beaucoup.

L'Eglise de Pentin consacrée sous l'invocation de S. Germain, Evêque d'Auxerre, est un bâtiment dont la construction paroît être d'environ quatre-vingts ans. Il est presque quarré, même par l'extérieur et par la couverture. La premiere pierre en fut mise au

mois de Juin 1664, par Guillaume Carrelu, Curé, avec la permis- *Reg. Ep. Paris*
sion de l'Archevêque. Il est situé sur une très-petite élévation qui *24 Jun.*
se trouve au bout du Village sur la route de Meaux. L'épitaphe
gothique qu'on y voit d'un Bénéficier de Paris, nommé Chotard,
lequel en fut Vicaire et mourut en 1573, vient de l'ancienne
Eglise. Le portail est encore plus nouveau que le reste de l'édifice : on y voit les armes de M. Le Bret, Seigneur du lieu, fils de
M. Pierre Cardin Le Bret, premier Président du Parlement de
Provence et Seigneur avant lui. La tour qui étoit à côté, fut
abattue en 1736, à cause qu'elle menaçoit ruine, et refaite à neuf
l'année suivante avec le portail. Les Pouillés se sont exprimés au
sujet de la présentation à la Cure de ce lieu, conformément aux
Bulles et Lettres de Saint-Martin-des-Champs ; celui du treiziéme
siécle, qui ordinairement marque les noms en latin, met simplement *Pentin*, de même qu'on l'écrit aujourd'hui. Il est étonnant
qu'ils aient tous oublié de faire mention d'une Chapelle du titre
de la Sainte Vierge située dans cette Eglise, fondée il y a plusieurs *Invent. du*
siécles par Maître Adam le Riche. Le revenu est considérable. *XV siécle. In Tab. Ep.*
Elle a entre autres dix arpens de terre au lieu dit la petite Couture
de Rouvray, dont le Bail emphytéotique fut approuvé par l'Evêque
de Paris, le 3 Septembre 1546, et une maison à Paris, rue du Coq. *Reg. Ep. Paris.*
Le Pelletier seul l'a comprise (page 76) dans le sien imprimé
en 1692, et n'a fait que traduire en françois ce qu'il en avoit lu
dans l'Histoire de Saint-Martin-des-Champs ; sçavoir, qu'elle est *Hist. S. Mart*
alternativement à la nomination de l'Archevêque de Paris et du *p. 475.*
Prieur de Saint-Martin, ce qui est conforme aux anciens Registres
de l'Evêché, comme ceux de 1405 et 1505. Cette Chapelle est bien
ancienne, si elle est la même dans laquelle il semble, par le texte
latin rapporté ci-dessus, que la Maison de Saint-Denis-de-la-
Chartre avoit droit de prendre la moitié des offrandes aux jours
de Pâques, Toussaint et Noël. Il est parlé de Pierre, Curé de
Pentin, dans un titre de 1240, par lequel il certifie devant l'Official
de Paris, que l'Abbaye de Sainte-Geneviéve possede un quartier *Chartul. S.Gen.*
de vigne au gibet de Paris, lieu dit Robichon [1].

Outre le fonds de terre situé à Pentin que Joscelin, Archidiacre
de Paris, avoit donné aux Religieux de Saint-Martin, on lit que *Hist. des Gr.Off.*
Gui de Senlis leur fit présent vers l'an 1109 de plusieurs autres *T. VI, p. 251.*
héritages dans la même Paroisse. C'est apparemment ce qui est
appellé *Roveredum*, dans la Bulle de Calixte II de l'an 1119, et où *Necr. S. Mart.*
le Prieur Hugues qui siégeoit vers l'an 1135, fit bâtir des maisons. *in Hist. S. Mart*
Ce lieu que les anciens titres françois appellent Rouvray, et qu'on *p. 167.*

---

1. *Apud gibetum Parisiense.* Cela prouve que les fourches patibulaires n'étoient pas dans la plaine, où il n'étoit pas naturel de planter de la vigne, mais sur la montagne. *Thes. anecdot.*, T. II., col. 221.

nomme communément Saint-Martin, est situé entre Pentin et la Villette. Simon, Evêque de Preneste, y faisoit sa résidence en 1296 (*Apud Roboretum propè Parisius*). On a de lui des Lettres aux Prélats de France, datées de ce lieu, par lesquelles il les convoque à un Concile qui devoit se tenir à Paris. Ce sont sans doute les biens du Prieuré de Saint-Martin qui occasionnerent au quinziéme siécle des contestations entre les Religieux et les habitans de Pentin, lesquelles furent reglées par un Arrêt du Parlement du 19 Février 1419.

<small>Reg. Cons. Parl.</small>

Le Chapitre de Notre-Dame de Paris eut au XIII siécle quelques legs, dont les fonds étoient sur le territoire de Pentin. Odon de Saint-Denis, Chanoine Diacre, lui donna trois arpens de vignes situés sur cette Paroisse, pour la célébration de son anniversaire. Godefroy de Pont-Chevron, Doyen de la même Eglise, mort un peu après son élection à l'Archevêché de Bourges en 1274, légua des rentes sises en partie sur une petite piéce de vigne *in clauso Pantini ad viam de Burgo novo*. Peut-être est-ce le Bourget qui n'est pas éloigné.

<small>Necr. Paris. ad 24 Sept.</small>

<small>Ibid. 27 Dec.</small>

Outre la censive que le Prieuré de S. Eloi de Paris avoit à Pentin, il y posséda aussi des vignes qui lui avoient été léguées par un Seigneur nommé Geoffroy du Deluge : le Cartulaire de ce Prieuré fait mention sur la fin, d'un canton au territoire appellé *Le Chandel* situé vers Pentin et Belleville : ce qui me rappelle celui qu'un titre de Saint-Martin-des-Champs de l'an 1099 nomme en latin *Chandus saccum,* expression très-ancienne et qui désigne un vignoble, puisque Columella écrit que *Candusoccus* signifioit chez les Gaulois la même chose que signifie *mergus* chez les Latins, c'est-à-dire un provin de vigne. Enfin j'observerai après Du Breul (page 100), que la Chapelle de Saint-Michel du Palais a eu des terres à Pentin.

<small>Necrol. S. Elig. mense Nov.</small>

<small>Hist. S. Mart. p. 150.</small>

Je n'ai trouvé d'anciens Seigneurs de ce Village, que Jacques de Forceval, qui l'étoit en 1654.

En ces derniers temps cette Terre a appartenu à Mrs Le Bret, ainsi que j'ai dit ci-dessus, et leur appartient encore.

Pentin a eu sa Léproserie particuliere. Elle est connue dès l'an 1351 par le Registre des Visites : ceux qui y avoient droit étoient *Pentinum cum Prato S. Gervasii et Mesnillium S. Dionysii et Parochia ejusdem villæ*. Ce dernier lieu est ce qu'on appelle apparemment aujourd'hui la Motte Saint-Denis au Pré-Saint-Gervais. Cette Léproserie avoit pour bien quelques vignes, etc. Dans les provisions de l'an 1600, 26 Juillet, elle est appellée *Leprosarias Lazari de Pentino*.

<small>Reg. Visit. Lepros. 1351, fol. 31.</small>

Une énumération de quelques cantons particuliers de la Paroisse de Pentin qui a paru dans Paris en 1744, marquoit qu'il y avoit un canton ou chantier appellé l'*Egypte*.

<small>Affiche.</small>

Je rapporterai ci-après ce que l'on sçait touchant le hameau du Pré-Saint-Gervais.

LE PRÉ-SAINT-GERVAIS est un hameau considérable de la Paroisse de Pentin, et qui a plus de feux que Pentin même. On l'appelle ainsi à cause de la prairie qui y étoit autrefois, et à cause de la Chapelle du titre de Saint Gervais qui y est bâtie. Cette Chapelle a une Fabrique particuliere imposée séparément aux décimes. La permission de bénir celle que l'on y voit aujourd'hui, ne fut accordée que le 12 Avril 1613. L'acte marque aussi qu'on pourra y faire célébrer par un Prêtre établi par le Curé de Pentin et qui y tiendra l'Ecole : qu'il pourra y avoir des Fonts, mais que l'eau bénite sera prise à l'Eglise de Pentin : que le Prêtre pourra aussi y bénir l'eau à voix basse les Dimanches ordinaires, mais que les habitans viendront à Pentin à Pâques et autres grandes Fêtes. Ce hameau est un lieu couvert de bocages. Il consiste en une longue rue assez droite et montante, au haut de laquelle est une belle fontaine. Autant les Bénédictins du Prieuré de Saint-Martin-des-Champs possédèrent de biens à Pentin, autant ceux de Saint-Denis en eurent-ils au Pré-Saint-Gervais : aussi en firent-ils un article particulier dans leur Cartulaire, et l'érigerent-ils en Prévôté. Il y a apparence que le premier bien qu'ils eurent de ce côté-là leur vint du Roi Charles le Chauve, qui leur donna un lieu appellé de son temps *Leudelini curtis,* désigné comme peu éloigné de la petite forêt alors dite Madam ou Maudam, que depuis on a appellé Mautemps, et qui est aujourd'hui Menilmontant, comme on verra à l'article de Bagnolet. Ce *Leudelini curtis* leur fut accordé par ce Prince pour l'Hôpital des pauvres, à cause qu'il étoit voisin du lieu appellé *Villula pauperum,* qui constamment n'est autre que la Villette-Saint-Denis à l'extrémité de la Paroisse de la Chapelle, et qui doit être distingué de la Villette-Saint-Lazare, qui est une Paroisse voisine et seulement séparée par le grand chemin de Senlis. L'article *de Prato,* du Cartulaire de l'Abbaye de Saint-Denis, contient plusieurs acquisitions que ce Monastere y fit au XIII siécle. En 1211 Pierre de Bercheres déclara en présence du Roi que c'étoit de la volonté d'Ermengarde, sa femme, d'Alis, sa fille, et du mari d'Alis appellé Pierre de Gamache, qu'il vendoit à l'Eglise de Saint-Denis tout ce qu'il avoit au Pré, ce que Pierre de Nemours, Evêque de Paris, et le Roi confirmerent par des Lettres particulieres. En 1226 l'acquisition que l'Abbé et les Religieux y avoient faite d'un nommé Pierre Robert, fut agréée par Henri, fils de Robert, Comte de Dreux, Trésorier de l'Eglise de Beauvais. En 1271 ces Moines acheterent de Barthelemi Teitran, Panetier du Roi et de Petronille son épouse, une vigne ; ce qui eut besoin d'être ratifié par Frere

Hist. de S. Denis. Epitaph. 581, à l'an 1471.

Hist. de S. Denis. Pr. LXXXVIII

Bibl. Reg. Cod. olim. Coll. 1980.

Cart. S. Dionys. p. 338.

Ibid., p. 350.

Martin de l'Ordre de la Trinité à Paris, et par Maître Guillaume de la Roche, Chanoine d'Amiens, en qualité d'exécuteurs testa-

Cart. S. Dion. p. 340.
mentaires de Jacqueline, sœur de Petronille. On voit au même article *de Prato,* que Gui, Vicomte de Corbeil, y avoit une censive

Page 347.
en 1237 ; que le fief des Religieux de Saint-Denis s'étendoit vers Poitronville, qui est aujourd'hui Belleville. On y lit que Jean Briart, Ecuyer, leur vendit quelques cens dans leur fief proche Poitronville, dans lesquels l'Eglise de Saint-Symphorien avoit deux sols. C'est vers le même endroit du Livre, qu'il est fait mention d'une vigne située *in valle Pennoel.* Le fief du Pré-Saint-Gervais appartenant à l'Abbaye de Saint-Denis s'étendoit jusqu'auprès de Belleville, et même la moitié de ce Village étoit autrefois de la Paroisse de Pentin. Mais le Curé n'y a plus que le temporel, sçavoir, la dixme de cette moitié. Les Registres du Parlement de l'an 1307, parlent d'un procès que la même Abbaye avoit eu au Châtelet au sujet de ce fief du Pré-Saint-Gervais.

L'Abbaye d'Hierre eut, il y a quatre ou cinq cens ans, d'une Dame appellée Gente, quatre arpens et demi de vigne au Pré-Saint-Gervais, suivant son ancien Nécrologe au 10 Octobre. La Char-

Tab. Ep. Paris.
treuse de Bourgfontaine y posséda aussi depuis l'an 1468, un petit bien qui lui fut donné lors de la réception de Jean Paillard en ce Couvent.

On observe que c'est au Pré-Saint-Gervais qu'est l'aqueduc le plus ancien pour la ville de Paris de ce côté-là. Il y conduit les eaux rassemblées entre Pentin et Romainville. On y voit encore sur la porte d'une maison notable à droite en montant un buste du Roi Henri IV, qu'on dit s'y être retiré quelquefois avec

Reg. Ep. Paris.
Gabrielle d'Estrées. Au commencement du dernier siécle en 1621, André Patelé, Trésorier des Fortifications de Normandie, et Marguerite Louvet, sa femme, avoient en ce lieu leur maison. Sur la fin du même siécle le Duc de Charost y avoit une maison de plaisance. L'Abbé Chastelain a marqué dans son Journal à l'an 1709, qu'il y a au Pré-Saint-Gervais un jardin singulier dit la Motte-Saint-Denis.

BAGNOLET

M. de Valois n'a écrit en sa Notice des Gaules (page 410, col. 4) que deux lignes sur ce village, qui est à une petite lieue de Paris : mais on ne laisse pas d'apercevoir par ce peu de mots, qu'il a cru que l'étymologie de son nom venoit de petits bains qu'il y auroit eu en ce Village : en quoi j'appréhende qu'il ne se soit trompé, croyant que le vrai mot latin pour signifier ce lieu étoit *Balneolum,* diminutif de *Balneum*. Mais comme il n'y a en ce lieu ni riviere ni ruisseau, je n'y ai rien apperçu qui pût y donner occasion, sinon la situation et figure du terrain où le Village est bâti, laquelle ressemble à une espece de fossé qui s'étend du nord-est au sud-ouest en forme de bassin ou conque oblongue. Il est vrai qu'on voit hors le Village en montant le côteau sur le chemin de Romainville, un bassin carré plein d'eau ; mais il est tout récent, et fait pour l'entretien des jardins de M. le Duc d'Orleans. On pourroit croire aussi que Bagnolet est une corruption du mot primitif Baillolet, qui auroit signifié une petite avenue d'arbres, de même que Baillet a signifié une avenue tout simplement, étant tiré du terme celtique *Bali*. Peut-être y avoit-il en ce lieu une avenue qui joignoit le bois de Vincennes avec celui de Maudam, autrefois situé sur la haute montagne vers le couchant, au lieu qu'aujourd'hui presque tout ce pays est planté en vignes. Mais le sentiment le plus certain est que ce nom a été donné à ce lieu, parce que c'étoit où se terminoit la banlieue de Paris de ce côté-là, de même que le nom de Bagneux vient d'une semblable raison. Il faut sçavoir que ces deux noms s'écrivoient primitivement sans *o*, et que *bannus* en est la racine. La Coutume où étoient les Officiers du Châtelet anciennement de se transporter en ces deux Villages une fois l'an, décide de cette étymologie. Je parlerai ci-après de leur transport à Bagnolet.

Duplessis, Description de la haute-Normandie, T. I, p. 308.

On ne connoît aucun titre où ce village soit mentionné, plus ancien que le milieu du XIII siécle. Pendant le reste de ce siécle où quelques-uns en parlent, le nom n'est employé qu'en langage vulgaire. Un acte de l'Abbaye de Saint-Maur, de l'an 1256, met *apud Baigniaux ;* ce qu'un autre monument du même Monastere un peu postérieur, rend en latin par *Bagnolia juxta Charronem*. Des titres latins de l'Abbaye de Saint-Denis, des années 1273 et 1276, emploient le mot Bagnolet tel qu'on l'écrit aujourd'hui. Le Pouillé de Paris écrit environ soixante ans auparavant avec le Cartulaire de l'Evêché, n'en fait aucune mention : mais dans celui qui fut écrit vers l'an 1450, elle s'y trouve sous le nom de *Baneletum*, qui n'est pas si éloigné du mot *Bannus* que les titres précédens.

Le silence du premier fait juger qu'il n'y avoit point encore alors de Cure à Bagnolet, et que ce terrain appartenoit à une des Paroisses voisines, et peut-être à deux. Comme l'établissement d'un Curé en ce lieu n'a pu se faire au plus tôt que sur la fin du XIII siecle, et depuis la rédaction du Pouillé, et que d'ailleurs la collation en appartient *pleno jure* à l'Evêque Diocésain, le territoire ne peut avoir été démembré de Pentin, ni de Charonne, qui toutes les deux étoient depuis longtemps à la nomination de deux Prieurs, mais bien de Romainville ou de Montreuil, ou de chacune des deux, auxquelles Cures l'Evêque Diocésain a toujours pourvu pleinement. Les Pouillés du XV et XVI siécle, ceux de 1626 et 1627 marquent uniformément la nomination de la Cure de Bagnolet purement et simplement comme appartenant à l'Evêque ou à l'Archevêque. Jamais elle n'a appartenu au Prieur de Dueil, quoique Le Pelletier l'ait marqué dans le sien imprimé l'an 1692. Tout ce que j'ai pû découvrir sur l'antiquité de cette Cure, est qu'un nommé Regnault en étoit Curé l'an 1377, selon les Registres du parlement au 21 Mai, et Roger de la Haye en 1385, suivant un vieux Registre de l'Officialité de Paris. Pour ce qui est de l'ancienneté du culte de S. Leu, Archevêque de Sens, qui avec Saint Gilles est le Patron de l'Eglise, on lit dans un compte de la Prévôté de Paris de l'an 1490, que le premier de Septembre, jour Saint Leu et Saint Gilles, le Lieutenant Criminel, le Procureur du Roi, plusieurs Conseillers au Châtelet, le Greffier, Commissaires, Crieur, Trompettes et plusieurs Sergens alloient dîner à Bagnolet ce jour-là, et qu'en cette année pour le jour de la Fête du Village, il fut dépensé huit livres onze sols parisis.

Sauval, Antiq. de Paris, T. III, p. 498.

Dans les anciennes provisions de la Cure, elle est souvent désignée sous le seul nom de Saint-Loup. Un doyen rural la visitant au XV siécle, la désigne sous le nom *SS. Egidii et Lupi.*

Reg. Ep. Paris. 1521.

L'Eglise n'a rien de remarquable; elle est fort simple, d'une bâtisse de deux cens ans ou un peu plus : la tour des cloches n'a été construite que dans ce siécle-ci. Sous le regne d'Henri II, le Cardinal Trivulce, Légat en France, accorda des Indulgences à ceux qui visiteroient cette Eglise le 1er Septembre et le jour de la Dédicace, qui étoit le Dimanche après la Saint Jean Porte-Latine.

Ibid. 19 Apr. 1559.

Le dénombrement de l'Election marque qu'il y a 147 feux à Bagnolet, et le Dictionnaire Universel de la France y compte 547 habitans. Le territoire est en vignes avec quelques labourages.

Il y a plusieurs fiefs sur le territoire de cette Paroisse. Celui de l'Abbaye de Saint-Maur, l'un des plus anciens que je connoisse, est simplement désigné comme voisin du *Boscus Bagnolet* à l'an 1263 : *Feodus situs inter Romanam villam et boscum Baignolet.* On lit aussi qu'au même lieu étoit situé un champ du nom de *Peluel,* le même apparemment qui s'étendoit vers le Pré-Saint-Gervais, et que le Cartulaire de Saint-Denis indique sous le nom de *Vallis Pennoel.* Ce ne peut gueres être que pour raison de ce fief, qu'Henri de Meulant, qualifié Seigneur de Bagnolet, rendit aveu à l'Abbé de Saint-Maur en 1273. J'ai encore lu dans un des Cartulaires de la même Abbaye, cette note d'environ 500 ans :

Chart.S.Mauri.

Ibid.

Voyez l'artic. du Pré-S.-Gervais dans Pentin. Hist. des Gr.Off. T. II, p. 409.

Feodum quodam appellatur Champvia apud Baigneolum; tenetur ab Adamo Rufo Burgensi Parisiensi. On voit dans un ancien état imprimé des revenus de l'Archevêque de Paris, le fief de Vielmoulin situé à Bagnolet, qui est peut-être ce même bien qui lui seroit advenu par la réunion de la dignité Abbatiale de Saint-Maur. MS. de Dupuy 746.

Le bois de Madam ou Maudam ayant appartenu dès le IX siécle à l'Abbaye de Saint-Denis, par la concession que lui en fit Charles le Chauve pour son Hôpital de la Villette situé à Pentin, ce fut ce qui inspira aux Religieux de faire quelque acquisition dans ce qui étoit contigu. Aussi lit-on qu'un Ecuyer, nommé Jean, du Bois-Bagnolet dessus Charonne, leur vendit en 1276 ce qu'il avoit à la ville de Baignolet. De-là est venu apparemment que le Grand-Pannetier de Saint-Denis s'est dit Seigneur en partie de cette Paroisse. Vers le commencement du siécle suivant, Betin Cassinel, Chevalier, se disoit Seigneur de Bagnolet et de Romainville, et il assigna sur ces terres cinq cens livres à son fils. L'accord fait en Parlement fut approuvé par Philippe le Bel en 1309. Hist. de S. Denis. Pr. LXXXVIII
Chart. S. Dion. Reg. p. 346.
Pouillé de Paris 1648, p. 132.
Trés. des Chart. Reg. 41, Piece 141.

Vers l'an 1340 Jeanne des Escroues étoit dite Dame de Bagnolet, puisque dans un titre de 1343, en la nommant comme nouvellement décédée, on lui donne cette qualité. François de Chanteprime transigeant en 1392 avec l'Abbé de Saint-Magloire, au sujet du droit de Pressoir à Charonne, est dit avoir un fief à Bagnolet. Il s'étoit élevé quelque tems auparavant une difficulté entre les Religieux Freres et Sœurs de Saint-Lazare, et les Religieux de Saint-Martin au sujet de la Justice de Bagnolet : Hugues Aubriot, Prevôt de Paris, rendit une Sentence qui adjugea au Roi contre les Religieux de Saint-Martin, la haute, moyenne et basse-Justice en ce Village. Il ne m'est tombé entre les mains aucun titre qui attribue aux Religieux de Saint-Martin la Seigneurie dont parle cette Sentence, et qui leur servoit de fondement pour plaider. Il paroît seulement que la Seigneurie de Bagnolet souffrit différens partages, et que le Roi ne se dessaisit de la haute-Justice que fort tard. En 1522, Charles Michon, Conseiller du Roi, sur le fait du Domaine, fut qualifié Seigneur de Bagnolet, dans une présentation qu'il fait à la Chapelle Notre-Dame à S. Jean-en-Greve, et dans son épitaphe aux Innocens, qui est de l'an 1532. Jeanne, sa fille, épousa Oudard Hennequin, Maître des Comptes, mort en 1557. Dans le Procès-verbal de la Coûtume, en 1580 (édition de 1678, page 639), comparurent deux Seigneurs d'une autre famille, qui jouissoient chacun en partie de la terre de Bagnolet : c'étoient Pierre et Claude Guedon. Six ans après on trouve un autre Seigneur. Henri III, par Lettres données à Paris au mois de Février 1586, délaisse à Maître Etienne Regnaut, Seigneur en partie de Bagnolet, et à ses successeurs, la haute-Justice de ce lieu, à la Tab. S. Elig.
Chart. S. Magl. Portef. Gaigu. p. 4.
Livre vert neuf du Châtelet, fol. 24. Repert. p. 327.
Collection d'Epit. p. 440. Hist. des Presid. p. 266.

Bann. du Châtelet, vol. VIII, f. 244. Repert. p. 951	charge de la tenir en foi et hommage du Roi et de payer par chacun an à la recepte du Domaine sept livres de rente, et de dédommager le Greffier du Châtelet : comme aussi à la charge que les appellations ressortiront au Châtelet.
Perm. de Chap. domest.	En 1631, le Seigneur de Bagnolet s'appelloit Etienne Brioys, et étoit Secrétaire du Roi. Il acheta de nouveau la haute-Justice de cette Paroisse, suivant les Livres du Domaine. Sur la fin du dernier siécle la Terre appartenoit à M. le Juge, Fermier-Général, après la mort duquel M. le Duc d'Orleans acheta cette Seigneurie, et lui et la Duchesse d'Orleans, sa veuve, y ont fait de grandes augmentations et embellissemens.
	M. Lancelot qui s'étoit proposé d'écrire quelque chose sur plusieurs Villages de la Banlieue de Paris, avoit observé que les écarts et cantons de Bagnolet sont Malassis, Marais de Villiers, l'Epine, les Brieres. Il auroit dû y comprendre aussi le Menil-Montant. Quelques-uns de ces lieux étoient des maisons de plaisance de Seigneurs ou autres.
Sauval, T. III, p. 124.	MENIL-MONTANT, ainsi qu'on l'écrit aujourd'hui, et anciennement *Menil Maudan*, n'étoit au neuviéme siécle qu'un bois appellé Madam ou Maudam qui fut, comme j'ai déjà dit, donné à Saint-Denis pour l'utilité de l'Hôpital de cette Abbaye, dit depuis la Villette-Saint-Denis, tout proche Pentin. Il y eut par la suite quelques maisons bâties en ce canton. Un Compte de la ville de Paris fait foi, qu'en 1369 on tira de ces masures des pierres pour la réparation des fontaines appartenantes à la Ville, et que ce lieu s'appelloit alors Menil Mautemps. C'est ainsi qu'on voit déjà
Collect. ms. Du Bois, T. V.	défiguré l'ancien nom Maudam. Les Chapelains de la Décollation de Saint Jean-Baptiste à Notre-Dame de Paris ont des vignes en ce lieu. En 1613 et 1626 Menil-Montant appartenoit au Président
Reg. Ep. Paris.	de Bellievre ; en 1660, à Claude Housset, Conseiller du Roi et à Marie d'Aguesseau, son épouse. M. de Harlay, Procureur Général, l'acheta vers 1687, et il le possédoit encore en 1695. Depuis
Mémoire de l'Abbé de Choisy et Lettre de M. de Savigny.	ce temps, Mrs Pelletier y ont fait construire un Château dont les jardins sont très-grands et très-beaux. M. Pelletier de Souzy, quoique retiré à l'Abbaye de Saint-Victor, venoit y passer ordinairement le temps des vacances dans le sein de sa famille. Après sa mort, Menil-Montant a passé successivement à M. Pelletier des Forts, son fils, qui a été Contrôleur-Général ; après son décès il a appartenu à M. Pelletier de Saint-Fargeau, mort jeune et Conseiller au Parlement, lequel avoit épousé une d'Aligre, et depuis à M. Pelletier, son fils, qui le possede aujourd'hui. Le Dictionnaire Universel de la France a fait de Menil-Montant un article distingué de Bagnolet, où il nous apprend qu'il y a en ce lieu 199 habitans. Le Rôle des Tailles en faisoit aussi autrefois un

article séparé ; mais depuis quelques années on a compris les habitants de ce hameau sous Belleville qui y est contigu. Les Religieux de Sainte-Croix de Paris ont leur maison de campagne en ce lieu.

LES BRIERES qui sont un lieu situé au nord de Bagnolet et au levant de Menil-Montant, furent adjugées à l'Abbaye de Saint-Denis par Arrêt du Parlement du 28 Novembre 1332. Elles sont mentionnées depuis dans les Registres du Trésor des Chartes, comme appartenantes, au moins en partie, au Roi par confiscation. On y voit à l'an 1384 au mois de Mars des lettres de Charles VI, datées de Paris, où ce Prince dit qu'il avoit ci-devant donné à son Chambellan, Guillaume de la Tremoille, Chambellan du Duc de Bourgogne, les maisons de Bruyeres-lez-Paris, et une maison appellée la Folie-Nicolas Guepié, assise près desdites maisons, avec toutes les terres arables, vignes, bois, saussayes, jardins, lesquelles choses furent jadis à Jean Des Mares et furent acquises au Domaine et confisquées, parce que ledit Jehan fut lors exécuté pour ses démérites (c'étoit en 1382, lors d'une émeute). C'est le fameux Jean Des Mares, Avocat du Roi au Parlement de Paris. Charles VI, vu les bons services de son amé Escuyer et Varlet-tranchant Pierre de la Tremoille, Chambellan de son dit oncle, lui donne ces mêmes maisons qu'il avoit reprises de Guillaume.

Trés. des Chart. Reg. 126. Piéce 160.

En ces derniers temps le magnifique Château des Brieres a appartenu au Prince de Léon de la Maison de Rohan, qui l'a vendu quatre-vingt-trois mille [livres] au Sieur Corbé, Couvreur, lequel l'a démoli en partie. Il en reste encore l'orangerie, et une Chapelle couronnée d'un clocher, dite Notre-Dame-de-Pitié, où les Pénitents de Belleville disent la Messe certains jours. La première Chapelle de Notre-Dame-des-Bruyeres avoit été bénite en 1533, par Guy, Evêque de Mégare. Corbé a détruit le jardin pour tirer du revenu du terrain.

Reg. Ep. Paris. 29 Aug.

Il est constant par un autre monument de dessous le même regne, que la Reine Isabeau de Baviere, épouse du même Prince, acheta de Pierre des Essarts, Chambellan du Roi et Prévôt de Paris, pour le prix de quatre mille livres tournois, suivant la quittance du 12 Mai 1412, un Hôtel situé à Bagnolet, vers le bout du Village qui conduit à Romainville, avec les jardins, viviers, colombiers, plâtriere, pressoir, moulin à vent, vignes et terres labourables qui en dépendoient, contenant soixante et douze arpens de terre ou environ en plusieurs piéces, tenu et mouvant partie en fief et partie en censive, chargé des charges désignées dans l'acquisition qu'en fit Marie Caguerine de Guillaume Foucault dit le borgne, Ecuyer. Quelques-uns de l'armée des Princes avoient mis le feu l'année précédente à cette maison du Prévôt et

Compte d'Edm. Raguier Trés. de la Reine de 1414. Sauval, T. II, pag. 154 et 185.

<small>Le Leboureur, p. 786.
Mém. de la Chambre des Comptes.
Ibid. an. 1473.
Histoire de Charles VI, p. 727.</small> aux autres qu'il avoit, suivant la vie de Charles VI. La Reine Isabeau donna depuis cet Hôtel à Tanneguy du Chastel, ce qui fut confirmé par Charles VI. Puis Tanneguy le donna à Prejent de Coëtivy, son neveu. Godefroy, en ses Notes sur l'Histoire de Charles VI, observe que ce Prince fit à la Demoiselle de Belleville qu'il aimoit, la donation de deux manoirs, dont l'un étoit situé à Bagnolet.

<small>Reg. Arch. Par.</small> MALASSIS qui pouvoit en être l'un, appartenoit en 1624 à Vincente Boyer, Dame de Beaumarchais, veuve d'un Trésorier des Finances.

Pendant que les Anglois furent maîtres de Paris sous Charles VII, le Duc de Bethford qui y gouvernoit pour le Roi d'Angleterre, avoit fait des acquisitions à Bagnolet. Il y possédoit un Hôtel <small>Mém. de la Chambre des Comptes.</small> appellé le Bois-Bagnolet, où il étoit le 15 Décembre 1427, selon le Journal du regne de Charles VII. Ce Roi le donna en 1437 à Guienne Herault. Le reste des acquets du même Duc de Bethfort situés en ce lieu fut donné à Coëtivy.

<small>Mémoires de Vigneul-Marvil. T. I, p. 400. Suppl. à Du Breul, p. 86.</small> Le Cardinal du Perron eut à Bagnolet une maison de campagne, dans laquelle il composa plusieurs de ses ouvrages, et où il mourut étant Archevêque de Sens, le 5 Septembre 1618. L'Auteur du Supplément à Du Breul écrivoit en 1639, que cette Maison étoit très-superbe ; qu'après la mort du Cardinal, elle fut vendue à André Briois, qui l'augmenta et l'embellit d'une infinité de curiosités. Il ajoute que ce dernier étant décédé, la Comtesse de Soissons en eut la jouissance. Dans la permission accordée la même année 1639, le 15 Juillet, pour avoir une Chapelle domestique, la Maison est dite appartenir à Anne de Montasié, veuve de Charles de Bourbon, Comte de Soissons, et à Louis de Bourbon, Comte de Soissons.

<small>Descrip. de Par. T. IV, p. 386.</small> Brice se contente de dire de celle que Madame la Duchesse d'Orléans y possede, que c'est une fort jolie maison, que les jardins en sont magnifiques et du dessein de M. Deshets. Il auroit pu en dire infiniment davantage, s'il avoit vu les augmentations et embellissemens qui ont été faits depuis. M. le Duc d'Orléans possede maintenant cette Maison.

On assure que l'Ordre de Malte a aussi du bien à Bagnolet.

C'est à Bagnolet qu'on a d'abord pratiqué la nouvelle maniere de multiplier les pêches et de les faire meurir par une concentration de chaleur. M. Girardot, ancien Mousquetaire du Roi, n'avoit qu'environ un arpent de jardin à Bagnolet pour des espaliers de pêchers. Il fit faire plusieurs murs et contre-murs dans l'intérieur, ce qui produisit de très-bons fruits et en très-grande quantité. Il en est parlé dans le Livre de la culture des pêchers. Cet usage s'est depuis étendu à Montreuil et ailleurs.

On a fait ces années dernieres à Bagnolet la découverte d'une terre semblable à celle qui compose la porcelaine de la Chine. Il en est fait mention dans les Mémoires de l'Académie des Sciences, et dans le Journal de Verdun du mois d'Avril 1751, page 318.

Ce Village a produit un Ecrivain Ecclésiastique dans le siécle dernier, sçavoir : Jean-Baptiste Vassoult, Prêtre, Auteur des traductions de l'Apologétique de Tertullien et de plusieurs autres ouvrages du même, aussi-bien que d'une traduction des Psaumes. Il avoit été Grammairien des pages du Roi pendant plus de cinquante ans, Aumônier de feu Madame la Dauphine, Confesseur et Prédicateur de la Maison du Roi. Il mourut le 26 Janvier 1745, âgé de 76 ans.

<small>Moreri Supplém. 1749.</small>

TABLE DES MATIÈRES

DOYENNÉ DE MONTMORENCY
(Suite)

	Pages.
Argentueil [aujourd'hui Argenteuil].	1
Le fief de Bonne-Mine, — Le Clos-l'Abbé, — Le Marais, — Chalucé ou Chalucet, — Robiol, — Le mont Trouillet, — Château de Mai ou du Mail	19
Bezons	20
Château d'Argenville	22
Chatou	22
Croicy ou Croissy	25
Les Gabillons	28
Montesson	29
La Borde	31
Houilles	31
Carrières-Saint-Denis, annexe de Houilles	35
Sartrouville ou Sertrouville	36
La Vaudoire ou Vaudoire	39
Sannoy, ou plutôt Cennoy, et encore mieux Çannoy [aujourd'hui Sannois]	39
Château de May ou du Mail	41
Fontaine Saint-Flaive	44
Le Montrouillet	45
Franconville	45
Fiefs : de la Ville et Prévôté — d'Albiac, — Bateste	49
Fiefs : de Cernay, — Bertin	50
Cormeilles	50
Montigny	54
La Frette	56
Le Plessis-Bouchard	58

TABLE DES MATIÈRES

	Pages.
Taverny	60
Montubois	66
Beauchamp et Boissy	67
Saint-Leu près Taverny	67
Bessaucourt ou Bessancourt	72
Pierre-laie [aujourd'hui Pierrelaye]	76
Erblai ou Arblai, plus nouvellement écrit Herblay	78
Beauvais	85
Abbeville	86
Conflans-Sainte-Honorine	87
Note sur le Travers de Conflans	95
Chenevières ou Chanevières	96
Andrezy	97
Héricourt	99
La Faye, — Mauricourt	100
Jouy-le-Moutier	102
Jouy-la-Fontaine, — Vincourt — la-Seaule, — Valvée-d'Orvilliers, — Ecancourt, — Petit-belle-Fontaine, — Grand-belle-Fontaine, Glatigny	105
Lieux [aujourd'hui Vauréal]	105
Eragny	109
Neuville	111
Ham	112
Saint-Ouen-l'Aumone	112
Epluches, — Courcelles	115
La Vacherie, — Léproserie de Pontoise	116
Abbaye de Maubuisson	118
Méry-sur-Oise	124
Frépillon	128
Villiers-Adam	130
Coquesale	133
Abbaye du Val-Notre-Dame ou simplement Le Val	133
Mériel	138
Bethemont	141
Montgland ou Montauglan	141
Chauvry	142
Montceoud ou Moussou [aujourd'hui Monsoult]	144
La Tuilerie	146
Baillay ou Baillet, anciennement Bailleil	147
Fayet ou Fayel [aujourd'hui Fayelle]	150
Boufémont [aujourd'hui Bouffémont]	151
Remolée, — Prieuré du Bois-Saint-Père ou Saint-Pierre	152
Domont	154
Cepoy, — Manines ou Magnines, — Ombreval, — La Rue, — La Chancellerie — Pigal ou Pigalle	159

TABLE DES MATIÈRES

Pages.

Saint-Brice.	160
Heugot, — La Motte, — Godin	163
Pisco ou Piscot.	164
Piscot-Château-verd — Le Luat.	167
Blemur	168
Poncel ou Poncelle.	169
Cercelles ou Sarcelles.	169
La-Cour-les-Cercelles, — Fief de Robillac, — Merlefontaine, — Le Val, — Villiers, — Moulin-couppe.	172
Le Haut du Roy, — Fief Bertrandi.	173
Villiers-Le-Bel.	174
Champ-Long, — Le Gelinier, — Fief de la Quatorzième.	179
Ecouen.	180
Moulineuf, — Esanville [ou Ezanville]	186
Moiscelle [ou Moisselles]	188
Atteinville [ou Attainville]	190
Belloy ou Bêloy.	193
Villaines.	198
Lusarches [ou Luzarches].	199
Pénitents du Tiers-Ordre de S. François ou Religieux de Roquemont.	207
Gacourt.	213
Bertinval, — Thimecourt, — Chauvigny.	214
Abbaye d'Hérivaux.	215
La Grange-au-Bois.	219
Epinay-lez-Lusarches ou Epinay-le-Sec, [aujourd'hui Epinais].	219
Champlatreux.	220
Trianon-lez-Lusarches.	221
Lacy ou Lassy	222
Le Plessis-près-Lusarches ou Le Plessier.	224
Chaumontel.	225
Jagny ou Jaigny.	228
Mareuil-en-France, dit maintenant Mareil	231
Villiers-le-Sec.	234
Fief de la Haye-Rapine	237
Fontenet ou Fontenay-en-France, autrement Fontenet-sous-Louvres [aujourd'hui Fontenay-les-Louvres]	237
Le Mesnil-Aubry.	243
Plessis-Gassot	246
Bouqueval.	248
Tessonville.	250
Garges.	251
Ermenouville [aujourd'hui Ernouville ou Arnouville].	257
Gonesse.	259
Hôtel-Dieu.	262
Le Val-Bernard	273

664   TABLE DES MATIÈRES

	Pages.
Tillay ou Le Tillay	273
Roissy-en-France	277
Vaudherland	286
Goussainville	287
Louvres	295
Secretain, — Orville	302
Epiers ou Epiais	304
Chenevieres-en-France	307
Villeron	311
La Grange de Vaulaurent	315
Chatenay-en-France	316
Puiseux	318
Fosses	320
Marly-la-Ville	325
Belle-Fontaine	330
Coye anciennement Coiz	334
Montmeillan [ou Montmélian]	337
Vemarz [ou Vémars]	344
Moucy-le-Neuf [ou Moussy-le-Neuf]	348
La Folie. — L'Érable	356

DOYENNÉ DE CHELLES

Conflans et le Bourg du Pont de Charenton	359
Carrières	365
Bercy	368
La Grange aux Merciers	369
Charenton-Saint-Maurice	373
Fiefs de la Rivière et de la Chaussée	375
Religieuses du Val d'Osne	377
Frères de la Charité	378
Saint-Mandé	380
Hôtel des Piliers	383
Fontenay-sur-le-Bois	384
Château de Beauté	389
Prieuré des Religieux de Grandmont au Bois de Vincennes depuis donné aux Minimes	391
Montreuil-sur-le-Bois	393
La Pissotte	399
Tillemont, — Montereau, — Saint-Antoine, — Boissière	402
Fortière	403
Vincennes	403
Bois	403
Château	405

TABLE DES MATIÈRES

	Pages.
Sainte-Chapelle	412
La Pissotte	416
SAINT-MAUR-DES-FOSSÉS	418
Château des Bagaudes	418
Abbaye de Saint-Maur	423
Chapelle de Notre-Dame-des-Miracles	440
La Varenne Saint-Maur	453
Les Piliers et Champigneau	457
Saint-Nicolas	458
Pont de Saint-Maur	459
NOGENT-SUR-MARNE	464
Plaisance	469
Fief du Moineau, peut-être Mont-Hénault	472
Le Perreux	472
Pinelle	473
NEUILLY-SUR-MARNE	474
Evron, aujourd'hui Avron	478
Villevrard [Ville-Evrard]	479
CHELLES	482
Palais et Eglise	483
Abbaye	484
Second Monastère	494
Doyenné	497
VER OU VERES-SUR-MARNE	501
POMPONNE	504
Couvent des Augustins	512
TORIGNY [THORIGNY]	512
DAMMARD [DAMPMARD]	516
BROU OU VILLENEUVE-AUX-ASNES	519
Maison des Mathurins	522
VILLEVAUDÉ représentant les deux anciennes Paroisses d'Oroir et de Montjay	523
Montjay	526
LE PIN	533
COURTERY	536
Clecy ou Clercy	537
COUBERON [COUBRON]	537
Montauban	539
MONTFERMEIL	540
Ermitage du Val-Adam	541
GAGNY OU GAIGNY	546
La Maison-Rouge, — Le Chesnay	549
La Maison-Blanche, — Mont-Guichet	550
RÔNY [ROSNY-SOUS-BOIS]	551
VILLEMOMBLE	557
Le Raincy, — La Garenne	562

TABLE DES MATIÈRES

	Pages.
BONDIES [ou BONDY]	563
Forêt de Bondy	568
CLICHY-EN-L'AUNOIS [CLICHY-EN L'AUNOY]	569
VAUJOU [ou VAUJOURS]	573
VILLE-PARISIS [ou VILLEPARISIS]	577
Prieuré de Grosbois	579
Borde — Mont-Saigle	580
CEVREN ou CEVRAN [SÉVRAN]	581
Monceleux — Rougemont — Fontenay — Fourchelles	583
LIVRY	584
Prieuré et Château du Raincy	590
Abbaye de Livry	593
Château et Chapelle de la Main-Ferme	597
NONEVILLE	599
AULNAY [LES-BONDY]	600
Prieuré d'Aunay	601
Savigny	604
TREMBLAY	607
VILLEPINTE	613
Forte-Affaire	617
BONNEUIL-EN-FRANCE	617
DUGNY	621
Le Bourget	623
Pontiblon — Palluel, — Pont-Galland	625
LE BLANCMÉNIL	626
DRANCY	630
BAUBIGNY	634
NOISY-LE-SEC	639
Clacy	642
Merlan	643
ROMAINVILLE	643
PENTIN [ou PANTIN]	647
Le Pré-Saint-Gervais	651
BAGNOLET	652
Menil-Montant	656
Les Brières	657
Malassis [Malassise]	658

4643 — Paris, Imp. L. PHILIPONA, 51, rue de Lille.

www.ingramcontent.com/pod-product-compliance
Lightning Source LLC
Chambersburg PA
CBHW060218230426
43664CB00011B/1466